Ο Παραμαχάνσα Γιογκανάντα
(5 Ιανουαρίου 1893 – 7 Μαρτίου 1952)
Ένας Πρεμαβατάρ, «Ενσάρκωση της Αγάπης» (βλ. σελ. 380 σημ.)

# Αυτοβιογραφία Ενός Γιόγκι

*Από τον*
*Παραμαχάνσα Γιογκανάντα*

*Με έναν πρόλογο από τον*
W. Y. Evans – Wentz, M.A., D.Litt, D.Sc.

---

«Εάν δεν δείτε σημεία και τέρατα, δεν θα πιστέψετε» – Κατά Ιωάννη Δ:48

Τίτλος πρωτοτύπου στα Αγγλικά που εκδόθηκε από το
*Self-Realization Fellowship*, Los Angeles (California):
*Autobiography of a Yogi*

ISBN-13: 978-0-87612-083-5
ISBN-10: 0-87612-083-4

Μεταφρασμένο στα Ελληνικά από το Self-Realization Fellowship
Copyright © 2011, 2014 Self-Realization Fellowship

Όλα τα δικαιώματα διατηρούνται. Εκτός από σύντομα αποσπάσματα του βιβλίου, επί λέξει, κανένα τμήμα της *Αυτοβιογραφίας Ενός Γιόγκι (Autobiography of a Yogi)* δεν επιτρέπεται να αναπαραχθεί, αναδημοσιευθεί, αποθηκευτεί, μεταδοθεί ή προβληθεί σε οποιαδήποτε μορφή, ή με οποιοδήποτε μέσον (ηλεκτρονικό, μηχανικό ή άλλο) που είναι γνωστό τώρα ή θα εφευρεθεί στο μέλλον – περιλαμβανομένων φωτοτυπιών, ηχητικών καταγραφών, ή οποιοδήποτε σύστημα αποθήκευσης ή σύστημα ανάκτησης πληροφοριών, χωρίς προηγούμενη γραπτή άδεια από το Self-Realization Fellowship, 3880 San Rafael Avenue, Los Angeles, California 90065-3219, USA.

Η *Αυτοβιογραφία ενός Γιόγκι* έχει δημοσιευθεί στα Αγγλικά, Βεγγαλικά, Δανέζικα, Φινλανδικά, Γερμανικά, Γαλλικά, Ελληνικά, Γκουτζαράτι, Ινδικά, Ιταλικά, Ιαπωνικά, Κανάντα, Μαλαγιαλαμικά, Μαράτι, Νεπάλ, Ορίγια, Ταμίλ, Πολωνικά, Πορτογαλικά, Ρωσικά, Ισπανικά, Τελέγκου, Ουρντού, Κροατικά, Ολλανδικά, Εσθονικά, Νορβηγικά, Ρουμανικά, Σουηδικά, Σανσκριτικά, Ταϋλανδέζικα, Κινέζικα και Βουλγαρικά.

 Εξουσιοδοτημένη έκδοση από το Συμβούλιο Διεθνών Εκδόσεων του *Self-Realization Fellowship*

Το όνομα και το έμβλημα του *Self-Realization Fellowship* (που φαίνονται παραπάνω) υπάρχουν σε όλα τα βιβλία, καταγραφές και άλλες δημοσιεύσεις του SRF, βεβαιώνοντας τον αναγνώστη ότι ένα έργο προέρχεται από την οργάνωση που ίδρυσε ο Παραμαχάνσα Γιογκανάντα και μεταβιβάζει πιστά τις διδασκαλίες του.

2η έκδοση στα Ελληνικά από το *Self-Realization Fellowship*, 2014
Second edition in Greek from Self-Realization Fellowship, 2014

Η παρούσα τύπωση 2014
This printing 2014

ISBN-13: 978-087612-129-0
ISBN-10: 0-87612-129-6

1022-J3173

# Η ΠΝΕΥΜΑΤΙΚΗ ΚΛΗΡΟΝΟΜΙΑ ΤΟΥ ΠΑΡΑΜΑΧΑΝΣΑ ΓΙΟΓΚΑΝΑΝΤΑ

*Τα Ολοκληρωμένα Συγγράμματά του, οι Διαλέξεις του και οι Ανεπίσημες Ομιλίες του*

Ο Παραμαχάνσα Γιογκανάντα ίδρυσε το Self-Realization Fellowship[1] το 1920 για να διαδώσει τις διδασκαλίες του σε όλο τον κόσμο και να διατηρήσει την καθαρότητα και την ακεραιότητά τους για τις επερχόμενες γενιές. Ένας πολυγραφότατος συγγραφέας και δεινός ομιλητής από τα πρώτα του χρόνια στην Αμερική, δημιούργησε μια ξακουστή και ογκώδη δομή έργων πάνω στην επιστήμη του διαλογισμού γιόγκα, την τέχνη της ισορροπημένης ζωής και την ενότητα όλων των μεγάλων θρησκειών. Σήμερα αυτή η μοναδική και εκτεινόμενη σε μεγάλη ευρύτητα πνευματική κληρονομιά συνεχίζει να ζει εμπνέοντας εκατομμύρια αναζητητές της αλήθειας σε όλο τον κόσμο.

Σύμφωνα με τη ρητή επιθυμία του μεγάλου Δασκάλου, το Self-Realization Fellowship συνέχισε την αποστολή της δημοσίευσης και της διατήρησης για πάντα σε έντυπη έκδοση *Των Πλήρων Έργων του Παραμαχάνσα Γιογκανάντα*. Αυτά δεν περιλαμβάνουν μόνο τις τελικές εκδόσεις όλων των βιβλίων που δημοσίευσε κατά τη διάρκεια της ζωής του, αλλά επίσης πολλούς νέους τίτλους-έργα που είχαν μείνει αδημοσίευτα την εποχή που εγκατέλειψε το σώμα του το 1952, ή είχαν τεθεί σε σειρά με τα χρόνια σε μη ολοκληρωμένη μορφή στο περιοδικό του Self-Realization Fellowship, όπως επίσης και εκατοντάδες βαθιά

---

[1] Επί λέξει: «Αδελφότητα της συνειδητοποίησης του Εαυτού» (πουθενά όμως δεν απαντάται μ' αυτό το μεταφρασμένο όνομα). Ο Παραμαχάνσα Γιογκανάντα εξήγησε ότι το όνομα Self-Realization Fellowship σημαίνει «Αδελφότητα με το Θεό μέσω συνειδητοποίησης του Εαυτού και φιλία με όλες τις ψυχές που αναζητούν την Αλήθεια». Βλ. επίσης «Στόχοι και ιδεώδη του Self-Realization Fellowship» και γλωσσάριο. *(Σημείωση του Εκδότη)*

εμπνέουσες διαλέξεις και ανεπίσημες ομιλίες που είχαν μαγνητοφωνηθεί αλλά δεν είχαν τυπωθεί πριν το θάνατό του.

Ο Παραμαχάνσα Γιογκανάντα προσωπικά επέλεξε και εκπαίδευσε τους στενούς μαθητές που ηγούνται του Συμβουλίου Εκδόσεων του Self-Realization Fellowship και τους έδωσε επακριβείς οδηγίες για την προετοιμασία και τη δημοσίευση των διδασκαλιών του. Τα μέλη του Συμβουλίου Εκδόσεων του SRF (μοναχοί και μοναχές που έδωσαν όρκους απάρνησης και ανιδιοτελούς υπηρεσίας για όλη τους τη ζωή) τιμούν αυτές τις οδηγίες σαν ιερή ευθύνη, ώστε το οικουμενικό μήνυμα του αγαπημένου αυτού δασκάλου του κόσμου να συνεχιστεί με την αρχική του δύναμη και αυθεντικότητα.

Το έμβλημα του Self-Realization Fellowship (που φαίνεται παραπάνω) επελέγη από τον Παραμαχάνσα Γιογκανάντα για να προσδιορίσει τη μη κερδοσκοπική οργάνωση που ίδρυσε ως την εξουσιοδοτημένη πηγή των διδασκαλιών του. Το όνομα και το έμβλημα SRF υπάρχουν σε όλες τις εκδόσεις και τις ηχογραφήσεις του Self-Realization Fellowship, βεβαιώνοντας τον αναγνώστη ότι ένα έργο προέρχεται από την οργάνωση που ίδρυσε ο Παραμαχάνσα Γιογκανάντα και διαβιβάζει τις διδασκαλίες του όπως ο ίδιος επεδίωκε να δοθούν.

— Self-Realization Fellowship

*Αφιερωμένο στη Μνήμη του*

ΛΟΥΘΕΡ ΜΠΕΡΜΠΑΝΚ

«Ενός Αμερικανού Αγίου»

## ΠΑΡΑΔΟΧΕΣ ΤΟΥ ΣΥΓΓΡΑΦΕΑ

Είμαι βαθύτατα υποχρεωμένος στην κ. Λ. Β. Πρατ [Τάρα Μάτα] για την πολυετή συντακτική εργασία της πάνω στο χειρόγραφο αυτού του βιβλίου. Οφείλω ευχαριστίες επίσης στον κ. Ρίτσαρντ Ράιτ για την άδειά του να χρησιμοποιήσω αποσπάσματα από το ημερολόγιό του κατά το ταξίδι στις Ινδίες. Στον Δρα Γ. Γ. Έβανς-Γουέντζ (W. Y. Evans-Wentz) είμαι ευγνώμων, όχι μόνο για τον πρόλογό του, αλλά επίσης για τις υποδείξεις και την ενθάρρυνση.

ΠΑΡΑΜΑΧΑΝΣΑ ΓΙΟΓΚΑΝΑΝΤΑ

28 Οκτωβρίου 1945

ΠΕΡΙΕΧΟΜΕΝΑ

*Κατάλογος εικόνων* .................................................................... xi
*Πρόλογος από τον Γ. Γ. Έβανς-Γουέντζ* .................................. xv
*Εισαγωγή* ...................................................................................... xvii
Κεφάλαιο:
1. Οι Γονείς Μου και η Παιδική Μου Ηλικία ............................ 3
2. Ο Θάνατος της Μητέρας Μου και το Απόκρυφο Φυλαχτό ...... 17
3. Ο Άγιος με τα Δύο Σώματα .................................................. 25
4. Η Φυγή Μου Προς τα Ιμαλάια και Πώς Διακόπηκε ............ 33
5. Ένας «Άγιος των Αρωμάτων» Επιδεικνύει τα Θαύματά Του ...... 48
6. Ο Σουάμι των Τίγρεων ........................................................ 57
7. Ο Αιωρούμενος Άγιος ........................................................... 67
8. Ο Μεγαλύτερος Επιστήμονας της Ινδίας, ο Τζ. Τσ. Μπος ...... 74
9. Ο Μακάριος Πιστός και το Ειδύλλιό Του με το Θεό ............ 85
10. Συναντώ τον Δάσκαλό Μου, τον Σρι Γιουκτέσβαρ ............... 95
11. Δύο Αγόρια Χωρίς Δεκάρα στο Μπρίνταμπαν .................... 110
12. Από τα Χρόνια Που Πέρασα στο Ερημητήριο
    του Γκουρού Μου ................................................................. 121
13. Ο Άγιος Που Ποτέ Δεν Κοιμόταν ........................................ 155
14. Μια Εμπειρία στη Συμπαντική Συνειδητότητα ..................... 164
15. Η Κλοπή του Κουνουπιδιού ................................................. 174
16. Ξεγελώντας τα Αστέρια ......................................................... 186
17. Ο Σάσι και τα Τρία Ζαφείρια ............................................... 199
18. Ένας Μωαμεθανός Θαυματοποιός ....................................... 207
19. Ο Δάσκαλός μου, στην Καλκούτα,
    Εμφανίζεται στο Σεράμπουρ ................................................. 213
20. Δεν Πάμε στο Κασμίρ .......................................................... 217
21. Πάμε στο Κασμίρ .................................................................. 224

22. Η Καρδιά μιας Πέτρινης Εικόνας .................... 237
23. Παίρνω το Πτυχίο του Πανεπιστημίου .................... 244
24. Γίνομαι Μοναχός στο Τάγμα των Σουάμι .................... 253
25. Ο Αδελφός μου Ανάντα και η Αδελφή μου Ναλίνη .................... 264
26. Η Επιστήμη της Κρίγια Γιόγκα .................... 271
27. Ιδρύοντας μια Σχολή Γιόγκα στο Ραντσί .................... 284
28. Ο Κάσι, που Ξαναγεννήθηκε και τον Ανακάλυψα .................... 294
29. Ο Ραμπιντρανάτ Ταγκόρ κι Εγώ Συγκρίνουμε τα Σχολεία Μας .................... 300
30. Ο Νόμος των Θαυμάτων .................... 306
31. Μια Συνέντευξη με την Ιερή Μητέρα .................... 320
32. Ο Ράμα, από Νεκρός, Ανασταίνεται .................... 332
33. Ο Μπάμπατζι, ο Γιόγκι-Χριστός της Σύγχρονης Ινδίας .................... 342
34. Υλοποιώντας Ένα Παλάτι στα Ιμαλάια .................... 352
35. Η Ζωή του Λαχίρι Μαχασάγια, Που Έμοιαζε στον Χριστό .................... 367
36. Το Ενδιαφέρον του Μπάμπατζι για τη Δύση .................... 382
37. Πηγαίνω στην Αμερική .................... 393
38. Ο Λούθερ Μπέρμπανκ – Ένας Άγιος Ανάμεσα σε Τριαντάφυλλα .................... 409
39. Η Τερέζα Νόιμαν, η Καθολική Αγία με τα Στίγματα .................... 416
40. Επιστρέφω στην Ινδία .................... 426
41. Η Γοητεία της Νότιας Ινδίας .................... 441
42. Οι Τελευταίες Μέρες με τον Γκουρού Μου .................... 457
43. Η Ανάσταση του Σρι Γιουκτέσβαρ .................... 476
44. Με τον Μαχάτμα Γκάντι στη Γουάρντα .................... 498
45. Η «Πλημμυρισμένη από Χαρά Μητέρα» της Βεγγάλης .................... 518
46. Η Γυναίκα Γιόγκι Που Ποτέ Δεν Τρώει .................... 525
47. Επιστρέφω στη Δύση .................... 538
48. Στο Ενσινίτας στην Καλιφόρνια .................... 543
49. Τα Χρόνια 1940 – 1951 .................... 550

# ΕΙΚΟΝΕΣ

*Σελίδα:*

Ο συγγραφέας *(εξώφυλλο)*

| | |
|---|---|
| Η μητέρα του Σρι Γιογκανάντα, η Γκουρρού (Γκιάνα Πράμπα) Γκος ... | 8 |
| Ο πατέρας του Σρι Γιογκανάντα, ο Μπαγκαμπάτι Τσαράν Γκος ...... | 9 |
| Ο Σρι Γιογκανάντα στην ηλικία των έξι ετών .................................. | 13 |
| Ο Ανάντα, ο μεγαλύτερος αδελφός του Γιογκανάντατζι ................. | 21 |
| Οι αδελφές του Σρι Γιογκανάντα: Η Ούμα, η Ρόμα και η Ναλίνη ...... | 21 |
| Ο Σουάμι Πραναμπανάντα, ο «άγιος με τα δύο σώματα» του Μπενάρες ............................................................................................ | 30 |
| Το οικογενειακό σπίτι του Σρι Γιογκανάντα, στην Καλκούτα .......... | 47 |
| Ο Σουάμι Κεμπαλανάντα, ο δάσκαλος των Σανσκριτικών του Γιογκανάντα ................................................................................... | 47 |
| Ο Ναγκέντρα Νατ Μπάντουρι, «ο Αιωρούμενος Άγιος» ................. | 70 |
| Ο Τζαγκντίς Τσάντρα Μπος, μεγάλος Ινδός επιστήμονας ............... | 80 |
| Ο Δάσκαλος Μαχασάγια (Μαχέντρα Νατ Γκούπτα) ....................... | 91 |
| Η Θεϊκή Μητέρα ................................................................................ | 93 |
| Ο Σουάμι Γκιανανάντα και ο Σρι Γιογκανάντα ............................... | 102 |
| Ο Σρι Γιουκτέσβαρ, ο γκουρού του Γιογκανάντα ............................ | 105 |
| Ο Ναός Διαλογισμού του Σρι Γιουκτέσβαρ, στο Σεράμπουρ ........... | 106 |
| Ο Σρι Γιογκανάντα το 1915 ............................................................. | 106 |
| Ο Κύριος Κρίσνα, ο μεγαλύτερος προφήτης της Ινδίας .................. | 118 |
| Ο Τζιτέντρα Μαζουμντάρ, σύντροφος στο Μπρίνταμπαν ............... | 119 |
| Ο Ραμ Γκοπάλ Μουζουμντάρ, ο «άγιος που ποτέ δεν κοιμόταν» ..... | 156 |
| Το παραθαλάσσιο άσραμ του Σρι Γιουκτέσβαρ, στο Πούρι, Ορίσσα .... | 171 |
| Ο Σρι Γιουκτέσβαρ σε στάση λωτού ................................................ | 172 |
| Ο Γιογκανάντατζι στην ηλικία των δεκαέξι ετών ............................ | 205 |
| Ο Κύριος ως Σίβα, «Βασιλιάς των Γιόγκι» ....................................... | 223 |

Το κτίριο της έδρας του Self-Realization Fellowship (Yogoda Satsanga
   Society of India) .................................................................. 227
Ο Σρι Ράτζαρσι Τζανακανάντα, πρώην πρόεδρος (1952-1955) του
   Self-Realization Fellowship / Yogoda Satsanga Society of India .... 229
Η Σρι Ντάγια Μάτα, πρώην πρόεδρος του Self-Realization Fellowship /
   Yogoda Satsanga Society of India (1955-2010) ........................... 229
Η Μριναλίνη Μάτα, Πρόεδρος του Self-Realization Fellowship /
   Yogoda Satsanga Society of India ............................................ 229
Ο Γιογκανάντατζι και ο ξάδελφός του, ο Πράμπας Τσάντρα Γκος ..... 247
Ο Σρι Τζαγκάντγκουρου Σανκαρατσάρια στην έδρα του SRF/YSS,
   το 1958 ............................................................................. 257
Η Σρι Ντάγια Μάτα σε θεϊκή κοινωνία ........................................ 270
Ένας Δυτικός σε σαμάντι – ο Σρι Ράτζαρσι Τζανακανάντα
   (κ. Τζ. Λυν) ........................................................................ 283
Το Παράρτημα Γιογκόντα Ματ και Άσραμ, στο Ραντσί ................... 292
Ο Κάσι, μαθητής στο σχολείο του Ραντσί ..................................... 297
Ο Ραμπιντρανάτ Ταγκόρ ............................................................ 302
Η Σάνκαρι Μάι Τζιού, μαθήτρια του Σουάμι Τραϊλάνγκα ................ 330
Ο Λαχίρι Μαχασάγια ................................................................. 340
Ο Μαχαβατάρ Μπάμπατζι, ο γκουρού του Λαχίρι Μαχασάγια ......... 351
Σπηλιά όπου περιστασιακά έμενε ο Μπάμπατζι .............................. 356
Ο Λαχίρι Μαχασάγια, γκουρού του Σρι Γιουκτέσβαρ ...................... 371
Ο Πάντσανον Μπατατσάρια, μαθητής του Λαχίρι Μαχασάγια .......... 377
Η φωτογραφία του διαβατηρίου του Σρι Γιογκανάντα, 1920 ............ 397
Απεσταλμένοι στο Συνέδριο των Θρησκειών, το 1920, στη Βοστόνη ... 398
Ο Σρι Γιογκανάντα προς την Αλάσκα, καλοκαίρι του 1924 .............. 399
Τάξη Γιόγκα στο Ντένβερ ......................................................... 400
Μια τάξη με μαθητές γιόγκα, Λος Άντζελες ................................. 401
Τελετουργία του Πάσχα, διεθνής έδρα του SRF/YSS ..................... 402
Ο Παραμαχάνσα Γιογκανάντα στην κρύπτη του Τζορτζ
   Ουάσινγκτον, το 1927 ............................................................ 403
Ο Σρι Γιογκανάντα στο Λευκό Οίκο ............................................ 404
Ο Γιογκανάντατζι στη Λίμνη Χοτσιμίλκο στο Μεξικό, το 1929 ......... 406
Ο Emilio Portes Gil, πρόεδρος του Μεξικού, με τον Σρι Γιογκανάντα .. 406

*Εικόνες*

Ο Λούθερ Μπέρμπανκ και ο Γιογκανάντατζι, στη Σάντα Ρόζα, 1924 ... 415
Η Τερέζα Νόιμαν, ο Ρίτσαρντ Ράιτ και ο Γιογκανάντατζι .................. 422
Ο Σρι Γιουκτέσβαρ και ο Σρι Γιογκανάντα, Καλκούτα, 1935 ........... 427
Ομάδα στο μπαλκόνι του άσραμ του Σεράμπουρ, 1935 .................. 430
Ο Σρι Γιογκανάντα στο Νταμοντάρ στην Ινδία, 1935 ..................... 431
Πομπή δασκάλων και μαθητών, στο Ραντσί, 1938 .......................... 432
Το σχολείο Yogoda Satsanga για αγόρια στο Ραντσί, το 1970 ......... 432
Ο Σρι Γιογκανάντα στο Σχολείο για Ιθαγενή Κορίτσια, 1936 .......... 433
Το σχολείο Yogoda Satsanga στο Ραντσί ........................................ 433
Το Γιογκόντα Μάτ (Yogoda Math), Ντακσινεσβάρ, Ινδία ................ 436
Ο Σρι Γιογκανάντα και σύντροφοι στον ποταμό Γιαμούνα στη Ματούρα, το 1935 ............................................................................. 437
Ο Ραμανά Μαχαρσί και ο Γιογκανάντατζι ...................................... 454
Ο Σρι Γιουκτέσβαρ και ο Γιογκανάντατζι σε θρησκευτική λιτανεία, 1935 ............................................................................................ 456
Ομάδα στην αυλή του άσραμ του Σεράμπουρ, 1935 ..................... 458
Τάξη Γιόγκα στην Καλκούτα, 1935 ................................................ 459
Ο Κρισνανάντα με την εξημερωμένη λέαινα στην *Κούμπα Μέλα* .... 464
Ο Σρι Γιογκανάντα και ο Ρίτσαρντ Ράιτ, ο γραμματέας του, μαζί με τον Σουάμι Κεσαμπανάντα στο Μπρίνταμπαν, 1936 ..... 469
Ο Ναός στη μνήμη του Σρι Γιουκτέσβαρ, στο Πούρι ..................... 473
Ο Μαχάτμα Γκάντι και ο Σρι Γιογκανάντα στο άσραμ στη Γουάρντα, 1935 ............................................................................................ 500
Η Ανάντα Μόγι Μα, η «πλημμυρισμένη από χαρά Μητέρα», ο σύζυγός της και ο Παραμαχάνσα Γιογκανάντα ......................... 520
Ο Σρι Γιογκανάντα στο Ματζ Μαχάλ, Άγκρα, 1936 ...................... 524
Η Γκιρί Μπαλά, η αγία της Βεγγάλης που ποτέ δεν τρώει ............ 533
Ο Παραμαχάνσα Γιογκανάντα και η Σρι Ντάγια Μάτα, 1939 ....... 544
Ο Παραμαχάνσα Γιογκανάντα και ο Σρι Ράτζαρσι Τζανακανάντα, 1933 ............................................................................................ 544
Το Ερημητήριο του Self-Realization Fellowship στο Ενσινίτας, Καλιφόρνια ................................................................................. 546
Ο Σρι Γιογκανάντα στον περίβολο του Ερημητηρίου του SRF στο Ενσινίτας, 1940 .................................................................... 547

Ο Παραμαχάνσα Γιογκανάντα στα εγκαίνια της Lake Shrine, 1950 .... 551
Self-Realization Fellowship Lake Shrine και το Μνημείο Παγκόσμιας
    Ειρήνης του Γκάντι .................................................................. 552
Ο Γκούντγουιν Τζ. Νάιτ, ο Αντικυβερνήτης της Καλιφόρνια με τον
    Γιογκανάντατζι στα Εγκαίνια του Κέντρου της Ινδίας, 1951 ...... 554
Ο Ναός του Self-Realization Fellowship στο Χόλλυγουντ,
    Καλιφόρνια ............................................................................. 554
Ο Σρι Γιογκανάντα στο Ενσινίτας, Καλιφόρνια, 1950 ...................... 559
Ο Πρέσβης της Ινδίας κ. Μπ. Ρ. Σεν στην έδρα του SRF .................. 564
Ο Σρι Γιογκανάντα, μια ώρα πριν το *μαχασαμάντι* του,
    7 Μαρτίου 1952 ...................................................................... 568

# ΠΡΟΛΟΓΟΣ

Από τον Γ. Γ. Έβανς-Γουέντζ (W. Y. Evans–Wentz), M.A., D.Litt, D.Sc., Κολλέγιο Jesus, Οξφόρδη

Συγγραφέα και μεταφραστή πολλών κλασικών έργων σχετικά με τη γιόγκα και τη σοφία των παραδόσεων της Ανατολής, συμπεριλαμβανομένων των: *Θιβετιανή γιόγκα και μυστικές διδασκαλίες, Η Θιβετιανή Βίβλος των νεκρών* και του *Tibet's Great Yogi Milarepa* («Ο Μιλαρέπα, ο μεγάλος γιόγκι του Θιβέτ»).[1]

Η αξία της *Αυτοβιογραφίας* του Γιογκανάντα ενισχύεται σημαντικά από το γεγονός ότι είναι ένα από τα λίγα βιβλία στα Αγγλικά σχετικά με τους σοφούς ανθρώπους της Ινδίας που έχουν γραφτεί όχι από κάποιον δημοσιογράφο ή από κάποιον άλλον από άλλη πατρίδα, αλλά από έναν από τη δική τους φυλή και εκπαίδευση – με λίγα λόγια, ένα βιβλίο *σχετικά με τους γιόγκι γραμμένο από έναν γιόγκι*. Ως μια διήγηση ενός αυτόπτη μάρτυρα της εξαιρετικά ασυνήθιστης ζωής και των δυνάμεων των σύγχρονων Ινδών αγίων, το βιβλίο είναι σημαντικό και για την επικαιρότητά του και για τη διαχρονικότητά του. Στον διαπρεπή του συγγραφέα, τον οποίο είχα τη χαρά να γνωρίσω και να συναντήσω και στην Ινδία και στην Αμερική, θα πρέπει κάθε αναγνώστης να αποδώσει τη δέουσα εκτίμηση και ευγνωμοσύνη. Η γραπτή αφήγηση της ασυνήθιστης ζωής του είναι σίγουρα μια από τις πιο αποκαλυπτικές του βάθους του ινδικού νου και καρδιάς και του πνευματικού πλούτου της Ινδίας που εκδόθηκε ποτέ στη Δύση.

Ήταν τιμή μου να γνωρίσω έναν από τους σοφούς, η ιστορία της ζωής των οποίων περιγράφεται σ' αυτό το βιβλίο – τον Σρι Γιουκτέσβαρ Γκιρί. Ο σεβάσμιος άγιος έμοιαζε με τμήμα του εξωφύλλου του βιβλίου

---

[1] Όπου υπάρχει τίτλος βιβλίου που έχει μεταφραστεί και δημοσιευτεί στα Ελληνικά, αυτός ο τίτλος γράφεται μόνο στα Ελληνικά και όχι στα Αγγλικά (σε πλάγια γράμματα που υποδηλώνουν ότι ένα βιβλίο είναι δημοσιευμένο). Αν το βιβλίο δεν έχει δημοσιευτεί μεταφρασμένο στα Ελληνικά, τότε ο τίτλος του γράφεται σε πλάγια γράμματα στα Αγγλικά, και επιπλέον, μέσα σε παρένθεση και εισαγωγικά, με κανονικά (όχι πλάγια) γράμματα αναγράφεται και η μετάφρασή του στα Ελληνικά. Η μέθοδος αυτή, που αποτελεί έθιμο, ακολουθείται σε όλο το βιβλίο. Εξαίρεση αποτελούν τα ιερά βιβλία, τα οποία γράφτηκαν σε πλάγια γράμματα, αν και δεν έχουν μεταφραστεί στα Ελληνικά. *(Σημ. του Μεταφραστή)*.

μου *Θιβετιανή γιόγκα και μυστικές διασκαλίες*.² Ήταν στο Πούρι, στην Ορίσσα, στον κόλπο της Βεγγάλης, όπου συνάντησα τον Σρι Γιουκτέσβαρ. Ήταν τότε υπεύθυνος ενός ήσυχου *άσραμ* κοντά στην ακτή εκεί και ασχολιόταν κυρίως με την πνευματική εκπαίδευση μιας ομάδας νεαρών μαθητών. Εξέφρασε έντονο ενδιαφέρον για την ευημερία των ανθρώπων στις Ηνωμένες Πολιτείες και όλων των Αμερικανών, καθώς και της Αγγλίας, και με ρώτησε σχετικά με τις μακρινές δραστηριότητες, ιδίως στην Καλιφόρνια, του κύριου μαθητή του, του Παραμαχάνσα Γιογκανάντα, τον οποίο αγαπούσε πολύ και τον οποίο είχε στείλει το 1920 σαν απεσταλμένο του στη Δύση.

Ο Σρι Γιουκτέσβαρ είχε ευγενική φωνή και ευγενές παρουσιαστικό, ευχάριστη παρουσία και άξιζε την ευλάβεια την οποία ένιωθαν γι' αυτόν αυθόρμητα οι οπαδοί του. Όποιος άνθρωπος τον γνώριζε, είτε της δικής του κοινωνίας είτε όχι, τον είχε σε ύψιστη υπόληψη. Θυμάμαι ζωντανά την ψηλή, ευθυτενή, ασκητική μορφή του, με το ράσο βαθυκίτρινου χρώματος ενός ανθρώπου που είχε απαρνηθεί τις εγκόσμιες αναζητήσεις, καθώς στεκόταν στην είσοδο του ερημητηρίου για να με καλωσορίσει. Τα μαλλιά του ήταν μακριά, με λίγες μπούκλες, και στο πρόσωπό του είχε γενειάδα. Το σώμα του ήταν μυώδες αλλά λεπτό και καλοσχηματισμένο και ο τρόπος με τον οποίο περπατούσε ήταν γεμάτος ενέργεια. Είχε επιλέξει ως κατοικία του στη γη την ιερή πόλη του Πούρι, στην οποία πλήθη θεοσεβών Ινδουιστών, από κάθε επαρχία της Ινδίας, έρχονται καθημερινά για να προσκυνήσουν τον φημισμένο Ναό του Τζαγκανάτ (Jagannath), του «Κυρίου του Κόσμου». Ήταν στο Πούρι που ο Σρι Γιουκτέσβαρ έκλεισε τα θνητά μάτια του, το 1936, στις σκηνές αυτής της μεταβατικής κατάστασης της ύπαρξης, και πέθανε γνωρίζοντας ότι η ενσάρκωσή του είχε ολοκληρωθεί θριαμβευτικά.

Χαίρομαι πράγματι που μπορώ να καταγράψω αυτή τη μαρτυρία για τον υψηλό χαρακτήρα και την ιερότητα του Σρι Γιουκτέσβαρ. Ικανοποιημένος με το να μένει μακριά από τα πλήθη, αφιερώθηκε ανεπιφύλακτα και ήρεμα σ' αυτήν την ιδανική ζωή, την οποία ο Παραμαχάνσα Γιογκανάντα, ο μαθητής του, περιέγραψε τώρα για να μείνει στην αιωνιότητα.

---

2 Εκδόσεις Κέδρος, 2001.

# ΕΙΣΑΓΩΓΗ

*«Η εμπειρία της γνωριμίας με τον Παραμαχάνσα Γιογκανάντα είναι χαραγμένη στη μνήμη μου σαν ένα από τα αξέχαστα γεγονότα της ζωής μου. […] Καθώς κοιτούσα το πρόσωπό του, τα μάτια μου σχεδόν τυφλώθηκαν από μια ακτινοβολία – ένα φως πνευματικότητας που στην κυριολεξία έλαμπε απ' αυτόν. Η άπειρη ευγένειά του, η προσηνής καλοσύνη του με τύλιξαν σαν το ζεστό φως του ήλιου. […] Μπορούσα να δω ότι η κατανόηση και η ενόρασή του εκτείνονταν στα πιο γήινα προβλήματα, παρ' όλο που ήταν ένας άνθρωπος του Πνεύματος. Σ' αυτόν βρήκα έναν αληθινό πρεσβευτή της Ινδίας, που έφερε και διέδωσε στον κόσμο την ουσία της αρχαίας σοφίας της Ινδίας».*

— Δρ Μπινάι Ρ. Σεν (Dr. Binay R. Sen), πρώην Πρεσβευτής της Ινδίας στις Ηνωμένες Πολιτείες

Γι' αυτούς που γνώρισαν προσωπικά τον Παραμαχάνσα Γιογκανάντα, η ίδια του η ζωή και η ύπαρξη ήταν πειστική μαρτυρία της δύναμης και της αυθεντικότητας της αρχαίας σοφίας που παρουσίασε στον κόσμο. Αμέτρητοι αναγνώστες της αυτοβιογραφίας του επιβεβαίωσαν ότι στις σελίδες της υπήρχε το ίδιο φως της πνευματικής αυθεντίας που ακτινοβολούσε στο πρόσωπό του. Έχοντας χαρακτηριστεί από το κοινό αριστούργημα όταν εμφανίστηκε για πρώτη φορά τυπωμένο, περισσότερα από εξήντα χρόνια πριν, το βιβλίο δεν εκθέτει μόνο την ιστορία μιας ζωής ολοφάνερου μεγαλείου, αλλά και μια συναρπαστική εισαγωγή στην πνευματική σκέψη της Ανατολής –ιδίως τη μοναδική της επιστήμη της άμεσης, προσωπικής κοινωνίας με το Θεό– αποκαλύπτοντας στους ανθρώπους της Δύσης ένα βασίλειο γνώσης που μέχρι τότε ήταν προσιτό μόνο σε λίγους.

Σήμερα, η *Αυτοβιογραφία Ενός Γιόγκι* έχει αναγνωριστεί σε όλο τον κόσμο ως ένα μνημείο πνευματικής λογοτεχνίας. Σ' αυτήν την εισαγωγή θα θέλαμε να μοιραστούμε με τον αναγνώστη ένα τμήμα της ασυνήθιστης ιστορίας του βιβλίου.

Η συγγραφή του βιβλίου είχε προφητευθεί πολλά χρόνια πριν. Μια από τις μορφές που συνέβαλε στην αναγέννηση της γιόγκα στους σύγχρονους καιρούς, ο σεβάσμιος Δάσκαλος Λαχίρι Μαχασάγια του δεκάτου ενάτου αιώνα, είχε προβλέψει: «Περίπου πενήντα χρόνια μετά το θάνατό μου, θα γραφτεί μια αφήγηση της ιστορίας της ζωής μου λόγω ενός μεγάλου ενδιαφέροντος για τη γιόγκα που θα εγερθεί στη Δύση. Το μήνυμα της γιόγκα θα φτάσει στα πέρατα της γης. Θα βοηθήσει στην εδραίωση της αδελφοσύνης του ανθρώπου: μια ενότητα που θα βασίζεται στην άμεση αντίληψη από την ανθρωπότητα του Ενός Πατέρα».

Πολλά χρόνια αργότερα, ο εξαιρετικά ανεπτυγμένος πνευματικά μαθητής του Λαχίρι Μαχασάγια, ο Σρι Γιουκτέσβαρ, αφηγήθηκε αυτήν την προφητεία στον Σρι Γιογκανάντα. «Πρέπει να κάνεις αυτό που σου αναλογεί για τη διάδοση του μηνύματος αυτού», είπε, «και να γράψεις γι' αυτή την άγια ζωή».

Ήταν το 1945, ακριβώς πενήντα χρόνια μετά το θάνατο του Λαχίρι Μαχασάγια, που ο Παραμαχάνσα Γιογκανάντα ολοκλήρωσε την *Αυτοβιογραφία Ενός Γιόγκι* η οποία εκπλήρωσε δεόντως και τις δύο εντολές του γκουρού του: παρέχοντας την πρώτη λεπτομερή παρουσίαση στα Αγγλικά της αξιοθαύμαστης ζωής του Λαχίρι Μαχασάγια και εισάγοντας τον κόσμο στην ινδική αρχαία επιστήμη της ψυχής.

Η δημιουργία της *Αυτοβιογραφίας Ενός Γιόγκι* ήταν ένα έργο στο οποίο ο Παραμαχάνσα Γιογκανάντα εργαζόταν για πολλά χρόνια. Η Σρι Ντάγια Μάτα, μια από τις αρχικές και πιο στενές μαθήτριές του [η οποία μπήκε στη μοναστική κοινότητα που ίδρυσε ο Παραμαχάνσα Γιογκανάντα στην κορυφή του Μάουντ Ουάσινγκτον (Mount Washington), που έχει θέα στην πόλη του Λος Άντζελες το 1931 και διετέλεσε πρόεδρος του Self-Realization Fellowship από το 1955 μέχρι το θάνατό της, το 2010], είπε:

«Όταν ήρθα στο Mount Washington το 1931, ο Παραμαχάνσατζι είχε ήδη αρχίσει να εργάζεται στην *Αυτοβιογραφία*. Μια φορά που ήμουν στο γραφείο του, εκτελώντας κάποια καθήκοντα ως γραμματέας, είχα την τιμή να δω ένα από τα πρώτα κεφάλαια που έγραψε – ήταν για τον "Σουάμι των Τίγρεων". Μου ζήτησε να το φυλάξω κάπου και εξήγησε ότι θα συμπεριλαμβανόταν σ' ένα βιβλίο που έγραφε. Το μεγαλύτερο μέρος το βιβλίου γράφτηκε αργότερα, μεταξύ των ετών

*Εισαγωγή*

1937-1945».

Από τον Ιούνιο του 1935 μέχρι τον Οκτώβριο του 1936, ο Σρι Γιογκανάντα έκανε ένα ταξίδι επιστροφής στην Ινδία, μέσω Ευρώπης και Παλαιστίνης, για μια τελευταία επίσκεψη στον γκουρού του, τον Σουάμι Σρι Γουκτέσβαρ. Κατά τη διάρκεια της παραμονής του εκεί συνέλεξε πολλές τεκμηριωμένες πληροφορίες για την *Αυτοβιογραφία*, καθώς και ιστορίες σχετικά με κάποιους από τους αγίους και σοφούς που είχε γνωρίσει και των οποίων τη ζωή θα περιέγραφε σ' αυτό το βιβλίο. «Ποτέ δεν ξέχασα την εντολή του Σρι Γουκτέσβαρ να γράψω για τη ζωή του Λαχίρι Μαχασάγια», έγραψε αργότερα. «Κατά τη διάρκεια της παραμονής μου στην Ινδία δεν έχανα ευκαιρία να επικοινωνήσω με άμεσους μαθητές και συγγενείς του Γιογκαβατάρ. Καταγράφοντας τις συνομιλίες μου μαζί τους σε λεπτομερείς σημειώσεις, εξακρίβωσα γεγονότα και ημερομηνίες και συνέλεξα φωτογραφίες, παλιά γράμματα και έγγραφα».

Όταν επέστρεψε στις Ηνωμένες Πολιτείες στα τέλη του 1936, άρχισε να περνά πολύ από το χρόνο του στο ερημητήριο που είχε χτιστεί γι' αυτόν κατά την απουσία του στο Ενσινίτας (Encinitas), στην ακτή της Νότιας Καλιφόρνιας. Αποδείχθηκε ένα ιδανικό μέρος για να αυτοσυγκεντρωθεί και να ολοκληρώσει το βιβλίο που είχε αρχίσει να γράφει χρόνια νωρίτερα.

«Είναι ακόμα ζωντανές στη μνήμη μου οι μέρες που περάσαμε σ' αυτό το ήσυχο παραθαλάσσιο ερημητήριο», αφηγήθηκε η Σρι Ντάγια Μάτα. «Είχε τόσες πολλές άλλες ευθύνες και δεσμεύσεις, που δεν μπορούσε να εργάζεται πάνω στην *Αυτοβιογραφία* κάθε μέρα· γενικά όμως αφιέρωνε τα βράδια του σ' αυτήν και τον λίγο ελεύθερο χρόνο που μπορούσε κάποιες φορές να βρει. Περίπου το 1939 ή το 1940 όμως, μπορούσε να ασχολείται συνεχώς με το βιβλίο. Και αληθινά συνεχώς – από το ξημέρωμα μέχρι το άλλο ξημέρωμα! Μια μικρή ομάδα από μας τους μαθητές –η Τάρα Μάτα, η αδελφή μου Ανάντα Μάτα, η Σράντα Μάτα κι εγώ– ήμαστε εκεί για να τον βοηθάμε. Μετά τη δακτυλογράφηση κάθε τμήματος, το έδινε στην Τάρα Μάτα, που ήταν η επιμελήτρια της έκδοσης.

»Τι πολύτιμες αναμνήσεις! Καθώς έγραφε ξαναζούσε μέσα του τις ιερές εμπειρίες που κατέγραφε. Ο θεϊκός του σκοπός ήταν να μοιραστεί τη χαρά και τις αποκαλύψεις που έζησε στη συντροφιά των αγίων και των μεγάλων Δασκάλων και τις οποίες ζει κάποιος που έχει προσωπικά συνειδητοποιήσει το Θεό. Συχνά σταματούσε για λίγο, με το βλέμμα του ανασηκωμένο και το σώμα του ακίνητο, συνεπαρμένος σε *σαμάντι* βαθιάς κοινωνίας με το Θεό. Ολόκληρο το δωμάτιο γέμιζε με μια τρομερά δυνατή αύρα θεϊκής αγάπης. Για μας τους μαθητές, και μόνο το γεγονός ότι ήμαστε παρόντες σε τέτοιες στιγμές, ήταν αρκετό για να εξυψώσει τη συνειδητότητά μας.

»Τελικά, το 1945, ήρθε η χαρούμενη μέρα της ολοκλήρωσης του βιβλίου. Ο Παραμαχάνσατζι έγραψε τις τελευταίες λέξεις "Κύριε, έδωσες σ' αυτόν τον μοναχό μια μεγάλη οικογένεια"· μετά άφησε κάτω την πένα του και αναφώνησε με χαρά:

»"Όλα έγιναν· τελείωσε. Αυτό το βιβλίο θα αλλάξει τη ζωή εκατομμυρίων. Θα είναι ο αγγελιαφόρος μου όταν θα έχω φύγει από τη γη"».

Μετά ανατέθηκε στην Τάρα Μάτα να βρει εκδότη. Ο Παραμαχάνσα Γιογκανάντα είχε γνωρίσει την Τάρα Μάτα όταν έδινε μια σειρά ομιλιών και μαθημάτων στο Σαν Φρανσίσκο το 1924. Διαθέτοντας σπάνια πνευματική ενόραση, έγινε μία από τον μικρό κύκλο των πιο ανεπτυγμένων πνευματικά μαθητών του. Είχε τις εκδοτικές της ικανότητες σε ύψιστη εκτίμηση και έλεγε ότι είχε έναν νου από τους πιο λαμπρούς απ' όλων των ανθρώπων που είχε γνωρίσει ποτέ. Εκτιμούσε την τεράστια γνώση της και κατανόηση της σοφίας των Γραφών της Ινδίας και παρατήρησε κάποτε: «Εκτός από τον μεγάλο γκουρού μου, τον Σρι Γιουκτέσβαρτζι, δεν υπάρχει κανένας άλλος με τον οποίο να έχω απολαύσει περισσότερο τη συζήτηση για την ινδική φιλοσοφία απ' όσο μ' αυτήν».

Η Τάρα Μάτα πήρε τις δακτυλογραφημένες σελίδες στη Νέα Υόρκη. Το να βρει όμως εκδότη δεν ήταν εύκολο. Όπως έχει παρατηρηθεί πολλές φορές, η αληθινή αξία ενός μεγάλου έργου μπορεί να μην αναγνωριστεί στην αρχή από ανθρώπους με πιο συμβατικό νου. Παρά το γεγονός ότι η νέα ατομική εποχή που εμφανίστηκε στον κόσμο διεύρυνε τη συλλογική συνειδητότητα της ανθρωπότητας με μια ολοένα και αυξανόμενη κατανόηση της λεπτοφυούς ενότητας της ύλης, της ενέργειας και της σκέψης, οι εκδότες εκείνης της εποχής δεν ήταν έτοιμοι για κεφάλαια, όπως «Υλοποιώντας ένα Παλάτι στα Ιμαλάια», ή «Ο Άγιος με τα Δύο Σώματα»!

Για ένα χρόνο η Τάρα Μάτα έζησε σ' ένα ανεπαρκώς επιπλωμένο διαμέρισμα, χωρίς θέρμανση και ζεστό νερό, περιφερόμενη στους εκδοτικούς οίκους. Στο τέλος κατάφερε να στείλει τα ευχάριστα νέα με

*Εισαγωγή*

τηλεγράφημα. Η The Philosophical Library, ένας σεβαστός εκδοτικός οίκος της Νέας Υόρκης, είχε δεχθεί να εκδώσει την *Αυτοβιογραφία*. «Το τι έκανε γι' αυτό το βιβλίο δεν μπορώ ούτε να αρχίσω να περιγράφω [...]», είπε ο Σρι Γιογκανάντα. «Αν δεν υπήρχε εκείνη, το βιβλίο ποτέ δεν θα είχε δημοσιευτεί».

Λίγο πριν τα Χριστούγεννα του 1946, τα πολυαναμενόμενα βιβλία έφτασαν στο Mount Washington.

Το βιβλίο έτυχε τεράστιας, χειμαρρώδους απήχησης και εκτίμησης από τους αναγνώστες και τους δημοσιογράφους σε όλο τον κόσμο. «Δεν υπήρξε μέχρι τώρα ποτέ, γραμμένη στα Αγγλικά ή σε οποιαδήποτε άλλη γλώσσα, μια τέτοια παρουσίαση της Γιόγκα», έγραψε ο τύπος του Πανεπιστημίου της Κολούμπια (Columbia University Press) στην *Επισκόπηση των Θρησκειών* (Review of Religions). Οι *The New York Times* εξήγγειλαν ότι είναι «μια σπάνια αφήγηση». Το *Newsweek* ανέφερε: «Το βιβλίο του Γιογκανάντα είναι μια αυτοβιογραφία της ψυχής παρά του σώματος. [...] Είναι μια συναρπαστική και με σαφήνεια σχολιασμένη μελέτη του θρησκευτικού τρόπου ζωής, περιγραφημένη με ειλικρίνεια και με το πλούσιο ύφος της Ανατολής».

Ακολουθούν μερικά αποσπάσματα από μερικές άλλες αξιολογήσεις που γράφτηκαν:

*San Francisco Chronical*: «Μ' έναν πολύ κατανοητό τρόπο [...] ο Γιογκανάντα παρουσιάζει μια πειστική παράθεση της γιόγκα και αυτοί που "ήρθαν για να χλευάσουν", τώρα μπορεί να μείνουν "για να προσευχηθούν"».

*United Press*: «Ο Γιογκανάντα περιγράφει διεξοδικά τα ονομαζόμενα εσωτερικά δόγματα της Ανατολής με την απώτατη ειλικρίνεια και με ωραίο, πνευματώδη τρόπο. Το βιβλίο του ανταμείβει τον αναγνώστη για την αφήγηση σ' αυτό μιας ζωής γεμάτης με πνευματική περιπέτεια».

*The Times of India*: «Η αυτοβιογραφία αυτού του σοφού αιχμαλωτίζει τον αναγνώστη».

*Saturday Review*: «[...] δεν μπορεί παρά να εντυπωσιάσει και να προκαλέσει το ενδιαφέρον του αναγνώστη της Δύσης».

*Grandy's Syndicated Book Reviews*: «Απορροφά, εμπνέει· μια αληθινή λογοτεχνία!».

*West Coast Review of Books*: «Οποιεσδήποτε κι αν είναι οι θρησκευτικές σας πεποιθήσεις, θα βρείτε στην *Αυτοβιογραφία Ενός Γιόγκι* μια χαρμόσυνη επιβεβαίωση της δύναμης της ανθρώπινης ψυχής».

*News Sentinel, Fort Wayne, Indiana*: «Καθαρή αποκάλυψη [...] έντονα ανθρώπινη αφήγηση [...] θα πρέπει να βοηθήσει την ανθρωπότητα να καταλάβει καλύτερα την αληθινή της φύση [...] αυτοβιογραφία στο απόγειό της [...] κόβει την ανάσα [...] γραμμένη με απολαυστικό πνεύμα και ακαταμάχητη ειλικρίνεια [...] συναρπαστική όσο ένα μυθιστόρημα».

*Sheffield Telegraph, Αγγλία*: «[...] ένα μνημειώδες έργο».

Μετά τη μετάφραση του βιβλίου σε άλλες γλώσσες, πολλές ακόμα αναφορές άρχισαν να εμφανίζονται σε εφημερίδες και περιοδικά σε όλο τον κόσμο.

*Il Tempo del Lunedí, Ρώμη*: «Σελίδες που θα μαγέψουν τον αναγνώστη, γιατί αγγίζουν την προσδοκία και τη λαχτάρα που κοιμάται στην καρδιά κάθε ανθρώπου».

*China Weekly Review, Σανγκάη*: «Το περιεχόμενο αυτού του βιβλίου είναι ασυνήθιστο [...] ιδιαίτερα για τον σύγχρονο Χριστιανό, ο οποίος έχει τη βολική συνήθεια να πιστεύει ότι θαύματα γίνονταν μόνο σε παλιότερους αιώνες. [...] Τα φιλοσοφικά αποσπάσματα είναι άκρως ενδιαφέροντα. Ο Γιογκανάντα βρίσκεται σ' ένα πνευματικό επίπεδο πάνω από θρησκευτικές διαφορές. [...] Αξίζει πολύ να διαβάσει κάποιος το βιβλίο».

*Haagsche Post, Ολλανδία*: «[...] τμήματα σοφίας τόσο βαθιά, που κάποιος νιώθει εκστασιασμένος, τόσο συγκινημένος, που αλλάζει η ζωή του».

*Welt und Wort, German literary monthly, Γερμανία*: «Απίστευτα εντυπωσιακό [...] Η μοναδικότητα της αξίας της *Αυτοβιογραφίας Ενός Γιόγκι* είναι ότι εδώ για πρώτη φορά ένας γιόγκι σπάει τη σιωπή του και μιλά για τις πνευματικές του εμπειρίες. Μέχρι τώρα μια τέτοια αφήγηση θα προκαλούσε σκεπτικισμό. Σήμερα όμως η κατάσταση του κόσμου είναι τέτοια που ο άνθρωπος αναγκάζεται να αναγνωρίσει την αξία ενός τέτοιου βιβλίου. [...] Όλος ο στόχος του συγγραφέα δεν είναι να παρουσιάσει τη γιόγκα της Ινδίας σε αντίθεση με τις διδασκαλίες του Χριστιανισμού, αλλά σε συνεπικουρία μ' αυτόν – σαν σύντροφοι που ταξιδεύουν προς τον ίδιο μεγάλο στόχο».

*Ελευθερία, Ελλάδα*: «Είναι ένα βιβλίο με το οποίο ο αναγνώστης [...] θα δει τον ορίζοντα των σκέψεών του να διευρύνεται στο άπειρο και θα συνειδητοποιήσει ότι η καρδιά του είναι ικανή να χτυπά για όλα τα ανθρώπινα όντα, άσχετα με το χρώμα και τη φυλή τους. Είναι ένα βιβλίο που μπορεί να αποκληθεί εμπνευσμένο».

*Neue Telta Zeitung, Αυστρία*: «Ένα από τα πιο βαθιά και σημαντικά μηνύματα αυτού του αιώνα».

*La Paz, Βολιβία*: «Ο αναγνώστης της σύγχρονης εποχής μας σπάνια θα βρει ένα τέτοιο όμορφο, βαθύ και ειλικρινές βιβλίο σαν την *Αυτοβιογραφία Ενός Γιόγκι*. [...] Γεμάτο γνώση και πλούσιο σε προσωπικές

*Εισαγωγή*

εμπειρίες. [...] Ένα από τα πιο εκπληκτικά κεφάλαια του βιβλίου είναι αυτό που αναφέρεται στα μυστήρια της ζωής μετά το θάνατο του υλικού σώματος».

*Schleswig-Holsteinische Tagespost, Γερμανία*: «Αυτές οι σελίδες αποκαλύπτουν, με ασύγκριτη δύναμη και καθαρότητα, μια συναρπαστική ζωή, μια προσωπικότητα τέτοιου πρωτάκουστου μεγαλείου που από την αρχή ως το τέλος ο αναγνώστης μένει με κομμένη την ανάσα. [...] Πρέπει να αναγνωρίσουμε την αξία αυτής της σημαντικής βιογραφίας ως επαρκώς ισχυρής ώστε να προκαλέσει μια πνευματική επανάσταση».

Γρήγορα ετοιμάστηκε μια δεύτερη έκδοση και το 1951 μια τρίτη. Κατά την αναθεώρηση και ενημέρωση του κειμένου, διαγράφοντας κάποια αποσπάσματα που περιέγραφαν δραστηριότητες και σχέδια που δεν ήταν πια σύγχρονα, ο Παραμαχάνσα Γιογκανάντα πρόσθεσε ένα τελευταίο κεφάλαιο –ένα από τα μεγαλύτερα του βιβλίου– καλύπτοντας τα χρόνια από το 1940 μέχρι το 1951. Σε μια υποσημείωση του καινούργιου κεφαλαίου έγραψε: «Πολύ νέο υλικό προστέθηκε στο Κεφάλαιο 49 στην τρίτη έκδοση του βιβλίου αυτού (το 1951). Σε ανταπόκριση του αιτήματος πολλών αναγνωστών των δύο πρώτων εκδόσεων, απάντησα σ' αυτό το κεφάλαιο σε διάφορες ερωτήσεις σχετικά με την Ινδία, τη γιόγκα και τη βεδική φιλοσοφία».[1]

---

[1] Επιπλέον αναθεωρήσεις που έγιναν από τον Παραμαχάνσα Γιογκανάντα συμπεριλήφθηκαν στην έβδομη έκδοση (1956), όπως περιγράφεται στη σχετική Σημείωση του Εκδότη:

«Αυτή η αμερικανική έκδοση του 1956 περιέχει αναθεωρήσεις που έγιναν από τον Παραμαχάνσα Γιογκανάντα το 1949 για την έκδοση του Λονδίνου, στην Αγγλία· και επιπλέον αναθεωρήσεις έγιναν από τον συγγραφέα το 1951. Σε μια "σημείωση για την Έκδοση του Λονδίνου", με ημερομηνία 25 Οκτωβρίου 1949, ο Παραμαχάνσα Γιογκανάντα έγραψε: "Η προετοιμασία για την έκδοση του βιβλίου αυτού στο Λονδίνο μού έδωσε την ευκαιρία να αναθεωρήσω και ελαφρώς να διευρύνω το κείμενο. Εκτός από το νέο υλικό στο τελευταίο κεφάλαιο, πρόσθεσα μερικές υποσημειώσεις με τις οποίες απάντησα σε ερωτήσεις που μου έστειλαν αναγνώστες της αμερικανικής έκδοσης".

»Οι αναθεωρήσεις που έγιναν αργότερα από τον συγγραφέα, το 1951, προορίζονταν για την τέταρτη (1952) αμερικάνικη έκδοση. Εκείνη την εποχή τα πνευματικά δικαιώματα της *Αυτοβιογραφίας Ενός Γιόγκι* ανήκαν στον εκδοτικό οίκο της Νέας Υόρκης. Το 1946, στη Νέα Υόρκη, κάθε σελίδα είχε φτιαχτεί σε ηλεκτροτυπικές πλακέτες. Επομένως το να προσθέσει κάποιος έστω και ένα κόμμα απαιτούσε να κοπεί ολόκληρη η μεταλλική πλακέτα και να συγκολληθεί με μια νέα γραμμή που θα περιείχε το επιθυμητό κόμμα. Εξαιτίας του κόστους που θα απαιτούσε αυτή η συγκόλληση πολλών πλακετών, ο εκδοτικός οίκος της Νέας Υόρκης δεν συμπεριέλαβε στην τέταρτη έκδοση τις αναθεωρήσεις που έκανε ο συγγραφέας το 1951.

»Στα τέλη του 1953 το Self-Realization Fellowship (SRF) αγόρασε από τον εκδοτικό οίκο της Νέας Υόρκης όλα τα δικαιώματα της *Αυτοβιογραφίας Ενός Γιόγκι*. Το SRF ξανατύπωσε το βιβλίο το 1954 και το 1955 (πέμπτη και έκτη έκδοση)· κατά τη διάρκεια όμως των δύο αυτών ετών, άλλα καθήκοντα εμπόδισαν την εξαιρετικά χρονοβόρα ενσωμάτωση των αναθεωρήσεων του συγγραφέα στις ηλεκτροτυπικές πλακέτες. Η εργασία αυτή ωστόσο ολοκληρώθηκε έγκαιρα για την έβδομη έκδοση».

«Συγκινήθηκα έντονα», έγραψε ο Σρι Γιογκανάντα σε μια Σημείωση του Συγγραφέα στην έκδοση του 1951, «όταν δέχθηκα γράμματα από χιλιάδες αναγνώστες. Τα σχόλιά τους και το γεγονός ότι το βιβλίο μεταφράστηκε σε πολλές γλώσσες με κάνει να πιστεύω ότι η Δύση βρήκε σ' αυτές τις σελίδες μια καταφατική απάντηση στην ερώτηση: "Η αρχαία επιστήμη της γιόγκα έχει κάποια αξιόλογη θέση στη ζωή του σύγχρονου ανθρώπου;"».

Καθώς τα χρόνια περνούσαν, οι «χιλιάδες αναγνώστες» έγιναν εκατομμύρια, και η διαχρονική και οικουμενική γοητεία της *Αυτοβιογραφίας Ενός Γιόγκι* γινόταν ολοένα και πιο φανερή. Εξήντα και πλέον χρόνια μετά την πρώτη έκδοση του βιβλίου, ακόμα υπάρχει στους καταλόγους των μεταφυσικών και εμπνευσμένων μπεστ-σέλλερ. Ένα σπάνιο φαινόμενο! Διαθέσιμο σε πολλές μεταφράσεις, χρησιμοποιείται τώρα από Κολλέγια και Πανεπιστήμια σε όλο τον κόσμο σε μαθήματα που κυμαίνονται από την ανατολική φιλοσοφία και θρησκεία μέχρι την αγγλική λογοτεχνία, την ψυχολογία, την κοινωνιολογία, την ανθρωπολογία, την ιστορία, ακόμα και τη διοίκηση επιχειρήσεων. Όπως είχε προβλεφθεί πάνω από έναν αιώνα πριν από τον Λαχίρι Μαχασάγια, το μήνυμα της γιόγκα και της αρχαίας παράδοσής της του διαλογισμού πράγματι έφτασε στα πέρατα της γης.

«Ίσως κυρίως γνωστός για την *Αυτοβιογραφία Ενός Γιόγκι*, που έχει εμπνεύσει αμέτρητα εκατομμύρια ανθρώπους σε όλο τον κόσμο», γράφει το μεταφυσικό περιοδικό *New Frontier* (Οκτώβριος 1986), «ο Παραμαχάνσα Γιογκανάντα, όπως ο Γκάντι, έφερε πνευματικότητα στη γενική τάση της κοινωνίας. Είναι δίκαιο να πούμε ότι ο Γιογκανάντα έκανε περισσότερα για να μπει η λέξη "γιόγκα" στο λεξιλόγιό μας από κάθε άλλον άνθρωπο».

Ο σεβαστός λόγιος Δρ Ντέιβιντ Φρόλυ (Dr. David Frawley),

---

Μετά το 1956 έγιναν κάποιες περαιτέρω αναθεωρήσεις σύμφωνα με την καθοδήγηση που είχε λάβει η Τάρα Μάτα από τον Παραμαχάνσα Γιογκανάντα πριν από τον θάνατό του.

Οι πρώτες εκδόσεις της *Αυτοβιογραφίας Ενός Γιόγκι* ανέφεραν τον τίτλο του συγγραφέα ως «Παραμχάνσα», που εξέφραζε τη συνήθη πρακτική των ανθρώπων της Βεγγάλης να παραλείπουν στα γραπτά τους τα "α" που δεν προφέρονταν καθόλου ή που προφέρονταν λίγο. Για να διασφαλιστεί η μετάδοση της ιερής σημασίας του βασισμένου στις Βέδες τίτλου, σε κατοπινές εκδόσεις χρησιμοποιήθηκε το κριτήριο της σανσκριτικής διατύπωσης «Παραμαχάνσα», από το *παραμα*, «ύψιστος ή ανώτατος» και *χάνσα*, «κύκνος» – που υποδηλώνει κάποιον που έχει φτάσει στην ανώτατη συνειδητοποίηση του αληθινού θεϊκού Εαυτού του και της ενότητας αυτού του Εαυτού με το Πνεύμα.

*Εισαγωγή*

Διευθυντής του Αμερικανικού Ινστιτούτου Βεδικών Σπουδών, γράφοντας στο διμηνιαίο περιοδικό *Yoga International* (Οκτώβριος / Νοέμβριος 1996), δηλώνει: «Ο Γιογκανάντα μπορεί να ονομαστεί ως ο πατέρας της γιόγκα στη Δύση – όχι της απλής σωματικής γιόγκα που έγινε δημοφιλής, αλλά της πνευματικής γιόγκα, της επιστήμης της συνειδητοποίησης του Εαυτού μας, που είναι και η αληθινή έννοια της γιόγκα».

Ο Καθηγητής Ασούτος Ντας (Ashutosh Das), Ph.D., D.Litt. του Πανεπιστημίου της Καλκούτα, δηλώνει: «Η *Αυτοβιογραφία Ενός Γιόγκι* θεωρείται μια Ουπανισάντ του νέου αιώνα. [...] Ικανοποίησε την πνευματική δίψα αναζητητών της αλήθειας σε ολόκληρο τον κόσμο. Εμείς στην Ινδία είδαμε με κατάπληξη και σάστισμα την εκπληκτικά θεαματική εξάπλωση της δημοτικότητας αυτού του βιβλίου σχετικά με τους αγίους και τη φιλοσοφία της Ινδίας. Νιώσαμε μεγάλη ικανοποίηση και υπερηφάνεια που το αθάνατο νέκταρ της Ινδίας *Σανάτανα Ντάρμα*, οι αιώνιοι νόμοι της αλήθειας, αποθηκεύτηκαν στο χρυσό δισκοπότηρο της *Αυτοβιογραφίας Ενός Γιόγκι*».

Ακόμα και στην πρώην Σοβιετική Ένωση, το βιβλίο προφανώς έκανε έντονη εντύπωση στους σχετικά λίγους που είχαν πρόσβαση σ' αυτό κάτω από το κομμουνιστικό καθεστώς. Ο Δικαστής Β. Ρ. Κρίσνα Άιερ (V. R. Krishna Iyer), πρώην δικαστής του Ανωτάτου Δικαστηρίου της Ινδίας, μας λέει για την επίσκεψή του σε μια πόλη κοντά στο Σέντ Πίτερσμπεργκ (τότε Λένινγκραντ) και ρώτησε μια ομάδα καθηγητών εκεί «αν είχαν σκεφτεί τι γίνεται όταν ο άνθρωπος πεθαίνει. [...] Ένας από τους καθηγητές πήγε μέσα σ' ένα δωμάτιο και επέστρεψε μ' ένα βιβλίο – την *Αυτοβιογραφία Ενός Γιόγκι*. Εξεπλάγην. Σ' ένα κράτος που κυβερνάται από την υλιστική φιλοσοφία του Μαρξ και του Λένιν, είχα μπροστά μου έναν κρατικό λειτουργό ενός κυβερνητικού ιδρύματος που μου έδειχνε το βιβλίο του Παραμαχάνσα Γιογκανάντα! "Σας παρακαλώ, συνειδητοποιήστε ότι το πνεύμα της Ινδίας δεν είναι ξένο προς εμάς", είπε. "Δεχόμαστε την αυθεντικότητα των πάντων που είναι καταγεγραμμένα στο βιβλίο αυτό"».

«Ανάμεσα στα χιλιάδες βιβλία που δημοσιεύονται κάθε χρόνο», ανέφερε ένα άρθρο του *India Journal* (21 Απριλίου 1995), «υπάρχουν αυτά που ψυχαγωγούν, αυτά που καθοδηγούν, αυτά που διδάσκουν. Ο αναγνώστης πρέπει να θεωρεί τον εαυτό του τυχερό αν βρει και τα τρία αυτά σε ένα βιβλίο. Η *Αυτοβιογραφία Ενός Γιόγκι* είναι ακόμα πιο σπάνια – είναι ένα βιβλίο που ανοίγει τις πόρτες του νου και της ψυχής».

Στα πρόσφατα χρόνια, το βιβλίο χαρακτηρίστηκε από βιβλιοπώλες, κριτικούς και αναγνώστες, ως ένα από τα πνευματικά βιβλία που επηρέασαν πιο πολύ τον άνθρωπο στη σύγχρονη εποχή. Το 1999, σε μια κριτική επιτροπή HarperCollins συγγραφέων και καθηγητών, η *Αυτοβιογραφία Ενός Γιόγκι* επελέγη ως ένα από «τα 100 Καλύτερα Πνευματικά Βιβλία του Αιώνα», και στο *50 Spiritual Classics*, που εκδόθηκε το 2005, ο Τομ Μπάτλερ-Μπόουντον (Tom Butler-Bowdon) έγραψε ότι το βιβλίο ήταν «δίκαια χαρακτηρισμένο ως ένα από τα πιο ευχάριστα και διαφωτιστικά πνευματικά βιβλία που γράφτηκαν ποτέ».

Στο τελευταίο κεφάλαιο του βιβλίου ο Παραμαχάνσα Γιογκανάντα γράφει για τη βαθιά διαβεβαίωση που έχει επιβεβαιωθεί από αγίους και σοφούς των θρησκειών όλου του κόσμου ανά τους αιώνες:

*«Ο Θεός είναι αγάπη· το σχέδιο της δημιουργίας Του μπορεί να έχει τις ρίζες του μόνο στην αγάπη. Η απλή αυτή σκέψη δεν προσφέρει μεγαλύτερη παρηγοριά στον άνθρωπο απ' ό,τι οι επιχειρηματολογίες των πολυμαθών; Κάθε άγιος που διείσδυσε στην καρδιά της Πραγματικότητας διακήρυξε ότι το θεϊκό συμπαντικό σχέδιο υπάρχει και ότι είναι όμορφο και γεμάτο χαρά».*

Καθώς η *Αυτοβιογραφία Ενός Γιόγκι* συνεχίζει στον δεύτερο μισό αιώνα, ελπίζουμε όλοι οι αναγνώστες αυτού του έργου που εμπνέει –αυτοί που το διαβάζουν για πρώτη φορά, καθώς και αυτοί για τους οποίους έγινε από παλιά ένας αγαπημένος σύντροφος στο μονοπάτι της ζωής– να δουν την ψυχή τους να ανοίγει σε μια βαθύτερη πίστη στην υπερβατική αλήθεια που βρίσκεται στην καρδιά των φαινομενικών μυστηρίων της ζωής.

SELF-REALIZATION FELLOWSHIP

Λος Άντζελες, Καλιφόρνια
Ιούλιος 2007

## Ο ΑΙΩΝΙΟΣ ΝΟΜΟΣ ΤΗΣ ΔΙΚΑΙΟΣΥΝΗΣ

Η σημαία της πρόσφατα ανεξαρτητοποιημένης Ινδίας (1947) έχει λωρίδες από βαθυκίτρινο, άσπρο και σκούρο πράσινο χρώμα. Το ναυτικό μπλε *Ντάρμα Τσάκρα* («Τροχός του Νόμου») είναι μια αναπαραγωγή του σχεδίου που υπάρχει στην Πέτρινη Κολώνα του Σαρνάτ (Sarnath Stone Pillar), που χτίστηκε τον τρίτο αιώνα π.Χ. από τον Αυτοκράτορα Ασόκα (Asoka).

Ο τροχός επιλέχθηκε σαν σύμβολο του αιώνιου νόμου της δικαιοσύνης· και συμπτωματικά, σαν τιμή στη μνήμη του επιφανέστερου μονάρχη στον κόσμο. «Η διακυβέρνησή του των σαράντα ετών δεν έχει προηγούμενο στην ιστορία», γράφει ο Άγγλος ιστορικός Χ. Τζ. Ρόουλινσον (H. G. Rawlinson). «Σε διάφορες περιπτώσεις συγκρίθηκε με τον Μάρκο Αυρήλιο, τον Άγιο Παύλο και τον Κωνσταντίνο. [...] 250 χρόνια πριν τον Χριστό, ο Ασόκα είχε το θάρρος να εκφράσει τη φρίκη και τη μετάνοιά του για μια επιτυχημένη εκστρατεία και σκόπιμα να αποκηρύξει τον πόλεμο ως μέσο πολιτικής».

Τα βασίλεια που κληρονόμησε ο Ασόκα περιλάμβαναν την Ινδία, το Νεπάλ, το Αφγανιστάν και το Μπαλουχιστάν. Πρώτος διεθνολόγος, έστειλε θρησκευτικές και πολιτιστικές αποστολές με πολλά δώρα και ευλογίες στη Μπούρμα, την Κεϋλάνη, την Αίγυπτο, τη Συρία και τη Μακεδονία.

«Ο Ασόκα, ο τρίτος βασιλιάς της σειράς των Μαουρίγια (Maurya), ήταν ένας [...] από τους μεγάλους φιλοσόφους-βασιλιάδες της ιστορίας», παρατήρησε ο καθηγητής Π. Μάσον-Όουρσελ (P. Masson-Oursel). «Κανείς δεν έχει συνδυάσει την ενέργεια με την καλοσύνη και τη δικαιοσύνη με τη φιλανθρωπία όπως αυτός. Ήταν μια ζωντανή προσωποποίηση της εποχής του, εντούτοις μοιάζει μπροστά μας σχεδόν σαν μια σύγχρονη μορφή. Στην πορεία της μακράς βασιλείας του κατάφερε αυτό που σ' εμάς φαίνεται μια απλή προσδοκία των οραματιστών: απολαμβάνοντας τη μεγαλύτερη δυνατή υλική δύναμη, οργάνωσε την ειρήνη. Πολύ πέρα από τα αχανή βασίλειά του, πραγματοποίησε το όνειρο κάποιων θρησκειών – οικουμενική τάξη, μια τάξη που να αγκαλιάζει όλη την ανθρωπότητα».

«Το *Ντάρμα* (ο συμπαντικός νόμος) στοχεύει στην ευτυχία όλων των πλασμάτων». Στα διατάγματά του, γραμμένα σε βράχους και πέτρινες κολώνες που υπάρχουν και μέχρι σήμερα, ο Ασόκα, με αγάπη, συμβουλεύει τους υπηκόους της τεράστιας αυτοκρατορίας του ότι η ευτυχία έχει τις ρίζες της στην ηθική και την ευσέβεια.

Η σύγχρονη Ινδία, φιλοδοξώντας να ανανεώσει την εξέχουσα θέση και την ευημερία της, που για χιλιετίες υπήρχε στη χώρα, αποτίει φόρο τιμής με τη νέα της σημαία στη μνήμη του Ασόκα, τον μονάρχη που ήταν «αγαπητός στους θεούς».

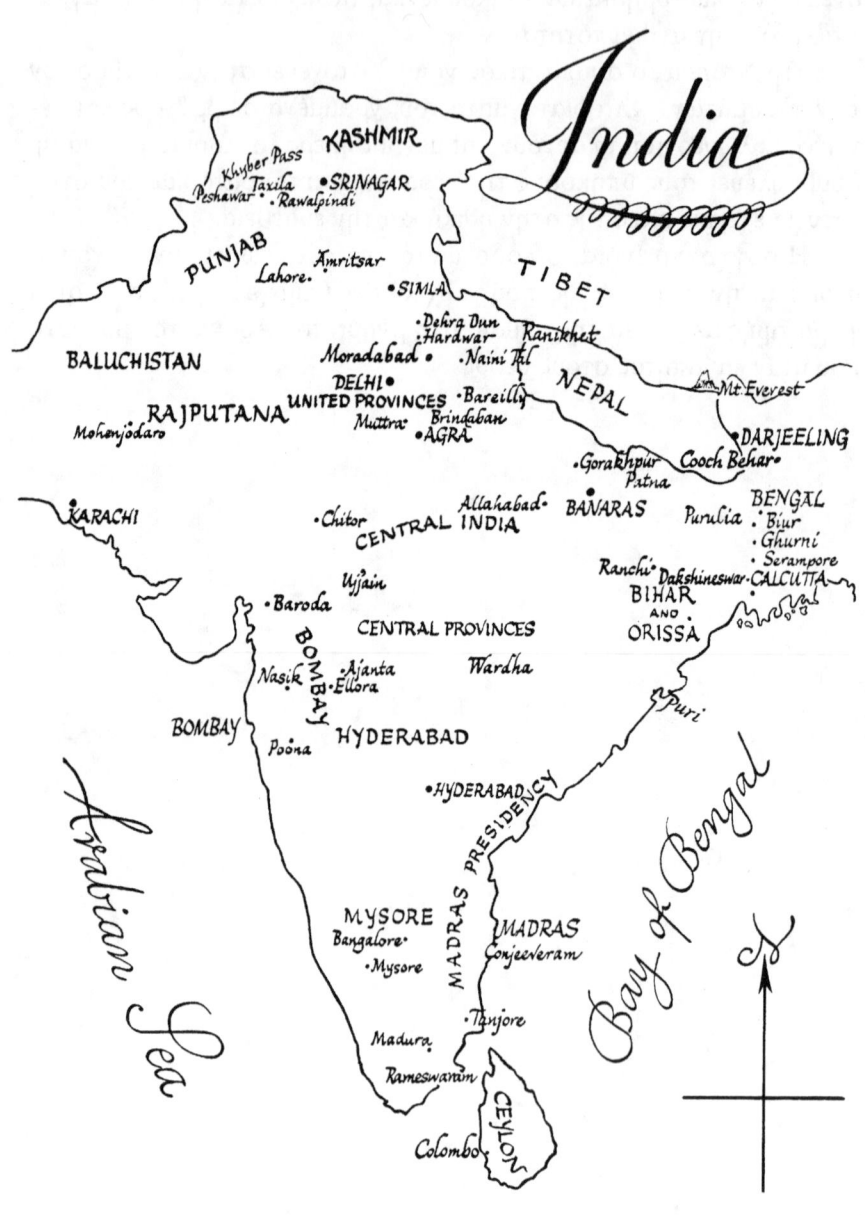

*(Πριν το 1947. Τα τμήματα στα Βορειοδυτικά τώρα αποτελούν το Πακιστάν· στα Βορειοανατολικά, το Μπαγκλαντές.)*

ΑΥΤΟΒΙΟΓΡΑΦΙΑ ΕΝΟΣ ΓΙΟΓΚΙ

ΚΕΦΑΛΑΙΟ 1

# Οι Γονείς Μου και η Παιδική Μου Ηλικία

Τα ιδιαίτερα γνωρίσματα του ινδικού πολιτισμού υπήρξαν εδώ και πολύ καιρό η έρευνα για απόλυτες αλήθειες και η συνακόλουθη σχέση μαθητή-γκουρού.[1]

Ο δικός μου δρόμος με οδήγησε σ' έναν άγιο που έμοιαζε στον Χριστό· η όμορφη ζωή του έμελλε να μείνει χαραγμένη ανά τους αιώνες. Ήταν ένας από τους μεγάλους Δασκάλους που αποτελούν τον πιο αληθινό πλούτο της Ινδίας. Εμφανιζόμενοι σε κάθε γενιά, δημιούργησαν ένα αμυντικό τείχος στη χώρα τους σε αντίθεση με τη μοίρα της αρχαίας Αιγύπτου και της Βαβυλωνίας.

Ανιχνεύω τις πιο πρώιμες αναμνήσεις μου σε αναχρονιστικές μορφές μιας προηγούμενης ενσάρκωσης. Στον νου μου έρχονταν καθαρές αναμνήσεις από μια μακρινή ζωή κατά την οποία ήμουν γιόγκι[2] μέσα στα χιόνια των Ιμαλαΐων. Αυτές οι φευγαλέες ματιές στο παρελθόν, με κάποια ακαθόριστη σύνδεση χωρίς διαστάσεις, μου έδωσαν επίσης τη δυνατότητα μιας φευγαλέας ματιάς στο μέλλον.

Ακόμα θυμάμαι τις ταπεινώσεις της βρεφικής ηλικίας, όταν ένιωθα αβοήθητος. Συνειδητά, με δυσαρέσκεια, καταλάβαινα ότι δεν μπορούσα να περπατήσω και να εκφραστώ ελεύθερα. Καθώς συνειδητοποιούσα τη σωματική μου ανικανότητα, ένιωθα μια μεγάλη ανάγκη για προσευχή. Η έντονη συναισθηματική μου ζωή νοητικά εκφραζόταν σε λέξεις από πολλές γλώσσες. Ανάμεσα στην εσωτερική σύγχυση των γλωσσών, σταδιακά άρχισα να συνηθίζω τη βεγγαλική γλώσσα των ανθρώπων μου. Το απογοητευτικό πεδίο του μυαλού ενός βρέφους... Που θεωρείται από τους ενήλικες ότι οι σκέψεις του περιορίζονται

---

[1] Πνευματικός δάσκαλος. Η *Γκουρού Γκίτα* (*Guru Gita*) (στίχος 17) περιγράφει κατάλληλα τον Γκουρού ως «αυτόν που διώχνει το σκοτάδι» (από το *γκου*, «σκοτάδι» και το *ρου*, «αυτό που διώχνει»).

[2] Αυτός που ασκείται στη γιόγκα, «ένωση», αρχαία επιστήμη διαλογισμού στο Θεό. (Βλ. κεφάλαιο 26: «Η επιστήμη της Κρίγια Γιόγκα».)

μόνο στα παιχνίδια και στα δάχτυλα των ποδιών του!

Η ψυχολογική αναστάτωση και το μη ανταποκρινόμενο σώμα μου δημιουργούσαν πολλά πεισματάρικα ξεσπάσματά μου σε κλάματα. Θυμάμαι τη γενική αμηχανία της οικογένειάς μου μπροστά στην απελπισία μου. Στον νου μου όμως συνωστίζονται και πιο ευχάριστες μνήμες: τα χάδια της μητέρας μου και οι πρώτες μου προσπάθειες να μιλήσω και να περπατήσω με μικρά βηματάκια. Αυτοί οι πρώτοι θρίαμβοι, που συνήθως ξεχνιούνται γρήγορα, είναι εντούτοις μια φυσική βάση της αυτοπεποίθησης.

Οι αναμνήσεις μου που φτάνουν τόσο μακριά δεν είναι μοναδικές. Πολλοί γιόγκι είναι γνωστό ότι διατηρούν τη συνειδητότητά τους χωρίς διακοπή κατά τη δραματική μετάβαση από και προς τη «ζωή» και τον «θάνατο». Αν ο άνθρωπος είναι μόνο σώμα, ο χαμός του πραγματικά δίνει τέλος στην υπόστασή του. Αν όμως οι προφήτες, εδώ και χιλιετίες, είπαν την αλήθεια, ο άνθρωπος είναι ουσιαστικά ψυχή, χωρίς σώμα και πανταχού παρών.

Παρ' όλο που είναι παράξενο, οι καθαρές αναμνήσεις της βρεφικής ηλικίας δεν είναι εξαιρετικά σπάνιες. Κατά τη διάρκεια ταξιδιών μου σε διάφορες χώρες άκουσα για πολύ πρώιμες μνήμες από τα χείλη πολύ ειλικρινών ανθρώπων.

Γεννήθηκα στις 5 Ιανουαρίου του 1893, στο Γκορακπούρ (Gorakhpur) της βορειοανατολικής Ινδίας, κοντά στα όρη των Ιμαλαΐων. Εκεί πέρασα τα πρώτα οκτώ μου χρόνια. Ήμαστε οκτώ παιδιά: τέσσερα αγόρια και τέσσερα κορίτσια. Εγώ, ο Μουκούντα Λαλ Γκος,[3] ήμουν ο δεύτερος γιος και το τέταρτο παιδί.

Ο Πατέρας και η Μητέρα ήταν από τη Βεγγάλη, από την κάστα των *Κσάτριγια*.[4] Και οι δύο ήταν ευλογημένοι να έχουν άγια φύση. Η αμοιβαία αγάπη τους, γαλήνια και αξιοπρεπής, δεν εκφράστηκε ποτέ επιπόλαια. Μια τέλεια γονική αρμονία ήταν το ήρεμο κέντρο γύρω από το οποίο περιστρέφονταν με οχλαγωγία οκτώ νεαρές ζωές.

Ο Πατέρας, ο Μπαγκαμπάτι Τσαράν Γκος, ήταν καλός, σοβαρός, κάποιες φορές αυστηρός. Παρ' όλο που τον αγαπούσαμε πολύ, εμείς τα παιδιά κρατούσαμε μια απόσταση σεβασμού. Ένας εξέχων μαθηματικός και δάσκαλος της λογικής, καθοδηγούνταν πρωτίστως από τη διάνοιά

---

[3] Το όνομά μου άλλαξε σε Γιογκανάντα το 1915 όταν εισήλθα στο αρχαίο μοναστικό Τάγμα των Σουάμι. Το 1935 ο γκουρού μου μου απένειμε τον περαιτέρω θρησκευτικό τίτλο του *Παραμαχάνσα* (βλ. σελ. 255 και 461).

[4] Η δεύτερη κάστα, αρχικά αυτή των αρχόντων και των πολεμιστών.

του. Η Μητέρα όμως ήταν μια βασίλισσα της καρδιάς και μας δίδαξε μόνο με αγάπη. Μετά το θάνατό της ο Πατέρας έδειξε περισσότερο την εσωτερική του τρυφερότητα. Πρόσεξα τότε ότι το βλέμμα του συχνά έμοιαζε να μεταμορφώνεται σ' ένα βλέμμα σαν της μητέρας μου.

Με τη Μητέρα εμείς τα παιδιά είχαμε μια γλυκόπικρη γνωριμία με τις Γραφές. Η Μητέρα έβρισκε με ευρηματικό τρόπο κατάλληλες ιστορίες από τη *Μαχαμπαράτα* και τη *Ραμαγιάνα*[5] για τις ανάγκες της πειθαρχίας· σ' αυτές τις περιπτώσεις η επίπληξη και η καθοδήγηση πήγαιναν χέρι χέρι.

Σαν ένδειξη σεβασμού για τον Πατέρα, τα απογεύματα η Μητέρα μάς έντυνε προσεκτικά για να τον καλωσορίσουμε στο σπίτι από το γραφείο. Είχε μια θέση παρόμοια μ' αυτή του αντιπροέδρου σε μια από τις μεγάλες εταιρείες της Ινδίας: την Εταιρεία Σιδηροδρόμων Βεγγάλης-Ναγκπούρ. Στα πλαίσια της δουλειάς του έπρεπε να ταξιδεύει συχνά· έτσι η οικογένειά μας έζησε σε διάφορες πόλεις κατά τη διάρκεια της παιδικής μου ηλικίας.

Η Μητέρα πάντα βοηθούσε αυτούς που είχαν ανάγκη. Ο Πατέρας είχε επίσης διάθεση να βοηθήσει, αλλά ο σεβασμός του για τον νόμο και την τάξη τον έκανε να μην υπερβαίνει τον προϋπολογισμό του σπιτιού. Μια φορά, μέσα σ' ένα δεκαπενθήμερο, η Μητέρα ξόδεψε ταΐζοντας τους φτωχούς περισσότερα χρήματα από ένα μηνιαίο εισόδημα του Πατέρα.

«Το μόνο που ζητώ, σε παρακαλώ», είπε ο Πατέρας, «είναι να κρατάς τις φιλανθρωπίες σου μέσα σ' ένα λογικό όριο». Ακόμα και μια ελαφρά επίπληξη από τον σύζυγό της ήταν σοβαρή για τη Μητέρα. Χωρίς να κάνει καμία νύξη στα παιδιά για κάποια διαφωνία, κάλεσε μια αγοραία άμαξα.

«Γεια σου, φεύγω για το σπίτι της μητέρας μου». Αρχαίο τελεσίγραφο!

Ξεσπάσαμε κατάπληκτοι σε θρήνους. Ο θείος από τη μεριά της μητέρας μας ήρθε την κατάλληλη στιγμή· ψιθύρισε στον Πατέρα κάποιες σοφές συμβουλές, σταχυολογημένες χωρίς αμφιβολία εδώ και αιώνες. Αφού ο Πατέρας είπε λίγα συμφιλιωτικά λόγια, η Μητέρα έδιωξε την άμαξα με χαρά. Έτσι τελείωσε το μόνο πρόβλημα που παρατήρησα ποτέ ανάμεσα στους γονείς μου. Θυμάμαι όμως μια χαρακτηριστική συζήτηση:

---

[5] Αυτά τα αρχαία έπη είναι ο θησαυρός της ιστορίας, της μυθολογίας και της φιλοσοφίας της Ινδίας.

«Σε παρακαλώ, δώσε μου δέκα ρουπίες για μια δύσμοιρη γυναίκα που μόλις έφτασε στο σπίτι». Το χαμόγελο της μητέρας είχε τη δική του πειθώ.

«Γιατί δέκα ρουπίες; Μία είναι αρκετή». Ο Πατέρας πρόσθεσε μια αιτιολογία: «Όταν ο πατέρας και οι παππούδες και οι γιαγιάδες μου πέθαναν ξαφνικά, ένιωσα για πρώτη φορά τη φτώχεια. Το μοναδικό μου πρωινό πριν περπατήσω χιλιόμετρα για το σχολείο ήταν μια μικρή μπανάνα. Αργότερα, στο Πανεπιστήμιο, βρισκόμουν σε τόσο μεγάλη ανάγκη που ζήτησα από έναν πλούσιο δικαστή να με βοηθήσει με μια ρουπία το μήνα. Αρνήθηκε, επισημαίνοντας ότι ακόμα και μία ρουπία είναι σημαντική».

«Με πόση πικρία θυμάσαι την άρνηση εκείνης της ρουπίας!». Η καρδιά της Μητέρας είχε μια στιγμιαία λογική. «Θέλεις αυτή η γυναίκα να θυμάται επίσης με πόνο την άρνησή σου να της δώσεις δέκα ρουπίες, τις οποίες έχει ανάγκη επειγόντως;».

«Νίκησες!». Με την πανάρχαια χειρονομία των ηττημένων συζύγων, άνοιξε το πορτοφόλι του. «Ορίστε ένα χαρτονόμισμα των δέκα ρουπιών. Δώσ' της το με τις ευχές μου».

Ο Πατέρας είχε την τάση να λέει «όχι» σε κάθε νέα πρόταση. Η στάση του απέναντι στην ξένη, που τόσο εύκολα είχε κερδίσει τη συμπάθεια της Μητέρας, ήταν ένα παράδειγμα της συνηθισμένης του επιφυλακτικότητας. Η άρνηση της άμεσης αποδοχής είναι απλά και μόνο απόρροια της αρχής της «ώριμης σκέψης». Πάντα έβρισκα τον Πατέρα λογικό και καθ' όλα ισορροπημένο στην κρίση του. Αν υποστήριζα τα πολυάριθμα αιτήματά μου με ένα ή δύο σωστά επιχειρήματα, πάντα μου έδινε αυτό που λαχταρούσα – είτε ένα ταξίδι για διακοπές είτε μια καινούργια μοτοσικλέτα.

Ο Πατέρας επέβαλλε με αυστηρότητα πειθαρχία στα παιδιά του κατά τα παιδικά τους χρόνια, αλλά η στάση του απέναντι στον εαυτό του ήταν αληθινά σπαρτιάτικη. Για παράδειγμα, ποτέ δεν πήγαινε στο θέατρο, αλλά έβρισκε αναψυχή σε διάφορες πνευματικές πρακτικές και στο να διαβάζει την Μπάγκαβαντ Γκίτα.[6] Αποφεύγοντας όλες τις πολυτέλειες, έμενε με ένα ζευγάρι παπούτσια μέχρι που αυτά αχρηστεύονταν. Οι γιοι του αγόρασαν αυτοκίνητα όταν αυτά έγιναν προσιτά στο

---

[6] Αυτό το ευγενές σανσκριτικό ποίημα, που αποτελεί τμήμα του έπους της *Μαχαμπαράτα*, είναι η ινδουιστική Βίβλος. Ο Μαχάτμα Γκάντι έγραψε: «Αυτοί που θα διαλογίζονται πάνω στην Γκίτα θα αποκομίζουν νέα χαρά και νέα νοήματα απ' αυτήν κάθε μέρα. Δεν υπάρχει ούτε ένα περίπλοκο πνευματικό θέμα που η Γκίτα να μην μπορεί να διαλευκάνει».

κοινό, αλλά ο Πατέρας ήταν ευχαριστημένος με το λεωφορείο για την καθημερινή μετακίνησή του από και προς το γραφείο.

Ο Πατέρας δεν ενδιαφερόταν για τη συσσώρευση χρημάτων για χάρη της δύναμης. Σε μια περίπτωση, αφού είχε οργανώσει την Τράπεζα Ούρμπαν της Καλκούτα, αρνήθηκε να επωφεληθεί από την παραχώρηση σ' αυτόν οποιασδήποτε μετοχής της. Απλά θέλησε να εκπληρώσει μια υποχρέωσή του ως πολίτης στον ελεύθερο χρόνο του.

Αρκετά χρόνια αργότερα, όταν ο Πατέρας είχε συνταξιοδοτηθεί, ένας λογιστής από την Αγγλία ήρθε στην Ινδία για να εξετάσει τα βιβλία της Εταιρείας Σιδηροδρόμων Βεγγάλης-Ναγκπούρ. Ο έκπληκτος πραγματογνώμων ανακάλυψε πως ο Πατέρας δεν είχε ποτέ κάνει αίτηση για να πάρει καθυστερούμενα χρηματικά δώρα.

«Έκανε τη δουλειά τριών ανθρώπων!», είπε ο λογιστής στην εταιρεία. «Του οφείλονται 125.000 ρουπίες (41.250$) ως αποζημίωση». Ο ταμίας έστειλε στον Πατέρα μια ισόποση επιταγή. Ο γονιός μου έδωσε τόσο λίγη σημασία στο θέμα, που ξέχασε να το αναφέρει στην οικογένεια. Πολύ αργότερα, τον ρώτησε ο νεότερος αδελφός μου Μπισνού, ο οποίος είχε προσέξει τη μεγάλη κατάθεση σ' ένα έγγραφο της Τράπεζας.

«Γιατί να ενθουσιαζόμαστε από υλικά κέρδη;», απάντησε ο Πατέρας. «Αυτός που επιδιώκει τον στόχο της αταραξίας δεν είναι ούτε περιχαρής με το κέρδος ούτε στενοχωρημένος με την απώλεια. Ξέρει ότι ο άνθρωπος έρχεται σ' αυτόν τον κόσμο χωρίς δεκάρα και φεύγει χωρίς ούτε μια ρουπία».

Νωρίς στην έγγαμη ζωή τους οι γονείς μου έγιναν μαθητές ενός μεγάλου Δασκάλου, του Λαχίρι Μαχασάγια από το Μπενάρες. Αυτή η σχέση ενίσχυσε τη φυσική ασκητική ιδιοσυγκρασία του Πατέρα. Η Μητέρα μια φορά έκανε μια εντυπωσιακή παραδοχή στη μεγαλύτερη αδελφή μου, τη Ρόμα: «Ο πατέρας σου κι εγώ κοιμόμαστε μαζί σαν αντρόγυνο μόνο μια φορά το χρόνο, με σκοπό να κάνουμε παιδιά».

Ο Πατέρας συνάντησε τον Λαχίρι Μαχασάγια μέσω του Αμπινάς Μπάμπου,[7] ενός υπαλλήλου σ' ένα υποκατάστημα των σιδηροδρόμων Βεγγάλης-Ναγκπούρ. Στο Γκορακπούρ ο Αμπινάς Μπάμπου με εκπαίδευε κατά τη νεαρή μου ηλικία αφηγούμενος ιστορίες για πολλούς Ινδούς αγίους, οι οποίες με απορροφούσαν. Πάντα ολοκλήρωνε κάθε διήγηση μ' ένα εγκώμιο για το ανώτερο μεγαλείο του δικού του γκουρού.

---

[7] Η προσφώνηση Μπάμπου (Κύριος) μπαίνει στη βεγγαλική γλώσσα μετά τα ονόματα.

Η ΓΚΟΥΡΡΟΥ (Γκιάνα Πράμπα) ΓΚΟΣ
(1868-1904)
Η μητέρα του Γιογκανάντατζι· μαθήτρια του Λαχίρι Μαχασάγια

«Άκουσες ποτέ για τις περίεργες συνθήκες κάτω από τις οποίες ο πατέρας σου έγινε μαθητής του Λαχίρι Μαχασάγια;». Ήταν ένα τεμπέλικο καλοκαιρινό απόγευμα όταν ο Αμπινάς έκανε αυτήν την ενδιαφέρουσα ερώτηση ενώ καθόμασταν στον περίβολο του σπιτιού μου. Έγνεψα αρνητικά μ' ένα χαμόγελο προσμονής.

«Εδώ και χρόνια, πριν γεννηθείς, ζήτησα από τον προϊστάμενό μου στο γραφείο –τον πατέρα σου– να μου δώσει μια εβδομάδα άδεια για να επισκεφτώ τον γκουρού μου στο Μπενάρες. Ο πατέρας σου χλεύασε το σχέδιό μου.

»"Θα γίνεις ένας φανατικός θρησκόληπτος;", ρώτησε. "Συγκεντρώσου στη δουλειά του γραφείου σου αν θες να πας μπροστά στη ζωή σου".

»Περπατώντας εκείνη την ημέρα προς το σπίτι θλιμμένος, κατά μήκος ενός μονοπατιού μέσα στο δάσος, συνάντησα τον πατέρα σου σ' ένα κουβούκλιο μεταφερόμενο από βαστάζους. Έδιωξε τους υπηρέτες του και το μεταφορικό μέσον και άρχισε να περπατά δίπλα μου. Προσπαθώντας να με παρηγορήσει, απαριθμούσε τα πλεονεκτήματα του να αγωνίζεται ο άνθρωπος για εγκόσμια επιτυχία. Εγώ όμως τον

Οι Γονείς Μου και η Παιδική Μου Ηλικία

Ο ΜΠΑΓΚΑΜΠΑΤΙ ΤΣΑΡΑΝ ΓΚΟΣ
(1853-1942)
Ο πατέρας του Γιογκανάντατζι· μαθητής του Λαχίρι Μαχασάγια

άκουγα με απάθεια, χωρίς να τον προσέχω. Η καρδιά μου επαναλάμβανε: "Λαχίρι Μαχασάγια! Δεν μπορώ να ζήσω χωρίς να σε δω!".

»Το μονοπάτι μας μας οδήγησε στην άκρη ενός ήσυχου λιβαδιού όπου οι ακτίνες του ήλιου που έδυε στεφάνωναν τον ψηλό, ελαφρύ κυματισμό των αγριόχορτων. Σταματήσαμε με θαυμασμό. Εκεί, στο λιβάδι, σε απόσταση μόνο λίγων μέτρων από μας, εμφανίστηκε[8] ξαφνικά η μορφή του μεγάλου μου γκουρού!

»"Μπαγκαμπάτι, είσαι πολύ σκληρός με τον υπάλληλό σου!". Η φωνή του ήταν ηχηρή στα κατάπληκτα αυτιά μας. Εξαφανίστηκε όσο μυστηριωδώς είχε εμφανιστεί. Πεσμένος στα γόνατά μου αναφωνούσα: "Λαχίρι Μαχασάγια, Λαχίρι Μαχασάγια!". Για λίγα λεπτά ο πατέρας σου έμεινε ακίνητος, εμβρόντητος.

»"Αμπινάς, όχι μόνο σου δίνω άδεια, αλλά δίνω και *στον εαυτό μου* άδεια να φύγουμε για το Μπενάρες αύριο. Πρέπει να γνωρίσω αυτόν τον μεγάλο Λαχίρι Μαχασάγια που μπορεί να υλοποιεί τον εαυτό του κατά βούληση για να μεσολαβήσει για σένα! Θα πάρω και τη σύζυγό

---

[8] Οι εκπληκτικές δυνάμεις που διαθέτουν οι μεγάλοι Δάσκαλοι εξηγούνται στο κεφάλαιο 30: «Ο Νόμος των Θαυμάτων».

μου και θα ζητήσω απ' αυτόν τον πνευματικό Δάσκαλο να μας μυήσει στο πνευματικό του μονοπάτι. Θα μας οδηγήσεις σ' αυτόν;".

»"Φυσικά". Με πλημμύρησε απέραντη χαρά μ' αυτή τη θαυματουργή απάντηση στην προσευχή μου και τη γρήγορη και ευνοϊκή τροπή των γεγονότων.

»Το επόμενο απόγευμα οι γονείς σου κι εγώ επιβιβαστήκαμε στο τρένο για το Μπενάρες. Φτάνοντας εκεί την επόμενη μέρα, πήραμε ένα μόνιππο για κάποια απόσταση και μετά περπατήσαμε μέσα από στενά μονοπάτια για το απομονωμένο σπίτι του γκουρού μου. Μπαίνοντας στο μικρό του σαλόνι υποκλιθήκαμε μπροστά στον Δάσκαλο, ο οποίος ήταν καθισμένος με άνεση στη συνηθισμένη του θέση του λωτού. Τρεμόπαιξε τα διαπεραστικά του μάτια και κοίταξε τον πατέρα σου. "Μπαγκαμπάτι, είσαι πολύ σκληρός με τον υπάλληλό σου!". Τα λόγια του ήταν τα ίδια που χρησιμοποίησε δύο μέρες πριν, στο χορταριασμένο λιβάδι. Πρόσθεσε: "Χαίρομαι που επέτρεψες στον Αμπινάς να με επισκεφθεί και που εσύ και η γυναίκα σου τον συνοδεύσατε".

»Προς χαρά τους, μύησε τους γονείς σου στην πνευματική πρακτική της *Κρίγια Γιόγκα*.[9] Ο πατέρας σου κι εγώ, σαν αδελφοί μαθητές, γίναμε στενοί φίλοι από εκείνη την αξέχαστη μέρα του οράματος. Ο Λαχίρι Μαχασάγια ενδιαφέρθηκε πολύ για τη γέννησή σου. Η ζωή σου σίγουρα θα είναι συνδεδεμένη με τη δική του· η ευλογία του Δασκάλου ποτέ δεν χάνεται».

Ο Λαχίρι Μαχασάγια άφησε αυτόν τον κόσμο λίγο μετά τη γέννησή μου. Η φωτογραφία του, σε μια διακοσμημένη κορνίζα, πάντα γέμιζε με θεία χάρη το οικογενειακό μας εικονοστάσι στις διάφορες πόλεις στις οποίες ο Πατέρας έπαιρνε μετάθεση από το γραφείο του. Πολλά πρωινά και απογεύματα η Μητέρα κι εγώ διαλογιζόμασταν μπροστά σ' έναν αυτοσχέδιο βωμό, προσφέροντας λουλούδια εμβαπτισμένα σε αρωματικό πολτό σανταλόξυλου. Με λιβάνι και μύρο, καθώς και με την κοινή αφοσίωσή μας, τιμούσαμε τη θεότητα που είχε βρει πλήρη έκφραση στον Λαχίρι Μαχασάγια.

Η φωτογραφία του είχε μια εξέχουσα επιρροή στη ζωή μου. Καθώς μεγάλωνα, η σκέψη του Δασκάλου μεγάλωνε κι αυτή μαζί μου. Στον διαλογισμό συχνά έβλεπα την εικόνα του να αναδύεται από τη μικρή κορνίζα της και, παίρνοντας ζωντανή μορφή, να κάθεται κοντά μου.

---

[9] Μια τεχνική της γιόγκα που διδάχθηκε από τον Λαχίρι Μαχασάγια, μέσω της οποίας η οχλαγωγία των αισθήσεων ακινητοποιείται, επιτρέποντας στον άνθρωπο να επιτύχει μια διαρκώς αυξανόμενη ταύτιση με τη συμπαντική συνειδητότητα (βλ. κεφ. 26).

*Οι Γονείς Μου και η Παιδική Μου Ηλικία*

Όταν προσπαθούσα να αγγίξω τα πόδια του φωτεινού του σώματος, άλλαζε και γινόταν ξανά φωτογραφία. Καθώς μεγάλωνα διαπίστωσα ότι ο Λαχίρι Μαχασάγια είχε μεταμορφωθεί στον νου μου από μια μικρή εικόνα περιορισμένη σε κορνίζα σε μια ζωντανή, διαφωτιστική παρουσία. Συχνά προσευχόμουν σ' αυτόν σε στιγμές δοκιμασίας ή σύγχυσης, βρίσκοντας μέσα μου την παρηγορητική του καθοδήγηση.

Στην αρχή θρηνούσα γιατί δεν ζούσε πια στον υλικό κόσμο. Όταν άρχισα να ανακαλύπτω ότι ήταν μυστικά πανταχού παρών, έπαψα να λυπάμαι. Πολλές φορές είχε γράψει στους μαθητές που αγωνιούσαν διακαώς να τον δουν: «Γιατί να έρθετε να δείτε τη σάρκα και τα οστά μου, αφού μπορείτε πάντα να με βρίσκετε με την *κουτάστα* σας (πνευματική όραση);».

Περίπου στα οκτώ μου χρόνια δέχτηκα την ευλογία μιας υπέροχης θεραπείας μέσω της φωτογραφίας του Λαχίρι Μαχασάγια. Αυτή η εμπειρία ενίσχυσε την αγάπη μου. Όταν βρισκόμασταν στην οικογενειακή μας ιδιοκτησία στο Ιτσάπουρ, στη Βεγγάλη, χτυπήθηκα από την ασιατική χολέρα. Ήμουν έτοιμος να πεθάνω· οι γιατροί δεν μπορούσαν να κάνουν τίποτα. Στο προσκέφαλό μου, η Μητέρα, με αλλοφροσύνη, με παρακινούσε να κοιτάξω τη φωτογραφία του Λαχίρι Μαχασάγια στον τοίχο πάνω από το κεφάλι μου.

«Προσκύνησέ τον νοερά!». Ήξερε ότι ήμουν τόσο αδύναμος που δεν μπορούσα ούτε να σηκώσω τα χέρια μου για να τον χαιρετήσω. «Αν πραγματικά δείξεις την αφοσίωσή σου και ενδόμυχα γονατίσεις μπροστά του, θα σωθείς!».

Εστίασα το βλέμμα μου στη φωτογραφία του και είδα εκεί ένα εκτυφλωτικό φως που τύλιγε το σώμα μου και ολόκληρο το δωμάτιο. Η ναυτία μου και τα άλλα ανεξέλεγκτα συμπτώματα εξαφανίστηκαν· ήμουν καλά. Αμέσως ένιωσα αρκετά δυνατός ώστε να σκύψω και να αγγίξω τα πόδια της Μητέρας σε ένδειξη ευγνωμοσύνης για την απέραντη πίστη της στον γκουρού της. Η Μητέρα πίεσε το κεφάλι της πολλές φορές στη μικρή φωτογραφία.

«Ω Πανταχού Παρών Δάσκαλε, σ' ευχαριστώ που το φως σου θεράπευσε τον γιο μου!».

Συνειδητοποίησα ότι είχε δει κι εκείνη τη λαμπερή ακτινοβολία μέσω της οποίας είχα αμέσως αναρρώσει από μια συνήθως θανατηφόρα ασθένεια.

Ένα από τα πιο πολύτιμα αποκτήματά μου είναι αυτή η φωτογραφία. Δόθηκε στον Πατέρα από τον ίδιο τον Λαχίρι Μαχασάγια κι έτσι έχει μια άγια δόνηση. Η φωτογραφία είχε θαυματουργή προέλευση. Άκουσα την ιστορία από τον αδελφό μαθητή του Πατέρα, τον Κάλι Κουμάρ Ρόι.

Φαίνεται ότι ο Δάσκαλος είχε μια αποστροφή στο να φωτογραφίζεται. Παρά την εναντίωσή του, μια ομάδα πιστών, συμπεριλαμβανομένου του Κάλι Κουμάρ Ρόι, τον φωτογράφησε. Ο έκπληκτος φωτογράφος ανακάλυψε ότι η φωτογραφική πλάκα, στην οποία υπήρχαν οι καθαρές εικόνες όλων των πιστών, δεν απεικόνιζε τίποτα περισσότερο από έναν κενό χώρο στη μέση, όπου λογικά θα περίμενε να βρει την εικόνα του Λαχίρι Μαχασάγια. Το φαινόμενο συζητήθηκε ευρέως.

Ένας σπουδαστής που ήταν τέλειος φωτογράφος, ο Γκάνγκα Νταρ Μπάμπου, καυχήθηκε ότι η μορφή που είχε εξαφανιστεί δεν θα του ξέφευγε. Το επόμενο πρωί, καθώς ο γκουρού καθόταν σ' έναν ξύλινο πάγκο σε στάση λωτού με ένα παραβάν πίσω του, ο Γκάνγκα Νταρ Μπάμπου έφτασε με τον εξοπλισμό του. Λαμβάνοντας όλα τα αναγκαία μέτρα για την επιτυχία, γέμισε με απληστία δώδεκα φωτογραφικές πλάκες. Σε κάθε μία γρήγορα είδε το αποτύπωμα του ξύλινου πάγκου και του παραβάν αλλά για μια φορά ακόμα η εικόνα του Δασκάλου έλειπε.

Με δάκρυα και πληγωμένη υπερηφάνεια, ο Γκάνγκα Νταρ Μπάμπου πήγε στον γκουρού του. Πέρασαν πολλές ώρες μέχρι ο Λαχίρι Μαχασάγια να σπάσει τη σιωπή του μ' ένα μεστό σχόλιο:

«Είμαι Πνεύμα. Μπορεί η φωτογραφική σου μηχανή να αποτυπώσει το πανταχού παρόν Αόρατο;».

«Βλέπω πως δεν μπορεί! Αλλά, Άγιε Κύριε, με αγάπη ζητώ μια φωτογραφία του ναού του σώματός σας. Ήμουν κοντόφθαλμος· μέχρι σήμερα δεν είχα συνειδητοποιήσει ότι σ' εσάς κατοικεί πλήρως το Πνεύμα».

«Έλα τότε αύριο το πρωί. Θα σ' αφήσω να με φωτογραφήσεις».

Ο φωτογράφος εστίασε πάλι τη φωτογραφική μηχανή. Αυτή τη φορά η ιερή μορφή, χωρίς καμία κάλυψη από μυστηριώδες αδιόρατο πέπλο, αποτυπώθηκε καθαρά πάνω στην πλάκα. Ο Δάσκαλος δεν δέχτηκε ξανά να φωτογραφηθεί· τουλάχιστον εγώ δεν έχω δει άλλη φωτογραφία.

Η φωτογραφία περιλαμβάνεται στο βιβλίο αυτό.[10] Τα όμορφα

---

[10] Σελ 340. Αντίγραφα της φωτογραφίας είναι διαθέσιμα από το Self-Realization Fellowship. Βλ. επίσης τον ζωγραφικό πίνακα του Λαχίρι Μαχασάγια στη σελίδα 371. Όταν ήταν στην Ινδία, το 1935-1936, ο Σρι Παραμαχάνσα Γιογκανάντα υπέδειξε σ' έναν καλλιτέχνη από

Ο Σρι Γιογκανάντα σε ηλικία έξι ετών.

χαρακτηριστικά του Λαχίρι Μαχασάγια, μιας οικουμενής κοινωνικής τάξης, με δυσκολία φανερώνουν σε ποια φυλή ανήκε. Η χαρά της κοινωνίας του με το Θεό αποκαλύπτεται ελαφρά στο αινιγματικό του χαμόγελο. Τα μάτια του, μισάνοιχτα για να μαρτυρήσουν το φαινομενικό του ενδιαφέρον για τον εξωτερικό κόσμο, είναι επίσης μισόκλειστα, δείχνοντας την απορρόφησή του στην εσωτερική μακαριότητα. Αγνοώντας τους ασήμαντους πειρασμούς της γης, είχε πάντα πλήρη επίγνωση των πνευματικών προβλημάτων των αναζητητών που τον πλησίαζαν για τη γενναιοδωρία του.

Λίγο μετά τη θεραπεία μου μέσω της δύναμης της φωτογραφίας του γκουρού, είχα ένα πνευματικό όραμα που με επηρέασε. Καθισμένος

---

τη Βεγγάλη να ζωγραφίσει αυτήν την απόδοση της αρχικής φωτογραφίας και αργότερα την επέλεξε ως το επίσημο πορτρέτο του Λαχίρι Μαχασάγια για να χρησιμοποιείται για τις δημοσιεύσεις του Self-Realization Fellowship. (Αυτό το πορτρέτο βρίσκεται στο καθιστικό του Παραμαχάνσα Γιογκανάντα στο Mount Washington.) *(Σημείωση του Εκδότη)*

στο κρεβάτι μου ένα πρωινό έπεσα σε μια βαθιά ονειροπόληση.

«Τι υπάρχει πίσω από το σκοτάδι των κλειστών ματιών;». Αυτή η διερευνητική σκέψη ήρθε με δύναμη μέσα στον νου μου. Μια εκθαμβωτική λάμψη φωτός εμφανίστηκε αμέσως στην εσωτερική μου όραση. Θεϊκές μορφές αγίων, που κάθονταν σε στάση διαλογισμού σε σπηλιές βουνών, σχηματίστηκαν σαν μικρές κινηματογραφικές εικόνες στη μεγάλη οθόνη που ακτινοβολούσε μέσα στο μέτωπό μου.

«Ποιοι είστε;», ρώτησα μεγαλόφωνα.

«Είμαστε οι γιόγκι των Ιμαλαΐων». Η ουράνια απάντηση είναι δύσκολο να περιγραφεί· η καρδιά μου σκίρτησε από τη συγκίνηση.

«Αχ, λαχταρώ να έρθω στα Ιμαλάια και να γίνω σαν κι εσάς!». Το όραμα εξαφανίστηκε, αλλά οι ασημένιες ακτίνες εξαπλώνονταν σε όλο και μεγαλύτερους κύκλους, στο άπειρο.

«Τι είναι αυτή η εκπληκτική λάμψη;».

«Είμαι ο Ισβάρα.[11] Είμαι Φως». Η Φωνή ήταν σαν βουητό βροντής.

«Θέλω να γίνω ένα μ' Εσένα!».

Η σταδιακά φθίνουσα θεϊκή μου έκσταση άφησε μέσα μου έναν διακαή πόθο να αναζητήσω το Θεό. «Είναι αιώνιος, πάντα ανανεούμενη Χαρά!». Αυτή η ανάμνηση μου έμεινε για πολύ καιρό μετά την ημέρα της έκστασης.

Μια ακόμα παιδική ανάμνηση είναι σπουδαία· και κυριολεκτικά, γιατί έχω το σημάδι μέχρι σήμερα. Η μεγαλύτερη αδελφή μου Ούμα κι εγώ καθόμασταν νωρίς το πρωί κάτω από ένα δέντρο *νιμ* στο σπίτι μας στο Γκορακπούρ. Με βοηθούσε να διαβάσω ένα βεγγαλικό αναγνωστικό και κατά την ώρα εκείνη μπορούσα να χαζεύω τους παπαγάλους δίπλα μας που έτρωγαν ώριμα φρούτα μαργκόσα.

Η Ούμα παραπονέθηκε για ένα μεγάλο σπυρί στο πόδι της και έφερε ένα βάζο με αλοιφή. Έβαλα λίγη από την αλοιφή στο κάτω μέρος του χεριού μου.

«Γιατί βάζεις φάρμακο αφού δεν έχεις τίποτα;».

«Γιατί έχω την αίσθηση ότι θα έχω ένα μεγάλο σπυρί αύριο. Δοκιμάζω την αλοιφή σου στο μέρος όπου θα εμφανιστεί το σπυρί».

«Μικρέ ψεύτη!».

---

[11] Ένα σανσκριτικό όνομα για τον Κύριο στην όψη Του του Συμπαντικού Άρχοντα· από τη ρίζα *ις*, κυβερνώ. Οι ινδουιστικές Γραφές περιέχουν χίλια ονόματα για το Θεό, το καθένα από τα οποία έχει μια διαφορετική χροιά φιλοσοφικού νοήματος. Ο Κύριος ως Ισβάρα είναι Εκείνος με τη θέληση του οποίου όλα τα σύμπαντα δημιουργούνται και διαλύονται σε εύτακτους κύκλους.

«Αδελφή, μη με λες ψεύτη μέχρι να δεις τι θα γίνει το πρωί», απάντησα γεμάτος αγανάκτηση.

Η Ούμα, χωρίς να εντυπωσιαστεί, επανέλαβε για τρίτη φορά την προσβολή. Μια ατσάλινη αποφασιστικότητα ακούστηκε στη φωνή μου καθώς απάντησα με αργό τόνο:

«Με τη δύναμη της θέλησης μέσα μου, λέω ότι αύριο θα έχω ένα πολύ μεγάλο σπυρί σ' αυτό ακριβώς το σημείο του χεριού μου· και *το δικό σου σπυρί θα πρηστεί και θα γίνει διπλάσιο απ' όσο είναι σήμερα!*».

Το πρωί με βρήκε μ' ένα μεγάλο σπυρί στο σημείο που είχα υποδείξει· το μέγεθος του σπυριού της Ούμα είχε διπλασιαστεί. Με μια τσιρίδα, η αδελφή μου έτρεξε στη Μητέρα. «Ο Μουκούντα έγινε νεκρομάντης!». Με σοβαρό τόνο, η Μητέρα μού είπε να μη χρησιμοποιώ ποτέ τη δύναμη των λέξεων για να κάνω κακό. Πάντα στη ζωή μου θυμόμουν τη συμβουλή της και την ακολούθησα.

Το σπυρί μου αφαιρέθηκε με χειρουργική επέμβαση. Μια εμφανής ουλή από την τομή του γιατρού υπάρχει μέχρι σήμερα. Στο δεξί μου χέρι υπάρχει μια συνεχής υπενθύμιση της δύναμης του καθαρού λόγου του ανθρώπου.

Αυτές οι απλές και φαινομενικά άκακες φράσεις προς την Ούμα, που ειπώθηκαν με βαθιά αυτοσυγκέντρωση, περιείχαν επαρκή κρυφή δύναμη ώστε να εκραγούν σαν βόμβες και να προκαλέσουν σαφή, αν και επιβλαβή αποτελέσματα. Αργότερα κατάλαβα ότι η εκρηκτική δονητική δύναμη στον προφορικό λόγο μπορεί να οδηγηθεί με σοφία στο να βοηθήσει κάποιον να ξεπεράσει τις δυσκολίες στη ζωή του κι έτσι να λειτουργήσει χωρίς να επιφέρει τραύμα ή μομφή.[12]

Η οικογένειά μας μετακόμισε στη Λαχόρη, στο Πουντζάμπ. Εκεί απέκτησα μια φωτογραφία της Θείας Μητέρας στη μορφή της Θεάς Κάλι.[13] Καθαγίασε ένα μικρό ανεπίσημο εικονοστάσι στο μπαλκόνι του σπιτιού μας. Μια ξεκάθαρη πεποίθηση μου ήρθε στον νου ότι κάθε προσευχή που θα έκανα σ' εκείνο το ιερό σημείο θα εισακουόταν. Καθώς στεκόμασταν εκεί με την Ούμα μια μέρα, παρακολουθούσα δύο αγόρια να πετούν χαρταετούς πάνω από τις οροφές δύο κτιρίων

---

[12] Οι άπειρες δυνατότητες του ήχου πηγάζουν από τον Δημιουργικό Λόγο, το *Ομ*, τη συμπαντική δονητική δύναμη που υπάρχει πίσω απ' όλη την ατομική ενέργεια. Κάθε λέξη που αρθρώνεται με σαφή συνειδητοποίηση και βαθιά αυτοσυγκέντρωση έχει μια δυνατότητα υλοποίησης. Η επανάληψη, φωναχτά ή σιωπηλά, λέξεων που εμπνέουν τον άνθρωπο έχει αποδειχθεί αποτελεσματική στον Κουεϊσμό και σε παρόμοια συστήματα ψυχοθεραπείας· το μυστικό βρίσκεται στην αύξηση της δονητικής συχνότητας του νου.

[13] Η Κάλι είναι ένα σύμβολο του Θεού στην όψη Του της αιώνιας Μητέρας Φύσης.

χωρισμένων από το σπίτι μας μ' ένα εξαιρετικά στενό σοκάκι.

«Γιατί είσαι τόσο σιωπηλός;». Η Ούμα με έσπρωξε παιχνιδιάρικα.

«Απλώς σκέφτομαι πόσο υπέροχο είναι που η Θεϊκή Μητέρα μού δίνει οτιδήποτε ζητήσω».

«Υποθέτω πως θα σου έδινε κι αυτούς τους δύο χαρταετούς!». Η αδελφή μου γέλασε κοροϊδευτικά.

«Γιατί όχι;». Ξεκίνησα σιωπηλές προσευχές για να τους αποκτήσω.

Τα παιχνίδια παίζονται στην Ινδία με χαρταετούς των οποίων οι σπάγκοι είναι καλυμμένοι με κόλλα και θρυμματισμένο γυαλί. Κάθε παίκτης προσπαθεί να κόψει τον σπάγκο που κρατά ο αντίπαλός του. Είναι πολύ διασκεδαστικό να πιάσεις έναν κομμένο χαρταετό που αρμενίζει πάνω από τις στέγες. Καθώς η Ούμα κι εγώ βρισκόμασταν σ' ένα στεγασμένο μπαλκόνι σε εσοχή, φαινόταν απίθανο να έρθει ένας λυτός χαρταετός στα χέρια μας· διότι ο σπάγκος του, φυσικά, θα πιανόταν στη στέγη.

Οι παίκτες στο σοκάκι άρχισαν το παιχνίδι. Ένας σπάγκος κόπηκε· αμέσως ο χαρταετός πέταξε προς εμένα. Εξαιτίας μιας ξαφνικής μείωσης του αέρα, ο χαρταετός παρέμεινε ακίνητος για μια στιγμή, κατά την οποία ο σπάγκος του μπλέχτηκε στέρεα σ' έναν κάκτο στο πάνω μέρος του απέναντι σπιτιού. Έτσι δημιουργήθηκε μια μεγάλη, τέλεια θηλιά και τον έπιασα. Έδωσα το έπαθλο στην Ούμα.

«Ήταν απλά μια ασυνήθιστη σύμπτωση κι όχι μια απάντηση στην προσευχή σου. Αν και ο άλλος χαρταετός έρθει σ' εσένα, τότε θα πιστέψω». Τα σκούρα μάτια της αδελφής μου εξέφραζαν πιο πολλή έκπληξη απ' ό,τι τα λόγια της. Συνέχισα τις προσευχές μου με ένταση. Ένα απότομο τράβηγμα από τον άλλο παίκτη είχε σαν αποτέλεσμα την ξαφνική απώλεια του χαρταετού του. Κατευθύνθηκε προς εμένα, χορεύοντας στον άνεμο. Ο χρήσιμος βοηθός μου, ο κάκτος, και πάλι ασφάλισε τον σπάγκο του χαρταετού στην απαραίτητη θηλιά για να τον πιάσω. Παρουσίασα το δεύτερο τρόπαιό μου στην Ούμα.

«Πράγματι η Θεϊκή Μητέρα σ' ακούει! Όλα αυτά είναι τόσο μυστηριώδη για μένα!». Η αδελφή μου τράπηκε σε φυγή σαν τρομαγμένο ελαφάκι.

ΚΕΦΑΛΑΙΟ 2

# Ο Θάνατος της Μητέρας Μου και το Απόκρυφο Φυλαχτό

Η μεγαλύτερη επιθυμία της μητέρας μου ήταν ο γάμος του μεγαλύτερού μου αδελφού. «Αχ, όταν δω το πρόσωπο της συζύγου του Ανάντα θα βρω τον παράδεισο στη γη!». Συχνά άκουγα τη Μητέρα να εκφράζει μ' αυτά τα λόγια το ισχυρό ινδικό συναίσθημα για τη συνέχιση της οικογένειας.

Ήμουν περίπου έντεκα ετών όταν ο Ανάντα αρραβωνιάστηκε. Η Μητέρα ήταν στην Καλκούτα, επιβλέποντας με χαρά τις προετοιμασίες του γάμου. Ο Πατέρας κι εγώ μείναμε μόνοι μας στο σπίτι μας στο Μπαρέιλι, στη βόρεια Ινδία, όπου ο Πατέρας είχε μετατεθεί μετά από δύο χρόνια παραμονής στη Λαχόρη.

Είχα ήδη δει τη λαμπρότητα των γαμήλιων τελετών για τις δύο μεγαλύτερες αδελφές μου, τη Ρόμα και την Ούμα· για τον Ανάντα όμως, που ήταν ο μεγαλύτερος γιος, τα σχέδια ήταν αληθινά περίτεχνα. Η Μητέρα υποδεχόταν πολλούς συγγενείς που καθημερινά έφταναν στην Καλκούτα από μακριά. Τους φιλοξενούσε άνετα σ' ένα μεγάλο σπίτι που μόλις είχαμε αγοράσει, στον αριθμό 50 της οδού Άμερστ. Τα πάντα ήταν σε ετοιμότητα – οι λιχουδιές του δείπνου, ο θρόνος με τον οποίο ο Αδελφός μου θα μεταφερόταν στο σπίτι της νύφης, η σειρά των χρωματιστών φώτων, οι τεράστιοι χαρτονένιοι ελέφαντες και καμήλες, οι αγγλικές, σκωτικές και ινδικές ορχήστρες, οι επαγγελματίες διασκεδαστές, οι ιερείς για τις αρχαίες τελετές.

Ο Πατέρας κι εγώ, σε εορταστικό πνεύμα, σχεδιάζαμε να πάμε στην οικογένεια όταν θα γινόταν η τελετή. Λίγο πριν τη μεγάλη μέρα όμως είχα ένα δυσοίωνο όραμα.

Ήταν στο Μπαρέιλι τα μεσάνυχτα. Καθώς κοιμόμουν δίπλα στον Πατέρα, στη σκεπαστή βεράντα του σπιτιού μας, ξύπνησα από ένα παράξενο θρόισμα της κουνουπιέρας πάνω από το κρεβάτι μας. Οι διαφανείς κουρτίνες άνοιξαν και είδα την αγαπημένη μορφή της μητέρας μου.

«Ξύπνα τον πατέρα σου!». Η φωνή της ήταν μόνο ένας ψίθυρος. «Πάρτε το πρώτο διαθέσιμο τρένο στις τέσσερις σήμερα το πρωί. Τρέξτε στην Καλκούτα αν θέλετε να με δείτε!». Η μορφή που έμοιαζε με φάντασμα εξαφανίστηκε.

«Πατέρα, Πατέρα, η Μητέρα πεθαίνει!». Ο τρόμος στον τόνο της φωνής μου τον ξύπνησε αμέσως. Είπα με αναφιλητά τα κακά μαντάτα.

«Μη δίνεις σημασία σ' αυτήν την παραίσθησή σου». Ο Πατέρας επέδειξε τη χαρακτηριστική του άρνηση σε μια νέα κατάσταση. «Η μητέρα σου βρίσκεται σε έξοχη υγεία. Αν μάθουμε οποιοδήποτε κακό νέο θα φύγουμε αύριο».

«Δεν θα συγχωρήσεις ποτέ τον εαυτό σου που δεν ξεκίνησες τώρα!». Η αγωνία μ' έκανε να προσθέσω με πικρία: «Ούτε εγώ θα σε συγχωρήσω ποτέ!».

Το μελαγχολικό πρωινό έφτασε με απερίφραστα λόγια: «Η Μητέρα είναι επικίνδυνα άρρωστη· ο γάμος αναβάλλεται· ελάτε αμέσως».

Ο Πατέρας κι εγώ φύγαμε αλαφιασμένοι. Ένας από τους θείους μου μας συνάντησε καθ' οδόν σ' έναν σταθμό μετεπιβίβασης. Ένα τρένο κινήθηκε με βροντερό θόρυβο προς εμάς, ξεπροβάλλοντας με τρομερή ορμή. Μέσα στην εσωτερική μου παραζάλη μού ήρθε ξαφνικά να πέσω στις γραμμές του. Νιώθοντας ήδη στερημένος από τη μητέρα μου, δεν μπορούσα να αντέξω έναν κόσμο ξαφνικά τόσο άδειο κι έρημο. Αγαπούσα τη Μητέρα σαν τον πιο καλό μου φίλο πάνω στη γη. Τα παρηγορητικά μαύρα μάτια της υπήρξαν το καταφύγιό μου στις ασήμαντες τραγωδίες της παιδικής μου ηλικίας.

«Ζει ακόμα;». Σταμάτησα για μια τελευταία ερώτηση στον θείο μου.

Δεν του πήρε πολύ για να καταλάβει την απελπισία στο πρόσωπό μου. «Και βέβαια ζει!». Ελάχιστα τον πίστεψα όμως.

Όταν φτάσαμε στο σπίτι μας στην Καλκούτα ήρθαμε αντιμέτωποι με το τρομακτικό μυστήριο του θανάτου. Κατέρρευσα σε μια σχεδόν άψυχη κατάσταση. Πέρασαν χρόνια μέχρι να συμφιλιωθώ με το γεγονός. Προκαλώντας καταιγισμό ακόμα και στις ίδιες τις πύλες του παραδείσου, τα κλάματά μου στο τέλος έκαναν τη Θεϊκή Μητέρα να ανταποκριθεί. Τα λόγια Της θεράπευσαν ολοκληρωτικά τα κακοφορμισμένα τραύματά μου:

«Εγώ είμαι που σε πρόσεχα σε κάθε ζωή σου, μέσω της τρυφερότητας πολλών μανάδων. Δες στο βλέμμα Μου τα δύο μαύρα μάτια, τα χαμένα όμορφα μάτια που αναζητάς!».

*Ο Θάνατος της Μητέρας Μου και το Απόκρυφο Φυλαχτό*

Ο Πατέρας κι εγώ επιστρέψαμε στο Μπαρέιλι σύντομα μετά την τελετή καύσης της πολυαγαπημένης μας. Νωρίς κάθε πρωί έκανα ένα θλιβερό προσκύνημα στη μνήμη της σ' ένα μεγάλο δέντρο *σεολί* που σκίαζε το απαλό, χρυσοπράσινο γρασίδι μπροστά στο σπίτι μας. Σε ποιητικές στιγμές σκεφτόμουν ότι τα άσπρα λουλούδια του *σεολί* έρραιναν με συνειδητή αφοσίωση τον χορταριασμένο βωμό. Με δάκρυα ανακατεμένα με την πάχνη, συχνά παρατηρούσα ένα περίεργο, απόκοσμο φως να αναδύεται από την αυγή. Έντονα σκιρτήματα λαχτάρας για το Θεό με σφυροκοπούσαν. Ένιωθα μια δυνατή έλξη για τα Ιμαλάια.

Ένας από τους ξαδέλφους μου, που μόλις είχε γυρίσει από ένα ταξίδι στα ιερά όρη, μας επισκέφτηκε στο Μπαρέιλι. Άκουγα με θέρμη τις ιστορίες του για το ψηλό βουνό όπου ζούσαν οι γιόγκι και οι σουάμι.[1]

«Ας δραπετεύσουμε για τα Ιμαλάια». Η πρότασή μου μια μέρα στον Ντουάρκα Πρασάντ, τον νεαρό γιο του ιδιοκτήτη του σπιτιού μας στο Μπαρέιλι, δεν βρήκε ανταπόκριση. Αποκάλυψε μάλιστα το σχέδιό μου στον μεγαλύτερο αδελφό μου, ο οποίος μόλις είχε έρθει να δει τον Πατέρα. Αντί να πάρει στ' αστεία αυτό το επιπόλαιο σχέδιο ενός μικρού αγοριού, ο Ανάντα βάλθηκε να με γελοιοποιήσει.

«Πού είναι το πορτοκαλί σου ράσο; Δεν μπορείς να είσαι σουάμι χωρίς αυτό!».

Εγώ όμως ένιωσα μια ανεξήγητη έξαψη με τα λόγια του. Μου έφεραν στον νου μια ξεκάθαρη εικόνα: αυτήν του εαυτού μου ως μοναχού, περιπλανώμενου στην Ινδία. Ίσως ξύπνησαν μνήμες από μια προηγούμενη ζωή· εν πάση περιπτώσει, συνειδητοποίησα με πόση άνεση θα φορούσα την αμφίεση του μοναστικού τάγματος που ιδρύθηκε από τα αρχαία χρόνια.

Κουβεντιάζοντας μια μέρα με τον Ντουάρκα, ένιωσα μια αγάπη για το Θεό να κατεβαίνει μέσα μου με τη δύναμη της χιονοστιβάδας. Ο σύντροφός μου δεν πρόσεχε ιδιαίτερα τα χειμαρρώδη λόγια μου, εγώ όμως άκουγα με όλη μου την καρδιά τον εαυτό μου.

Εκείνο το απόγευμα έφυγα για το Ναΐνι Ταλ στους πρόποδες των Ιμαλαΐων. Ο Ανάντα με καταδίωξε δυναμικά· υποχρεώθηκα με μεγάλη λύπη μου να γυρίσω στο Μπαρέιλι. Το μόνο προσκύνημα που μου επιτρεπόταν ήταν το συνηθισμένο, την αυγή, στο δέντρο *σεολί*. Η καρδιά μου έκλαιγε για τις δύο χαμένες μου μητέρες: μία ανθρώπινη, μία θεϊκή.

---

[1] Η σανσκριτική ρίζα του *σουάμι* σημαίνει «αυτός που είναι ένα με τον Εαυτό του *(Σουά)*». (Βλ. κεφάλαιο 24.)

Το κενό που έμεινε στην οικογένεια από τον θάνατο της Μητέρας δεν αναπληρώθηκε ποτέ. Ο Πατέρας δεν ξαναπαντρεύτηκε κατά τη διάρκεια των περίπου σαράντα ετών που του απέμειναν. Αναλαμβάνοντας τον δύσκολο ρόλο του πατέρα και της μητέρας απέναντι στα παιδιά του, έγινε αξιοπρόσεκτα πιο τρυφερός, πιο προσιτός. Έλυνε τα διάφορα οικογενειακά προβλήματα με ηρεμία και διορατικότητα. Μετά τις ώρες του γραφείου αποσυρόταν σαν ερημίτης στο κελί του δωματίου του, εξασκούμενος στην *Κρίγια Γιόγκα* σε γλυκιά ηρεμία. Πολύ καιρό μετά το θάνατο της Μητέρας προσπάθησα να προσλάβω μια Αγγλίδα νοσοκόμα για την καθημερινή φροντίδα του πατέρα μου ώστε να γίνει η ζωή του πιο άνετη. Ο Πατέρας όμως έγνεψε αρνητικά.

«Η προσφορά σ' εμένα τελείωσε με τη μητέρα σου». Τα μάτια του, απόμακρα, εξέφραζαν την αφοσίωση και την πίστη μιας ολόκληρης ζωής. «Δεν θα δεχτώ παροχή υπηρεσίας από καμία άλλη γυναίκα».

Δεκατέσσερις μήνες μετά τον θάνατό της έμαθα ότι η Μητέρα μού είχε αφήσει ένα βαρυσήμαντο μήνυμα. Ο Ανάντα ήταν παρών στο νεκρικό κρεβάτι της και είχε καταγράψει τα λόγια της. Παρ' όλο που είχε ζητήσει να μου αποκαλυφθεί το μήνυμα σε ένα χρόνο, ο αδελφός μου είχε καθυστερήσει. Σύντομα θα έφευγε από το Μπαρέιλι για την Καλκούτα, για να παντρευτεί το κορίτσι που η Μητέρα είχε διαλέξει γι' αυτόν.[2] Ένα απόγευμα με κάλεσε δίπλα του.

«Μουκούντα, μέχρι τώρα δίσταζα να σου διαβιβάσω περίεργες ειδήσεις». Ο τόνος του Ανάντα είχε μια χροιά παραίτησης. «Φοβόμουν ότι θα πυροδοτούσα την επιθυμία σου να φύγεις από το σπίτι. Είναι όμως πια προφανές ότι λιώνεις από θέρμη για το Θεό. Όταν σ' έπιασα πρόσφατα να πηγαίνεις στα Ιμαλάια, το αποφάσισα οριστικά. Δεν πρέπει να καθυστερήσω άλλο την εκπλήρωση της ιερής υπόσχεσής μου». Ο αδελφός μου μου έδωσε ένα μικρό κουτί και μου αποκάλυψε το μήνυμα της Μητέρας.

«Ας είναι αυτά τα λόγια η τελική μου ευλογία, αγαπημένε μου γιε Μουκούντα!», είχε πει η Μητέρα. «Ήρθε η ώρα που πρέπει να συσχετίσω κάποια εξαιρετικά ασυνήθιστα γεγονότα που συνέβησαν μετά τη γέννησή σου. Έμαθα για πρώτη φορά το μονοπάτι που ήταν γραφτό για σένα από τότε που ήσουν μωρό στην αγκαλιά μου. Σε πήγα τότε στο σπίτι του γκουρού μου στο Μπενάρες. Σχεδόν κρυμμένη πίσω από

---

[2] Το ινδικό έθιμο κατά το οποίο οι γονείς διαλέγουν τον σύντροφο της ζωής του παιδιού τους έχει αντέξει στη δοκιμασία του χρόνου. Το ποσοστό των ευτυχισμένων ινδικών γάμων είναι μεγάλο.

*(Αριστερά)* Ο Γιογκανάντατζι *(όρθιος)* όταν ήταν μαθητής γυμνασίου, με τον μεγαλύτερο αδελφό του Ανάντα

*(Δεξιά πάνω)* Η πιο μεγάλη από τις αδελφές του Ρόμα *(αριστερά)* και η νεότερη αδελφή του Ναλίνη, με τον Παραμαχάνσα Γιογκανάντα στο σπίτι όπου μεγάλωσε όταν ήταν αγόρι στην Καλκούτα, 1935.

*(Δεξιά κάτω)* Η μεγαλύτερη αδελφή του Γιογκανάντατζι, η Ούμα, όταν ήταν μικρό κορίτσι, στο Γκορακπούρ.

ένα πλήθος μαθητών, μόλις που μπορούσα να δω τον Λαχίρι Μαχασάγια καθώς καθόταν σε βαθύ διαλογισμό.

»Ενόσω σε χάιδευα, προσευχόμουν ο μεγάλος γκουρού να με προσέξει και να μου παραχωρήσει μια ευλογία. Καθώς το σιωπηλό μου, γεμάτο αφοσίωση αίτημα μεγάλωνε σε ένταση, άνοιξε τα μάτια του και μου έκανε νόημα να πλησιάσω. Οι άλλοι έκαναν χώρο για να περάσω· υποκλίθηκα στα ιερά του πόδια. Ο Λαχίρι Μαχασάγια σε πήρε στην αγκαλιά του βάζοντας το χέρι του πάνω στο μέτωπό σου, όπως γίνεται στο πνευματικό βάφτισμα.

»"Μικρή μητέρα, ο γιος σου θα γίνει γιόγκι. Σαν πνευματική μηχανή, θα φέρει πολλές ψυχές στο βασίλειο του Θεού".

»Η καρδιά μου σκίρτησε από χαρά που η μυστική μου προσευχή εισακούσθηκε από τον πάνσοφο γκουρού. Λίγο πριν τη γέννησή σου μου είχε πει ότι θα ακολουθούσες τα χνάρια του.

»Αργότερα, γιε μου, το όραμά σου του Μεγάλου Φωτός το είδαμε κι εγώ και η αδελφή σου η Ρόμα, καθώς από το διπλανό δωμάτιο σε παρακολουθούσαμε ακίνητο πάνω στο κρεβάτι. Το μικρό σου πρόσωπο είχε φωτιστεί· η φωνή σου ήταν γεμάτη ατσάλινη αποφασιστικότητα όταν είπες ότι θα πας στα Ιμαλάια σε αναζήτηση του Θεού.

»Μ' αυτούς τους τρόπους, αγαπημένε μου γιε, κατάλαβα ότι ο δρόμος σου βρίσκεται μακριά από εγκόσμιες φιλοδοξίες. Το πιο καταπληκτικό γεγονός στη ζωή μου μου έφερε περαιτέρω επιβεβαίωση – ένα γεγονός που τώρα παρακινεί το μήνυμά μου από το νεκρικό μου κρεβάτι.

»Ήταν μια συζήτηση με έναν άγιο στο Πουντζάμπ. Κατά τη διάρκεια κατά την οποία η οικογένειά μας ζούσε στη Λαχόρη, ένα πρωί ήρθε ο υπηρέτης στο δωμάτιό μου. "Κυρία, ένας παράξενος σάντου³ είναι εδώ. Επιμένει "να δει τη μητέρα του Μουκούντα"".

»Αυτά τα απλά λόγια άγγιξαν μια ευαίσθητη χορδή μέσα μου· πήγα αμέσως να καλωσορίσω τον επισκέπτη. Υποκλινόμενη στα πόδια του, αισθάνθηκα ότι μπροστά μου βρισκόταν ένας αληθινός άνθρωπος του Θεού.

»"Μητέρα", είπε, "οι μεγάλοι Δάσκαλοι θέλουν να ξέρεις ότι η παραμονή σου στη γη δεν θα είναι μεγάλη. Η επόμενη αρρώστια σου θα είναι και η τελευταία".⁴ Επακολούθησε μια σιωπή κατά την οποία

---

³ Ένας αναχωρητής· κάποιος που είναι αφοσιωμένος στον ασκητισμό και την πνευματική πειθαρχία.

⁴ Όταν ανακάλυψα απ' αυτά τα λόγια πως η Μητέρα γνώριζε κρυφά ότι η ζωή που της

*Ο Θάνατος της Μητέρας Μου και το Απόκρυφο Φυλαχτό*

δεν ένιωσα καμιά ανησυχία, αλλά μόνο μια δόνηση μεγάλης γαλήνης. Μετά συνέχισε:

»"Θα παραδοθεί στη φύλαξή σου ένα ασημένιο φυλαχτό. Δεν θα σου το δώσω σήμερα· για να αποδείξω την αλήθεια των λόγων μου, το φυλαχτό θα υλοποιηθεί στα χέρια σου αύριο καθώς θα διαλογίζεσαι. Στο νεκρικό σου κρεβάτι πρέπει να δώσεις οδηγίες στον μεγαλύτερο γιο σου Ανάντα να κρατήσει το φυλαχτό για ένα χρόνο και μετά να το δώσει στον δεύτερο γιο σου. Ο Μουκούντα θα καταλάβει το νόημα του φυλαχτού από τους Μεγάλους. Θα πρέπει να το λάβει περίπου την εποχή που θα είναι έτοιμος να απαρνηθεί όλες τις εγκόσμιες προσδοκίες και να αρχίσει τη ζωτική του αναζήτηση του Θεού. Όταν θα έχει κρατήσει το φυλαχτό για κάποια χρόνια και όταν αυτό θα έχει εκπληρώσει τον σκοπό του, θα εξαφανιστεί. Ακόμα κι αν κρατηθεί στο πιο μυστικό σημείο, θα γυρίσει εκεί απ' όπου θα έχει προέλθει".

»Πρόσφερα κέρασμα[5] στον άγιο και υποκλίθηκα μπροστά του με μεγάλη ευλάβεια. Μη λαμβάνοντας την προσφορά, έφυγε δίνοντας την ευλογία του. Το επόμενο απόγευμα, καθώς καθόμουν με ενωμένα χέρια σε διαλογισμό, ένα ασημένιο φυλαχτό υλοποιήθηκε ανάμεσα στις παλάμες μου, ακριβώς όπως ο σάντου είχε υποσχεθεί. Το κατάλαβα από την κρύα, απαλή υφή του. Το φρουρούσα με ζήλο για πάνω από δύο χρόνια και τώρα το αφήνω στη φύλαξη του Ανάντα. Μη θρηνήσεις για μένα γιατί θα οδηγηθώ από τον μεγάλο μου γκουρού στην αγκαλιά του Απείρου. Αντίο παιδί μου· η Συμπαντική Μητέρα θα σε προστατεύει».

Μια λάμψη φώτισης μου ήρθε με την κατοχή του φυλαχτού· πολλές λανθάνουσες μνήμες ξύπνησαν. Το φυλαχτό, στρογγυλό και ασυνήθιστα αρχαίο, ήταν καλυμμένο με σανσκριτικούς χαρακτήρες. Κατάλαβα ότι προερχόταν από Δασκάλους προηγούμενων ζωών, οι οποίοι αόρατα καθοδηγούσαν τα βήματά μου. Πράγματι, υπήρχε και μια περαιτέρω σημασία· δεν πρέπει όμως κάποιος να αποκαλύπτει πλήρως τη σημασία ενός φυλαχτού.[6]

---

απέμενε θα ήταν σύντομη, κατάλαβα για πρώτη φορά γιατί επέμενε να επισπεύσει τα σχέδια για το γάμο του Ανάντα. Αν και πέθανε πριν τον γάμο, η φυσική μητρική της επιθυμία ήταν να παρακολουθήσει τις τελετές.

[5] Μια συνηθισμένη χειρονομία σεβασμού προς τους σάντου.

[6] Το φυλαχτό ήταν ένα αντικείμενο που δημιουργήθηκε αστρικά. Εφήμερα στη δομή τους, τέτοια αντικείμενα πρέπει τελικά να εξαφανιστούν από τη γη (βλ. κεφάλαιο 43).

Πάνω στο φυλαχτό ήταν χαραγμένο ένα *μάντρα* ή λόγια ιερού ύμνου. Οι δυνατότητες του ήχου και του *βαχ*, της ανθρώπινης φωνής, πουθενά αλλού δεν έχουν διερευνηθεί τόσο βαθιά όσο στην Ινδία. Η δόνηση *Ομ* που αντηχεί σε όλο το σύμπαν (ο «Λόγος» ή «ο ήχος πολλών

*Αυτοβιογραφία Ενός Γιόγκι*

Πώς το φυλαχτό τελικά εξαφανίστηκε μέσα σε πολύ δυσμενείς συνθήκες της ζωής μου και πώς η απώλειά του ήταν ο προάγγελος της εύρεσης από μένα ενός γκουρού, δεν χρειάζεται να ειπωθεί σ' αυτό το κεφάλαιο.

Το μικρό αγόρι όμως, του οποίου οι προσπάθειες να φτάσει τα Ιμαλάια ματαιώθηκαν, κάθε μέρα ταξίδευε μακριά, πάνω στα φτερά του φυλαχτού του.

---

υδάτων» της Βίβλου) έχει τρεις εκδηλώσεις ή *γκούνα*: αυτές της δημιουργίας, της συντήρησης και της καταστροφής (*Taittiririya Upanishad* I:8) - (Ταϊτιρίγια Ουπανισάντ). Κάθε φορά που ο άνθρωπος προφέρει μια λέξη θέτει σε λειτουργία μία από τις τρεις ιδιότητες του *Ομ*. Αυτός είναι ο λόγος για τον οποίο όλες οι Γραφές εντέλλουν τον άνθρωπο να λέει την αλήθεια.

Το σανσκριτικό *μάντρα* πάνω στο φυλαχτό, όταν προφερόταν σωστά, είχε μια ευεργετική πνευματική δονητική δύναμη. Το σανσκριτικό αλφάβητο, ιδεωδώς κατασκευασμένο, αποτελείται από πενήντα γράμματα, καθένα από τα οποία έχει μια σταθερή, αμετάβλητη προφορά. Ο Τζορτζ Μπέρναρντ Σω (George Bernard Shaw) έγραψε μια σοφή και φυσικά πνευματώδη πραγματεία σχετικά με τη φωνητική ανεπάρκεια του αγγλικού αλφαβήτου που βασίζεται στα λατινικά, στο οποίο είκοσι έξι γράμματα παλεύουν ανεπιτυχώς να αντέξουν το βάρος του ήχου. Με τη συνηθισμένη του σκληρότητα («Αν η σύσταση ενός αγγλικού αλφαβήτου για την αγγλική γλώσσα κοστίσει έναν εμφύλιο πόλεμο [...] δεν θα δυσανασχετίσω»), ο Μπ. Σω προτείνει την υιοθέτηση ενός νέου αλφαβήτου με σαράντα δύο χαρακτήρες [βλ. την εισαγωγή του στο *The Miraculous Birth of Language* («Η θαυματουργή γέννηση της γλώσσας») του Wilson, Philosophical Library, N.Y]. Ένα τέτοιο αλφάβητο θα προσέγγιζε τη φωνητική τελειότητα των Σανσκριτικών, στα οποία η χρήση πενήντα γραμμάτων αποτρέπει τη λανθασμένη προφορά.

Η ανακάλυψη σφραγίδων στην Κοιλάδα του Ινδού (Indus Valley) οδηγεί έναν αριθμό λογίων να εγκαταλείψουν τη σύγχρονη θεωρία ότι η Ινδία «δανείστηκε» το σανσκριτικό της αλφάβητο από σημιτικές πηγές. Μερικές μεγάλες ινδικές πόλεις έχουν ανακαλυφθεί πρόσφατα με ανασκαφές στο Μοχέντζο-Ντάρο (Mohenjo-Daro) και στη Χαράππα (Harappa), παρέχοντας αποδείξεις ενός επιφανούς πολιτισμού που «θα πρέπει να είχε μια μακρά προηγούμενη ιστορία στο έδαφος της Ινδίας, πηγαίνοντάς μας πίσω σε μια εποχή που μπορούμε μόνο αμυδρά να υποθέσουμε» [Sir John Marshall, *Mohenjo-Daro and the Indus Civilization* («Το Μοχέντζο- Ντάρο και ο ινδικός πολιτισμός»), 1931].

Αν η ινδική θεωρία της εξαιρετικά μεγάλης αρχαιότητας του πολιτισμένου ανθρώπου σ' αυτόν τον πλανήτη είναι σωστή, καθίσταται δυνατό να εξηγηθεί γιατί η πιο *αρχαία* γλώσσα του κόσμου, η σανσκριτική, είναι επίσης η πιο *τέλεια*. (Βλ. σημ. σελ. 96 σημ.) «Η σανσκριτική γλώσσα», είπε ο Σερ Ουίλιαμ Τζόουνς (Sir William Jones), ιδρυτής της Ασιατικής Κοινότητας (Asiatic Society), «οποιαδήποτε κι αν είναι η αρχαιότητά της, έχει μια καταπληκτική δομή· πιο τέλεια από την ελληνική, πλουσιότερη από τη λατινική και πιο έντονα εκλεπτυσμένη και από τις δύο».

«Από την αναβίωση της κλασικής εκμάθησης», δηλώνει η *Encyclopedia Americana*, «δεν υπήρξε άλλο γεγονός στην ιστορία του πολιτισμού τόσο σημαντικό όσο η ανακάλυψη των Σανσκριτικών [από δυτικούς καθηγητές] στο τελευταίο τμήμα του 18ου αιώνα. Η γλωσσολογική επιστήμη, η συγκριτική γραμματική, η συγκριτική μυθολογία, η επιστήμη της θρησκείας [...] κάθε μία οφείλει την ίδια της την ύπαρξη στην ανακάλυψη των Σανσκριτικών ή επηρεάστηκε βαθύτατα από τη μελέτη της γλώσσας αυτής».

ΚΕΦΑΛΑΙΟ 3

# Ο Άγιος με τα Δύο Σώματα

«Πατέρα, αν υποσχεθώ να γυρίσω στο σπίτι χωρίς εξαναγκασμό, μπορώ να πάω ένα ταξίδι για να δω τα αξιοθέατα στο Μπενάρες;».

Η έντονη αγάπη μου για τα ταξίδια σπάνια εμποδίστηκε από τον Πατέρα. Ακόμα κι όταν ήμουν μικρό αγόρι, μου επέτρεψε να επισκεφτώ πολλές πόλεις και μέρη προσκυνήματος. Συνήθως με συνόδευαν ένας ή περισσότεροι φίλοι μου· ταξιδεύαμε άνετα με τα εισιτήρια της πρώτης θέσης που μας παρείχε ο Πατέρας. Η θέση του ως αξιωματούχου των σιδηροδρόμων ήταν πλήρως ικανοποιητική για τους περιπλανώμενους της οικογένειας.

Ο Πατέρας υποσχέθηκε να το σκεφτεί. Την επόμενη μέρα με φώναξε κρατώντας ένα εισιτήριο μετ' επιστροφής από το Μπαρέιλι στο Μπενάρες, μερικές ρουπίες και δύο γράμματα.

«Έχω ένα επαγγελματικό θέμα να προτείνω σ' έναν φίλο στο Μπενάρες, τον Κεντάρ Νατ Μπάμπου. Δυστυχώς έχω χάσει τη διεύθυνσή του. Πιστεύω όμως ότι θα μπορέσεις να του δώσεις αυτό το γράμμα μέσω του κοινού μας φίλου, του Σουάμι Πραναμπανάντα. Ο σουάμι, ο αδελφός μαθητής, έχει φτάσει σ' έναν υψηλό βαθμό πνευματικού αναστήματος. Θα ωφεληθείς από την παρέα του· αυτό το δεύτερο σημείωμα θα σου χρησιμεύσει ως σύσταση».

Τα μάτια του Πατέρα σπινθήρισαν καθώς πρόσθεσε: «Πρόσεχε, δεν θα δραπετεύσεις πάλι!».

Ξεκίνησα με τον ενθουσιασμό των δώδεκα χρόνων μου (παρ' όλο που ο χρόνος ποτέ δεν μείωσε την ευχαρίστηση που ένιωθα για νέα τοπία και παράξενα πρόσωπα). Όταν έφτασα στο Μπενάρες προχώρησα κατ' ευθείαν στην κατοικία του σουάμι. Η εξώπορτα ήταν ανοιχτή· προχώρησα σ' ένα μακρύ δωμάτιο, σαν χολ, στον δεύτερο όροφο. Ένας μάλλον εύσωμος άντρας, φορώντας μόνο ένα περίζωμα γύρω από τη μέση του, ήταν καθισμένος στη στάση του λωτού σ' έναν ελαφρά ανασηκωμένο πάγκο. Το κεφάλι του και το αρυτίδωτο πρόσωπό του ήταν καλοξυρισμένα· ένα χαμόγελο ευδαιμονίας διαφαινόταν στα χείλη του.

Για να με κάνει να νιώσω άνετα με χαιρέτησε σαν παλιό φίλο.

«*Μπάμπα ανάντ* (μακαριότητα στον αγαπητό μου)». Το καλωσόρισμά του ήταν εγκάρδιο με φωνή σαν παιδική. Γονάτισα και άγγιξα τα πόδια του.

«Είστε ο σουάμι Πραναμπανάντα;».

Έγνεψε καταφατικά. «Είσαι ο γιος του Μπαγκαμπάτι;». Τα λόγια του ειπώθηκαν πριν προλάβω να βγάλω το γράμμα του Πατέρα από την τσέπη μου. Με κατάπληξη του έδωσα το συστατικό σημείωμα, που τώρα φαινόταν περιττό.

«Φυσικά και θα εντοπίσω τον Κεντάρ Νατ Μπάμπου για σένα». Ο άγιος και πάλι με εξέπληξε με τη μαντική του ικανότητα. Έριξε μια ματιά στο γράμμα και είπε μερικά στοργικά λόγια για τον γονιό μου.

«Ξέρεις, απολαμβάνω δύο συντάξεις. Η μία είναι μέσω της σύστασης του πατέρα σου, για τον οποίο κάποτε δούλευα στο γραφείο των σιδηροδρόμων. Η άλλη είναι μέσω της σύστασης του Ουράνιου Πατέρα μου, για τον Οποίο έχω ευσυνείδητα ολοκληρώσει τα γήινα καθήκοντά μου στη ζωή».

Βρήκα αυτήν την παρατήρηση πολύ ασαφή. «Τι είδους σύνταξη παίρνετε, κύριε, από τον Ουράνιο Πατέρα; Σας ρίχνει χρήματα στην αγκαλιά σας;».

Γέλασε. «Εννοώ μια σύνταξη απύθμενης γαλήνης – μια ανταμοιβή για πολλά χρόνια βαθέος διαλογισμού. Ποτέ δεν λαχταρώ χρήματα τώρα. Οι λίγες υλικές μου ανάγκες είναι επαρκώς καλυμμένες. Αργότερα θα καταλάβεις τη σημασία της δεύτερης σύνταξης».

Τερματίζοντας απότομα τη συνομιλία μας, ο άγιος έμεινε σοβαρός και ακίνητος. Τον περιέβαλε μια αινιγματικότητα σαν της σφίγγας. Στην αρχή τα μάτια του σπινθηροβόλησαν σαν να παρακολουθούσε κάτι ενδιαφέρον, μετά έγιναν άτονα. Ένιωσα αμήχανα με τη λακωνικότητά του· δεν μου είχε πει ακόμα πώς θα έβρισκα τον φίλο του Πατέρα. Λίγο ανυπόμονα, κοίταξα γύρω μου το γυμνό δωμάτιο που ήταν άδειο εκτός από μας τους δύο. Το κενό βλέμμα μου έπεσε στα ξύλινα σανδάλια του που βρίσκονταν κάτω από τον πάγκο όπου καθόταν.

«Μικρέ κύριε,[1] μην ανησυχείς. Ο άνθρωπος που θέλεις να δεις θα είναι μαζί σου σε μισή ώρα». Ο γιόγκι διάβαζε τον νου μου – ένα επίτευγμα όχι τόσο δύσκολο εκείνη τη στιγμή!

---

[1] «*Τσότο Μαχασάγια*» είναι ένας όρος με τον οποίο αρκετοί Ινδοί άγιοι απευθύνονταν σ' εμένα. Σημαίνει «μικρέ κύριε».

Πάλι έπεσε σε μυστηριώδη σιωπή. Όταν κοίταξα το ρολόι μου και είδα ότι είχαν περάσει τριάντα λεπτά, ο σουάμι σηκώθηκε.

«Νομίζω ότι ο Κεντάρ Νατ Μπάμπου πλησιάζει στην πόρτα», είπε. Άκουσα κάποιον να ανεβαίνει τα σκαλιά. Ξαφνικά με κυρίευσε μια πλήρης ανικανότητα να καταλάβω τι γινόταν· βρισκόμουν σε πλήρη σύγχυση: «Πώς είναι δυνατόν ο φίλος του Πατέρα να κλήθηκε σ' αυτό το μέρος χωρίς τη βοήθεια ενός αγγελιαφόρου; Ο σουάμι δεν μίλησε σε κανέναν άλλον παρά μόνο σ' εμένα από τότε που ήρθα!».

Χωρίς τυπικότητες άφησα το δωμάτιο και κατέβηκα τα σκαλιά. Στα μισά συνάντησα έναν αδύνατο άντρα, με ανοιχτόχρωμο δέρμα, μεσαίου αναστήματος. Φαινόταν να βιάζεται.

«Είστε ο Κεντάρ Νατ Μπάμπου;». Η φωνή μου ήταν γεμάτη έξαψη.

«Ναι, είσαι ο γιος του Μπαγκαμπάτι που περιμένει εδώ για να με συναντήσει, έτσι δεν είναι;». Χαμογέλασε φιλικά.

«Κύριε, πώς έγινε και ήρθατε εδώ;». Ένιωσα μια αμήχανη δυσαρέσκεια με την ανεξήγητη παρουσία του.

«Όλα είναι μυστηριώδη σήμερα! Λιγότερο από μια ώρα πριν, τη στιγμή που τελείωνα το μπάνιο μου στον Γάγγη, με πλησίασε ο Σουάμι Πραναμπανάντα. Δεν έχω ιδέα πώς ήξερε ότι ήμουν εκεί εκείνη την ώρα.

»"Ο γιος του Μπαγκαμπάτι σε περιμένει στο διαμέρισμά μου", είπε. "Θα έρθεις μαζί μου;". Συμφώνησα με χαρά. Καθώς προχωρούσαμε χέρι χέρι, ο σουάμι με τα ξύλινα σανδάλια του μπόρεσε κατά παράξενο τρόπο να με περάσει στο βάδισμα, παρ' όλο που φορούσα αυτά τα γερά παπούτσια για περπάτημα.

»"Πόση ώρα θα σου πάρει να φτάσεις στο σπίτι μου;". Ο Πραναμπανάντατζι ξαφνικά σταμάτησε για να μου κάνει αυτήν την ερώτηση.

»"Περίπου μισή ώρα".

»"Έχω κάτι άλλο να κάνω τώρα". Με κοίταξε αινιγματικά. "Πρέπει να σ' αφήσω. Μπορείς να με συναντήσεις στο σπίτι μου, όπου ο γιος του Μπαγκαμπάτι κι εγώ θα σε περιμένουμε".

»Πριν προλάβω να αντιτείνω κάτι, με προσπέρασε αστραπιαία κι εξαφανίστηκε στο πλήθος. Περπάτησα μέχρι εδώ όσο το δυνατόν πιο γρήγορα».

Αυτή η εξήγηση αύξησε μόνο το σάστισμά μου. Ρώτησα πόσο καιρό γνώριζε τον σουάμι.

«Συναντηθήκαμε μερικές φορές πέρσι, αλλά όχι πρόσφατα. Χάρηκα πολύ που τον είδα ξανά σήμερα στο *γκατ* των λουτρών».

«Δεν μπορώ να πιστέψω στ' αυτιά μου! Άρχισα να χάνω το μυαλό μου; Τον συναντήσατε σε όραμα ή τον είδατε πραγματικά, αγγίξατε το χέρι του και ακούσατε τον ήχο των ποδιών του;».

«Δεν καταλαβαίνω πού το πας!». Αναψοκοκκίνησε από θυμό. «Δεν σου λέω ψέματα. Δεν καταλαβαίνεις ότι μόνο μέσω του σουάμι μπορούσα να ξέρω ότι ήσουν εδώ και με περίμενες;».

«Αυτός ο άνθρωπος, ο Σουάμι Πραναμπανάντα, δεν έφυγε από τα μάτια μου ούτε ένα λεπτό από τότε που ήρθα, εδώ και μια ώρα». Είπα ολόκληρη την ιστορία και επανέλαβα τις συζητήσεις που είχαμε εγώ και ο σουάμι.

Τα μάτια του άνοιξαν διάπλατα. «Ζούμε σ' αυτήν την υλιστική εποχή ή ονειρευόμαστε; Ποτέ στη ζωή μου δεν περίμενα να δω τέτοιο θαύμα! Νόμιζα ότι αυτός ο σουάμι ήταν ένας απλός άνθρωπος και τώρα ανακαλύπτω ότι μπορεί να υλοποιεί ένα επιπλέον σώμα και να εργάζεται μέσω αυτού!». Μπήκαμε μαζί στο δωμάτιο του αγίου. Ο Κεντάρ Νατ Μπάμπου έδειξε τα παπούτσια κάτω από τον πάγκο.

«Κοίτα, εκείνα είναι τα ίδια σανδάλια που φορούσε στο *γκατ*», ψιθύρισε. «Ήταν ντυμένος μόνο μ' ένα περίζωμα, ακριβώς όπως τον βλέπω τώρα».

Καθώς ο επισκέπτης υποκλίθηκε μπροστά του, ο άγιος στράφηκε προς εμένα μ' ένα απορημένο χαμόγελο.

«Γιατί είστε κατάπληκτοι με όλα αυτά; Η αδιόρατη ενότητα του φαινομενικού κόσμου δεν είναι κρυμμένη για τους αληθινούς γιόγκι. Βλέπω άμεσα τους μαθητές μου στη μακρινή Καλκούτα και μιλώ μαζί τους. Κι εκείνοι παρόμοια μπορούν να υπερβαίνουν κατά βούληση κάθε εμπόδιο της συμπαγούς ύλης».

Ήταν μάλλον σε μια προσπάθεια να προκαλέσει πνευματικό ζήλο στη νεανική μου καρδιά που ο σουάμι είχε καταδεχτεί να μου πει για τις δυνάμεις του της αστρικής εκπομπής και της αστρικής όρασης.[2] Αντί

---

[2] Με τον τρόπο τους, οι φυσικές επιστήμες επιβεβαιώνουν την εγκυρότητα των νόμων που ανακάλυψαν οι γιόγκι μέσω της νοητικής επιστήμης. Για παράδειγμα, στις 26 Νοεμβρίου 1934, στο Βασιλικό Πανεπιστήμιο της Ρώμης, έγινε μια επίδειξη σχετικά με τις δυνάμεις τηλε-όρασης που διαθέτει ο άνθρωπος. «Ο Δρ Τζιουζέπε Καλιγκάρις (Dr. Giuseppe Calligaris), καθηγητής νευροφυσιολογίας, πίεσε ορισμένα μέρη του ανθρώπινου σώματος ενός υποκειμένου και το υποκείμενο ανταποκρίθηκε περιγράφοντας λεπτομερώς ανθρώπους και αντικείμενα που βρίσκονταν στην πίσω πλευρά ενός τοίχου. Ο Δρ Καλιγκάρις είπε στους καθηγητές ότι αν ορισμένες περιοχές του δέρματος διεγερθούν, δίνονται στο υποκείμενο υπερ-αισθητηριακές εντυπώσεις οι οποίες το καθιστούν ικανό να βλέπει πράγματα που αλλιώς δεν θα μπορούσε να αντιληφθεί. Για να καταστήσει ικανό το υποκείμενό του να διακρίνει πράγματα στην άλλη μεριά του τοίχου, ο καθηγητής Καλιγκάρις πίεσε ένα σημείο στη δεξιά πλευρά του θώρακα για

*Ο Άγιος με τα Δύο Σώματα*

για ενθουσιασμό όμως, ένιωσα μόνο δέος και φόβο. Όσο κι αν ήταν γραφτό μου να αναζητήσω το Θεό μέσω ενός συγκεκριμένου γκουρού –του Σρι Γιουκτέσβαρ, τον οποίο δεν είχα ακόμα συναντήσει– δεν ένιωσα καμία διάθεση να δεχτώ τον Πραναμπανάντα σαν Δάσκαλό μου. Τον κοίταζα με αμφιβολία, καθώς αναρωτιόμουν αν ήταν ο ίδιος ή το ομοίωμά του μπροστά μου.

Ο Δάσκαλος προσπάθησε να εξαφανίσει την ανησυχία μου μ' ένα βλέμμα που εξύψωνε την ψυχή και αναφέροντας μερικά εμπνευσμένα λόγια σχετικά με τον γκουρού του.

«Ο Λαχίρι Μαχασάγια ήταν ο μεγαλύτερος γιόγκι που γνώρισα ποτέ. Ήταν η Ίδια η Θεότητα σε μορφή ανθρώπου».

Αν ένας μαθητής, σκέφτηκα, μπορούσε να υλοποιεί ένα επιπλέον σώμα κατά βούληση, τι θαύματα, πραγματικά, θα υπήρχαν που να μην μπορούσε να κάνει ο Δάσκαλός του;

«Θα σου πω πόσο ανεκτίμητη είναι η βοήθεια ενός γκουρού. Συνήθιζα να διαλογίζομαι μ' έναν άλλο μαθητή για οκτώ ώρες κάθε βράδυ. Έπρεπε να δουλεύουμε στο γραφείο των σιδηροδρόμων κατά τη διάρκεια της ημέρας. Δυσκολευόμενος να ασκήσω τα υπαλληλικά μου καθήκοντα, ήθελα να αφιερώσω όλο μου τον χρόνο στο Θεό. Για οκτώ χρόνια επέμενα, διαλογιζόμενος τη μισή νύχτα. Τα αποτελέσματα ήταν υπέροχα· εκπληκτικές πνευματικές αντιλήψεις φώτισαν τον νου μου. Πάντα όμως παρέμενε ένα μικρό πέπλο ανάμεσα σ' εμένα και το Άπειρο. Ακόμα και με υπεράνθρωπη προσπάθεια, δεν μπόρεσα να πετύχω την ύστατη και αμετάκλητη ένωση. Ένα απόγευμα επισκέφτηκα τον Λαχίρι Μαχασάγια και τον εκλιπάρησα για τη θεϊκή του παρέμβαση. Οι εκκλήσεις μου συνεχίστηκαν όλη τη νύχτα.

»"Αγγελικέ Γκουρού, η πνευματική μου αγωνία είναι τέτοια που δεν μπορώ πλέον να αντέξω τη ζωή μου χωρίς να συναντήσω τον Μεγάλο Αγαπημένο πρόσωπο με πρόσωπο!".

»"Τι μπορώ να κάνω; Πρέπει να διαλογίζεσαι πιο βαθιά".

»"Κάνω έκκληση σ' Εσάς, Θεέ Δάσκαλέ μου! Σας βλέπω υλοποιημένο μπροστά μου σε υλικό σώμα· ευλογήστε με να Σας δω στην Άπειρη μορφή Σας!".

»Ο Λαχίρι Μαχασάγια άπλωσε το χέρι του με μια καλοκάγαθη χειρονομία. "Μπορείς να φύγεις τώρα και να διαλογιστείς. Έχω

---

δεκαπέντε λεπτά. Ο Δρ Καλιγκάρις είπε ότι όταν ορισμένα σημεία του σώματος διεγείρονται, τα υποκείμενα μπορούν να βλέπουν αντικείμενα σε οποιαδήποτε απόσταση, ανεξάρτητα αν έχουν δει ποτέ ξανά αυτά τα αντικείμενα».

Ο ΣΟΥΑΜΙ ΠΡΑΝΑΜΠΑΝΑΝΤΑ
«Ο Άγιος με τα Δύο Σώματα» του Μπενάρες

μεσολαβήσει για σένα στον Μπραχμά".[3]

»Ανείπωτα εμψυχωμένος, γύρισα στο σπίτι μου. Στον διαλογισμό, εκείνη τη νύχτα, ο πολυπόθητος Στόχος της ζωής μου επιτεύχθηκε. Τώρα απολαμβάνω αδιάκοπα την πνευματική σύνταξη. Από εκείνη την ημέρα, ποτέ πια ο Μακάριος Δημιουργός δεν έμεινε κρυμμένος από τα μάτια μου πίσω από οποιοδήποτε παραπέτασμα αυταπάτης».

---

[3] Ο Θεός στην όψη Του ως Δημιουργού· από τη σανσκριτική ρίζα *μπριχ*, διευρύνομαι. Όταν το ποίημα του Έμερσον (Emerson) «Μπραχμά» δημοσιεύτηκε στο *Atlantic Monthly* το 1857, οι περισσότεροι αναγνώστες σάστισαν. Ο Emerson γέλασε κοροϊδευτικά: «Πείτε τους να λένε "Ιεχωβά" αντί για "Μπραχμά" και δεν θα νιώθουν καμία απορία».

*Ο Άγιος με τα Δύο Σώματα*

Το πρόσωπο του Πραναμπανάντα ήταν πλημμυρισμένο από θεϊκό φως. Η γαλήνη ενός άλλου κόσμου μπήκε στην καρδιά μου· όλος ο φόβος είχε φύγει. Ο άγιος προέβη σε μια περαιτέρω εκμυστήρευση.

«Λίγους μήνες αργότερα επέστρεψα στον Λαχίρι Μαχασάγια και προσπάθησα να τον ευχαριστήσω για την παραχώρηση του άπειρου δώρου. Τότε ανέφερα ένα άλλο θέμα.

»"Θεϊκέ Γκουρού, δεν μπορώ πια να εργάζομαι στο γραφείο. Σας παρακαλώ, απαλλάξτε με. Ο Μπραχμά με κρατά συνεχώς σε θεϊκή μέθη".

»"Κάνε αίτηση στην εταιρεία σου για συνταξιοδότηση".

»"Τι δικαιολογία να προβάλω από τόσο νωρίς στην υπηρεσία μου;".

»"Πες τι νιώθεις".

»Την επόμενη μέρα έκανα την αίτηση. Ο γιατρός ρώτησε τον λόγο του πρόωρου αιτήματός μου.

»"Στη δουλειά νιώθω μια εξαιρετικά δυνατή αίσθηση να ανεβαίνει στη σπονδυλική μου στήλη. Διαπερνά όλο μου το σώμα, καθιστώντας με ανίκανο να εκτελέσω τα καθήκοντά μου".[4]

»Χωρίς περαιτέρω ερωτήσεις ο γιατρός συνέστησε κατηγορηματικά να πάρω σύνταξη, την οποία έλαβα γρήγορα. Ξέρω ότι η θεία θέληση του Λαχίρι Μαχασάγια λειτούργησε μέσω του γιατρού και των αξιωματούχων των σιδηροδρόμων, συμπεριλαμβανομένου και του πατέρα σου. Αυτόματα υπάκουσαν στην πνευματική οδηγία του μεγάλου γκουρού και με απάλλαξαν για μια ζωή αδιάσπαστης κοινωνίας με τον Αγαπημένο».

---

[4] Στον βαθύ διαλογισμό η πρώτη εμπειρία του Πνεύματος βιώνεται στη σπονδυλική στήλη και μετά στον εγκέφαλο. Η χειμαρρώδης μακαριότητα είναι συγκλονιστική, αλλά ο γιόγκι μαθαίνει να ελέγχει τις εξωτερικές εκδηλώσεις της.

Όταν συναντηθήκαμε, ο Πραναμπανάντα ήταν πράγματι ένας πλήρως φωτισμένος Δάσκαλος. Η εγκόσμια ζωή του όμως έκλεισε πολλά χρόνια πριν· τότε δεν είχε ακόμα κατακτήσει αμετάκλητα το *νιρμπικάλπα σαμάντι* (βλ. σελ. 274 και 478 σημ.). Σ' αυτήν την τέλεια και ακλόνητη κατάσταση της συνειδητότητας ο γιόγκι δεν έχει καμία δυσκολία να εκτελεί όλα τα εγκόσμια καθήκοντά του.

Μετά τη συνταξιοδότησή του, ο Πραναμπανάντα έγραψε την *Pranab Gita*, (Πράναμ Γκίτα), έναν βαθύ σχολιασμό πάνω στην Μπάγκαβαντ Γκίτα, διαθέσιμο στην ινδική και στη βεγγαλική γλώσσα.

Η δύναμη να εμφανίζεται κάποιος με περισσότερα από ένα σώματα είναι μια *σιντί* (γιογκική δύναμη), που αναφέρεται στις *Yoga Sutras* (Γιόγκα Σούτρα) του Πατάντζαλι (Patanjali) (βλ. σελ. 262 σημ.). Το φαινόμενο να βρίσκεται κάποιος σε δύο σημεία ταυτόχρονα έχει αποδειχθεί στους βίους πολλών αγίων ανά τους αιώνες. Στο *The Story of Therese Neumann* («Η ιστορία της Τερέζας Νόιμαν») (Bruce Pub. Co.), ο A. P. Schimberg περιγράφει αρκετές περιπτώσεις κατά τις οποίες αυτή η Χριστιανή αγία είχε εμφανιστεί μπροστά σε ανθρώπους που βρίσκονταν μακριά και χρειάζονταν τη βοήθειά της και είχε συζητήσει μαζί τους.

Μετά την εντυπωσιακή αυτή αποκάλυψη ο Σουάμι Πραναμπανάντα αποσύρθηκε σε μια από τις μακρόχρονες σιωπές του. Καθώς ετοιμαζόμουν να φύγω, αγγίζοντας τα πόδια του με ευλάβεια, μου έδωσε την ευλογία του:

«Η ζωή σου ανήκει στο μονοπάτι της απάρνησης και της γιόγκα. Θα σε ξαναδώ μαζί με τον πατέρα σου στο μέλλον». Και οι δύο αυτές προβλέψεις επαληθεύθηκαν στα χρόνια που επακολούθησαν.[5]

Ο Κεντάρ Νατ Μπάμπου περπατούσε δίπλα μου καθώς έπεφτε η νύχτα. Του έδωσα το γράμμα του Πατέρα, το οποίο διάβασε κάτω από μια λάμπα του δρόμου.

«Ο πατέρας σου προτείνει να διοριστώ στο γραφείο σιδηροδρόμων στην Καλκούτα. Πόσο ευχάριστο είναι να περιμένω μία τουλάχιστον από τις συντάξεις που απολαμβάνει ο Σουάμι Πραναμπανάντα! Είναι όμως αδύνατο· δεν μπορώ να αφήσω το Μπενάρες. Αλίμονο, δύο σώματα δεν είναι ακόμα για μένα!».

---

[5] Βλ. κεφάλαιο 27.

ΚΕΦΑΛΑΙΟ 4

# Η Φυγή Μου Προς τα Ιμαλάια και Πώς Διακόπηκε

«Φύγε από την τάξη σου με μια κάποια ασήμαντη δικαιολογία και νοίκιασε μια αγοραία άμαξα. Σταμάτα στο στενό, σε σημείο όπου κανείς από το σπίτι μου να μην μπορεί να σε δει».

Αυτές ήταν οι τελικές μου οδηγίες στον Αμάρ Μίτερ, έναν φίλο από το γυμνάσιο, που σχεδίαζε να με συνοδεύσει στα Ιμαλάια. Είχαμε επιλέξει την επόμενη μέρα για τη φυγή μας. Οι προφυλάξεις ήταν απαραίτητες αφού ο αδελφός μου Ανάντα με πρόσεχε με άγρυπνο βλέμμα. Ήταν αποφασισμένος να αποτρέψει τα σχέδιά μου να δραπετεύσω, τα οποία υποπτευόταν ότι δέσποζαν στον νου μου. Το φυλαχτό, σαν πνευματική μαγιά, δούλευε σιωπηλά μέσα μου. Ήλπιζα να βρω ανάμεσα στα χιόνια των Ιμαλαΐων τον Δάσκαλο του οποίου το πρόσωπο συχνά μου εμφανιζόταν σε οράματα.

Η οικογένεια ζούσε τώρα στην Καλκούτα όπου ο Πατέρας είχε μετατεθεί μόνιμα. Ακολουθώντας το πατριαρχικό ινδικό έθιμο, ο Ανάντα είχε φέρει τη σύζυγό του να μείνει στο σπίτι μας. Εκεί, σ' ένα μικρό δωμάτιο στη σοφίτα, διαλογιζόμουν καθημερινά και προετοίμαζα τον νου μου για τη θεϊκή αναζήτηση.

Το αξέχαστο πρωινό ήρθε με δυσοίωνη βροχή. Ακούγοντας τις ρόδες της άμαξας του Αμάρ στο δρόμο, έδεσα βιαστικά μια κουβέρτα, ένα ζευγάρι σανδάλια, δύο περιζώματα, ένα κομπολόι με χάντρες προσευχής, τη φωτογραφία του Λαχίρι Μαχασάγια κι ένα αντίγραφο της Μπάγκαβαντ Γκίτα. Αυτό το δέμα το έριξα από το παράθυρο του τρίτου ορόφου όπου ήταν το δωμάτιό μου. Έτρεξα κάτω στη σκάλα και πέρασα δίπλα από τον θείο μου που αγόραζε ψάρια στην πόρτα.

«Προς τι ο ενθουσιασμός;». Το βλέμμα του περιφέρθηκε με υποψία πάνω μου.

Του χαμογέλασα διφορούμενα και προχώρησα στο στενό. Παίρνοντας το δέμα μου, συνάντησα τον Αμάρ με συνωμοτική προσοχή.

Πήγαμε με την άμαξα στο Τσάντνι Τσοκ, ένα εμπορικό κέντρο. Για μήνες μαζεύαμε τα χρήματα που προορίζονταν για το μεσημεριανό φαγητό μας για να αγοράσουμε αγγλικά ρούχα. Γνωρίζοντας ότι ο έξυπνος αδελφός μου θα έπαιζε άνετα τον ρόλο του ντετέκτιβ, σκεφτήκαμε να τον ξεγελάσουμε φορώντας ευρωπαϊκά ρούχα.

Στο δρόμο μας προς τον σταθμό σταματήσαμε για τον ξάδελφό μου, τον Τζοτίν Γκος, τον οποίο αποκαλούσα Τζατίντα. Ήταν νεοφώτιστος που ποθούσε να βρει έναν γκουρού στα Ιμαλάια. Φόρεσε το καινούργιο του κουστούμι με προθυμία. Ωραίο καμουφλάρισμα, ελπίσαμε! Μια βαθιά αγαλλίαση κατέλαβε την καρδιά μας.

«Το μόνο που χρειαζόμαστε τώρα είναι ευρωπαϊκά παπούτσια». Οδήγησα τους συντρόφους μου σ' ένα κατάστημα που είχε στη βιτρίνα παπούτσια με λαστιχένιες σόλες. «Κομμάτια δέρματος που τα πήραν από τη σφαγή ζώων θα πρέπει να απουσιάζουν απ' αυτό το ιερό ταξίδι». Σταμάτησα στο δρόμο για να αφαιρέσω το δερμάτινο κάλυμμα από την Μπάγκαβαντ Γκίτα μου και τα δερμάτινα λουριά από το φτιαγμένο στην Αγγλία *σόλα τοπί* μου (κράνος).

Στον σταθμό αγοράσαμε εισιτήρια για το Μπαρντγουάν (Burdwan), απ' όπου σχεδιάζαμε να πάμε στο Χάρντγουαρ (Hardwar), στους πρόποδες των Ιμαλαΐων. Μόλις το τρένο αναχώρησε, εξέφρασα μερικές από τις λαμπρές μου προσδοκίες.

«Φανταστείτε!», αναφώνησα. «Θα μυηθούμε από τους Δασκάλους και θα βιώσουμε την έκσταση της συμπαντικής συνειδητότητας. Η σάρκα μας θα φορτιστεί με τέτοιο μαγνητισμό που τα άγρια θηρία των Ιμαλαΐων θα έρθουν πειθήνια κοντά μας. Οι τίγρεις θα είναι σαν κατοικίδιες γάτες που θα περιμένουν τα χάδια μας!».

Αυτή η παρατήρηση –η γλαφυρή περιγραφή μιας προσδοκίας που θεωρούσα σαγηνευτική και μεταφορικά και κυριολεκτικά– προκάλεσε ένα ενθουσιώδες χαμόγελο στον Αμάρ. Ο Τζατίντα όμως έστρεψε το βλέμμα του προς το παράθυρο, στο τοπίο που περνούσε γρήγορα.

«Ας μοιράσουμε τα χρήματα στα τρία». Ο Τζατίντα έσπασε μια μακρά σιωπή μ' αυτήν την πρόταση. «Ο καθένας μας θα πρέπει να πάρει το δικό του εισιτήριο στο Μπαρντγουάν. Έτσι κανείς στο σταθμό δεν θα υποψιαστεί ότι δραπετεύουμε μαζί».

Χωρίς να υποπτευθώ τίποτα, συμφώνησα. Το σούρουπο το τρένο μας σταμάτησε στο Μπαρντγουάν. Ο Τζατίντα μπήκε στο γραφείο των εισιτηρίων· ο Αμάρ κι εγώ καθίσαμε στην πλατφόρμα. Περιμέναμε δεκαπέντε λεπτά, μετά κάναμε άκαρπες έρευνες. Ψάχνοντας σε όλες τις

*Η Φυγή Μου Προς τα Ιμαλάια και Πώς Διακόπηκε*

κατευθύνσεις, φωνάζαμε το όνομα του Τζατίντα με τον επείγοντα τόνο του φόβου. Είχε εξαφανιστεί όμως στον σκοτεινό, άγνωστο χώρο που περιέβαλλε τον μικρό σταθμό.

Ήμουν τελείως πτοημένος, σοκαρισμένος, αλλόκοτα μουδιασμένος. Πώς ήταν δυνατόν ο Θεός να επέτρεψε ένα τέτοιο θλιβερό επεισόδιο! Η ρομαντική περίσταση της πρώτης μου προσεκτικά οργανωμένης φυγής για να Τον βρω αμαυρώθηκε με σκληρότητα.

«Αμάρ, πρέπει να γυρίσουμε σπίτι». Έκλαιγα σαν μικρό παιδί. «Η άσπλαχνη αποχώρηση του Τζατίντα είναι κακός οιωνός. Αυτό το ταξίδι είναι καταδικασμένο να αποτύχει».

«Αυτή είναι η αγάπη σου για τον Κύριο; Δεν μπορείς να αντέξεις μια μικρή δοκιμασία από έναν προδότη σύντροφο;».

Ο υπαινιγμός του Αμάρ για θεϊκή δοκιμασία αναπτέρωσε το ηθικό μου. Τονωθήκαμε με διάσημα ζαχαρωτά από το Μπαρντγουάν, *σίταμπογκ* («φαγητό για τη θεότητα») και *μοτιτσούρ* (βώλους από «γλυκό μαργαριτάρι»). Σε λίγες ώρες επιβιβαστήκαμε στο τρένο για το Χάρντγουαρ μέσω Μπαρέιλι. Αλλάζοντας τρένα την επόμενη μέρα στο Μογκούλ Σεράι (Moghul Serai), συζητήσαμε ένα κρίσιμο θέμα καθώς περιμέναμε στην πλατφόρμα.

«Αμάρ, μπορεί σύντομα να ανακριθούμε επίμονα από αξιωματούχους του σιδηροδρόμου. Δεν υποτιμώ την ευφυΐα του αδελφού μου! Όποια κι αν θα είναι η έκβαση, δεν θα πω ψέματα».

«Το μόνο που σου ζητώ, Μουκούντα, είναι να παραμείνεις ακίνητος. Μη γελάσεις και μη μορφάσεις καθώς θα μιλάω».

Εκείνη την ώρα με πλησίασε ένας ευρωπαίος πράκτορας του σταθμού. Ανέμισε ένα τηλεγράφημα, του οποίου το περιεχόμενο κατάλαβα αμέσως.

«Φύγατε από το σπίτι σας θυμωμένοι για κάποιο λόγο;».

«Όχι!». Χάρηκα που η επιλογή των λέξεών του μου επέτρεψε να δώσω αυτή την εμφατική απάντηση. Ήξερα ότι όχι ο θυμός αλλά η «μελαγχολία για το Θεό» ήταν υπεύθυνη για την απείθαρχη συμπεριφορά μου.

Ο αξιωματούχος στράφηκε στον Αμάρ. Κατά την ευφυή λογομαχία που επακολούθησε, με μεγάλη δυσκολία μπόρεσα να διατηρήσω τη στωική σοβαρότητα που με συμβούλεψε ο Αμάρ.

«Πού είναι το τρίτο αγόρι;». Ο αξιωματούχος έδωσε έναν άκρως επιτακτικό τόνο στη φωνή του. «Έλα, πες την αλήθεια!».

«Κύριε, παρατήρησα πως φοράτε γυαλιά. Δεν μπορείτε να δείτε

ότι είμαστε μόνο δύο;». Ο Αμάρ χαμογέλασε με αναίδεια. «Δεν είμαι μάγος· δεν μπορώ να εμφανίσω δια μαγείας ένα τρίτο αγόρι».

Ο αξιωματούχος, φανερά ενοχλημένος απ' αυτήν την απρέπεια, έψαξε νέο έδαφος για να επιτεθεί. «Πώς σε λένε;».

«Ονομάζομαι Τόμας. Είμαι γιος μιας Αγγλίδας μητέρας και ενός νεοφώτιστου Χριστιανού Ινδού πατέρα».

«Ποιο είναι το όνομα του φίλου σου;».

«Τον φωνάζω Τόμσον».

Εκείνη την ώρα η εσωτερική μου θυμηδία άγγιξε το ζενίθ· με χαλαρές κινήσεις ξεκίνησα για το τρένο, το οποίο σαν θείο δώρο σφύριζε για αναχώρηση. Ο Αμάρ ακολούθησε με τον αξιωματούχο ο οποίος πείσθηκε με την ιστορία και, εξυπηρετικά, μας έβαλε στο ευρωπαϊκό βαγόνι. Προφανώς τον ενοχλούσε η σκέψη ότι δύο αγόρια μισο-αγγλικής καταγωγής ταξίδευαν στο τμήμα που προοριζόταν για τους αυτόχθονες. Μετά την ευγενική του αποχώρηση ακούμπησα πίσω στο κάθισμα και γέλασα ξεκαρδιστικά. Ο Αμάρ είχε μια έκφραση εύθυμης ικανοποίησης που ξεγέλασε έναν έμπειρο ευρωπαίο αξιωματούχο.

Στην πλατφόρμα είχα καταφέρει να διαβάσω το τηλεγράφημα. Σταλμένο από τον αδελφό μου Ανάντα, έγραφε τα εξής: «Τρία αγόρια από τη Βεγγάλη με αγγλικά ρούχα δραπέτευσαν από το σπίτι τους προς το Χάρντγουαρ μέσω Μογκούλ Σεράι. Παρακαλώ κρατήστε τα μέχρι να έρθω. Πλουσιοπάροχη ανταμοιβή για τις υπηρεσίες σας».

«Αμάρ, σου είπα να μην αφήσεις σημαδεμένους πίνακες δρομολογίων στο σπίτι σου». Η ματιά μου ήταν επιτιμητική. «Ο αδελφός μου πρέπει να βρήκε έναν εκεί».

Ο φίλος μου, συνεσταλμένα, παραδέχθηκε την επίπληξη. Σταματήσαμε για λίγο στο Μπαρέιλι όπου ο Ντουάρκα Πρασάντ[1] μάς περίμενε μ' ένα τηλεγράφημα από τον Ανάντα. Ο Ντουάρκα προσπάθησε γενναία να μας κρατήσει· τον έπεισα ότι η φυγή μας δεν είχε αποφασιστεί επιπόλαια. Όπως και σε μια προηγούμενη περίσταση, ο Ντουάρκα αρνήθηκε την πρότασή μου να έρθει στα Ιμαλάια.

Καθώς το τρένο μας σταμάτησε σ' έναν σταθμό εκείνη τη νύχτα κι εγώ ήμουν μισοκοιμισμένος, ένας άλλος αξιωματούχος ξύπνησε τον Αμάρ και τον ανέκρινε. Κι εκείνος επίσης έπεσε θύμα της γοητευτικής ιστορίας περί «Τόμας» και «Τόμσον». Το τρένο μάς έφερε θριαμβευτικά το ξημέρωμα στο Χάρντγουαρ. Τα επιβλητικά βουνά ξεπρόβαλαν σαν

---

[1] Αναφέρθηκε στη σελίδα 19.

## Η Φυγή Μου Προς τα Ιμαλάια και Πώς Διακόπηκε

να μας προσκαλούσαν από μακριά. Τρέχοντας φύγαμε από τον σταθμό και βγήκαμε στην ελευθερία του πλήθους της πόλης. Το πρώτο μας μέλημα ήταν να αλλάξουμε την ενδυμασία μας σε ινδική, αφού ο Ανάντα με κάποιον τρόπο έμαθε για την ευρωπαϊκή μας μεταμφίεση. Στον νου μου μπήκε ένα προαίσθημα ότι θα μας έπιαναν.

Θεωρώντας καλή ιδέα να φύγουμε από το Χάρντγουαρ αμέσως, αγοράσαμε εισιτήρια για να προχωρήσουμε Βόρεια στο Ρισικές (Rishikesh), ένα έδαφος καθαγιασμένο από παλιά από τα πόδια πολλών Δασκάλων. Είχα ήδη επιβιβαστεί στο τρένο όταν ο Αμάρ καθυστέρησε στην πλατφόρμα. Σταμάτησε απότομα από την επιτακτική φωνή ενός αστυνομικού. Ο αξιωματούχος, ανεπιθύμητος φρουρός, συνόδευσε τον Αμάρ κι εμένα σ' ένα αστυνομικό τμήμα και πήρε τα χρήματά μας. Εξήγησε με ευγένεια ότι ήταν καθήκον του να μας κρατήσει μέχρι να έρθει ο μεγαλύτερος αδελφός μου.

Μαθαίνοντας ότι ο λόγος που φύγαμε από το σπίτι ήταν για να πάμε στα Ιμαλάια, ο αξιωματικός αφηγήθηκε μια παράξενη ιστορία.

«Βλέπω ότι έχετε μανία με τους αγίους! Δεν θα συναντήσετε ποτέ κανέναν πιο μεγαλειώδη άνθρωπο του Θεού απ' αυτόν που είδα μόλις χθες. Ο σύντροφός μου αστυνομικός κι εγώ τον συναντήσαμε για πρώτη φορά πριν πέντε μέρες. Κάναμε περιπολία στον Γάγγη, αναζητώντας εντατικά κάποιο δολοφόνο. Οι οδηγίες μας ήταν να τον συλλάβουμε ζωντανό ή νεκρό. Ήταν γνωστό ότι μεταμφιεζόταν σε σάντου για να κλέψει τους προσκυνητές. Σε μικρή απόσταση μπροστά μας είδαμε μια φιγούρα που έμοιαζε στην περιγραφή του εγκληματία. Αγνόησε την εντολή μας να σταματήσει· τρέξαμε για να τον ακινητοποιήσουμε. Πλησιάζοντάς τον από πίσω, τον χτύπησα με το τσεκούρι μου με τρομακτική δύναμη· το δεξί χέρι του ανθρώπου σχεδόν κόπηκε τελείως από το σώμα του.

»Χωρίς κραυγή ή οποιαδήποτε ματιά στη φρικτή πληγή, ο άγνωστος προς κατάπληξή μας συνέχισε το ταχύ του βήμα. Καθώς πηδήξαμε μπροστά του, μίλησε ήρεμα.

»"Δεν είμαι ο δολοφόνος που ψάχνετε".

»Ένιωσα βαθιά ταπεινωμένος όταν είδα ότι είχα τραυματίσει έναν άγιο. Έπεσα στα πόδια του, τον εκλιπάρησα να με συγχωρήσει και πρόσφερα το ύφασμα από το τουρμπάνι μου για να σταματήσω τους έντονους πίδακες του αίματος που ανάβλυζαν.

»"Γιε μου, αυτό ήταν ένα δικαιολογημένο λάθος από την πλευρά σου", παρατήρησε ο άγιος με καλοσύνη. "Φύγε και μην κατηγορείς τον εαυτό σου. Η Αγαπημένη Μητέρα με φροντίζει". Έσπρωξε το χέρι του που κρεμόταν στο τμήμα που είχε απομείνει από το σώμα του και κατά παράξενο τρόπο... κόλλησε! Το αίμα σταμάτησε να τρέχει ανεξήγητα.

»"Ελάτε να με βρείτε κάτω από το δέντρο εκεί πέρα σε τρεις μέρες και θα δείτε πως θα έχω θεραπευτεί εντελώς. Έτσι δεν θα νιώθετε τύψεις".

»Χθες ο σύντροφός μου αστυνομικός κι εγώ πήγαμε ανυπόμονα στο καθορισμένο μέρος. Ο σάντου ήταν εκεί και μας άφησε να εξετάσουμε το χέρι του. Δεν είχε ούτε ουλή ούτε ίχνος χτυπήματος!

»"Πηγαίνω μέσω Ρισικές στην απομόνωση των Ιμαλαΐων". Ο σάντου μάς ευλόγησε και έφυγε γρήγορα. Νιώθω ότι η ζωή μου εξυψώθηκε μέσω της αγιότητάς του».

Ο αστυνομικός ολοκλήρωσε την ιστορία μ' ένα θεοσεβές επιφώνημα· η εμπειρία του προφανώς τον είχε συγκινήσει πέρα απ' όσο μπορούσε να αντέξει. Με μια εντυπωσιακή χειρονομία μού έδωσε ένα τυπωμένο απόκομμα σχετικά με το θαύμα. Με τον συνηθισμένο τρόπο των εφημερίδων που διαστρεβλώνουν τα γεγονότα για να τα κάνουν να φαίνονται συγκλονιστικά (τέτοιες δεν έλειπαν δυστυχώς ούτε στην Ινδία), η εκδοχή του δημοσιογράφου ήταν ελαφρώς υπερβολική: άφηνε να εννοηθεί ότι ο σάντου είχε σχεδόν αποκεφαλιστεί!

Ο Αμάρ κι εγώ θρηνήσαμε που δεν είδαμε τον μεγάλο γιόγκι που μπορούσε να συγχωρήσει τον διώκτη του με τέτοιο τρόπο που θύμιζε τον Χριστό. Η Ινδία, φτωχή σε υλικά αγαθά για τους δύο τελευταίους αιώνες, έχει παρ' όλα αυτά έναν ανεξάντλητο θεϊκό πλούτο· μπορεί κάποιος, ακόμα και εγκόσμιος άνθρωπος σαν τον αστυνομικό, να συναντήσει περιστασιακά στην άκρη του δρόμου πνευματικούς «γίγαντες».

Ευχαριστήσαμε τον αστυνομικό που ανακούφισε την πλήξη μας μ' αυτήν την υπέροχη ιστορία. Μάλλον ήθελε να μας πει ότι ήταν πιο τυχερός από μας: είχε συναντήσει έναν φωτισμένο άγιο χωρίς προσπάθεια· η δική μας σοβαρή αναζήτηση δεν είχε τελειώσει στα πόδια ενός Δασκάλου, αλλά σ' ένα απαίσιο αστυνομικό τμήμα!

Τόσο κοντά στα Ιμαλάια και παρ' όλα αυτά τόσο μακριά εξαιτίας της αιχμαλωσίας μας, είπα στον Αμάρ ότι ένιωθα να εξωθούμαι διπλά να αναζητήσω την ελευθερία.

«Ας ξεγλιστρήσουμε μόλις μας δοθεί η ευκαιρία. Μπορούμε να πάμε με τα πόδια στο άγιο Ρισικές». Χαμογέλασα ενθαρρυντικά.

Ο σύντροφός μου όμως είχε γίνει απαισιόδοξος καθώς το γερό στήριγμα των χρημάτων μάς αφαιρέθηκε.

«Αν αρχίζαμε ένα οδοιπορικό σε μια τόσο επικίνδυνη περιοχή της ζούγκλας, δεν θα καταλήγαμε στην πόλη των αγίων, αλλά στο στομάχι των τίγρεων!».

Ο Ανάντα και ο αδελφός τού Αμάρ έφτασαν μετά από τρεις μέρες. Ο Αμάρ χαιρέτησε τον συγγενή του με στοργική ανακούφιση. Εγώ δεν συμφιλιωνόμουν· ο Ανάντα δεν έλαβε από μένα τίποτα άλλο από μια δριμεία επίπληξη.

«Καταλαβαίνω πώς νιώθεις». Ο αδελφός μου μίλησε απαλά. «Το μόνο που σου ζητώ είναι να με συνοδεύσεις μέχρι το Μπενάρες για να συναντήσεις κάποιον σοφό και να έρθεις στην Καλκούτα για να επισκεφτείς για μερικές μέρες τον πατέρα μας που θρηνεί. Μετά μπορείς να συνεχίσεις εδώ την αναζήτησή σου για έναν Δάσκαλο».

Ο Αμάρ σ' εκείνο το σημείο μπήκε στη συζήτηση για να αρνηθεί κάθε πρόθεση να γυρίσει στο Χάρντγουαρ μαζί μου. Απολάμβανε την οικογενειακή θαλπωρή. Εγώ όμως ήξερα ότι ποτέ δεν θα εγκατέλειπα την αναζήτηση του γκουρού μου.

Πήραμε το τρένο για το Μπενάρες. Εκεί είχα μια μοναδική και ακαριαία απάντηση σε μια προσευχή.

Ένα έξυπνο σχέδιο είχε οργανωθεί από πριν, από τον Ανάντα. Πριν με δει στο Χάρντγουαρ είχε σταματήσει στο Μπενάρες για να ζητήσει από έναν ειδήμονα στις Γραφές να μιλήσει μαζί μου αργότερα. Ο ειδήμονας, καθώς και ο γιος του, είχαν υποσχεθεί στον Ανάντα ότι θα προσπαθούσαν να με μεταπείσουν από το να γίνω *σανννυάσι*.[2]

Ο Ανάντα με πήγε στο σπίτι τους. Ο γιος, ένας νέος με χειμαρρώδη χαρακτήρα, με υποδέχθηκε στην αυλή. Με ενέπλεξε σε μια μακροσκελή φιλοσοφική συζήτηση. Ισχυριζόμενος ότι είχε μια μαντική ικανότητα με την οποία μπορούσε να γνωρίζει το μέλλον μου, αποδοκίμασε την ιδέα μου να γίνω μοναχός.

«Θα συναντάς συνεχώς ατυχίες και δεν θα μπορέσεις να βρεις το Θεό αν επιμείνεις να εγκαταλείψεις τις συνηθισμένες σου ευθύνες! Δεν μπορείς να εξοφλήσεις το παλιό σου κάρμα[3] χωρίς εγκόσμιες εμπειρίες».

Αθάνατα λόγια της Μπάγκαβαντ Γκίτα[4] ήρθαν στα χείλη μου σε απάντηση: «Ακόμα κι αυτός με το χειρότερο κάρμα, που ασταμάτητα

---

[2] Κατά κυριολεξία «απαρνητής»· από τη σανσκριτική ρίζα του ρήματος «παραπετώ».

[3] Αποτελέσματα παλιών πράξεων, σ' αυτήν ή μια προηγούμενη ζωή· από το σανσκριτικό ρήμα *κρι*, «πράττω».

[4] Κεφάλαιο IX, στίχοι 30-31.

διαλογίζεται σ' Εμένα, απαλλάσσεται από τις επιπτώσεις των παλιών του κακών πράξεων. Καθώς εξελίσσεται σε μια μεγαλόψυχη ύπαρξη, γρήγορα πετυχαίνει αιώνια γαλήνη. Να είσαι σίγουρος γι' αυτό: ο πιστός που εναποθέτει την εμπιστοσύνη του σ' Εμένα ποτέ δεν χάνεται!».

Τα δυναμικά προγνωστικά του νεαρού άντρα όμως είχαν ελαφρώς κλονίσει την αυτοπεποίθησή μου. Με όλη τη θέρμη της καρδιάς μου προσευχήθηκα σιωπηλά στο Θεό:

«Σε παρακαλώ, διάλυσε τη σύγχυσή μου και απάντησέ μου, εδώ και τώρα, αν θέλεις να ακολουθήσω τη ζωή του απαρνητή ή ενός εγκόσμιου ανθρώπου!».

Πρόσεξα έναν σάντου με ευγενικό παρουσιαστικό να στέκεται ακριβώς έξω από τον περίβολο του σπιτιού του ειδήμονα. Προφανώς είχε ακούσει τη ζωηρή συνομιλία ανάμεσα στον αυτοαποκαλούμενο μάντη κι εμένα, γιατί ο ξένος με φώναξε να πάω δίπλα του. Ένιωσα μια τεράστια δύναμη να ρέει από τα ήρεμα μάτια του.

«Γιε μου, μην ακούς αυτόν τον αδαή. Σε απάντηση της προσευχής σου, ο Κύριος μου λέει να σε διαβεβαιώσω ότι το μοναδικό μονοπάτι στη ζωή σου είναι αυτό του απαρνητή».

Με κατάπληξη, καθώς και ευγνωμοσύνη, χαμογέλασα ευτυχισμένος μ' αυτό το κατηγορηματικό μήνυμα.

«Φύγε μακριά απ' αυτόν τον άνθρωπο!». Ο «αδαής» με καλούσε από την αυλή του. Ο άγιος καθοδηγητής μου σήκωσε το χέρι του ευλογώντας με και αναχώρησε αργά.

«Αυτός ο σάντου είναι το ίδιο τρελός όπως εσύ». Ήταν ο ασπρομάλλης ειδήμων που έκανε αυτήν τη γοητευτική παρατήρηση. Αυτός και ο γιος του με κοίταζαν θλιμμένα. «Άκουσα ότι κι αυτός άφησε το σπίτι του για μια αόριστη αναζήτηση του Θεού».

Απέστρεψα το βλέμμα μου. Είπα στον Ανάντα ότι δεν θα συνέχιζα τη συζήτηση με τους οικοδεσπότες μας. Ο αποθαρρυμένος αδελφός μου συμφώνησε να φύγουμε αμέσως· σύντομα επιβιβαστήκαμε στο τρένο για την Καλκούτα.

«Κύριε Ντετέκτιβ, πώς ανακάλυψες ότι είχα φύγει με δύο συντρόφους;», ρώτησα με έντονη περιέργεια κατά τη διάρκεια του ταξιδιού μας προς το σπίτι. Χαμογέλασε σκανταλιάρικα.

«Από το σχολείο σου έμαθα ότι ο Αμάρ είχε φύγει από την τάξη του και δεν είχε επιστρέψει. Πήγα στο σπίτι του το επόμενο πρωί και ξέθαψα ένα σημειωμένο διάγραμμα δρομολογίων. Ο πατέρας τού Αμάρ μόλις έφευγε με άμαξα και μιλούσε στον αμαξά.

»"Ο γιος μου δεν θα έρθει μαζί μου για να πάει στο σχολείο του σήμερα. Εξαφανίστηκε!", είπε ο πατέρας στενάζοντας.

»"Άκουσα από έναν γνωστό μου αμαξά ότι ο γιος σου και δύο άλλοι, ντυμένοι με ευρωπαϊκά ρούχα, επιβιβάστηκαν στο τρένο στον σταθμό Χαουρά", είπε ο άντρας. "Χάρισαν τα σανδάλια τους στον οδηγό της άμαξας".

»Έτσι είχα τρεις ενδείξεις – τον πίνακα δρομολογίων, το γεγονός ότι τα αγόρια ήταν τρία και την αγγλική ενδυμασία».

Άκουγα τις αποκαλύψεις του Ανάντα με θυμηδία ανάμεικτη με οργή. Η δωρεά μας στον αμαξά έγινε σε ελαφρώς λάθος άνθρωπο!

«Φυσικά έτρεξα κι έστειλα τηλεγραφήματα στους αξιωματούχους των σταθμών κάθε πόλης που ήταν υπογραμμισμένη από τον Αμάρ στον πίνακα δρομολογίων. Είχε σημειώσει το Μπαρέιλι, οπότε τηλεγράφησα στον φίλο σου τον Ντουάρκα εκεί. Μετά από έρευνες στη γειτονιά μας στην Καλκούτα, έμαθα ότι ο ξάδελφος Τζατίντα είχε απουσιάσει από το σπίτι του ένα βράδυ, αλλά επέστρεψε το επόμενο πρωί με ευρωπαϊκά ρούχα. Έψαξα και τον βρήκα και τον κάλεσα για δείπνο. Δέχτηκε, αρκετά αφοπλισμένος από τη φιλική μου στάση. Καθ' οδόν τον οδήγησα, χωρίς να υποπτευθεί τίποτα, σ' ένα αστυνομικό τμήμα. Περικυκλώθηκε από αρκετούς αστυνομικούς τους οποίους είχα από πριν επιλέξει για την άγρια εμφάνισή τους. Κάτω από το τρομερό τους βλέμμα ο Τζατίντα συμφώνησε να εξηγήσει τη μυστηριώδη συμπεριφορά του.

»"Ξεκίνησα για τα Ιμαλάια διακατεχόμενος από πνευματικό ζήλο", εξήγησε. "Ήμουν πλημμυρισμένος από ενθουσιασμό από την προοπτική ότι θα συναντούσα τους Δασκάλους. Μόλις όμως ο Μουκούντα είπε "κατά τη διάρκεια της έκστασής μας στις σπηλιές των Ιμαλαΐων οι τίγρεις θα μαγευτούν και θα καθίσουν γύρω μας σαν εξημερωμένα γατάκια", πάγωσα από το φόβο μου· σταγόνες ιδρώτα σχηματίστηκαν στο μέτωπό μου. "Και τι θα γίνει τότε;", σκέφτηκα. "Αν η βίαιη φύση των τίγρεων δεν αλλάξει μέσω της δύναμης της πνευματικής μας έκστασης, θα μας συμπεριφερθούν με την καλοσύνη των οικόσιτων γατών;". Μέσα στον νου μου ήδη έβλεπα τον εαυτό μου σαν τον εξαναγκασμένο συγκάτοικο του στομαχιού μιας τίγρης – να μπαίνει εκεί, όχι αμέσως με όλο το σώμα, αλλά σιγά σιγά, σε κομματάκια!"».

Ο θυμός μου για την εξαφάνιση του Τζατίντα εξανεμίστηκε και ξέσπασα σε γέλια. Η διασκεδαστική εξήγηση στο τρένο άξιζε όλη την αγωνία που μου είχε προκαλέσει. Πρέπει να παραδεχτώ ότι ένιωσα ένα ελαφρύ αίσθημα ευχαρίστησης: ούτε ο Τζατίντα είχε αποφύγει τη συνάντηση με την αστυνομία!

«Ανάντα,[5] είσαι γεννημένος λαγωνικό!». Η γεμάτη διασκέδαση ματιά μου δεν ήταν χωρίς κάποια δόση αγανάκτησης. «Και θα πω στον Τζατίντα ότι χαίρομαι που δεν ωθήθηκε από διάθεση προδοσίας, όπως φάνηκε, αλλά μόνο από το συνετό ένστικτο της αυτοσυντήρησης!».

Στο σπίτι στην Καλκούτα ο Πατέρας μού ζήτησε συγκινητικά να σταματήσω τις περιπλανήσεις μέχρι τουλάχιστον να τελειώσω το σχολείο. Κατά την απουσία μου είχε οργανώσει με αγάπη μια συνωμοσία, κανονίζοντας να έρχεται τακτικά στο σπίτι ένας άγιος ειδήμων, ο Σουάμι Κεμπαλανάντα (Swami Kebalananda).

«Ο σοφός θα είναι ο δάσκαλός σου των Σανσκριτικών», ανακοίνωσε με βεβαιότητα.

Ο Πατέρας ήλπιζε ότι θα ικανοποιούσε τη θρησκευτική μου λαχτάρα μέσω της διδασκαλίας από έναν πολυμαθή φιλόσοφο. Τα πράγματα όμως δεν εξελίχτηκαν όπως τα είχε σχεδιάσει: ο νέος μου δάσκαλος, αντί να μου προσφέρει διανοητικά κενές ιδέες, αναζωπύρωσε τις προσδοκίες μου για το Θεό. Χωρίς να το γνωρίζει ο Πατέρας, ο Σουάμι Κεμπαλανάντα ήταν ένας πολύ προχωρημένος μαθητής του Λαχίρι Μαχασάγια. Ο απαράμιλλος γκουρού είχε χιλιάδες μαθητές που σιωπηλά ωθήθηκαν προς αυτόν από τον θεϊκό του μαγνητισμό, στον οποίο κανείς δεν μπορούσε να αντισταθεί. Αργότερα έμαθα ότι ο Λαχίρι Μαχασάγια συχνά χαρακτήριζε τον Κεμπαλανάντα ρίσι ή φωτισμένο σοφό.[6]

Άφθονες μπούκλες πλαισίωναν το όμορφο πρόσωπο του δασκάλου μου. Τα σκούρα μάτια του ήταν άδολα, με την καθαρότητα των ματιών ενός παιδιού. Όλες οι κινήσεις του μικρού του σώματος χαρακτηρίζονταν από γαλήνια περίσκεψη. Πάντα ευγενικός και στοργικός, ήταν σταθερά εδραιωμένος στην άπειρη συνειδητότητα. Πολλές από τις ευτυχισμένες ώρες που περάσαμε μαζί ήταν σε βαθύ *Κρίγια* διαλογισμό.

Ο Κεμπαλανάντα ήταν μια ξακουστή αυθεντία στα αρχαία *σάστρα*

---

[5] Πάντα τον προσφωνούσα Ανάντα-ντα. Ντα είναι ένα μόριο που δηλώνει σεβασμό, το οποίο οι αδελφοί και αδελφές προσθέτουν στο όνομα του μεγαλύτερου αδελφού τους.

[6] Την εποχή που συναντηθήκαμε, ο Κεμπαλανάντα δεν είχε ακόμα προχωρήσει στο Τάγμα των Σουάμι και τον αποκαλούσαν γενικά «Σάστρι Μαχασάγια». Για να αποφύγω τη σύγχυση μεταξύ του Λαχίρι Μαχασάγια και του Δασκάλου Μαχασάγια (κεφάλαιο 9), αναφέρομαι στον δάσκαλό μου των Σανσκριτικών μόνο με το όνομα Σουάμι Κεμπαλανάντα που πήρε αργότερα ως μοναχός. Η βιογραφία του πρόσφατα δημοσιεύθηκε στη βεγγαλική γλώσσα. Γεννημένος στην περιοχή Κούλνα της Βεγγάλης το 1863, ο Κεμπαλανάντα εγκατέλειψε το σώμα του στο Μπενάρες σε ηλικία εξήντα οκτώ ετών. Το οικογενειακό του όνομα ήταν Ασούτος Τσάτερτζι.

ή ιερά βιβλία· λόγω της ευρυμάθειάς του, του προσέδωσαν τον τίτλο «Σάστρι Μαχασάγια», με τον οποίο συνήθως τον προσφωνούσαν. Η πρόοδός μου όμως στα Σανσκριτικά ήταν ασήμαντη. Έψαχνα κάθε ευκαιρία να παρατήσω την ανιαρή γραμματική και να μιλήσω για γιόγκα και για τον Λαχίρι Μαχασάγια. Ο δάσκαλός μου μια μέρα μου έκανε τη μεγάλη χάρη να μου πει κάτι από τη ζωή του με τον Δάσκαλο.

«Από σπάνια τύχη μπόρεσα να μείνω δίπλα στον Λαχίρι Μαχασάγια για δέκα χρόνια. Το σπίτι του στο Μπενάρες ήταν το βραδινό μου μέρος προσκυνήματος. Ο γκουρού ήταν πάντα παρών σ' ένα μικρό μπροστινό σαλόνι στον πρώτο όροφο. Καθώς καθόταν στη στάση του λωτού σ' ένα ξύλινο κάθισμα χωρίς πλάτη, οι μαθητές του κάθονταν γύρω του σε ημικύκλιο. Τα μάτια του άστραφταν και χόρευαν γεμάτα με τη χαρά του Θεού. Ήταν πάντα μισόκλειστα, διεισδύοντας μέσω της εσωτερικής τηλεσκοπικής του όρασης σε μια σφαίρα αιώνιας μακαριότητας. Σπάνια μιλούσε πολλή ώρα. Περιστασιακά το βλέμμα του εστιαζόταν σε κάποιον σπουδαστή που είχε ανάγκη από βοήθεια· τότε έρρεαν θεραπευτικά λόγια από τα χείλη του σαν άπλετο φως.

»Μια απερίγραπτη γαλήνη άνθιζε μέσα μου όταν η ματιά του Δασκάλου έπεφτε πάνω μου. Ήμουν διαποτισμένος με το άρωμά του που έμοιαζε να αναδίδεται από έναν λωτό του απείρου. Το να είμαι μαζί του, ακόμα και χωρίς να ανταλλάσσουμε ούτε μία κουβέντα για μέρες, ήταν μια εμπειρία που άλλαξε όλο μου το είναι. Αν κάποιο αόρατο εμπόδιο εμφανιζόταν στο μονοπάτι της αυτοσυγκέντρωσής μου, διαλογιζόμουν στα πόδια του γκουρού μου. Εκεί αντιλαμβανόμουν εύκολα και τις πιο δυσδιάκριτες καταστάσεις. Τέτοιες αντιλήψεις μού ξέφευγαν με υποδεέστερους δασκάλους. Ο Δάσκαλος ήταν ένας ζωντανός ναός του Θεού, του οποίου οι μυστικές πόρτες ήταν ανοιχτές σε όλους τους μαθητές μέσω της αφοσίωσης.

»Ο Λαχίρι Μαχασάγια δεν ερμήνευε τις Γραφές μέσω βιβλίων. Χωρίς προσπάθεια βυθιζόταν στη "θεϊκή βιβλιοθήκη". Οι λέξεις και οι σκέψεις του ανάβλυζαν από την πηγή της παντογνωσίας του. Είχε το θαυμαστό κλειδί που ξεκλείδωνε τη βαθιά φιλοσοφική επιστήμη που κρύβεται εδώ και αιώνες στις Βέδες.[7] Όταν του ζητούσαν να εξηγήσει

---

[7] Πάνω από 100 κανονικά βιβλία των αρχαίων τεσσάρων Βεδών σώζονται. Στο *Journal* του ο Emerson απότισε φόρο τιμής στη βεδική σκέψη: «Είναι ανυπέρβλητη σαν τη ζέστη και τη νύχτα και τον ατάραχο ωκεανό. Περιέχει κάθε θρησκευτικό συναίσθημα, όλες τις μεγάλες ηθικές αρχές που βρίσκονται σε κάθε ευγενή ποιητικό νου. [...] Δεν ωφελεί να βάλεις στην άκρη το βιβλίο· αν εμπιστεύομαι τον εαυτό μου στα δάση ή σε μία βάρκα πάνω στη λίμνη, η Φύση με κάνει εκείνη την ώρα έναν Βραχμάνο: αιώνια αναγκαιότητα, αιώνια αποζημίωση,

τα διάφορα επίπεδα συνειδητότητας που αναφέρονταν στα αρχαία κείμενα, συναινούσε χαμογελώντας.

»"Θα εισέλθω σ' αυτά τα επίπεδα και σύντομα θα σας πω τι αντιλαμβάνομαι". Έτσι, ήταν διαμετρικά διαφορετικός από τους δασκάλους που απομνημονεύουν τις Γραφές και μετά μιλούν με αφηρημένες έννοιες που δεν έχουν συνειδητοποιήσει.

»"Παρακαλώ, ανάπτυξε τους ιερούς στίχους όπως καταλαβαίνεις το νόημά τους". Ο λιγόλογος γκουρού συχνά έδινε αυτήν την οδηγία σε κάποιον μαθητή που καθόταν δίπλα του. "Θα καθοδηγήσω τις σκέψεις σου ώστε να τους ερμηνεύσεις σωστά". Μ' αυτόν τον τρόπο πολλές από τις αντιλήψεις του Λαχίρι Μαχασάγια καταγράφηκαν με πλούσιους σχολιασμούς από διάφορους μαθητές.

»Ο Δάσκαλος ποτέ δεν συμβούλευε τυφλή πεποίθηση. "Τα λόγια είναι μόνο εξωτερικά κελύφη", έλεγε. "Κερδίστε τη βεβαιότητα της παρουσίας του Θεού μέσω της δικής σας χαρούμενης επαφής μαζί Του κατά τον διαλογισμό".

»Όποιο κι αν ήταν το πρόβλημα του μαθητή, ο γκουρού συμβούλευε την *Κρίγια Γιόγκα* για τη λύση του.

»"Το κλειδί της γιόγκα δεν θα χάσει την αποτελεσματικότητά του όταν δεν θα είμαι πια σε σώμα για να σας καθοδηγώ. Αυτή η τεχνική δεν μπορεί να περιοριστεί, να μπει σε κάποιο αρχείο και να ξεχαστεί, όπως οι θεωρητικές εμπνεύσεις. Συνεχίστε ασταμάτητα να βαδίζετε στο μονοπάτι της λύτρωσης μέσω της *Κρίγια*, της οποίας η δύναμη έγκειται στην εξάσκηση".

»Εγώ προσωπικά θεωρώ ότι η *Κρίγια* είναι το πιο αποτελεσματικό μέσο της σωτηρίας μέσω ατομικής προσπάθειας που βρέθηκε ποτέ στην αναζήτηση του Απείρου από τον άνθρωπο». Ο Κεμπαλανάντα ολοκλήρωσε μ' αυτή τη σοβαρή μαρτυρία. «Μέσω της χρήσης της ο παντοδύναμος Θεός, που κρύβεται απ' όλους τους ανθρώπους, ενσαρκώθηκε ορατά στο σώμα του Λαχίρι Μαχασάγια και κάποιων από τους μαθητές του».

Ο Λαχίρι Μαχασάγια έκανε ένα θαύμα σαν αυτά που έκανε ο Χριστός μπροστά στον Κεμπαλανάντα. Ο ευσεβής μου δάσκαλος μου αφηγήθηκε την ιστορία μια μέρα, μη δίνοντας σημασία στα σανσκριτικά κείμενα που βρίσκονταν μπροστά μας πάνω στο τραπέζι.

---

απύθμενη δύναμη, αδιάσπαστη σιωπή. [...] Αυτή είναι η θρησκεία της. Γαλήνη, μου λέει, και αγνότητα και απόλυτη παράδοση – αυτές οι πανάκειες εξαγνίζουν όλες τις αμαρτίες και σου φέρνουν την ευδαιμονία των Οκτώ Θεών».

*Η Φυγή Μου Προς τα Ιμαλάια και Πώς Διακόπηκε*

«Ένας τυφλός μαθητής, ο Ραμού, ξύπνησε μέσα μου τον οίκτο και αποφάσισα να κάνω κάτι γι' αυτό. Δεν έπρεπε να έχει φως στα μάτια του αφού υπηρετούσε πιστά τον Δάσκαλό μας, μέσα στον οποίο άστραφτε πλήρως η Θεότητα; Ένα πρωί έψαξα να βρω τον Ραμού για να του μιλήσω, αλλά καθόταν υπομονετικά, για ώρες, κάνοντας αέρα στον γκουρού μ' ένα χειροποίητο *πούνκα* από φύλλο φοίνικα. Όταν ο πιστός τελικά έφυγε από το δωμάτιο, τον ακολούθησα.

»"Ραμού, πόσο καιρό είσαι τυφλός;".

»"Από τότε που γεννήθηκα, κύριε! Ποτέ τα μάτια μου δεν ευλογήθηκαν με μια ματιά στον ήλιο".

»"Ο παντοδύναμος γκουρού μας μπορεί να σε βοηθήσει. Σε παρακαλώ, ικέτευσέ τον".

»Την επόμενη μέρα ο Ραμού πλησίασε διστακτικά τον Λαχίρι Μαχασάγια. Ο μαθητής σχεδόν ντρεπόταν να ζητήσει να προστεθεί αυτός ο υλικός πλούτος στη μεγάλη πνευματική αφθονία του.

»"Δάσκαλε, Αυτός που φωτίζει όλο τον κόσμο είναι μέσα σας. Προσεύχομαι σ' εσάς να φέρετε το φως Του στα μάτια μου, ώστε να αντιληφθώ τη μικρότερη λάμψη του ήλιου".

»"Ραμού, κάποιος συνήργησε στο να με φέρεις σε δύσκολη θέση. Δεν έχω θεραπευτικές δυνάμεις".

»"Κύριε, ο Άπειρος Θεός μέσα σας μπορεί οπωσδήποτε να θεραπεύσει".

»"Αυτό πράγματι είναι διαφορετικό, Ραμού. Δεν υπάρχουν όρια για το Θεό! Αυτός που ανάβει τ' αστέρια και τα κύτταρα της σάρκας με μυστηριώδη ζωική ακτινοβολία, σίγουρα μπορεί να φέρει τη λάμψη στα μάτια σου". Ο Δάσκαλος ακούμπησε το μέτωπο του Ραμού στο σημείο μεταξύ των φρυδιών.[8]

»"Κράτα τον νου σου συγκεντρωμένο εκεί και να ψέλνεις συχνά το όνομα του προφήτη Ράμα[9] για επτά ημέρες. Η λαμπρότητα του ήλιου θα σου φέρει ένα νέο ξημέρωμα".

»Και πράγματι! Σε μια εβδομάδα, έτσι έγινε. Για πρώτη φορά ο Ραμού είδε την καθαρή όψη της φύσης. Ο Πάνσοφος είχε αλάνθαστα κατευθύνει τον μαθητή του να επαναλαμβάνει το όνομα του Ράμα, τον οποίον λάτρευε πιο πολύ απ' όλους τους άλλους αγίους. Η πίστη του Ραμού ήταν το καλλιεργημένο με αφοσίωση έδαφος στο οποίο

---

[8] Η έδρα του πνευματικού ματιού. Κατά το θάνατο η συνειδητότητα του ανθρώπου συνήθως ωθείται προς αυτό το σημείο κι έτσι εξηγείται γιατί τα μάτια των νεκρών είναι ανασηκωμένα.

[9] Η κεντρική ιερή μορφή του σανσκριτικού έπους *Ραμαγιάνα*.

ο δυνατός σπόρος της μόνιμης θεραπείας του γκουρού βλάστησε».
Ο Κεμπαλανάντα έμεινε σιωπηλός για λίγο, μετά απότισε περαιτέρω φόρο τιμής στον γκουρού του.

«Ήταν φανερό σε όλα τα θαύματα που πραγματοποίησε ο Λαχίρι Μαχασάγια ότι ποτέ δεν επέτρεψε στο εγώ του[10] να θεωρήσει ότι αυτό ήταν η αιτιώδης δύναμη. Με την τέλεια και ολοκληρωτική παράδοσή του στην Πρωταρχική Θεραπευτική Δύναμη, ο Δάσκαλος Την έκανε να μπορεί να ρέει ελεύθερα μέσα απ' αυτόν.

»Τα πολυάριθμα σώματα που θεραπεύτηκαν θεαματικά από τον Λαχίρι Μαχασάγια, στο τέλος κατέληξαν στις φλόγες του κρεματορίου. Οι σιωπηλές όμως πνευματικές αφυπνίσεις που επέφερε, οι μαθητές τους οποίους διαπαιδαγώγησε και που έμοιαζαν στον Χριστό, αυτά τα θαύματά του δεν θα χαθούν ποτέ στην ιστορία».

Ποτέ δεν έγινα βαθύς γνώστης των Σανσκριτικών· ο Κεμπαλανάντα με δίδαξε ένα πιο θεϊκό συντακτικό.

---

[10] Το εγώ, το *αχάμκαρα* (κυριολεκτικά «κάνω») είναι η πρωτογενής αιτία του δυϊσμού ή του φαινομενικού διαχωρισμού ανάμεσα στον άνθρωπο και τον Δημιουργό του. Το *αχάμκαρα* φέρνει τον άνθρωπο κάτω από την επιρροή της *μάγια* (της συμπαντικής αυταπάτης), με την οποία το υποκείμενο (το εγώ) λανθασμένα εμφανίζεται σαν αντικείμενο· τα πλάσματα φαντάζονται ότι εκείνα είναι που δημιουργούν (βλ. σελ. 49 σημ., 307-308, 318 σημ.).

«Τίποτα δεν κάνω μόνος μου!».
Έτσι σκέφτεται αυτός που ξέρει την έσχατη αλήθεια [...]
Πάντα βέβαιος: «Αυτός είναι ο κόσμος των αισθήσεων
Που παίζει με τις αισθήσεις». (V:8-9)
Βλέπει πραγματικά όταν βλέπει πως τα έργα
Είναι της Φύσης η συνήθεια, για να εξασκηθεί η Ψυχή·
Πράττοντας, χωρίς όμως να είναι αυτή που πράττει. (XIII:29)

Αν και είμαι
Αγέννητος, αθάνατος, δεν καταστρέφομαι,
Ο Κύριος όλων των ζωντανών πραγμάτων· ωστόσο,
Με τη Μάγια, με τη μαγεία Μου, με την οποία βάζω τη σφραγίδα Μου
Σε εφήμερες μορφές της Φύσης, Εγώ, το πρωταρχικό άπειρο
Εμφανίζομαι και εξαφανίζομαι και εμφανίζομαι. (IV:6)

Είναι δύσκολο
Να διαπεραστεί το θεϊκό πέπλο των διαφόρων θεαμάτων
Που Με κρύβει· εντούτοις αυτοί που Με προσκυνούν
Το διαπερνούν και πηγαίνουν πέρα απ' αυτό. (VII:14)

- Μπάγκαβαντ Γκίτα *(μετάφραση στα Ελληνικά από την αγγλική μετάφραση του Arnold)*

Το σπίτι του Παραμαχάνσα Γιογκανάντα στην Καλκούτα πριν δώσει τον όρκο της απάρνησης, τον Ιούλιο του 1915, ως σαννυάσι (μοναχός) στο αρχαίο Τάγμα των Σουάμι

Ο ΣΟΥΑΜΙ ΚΕΜΠΑΛΑΝΑΝΤΑ
Ο αγαπημένος δάσκαλος Σανσκριτικών του Γιογκανάντατζι

ΚΕΦΑΛΑΙΟ 5

# Ένας «Άγιος των Αρωμάτων» Επιδεικνύει τα Θαύματά Του

«Για κάθε πράγμα υπάρχει μια εποχή, και ένας χρόνος για κάθε σκοπό κάτω από τον ουρανό».[1]

Δεν είχα αυτή τη σοφία του Σολομώντα για να με ανακουφίσει· σε κάθε έξοδο από το σπίτι κοιτούσα γύρω μου ψάχνοντας να βρω το πρόσωπο του γκουρού που είχε καθοριστεί για μένα. Οι δρόμοι μας όμως δεν συναντήθηκαν παρά μόνο αφού τελείωσα τις σπουδές μου στο Λύκειο.

Δύο χρόνια πέρασαν από τότε που φύγαμε με τον Αμάρ για τα Ιμαλάια μέχρι τη μεγάλη μέρα που ο Σρι Γιουκτέσβαρ μπήκε στη ζωή μου. Κατά τη διάρκεια αυτού του διαστήματος που μεσολάβησε συνάντησα αρκετούς σοφούς – τον «Άγιο των Αρωμάτων», τον «Σουάμι των Τίγρεων», τον Ναγκέντρα Νατ Μπάντουρι, τον Δάσκαλο Μαχασάγια και τον διάσημο επιστήμονα από τη Βεγγάλη Τζαγκντίς Τσάντρα Μπος.

Η συνάντησή μου με τον «Άγιο των Αρωμάτων» είχε δύο προοίμια, το ένα αρμονικό και το άλλο κωμικό.

«Ο Θεός είναι απλός. Όλα τα άλλα είναι περίπλοκα. Μην περιμένεις απόλυτες αξίες στον σχετικό κόσμο της φύσης».

Αυτά τα φιλοσοφικά αποφθέγματα έφτασαν ευγενικά στ' αυτιά μου καθώς στεκόμουν μπροστά σε μια εικόνα ενός ναού της Κάλι.[2] Στρεφόμενος να δω αυτόν που μου μίλησε, συνάντησα έναν ψηλό άντρα, του οποίου η ενδυμασία, ή μάλλον η έλλειψή της, αποκάλυπτε πως ήταν περιπλανώμενος σάντου.

«Πράγματι διεισδύσατε στη σύγχυση των σκέψεών μου!»,

---

[1] Εκκλησιαστές Γ:1.

[2] Η Κάλι αντιπροσωπεύει την Αιώνια Θεμελιώδη Αρχή στη φύση. Παραδοσιακά απεικονίζεται ως μια γυναίκα με τέσσερα χέρια που στέκεται πάνω στην κεκλιμένη μορφή του Θεού Σίβα ή του Απείρου· διότι οι δραστηριότητες της φύσης ή του φαινομενικού κόσμου εκπορεύονται από το λανθάνον Πνεύμα. Τα τέσσερα χέρια συμβολίζουν πρωταρχικές ιδιότητες: δύο ευεργετικές, δύο καταστροφικές· τον ουσιώδη δυϊσμό της ύλης ή δημιουργίας.

Ένας «Άγιος των Αρωμάτων» Επιδεικνύει τα Θαύματά Του

απάντησα χαμογελώντας με ευγνωμοσύνη. «Το μπέρδεμα των καλοκάγαθων και των φοβερών όψεων της φύσης, όπως συμβολίζονται από την Κάλι, αποτέλεσε μυστήριο για πιο σοφά μυαλά από το δικό μου!».
«Λίγοι υπάρχουν που λύνουν το μυστήριό της! Το καλό και το κακό είναι ο προκλητικός γρίφος που θέτει η ζωή σαν τη σφίγγα σε κάθε νοημοσύνη. Μη επιχειρώντας να τον λύσουν, οι περισσότεροι άνθρωποι πληρώνουν το τίμημα με τη ζωή τους, τιμωρία σήμερα ίδια μ' αυτήν των ημερών της σφαγής της Λεγεώνας των Θηβών της Αιγύπτου. Κάπου κάπου βρίσκεται μια αξεπέραστη μοναχική μορφή που ποτέ δεν γνωρίζει ήττα. Από τη *μάγια*[3] της δυαδικότητας διακρίνει την αδιάσπαστη αλήθεια της ενότητας».
«Μιλάτε με βεβαιότητα, κύριε».
«Έχω εξασκηθεί για πολύ καιρό σε έντιμη ενδοσκόπηση, την έντονα οδυνηρή προσέγγιση της σοφίας. Η εξονυχιστική έρευνα του εαυτού κάποιου, η συνεχής παρατήρηση των σκέψεών του, είναι μια άχαρη και εξουθενωτική εμπειρία. Κονιορτοποιεί ακόμα και το πιο ισχυρό εγώ. Η αληθινή ανάλυση όμως του εαυτού οδηγεί μαθηματικά στο να γίνει κάποιος σοφός. Η οδός της δήθεν "αυτοέκφρασης", οι ατομικές παραδοχές, οδηγούν σε εγωιστές που είναι σίγουροι ότι έχουν το δικαίωμα να ερμηνεύουν προσωπικά το Θεό και το σύμπαν».
«Χωρίς αμφιβολία, η αλήθεια αποσύρεται με ταπεινότητα μπροστά σε τόσο αλαζονική πρωτοτυπία». Απολάμβανα τη συζήτηση.
«Ο άνθρωπος δεν μπορεί να αντιληφθεί καμία αιώνια αλήθεια αν δεν απαλλαγεί πρώτα από την έπαρση. Ο ανθρώπινος νους, θαμμένος στην αιώνια λάσπη, βρίθει μιας απωθητικής ζωής με αμέτρητες εγκόσμιες αυταπάτες. Ο πόλεμος σε πεδίο μάχης ωχριά τόσο πολύ που φαίνεται ασήμαντος μπροστά στους εσωτερικούς εχθρούς που αρχίζει να πολεμά ο άνθρωπος! Αυτοί δεν είναι θνητοί αντίπαλοι που να μπορούν να νικηθούν από μια παρατεταγμένη στρατιωτική δύναμη! Αυτοί

---

[3] Η συμπαντική ψευδαίσθηση· κατά κυριολεξία «αυτός που μετρά». Η *μάγια* είναι η μαγική δύναμη στη δημιουργία με την οποία οι περιορισμοί και οι διαχωρισμοί είναι φανερά παρόντες στο Απροσμέτρητο και το Αδιαχώριστο.
Ο Emerson έγραψε το ακόλουθο ποίημα σχετικά με τη *Μάγια* (την οποία πρόφερε *Μάια*):

Η ψευδαίσθηση λειτουργεί χωρίς να μπορεί κανείς να τη διαπεράσει,
Πλέκοντας αμέτρητους ιστούς·
Οι χαρούμενες εικόνες της ποτέ δεν αποτυγχάνουν,
Συνωστίζονται η μία με την άλλη, πέπλο πάνω στο πέπλο·
Γητευτής που πείθει
Τον άνθρωπο που ποθεί να απατηθεί.

οι στρατιώτες των αδαών πόθων, πανταχού παρόντες, ακούραστοι διώκτες του ανθρώπου, ακόμα και στον ύπνο του, κρυφά εξοπλισμένοι με μιαρά όπλα, θέλουν να μας σφαγιάσουν όλους. Ανόητος είναι όποιος θάβει τα ιδανικά του και παραδίδεται στη συνηθισμένη μοίρα. Είναι δυνατόν να μην είναι παρά αδύναμος, αξιοκαταφρόνητος, επονείδιστος;».

«Σεβαστέ κύριε, δεν νιώθετε καμία συμπόνια για τις μάζες των ανθρώπων που βρίσκονται σε σύγχυση;».

Ο σοφός έμεινε σιωπηλός για λίγο και μετά απάντησε πλαγίως.

«Το να αγαπάς και τον αόρατο Θεό, από τον Οποίο πηγάζουν όλες οι Αρετές, και τον ορατό άνθρωπο, ο οποίος προφανώς δεν διαθέτει καμία, συχνά προκαλεί αμηχανία! Η οξεία ευφυΐα όμως μπορεί να βγει από τον λαβύρινθο. Η εσωτερική έρευνα γρήγορα φανερώνει μια ενότητα στον νου όλων των ανθρώπων – την έντονη ομοιότητα του εγωιστικού κινήτρου. Τουλάχιστον, κατά μία έννοια, η αδελφοσύνη του ανθρώπου αποκαλύπτεται. Αυτή η ισοπεδωτική ανακάλυψη κάνει τον άνθρωπο να νιώσει κατάπληκτος ταπεινότητα. Αυτό το αίσθημα σιγά σιγά εξελίσσεται σε συμπόνια για τους συνανθρώπους που είναι ανίκανοι να δουν τις θεραπευτικές ικανότητες της ψυχής που περιμένουν να διερευνηθούν».

«Οι άγιοι όλων των εποχών, κύριε, αισθάνθηκαν όπως εσείς για τα βάσανα του κόσμου».

«Μόνο ένας ρηχός άνθρωπος δεν ευαισθητοποιείται με τους αβάστακτους πόνους της ζωής των άλλων, βουλιάζοντας στενόμυαλα μόνο στον δικό του πόνο». Το αυστηρό πρόσωπο του σάντου μαλάκωσε αισθητά. «Αυτός που εξασκείται σε αμείλικτη ενδοσκόπηση αρχίζει να νιώθει έναν ολοένα και διευρυνόμενο οικουμενικό οίκτο. Απαλλάσσεται από τις εκκωφαντικές απαιτήσεις του εγώ. Η αγάπη για το Θεό ανθίζει σε τέτοιο υπόβαθρο. Το πλάσμα τελικά στρέφεται στον Πλάστη του, αν όχι για κάποιο άλλο λόγο, τουλάχιστον για να ρωτήσει με αγωνία: "Γιατί, Κύριε, γιατί;". Με αναξιοπρεπή μαστιγώματα πόνου, ο άνθρωπος οδηγείται τελικά στην Άπειρη Παρουσία, της Οποίας η ομορφιά θα έπρεπε να είναι η μοναδική που να τον προσελκύει».

Ο σοφός κι εγώ βρισκόμασταν στο Ναό Καλιγκάτ (Kalighat) της Καλκούτα, όπου είχα πάει για να δω τη διάσημη μεγαλοπρέπειά του. Με μια γρήγορη χειρονομία ο τυχαίος συνομιλητής μου άφησε την επιτηδευμένη αξιοπρέπεια.

«Τα τούβλα και οι ασβέστες δεν μας τραγουδούν κάποιο σκοπό που να μπορούμε να ακούσουμε· η καρδιά ανοίγει μόνο με το ανθρώπινο τραγούδι της ύπαρξης».

Περπατήσαμε αργά προς την ευχάριστα ηλιόλουστη είσοδο, απ' όπου περνούσε πλήθος πιστών.

«Είσαι νέος». Ο σοφός με εξέτασε λεπτομερώς. «Η Ινδία επίσης είναι νέα. Οι αρχαίοι ρίσι[4] καθόρισαν βαθιά ριζωμένους τρόπους πνευματικής ζωής. Τα αρχαία αποφθέγματά τους αρκούν για την εποχή μας και τη χώρα μας. Πάντα επίκαιρες, με κατανόηση της δολιότητας του υλισμού, οι διδαχές της πνευματικής πειθαρχίας ακόμα διαμορφώνουν την Ινδία. Εδώ και χιλιετίες –περισσότερες απ' όσες οι αμήχανοι καθηγητές ενδιαφέρονται να μετρήσουν!– η δοκιμασία του Χρόνου έχει επιβεβαιώσει την αξία των Βεδών. Έχε τες για κληρονομιά σου».

Καθώς φεύγοντας αποχαιρετούσα με σεβασμό τον εύγλωττο σάντου, μου αποκάλυψε μια πρόβλεψη που διαισθάνθηκε:

«Αφού φύγεις από εδώ σήμερα, θα έχεις μια ασυνήθιστη εμπειρία».

Έφυγα από τον περίβολο του ναού και άρχισα να περιφέρομαι στην πόλη. Στρίβοντας σε μία γωνία συνάντησα έναν παλιό μου γνωστό – έναν από τους ανθρώπους των οποίων η ικανότητα φλυαρίας αγνοεί τον χρόνο και αγκαλιάζει την αιωνιότητα.

«Θα σ' αφήσω να φύγεις σε λίγο», υποσχέθηκε, «αν μου πεις τα πάντα για τη ζωή σου όλα αυτά τα χρόνια που έχουμε να ειδωθούμε».

«Τι παράξενο! Δυστυχώς πρέπει να σ' αφήσω τώρα αμέσως».

Με κράτησε όμως από το χέρι, αποσπώντας μου ψίχουλα πληροφοριών. Ήταν σαν αρπακτικός λύκος, σκέφτηκα με θυμηδία· όσο πιο πολύ μιλούσα, τόσο πιο πεινασμένα ρουφούσε τα νέα. Ενδόμυχα ζήτησα από τη Θεά Κάλι να σκαρφιστεί ένα κομψό τρόπο για να ξεφύγω.

Ο συνομιλητής μου με άφησε απότομα. Αναστέναξα με ανακούφιση και επιτάχυνα το βήμα μου, τρέμοντας στην ιδέα ότι μπορεί να ξαναέπεφτα στον φλύαρο πυρετό. Ακούγοντας γρήγορα βήματα πίσω μου, αύξησα κι άλλο την ταχύτητά μου. Δεν τολμούσα να κοιτάξω πίσω. Μ' ένα άλμα όμως ο νεαρός ξαναβρέθηκε δίπλα μου, πιάνοντας εύθυμα τον ώμο μου.

«Ξέχασα να σου πω για τον Γκάντα Μπάμπα ("Άγιος των Αρωμάτων"), του οποίου η χάρη βρίσκεται σ' εκείνο το σπίτι». Μου έδειξε ένα οίκημα λίγα μέτρα πιο πέρα. «Πήγαινε να τον συναντήσεις· είναι ενδιαφέρων. Μπορεί να έχεις μια ασυνήθιστη εμπειρία. Γεια σου». Και τότε πραγματικά έφυγε.

---

[4] Οι ρίσι, στην κυριολεξία «αυτοί που βλέπουν την αλήθεια», ήταν οι συγγραφείς των Βεδών σε μια απροσδιόριστη αρχαιότητα.

Η παρόμοια πρόβλεψη του σάντου στο Ναό Καλιγκάτ μού ήρθε στον νου. Μπήκα στο σπίτι με περιέργεια και οδηγήθηκα σ' ένα ευρύχωρο σαλόνι. Ένα πλήθος ανθρώπων καθόταν κατά τον ανατολίτικο τρόπο, οκλαδόν, διάσπαρτα, πάνω σ' ένα χοντρό πορτοκαλί χαλί. Άκουσα κάποιον να ψιθυρίζει με δέος:

«Κοίτα τον Γκάντα Μπάμπα πάνω στο δέρμα της λεοπάρδαλης. Μπορεί να δώσει το φυσικό άρωμα οποιουδήποτε άνθους σε κάποιο άοσμο ή να ξαναδώσει ζωή σ' ένα μαραμένο λουλούδι ή να κάνει το δέρμα κάποιου ανθρώπου να αναδίδει μια υπέροχη ευωδιά».

Κοίταξα κατευθείαν τον άγιο· το γρήγορο βλέμμα του διασταυρώθηκε με το δικό μου. Ήταν παχύς και με γενειάδα, με σκουρόχρωμο δέρμα και μεγάλα, ακτινοβόλα μάτια.

«Γιε μου, χαίρομαι που σε βλέπω. Πες τι θέλεις. Θα ήθελες κάποιο άρωμα;».

«Για ποιο λόγο;». Σκέφτηκα ότι η παρατήρησή του ήταν μάλλον παιδαριώδης.

«Για να δοκιμάσεις τον θαυμαστό τρόπο της απόλαυσης αρωμάτων».

«Βάζετε το Θεό να εργάζεται για να φτιάχνει μυρωδιές;».

«Και λοιπόν; Ο Θεός είναι που φτιάχνει τα αρώματα, ούτως ή άλλως».

«Ναι, αλλά σχεδιάζει αρώματα μέσα σε εύθραυστα πέταλα, που μετά μαραίνονται και πετιούνται. Εσείς μπορείτε να υλοποιήσετε λουλούδια;».

«Ναι. Συνήθως όμως φτιάχνω αρώματα, μικρέ φίλε».

«Τότε τα εργοστάσια που παράγουν αρώματα θα χρεοκοπήσουν».

«Θα τους επιτρέψω να συνεχίσουν το εμπόριό τους! Ο δικός μου σκοπός είναι να καταδείξω τη δύναμη του Θεού».

«Κύριε, είναι απαραίτητο να αποδείξετε το Θεό; Δεν πραγματοποιεί θαύματα σε όλα, παντού;».

«Ναι, αλλά κι εμείς θα πρέπει να δείξουμε λίγη από την άπειρη δημιουργική Του ποικιλία».

«Πόσο καιρό σας πήρε για να τελειοποιήσετε την τέχνη σας;».

«Δώδεκα χρόνια».

«Για να κατασκευάζετε ευωδιές με αστρικά μέσα! Φαίνεται, αξιότιμε άγιέ μου, ότι σπαταλήσατε μια ντουζίνα χρόνια για αρώματα που μπορείτε να αποκτήσετε με λίγες ρουπίες από το ανθοπωλείο».

«Τα αρώματα σβήνουν με τα λουλούδια».

«Τα αρώματα σβήνουν με τον θάνατο. Γιατί να επιθυμώ κάτι που ικανοποιεί μόνο το σώμα;».

«Κύριε Φιλόσοφε, ικανοποιείς τον νου μου. Τώρα άπλωσέ μου το δεξί σου χέρι». Έκανε μια χειρονομία ευλογίας.

Ήμουν σε απόσταση λίγων εκατοστών από τον Γκάντα Μπάμπα· κανείς άλλος δεν ήταν αρκετά κοντά ώστε να μπορεί να έχει επαφή με το σώμα μου. Άπλωσα το χέρι μου, το οποίο ο γιόγκι δεν άγγιξε.

«Ποιο άρωμα θέλεις;».

«Τριαντάφυλλο».

«Ας γίνει έτσι».

Προς μεγάλη μου έκπληξη, το κέντρο της παλάμης μου άρχισε να αναδίδει έντονα το γοητευτικό άρωμα του τριαντάφυλλου. Χαμογελώντας, πήρα ένα μεγάλο άοσμο λουλούδι από ένα βάζο που βρισκόταν εκεί κοντά.

«Μπορείτε να κάνετε αυτό το άοσμο λουλούδι να μυρίζει γιασεμί;».

«Ας γίνει έτσι».

Αμέσως τα πέταλά του μύρισαν γιασεμί. Ευχαρίστησα τον θαυματοποιό και κάθισα δίπλα σ' έναν από τους σπουδαστές του. Με πληροφόρησε ότι ο Γκάντα Μπάμπα, του οποίου το αληθινό όνομα ήταν Βισουντανάντα, είχε μάθει πολλά εκπληκτικά μυστικά της γιόγκα από έναν Δάσκαλο στο Θιβέτ. Με διαβεβαίωσε ότι ο θιβετιανός γιόγκι είχε ξεπεράσει την ηλικία των χιλίων ετών.

«Ο μαθητής του, ο Γκάντα Μπάμπα, δεν πραγματοποιεί πάντα τα κατορθώματά του με τα αρώματα με τον απλό προφορικό τρόπο που είδες». Ο σπουδαστής μίλησε με φανερή υπερηφάνεια για τον δάσκαλό του. «Η διαδικασία διαφέρει πολύ, ανάλογα με την ιδιοσυγκρασία του καθενός. Είναι θαυμάσιος! Ανάμεσα στους πιστούς του υπάρχουν πολλά μέλη της υψηλής διανόησης της Καλκούτα».

Μέσα μου αποφάσισα κατηγορηματικά να μην προσθέσω τον εαυτό μου σ' αυτούς. Ένας γκουρού τόσο κυριολεκτικά «θαυμάσιος» δεν ήταν της αρεσκείας μου. Ευχαρίστησα ευγενικά τον Γκάντα Μπάμπα και έφυγα. Επιστρέφοντας προς το σπίτι, σκέφτηκα τις τρεις συναντήσεις που μου είχε επιφυλάξει η μέρα.

Η αδελφή μου η Ούμα με συνάντησε στην πόρτα.

«Αρχίζεις και γίνεσαι κομψός χρησιμοποιώντας αρώματα!».

Χωρίς να πω λέξη, της έκανα νεύμα να μυρίσει το χέρι μου.

«Τι ελκυστικό άρωμα τριαντάφυλλου! Είναι ασυνήθιστα έντονο!».

Σκεπτόμενος πως ήταν «έντονα ασυνήθιστο», έβαλα σιωπηλά το

λουλούδι που είχε πάρει άρωμα αστρικά κάτω από τα ρουθούνια της. «Αχ, λατρεύω το γιασεμί!». Άρπαξε το λουλούδι. Μια αστεία αμηχανία ήταν ζωγραφισμένη στο πρόσωπό της, καθώς συνεχώς μύριζε το άρωμα του γιασεμιού από ένα λουλούδι που ήξερε πολύ καλά ότι ήταν άοσμο. Οι αντιδράσεις της εξουδετέρωσαν την υποψία μου ότι ο Γκάντα Μπάμπα μπορεί να με είχε αυθυποβάλει σε μια κατάσταση κατά την οποία μόνο εγώ μπορούσα να αντιληφθώ τα αρώματα.

Αργότερα άκουσα από έναν φίλο, τον Αλακανάντα, ότι ο «Άγιος των Αρωμάτων» είχε μια δύναμη που εύχομαι να την είχαν οι εκατομμύρια άνθρωποι που λιμοκτονούν στον κόσμο.

«Ήμουν παρών, μαζί με εκατό ακόμα καλεσμένους, στο σπίτι του Γκάντα Μπάμπα στον Μπαρντγουάν», μου είπε ο Αλακανάντα. «Ήταν μια συνεστίαση. Επειδή ο γιόγκι φημιζόταν ότι μπορούσε να υλοποιεί αντικείμενα, του ζήτησα γελώντας να υλοποιήσει μανταρίνια, που τότε ήταν εκτός εποχής. Αμέσως τα *λούτσι*[5] που είχαν σερβιριστεί πάνω σε πιάτα από φύλλα μπανάνας φούσκωσαν. Το περιτύλιγμα κάθε ψωμιού αποδείχθηκε ότι περιείχε ένα ξεφλουδισμένο μανταρίνι. Το δάγκωσα με κάποια ανησυχία, αλλά τελικά ήταν νοστιμότατο».

Χρόνια αργότερα, με εσωτερική συνειδητοποίηση, κατάλαβα τον τρόπο με τον οποίο ο Γκάντα Μπάμπα κατάφερνε να υλοποιεί πράγματα. Δυστυχώς η μέθοδος είναι πέρα από τη δυνατότητα του πλήθους των πεινασμένων ανθρώπων.

Τα διάφορα αισθητηριακά ερεθίσματα στα οποία ο άνθρωπος αντιδρά –της αφής, της όρασης, της γεύσης, της ακοής και της όσφρησης– παράγονται από δονητικές παραλλαγές των ηλεκτρονίων και των πρωτονίων. Οι δονήσεις με τη σειρά τους ρυθμίζονται από την *πράνα*, τα «ζωητρόνια», λεπτοφυείς ζωικές δυνάμεις ή πιο εκλεπτυσμένες ενέργειες από την ατομική, ευφυώς φορτισμένες με τις πέντε διακριτές ιδεατές ουσίες των αισθήσεων.

Ο Γκάντα Μπάμπα, συντονιζόμενος με την πρανική δύναμη μέσω συγκεκριμένων πρακτικών της γιόγκα, μπορούσε να κατευθύνει τα ζωητρόνια να αναδιατάξουν τη δονητική τους δομή και να πραγματοποιήσει το επιθυμητό αποτέλεσμα. Τα αρώματα, τα φρούτα και τα άλλα θαύματα ήταν πραγματικές υλοποιήσεις γήινων δονήσεων και όχι εσωτερικές αισθητήριες εντυπώσεις προκαλούμενες με υπνωτισμό.

Ο υπνωτισμός έχει χρησιμοποιηθεί από γιατρούς σε μικρές

---

[5] Επίπεδο, στρογγυλό ινδικό ψωμί.

επεμβάσεις σαν ένα είδος χλωροφορμίου σε άτομα που μπορεί να κινδύνευαν από τη νάρκωση. Η κατάσταση όμως του υπνωτισμού είναι επιβλαβής γι' αυτούς που υποβάλλονται συχνά σ' αυτόν· συνοδεύεται από ψυχολογικές επιπτώσεις που με τον καιρό διαταράσσουν τα εγκεφαλικά κύτταρα. Ο υπνωτισμός είναι παραβίαση της συνειδητότητας κάποιου άλλου.[6] Τα προσωρινά του φαινόμενα δεν έχουν τίποτα κοινό με τα θαύματα που πραγματοποιούν οι άνθρωποι με θεϊκή συνειδητοποίηση. Αφυπνισμένοι στο Θεό, οι αληθινοί άγιοι επιφέρουν αλλαγές σ' αυτόν τον φαινομενικό κόσμο μέσω μιας θέλησης που είναι αρμονικά συντονισμένη με τον Δημιουργικό Συμπαντικό Ονειρευόμενο Θεό.[7]

Θαύματα σαν αυτά που έκανε ο «Άγιος των Αρωμάτων» είναι θεαματικά αλλά πνευματικά άχρηστα. Εξυπηρετώντας περιορισμένους σκοπούς πέρα από τη διασκέδαση, αποτελούν παρεκκλίσεις από τη σοβαρή αναζήτηση του Θεού.

Η επιδεικτική χρησιμοποίηση ασυνήθιστων δυνάμεων αποδοκιμάζεται από τους Δασκάλους. Ο Πέρσης μυστικιστής Αμπού Σαΐντ (Abu Said) κάποτε γέλασε με κάποιους φακίρηδες (Μουσουλμάνους ασκητές), οι οποίοι ήταν περήφανοι για τις θαυμαστές τους δυνάμεις πάνω στο νερό, τον αέρα και το χώρο.

«Κι ένας βάτραχος νιώθει σαν στο σπίτι του μέσα στο νερό!», είπε ο Αμπού Σαΐντ με ελαφρά περιφρόνηση. «Ο κόρακας και ο γύπας εύκολα πετούν στον αέρα· ο Διάβολος είναι ταυτόχρονα παρών και στην Ανατολή και στη Δύση! Αληθινός άνθρωπος είναι εκείνος που είναι πάντα ενάρετος ανάμεσα στους συνανθρώπους του, που μπορεί να αγοράζει και να πουλά και παρ' όλα αυτά ποτέ να μην ξεχνά ούτε

---

[6] Οι μελέτες των ψυχολόγων της Δύσης σχετικά με τη συνειδητότητα είναι πολύ περιορισμένες, μόνο σε έρευνες του υποσυνείδητου νου και των νοητικών ασθενειών που θεραπεύονται μέσω της ψυχιατρικής και της ψυχανάλυσης. Λίγη έρευνα έχει γίνει σχετικά με την πηγή και τη θεμελιώδη διαμόρφωση των φυσιολογικών νοητικών καταστάσεων και των συναισθηματικών και βουλητικών τους εκφράσεων – ένα αληθινά βασικό θέμα που δεν παραμελείται από την ινδική φιλοσοφία. Στα συστήματα *Σανκυά* και *Γιόγκα* έχουν γίνει ακριβείς ταξινομήσεις των διαφόρων συνδέσεων των φυσιολογικών νοητικών διαφοροποιήσεων και των χαρακτηριστικών λειτουργιών του *μπούντι* (της διάνοιας με ικανότητα διάκρισης), του *αχάμκαρα* (της θεμελιώδους αρχής του εγώ) και του *μάνας* (του νου ή της συνειδητότητας των αισθήσεων).

[7] «Το σύμπαν αντιπροσωπεύεται σε καθένα από τα μόριά του. Τα πάντα είναι φτιαγμένα από ένα και μοναδικό κρυμμένο υλικό. Όλος ο κόσμος απεικονίζεται σε μια δροσοσταλίδα του πρωινού. [...] Η αληθινή έννοια της πανταχού παρουσίας είναι ότι ο Θεός εμφανίζεται με όλα τα τμήματά Του σε κάθε βρύο και σε κάθε ιστό αράχνης». – Emerson, στο *Compensation* («Αποζημίωση»).

για μια στιγμή το Θεό».⁸ Σε μια άλλη περίσταση, ο μεγάλος Πέρσης δάσκαλος εξέφρασε τις απόψεις του σχετικά με τη θρησκευτική ζωή με τον εξής τρόπο: «Να παραμερίζεις αυτά που έχεις στο κεφάλι σου (ιδιοτελείς επιθυμίες και φιλοδοξίες)· να χαρίζεις αυτά που έχεις στο χέρι σου· και ποτέ να μη δειλιάζεις με τα χτυπήματα της αντιξοότητας!».

Ούτε ο αμερόληπτος σοφός στον Ναό Καλιγκάτ ούτε ο γιόγκι που εκπαιδεύτηκε στο Θιβέτ ικανοποίησαν τη λαχτάρα μου για έναν γκουρού. Δεν χρειαζόμουν έναν δάσκαλο ονομαστό για τις επιδείξεις του· η καρδιά μου φώναξε ένα αυθόρμητο «Μπράβο!» που αντήχησε ηχηρά μέσα μου γιατί ήταν ασυνήθιστα βγαλμένο από τη σιωπή. Όταν τελικά συνάντησα τον Δάσκαλό μου, με το μεγαλείο του παραδείγματός του και μόνο, μου δίδαξε πώς να μετρώ την αξία ενός αληθινού ανθρώπου.

---

⁸ «Να αγοράζεις και να πουλάς, εντούτοις ποτέ να μην ξεχνάς το Θεό!». Το ιδεώδες είναι να εργάζονται αρμονικά, μαζί, το χέρι και η καρδιά. Ορισμένοι συγγραφείς της Δύσης ισχυρίζονται ότι ο ινδουιστικός στόχος είναι μια δειλή «απόδραση» από τα εγκόσμια, απραξία και αντικοινωνική απόσυρση. Η τετράπλευρη όμως βεδική διδασκαλία για τη ζωή του ανθρώπου είναι απόλυτα ισορροπημένη για τις μάζες, συστήνοντας την αφιέρωση του μισού χρόνου του ανθρώπου στις σπουδές και τα καθημερινά εγκόσμια καθήκοντα και του υπόλοιπου μισού στην περισυλλογή και σε διαλογιστικές πρακτικές. (Βλ. σελ. 285 σημ.)

Η απομόνωση είναι απαραίτητη για να εδραιωθεί κάποιος στον Εαυτό του, αλλά οι Δάσκαλοι μετά επιστρέφουν στον κόσμο για να τον υπηρετήσουν. Ακόμα και οι άγιοι που δεν εμπλέκονται σε εξωτερική εργασία χαρίζουν, μέσω των σκέψεών τους και των ιερών δονήσεών τους, πιο πολύτιμη ευεργεσία στον κόσμο ακόμα και απ' αυτήν που μπορεί να δοθεί από τις πιο έντονες ανθρωπιστικές δραστηριότητες των αφώτιστων ανθρώπων. Οι μεγάλοι Δάσκαλοι, ο καθένας με τον τρόπο του, και συχνά ευρισκόμενοι μπροστά σε πικρή εναντίωση, πασχίζουν ανιδιοτελώς να εμπνεύσουν και να εξυψώσουν τους συνανθρώπους τους. Κανένα ινδουιστικό θρησκευτικό ή κοινωνικό ιδεώδες δεν είναι απλά αρνητικό. Η αχίμσα, η μη βία, που καλείται «ολοκληρωμένη αρετή» *(σακάλο ντάρμα)* στη *Μαχαμπαράτα*, είναι μια θετική εντολή με το σκεπτικό ότι κάποιος που δεν βοηθά τους άλλους, με κάποιον τρόπο τους κάνει κακό.

Η Μπάγκαβαντ Γκίτα (ΙΙΙ:4-8) λέει ότι η δραστηριότητα είναι σύμφυτη με την ίδια τη φύση του ανθρώπου. Η οκνηρία είναι απλώς «λανθασμένη δραστηριότητα».

> «Κανένας άνθρωπος δεν θα ξεφύγει από την πράξη
> Με το να αποφεύγει τη δράση· ποτέ και κανένας δεν θα φτάσει
> Στην τελειότητα με την απλή απάρνηση.
> Ποτέ, σε καμιά στιγμή του χρόνου, οποτεδήποτε,
> Δεν μένει άπραγος· ο νόμος της φύσης του
> Τον εξωθεί, ακόμα κι αν δεν θέλει, στην πράξη.
> (Γιατί η σκέψη είναι δράση στη φαντασία.)
> […] Αυτός που με γερό σώμα υπηρετεί τον νου
> Χρησιμοποιεί τις θνητές του δυνάμεις για άξια εργασία,
> Χωρίς να προσδοκά όφελος, Αρτζούνα! Ένας τέτοιος άνθρωπος
> Είναι άξιος τιμής. Κάνε το καθήκον που σου αναλογεί!».

*(Μετάφραση στα Ελληνικά από την αγγλική μετάφραση του Arnold.)*

ΚΕΦΑΛΑΙΟ 6

# Ο Σουάμι των Τίγρεων

«Βρήκα τη διεύθυνση του Σουάμι των Τίγρεων. Ας τον επισκεφθούμε αύριο».

Αυτήν την ευχάριστη πρόταση την έκανε ο Τσάντι, ένας από τους φίλους μου στο σχολείο. Ανυπομονούσα να γνωρίσω τον άγιο που, πριν γίνει μοναχός, είχε πιάσει τίγρεις και είχε παλέψει μαζί τους με γυμνά χέρια. Είχα έναν έντονο εφηβικό ενθουσιασμό για τέτοια αξιοθαύμαστα κατορθώματα.

Η επόμενη μέρα ξημέρωσε με χειμωνιάτικο κρύο, αλλά ο Τσάντι κι εγώ ξεκινήσαμε χαρούμενα. Μετά από πολλή έρευνα στο Μπουανιπούρ, έξω από την Καλκούτα, φτάσαμε στο σωστό σπίτι. Στην πόρτα υπήρχαν δύο σιδερένιοι κρίκοι, τους οποίους χτύπησα δυνατά. Παρά τον έντονο θόρυβο, ένας υπηρέτης πλησίασε βαδίζοντας αργά. Το ειρωνικό του χαμόγελο υπονοούσε ότι όσο θορυβώδεις κι αν ήταν οι επισκέπτες δεν είχαν τη δύναμη να ενοχλήσουν τη γαλήνη του σπιτιού ενός αγίου.

Νιώθοντας τη σιωπηλή μομφή, ο σύντροφός μου κι εγώ ήμαστε ευγνώμονες που προσκληθήκαμε να μπούμε στο σαλόνι. Η πολύωρη αναμονή μας εκεί μας ανησύχησε. Στην Ινδία είναι άγραφος νόμος ότι ο αναζητητής της αλήθειας πρέπει να έχει υπομονή· ένας Δάσκαλος μπορεί επίτηδες να δοκιμάσει την προθυμία κάποιου να τον συναντήσει. Αυτό το ψυχολογικό τέχνασμα χρησιμοποιείται ευρέως στη Δύση από γιατρούς και οδοντιάτρους!

Αφού τελικά μας κάλεσε ο υπηρέτης, ο Τσάντι κι εγώ μπήκαμε σ' ένα υπνοδωμάτιο. Ο περίφημος Σοχόνγκ[1] Σουάμι ήταν καθισμένος πάνω στο κρεβάτι του. Η όψη του τεράστιου σώματός του είχε πάνω μας μια περίεργη επίδραση. Μείναμε άφωνοι, με γουρλωμένα μάτια. Δεν είχαμε ξαναδεί ποτέ τέτοιο στήθος ή τέτοιους δικέφαλους που

---

[1] *Σοχόνγκ* ήταν το μοναστικό του όνομα. Ήταν όμως γνωστός στο ευρύ κοινό ως «ο Σουάμι των Τίγρεων».

έμοιαζαν με ποδοσφαιρικές μπάλες. Πάνω σ' έναν πελώριο λαιμό, το άγριο αλλά ήρεμο πρόσωπο του Σουάμι πλαισιωνόταν από χυτές μπούκλες, γενειάδα και μουστάκι. Στα μαύρα μάτια του αντανακλώνταν κάποια ίχνη από τα χαρακτηριστικά του περιστεριού και συγχρόνως της τίγρης. Ήταν γυμνός, εκτός από ένα τομάρι τίγρης ζωσμένο στη μυώδη μέση του.

Ξαναβρίσκοντας τη φωνή μας, ο φίλος μου κι εγώ χαιρετίσαμε τον μοναχό, εκφράζοντας τον θαυμασμό μας για την ανδρεία του στην ασυνήθιστη αιλουροειδή αρένα.

«Θα μας πείτε, σας παρακαλούμε, πώς είναι δυνατόν να υποτάσσετε με γυμνές γροθιές το πιο θηριώδες απ' όλα τα ζώα της ζούγκλας, τη βασιλική τίγρη της Βεγγάλης;».

«Παιδιά μου, δεν είναι τίποτα για μένα το να παλεύω με τίγρεις. Θα το έκανα και σήμερα αν ήταν αναγκαίο». Γέλασε σαν παιδί. «Βλέπετε τις τίγρεις σαν τίγρεις· εγώ τις βλέπω σαν γατούλες».

«Σουάμιτζι, νομίζω ότι θα μπορούσα να αυθυποβάλω το υποσυνείδητό μου να θεωρεί τις τίγρεις γατούλες, αλλά θα μπορούσα να κάνω και τις τίγρεις να το πιστέψουν;».

«Φυσικά είναι απαραίτητη και η δύναμη! Δεν είναι δυνατόν να περιμένει κανείς να νικηθεί η τίγρη από ένα μωρό που φαντάζεται ότι πρόκειται για σπιτική γάτα! Τα δυνατά μου χέρια είναι το επαρκές όπλο μου».

Μας ζήτησε να βγούμε στη σκεπαστή βεράντα, όπου χτύπησε την άκρη ενός τοίχου. Ένα τούβλο έσπασε και έπεσε στο πάτωμα· ο ουρανός φάνηκε μέσα από την τρύπα που είχε ανοίξει στον τοίχο. Συγκλονίστηκα· αυτός που μπορούσε να εκτοπίσει ένα ασβεστωμένο τούβλο από έναν γερό τοίχο με ένα μόνο χτύπημα, σκέφτηκα, σίγουρα θα μπορούσε να βγάλει τα δόντια μιας τίγρης!

«Κάποιοι άνθρωποι έχουν σωματική δύναμη σαν τη δική μου, αλλά τους λείπει η ψύχραιμη αυτοπεποίθηση. Αυτοί που είναι σωματικά δυνατοί αλλά δεν είναι νοητικά γενναίοι μπορεί να λιποθυμήσουν και μόνο στην απλή θέα ενός άγριου θηρίου που πηδά ελεύθερο στη ζούγκλα. Η τίγρη, με τη φυσική της αγριότητα και το φυσικό της περιβάλλον, είναι εντελώς διαφορετική από το ζώο του τσίρκου στο οποίο δίνουν όπιο!

»Πολλοί άνθρωποι με ηράκλεια δύναμη τρομοκρατήθηκαν και ένιωσαν ταπεινωτικά αβοήθητοι μπροστά στη σφοδρή επίθεση μιας βασιλικής τίγρης της Βεγγάλης. Έτσι, η τίγρη έκανε τον άνθρωπο να νιώθει μέσα στον νου του τόσο φοβισμένος όσο μια γατούλα. Είναι όμως δυνατόν, ένας άνθρωπος που έχει ένα πολύ γερό σώμα και μια εξαιρετικά έντονη αποφασιστικότητα, να αλλάξει τα πράγματα και να αναγκάσει την τίγρη να πιστεύει ότι εκείνη είναι η αβοήθητη γατούλα. Πόσες φορές το έχω κάνει αυτό!».

Ήμουν πολύ πρόθυμος να πιστέψω ότι ο Τιτάνας μπροστά μου μπορούσε να κάνει τη μεταμόρφωση της τίγρης-γατούλας. Έμοιαζε να έχει διάθεση να μας διδάξει· ο Τσάντι κι εγώ ακούγαμε με σεβασμό.

«Ο νους είναι ο κυβερνήτης των μυών. Η δύναμη ενός χτυπήματος με σφυρί εξαρτάται από την ενέργεια που θα εφαρμοστεί· η δύναμη του ανθρώπινου σώματος εξαρτάται από τη μαχητική θέληση και το θάρρος του ανθρώπου. Το σώμα κυριολεκτικά είναι φτιαγμένο από τον νου και συντηρείται απ' αυτόν. Μέσω της πίεσης από ένστικτα προηγούμενων ζωών, οι δυνάμεις και οι αδυναμίες διηθώνται σταδιακά και κατακάθονται στην ανθρώπινη συνειδητότητα. Εκφράζονται ως συνήθειες, οι οποίες με τη σειρά τους εκδηλώνονται ως ένα επιθυμητό ή ανεπιθύμητο σώμα. Το να είναι κάποιος εύθραυστος εξωτερικά πηγάζει από τον νου· μ' έναν φαύλο κύκλο, το σώμα που μ' αυτόν τον τρόπο γίνεται αδύναμο από συνήθειες, με τη σειρά του παραλύει τον νου. Αν ο κύριος επιτρέπει στον υπηρέτη του να τον διατάζει, ο τελευταίος γίνεται κυρίαρχος· ο νους παρόμοια γίνεται δούλος αν υποταχθεί στις εντολές του σώματος».

Μετά από ικεσία μας, ο εντυπωσιακός σουάμι δέχθηκε να μας πει κάτι από τη ζωή του.

«Από παιδί είχα τη φιλοδοξία να παλέψω με τίγρεις. Η θέλησή μου ήταν ισχυρή, αλλά το σώμα μου ήταν αδύναμο».

Ένα επιφώνημα έκπληξης μου ξέφυγε. Φαινόταν αδιανόητο να γνώρισε ποτέ την αδυναμία αυτός ο άνθρωπος που τώρα είχε «πλάτες σαν του Άτλαντα».

«Ξεπέρασα το πρόβλημά μου κάνοντας σκέψεις καλής υγείας και δύναμης με ακατανίκητη επιμονή. Έχω κάθε λόγο να εκθειάζω την υπεροχή του ακαταμάχητου νοητικού σθένους που, όπως ανακάλυψα, ήταν ο αληθινός λόγος που υποτάσσονταν οι βασιλικές τίγρεις της Βεγγάλης».

«Πιστεύετε, σεβαστέ Σουάμι, ότι θα μπορούσα ποτέ να νικήσω τίγρεις;». Αυτή ήταν η πρώτη και τελευταία φορά που μια εκκεντρική φιλοδοξία πέρασε από τον νου μου!

«Ναι», είπε χαμογελώντας. «Υπάρχουν όμως πολλά είδη τίγρεων·

μερικές περιφέρονται στις ζούγκλες της ανθρώπινης επιθυμίας. Κανένα πνευματικό όφελος δεν προκύπτει από το να χτυπάς θηρία και να τα αφήνεις αναίσθητα. Καλύτερα να νικήσεις τα εσωτερικά αρπακτικά».

«Μπορείτε να μας πείτε, κύριε, πώς αλλάξατε και γίνατε, από θηριοδαμαστής άγριων τίγρεων, θηριοδαμαστής άγριων παθών;».

Ο Σουάμι των Τίγρεων έμεινε σιωπηλός. Το βλέμμα του έγινε απόμακρο καθώς θυμόταν περασμένα χρόνια. Διέκρινα μια ελαφρά νοητική πάλη μέσα του για το αν θα μου απαντούσε ή όχι. Τελικά χαμογέλασε συγκαταβατικά.

«Όταν η φήμη μου έφτασε στο ζενίθ, έφερε τη μέθη της υπερηφάνειας. Αποφάσισα, όχι μόνο να παλεύω με τίγρεις, αλλά και να επιδεικνύω διάφορα κόλπα μ' αυτές. Η φιλοδοξία μου ήταν να αναγκάσω τα άγρια θηρία να συμπεριφέρονται σαν κατοικίδια. Άρχισα να παρουσιάζω τα κατορθώματά μου στο κοινό, με επιτυχία που με ευχαριστούσε.

»Ένα βράδυ ο πατέρας μου μπήκε στο δωμάτιό μου σκεπτικός.

»"Γιε μου, θέλω να σε προειδοποιήσω. Θέλω να σε σώσω από κακοτυχίες που έρχονται, που είναι αποτέλεσμα του αιώνιου τροχού της αιτίας και του αποτελέσματος".

»"Είσαι μοιρολάτρης, Πατέρα; Θα πρέπει να αφήσουμε τη δεισιδαιμονία να σταματήσει τις επιτυχημένες μου δραστηριότητες;".

»"Δεν είμαι μοιρολάτρης γιε μου. Πιστεύω όμως στον δίκαιο νόμο της ανταπόδοσης, όπως διδάσκεται στις ιερές Γραφές. Υπάρχει δυσαρέσκεια απέναντί σου στην οικογένεια της ζούγκλας· κάποια στιγμή μπορεί να σου στοιχίσει".

»"Πατέρα, μένω κατάπληκτος! Ξέρεις πολύ καλά τι είναι οι τίγρεις – όμορφες αλλά ανελέητες! Ποιος ξέρει; Τα χτυπήματά μου μπορεί να βάλουν στα χοντρά κεφάλια τους λίγη διανοητική υγεία και να αρχίσουν να σκέφτονται τις πράξεις τους. Είμαι διευθυντής ενός σχολείου της ζούγκλας που τους διδάσκει καλούς τρόπους!

»"Σε παρακαλώ, Πατέρα, να με σκέφτεσαι σαν θηριοδαμαστή τίγρεων και ποτέ σαν δολοφόνο τους. Πώς θα μπορούσαν οι καλές μου πράξεις να μου φέρουν κακοτυχία; Σε ικετεύω να μη μου επιβάλεις να αλλάξω τον τρόπο ζωής μου"».

Ο Τσάντι κι εγώ ήμαστε γεμάτοι προσοχή, καταλαβαίνοντας το προηγούμενο δίλημμα. Στην Ινδία ένα παιδί δεν παρακούει εύκολα τις επιθυμίες των γονιών του. Ο Σουάμι των Τίγρεων συνέχισε:

«Ο Πατέρας άκουσε την εξήγησή μου με στωική σιωπή. Απάντησε με μια αποκάλυψη που την πρόφερε πολύ σοβαρά.

»"Γιε μου, με αναγκάζεις να σου αναφέρω μια δυσοίωνη πρόβλεψη που άκουσα από έναν άγιο. Με πλησίασε χθες καθώς καθόμουν στη βεράντα για τον καθημερινό μου διαλογισμό.

»"'Αγαπητέ φίλε, έρχομαι για να φέρω ένα μήνυμα που αφορά τον φιλοπόλεμο γιο σου. Πες του να σταματήσει τις άγριες δραστηριότητές του. Αλλιώς, την επόμενη φορά που θα αντιμετωπίσει τίγρη, θα τραυματιστεί σοβαρά και θα επακολουθήσει μια σχεδόν θανάσιμη ασθένεια που θα διαρκέσει έξι μήνες. Μετά θα εγκαταλείψει τον προηγούμενο τρόπο ζωής του και θα γίνει μοναχός'".

»Αυτή η ιστορία δεν με εντυπωσίασε. Σκέφτηκα ότι ο Πατέρας ήταν ευκολόπιστο θύμα ενός φανατικού που είχε αυταπάτες».

Ο Σουάμι των Τίγρεων έκανε αυτήν την εξομολόγηση με μια ανυπόμονη χειρονομία που έδειχνε ότι έβρισκε ανόητο τον τρόπο που είχε σκεφτεί τότε. Βλοσυρός και σιωπηλός για πολλή ώρα, έμοιαζε να μας έχει ξεχάσει. Ξαφνικά συνέχισε την αφήγησή του με φωνή που υποδήλωνε υποταγή.

«Λίγο μετά την προειδοποίηση του Πατέρα επισκέφθηκα την πρωτεύουσα του Κούτς Μπιχάρ. Το γραφικό τοπίο ήταν ένας καινούργιος τόπος για μένα και περίμενα μια χαλαρωτική αλλαγή. Όπως συνήθως, σε όλα τα μέρη, ένα πλήθος περίεργων ανθρώπων με ακολουθούσε στους δρόμους. Άκουγα κάποιες λέξεις από ψιθυριστά σχόλια:

»"Αυτός είναι ο άνθρωπος που παλεύει με τις τίγρεις".

»"Έχει πόδια ή κορμούς δέντρων;".

»"Κοίτα το πρόσωπό του! Πρέπει να είναι η ίδια η ενσάρκωση του βασιλιά των τίγρεων!".

»Ξέρετε πώς τα κουτσομπολιά στα χωριά λειτουργούν σαν τις τελικές εκδόσεις των εφημερίδων! Με τι ταχύτητα κυκλοφορούν τα δελτία ειδήσεων μεταξύ των γυναικών από σπίτι σε σπίτι, ακόμα και για τα πιο πρόσφατα νέα! Μέσα σε μερικές ώρες ολόκληρη η πόλη ήταν ενθουσιασμένη με την παρουσία μου.

»Καθώς ξεκουραζόμουν κατά το απόγευμα, άκουσα χτυπήματα από οπλές αλόγων που κάλπαζαν. Σταμάτησαν μπροστά στο σπίτι όπου έμενα. Κάποιοι ψηλοί αστυνομικοί με τουρμπάνια ήρθαν μέσα.

»Αιφνιδιάστηκα. "Όλα είναι πιθανά μ' αυτά τα πλάσματα του ανθρώπινου νόμου", σκέφτηκα. "Αναρωτιέμαι αν θα με ρωτήσουν για υποθέσεις εντελώς άγνωστες σ' εμένα". Οι αξιωματικοί όμως υποκλίθηκαν με ασυνήθιστη ευγένεια.

»"Αξιότιμε Κύριε, ήρθαμε να σας καλωσορίσουμε εκ μέρους του

Πρίγκιπα του Κουτς Μπιχάρ. Έχει την ευχαρίστηση να σας καλέσει στο παλάτι του αύριο το πρωί".

»Σκέφτηκα για λίγο την προοπτική. Για κάποιο μυστηριώδη λόγο ένιωσα έντονη δυσαρέσκεια μ' αυτή τη διακοπή του ήσυχου ταξιδιού μου. Ο ικετευτικός τρόπος όμως των αστυνομικών με συγκίνησε· συμφώνησα να πάω.

»Σάστισα την επόμενη μέρα όταν συνοδεύτηκα με δουλοπρέπεια από την πόρτα του σπιτιού μου σε μια υπέροχη άμαξα που την έσερναν τέσσερα άλογα. Ένας υπηρέτης κρατούσε μια στολισμένη ομπρέλα για να με προφυλάξει από τον καυτό ήλιο. Απόλαυσα την ευχάριστη διαδρομή μέσα από την πόλη και τα δασώδη περίχωρα. Ο ίδιος ο γιος τού βασιλιά βρισκόταν στην πόρτα για να με καλωσορίσει. Μου πρόσφερε τη δική του, στολισμένη με χρυσάφι καρέκλα και χαμογελώντας κάθισε σε μια άλλη με πιο απλό σχέδιο.

»"Όλη αυτή η ευγένεια σίγουρα θα μου κοστίσει κάτι!", σκέφτηκα με συνεχώς αυξανόμενη κατάπληξη. Το κίνητρο του πρίγκιπα αποκαλύφθηκε μετά από μερικές συνηθισμένες παρατηρήσεις.

»"Στην πόλη μου διαδίδεται ευρέως ότι μπορείτε να παλέψετε με άγριες τίγρεις με κανένα όπλο παρά μόνο τα γυμνά σας χέρια. Είναι αλήθεια;".

»"Ναι, είναι αλήθεια".

»"Δεν μπορώ να το πιστέψω! Είστε από την Καλκούτα της Βεγγάλης, θρεμμένος με άσπρο ρύζι. Σας παρακαλώ, να είστε ειλικρινής· δεν παλεύατε μόνο με αδύναμα ζώα στα οποία είχαν δώσει όπιο;". Η φωνή του ήταν δυνατή και σαρκαστική, η ομιλία του ήταν χρωματισμένη με την τοπική προφορά.

»Δεν δέχτηκα να απαντήσω στην προσβλητική ερώτησή του.

»"Σας προκαλώ να παλέψετε με την τίγρη μου που πιάστηκε πρόσφατα, τη Ράτζα Μπένγκαμ.[2] Αν μπορέσετε να της αντισταθείτε επιτυχώς, να τη δέσετε με μια αλυσίδα και να βγείτε από το κλουβί της έχοντας τις αισθήσεις σας, θα την αποκτήσετε! Θα σας χαρίσω επίσης πολλές χιλιάδες ρουπίες και πολλά άλλα δώρα. Αν αρνηθείτε να παλέψετε μαζί της, θα διαδώσω σε ολόκληρη την πολιτεία ότι είστε απατεώνας!".

»Τα αυθάδη λόγια του με χτύπησαν σαν σφαίρες. Του είπα

---

[2] «Πρίγκιπας Πριγκίπισσα» – ονομάστηκε έτσι για να καταδειχθεί ότι αυτό το ζώο διέθετε τη συνδυασμένη θηριωδία και της αρσενικής και της θηλυκής τίγρης.

Ο Σουάμι των Τίγρεων

οργισμένα πως δέχομαι. Έχοντας μισοσηκωθεί από την καρέκλα του από την έξαψή του, μόλις άκουσε την απάντησή μου ο πρίγκιπας βούλιαξε πίσω σ' αυτήν μ' ένα σαδιστικό χαμόγελο. Θυμήθηκα τους Ρωμαίους αυτοκράτορες που ευχαριστιούνταν να στέλνουν τους Χριστιανούς στις αρένες με τα θηρία. Είπε:
»"Ο αγώνας ορίζεται να γίνει σε μία εβδομάδα από σήμερα. Λυπάμαι που δεν μπορώ να σας επιτρέψω να δείτε την τίγρη μέχρι τότε".
»Δεν ξέρω τι φοβόταν· μήπως υπνώτιζα την τίγρη ή μήπως της έδινα μυστικά όπιο;
»Έφυγα από το παλάτι διαπιστώνοντας με θυμηδία ότι η βασιλική ομπρέλα και οι πάνοπλοι συνοδοί μου τώρα έλειπαν.
»Την επόμενη εβδομάδα προετοίμαζα μεθοδικά τον νου μου και το σώμα μου για τον επερχόμενο βασανισμό. Μέσω του υπηρέτη μου έμαθα φανταστικές ιστορίες. Η φρικτή πρόβλεψη που είπε ο άγιος στον πατέρα μου είχε με κάποιο τρόπο μαθευτεί και μεγεθυνόταν από στόμα σε στόμα. Πολλοί απλοί χωρικοί πίστευαν ότι ένας δαίμονας, τον οποίο καταράστηκαν οι θεοί, είχε ενσαρκωθεί σε τίγρη που έπαιρνε διάφορες διαβολικές μορφές τη νύχτα, αλλά κατά τη διάρκεια της ημέρας παρέμενε απλό ζώο. Ο δαίμονας-τίγρη υποτίθεται ότι είχε σταλεί για να με ταπεινώσει.
»Μια άλλη ευφάνταστη εκδοχή ήταν ότι οι προσευχές των ζώων στον Παράδεισο των Τίγρεων είχαν εισακουσθεί και η Ράτζα Μπένγκαμ είχε σταλεί γι' αυτόν τον σκοπό. Θα ήταν το όργανο που θα με τιμωρούσε – εμένα, το θρασύ δίποδο που τόσο πολύ πρόσβαλλε ολόκληρο το είδος των τίγρεων! Έναν άνθρωπο χωρίς γούνα, χωρίς κοφτερά δόντια, που τολμούσε να προκαλέσει μια τίγρη, οπλισμένη με νύχια και ρωμαλέα πόδια! Η δύναμη της συγκεντρωμένης αγανάκτησης όλων των ταπεινωμένων τίγρεων –έλεγαν οι χωρικοί– είχε πλέον τέτοια ορμή που επαρκούσε για να θέσει σε λειτουργία κρυφούς νόμους και να επιφέρει την πτώση του υπερήφανου θηριοδαμαστή τίγρεων.
»Ο υπηρέτης μου με πληροφόρησε επιπλέον ότι ο πρίγκιπας ήταν στο στοιχείο του, ως ο διευθύνων την πάλη μεταξύ ανθρώπου και ζώου. Είχε επιβλέψει την ανέγερση ενός στεγασμένου οικίσκου που είχε σχεδιαστεί να χωρά χιλιάδες ανθρώπους. Στο κέντρο του βρισκόταν η Ράτζα Μπένγκαμ μέσα σ' ένα τεράστιο σιδερένιο κλουβί που περιβαλλόταν από έναν εξωτερικό χώρο ασφαλείας. Το αιχμάλωτο ζώο έβγαζε ασταμάτητα φοβερούς βρυχηθμούς που πάγωναν το αίμα των ανθρώπων. Το τάιζαν πολύ λίγο για να το κάνουν να αναπτύξει μια

63

λυσσαλέα επιθυμία για φαγητό. Ίσως ο πρίγκιπας περίμενε εμένα να γίνω το γεύμα της ως έπαθλο!

»Πλήθος ανθρώπων, από την πόλη και τα περίχωρα, αγόραζαν εισιτήρια ενθουσιασμένοι, ανταποκρινόμενοι στις τυμπανοκρουσίες που ανακοίνωναν το ξεχωριστό γεγονός. Την ημέρα της πάλης εκατοντάδες άνθρωποι έφυγαν γιατί δεν έβρισκαν θέση να καθίσουν. Πολλοί εισέβαλαν από τα πλαϊνά ανοίγματα ή συνωστίζονταν σε κάθε σημείο της γαλαρίας».

Καθώς η αφήγηση του Σουάμι των Τίγρεων έφτανε στην κορύφωσή της, η έξαψή μου αυξανόταν· ο Τσάντι επίσης ήταν πλήρως απορροφημένος και σιωπηλός.

«Ανάμεσα στα διαπεραστικά μουγκρητά της Ράτζα Μπένγκαμ και την οχλοβοή του τρομοκρατημένου πλήθους, εμφανίστηκα ατάραχος. Δεν προστατευόμουν από ρούχα, είχα μόνο ένα ύφασμα γύρω από τη μέση μου. Άνοιξα τον σύρτη της πόρτας του χώρου ασφαλείας και με ηρεμία τον κλείδωσα πίσω μου. Η τίγρη μύρισε αίμα. Πηδώντας και χτυπώντας πάνω στα σίδερα με ορμή κεραυνού, έδειξε τη θηριώδη διάθεσή της απέναντί μου. Το κοινό έμεινε σιωπηλό από οίκτο και φόβο· έμοιαζα με ήμερο αρνάκι μπροστά στο λυσσασμένο θηρίο.

»Αμέσως μπήκα στο κλουβί· καθώς έκλεινα την πόρτα, η Ράτζα Μπένγκαμ όρμησε κατ' ευθείαν επάνω μου. Η δεξιά μου παλάμη διαλύθηκε φρικιαστικά. Το ανθρώπινο αίμα, το καλύτερο φαγητό που υπάρχει για την τίγρη, άρχισε να βγαίνει με φρικτούς πίδακες. Η προφητεία του αγίου φαινόταν ότι θα επαληθευόταν.

»Ανασυντάχθηκα αμέσως μετά το σοκ του πρώτου σοβαρού τραυματισμού που είχα ποτέ. Εξαφανίζοντας τη θέα των αιματοβαμμένων δαχτύλων μου, σπρώχνοντάς τα κάτω από το ύφασμα της μέσης μου, χτύπησα το ζώο με το αριστερό μου χέρι με τόση δύναμη που έσπαγε κόκαλα. Το κτήνος, κλονισμένο, έκανε πίσω, στροβιλίστηκε στο πίσω μέρος του κλουβιού και ξαναρίχτηκε μπροστά σπασμωδικά. Το χτύπησα πάνω στο κεφάλι με την περίφημη γροθιά μου.

»Η Ράτζα Μπένγκαμ όμως είχε τρελαθεί με τη γεύση του αίματος, σαν έναν αλκοολικό που δοκιμάζει μια γουλιά κρασί μετά από πολύχρονη στέρηση. Με αλλεπάλληλα εκκωφαντικά μουγκρίσματα, οι επιθέσεις του κτήνους μεγάλωναν σε μανία. Η ανεπαρκής άμυνά μου, με μόνο το ένα χέρι, με καθιστούσε ευάλωτο μπροστά στα νύχια και τα κοφτερά δόντια της. Ανταπέδωσα όμως τα χτυπήματα εκπληκτικά. Και οι δύο αιμόφυρτοι, συνεχίσαμε τον αγώνα μέχρι θανάτου. Στο κλουβί επικρατούσε πανδαιμόνιο, καθώς το αίμα χυνόταν προς όλες τις κατευθύνσεις και από το κτήνος έβγαιναν βρυχηθμοί από πόνο και θανάσιμο πόθο για αίμα.

»"Πυροβολήστε την! Σκοτώστε την τίγρη!", κραύγαζε το πλήθος. Κινούμασταν τόσο γρήγορα εγώ και το θηρίο, που η σφαίρα του φρουρού δεν βρήκε στόχο. Συγκέντρωσα όλη τη δύναμη της θέλησής μου, ούρλιαξα άγρια και κατάφερα ένα τελικό συνταρακτικό χτύπημα. Η τίγρη κατέρρευσε και έμεινε ξαπλωμένη, ακίνητη, στο έδαφος».

«Σαν γατούλα!», είπα διακόπτοντάς τον.

Ο Σουάμι γέλασε με εγκάρδια εκτίμηση, μετά συνέχισε τη συναρπαστική ιστορία.

«Η Ράτζα Μπένγκαμ νικήθηκε τελικά. Η βασιλική της υπερηφάνεια ταπεινώθηκε ακόμα περισσότερο: με τα κατασχισμένα χέρια μου, άνοιξα με θρασύτητα τα σαγόνια της. Για μια δραματική στιγμή έβαλα το κεφάλι μου μέσα στη θανάσιμη παγίδα. Κοίταξα γύρω μου να βρω μια αλυσίδα. Τραβώντας μία από μια στοίβα στο έδαφος, έδεσα την τίγρη από το λαιμό στις μπάρες του κλουβιού. Κινήθηκα θριαμβευτικά προς την πόρτα.

»Η Ράτζα Μπένγκαμ όμως είχε σθένος αντάξιο μ' αυτό της υποτιθέμενης δαιμονικής της προέλευσης. Μ' ένα απίστευτο τίναγμα έσπασε την αλυσίδα και πήδηξε πάνω στην πλάτη μου. Με τον ώμο μου να βρίσκεται μέσα στα σαγόνια της, έπεσα με σφοδρότητα στο έδαφος. Στη στιγμή όμως την καθήλωσα κάτω από μένα. Μετά από ανηλεείς γροθιές, το πονηρό ζώο βυθίστηκε σε μια κατάσταση σχεδόν αναισθησίας. Αυτή τη φορά την ασφάλισα πιο προσεκτικά. Βγήκα αργά αργά από το κλουβί.

»Βρέθηκα σε μια νέα οχλοβοή, αυτή τη φορά οχλοβοή ευχαρίστησης. Οι επευφημίες του πλήθους ακούγονταν σαν μια φωνή. Ήμουν απελπιστικά κακοποιημένος, εντούτοις είχα εκπληρώσει τους τρεις όρους του αγώνα – να ακινητοποιήσω την τίγρη, να τη δέσω με αλυσίδα και να φύγω χωρίς να χρειάζομαι βοήθεια. Επιπρόσθετα, είχα τόσο πολύ τραυματίσει και φοβίσει το ζώο, που ούτε καν εκμεταλλεύτηκε την ευκαιρία να δαγκώσει το κεφάλι μου όταν το έβαλα στο στόμα του!

»Αφού φρόντισαν τα τραύματά μου, με τίμησαν και μου φόρεσαν γιρλάντες από λουλούδια· τα χρυσά νομίσματα έπεφταν σαν βροχή στα πόδια μου. Ολόκληρη η πόλη γιόρταζε. Ατελείωτες συζητήσεις ακούγονταν από παντού για τη νίκη μου ενάντια σε μία από τις μεγαλύτερες και πιο άγριες τίγρεις που είχαν δει ποτέ. Μου πρόσφεραν τη Ράτζα

Μπένγκαμ όπως μου είχαν υποσχεθεί, αλλά δεν ένιωσα κανέναν ενθουσιασμό. Μια πνευματική αλλαγή είχε συντελεστεί στην καρδιά μου. Όπως φάνηκε, με την έξοδό μου από το κλουβί, είχα επίσης κλείσει την πόρτα και στις εγκόσμιες φιλοδοξίες μου.

»Ακολούθησε μια φρικτή περίοδος. Για έξι μήνες βρισκόμουν στα πρόθυρα του θανάτου από μόλυνση του αίματος. Μόλις έγινα αρκετά καλά ώστε να μπορέσω να φύγω από το Κουτς Μπιχάρ, επέστρεψα στην πόλη όπου είχα γεννηθεί.

»"Γνωρίζω τώρα ότι ο Δάσκαλός μου είναι ο άγιος άνθρωπος που με προειδοποίησε σοφά", εξομολογήθηκα ταπεινά στον πατέρα μου. "Αχ, μακάρι να τον έβρισκα!". Η επιθυμία μου ήταν ειλικρινής, γιατί μια μέρα ο άγιος ήρθε απρόσμενα.

»"Αρκετά με την εξημέρωση τίγρεων". Μίλησε με ήρεμη βεβαιότητα. "Έλα μαζί μου· θα σου διδάξω πώς να υποτάσσεις τα θηρία της άγνοιας που περιφέρονται μέσα στη ζούγκλα του ανθρώπινου νου. Είσαι συνηθισμένος να έχεις κοινό που να σε βλέπει: ας είναι ένας γαλαξίας αγγέλων που θα ευχαριστούνται με τη συγκινητική σου κατάκτηση της γιόγκα!".

»Μυήθηκα στο πνευματικό μονοπάτι από τον άγιο γκουρού μου. Άνοιξε τις πόρτες της ψυχής μου που ήταν σκουριασμένες και αντιστέκονταν από τη χρόνια αχρησία. Χέρι χέρι, σύντομα φύγαμε για την εκπαίδευσή μου στα Ιμαλάια».

Ο Τσάντι κι εγώ υποκλιθήκαμε στα πόδια του σουάμι, ευγνώμονες για την αφήγηση της συγκλονιστικής ζωής του. Ο φίλος μου κι εγώ αισθανθήκαμε πλουσιοπάροχα αποζημιωμένοι για την πολύωρη δοκιμαστική αναμονή στο κρύο σαλόνι!

ΚΕΦΑΛΑΙΟ 7

# Ο Αιωρούμενος Άγιος

«Είδα έναν γιόγκι να αιωρείται στο κενό, αρκετά εκατοστά από το έδαφος χθες το βράδυ σε μια συγκέντρωση», μου είπε με πομπώδες ύφος ο φίλος μου, ο Ουπέντρα Μοχούν Τσόουντουρι.

Του χαμογέλασα ενθουσιασμένος. «Ίσως μπορώ να μαντέψω το όνομά του. Ήταν ο Μπάντουρι Μαχασάγια στην οδό Άπερ Σέρκιουλαρ;».

Ο Ουπέντρα έγνεψε καταφατικά, λίγο απογοητευμένος που δεν μου είπε πρώτος τα νέα. Η έρευνά μου για αγίους ήταν γνωστή στους φίλους μου· ευχαριστιούνταν να μου δίνουν καινούργιες σχετικές πληροφορίες.

«Ο γιόγκι μένει τόσο κοντά στο σπίτι μου που τον επισκέπτομαι συχνά». Τα λόγια μου έκαναν τον Ουπέντρα να ενδιαφερθεί πολύ και συνέχισα εμπιστευτικά.

«Τον έχω δει να κάνει αξιοθαύμαστα κατορθώματα. Έχει κατακτήσει ολοκληρωτικά τις διάφορες *πραναγιάμα*[1] που αναφέρονται στην οκτάπτυχη γιόγκα που περιγράφτηκε από τον Πατάντζαλι.[2] Μια φορά ο Μπάντουρι Μαχασάγια εκτέλεσε τη *Μπάστρικα Πραναγιάμα* μπροστά μου με τέτοια καταπληκτική δύναμη που φαινόταν σαν να είχε ξεσπάσει πραγματική καταιγίδα μέσα στο δωμάτιο! Μετά διέκοψε την εκκωφαντική αναπνοή και έμεινε ακίνητος σε μια υψηλή κατάσταση υπερσυνειδητού.[3]

---

[1] Μέθοδοι ελέγχου της ζωικής δύναμης *(πράνα)* μέσω ρύθμισης της αναπνοής. Η *Μπάστρικα* (φυσητήρας) *Πραναγιάμα* σταθεροποιεί τον νου.

[2] Ο πρώτος αρχαίος ερμηνευτής της γιόγκα.

[3] Ο καθηγητής Ζουλ-Μπουά (Jouls-Bois) της Σορβόννης είπε το 1928 ότι Γάλλοι ψυχολόγοι ερεύνησαν και αναγνώρισαν ότι πράγματι υπάρχει το υπερσυνείδητο, το οποίο, στο μεγαλείο του, «είναι το ακριβώς αντίθετο από τον υποσυνείδητο νου όπως τον συνέλαβε ο Φρόιντ· και το οποίο περιλαμβάνει τις πνευματικές δυνάμεις που κάνουν τον άνθρωπο πραγματικό άνθρωπο και όχι απλά ένα υπέρ-ζώο». Ο Γάλλος πολυμαθής εξήγησε ότι η αφύπνιση της υψηλότερης συνειδητότητας «δεν πρέπει να συγχέεται με τον Κουεϊσμό ή τον υπνωτισμό. Η ύπαρξη του υπερσυνείδητου νου έχει αναγνωριστεί φιλοσοφικά από πολύ παλιά και είναι στην πραγματικότητα η Υπέρ-Ψυχή (Over-Soul) για την οποία μίλησε ο Emerson· μόνο πρόσφατα όμως αναγνωρίστηκε επιστημονικά». (Βλ. σελ. 143 σημ.)

Η αύρα της γαλήνης μετά την καταιγίδα ήταν τόσο έντονη που δεν ξεχνιέται».

«Άκουσα ότι ο άγιος δεν βγαίνει ποτέ από το σπίτι του». Ο τόνος του Ουπέντρα φανέρωνε κάποια δυσπιστία.

«Πράγματι, είναι αλήθεια! Ζει μέσα στο σπίτι του εδώ και είκοσι χρόνια. Χαλαρώνει λίγο αυτόν τον κανόνα που επέβαλε στον εαυτό του μόνο στις ιερές γιορτές μας, αλλά και τότε πάει μόνο μέχρι το πεζοδρόμιο που είναι μπροστά στο σπίτι του! Οι ζητιάνοι μαζεύονται εκεί, γιατί ο Άγιος Μπάντουρι είναι γνωστός για την τρυφερή καρδιά του».

«Πώς παραμένει στον αέρα ενάντια στον νόμο της βαρύτητας;».

«Το σώμα ενός γιόγκι χάνει τη χονδροειδή του υπόσταση μετά τη χρήση ορισμένων *πραναγιάμα*. Τότε μπορεί να αιωρείται ή να χοροπηδά σαν βάτραχος. Ακόμα και άγιοι που δεν εξασκούνται σε κάποια επίσημη γιόγκα, είναι γνωστό ότι μπορεί να αιωρούνται όταν βρίσκονται σε κατάσταση έντονης αφοσίωσης στο Θεό».

«Θα ήθελα να μάθω πιο πολλά γι' αυτόν τον άγιο. Πηγαίνεις στις απογευματινές συγκεντρώσεις στο σπίτι του;». Τα μάτια του Ουπέντρα έλαμπαν από περιέργεια.

«Ναι, πηγαίνω συχνά. Διασκεδάζω απέραντα με την πνευματώδη σοφία του. Περιστασιακά το παρατεταμένο γέλιο μου διαταράσσει τη σοβαρότητα των συγκεντρώσεών του. Ο άγιος δεν ενοχλείται, αλλά οι μαθητές του με αγριοκοιτάζουν!».

Καθώς επέστρεφα από το σχολείο στο σπίτι εκείνο το απόγευμα, πέρασα έξω από το ερημητήριο του Μπάντουρι Μαχασάγια και αποφάσισα να τον επισκεφτώ. Ο γιόγκι ήταν απρόσιτος στο ευρύ κοινό. Ένας μοναχικός μαθητής που έμενε στο ισόγειο περιφρουρούσε το απαραβίαστο της ιδιωτικής ζωής του Δασκάλου του. Ο σπουδαστής ήταν υπερβολικά σχολαστικός· τώρα με ρώτησε με επίσημο ύφος αν είχα «ραντεβού». Ο γκουρού του εμφανίστηκε πάνω στην ώρα, σώζοντάς με από την τελική εκδίωξη.

«Άσε τον Μουκούντα να έρχεται όποτε θέλει». Τα μάτια του αγίου

---

Στο *The Over-Soul* («Η Υπέρ-Ψυχή») ο Emerson έγραψε: «Ο άνθρωπος είναι η πρόσοψη ενός ναού μέσα στον οποίο βρίσκονται όλες οι αρετές και όλη η σοφία. Αυτό που συνήθως αποκαλούμε άνθρωπο, που τρώει, πίνει, φυτεύει, μετρά, δεν αντιπροσωπεύει τον εαυτό του όπως τον ξέρουμε, αλλά αντιπροσωπεύει εσφαλμένα τον εαυτό του. Δεν σεβόμαστε αυτόν· αλλά την ψυχή, της οποίας αυτός είναι όργανο· την ψυχή την οποία, αν την άφηνε να εμφανίζεται μέσα από τις πράξεις του, θα έκανε τα γόνατά μας να λυγίζουν. [...] Αυτή η πλευρά της ύπαρξής μας ανοίγει τα βάθη της πνευματικής μας φύσης, όλες τις ιδιότητες του Θεού».

*Ο Αιωρούμενος Άγιος*

έλαμπαν. «Ο νόμος μου της απομόνωσής μου δεν είναι για τη δική μου άνεση αλλά γι' αυτή των άλλων. Στους εγκόσμιους ανθρώπους δεν αρέσει η ειλικρίνεια που γκρεμίζει τις αυταπάτες τους. Οι άγιοι δεν είναι μόνο σπάνιοι αλλά προκαλούν και αναστάτωση. Ακόμα και στις Γραφές συχνά οι άνθρωποι τους θεωρούν ενοχλητικούς!».

Ακολούθησα τον Μπάντουρι Μαχασάγια στο λιτό διαμέρισμά του στον πάνω όροφο από το οποίο σπάνια έβγαινε. Οι Δάσκαλοι συχνά δεν ασχολούνται με το πανόραμα των εγκόσμιων δραστηριοτήτων, οι οποίες στην ανθρωπότητα φαίνονται αλλοπρόσαλλες, όχι όμως και σ' αυτούς, που ζουν έξω από τη σχετικότητα του χρόνου. Έτσι, οι σύγχρονοι ενός σοφού δεν είναι μόνο αυτοί του στενού παρόντος.

«Μαχαρίσι,[4] είστε ο πρώτος γιόγκι που ξέρω που μένει πάντα μέσα στο σπίτι του».

«Ο Θεός βάζει τους αγίους Του μερικές φορές σε απρόσμενο έδαφος για να μην πιστέψουμε ότι μπορούμε να Τον βάλουμε στο καλούπι κάποιου κανόνα!».

Ο άγιος, με το γεμάτο ζωή σώμα του, κάθισε στη στάση του λωτού. Παρ' όλο που ήταν γύρω στα εβδομήντα, δεν φαίνονταν πάνω του άσχημα σημάδια γηρατειών ή καθιστικής ζωής. Ρωμαλέος και ευθυτενής, ήταν ιδεώδης από κάθε άποψη. Το πρόσωπό του ήταν το πρόσωπο ενός ρίσι, όπως περιγράφεται στα αρχαία κείμενα. Με ευγενικό παρουσιαστικό, με πλούσια γενειάδα, πάντα καθόταν με σταθερά ίσιο σώμα, με τα ήρεμα μάτια του προσηλωμένα στην Πανταχού Παρουσία.

Ο άγιος κι εγώ αρχίσαμε να διαλογιζόμαστε. Μετά από μια ώρα η ευγενική φωνή του με επανέφερε.

«Συχνά εισέρχεσαι στη σιωπή, αλλά έχεις αναπτύξει *ανουμπάβα;*».[5] Μ' αυτά τα λόγια μού θύμιζε ότι πρέπει να αγαπώ το Θεό περισσότερο απ' όσο τον διαλογισμό. «Μη νομίζεις λανθασμένα ότι η τεχνική είναι ο Στόχος».

Μου προσέφερε μερικά μάνγκο. Με το πνευματώδες χιούμορ του, που έβρισκα τόσο υπέροχο στη σοβαρή του φύση, παρατήρησε: «Στους ανθρώπους γενικά αρέσει πιο πολύ η *Τζάλα Γιόγκα* (ένωση με το φαγητό) παρά η *Ντυάνα Γιόγκα* (ένωση με το Θεό)».

Το λογοπαίγνιό του μ' έκανε να ξεκαρδιστώ στα γέλια.

«Τι γέλιο που έχεις!», μου είπε κοιτώντας με στοργικά. Το δικό

---

[4] «Μεγάλος σοφός».
[5] Πραγματική αντίληψη του Θεού.

Ο ΝΑΓΚΕΝΤΡΑ ΝΑΤ ΜΠΑΝΤΟΥΡΙ
«Ο Αιωρούμενος Άγιος»

του πρόσωπο ήταν πάντα σοβαρό, αλλά και μ' ένα ίχνος εκστατικού χαμόγελου. Τα μεγάλα μάτια του, που έμοιαζαν με λωτούς, έκρυβαν ένα θεϊκό γέλιο.

«Αυτά τα γράμματα έρχονται από τη μακρινή Αμερική». Μου έδειξε αρκετούς χοντρούς φακέλους πάνω στο τραπέζι. «Αλληλογραφώ με μερικές κοινότητες εκεί, των οποίων τα μέλη ενδιαφέρονται για τη γιόγκα. Ανακαλύπτουν ξανά την Ινδία, με μια καλύτερη αίσθηση προσανατολισμού απ' ό,τι είχε ο Κολόμβος! Χαίρομαι να τους βοηθώ. Η γνώση της γιόγκα, σαν το φως της ημέρας, είναι ελεύθερη για όλους όσους τη δεχτούν.

»Αυτά που αντιλήφθηκαν οι ρίσι ως απολύτως ουσιώδη για τη σωτηρία του ανθρώπου πρέπει να ειπωθούν και στη Δύση αυτούσια, χωρίς να χάσουν την καθαρότητα και την αγνότητά τους. Αν και οι άνθρωποι της Ανατολής και της Δύσης έχουν διαφορετικές εξωτερικές εμπειρίες, εντούτοις οι ψυχές τους είναι ίδιες και καμία απ' αυτές δεν θα ανθίσει αν δεν εξασκηθούν σε κάποια μορφή πειθαρχίας της γιόγκα».

Τα ήρεμα μάτια του αγίου με απορρόφησαν. Δεν συνειδητοποίησα ότι στα λόγια του υπήρχε μια συγκαλυμμένη προφητική καθοδήγηση. Μόνο τώρα, καθώς γράφω αυτές τις φράσεις, καταλαβαίνω το πλήρες νόημα των συχνών, ανεπίσημων υπαινιγμών του ότι κάποια μέρα θα έφερνα τις διδασκαλίες της Ινδίας στην Αμερική.

«Μαχαρίσι, μακάρι να γράφατε ένα βιβλίο σχετικά με τη γιόγκα για το καλό του κόσμου».

«Εκπαιδεύω μαθητές. Αυτοί, καθώς και οι σπουδαστές τους, θα είναι σαν ζωντανά βιβλία, απόδειξη ενάντια στη φυσική φθορά του χρόνου και στις αφύσικες ερμηνείες των κριτικών».

Έμεινα μόνος με τον γιόγκι μέχρι που ήρθαν οι μαθητές του το απόγευμα. Ο Μπάντουρι Μαχασάγια άρχισε μια από τις αμίμητες συζητήσεις του. Σαν ήρεμη πλημμύρα έδιωχνε τα νοητικά εμπόδια των ακροατών του, κάνοντάς τους να πλησιάζουν το Θεό. Οι εύστοχες παραβολές του εκφράζονταν σε άψογη βεγγαλική γλώσσα.

Αυτό το απόγευμα ο Μπάντουρι ερμήνευσε διάφορα φιλοσοφικά ζητήματα σχετικά με τη ζωή της Μίραμπαϊ, μιας μεσαιωνικής πριγκίπισσας του Ρατζπουτάνι που είχε αφήσει τη βασιλική ζωή της για να αναζητήσει τη συντροφιά αγίων. Ένας μεγάλος *σαννυάσι*, ο Σανάτανα Γκοσουάμι, αρνήθηκε να τη δεχτεί γιατί ήταν γυναίκα· όταν κάποιος του διαβίβασε την απάντησή της, έπεσε ταπεινά στα πόδια της.

«Πες στον Δάσκαλο», είχε πει, «ότι δεν ήξερα ότι υπάρχει άλλο Αρσενικό στο σύμπαν εκτός από το Θεό· δεν είμαστε όλοι θηλυκά μπροστά Του;» (Μια σύλληψη του Κυρίου, σύμφωνα με τις Γραφές, ως της μόνης Θετικής Δημιουργικής Θεμελιώδους Αρχής, ενώ η δημιουργία Του δεν είναι τίποτα άλλο από μια παθητική *μάγια*.)

Η Μίραμπαϊ συνέθεσε πολλά εκστατικά τραγούδια που ακόμα και σήμερα αγαπιούνται από το λαό στην Ινδία. Μεταφράζω ένα απ' αυτά εδώ:

> Αν μπορούσα να συνειδητοποιήσω το Θεό με το να είμαι στο νερό κάθε μέρα
> Αμέσως θα γινόμουν μια φάλαινα στα βαθιά νερά
> Αν μπορούσα να Τον γνωρίσω με το να τρώω ρίζες και φρούτα,
> Ευχαρίστως θα διάλεγα τη μορφή της κατσίκας·
> Αν Τον αποκάλυπτε το μέτρημα του κομπολογιού προσευχής

Θα μετρούσα τις προσευχές μου με πελώριες χάντρες·
Αν Τον ξεσκέπαζε το να υποκλίνομαι μπροστά σε πέτρινες εικόνες
Θα προσκυνούσα ταπεινά το πιο σκληρό βουνό·
Αν μπορούσε να αφομοιωθεί ο Κύριος πίνοντας γάλα
Πολλά μοσχάρια και παιδιά θα Τον ήξεραν·
Αν με το να παρατήσει κάποιος τη γυναίκα του πετύχαινε να έρθει ο Θεός
Δεν θα ήταν χιλιάδες οι ευνούχοι;
Η Μίραμπαϊ ξέρει ότι για να βρεις το Θεό
Το μόνο απαραίτητο είναι η Αγάπη.

Πολλοί σπουδαστές έβαλαν ρουπίες στις παντόφλες του Μπάντουρι που βρίσκονταν δίπλα του καθώς καθόταν στη στάση της γιόγκα. Αυτή η ευσεβής προσφορά, που είναι έθιμο στην Ινδία, υποδηλώνει ότι ο μαθητής τοποθετεί τα υλικά αγαθά του στα πόδια του γκουρού του. Οι ευγνώμονες φίλοι είναι απλώς ο Κύριος μεταμφιεσμένος, που φροντίζει τους δικούς Του.

«Δάσκαλε, είστε υπέροχος!». Ένας σπουδαστής φεύγοντας κοίταξε με θέρμη τον σεβάσμιο σοφό. «Απαρνηθήκατε τα πλούτη και τις ανέσεις για να αναζητήσετε το Θεό και να μας διδάξετε σοφία!». Ήταν πασίγνωστο ότι ο Μπάντουρι Μαχασάγια είχε απαρνηθεί μια πολύ μεγάλη οικογενειακή περιουσία από τα παιδικά του χρόνια, όταν, έχοντας στον νου του μόνο το Θεό, ακολούθησε το μονοπάτι της γιόγκα.

«Αντιστρέφεις τα πράγματα!». Το πρόσωπο του αγίου φανέρωνε μια ήπια επίπληξη. «Άφησα μερικές ευτελείς ρουπίες, μερικές μηδαμινές απολαύσεις, για μια συμπαντική αυτοκρατορία ατελείωτης μακαριότητας. Πώς λοιπόν απαρνήθηκα οτιδήποτε; Γνωρίζω τη χαρά να μοιράζομαι τον θησαυρό. Είναι αυτό θυσία; Οι κοντόφθαλμοι εγκόσμιοι άνθρωποι είναι οι πραγματικοί απαρνητές! Εγκαταλείπουν έναν απαράμιλλο θεϊκό πλούτο για ελάχιστα φτωχικά γήινα παιχνίδια!».

Γέλασα μ' αυτήν την παράδοξη άποψη της απάρνησης – που κάνει κάθε άγιο ζητιάνο να μοιάζει Κροίσος, ενώ μεταμορφώνει όλους τους υπερήφανους εκατομμυριούχους σε μάρτυρες χωρίς να το συνειδητοποιούν.

«Η θεϊκή τάξη τακτοποιεί το μέλλον μας πιο σοφά από οποιαδήποτε ασφαλιστική εταιρεία». Τα συμπερασματικά λόγια του Δασκάλου ήταν το συνειδητοποιημένο «πιστεύω» του. «Ο κόσμος είναι γεμάτος από ανήσυχους ανθρώπους που πιστεύουν σε μια εξωτερική ασφάλεια. Οι πικρές σκέψεις τους είναι σαν ουλές στα μέτωπά τους. Αυτός που μας έδωσε αέρα και γάλα από την πρώτη μας ανάσα, ξέρει πώς να φροντίζει μέρα με τη μέρα τους πιστούς Του».

Συνέχισα να επισκέπτομαι τον άγιο μετά το σχολείο. Με σιωπηλό ζήλο με βοήθησε να πετύχω την *ανουμπάβα*. Μια μέρα μετακόμισε στην οδό Ραμ Μοχάν Ρόι, μακριά από τη γειτονιά όπου ήταν το σπίτι μου. Οι στοργικοί μαθητές του είχαν χτίσει ένα καινούργιο ερημητήριο γι' αυτόν, που είναι γνωστό ως Ναγκέντρα Ματ (Nagendra Math).⁶

Αν και ξεφεύγω από την αφήγησή μου, πηγαίνοντας αρκετά χρόνια μπροστά, θα σημειώσω εδώ τα τελευταία λόγια που μου είπε ο Μπάντουρι Μαχασάγια. Λίγο πριν φύγω για τη Δύση τον βρήκα και γονάτισα ταπεινά μπροστά του για μια αποχαιρετιστήρια ευλογία:

«Γιε μου, πήγαινε στην Αμερική. Πάρε την αξιοπρέπεια της αρχαίας Ινδίας σαν ασπίδα σου. Η νίκη είναι γραμμένη στο μέτωπό σου· οι ευγενείς μακρινοί άνθρωποι θα σε δεχθούν με καλοσύνη».

---

⁶ Το πλήρες όνομά του ήταν Ναγκέντρα Νάτ Μπάντουρι. Ένα *Ματ* είναι σε στενή έννοια ένα μοναστήρι, αλλά ο όρος συχνά χρησιμοποιείται για ένα *άσραμ* ή ερημητήριο.

Ανάμεσα στους «αιωρούμενους αγίους» του χριστιανικού κόσμου ήταν ο Άγιος Ιωσήφ του Κουπερτίνο, του 17ου αιώνα. Τα κατορθώματά του έτυχαν ευρείας πιστοποίησης από αυτόπτες μάρτυρες. Ο Άγιος Ιωσήφ επέδειξε αδιαφορία για τα εγκόσμια, η οποία στην πραγματικότητα ήταν συγκέντρωση στο Θεό. Οι αδελφοί μοναχοί δεν μπορούσαν να του επιτρέψουν να καθίσει να φάει μαζί τους, μήπως και ανέβαινε στο ταβάνι μαζί με τα πιατικά. Ο άγιος πράγματι κρίθηκε ακατάλληλος για γήινα καθήκοντα εξαιτίας της αδυναμίας του να παραμείνει για μεγάλη χρονική περίοδο στη γη! Συχνά η όψη ενός ιερού αγάλματος ήταν αρκετή για να ανυψώσει κατακόρυφα τον Άγιο Ιωσήφ· τους δύο αγίους, τον έναν από πέτρα και τον άλλον από σάρκα, τους έβλεπαν να κάνουν μαζί κύκλους ψηλά στον αέρα.

Την Αγία Τερέζα της Άβιλα, που ήταν σε μεγάλη ψυχική ανάταση, την ενοχλούσε η σωματική αιώρησή της. Επιφορτισμένη με πολλά οργανωτικά καθήκοντα, προσπαθούσε μάταια να εμποδίσει τις «ανυψωτικές» της εμπειρίες. «Οι μικρές προφυλάξεις όμως είναι μάταιες», έγραψε, «όταν ο Κύριος θέλει τα πράγματα διαφορετικά». Το σώμα της Αγίας Τερέζας, το οποίο βρίσκεται σε μια εκκλησία στην Άλμπα της Ισπανίας, εδώ και τέσσερις αιώνες παραμένει άφθαρτο και αναδίδει ένα άρωμα λουλουδιών. Σ' αυτό το μέρος έχουν γίνει αμέτρητα θαύματα.

ΚΕΦΑΛΑΙΟ 8

# Ο Μεγαλύτερος Επιστήμονας της Ινδίας, ο Τζ. Τσ. Μπος

«Οι ασύρματες εφευρέσεις του Τζαγκντίς Τσάντρα Μπος (Jagadis Chandra Bose) προηγήθηκαν αυτών του Μαρκόνι».

Ακούγοντας τυχαία αυτήν την ενδιαφέρουσα παρατήρηση, πήγα κοντά σε μια ομάδα καθηγητών που συζητούσαν για επιστημονικά θέματα. Αν το κίνητρό μου να πάω κοντά τους ήταν ρατσιστική υπερηφάνεια, το μετανιώνω. Δεν μπορώ να αρνηθώ το έντονο ενδιαφέρον μου για αποδείξεις ότι η Ινδία μπορεί να έχει έναν ηγετικό ρόλο όχι μόνο στη μεταφυσική, αλλά και στη φυσική.

«Τι εννοείτε, κύριε;».

Ο καθηγητής μού εξήγησε ευγενικά. «Ο Μπος ήταν ο πρώτος που εφήυρε τον ασύρματο ανιχνευτή ραδιοκυμάτων και ένα όργανο που δείχνει τη μεταστροφή των ηλεκτρικών ρευμάτων. Ο Ινδός επιστήμονας όμως δεν εκμεταλλεύτηκε εμπορικά τις εφευρέσεις του. Σύντομα έστρεψε την προσοχή του από τον ανόργανο στον οργανικό κόσμο. Οι επαναστατικές ανακαλύψεις του στον τομέα της φυσιολογίας των φυτών ξεπερνούν ακόμα και τα εκπληκτικά επιτεύγματά του στον τομέα της φυσικής».

Ευχαρίστησα ευγενικά τον δάσκαλο, ο οποίος πρόσθεσε: «Ο μεγάλος επιστήμονας είναι ένας από τους συναδέλφους μου καθηγητές στο Κολλέγιο Presidency».

Την επόμενη μέρα επισκέφθηκα τον σοφό στο σπίτι του που ήταν κοντά στο δικό μου. Για πολύ καιρό τον θαύμαζα τηρώντας μια απόσταση σεβασμού. Ο σοβαρός βοτανολόγος με υποδέχθηκε με προσήνεια. Ήταν ένας όμορφος, εύρωστος άνθρωπος περίπου πενήντα ετών, με πυκνά μαλλιά, ευρύ μέτωπο και τα αφηρημένα μάτια ενός ονειροπόλου. Η ακρίβεια στα λόγια του αποκάλυπτε την επιστημονική συνήθεια μιας ολόκληρης ζωής.

«Πρόσφατα επέστρεψα από μια αποστολή σε επιστημονικές

κοινότητες της Δύσης. Τα μέλη τους έδειξαν έντονο ενδιαφέρον για ευαίσθητα όργανα που εφηύρα που αποδεικνύουν την αόρατη ενότητα όλων των μορφών ζωής.[1] Ο κρεσκογράφος Μπος έχει την τεράστια δυνατότητα να μεγεθύνει ένα αντικείμενο κατά δέκα εκατομμύρια φορές. Το μικροσκόπιο μεγεθύνει μόνο κατά μερικές χιλιάδες φορές, ωστόσο έδωσε ζωτικής σημασίας ώθηση στη βιολογική επιστήμη. Ο κρεσκογράφος ανοίγει απεριόριστους ορίζοντες έρευνας».

«Έχετε κάνει πολλά, κύριε, για να επισπεύσετε την ένωση της Ανατολής και της Δύσης μέσω της απρόσωπης επιστήμης».

«Σπούδασα στο Καίμπριτζ. Πόσο αξιοθαύμαστη είναι η δυτική μέθοδος της υποβολής κάθε θεωρίας σε εξονυχιστική πειραματική επαλήθευση! Αυτή η εμπειρική διαδικασία συνδυάστηκε με το δώρο της ενδοσκόπησης που κληρονόμησα από την Ανατολή. Αυτά τα δύο μαζί μού έδωσαν τη δυνατότητα να διαπεράσω τη σιωπή του βασιλείου της φύσης με την οποία για πολύ καιρό κανείς δεν μπορούσε να επικοινωνήσει. Τα αποκαλυπτικά διαγράμματα του κρεσκογράφου μου[2] είναι απόδειξη και για τους μεγαλύτερους σκεπτικιστές ότι τα φυτά έχουν ένα ευαίσθητο νευρικό σύστημα και μια ποικίλη συναισθηματική ζωή. Αγάπη, μίσος, χαρά, φόβος, ευχαρίστηση, πόνος, έξαψη, αναισθησία και αμέτρητες άλλες αντίστοιχες ανταποκρίσεις σε ερεθίσματα είναι σε όλα τα φυτά τόσο οικουμενικές όσο και στα ζώα».

«Ο ένας και μοναδικός παλμός της ζωής σε όλη τη δημιουργία θα φαινόταν μόνο ποιητική φαντασία πριν την εμφάνιση της αποδεδειγμένης θεωρίας σας, κύριε Καθηγητή! Ένας άγιος που ήξερα, ποτέ δεν έκοβε λουλούδια. "Να κλέψω την υπερηφάνεια που έχει η τριανταφυλλιά για την ομορφιά της; Να προσβάλω την αξιοπρέπειά της στερώντας της με αγένεια τα λουλούδια της;". Τα γεμάτα συμπόνια λόγια του αποδείχθηκαν με κυριολεκτικό τρόπο μέσω των ανακαλύψεών σας».

«Ένας ποιητής έχει οικειότητα με την αλήθεια, ενώ ένας επιστήμονας την πλησιάζει αδέξια. Έλα μια μέρα στο εργαστήριό μου για να δεις τη σαφέστατη απόδειξη από τον κρεσκογράφο μου».

Δέχτηκα με ευγνωμοσύνη την πρόσκλησή του και έφυγα. Αργότερα άκουσα ότι ο βοτανολόγος άφησε το Κολλέγιο Presidency και

---

[1] «Όλη η επιστήμη είναι υπερβατική, αλλιώς αποδεικνύεται λανθασμένη. Η βοτανολογία αποκτά τώρα τη σωστή θεωρία – οι αβατάρ του Μπραχμά θα είναι σύντομα τα βιβλία της ιστορίας της φύσης» – *Emerson*.

[2] Από τη λατινική ρίζα *κρέσερε*, αυξάνω. Για τον κρεσκογράφο του και άλλες εφευρέσεις ο Μπος χρίστηκε ιππότης το 1917.

σχεδίαζε την ίδρυση ενός ερευνητικού κέντρου στην Καλκούτα.

Όταν το Ινστιτούτο του Μπος άνοιξε, παρακολούθησα τις τελετές των εγκαινίων. Εκατοντάδες άνθρωποι, ενθουσιασμένοι, περιφέρονταν στο κτίριο και τον περιβάλλοντα χώρο του. Γοητεύτηκα από την καλλιτεχνία και τον πνευματικό συμβολισμό του καινούργιου σπιτιού της επιστήμης. Η μπροστινή πύλη του είναι ένα απομεινάρι από έναν ναό που χτίστηκε πριν από αιώνες και μεταφέρθηκε εκεί από μακριά. Πίσω από μια πισίνα με το σχήμα του λωτού,³ μια σμιλευμένη γυναικεία μορφή μ' έναν δαυλό υποδηλώνει τον ινδικό σεβασμό για τη γυναίκα ως την αθάνατη φορέα του φωτός. Ένας μικρός ναός στον κήπο είναι αφιερωμένος στο Νοούμενο πέρα από τα φαινόμενα. Η ιδέα ότι ο Θεός είναι ασώματος καταδεικνύεται από την απουσία οποιασδήποτε άγιας εικόνας.

Η ομιλία του Μπος σ' αυτή τη μεγάλη περίσταση θα μπορούσε να έχει ειπωθεί από κάποιον από τους εμπνευσμένους αρχαίους ρίσι.

«Εγκαινιάζω σήμερα αυτό το Ινστιτούτο, όχι απλώς ως εργαστήριο, αλλά ως ναό». Η ευσεβής του σοβαρότητα συγκίνησε βαθιά το πλήθος που τον άκουγε. «Κατά τη διάρκεια των ερευνών μου οδηγήθηκα ασυναίσθητα στα όρια της φυσικής και της φυσιολογίας. Έκπληκτος ανακάλυψα ότι οι γραμμές των συνόρων εξαφανίζονταν και αναδύονταν σημεία επαφής ανάμεσα στα βασίλεια της ανόργανης και της οργανικής ύλης. Αντιλήφθηκα ότι η ανόργανη ύλη δεν ήταν νεκρή, αλλά απλώς αδρανής· αντέδρασε όταν επέδρασαν πάνω της πολυπληθείς δυνάμεις.

»Μια οικουμενική αντίδραση φαινόταν να φέρνει τα μέταλλα, τα φυτά και τα ζώα κάτω από έναν κοινό νόμο. Όλα παρουσίασαν ουσιαστικά τα ίδια φαινόμενα κούρασης και καταστολής, με δυνατότητες να αναρρώσουν και να ενδυναμωθούν, καθώς και την ίδια μόνιμη έλλειψη ανταπόκρισης κατά τον θάνατό τους. Γεμάτος δέος με την ανακάλυψη αυτής της μεγαλειώδους γενίκευσης, ανακοίνωσα τα αποτελέσματά μου με πολλές ελπίδες ενώπιον της Βασιλικής Κοινότητας – αποτελέσματα που αποδείχθηκαν με πειράματα. Οι φυσιολόγοι όμως που ήταν παρόντες με συμβούλεψαν να περιοριστώ σε έρευνες στη φυσική, στην οποία η επιτυχία μου ήταν εξασφαλισμένη, παρά να επεμβαίνω στα δικά τους πεδία. Είχα απερίσκεπτα εισέλθει στο βασίλειο ενός ξένου

---

³ Το άνθος του λωτού είναι ένα αρχαίο θεϊκό σύμβολο στην Ινδία· το άνοιγμα των πετάλων του συμβολίζει το άνοιγμα της ψυχής· η ανάπτυξη της αγνής ομορφιάς του από τη λάσπη από την οποία βλασταίνει υποδηλώνει μια καλοκάγαθη πνευματική υπόσχεση.

συστήματος κάστας και είχα προσβάλει την εθιμοτυπία του.

»Υπήρχε επίσης μια ασυναίσθητη θεολογική προκατάληψη που συγχέει την άγνοια με την πίστη. Συχνά λησμονείται το γεγονός ότι Αυτός που μας έχει περιβάλει μ' αυτό το συνεχώς εκτυλισσόμενο μυστήριο της δημιουργίας ενστάλαξε επίσης μέσα μας την επιθυμία να ερευνήσουμε και να καταλάβουμε. Μετά από πολλά χρόνια παρεξήγησής μου από τους άλλους, κατάλαβα ότι η ζωή ενός πιστού της επιστήμης είναι αναπόφευκτα γεμάτη με ατελείωτους αγώνες. Εναπόκειται σ' αυτόν να δώσει τη ζωή του σαν ένθερμη προσφορά – αντιμετωπίζοντας το κέρδος και την απώλεια, την επιτυχία και την αποτυχία, σαν ένα.

»Με τον καιρό οι ηγετικές επιστημονικές κοινότητες του κόσμου δέχθηκαν τις θεωρίες και τα αποτελέσματα των ερευνών μου και αναγνώρισαν τη σημασία της ινδικής συνεισφοράς στην επιστήμη.[4] Μπορεί οτιδήποτε μικρό ή περιορισμένο να ικανοποιήσει το πνεύμα της Ινδίας; Με μια συνεχή ζωντανή παράδοση και μια ζωτική δύναμη ανανέωσης, αυτή η χώρα επανακαθόρισε τον εαυτό της μέσα από αναρίθμητες αλλαγές. Πάντα υψώνονταν Ινδοί που, απορρίπτοντας τα άμεσα και μεθυστικά βραβεία της στιγμής, έψαχναν τη συνειδητοποίηση των υψηλότερων ιδανικών στη ζωή – όχι μέσω παθητικής απάρνησης, αλλά μέσω ενεργούς αγώνα. Ο αδύναμος, που έχει αρνηθεί τη μάχη χωρίς να έχει κερδίσει τίποτα, δεν έχει τίποτα να απαρνηθεί. Μόνο αυτός που έχει μοχθήσει και έχει κερδίσει μπορεί να κάνει τον κόσμο πιο πλούσιο, προσφέροντας τους καρπούς της νικηφόρας του εμπειρίας.

»Η εργασία που έχει ήδη γίνει στο Ινστιτούτο Μπος σχετικά με τις αντιδράσεις της ύλης και τις απρόσμενες αποκαλύψεις σχετικά με τη ζωή των φυτών έχει ανοίξει ευρύτατους ορίζοντες για έρευνα από τη φυσική, τη φυσιολογία, την ιατρική, την αγροκαλλιέργεια, ακόμα κι από την ψυχολογία. Προβλήματα που μέχρι σήμερα θεωρούνταν άλυτα έχουν τώρα γίνει αντικείμενο πειραματικής έρευνας.

»Η μεγάλη επιτυχία όμως δεν θα έρθει χωρίς αυστηρή ακρίβεια.

---

[4] «Πιστεύουμε [...] ότι κανένας τομέας μελέτης, ειδικά στις ανθρωπιστικές επιστήμες, σε κανένα μεγάλο Πανεπιστήμιο δεν μπορεί να είναι πλήρης χωρίς έναν ειδικό, σωστά εκπαιδευμένο στις φάσεις της ινδικής πειθαρχίας. Πιστεύουμε επίσης ότι κάθε Πανεπιστήμιο που στοχεύει στο να προετοιμάσει τους αποφοίτους του για ορθή εργασία στον κόσμο, μέσα στον οποίο αυτοί οι ίδιοι θα ζήσουν, πρέπει να έχει στο προσωπικό του έναν καθηγητή που να είναι ικανός γνώστης του πολιτισμού της Ινδίας». – Αποσπάσματα από ένα άρθρο του καθηγητή Γ. Νόρμαν Μπράουν (W. Norman Brown) του Πανεπιστημίου της Πενσυλβάνιας που περιέχεται στην έκδοση του *Bulletin* του American Council of Learned Societies του Μαΐου του 1939, Washington, D.C.

Γι' αυτό σχεδίασα αυτά τα υπερευαίσθητα όργανα και μηχανήματα που βλέπετε μπροστά σας σήμερα σε θήκες στην αίθουσα της εισόδου. Σας μιλούν για τις παρατεταμένες προσπάθειες να βρεθούμε πίσω από τα απατηλά φαινόμενα, στην πραγματικότητα που παραμένει κρυμμένη, για τον συνεχή μόχθο και την επιμονή και την ευρηματικότητα που επιστρατεύθηκαν για να ξεπεραστούν τα ανθρώπινα όρια. Όλοι οι δημιουργικοί επιστήμονες γνωρίζουν ότι το αληθινό εργαστήριο είναι ο νους, στον οποίο, πίσω από τις ψευδαισθήσεις, ανακαλύπτουν τους νόμους της αλήθειας.

»Οι διαλέξεις εδώ δεν θα είναι απλές επαναλήψεις ήδη αποκτημένης γνώσης. Θα ανακοινώνουν νέες ανακαλύψεις που θα παρουσιάζονται για πρώτη φορά σ' αυτές τις αίθουσες. Μέσω τακτικών δημοσιεύσεων των εργασιών του Ινστιτούτου, αυτή η ινδική συνεισφορά θα φτάσει στα πέρατα του κόσμου. Θα γίνει δημόσια περιουσία. Δεν θα διατηρήσουμε ποτέ δικαίωμα ευρεσιτεχνίας. Το πνεύμα του εθνικού πολιτισμού μας απαιτεί να είμαστε πάντα ελεύθεροι από την ιεροσυλία της χρησιμοποίησης της γνώσης μόνο για προσωπικό όφελος.

»Περαιτέρω, επιθυμώ τα εργαστήρια του Ινστιτούτου αυτού να είναι διαθέσιμα, όσο γίνεται, σε εργαζόμενους απ' όλες τις χώρες. Σ' αυτό το θέμα προσπαθώ να συνεχίσω τις παραδόσεις της πατρίδας μου. Εδώ και είκοσι πέντε αιώνες, η Ινδία υποδέχθηκε στα αρχαία της Πανεπιστήμια, στη Ναλάντα και την Ταξίλα, καθηγητές απ' όλο τον κόσμο.

»Αν και η επιστήμη δεν είναι ούτε ανατολική ούτε δυτική αλλά διεθνής στην οικουμενικότητά της, εντούτοις η Ινδία είναι ιδιαίτερα κατάλληλη για να συνεισφέρει πολλά.[5] Η ζωηρή φαντασία των Ινδών,

---

[5] Η ατομική δομή της ύλης ήταν πολύ καλά γνωστή στους αρχαίους Ινδούς. Ένα από τα έξι συστήματα της φιλοσοφίας της Ινδίας είναι η *Βεϊσέσικ (Vaisesika)*, από τη σανσκριτική ρίζα *βισέσας*, «ατομική ιδιαίτερη οντότητα». Ένας από τους πρώτους που εξήγησε τη *Βεϊσέσικ* ήταν ο Αουλούκια, ονομαζόμενος επίσης και Κανάντ, «αυτός που τρώει τα άτομα», γεννημένος πριν από περίπου 2.800 χρόνια.

Σ' ένα άρθρο της Τάρα Μάτα στο *East-West* τον Απρίλιο του 1934, δόθηκε μια περίληψη της επιστημονικής γνώσης της *Βεϊσέσικ* ως εξής: «Παρ' όλο που η σύγχρονη "ατομική θεωρία" γενικά θεωρείται μια νέα πρόοδος της επιστήμης, είχε εξηγηθεί από πολύ πιο παλιά με θαυμαστό τρόπο από τον Κανάντ, "αυτόν που έτρωγε τα άτομα". Το σανσκριτικό *άνους* μπορεί να μεταφραστεί ορθά σε "άτομο" με την κυριολεκτική ελληνική έννοιά του ως "άτμητο" ή αδιαίρετο. Άλλες επιστημονικές πραγματείες σχετικά με τη *Βεϊσέσικ*, στην εποχή πριν τον Χριστό, περιλαμβάνουν 1) την κίνηση των βελόνων προς τους μαγνήτες, 2) την κυκλοφορία του νερού στα φυτά, 3) τον ακάς ή αιθέρα, αδρανή και χωρίς δομή, ως βάση μεταβίβασης λεπτοφυών δυνάμεων, 4) τη φωτιά του ήλιου ως την αιτία όλων των άλλων μορφών θερμότητας, 5) τη θερμότητα ως την αιτία της αλλαγής στα μόρια, 6) τον νόμο της βαρύτητας ως αποτέλεσμα της ιδιότητας που είναι εγγενής στα γήινα άτομα και τους

που μπορεί να εξάγει νέα συμπεράσματα από ένα πλήθος φαινομενικά αντιφατικών δεδομένων, ελέγχεται από τη συνήθεια της αυτοσυγκέντρωσης. Αυτή η πειθαρχία δίνει τη δυνατότητα να κρατηθεί σταθερά ο νους στην επιδίωξη της αλήθειας με μια άπειρη υπομονή».

Δάκρυσα με τα τελευταία αυτά λόγια του επιστήμονα. Δεν είναι πράγματι η «υπομονή» ένα συνώνυμο της Ινδίας, αυτή η υπομονή που κάνει τους ιστορικούς, και ακόμα και αυτόν τον ίδιο το Χρόνο, να εκπλήσσονται;

Επισκέφθηκα ξανά το ερευνητικό κέντρο λίγο μετά τα εγκαίνια. Ο μεγάλος βοτανολόγος, που δεν ξέχασε την υπόσχεσή του, με πήγε στο ήσυχο εργαστήριό του.

«Θα τοποθετήσω τον κρεσκογράφο πάνω σ' αυτή τη φτέρη· η μεγέθυνση είναι τεράστια. Αν μεγεθυνόταν κατά την ίδια αναλογία το σύρσιμο ενός σαλιγκαριού, αυτό το πλάσμα θα φαινόταν να ταξιδεύει σαν τρένο εξπρές!».

Κοίταξα ανυπόμονα την οθόνη που αντανακλούσε τη σκιά της μεγεθυμένης φτέρης. Τώρα φαίνονταν καθαρά ελάχιστες κινήσεις ζωής· μπροστά στα εντυπωσιασμένα μάτια μου το φυτό μεγάλωνε αργά αργά! Ο επιστήμονας άγγιξε την άκρη της φτέρης με μια μικρή μεταλλική ράβδο. Η ανάπτυξη σταμάτησε απότομα και ξανάρχισε με τον ορατό ρυθμό της όταν απομακρύνθηκε η βέργα.

«Είδες πώς οποιαδήποτε ελάχιστη εξωτερική παρέμβαση είναι επιζήμια για τους ευαίσθητους ιστούς», παρατήρησε ο Μπος. «Κοίτα· τώρα θα χρησιμοποιήσω χλωροφόρμιο και μετά θα δώσω ένα αντίδοτο».

Η επιρροή του χλωροφορμίου διέκοψε κάθε ανάπτυξη· το αντίδοτο ξαναέδωσε ζωή. Η εξέλιξη των διαδικασιών στην οθόνη με κράτησε πιο

---

δίνει ελκτική δύναμη ή ώθηση προς τα κάτω, 7) την κινητική φύση όλης της ενέργειας· αιτία που πάντα έχει τη ρίζα της σε μια δαπάνη ενέργειας ή ανακατανομής της κίνησης, 8) την οικουμενική διάλυση μέσω της αποσύνθεσης των ατόμων, 9) την ακτινοβολία των ακτίνων θερμότητας και φωτός που συντίθεται από απείρως μικρά σωματίδια που ακροβολίζονται προς όλες τις κατευθύνσεις με ασύλληπτη ταχύτητα (η σύγχρονη θεωρία των "συμπαντικών ακτίνων"), 10) τη σχετικότητα του χρόνου και του χώρου.

»Η *Βεϊσέσικ* όρισε ως πηγή του κόσμου τα άτομα, αιώνια στη φύση τους, δηλαδή στις έσχατες ιδιόμορφες ιδιότητές τους. Αυτά τα άτομα θεωρήθηκε ότι κατείχαν μια αέναη δονητική κίνηση. [...] Η πρόσφατη ανακάλυψη ότι το άτομο είναι μια μικρογραφία ηλιακού συστήματος δεν θα ήταν νέα είδηση για τους αρχαίους φιλοσόφους της *Βεϊσέσικ*, οι οποίοι επίσης είχαν προσδιορίσει την ελάχιστη μονάδα του χρόνου στην έσχατη μαθηματική της σύλληψη, ορίζοντας το μικρότερο τμήμα χρόνου *(κάλα)* ως την περίοδο που χρειάζεται ένα άτομο για να διασχίσει τη δική του μονάδα χώρου».

Ο ΤΖΑΓΚΝΤΙΣ ΤΣΑΝΤΡΑ ΜΠΟΣ
Ο μεγάλος φυσικός και βοτανολόγος της Ινδίας και
εφευρέτης του κρεσκογράφου

συνεπαρμένο ακόμα κι από μια «κινηματογραφική» πλοκή. Ο καθηγητής (εδώ στον ρόλο του κακού) τρύπησε μ' ένα αιχμηρό όργανο ένα τμήμα της φτέρης· εκδηλώθηκε πόνος μέσω σπασμωδικών κυματισμών. Όταν πέρασε ένα ξυράφι και έκοψε ένα τμήμα του μίσχου, η φτέρη ταράχτηκε βίαια, μετά ακινητοποιήθηκε· την ίδια στιγμή στο διάγραμμα σημειώθηκε ο θάνατός της.

«Όταν έβαλα πρώτα χλωροφόρμιο σ' ένα τεράστιο δέντρο, κατάφερα να το μεταφυτεύσω με επιτυχία. Συνήθως τέτοιοι μονάρχες των δασών πεθαίνουν πολύ γρήγορα μετά τη μετακίνησή τους». Ο Τζαγκντίς χαμογέλασε χαρούμενα καθώς αφηγήθηκε τον τρόπο με τον οποίο έσωσε τη ζωή του δέντρου. «Τα διαγράμματα των ευαίσθητων συσκευών μου απέδειξαν ότι τα δέντρα διαθέτουν κυκλοφορικό σύστημα· οι κινήσεις του χυμού τους αντιστοιχούν στην αρτηριακή πίεση των σωμάτων των ζώων. Η άνοδος του χυμού δεν εξηγείται με τη μηχανική θεωρία που προτείνεται συνήθως, όπως η σύσπαση των τριχοειδών αγγείων. Μέσω του κρεσκογράφου αποκαλύφθηκε ότι το

*Ο Μεγαλύτερος Επιστήμονας της Ινδίας, ο Τζ. Τσ. Μπος*

φαινόμενο οφείλεται στη δραστηριότητα ζωντανών κυττάρων. Περισταλτικά κύματα πηγάζουν από έναν κυλινδρικό σωλήνα που εκτείνεται κατά μήκος του δέντρου και λειτουργεί σαν πραγματική καρδιά! Όσο πιο βαθιά γίνεται η γνώση μας, τόσο πιο εντυπωσιακά αποδεικνύεται ότι ένα ενιαίο σχέδιο ενώνει κάθε μορφή στην πολυποίκιλη φύση».

Ο μεγάλος επιστήμονας έδειξε ένα άλλο όργανο που είχε εφεύρει.

«Θα σου δείξω μερικά πειράματα σ' ένα κομμάτι από κασσίτερο. Η ζωική δύναμη στα μέταλλα ανταποκρίνεται αρνητικά ή θετικά στα ερεθίσματα. Τα διαγράμματα με μελάνι θα καταγράψουν τις διάφορες αντιδράσεις».

Βαθύτατα απορροφημένος, έβλεπα τα διαγράμματα που κατέγραφαν τα χαρακτηριστικά κύματα της ατομικής δομής. Όταν ο καθηγητής έβαλε χλωροφόρμιο στον κασσίτερο οι δονητικές καταγραφές σταμάτησαν. Ξανάρχισαν καθώς το μέταλλο ξαναέβρισκε αργά αργά τη φυσιολογική κατάστασή του. Ο καθηγητής έριξε ένα δηλητηριώδες χημικό υγρό. Ταυτόχρονα με το ρίγος του κασσίτερου καθώς καταστρεφόταν, η ακίδα σημείωσε με δραματικό τρόπο στο διάγραμμα τον θάνατό του. Ο επιστήμονας είπε:

«Τα όργανα Μπος έχουν αποδείξει ότι τα μέταλλα, όπως το ατσάλι που χρησιμοποιείται σε ψαλίδια και μηχανές, υπόκεινται σε κούραση και ξαναβρίσκουν την αποτελεσματικότητά τους με περιοδική ανάπαυση. Ο ζωικός παλμός στα μέταλλα βλάπτεται σοβαρά ή και καταστρέφεται τελείως με τη διοχέτευση ηλεκτρικού ρεύματος ή την άσκηση έντονης πίεσης».

Κοίταξα γύρω στο δωμάτιο τις πολυάριθμες εφευρέσεις που μαρτυρούσαν εύγλωττα την ακούραστη ιδιοφυΐα του.

«Κύριε, είναι κρίμα που η μαζική ανάπτυξη της αγροκαλλιέργειας δεν επιταχύνεται με την πλήρη χρησιμοποίηση των θαυμάσιων μηχανισμών σας. Δεν θα ήταν εύκολο να χρησιμοποιηθούν κάποιοι απ' αυτούς σε γρήγορα εργαστηριακά πειράματα για να καταδειχθεί η επιρροή των διάφορων τύπων λιπασμάτων στην ανάπτυξη των φυτών;».

«Έχεις δίκιο. Τα μηχανήματα Μπος θα χρησιμοποιηθούν αναρίθμητες φορές από μελλοντικές γενιές. Ο επιστήμονας σπάνια βρίσκει ανταμοιβή στη δική του εποχή· είναι αρκετό να έχει τη χαρά της δημιουργικής υπηρεσίας».

Με εκφράσεις μεγάλης ευγνωμοσύνης στον ακούραστο σοφό, έφυγα. «Είναι δυνατόν η εκπληκτική γονιμότητα της ιδιοφυΐας του να εξαντληθεί ποτέ;», σκέφτηκα.

Καμία μείωση δεν επήλθε με τα χρόνια. Εφευρίσκοντας ένα πολύπλοκο όργανο, τον «Ηχητικό Καρδιογράφο», ο Μπος μετά συνέχισε εκτεταμένες έρευνες σε αμέτρητα ινδικά φυτά. Ανακαλύφθηκε μια τεράστια, απρόσμενη, χρήσιμη φαρμακολογία. Ο καρδιογράφος είναι κατασκευασμένος να λειτουργεί με τέτοια αλάνθαστη ακρίβεια, ώστε ακόμα και το ένα εκατοστό του δευτερολέπτου να καταγράφεται σε σχεδιαγράμματα. Ηχητικές καταγραφές μετρούν απειροελάχιστους παλμούς στη δομή των φυτών, των ζώων και του ανθρώπου. Ο μεγάλος βοτανολόγος προέβλεψε ότι η χρησιμοποίηση του καρδιογράφου του θα οδηγούσε σε πειραματική χειρουργική φυτών και όχι ζώων.

«Καταγραφές που έγιναν σε ίδια χρονική περίοδο πάνω στα αποτελέσματα ενός φαρμάκου που δόθηκε ταυτόχρονα σ' ένα φυτό και σ' ένα ζώο έδειξαν εκπληκτική ομοιότητα στα αποτελέσματα», είπε. «Τα πάντα στον άνθρωπο σχηματίστηκαν πρώτα στα φυτά. Ο πειραματισμός στη βλάστηση θα συνεισφέρει στη μείωση του πόνου των ζώων και των ανθρώπων».

Χρόνια αργότερα οι πρωτοπόρες ανακαλύψεις του Μπος σχετικά με τα φυτά τεκμηριώθηκαν από άλλους επιστήμονες. Μια μελέτη που διεξήχθη το 1938 στο Πανεπιστήμιο Κολούμπια αναφέρθηκε στους The New York Times ως ακολούθως:

> Έχει καταστεί βέβαιο εδώ και λίγα χρόνια ότι όταν τα νεύρα μεταβιβάζουν μηνύματα μεταξύ του εγκεφάλου και άλλων σημείων του σώματος παράγονται ανεπαίσθητες ηλεκτρικές ώσεις. Αυτές οι ώσεις έχουν μετρηθεί με υπερευαίσθητα γαλβανόμετρα και μεγεθύνθηκαν εκατομμύρια φορές από τις σύγχρονες ενισχυμένες συσκευές. Μέχρι τώρα δεν ανακαλύφθηκε ικανοποιητική μέθοδος για να μελετηθεί το πέρασμα των ώσεων κατά μήκος των νευρικών ινών σε ζωντανά ζώα ή στον άνθρωπο εξαιτίας της ταχύτητας αυτών των ώσεων.
> Ο Δρ Κ. Σ. Κολ (K. S. Cole) και ο Δρ Χ. Τ. Κέρτις (H. J. Curtis) ανέφεραν ότι είχαν ανακαλύψει πως τα μακριά κύτταρα του μονοκύτταρου φυτού νιτέλλα, που αναπτύσσεται σε καθαρά νερά και χρησιμοποιείται συχνά σε μικρά ενυδρεία με χρυσόψαρα είναι ουσιαστικά ίδια με αυτά των ινών ενός νεύρου. Περαιτέρω, ανακάλυψαν ότι οι ίνες της νιτέλλα, όταν ερεθίζονται, παράγουν ηλεκτρικά κύματα που είναι όμοια από κάθε άποψη, εκτός από την ταχύτητα, με αυτά των νευρικών ινών των ζώων και των ανθρώπων. Οι ηλεκτρικές νευρικές ώσεις στα φυτά βρέθηκε ότι είναι πολύ πιο αργές απ' όσο αυτές των ζώων. Πάνω σ' αυτή την ανακάλυψη δούλεψαν οι εργαζόμενοι στο Κολούμπια, σαν μέσο για να πάρουν εικόνες σε αργή κίνηση των περασμάτων μέσω των οποίων μεταβιβάζονται οι ηλεκτρικές ώσεις στα νεύρα.
> Το φυτό νιτέλλα, έτσι, μπορεί να γίνει σαν την πέτρα Ροζέτα για την αποκρυπτογράφηση των καλά φυλαγμένων μυστικών που βρίσκονται κοντά στα

ίδια τα σύνορα μεταξύ νου και ύλης.

Ο ποιητής Ραμπιντρανάτ Ταγκόρ ήταν πολύ φίλος με τον ιδεολόγο επιστήμονα της Ινδίας. Σ' αυτόν ο γλυκός τραγουδιστής από τη Βεγγάλη αφιέρωσε τους παρακάτω στίχους:

Ω Ερημίτη, φώναξε με τα αυθεντικά λόγια
Αυτού του παλιού ύμνου που λέγεται *Σάμα:* «Σήκω! Ξύπνα!».
Κάλεσε τον άνθρωπο που καυχιέται για τη σαστρική συσσωρευμένη
γνώση του·
Από μάταιες τυπολατρικές διαφωνίες χωρίς όφελος·
Κάλεσε αυτόν τον ανόητο κομπορρήμονα να εμφανιστεί
Έξω, στο πρόσωπο της φύσης, σ' αυτή τη μεγάλη γη·
Στείλε αυτό το κάλεσμα στους καθηγητές συναδέλφους σου.
Μαζί, γύρω από τη θυσία της φωτιάς σου, ας μαζευτούν όλοι.
Έτσι θα μπορέσει η Ινδία μας,
Η αρχαία μας γη, να γυρίσει στον εαυτό της
Ω, μια φορά ακόμα να γυρίσει σε προσηλωμένη εργασία,
Στο καθήκον και στην αφοσίωση,
Στην έκστασή της του ειλικρινούς διαλογισμού·
Ας γίνει μια φορά ακόμα ατάραχη,
Χωρίς απληστία, χωρίς διαμάχες, αγνή,
Ω, μια φορά ακόμα πάνω στην αγέρωχη θέση της και εξέδρα,
Δασκάλα όλων των χωρών.[6]

---

[6] Μεταφρασμένο από τον Μανμοχάν Γκος (Manmohan Ghosh) από τη βεγγαλική γλώσσα από τον Ραμπιντρανάτ Ταγκόρ στο *The Visvabharati Quarterly*, Santiniketan, India.
Ο «ύμνος που λέγεται *Σάμα (Sama)*», που αναφέρεται στο ποίημα του Ταγκόρ είναι μία από τις τέσσερις Βέδες. Οι άλλες τρεις είναι η Ρίγκ (Rig), η Γιάτζουρ (Yajur) και η Ατάρβα (Atharva). Τα ιερά κείμενα εξηγούν τη φύση του Μπραχμά, του Δημιουργού Θεού, του Οποίου η ατομική έκφραση στον άνθρωπο ονομάζεται *άτμα,* ψυχή. Η ρίζα της λέξης Μπραχμά είναι το *μπριχ,* «επεκτείνομαι», που υποδηλώνει τη βεδική σύλληψη της θεϊκής δύναμης της αυθόρμητης ανάπτυξης που ξεσπά σε δημιουργική δραστηριότητα. Το σύμπαν, σαν τον ιστό μιας αράχνης, λέγεται ότι εξελίσσεται *(βικουρουτέ)* από την ύπαρξη Του. Η συνειδητή συγχώνευση του *άτμα* με τον Μπραχμά, της ψυχής με το Πνεύμα, μπορούμε να πούμε ότι αποτελεί ολόκληρο το περιεχόμενο των Βεδών.
Η *Βεδάντα,* περιλήψεις των Βεδών, έχει εμπνεύσει πολλούς μεγάλους στοχαστές της Δύσης. Ο Γάλλος ιστορικός Βίκτωρ Κουζέν (Victor Cousin) είπε: «Όταν διαβάζουμε με προσοχή τα φιλοσοφικά μνημεία της Ανατολής –πάνω απ' όλα αυτά της Ινδίας– ανακαλύπτουμε εκεί πολλές αλήθειες τόσο βαθιές [...] που είμαστε υποχρεωμένοι να υποκλιθούμε μπροστά στη φιλοσοφία της Ανατολής και να δούμε σ' αυτό το λίκνο της ανθρώπινης φυλής την αυτόχθονη γη της υψηλότερης φιλοσοφίας». Ο Σλέγκελ (Schlegel) παρατήρησε: «Ακόμα και η πιο υψηλή φιλοσοφία των Ευρωπαίων, ο ιδεαλισμός της λογικής που αναπτύχθηκε από τους Έλληνες φιλοσόφους, φαίνεται –σε σύγκριση με τα πλούσια νοήματα και τη δύναμη του ανατολικού ιδεαλισμού– σαν μια αδύναμη σπίθα του Προμηθέα μπροστά στην πλημμύρα φωτός του ήλιου».
Μέσα στην τεράστια λογοτεχνία της Ινδίας, οι Βέδες (ρίζα *βιντ,* γνωρίζω) είναι τα μοναδικά κείμενα τα οποία δεν αποδόθηκαν σε κανέναν συγγραφέα. Η Ριγκ Βέδα (X:90,9) προσδίδει

μια θεϊκή πηγή στους ύμνους και μας λέει (III:39,2) ότι προήρθαν από «αρχαίους χρόνους» και απλά έχουν αποδοθεί στη σύγχρονη γλώσσα. Με θεϊκή αποκάλυψη από εποχή σε εποχή στους ρίσι, «αυτούς που βλέπουν την αλήθεια», οι Βέδες λέγεται ότι κατέχουν *νιτυάτβα*, «αιώνιες απόλυτες αλήθειες».

Οι Βέδες ήταν μια αποκάλυψη μέσω ήχου, «άμεσα ακουσμένες» *(σρούτι)* από τους ρίσι. Είναι βασικά μια λογοτεχνία με ύμνους και απαγγελίες. Για χιλιετίες επομένως τα 100.000 δίστιχα των Βεδών δεν ήταν γραμμένα, αλλά διαδίδονταν προφορικά από τους ιερείς Βραχμάνους. Και το χαρτί και η πέτρα υπόκεινται στη φθορά του χρόνου. Οι Βέδες διαφυλάχθηκαν ανά τους αιώνες γιατί οι ρίσι κατάλαβαν την ανωτερότητα του νου σε σχέση με την ύλη και τον επέλεξαν ως το σωστό μέσο για να τις διαβιβάσουν. Τι μπορεί να ξεπεράσει τα «γραπτά της καρδιάς»;

Παρατηρώντας τη συγκεκριμένη σειρά *(ανουπούρβι)* στην οποία βρίσκονται οι βεδικές λέξεις και με τη βοήθεια φωνητικών κανόνων για συνδυασμούς ήχων *(σαντί)* και για τη σχέση των γραμμάτων *(σανάτανα)* και αποδεικνύοντας με κάποιους μαθηματικούς τρόπους την ακρίβεια των απομνημονευμένων κειμένων, οι Βραχμάνοι διατήρησαν με μοναδικό τρόπο, από μια μακρινή αρχαιότητα, την αυθεντική αγνότητα των Βεδών. Κάθε συλλαβή *(ακσάρα)* μιας βεδικής λέξης είναι προικισμένη με σημασία και αποτελεσματικότητα. (Βλ. σελ. 378.)

ΚΕΦΑΛΑΙΟ 9

# Ο Μακάριος Πιστός και Το Ειδύλλιό Του με το Θεό

«Μικρέ κύριε, παρακαλώ κάθισε. Μιλώ με τη Θεϊκή Μητέρα μου».
Είχα μπει σιωπηλά στο δωμάτιο με μεγάλο δέος. Η αγγελική εμφάνιση του Δασκάλου Μαχασάγια σχεδόν με θάμπωσε. Με άσπρη γενειάδα, στιλπνή σαν μετάξι, και μεγάλα, λαμπερά μάτια, έμοιαζε να είναι η ενσάρκωση της αγνότητας. Το ανασηκωμένο πηγούνι του και τα ενωμένα χέρια του μ' έκαναν να καταλάβω ότι η πρώτη μου επίσκεψη είχε διαταράξει την προσευχή του.

Τα απλά λόγια με τα οποία με χαιρέτησε προκάλεσαν μέσα μου τον πιο βίαιο κλονισμό που είχα βιώσει ποτέ. Μέχρι τότε η πικρία του αποχωρισμού από τη μητέρα μου, μετά το θάνατό της, πίστευα ότι ήταν ο πιο μεγάλος πόνος. Τώρα η συνειδητοποίηση ότι ήμουν αποχωρισμένος και από τη Θεϊκή Μητέρα μου ήταν ένα απερίγραπτο πνευματικό μαρτύριο. Έπεσα στο πάτωμα θρηνώντας.

«Μικρέ κύριε, ησύχασε!». Ο άγιος λυπήθηκε που με είδε τόσο πονεμένο.

Νιώθοντας εγκαταλελειμμένος σε μια ωκεάνια μοναξιά, έπιασα σφιχτά τα πόδια του σαν να ήταν ο μόνος τρόπος να σωθώ.

«Άγιε κύριε, ζητώ τη διαμεσολάβησή σας! Ρωτήστε τη Θεϊκή Μητέρα αν νιώθει κάποια εύνοια για μένα!».

Η ιερή υπόσχεση της διαμεσολάβησης δεν χαρίζεται εύκολα· ο Δάσκαλος αποσύρθηκε σε σιωπή.

Πέρα από κάθε αμφιβολία, ήμουν πεπεισμένος ότι ο Δάσκαλος Μαχασάγια συζητούσε με οικειότητα με την Οικουμενική Μητέρα. Ήταν βαθιά ταπεινωτική η συνειδητοποίηση ότι τα μάτια μου ήταν τυφλά και δεν Την έβλεπαν, ενώ την ίδια στιγμή ήταν αντιληπτή από το καθαρό βλέμμα του αγίου. Σφίγγοντας τα πόδια του χωρίς ντροπή, χωρίς να δίνω σημασία στις ευγενικές διαμαρτυρίες του, του ζήτησα επανειλημμένα τη διαμεσολαβητική χάρη του.

«Θα διαβιβάσω την ικεσία σου στην Αγαπημένη». Η συνθηκολόγηση του Δασκάλου συνοδεύτηκε από ένα αργό, γεμάτο συμπόνια χαμόγελο.

Τι δύναμη που είχαν αυτά τα λίγα λόγια του, με τα οποία κατάλαβα ότι όλο μου το είναι θα απελευθερωνόταν από τη βασανιστική εξορία! «Κύριε, θυμηθείτε την υπόσχεσή σας! Θα επιστρέψω σύντομα για να μάθω το μήνυμά Της». Μια χαρούμενη προσμονή ακούστηκε στη φωνή μου, η οποία, μια στιγμή μόνο νωρίτερα, ήταν πνιγμένη σε αναφιλητά θλίψης.

Κατεβαίνοντας μια μακριά σκάλα με κατέκλυσαν αναμνήσεις. Αυτό το σπίτι, στον αριθμό 50 της Οδού Άμερστ, στην Καλκούτα, που τώρα ήταν η κατοικία του Δασκάλου Μαχασάγια, κάποτε ήταν το σπίτι της οικογένειάς μου, στο οποίο πέθανε η μητέρα μου. Εδώ η ανθρώπινη καρδιά μου είχε ραγίσει με τον θάνατο της μητέρας μου· και εδώ, σήμερα, το πνεύμα μου υπέφερε σαν να ήταν σταυρωμένο με την απουσία της Θεϊκής Μητέρας. Καθαγιασμένοι τοίχοι! Σιωπηλοί μάρτυρες των φρικτών τραυμάτων μου και της τελικής ίασης.

Γύρισα στο σπίτι μου με γρήγορα βήματα. Αναζητώντας την απομόνωση στη μικρή σοφίτα μου, έμεινα σε διαλογισμό μέχρι τις δέκα το βράδυ. Το σκοτάδι της ζεστής ινδικής νύχτας ξαφνικά φωτίστηκε μ' ένα θαυμαστό όραμα.

Περιβαλλόμενη από μια άλω εκθαμβωτικού φωτός, η Θεϊκή Μητέρα εμφανίστηκε μπροστά μου. Το πρόσωπό Της, που χαμογελούσε τρυφερά, ήταν η προσωποποίηση της ομορφιάς.

«Πάντα σ' αγαπούσα! Πάντα θα σ' αγαπώ!».

Οι ουράνιες λέξεις εξακολουθούσαν να ακούγονται στον αέρα καθώς εξαφανίστηκε.

Ο ήλιος του επόμενου πρωινού είχε μόλις ανατείλει όταν επισκέφθηκα για δεύτερη φορά τον Δάσκαλο Μαχασάγια. Ανεβαίνοντας τη σκάλα στο σπίτι με τις οδυνηρές αναμνήσεις, έφτασα στο δωμάτιό του στον τέταρτο όροφο. Η λαβή της κλεισμένης πόρτας ήταν τυλιγμένη μ' ένα ύφασμα· ένας υπαινιγμός, σκέφτηκα, ότι ο άγιος επιθυμούσε να μην ενοχληθεί. Καθώς στεκόμουν αναποφάσιστος, η πόρτα άνοιξε από το χέρι του Δασκάλου που με καλωσόρισε. Γονάτισα στα άγια πόδια του. Με μια παιχνιδιάρικη διάθεση έκανα το πρόσωπό μου να φαίνεται σοβαρό, κρύβοντας τη θεϊκή αγαλλίασή μου.

«Κύριε, ήρθα –πολύ νωρίς, ομολογώ!– για το μήνυμά σας. Είπε τίποτα για μένα η Αγαπημένη Μητέρα;».

«Σκανταλιάρη μικρέ κύριε!».
Δεν έκανε άλλη παρατήρηση. Προφανώς η επιτηδευμένη σοβαρότητά μου δεν τον εντυπωσίασε.
«Γιατί μιλάτε τόσο μυστήρια, τόσο αόριστα; Οι άγιοι δεν μιλούν ποτέ ξεκάθαρα;». Ίσως ήμουν λίγο προκλητικός.
«Πρέπει να με δοκιμάσεις;». Τα ήρεμα μάτια του ήταν γεμάτα κατανόηση. «Θα έπρεπε να προσθέσω έστω και μία λέξη παραπάνω σήμερα μετά τη διαβεβαίωση που έλαβες χθες στις δέκα το βράδυ από την Ίδια την Όμορφη Μητέρα;».
Ο Δάσκαλος Μαχασάγια ήλεγχε την ορμητική ψυχή μου· πάλι έπεσα στα πόδια του. Αυτή τη φορά όμως τα δάκρυά μου πήγαζαν από μακαριότητα και όχι από πόνο.

«Πιστεύεις ότι η αφοσίωσή σου δεν ήταν σε θέση να συγκινήσει την Άπειρη Ευσπλαχνία; Η Μητρική Όψη του Θεού, που έχεις προσκυνήσει και σε ανθρώπινες και σε θεϊκές μορφές, ποτέ δεν θα μπορούσε να αγνοήσει την κραυγή της ψυχής σου».

Ποιος ήταν αυτός ο απλός άγιος, του οποίου και το παραμικρό αίτημα στο Οικουμενικό Πνεύμα έβρισκε γλυκιά συναίνεση; Ο ρόλος του στον κόσμο ήταν ταπεινός, όπως άρμοζε στον άντρα με τη μεγαλύτερη ταπεινότητα που είχα γνωρίσει ποτέ. Στο σπίτι του, στην Οδό Άμερστ, ο Δάσκαλος Μαχασάγια[1] διηύθυνε ένα μικρό Γυμνάσιο για αγόρια. Καμία τιμωρία δεν επιβλήθηκε ποτέ απ' αυτόν· κανένας κανόνας και καμία αυστηρότητα δεν χρειάστηκε για να τηρηθεί η πειθαρχία. Σ' αυτές τις μικρές τάξεις διδάσκονταν ανώτερα μαθηματικά, καθώς και μια χημεία αγάπης, που απουσιάζει από τα κείμενα των βιβλίων.

Μετέδιδε τη σοφία του με πνευματική επικοινωνία, όχι με στείρες διδαχές. Φλεγόμενος από ένα ανόθευτο πάθος για τη Θεϊκή Μητέρα, ο άγιος δεν ζητούσε τυπικές εκδηλώσεις σεβασμού περισσότερο απ' ό,τι θα ζητούσε ένα παιδί.

«Δεν είμαι ο γκουρού σου· θα έρθει λίγο αργότερα», μου είπε. «Μέσα από την καθοδήγησή του, οι εμπειρίες σου σχετικά με το Θεό, στα πλαίσια της αγάπης και της αφοσίωσης, θα μεταμορφωθούν στα δικά του πλαίσια, μιας απύθμενης σοφίας».

Κάθε απόγευμα κατέφευγα στην Οδό Άμερστ. Έψαχνα το θεϊκό ποτήρι του Δασκάλου Μαχασάγια, που ήταν τόσο γεμάτο που οι

---

[1] Αυτοί είναι τίτλοι σεβασμού με τους οποίους εθιμικά του απευθύνονταν οι άλλοι. Το όνομά του ήταν Μαχέντρα Νατ Γκούπτα· υπέγραφε τα λογοτεχνικά κείμενά του απλώς με το γράμμα «Μ».

σταγόνες του πλημμύριζαν όλη μου την ύπαρξη. Ποτέ πριν δεν είχα υποκλιθεί με ολοκληρωτική ευλάβεια· τώρα αισθανόμουν ότι ήταν απέραντο προνόμιο ακόμα και το να περπατώ στο έδαφος που τα βήματα του Δασκάλου Μαχασάγια είχαν καθαγιάσει.

«Κύριε, σας παρακαλώ, φορέστε αυτήν την γιρλάντα από λουλούδια *τσαμπάκ* που έφτιαξα ειδικά για σας». Έφτασα ένα απόγευμα, κρατώντας την. Απομακρύνθηκε όμως ντροπαλά, αρνούμενος επανειλημμένα την τιμή. Αντιλαμβανόμενος ότι πληγώθηκα, τελικά χαμογέλασε συναινώντας.

«Αφού είμαστε και οι δύο πιστοί της Μητέρας, μπορείς να βάλεις τη γιρλάντα σ' αυτόν τον σωματικό ναό σαν προσφορά σ' Εκείνη που κατοικεί μέσα». Στην απέραντη φύση του δεν υπήρχε χώρος μέσα στον οποίο να μπορούσε να βρει στήριγμα οποιαδήποτε εγωιστική σκέψη.

«Ας πάμε αύριο στο Ντακσινεσβάρ, στον Ναό της Κάλι, τον οποίο καθαγίασε για πάντα ο γκουρού μου». Ο άγιος ήταν μαθητής ενός Δασκάλου που έμοιαζε στον Χριστό, του Σρι Ραμακρίσνα Παραμαχάνσα.

Το επόμενο πρωί ταξιδέψαμε με καράβι στον Γάγγη τέσσερα μίλια. Μπήκαμε στον ναό της Κάλι με τους εννέα θόλους, όπου οι μορφές της Θεϊκής Μητέρας και του Σίβα βρίσκονται πάνω σε έναν γυαλισμένο ασημένιο λωτό του οποίου τα χίλια πέταλα είναι σμιλευμένα με σχολαστική επιμέλεια. Ο Δάσκαλος Μαχασάγια ακτινοβολούσε μαγεμένος. Ήταν συνεπαρμένος από την ανεξάντλητη λατρεία του για την Αγαπημένη. Καθώς έψελνε το όνομά Της, η καρδιά μου κόντευε να γίνει χίλια κομμάτια, σαν τον λωτό, από τη συγκίνηση.

Περιφερθήκαμε αργότερα στον ιερό περίβολο, σταματώντας σ' ένα άλσος με ταμάριξ. Το μάννα, ο ιδιαίτερος καρπός αυτού του δέντρου, μου φάνηκε συμβολικό του ουράνιου φαγητού που μου χάριζε ο Δάσκαλος Μαχασάγια. Οι επικλήσεις του στη Θεϊκή Μητέρα συνεχίστηκαν. Κάθισα ακίνητος πάνω στο χορτάρι ανάμεσα στα ροζ φουντωτά άνθη του δέντρου. Έχοντας φύγει για λίγη ώρα από το σώμα μου, υψώθηκα στους ουρανούς.

Αυτό ήταν ένα από τα πολλά προσκυνήματα στο Ντακσινεσβάρ με τον άγιο Δάσκαλο. Απ' αυτόν έμαθα τη γλυκύτητα του Θεού στην όψη της Μητέρας ή της Θεϊκής Ευσπλαχνίας. Τον άγιο, που ήταν σαν παιδί, δεν τον προσέλκυε η όψη του Πατέρα ή της Θεϊκής Δικαιοσύνης. Η αυστηρή, ακριβής, μαθηματική κρίση ήταν ξένη προς την ευγενική του φύση.

«Μπορεί να αποτελέσει γήινο πρότυπο για τους ίδιους τους

*Ο Μακάριος Πιστός και Το Ειδύλλιό Του με το Θεό*

αγγέλους του παραδείσου!», σκέφτηκα με αγάπη βλέποντάς τον μια μέρα να προσεύχεται. Χωρίς ίχνος μομφής ή κριτικής, είχε εξοικειωθεί εδώ και πολλά χρόνια να βλέπει στον κόσμο μόνο την Πρωταρχική Αγνότητα. Το σώμα του, ο νους του, η ομιλία του και οι πράξεις του, όλα ήταν εναρμονισμένα χωρίς καμία προσπάθεια με την απλότητα της ψυχής του.

«Ο Δάσκαλός μου μου το είπε». Απέχοντας με ταπεινότητα από κάθε προσωπική δήλωση, ο άγιος συχνά ολοκλήρωνε τις σοφές συμβουλές του μ' αυτόν τον τρόπο, αποτίοντας έτσι φόρο τιμής στον Δάσκαλό του. Ήταν τόσο βαθιά η αίσθηση της ταύτισης με τον Σρι Ραμακρίσνα, που ο Δάσκαλος Μαχασάγια δεν θεωρούσε πλέον ότι οι σκέψεις ήταν δικές του.

Χέρι χέρι, ο άγιος κι εγώ περπατούσαμε ένα απόγευμα προς το σχολείο του. Η χαρά μου μειώθηκε όταν ήρθε ένας επαρμένος γνωστός. Υποστήκαμε μια συζήτηση που διήρκεσε πολλή ώρα.

«Βλέπω ότι αυτός ο άνθρωπος δεν σου αρέσει». Ο εγωπαθής, μαγεμένος από τον μονόλογό του, δεν άκουσε τον ψίθυρο του αγίου. «Μίλησα στη Θεϊκή Μητέρα γι' αυτό και καταλαβαίνει ότι είμαστε σε δυσάρεστη θέση. Μόλις φτάσουμε σ' εκείνο το κόκκινο σπίτι, μου υποσχέθηκε ότι θα του θυμίσει μια πιο επείγουσα δουλειά».

Τα μάτια μου κόλλησαν στο σημείο της σωτηρίας. Μόλις φτάσαμε στην κόκκινη πύλη του, ο άντρας ανεξήγητα έστριψε κι έφυγε χωρίς καν να τελειώσει την πρότασή του και χωρίς να πει αντίο. Η γαλήνη αποκαταστάθηκε μετά την επίθεση.

Μια άλλη μέρα προχωρούσα μόνος μου κοντά στον σιδηροδρομικό σταθμό Χαουρά. Στάθηκα για μια στιγμή δίπλα σ' έναν ναό, κριτικάροντας σιωπηλά μια μικρή ομάδα με τύμπανα και κύμβαλα που με οχλαγωγία και χωρίς καμία κατάνυξη απήγγελλαν έναν ύμνο.

«Πώς χρησιμοποιούν έτσι το όνομα του Κυρίου χωρίς αφοσίωση με μηχανική επανάληψη», σκεφτόμουν. Ξαφνικά, κατάπληκτος, είδα τον Δάσκαλο Μαχασάγια να με πλησιάζει γρήγορα.

«Κύριε, πώς και ήρθατε εδώ;».

Ο άγιος, αγνοώντας την ερώτησή μου, απάντησε στη σκέψη μου. «Δεν είναι αλήθεια, μικρέ κύριε, ότι το όνομα του Αγαπημένου Θεού ακούγεται πάντα το ίδιο γλυκά, είτε προφέρεται από τα χείλη ενός αδαούς είτε ενός σοφού;». Πέρασε το χέρι του γύρω μου με στοργή· ένιωσα να μεταφέρομαι με το μαγικό του χαλί στην Ευσπλαχνική Παρουσία.

«Θα ήθελες να δεις μερικά βιοσκόπια;». Αυτή η ερώτηση ένα

απόγευμα από τον ερημίτη Δάσκαλο Μαχασάγια με παραξένεψε· αυτός ο όρος σήμαινε τότε στην Ινδία κινηματογραφικές ταινίες. Δέχτηκα, χαρούμενος να είμαι μαζί του σε οποιαδήποτε περίσταση. Με ζωηρό περπάτημα φτάσαμε στον κήπο μπροστά στο Πανεπιστήμιο της Καλκούτα. Ο άγιος μου έδειξε ένα παγκάκι δίπλα σ' ένα *γκολντίγκι* ή λιμνούλα.

«Ας καθίσουμε εδώ για λίγα λεπτά. Ο Δάσκαλός μου μου έλεγε να διαλογίζομαι όποτε βλέπω μια έκταση νερού. Εδώ η αταραξία του μας θυμίζει την απέραντη γαλήνη του Θεού. Όπως όλα τα πράγματα μπορούν να αντικατοπτριστούν στο νερό, έτσι και όλο το σύμπαν καθρεφτίζεται στη λίμνη του Συμπαντικού Πνεύματος. Έτσι έλεγε συχνά ο γκουρουντέβα[2] μου».

Σύντομα μπήκαμε σε μια πανεπιστημιακή αίθουσα όπου δινόταν μια διάλεξη. Αποδείχθηκε εξαιρετικά ανιαρή, αν και υπήρχε μια περιστασιακή ποικιλία με την προβολή εικόνων με σλάιντς, οι οποίες επίσης δεν ήταν ενδιαφέρουσες.

«Αυτό είναι λοιπόν το βιοσκόπιο που ο Δάσκαλος ήθελε να δω!». Είχα αρχίσει να ανυπομονώ να φύγουμε, ωστόσο δεν ήθελα να πληγώσω τον άγιο αφήνοντας να αποκαλυφθεί στο πρόσωπό μου η πλήξη μου. Έσκυψε όμως προς τα μένα εμπιστευτικά.

«Βλέπω, μικρέ κύριε, ότι δεν σου αρέσει αυτό το βιοσκόπιο. Το ανέφερα στη Θεϊκή Μητέρα· μας συμπονά και τους δύο. Μου λέει ότι θα κοπεί τώρα το φως και δεν θα ανάψει ξανά πριν να έχουμε την ευκαιρία να βγούμε από το δωμάτιο».

Μόλις τελείωσε ο ψίθυρός του, η αίθουσα βυθίστηκε στο σκοτάδι. Ο καθηγητής, του οποίου η διαπεραστική φωνή σταμάτησε για μια στιγμή από την έκπληξη, είπε: «Το ηλεκτρικό σύστημα αυτής της αίθουσας φαίνεται πως είναι ελαττωματικό». Μέχρι τότε, εγώ και ο Δάσκαλος Μαχασάγια ήμαστε ήδη στο κατώφλι. Ρίχνοντας μια ματιά πίσω, από το διάδρομο, είδα ότι η αίθουσα ήταν πάλι φωτισμένη.

«Μικρέ κύριε, απογοητεύτηκες απ' αυτό το βιοσκόπιο, αλλά νομίζω ότι θα σου αρέσει ένα διαφορετικό». Ο άγιος κι εγώ στεκόμαστε στο πεζοδρόμιο μπροστά από το κτίριο του Πανεπιστημίου. Με χτύπησε απαλά στο στήθος πάνω από την καρδιά.

Ακολούθησε μια σιωπή που με μεταμόρφωσε. Όπως οι σύγχρονες ταινίες γίνονται κινούμενες εικόνες χωρίς ήχο όταν το μηχάνημα

---

[2] «Θεϊκός Δάσκαλος», ο εθιμικός σανσκριτικός όρος για τον πνευματικό Δάσκαλο κάποιου. Η λέξη *ντέβα* («θεός») σε συνδυασμό με το *γκουρού* («φωτισμένος Δάσκαλος») καταδεικνύουν έντονη ευλάβεια και σεβασμό. Το μετέφρασα στα Αγγλικά απλώς ως «Δάσκαλος».

*Ο Μακάριος Πιστός και Το Ειδύλλιό Του με το Θεό*

Ο ΔΑΣΚΑΛΟΣ ΜΑΧΑΣΑΓΙΑ
«Ο Μακάριος Πιστός»

που παράγει τον ήχο χαλάσει, έτσι το Θεϊκό Χέρι, με κάποιο περίεργο θαύμα, κατέπνιξε τη γήινη φασαρία. Οι πεζοί, καθώς και τα τραμ που περνούσαν, τα αυτοκίνητα, οι βοϊδάμαξες και οι άμαξες με τις σιδερένιες ρόδες, όλα κινούνταν αθόρυβα. Σαν να είχα ένα πανταχού παρόν μάτι, έβλεπα τις σκηνές πίσω μου και σε κάθε πλευρά τόσο εύκολα όσο κι αυτές μπροστά μου. Ολόκληρο το θέαμα της δραστηριότητας σ' αυτό το μικρό τμήμα της Καλκούτα περνούσε από μπροστά μου χωρίς κανέναν ήχο. Σαν μια λάμψη φωτιάς που ίσα που φαίνεται στα πυρακτωμένα κάρβουνα κάτω από ένα λεπτό στρώμα στάχτης, ένα απαλό φως διαπερνούσε την πανοραμική θέα.

*Αυτοβιογραφία Ενός Γιόγκι*

Το δικό μου σώμα φαινόταν να μην ήταν τίποτα άλλο παρά μία από τις πολλές σκιές, αν και ήταν ακίνητο, ενώ οι άλλες σκιές κινούνταν σιωπηλά σε διάφορες κατευθύνσεις. Αρκετά αγόρια, φίλοι μου, με πλησίασαν και με προσπέρασαν· παρά το γεγονός ότι με είχαν κοιτάξει κατάματα, δεν με είχαν αναγνωρίσει.

Αυτή η μοναδική παντομίμα με έφερε σε μια ανείπωτη έκσταση. Ήπια από κάποια βαθιά μακάρια πηγή. Ξαφνικά ο Δάσκαλος Μαχασάγια χτύπησε πάλι ελαφρά το στήθος μου. Το πανδαιμόνιο του κόσμου ξέσπασε δυσάρεστα στα αυτιά μου. Κλονίστηκα σαν να ξύπνησα βίαια από ένα αέρινο όνειρο. Το υπερβατικό κρασί απομακρύνθηκε πέρα από τη δυνατότητά μου να το φτάσω.

«Μικρέ κύριε, βλέπω πως σου άρεσε το δεύτερο βιοσκόπιο»,[3] είπε ο άγιος χαμογελώντας. Πήγα να γονατίσω στο έδαφος μπροστά του γεμάτος ευγνωμοσύνη αλλά δεν με άφησε. «Δεν μπορείς να μου το κάνεις αυτό τώρα», είπε. «Ξέρεις ότι ο Θεός είναι και μέσα στον ναό του δικού σου σώματος! Δεν θα αφήσω τη Θεϊκή Μητέρα να αγγίξει τα πόδια μου μέσω των χεριών σου».

Αν κάποιος παρατηρούσε τον απλό Δάσκαλο κι εμένα, καθώς βαδίζαμε αργά, μακριά από το πεζοδρόμιο που ήταν γεμάτο με πλήθος κόσμου, σίγουρα θα υποπτευόταν ότι ήμαστε μεθυσμένοι. Ένιωσα ότι οι σκιές του απογεύματος, που σχηματίζονταν καθώς έδυε ο ήλιος, ήταν κι αυτές μεθυσμένες με το Θεό.

Προσπαθώντας με φτωχές λέξεις να εκφράσω την καλοσύνη του, αναρωτιέμαι αν ο Δάσκαλος Μαχασάγια, καθώς και άλλοι άγιοι των οποίων τα μονοπάτια συνάντησαν το δικό μου, γνώριζαν ότι χρόνια αργότερα, στη Δύση, θα έγραφα για τη ζωή τους και την αγάπη τους για το Θεό. Αν το γνώριζαν εκ των προτέρων δεν θα με εξέπληττε, ούτε, ελπίζω, τους αναγνώστες μου, που ήρθαν μέχρι τώρα μαζί μου στο ταξίδι μου.

Άγιοι απ' όλες τις θρησκείες έχουν φτάσει στη συνειδητοποίηση του Θεού μέσω της απλής σύλληψής Του ως Συμπαντικού Αγαπημένου. Επειδή το Απόλυτο είναι *νιργκούνα*, «χωρίς ιδιότητες» και *ασίντυα*, «ασύλληπτο», η ανθρώπινη σκέψη και λαχτάρα πάντα Το προσωποποιούσαν ως την Οικουμενική Μητέρα. Ο συνδυασμός του προσωπικού θεϊσμού και της φιλοσοφίας του Απόλυτου είναι ένα αρχαίο επίτευγμα

---

[3] Το New International Dictionary του Webster (1934) δίνει τον εξής ορισμό: «Μια άποψη για τη ζωή· αυτό που δίνει τέτοια άποψη». Η επιλογή της λέξης λοιπόν από τον Δάσκαλο Μαχασάγια κατά παράξενο τρόπο ήταν ορθή.

*Ο Μακάριος Πιστός και Το Ειδύλλιό Του με το Θεό*

Η ΘΕΪΚΗ ΜΗΤΕΡΑ

Η Θεϊκή Μητέρα είναι η όψη του Θεού που είναι δραστήρια στη δημιουργία: η *σάκτι* ή δύναμη του υπερβατικού Κυρίου. Είναι γνωστή με πολλά ονόματα, ανάλογα με τις ιδιότητες που εκφράζει. Εδώ το σηκωμένο χέρι Της υποδηλώνει παγκόσμια ευλογία· τα άλλα κρατούν, συμβολικά, χάντρες προσευχής (αφοσίωση), σελίδες από Γραφές (μάθηση και σοφία) και μια κανάτα αγιασμένου νερού (εξαγνισμός).

της ινδικής σκέψης που εξηγήθηκε στις Βέδες και στην Μπάγκαβαντ Γκίτα. Αυτή η «συμφιλίωση των αντιθέτων» ικανοποιεί και την καρδιά και τον νου· η *μπάκτι* (αφοσίωση) και η *γκιάνα* (σοφία) είναι ουσιαστικά ένα και το αυτό. Η *πραπάτι*, «βρίσκοντας καταφύγιο» στο Θεό και η *σαρανάγκατι*, «η ώθηση προς τη Θεϊκή Συμπόνια», είναι πράγματι μονοπάτια της ανώτατης γνώσης.

Η ταπεινότητα του Δασκάλου Μαχασάγια και όλων των άλλων αγίων πηγάζει από την αναγνώριση της πλήρους εξάρτησής τους *(σεσάτβα)* από τον Κύριο, ως τη μοναδική Ζωή και τον μοναδικό Κριτή.

Επειδή η ίδια η φύση του Θεού είναι Μακαριότητα, ο άνθρωπος που βρίσκεται σε συντονισμό μ' Αυτόν βιώνει μια έμφυτη, απεριόριστη χαρά. «Το πρώτο από τα πάθη της ψυχής και της θέλησης είναι η χαρά».[4]

Πιστοί όλων των εποχών που πλησίασαν τη Μητέρα με το πνεύμα ενός μικρού παιδιού μαρτυρούν ότι Τη βρίσκουν να παίζει πάντα μαζί τους. Στη ζωή του Δασκάλου Μαχασάγια το θεϊκό παιχνίδι εκδηλωνόταν σε σημαντικές και ασήμαντες περιστάσεις. Στα μάτια του Θεού τίποτα δεν είναι μικρό ή μεγάλο. Αν δεν είχε κατασκευάσει τα άτομα με τέλεια ακρίβεια, θα στόλιζαν τους ουρανούς οι περήφανοι σχηματισμοί του Βέγα και του Αρκτούρου; Οι διακρίσεις ανάμεσα σε «σημαντικά» και «ασήμαντα» σίγουρα είναι άγνωστες στον Κύριο μήπως και, εξαιτίας μιας καρφίτσας, κατέρρεε το σύμπαν!

---

[4] Του Αγίου Ιωάννη του Σταυρού. Όταν το 1859 έγινε εκταφή του σώματος αυτού του αγαπημένου Χριστιανού αγίου, που πέθανε το 1591, το σώμα του βρέθηκε να είναι σε κατάσταση μη αποσύνθεσης.

Ο Σερ Φράνσις Γιανγκχάσμπαντ [(Sir Francis Younghusband) *(Atlantic Monthly,* Δεκ. 1936)] αφηγήθηκε τη δική του εμπειρία της συμπαντικής χαράς: «Ήρθε πάνω μου κάτι που ήταν πολύ περισσότερο από αγαλλίαση ή ευχαρίστηση· ήμουν δίπλα στον εαυτό μου με μια έντονη χαρά και, μ' αυτήν την απερίγραπτη και σχεδόν αβάστακτη χαρά, ήρθε μια αποκάλυψη της ουσιώδους καλοσύνης του κόσμου. Ήμουν πεπεισμένος πέρα από κάθε αντίκρουση ότι οι άνθρωποι μέσα στην καρδιά τους ήταν καλοί, ότι η φαυλότητα μέσα τους ήταν επιφανειακή».

ΚΕΦΑΛΑΙΟ 10

# Συναντώ τον Δάσκαλό Μου, τον Σρι Γιουκτέσβαρ

«Η πίστη στο Θεό μπορεί να προκαλέσει οποιοδήποτε θαύμα εκτός από ένα – να περάσει κάποιος τις εξετάσεις χωρίς διάβασμα».
Έκλεισα με αηδία το «εμπνευσμένο» βιβλίο που είχα πάρει να διαβάσω κάποια στιγμή που δεν είχα τίποτα άλλο να κάνω.
«Η εξαίρεση του συγγραφέα δείχνει την παντελή έλλειψη πίστης του», σκέφτηκα. «Ο καημένος ο φιλαράκος, έχει ιδιαίτερο σεβασμό για το διάβασμα μέχρι πρωίας!».
Είχα υποσχεθεί στον Πατέρα ότι θα τελείωνα τις σπουδές μου στο Λύκειο. Δεν μπορώ να προσποιηθώ ότι ήμουν επιμελής. Τους μήνες που είχαν περάσει, περισσότερες φορές πήγαινα σε απομονωμένα σημεία στα λουτρά *γκατ* παρά στην τάξη του σχολείου. Οι χώροι με τα κρεματόρια που βρίσκονται εκεί κοντά και οι οποίοι τη νύχτα μοιάζουν να είναι ιδιαίτερα φρικιαστικοί θεωρούνται από τους γιόγκι πολύ ελκυστικοί. Αυτός που θέλει να βρει την Αθάνατη Ουσία δεν πρέπει να απογοητεύεται από τη θέα μερικών αστόλιστων κρανίων. Η ανθρώπινη ανεπάρκεια καθίσταται σαφής στο μελαγχολικό μέρος όπου βρίσκονται ανάμεικτα οστά. Έτσι, οι ολονυκτίες μου ήταν διαφορετικές απ' αυτές ενός σπουδαστή.
Η εβδομάδα των τελικών εξετάσεων του ινδικού Λυκείου πλησίαζε γρήγορα. Αυτή η περίοδος της ανάκρισης, όπως και τα μέρη όπου βρίσκονται οι νεκροί, εμπνέει έναν πολύ γνωστό τρόμο. Εντούτοις ήμουν ήρεμος. Αψηφώντας δαίμονες και βρικόλακες, έπαιρνα μια γνώση που δεν βρίσκεται στις αίθουσες διδασκαλίας. Δεν ήξερα όμως την τέχνη του Σουάμι Πραναμπανάντα, που εύκολα εμφανιζόταν σε δύο μέρη ταυτόχρονα. Παραμέλησα το σχολείο γιατί σκεφτόμουν (αν και σε πολλούς, αλίμονο, φαίνεται παράλογο), ότι ο Κύριος θα πρόσεχε το πρόβλημά μου και θα με απάλλασσε απ' αυτό. Ο παραλογισμός του πιστού πηγάζει από το γεγονός ότι έχει δει χίλιες ανεξήγητες άμεσες

παρεμβάσεις του Θεού σε περιπτώσεις κατά τις οποίες είχε πρόβλημα.
«Γεια σου Μουκούντα! Αυτές τις μέρες σ' έχω δει ελάχιστα!».
Ήταν ένας συμμαθητής μου που με πλησίασε ένα απόγευμα στην οδό Γκαρπάρ.
«Γεια σου Νάντου! Το γεγονός ότι ήμουν άφαντος από το σχολείο φαίνεται ότι μ' έφερε σε εξαιρετικά δύσκολη θέση». Ξαλάφρωσα με το φιλικό του βλέμμα.
Ο Νάντου, που ήταν άριστος μαθητής, γέλασε με την καρδιά του· η δύσκολη θέση μου ήταν και λίγο κωμική.
«Είσαι εντελώς απροετοίμαστος για τις εξετάσεις!», είπε. «Φαντάζομαι πως θα πρέπει να σε βοηθήσω!».
Τα απλά αυτά λόγια μού εξέφρασαν μια θεϊκή υπόσχεση· επισκέφτηκα τον φίλο μου στο σπίτι του με προθυμία. Μου εξήγησε ευγενικά τις λύσεις σε διάφορα προβλήματα που θεωρούσε πιθανά να τεθούν στις εξετάσεις.
«Αυτές οι ερωτήσεις είναι το δόλωμα που θα πιάσει στη φάκα πολλούς καλούς μαθητές. Να θυμάσαι τις απαντήσεις μου και θα γλιτώσεις».
Η νύχτα ήταν πολύ προχωρημένη όταν έφυγα. Ξεχειλίζοντας από τις πολλές νέες γνώσεις, προσευχόμουν με ευλάβεια να παρέμεναν μέσα μου τις επόμενες κρίσιμες μέρες. Ο Νάντου με είχε προετοιμάσει για διάφορα θέματα, αλλά κάτω από την πίεση του χρόνου είχε ξεχάσει το μάθημα των Σανσκριτικών. Με θέρμη θύμισα στο Θεό αυτή την παράλειψη.
Το επόμενο πρωί πήγα μια βόλτα, αφομοιώνοντας την καινούργια μου γνώση σε συγχρονισμό με τον βηματισμό μου. Καθώς, κόβοντας δρόμο, προχώρησα σ' ένα μονοπάτι με αγριόχορτα, το μάτι μου έπεσε πάνω σε κάποιες τυπωμένες σελίδες πεσμένες στο έδαφος. Μια θριαμβευτική εφόρμηση· και μέσα στα χέρια μου βρίσκονταν κάποιοι στίχοι στα Σανσκριτικά! Έψαξα και βρήκα κάποιον ειδήμονα για να με βοηθήσει να τους ερμηνεύσω. Η πλούσια φωνή του γέμισε τον αέρα με την υπέροχη, γλυκύτατη ομορφιά της αρχαίας γλώσσας.[1]
«Αυτοί οι εξαιρετικοί στίχοι δεν θα μπορούσαν να σε βοηθήσουν

---

[1] *Σανσκρίτα*, «γυαλισμένη, πλήρης». Τα Σανσκριτικά είναι η μεγαλύτερη αδελφή όλων των ινδο-ευρωπαϊκών γλωσσών. Τα αλφαβητικά της στοιχεία ονομάζονται *Ντεβαναγκαρί*· κατά κυριολεξία, «θεϊκή κατοικία». «Όποιος ξέρει τη γραμματική μου ξέρει το Θεό!». Ο Πανίνι, ο μεγάλος φιλόλογος της αρχαίας Ινδίας, απότισε αυτό το φόρο τιμής στη μαθηματική και ψυχολογική τελειότητα των Σανσκριτικών. Αυτός που θα κατακτήσει αυτή τη γλώσσα μέχρι τη ρίζα της θα γίνει πράγματι πάνσοφος.

στο διαγώνισμα των Σανσκριτικών». Ο λόγιος μου έδωσε πίσω τα χαρτιά σκεπτικός.

Η γνώση όμως του συγκεκριμένου ποιήματος μου έδωσε τη δυνατότητα, την επόμενη μέρα, να περάσω στις εξετάσεις των Σανσκριτικών. Μέσω της εύστοχης βοήθειας του Νάντου, πήρα επίσης το βαθμό της βάσης σε όλα τα άλλα διαγωνίσματα.

Ο Πατέρας ήταν ευχαριστημένος που κράτησα τον λόγο μου και ολοκλήρωσα τις σπουδές μου στο Λύκειο. Ευχαρίστησα τον Κύριο με ευγνωμοσύνη· μόνο η δική Του καθοδήγηση μ' έκανε να πάω στο σπίτι του Νάντου και να κόψω δρόμο από το ασυνήθιστο μονοπάτι με τα αγριόχορτα. Παιχνιδιάρικα, είχε δώσει δύο όψεις στο έγκαιρο σχέδιο που είχε οργανώσει για να με σώσει.

Είδα το βιβλίο που είχα παραπετάξει, του οποίου ο συγγραφέας αρνήθηκε ότι ο Θεός είχε προτεραιότητα σε σχέση με τις αίθουσες των εξετάσεων. Δεν μπόρεσα να συγκρατήσω έναν καγχασμό στο σιωπηλό μου σχόλιο:

«Αν του έλεγα ότι ο διαλογισμός ανάμεσα στα πτώματα είναι ο πιο γρήγορος δρόμος για το απολυτήριο του Λυκείου, το μόνο που θα κατάφερνα θα ήταν να τον μπερδέψω περισσότερο!».

Με τη νέα μου αξιοπρέπεια, τώρα πια προετοιμαζόμουν φανερά να φύγω από το σπίτι. Μαζί μ' έναν νεαρό φίλο μου, τον Τζιτέντρα Μαζουμντάρ,[2] αποφάσισα να μπω σ' ένα ερημητήριο στο Μπενάρες,[3] στο Σρι Μπαράτ Ντάρμα Μαχαμαντάλ, και να λάβω εκεί πνευματική εκπαίδευση.

Μια μέρα, με τη σκέψη ότι θα αποχωριζόμουν την οικογένειά μου, με έπιασε απελπισία. Μετά το θάνατο της Μητέρας η στοργή μου μεγάλωσε κι έγινα ιδιαίτερα τρυφερός με τα δύο νεότερα αδέλφια μου, τον Σανάντα και τον Μπισνού, και με την Ταμού, την πιο νεαρή αδελφή μου. Έτρεξα στο καταφύγιό μου, τη μικρή σοφίτα, όπου είχαν διαδραματιστεί τόσες πολλές σκηνές από την ταραχώδη μου *σάντανα*.[4] Μετά από ακατάπαυστο κλάμα δύο ωρών αισθάνθηκα παράδοξα αλλαγμένος, σαν να

---

[2] Δεν ήταν ο Τζατίντα (ο Τζοτίν Γκος), που θα θυμάστε για την αποστροφή του στις τίγρεις.

[3] Από τότε που η Ινδία κέρδισε την ανεξαρτησία της, η αρχική ινδική ονομασία επανήλθε σε πολλές λέξεις που είχαν γίνει αγγλικές κατά τη διάρκεια της βρετανικής διακυβέρνησης. Έτσι το Μπενάρες τώρα συνήθως γράφεται Βαρανάσι ή αναφέρεται με το πιο αρχαίο του όνομα, Κασί.

[4] Δρόμος ή προκαταρκτική οδός που οδηγεί στο Θεό.

μου είχαν ρίξει ένα αλχημιστικό καθαριστικό. Όλες οι προσκολλήσεις[5] εξαφανίστηκαν· η αποφασιστικότητά μου να αναζητήσω το Θεό ως τον Φίλο των φίλων έγινε ατσάλινη.

«Έχω να σου ζητήσω κάτι τελευταίο». Ο Πατέρας ήταν πολύ λυπημένος καθώς στεκόμουν μπροστά του για να μου δώσει την ευλογία του. «Μην ξεχάσεις ούτε εμένα ούτε τους αδελφούς και τις αδελφές σου που θρηνούν».

«Σεβαστέ Πατέρα, δεν βρίσκω λόγια να εκφράσω την αγάπη μου για σένα. Η αγάπη μου όμως για τον Ουράνιο Πατέρα, που μου χάρισε έναν τέλειο πατέρα στη γη, είναι ακόμα μεγαλύτερη. Άσε με να φύγω, ώστε να επιστρέψω κάποια μέρα με μια πιο θεϊκή κατανόηση».

Πήρα την απρόθυμη συγκατάθεση του Πατέρα και πήγα να συναντήσω τον Τζιτέντρα που ήταν ήδη στο Μπενάρες, στο ερημητήριο. Κατά την άφιξή μου ο νεαρός προϊστάμενος σουάμι, ο Νταγιανάντα, με υποδέχθηκε εγκάρδια. Ψηλός και λεπτός, με στοχαστικό ύφος, μου έκανε καλή εντύπωση. Στο ανοιχτόχρωμο πρόσωπό του καθρεφτιζόταν μια αταραξία σαν του Βούδα.

Χάρηκα που το δωμάτιό μου είχε σοφίτα, όπου κατάφερνα να περνώ τις ώρες της αυγής και του πρωινού. Επειδή τα μέλη του άσραμ γνώριζαν ελάχιστα από τεχνικές διαλογισμού, πίστευαν ότι θα έπρεπε να αφιερώνω όλο μου τον χρόνο σε οργανωτικές δραστηριότητες. Με επαίνεσαν για την απογευματινή μου εργασία στο γραφείο τους.

«Μην προσπαθείς να πιάσεις το Θεό τόσο σύντομα!». Αυτό το σαρκαστικό σχόλιο το έκανε μια φορά ένας μαθητής καθώς έφευγα πιο νωρίς για να πάω στη σοφίτα μου. Πήγα στον Νταγιανάντα που ήταν απασχολημένος στο μικρό του άδυτο που έβλεπε προς τον Γάγγη.

«Σουάμιτζι,[6] δεν καταλαβαίνω τι απαιτείται από μένα εδώ. Ανα-

---

[5] Οι ινδουιστικές Γραφές διδάσκουν ότι η προσκόλληση στην οικογένεια είναι απατηλή αν εμποδίζει τον πιστό να αναζητήσει τον Δότη όλων των ευεργετημάτων, στα οποία περιλαμβάνονται και οι αγαπημένοι συγγενείς, για να μην αναφέρουμε την ίδια τη ζωή. Ο Ιησούς παρόμοια δίδαξε: «Όποιος αγαπά πατέρα ή μητέρα περισσότερο από εμένα, δεν είναι άξιός μου». – Κατά Ματθαίο Ι:37. (Σημ. του Συγγραφέα)

(Σε κάποιες εκδόσεις της Αγίας Γραφής η αρίθμηση των κεφαλαίων γίνεται σύμφωνα με το αρχαίο ελληνικό σύστημα αρίθμησης, ενώ σε άλλες με τους συνηθισμένους αριθμούς. Για την περίπτωση που ο αναγνώστης έχει μια Αγία Γραφή στην οποία τα κεφάλαια αριθμούνται με τους συνηθισμένους αριθμούς, μια εξήγηση του ελληνικού συστήματος που χρησιμοποιείται στο βιβλίο αυτό θα είναι χρήσιμη: τα γράμματα Α, Β, Γ, Δ, Ε, ΣΤ, Ζ, Η, Θ αντιστοιχούν στους αριθμούς 1, 2, 3, 4, 5, 6, 7, 8, 9. Τα γράμματα Ι, Κ, Λ, Μ, Ν, Ξ, Ο, Π, κόππα και Ρ αντιστοιχούν στις δεκάδες 10, 20, 30 κ.ο.κ. έως και 100. Έτσι, π.χ. ΚΑ = 21.) (Σημ. του Μεταφραστή)

[6] Το τζι είναι ένα εθιμικό μόριο που δηλώνει σεβασμό, χρησιμοποιούμενο κυρίως όταν κάποιος

ζητώ άμεση αντίληψη του Θεού. Χωρίς Αυτόν δεν μπορώ να ικανοποιηθώ απλά με την προσχώρηση σ' ένα ερημητήριο ή με την πίστη στη θρησκεία ή με την εκτέλεση καλών πράξεων».

Ο ιερωμένος, που φορούσε πορτοκαλί ράσο, με χάιδεψε στοργικά. Με μια προσποιητή, εικονική επίπληξη, συμβούλεψε μερικούς μαθητές που ήταν κοντά. «Αφήστε ήσυχο τον Μουκούντα. Θα μάθει τον τρόπο ζωής μας».

Έκρυψα ευγενικά τις αμφιβολίες μου. Οι μαθητές έφυγαν από το δωμάτιο χωρίς φανερή μετάνοια. Ο Νταγιανάντα είχε κι άλλα να μου πει.

«Μουκούντα, βλέπω ότι ο πατέρας σου σου στέλνει χρήματα τακτικά. Σε παρακαλώ να του τα επιστρέψεις· δεν σου χρειάζονται εδώ. Μια δεύτερη εντολή σχετικά με την πειθαρχία σου αφορά το φαγητό· ακόμα κι όταν πεινάς, να μην το αναφέρεις».

Αν το γεγονός ότι λιμοκτονούσα φάνηκε στα μάτια μου, δεν το γνωρίζω. Το μόνο που ήξερα καλά ήταν ότι πεινούσα. Η ώρα του πρώτου γεύματος στο ερημητήριο ήταν πάντα στις δώδεκα το μεσημέρι. Στο σπίτι μου όμως είχα συνηθίσει να τρώω ένα πλούσιο πρωινό στις εννιά το πρωί.

Το κενό των τριών ωρών μού φαινόταν από μέρα σε μέρα ολοένα και πιο ατελείωτο. Πέρασαν τα χρόνια στην Καλκούτα, όταν μάλωνα τον μάγειρα για μια αργοπορία δέκα λεπτών. Τώρα προσπαθούσα να ελέγξω την πείνα μου· ολοκλήρωσα μια νηστεία είκοσι τεσσάρων ωρών. Με διπλάσια όρεξη περίμενα το επόμενο μεσημέρι.

«Το τρένο του Νταγιανάντατζι θα καθυστερήσει· δεν θα φάμε μέχρι να έρθει». Ο Τζιτέντρα μού έφερε αυτά τα απελπιστικά νέα. Για να καλωσορίσουν τον σουάμι, ο οποίος έλειπε για δύο εβδομάδες, είχαν ετοιμάσει πολλές λιχουδιές. Μια μυρωδιά που άνοιγε την όρεξη είχε γεμίσει τον αέρα. Αφού δεν μας πρόσφεραν τίποτα, τι άλλο θα μπορούσα να καταπιώ εκτός από την υπερηφάνειά μου για τη χθεσινή νηστεία;

«Κύριε, κάνε το τρένο να έρθει πιο γρήγορα!». Σκέφτηκα ότι ο Ουράνιος Προμηθευτής δεν θα είχε συμπεριληφθεί στην απαγόρευση του Νταγιανάντα σύμφωνα με την οποία έπρεπε να σιωπώ όταν πεινούσα. Η θεϊκή προσοχή όμως ήταν στραμμένη αλλού· το ρολόι έδειχνε τις ώρες να κυλούν αργά. Το σκοτάδι έπεφτε όταν ο ηγέτης μας μπήκε στο σπίτι. Τον υποδέχθηκα με απεριόριστη χαρά.

---

αναφέρεται ευθέως σε κάποιον άλλο· έτσι, «σουάμιτζι», «γκούρουτζι», «Σρι Γιουκτέσβαρτζι».

«Ο Νταγιανάντατζι θα πλυθεί και θα διαλογιστεί πριν σερβιριστεί το φαγητό». Ο Τζιτέντρα με πλησίασε ξανά σαν το πουλί που φέρνει τα κακά μαντάτα.

Ήμουν έτοιμος να καταρρεύσω. Το νεανικό στομάχι μου, που δεν ήταν μαθημένο σε τέτοια πολύωρη στέρηση, διαμαρτυρόταν δυναμικά. Μπροστά στα μάτια μου, σαν φαντάσματα, περνούσαν εικόνες ανθρώπων που είχαν πέσει θύματα λιμού.

«Ο επόμενος θάνατος στο Μπενάρες από λιμοκτονία θα οφείλεται σ' αυτό το ερημητήριο», σκέφτηκα. Η επικείμενη καταδίκη απομακρύνθηκε στις εννιά το βράδυ. Αμβροσία! Εκείνο το δείπνο είναι ακόμα χαραγμένο στη μνήμη μου τόσο ζωντανά σαν μια από τις πιο υπέροχες στιγμές της ζωής κάποιου.

Η έντονη απορρόφησή μου από το φαγητό δεν με εμπόδισε να δω ότι ο Νταγιανάντα έτρωγε αφηρημένος. Ήταν προφανώς πάνω από χονδροειδείς απολαύσεις σαν τις δικές μου.

«Σουάμιτζι, δεν πεινούσατε;». Αφού έφαγα άφθονα, ήμουν τώρα μόνος μαζί του στο γραφείο του.

«Ναι, βέβαια», είπε. «Τις τελευταίες τέσσερις μέρες δεν έφαγα και δεν ήπια τίποτα. Ποτέ δεν τρώω στα τρένα, που είναι γεμάτα με ετερογενείς δονήσεις εγκόσμιων ανθρώπων. Τηρώ απαρέγκλιτα τους σαστρικούς[7] κανόνες για τους μοναχούς του τάγματος στο οποίο ανήκω.

»Έχω στον νου μου σε κάποια οργανωτικά προβλήματα στη δουλειά. Απόψε παραμέλησα το φαγητό μου. Προς τι η βιασύνη; Αύριο θα βάλω στόχο να φάω ένα κανονικό γεύμα». Γέλασε εύθυμα.

Η ντροπή που ένιωσα ήταν ασφυκτική. Το βασανιστήριο όμως της προηγούμενης ημέρας δεν ξεχνιόταν εύκολα· τόλμησα να κάνω μια ακόμα παρατήρηση.

«Σουάμιτζι, προβληματίζομαι με τον τρόπο με τον οποίο θα ακολουθήσω τη συμβουλή σας. Ας υποθέσουμε ότι ποτέ δεν ζητώ φαγητό και κανένας δεν μου δίνει. Θα πέθαινα από λιμοκτονία».

---

[7] Που ανήκουν στα *σάστρα (shastras)*, κατά κυριολεξία «ιερά βιβλία», που αποτελούν τέσσερις κατηγορίες Γραφών: την κατηγορία *σρούτι (shruti)*, τη *σμρίτι (smriti)*, την *πουράνα (purana)* και την *τάντρα (tantra)*. Αυτές οι αναλυτικές πραγματείες καλύπτουν κάθε άποψη της θρησκευτικής και της κοινωνικής ζωής και τα πεδία του νόμου, της ιατρικής, της αρχιτεκτονικής, της τέχνης και άλλα. Οι *σρούτι* είναι αυτές που «έχουν ακουστεί άμεσα» ή «αποκαλυμμένες» Γραφές, οι Βέδες. Οι *σμρίτι* ή «απομνημονευμένες» γνώσεις τελικά αποτυπώθηκαν σε γραπτά κείμενα, στο απώτατο παρελθόν, σαν τα πιο μεγάλα επικά ποιήματα του κόσμου, τη *Μαχαμπαράτα* και τη *Ραμαγιάνα*. Οι *πουράνα*, δεκαοκτώ σε αριθμό, είναι κατά κυριολεξία «αρχαίες» αλληγορίες· οι *τάντρα* κατά κυριολεξία σημαίνουν «ιεροτελεστίες» ή «τελετουργίες»: αυτές οι πραγματείες περιέχουν βαθιές αλήθειες κάτω από το πέπλο ενός λεπτομερούς συμβολισμού.

«Να πεθάνεις τότε!». Αυτή η αιφνιδιαστική συμβουλή ακούστηκε σαν να τρύπησε τον αέρα. «Να πεθάνεις, αν χρειαστεί, Μουκούντα! Ποτέ μην πιστέψεις ότι ζεις με τη δύναμη του φαγητού και όχι με τη δύναμη του Θεού! Αυτός που δημιούργησε κάθε μορφή τροφής, Αυτός που μας χάρισε την όρεξη να τρώμε, αναπόφευκτα θα φροντίσει για τη συντήρηση του πιστού Του. Μη φαντάζεσαι ότι το ρύζι σε κρατά στη ζωή ούτε ότι τα χρήματα ή οι άνθρωποι σε υποστηρίζουν. Θα μπορούσαν να βοηθήσουν αν ο Κύριος απέσυρε την ανάσα που σου δίνει ζωή; Είναι απλώς τα όργανά Του. Η πέψη του φαγητού στο στομάχι σου γίνεται με κάποια δική σου επιδεξιότητα; Χρησιμοποίησε το ξίφος της διάκρισης, Μουκούντα! Σπάσε τις αλυσίδες των συντελεστών και αναγνώρισε τη Μοναδική Αιτία!».

Ένιωσα τα δηκτικά λόγια του να μπαίνουν βαθιά μέσα στο μεδούλι μου. Έφυγε η παλιά, μακρόχρονη αυταπάτη ότι οι προσταγές του σώματος υπερέχουν της ψυχής. Περιστασιακά δοκίμασα την πλήρη επάρκεια του Πνεύματος. Σε πόσες ξένες πόλεις αργότερα, όταν ταξίδευα συνεχώς, αποδείχθηκε από τις περιστάσεις η χρησιμότητα αυτού του μαθήματος στο ερημητήριο του Μπενάρες!

Ο μοναδικός θησαυρός που πήρα μαζί μου από την Καλκούτα ήταν το ασημένιο φυλαχτό του σάντου που μου κληροδότησε η Μητέρα. Φυλάσσοντάς το για χρόνια, τώρα το είχα κρύψει προσεκτικά στο δωμάτιό μου στο άσραμ. Για να ανανεώσω τη χαρά μου με τη μαρτυρία του φυλαχτού, ένα πρωινό άνοιξα το κλειδωμένο κουτί. Το σφραγισμένο κάλυμμα ήταν ανέπαφο, το φυλαχτό όμως έλειπε από μέσα. Θρηνώντας έσκισα το φάκελο και έψαξα εξονυχιστικά, μέχρι που πλέον βεβαιώθηκα πέρα από κάθε αμφιβολία. Είχε εξαφανιστεί, σύμφωνα με την πρόβλεψη του σάντου, μέσα στον αιθέρα απ' όπου είχε προέλθει.

Η σχέση μου με τους μαθητές του Νταγιανάντα γινόταν σταθερά ολοένα και χειρότερη. Οι συγκάτοικοί μου αποξενώθηκαν, πληγωμένοι από τη διαρκή απομόνωσή μου, την οποία εξέλαβαν ως αδιαφορία. Η αυστηρή προσκόλλησή μου στον διαλογισμό πάνω στο ίδιο το Ιδανικό για το οποίο άφησα το σπίτι μου και όλες τις εγκόσμιες φιλοδοξίες προκαλούσε επιπόλαιες κριτικές απ' όλες τις πλευρές.

Βασανισμένος από πνευματική αγωνία, μπήκα στη σοφίτα μια αυγή, αποφασισμένος να προσευχηθώ μέχρι να δεχθεί ο Θεός να μου απαντήσει.

«Ελεήμονα Μητέρα του Σύμπαντος, δίδαξέ με Εσύ, μέσα από οράματα, ή μέσω ενός γκουρού σταλμένου από Σένα!».

Ο Σρι Γιογκανάντα και ο Σουάμι Γκιανανάντα, γκουρού του Σουάμι Νταγιανάντα, στο Ερημητήριο του Μαχαμαντάλ, στο Μπενάρες, στις 7 Φεβρουαρίου του 1936. Σε μια παραδοσιακή ένδειξη σεβασμού, ο Γιογκανάντατζι κάθισε στα πόδια του Γκιανανάντατζι, του πνευματικού ηγέτη του ερημητηρίου αυτού. Εδώ, σαν αγόρι, ο Γιογκανάντατζι επεδίωξε να εκπαιδευθεί στην πνευματική πειθαρχία πριν βρει τον γκουρού του, τον Σουάμι Σρι Γιουκτέσβαρ, το 1910.

Οι γεμάτες αναφιλητά ικεσίες μου δεν βρήκαν απάντηση για τις επόμενες ώρες. Ξαφνικά ένιωσα να ανυψώνομαι, ακόμα και σωματικά, σε μια σφαίρα χωρίς όρια.

«Ο Δάσκαλός σου έρχεται σήμερα!». Μια θεϊκή γυναικεία φωνή ήρθε από παντού και πουθενά.

Η ουράνια εμπειρία διαλύθηκε από τη φωνή κάποιου από το ερημητήριο. Ένας νεαρός ιερέας, ονομαζόμενος με το παρατσούκλι Χαμπού, με καλούσε από την κουζίνα που ήταν στον κάτω όροφο.

«Μουκούντα, αρκετά με το διαλογισμό! Σε χρειάζομαι για μια δουλειά».

Μια άλλη μέρα μπορεί να απαντούσα με ανυπομονησία· τώρα σκούπισα το πρησμένο από τα δάκρυα πρόσωπό μου και υπάκουσα ήρεμα στο κάλεσμα. Μαζί, ο Χαμπού κι εγώ, πήγαμε σε μια μακρινή αγορά στη βεγγαλική περιοχή του Μπενάρες. Ο καυτός ινδικός ήλιος δεν ήταν ακόμα στο ζενίθ καθώς κάναμε τις αγορές μας από τα παζάρια. Περπατούσαμε με δυσκολία ανάμεσα στο συνονθύλευμα των γυναικών, των οδηγών, των ιερέων, των απλά ντυμένων χήρων, των αξιοπρεπών Βραχμάνων και ανάμεσα στους πανταχού παρόντες ιερούς ταύρους. Καθώς ο Χαμπού κι εγώ προχωρούσαμε, γύρισα το κεφάλι μου παρατηρώντας ερευνητικά ένα στενό σοκάκι που ίσα που φαινόταν.

Ένας άνθρωπος που έμοιαζε στον Χριστό με την ενδυμασία του σουάμι, σε χρώμα ώχρας, στεκόταν ακίνητος στο τέλος του στενού. Αμέσως μου φάνηκε οικείος σαν να τον γνώριζα από αρχαία χρόνια· για μια στιγμή το βλέμμα μου έπεσε πάνω του με λαχτάρα. Μετά με κυρίευσε η αμφιβολία.

«Μπερδεύεις αυτόν τον περιπλανώμενο μοναχό με κάποιον που ξέρεις», σκέφτηκα. «Ονειροπόλε, προχώρα».

Μετά από δέκα λεπτά, ένιωσα ένα έντονο μούδιασμα στα πόδια μου. Σαν να είχαν γίνει πέτρινα, δεν μπορούσαν να με μεταφέρουν πιο μακριά. Με κόπο γύρισα προς τα πίσω· τα πόδια μου έγιναν φυσιολογικά. Γύρισα προς την αντίθετη κατεύθυνση· πάλι το περίεργο βάρος με πίεσε.

«Ο άγιος με τραβά μαγνητικά σ' αυτόν!». Μ' αυτή τη σκέψη, φόρτωσα τα πακέτα μου στο Χαμπού. Είχε παρατηρήσει τα ακανόνιστα βήματά μου με μεγάλη έκπληξη και τώρα έσκαγε στα γέλια.

«Τι σ' ενοχλεί; Είσαι τρελός;».

Τα θυελλώδη συναισθήματά μου εμπόδισαν κάθε απάντηση· σιωπηλά, έτρεξα μακριά.

Ξαναβρίσκοντας τα βήματά μου σαν να είχαν φτερά τα πόδια μου, έφτασα στο μικρό σοκάκι. Με μια γρήγορη ματιά είδα την ήρεμη φιγούρα, που κοιτούσε σταθερά προς το μέρος μου. Με λίγα ακόμα ανυπόμονα βήματα βρέθηκα στα πόδια του.

«Γκουρουντέβα!». Το θεϊκό πρόσωπο ήταν αυτό που είχα δει σε χίλια οράματα. Αυτά τα μάτια που έμοιαζαν με αλκυονίδες μέρες, σ' ένα λιονταρίσιο κεφάλι με μυτερή γενειάδα και χυτές μπούκλες, με περιεργάζονταν συχνά μέσα στη μελαγχολία των νυχτερινών ρεμβασμών μου, τηρώντας κάποια υπόσχεση που δεν είχα πλήρως καταλάβει.

«Ω δικέ μου, ήρθες σ' εμένα!». Ο γκουρού μου πρόφερε αυτές τις λέξεις ξανά και ξανά στη βεγγαλική γλώσσα, με φωνή που έτρεμε από χαρά. «Πόσα χρόνια σε περίμενα!».

Ενωθήκαμε σε σιωπή· τα λόγια ήταν εντελώς περιττά. Η ευγλωττία έρρεε μέσα από ένα σιωπηλό τραγούδι από την καρδιά του Δασκάλου προς τον μαθητή. Με μια κεραία ενόρασης που δεν επιδεχόταν αντίκρουση ένιωσα ότι ο γκουρού μου ήξερε το Θεό και θα με οδηγούσε σ' Αυτόν. Το σκοτάδι αυτής της ζωής εξαφανίστηκε στο εύθραυστο φως μιας αυγής προγεννητικών αναμνήσεων. Δραματικές στιγμές! Το παρελθόν, το παρόν και το μέλλον είναι κυκλικές σκηνές του χρόνου. Δεν ήταν η πρώτη φορά που ο ήλιος με έβρισκε σ' αυτά τα άγια πόδια!

Με το χέρι μου μέσα στο δικό του, ο γκουρού μου με οδήγησε στην προσωρινή κατοικία του στην περιοχή Ράνα Μαχάλ της πόλης. Αθλητικός, κινιόταν με σταθερό βάδισμα. Ψηλός, ευθυτενής, περίπου πενήντα πέντε ετών τότε, ήταν δραστήριος και ρωμαλέος όπως ένας νεαρός. Τα σκούρα μάτια του ήταν μεγάλα, όμορφα, με απύθμενη σοφία. Τα ελαφρώς κατσαρά μαλλιά του μαλάκωναν την εντυπωσιακή δύναμη που πρόδιδε το πρόσωπό του. Δύναμη αδιόρατα αναμεμειγμένη με ευγένεια.

Όταν βγήκαμε στο πέτρινο μπαλκόνι του σπιτιού με θέα στον Γάγγη, μου είπε στοργικά:

«Θα σου δώσω τα ερημητήριά μου και όλα όσα έχω».

«Κύριε, έρχομαι για να βρω σοφία και συνειδητοποίηση του Θεού. Αυτός είναι ο θησαυρός που θέλω από σας!».

Το ινδικό λυκόφως είχε αρχίσει να πέφτει όταν ο Δάσκαλός μου ξαναμίλησε. Στα μάτια του καθρεφτιζόταν μια απέραντη τρυφερότητα.

«Σου προσφέρω την άνευ όρων αγάπη μου».

Πολύτιμα λόγια! Πέρασε ένα τέταρτο του αιώνα για να ξανακούσω την επιβεβαίωση της αγάπης του. Τα χείλη του δεν συνήθιζαν να προφέρουν λόγια έντονων συναισθημάτων· η σιωπή ταίριαζε καλύτερα στην ωκεάνια καρδιά του.

«Θα μου προσφέρεις την ίδια άνευ όρων αγάπη;». Με κοίταζε με την εμπιστοσύνη ενός παιδιού.

«Θα σας αγαπώ αιώνια, Γκουρουντέβα!».

«Η συνηθισμένη αγάπη είναι ιδιοτελής, σκοτεινά ριζωμένη σε επιθυμίες και ικανοποιήσεις. Η θεϊκή αγάπη είναι χωρίς όρους, χωρίς όρια, χωρίς μεταβολή. Η αστάθεια της ανθρώπινης καρδιάς φεύγει για πάντα με το άγγιγμα της αγνής αγάπης που διαπερνά τα μύχια της ψυχής».

Πρόσθεσε ταπεινά: «Αν ποτέ με βρεις να ξεφεύγω από την κατάσταση της συνειδητοποίησης του Θεού, σε παρακαλώ υποσχέσου ότι θα βάλεις το κεφάλι μου στην αγκαλιά σου και θα με βοηθήσεις να βρεθώ ξανά κοντά στον Συμπαντικό Αγαπημένο, τον Οποίο και οι δύο προσκυνάμε».

Ο ΣΡΙ ΓΙΟΥΚΤΕΣΒΑΡ (1855–1936)
Ένας Γκιαναβατάρ, «Ενσάρκωση της Σοφίας»
Μαθητής του Λαχίρι Μαχασάγια· Γκουρού του Σρι Γιογκανάντα
Παραμγκούρου όλων των *Κρίγια Γιόγκι* του SRF-YSS

Ο Ναός Διαλογισμού του Σουάμι Σρι Γιουκτέσβαρ, εγκαινιασμένος το 1977, χτισμένος στο σημείο όπου βρισκόταν το άσραμ του στο Σεράμπουρ. Αρκετά τούβλα από το αυθεντικό άσραμ χρησιμοποιήθηκαν για την κατασκευή του. Η αρχιτεκτονική του ναού σχεδιάστηκε από τον Παραμαχάνσα Γιογκανάντα.

Ο Γιογκανάντατζι το 1915, στο πίσω κάθισμα μιας μοτοσικλέτας που του έδωσε ο πατέρας του. «Πήγαινα παντού μ' αυτήν», είπε, «ειδικά για να επισκέπτομαι τον Δάσκαλό μου, τον Σρι Γιουκτέσβαρτζι, στο ερημητήριό του στο Σεράμπουρ».

Σηκώθηκε τότε, καθώς έπεφτε το σκοτάδι, και με οδήγησε σ' ένα εσωτερικό δωμάτιο. Καθώς τρώγαμε μάνγκο και ζαχαρωτά με αμύγδαλα, μέσω της συζήτησης άφησε διακριτικά να φανεί ότι γνώριζε άριστα τον χαρακτήρα μου. Με κατέλαβε δέος μπροστά στο μεγαλείο της ψυχής του που ήταν εξαίσια αναμεμειγμένο με μια έμφυτη ταπεινότητα.

«Μη θρηνείς για το φυλαχτό σου. Υπηρέτησε τον σκοπό του». Σαν θεϊκός καθρέφτης, ο γκουρού μου προφανώς είχε δει την αντανάκλαση όλης της ζωής μου.

«Η ζωντανή πραγματικότητα της παρουσίας σας, Δάσκαλε, είναι χαρά πέρα από κάθε σύμβολο!».

«Είναι καιρός για αλλαγή, εφόσον και στο ερημητήριο δεν είσαι ικανοποιημένος».

Δεν είχα κάνει αναφορές για τη ζωή μου· τώρα φαινόταν περιττές! Από τον φυσικό, μη εμφατικό τρόπο του, κατάλαβα ότι δεν επιθυμούσε επιφωνήματα έκπληξης σχετικά με την οξεία ενόρασή του.

«Θα πρέπει να πας πίσω στην Καλκούτα. Γιατί να αποκλείσεις τους συγγενείς από την αγάπη σου για την ανθρωπότητα;».

Η πρότασή του με απογοήτευσε. Η οικογένειά μου προέβλεπε ότι θα γύριζα παρά το γεγονός ότι δεν ανταποκρινόμουν στις πολλές ικεσίες που διατύπωναν στα γράμματά τους. «Αφήστε το νεαρό πουλί να πετάξει στους μεταφυσικούς ουρανούς», είχε παρατηρήσει ο Ανάντα. «Τα φτερά του θα κουραστούν από τη βαριά ατμόσφαιρα. Θα το δούμε τελικά να πετά προς το σπίτι, να διπλώνει τις φτερούγες του και να αναπαύεται ταπεινά στη φωλιά της οικογένειας». Μ' αυτήν την αποθαρρυντική παρομοίωση, ζωντανή μέσα στον νου μου, ήμουν αποφασισμένος να μην «πετάξω» προς την Καλκούτα.

«Κύριε, δεν θα επιστρέψω στο σπίτι μου. Θα σας ακολουθήσω όμως όπου κι αν πάτε. Σας παρακαλώ, δώστε μου τη διεύθυνσή σας και το όνομά σας».

«Σουάμι Σρι Γιουκτέσβαρ Γκιρί. Το κύριο ερημητήριό μου είναι στο Σεράμπουρ (Serampore), στο Ράι Γκατ Λέιν. Ήρθα εδώ για να επισκεφθώ τη μητέρα μου για λίγες μέρες».

Απόρησα με το πολύπλοκο παιχνίδι του Θεού με τους πιστούς του. Το Σεράμπουρ απέχει μόνο δεκαεννέα χιλιόμετρα από την Καλκούτα, ωστόσο σ' αυτές τις περιοχές δεν είδα ποτέ τον γκουρού μου. Για να συναντηθούμε έπρεπε να ταξιδέψουμε στην αρχαία πόλη του Κασί (Μπενάρες), την καθαγιασμένη από αναμνήσεις του Λαχίρι Μαχασάγια. Εδώ

*Αυτοβιογραφία Ενός Γιόγκι*

επίσης τα πόδια του Βούδα, του Σανκαρατσάρια[8] και πολλών άλλων Γιόγκι σαν τον Χριστό είχαν ευλογήσει το έδαφος.

«Θα έρθεις σ' εμένα σε τέσσερις εβδομάδες». Για πρώτη φορά η φωνή του Σρι Γιουκτέσβαρ ήταν αυστηρή. «Τώρα που σου είπα για την αιώνια στοργή μου και έδειξα την ευτυχία μου που σε βρήκα, αισθάνεσαι ελεύθερος να αγνοήσεις το αίτημά μου. Την επόμενη φορά που θα

---

[8] Ο Σανκαρατσάρια (Σάνκαρα) - (Shankara), ο μεγαλύτερος φιλόσοφος της Ινδίας, ήταν μαθητής του Γκοβίντα Τζατί (Govida Jati) και του γκουρού του τελευταίου, του Γκαουνταπάντα (Gaudapada). Ο Σάνκαρα έγραψε έναν διάσημο σχολιασμό μιας πραγματείας, της *Μαντούκυα Καρίκα (Mandukya Karika),* από τον Γκαουνταπάντα. Με αναντίρρητη λογική και με γοητεία και χάρη, ο Σάνκαρα ερμήνευσε τη φιλοσοφία της *Βεδάντα* με αυστηρά *αντβάιτα* (μη δυαδικό, μονιστικό) πνεύμα. Ο μεγάλος μονιστής επίσης συνέθεσε ποιήματα λατρευτικής πίστης. Η «Προσευχή στη Θεϊκή Μητέρα για Συγχώρεση των Αμαρτιών» *(Prayer to the Divine Mother for Forgiveness of Sins)* που έγραψε έχει το εξής ρεφραίν: «Αν και υπάρχουν πολλοί κακοί γιοι, ποτέ δεν υπήρξε κακή μάνα».

Ο Σανάντανα (Sanandana), ένας μαθητής του Σάνκαρα, έγραψε έναν σχολιασμό πάνω στις *Μπραχμά Σούτρα (Brahma Sutras)* (τη φιλοσοφία της *Βεδάντα).* Το κείμενο κάηκε, αλλά ο Σάνκαρα (που μια φορά του έριξε μια ματιά) το επανέλαβε λέξη προς λέξη στον μαθητή του. Το κείμενο, γνωστό ως *Παντσαπαντίκα (Pantchapadika),* μελετάται από καθηγητές μέχρι σήμερα.

Ο τσέλα Σανάντανα πήρε ένα νέο όνομα μετά από ένα όμορφο επεισόδιο. Καθισμένος μια μέρα στις όχθες ενός ποταμού, άκουσε τον Σάνκαρα να τον φωνάζει από την απέναντι όχθη. Ο Σανάντανα μπήκε στο νερό αμέσως. Η πίστη του και τα πόδια του ταυτόχρονα υποστηρίχθηκαν όταν ο Σάνκαρα υλοποίησε, στο νερό που στροβιλιζόταν, μια σειρά από άνθη λωτού. Ο μαθητής από τότε έγινε γνωστός με το όνομα Παντμαπάντα, «αυτός με πόδι λωτό».

Στην *Παντσαπαντίκα* ο Παντμαπάντα αποτίει με αγάπη πολλές φορές φόρο τιμής στον γκουρού του. Ο ίδιος ο Σάνκαρα έγραψε τα ακόλουθα όμορφα λόγια: «Καμία γνωστή σύγκριση δεν υπάρχει στους τρεις κόσμους για έναν αληθινό γκουρού. Αν η φιλοσοφική λίθος υποτεθεί ότι είναι πραγματικά τέτοια, μπορεί μόνο να μετατρέψει το σίδερο σε χρυσάφι, όχι σε μια άλλη φιλοσοφική λίθο. Ο σεβαστός Δάσκαλος, από την άλλη μεριά, κάνει τον μαθητή που βρίσκει παρηγοριά στα πόδια του ίσο με τον εαυτό του. Επομένως ο γκουρού είναι ανυπέρβλητος, ή μάλλον υπερβατικός» *(Century of Verses, 1).*

Ο Σάνκαρα ήταν ένας σπάνιος συνδυασμός αγίου, λογίου και ανθρώπου της δράσης. Παρ' όλο που έζησε μόνο τριάντα δύο χρόνια, πολλά απ' αυτά τα πέρασε ταξιδεύοντας κοπιαστικά σε όλα τα μέρη της Ινδίας, εξαπλώνοντας το δόγμα του της *αντβάιτα.* Εκατομμύρια άνθρωποι μαζεύονταν με ανυπομονησία για να ακούσουν την παρηγορητική ροή της σοφίας από τα χείλη του νεαρού μοναχού με τα γυμνά πόδια.

Ο μεταρρυθμιστικός ζήλος του Σάνκαρα περιέλαβε την αναδιοργάνωση του αρχαίου μοναστικού Τάγματος των Σουάμι (βλ. σελ. 255 σημ., 256). Επίσης, ίδρυσε *Ματ* (μοναστικά εκπαιδευτικά κέντρα) σε τέσσερις περιοχές – στο Σρινγκερί (Sringeri) στο Νότο, στο Πούρι (Puri) στην Ανατολή, στην Ντουάρκα (Dwarka) στη Δύση και στο Μπαντρινάτ (Badrinath) στα Ιμαλάια του Βορρά.

Στα τέσσερα *ματ* του μεγάλου μονιστή, πλουσιοπάροχα χρηματοδοτούμενα από πρίγκιπες και τον κοινό λαό, διδάσκονταν δωρεάν η σανσκριτική γραμματική, η λογική και η φιλοσοφία της *Βεδάντα.* Ο σκοπός του Σάνκαρα όταν όριζε τα μέρη όπου θα χτίζονταν τα *ματ,* στις τέσσερις γωνίες της Ινδίας, ήταν η προώθηση της θρησκευτικής και εθνικής ενότητας σε όλη την αχανή χώρα. Τώρα, όπως και στο παρελθόν, ο ευσεβής Ινδός βρίσκει ελεύθερα δωμάτιο και σίτιση στα *τσούλτρι* και *σάτραμ* (μέρη για ξεκούραση κατά μήκος των δρόμων για τα προσκυνήματα), που συντηρούνται από δημόσιους ευεργέτες.

συναντηθούμε θα πρέπει να αφυπνίσεις ξανά το ενδιαφέρον μου. Δεν θα σε δεχθώ εύκολα σαν μαθητή· πρέπει να υπάρχει πλήρης υποταγή με υπακοή στην αυστηρή μου εκπαίδευση».

Παρέμεινα πεισματικά σιωπηλός. Ο γκουρού μου γρήγορα διαπέρασε τις σκέψεις μου και κατάλαβε τη δυσκολία μου.

«Πιστεύεις ότι οι συγγενείς σου θα σε περιγελάσουν;».

«Δεν θα γυρίσω».

«Θα γυρίσεις σε τριάντα μέρες».

«Ποτέ».

Χωρίς να εκτονωθεί η ένταση που δημιουργήθηκε από την άρνησή μου, υποκλίθηκα με ευλάβεια στα πόδια του και έφυγα. Περπατώντας μέσα στη σκοτεινιά της νύχτας προς το ερημητήριο αναρωτιόμουν γιατί αυτή η θαυμαστή συνάντησή μας κατέληξε σε δυσαρμονία. Είναι οι δυαδικές διαβαθμίσεις της *μάγια*, που ισορροπούν κάθε χαρά με μια θλίψη! Η νεανική μου καρδιά δεν ήταν ακόμα εύπλαστη για τα μεταμορφωτικά χέρια του γκουρού μου.

Το επόμενο πρωί παρατήρησα αυξημένη εχθρότητα στη στάση των άλλων μελών του ερημητηρίου. Έκαναν τις μέρες μου αφόρητες καθώς ήταν μονίμως αγενείς απέναντί μου. Τρεις εβδομάδες πέρασαν· τότε ο Νταγιανάντα έφυγε από το άσραμ για να παραστεί σ' ένα συνέδριο στη Βομβάη. Ξέσπασε πανδαιμόνιο πάνω στο δύσμοιρο κεφάλι μου.

«Ο Μουκούντα είναι ένα παράσιτο που δέχεται τη φιλοξενία του ερημητηρίου χωρίς να ανταποδίδει τίποτα». Ακούγοντας τυχαία αυτήν την παρατήρηση, μετάνιωσα για πρώτη φορά που υπάκουσα τον δάσκαλο και έστειλα πίσω τα χρήματα στον Πατέρα. Με βαριά καρδιά έψαξα τον μοναδικό φίλο μου, τον Τζιτέντρα.

«Φεύγω. Σε παρακαλώ, διαβίβασε τον σεβασμό και τη λύπη μου στον Νταγιανάντατζι όταν γυρίσει».

«Κι εγώ θα φύγω! Οι προσπάθειές μου εδώ να διαλογιστώ δεν βρίσκουν περισσότερη εύνοια από τις δικές σου». Ο Τζιτέντρα μίλησε με αποφασιστικότητα.

«Γνώρισα έναν άγιο που μοιάζει στον Χριστό. Ας πάμε να τον επισκεφθούμε στο ερημητήριό του στο Σεράμπουρ».

Κι έτσι το «πουλί» ετοιμάστηκε να «πετάξει» επικίνδυνα κοντά στην Καλκούτα!

## ΚΕΦΑΛΑΙΟ 11

# Δύο Αγόρια Χωρίς Δεκάρα στο Μπρίνταμπαν

«Θα σου άξιζε να σε αποκληρώσει ο Πατέρας, Μουκούντα! Πόσο ανόητα χαραμίζεις τη ζωή σου!». Ένα κήρυγμα από τον μεγαλύτερο αδελφό μου τρυπούσε τα αυτιά μου.

Ο Τζιτέντρα κι εγώ, φρέσκοι από το ταξίδι (τρόπος του λέγειν δηλαδή· ήμαστε καλυμμένοι με σκόνη), μόλις είχαμε φτάσει στο σπίτι του Ανάντα που είχε πρόσφατα μετατεθεί από την Καλκούτα στην αρχαία πόλη Άγκρα. Ο αδελφός μου ήταν προϊστάμενος λογιστηρίου του Τμήματος Δημοσίων Έργων της Κυβέρνησης.

«Ξέρεις πολύ καλά, Ανάντα, ότι αναζητώ την κληρονομιά μου από τον Ουράνιο Πατέρα».

«Τα λεφτά πρώτα· ο Θεός μπορεί να έρθει αργότερα! Ποιος ξέρει; Η ζωή μπορεί να διαρκέσει πολύ».

«Ο Θεός πρώτα· το χρήμα είναι δούλος Του! Ποιος ξέρει; Η ζωή μπορεί να διαρκέσει πολύ λίγο».

Η ανταπάντησή μου οφειλόταν στις ανάγκες της στιγμής και δεν περιείχε κανένα προαίσθημα. (Δυστυχώς η ζωή του Ανάντα πράγματι τελείωσε νωρίς.)[1]

«Σοφία από το ερημητήριο, υποθέτω! Βλέπω όμως πως έφυγες από το Μπενάρες». Τα μάτια του Ανάντα ακτινοβολούσαν από ευχαρίστηση· ακόμα ευχόταν να σιγουρέψει ότι οι «φτερούγες» μου θα παρέμεναν στην οικογενειακή φωλιά.

«Η διαμονή μου στο Μπενάρες δεν ήταν μάταιη! Εκεί βρήκα ό,τι λαχταρούσε η καρδιά μου. Σε διαβεβαιώνω ότι δεν ήταν ούτε ο ειδήμων σου ούτε ο γιος του!».

Ο Ανάντα γέλασε μαζί μου όταν του θύμισα την περίσταση· είχε αναγκαστεί να παραδεχτεί ότι ο «άνθρωπος με ενόραση» στο Μπενάρες που είχε επιλέξει αποδείχθηκε κοντόφθαλμος.

---

[1] Βλ. κεφ. 25.

«Ποια είναι τα σχέδιά σου, περιπλανώμενε αδελφέ μου;».

«Ο Τζιτέντρα με έπεισε να έρθουμε στην Άγκρα. Θα δούμε την ομορφιά του Τατζ Μαχάλ² εδώ», εξήγησα. «Μετά θα πάμε στον γκουρού μου, που μόλις τον βρήκα, που έχει ένα ερημητήριο στο Σεράμπουρ».

Ο Ανάντα μερίμνησε φιλόξενα για την άνεσή μας. Αρκετές φορές κατά τη διάρκεια του απογεύματος πρόσεξα ότι τα μάτια του ήταν επικεντρωμένα πάνω μου στοχαστικά.

«Την ξέρω αυτή τη ματιά», σκέφτηκα. «Μια σκευωρία εξυφαίνεται».

Και πράγματι, η αποκάλυψή της ήρθε το πρωί, κατά τη διάρκεια του πρωινού φαγητού που σερβιρίστηκε νωρίς.

«Ώστε αισθάνεσαι αρκετά αυτάρκης ώστε να μην έχεις ανάγκη από την πατρική περιουσία». Το βλέμμα του Ανάντα ήταν αθώο, καθώς συνέχισε τη συζήτηση που είχαμε διακόψει το προηγούμενο βράδυ.

«Γνωρίζω ότι εξαρτώμαι από το Θεό».

«Τα λόγια είναι φτωχά! Η ζωή σε προστάτευσε μέχρι τώρα. Σε τι κατάντια θα ήσουν αν ήσουν υποχρεωμένος να ζητήσεις από το Αόρατο Χέρι την τροφή σου και το καταφύγιό σου! Σύντομα θα γινόσουν ζητιάνος στους δρόμους».

«Ποτέ! Δεν θα στήριζα την πίστη μου στους διαβάτες αλλά στο Θεό! Μπορεί να σκαρφιστεί για τον πιστό του χιλιάδες άλλους τρόπους για να βρει χρήματα εκτός από το κύπελλο των ζητιάνων».

«Γίνεσαι ακόμα πιο ρητορικός! Κι αν πρότεινα να δοκιμάσουμε τη φιλοσοφία σου, που είναι γεμάτη κομπασμό, σ' αυτόν τον πραγματικό κόσμο;».

«Θα συμφωνούσα! Περιορίζεις το Θεό σ' έναν θεωρητικό κόσμο;».

«Θα δούμε· σήμερα θα έχεις τη δυνατότητα είτε να διευρύνεις τις απόψεις μου, ώστε να συγκλίνουν με τις δικές σου, είτε να τις επιβεβαιώσεις». Ο Ανάντα σταμάτησε για μια δραματική στιγμή και μετά μίλησε αργά και σοβαρά.

«Προτείνω να σε στείλω, μαζί με τον φίλο σου μαθητή Τζιτέντρα, σήμερα το πρωί, στην κοντινή πόλη Μπρίνταμπαν (Brindaban). Δεν πρέπει να πάρεις ούτε μια μοναδική ρουπία· δεν πρέπει να ζητιανέψεις, είτε για φαγητό είτε για χρήματα· δεν πρέπει να αποκαλύψεις σε κανέναν τη δύσκολη θέση σου· δεν πρέπει να μείνεις χωρίς γεύματα· και δεν πρέπει

---

² Taj Mahal, το διάσημο σε όλο τον κόσμο μαυσωλείο.

να ξεμείνεις στο Μπρίνταμπαν. Αν επιστρέψεις στο σπίτι μου εδώ πριν τις δώδεκα σήμερα το βράδυ χωρίς να έχεις παραβιάσει κανέναν κανόνα της δοκιμασίας, θα είμαι ο πιο κατάπληκτος άνθρωπος στην Άγκρα!».

«Δέχομαι την πρόκληση». Κανένας δισταγμός δεν υπήρχε στα λόγια μου ή στην καρδιά μου. Άστραψαν στον νου μου ευγνώμονες αναμνήσεις της Άμεσης Ευεργεσίας: η θεραπεία μου από την θανατηφόρα ασιατική χολέρα μέσω της ικεσίας προς τη φωτογραφία του Λαχίρι Μαχασάγια· το παιχνιδιάρικο δώρο των δύο χαρταετών στη στέγη της Λαχόρης· το φυλαχτό που ήρθε την κατάλληλη ώρα, μέσα στην απογοήτευσή μου στο Μπαρέιλι· το αποφασιστικό μήνυμα του σάντου έξω από την αυλή του ειδήμονα στο Μπενάρες· το όραμα της Θεϊκής Μητέρας και τα μεγαλειώδη λόγια αγάπης Της· η γρήγορη επέμβασή Της, μέσω του Δασκάλου Μαχασάγια, για να με προφυλάξει ακόμα και από ασήμαντες ενοχλήσεις· η καθοδήγηση της τελευταίας στιγμής που κατέστησε εφικτό να αποκτήσω το απολυτήριο του Λυκείου· και το έσχατο θείο δώρο, ο ζωντανός Δάσκαλός μου που αναδύθηκε από την ομίχλη των ονείρων όλης μου της ζωής. Ποτέ δεν θα θεωρούσα τη «φιλοσοφία» μου ανεπαρκή για κανέναν αγώνα στα σκληρά εγκόσμια πεδία!

«Η προθυμία σου σε τιμά. Θα σας συνοδεύσω στο τρένο αμέσως», είπε ο Ανάντα.

Στράφηκε προς τον Τζιτέντρα που είχε μείνει με ανοιχτό το στόμα. «Θα πρέπει να πας μαζί του – σαν μάρτυρας και, πολύ πιθανόν, σαν θύμα!».

Μισή ώρα αργότερα, ο Τζιτέντρα κι εγώ είχαμε εισιτήρια για το ταξίδι μέχρι το Μπρίνταμπαν, χωρίς εισιτήρια επιστροφής. Υποστήκαμε σωματική έρευνα σε μια απομονωμένη γωνία του σταθμού. Ο Ανάντα γρήγορα ευχαριστήθηκε που δεν είχαμε μαζί μας κρυμμένα χρήματα· τα απλά μας *ντότι*[3] δεν έκρυβαν παρά μόνο όσα ήταν απαραίτητα.

Καθώς το σοβαρό οικονομικό θέμα εισέβαλε στο πεδίο της πίστης στο Θεό, ο φίλος μου διαμαρτυρήθηκε. «Ανάντα, δώσε μου μία ή δύο ρουπίες σαν ασφάλεια. Να μπορώ να σου τηλεγραφήσω σε περίπτωση κακοτυχίας».

«Τζιτέντρα!». Το επιφώνημά μου ήταν έντονα επικριτικό. «Δεν θα προχωρήσω στη δοκιμασία αν πάρεις οποιοδήποτε χρηματικό ποσόν σαν ύστατη ασφάλεια».

«Υπάρχει κάτι καθησυχαστικό στον ήχο των κερμάτων». Ο

---

[3] Ένα ρούχο *ντότι* δένεται γύρω από τη μέση και καλύπτει τα πόδια.

*Δύο Αγόρια Χωρίς Δεκάρα στο Μπρίνταμπαν*

Τζιτέντρα δεν είπε τίποτα άλλο καθώς τον κοίταζα αυστηρά.

«Μουκούντα, δεν είμαι άκαρδος». Ένα ίχνος ταπεινότητας είχε υπεισέλθει στη φωνή του Ανάντα. Ίσως η συνείδησή του τον ενοχλούσε· ίσως επειδή έστελνε δύο απένταρα αγόρια σε μια ξένη πόλη· ίσως από τον ίδιο τον δικό του θρησκευτικό σκεπτικισμό. «Αν με οποιαδήποτε τύχη ή θεία χάρη περάσεις επιτυχώς τη δοκιμασία στο Μπρίνταμπαν, θα σου ζητήσω να με κάνεις μαθητή σου».

Αυτή η υπόσχεση ήταν κάπως περίεργη, αντίθετη με τα έθιμα στην προκειμένη περίπτωση. Ο μεγαλύτερος αδελφός μιας ινδικής οικογένειας σπάνια υποκλίνεται στα μικρότερα αδέλφια του· μετά τον Πατέρα, αυτός είναι που λαμβάνει σεβασμό και υπακοή. Δεν έμενε όμως χρόνος για να το σχολιάσω· το τρένο μας ήταν έτοιμο να αναχωρήσει.

Ο Τζιτέντρα παρέμεινε μελαγχολικά σιωπηλός καθώς το τρένο κάλυπτε την απόσταση. Τελικά ανασηκώθηκε και, σκύβοντας, με τσίμπησε σ' ένα ευαίσθητο σημείο.

«Δεν βλέπω κανένα σημάδι ότι ο Θεός θα μας παράσχει το επόμενο γεύμα μας!».

'Ήσυχα, άπιστε Θωμά· ο Κύριος εργάζεται για να μας βοηθήσει».

«Μπορείς επίσης να κανονίσεις να βιαστεί; Ήδη λιμοκτονώ και μόνο στην προοπτική του τι μας περιμένει. Έφυγα από το Μπενάρες για να δω το μαυσωλείο Τατζ, όχι για να μπω στο δικό μου!».

«Χαμογέλα, Τζιτέντρα! Σκέψου ότι θα πάμε για πρώτη φορά στο Μπρίνταμπαν και θα δούμε τα ιερά μέρη όπου έγιναν τόσα θαύματα![4] Χαίρομαι πολύ στη σκέψη ότι θα βαδίσω στο έδαφος που καθαγίασαν τα πόδια του Κρίσνα».

Η πόρτα του βαγονιού μας άνοιξε· κάθισαν δύο άνθρωποι. Η επόμενη στάση θα ήταν το τέλος της διαδρομής μας.

«Νεαρά παλικάρια, έχετε φίλους στο Μπρίνταμπαν;». Ο άγνωστος απέναντί μου ρώτησε με ενδιαφέρον που με ξάφνιασε.

«Αυτό δεν είναι δική σας δουλειά!». Απέστρεψα το βλέμμα μου με αγένεια.

«Μάλλον το σκάσατε από το σπίτι σας κάτω από τη γοητεία Αυτού που κλέβει τις Καρδιές.[5] Κι εγώ είμαι ευσεβής από τη φύση μου. Θεωρώ καθήκον μου να φροντίσω για το φαγητό σας και για ένα κατάλυμα για να ξεφύγετε από την υπερβολική ζέστη».

---

[4] Το Μπρίνταμπαν, δίπλα στον ποταμό Γιαμούνα, είναι η ινδική Ιερουσαλήμ. Εδώ ο αβατάρ Κρίσνα έδειξε το μεγαλείο του για το καλό της ανθρωπότητας.

[5] Χάρι· ένα προσφιλές όνομα με το οποίο ο Σρι Κρίσνα είναι γνωστός στους πιστούς του.

«Όχι, κύριε, αφήστε μας μόνους. Είστε πολύ καλός· κάνετε λάθος όμως, δεν το σκάσαμε από το σπίτι μας».

Δεν επακολούθησε περαιτέρω συζήτηση· το τρένο σταμάτησε. Καθώς ο Τζιτέντρα κι εγώ κατεβήκαμε στην πλατφόρμα, οι τυχαίοι σύντροφοί μας ένωσαν τα χέρια τους με τα δικά μας και παρήγγειλαν να έρθει μια άμαξα με άλογα.

Φτάσαμε μπροστά σ' ένα επιβλητικό ερημητήριο που βρισκόταν ανάμεσα σε αειθαλή πράσινα δέντρα μέσα σε καλά συντηρημένους κήπους. Οι ευεργέτες μας προφανώς ήταν γνωστοί εδώ· ένας χαμογελαστός νεαρός μάς οδήγησε χωρίς σχόλιο σ' ένα σαλόνι. Σύντομα μας πλησίασε μια γυναίκα, μεγάλη σε ηλικία, με αξιοπρεπή συμπεριφορά.

«Γκαουρί Μα, οι πρίγκιπες δεν μπορούσαν να έρθουν». Ένας από τους άντρες απευθύνθηκε στην οικοδέσποινα του άσραμ. «Την τελευταία στιγμή τα σχέδιά τους άλλαξαν· διαβιβάζουμε τη βαθύτατη λύπη τους. Φέραμε όμως δύο άλλους προσκεκλημένους. Μόλις συναντηθήκαμε στο τρένο ένιωσα κάτι να με τραβά σ' αυτούς, νιώθοντας πως είναι πιστοί του Κρίσνα».

«Γεια σας νεαροί φίλοι». Οι δύο γνωστοί μας προχώρησαν προς την πόρτα. «Θα συναντηθούμε ξανά, αν είναι θέλημα του Θεού».

«Είστε ευπρόσδεκτοι εδώ». Η Γκαουρί Μα χαμογέλασε σαν μαμά. «Δεν θα μπορούσατε να έρθετε σε καλύτερη μέρα. Περίμενα δύο ευγενείς, ιδιοκτήτες αυτού του ερημητηρίου. Θα ήταν κρίμα αν το φαγητό μου δεν έβρισκε κανέναν να το εκτιμήσει!».

Τα ευχάριστα λόγια είχαν μια παράξενη επιρροή στον Τζιτέντρα: ξέσπασε σε κλάματα. Η «προοπτική» που φοβόταν ότι μας περίμενε στο Μπρίνταμπαν κατέληξε σε βασιλική διασκέδαση· η ξαφνική αλλαγή της κατάστασης ήταν τόσο μεγάλη που δεν την άντεξε. Η οικοδέσποινα τον κοίταξε με περιέργεια, αλλά χωρίς σχόλιο· ίσως της ήταν γνώριμες οι εφηβικές ιδιοτροπίες.

Το μεσημεριανό αναγγέλθηκε· η Γκαουρί Μα μάς οδήγησε σε μια τραπεζαρία σε μια σκεπαστή βεράντα γεμάτη από γευστικές μυρωδιές. Εξαφανίστηκε στη διπλανή κουζίνα.

Την είχα προμελετήσει αυτή τη στιγμή. Διαλέγοντας το κατάλληλο μέρος στο σώμα του Τζιτέντρα, τον τσίμπησα και τον έκανα να πονέσει τόσο όσο πόνεσα κι εγώ στο τρένο.

«Άπιστε Θωμά, ο Κύριος εργάζεται – και μάλιστα γρήγορα!».

Η οικοδέσποινα ξαναμπήκε με μια *πούνκα*. Μας έκανε αέρα με τον παραδοσιακό ανατολίτικο τρόπο καθώς καθόμαστε οκλαδόν σε θέσεις με πλούσια διακοσμημένες κουβέρτες. Οι μαθητές του άσραμ μπήκαν και βγήκαν σερβίροντάς μας περίπου τριάντα πιάτα. Αντί για «μεσημεριανό», η περιγραφή θα μπορούσε να είναι μόνο «λουκούλειο γεύμα». Από τότε που ήρθαμε σ' αυτόν τον πλανήτη, ο Τζιτέντρα κι εγώ ποτέ στο παρελθόν δεν δοκιμάσαμε τέτοιες νοστιμιές.

«Το γεύμα ταιριάζει πράγματι σε πρίγκιπες, Τιμημένη Μητέρα! Τι θα μπορούσε να είναι πιο σημαντικό για τους πρίγκιπες από το να παραστούν σ' αυτό το συμπόσιο, δεν μπορώ να φανταστώ. Θα σας θυμόμαστε σ' όλη μας τη ζωή!».

Αφού ο Ανάντα δεν μας το επέτρεψε, δεν μπορούσαμε να εξηγήσουμε στην ευγενική κυρία ότι οι ευχαριστίες μας είχαν διπλή σημασία. Η ειλικρίνειά μας τουλάχιστον ήταν ολοφάνερη. Φύγαμε με τις ευλογίες της και με μια ελκυστική πρόταση να επισκεφθούμε ξανά το ερημητήριο.

Η ζέστη έξω ήταν ανελέητη. Ο φίλος μου κι εγώ βρήκαμε καταφύγιο κάτω από ένα μεγαλοπρεπές δέντρο *καντάμπα* που ορθωνόταν στην πύλη του άσραμ. Επακολούθησαν αιχμηρά λόγια· για μια φορά ακόμα ο Τζιτέντρα κυριεύτηκε από φόβο.

«Κοίτα πώς μ' έμπλεξες! Το μεσημεριανό φαγητό ήταν εντελώς τυχαίο γεγονός! Πώς θα δούμε τα αξιοθέατα χωρίς ούτε μια δεκάρα πάνω μας; Και πώς, στο καλό, θα με γυρίσεις πίσω στο σπίτι του Ανάντα;».

«Ξεχνάς το Θεό γρήγορα, τώρα που το στομάχι σου είναι γεμάτο». Τα λόγια μου δεν ήταν πικρόχολα, ήταν όμως επιτιμητικά. Πόσο λίγο διαρκεί η μνήμη του ανθρώπου όσον αφορά τις θεϊκές χάρες! Δεν υπάρχει κανένας άνθρωπος που να μην είδε κάποιες προσευχές του να εισακούονται.

«Αποκλείεται να ξεχάσω ποτέ την τρέλα μου να ριψοκινδυνέψω μ' έναν παράφρονα σαν εσένα!».

«Ησυχα Τζιτέντρα! Ο ίδιος Κύριος που μας τάισε θα μας δείξει το Μπρίνταμπαν και θα μας γυρίσει πίσω στην Άγκρα».

Ένας λεπτοκαμωμένος νεαρός με ευχάριστο παρουσιαστικό πλησίασε με γρήγορο βήμα. Σταματώντας κάτω από το δέντρο μας, υποκλίθηκε μπροστά μου.

«Αγαπητέ φίλε, εσείς και ο σύντροφός σας πρέπει να είστε ξένοι εδώ. Επιτρέψτε μου να γίνω ο οικοδεσπότης και οδηγός σας».

Είναι ιδιαίτερα δύσκολο για έναν Ινδό να χλομιάσει, αλλά το πρόσωπο του Τζιτέντρα ξαφνικά φάνηκε άρρωστο. Ευγενικά αρνήθηκα την προσφορά.

«Σίγουρα δεν με απορρίπτετε;». Η ανησυχία του ξένου θα φαινόταν κωμική σε άλλες συνθήκες.

«Γιατί όχι;».

«Είστε ο γκουρού μου». Τα μάτια του έψαξαν τα δικά μου με εμπιστοσύνη. «Κατά τη διάρκεια της μεσημεριανής μου προσευχής ο ευλογημένος Κρίσνα εμφανίστηκε σε όραμα. Μου έδειξε δύο ξεχασμένες μορφές κάτω απ' αυτό ακριβώς το δέντρο. Το ένα πρόσωπο ήταν το δικό σας, Δάσκαλέ μου! Πολλές φορές το είδα σε διαλογισμό. Πόσο θα χαρώ αν δεχθείτε τις ταπεινές μου υπηρεσίες!».

«Κι εγώ χαίρομαι που με βρήκες. Ούτε ο Θεός ούτε ο άνθρωπος μας ξέχασε!». Αν και ήμουν ακίνητος, χαμογελώντας στο πρόθυμο πρόσωπο μπροστά μου, μια εσωτερική υπόκλιση με έριξε στα Θεϊκά Πόδια.

«Αγαπημένοι φίλοι, θα τιμήσετε το σπίτι μου με μια επίσκεψή σας;».

«Είσαι ευγενικός, αλλά είναι αδύνατο. Είμαστε ήδη καλεσμένοι από τον αδελφό μου στην Άγκρα».

«Τουλάχιστον δώστε μου αναμνήσεις από μια ξενάγηση στο Μπρίνταμπαν μαζί σας».

Συμφώνησα με χαρά. Ο νεαρός, που είπε ότι το όνομά του ήταν Πρατάπ Τσάτερτζι, κάλεσε μια άμαξα με άλογα. Επισκεφθήκαμε τον Ναό Μαντaναμοχάνα και άλλους ναούς του Κρίσνα. Η νύχτα έπεσε πριν ολοκληρώσουμε τα προσκυνήματά μας.

«Με συγχωρείτε για λίγο, πάω να φέρω *σαντές*».[6] Ο Πρατάπ μπήκε σ' ένα κατάστημα δίπλα στον σιδηροδρομικό σταθμό. Ο Τζιτέντρα κι εγώ περιφερθήκαμε στον φαρδύ δρόμο, που τώρα ήταν γεμάτος από πλήθος ανθρώπων, στη σχετικά κρύα νύχτα. Ο φίλος μας έλειψε για λίγη ώρα αλλά τελικά επέστρεψε και μας πρόσφερε πολλά ζαχαρωτά.

«Σας παρακαλώ, επιτρέψτε μου να έχω αυτή τη θρησκευτική τιμή». Ο Πρατάπ χαμογέλασε ικετευτικά καθώς άπλωνε το χέρι του για να μας δώσει ένα μάτσο ρουπίες και δύο εισιτήρια που μόλις είχε αγοράσει για την Άγκρα.

Η ευλάβεια με την οποία τα δέχτηκα ήταν για το Αόρατο Χέρι. Αλήθεια, η γενναιοδωρία αυτού του Χεριού, που τόσο χλευάστηκε από τον Ανάντα, δεν είχε ξεπεράσει ακόμα και τα αναγκαία;

Ψάξαμε να βρούμε ένα απομονωμένο μέρος κοντά στο σταθμό.

«Πρατάπ, θα σου διδάξω την *Κρίγια* του Λαχίρι Μαχασάγια, του μεγαλύτερου γιόγκι της σύγχρονης εποχής. Η τεχνική του θα είναι ο γκουρού σου».

Η μύηση ολοκληρώθηκε σε μισή ώρα. «Η *Κρίγια* είναι το

---

[6] Ένα ινδικό ζαχαρωτό.

*Δύο Αγόρια Χωρίς Δεκάρα στο Μπρίνταμπαν*

τσιντάμανί[7] σου», είπα στον νέο σπουδαστή. «Η τεχνική που, όπως βλέπεις, είναι απλή, είναι η τέχνη της επίσπευσης της ανθρώπινης πνευματικής εξέλιξης. Οι ινδουιστικές Γραφές διδάσκουν ότι το εγώ πρέπει να ενσαρκώνεται ξανά και ξανά για ένα εκατομμύριο χρόνια μέχρι να απελευθερωθεί από τη *μάγια*. Αυτή η φυσιολογική περίοδος συντομεύεται σημαντικά μέσω της *Κρίγια Γιόγκα*. Όπως η ανάπτυξη ενός φυτού μπορεί να επιταχυνθεί πολύ περισσότερο από τον συνήθη ρυθμό του, όπως απέδειξε ο Τζαγκντίς Τσάντρα Μπος, έτσι και η ψυχολογική ανάπτυξη του ανθρώπου μπορεί επίσης να επιταχυνθεί με επιστημονικό τρόπο. Να εξασκείσαι πιστά· θα πλησιάσεις τον Γκουρού όλων των γκουρού».

«Μου υποδείχθηκε από το Θεό να έρθω να σας συναντήσω ώστε να βρω αυτό το γιογκικό κλειδί που έψαχνα τόσο καιρό!», είπε ο Πρατάπ σκεπτικός. «Αυτή η δραστική τεχνική θα με βοηθήσει να σπάσω τα δεσμά των αισθήσεων και να ελευθερωθώ για ανώτερες σφαίρες. Το όραμα σήμερα του Κυρίου Κρίσνα δεν θα μπορούσε να σημαίνει παρά μόνο το υπέρτατο καλό μου».

Μείναμε για λίγο σιωπηλοί κατανοώντας ο ένας τον άλλον, μετά περπατήσαμε αργά αργά προς το σταθμό. Με χαρά επιβιβάστηκα στο τρένο, αλλά αυτή ήταν η μέρα του Τζιτέντρα για δάκρυα. Ο στοργικός μου αποχαιρετισμός στον Πρατάπ διακόπηκε από πνιχτά αναφιλητά και από τους δύο συντρόφους μου. Το ταξίδι, για ακόμα μια φορά, βρήκε τον Τζιτέντρα να θρηνεί ταραγμένος. Όχι για τον εαυτό του αυτή τη φορά, αλλά εναντίον του εαυτού του.

«Πόσο ρηχή ήταν η πίστη μου· η καρδιά μου ήταν σαν πέτρα! Ποτέ στο μέλλον δεν θα αμφισβητήσω ξανά την προστασία του Θεού».

Τα μεσάνυχτα πλησίαζαν. Οι δύο «Σταχτοπούτες», που είχαν σταλεί έξω χωρίς δεκάρα, μπήκαν στην κρεβατοκάμαρα του Ανάντα. Ακριβώς όπως είχε αβασάνιστα προβλέψει, έμεινε αποσβολωμένος από κατάπληξη. Σιωπηλά έρρανα ένα τραπέζι με ρουπίες.

«Τζιτέντρα, πες την αλήθεια!». Ο τόνος του Ανάντα ήταν αστείος. «Αυτός ο νεαρός διέπραξε καμιά κλοπή;».

Καθώς όμως η εξιστόρηση προχωρούσε, ο αδελφός μου έγινε νηφάλιος, μετά σοβαρός.

«Ο νόμος της ζήτησης και της προσφοράς φτάνει σε πιο λεπτοφυείς

---

[7] Ένα μυθολογικό πετράδι με τη δύναμη να ικανοποιεί επιθυμίες. Επίσης ένα όνομα του Θεού.

Ο ΜΠΑΓΚΑΒΑΝ (ΚΥΡΙΟΣ) ΚΡΙΣΝΑ
Ο αγαπημένος αβατάρ της Ινδίας

σφαίρες απ' όσο είχα υποθέσει». Ο Ανάντα μίλησε μ' έναν πνευματικό ενθουσιασμό που ποτέ δεν είχε διαφανεί στο παρελθόν. «Καταλαβαίνω για πρώτη φορά την αδιαφορία σου για τους θησαυρούς του κόσμου και τη χυδαία συσσώρευση χρημάτων».

Παρά το γεγονός ότι ήταν αργά, ο αδελφός μου επέμεινε να λάβει την *ντίκσα*[8] στην *Κρίγια Γιόγκα*. Ο «γκουρού» Μουκούντα είχε στις πλάτες του, σε μια νύχτα, την ευθύνη δύο «μαθητών» που δεν έψαξε καν να βρει.

Την επόμενη μέρα φάγαμε πρωινό με μια αρμονία που δεν υπήρχε το προηγούμενο πρωί.

Χαμογέλασα στον Τζιτέντρα. «Δεν θα στερηθείς το Τατζ. Ας πάμε

---

[8] Πνευματική μύηση· από το σανσκριτικό ρήμα-ρίζα *ντικς*, «το να αφιερώνεις τον εαυτό σου».

*Δύο Αγόρια Χωρίς Δεκάρα στο Μπρίνταμπαν*

να το δούμε πριν ξεκινήσουμε για το Σεράμπουρ».

Αποχαιρετώντας τον Ανάντα, ο φίλος μου κι εγώ βρεθήκαμε γρήγορα μπροστά στο καμάρι της Άγκρα, το Τατζ Μαχάλ. Με λευκό μάρμαρο, εκθαμβωτικό με τον ήλιο, είναι ένα όραμα καθαρής συμμετρίας. Ο τέλειος χώρος που το περιβάλλει αποτελείται από σκούρα κυπαρίσσια, λαμπερό γρασίδι και μια ήρεμη λίμνη. Το εσωτερικό είναι υπέροχο με δαντελωτά σκαλίσματα διακοσμημένα με ένθετους ημιπολύτιμους λίθους. Λεπτοδουλεμένα στεφάνια και πάπυροι ξεπροβάλλουν με πολύπλοκα σχήματα από τα καφέ και βιολετί μάρμαρα. Ο φωτισμός από τον θόλο πέφτει πάνω στα κενοτάφια του αυτοκράτορα Σαχ Τζεχά και της Μουμτάζ-ί-Μαχάλ, της βασίλισσας της αυτοκρατορίας του και της καρδιάς του.

Αρκετά με τα αξιοθέατα! Επιθυμούσα τον γκουρού μου. Ο Τζιτέντρα κι εγώ λίγο αργότερα ταξιδεύαμε νότια με το τρένο, προς τη Βεγγάλη.

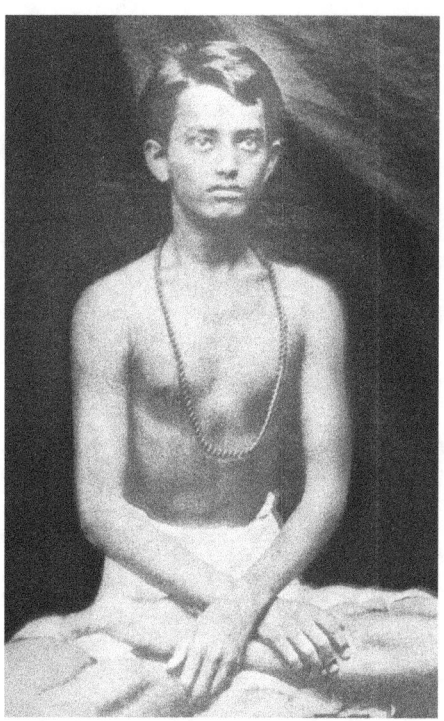

Ο ΤΖΙΤΕΝΤΡΑ ΜΑΖΟΥΜΝΤΑΡ
Σύντροφος του Γιογκανάντατζι στο
«πείραμα της φτώχειας» στο Μπρίνταμπαν.

«Μουκούντα, έχω να δω την οικογένειά μου πολλούς μήνες. Άλλαξα γνώμη· ίσως μια άλλη φορά να επισκεφτώ τον Δάσκαλό σου στο Σεράμπουρ».

Ο φίλος μου, που με επιείκεια μπορεί να περιγραφεί ως ασταθής στην ιδιοσυγκρασία του, με άφησε στην Καλκούτα. Με τοπικό τρένο σύντομα έφτασα στο Σεράμπουρ, δεκαεννέα χιλιόμετρα βόρεια.

Ένα σκίρτημα δέους με διαπέρασε καθώς συνειδητοποίησα ότι είχαν περάσει είκοσι οκτώ μέρες από τότε που συνάντησα τον γκουρού μου στο Μπενάρες. «Θα έρθεις σ' εμένα σε τέσσερις εβδομάδες!». Και πράγματι, έτσι έγινε. Ήμουν εκεί, με την καρδιά μου να χτυπά δυνατά καθώς στεκόμουν στην αυλή του, στην ήσυχη οδό Ράι Γκατ Λέιν. Μπήκα για πρώτη φορά στο ερημητήριο όπου θα περνούσα το καλύτερο μέρος των επόμενων δέκα ετών της ζωής μου με τον Γκιαναβατάρ, την «ενσάρκωση της σοφίας», της Ινδίας.

ΚΕΦΑΛΑΙΟ 12

# Από τα Χρόνια Που Πέρασα στο Ερημητήριο του Γκουρού Μου

«Ήρθες». Ο Σρι Γιουκτέσβαρ με χαιρέτησε από το δέρμα μιας τίγρης στο πάτωμα ενός καθιστικού με μπαλκόνι. Η φωνή του ήταν ψυχρή, η στάση του δεν εξέφραζε κανένα συναίσθημα.

«Ναι, αγαπητέ Δάσκαλε, ήρθα για να ακολουθήσω τη διδασκαλία σας». Γονατίζοντας, άγγιξα τα πόδια του.

«Πώς μπορεί να γίνει αυτό; Αγνοείς τις επιθυμίες μου».

«Όχι πια, Γκούρουτζι! Η κάθε επιθυμία σας θα είναι νόμος για μένα».

«Έτσι είναι καλύτερα! Τώρα μπορώ να αναλάβω την ευθύνη για τη ζωή σου».

«Πρόθυμα μεταφέρω το βάρος σ' εσάς, Δάσκαλε».

«Η πρώτη μου επιθυμία, τότε, είναι να γυρίσεις σπίτι στην οικογένειά σου. Θέλω να μπεις στο Κολλέγιο της Καλκούτα. Η εκπαίδευσή σου πρέπει να συνεχιστεί».

«Πολύ καλά κύριε». Έκρυψα την ταραχή μου. Τα ενοχλητικά βιβλία θα με καταδίωκαν συνεχώς; Πρώτα ο Πατέρας, τώρα ο Σρι Γιουκτέσβαρ!

«Κάποια μέρα θα πας στη Δύση. Οι άνθρωποί της θα είναι πιο δεκτικοί στην αρχαία σοφία της Ινδίας αν ο περίεργος Ινδός δάσκαλος έχει πτυχίο Πανεπιστημίου».

«Εσείς ξέρετε καλύτερα, Γκούρουτζι». Η θλίψη μου εξαφανίστηκε. Βρήκα την αναφορά για τη Δύση αινιγματική, μακρινή· η ευκαιρία όμως να ικανοποιήσω τον Δάσκαλο με την υπακοή μου ήταν ζωτικής σημασίας.

«Θα είσαι δίπλα, στην Καλκούτα· να έρχεσαι εδώ όποτε βρίσκεις χρόνο».

«Κάθε μέρα, αν γίνεται, Δάσκαλε! Με ευγνωμοσύνη δέχομαι την εξουσία σας πάνω σε κάθε λεπτομέρεια της ζωής μου – με έναν όρο».

«Ότι;».

«Ότι θα μου υποσχεθείτε πως θα μου αποκαλύψετε το Θεό!».

Επακολούθησε μια λεκτική διαμάχη που διήρκεσε μία ώρα. Ο λόγος ενός Δασκάλου δεν μπορεί να διαψευστεί· δεν δίνεται απερίσκεπτα. Η δεσμευτική υπόσχεση έχει σαν συνέπεια να ανοίξουν αχανείς ορίζοντες στο μεταφυσικό επίπεδο. Ένας γκουρού πρέπει πράγματι να έχει πλησιάσει πολύ τον Δημιουργό ώστε να Τον υποχρεώσει να εμφανιστεί! Ένιωσα την ενότητα του Σρι Γιουκτέσβαρ με το Θεό και ήμουν αποφασισμένος, ως μαθητής του, να τον πιέσω μ' αυτό το πλεονέκτημα.

«Είσαι πολύ απαιτητικός». Μετά, συμπονετικά, ο Δάσκαλος έδωσε την τελεσίδικη συναίνεσή του:

«Ας γίνει η επιθυμία σου επιθυμία μου».

Η σκιά μιας ολόκληρης ζωής βγήκε από την καρδιά μου· η αόριστη έρευνα εδώ κι εκεί είχε τελειώσει. Είχα βρει αιώνιο καταφύγιο σ' έναν πραγματικό γκουρού.

«Έλα, θα σου δείξω το ερημητήριο». Ο Δάσκαλος σηκώθηκε από το δέρμα της τίγρης. Ρίχνοντας μια ματιά γύρω μου, πρόσεξα σ' έναν τοίχο μια εικόνα με γιρλάντες με άρωμα γιασεμιού.

«Ο Λαχίρι Μαχασάγια!», είπα κατάπληκτος.

«Ναι, ο θεϊκός γκουρού μου». Η φωνή του Σρι Γιουκτέσβαρ παλλόταν από ευλάβεια. «Ήταν ο μεγαλύτερος, και σαν άνθρωπος και σαν γιόγκι, απ' όλους τους άλλους δασκάλους που βρήκα στις περιοχές που διερεύνησα».

Υποκλίθηκα σιωπηλά μπροστά στη γνωστή φωτογραφία. Από την ψυχή μου αναδύθηκε ένας μεγάλος σεβασμός για τον απαράμιλλο άγιο ο οποίος, ευλογώντας με από βρέφος, είχε καθοδηγήσει τα βήματά μου μέχρι εκείνη την ώρα.

Καθοδηγούμενος από τον γκουρού μου περιφέρθηκα στο σπίτι και στους περιβόλους του. Μεγάλο, αρχαίο και καλά χτισμένο, το ερημητήριο με τις ογκώδεις κολώνες περιέκλειε μια αυλή. Οι εξωτερικοί τοίχοι ήταν καλυμμένοι με αναρριχητικά φυτά· πάνω στην επίπεδη γκρι οροφή φτερούγιζαν κάποια περιστέρια που μοιράζονταν ανεπίσημα το κτίριο του άσραμ. Στο πίσω μέρος υπήρχε ένας όμορφος κήπος με δέντρα τζάκφρουτ, μάνγκο και πλαντέιν. Τα μπαλκόνια των δωματίων του πάνω ορόφου στο διώροφο κτίριο, που είχαν κάγκελα, έβλεπαν προς την αυλή από τρεις πλευρές. Μια μεγάλη, ψηλοτάβανη αίθουσα στο ισόγειο, που στηριζόταν σε κιονοστοιχίες, χρησιμοποιόταν, όπως είπε ο Δάσκαλος,

*Από τα Χρόνια Που Πέρασα στο Ερημητήριο του Γκουρού Μου*

κυρίως κατά τη διάρκεια των ετήσιων γιορτών *Ντουργκαπουτζά*.[1] Μια στενή σκάλα οδηγούσε στο καθιστικό του Σρι Γιουκτέσβαρ, του οποίου το μικρό μπαλκόνι είχε πρόσοψη στο δρόμο. Το άσραμ ήταν λιτά επιπλωμένο· όλα ήταν απλά, καθαρά και χρήσιμα. Υπήρχαν αρκετά παγκάκια, καρέκλες και τραπέζια δυτικής τεχνοτροπίας.

Ο Δάσκαλος με κάλεσε να μείνω εκεί το βράδυ. Το δείπνο από λαχανικά με κάρυ σερβιρίστηκε από δύο νεαρούς μαθητές που εκπαιδεύονταν στο ερημητήριο.

«Γκούρουτζι, σας παρακαλώ, πείτε μου κάτι από τη ζωή σας». Καθόμουν οκλαδόν πάνω σ' ένα ψάθινο χαλάκι δίπλα στο δέρμα της τίγρης. Τα φιλικά αστέρια, πέρα από το μπαλκόνι, φαίνονταν να είναι πολύ κοντά.

«Το οικογενειακό μου όνομα ήταν Πρίγια Νατ Καράρ. Γεννήθηκα[2] εδώ στο Σεράμπουρ, όπου ο Πατέρας ήταν ένας πλούσιος επιχειρηματίας. Μου άφησε αυτό το μεγάλο κτίριο των προγόνων μας που τώρα είναι το ερημητήριό μου. Η επίσημη μόρφωσή μου είναι λίγη· την έβρισκα αργή και ρηχή. Όταν μεγάλωσα ανέλαβα τις ευθύνες του οικογενειάρχη και έχω μια κόρη που τώρα είναι παντρεμένη. Αργότερα η ζωή μου ευλογήθηκε από την καθοδήγηση του Λαχίρι Μαχασάγια. Όταν πέθανε η γυναίκα μου μπήκα στο Τάγμα των Σουάμι και πήρα το νέο όνομα Σρι Γιουκτέσβαρ Γκιρί.[3] Αυτή είναι η απλή ιστορία μου».

Ο Δάσκαλος χαμογέλασε με το ανυπόμονο βλέμμα μου. Όπως συμβαίνει με όλα τα συνοπτικά βιογραφικά, τα λόγια του είχαν περιγράψει εξωτερικά γεγονότα χωρίς να αποκαλύπτουν τον εσωτερικό άνθρωπο.

«Γκούρουτζι, θα ήθελα να ακούσω μερικές ιστορίες από την παιδική σας ηλικία».

«Θα σου πω μερικές – κάθε μία με ένα δίδαγμα!». Τα μάτια του Σρι Γιουκτέσβαρ έλαμψαν με την προειδοποίησή του. «Η μητέρα μου κάποτε προσπάθησε να με φοβίσει με μια αποκρουστική ιστορία σχετικά

---

[1] «Προσκύνημα της Ντούργκα». Αυτό είναι το μεγαλύτερο θρησκευτικό πανηγύρι του βεγγαλικού ημερολογίου και στα περισσότερα μέρη διαρκεί εννέα μέρες, κατά το μήνα Ασβίνα (Σεπτέμβριο – Οκτώβριο). Η Ντούργκα, κατά κυριολεξία «η Απρόσιτη», είναι μια όψη της Θεϊκής Μητέρας, της Σάκτι, η προσωποποίηση της θηλυκής δημιουργικής δύναμης. Παραδοσιακά θεωρείται η καταστροφέας κάθε κακού.

[2] Ο Σρι Γιουκτέσβαρ γεννήθηκε στις 10 Μαΐου του 1855.

[3] *Γιουκτέσβαρ* σημαίνει «ενωμένος με τον Ισβάρα» (ένα όνομα του Θεού). *Γκιρί* είναι μια κατάταξη ανάμεσα στα δέκα ταξινομημένα αρχαία τάγματα Σουάμι. *Σρι* σημαίνει «ιερός»· δεν είναι όνομα αλλά ένας τίτλος που δηλώνει σεβασμό.

με ένα φάντασμα σ' ένα σκοτεινό δωμάτιο. Πήγα εκεί αμέσως και εξέφρασα την απογοήτευσή μου που δεν πρόλαβα να το δω. Η Μητέρα ποτέ δεν μου είπε κανένα άλλο τρομακτικό παραμύθι. Δίδαγμα: Κοίτα τον φόβο κατάματα και θα σταματήσει να σ' ενοχλεί.

»Άλλη μια ανάμνηση από τα παιδικά μου χρόνια είναι η επιθυμία μου να αποκτήσω έναν άσχημο σκύλο που ανήκε σ' έναν γείτονα. Για πολλές εβδομάδες είχα αναστατώσει το σπίτι για να μου φέρουν τον συγκεκριμένο σκύλο. Έκλεινα τα αυτιά μου όποτε μου πρότειναν να μου προσφέρουν κατοικίδια με πιο ελκυστικό παρουσιαστικό. Δίδαγμα: Η προσκόλληση τυφλώνει· προσδίδει μια πλασματική άλω γοητείας στο αντικείμενο της επιθυμίας.

»Μια τρίτη ιστορία αφορά την προσαρμοστικότητα του νεαρού νου. Άκουγα περιστασιακά τη μητέρα μου να κάνει την εξής παρατήρηση: "Ένας άνθρωπος που δέχεται να δουλεύει κάτω από τις διαταγές κάποιου άλλου είναι δούλος". Αυτή η εντύπωση έμεινε τόσο ανεξίτηλα μέσα μου που ακόμα και μετά το γάμο μου αρνήθηκα κάθε υπαλληλική θέση. Ανταπεξερχόμουν στα έξοδα επενδύοντας την οικογενειακή μου περιουσία σε γη. Δίδαγμα: Τα ευαίσθητα αυτιά των παιδιών θα πρέπει να ακούν μόνο καλές και θετικές υποδείξεις. Οι ιδέες της παιδικής ηλικίας παραμένουν βαθιά χαραγμένες».

Ο Δάσκαλος έπεσε σε ήρεμη σιωπή. Γύρω στα μεσάνυχτα με οδήγησε σ' ένα στενό πτυσσόμενο κρεβάτι. Ο ύπνος ήταν βαθύς και γλυκός το πρώτο βράδυ κάτω από τη στέγη του γκουρού μου.

Ο Σρι Γιουκτέσβαρ επέλεξε το επόμενο πρωινό για να μου παραχωρήσει τη μύηση στην *Κρίγια Γιόγκα*. Την τεχνική την είχα ήδη μάθει από δύο μαθητές του Λαχίρι Μαχασάγια – τον Πατέρα και τον Σουάμι Κεμπαλανάντα. Ο Δάσκαλος όμως διέθετε μια δύναμη που μεταμόρφωνε· με το άγγιγμά του ένα έντονο φως πλημμύρισε όλο μου το είναι σαν τη λαμπρότητα αμέτρητων ήλιων που ακτινοβολούσαν συγχρόνως. Μια πλημμύρα ανείπωτης μακαριότητας κυρίευσε την καρδιά μου μέχρι τα μύχια μέρη της.

Έφτασε το απόγευμα της επόμενης μέρας μέχρι να καταφέρω με βαριά καρδιά να φύγω από το ερημητήριο.

«Θα γυρίσεις σε τριάντα μέρες». Καθώς έμπαινα στο σπίτι μου στην Καλκούτα σκεφτόμουν ότι η πρόβλεψη του Δασκάλου είχε επαληθευτεί. Κανένας από τους συγγενείς μου δεν έκανε τις αιχμηρές παρατηρήσεις που φοβόμουν για το «πουλί που πετούσε».

Ανέβηκα στη μικρή μου σοφίτα και της έριξα στοργικές ματιές, σαν να ήταν μια ζωντανή παρουσία. «Είδες τους διαλογισμούς μου και τα δάκρυα και τις καταιγίδες της *σάντανά* μου. Τώρα έφτασα στο λιμάνι του θεϊκού μου Δασκάλου».

«Γιε μου, είμαι πολύ χαρούμενος και για τους δυο μας». Ο Πατέρας κι εγώ καθόμασταν μαζί στην ηρεμία του απογεύματος. «Βρήκες τον γκουρού σου με τον ίδιο θαυματουργό τρόπο με τον οποίο βρήκα κάποτε κι εγώ τον δικό μου. Το ιερό χέρι του Λαχίρι Μαχασάγια φυλάει τη ζωή μας. Ο Δάσκαλός σου αποδείχθηκε ότι δεν είναι κάποιος απρόσιτος άγιος στα Ιμαλάια αλλά κάποιος που μένει εδώ κοντά. Οι προσευχές μου εισακούσθηκαν: στην αναζήτησή σου για το Θεό δεν απομακρύνθηκες για πάντα από κοντά μου».

Ο Πατέρας ήταν επίσης ευχαριστημένος που θα συνέχιζα τις επίσημες σπουδές μου· προέβη στις απαραίτητες διευθετήσεις. Γράφτηκα την επόμενη μέρα στο κοντινό Κολλέγιο Scottish Church στην Καλκούτα.

Πέρασαν ευτυχισμένοι μήνες. Οι αναγνώστες μου αναμφισβήτητα έχουν κάνει την οξυδερκή εικασία ότι δεν εμφανιζόμουν και πολύ συχνά στις τάξεις του Κολλεγίου. Το ερημητήριο στο Σεράμπουρ ήταν ακαταμάχητος πειρασμός για μένα. Ο Δάσκαλος δέχτηκε τη συνεχή παρουσία μου χωρίς σχόλιο. Προς ανακούφισή μου σπάνια αναφερόταν στις αίθουσες διδασκαλίας. Παρ' όλο που ήταν ξεκάθαρο σε όλους ότι ποτέ δεν θα γινόμουν διανοούμενος, κατάφερνα κατά καιρούς να περνώ τα μαθήματα με τον ελάχιστο απαιτούμενο βαθμό.

Η καθημερινή ζωή στο άσραμ κυλούσε ήρεμα, ποικίλλοντας σπάνια. Ο γκουρού μου ξυπνούσε πριν την αυγή. Ξαπλωμένος, ή μερικές φορές καθισμένος στο κρεβάτι του, έμπαινε στην κατάσταση του *σαμάντι*.[4] Ήταν πάρα πολύ απλό να ανακαλύψει κάποιος πότε ο Δάσκαλος είχε ξυπνήσει: απότομο σταμάτημα του ιδιαίτερα θορυβώδους ροχαλητού του.[5] Ένας ή δύο αναστεναγμοί· ίσως μια κίνηση του σώματος. Μετά μια σιωπηλή κατάσταση του σταματήματος της αναπνοής: ήταν σε βαθιά γιογκική χαρά.

Δεν επακολουθούσε πρωινό· πρώτα έκανε μια μεγάλη βόλτα στον Γάγγη. Αυτοί οι πρωινοί περίπατοι με τον γκουρού μου – πόσο ζωντανοί είναι ακόμα στη μνήμη μου! Ανακαλώντας εύκολα τις αναμνήσεις

---

[4] Κατά κυριολεξία «κατευθύνω μαζί». Το *σαμάντι* είναι μια μακάρια υπερσυνείδητη κατάσταση στην οποία ο γιόγκι αντιλαμβάνεται την ταύτιση της εξατομικευμένης ψυχής του με το Συμπαντικό Πνεύμα.

[5] Το ροχαλητό σύμφωνα με τους φυσιολόγους είναι μια ένδειξη πλήρους χαλάρωσης.

μου, συχνά βρίσκω τον εαυτό μου δίπλα του. Ο πρωινός ήλιος ζεσταίνει το ποτάμι· η φωνή του ηχεί πλούσια, με την αυθεντία της σοφίας.

Ένα μπάνιο, μετά ένα μεσημεριανό γεύμα. Η προετοιμασία του, σύμφωνα με τις καθημερινές υποδείξεις του Δασκάλου, ήταν το προσεκτικό καθήκον των νεαρών μαθητών. Ο γκουρού μου ήταν χορτοφάγος. Πριν γίνει μοναχός ωστόσο έτρωγε αυγό και ψάρι. Η συμβουλή του στους σπουδαστές ήταν να ακολουθούν οποιαδήποτε διατροφή ταίριαζε στην ιδιοσυγκρασία του καθενός.

Ο Δάσκαλος έτρωγε λίγο· συνήθως ρύζι με κουρκούμι ή ζωμό τεύτλων ή σπανάκι πασπαλισμένο με *γκι* από βουβάλι ή λιωμένο βούτυρο. Μια άλλη μέρα μπορεί να έτρωγε *νταλ* με φακές ή *τσάνα*[6] κάρυ με λαχανικά. Για επιδόρπιο, πουτίγκα με ρύζι με μάνγκο ή πορτοκάλια ή χυμό από τζάκφρουτ.

Οι επισκέπτες έρχονταν τα απογεύματα. Υπήρχε μια σταθερή ροή κόσμου προς το ήσυχο ερημητήριο. Ο γκουρού μου φερόταν σε όλους τους επισκέπτες με ευγένεια και καλοσύνη. Ένας Δάσκαλος –κάποιος που έχει συνειδητοποιήσει ότι είναι η πανταχού παρούσα ψυχή, όχι το σώμα ή το εγώ– αντιλαμβάνεται σε όλους τους ανθρώπους μια εντυπωσιακή ομοιότητα.

Η αμεροληψία των αγίων έχει τις ρίζες της στη σοφία. Δεν επηρεάζονται πλέον από τις εναλλασσόμενες όψεις της *μάγια*, δεν υπόκεινται πλέον σε καταστάσεις που να τους αρέσουν ή να μην τους αρέσουν που μπερδεύουν την κρίση των αφώτιστων ανθρώπων. Ο Σρι Γιουκτέσβαρ δεν αντιμετώπιζε με ιδιαίτερο τρόπο τους δυνατούς, τους πλούσιους, ή τους επιτυχημένους· ούτε έδινε λιγότερη σημασία σε ανθρώπους που ήταν φτωχοί ή αγράμματοι. Άκουγε με σεβασμό τα λόγια ενός παιδιού που έλεγε την αλήθεια· και, ανάλογα με την περίσταση, αγνοούσε φανερά έναν επαρμένο ειδήμονα.

Στις οκτώ σερβιριζόταν το βραδινό φαγητό και μερικές φορές παρέμεναν κάποιοι επισκέπτες. Ο γκουρού μου δεν αποσυρόταν για να φάει μόνος· κανένας δεν έφευγε από το άσραμ του πεινασμένος ή ανικανοποίητος. Ο Σρι Γιουκτέσβαρ ποτέ δεν τα έχανε, ποτέ δεν ανησυχούσε όταν έρχονταν απρόοπτα επισκέπτες· με τις ευρηματικές του οδηγίες προς τους μαθητές του, ακόμα και μικρές ποσότητες φαγητού γίνονταν ολόκληρο δείπνο. Εντούτοις ήταν οικονόμος· γι' αυτό και τα

---

[6] Το *νταλ* είναι μια παχύρρευστη σούπα φτιαγμένη από κομμένα μπιζέλια ή άλλα όσπρια. Το *τσάνα* είναι τυρί από φρέσκο γάλα, πηγμένο· συχνά σε κύβους με κάρυ με πατάτες.

*Από τα Χρόνια Που Πέρασα στο Ερημητήριο του Γκουρού Μου*

μέτρια εισοδήματά του επαρκούσαν κατά πολύ. «Να είστε άνετοι μέσα στα όρια του πορτοφολιού σας», έλεγε συχνά. «Η σπατάλη θα σας φέρει σε δύσκολη θέση». Είτε επρόκειτο για τη φιλοξενία στο ερημητήριο είτε για οικοδομικές ή επισκευαστικές εργασίες είτε για άλλα πρακτικά ζητήματα, ο Δάσκαλος εκδήλωνε την πρωτοτυπία ενός δημιουργικού πνεύματος.

Οι ήσυχες απογευματινές ώρες συχνά οδηγούσαν σε κάποια από τις ομιλίες του γκουρού μου: αιώνιους θησαυρούς. Η κάθε λέξη που πρόφερε ήταν σμιλευμένη με σοφία. Μια ανυπέρβλητη αυτοπεποίθηση χαρακτήριζε τον τρόπο με τον οποίο εκφραζόταν: ήταν μοναδικός. Δεν είχα ποτέ ακούσει κανέναν άλλον να μιλά έτσι. Ζύγιζε τις σκέψεις του ισορροπώντας τες προσεκτικά με διάκριση πριν τις ντύσει με το εξωτερικό ένδυμα της ομιλίας. Η ουσία της αλήθειας που ήταν διάχυτη παντού, επιδρώντας ακόμα και από σωματική άποψη, έβγαινε από μέσα του σαν άρωμα αναδυόμενο από την ψυχή του. Πάντα είχα επίγνωση ότι ήμουν μπροστά σε μια ζωντανή εκδήλωση του Θεού. Το μέγεθος της θεϊκής του φύσης αυτόματα έκανε το κεφάλι μου να υποκλίνεται μπροστά του.

Αν ενώ υπήρχαν επισκέπτες άρχιζε να απορροφάται από το Άπειρο, ο Σρι Γιουκτέσβαρ γρήγορα επανερχόταν και άρχιζε να συζητά μαζί τους. Ήταν ανίκανος να παίρνει πόζα ή να επιδεικνύει την εσωτερική του απόσυρση. Πάντα ένα με τον Κύριο, δεν χρειαζόταν ξεχωριστές στιγμές για να επικοινωνήσει μαζί Του. Ένας Δάσκαλος που έχει επιτύχει τη συνειδητοποίηση του Εαυτού του έχει ήδη αφήσει πίσω του τη διαδικασία του διαλογισμού. «Το άνθος πέφτει όταν εμφανίζεται ο καρπός». Οι άγιοι όμως συχνά εμμένουν σε πνευματικούς τύπους για να δώσουν το παράδειγμα στους μαθητές τους.

Όταν πλησίαζαν τα μεσάνυχτα ο γκουρού μου έπεφτε για ύπνο με τη φυσικότητα ενός παιδιού. Δεν υπήρχε καμία ιδιαίτερη διαδικασία για τον ύπνο. Συχνά ξάπλωνε χωρίς καν μαξιλάρι σ' έναν στενό καναπέ που ήταν πίσω από τη συνηθισμένη θέση του στο δέρμα της τίγρης.

Δεν ήταν σπάνιες οι ολονύκτιες φιλοσοφικές συζητήσεις· οποιοσδήποτε μαθητής μπορεί να τις προκαλούσε αν το θέμα ήταν ενδιαφέρον. Εκείνες τις ώρες δεν ένιωθα καμία κούραση, καμία διάθεση να κοιμηθώ· μου ήταν επαρκή τα γεμάτα ζωντάνια λόγια του Δασκάλου. «Α, ξημέρωσε! Ας πάμε μια βόλτα στο Γάγγη». Έτσι τελείωναν πολλές ολονυκτίες διαπαιδαγώγησής μου.

Οι αρχικοί μου μήνες κοντά στον Σρι Γιουκτέσβαρ κορυφώθηκαν μ' ένα χρήσιμο μάθημα: «Πώς να Ξεγελάσεις Ένα Κουνούπι». Στο σπίτι μου η οικογένειά μου πάντα χρησιμοποιούσε προστατευτικές κουρτίνες τα βράδια. Ανησύχησα όταν ανακάλυψα ότι στο ερημητήριο του Σεράμπουρ αυτή η συνετή συνήθεια έλαμπε δια της απουσίας της. Τα έντομα όμως βρίσκονταν σαν στο σπίτι τους· με τσίμπησαν από το κεφάλι ως τα πόδια. Ο γκουρού μου με λυπήθηκε.

«Αγόρασε μια κουνουπιέρα για σένα καθώς και μία για μένα». Γέλασε και πρόσθεσε: «Αν αγοράσεις μόνο μία για τον εαυτό σου, όλα τα κουνούπια θα συγκεντρωθούν πάνω μου!».

Υπάκουσα με περισσή ευγνωμοσύνη. Κάθε βράδυ που έμενα στο Σεράμπουρ ο γκουρού μου μου ζητούσε να τακτοποιήσω τις κουνουπιέρες για τον ύπνο.

Ένα βράδυ, όταν ένα σύννεφο από κουνούπια μάς περικύκλωσε, ο Δάσκαλος παρέλειψε να μου δώσει τις συνηθισμένες οδηγίες του. Άκουγα με νευρικότητα το γεμάτο προσδοκία βουητό των εντόμων. Ξαπλώνοντας στο κρεβάτι έκανα μια εξευμενιστική προσευχή. Μισή ώρα αργότερα έβηξα επιδεικτικά για να προσελκύσω την προσοχή του γκουρού μου. Μου φαινόταν ότι θα τρελαινόμουν από τα τσιμπήματα και ιδιαίτερα από το βουητό καθώς τα κουνούπια γιόρταζαν τη διψασμένη για αίμα τελετουργία τους.

Καμία απάντηση από τον Δάσκαλο· τον πλησίασα προσεκτικά. Δεν ανέπνεε. Αυτή ήταν η πρώτη φορά που τον είδα σε γιογκική έκσταση· τρομοκρατήθηκα.

«Πρέπει να σταμάτησε η καρδιά του!». Έβαλα έναν καθρέφτη κάτω από τη μύτη του· δεν εμφανίστηκε ίχνος αναπνοής. Για να βεβαιωθώ απόλυτα, για κάποια λεπτά έκλεισα το στόμα και τα ρουθούνια του με τα δάχτυλά μου. Το σώμα του ήταν κρύο και ακίνητο. Μέσα σε παραζάλη γύρισα προς την πόρτα για να φωνάξω για βοήθεια.

«Α, έτσι! Ένας εκκολαπτόμενος πειραματιστής! Η καημένη η μύτη μου!». Η φωνή του Δασκάλου παλλόταν από τα γέλια. «Γιατί δεν κοιμάσαι; Θα αλλάξει ολόκληρος ο κόσμος για σένα; Άλλαξε τον εαυτό σου: ξεφορτώσου τη συνειδητότητα των κουνουπιών».

Γύρισα υπάκουα στο κρεβάτι μου. Ούτε ένα έντομο δεν επιχείρησε να πλησιάσει. Συνειδητοποίησα ότι ο γκουρού μου είχε παλιότερα συμφωνήσει να μπουν κουνουπιέρες μόνο για να με ευχαριστήσει· δεν φοβόταν καθόλου τα κουνούπια. Με γιογκική δύναμη μπορούσε να τα εμποδίσει από το να τον τσιμπήσουν· ή, αν το επέλεγε, μπορούσε να ξεφύγει σε μια εσωτερική κατάσταση που τον έκανε άτρωτο.

«Αυτό ήθελε να μου αποδείξει», σκέφτηκα. «Αυτό είναι το γιογκικό επίπεδο στο οποίο πρέπει να προσπαθήσω να φτάσω». Ένας αληθινός γιόγκι μπορεί να περνά στο υπερσυνείδητο και να παραμένει σ' αυτό, άσχετα με τα πολυπληθή ερεθίσματα των αισθήσεων που δεν λείπουν ποτέ απ' αυτή τη γη – το βουητό των εντόμων, το διάχυτο, άπλετο φως της ημέρας! Στο πρώτο στάδιο του *σαμάντι* (το *σαμπικάλπα*) ο πιστός αποκόπτεται απ' όλα τα αισθητήρια ερεθίσματα του εξωτερικού κόσμου. Τότε ανταμείβεται με ήχους και σκηνές εσωτερικών βασιλείων που είναι πολύ ωραιότερα ακόμα κι από τον αρχέγονο Παράδεισο.[7]

Τα διδακτικά κουνούπια χρησίμευσαν και για ένα ακόμα από τα πρώτα μαθήματα στο άσραμ. Ήταν η όμορφη ώρα του λυκόφωτος. Ο γκουρού μου ερμήνευε απαράμιλλα τα αρχαία κείμενα. Ήμουν στα πόδια του, σε απόλυτη γαλήνη. Ένα αγενές κουνούπι διατάραξε το ειδύλλιο και ανταγωνίστηκε για την προσοχή μου. Καθώς έμπηξε τη δηλητηριώδη «υποδόρια βελόνα» στον μηρό μου, αυτόματα σήκωσα το χέρι μου για να το εκδικηθώ. Ματαίωση της επικείμενης εκτέλεσης! Πάνω στην ώρα θυμήθηκα τον αφορισμό του Πατάντζαλι σχετικά με την *αχίμσα* (το να μην κάνεις κακό).[8]

«Γιατί δεν το αποτελείωσες;».

«Δάσκαλε! Υποστηρίζετε ότι μπορούμε να αφαιρούμε μια ζωή;».

«Όχι, αλλά στον νου σου είχες ήδη δώσει το θανατηφόρο χτύπημα».

«Δεν καταλαβαίνω».

«Με την *αχίμσα* ο Πατάντζαλι εννοούσε την εκρίζωση της *επιθυμίας* να σκοτώσει κάποιος». Ο Σρι Γιουκτέσβαρ είχε διαβάσει τη σκέψη μου σαν ανοιχτό βιβλίο. «Αυτός ο κόσμος δεν είναι φτιαγμένος έτσι ώστε να είναι εύκολη η κυριολεκτική εφαρμογή της *αχίμσα*. Ο άνθρωπος μπορεί να αναγκαστεί να εξοντώσει πλάσματα που του κάνουν κακό. Δεν είναι όμως αναγκασμένος να νιώθει θυμό ή εχθρότητα. Όλες οι μορφές ζωής έχουν ίσα δικαιώματα να ζουν μέσα στη *μάγια*. Ο άγιος που ανακαλύπτει το μυστικό της δημιουργίας θα βρίσκεται σε αρμονία με τις αμέτρητες εκφράσεις της Φύσης που συχνά προκαλούν σύγχυση. Όλοι οι άνθρωποι μπορούν να καταλάβουν αυτήν την αλήθεια αν υπερβούν το πάθος για καταστροφή».

---

[7] Οι πανταχού παρούσες ικανότητες ενός γιόγκι με τις οποίες βλέπει, γεύεται, μυρίζει, αγγίζει και ακούει χωρίς να χρησιμοποιεί τα εξωτερικά αισθητήρια όργανα έχουν περιγραφεί ως εξής στην *Ταϊτίριγια Αρανυάκα (Taittiriya Aranyaka)*: «Ο τυφλός τρύπησε το μαργαριτάρι· αυτός που δεν είχε δάχτυλα πέρασε μια κλωστή μέσα απ' αυτό· αυτός που δεν είχε λαιμό το φόρεσε· κι αυτός που δεν είχε γλώσσα το επαίνεσε».

[8] «Μπροστά σ' έναν άνθρωπο που έχει τελειοποιηθεί στην *αχίμσα* (μη βία), η εχθρότητα [οποιουδήποτε πλάσματος] δεν εγείρεται». – *Γιόγκα Σούτρα* ΙΙ:35.

«Γκούρουτζι, θα πρέπει κάποιος να προσφέρει τον εαυτό του σαν θυσία αντί να σκοτώσει ένα άγριο θηρίο;».

«Όχι, το σώμα του ανθρώπου είναι πολύτιμο. Έχει την υψηλότερη εξελικτική αξία εξαιτίας των μοναδικών κέντρων του εγκεφάλου και της σπονδυλικής στήλης. Αυτά δίνουν τη δυνατότητα στον προχωρημένο πιστό να συλλάβει και να εκφράσει πλήρως τις πιο ευγενείς όψεις της θεότητας. Καμία κατώτερη μορφή δεν είναι εξοπλισμένη έτσι. Είναι αλήθεια ότι ο άνθρωπος βαρύνεται με το χρέος μιας μικρής αμαρτίας αν αναγκαστεί να σκοτώσει ένα ζώο ή οποιοδήποτε άλλο ζωντανό ον. Τα ιερά *σάστρα* όμως διδάσκουν ότι η αναίτια απώλεια του ανθρώπινου σώματος είναι μια σοβαρή παραβίαση του νόμου του κάρμα».

Αναστέναξα με ανακούφιση· η ενίσχυση των φυσικών ενστίκτων του ανθρώπου δεν παρέχεται εύκολα από τις Γραφές.

Ο Δάσκαλος απ' όσο ξέρω δεν βρέθηκε ποτέ πολύ κοντά σε λεοπάρδαλη ή τίγρη. Μια φορά όμως αντιμετώπισε μια θανάσιμη κόμπρα, την οποία απλώς κατέκτησε με την αγάπη του. Αυτό συνέβη στο Πούρι όπου ο γκουρού μου είχε ένα παραθαλάσσιο ερημητήριο. Ο Πραφούλα, ένας νεαρός μαθητής του Σρι Γιουκτέσβαρ στα κατοπινά χρόνια, ήταν με τον Δάσκαλο σ' αυτήν την περίσταση.

«Καθόμασταν στην ύπαιθρο κοντά στο άσραμ», μου είπε ο Πραφούλα. «Εμφανίστηκε κοντά μας μια κόμπρα, η προσωποποίηση του απόλυτου τρόμου, με πάνω από ένα μέτρο μήκος. Η κουκούλα της είχε διογκωθεί από θυμό καθώς ερχόταν με ταχύτητα προς εμάς. Ο Δάσκαλος την καλωσόρισε μ' ένα χαμόγελο, σαν να είχε έρθει ένα παιδί. Ταράχτηκα όταν είδα τον Σρι Γιουκτέσβαρ να χτυπά παλαμάκια ρυθμικά.[9] Διασκέδαζε τον τρομακτικό επισκέπτη! Έμεινα απόλυτα ακίνητος και σιωπηλός, προσευχόμενος μέσα μου ένθερμα. Το ερπετό, πολύ κοντά στον Δάσκαλο, στάθηκε ακίνητο, μαγνητισμένο από τη χαδιάρικη διάθεσή του. Η τρομακτική κουκούλα σταδιακά μίκρυνε· το φίδι γλίστρησε ανάμεσα από τα πόδια του Σρι Γιουκτέσβαρ και εξαφανίστηκε στους θάμνους.

»Το γιατί ο Δάσκαλος κουνούσε τα χέρια του και το γιατί η κόμπρα δεν τα δάγκωσε ήταν τότε ανεξήγητο για μένα», ολοκλήρωσε ο

---

[9] Η κόμπρα επιτίθεται γρήγορα σε οποιοδήποτε κινούμενο αντικείμενο βρίσκεται στην εμβέλειά της. Στις περισσότερες περιπτώσεις η απόλυτη ακινησία είναι η μόνη ελπίδα σωτηρίας.
Την κόμπρα τη φοβούνται ιδιαίτερα στην Ινδία όπου ετησίως προκαλεί περίπου πέντε χιλιάδες θανάτους.

Πραφούλα. «Από τότε συνειδητοποίησα ότι ο θεϊκός μας γκουρού είναι πέρα από φόβο και πέρα από τραυματισμό από οποιοδήποτε πλάσμα».

Ένα απόγευμα κατά τη διάρκεια των πρώτων μηνών στο άσραμ είδα τα μάτια του Σρι Γιουκτέσβαρ καρφωμένα πάνω μου να με κοιτούν διαπεραστικά.

«Είσαι υπερβολικά λεπτός, Μουκούντα».

Η παρατήρησή του άγγιξε μια ευαίσθητη χορδή μέσα μου· τα βαθουλωμένα μάτια μου και η σκελετωμένη μου εμφάνιση δεν μου άρεσαν. Από τα παιδικά μου χρόνια με ταλαιπωρούσε χρόνια δυσπεψία. Υπήρχαν πολλά μπουκαλάκια με τονωτικά στα ράφια του δωματίου μου στο σπίτι μου· κανένα δεν με είχε βοηθήσει. Περιστασιακά αναρωτιόμουν θλιμμένος αν άξιζε η ζωή μέσα σ' ένα σώμα τόσο αδύναμο.

«Τα φάρμακα έχουν όρια· η θεϊκή δημιουργική ζωική δύναμη δεν έχει κανένα. Πίστεψέ το αυτό: θα γίνεις υγιής και δυνατός».

Τα λόγια του Δασκάλου με έπεισαν ακαριαία ότι θα μπορούσα με επιτυχία να εφαρμόσω την αλήθεια που περιείχαν στη ζωή μου. Κανένας άλλος θεραπευτής (και είχα δοκιμάσει πολλούς) δεν μπόρεσε να εγείρει μέσα μου τόσο βαθιά πίστη.

Μέρα με τη μέρα η υγεία και η δύναμή μου αυξάνονταν. Μέσω της συγκαλυμμένης ευλογίας του Σρι Γιουκτέσβαρ, σε δύο εβδομάδες πήρα το βάρος που έψαχνα μάταια στο παρελθόν. Η ασθένεια στο στομάχι μου εξαφανίστηκε για πάντα.

Αργότερα, σε άλλες περιστάσεις, είχα την τιμή να δω από κοντά τον γκουρού μου να θεραπεύει θεϊκά ανθρώπους που έπασχαν από διαβήτη, επιληψία, φυματίωση, ή παράλυση.

«Χρόνια πριν είχα κι εγώ την αγωνία να πάρω βάρος», μου είπε ο Δάσκαλος λίγο μετά τη θεραπεία μου. «Κατά τη διάρκεια της ανάρρωσης μετά από μια βαριά ασθένεια επισκέφτηκα τον Λαχίρι Μαχασάγια στο Μπενάρες.

»"Κύριε", είπα, "ήμουν πολύ άρρωστος και έχασα πολύ βάρος".

»"Βλέπω, Γιουκτέσβαρ,[10] έκανες τον εαυτό σου άρρωστο και τώρα πιστεύεις ότι είσαι αδύνατος".

»Αυτήν την απάντηση δεν την περίμενα με τίποτα· ο γκουρού μου όμως πρόσθεσε ενθαρρυντικά:

---

[10] Ο Λαχίρι Μαχασάγια για την ακρίβεια είπε «Πρίγια» (το όνομα του Δασκάλου), όχι «Γιουκτέσβαρ» (μοναστικό όνομα, που δεν είχε πάρει ο γκουρού μου κατά τη διάρκεια της ζωής του Λαχίρι Μαχασάγια). (Βλ. σελ. 123.) Το όνομα «Γιουκτέσβαρ» αναφέρθηκε εδώ και σε μερικά ακόμα σημεία του βιβλίου για να αποφευχθεί η σύγχυση των δύο ονομάτων.

»"Για να δω· είμαι σίγουρος πως αύριο θα πρέπει να νιώθεις καλύτερα".

»Ο δεκτικός νους μου ερμήνευσε τα λόγια του ως υπαινιγμό ότι με θεράπευε σιωπηλά. Το επόμενο πρωί τον συνάντησα και αναφώνησα με αγαλλίαση: "Κύριε, αισθάνομαι πολύ καλύτερα σήμερα".

»"Πράγματι! Σήμερα τόνωσες τον εαυτό σου".

»"Όχι, Δάσκαλε!", διαμαρτυρήθηκα. "Εσείς με βοηθήσατε· αυτή είναι η πρώτη φορά εδώ και εβδομάδες που έχω έστω και λίγη ενέργεια μέσα μου".

»"Α, ναι! Η ασθένειά σου ήταν αρκετά σοβαρή. Το σώμα σου είναι ακόμα εύθραυστο· ποιος ξέρει πώς θα είσαι αύριο;".

»Με τη σκέψη ότι η ασθένεια μπορεί να επανερχόταν με έλουσε κρύος ιδρώτας. Το επόμενο πρωί με δυσκολία έσυρα τα πόδια μου στο σπίτι του Λαχίρι Μαχασάγια.

»"Κύριε, πάλι είμαι άρρωστος".

»Ο γκουρού μου με κοίταξε αινιγματικά. "Α, έτσι! Άλλη μια φορά έκανες τον εαυτό σου να αρρωστήσει".

»Η υπομονή μου είχε εξαντληθεί. "Γκουρουντέβα", είπα, "συνειδητοποιώ τώρα ότι μέρα με τη μέρα με γελοιοποιείτε. Δεν καταλαβαίνω γιατί δεν με πιστεύετε αφού λέω την αλήθεια".

»"Στην πραγματικότητα ήταν οι σκέψεις σου που σε έκαναν να νιώθεις τη μια αδύναμος και την άλλη δυνατός". Ο γκουρού μου με κοίταξε με στοργή. "Είδες πώς η υγεία σου ακολούθησε επακριβώς αυτό που το υποσυνείδητό σου περίμενε ότι θα γινόταν. Η σκέψη είναι μια δύναμη, ακριβώς όπως ο ηλεκτρισμός ή η βαρύτητα. Ο ανθρώπινος νους είναι μια σπίθα της παντοδύναμης συνειδητότητας του Θεού. Θα μπορούσα να σου αποδείξω πως οτιδήποτε ο δυνατός νους σου πιστεύει πολύ έντονα, θα μπορούσε να γίνει αμέσως".

»Γνωρίζοντας ότι ο Λαχίρι Μαχασάγια ποτέ δεν μιλούσε άσκοπα, του μίλησα με μεγάλο δέος και ευγνωμοσύνη: "Δάσκαλε, αν σκεφτώ ότι είμαι καλά και ότι ξαναπήρα το προηγούμενο βάρος μου, αυτά θα συμβούν στην πραγματικότητα;".

»"Έτσι είναι, ακόμα και αυτή τη στιγμή". Ο γκουρού μου μίλησε σοβαρά, με το βλέμμα του επικεντρωμένο στα μάτια μου.

»Αμέσως ένιωσα μια αύξηση όχι μόνο της δύναμής μου, αλλά και του βάρους μου. Ο Λαχίρι Μαχασάγια αποσύρθηκε σε σιωπή. Μετά από λίγες ώρες στα πόδια του, επέστρεψα στο σπίτι της μητέρας μου, όπου έμενα κατά τη διάρκεια των επισκέψεών μου στο Μπενάρες.

»"Γιε μου! Τι έγινε; Πρήζεσαι με υδρωπικία;". Η Μητέρα δεν πίστευε στα μάτια της. Το σώμα μου είχε πια το ίδιο βάρος και την ίδια ακμαιότητα όπως και πριν την αρρώστιά μου.

»Ζυγίστηκα και είδα ότι σε μία μέρα είχα πάρει είκοσι δύο κιλά· έμειναν για πάντα. Οι φίλοι και οι γνωστοί που είχαν δει τη λεπτή φιγούρα μου έμειναν εμβρόντητοι από την κατάπληξη. Κάποιοι απ' αυτούς άλλαξαν τον τρόπο ζωής τους και έγιναν μαθητές του Λαχίρι Μαχασάγια μετά απ' αυτό το θαύμα.

»Ο γκουρού μου, έχοντας επίγνωση του Θεού, γνώριζε πως αυτός ο κόσμος δεν είναι τίποτα άλλο από το όνειρο του Δημιουργού που φαίνεται πραγματικό και αντικειμενικό. Επειδή γνώριζε απόλυτα την ενότητά του με το Θεό που ονειρεύεται, ο Λαχίρι Μαχασάγια μπορούσε να υλοποιεί ή να εξαϋλώνει ή να επιφέρει οποιαδήποτε άλλη αλλαγή επιθυμούσε στα ονειρικά άτομα και μόρια του φαινομενικού κόσμου.[11]

»Όλη η δημιουργία κυβερνάται από νόμους», είπε συμπερασματικά ο Σρι Γιουκτέσβαρ. «Οι αρχές που λειτουργούν στο εξωτερικό σύμπαν, που μπορούν να ανακαλυφθούν από επιστήμονες, ονομάζονται φυσικοί νόμοι. Υπάρχουν όμως και πιο λεπτοφυείς νόμοι που κυβερνούν τα κρυμμένα πνευματικά πεδία και το εσωτερικό βασίλειο της συνειδητότητας· αυτές οι αρχές μπορούν να γίνουν γνωστές μέσω της επιστήμης της γιόγκα. Αυτός που καταλαβαίνει την αληθινή φύση της ύλης δεν είναι ο φυσικός επιστήμονας, αλλά ο Δάσκαλος που έχει επιτύχει τη συνειδητοποίηση του Εαυτού του. Με τέτοια γνώση ο Χριστός μπόρεσε να ξανακολλήσει το αυτί του υπηρέτη όταν αυτό κόπηκε από έναν από τους μαθητές».[12]

Ο γκουρού μου ήταν ένας απαράμιλλος ερμηνευτής των Γραφών. Πολλές από τις πιο χαρούμενες αναμνήσεις μου είναι οι ομιλίες του. Τα πολύτιμα πετράδια των σκέψεών του όμως δεν πετάχτηκαν στις στάχτες της αφηρημάδας ή της ανοησίας. Μια ανυπόμονη κίνηση του σώματός μου ή μια ανεπαίσθητη μείωση της προσοχής μου ήταν αρκετή για να σταματήσει απότομα την εξήγηση του Δασκάλου.

---

[11] «Όλα όσα ζητάτε προσευχόμενοι, να πιστεύετε ότι τα λαμβάνετε, και θα τα έχετε». – Κατά Μάρκο ΙΑ:24. Οι Δάσκαλοι που είναι ενωμένοι με το Θεό είναι απολύτως ικανοί να μεταφέρουν τις θεϊκές συνειδητοποιήσεις τους σε προχωρημένους μαθητές, όπως έκανε ο Λαχίρι Μαχασάγια για τον Σρι Γιουκτέσβαρ σ' αυτήν την περίπτωση.

[12] «Και χτύπησε ένας απ' αυτούς τον δούλο του αρχιερέα και έκοψε το αυτί του το δεξί. Και αποκρίθηκε ο Ιησούς και είπε· Δεν θα υποφέρεις άλλο· και έπιασε το αυτί του και τον θεράπευσε». –Κατά Λουκά ΚΒ:50-51.

«Δεν έχεις τον νου σου σ' αυτά που λέω». Ο Σρι Γιουκτέσβαρ σταμάτησε να μιλά ένα απόγευμα κάνοντας αυτήν την παρατήρηση. Ως συνήθως παρακολουθούσε αμείλικτα την προσοχή μου.

«Γκούρουτζι!». Μια χροιά διαμαρτυρίας υπήρχε στη φωνή μου. «Δεν σάλεψα· οι βλεφαρίδες μου ούτε καν κινήθηκαν· μπορώ να επαναλάβω κάθε λέξη που προφέρατε!».

«Παρ' όλα αυτά δεν είχες εστιασμένη όλη την προσοχή σου στα λόγια μου. Η αντίρρησή σου με αναγκάζει να παρατηρήσω ότι στο πίσω μέρος του νου σου υπήρχε η σκέψη ότι δημιουργούσες τρία ιδρύματα. Ένα ήταν ένα ησυχαστήριο σ' ένα δασώδες μέρος μιας πεδιάδας, ένα άλλο στην κορυφή ενός λόφου και ακόμα ένα κοντά στον ωκεανό».

Αυτές οι αόριστα σχηματισμένες σκέψεις ήταν πράγματι παρούσες σχεδόν υποσυνείδητα. Τον κοίταξα απολογητικά.

«Τι μπορώ να κάνω με τέτοιο Δάσκαλο – που διεισδύει ακόμα και στις τυχαίες ονειροπολήσεις μου;».

«Μου έχεις δώσει αυτό το δικαίωμα. Δεν μπορείς να συλλάβεις τις λεπτοφυείς αλήθειες που εξηγώ αν δεν είσαι απόλυτα συγκεντρωμένος. Αν δεν είναι απαραίτητο, δεν εισβάλλω στην ιδιωτική περιοχή του νου των άλλων. Ο άνθρωπος έχει το φυσικό προνόμιο να περιφέρεται με μυστικότητα μέσα στις σκέψεις του. Ούτε καν ο Κύριος δεν μπαίνει εκεί απρόσκλητος· ούτε εγώ επιχειρώ να εισβάλω».

«Είστε πάντα ευπρόσδεκτος, Δάσκαλε!».

«Τα αρχιτεκτονικά σου όνειρα θα πραγματοποιηθούν αργότερα. Τώρα είναι ώρα μελέτης!».

Έτσι, συμπτωματικά, με τον απλό τρόπο του, ο γκουρού μου αποκάλυψε ότι γνώριζε τον ερχομό τριών σημαντικών γεγονότων στη ζωή μου. Από τα νεανικά μου χρόνια έρχονταν στον νου μου αινιγματικές φευγαλέες εικόνες τριών κτιρίων, το καθένα σε διαφορετικό μέρος. Με την ακριβή σειρά την οποία ο Σρι Γιουκτέσβαρ είχε υποδείξει, αυτά τα οράματα τελικά υλοποιήθηκαν. Πρώτα ήρθε η ίδρυση εκ μέρους μου ενός σχολείου γιόγκα για αγόρια στο Ραντσί σε μια πεδιάδα, μετά ένα κεντρικό κτίριο στην κορυφή ενός λόφου στο Λος Άντζελες της Αμερικής και μετά ένα ερημητήριο στο Ενσινίτας της Καλιφόρνια με θέα στον απέραντο Ειρηνικό Ωκεανό.

Ο Δάσκαλος ποτέ δεν έλεγε αλαζονικά: «Προφητεύω ότι αυτό κι εκείνο θα συμβεί!». Αντιθέτως, έλεγε υπαινικτικά: «Δεν νομίζεις ότι αυτό θα μπορούσε να συμβεί;». Ο απλός λόγος του όμως έκρυβε τη δύναμη του χρησμού. Δεν υπήρχε αναίρεση· ποτέ οι ελαφρώς συγκαλυμμένες προβλέψεις του δεν αποδείχθηκαν λανθασμένες. Ο Σρι Γιουκτέσβαρ ήταν συγκρατημένος και ατάραχος στη συμπεριφορά του. Δεν είχε καμία σχέση με αόριστες ή ανόητες ουτοπίες. Τα πόδια του πατούσαν σταθερά στη γη, το κεφάλι του ήταν στο λιμάνι του παραδείσου. Θαύμαζε τους πρακτικούς ανθρώπους. «Αγιότητα δεν σημαίνει χαζομάρα! Οι θεϊκές αντιλήψεις δεν καθιστούν κάποιον ανήμπορο!», έλεγε. «Η έμπρακτη έκφραση της αρετής οξύνει τη νοημοσύνη στον μέγιστο βαθμό».

Ο γκουρού μου ήταν απρόθυμος να συζητά για τα υπερφυσικά βασίλεια. Η μοναδική «θαυμαστή» του αύρα ήταν μιας απόλυτης απλότητας. Στις συζητήσεις απέφευγε αναφορές που ξάφνιαζαν· στις πράξεις του εκφραζόταν ελεύθερα. Πολλοί δάσκαλοι μιλούσαν για θαύματα αλλά δεν μπορούσαν να πραγματοποιήσουν κανένα· ο Σρι Γιουκτέσβαρ σπάνια ανέφερε τους λεπτοφυείς νόμους, αλλά μυστικά τους έθετε σε λειτουργία κατά τη βούλησή του.

«Ένας άνθρωπος που έχει πετύχει τη συνειδητοποίηση του Εαυτού του δεν πραγματοποιεί κανένα θαύμα αν δεν λάβει μια εσωτερική άδεια», εξήγησε ο Δάσκαλος. «Ο Θεός δεν επιθυμεί να αποκαλύπτονται τα μυστικά της δημιουργίας Του χωρίς ιδιαίτερο λόγο.[13] Επίσης, κάθε άτομο στον κόσμο έχει το αναφαίρετο δικαίωμα της ελεύθερης βούλησης. Ένας άγιος δεν παραβιάζει αυτήν την ανεξαρτησία».

Η συνηθισμένη σιωπή του Σρι Γιουκτέσβαρ οφειλόταν στις βαθιές αντιλήψεις του του Απείρου. Δεν έμενε χρόνος για τις ατελείωτες «αποκαλύψεις» που γεμίζουν τις μέρες των δασκάλων που δεν έχουν επιτύχει τη συνειδητοποίηση του Εαυτού τους. Μια παροιμία των ινδουιστικών Γραφών λέει: «Στους ρηχούς ανθρώπους, το ψαράκι μιας μικρής σκέψης προκαλεί μεγάλη αναταραχή. Σ' έναν ωκεάνιο νου, οι φάλαινες της έμπνευσης με δυσκολία προκαλούν έστω κι έναν ελαφρό κυματισμό».

Επειδή ο γκουρού μου έδινε την εντύπωση ότι δεν είχε θεαματικές ικανότητες, λίγοι μόνο από τους συγχρόνους του τον αναγνώριζαν ως υπεράνθρωπο. Το ρητό: «Ανόητος είναι αυτός που δεν μπορεί να κρύψει τη σοφία του», ποτέ δεν θα μπορούσε να ειπωθεί για τον βαθυστόχαστο και ήσυχο Δάσκαλό μου.

Αν και γεννήθηκε θνητός σαν όλους τους άλλους, ο Σρι Γιουκτέσβαρ

---

[13] «Μη δώσετε το άγιο στα σκυλιά, ούτε να ρίξετε τα μαργαριτάρια σας μπροστά στα γουρούνια, μήπως και τα καταπατήσουν με τα πόδια τους και στραφούν και σας κομματιάσουν». - Κατά Ματθαίο Ζ:6.

κατάφερε να ταυτιστεί πλήρως με τον Άρχοντα του χρόνου και του χώρου. Ο Δάσκαλος δεν έβρισκε κανένα ανυπέρβλητο εμπόδιο στη συγχώνευση του ανθρώπινου με το Θείο. Με τον καιρό κατάλαβα ότι δεν υπάρχει τέτοιο φράγμα, εκτός από την πνευματική απροθυμία του ανθρώπου να μπει στην περιπέτεια της αναζήτησης.

Πάντα ένιωθα ρίγη συγκίνησης όταν άγγιζα τα άγια πόδια του Σρι Γιουκτέσβαρ. Ένας μαθητής μαγνητίζεται πνευματικά από την ευλαβική επαφή με τον Δάσκαλό του· παράγεται ένα λεπτοφυές ρεύμα. Οι ανεπιθύμητοι μηχανισμοί της συνήθειας στον εγκέφαλο του πιστού συχνά είναι σαν να καυτηριάζονται· οι ρίζες της ροπής του προς τα εγκόσμια εξασθενούν. Έστω και για μια στιγμή τουλάχιστον, μπορεί να δει τα μυστικά πέπλα της *μάγια* να ανασηκώνονται και να νιώσει φευγαλέα την πραγματικότητα της μακαριότητας. Όλο μου το σώμα ανταποκρινόταν με μια εξαγνιστική λάμψη όποτε γονάτιζα κατά τον ινδικό τρόπο μπροστά στον γκουρού μου.

«Ακόμα κι όταν ο Λαχίρι Μαχασάγια ήταν σιωπηλός», μου είπε ο Δάσκαλος, «ή όταν μιλούσε για θέματα που δεν ήταν αυστηρά θρησκευτικά, ανακάλυπτα ότι εντούτοις μου μεταβίβαζε ανείπωτη γνώση».

Ο Σρι Γιουκτέσβαρ είχε παρόμοια επιρροή πάνω μου. Αν έμπαινα στο ερημητήριο στενοχωρημένος ή αδιάφορος, η διάθεσή μου άλλαζε μ' έναν αδιόρατο τρόπο. Μια θεραπευτική γαλήνη με πλημμύριζε στη θέα και μόνο του γκουρού μου. Κάθε μέρα μαζί του ήταν μια νέα εμπειρία χαράς, γαλήνης και σοφίας. Ποτέ δεν τον είδα να παραπλανάται ή να εξάπτεται συναισθηματικά από απληστία, θυμό, ή ανθρώπινες προσκολλήσεις.

«Το σκοτάδι της *μάγια* πλησιάζει αθόρυβα. Ας σπεύσουμε να στραφούμε στο σπίτι μέσα μας». Μ' αυτά τα προειδοποιητικά λόγια ο Δάσκαλος υπενθύμιζε συνεχώς στους μαθητές του την ανάγκη να εξασκούνται στην *Κρίγια Γιόγκα*. Υπήρχαν φορές που κάποιος νέος μαθητής εξέφραζε αμφιβολίες σχετικά με το αν ήταν αρκετά άξιος ώστε να εξασκηθεί στη γιόγκα.

«Ξέχνα το παρελθόν», τον παρηγορούσε ο Σρι Γιουκτέσβαρ. «Οι περασμένες ζωές όλων των ανθρώπων είναι σκοτεινές από την πολλή ντροπή. Η ανθρώπινη συμπεριφορά είναι πάντα αναξιόπιστη μέχρι ο άνθρωπος να αγκυροβολήσει στο Θεό. Τα πάντα στο μέλλον θα βελτιωθούν αν κάνεις μια πνευματική προσπάθεια τώρα».

Ο Δάσκαλος είχε πάντα νέους *τσέλα* (μαθητές) στο άσραμ του. Η διανοητική και πνευματική τους εκπαίδευση ήταν το ενδιαφέρον όλης

*Από τα Χρόνια Που Πέρασα στο Ερημητήριο του Γκουρού Μου*

της ζωής του. Ακόμα και λίγο πριν εγκαταλείψει το σώμα του δέχτηκε σαν φιλοξενούμενους του ερημητηρίου δύο αγόρια έξι ετών και έναν νεαρό δεκαέξι ετών. Όλοι αυτοί εκπαιδεύονταν προσεκτικά υπ' ευθύνη του· «μαθητής» και «πειθαρχία» είναι άμεσα συνδεδεμένες έννοιες και, σε κάποιες γλώσσες, έχουν την ίδια ετυμολογία.

Οι κάτοικοι του άσραμ αγαπούσαν τον γκουρού τους κι ένιωθαν ευλάβεια γι' αυτόν· ένα ελαφρό χτύπημα των χεριών του αρκούσε για να τους φέρει πρόθυμα κοντά του. Όταν ήταν σιωπηλός και εσωτερικευμένος, κανένας δεν τολμούσε να μιλήσει· όταν το γέλιο του ακουγόταν πρόσχαρα, τα παιδιά τον ένιωθαν σαν δικό τους.

Ο Σρι Γιουκτέσβαρ σπάνια ζητούσε από τους άλλους να του προσφέρουν υπηρεσία σε προσωπικά θέματα, ούτε δεχόταν τη βοήθεια ενός *τσέλα* εκτός κι αν αυτή προσφερόταν με χαρά. Ο Δάσκαλος έπλενε μόνος του τα ρούχα του αν οι μαθητές του ξεχνούσαν αυτό το προνομιακό καθήκον.

Η συνηθισμένη του ενδυμασία ήταν το παραδοσιακό ράσο των σουάμι σε χρώμα ώχρας. Μέσα στο σπίτι φορούσε παπούτσια χωρίς κορδόνια που είχαν φτιαχτεί σύμφωνα με το γιογκικό έθιμο από δέρμα τίγρης ή ελαφιού.

Ο Σρι Γιουκτέσβαρ μιλούσε άπταιστα Αγγλικά, Γαλλικά, Βεγγαλικά και Ινδικά· τα Σανσκριτικά του ήταν καλά. Δίδασκε με υπομονή τους νεαρούς μαθητές του με κάποιες συντομεύσεις που είχε ευφυώς σκαρφιστεί για τη μελέτη των Αγγλικών και των Σανσκριτικών.

Ο Δάσκαλος δεν ήταν προσκολλημένος στη φροντίδα του σώματός του αλλά το πρόσεχε. Η Θεότητα, έλεγε, εκδηλώνεται σωστά μέσω σωματικής και νοητικής υγείας. Αποδοκίμαζε τις ακρότητες. Σ' έναν μαθητή που ήθελε να νηστέψει για μια μεγάλη περίοδο, ο γκουρού μου είπε γελώντας: «Γιατί να μη ρίξεις ένα κόκαλο στον σκύλο;».[14]

Η υγεία του Σρι Γιουκτέσβαρ ήταν εξαιρετική· ποτέ δεν τον είδα άρρωστο.[15] Για να δείξει σεβασμό στο εγκόσμιο έθιμο, επέτρεπε στους σπουδαστές του, αν το ήθελαν, να συμβουλεύονται γιατρούς. «Οι γιατροί», έλεγε, «θα πρέπει να συνεχίσουν το θεραπευτικό έργο τους μέσω των νόμων του Θεού όπως αυτοί εφαρμόζονται στην ύλη». Εκθείαζε όμως την ανωτερότητα της νοητικής θεραπείας και συχνά επαναλάμβανε: «Η σοφία είναι το μεγαλύτερο καθαριστικό». Έλεγε στους *τσέλα* του:

---

[14] Ο γκουρού μου ενέκρινε τη νηστεία ως την ιδεώδη φυσική μέθοδο καθαρισμού· ο συγκεκριμένος μαθητής όμως ασχολιόταν υπερβολικά με το σώμα του.

[15] Μια φορά αρρώστησε στο Κασμίρ, όταν δεν ήμουν μαζί του (βλ. σελ. 232).

«Το σώμα είναι ένας ύπουλος φίλος. Δώστε του ό,τι του αναλογεί· τίποτα περισσότερο. Ο πόνος και η ευχαρίστηση είναι παροδικά· να υπομένετε όλες τις δυαδικότητες με γαλήνη, προσπαθώντας ταυτόχρονα να είστε πέρα από τη δύναμή τους. Η φαντασία είναι η πόρτα μέσα από την οποία μπαίνουν και η αρρώστια και η θεραπεία. Πάψτε να πιστεύετε ότι η αρρώστια είναι πραγματική ακόμα κι αν είστε άρρωστοι· ένας επισκέπτης που αγνοείται, θα τραπεί σε φυγή!».

Ανάμεσα στους μαθητές του Δασκάλου υπήρχαν πολλοί γιατροί. «Αυτοί που έχουν σπουδάσει φυσιολογία θα πρέπει να προχωρήσουν πιο μακριά και να εξερευνήσουν την επιστήμη της ψυχής», τους έλεγε. «Ακριβώς πίσω από τον μηχανισμό του σώματος[16] είναι κρυμμένη μια λεπτοφυής πνευματική δομή».

Ο Σρι Γιουκτέσβαρ συμβούλευε τους σπουδαστές του να είναι ζωντανοί σύνδεσμοι των αρετών της Δύσης και της Ανατολής. Ο ίδιος, έχοντας ενστερνιστεί τις εξωτερικές συνήθειες της Δύσης, εσωτερικά ήταν ο πνευματικός άνθρωπος της Ανατολής. Επαινούσε το πνεύμα της Δύσης ως προς την τάση για πρόοδο, την ευρηματικότητα και την υγιεινή, αλλά και τα θρησκευτικά ιδεώδη που προσδίδουν μια αιώνια άλω στην Ανατολή.

Η πειθαρχία δεν μου ήταν άγνωστη· στο σπίτι ο Πατέρας ήταν αυστηρός, ο Ανάντα συχνά σκληρός. Η εκπαίδευση όμως του Σρι Γιουκτέσβαρ μπορεί να περιγραφεί μόνο ως δραστική. Τελειομανής, ο γκουρού μου ήταν υπερβολικός στην κριτική του στους μαθητές του, είτε σε θέματα της στιγμής, είτε σε λεπτές αποχρώσεις καθημερινής συμπεριφοράς.

«Οι καλοί τρόποι χωρίς ειλικρίνεια είναι σαν μια όμορφη νεκρή γυναίκα», παρατήρησε σε μια κατάλληλη περίσταση. «Η ευθύτητα

---

[16] Ένας θαρραλέος γιατρός, ο Τσαρλς Ρόμπερτ Ρισέ (Charles Robert Richet), που τιμήθηκε με το βραβείο Νόμπελ στη φυσιολογία, έγραψε τα εξής: «Η μεταφυσική δεν είναι ακόμα επίσημα επιστήμη, αναγνωρισμένη ως τέτοια. Θα αναγνωριστεί όμως. [...] Στο Εδιμβούργο μπόρεσα να επιβεβαιώσω μπροστά σε 100 φυσιολόγους ότι οι πέντε αισθήσεις μας δεν είναι το μόνο μέσο γνώσης μας και ότι ένα κομμάτι της πραγματικότητας μερικές φορές φτάνει στη νοημοσύνη με άλλους τρόπους. [...] Το γεγονός ότι κάτι είναι σπάνιο δεν σημαίνει ότι δεν υπάρχει. Αν μια μελέτη είναι δύσκολη, είναι αυτό λόγος για να μην την καταλάβουμε; [...] Αυτοί που έχουν περιγελάσει τη μεταφυσική, διατεινόμενοι ότι είναι μια αποκρυφιστική επιστήμη, θα ντραπούν για τον εαυτό τους τόσο όσο ντράπηκαν αυτοί που περιγέλασαν τη χημεία με τη δικαιολογία ότι το κυνήγι της φιλοσοφικής λίθου ήταν απατηλό. [...] Όσον αφορά τις θεμελιώδεις αρχές, υπάρχουν μόνο αυτές του Λαβουαζιέ (Lavoisier), του Κλοντ Μπερνάρντ (Claude Bernard) και του Παστέρ (Pasteur) – *αυτές που αποδεικνύονται με πειράματα παντού και πάντα.* Χαιρετισμούς λοιπόν στη νέα επιστήμη που θα αλλάξει τον προσανατολισμό της ανθρώπινης σκέψης».

χωρίς ευγένεια είναι σαν το νυστέρι του χειρουργού, αποτελεσματικό αλλά δυσάρεστο. Η ειλικρίνεια όταν συνοδεύεται από καλούς τρόπους βοηθά και είναι αξιοθαύμαστη».

Ο Δάσκαλος ήταν προφανώς ικανοποιημένος με την πνευματική μου πρόοδο γιατί σπάνια αναφερόταν σ' αυτήν· σε άλλα θέματα είχα συνηθίσει τις μομφές. Οι μεγαλύτερες παραβάσεις μου ήταν η αφηρημάδα, οι περιοδικές μεταπτώσεις σε κακή διάθεση, η παραβίαση ορισμένων εθιμοτυπικών κανόνων και περιστασιακά η έλλειψη μεθοδικότητας.

«Παρατήρησε πώς οι δραστηριότητες του πατέρα σου του Μπαγκαμπάτι είναι καλά οργανωμένες και καλά ισορροπημένες», έλεγε ο γκουρού μου. Οι δύο μαθητές του Λαχίρι Μαχασάγια είχαν συναντηθεί λίγο μετά την πρώτη μου επίσκεψη στο ερημητήριο του Σεράμπουρ. Ο Πατέρας και ο Δάσκαλος θαύμαζαν βαθιά ο ένας τον άλλον. Και οι δύο είχαν χτίσει μια όμορφη εσωτερική ζωή βασισμένη πάνω σε θεμέλια πνευματικού γρανίτη, τα οποία ήταν αδύνατο να διαλυθούν με τα χρόνια.

Από έναν προσωρινό καθηγητή που είχα πολύ παλιότερα είχα πάρει κάποια λανθασμένα μαθήματα. Μου είχε πει ότι ένας *τσέλα* δεν είναι απαραίτητο να ασχολείται με τα εγκόσμια καθήκοντα καταβάλλοντας πολύ κόπο· όταν παραμελούσα ή εκτελούσα τα καθήκοντά μου απρόσεκτα δεν με μάλωνε. Η ανθρώπινη φύση αφομοιώνει τέτοια καθοδήγηση πολύ εύκολα. Κάτω από την άτεγκτη στέρηση όμως του δικαιώματος αυτού από τον Δάσκαλο, γρήγορα συνήλθα από την ευχάριστη αυταπάτη της ανευθυνότητας.

«Αυτοί που είναι υπερβολικά καλοί γι' αυτόν τον κόσμο βρίσκονται σε κάποιον άλλον τον οποίο και κοσμούν», επεσήμανε ο Σρι Γιουκτέσβαρ μια μέρα. «Όσο αναπνέεις τον ελεύθερο αέρα της γης, είσαι υποχρεωμένος να παρέχεις ευγνώμονα υπηρεσία. Μόνον αυτός που έχει πλήρως κατακτήσει την κατάσταση της διακοπής της αναπνοής[17] είναι ελεύθερος από την υποχρέωση να εργάζεται». Πρόσθεσε στεγνά: «Δεν θα ξεχάσω να σε ενημερώσω όταν φτάσεις σ' αυτήν την οριστική τελειότητα».

Κανείς δεν μπορούσε να δωροδοκήσει τον γκουρού μου, ούτε καν με την αγάπη. Δεν έδειχνε καμία επιείκεια σε κανέναν που, όπως εγώ, είχε πρόθυμα προσφερθεί να γίνει μαθητής. Είτε ο Δάσκαλος κι εγώ

---

[17] Το *σαμάντι*: υπερσυνείδητο.

ήμαστε περιτριγυρισμένοι από τους σπουδαστές του είτε από ξένους είτε ήμαστε μόνοι μας, πάντα μιλούσε ξεκάθαρα και επιτιμούσε με δριμύτητα. Κανένα, ακόμα και ευτελές ολίσθημα σε επιπολαιότητα ή σε ασυνέπεια δεν ξέφευγε από την επίπληξή του. Αυτή τη μεταχείριση, την ισοπεδωτική για το εγώ, ήταν δύσκολο να την αντέξει κάποιος, αλλά ήμουν αμετάκλητα αποφασισμένος να αφήσω τον Σρι Γιουκτέσβαρ να εξαλείψει όλες τις ψυχολογικές μου ιδιοτροπίες. Καθώς εργαζόταν γι' αυτήν την τιτάνια μεταμόρφωση, κλονίστηκα πολλές φορές κάτω από τα σφυροκοπήματά του για την επιβολή της πειθαρχίας.

«Αν δεν σου αρέσουν τα λόγια μου είσαι ελεύθερος να φύγεις όποτε θέλεις», με διαβεβαίωσε ο Δάσκαλος. «Δεν θέλω τίποτα από σένα παρά μόνο τη βελτίωσή σου. Να μείνεις μόνο αν νιώθεις ότι ωφελείσαι».

Είμαι άπειρα ευγνώμων για τα ταπεινωτικά χτυπήματα που έδωσε στη ματαιοδοξία μου. Μερικές φορές ένιωθα ότι, μεταφορικά, ανακάλυπτε και ξερίζωνε κάθε χαλασμένο δόντι στο στόμα μου. Ο σκληρός πυρήνας του εγωισμού είναι δύσκολο να εξαλειφθεί, παρά μόνο με βιαιότητα. Όταν το εγώ φύγει, τότε η Θεότητα βρίσκει επιτέλους ένα απρόσκοπτο πέρασμα. Μάταια ψάχνει να περάσει μέσα από καρδιές που είναι πέτρινες από την ιδιοτέλεια.

Η διαίσθηση του Σρι Γιουκτέσβαρ ήταν διεισδυτική· αψηφώντας τα λόγια, συχνά απαντούσε στις σκέψεις κάποιου που δεν είχαν εκφραστεί. Οι λέξεις που χρησιμοποιεί κάποιος και οι πραγματικές σκέψεις πίσω απ' αυτές μπορεί να είναι τόσο αντίθετες όσο δύο πόλοι. «Με τη γαλήνη», έλεγε ο γκουρού μου, «να προσπαθείτε να νιώθετε τις σκέψεις πίσω από τη σύγχυση της πολυλογίας των ανθρώπων».

Οι αποκαλύψεις που γίνονται με θεϊκή διαίσθηση είναι συχνά οδυνηρές για τους εγκόσμιους ανθρώπους· ο Δάσκαλος δεν ήταν δημοφιλής στους επιπόλαιους σπουδαστές. Οι σοφοί, πάντα λίγοι στον αριθμό, τον σέβονταν βαθιά.

Τολμώ να πω ότι ο Σρι Γιουκτέσβαρ θα ήταν ο πιο περιζήτητος γκουρού στην Ινδία αν τα λόγια του δεν ήταν τόσο απερίφραστα και τόσο επικριτικά.

«Είμαι σκληρός μ' αυτούς που έρχονται για να τους εκπαιδεύσω», παραδέχθηκε. «Αυτός είναι ο τρόπος μου. Σε όποιον αρέσει· δεν συμβιβάζομαι ποτέ. Εσύ όμως θα είσαι πολύ πιο ευγενικός με τους μαθητές σου· αυτός είναι ο τρόπος σου. Προσπαθώ να εξαγνίσω μόνο με τις φλόγες της σκληρότητας· αυτές ξεπερνούν την αντοχή ενός μέσου ανθρώπου. Η ευγενική προσέγγιση με αγάπη μπορεί επίσης να αλλάξει κάποιον.

*Από τα Χρόνια Που Πέρασα στο Ερημητήριο του Γκουρού Μου*

Και οι άκαμπτες και οι ελαστικές μέθοδοι είναι το ίδιο αποτελεσματικές αν εφαρμόζονται με σοφία». Πρόσθεσε: «Θα πας σε ξένες χώρες όπου οι άνθρωποι δεν εκτιμούν τις ωμές προσβολές του εγώ. Ένας Δάσκαλος δεν μπορεί να διαδώσει το μήνυμα της Ινδίας στη Δύση χωρίς ένα πλούσιο περίσσευμα συμβιβαστικής υπομονής και μακροθυμίας». (Αρνούμαι να πω πόσο συχνά, στην Αμερική, θυμόμουν τα λόγια του Δασκάλου!)

Παρά το γεγονός ότι ο τρόπος με τον οποίο μιλούσε ο γκουρού μου, αιχμηρός και χωρίς προσχήματα, είχε σαν αποτέλεσμα να μην έχει πολλούς οπαδούς κατά τα γήινα χρόνια του, εντούτοις, μέσω ενός συνεχώς αυξανόμενου αριθμού σπουδαστών που ακολουθούσαν πιστά τις διδασκαλίες του, το πνεύμα του εξακολουθεί να ζει σήμερα στον κόσμο. Πολεμιστές σαν τον Μεγάλο Αλέξανδρο αναζητούν κυριαρχία σε εδάφη· Δάσκαλοι σαν τον Σρι Γιουκτέσβαρ κερδίζουν ένα ανώτερο βασίλειο – αυτό της ψυχής των ανθρώπων.

Η πρακτική του Δασκάλου ήταν να τονίζει τις απλές, αμελητέες ατέλειες των μαθητών του με μια βαρύγδουπη σοβαρότητα. Μια μέρα ο πατέρας μου επισκέφθηκε το Σεράμπουρ για να υποβάλει τα σέβη του στον Σρι Γιουκτέσβαρ. Ο γονιός μου περίμενε ότι σχεδόν σίγουρα θα άκουγε κάποια επαινετικά λόγια για μένα. Κατάπληκτος, άκουσε μια μακροσκελή περιγραφή των ελαττωμάτων μου. Έτρεξε να με δει.

«Από τις παρατηρήσεις του γκουρού σου σκέφτηκα ότι θα ήσουν τελείως ράκος!». Ο πατέρας μου έκλαιγε και γελούσε συγχρόνως.

Ο μόνος λόγος για τον οποίο ο Σρι Γιουκτέσβαρ ήταν δυσαρεστημένος μ' εμένα εκείνη την εποχή ήταν ότι είχα προσπαθήσει, παρά τον ευγενικό υπαινιγμό του, να στρέψω κάποιον άνθρωπο στο πνευματικό μονοπάτι.

Έτρεξα και βρήκα τον γκουρού μου αγανακτισμένος. Με δέχτηκε με χαμηλωμένα μάτια, σαν να παραδεχόταν την ενοχή του. Ήταν η μόνη φορά που είδα το θεϊκό λιοντάρι να μαζεύεται μπροστά μου. Απόλαυσα πλήρως τη μοναδική εκείνη στιγμή.

«Κύριε, γιατί με κρίνατε τόσο ανελέητα στον πατέρα μου που έμεινε εμβρόντητος; Ήταν δίκαιο αυτό;».

«Δεν θα το ξανακάνω». Ο τόνος του Σρι Γιουκτέσβαρ ήταν απολογητικός.

Αμέσως αφοπλίστηκα. Πόσο πρόθυμα παραδέχθηκε ένα λάθος αυτός ο σπουδαίος άνθρωπος! Παρ' όλο που δεν αναστάτωσε ξανά τον Πατέρα, ο Δάσκαλος συνέχισε αδυσώπητα να εξετάζει κάθε λεπτομέρεια πάνω μου όποτε και για όποιο θέμα ήθελε.

Οι νέοι μαθητές συχνά συμμετείχαν με τον Σρι Γιουκτέσβαρ σε εξοντωτική κριτική των άλλων. Ένιωθαν σοφοί σαν τον γκουρού! Πρότυπα τέλειας ευθυκρισίας! Αυτός όμως που προσβάλλει δεν θα μείνει χωρίς προσβολή. Οι ίδιοι οι γκρινιάρηδες σπουδαστές έφυγαν βιαστικά μόλις ο Δάσκαλος έριξε σ' αυτούς δημόσια μερικά βέλη από τη φαρέτρα του.

«Μικρές εσωτερικές αδυναμίες που επαναστατούν σε ήπιες επικρίσεις είναι σαν άρρωστα μέρη του σώματος που ζαρώνουν ακόμα και με τον πιο προσεκτικό χειρισμό». Αυτό ήταν το διασκεδαστικό σχόλιο του Σρι Γιουκτέσβαρ γι' αυτούς που έφευγαν.

Πολλοί μαθητές έχουν σχηματίσει από πριν στον νου τους την εικόνα ενός γκουρού σύμφωνα με την οποία κρίνουν τα λόγια του και τις πράξεις του. Τέτοια άτομα συχνά παραπονούνταν ότι δεν καταλάβαιναν τον Σρι Γιουκτέσβαρ.

«Ούτε το Θεό καταλαβαίνεις!», απάντησα κάποια φορά σε κάποιον. «Αν καταλάβαινες έναν άγιο θα ήσουν κι εσύ άγιος!». Ανάμεσα στα τρισεκατομμύρια μυστήρια, αναπνέοντας κάθε δευτερόλεπτο τον ανεξήγητο αέρα, μπορεί κάποιος να τολμήσει να ζητήσει να συλλάβει αμέσως την απύθμενη φύση ενός Δασκάλου;

Διάφοροι σπουδαστές έρχονταν και συνήθως έφευγαν. Αυτοί που ποθούσαν ένα εύκολο μονοπάτι -αυτό της άμεσης συμπόνιας και της παρηγορητικής αναγνώρισης των προτερημάτων τους- δεν το έβρισκαν στο ερημητήριο. Ο Δάσκαλος πρόσφερε στους μαθητές του καταφύγιο και καθοδήγηση για τους αιώνες, πέρα από τα πλαίσια του χώρου και του χρόνου, αλλά πολλοί σπουδαστές ζητούσαν επίσης μίζερα και βάλσαμο για το εγώ τους. Έφυγαν· προτιμώντας, αντί για την ταπεινότητα, τις άπειρες ταπεινώσεις της ζωής. Η ακτινοβολία του Σρι Γιουκτέσβαρ, η απροκατάληπτη διεισδυτική λαμπρότητα της σοφίας του, ήταν υπερβολικά ισχυρές για την πνευματική τους αρρώστια. Έψαχναν κάποιον κατώτερο δάσκαλο που, ρίχνοντας πάνω τους τη σκιά της κολακείας, θα επέτρεπε τον άστατο ύπνο της άγνοιας.

Κατά τη διάρκεια των πρώτων μηνών μου με τον Δάσκαλο ένιωθα έναν φόβο για τις επιπλήξεις του. Σύντομα είδα ότι την προφορική «χειρουργική» του την εφάρμοζε μόνο σε ανθρώπους που, όπως εγώ, του είχαν ζητήσει να τους πειθαρχήσει. Αν κάποιος θιγμένος σπουδαστής διαμαρτυρόταν, ο Σρι Γιουκτέσβαρ, χωρίς να προσβληθεί, αποσυρόταν σε σιωπή. Τα λόγια του δεν περιείχαν ποτέ θυμό, αλλά ήταν απρόσωπα με σοφία.

Οι επιπλήξεις του Δασκάλου δεν στόχευαν περιστασιακούς επισκέπτες· σπάνια έκανε παρατηρήσεις για τα ελαττώματά τους, ακόμα κι αν αυτά ήταν ολοφάνερα. Απέναντι όμως σε σπουδαστές που ζητούσαν τη συμβουλή του, ο Σρι Γιουκτέσβαρ ένιωθε σοβαρή ευθύνη. Πραγματικά, είναι γενναίος ο γκουρού που αναλαμβάνει να μεταμορφώσει την άξεστη φύση της ανθρωπότητας που είναι διαποτισμένη με το εγώ! Το κουράγιο ενός αγίου έχει τις ρίζες του στη συμπόνια για τους ανθρώπους που είναι μπερδεμένοι από τη *μάγια*, τους αόμματους του κόσμου που σκοντάφτουν συνεχώς.

Όταν σταμάτησα να δυσφορώ υπήρξε μια θεαματική μείωση των επιπλήξεων του Δασκάλου. Μ' έναν πολύ αδιόρατο τρόπο ο Δάσκαλος έγινε συγκριτικά επιεικής. Με τον καιρό γκρέμισα όλα τα τείχη της εκλογίκευσης και της υποσυνείδητης[18] επιφύλαξης πίσω από τα οποία συνήθως οχυρώνεται η ανθρώπινη προσωπικότητα. Η ανταμοιβή ήταν μια αρμονία με τον γκουρού μου που ήρθε χωρίς καμία προσπάθεια. Ανακάλυψα τότε ότι ήταν έμπιστος, ευγενικός και σιωπηλά στοργικός. Μη εκδηλωτικός ωστόσο, δεν έδειχνε την αγάπη του με λέξεις.

Η δική μου ιδιοσυγκρασία χαρακτηρίζεται κυρίως από αφοσίωση. Στην αρχή ταράχτηκα όταν είδα ότι ο γκουρού μου, που διακατεχόταν πλήρως από *γκιάνα* αλλά φαινομενικά του έλειπε η *μπάκτι*,[19] εκφραζόταν κυρίως με όρους ψυχρών πνευματικών μαθηματικών. Όταν όμως συντονίστηκα με τη φύση του, όχι μόνο δεν ανακάλυψα καμία μείωση, αλλά αντίθετα μια αύξηση της ικανότητάς μου να προσεγγίζω λατρευτικά το Θεό. Ένας φωτισμένος Δάσκαλος είναι απόλυτα ικανός να καθοδηγεί τους διάφορους μαθητές του ανάλογα με τις δικές τους φυσικές κλίσεις.

Με τον Σρι Γιουκτέσβαρ δεν μιλούσαμε πολύ, ωστόσο υπήρχε μια κρυφή εσωτερική ευγλωττία. Συχνά ένιωθα ότι σιωπηλά καταλάβαινε τις σκέψεις μου και τις επιδοκίμαζε, καθιστώντας έτσι την ομιλία περιττή. Καθώς καθόμουν δίπλα του ένιωθα τη γενναιοδωρία του να διαπερνά γαλήνια όλη μου την ύπαρξη.

---

[18] «Η συνειδητή και υποσυνείδητη υπόστασή μας στέφεται από ένα υπερσυνείδητο», είπε ο Ραββίνος Ίσραελ Χ. Λέβινθαλ (Rabbi Israel H. Levinthal) σε μια διάλεξη στη Νέα Υόρκη. «Εδώ και πολλά χρόνια ο Άγγλος ψυχολόγος Φ. Γ. Χ. Μέιερς (F. W. H. Myers) είπε ότι "βαθιά στην υπόστασή μας κρύβεται ένας σωρός από σκουπίδια, καθώς και ένα θησαυροφυλάκιο". Σε αντίθεση με την ψυχολογία που επικεντρώνει όλες τις έρευνές της στο υποσυνείδητο της ανθρώπινης φύσης, η νέα ψυχολογία του υπερσυνειδήτου εστιάζει την προσοχή της στο θησαυροφυλάκιο – την περιοχή που, μόνον αυτή, μπορεί να εξηγήσει τις σπουδαίες, ανιδιοτελείς, ηρωικές πράξεις του ανθρώπου».

[19] *Γκιάνα*, σοφία· και *μπάκτι*, αφοσίωση: δύο από τα κύρια μονοπάτια προς το Θεό.

Η αμερόληπτη δικαιοσύνη του Δασκάλου αποδείχθηκε ολοφάνερα κατά τη διάρκεια των θερινών μου διακοπών στο πρώτο έτος του Κολλεγίου. Ανυπομονούσα να περάσω τους μήνες αυτούς αδιάλειπτα στο Σεράμπουρ με τον γκουρού μου.
«Μπορείς να αναλάβεις τη διοίκηση του ερημητηρίου». Ο Σρι Γιουκτέσβαρ χάρηκε με την ενθουσιώδη μου άφιξη. «Τα καθήκοντά σου θα είναι η υποδοχή των επισκεπτών και η επίβλεψη των εργασιών των άλλων μαθητών».

Ο Κουμάρ, ένας νεαρός χωρικός από την ανατολική Βεγγάλη, έγινε δεκτός δεκαπέντε μέρες αργότερα για εκπαίδευση στο άσραμ. Εξαιρετικά έξυπνος, γρήγορα κέρδισε τη στοργή του Δασκάλου. Για κάποιον αδιευκρίνιστο λόγο ο Σρι Γιουκτέσβαρ υιοθέτησε μια πολύ ανεκτική στάση απέναντι στον καινούργιο κάτοικο.

«Μουκούντα, ο Κουμάρ θα αναλάβει τα καθήκοντά σου. Εσύ να ασχολείσαι με το σκούπισμα και το μαγείρεμα». Ο Δάσκαλος έδωσε αυτές τις οδηγίες ένα μήνα μετά την άφιξη του Κουμάρ.

Προωθημένος στην ηγεσία, ο Κουμάρ ασκούσε μια μικρόψυχη τυραννία. Σε μια σιωπηλή ανταρσία, οι άλλοι μαθητές συνέχισαν να ζητούν από μένα καθημερινές συμβουλές. Αυτή η κατάσταση συνεχίστηκε για τρεις εβδομάδες· μετά έτυχε να ακούσω μια συνομιλία μεταξύ του Κουμάρ και του Δασκάλου.

«Ο Μουκούντα είναι απαράδεκτος!», είπε το αγόρι. «Με κάνατε επιβλέποντα, αλλά οι άλλοι πηγαίνουν σ' αυτόν και τον υπακούν».

«Γι' αυτό του ανέθεσα την κουζίνα και σ' εσένα το σαλόνι – για να συνειδητοποιήσεις ότι ένας άξιος ηγέτης επιθυμεί να υπηρετεί, όχι να εξουσιάζει». Ο κεραυνοβόλος τόνος του Σρι Γιουκτέσβαρ ήταν κάτι νέο για τον Κουμάρ. «Ήθελες τη θέση του Μουκούντα αλλά δεν μπόρεσες να την κρατήσεις με την αξία σου. Γύρνα τώρα στην προηγούμενη δουλειά σου σαν βοηθός μάγειρα».

Μετά απ' αυτό το ταπεινωτικό περιστατικό, ο Δάσκαλος άρχισε πάλι να φέρεται στον Κουμάρ με ασυνήθιστη ανεκτικότητα. Ποιος μπορεί να λύσει το μυστήριο της έλξης; Στον Κουμάρ ο γκουρού μας βρήκε μια γοητευτική πηγή – μία όμως που δεν ανάβλυζε και για τους υπόλοιπους μαθητές. Αν και το νέο αγόρι ήταν φανερά το αγαπημένο του Σρι Γιουκτέσβαρ, δεν ένιωσα καμία απογοήτευση. Οι προσωπικές ιδιοσυγκρασίες, που έχουν ακόμα και οι Δάσκαλοι, προσδίδουν μια πολυπλοκότητα στο σχέδιο της ζωής. Από τη φύση μου σπάνια ταράζομαι από μια λεπτομέρεια· αναζητούσα από τον Σρι Γιουκτέσβαρ ένα

υψηλότερο όφελος από μια εξωτερική επιβράβευση.
Ο Κουμάρ μού μίλησε φαρμακερά μια μέρα χωρίς αιτία· πληγώθηκα βαθιά.
«Το κεφάλι σου πρήζεται και στο τέλος θα εκραγεί!». Πρόσθεσα μια προειδοποίηση, της οποίας την αλήθεια ένιωσα διαισθητικά: «Αν δεν συμμαζευτείς, κάποια μέρα θα σου ζητηθεί να φύγεις απ' αυτό το άσραμ».
Γελώντας σαρκαστικά, ο Κουμάρ επανέλαβε την παρατήρησή μου στον γκουρού μας που μόλις είχε μπει στο δωμάτιο. Σίγουρος ότι ο Δάσκαλος θα με μάλωνε, αποτραβήχτηκα σε μια γωνία.
«Ίσως ο Μουκούντα να έχει δίκιο». Η απάντηση του Δασκάλου στο αγόρι είχε έναν ασυνήθιστα ψυχρό τόνο.
Ένα χρόνο αργότερα ο Κουμάρ πήγε επίσκεψη στο σπίτι του. Αγνόησε την ήρεμη αποδοκιμασία του Σρι Γιουκτέσβαρ, ο οποίος ποτέ δεν ήλεγχε εξουσιαστικά τις κινήσεις των μαθητών του. Όταν το αγόρι επέστρεψε στο Σεράμπουρ μετά από λίγους μήνες, ήταν εμφανής μια δυσάρεστη αλλαγή. Δεν υπήρχε πια ο μεγαλοπρεπής Κουμάρ με το γαλήνια λαμπερό πρόσωπο. Μπροστά μας στεκόταν μόνο ένας ασήμαντος, άξεστος χωριάτης, που είχε τελευταίως αποκτήσει και αρκετές φαύλες συνήθειες.
Ο Δάσκαλος με κάλεσε και με ραγισμένη καρδιά συζήτησε το γεγονός ότι το αγόρι ήταν πια ακατάλληλο για τη μοναστική ζωή του ερημητηρίου.
«Μουκούντα, το αφήνω σ' εσένα να πεις στον Κουμάρ να φύγει από το άσραμ αύριο· δεν μπορώ να το κάνω!». Ο Σρι Γιουκτέσβαρ δάκρυσε, αλλά γρήγορα ήλεγξε τον εαυτό του. «Το παιδί ποτέ δεν θα έπεφτε σ' αυτά τα χάλια αν με είχε ακούσει και δεν είχε φύγει μακριά για να μπλεχτεί με κακές παρέες. Απέρριψε την προστασία μου· ο άσπλαχνος κόσμος θα συνεχίσει να είναι ο γκουρού του».

Η αναχώρηση του Κουμάρ δεν μ' έκανε να χαρώ· με στενοχώρια αναρωτήθηκα πώς κάποιος με τη δύναμη να κερδίζει την αγάπη ενός Δασκάλου μπορούσε να ενδώσει πρόθυμα στα εγκόσμια θέλγητρα. Οι απολαύσεις του κρασιού και του σεξ είναι ριζωμένες στον φυσιολογικό άνθρωπο· για να τις εκτιμήσει κάποιος δεν χρειάζεται εκλεπτυσμένη αντίληψη. Τα τεχνάσματα των αισθήσεων μπορούν να συγκριθούν με την πάντα πράσινη πικροδάφνη που μοσχοβολά με τα ροζ λουλούδια της: κάθε τμήμα του φυτού είναι δηλητηριώδες.[20] Η γη της επαγγελίας βρίσκεται μέσα μας, ακτινοβολώντας με την ευτυχία την οποία οι άνθρωποι ψάχνουν τυφλά σε χίλιες άλλες κατευθύνσεις.

«Η οξεία νοημοσύνη έχει δύο πλευρές», παρατήρησε κάποτε ο Δάσκαλος σχετικά με το ευφυέστατο μυαλό του Κουμάρ. «Μπορεί να χρησιμοποιηθεί δημιουργικά ή καταστροφικά, σαν ένα μαχαίρι, είτε για να κόψει κάποιος τα δεσμά της άγνοιας είτε για να αποκεφαλίσει τον εαυτό του. Η νοημοσύνη καθοδηγείται σωστά μόνον αφού ο νους αναγνωρίσει ότι είναι αδύνατο να αποφύγει τον πνευματικό νόμο».

Ο γκουρού μου συναναστρεφόταν ελεύθερα με άντρες και γυναίκες μαθητές και μαθήτριες, αντιμετωπίζοντάς τους όλους σαν παιδιά του. Αντιλαμβανόμενος την ισότητα της ψυχής τους, δεν έκανε καμία διάκριση και δεν έδειχνε καμία μεροληψία.

«Κατά τον ύπνο δεν ξέρετε αν είστε άντρας ή γυναίκα», έλεγε. «Όπως ένας άντρας που υποδύεται ότι είναι γυναίκα δεν γίνεται γυναίκα, έτσι και η ψυχή, υποδυόμενη και τον άντρα και τη γυναίκα, παραμένει αμετάβλητη. Η ψυχή είναι η αμετάβλητη και τέλεια εικόνα του Θεού».

Ο Σρι Γιουκτέσβαρ ποτέ δεν απέφυγε τις γυναίκες, ούτε τις κατηγορούσε ότι ήταν η αιτία της «πτώσης του ανθρώπου». Τόνιζε ότι και οι γυναίκες πρέπει να αντιμετωπίσουν τον πειρασμό από το αντίθετο φύλο. Κάποτε ρώτησα τον Δάσκαλο γιατί ένας αρχαίος άγιος είχε αποκαλέσει τις γυναίκες «πόρτα προς την κόλαση».

«Κάποιο κορίτσι πρέπει να τον παίδεψε πολύ όταν ήταν νεαρός», απάντησε καυστικά ο γκουρού μου. «Αλλιώς δεν θα είχε αποκηρύξει τις γυναίκες, αλλά κάποια ατέλεια στον αυτοέλεγχό του».

Αν κάποιος επισκέπτης τολμούσε να αναφέρει κάποια άσεμνη ιστορία στο ερημητήριο, ο Δάσκαλος τηρούσε σιωπή χωρίς να απαντήσει. «Μην επιτρέπετε στον εαυτό σας να συντρίβεται από την αισθησιακή διέγερση που προκαλεί ένα όμορφο πρόσωπο», έλεγε στους μαθητές. «Πώς μπορούν αυτοί που είναι σκλάβοι των αισθήσεων να απολαύσουν τον κόσμο; Δεν αντιλαμβάνονται τις λεπτοφυείς ομορφιές του

---

[20] «Ο άνθρωπος, όταν είναι ξύπνιος, καταβάλλει αναρίθμητες προσπάθειες για να βιώσει αισθησιακές απολαύσεις· όταν ολόκληρο το σύστημα των αισθητήριων οργάνων κουράζεται, ξεχνά ακόμα και τις απολαύσεις που είναι μπροστά του και κοιμάται για να απολαύσει ξεκούραση στην ψυχή, τη φύση του», έγραψε ο Σάνκαρα, ο βαθύς γνώστης της *Βεδάντα*. «Έτσι, είναι εξαιρετικά εύκολο να φτάσει κάποιος στην υπεραισθησιακή μακαριότητα, η οποία είναι πάρα πολύ ανώτερη από την ευχαρίστηση των αισθήσεων που πάντα καταλήγει σε αηδία».

## Από τα Χρόνια Που Πέρασα στο Ερημητήριο του Γκουρού Μου

καθώς σέρνονται στην αρχέγονη λάσπη. Όλες οι εκλεπτυσμένες ικανότητες διάκρισης χάνονται για τον άνθρωπο που διακατέχεται από το βασικό ένστικτο της λαγνείας».

Στους μαθητές που προσπαθούσαν να ξεφύγουν από την αυταπάτη του σεξ, που προκαλείται από τη *μάγια,* ο Σρι Γιουκτέσβαρ έδινε συμβουλές με υπομονή και κατανόηση.

«Όπως η πείνα, και όχι η λαιμαργία, έχει έναν θεμιτό σκοπό, έτσι και το σεξουαλικό ένστικτο έχει εμφυτευτεί από τη Φύση μόνο για τη διαιώνιση των ειδών, όχι για να εξάπτονται ακόρεστοι πόθοι», έλεγε. «Εξαλείψτε τις λανθασμένες επιθυμίες τώρα· αλλιώς θα παραμείνουν μαζί σας ακόμα και αφού το αστρικό σας σώμα χωριστεί από το υλικό του περίβλημα. Ακόμα κι αν η σάρκα είναι αδύναμη, ο νους πρέπει συνέχεια να αντιστέκεται. Αν ο πειρασμός σάς επιτίθεται με βάναυση δύναμη, ξεπεράστε τον με απρόσωπη ανάλυση και ακατανίκητη θέληση. Κάθε φυσικό πάθος μπορεί να τεθεί υπό έλεγχο.

»Κρατάτε τις δυνάμεις σας. Γίνετε σαν τον μεγάλο ωκεανό, απορροφώντας ήσυχα όλες τις εκβολές των ποταμών των αισθήσεων. Οι πόθοι των αισθήσεων που ανανεώνονται καθημερινά απομυζούν την εσωτερική σας γαλήνη· είναι σαν ανοίγματα μιας δεξαμενής που αφήνουν ζωτικά νερά να χάνονται στο έρημο έδαφος του υλισμού. Η δυνατή, διεγερτική παρόρμηση της λανθασμένης επιθυμίας είναι ο μεγαλύτερος εχθρός της ευτυχίας του ανθρώπου. Να περιφέρεστε στον κόσμο σαν λιοντάρια αυτοελέγχου· μην αφήνετε τα βατράχια της αδυναμίας των αισθήσεων να σας κάνουν ό,τι θέλουν!».

Ένας αληθινός πιστός τελικά απελευθερώνεται απ' όλες τις ενστικτώδεις παρορμήσεις. Μεταστοιχειώνει την ανάγκη του για ανθρώπινη στοργή σε προσδοκία για το Θεό και μόνο γι' Αυτόν – μια αγάπη που είναι μοναδική γιατί είναι πανταχού παρούσα.

Η μητέρα του Σρι Γιουκτέσβαρ ζούσε στην περιοχή Ράνα Μαχάλ του Μπενάρες όπου είχα συναντήσει για πρώτη φορά τον γκουρού μου. Ήταν προσηνής και καλοσυνάτη, ωστόσο ισχυρογνώμων. Στεκόμουν στο μπαλκόνι της μια μέρα και έβλεπα τη μητέρα με τον γιο της να συζητούν. Με τον ήρεμο, ευαίσθητο τρόπο του, ο Δάσκαλος προσπαθούσε να την πείσει για κάτι. Προφανώς απέτυχε, γιατί η μητέρα του έγνεψε αρνητικά με κατηγορηματικό τρόπο.

«Όχι, όχι, γιε μου, φύγε τώρα! Τα σοφά λόγια σου δεν είναι για μένα. Δεν είμαι μαθήτριά σου!».

Ο Σρι Γιουκτέσβαρ έκανε πίσω χωρίς περαιτέρω επιχειρηματολογία, σαν παιδί που το μάλωσαν. Συγκινήθηκα από τον μεγάλο σεβασμό του απέναντί της, ακόμα και σ' αυτήν την περίπτωση που ήταν παράλογη. Τον έβλεπε μόνο σαν το μικρό της παιδί, όχι σαν σοφό. Υπήρχε μια γοητεία στο ασήμαντο επεισόδιο· μου δόθηκε η δυνατότητα να δω μια πλευρά της ασυνήθιστης φύσης του γκουρού μου, που εσωτερικά ήταν ταπεινός και εξωτερικά άτεγκτος.

Οι μοναστικοί κανονισμοί δεν επιτρέπουν να διατηρήσει ένας σουάμι επαφή με εγκόσμιους δεσμούς μετά την επίσημη αποκοπή του απ' αυτούς. Δεν επιτρέπεται να εκτελέσει τις θρησκευτικές τελετές που είναι επιβεβλημένες για έναν οικογενειάρχη. Ωστόσο ο Σάνκαρα, που αναδιοργάνωσε το αρχαίο Τάγμα των Σουάμι, αψήφησε τις εντολές. Μετά τον θάνατο της αγαπημένης του μητέρας αποτέφρωσε το σώμα της με ουράνια φωτιά την οποία έβγαλε από το ανασηκωμένο χέρι του.

Ο Σρι Γιουκτέσβαρ επίσης αγνόησε τους περιορισμούς – μ' έναν τρόπο λιγότερο θεαματικό. Όταν η μητέρα του πέθανε, κανόνισε την τελετή του κρεματορίου κοντά στον ιερό Γάγγη του Μπενάρες και πρόσφερε φαγητό σε πολλούς Βραχμάνους, όπως εθιμοτυπικά κάνουν οι οικογενειάρχες.

Οι σαστρικές απαγορεύσεις τέθηκαν με τον σκοπό να βοηθήσουν τους σουάμι να ξεπεράσουν τις στενές ταυτίσεις. Ο Σάνκαρα και ο Σρι Γιουκτέσβαρ είχαν πλήρως συγχωνεύσει την ύπαρξή τους με το Απρόσωπο Πνεύμα· δεν χρειάζονταν κανέναν κανόνα για να τους σώσει. Επίσης, μερικές φορές ένας Δάσκαλος αγνοεί επίτηδες κάποιον κανόνα με σκοπό να υποστηρίξει τη θεμελιώδη αρχή για την οποία αυτός έχει τεθεί, καταδεικνύοντας ότι η αρχή αυτή είναι ανώτερη και ανεξάρτητη από εξωτερικούς τύπους. Έτσι ο Χριστός μάζευε καλαμπόκια την ημέρα της ξεκούρασης. Στις αναπόφευκτες κριτικές απάντησε: «Το σάββατο έγινε για τον άνθρωπο, όχι ο άνθρωπος για το σάββατο».[21]

Με εξαίρεση τις Γραφές, ο Σρι Γιουκτέσβαρ διάβαζε λίγο. Ωστόσο ήταν πάντα ενημερωμένος για τις πιο πρόσφατες επιστημονικές ανακαλύψεις και άλλες εξελίξεις της γνώσης.[22] Ευφυέστατος συνομιλητής, απολάμβανε την ανταλλαγή απόψεων με τους επισκέπτες του σε αναρίθμητα θέματα. Το εύστροφο πνεύμα του γκουρού μου και το

---

[21] Κατά Μάρκο Β:27.

[22] Όταν ήθελε, ο Δάσκαλος μπορούσε αμέσως να συντονιστεί με τον νου οποιουδήποτε ανθρώπου (μια γιογκική ικανότητα που αναφέρεται στις *Γιόγκα Σούτρα* του Πατάντζαλι ΙΙΙ:19). Οι δυνάμεις του σαν ανθρώπινο ραδιόφωνο, καθώς και η φύση των σκέψεων, εξηγούνται στη σελ. 177.

Από τα Χρόνια Που Πέρασα στο Ερημητήριο του Γκουρού Μου

θορυβώδες γέλιο του έδινε ζωή σε κάθε συζήτηση. Συχνά ο Δάσκαλος ήταν σοβαρός, αλλά ποτέ κατηφής. «Στην αναζήτηση του Θεού, οι άνθρωποι δεν είναι ανάγκη να γίνονται "σκυθρωποί"» έλεγε, παραθέτοντας αυτούσια τη σχετική φράση της Βίβλου.[23] «Να θυμάστε ότι το να βρει κάποιος το Θεό θα σημάνει τον ενταφιασμό κάθε λύπης».

Ανάμεσα στους φιλόσοφους, τους καθηγητές, τους δικηγόρους και τους επιστήμονες που επισκέπτονταν το ερημητήριο, κάποιοι που έρχονταν για πρώτη φορά νόμιζαν ότι θα συναντούσαν έναν ορθόδοξο θρησκευόμενο. Μερικές φορές ένα αλαζονικό τους χαμόγελο ή μια ματιά ανεκτικότητας ανάμεικτη με διασκέδαση πρόδιδε ότι δεν περίμεναν τίποτα άλλο από μερικές θεοσεβείς κοινοτοπίες. Μετά τη συζήτησή τους με τον Σρι Γιουκτέσβαρ και αφού ανακάλυπταν ότι διέθετε επακριβή διορατικότητα στα πεδία γνώσης της ειδικότητάς τους, οι επισκέπτες έφευγαν απρόθυμα.

Ο γκουρού μου συνήθως ήταν ευγενικός και προσηνής με τους επισκέπτες· το καλωσόρισμά του ήταν γοητευτικά εγκάρδιο. Οι αμετανόητοι εγωπαθείς όμως μερικές φορές υφίσταντο έναν τονωτικό κλονισμό. Αντιμετώπιζαν στο πρόσωπο του Δασκάλου είτε μια παγερή αδιαφορία είτε μια τρομερή αντιπαράθεση: πάγο ή σίδερο!

Ένας ονομαστός χημικός μια φορά διαξιφίστηκε με τον Σρι Γιουκτέσβαρ. Ο επισκέπτης δεν παραδεχόταν την ύπαρξη του Θεού, αφού η επιστήμη δεν έχει εφεύρει μέσα για να Τον ανιχνεύσει.

«Ώστε λοιπόν με κάποιον ανεξήγητο τρόπο αποτύχατε να απομονώσετε την Υπέρτατη Δύναμη στους δοκιμαστικούς σωλήνες σας!». Το βλέμμα του Δασκάλου ήταν αυστηρό. «Προτείνω ένα νέο πείραμα: εξετάστε τις σκέψεις σας επίμονα και χωρίς διακοπή για είκοσι τέσσερις ώρες. Μετά, μην αναρωτιέστε γιατί απουσιάζει ο Θεός».

Ένας διάσημος λόγιος υπέστη ένα παρόμοιο σοκ. Συνέβη κατά την πρώτη του επίσκεψη στο άσραμ. Η στέγη αντηχούσε καθώς ο επισκέπτης απήγγελλε αποσπάσματα από τη *Μαχαμπαράτα*, τις *Ουπανισάντ*[24] και τις *μπάσυα* (σχολιασμούς) του Σάνκαρα.

«Περιμένω να σας ακούσω». Ο τόνος του Σρι Γιουκτέσβαρ ήταν

---

[23] Κατά Ματθαίο ΣΤ:16.

[24] Οι *Ουπανισάντ* ή *Βεδάντα* (κατά κυριολεξία «τέλος των Βεδών»), που βρίσκονται σε ορισμένα μέρη των τεσσάρων Βεδών, είναι θεμελιώδεις περιλήψεις που σχηματίζουν τη βάση του Ινδουισμού. Ο Σόπενχάουερ εξήρε τις «βαθιές, αυθεντικές και τις ανυπέρβλητες σκέψεις» τους και είπε: «Η πρόσβαση στις Βέδες [μέσω δυτικών μεταφράσεων των *Ουπανισάντ*] είναι κατά τη γνώμη μου το μεγαλύτερο προνόμιο που μπορεί να ισχυριστεί αυτός ο αιώνας ότι είχε σε σχέση με όλους τους προηγούμενους αιώνες».

ερωτηματικός, σαν να μην είχε ειπωθεί τίποτα μέχρι τη στιγμή εκείνη. Ο ειδήμων μπερδεύτηκε.

«Αυτούσια αποσπάσματα έχουν απαγγελθεί πολλά, σε μεγάλη πληθώρα». Όταν άκουσα τα λόγια του Δασκάλου αναγκάστηκα να κάνω μορφασμούς για να μη γελάσω καθώς καθόμουν οκλαδόν στη γωνιά μου σε απόσταση σεβασμού από τον επισκέπτη. «Ποιον όμως αυθεντικό σχολιασμό μπορείτε εσείς ο ίδιος να προσφέρετε από τη μοναδικότητα της δικής σας συγκεκριμένης ζωής; Ποιο ιερό κείμενο αφομοιώσατε και το κάνατε δικό σας; Με ποιους τρόπους αυτές οι αιώνιες αλήθειες ανανέωσαν τη φύση σας; Είστε ευχαριστημένος να είστε ένα επιφανειακό γραμμόφωνο που επαναλαμβάνει μηχανικά τα λόγια άλλων ανθρώπων;».

«Παραιτούμαι!». Η δυσαρέσκεια του λογίου ήταν κωμική. «Δεν διαθέτω εσωτερική συνειδητοποίηση».

Για πρώτη φορά ίσως κατάλαβε ότι με το να διακρίνει κάποιος πού πρέπει να μπει ένα κόμμα, δεν εξιλεώνεται και για το πνευματικό κώμα.

«Αυτοί οι κρύοι τυπολάτρες από την πολλή μελέτη έχουν πάρει την άσχημη μυρωδιά της λάμπας που χρησιμοποιούν για να διαβάζουν», παρατήρησε ο γκουρού μου μετά την αποχώρηση του εξουθενωμένου λογίου. «Θεωρούν τη φιλοσοφία σαν μια ευγενή τονωτική διανοητική άσκηση. Οι εξευγενισμένες σκέψεις τους είναι προσεγμένα ασύνδετες με την τραχύτητα της εξωτερικής πράξης ή με οποιοδήποτε μαστίγιο εσωτερικής πειθαρχίας!».

Ο Δάσκαλος τόνιζε σε άλλες περιπτώσεις τη ματαιότητα της απλής μάθησης από βιβλία.

«Μην μπερδεύετε την κατανόηση μ' ένα ευρύτερο λεξιλόγιο», έλεγε. «Τα ιερά κείμενα είναι ευεργετικά στο να διεγείρουν την επιθυμία να τα συνειδητοποιήσει κάποιος εσωτερικά, αν αφομοιώνεται αργά αργά ένας στίχος κάθε φορά. Διαφορετικά η συνεχής διανοητική μελέτη μπορεί να καταλήξει σε ματαιοδοξία, λανθασμένη ικανοποίηση και σε γνώση που δεν έχει αφομοιωθεί».

Ο Σρι Γιουκτέσβαρ εξιστόρησε μια από τις δικές του εμπειρίες στη διαπαιδαγώγηση σχετικά με τις Γραφές. Ήταν σ' ένα ερημητήριο στο δάσος, στην ανατολική Βεγγάλη, όπου παρακολούθησε τη διαδικασία της διδασκαλίας ενός διάσημου Δασκάλου, του Νταμπρού Μπαλάβ (Dabru Ballav). Η μέθοδός του, απλή και ταυτόχρονα δύσκολη, ήταν συνηθισμένη στην αρχαία Ινδία.

Ο Νταμπρού Μπαλάβ είχε μαζέψει τους μαθητές του γύρω του

Από τα Χρόνια Που Πέρασα στο Ερημητήριο του Γκουρού Μου

στην απομόνωση του δάσους. Η ιερή Μπάγκαβαντ Γκίτα ήταν ανοιχτή μπροστά τους. Κοίταξαν έναν στίχο με προσήλωση για μισή ώρα, μετά έκλεισαν τα μάτια τους. Άλλη μισή ώρα πέρασε. Ο Δάσκαλος έκανε ένα σύντομο σχόλιο. Ακίνητοι, διαλογίστηκαν πάλι για μια ώρα. Στο τέλος ο γκουρού μίλησε.

«Καταλαβαίνετε τώρα τον στίχο;».

«Ναι, κύριε», διαβεβαίωσε με θάρρος κάποιος από την ομάδα.

«Όχι, όχι πλήρως. Αναζητήστε την πνευματική ζωντάνια που έδωσε σ' αυτές τις λέξεις τη δύναμη να αναζωογονούν την Ινδία αιώνα μετά τον αιώνα». Μια ώρα ακόμα πέρασε στη σιωπή. Ο Δάσκαλος άφησε τους μαθητές του να φύγουν και στράφηκε προς τον Σρι Γιουκτέσβαρ.

«Γνωρίζεις την Μπάγκαβαντ Γκίτα;».

«Όχι, κύριε, δεν θα το έλεγα· αν και διάβασα πολλές φορές τις σελίδες της και ο νους μου προσπάθησε να τις καταλάβει».

«Εκατοντάδες μου έχουν δώσει διαφορετική απάντηση!». Ο μεγάλος σοφός χαμογέλασε στον Δάσκαλο ευλογώντας τον. «Αν κάποιος επιδίδεται στην επίδειξη πνευματικού πλούτου από τις Γραφές, πόσος χρόνος του μένει για να καταδυθεί σιωπηλά μέσα του και να βρει τα ανεκτίμητα μαργαριτάρια;».

Ο Σρι Γιουκτέσβαρ επίσης προσανατόλιζε τους μαθητές του στη μελέτη με την ίδια εντατική μέθοδο αυτοσυγκέντρωσης σε ένα σημείο. «Η σοφία δεν αφομοιώνεται με τα μάτια αλλά με κάθε μόριο της ύπαρξής σας», έλεγε. «Όταν πιστεύετε μια αλήθεια, όχι απλά με τον εγκέφαλό σας, αλλά με όλο σας το είναι, τότε μπορείτε, διστακτικά, να επιβεβαιώσετε το νόημά της». Αποθάρρυνε κάθε μαθητή που είχε τη ροπή να θεωρεί τη γνώση από βιβλία απαραίτητο βήμα για την πνευματική συνειδητοποίηση.

«Οι ρίσι έγραψαν σε μια φράση βαθιές αλήθειες τις οποίες οι λόγιοι αναλίσκονται να σχολιάζουν για ολόκληρες γενιές», έλεγε. «Η ατελείωτη φιλολογική αντιπαράθεση είναι για νωθρά μυαλά. Υπάρχει άλλη σκέψη που να οδηγεί στην τελική απελευθέρωση πιο γρήγορα απ' ό,τι η σκέψη: "Ο Θεός υπάρχει" – ή, ακόμα καλύτερα, απλώς: "Θεός";».

Ο άνθρωπος όμως δεν επιστρέφει εύκολα στην απλότητα. Μέσα στον άνθρωπο της διανόησης σπάνια υπάρχει απλά η σκέψη «Θεός»· συνήθως υπάρχει έπαρση από υποτιθέμενη γνώση. Το εγώ του ικανοποιείται που μπορεί να συλλάβει τέτοια ευρυμάθεια.

Οι άνθρωποι που ήταν υπερήφανοι για τον πλούτο τους ή την κοινωνική θέση τους ήταν πολύ πιθανό, υπό την παρουσία του Δασκάλου, να προσθέσουν και την ταπεινότητα στα υπάρχοντά τους. Μια φορά, ένας τοπικός Ειρηνοδίκης ζήτησε μια συνάντηση με τον Δάσκαλο στο παραθαλάσσιο ερημητήριο, στο Πούρι. Αυτός ο άνθρωπος, που είχε τη φήμη ότι ήταν αδίστακτος, είχε τη δύναμη να μας στερήσει την κυριότητα του άσραμ. Ανέφερα αυτό το γεγονός στον γκουρού μου. Κάθισε όμως με ασυμβίβαστο ύφος και δεν σηκώθηκε για να υποδεχθεί τον επισκέπτη.

Ελαφρώς ταραγμένος, κάθισα οκλαδόν δίπλα στην πόρτα. Ο Σρι Γιουκτέσβαρ δεν μου ζήτησε να φέρω καρέκλα για τον Ειρηνοδίκη, ο οποίος αναγκάστηκε να καθίσει σ' ένα ξύλινο κουτί. Δεν εκπληρώθηκε η προφανής προσδοκία του να αναγνωριστεί πανηγυρικά το πόσο σημαντικός ήταν.

Επακολούθησε μια μεταφυσική συζήτηση. Ο επισκέπτης έκανε πολλά λάθη και παρερμήνευε τις Γραφές. Καθώς η ακρίβειά του βυθιζόταν, η οργή του αυξανόταν.

«Το ξέρετε ότι ήμουν πρώτος στις εξετάσεις του πτυχείου Μάστερ;». Η λογική του τον είχε εγκαταλείψει, αλλά εξακολουθούσε να φωνάζει.

«Κύριε Ειρηνοδίκη, ξεχνάτε ότι δεν βρίσκεστε στο Δικαστήριό σας». Ο Δάσκαλος απάντησε ήρεμα. «Από τις παιδαριώδεις παρατηρήσεις σας θα υπέθετε κάποιος ότι η πανεπιστημιακή σταδιοδρομία σας ήταν ασήμαντη. Εν πάση περιπτώσει, ένα πτυχίο Πανεπιστημίου δεν συνδέεται με τη συνειδητοποίηση των Βεδών. Οι άγιοι δεν παράγονται με "φουρνιές" κάθε εξάμηνο όπως οι λογιστές».

Ο επισκέπτης, που έχασε για λίγο τη φωνή του από την έκπληξη, ξεκαρδίστηκε στα γέλια.

«Αυτή είναι η πρώτη μου συνάντηση με έναν ουράνιο Ειρηνοδίκη», είπε. Αργότερα υπέβαλε επίσημη αίτηση, διατυπωμένη φραστικά με νομικό τρόπο, ο οποίος προφανώς ήταν αναπόσπαστο κομμάτι της ύπαρξής του, για να γίνει δεκτός ως «δόκιμος» μαθητής.

Σε αρκετές περιπτώσεις, ο Σρι Γιουκτέσβαρ, όπως και ο Λαχίρι Μαχασάγια, αποθάρρυνε «ανώριμους» μαθητές να εισέλθουν στο Τάγμα των Σουάμι. «Το να φορέσει κάποιος τον μανδύα σε χρώμα ώχρας όταν του λείπει η συνειδητοποίηση του Εαυτού του είναι παραπλανητικό για την κοινωνία», έλεγαν οι δύο Δάσκαλοι. «Ξεχάστε τα εξωτερικά σύμβολα της απάρνησης που μπορεί να σας βλάψουν προκαλώντας μέσα σας μια πλαστή υπερηφάνεια. Τίποτα άλλο δεν έχει σημασία παρά μόνο η σταθερή, καθημερινή σας πνευματική πρόοδος· για να την επιτύχετε, να χρησιμοποιείτε την *Κρίγια Γιόγκα*».

Για να μετρήσει την αξία ενός ανθρώπου, ένας άγιος χρησιμοποιεί ένα σταθερό κριτήριο που είναι πολύ διαφορετικό από τα μέτρα σύγκρισης του κόσμου που κάθε φορά αλλάζουν. Η ανθρωπότητα -τόσο ετερόκλιτη στα δικά της μάτια!- φαίνεται στα μάτια ενός Δασκάλου να χωρίζεται σε δύο μόνο κατηγορίες: στους αδαείς ανθρώπους που δεν αναζητούν το Θεό και στους σοφούς που Τον αναζητούν.

Ο γκουρού μου φρόντιζε προσωπικά για τις λεπτομέρειες που αφορούσαν τη διοίκηση της περιουσίας του. Σε διάφορες περιπτώσεις κάποιοι αδίστακτοι άνθρωποι προσπάθησαν να σφετεριστούν την ιδιοκτησία των ακινήτων του Δασκάλου, τα οποία είχε κληρονομήσει από τους προγόνους του. Με αποφασιστικότητα και ακόμα και με τη δικαστική οδό, ο Σρι Γιουκτέσβαρ κατατρόπωσε κάθε αντίπαλο. Υπέστη αυτές τις οδυνηρές εμπειρίες εξαιτίας της επιθυμίας του να μη γίνει ποτέ ένας ζητιάνος γκουρού ή να γίνει βάρος στους μαθητές του.

Η οικονομική ανεξαρτησία του ήταν ένας λόγος για τον οποίο ο ανησυχητικά ευθαρσής γκουρού μου δεν είχε σχέση με τις πανουργίες της διπλωματικότητας. Σε αντίθεση με τους δασκάλους που είναι αναγκασμένοι να κολακεύουν τους υποστηρικτές τους, ο γκουρού μου ήταν αδιαπέραστος από την άμεση ή έμμεση επιρροή του πλούτου των άλλων. Ποτέ δεν τον άκουσα να ζητά ή έστω να κάνει οποιαδήποτε νύξη για χρήματα για οποιονδήποτε σκοπό. Η εκπαίδευση στο ερημητήριο παρεχόταν δωρεάν σε όλους τους μαθητές.

Μια μέρα ήρθε στο άσραμ του Σεράμπουρ ένας δικαστικός κλητήρας για να επιδώσει μια κλήση. Ένας μαθητής που ονομαζόταν Κανάι κι εγώ τον συνοδεύσαμε στον Δάσκαλο.

Η στάση του υπαλλήλου απέναντι στον Σρι Γιουκτέσβαρ ήταν προσβλητική. «Θα σας έκανε καλό να αφήσετε τις σκιές του ερημητηρίου σας και να αναπνεύσετε τον έντιμο αέρα μιας δικαστικής αίθουσας», είπε περιφρονητικά.

Δεν μπορούσα να συγκρατηθώ. «Άλλη μια λέξη αναίδειας και θα βρεθείς στο πάτωμα!». Προχώρησα απειλητικά.

Ο Κανάι επίσης φώναζε στον κλητήρα. «Κάθαρμα! Πώς τολμάς να βλασφημείς μέσα σ' αυτό το ιερό άσραμ;».

Ο Δάσκαλος όμως στάθηκε προστατευτικά μπροστά στον υβριστή του. «Μη συγχίζεστε με το τίποτα. Αυτός ο άνθρωπος εκτελεί απλά το νόμιμο καθήκον του».

Ο υπάλληλος, ζαλισμένος από τον διαφορετικό τρόπο με τον

οποίο τον υποδεχθήκαμε, πρόφερε με σεβασμό μια λέξη απολογίας και έφυγε γρήγορα.

Ήταν εκπληκτικό το γεγονός ότι ένας Δάσκαλος με τόσο φλογερή θέληση μπορούσε να είναι τόσο ήρεμος μέσα του. Ταίριαζε στον βεδικό ορισμό για τον άνθρωπο του Θεού: «Πιο τρυφερός από λουλούδι όσον αφορά την καλοσύνη· πιο δυνατός από βροντή όταν διακυβεύονται αρχές».

Στον κόσμο υπάρχουν πάντα άνθρωποι που, όπως είπε ο Μπράουνινγκ (Browning), «δεν αντέχουν το φως γιατί μέσα τους οι ίδιοι είναι σκοτεινοί». Υπήρχαν φορές που κάποιος ξένος επιτιμούσε τον Σρι Γιουκτέσβαρ εκνευρισμένος γιατί φανταζόταν ότι τον είχε αδικήσει. Ο ατάραχος γκουρού μου άκουγε ευγενικά, αναλύοντας τον εαυτό του για να δει αν υπήρχε έστω και ίχνος αλήθειας στη στηλίτευση. Αυτές οι σκηνές έφερναν στον νου μου μία από τις αμίμητες παρατηρήσεις του Δασκάλου: «Μερικοί άνθρωποι προσπαθούν να είναι ψηλοί κόβοντας τα κεφάλια των άλλων!».

Η απαρασάλευτη αυτοκυριαρχία ενός αγίου είναι τόσο εντυπωσιακή που δεν μπορεί να περιγραφεί με λόγια. «Καλύτερος είναι ο μακρόθυμος από τον δυνατό· και αυτός που εξουσιάζει το πνεύμα του απ' αυτόν που κυριεύει μια πόλη».[25]

Συχνά σκεφτόμουν ότι ο μεγαλειώδης Δάσκαλός μου θα μπορούσε εύκολα να ήταν αυτοκράτορας ή πολεμιστής που θα κλόνιζε τον κόσμο αν είχε επικεντρώσει τον νου του στη δόξα ή στις εγκόσμιες επιτυχίες. Αντίθετα, είχε επιλέξει να κατακεραυνώσει τα εσωτερικά οχυρά της οργής και του εγωισμού, των οποίων η πτώση αποτελεί την εξύψωση του ανθρώπου.

---

[25] Παροιμίες ΙΣΤ:32.

ΚΕΦΑΛΑΙΟ 13

# Ο Άγιος Που Ποτέ Δεν Κοιμόταν

«Σας παρακαλώ, επιτρέψτε μου να πάω στα Ιμαλάια. Ελπίζω ότι στην αδιατάρακτη απομόνωση εκεί θα επιτύχω συνεχή θεϊκή κοινωνία».

Πράγματι, κάποια μέρα ξεστόμισα αυτά τα αχάριστα λόγια στον Δάσκαλό μου. Έχοντας κυριευτεί από κάποια από τις απρόβλεπτες αυταπάτες που περιστασιακά πλήττουν τον πιστό, τα καθήκοντα του ερημητηρίου και οι σπουδές στο Κολλέγιο με έκαναν να νιώθω μια ολοένα και αυξανόμενη ανυπομονησία. Ένα αδύναμο, μικρό ελαφρυντικό ήταν ότι όταν το πρότεινα γνώριζα τον Σρι Γιουκτέσβαρ μόνο έξι μήνες. Δεν είχα ακόμα καταλάβει πλήρως το ανυπέρβλητο ανάστημά του.

«Πολλοί ορεσίβιοι ζουν στα Ιμαλάια, αλλά δεν έχουν καμία αντίληψη του Θεού». Ο γκουρού μου απάντησε αργά και απλά. «Είναι καλύτερο να αναζητήσεις τη σοφία από έναν άνθρωπο που έχει επιτύχει τη συνειδητοποίηση του Εαυτού του και όχι από ένα αδρανές βουνό».

Αγνοώντας τον ξεκάθαρο υπαινιγμό του Δασκάλου ότι αυτός, και όχι ένας λόφος, ήταν ο Δάσκαλός μου, επανέλαβα την ικεσία μου. Ο Σρι Γιουκτέσβαρ απαξίωσε να απαντήσει. Εξέλαβα τη σιωπή του σαν συναίνεση – μια λανθασμένη αλλά βολική ερμηνεία.

Στο σπίτι μου στην Καλκούτα, εκείνο το απόγευμα, άρχισα βιαστικά τις προετοιμασίες για το ταξίδι. Δένοντας μερικά πράγματα μέσα σε μια κουβέρτα, θυμήθηκα ένα παρόμοιο δέμα που είχα πετάξει κρυφά από το παράθυρο της σοφίτας μου λίγα χρόνια νωρίτερα. Αναρωτήθηκα αν και αυτή η φυγή στα Ιμαλάια θα ήταν πάλι καταδικασμένη να αποτύχει. Την πρώτη φορά ο πνευματικός μου ενθουσιασμός ήταν μεγάλος· αυτή τη νύχτα η συνείδησή μου με έπνιγε στη σκέψη ότι θα άφηνα τον γκουρού μου.

Το επόμενο πρωινό έψαξα να βρω τον Μπιχάρι Παντίτ, τον καθηγητή μου των Σανσκριτικών στο Κολλέγιο Scottish Church.

«Κύριε, μου είπατε ότι είστε φίλος μ' έναν μεγάλο μαθητή του Λαχίρι Μαχασάγια. Σας παρακαλώ, πείτε μου τη διεύθυνσή του».

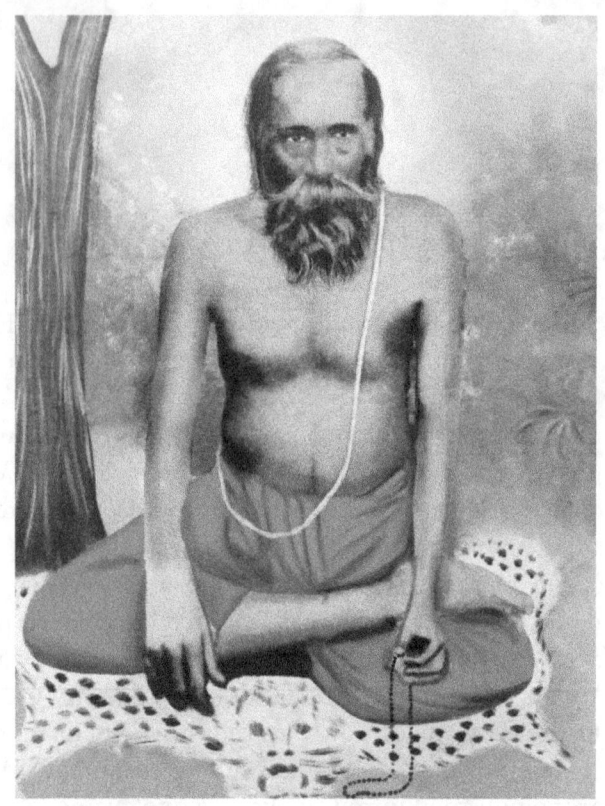

Ο Ραμ Γκοπάλ Μουζουμντάρ,
«Ο Άγιος που Ποτέ Δεν Κοιμόταν»

«Εννοείς τον Ραμ Γκοπάλ Μουζουμντάρ. Τον αποκαλώ "Ο άγιος που δεν κοιμάται ποτέ". Είναι πάντα ξύπνιος σε εκστατική συνειδητότητα. Το σπίτι του είναι στο Ρανμπατζπούρ, κοντά στο Ταρακέσβαρ».

Τον ευχαρίστησα και επιβιβάστηκα αμέσως στο τρένο για το Ταρακέσβαρ. Ήλπιζα να απαλλαγώ από τους δισταγμούς μου παίρνοντας άδεια από τον «άγιο που δεν κοιμάται ποτέ» να αφοσιωθώ σε μοναχικό διαλογισμό στα Ιμαλάια. Ο Μπιχάρι Παντίτ μού είχε πει ότι ο Ραμ Γκοπάλ είχε λάβει φώτιση μετά από εξάσκηση πολλών ετών στην *Κρίγια Γιόγκα* σε απομονωμένα σπήλαια της Βεγγάλης.

Στο Ταρακέσβαρ πήγα σ' έναν διάσημο ναό. Οι Ινδουιστές νιώθουν μεγάλη ευλάβεια γι' αυτόν, όπως νιώθουν οι Καθολικοί για το ιερό της Λούρδης στη Γαλλία. Αναρίθμητες θαυματουργές θεραπείες έχουν γίνει στο Ταρακέσβαρ, συμπεριλαμβανομένης και μιας κάποιου συγγενούς μου.

«Κάθισα στον ναό εκεί για μια εβδομάδα», μου είπε μια φορά η μεγαλύτερη θεία μου. «Απέχοντας πλήρως από το φαγητό, προσευχόμουν για την ανάρρωση του θείου σου του Σάραντα από μια χρόνια αρρώστια. Την έβδομη μέρα υλοποιήθηκε στα χέρια μου ένα βότανο! Έκανα ένα αφέψημα από τα φύλλα του και το έδωσα στον θείο σου. Η αρρώστιά του εξαφανίστηκε αμέσως και δεν επανεμφανίστηκε ποτέ».

Μπήκα στον άγιο ναό του Ταρακέσβαρ· ο βωμός δεν περιέχει τίποτα άλλο από μια στρογγυλή πέτρα. Η περίμετρός της, χωρίς αρχή και τέλος, την καθιστά ιδιαίτερα συμβολική του Απείρου. Στην Ινδία οι συμπαντικές αφηρημένες έννοιες είναι κατανοητές ακόμα κι από έναν αναλφάβητο χωρικό· μάλιστα, οι άνθρωποι της Δύσης μερικές φορές κατηγόρησαν τους Ινδούς ότι ζουν με αφηρημένες έννοιες!

Η διάθεσή μου εκείνη τη στιγμή ήταν τόσο κακή που ένιωσα απρόθυμος να προσκυνήσω τη συμβολική πέτρα. Ο Θεός, σκέφτηκα, πρέπει να αναζητάται μόνο μέσα στην ψυχή.

Έφυγα από τον ναό χωρίς γονυκλισία και προχώρησα γρήγορα προς το απομακρυσμένο χωριό Ρανμπατζπούρ. Δεν ήμουν σίγουρος για το δρόμο. Ζήτησα πληροφορίες από κάποιον περαστικό, ο οποίος όταν άκουσε την ερώτησή μου έπεσε σε βαθιά περισυλλογή.

«Όταν φτάσεις σ' ένα σταυροδρόμι, στρίψε δεξιά και συνέχισε ευθεία», είπε τελικά διφορούμενα.

Ακολουθώντας τις οδηγίες βρέθηκα στην όχθη ενός καναλιού και προχώρησα κατά μήκος της. Έπεσε το σκοτάδι· βρέθηκα στα περίχωρα ενός χωριού της ζούγκλας, όπου τρεμόπαιζε το φως των πυγολαμπίδων και ακούγονταν τα ουρλιαχτά των τσακαλιών που βρίσκονταν κοντά. Το φως του φεγγαριού ήταν πολύ αμυδρό και δεν βοηθούσε· σκοντάφτοντας, συνέχισα να περπατώ για δύο ώρες.

Επιτέλους άκουσα τον ήχο της καμπάνας μιας αγελάδας! Αφού φώναξα πολλές φορές, στο τέλος ήρθε ένας χωρικός δίπλα μου.

«Ψάχνω για τον Ραμ Γκοπάλ Μπάμπου».

«Δεν υπάρχει κανείς μ' αυτό το όνομα στο χωριό μας». Η φωνή του είχε έναν τόνο σιγουριάς. «Προφανώς είσαι ένας ντετέκτιβ που λέει ψέματα».

Ελπίζοντας να καθησυχάσω τις υποψίες που είχε στον προβληματισμένο με την πολιτική νου του, εξήγησα τη δύσκολη θέση μου με συγκινητικό τρόπο. Με πήρε στο σπίτι του και με φιλοξένησε.

«Το Ρανμπατζπούρ είναι μακριά από εδώ», παρατήρησε. «Στο σταυροδρόμι έπρεπε να στρίψεις αριστερά και όχι δεξιά».

Αυτός που μου έδωσε τις αρχικές οδηγίες, σκέφτηκα στενοχωρημένος, αποτελούσε έναν σίγουρο κίνδυνο για τους ταξιδιώτες. Μετά από ένα απολαυστικό γεύμα από χοντρό ακατέργαστο ρύζι, *νταλ* με φακές, πατάτες με κάρυ και ωμές μπανάνες, αποσύρθηκα σε μια μικρή καλύβα που ενωνόταν με την αυλή. Κάπου πιο μακριά μερικοί χωρικοί τραγουδούσαν με τη συνοδεία *μριντάνγκα*[1] και κυμβάλων που ακούγονταν δυνατά. Εκείνο το βράδυ ο ύπνος ήταν ασήμαντος· προσευχόμουν βαθιά να οδηγηθώ στον απομονωμένο γιόγκι, τον Ραμ Γκοπάλ.

Καθώς το πρώτο φως της αυγής διαπέρασε τις χαραμάδες της καλύβας μου, ξεκίνησα για το Ρανμπατζπούρ. Διασχίζοντας τραχείς ορυζώνες έκανα μια κουραστική πεζοπορία ανάμεσα σε κομμένα με δρεπάνι κούτσουρα αγκαθωτών φυτών και γύρω από αναχώματα στεγνής λάσπης. Όποτε ρωτούσα κάποιο χωρικό που συναντούσα τυχαία, πάντα έπαιρνα την απάντηση ότι απείχα από τον προορισμό μου «μόνο μία *κρόσα*» (τρία χιλιόμετρα). Μετά από έξι ώρες, ο ήλιος είχε ταξιδέψει νικηφόρα από τον ορίζοντα στο μέσον του ουρανού, αλλά εγώ είχα πια αρχίσει να νιώθω ότι για πάντα θα απείχα από το Ρανμπατζπούρ μόνο μια *κρόσα*.

Στην αρχή του απογεύματος ο κόσμος μου συνέχιζε να είναι ένας ατελείωτος ορυζώνας. Η ζέστη που ξεχυνόταν από τον ουρανό με έφερε στα όρια της κατάρρευσης. Είδα έναν άντρα να με πλησιάζει με αργό βήμα. Δεν τόλμησα να ξεστομίσω τη συνηθισμένη μου ερώτηση, μήπως και άκουγα το μονότονο: «Μόνο μία *κρόσα*».

Ο ξένος σταμάτησε δίπλα μου. Κοντός και λεπτός, δεν ήταν εντυπωσιακός στην εξωτερική εμφάνιση, με εξαίρεση τα ασυνήθιστα, διαπεραστικά, σκούρα μάτια του.

«Είχα σκοπό να φύγω από το Ρανμπατζπούρ, αλλά ο σκοπός σου ήταν καλός και γι' αυτό σε περίμενα». Κούνησε το δάχτυλό του στο κατάπληκτο πρόσωπό μου. «Δεν είχες την εξυπνάδα να σκεφτείς ότι χωρίς προειδοποίηση θα μου φορτωνόσουν; Αυτός ο καθηγητής Μπιχάρι δεν είχε δικαίωμα να σου δώσει τη διεύθυνσή μου».

Θεωρώντας ότι το να συστηθώ θα ήταν απλώς πολυλογία μπροστά σ' αυτόν τον Δάσκαλο έμεινα άφωνος, λίγο πληγωμένος από την υποδοχή του. Έκανε την επόμενη παρατήρησή του απότομα.

«Πες μου, πού νομίζεις πως βρίσκεται ο Θεός;».

---

[1] Ντραμς που παίζονται με τα χέρια, που χρησιμοποιούνται συνήθως για να συνοδεύσουν λατρευτικούς ύμνους *(κίρταν)* κατά τη διάρκεια θρησκευτικών τελετών και λιτανειών.

«Γιατί, είναι μέσα μου και παντού». Σίγουρα φαινόταν η αμηχανία που ένιωθα.

«Που διαποτίζει τα πάντα, ε;». Ο άγιος γέλασε πνιχτά. «Τότε γιατί, νεαρέ κύριε, δεν υποκλίθηκες στο Άπειρο στο πέτρινο σύμβολο στον ναό του Ταρακέσβαρ χθες;[2] Η υπερηφάνειά σου προκάλεσε την τιμωρία σου με τη λανθασμένη καθοδήγηση από τον περαστικό που δεν ασχολήθηκε με τη λεπτή διαφορά ανάμεσα στη δεξιά και την αριστερή κατεύθυνση. Και σήμερα επίσης είχες μια πολύ δύσκολη μέρα εξαιτίας του γεγονότος αυτού!».

Συμφώνησα με όλη μου την καρδιά, έχοντας μείνει άναυδος με το πανταχού παρόν μάτι που ήταν κρυμμένο μέσα στο ασήμαντο σώμα μπροστά μου. Μια θεραπευτική δύναμη αναδύθηκε από τον γιόγκι· ένιωσα αμέσως αναζωογονημένος μέσα στο καυτό λιβάδι.

«Ο πιστός έχει την τάση να πιστεύει ότι το δικό του μονοπάτι προς το Θεό είναι ο μόνος δρόμος», είπε. «Η γιόγκα, μέσω της οποίας αποκαλύπτεται η θεότητα μέσα στον άνθρωπο, είναι αναμφίβολα η ανώτερη οδός, όπως μας είπε ο Λαχίρι Μαχασάγια. Ανακαλύπτοντας όμως τον Κύριο μέσα μας, σύντομα Τον αντιλαμβανόμαστε και έξω από μας. Οι άνθρωποι ορθά νιώθουν ευλάβεια για τους ιερούς ναούς στο Ταρακέσβαρ και αλλού, γιατί τα μέρη αυτά είναι πυρηνικά κέντρα πνευματικής δύναμης».

Η επικριτική στάση του αγίου εξαφανίστηκε· το βλέμμα του μαλάκωσε με συμπόνια. Με χτύπησε απαλά στον ώμο.

«Νεαρέ γιόγκι, βλέπω ότι πας να φύγεις από τον Δάσκαλό σου. Έχει ό,τι χρειάζεσαι· θα πρέπει να γυρίσεις σ' αυτόν». Πρόσθεσε: «Τα βουνά δεν μπορούν να γίνουν ο γκουρού σου» – την ίδια σκέψη που είχε εκφράσει ο Σρι Γιουκτέσβαρ δύο μέρες νωρίτερα.

«Οι Δάσκαλοι δεν είναι αναγκασμένοι από κανέναν συμπαντικό νόμο να ζουν μόνο στα βουνά». Ο άγιος με κοίταξε αινιγματικά. «Τα Ιμαλάια στην Ινδία και στο Θιβέτ δεν μονοπωλούν τους αγίους. Αυτό που κάποιος δεν προσπαθεί να βρει μέσα του, δεν θα του αποκαλυφθεί με το να μεταφέρει το σώμα του εδώ κι εκεί. Μόλις ο πιστός είναι *πρόθυμος* να φτάσει ακόμα και στα πέρατα της γης για να βρει πνευματική φώτιση, ο γκουρού του εμφανίζεται δίπλα του».

Συμφώνησα σιωπηλά καθώς θυμήθηκα την προσευχή μου στο

---

[2] «Ο άνθρωπος που δεν υποκλίνεται μπροστά σε τίποτα, ποτέ δεν μπορεί να αντέξει το βάρος του εαυτού του». – Ντοστογιέφσκι, *Οι Δαιμονισμένοι*.

ερημητήριο του Μπενάρες που εισακούσθηκε με τη συνάντηση με τον Σρι Γιουκτέσβαρ σ' ένα γεμάτο πλήθος στενό δρομάκι.

«Μπορείς να έχεις ένα μικρό δωμάτιο όπου να κλείνεις την πόρτα και να μένεις μόνος;».

«Ναι». Σκέφτηκα ότι αυτός ο άγιος άφηνε τα γενικά θέματα και πήγαινε στα ειδικά με ταχύτητα που προκαλούσε αμηχανία.

«Αυτό είναι η σπηλιά σου». Ο γιόγκι μού χάρισε ένα βλέμμα φώτισης που δεν ξέχασα ποτέ. «Αυτό είναι το ιερό σου βουνό. Εκεί θα βρεις το βασίλειο του Θεού».

Τα απλά του λόγια εξαφάνισαν ακαριαία την εμμονή που είχα όλη μου τη ζωή με τα Ιμαλάια. Σ' έναν φλεγόμενο από τη ζέστη ορυζώνα, ξύπνησα από το όνειρο για τα βουνά και τα αιώνια χιόνια.

«Νεαρέ κύριε, η δίψα σου για το Θεό είναι αξιέπαινη. Νιώθω μεγάλη αγάπη για σένα». Ο Ραμ Γκοπάλ με πήρε από το χέρι και με οδήγησε σ' ένα γραφικό χωριουδάκι σ' ένα ξέφωτο της ζούγκλας. Οι κατοικίες εκεί ήταν σκεπασμένες με φύλλα φοίνικα και λιτά διακοσμημένες στις εισόδους τους με φρέσκα τροπικά λουλούδια.

Ο άγιος με έβαλε να καθίσω στον σκιερό εξώστη από μπαμπού του μικρού αγροτόσπιτού του. Αφού μου έδωσε ζαχαρωμένο χυμό λάιμ κι ένα κομμάτι σκληρής κρυσταλλοποιημένης ζάχαρης, πήγαμε στη σκεπαστή βεράντα του και καθίσαμε στη στάση του λωτού. Πέρασαν τέσσερις ώρες διαλογισμού. Άνοιξα τα μάτια μου και είδα ότι η μορφή του γιόγκι που φωτιζόταν από το φως του φεγγαριού ήταν ακόμα ακίνητη. Καθώς υπενθύμιζα αυστηρά στο στομάχι μου ότι ο άνθρωπος δεν ζει μόνο με ψωμί, ο Ραμ Γκοπάλ σηκώθηκε.

«Βλέπω ότι πεινάς πολύ», είπε. «Το φαγητό σύντομα θα είναι έτοιμο».

Άναψε φωτιά κάτω από έναν φούρνο από πηλό στη σκεπαστή βεράντα. Λίγη ώρα αργότερα τρώγαμε ρύζι και *νταλ* που ήταν σερβιρισμένα πάνω σε μεγάλα φύλλα μπανανιάς. Ο οικοδεσπότης μου είχε ευγενικά αρνηθεί κάθε ανάμειξή μου στις δουλειές για την ετοιμασία του φαγητού. Το ινδικό ρητό: «Ο φιλοξενούμενος είναι Θεός», τηρείται με ευλάβεια στην Ινδία από αρχαιότατους χρόνους. Αργότερα, στα ταξίδια μου ανά τον κόσμο, γοητεύτηκα όταν είδα ότι υπάρχει ένας παρόμοιος σεβασμός για τους επισκέπτες σε επαρχιακές περιφέρειες πολλών κρατών. Στις αστικές περιοχές η φιλοξενία αμβλύνεται εξαιτίας των πολλών ξένων προσώπων.

Οι διάφοροι χώροι συνάθροισης των ανθρώπων φαίνονταν αφάνταστα μακρινοί καθώς καθόμουν οκλαδόν δίπλα στον γιόγκι στην

*Ο Άγιος Που Ποτέ Δεν Κοιμόταν*

απομόνωση του μικρού χωριού της ζούγκλας. Το δωμάτιο του αγροτόσπιτου ήταν μυστηριωδώς φωτισμένο με μια γλυκιά λάμψη. Ο Ραμ Γκοπάλ τακτοποίησε μερικές σκισμένες κουβέρτες στο πάτωμα για να κοιμηθώ και κάθισε σ' ένα ψάθινο χαλάκι. Πλημμυρισμένος από τον πνευματικό του μαγνητισμό, τόλμησα να κάνω μια παράκληση.

«Κύριε, θα μου χαρίσετε ένα *σαμάντι*;».

«Αγαπημένε μου, θα χαιρόμουν να σου μεταδώσω τη θεϊκή επαφή αλλά δεν είναι δική μου αρμοδιότητα». Ο άγιος με κοίταξε με μισόκλειστα μάτια. «Ο Δάσκαλός σου θα σου χαρίσει αυτήν την εμπειρία σύντομα. Το σώμα σου δεν είναι ακόμα συντονισμένο. Όπως μια μικρή ηλεκτρική λάμπα θα καταστρεφόταν από υπερβολικά μεγάλη ηλεκτρική τάση, έτσι και τα νεύρα σου είναι ανέτοιμα για το συμπαντικό ρεύμα. Αν σου έδινα την άπειρη έκσταση τώρα, θα καιγόσουν σαν να ήταν κάθε σου κύτταρο γεμάτο φωτιά.

»Ζητάς από μένα φώτιση», συνέχισε ο γιόγκι σκεπτικός, «ενώ εγώ αναρωτιέμαι –ασήμαντος καθώς είμαι και με τον λίγο διαλογισμό που έχω κάνει– αν έχω επιτύχει να ευχαριστήσω το Θεό και τι αξία θα έχω στα μάτια Του στην τελική κρίση».

«Κύριε, δεν ψάχνατε το Θεό με όλη σας την καρδιά αφιερωμένη μόνο σ' Αυτόν για πολύ καιρό;».

«Δεν έχω κάνει πολλά. Ο Μπιχάρι πρέπει να σου είπε κάτι για τη ζωή μου. Για είκοσι χρόνια ζούσα σε μια μυστική σπηλιά, διαλογιζόμενος δεκαοκτώ ώρες την ημέρα. Μετά πήγα σε μια πιο απρόσιτη σπηλιά και έμεινα εκεί για είκοσι πέντε χρόνια, μένοντας σε ένωση γιόγκα για είκοσι ώρες την ημέρα. Δεν χρειαζόμουν ύπνο γιατί ήμουν πάντα με το Θεό. Το σώμα μου ξεκουραζόταν πιο πολύ με την απόλυτη γαλήνη του υπερσυνειδήτου παρά με την ατελή ηρεμία της συνηθισμένης υποσυνείδητης κατάστασης.

»Οι μύες χαλαρώνουν κατά τη διάρκεια του ύπνου· η καρδιά όμως, οι πνεύμονες και το κυκλοφορικό σύστημα δουλεύουν συνεχώς· δεν ξεκουράζονται. Στο υπερσυνείδητο όλα τα εσωτερικά όργανα παραμένουν σε κατάσταση καταστολής, παίρνοντας ζωή από τη συμπαντική ενέργεια. Με τέτοια μέσα βρήκα ότι δεν ήταν αναγκαίος ο ύπνος για χρόνια». Μετά πρόσθεσε: «Θα έρθει ο καιρός που κι εσύ επίσης θα απαλλαγείς από τον ύπνο».

«Πω, πω! Έχετε διαλογιστεί τόσο καιρό και παρ' όλα αυτά δεν είστε σίγουρος αν έχετε ευχαριστήσει τον Κύριο!», είπα με κατάπληξη.

«Τότε τι να πούμε εμείς οι καημένοι θνητοί;».

«Δεν βλέπεις, αγαπημένο μου αγόρι, ότι ο Θεός είναι η Ίδια η Αιωνιότητα; Το να υποθέσουμε ότι Τον γνωρίζουμε πλήρως με σαράντα πέντε χρόνια διαλογισμού είναι μάλλον μια παράλογη προσδοκία. Ο Μπάμπατζι μας διαβεβαιώνει ωστόσο ότι ακόμα και λίγος διαλογισμός μάς σώζει από τον φρικτό φόβο του θανάτου και από μεταθανάτιες καταστάσεις. Μην εστιάσεις τα πνευματικά σου ιδανικά σε μικρά βουνά, αλλά στο αστέρι της πλήρους ένωσης με το Θεό. Αν δουλέψεις σκληρά, θα τα καταφέρεις».

Μαγεμένος από την προοπτική αυτή, του ζήτησα να μου πει κι άλλα λόγια φώτισης. Αφηγήθηκε μια υπέροχη ιστορία της πρώτης του συνάντησης με τον γκουρού τού Λαχίρι Μαχασάγια, τον Μπάμπατζι.[3] Κατά τα μεσάνυχτα ο Ραμ Γκοπάλ έπεσε σε σιωπή κι εγώ ξάπλωσα στις κουβέρτες μου. Κλείνοντας τα μάτια μου, είδα λάμψεις σαν αστραπές· ο απέραντος εαυτός μου ήταν ένας θάλαμος από φως που έλιωνε. Άνοιξα τα μάτια μου και είδα την ίδια εκτυφλωτική ακτινοβολία. Το δωμάτιο έγινε ένα τμήμα του άπειρου θόλου που έβλεπα με εσωτερική όραση.

Ο γιόγκι ρώτησε: «Γιατί δεν κοιμάσαι;».

«Κύριε, πώς να κοιμηθώ όταν οι αστραπές ακτινοβολούν γύρω μου, είτε τα μάτια μου είναι κλειστά είτε ανοιχτά;».

«Είσαι ευλογημένος που έχεις αυτήν την εμπειρία. Οι πνευματικές ακτινοβολίες δεν είναι εύκολο να ειδωθούν». Ο άγιος πρόσθεσε μερικά στοργικά λόγια.

Την αυγή ο Ραμ Γκοπάλ μου έδωσε κομμάτια κρυσταλλοποιημένης ζάχαρης και είπε ότι έπρεπε να φύγω. Ένιωθα τόσο απρόθυμος να τον αποχαιρετήσω, που στα μάγουλά μου κυλούσαν δάκρυα.

«Δεν θα σ' αφήσω να φύγεις με άδεια χέρια». Ο γιόγκι μίλησε τρυφερά. «Θα κάνω κάτι για σένα».

Χαμογέλασε και με κοίταξε με βαθύ βλέμμα. Έγινα ακίνητος, σαν να είχα ριζωθεί στο έδαφος· όλο μου το είναι πλημμύρισε από δονήσεις γαλήνης που εκπορεύονταν από τον άγιο. Θεραπεύτηκα αμέσως από έναν πόνο στην πλάτη που με ταλαιπωρούσε κατά διαστήματα για χρόνια.

Ανανεωμένος, λουσμένος σε μια θάλασσα φωτεινής χαράς, σταμάτησα να κλαίω. Αφού άγγιξα τα πόδια του Ραμ Γκοπάλ, μπήκα στη ζούγκλα. Προχώρησα μέσα από τον τροπικό της κυκεώνα και πάνω σε πολλούς ορυζώνες μέχρι που έφτασα στο Ταρακέσβαρ.

---

[3] Βλ. σελ. 348-350.

Εκεί πήγα για δεύτερη φορά στον διάσημο ναό και προσκύνησα πέφτοντας στο έδαφος ολοκληρωτικά μπροστά στον βωμό. Η στρογγυλή πέτρα μεγάλωσε μπροστά στην εσωτερική μου όραση μέχρι που μεταμορφώθηκε σε συμπαντικές σφαίρες: κύκλος μέσα σε κύκλο, ζώνη μετά τη ζώνη, όλα ήταν θεϊκά.

Μια ώρα αργότερα πήρα χαρούμενος το τρένο για την Καλκούτα. Τα ταξίδια μου τελείωσαν, όχι στα αγέρωχα βουνά, αλλά στην ανυπέρβλητη παρουσία του Δασκάλου μου.

ΚΕΦΑΛΑΙΟ 14

# Μια Εμπειρία στη Συμπαντική Συνειδητότητα

«Εδώ είμαι, Γκούρουτζι». Η ντροπή στο πρόσωπό μου μιλούσε πιο εύγλωττα από μένα.

«Ας πάμε στην κουζίνα να βρούμε κάτι να φάμε». Ο τρόπος του Σρι Γιουκτέσβαρ ήταν ο καθημερινός που είχε πάντα, σαν να είχαμε να ειδωθούμε ώρες και όχι μέρες.

«Δάσκαλε, πρέπει να σας απογοήτευσα με την απότομη αναχώρησή μου αφήνοντας τα καθήκοντά μου εδώ· σκέφτηκα ότι μπορεί να ήσαστε θυμωμένος μαζί μου».

«Όχι, ασφαλώς όχι! Η οργή πηγάζει μόνο από επιθυμίες που δεν ικανοποιούνται. Δεν προσδοκώ τίποτα από τους άλλους, επομένως οι πράξεις τους δεν μπορεί να βρίσκονται σε αντίθεση με κάποια επιθυμία μου. Δεν θα σε χρησιμοποιούσα ποτέ για δικούς μου σκοπούς· είμαι ευτυχισμένος μόνο με τη δική σου αληθινή ευτυχία».

«Κύριε, ακούει κάποιος για θεϊκή αγάπη μ' έναν αόριστο τρόπο, αλλά σήμερα πράγματι έχω ένα συγκεκριμένο παράδειγμά της από σας που είστε αγγελικός! Στον κόσμο, ακόμα κι ένας πατέρας δεν συγχωρεί εύκολα το γιο του αν αυτός φύγει από την επιχείρηση του γονιού του χωρίς προειδοποίηση. Εσείς όμως δεν δείχνετε τον παραμικρό θυμό, παρά το γεγονός ότι θα πρέπει να μπήκατε σε μεγάλη ταλαιπωρία από τις πολλές δουλειές που άφησα στη μέση όταν έφυγα».

Κοιταχτήκαμε στα μάτια δακρυσμένοι. Ένα κύμα μακαριότητας με συνεπήρε· κατάλαβα ότι ο Κύριος, με τη μορφή του γκουρού μου, εξάπλωνε την περιορισμένη αγάπη που υπήρχε στην καρδιά μου στα πέρατα της συμπαντικής αγάπης.

Μερικά πρωινά αργότερα πήγα στο άδειο καθιστικό του γκουρού μου. Σκόπευα να διαλογιστώ, αλλά οι απείθαρχες σκέψεις μου δεν βοηθούσαν τον αξιέπαινο σκοπό μου. Διασκορπίζονταν σαν πουλιά μπροστά στον κυνηγό.

*Μια Εμπειρία στη Συμπαντική Συνειδητότητα*

«Μουκούντα!». Η φωνή του Σρι Γιουκτέσβαρ ακούστηκε από ένα μακρινό μπαλκόνι.

Ένιωσα να επαναστατώ σαν τις σκέψεις μου. «Ο Δάσκαλος πάντα με παροτρύνει να διαλογίζομαι», μουρμούρισα. «Δεν θα έπρεπε να με διακόπτει αφού ξέρει γιατί ήρθα σ' αυτό το δωμάτιο».

Με κάλεσε ξανά· έμεινα πεισματικά σιωπηλός. Την τρίτη φορά ο τόνος του ήταν επιτιμητικός.

«Κύριε, διαλογίζομαι», φώναξα διαμαρτυρόμενος.

«Ξέρω πώς διαλογίζεσαι», φώναξε ο γκουρού μου, «με τον νου σου διασκορπισμένο σαν φύλλα στην καταιγίδα! Έλα εδώ σ' εμένα».

Ανικανοποίητος και ντροπιασμένος, πήγα στενοχωρημένος δίπλα του.

«Καημένο μου αγόρι, τα βουνά δεν μπορούν να σου δώσουν αυτό που θέλεις». Ο Δάσκαλος μίλησε χαϊδευτικά, ανακουφιστικά. Το γαλήνιο βλέμμα του ήταν ανεξιχνίαστο. «Η επιθυμία της καρδιάς σου θα εκπληρωθεί».

Ο Σρι Γιουκτέσβαρ σπάνια μιλούσε αινιγματικά· ήμουν μπερδεμένος. Χτύπησε απαλά το στήθος μου πάνω από την καρδιά.

Το σώμα μου έμεινε ακίνητο σαν ριζωμένο· η ανάσα βγήκε από τους πνεύμονές μου σαν να την τράβηξε κάποιος τεράστιος μαγνήτης. Η ψυχή και ο νους αμέσως έχασαν τον υλικό τους δεσμό με το σώμα μου και ξεχύθηκαν έξω σαν υγρό φως που διαπερνούσε κάθε μου πόρο. Η σάρκα ήταν σαν νεκρή· εντούτοις, μέσα στην έντονη επίγνωσή μου, ήξερα ότι ποτέ πριν δεν υπήρξα πλήρως ζωντανός. Η συναίσθηση της ταυτότητάς μου έπαψε πια να είναι περιορισμένη σ' ένα σώμα, αλλά αγκάλιαζε όλα τα άτομα της ύλης στο περιβάλλον μου. Οι άνθρωποι σε μακρινούς δρόμους φαίνονταν να κινούνται απαλά πάνω στη μακρινή περιφέρειά μου. Οι ρίζες των φυτών και των δέντρων φαίνονταν μέσα από μια αμυδρή διαφάνεια του εδάφους· διέκρινα την εσωτερική ροή του χυμού τους.

Όλη η γύρω περιοχή βρισκόταν απογυμνωμένη μπροστά μου. Η συνηθισμένη μου μετωπική όραση είχε τώρα αλλάξει και είχε γίνει απέραντη και σφαιρική, μέσω της οποίας αντιλαμβανόμουν τα πάντα και ταυτόχρονα. Μέσω του πίσω μέρους του κεφαλιού μου είδα ανθρώπους να περπατούν στο Ράι Γκατ Λέιν και επίσης παρατήρησα μια άσπρη αγελάδα που πλησίαζε τεμπέλικα. Όταν έφτασε στην ανοιχτή αυλόπορτα του άσραμ, την έβλεπα σαν να χρησιμοποιούσα τα δύο υλικά μάτια μου. Αφού πέρασε πίσω από τον χτισμένο με τούβλα τοίχο της αυλής, συνέχισα να τη βλέπω καθαρά.

Όλα τα αντικείμενα μέσα στην πανοραμική όρασή μου έτρεμαν και δονούνταν σαν κινηματογραφικές ταινίες σε γρήγορη κίνηση. Το σώμα μου, το σώμα του Δασκάλου, οι κολώνες της αυλής, τα έπιπλα και το πάτωμα, τα δέντρα και το φως του ήλιου, περιστασιακά αναταράσσονταν βίαια, ώσπου όλα έλιωσαν σε μια φωτοβόλο θάλασσα· όπως οι κρύσταλλοι της ζάχαρης, όταν ρίχνονται σ' ένα ποτήρι με νερό, διαλύονται αφού αναταραχθούν. Το φως που ένωνε τα πάντα εναλλασσόταν με υλοποιήσεις μορφών που πάλι γίνονταν φως, μεταμορφώσεις που αποκάλυπταν τον νόμο της αιτίας και του αποτελέσματος στη δημιουργία.

Μια ωκεάνια χαρά κατέκλυσε τις ατελείωτες, γαλήνιες όχθες της ψυχής μου. Συνειδητοποίησα ότι το Πνεύμα του Θεού είναι ανεξάντλητη Μακαριότητα· το σώμα Του είναι αμέτρητοι ιστοί φωτός. Μια αυξανόμενη, μεγαλειώδης λαμπρότητα μέσα μου άρχισε να εξαπλώνεται και να αγκαλιάζει πόλεις, ηπείρους, τη γη, τα ηλιακά και αστρικά συστήματα, λεπτά νεφελώματα και σύμπαντα που επέπλεαν. Ολόκληρη η πλάση, απαλά φωτισμένη, σαν μια πόλη που φαίνεται από μακριά τη νύχτα, τρεμόφεγγε μέσα στην άπειρη υπόστασή μου. Το εκθαμβωτικό φως που έλαμπε πέρα από το βαθιά χαραγμένο συμπαντικό περίγραμμα ήταν ελαφρά πιο αχνό στις πιο μακρινές άκρες του· εκεί είδα μια γλυκιά ακτινοβολία που δεν μειωνόταν ποτέ. Ήταν απερίγραπτα λεπτοφυής· οι εικόνες των πλανητών ήταν σχηματισμένες από πιο χονδροειδές φως.[1]

Οι θεϊκές ακτίνες ξεχύνονταν από μια Αιώνια Πηγή προς όλες τις κατευθύνσεις, αστράφτοντας σε γαλαξίες, μεταμορφωνόμενες με ανείπωτες αύρες φωτός. Είδα επανειλημμένα τις δημιουργικές ακτίνες να συμπυκνώνονται σε αστερισμούς, μετά να διαλύονται πάλι σε στρώματα διαυγούς φλόγας. Με ρυθμική αντιστροφή, τρισεκατομμύρια τρισεκατομμυρίων κόσμοι μεταμορφώνονταν σε διάφανη λάμψη, μετά η φωτιά γινόταν στερέωμα.

Συναισθάνθηκα το κέντρο του ουρανού ως ένα σημείο διαισθητικής αντίληψης μέσα στην καρδιά μου. Ακτινοβόλο μεγαλείο έρρεε από τον πυρήνα μου σε κάθε τμήμα της συμπαντικής δομής. Μακάρια *αμρίτα*, νέκταρ αθανασίας, που παλλόταν μέσα από μένα με μια ρευστότητα σαν του υδραργύρου. Τη δημιουργική φωνή του Θεού την

---
[1] Το φως, ως η ουσία της δημιουργίας, εξηγείται στο κεφάλαιο 30.

*Μια Εμπειρία στη Συμπαντική Συνειδητότητα*

άκουσα να αντηχεί ως *Ομ*,[2] τη δόνηση του Συμπαντικού Κινητήρα. Ξαφνικά η ανάσα επανήλθε στους πνεύμονές μου. Με μια σχεδόν αβάσταχτη απογοήτευση συνειδητοποίησα ότι οι άπειρες διαστάσεις μου είχαν χαθεί. Για μια ακόμα φορά είχα ταπεινωτικά περιοριστεί στο κλουβί του σώματος, που δεν μπορούσε με ευκολία να φιλοξενήσει το Πνεύμα. Σαν τον άσωτο υιό, είχα φύγει από το μακροκοσμικό σπίτι μου και είχα φυλακίσει τον εαυτό μου σ' έναν στενό μικρόκοσμο.

Ο γκουρού μου στεκόταν ακίνητος μπροστά μου· άρχισα να υποκλίνομαι στα ιερά του πόδια με ευγνωμοσύνη που μου χάρισε την εμπειρία της συμπαντικής συνειδητότητας που για τόσα χρόνια έψαχνα με πάθος. Με σήκωσε και είπε ήρεμα:

«Δεν πρέπει να μεθύσεις από έκσταση. Έχεις ακόμα πολλή δουλειά να κάνεις στον κόσμο. Έλα, ας σκουπίσουμε τη βεράντα· μετά θα πάμε μια βόλτα στον Γάγγη».

Έφερα μια σκούπα· ήξερα ότι ο Δάσκαλος μου δίδασκε το μυστικό της ισορροπημένης ζωής. Η ψυχή πρέπει να ανυψώνεται πάνω από τις κοσμογονικές αβύσσους καθώς το σώμα εκτελεί τα καθημερινά του καθήκοντα.

Όταν ο Σρι Γιουκτέσβαρ κι εγώ αργότερα βγήκαμε για έναν περίπατο, ήμουν ακόμα σε εκστατική κατάσταση, ανείπωτα μαγεμένος. Έβλεπα τα σώματά μας σαν δύο αστρικές εικόνες, κινούμενες στον δρόμο δίπλα στο ποτάμι, των οποίων η ουσία ήταν καθαρό φως.

«Το Πνεύμα του Θεού είναι αυτό που συντηρεί ενεργά κάθε μορφή και δύναμη στο σύμπαν· ωστόσο είναι υπερβατικός και ασύλληπτος, μέσα στο μακάριο, αδημιούργητο κενό που βρίσκεται πέρα από τους κόσμους των δονητικών φαινομένων»,[3] εξήγησε ο Δάσκαλος. «Αυτοί

---

[2] «Στην αρχή ήταν ο Λόγος, και ο Λόγος ήταν με το Θεό, και Θεός ήταν ο Λόγος». – Κατά Ιωάννη Α:1.

[3] «Επειδή κανέναν δεν κρίνει ο Πατέρας, αλλά στον Υιό έδωσε όλη την κρίση». – Κατά Ιωάννη Ε:22. «Κανείς δεν είδε ποτέ το Θεό· ο μονογενής Υιός, που βρίσκεται στην αγκαλιά του Πατέρα, εκείνος τον φανέρωσε». – Κατά Ιωάννη Α:18. «Ο Θεός [...] έχτισε τα πάντα μέσω του Ιησού Χριστού». – Προς Εφεσίους Γ:9. «Αλήθεια, αλήθεια σας λέω, όποιος πιστεύει σ' εμένα, τα έργα τα οποία κάνω και εκείνος θα κάνει, και μεγαλύτερα απ' αυτά θα κάνει, διότι εγώ πηγαίνω προς τον Πατέρα μου». – Κατά Ιωάννη ΙΔ:12. «Ο δε Παράκλητος, το Πνεύμα το Άγιο, το οποίο θα στείλει ο Πατέρας στο όνομά μου, εκείνος θα σας διδάξει τα πάντα και θα σας υπενθυμίσει όλα όσα είπα προς εσάς». – Κατά Ιωάννη ΙΔ:26.

Αυτά τα βιβλικά λόγια αναφέρονται στην τριαδική φύση του Θεού ως αυτή του Πατέρα, του Υιού και του Αγίου Πνεύματος (Σατ, Τατ, Ομ στις ινδουιστικές Γραφές). Ο Θεός ο Πατέρας είναι το Απόλυτο, Ανεκδήλωτος, υπάρχων *πέρα* από τη δονητική δημιουργία. Ο Θεός ο Υιός είναι η κατά Χριστόν Συνειδητότητα (Μπραχμά ή *Κουτάστα Τσαϊτάνια*), υπάρχων *μέσα* στη δονητική δημιουργία· αυτή η κατά Χριστόν Συνειδητότητα είναι «ο μονογενής» ή η μοναδική

που επιτυγχάνουν τη συνειδητοποίηση του Εαυτού τους στη γη ζουν μια παρόμοια διπλή ζωή. Εκτελώντας το έργο τους στον κόσμο ευσυνείδητα, είναι εντούτοις βυθισμένοι σε μια εσωτερική ευδαιμονία.

»Ο Κύριος έπλασε όλους τους ανθρώπους από την απεριόριστη χαρά της ύπαρξής Του. Αν και είναι οδυνηρά στριμωγμένοι μέσα σ' ένα σώμα, ο Θεός εντούτοις προσδοκά από τον άνθρωπο, τον οποίο δημιούργησε κατ' εικόνα Του, να υπερβεί τελικά όλες τις ταυτίσεις του με τις αισθήσεις και να ενωθεί πάλι μαζί Του».

Το συμπαντικό όραμα μου άφησε πολλά μόνιμα μαθήματα. Με την καθημερινή ακινητοποίηση των σκέψεών μου, μπορούσα να απαλλάσσομαι από την απατηλή πεποίθηση ότι το σώμα μου ήταν μια μάζα από σάρκα και οστά που διασχίζουν το σκληρό έδαφος της ύλης. Η αναπνοή και ο ανήσυχος νους, όπως είδα, είναι σαν καταιγίδες που ανακινούν τον ωκεανό του φωτός και τον μετατρέπουν σε κύματα υλικών μορφών – γη, ουρανό, ανθρώπους, ζώα, πουλιά, δέντρα. Δεν μπορεί να υπάρξει αντίληψη του Απείρου ως του Ενός Φωτός αν δεν υπάρξει ηρεμία αυτών των καταιγίδων.

Όποτε κατασίγαζα τις δύο αυτές φυσικές οχλαγωγίες –την αναπνοή και τον νου– έβλεπα τα πολυποίκιλα κύματα της δημιουργίας να λιώνουν σε μία διάφανη, λαμπερή θάλασσα· όπως τα κύματα του ωκεανού, όταν υποχωρεί η τρικυμία, διαλύονται γαλήνια σε ενότητα.

Ένας Δάσκαλος χαρίζει τη θεϊκή εμπειρία της συμπαντικής συνειδητότητας όταν ο μαθητής του, με τον διαλογισμό, έχει ισχυροποιήσει τον νου του σε τέτοιο βαθμό ώστε οι αχανείς ορίζοντες να μην τον κλονίσουν. Η απλή διανοητική προθυμία ή το να έχει κάποιος ανοιχτό μυαλό δεν αρκεί. Μόνο η επαρκής διεύρυνση της συνειδητότητας με εξάσκηση γιόγκα και λατρευτική *μπάκτι* μπορούν να προετοιμάσουν κάποιον να απορροφήσει το απελευθερωτικό σοκ της πανταχού παρουσίας.

Η θεϊκή εμπειρία έρχεται με φυσικότητα, αναπόφευκτα, στον πιστό που είναι ειλικρινής. Η έντονη λαχτάρα του αρχίζει να έλκει το Θεό με μια ακαταμάχητη δύναμη. Ο Κύριος, ως το Συμπαντικό Όραμα, έλκεται από τη μαγνητική αυτή θέρμη μέσα στην εμβέλεια της συνειδητότητας του αναζητητή.

---

αντανάκλαση του Αδημιούργητου Απείρου. Η εξωτερική εκδήλωση της πανταχού παρούσας κατά Χριστόν Συνειδητότητας, ο «μάρτυράς» της (Αποκάλυψη Γ:14), είναι το *Ομ*, ο Λόγος ή το Άγιο Πνεύμα: αόρατη θεϊκή δύναμη, η μόνη που πράττει, η μοναδική αιτιώδης και ενεργοποιούσα δύναμη που στηρίζει όλη τη δημιουργία μέσω της δόνησης. Το *Ομ*, ο μακάριος Παρηγορητής (Παράκλητος), ακούγεται κατά τον διαλογισμό και αποκαλύπτει στον πιστό την έσχατη Αλήθεια, «υπενθυμίζοντας» τα πάντα.

## Μια Εμπειρία στη Συμπαντική Συνειδητότητα

Χρόνια αργότερα, έγραψα το ακόλουθο ποίημα, το «Σαμάντι», προσπαθώντας να μεταδώσω ένα ίχνος από το μεγαλείο του:

Εξαφανίστηκαν τα πέπλα του φωτός και της σκιάς,
Και κάθε καταχνιά της λύπης διαλύθηκε κι αυτή,
Γλίστρησε μακριά κάθε ξημέρωμα παροδικής χαράς,
Οι θαμποί αντικατοπτρισμοί των αισθήσεων τελείωσαν κι αυτοί.
Αγάπη, μίσος, υγεία, αρρώστια, ζωή, θάνατος:
Χάθηκαν κι αυτές οι ψεύτικες σκιές στην οθόνη της δυαδικότητας.
Η καταιγίδα της *μάγια* ακινητοποιήθηκε
Από το μαγικό ραβδί της βαθιάς διαίσθησης.
Παρόν, παρελθόν, μέλλον, δεν υπάρχουν πια για μένα,
Αλλά πάντα παρών, παντού ρέων εγώ, εγώ παντού.
Πλανήτες, άστρα, την αστερόσκονη, τη γη,
Ηφαιστειακές εκρήξεις κατακλυσμών της δευτέρας παρουσίας,
Το καμίνι που πλάθει τις μορφές της δημιουργίας,
Παγετώνες από σιωπηλές ακτίνες Χ, πλημμύρες φλεγόμενων ηλεκτρονίων,
Σκέψεις όλων των ανθρώπων, παρελθούσες, παρούσες, μέλλουσες,
Κάθε φύλλο από γρασίδι, τον εαυτό μου, την ανθρωπότητα,
Κάθε σωματίδιο συμπαντικής σκόνης,
Θυμό, απληστία, καλό, κακό, σωτηρία, πόθο,
Τα πήρα μέσα μου, τα μεταστοιχείωσα όλα,
Σ' έναν απέραντο ωκεανό αίματος της δικής μου μοναδικής Ύπαρξης.
Η χαρά που σιγοκαίει, που συχνά αναδύεται με τον διαλογισμό
Τυφλώνοντας τα γεμάτα δάκρυα μάτια μου,
Ξέσπασε σε αθάνατες φλόγες μακαριότητας,
Έκαψε τα δάκρυά μου, την εικόνα μου, όλο μου το είναι.
Είσαι εγώ, είμαι Εσύ,
Η Γνώση, ο Γνώστης, το Γνωστό, όλα ένα!
Ήσυχη, αδιάσπαστη συγκίνηση, αιώνια ζωντανή, πάντα ανανεούμενη γαλήνη,
Απολαυστική πέρα από κάθε φαντασία ή προσδοκία,
Η μακαριότητα του *σαμάντι*!
Όχι κατάσταση ασυνειδήτου
Ή νοητικής νάρκωσης χωρίς εκούσιο γυρισμό,
Το *σαμάντι* εξαπλώνει το συνειδητό βασίλειό μου
Πέρα από κάθε θνητό όριο
Ως τα πέρατα της αιωνιότητας,
Εκεί όπου Εγώ, η Συμπαντική Θάλασσα,
Παρατηρώ το μικρό εγώ να πλέει μέσα Μου.
Μεταβαλλόμενα μουρμουρίσματα κίνησης ατόμων και μορίων ακούγονται,
Η σκοτεινή γη, τα βουνά, οι κοιλάδες, να! Όλα λιώνουν και γίνονται υγρό!
Οι θάλασσες μεταμορφώνονται σε ατμούς νεφελωμάτων!
Το *Ομ* φυσά πάνω στους ατμούς ανοίγοντας θαυμαστά τα πέπλα τους,

Οι ωκεανοί αποκαλύπτονται, αστραφτερά ηλεκτρόνια,
Ώσπου, στον τελευταίο ήχο του συμπαντικού τυμπάνου,[4]
Εξαφανίζονται τα χονδροειδή φώτα και γίνονται αιώνιες ακτίνες
Μακαριότητας που διαποτίζει τα πάντα.
Από χαρά γεννήθηκα, για τη χαρά ζω, στην ιερή χαρά λιώνω.
Ωκεάνιος νους, πίνω όλα τα κύματα της δημιουργίας.
Τέσσερα πέπλα στερεών, υγρών, αερίων και φωτός,
Όλα ανασηκώνονται.
Εγώ, μέσα σε όλα, μπαίνω στον Μεγάλο Εαυτό μου.
Έφυγαν για πάντα: οι άστατες, τρεμάμενες σκιές της θνητής μνήμης·
Καθάριος είναι ο νοητικός μου ουρανός – κάτω, μπροστά και ψηλά πάνω·
Η Αιωνιότητα κι Εγώ μία ενωμένη ακτίνα.
Μια μικρή φυσαλίδα γέλιου, Εγώ,
Έγινα η Θάλασσα της Ίδιας της Χαράς.

Ο Σρι Γιουκτέσβαρ μού έμαθε πώς να εισέρχομαι σ' αυτήν την ευλογημένη κατάσταση όποτε θέλω, καθώς και πώς να τη μεταδίδω σε άλλους[5] όταν έχουν αναπτυχθεί οι διαισθητικοί τους δίαυλοι.

Για μήνες μετά την πρώτη φορά έμπαινα στην κατάσταση της εκστατικής ένωσης, αντιλαμβανόμενος καθημερινά γιατί οι *Ουπανισάντ* λένε ότι ο Θεός είναι *ράσα*, «ο πιο ελκυστικός από οτιδήποτε άλλο». Ένα πρωινό ωστόσο μίλησα στον Δάσκαλο για ένα πρόβλημά μου.

«Κύριε, θέλω να ξέρω – πότε θα βρω το Θεό;».

«Τον βρήκες».

«Ω, όχι, κύριε, δεν νομίζω!».

Ο γκουρού μου χαμογελούσε. «Είμαι σίγουρος ότι δεν περιμένεις ένα σεβάσμιο μεγαλόσχημο Πρόσωπο καθισμένο πάνω σ' έναν θρόνο σε κάποια αποστειρωμένη γωνιά του σύμπαντος! Βλέπω όμως ότι φαντάζεσαι ότι το να διαθέτει κάποιος θαυματουργές δυνάμεις είναι απόδειξη πως βρήκε το Θεό. Όχι. Θα μπορούσε κάποιος να κερδίσει τη δύναμη να ελέγχει ολόκληρη τη δημιουργία – και παρ' όλα αυτά να εξακολουθεί να του διαφεύγει ο Κύριος. Η πνευματική πρόοδος δεν πρέπει να μετριέται με την επίδειξη εξωτερικών δυνάμεων, αλλά μόνο με το βάθος της μακαριότητας στον διαλογισμό.

»Η *πάντα ανανεούμενη Χαρά είναι ο Θεός*. Είναι ανεξάντλητος· καθώς θα συνεχίζεις τους διαλογισμούς σου με τα χρόνια, θα σε γοητεύει με μια άπειρη ευρηματικότητα. Πιστοί σαν εσένα που βρήκαν τον

---

[4] *Ομ*, η δημιουργική δόνηση που εξωτερικεύει όλη τη δημιουργία.
[5] Μετέδωσα το Συμπαντικό Όραμα σε αρκετούς *Κρίγια Γιόγκι* στην Ανατολή και στη Δύση. Ένας απ' αυτούς, ο Τζέιμς Λυν, φαίνεται σε *σαμάντι* στη φωτογραφία στη σελίδα 283.

*Μια Εμπειρία στη Συμπαντική Συνειδητότητα*

δρόμο για το Θεό ποτέ δεν σκέφτονται να Τον ανταλλάξουν με καμία άλλη ευτυχία· είναι σαγηνευτικός πέρα από κάθε σκέψη συναγωνισμού.

»Πόσο γρήγορα κουραζόμαστε από τις γήινες απολαύσεις! Η επιθυμία για υλικά αγαθά δεν τελειώνει ποτέ· ο άνθρωπος ποτέ δεν ικανοποιείται πλήρως και επιδιώκει τον έναν σκοπό μετά τον άλλον, ψάχνοντας πάντα κάτι άλλο. Το "κάτι άλλο" που ψάχνει είναι ο Κύριος, ο Οποίος και μόνο μπορεί να χαρίσει παντοτινή χαρά.

»Οι υλικές επιθυμίες μάς οδηγούν μακριά από τον εσωτερικό παράδεισο· προσφέρουν απατηλή ικανοποίηση που απλώς εκλαμβάνεται ως ευτυχία της ψυχής. Ο χαμένος παράδεισος ξανακερδίζεται εύκολα μέσω του θεϊκού διαλογισμού. Καθώς ο Θεός είναι αναπάντεχα Αιώνια Ευρηματικός, ποτέ δεν κουραζόμαστε απ' Αυτόν. Μπορεί ποτέ να υπάρξει κορεσμός από τη μακαριότητα που απολαυστικά ποικίλλει στους αιώνες των αιώνων;».

«Καταλαβαίνω τώρα, κύριε, γιατί οι άγιοι λένε πως ο Θεός είναι ασύλληπτος. Ακόμα και η αιώνια ζωή δεν θα έφτανε για να Τον εκτιμήσουμε».

«Αυτό είναι αλήθεια· είναι όμως επίσης κοντινός σ' εμάς και σαγαπημένος. Όταν ο νους έχει καθαριστεί μέσω της *Κρίγια Γιόγκα*

Το παραθαλάσσιο άσραμ του Σρι Γιουκτέσβαρ στο Πούρι, στην Ορίσσα, κοντά στον Κόλπο της Βεγγάλης. (Βλ. επίσης φωτογραφία στη σελ. 473)

από τα εμπόδια των αισθήσεων, ο διαλογισμός αφήνει να λάμψει μια διπλή απόδειξη του Θεού. Η πάντα ανανεούμενη χαρά αποδεικνύει την ύπαρξή Του, που πείθει όλο μας το είναι. Επίσης, στον διαλογισμό βρίσκει κάποιος την άμεση καθοδήγησή Του, την επαρκή απάντησή Του σε κάθε δυσκολία».

«Καταλαβαίνω, Γκούρουτζι· λύσατε το πρόβλημά μου». Χαμογέλασα με ευγνωμοσύνη. «Συνειδητοποιώ τώρα ότι βρήκα το Θεό, γιατί κάθε φορά που η χαρά του διαλογισμού επανέρχεται στο υποσυνείδητό μου τις ώρες που είμαι δραστήριος, καθοδηγούμαι εσωτερικά να υιοθετήσω τον σωστό δρόμο σε όλα, ακόμα και σε ασήμαντες λεπτομέρειες».

«Η ανθρώπινη ζωή είναι γεμάτη θλίψη μέχρι να μάθουμε πώς να

Ο Σουάμι Σρι Γιουκτέσβαρ στη στάση του λωτού

συντονιζόμαστε με τη Θεϊκή Θέληση, της οποίας ο "σωστός δρόμος" συχνά περιάγει σε αμηχανία την εγωιστική νοημοσύνη», είπε ο Δάσκαλος.

«Μόνο ο Θεός δίνει αλάνθαστες συμβουλές· άλλωστε, ποιος άλλος, εκτός από Εκείνον, φέρει το βάρος του σύμπαντος;».

ΚΕΦΑΛΑΙΟ 15

# Η Κλοπή του Κουνουπιδιού

«Δάσκαλε, έφερα ένα δώρο για σας! Αυτά τα έξι τεράστια κουνουπίδια τα φύτεψα με τα χέρια μου· τα περιποιόμουν καθώς μεγάλωναν όπως μια μάνα φροντίζει τρυφερά το παιδί της». Παρουσίασα το καλάθι με τα λαχανικά με μια μεγαλοπρεπή χειρονομία.

«Σ' ευχαριστώ!». Ο Σρι Γιουκτέσβαρ χαμογέλασε ζεστά, με εκτίμηση. «Σε παρακαλώ, κράτα τα στο δωμάτιό σου· θα τα χρειαστώ αύριο για ένα επίσημο δείπνο».

Μόλις είχα φτάσει στο Πούρι[1] για να περάσω τις καλοκαιρινές μου διακοπές με τον γκουρού μου, στο παραθαλάσσιο ερημητήριό του, κατά τη διάρκεια των σπουδών μου στο Κολλέγιο. Χτισμένο από τον Δάσκαλο και τους μαθητές του, το χαριτωμένο μικρό διώροφο ησυχαστήριο έχει πρόσοψη στον Κόλπο της Βεγγάλης.

Ξύπνησα νωρίς το επόμενο πρωί, αναζωογονημένος από το θαλασσινό αεράκι και την ήσυχη γοητεία του άσραμ. Η μελωδική φωνή του γκουρού μου καλούσε τους μαθητές· έριξα μια ματιά στα πολύτιμα κουνουπίδια μου και τα καταχώνιασα καλά κάτω από το κρεβάτι μου.

«Ελάτε, ας πάμε στην παραλία». Ο Δάσκαλος μας οδηγούσε· αρκετοί νεαροί μαθητές κι εγώ ακολουθήσαμε σκόρπιοι. Ο γκουρού μάς επιθεώρησε με ήπια κριτική.

«Όταν οι αδελφοί μας στη Δύση περπατούν, συνήθως υπερηφανεύονται για τη διάταξή τους σε σειρά. Τώρα, σας παρακαλώ, παραταχθείτε σε δύο σειρές· κρατήστε ρυθμικό βήμα ο ένας με τον άλλον». Ο Σρι Γιουκτέσβαρ μάς κοίταζε καθώς υπακούαμε· άρχισε να τραγουδά: «Αγόρια πάνε εδώ κι εκεί με μια χαρά μοναδική». Δεν μπορούσα παρά να θαυμάσω την άνεση με την οποία ο Δάσκαλος μπορούσε να ακολουθήσει το γρήγορο βήμα των νεαρών σπουδαστών του.

«Στοπ!». Τα μάτια του γκουρού μου αναζήτησαν τα δικά μου.

---

[1] Το Πούρι, περίπου τετρακόσια ογδόντα χιλιόμετρα νότια από την Καλκούτα, είναι ένα διάσημο μέρος προσκυνήματος για τους πιστούς του Κρίσνα· το προσκύνημά του γιορτάζεται εκεί με δύο τεράστια πανηγύρια, το *Σναναγιάτρα* και το *Ραταγιάτρα*.

*Η Κλοπή του Κουνουπιδιού*

«Θυμήθηκες να κλειδώσεις την πίσω πόρτα του ερημητηρίου;».
«Νομίζω πως ναι, κύριε».
Ο Σρι Γιουκτέσβαρ έμεινε σιωπηλός για λίγα λεπτά, πνίγοντας ένα χαμόγελο στα χείλη του. «Όχι, ξέχασες», είπε τελικά. «Η συγκέντρωση στο Θεό δεν πρέπει να αποτελεί δικαιολογία για απροσεξία όσον αφορά τα υλικά θέματα. Παραμέλησες το καθήκον σου να προσέχεις για την ασφάλεια του άσραμ· πρέπει να τιμωρηθείς».

Σκέφτηκα ότι αστειευόταν κάπως άκομψα όταν πρόσθεσε: «Τα έξι κουνουπίδια σου σύντομα θα γίνουν πέντε».

Με εντολή του Δασκάλου γυρίσαμε πίσω μέχρι που φτάσαμε κοντά στο ερημητήριο.

«Ξεκουραστείτε για λίγο. Μουκούντα, κοίτα το απέναντι συγκρότημα στα αριστερά· παρατήρησε τον δρόμο πέρα απ' αυτό. Ένας άντρας θα περάσει από εκεί τώρα· θα είναι το όργανο της τιμωρίας σου».

Έκρυψα την οργή μου γι' αυτά τα ακατανόητα σχόλια. Σύντομα φάνηκε στο δρόμο ένας χωρικός· χόρευε γελοία και κουνούσε τα χέρια του εδώ κι εκεί κάνοντας άσκοπες χειρονομίες. Έχοντας σχεδόν παραλύσει από την περιέργεια, τα μάτια μου κόλλησαν στο φαιδρό θέαμα. Όταν ο άντρας έφτασε σ' ένα σημείο του δρόμου όπου θα έφευγε από το οπτικό μας πεδίο, ο Σρι Γιουκτέσβαρ είπε: «Τώρα θα ξαναγυρίσει».

Ο χωρικός αμέσως άλλαξε κατεύθυνση και πήγε προς το πίσω μέρος του άσραμ. Διασχίζοντας ένα τμήμα αμμώδους εδάφους, μπήκε στο κτίριο από την πίσω πόρτα. Την είχα αφήσει ξεκλείδωτη, ακριβώς όπως είπε ο γκουρού μου. Ο άντρας εμφανίστηκε λίγο αργότερα κρατώντας ένα από τα πολύτιμα κουνουπίδια μου. Προχώρησε με μεγάλα βήματα, διαθέτοντας πλέον την αξιοπρέπεια της ιδιοκτησίας.

Η εκτυλισσόμενη φάρσα, στην οποία ο ρόλος μου φαινόταν να είναι αυτός του σαστισμένου θύματος, παρά το γεγονός ότι με αναστάτωσε, δεν με εμπόδισε να καταδιώξω αγανακτισμένα τον κλέφτη. Είχα φτάσει στα μισά του δρόμου όταν ο Δάσκαλος με φώναξε να γυρίσω πίσω. Γελούσε τόσο πολύ που τρανταζόταν ολόκληρος, από πάνω ως κάτω.

«Αυτός ο καημένος ο τρελός ποθούσε εδώ και καιρό ένα κουνουπίδι», είπε πνιγμένος στα γέλια. «Σκέφτηκα ότι θα ήταν καλή ιδέα να έπαιρνε ένα από τα δικά σου, που τα φύλαξες με τόσο λίγη προσοχή!».

Έτρεξα στο δωμάτιό μου όπου ανακάλυψα ότι ο κλέφτης, προφανώς έχοντας εμμονή με τα λαχανικά, είχε αφήσει απείραχτα τα χρυσά δαχτυλίδια μου, το ρολόι και τα χρήματα που βρίσκονταν όλα πάνω στην κουβέρτα, χωρίς να είναι κρυμμένα. Αντίθετα, έρποντας μπήκε κάτω από το κρεβάτι όπου, στο καλάθι με τα κουνουπίδια, που ήταν εντελώς κρυμμένο από κάποιον που θα κοιτούσε τυχαία, είχε βρει το αντικείμενο της περίεργα μονόπλευρης επιθυμίας του.

Ζήτησα από τον Σρι Γιουκτέσβαρ εκείνο το απόγευμα να μου εξηγήσει το περιστατικό (το οποίο, σκέφτηκα, είχε μερικές ιδιομορφίες που προκαλούσαν απορία).

Ο γκουρού μου έγνεψε αργά. «Θα το καταλάβεις κάποια μέρα. Η επιστήμη σύντομα θα ανακαλύψει αρκετούς απ' αυτούς τους κρυμμένους νόμους».

Όταν μερικά χρόνια αργότερα το θαύμα του ραδιοφώνου άφησε εμβρόντητη την ανθρωπότητα, θυμήθηκα την πρόβλεψη του Δασκάλου. Οι παλιές αντιλήψεις σχετικά με τον χώρο και τον χρόνο εξαφανίστηκαν· κανενός το σπίτι δεν ήταν πια τόσο στενό ώστε να μη χωρούσε το Λονδίνο ή την Καλκούτα! Η νοημοσύνη ακόμα και των πιο ανόητων διευρύνθηκε μπροστά στην αδιάσειστη απόδειξη μιας όψης της πανταχού παρουσίας του ανθρώπου.

Η «συνωμοσία» της κωμωδίας του κουνουπιδιού μπορεί να κατανοηθεί καλύτερα με παραλληλισμό με το ραδιόφωνο.[2] Ο γκουρού μου ήταν ένα τέλειο ανθρώπινο ραδιόφωνο. Οι σκέψεις δεν είναι τίποτα άλλο από

---

[2] Ένα ραδιομικροσκόπιο που εφευρέθηκε το 1939 αποκάλυψε έναν νέο κόσμο ακτίνων που μέχρι τότε ήταν άγνωστες. «Ο ίδιος ο άνθρωπος, καθώς και όλα τα είδη της υποτιθέμενα αδρανούς ύλης, συνεχώς εκπέμπουν τις ακτίνες που αυτό το μηχάνημα "βλέπει"», ανακοίνωσε το Associated Press. «Αυτοί που πιστεύουν στην τηλεπάθεια, στη δεύτερη όραση και στη μαντική ικανότητα έχουν, μ' αυτήν την ανακοίνωση, την πρώτη επιστημονική απόδειξη της ύπαρξης αόρατων ακτίνων που πραγματικά ταξιδεύουν από ένα πρόσωπο σ' ένα άλλο. Η ραδιοσυσκευή είναι στην πραγματικότητα ένα φασματοσκόπιο ραδιοσυχνοτήτων. Κάνει την ίδια δουλειά που κάνει το φασματοσκόπιο σχετικά με την κρύα, μη φωτεινή ύλη, όταν αποκαλύπτει τα είδη των ατόμων που συνθέτουν τα αστέρια. [...] Την ύπαρξη τέτοιων ακτίνων, που εκπέμπονται από τον άνθρωπο και όλα τα ζωντανά όντα, την είχαν υποπτευθεί οι επιστήμονες εδώ και πολλά χρόνια. Σήμερα αποδεικνύεται για πρώτη φορά πειραματικά η ύπαρξή τους. Η ανακάλυψη δείχνει ότι κάθε άτομο και κάθε μόριο στη φύση είναι ένας συνεχής σταθμός εκπομπής ραδιοκυμάτων. [...] Έτσι, ακόμα και μετά τον θάνατο, η ουσία που ήταν άνθρωπος συνεχίζει να εκπέμπει τις λεπτοφυείς ακτίνες της. Τα μήκη κύματος των ακτίνων αυτών εκτείνονται σε ένα μεγάλο φάσμα, από τα πιο μικρά, που μέχρι τώρα δεν χρησιμοποιήθηκαν στη ραδιοφωνία, ως το πιο μεγάλο είδος ραδιοκυμάτων. Τα κύματα αυτά είναι σχεδόν ασύλληπτα ετερόκλιτα. Υπάρχουν εκατομμύρια τέτοια. Ένα και μοναδικό πολύ μεγάλο μόριο μπορεί να εκπέμψει 1.000.000 διαφορετικά μήκη κύματος ταυτόχρονα. Τα μεγαλύτερα μήκη κύματος αυτού του είδους ταξιδεύουν με την ευκολία και την ταχύτητα των ραδιοκυμάτων. [...] Υπάρχει μια εκπληκτική διαφορά ανάμεσα στις νέες ράδιο-ακτίνες και τις γνωστές ακτίνες σαν αυτές του φωτός. Η διαφορά αυτή είναι ο παρατεταμένος χρόνος, που φτάνει τα χιλιάδες χρόνια, κατά τον οποίο αυτά τα ραδιοκύματα θα συνεχίζουν να εκπέμπονται απ' αυτήν την αδιατάρακτη ύλη».

πολύ λεπτοφυείς δονήσεις που πάλλονται στον αιθέρα. Ακριβώς όπως, με ένα σωστά συντονισμένο ραδιόφωνο, μπορεί να επιλεγεί η επιθυμητή μουσική ανάμεσα από χιλιάδες άλλα προγράμματα προερχόμενα από κάθε κατεύθυνση, έτσι και ο Σρι Γιουκτέσβαρ ήταν ευαίσθητα δεκτικός σε κάποια συγκεκριμένη συναφή σκέψη (αυτή του μισότρελου ανθρώπου ο οποίος λαχταρούσε ένα κουνουπίδι), ανάμεσα στις αμέτρητες σκέψεις που εξέπεμπαν οι άνθρωποι σε όλο τον κόσμο. Καθώς περπατούσαμε προς την παραλία, μόλις ο Δάσκαλος αντιλήφθηκε τον απλό πόθο του χωρικού, θέλησε να τον ικανοποιήσει. Το θεϊκό μάτι του Σρι Γιουκτέσβαρ είχε ανακαλύψει τον άνθρωπο που κατηφόριζε το δρόμο χορεύοντας πριν γίνει ορατός στους μαθητές. Το γεγονός ότι ξέχασα να κλειδώσω την πόρτα του άσραμ είχε δώσει στον Δάσκαλο την κατάλληλη αφορμή να μου στερήσει ένα από τα πολύτιμα λαχανικά μου.

Αφού, μ' αυτόν τον τρόπο, λειτούργησε σαν όργανο λήψης της σκέψης που εξέπεμπε αυτός ο άνθρωπος, ο Σρι Γιουκτέσβαρ μετά λειτούργησε, μέσω της δυνατής θέλησής του, σαν πομπός ή σαν σταθμός εκπομπής.[3] Σ' αυτόν το ρόλο είχε επιτυχώς καθοδηγήσει τον χωρικό να γυρίσει πίσω και να πάει σ' ένα συγκεκριμένο δωμάτιο για να πάρει ένα και μόνο κουνουπίδι.

Η διαίσθηση είναι η καθοδήγηση της ψυχής που εμφανίζεται με φυσικό τρόπο στον άνθρωπο τις στιγμές που ο νους του είναι ήρεμος. Σχεδόν όλοι είχαν κάποτε στη ζωή τους την εμπειρία ενός ανεξήγητα σωστού «προαισθήματος» ή μεταβίβασαν τις σκέψεις τους με ακρίβεια σ' ένα άλλο άτομο.

Ο ανθρώπινος νους, απελευθερωμένος από τις ενοχλήσεις ή τα «ραδιοφωνικά παράσιτα» της νευρικότητας, είναι προικισμένος με τη δύναμη να μπορεί να εκτελεί όλες τις λειτουργίες των περίπλοκων ραδιοφωνικών μηχανισμών – στέλνοντας αλλά και λαμβάνοντας σκέψεις, όπως και να μη συντονίζεται με τις ανεπιθύμητες. Όπως η δύναμη ενός ραδιοφωνικού σταθμού είναι ανάλογη με την ποσότητα του ηλεκτρικού ρεύματος που μπορεί να χρησιμοποιήσει, έτσι και η αποτελεσματικότητα του ανθρώπινου ραδιοφώνου εξαρτάται από το βαθμό της δύναμης της θέλησης που διαθέτει κάθε άνθρωπος.

Όλες οι σκέψεις δονούνται αιώνια στο σύμπαν. Με βαθιά αυτοσυγκέντρωση ένας Δάσκαλος μπορεί να ανιχνεύσει τις σκέψεις κάθε ανθρώπου, ζωντανού ή νεκρού. Οι σκέψεις είναι ριζωμένες στο σύμπαν

---

[3] Βλ. υποσημείωση στη σελίδα 296.

και όχι στον κάθε άνθρωπο ατομικά· μια αλήθεια δεν μπορεί να δημιουργηθεί, αλλά μόνο να γίνει αντιληπτή. Κάθε λανθασμένη σκέψη του ανθρώπου είναι αποτέλεσμα μιας ατέλειας, μεγάλης ή μικρής, στην οξυδέρκειά του. Ο στόχος της επιστήμης της γιόγκα είναι να ηρεμήσει τον νου ώστε, χωρίς διαστρέβλωση, να μπορεί να ακούει την αλάνθαστη συμβουλή της Εσωτερικής Φωνής.

Το ραδιόφωνο και η τηλεόραση έφεραν ακαριαία τον ήχο και την εικόνα μακρινών ανθρώπων στα σπίτια εκατομμυρίων: είναι οι πρώτες αμυδρές επιστημονικές νύξεις ότι ο άνθρωπος είναι ένα πνεύμα που διαπερνά τα πάντα. Αν και το εγώ συνομωτεί με πολλούς βάρβαρους τρόπους για να τον υποδουλώσει, ο άνθρωπος δεν είναι ένα σώμα περιορισμένο σ' ένα σημείο του χώρου, αλλά είναι ουσιαστικά η πανταχού παρούσα ψυχή.

> «Πολύ περίεργα, πολύ θαυμαστά, φαινομενικά πολύ απίθανα φαινόμενα μπορεί ακόμα να εμφανιστούν στο μέλλον, τα οποία, όταν θα έχουν καθιερωθεί, δεν θα μας εκπλήσσουν περισσότερο απ' όσο μας εξέπληξαν μέχρι τώρα όλα αυτά που μας δίδαξε η επιστήμη κατά τη διάρκεια του περασμένου αιώνα», δήλωσε ο Τσαρλς Ρόμπερτ Ρισέ (Charles Robert Richet),[4] τιμημένος με βραβείο Νόμπελ στη φυσιολογία. «Θεωρείται εκ προοιμίου ότι τα φαινόμενα που τώρα δεχόμαστε χωρίς να μας εκπλήσσουν, δεν προκαλούν κατάπληξη γιατί έχουν γίνει κατανοητά. Δεν είναι έτσι όμως. Αν δεν μας εκπλήσσουν, δεν είναι γιατί έχουν κατανοηθεί, αλλά γιατί μας είναι οικεία· διότι αν ό,τι δεν καταλαβαίναμε μας εξέπληττε, θα εκπλησσόμασταν με τα πάντα – με την πτώση μιας πέτρας που ρίχτηκε στον αέρα, με το βελανίδι που γίνεται βελανιδιά, με τον υδράργυρο που διαστέλλεται καθώς θερμαίνεται, με το σίδερο που έλκεται από τον μαγνήτη.
>
> »Η επιστήμη του σήμερα είναι απλό θέμα. [...] Οι καταπληκτικές αλήθειες που θα ανακαλυφθούν από τους απογόνους μας είναι και τώρα γύρω μας, μας κοιτάζουν κατάματα, τρόπος του λέγειν· και παρ' όλα αυτά δεν τις βλέπουμε. Δεν είναι όμως αρκετό να λέμε ότι δεν τις βλέπουμε· δεν θέλουμε να τις δούμε – γιατί κάθε φορά που εμφανίζεται ένα απρόσμενο και περίεργο γεγονός, προσπαθούμε να το εντάξουμε στα πλαίσια των κοινοτοπιών της παραδεδεγμένης γνώσης και αγανακτούμε αν κάποιος τολμήσει να πειραματιστεί περισσότερο».

Ένα κωμικό περιστατικό συνέβη μερικές μέρες αφότου το κουνουπίδι μου κλάπηκε με τόσο περίεργο τρόπο. Δεν μπορούσαμε να βρούμε μια συγκεκριμένη λάμπα κηροζίνης. Έχοντας δει τόσο πρόσφατα την πανταχού παρούσα ενόραση του γκουρού μου, σκέφτηκα ότι θα έδειχνε πως το να βρει τη λάμπα ήταν παιχνίδι γι' αυτόν.

---

[4] Συγγραφέας του *Our Sixth Sense* («Η έκτη αίσθησή μας») - (London: Rider & Co).

Ο Δάσκαλος αντιλήφθηκε την προσδοκία μου. Με υπερβολική σοβαρότητα ρώτησε όλους τους κατοίκους του άσραμ. Ένας νεαρός μαθητής παραδέχθηκε ότι είχε χρησιμοποιήσει τη λάμπα για να πάει στο πηγάδι στην πίσω αυλή.

Ο Σρι Γιουκτέσβαρ μάς συμβούλευσε με σοβαρό ύφος: «Ψάξτε για τη λάμπα δίπλα στο πηγάδι».

Έτρεξα εκεί· όμως δεν υπήρχε λάμπα! Αποκαρδιωμένος, γύρισα στον γκουρού μου. Γελούσε τώρα με την καρδιά του, χωρίς την παραμικρή τύψη για την απογοήτευσή μου.

«Τι κρίμα που δεν μπόρεσα να σε οδηγήσω στην εξαφανισμένη λάμπα· δεν είμαι μάντης!». Με μάτια που έλαμπαν πρόσθεσε: «Δεν είμαι καν ένας ικανοποιητικός Σέρλοκ Χολμς!».

Συνειδητοποίησα ότι ο Δάσκαλος ποτέ δεν θα επεδείκνυε τις δυνάμεις του επειδή κάποιος θα τον προκαλούσε ή για ασήμαντα θέματα.

Πέρασαν υπέροχες εβδομάδες. Ο Σρι Γιουκτέσβαρ σχεδίαζε μια θρησκευτική λιτανεία. Μου ζήτησε να οδηγήσω τους μαθητές μέσα από την πόλη και την παραλία του Πούρι. Η μέρα της γιορτής (το θερινό ηλιοστάσιο) ξημέρωσε με έντονη ζέστη.

«Γκούρουτζι, πώς να οδηγήσω τους ξυπόλητους σπουδαστές στην καυτή άμμο;» ρώτησα με απελπισία.

«Θα σου πω ένα μυστικό», είπε ο Δάσκαλος. «Ο Κύριος θα στείλει μια ομπρέλα από σύννεφα· όλοι θα περπατήσετε άνετα».

Χαρούμενος, οργάνωσα την τελετή· ξεκινήσαμε από το άσραμ με μια σημαία του Σατσάνγκα.[5] Σχεδιασμένη από τον Σρι Γιουκτέσβαρ, έφερε το σύμβολο του μονού ματιού,[6] του τηλεσκοπικού βλέμματος της διαίσθησης.

Μόλις φύγαμε από το ερημητήριο ο ουρανός γέμισε με σύννεφα ως δια μαγείας. Σαν συμπλήρωμα στα επιφωνήματα όλων των κατάπληκτων παρατηρητών, ψιχάλισε δροσίζοντας την πόλη και την καυτή παραλία.

Οι καταπραϋντικές σταγόνες έπεφταν κατά τη διάρκεια των δύο ωρών της παρέλασης. Ακριβώς τη στιγμή που η ομάδα μας επέστρεψε

---

[5] Σατ σημαίνει κατά κυριολεξία «ύπαρξη», επομένως «ουσία, αλήθεια, πραγματικότητα»· σάνγκα σημαίνει «αδελφότητα». Ο Σρι Γιουκτέσβαρ ονόμαζε την οργάνωση του ερημητηρίου του Σατσάνγκα, «αδελφότητα με την αλήθεια».

[6] «Εάν λοιπόν το μάτι σου είναι μονό, όλο το σώμα σου θα είναι γεμάτο φως». - Κατά Ματθαίο ΣΤ:22. Κατά τη διάρκεια του βαθέος διαλογισμού, το μονό ή πνευματικό μάτι γίνεται ορατό στο κέντρο του μετώπου. Αυτό το πάνσοφο μάτι αναφέρεται ποικιλοτρόπως στις Γραφές ως το τρίτο μάτι, αστέρι της Ανατολής, εσωτερικό μάτι, περιστέρι που κατεβαίνει από τον ουρανό, μάτι του Σίβα, μάτι της διαίσθησης κλπ.

στο άσραμ, τα σύννεφα και η βροχή εξαφανίστηκαν.

«Βλέπεις πώς νιώθει ο Θεός για μας», απάντησε ο γκουρού μου όταν εξέφρασα την ευγνωμοσύνη μου. «Ο Κύριος απαντά σε όλους και εργάζεται για όλους. Όπως έστειλε βροχή μετά την ικεσία μου, έτσι εκπληρώνει κάθε ειλικρινή επιθυμία του πιστού. Σπάνια οι άνθρωποι συνειδητοποιούν πόσο συχνά ο Θεός ακούει τις προσευχές τους. Δεν μεροληπτεί για λίγους, αλλά αντίθετα ακούει οποιονδήποτε Τον πλησιάζει με εμπιστοσύνη. Τα παιδιά Του θα πρέπει να έχουν πάντα απόλυτη πίστη στη γεμάτη αγάπη καλοσύνη του Πανταχού Παρόντος Πατέρα τους».[7]

Ο Σρι Γιουκτέσβαρ διοργάνωνε με δικά του έξοδα τέσσερα ετήσια πανηγύρια στις ισημερίες και τα ηλιοστάσια, οπότε οι σπουδαστές του μαζεύονταν απ' όλα τα μέρη. Το χειμερινό ηλιοστάσιο γιορταζόταν στο Σεράμπουρ· το πρώτο που παρακολούθησα μου άφησε μια μόνιμη ευλογία.

Οι εορταστικές εκδηλώσεις άρχισαν το πρωί με μια λιτανεία που κάναμε ξυπόλητοι στους δρόμους. Οι φωνές εκατό σπουδαστών ακούγονταν μελωδικά με θρησκευτικά τραγούδια· κάποιοι μουσικοί έπαιζαν φλάουτο και *κολ καρτάλ* (τύμπανα και κύμβαλα). Οι άνθρωποι της πόλης, ενθουσιασμένοι, έρραιναν το δρόμο με λουλούδια, χαρούμενοι που άφησαν τα ανιαρά καθήκοντά τους ακούγοντας τον ύμνο μας στο ευλογημένο όνομα του Κυρίου που αντηχούσε παντού. Η μακριά πομπή κατέληξε στην αυλή του ερημητηρίου. Εκεί καθίσαμε σε κύκλο γύρω από τον γκουρού καθώς μερικοί σπουδαστές από τα επάνω μπαλκόνια μάς έρραιναν με λουλούδια κατιφέδες.

Πολλοί επισκέπτες πήγαν στον πάνω όροφο για να πάρουν πουτίγκα από *τσάνα* και πορτοκάλια. Πήγα στους αδελφούς μαθητές που υπηρετούσαν σήμερα ως μάγειροι. Το φαγητό για τόσο μεγάλες συγκεντρώσεις έπρεπε να μαγειρεύεται έξω, σε τεράστια καζάνια. Οι αυτοσχέδιοι φούρνοι από τούβλα που θερμαίνονταν με την καύση ξύλων έβγαζαν καπνό και προκαλούσαν δάκρυα, αλλά γελούσαμε χαρούμενα με τη δουλειά μας. Οι άνθρωποι στην Ινδία ποτέ δεν θεωρούν τις θρησκευτικές γιορτές ταλαιπωρία· κάθε πιστός κάνει ό,τι μπορεί με ευχαρίστηση, προσφέροντας χρήματα ή ρύζι ή λαχανικά ή την προσωπική του εργασία.

---

[7] «Αυτός που φύτεψε το αυτί, δεν θα ακούσει; Αυτός που έπλασε το μάτι, δεν θα δει; [...] Αυτός που διδάσκει στον άνθρωπο γνώση, δεν θα ξέρει;» – Ψαλμοί 94:9-10 (κόππα 4:9-10).

## Η Κλοπή του Κουνουπιδιού

Ο Δάσκαλος σύντομα βρέθηκε ανάμεσά μας επιβλέποντας τις λεπτομέρειες του φαγητού. Απασχολημένος κάθε λεπτό, έφτανε σε γρηγοράδα και τον πιο δραστήριο νεαρό σπουδαστή.

Ένα *σανκίρταν* (ομαδικός ύμνος), συνοδευόμενο από αρμόνιο και ινδικά τύμπανα που τα χτυπούσαν με τα χέρια ακουγόταν από τον δεύτερο όροφο. Ο Σρι Γιουκτέσβαρ άκουγε με εκτίμηση· η μουσική του αίσθηση ήταν τέλεια.

«Είναι παράφωνοι!». Ο Δάσκαλος άφησε τους μάγειρες και πήγε να συναντήσει τους μουσικούς. Η μελωδία ακούστηκε ξανά, αυτή τη φορά με σωστή απόδοση.

Η Σάμα Βέδα περιέχει τα πιο παλιά γραπτά του κόσμου όσον αφορά τη μουσική επιστήμη. Στην Ινδία η μουσική, η ζωγραφική και το θέατρο θεωρούνται θεϊκές τέχνες. Ο Μπραχμά, ο Βισνού και ο Σίβα, η Αιώνια Τριάδα, ήταν οι πρώτοι μουσικοί. Ο Σίβα στην όψη Του ως Ναταρατζά, του Συμπαντικού Χορευτή, παρουσιάζεται στις Γραφές ως αυτός που έχει επεξεργαστεί τις άπειρες διαφοροποιήσεις του ρυθμού κατά τις διαδικασίες της οικουμενικής δημιουργίας, της συντήρησης και της καταστροφής, ενώ ο Μπραχμά και ο Βισνού τόνισαν το μουσικό μέτρο: ο Μπραχμά παράγοντας δυνατό ήχο με τα κύμβαλα και ο Βισνού κάνοντας να ηχεί το *μριντάνγκα* ή ιερό τύμπανο.

Η Σαρασβάτι, θεά της σοφίας, συμβολίζεται να παίζει τη *βίνα*, τη μητέρα όλων των έγχορδων οργάνων. Ο Κρίσνα, μια ενσάρκωση του Βισνού, παρουσιάζεται στην ινδουιστική τέχνη μ' ένα φλάουτο· μ' αυτό παίζει το εκστατικό τραγούδι και καλεί τις ανθρώπινες ψυχές που περιφέρονται στην αυταπάτη της *μάγια* να γυρίσουν στο αληθινό σπίτι τους.

Οι θεμέλιοι λίθοι της ινδικής μουσικής είναι οι *ραγκ* ή καθορισμένες μελωδικές κλίμακες. Οι έξι βασικές *ραγκ* διαχωρίζονται σε 126 παράγωγες *ράγκινι* (συζύγους) και *πούτρα* (γιους). Κάθε *ραγκ* έχει τουλάχιστον πέντε νότες: μια κύρια νότα *(βάντι ή βασιλιά)*, μια δευτερεύουσα νότα *(σαμβάντι ή πρωθυπουργό)*, βοηθητικές νότες *(ανουβάντι,* ακόλουθους) και μια παράφωνη νότα *(βιβάντι,* τον εχθρό).

Κάθε μία από τις έξι βασικές *ραγκ* έχει μια φυσική αντιστοιχία με μια συγκεκριμένη ώρα της ημέρας, εποχή του έτους και μια κυρίαρχη θεότητα που χαρίζει μια συγκεκριμένη δύναμη. Έτσι (1) η *Χίντολ Ραγκ* ακούγεται μόνο την αυγή, την άνοιξη, για να εγείρει τη διάθεση για οικουμενική αγάπη· (2) η *Ντίπακ Ραγκ* παίζεται το απόγευμα, το καλοκαίρι, για να εγείρει τη συμπόνια· (3) η *Μέγκα Ραγκ* παίζεται το μεσημέρι, την εποχή των βροχών, για να φέρει κουράγιο· (4) η *Μπάιραβ*

*Ραγκ* παίζεται τα πρωινά του Αυγούστου, Σεπτεμβρίου και Οκτωβρίου, για να φέρει ηρεμία· (5) η *Σρι Ραγκ* φυλάσσεται για το λυκόφως του φθινοπώρου, για την επίτευξη αγνής αγάπης· (6) η *Μαλκούνσα Ραγκ* ακούγεται τα μεσάνυχτα του χειμώνα για ανδρεία.

Οι αρχαίοι ρίσι ανακάλυψαν αυτούς τους νόμους της ηχητικής συμφωνίας ανάμεσα στη φύση και στον άνθρωπο. Επειδή η φύση είναι μια υλοποίηση του *Ομ*, του Πρωταρχικού Ήχου ή του Δονητικού Λόγου, ο άνθρωπος μπορεί να επιτύχει έλεγχο πάνω σε όλες τις φυσικές εκδηλώσεις μέσω της χρησιμοποίησης κάποιων *μάντρα* ή ύμνων.[8] Ιστορικά τεκμήρια μαρτυρούν τις αξιοθαύμαστες δυνάμεις που διέθετε ο Μιγιάν Ταν Σεν (Miyan Tan Sen), μουσικός του δέκατου έκτου αιώνα στην αυλή του Ακμπάρ του Μεγάλου (Akbar the Great). Όταν ο Αυτοκράτορας τον διέταξε να τραγουδήσει μια νυχτερινή *ραγκ* την ώρα που ο ήλιος ήταν καταμεσής στον ουρανό, ο Ταν Σεν έψαλε ένα *μάντρα* με το οποίο ακαριαία ολόκληρο το παλάτι και οι υπόλοιποι χώροι του τυλίχτηκαν στο σκοτάδι.

Η ινδική μουσική διαιρεί την οκτάβα σε είκοσι δύο *σρούτι* ή υπο-ημιτόνια. Αυτά τα μικρο-τονικά διαστήματα αφήνουν περιθώρια για λεπτές αποχρώσεις μουσικής έκφρασης, οι οποίες δεν μπορούν να αποδοθούν από τη δυτική χρωματική κλίμακα των δώδεκα ημιτονίων. Κάθε μία από τις επτά βασικές νότες της οκτάβας συσχετίζεται στην ινδουιστική μυθολογία με ένα χρώμα και τον φυσικό ήχο ενός πουλιού ή ζώου – η νότα *Ντο* με το πράσινο και το παγόνι· η *Ρε* με το κόκκινο και τον κορυδαλλό· η *Μι* με το χρυσό και την κατσίκα· η *Φα* με το λευκό που έχει και μια κίτρινη απόχρωση και τον ερωδιό· η *Σολ* με το μαύρο και το αηδόνι· η *Λα* με το κίτρινο και το άλογο· η *Σι* με τον συνδυασμό όλων των χρωμάτων και τον ελέφαντα.

Η ινδική μουσική περιέχεται σε εβδομήντα δύο *θάτα* ή κλίμακες.

---

[8] Η παράδοση όλων των λαών περιέχει αναφορές για δυνατά ξόρκια πάνω στη Φύση. Οι Ινδιάνοι της Αμερικής ανέπτυξαν αποτελεσματικές ηχητικές ιεροτελεστίες για βροχή και άνεμο. Ο Ταν Σεν, ο μεγάλος Ινδός μουσικός, μπορούσε να σβήσει τη φωτιά με τη δύναμη του τραγουδιού του.

Ο Τσαρλς Κέλογκ (Charles Kellogg), ο φυσιοδίφης από την Καλιφόρνια, έκανε μια επίδειξη του αποτελέσματος της ηχητικής δόνησης στη φωτιά το 1926, μπροστά σε μια ομάδα πυροσβεστών της Νέας Υόρκης. «Περνώντας ένα τόξο, όπως ένα μεγεθυμένο δοξάρι βιολιού, γρήγορα, εγκάρσια σε ένα διαπασών από αλουμίνιο, παρήγαγε έναν στριγγό ήχο που έμοιαζε με έντονα παράσιτα ραδιοφώνου. Αμέσως η κίτρινη φλόγα του αερίου, που είχε ύψος εβδομήντα εκατοστά και βρισκόταν σ' έναν κοίλο σωλήνα από γυαλί, υποχώρησε σε ύψος δεκαπέντε εκατοστών και μετατράπηκε σε μια ακανόνιστη μπλε αναλαμπή. Άλλη μια προσπάθεια με το τόξο κι άλλος ένας τέτοιος ήχος έσβησε τελείως τη φωτιά».

*Η Κλοπή του Κουνουπιδιού*

Ένας μουσικός διαθέτει έναν απεριόριστο δημιουργικό ορίζοντα για να αυτοσχεδιάσει ελεύθερα γύρω από τη σταθερή παραδοσιακή μουσική ή *ραγκ* συγκεντρώνεται πάνω στο συναίσθημα ή τη συγκεκριμένη ψυχική διάθεση της δομής του θέματός του και το διανθίζει με τη δική του πρωτοτυπία. Ο Ινδός μουσικός δεν διαβάζει γραμμένες νότες· κάθε φορά που παίζει, προσθέτει νέα στοιχεία πάνω στην απλή δομή της *ραγκ*, συχνά περιοριζόμενος σε μία και μόνο μελωδική ακολουθία, τονίζοντας με την επανάληψη όλες τις λεπτοφυείς μικρο-τονικές και ρυθμικές της παραλλαγές.

Ο Μπαχ, συνθέτης της Δύσης, κατάλαβε τη γοητεία και τη δύναμη του επαναλαμβανόμενου ήχου, ελαφρώς διαφοροποιημένου με εκατό περίπλοκους τρόπους.

Η σανσκριτική λογοτεχνία περιγράφει 120 *τάλα* ή μετρήματα του χρόνου. Ο παραδοσιακός ιδρυτής της ινδικής μουσικής, ο Μπαράτα, λέγεται ότι είχε ξεχωρίσει τριάντα δύο είδη *τάλα* στο τραγούδι ενός κορυδαλλού. Οι ρίζες του *τάλα* ή ρυθμού έχουν την προέλευσή τους στις ανθρώπινες κινήσεις – τον διπλό χρόνο του περπατήματος και τον τριπλό χρόνο της αναπνοής στον ύπνο, όταν η εισπνοή είναι διπλάσια σε χρόνο από την εκπνοή.

Η Ινδία έχει αναγνωρίσει από πολύ παλιά την ανθρώπινη φωνή ως το πιο τέλειο όργανο ήχου. Γι' αυτό η ινδική μουσική περιορίζεται στο μεγαλύτερο μέρος της μέσα στο φωνητικό φάσμα τριών οκτάβων. Για τον ίδιο λόγο τονίζεται πιο πολύ η μελωδία (η σχέση διαδοχικών νοτών) παρά η αρμονία (η σχέση ταυτόχρονων νοτών).

Η ινδική μουσική είναι μια υποκειμενική, πνευματική και εξατομικευμένη τέχνη, που δεν στοχεύει στη λαμπρότητα της συμφωνικής μουσικής, αλλά στην προσωπική αρμονία με την Υπέρ-Ψυχή. Όλα τα εορταστικά τραγούδια στην Ινδία έχουν συντεθεί από πιστούς του Θεού. Η σανσκριτική λέξη για τον «μουσικό» είναι *μπαγκαβατάρ*, «αυτός που τραγουδά ύμνους για το Θεό».

Τα *σανκίρταν* ή μουσικές συγκεντρώσεις είναι μια αποτελεσματική μορφή γιόγκα ή πνευματικής πειθαρχίας που απαιτεί έντονη αυτοσυγκέντρωση, απορρόφηση από την κεντρική ιδέα και ήχο. Επειδή ο ίδιος ο άνθρωπος είναι μια έκφραση του Δημιουργικού Λόγου, ο ήχος ασκεί πάνω του ένα δυνατό και άμεσο αποτέλεσμα. Η σπουδαία εκκλησιαστική μουσική της Ανατολής και της Δύσης δίνει χαρά στον άνθρωπο γιατί προκαλεί μια πρόσκαιρη δονητική αφύπνιση ενός από τα απόκρυφα κέντρα στη σπονδυλική στήλη του.⁹ Σ' αυτές τις μακάριες στιγμές έρχεται στον νου του μια αχνή ανάμνηση της θεϊκής του προέλευσης.

Το *σανκίρταν* που ακουγόταν από το καθιστικό του δεύτερου ορόφου του Σρι Γιουκτέσβαρ ενέπνεε αυτούς που μαγείρευαν ανάμεσα στους ατμούς των καζανιών. Οι αδελφοί μου μαθητές κι εγώ τραγουδούσαμε χαρούμενοι τα ρεφραίν, χτυπώντας ρυθμικά τα χέρια μας.

Μέχρι το δειλινό είχαμε σερβίρει τους εκατοντάδες επισκέπτες μας με *κίτσερι* (ρύζι και φακές), λαχανικά με κάρυ και πουτίγκα από ρύζι. Απλώσαμε βαμβακερές κουβέρτες στην αυλή· σύντομα όλοι κάθισαν οκλαδόν κάτω από τον έναστρο ουράνιο θόλο, παρακολουθώντας με προσήλωση τα σοφά λόγια του Σρι Γιουκτέσβαρ. Οι δημόσιες ομιλίες του τόνιζαν την αξία της *Κρίγια Γιόγκα* και μιας ζωής με αυτοσεβασμό, ηρεμία, αποφασιστικότητα, απλή διατροφή και τακτική σωματική άσκηση.

Αργότερα μια ομάδα πολύ νεαρών μαθητών έψαλε μερικούς ιερούς ύμνους· η συγκέντρωση τελείωσε με ένθερμο *σανκίρταν*. Από τις δέκα το βράδυ ως τα μεσάνυχτα οι κάτοικοι του άσραμ έπλεναν δοχεία και κατσαρόλες και καθάριζαν την αυλή. Ο γκουρού μου με κάλεσε κοντά του.

«Είμαι ευχαριστημένος με την κεφάτη δουλειά σου σήμερα και

---

⁹ Η αφύπνιση των απόκρυφων εγκεφαλονωτιαίων κέντρων (*τσάκρα,* αστρικών λωτών) είναι ο ιερός στόχος των γιόγκι. Οι θεολόγοι της Δύσης δεν έχουν καταλάβει ότι το κεφάλαιο της Αποκάλυψης στην Καινή Διαθήκη περιέχει μια συμβολική εξήγηση της γιογκικής επιστήμης που διδάχθηκε στον Ιωάννη και άλλους στενούς μαθητές από τον Ιησού Χριστό. Ο Ιωάννης αναφέρει (Αποκάλυψη Α:20) το «μυστήριο των επτά αστεριών» και τις «επτά εκκλησίες»· αυτά τα σύμβολα αναφέρονται στους επτά λωτούς φωτός που περιγράφονται στις πραγματείες σχετικά με τη γιόγκα ως επτά «πύλες-παγίδες» στον εγκεφαλονωτιαίο άξονα. Μέσω αυτών των θεϊκά σχεδιασμένων «εξόδων» ο γιόγκι, με επιστημονικό διαλογισμό, δραπετεύει από τη φυλακή του σώματος και επανέρχεται στην αληθινή του ταυτότητα ως Πνεύμα. (Βλ. κεφ. 26.)

Το έβδομο κέντρο, «ο χιλιοπέταλος λωτός» στον εγκέφαλο, είναι ο θρόνος της Άπειρης Συνειδητότητας. Στην κατάσταση της θείας φώτισης ο γιόγκι λέγεται ότι αντιλαμβάνεται τον Μπραχμά ή το Θεό τον Δημιουργό ως Πατματζά, «Αυτόν που γεννήθηκε από το λωτό».

Η «στάση του λωτού» ονομάζεται έτσι γιατί σ' αυτήν την παραδοσιακή στάση ο γιόγκι βλέπει τους πολύχρωμους λωτούς *(πάντμα)* των εγκεφαλονωτιαίων κέντρων. Κάθε λωτός έχει ένα χαρακτηριστικό αριθμό από πέταλα ή ακτίνες που έχουν συντεθεί από *πράνα* (ζωική δύναμη). Οι *πάντμα* ονομάζονται επίσης *τσάκρα* ή τροχοί.

Η στάση του λωτού *(παντμάσανα)* κρατά τη σπονδυλική στήλη ίσια και ασφαλίζει το σώμα από τον κίνδυνο της πτώσης, προς τα πίσω ή προς τα μπροστά, κατά τη διάρκεια της έκστασης *(σαμπικάλπα σαμάντι)*· επομένως είναι η αγαπημένη στάση διαλογισμού του γιόγκι. Η *παντμάσανα* όμως μπορεί να δυσκολέψει τον αρχάριο και δεν πρέπει να αποπειράται κάποιος να καθίσει έτσι χωρίς την καθοδήγηση ενός άριστου γνώστη της *Χάτα Γιόγκα*.

## Η Κλοπή του Κουνουπιδιού

κατά τη διάρκεια των προετοιμασιών της προηγούμενης εβδομάδας. Σε θέλω κοντά μου· μπορείς να κοιμηθείς στο κρεβάτι μου απόψε».

Αυτό ήταν ένα προνόμιο που ποτέ δεν φαντάστηκα ότι θα μπορούσε να μου τύχει. Καθίσαμε για λίγο σε μια κατάσταση έντονης θεϊκής γαλήνης. Περίπου δέκα λεπτά αφότου ξαπλώσαμε για να κοιμηθούμε, ο Δάσκαλος σηκώθηκε και άρχισε να ντύνεται.

«Τι συμβαίνει, κύριε;». Η χαρά του ύπνου δίπλα στο γκουρού μου ξαφνικά μετατράπηκε σε χίμαιρα.

«Νομίζω ότι μερικοί σπουδαστές που έχασαν την ανταπόκριση με άλλα τρένα θα έρθουν εδώ σε λίγο. Ας ετοιμάσουμε λίγο φαγητό».

«Γκούρουτζι, κανείς δεν θα ερχόταν στη μία τα χαράματα!».

«Μείνε στο κρεβάτι· έχεις εργαστεί πολύ σκληρά. Εγώ όμως θα μαγειρέψω».

Ακούγοντας τον αποφασιστικό τόνο του Σρι Γιουκτέσβαρ, πήδηξα από το κρεβάτι και τον ακολούθησα στη μικρή κουζίνα που χρησιμοποιούσαμε καθημερινά, που βρισκόταν δίπλα στο εσωτερικό μπαλκόνι του δεύτερου ορόφου. Σύντομα το ρύζι και το *νταλ* έβραζαν.

Ο γκουρού μου χαμογέλασε στοργικά. «Απόψε νίκησες την κούραση και το φόβο της σκληρής δουλειάς· δεν θα ενοχληθείς ποτέ απ' αυτά στο μέλλον».

Καθώς πρόφερε αυτά τα λόγια της ισόβιας ευλογίας, ακούστηκαν βήματα στην αυλή. Έτρεξα κάτω και υποδέχθηκα μια ομάδα σπουδαστών.

«Αγαπημένε αδελφέ», είπε κάποιος απ' αυτούς, «αισθανόμαστε άσχημα που ενοχλούμε τον Δάσκαλο τέτοια ώρα! Κάναμε ένα λάθος σχετικά με τα δρομολόγια των τρένων, αλλά νιώσαμε ότι δεν μπορούσαμε να γυρίσουμε στο σπίτι μας χωρίς να ξαναδούμε για λίγο τον γκουρού μας».

«Σας περίμενε και μάλιστα τώρα δα ετοιμάζει το φαγητό σας».

Ακούστηκε η φωνή του Σρι Γιουκτέσβαρ που τους καλωσόριζε· οδήγησα τους κατάπληκτους επισκέπτες στην κουζίνα. Ο Δάσκαλος γύρισε και με κοίταξε με μάτια που έλαμπαν.

«Τώρα που μίλησες μαζί τους και έκανες τη σύγκριση με ό,τι σου είπα, αναμφίβολα ικανοποιήθηκες που οι επισκέπτες μας πράγματι έχασαν το τρένο τους!».

Μισή ώρα αργότερα τον ακολούθησα στο υπνοδωμάτιό του, προσμένοντας ευτυχισμένα την τιμή να κοιμηθώ δίπλα σ' έναν θεϊκό γκουρού.

ΚΕΦΑΛΑΙΟ 16

# Ξεγελώντας τ' Αστέρια

«Μουκούντα, γιατί δεν παίρνεις ένα αστρολογικό περιβραχιόνιο;».

«Θα έπρεπε, Δάσκαλε; Δεν πιστεύω στην αστρολογία».

«Δεν είναι θέμα *πεποίθησης*· η επιστημονική στάση που θα πρέπει να έχει κάποιος σχετικά με οποιοδήποτε ζήτημα είναι αν είναι *αλήθεια*. Ο νόμος της βαρύτητας λειτουργούσε μετά τον Νεύτωνα το ίδιο αποτελεσματικά όπως και πριν απ' αυτόν. Το σύμπαν θα ήταν ένα χάος αν οι νόμοι του δεν λειτουργούσαν χωρίς την αναγνώρισή τους από τους ανθρώπους.

»Οι αγύρτες έφεραν την αρχαία αστρική επιστήμη στην κακή φήμη που έχει σήμερα. Η αστρολογία είναι υπερβολικά αχανής, τόσο μαθηματικά[1] όσο και φιλοσοφικά, για να γίνει σωστά αντιληπτή από

---

[1] Από αστρονομικές αναφορές στην αρχαία ινδουιστική λογοτεχνία οι λόγιοι μπόρεσαν να εξακριβώσουν τις ημερομηνίες κατά τις οποίες έζησαν οι συγγραφείς. Η επιστημονική γνώση των ρίσι ήταν εξαιρετικά μεγάλη· στην *Καουσιτάκι Μπραχμανά (Kaushitaki Brahmana)* βρίσκουμε ακριβή αστρονομικά κείμενα που δείχνουν ότι το 3.100 π.Χ. οι Ινδοί είχαν προοδεύσει πολύ στην αστρονομία, η οποία είχε μια πρακτική αξία στο να καθορίζουν τους ευνοϊκούς καιρούς για αστρολογικές γιορτές. Ένα άρθρο της Τάρα Μάτα στο περιοδικό *East-West*, το Φεβρουάριο του 1934, αναφέρεται στο *Τζότις (Jyotish)* ή πραγματεία που περιέχει όλες τις βεδικές αστρονομικές περιγραφές: «Περιέχει την επιστημονική βαθιά γνώση που κράτησε την Ινδία στην πρώτη θέση όλων των αρχαίων εθνών και την έκανε τη Μέκκα των αναζητητών της γνώσης. Η *Μπραχμαγκούπτα*, ένα από τα έργα του *Τζότις*, είναι μία αστρονομική πραγματεία που περιέχει θέματα όπως η ηλιοκεντρική κίνηση των πλανητικών σωμάτων στο ηλιακό μας σύστημα, η λόξωση της εκλειπτικής, η σφαιρική μορφή της γης, το αντανακλώμενο φως του φεγγαριού, η καθημερινή αξονική περιστροφή της γης, η παρουσία σταθερών αστέρων στον Γαλαξία, ο νόμος της βαρύτητας και άλλα επιστημονικά δεδομένα που δεν είχαν ανακαλυφθεί από τη Δύση μέχρι την εποχή του Κοπέρνικου και του Νεύτωνα».
Οι αποκαλούμενοι «αραβικοί αριθμοί», ανεκτίμητοι για την ανάπτυξη των μαθηματικών στη Δύση, ήρθαν στην Ευρώπη τον ένατο αιώνα μέσω των Αράβων από την Ινδία, όπου αυτό το σύστημα των ψηφίων είχε μορφοποιηθεί από τα αρχαία χρόνια. Περισσότερες πληροφορίες για την απέραντη επιστημονική κληρονομιά της Ινδίας μπορούν να βρεθούν στο *History of Hindu Chemistry* («Ιστορία της ινδικής χημείας») του Sir P. C. Roy, στο *Positive Sciences of the Ancient Hindus* («Θετικές επιστήμες των αρχαίων Ινδών») του B. N. Seal, στο *Hindu Achievements in Exact Science* και *The Positive Background of Hindu Sociology* («Ινδικά επιτεύγματα στις θετικές επιστήμες και το θετικό υπόβαθρο της ινδικής κοινωνιολογίας») του B. K. Sarkar και στο *Materia Medica of the Hindus* («Ιατρικά Θέματα των Ινδών») του

τους ανθρώπους, εκτός από εκείνους που διαθέτουν βαθιά κατανόηση. Αν οι αδαείς διαβάζουν λανθασμένα τους ουρανούς και βλέπουν εκεί ορνιθοσκαλίσματα αντί για κείμενο, αυτό είναι αναμενόμενο σ' αυτόν τον ατελή κόσμο. Δεν πρέπει όμως κάποιος να απορρίπτει τη σοφία εξαιτίας των αμαθών που διατείνονται ότι είναι "σοφοί".

»Όλα τα τμήματα της δημιουργίας είναι ενωμένα μεταξύ τους και υπόκεινται σε αλληλεπιδράσεις. Ο ισορροπημένος ρυθμός του σύμπαντος έχει τις ρίζες του στην αμοιβαιότητα», συνέχισε ο γκουρού μου. «Ο άνθρωπος, στην ανθρώπινη όψη του, πρέπει να δώσει μάχη με δύο ομάδες δυνάμεων – πρώτον, με την οχλαγωγία μέσα στην ύπαρξή του, που προκαλείται από την πρόσμειξη των στοιχείων της γης, του νερού, της φωτιάς, του αέρα και του αιθέρα· και δεύτερον, με τις εξωτερικές δυνάμεις της φύσης που προκαλούν τη φθορά. Όσο ο άνθρωπος παλεύει με τη θνητότητά του, επηρεάζεται από τις μυριάδες μεταβολές στον ουρανό και τη γη.

»Η αστρολογία είναι η μελέτη της αντίδρασης του ανθρώπου σε πλανητικά ερεθίσματα. Τα αστέρια δεν έχουν συνειδητή καλή θέληση ή εχθρότητα· απλά εκπέμπουν θετικές και αρνητικές ακτινοβολίες. Αυτές από μόνες τους ούτε βοηθούν ούτε βλάπτουν την ανθρωπότητα, αλλά προσφέρουν γόνιμο έδαφος για τη θέση σε λειτουργία του νόμου της ισορροπίας μεταξύ αιτίου-αποτελέσματος που κάθε άνθρωπος έθεσε σε κίνηση στο παρελθόν.

»Ένα παιδί γεννιέται τη συγκεκριμένη μέρα και ώρα που οι ουράνιες ακτίνες βρίσκονται σε μαθηματική αρμονία με το προσωπικό του κάρμα. Το ωροσκόπιό του είναι μια δύσκολα κατανοητή προσωπογραφία που αποκαλύπτει το αμετάβλητο παρελθόν του και τα πιθανά αποτελέσματα αυτού του παρελθόντος στο μέλλον. Ο γενέθλιος χάρτης όμως μπορεί να ερμηνευθεί μόνο από ανθρώπους με διαισθητική σοφία: αυτοί είναι λίγοι.

»Το μήνυμα που σκιαγραφείται στους ουρανούς κατά τη στιγμή της γέννησης δεν προορίζεται να δώσει έμφαση στη μοίρα –το αποτέλεσμα των παλιών καλών και κακών πράξεων– αλλά να αφυπνίσει τη θέληση του ανθρώπου να δραπετεύσει από τα οικουμενικά δεσμά του. Ό,τι έκανε μπορεί να το αλλάξει. Μόνον ο ίδιος έθεσε σε κίνηση τις αιτίες οποιωνδήποτε αποτελεσμάτων κυριαρχούν στην παρούσα ζωή του και κανένας άλλος. Μπορεί να ξεπεράσει όλους τους περιορισμούς

---
U. C. Dutt.

γιατί εξ αρχής αυτός ήταν που τους δημιούργησε με τις δικές του πράξεις και γιατί διαθέτει πνευματικές πηγές που δεν υπόκεινται στην πίεση των πλανητών.

»Το δέος της δεισιδαιμονίας σχετικά με την αστρολογία παραλύει κάποιον και τον μετατρέπει σε δουλικά εξαρτώμενο από μια μηχανική καθοδήγηση. Ο σοφός άνθρωπος νικά τους πλανήτες του –δηλαδή το παρελθόν του– μεταφέροντας την πίστη και την υποταγή του στον Δημιουργό αντί στη δημιουργία. Όσο πιο πολύ συνειδητοποιεί την ενότητά του με το Πνεύμα, τόσο λιγότερο κυριαρχείται από την ύλη. Η ψυχή είναι πάντα ελεύθερη· είναι αθάνατη γιατί είναι αγέννητη. Δεν μπορεί να προγραμματιστεί από τα αστέρια.

»Ο άνθρωπος *είναι* ψυχή και *έχει* σώμα. Όταν ανακαλύπτει την αληθινή ταυτότητά του, αφήνει πίσω του όλες τις παρορμήσεις. Όσο παραμένει σε σύγχυση μέσα στη συνηθισμένη του κατάσταση της πνευματικής αμνησίας, θα υπόκειται στα λεπτοφυή δεσμά του νόμου του περιβάλλοντος.

»Ο Θεός είναι Αρμονία· ο πιστός που συντονίζεται μαζί Του ποτέ δεν θα προβεί σε λανθασμένες πράξεις. Οι δραστηριότητές του θα είναι συγχρονισμένες με σωστό και φυσικό τρόπο ώστε να εναρμονίζονται με το νόμο της αστρολογίας. Μετά από βαθύ διαλογισμό και προσευχή έρχεται σε επαφή με τη θεϊκή του συνειδητότητα· δεν υπάρχει μεγαλύτερη δύναμη απ' αυτήν την εσωτερική προστασία».

«Τότε, αγαπημένε μου Δάσκαλε, γιατί θέλετε να φορέσω αστρολογικό βραχιόλι;». Τόλμησα να κάνω αυτήν την ερώτηση μετά από μακρά σιωπή· είχα προσπαθήσει να αφομοιώσω την υπέροχη εξήγηση του Σρι Γιουκτέσβαρ η οποία περιείχε σκέψεις πολύ καινούργιες για μένα.

«Ένας ταξιδιώτης δικαιολογείται να πετάξει τους χάρτες του μόνο όταν έχει φτάσει στον προορισμό του. Κατά τη διάρκεια του ταξιδιού του εκμεταλλεύεται κάθε κατάλληλο μονοπάτι ώστε να συντομεύσει την πορεία του. Οι αρχαίοι ρίσι ανακάλυψαν πολλούς τρόπους να συντομευθεί η περίοδος της εξορίας του ανθρώπου στην αυταπάτη. Υπάρχουν κάποια μηχανικά χαρακτηριστικά στον νόμο του κάρμα που μπορούν να ρυθμιστούν επιδέξια με σοφία.

»Όλα τα δεινά του ανθρώπου προκαλούνται από κάποια παραβίαση του οικουμενικού νόμου. Οι Γραφές λένε ότι ο άνθρωπος πρέπει να ανταποκρίνεται στους νόμους της φύσης χωρίς παράλληλα να υποτιμά τη θεϊκή παντοδυναμία. Θα πρέπει να λέει: "Κύριε, Σε εμπιστεύομαι και ξέρω ότι μπορείς να με βοηθήσεις, όμως κι εγώ θα κάνω ό,τι μπορώ για να αναιρέσω οποιοδήποτε λάθος έχω κάνει". Με διάφορα μέσα -με την προσευχή, με τη δύναμη της θέλησης, με τον διαλογισμό γιόγκα, με συμβουλές από αγίους, με τη χρήση αστρολογικών περιβραχιόνιων- τα δυσμενή αποτελέσματα των παλιών σφαλμάτων μπορούν να ελαχιστοποιηθούν ή και να εξουδετερωθούν.

»Όπως σ' ένα σπίτι μπορεί να τοποθετηθεί αλεξικέραυνο για να απορροφήσει την ενέργεια του κεραυνού, έτσι και ο σωματικός ναός μπορεί να προστατευτεί με ορισμένους τρόπους.

»Οι ηλεκτρικές και μαγνητικές ακτινοβολίες ταξιδεύουν ασταμάτητα στο σύμπαν· επηρεάζουν το σώμα του ανθρώπου ευεργετικά ή επιζήμια. Εδώ και αιώνες οι ρίσι μας μελέτησαν τον τρόπο εξουδετέρωσης των δυσμενών αποτελεσμάτων των λεπτοφυών συμπαντικών επιρροών. Οι σοφοί ανακάλυψαν ότι τα καθαρά μέταλλα εκπέμπουν ένα αστρικό φως το οποίο λειτουργεί σαν μια δραστική ασπίδα κατά των αρνητικών έλξεων των πλανητών. Βρήκαν επίσης ότι και μερικοί συνδυασμοί φυτών βοηθούν. Πιο αποτελεσματικοί απ' όλα είναι οι απόλυτα καθαροί πολύτιμοι λίθοι και τα κοσμήματα, όχι λιγότερο από δύο καράτια.

»Η πρακτική χρησιμότητα της αστρολογίας για την προστασία του ανθρώπου έχει πολύ λίγο μελετηθεί σοβαρά έξω από την Ινδία. Ένα δεδομένο που ελάχιστοι γνωρίζουν είναι ότι οι πολύτιμοι λίθοι, τα κοσμήματα και τα μέταλλα και τα φυτά που πρέπει να χρησιμοποιηθούν, δεν έχουν αξία αν δεν εξασφαλίζεται το απαιτούμενο βάρος και αν δεν βρίσκονται δίπλα στο δέρμα».

«Κύριε, φυσικά θα ακούσω τη συμβουλή σας και θα αγοράσω ένα αστρολογικό βραχιόλι. Μου εξάπτει το ενδιαφέρον η σκέψη ότι θα ξεγελάσω έναν πλανήτη!».

«Γενικά συμβουλεύω τη χρήση περιβραχιόνιων φτιαγμένων από χρυσό, ασήμι και χαλκό. Για έναν συγκεκριμένο σκοπό όμως θέλω να πάρεις ένα από ασήμι και μόλυβδο». Ο Σρι Γιουκτέσβαρ πρόσθεσε μερικές προσεκτικές οδηγίες.

«Γκούρουτζι, ποιον "συγκεκριμένο σκοπό" εννοείτε;».

«Τα αστέρια πρόκειται να δείξουν μια "εχθρική διάθεση" απέναντί σου, Μουκούντα. Μη φοβάσαι· θα είσαι προστατευμένος. Σε περίπου ένα μήνα θα έχεις μεγάλο πρόβλημα με το συκώτι σου. Η αρρώστια είναι προγραμματισμένη να διαρκέσει έξι μήνες, αλλά η χρήση του αστρολογικού περιβραχιόνιου θα συντομεύσει αυτή τη χρονική διάρκεια σε είκοσι τέσσερις μέρες».

Έψαξα έναν κοσμηματοπώλη την επόμενη μέρα και σύντομα φόρεσα το βραχιόλι. Η υγεία μου ήταν εξαίρετη· η πρόβλεψη του Δασκάλου έφυγε από τον νου μου. Ο Δάσκαλος έφυγε από το Σεράμπουρ για να πάει στο Μπενάρες. Τριάντα μέρες μετά τη συζήτησή μας αισθάνθηκα έναν πόνο στην περιοχή του συκωτιού μου. Οι επόμενες εβδομάδες ήταν ένας εφιάλτης αβάσταχτου πόνου. Απρόθυμος να ενοχλήσω τον γκουρού μου, σκέφτηκα να υπομείνω γενναία το μαρτύριο μόνος μου.

Οι είκοσι τρεις μέρες όμως βασανιστηρίου αποδυνάμωσαν την αποφασιστικότητά μου· πήρα το τρένο για το Μπενάρες. Εκεί ο Σρι Γιουκτέσβαρ με υποδέχθηκε με ασυνήθιστη ζεστασιά αλλά δεν μου έδωσε καμία ευκαιρία να του μιλήσω ιδιαιτέρως για τους φρικτούς μου πόνους. Πολλοί πιστοί επισκέφτηκαν τον Δάσκαλο εκείνη την ημέρα, απλά και μόνο για ένα *ντάρσαν*.[2] Άρρωστος και παραμελημένος, κάθισα σε μια γωνία. Οι επισκέπτες έφυγαν μόνο όταν πια τελείωσε και το απογευματινό φαγητό. Ο γκουρού μου με φώναξε στο οκταγωνικό μπαλκόνι του σπιτιού.

«Πρέπει να ήρθες για το πρόβλημα με το συκώτι σου». Το βλέμμα του Σρι Γιουκτέσβαρ ήταν στραμμένο αλλού· πήγαινε πέρα δώθε, εμποδίζοντας περιστασιακά το φως του φεγγαριού. «Για να δω, είσαι άρρωστος εδώ και είκοσι τέσσερις μέρες, σωστά;».

«Ναι, κύριε».

«Σε παρακαλώ, κάνε την άσκηση του στομαχιού που σου έδειξα».

«Αν ξέρατε, Δάσκαλε, πόσο πολύ πονάω, δεν θα μου ζητούσατε να εξασκηθώ». Ωστόσο έκανα μια αδύναμη προσπάθεια να τον υπακούσω.

«Λες ότι πονάς· εγώ λέω ότι δεν πονάς καθόλου. Πώς μπορούν να υπάρχουν τέτοιες αντιφάσεις;». Ο γκουρού μου με κοίταξε διερευνητικά.

Έμεινα άναυδος και μετά πλημμύρισα από χαρά και ανακούφιση. Δεν ένιωθα πια το συνεχές βασανιστήριο που με είχε αφήσει σχεδόν άυπνο για εβδομάδες· με τα λόγια του Σρι Γιουκτέσβαρ η οδύνη εξαφανίστηκε σαν να μην υπήρξε ποτέ.

Άρχισα να γονατίζω στα πόδια του με ευγνωμοσύνη, αλλά γρήγορα με εμπόδισε.

«Μην κάνεις παιδιαρίσματα. Σήκω και απόλαυσε το φεγγάρι πάνω από τον Γάγγη». Τα μάτια όμως του Δασκάλου έλαμπαν χαρούμενα

---

[2] Η ευλογία που ρέει από την απλή και μόνο θέα του αγίου.

καθώς στεκόμουν σιωπηλός δίπλα του. Από τη στάση του κατάλαβα ότι ήθελε να νιώσω ότι, όχι αυτός, αλλά ο Θεός ήταν ο Θεραπευτής.

Ακόμα και τώρα φοράω το βαρύ βραχιόλι από ασήμι και μόλυβδο, ένα ενθύμιο εκείνης της ημέρας –περασμένης εδώ και χρόνια, πάντα όμως φυλαγμένης μέσα μου σαν θησαυρός– όταν ανακάλυψα για άλλη μια φορά ότι ζούσα με μια προσωπικότητα πραγματικά υπεράνθρωπη. Αργότερα, όταν έφερνα τους φίλους μου στον Σρι Γιουκτέσβαρ για θεραπεία, πάντα συνιστούσε πολύτιμους λίθους ή μέταλλα ή το περιβραχιόνιο,[3] εξαίροντας τη χρήση τους ως πράξη αστρολογικής σοφίας.

Ήμουν προκατειλημμένος κατά της αστρολογίας από τα παιδικά μου χρόνια, εν μέρει γιατί είχα παρατηρήσει ότι πολλοί άνθρωποι είναι πειθήνια προσκολλημένοι σ' αυτήν και εν μέρει εξαιτίας μιας πρόβλεψης του οικογενειακού μας αστρολόγου: «Θα παντρευτείς τρεις φορές και θα μείνεις δύο φορές χήρος». Με είχε πιάσει μελαγχολία μ' αυτό το θέμα, νιώθοντας σαν κατσίκα που περιμένει να γίνει αντικείμενο θυσίας στον βωμό τριών γάμων.

«Παραδώσου επιτέλους στη μοίρα σου», είχε πει ο Ανάντα. «Ήταν σωστά γραμμένο στο ωροσκόπιό σου ότι θα έφευγες από το σπίτι για να πας στα Ιμαλάια όταν θα ήσουν ακόμα πολύ νέος, αλλά ότι με τη βία θα γύριζες πίσω. Η πρόβλεψη των γάμων σου αναπόφευκτα θα αποδειχθεί επίσης σωστή».

Μια νύχτα διαισθάνθηκα καθαρά ότι η προφητεία ήταν εντελώς λανθασμένη. Έβαλα φωτιά στο διάγραμμα του ωροσκοπίου μου κι έβαλα τις στάχτες σε μια χάρτινη σακούλα, πάνω στην οποία έγραψα: «Οι σπόροι του παλιού κάρμα δεν μπορούν να βλαστήσουν αν καούν στη φωτιά της θεϊκής σοφίας». Έβαλα τη σακούλα σε περίοπτη θέση· ο Ανάντα αμέσως διάβασε το περιφρονητικό μου σχόλιο.

«Δεν μπορείς να καταστρέψεις την αλήθεια τόσο εύκολα όσο έκαψες αυτό το χαρτί». Ο αδελφός μου γέλασε περιφρονητικά.

Είναι γεγονός ότι τρεις φορές πριν ενηλικιωθώ η οικογένειά μου προσπάθησε να με αρραβωνιάσει. Και τις τρεις φορές αρνήθηκα[4] να συμμορφωθώ γιατί ήξερα ότι η αγάπη μου για το Θεό ήταν πάρα πολύ πιο έντονη από οποιαδήποτε αστρολογική πίεση από το παρελθόν.

---
[3] Βλ. σελ. 269 σημ.

[4] Ένα από τα κορίτσια που διάλεξε η οικογένειά μου ως πιθανή νύφη για μένα παντρεύτηκε μετά τον ξάδελφό μου, τον Πραμπάς Τσάντρα Γκος. (Βλ. φωτογραφία στη σελ. 247.) [Ο Σρι Γκος διετέλεσε αντιπρόεδρος του Yogoda Satsanga Society of India (βλ. σελ. 435-440) από το 1936 μέχρι τον θάνατό του, το 1975.]

«Όσο πιο βαθιά είναι η συνειδητοποίηση του Εαυτού του ανθρώπου, τόσο περισσότερο αυτός επηρεάζει όλο το σύμπαν με τις λεπτοφυείς πνευματικές δονήσεις του και τόσο λιγότερο επηρεάζεται από τη φαινομενική ροή των γεγονότων». Αυτά τα λόγια του Δασκάλου συχνά έρχονταν στον νου μου εμπνέοντάς με.

Μερικές φορές έλεγα στους αστρολόγους να διαλέξουν τις χειρότερες περιόδους για μένα σύμφωνα με τις πλανητικές ενδείξεις και προσπαθούσα εντούτοις να καταφέρω οποιαδήποτε δουλειά με την οποία καταπιανόμουν. Είναι αλήθεια ότι η επιτυχία μου εκείνες τις φορές είχε έρθει μετά από ασυνήθιστα μεγάλες δυσκολίες. Η πεποίθησή μου όμως πάντα δικαιωνόταν: η πίστη στη θεϊκή προστασία και η σωστή χρήση της θέλησης που δόθηκε στον άνθρωπο από το Θεό είναι δυνάμεις ανυπέρβλητες, που υπερισχύουν κάθε επιρροής που έρχεται από τους ουρανούς.

Σιγά σιγά κατάλαβα ότι το αστρολογικό διάγραμμα που αποτυπώνεται κατά τη γέννηση δεν σημαίνει ότι ο άνθρωπος είναι μια μαριονέτα, έρμαιο του παρελθόντος του. Το μήνυμά του είναι περισσότερο μια ώθηση προς την υπερηφάνεια· οι ίδιοι οι ουρανοί αποζητούν να εγείρουν στον άνθρωπο την αποφασιστικότητά του να απελευθερωθεί από κάθε περιορισμό. Ο Θεός έπλασε κάθε άνθρωπο σαν ψυχή προικισμένη με ατομικότητα, επομένως ουσιώδη για τη συμπαντική δομή, είτε στον προσωρινό ρόλο της σαν στυλοβάτης είτε σαν παράσιτο. Η ελευθερία του είναι οριστική και άμεση αν το θελήσει· δεν εξαρτάται από εξωτερικές αλλά από εσωτερικές νίκες.

Ο Σρι Γιουκτέσβαρ ανακάλυψε τη μαθηματική εφαρμογή ενός ισημερινού κύκλου 24.000 ετών στην εποχή που διανύουμε.[5] Ο κύκλος διαιρείται σ' ένα Ανοδικό Τόξο και σ' ένα Καθοδικό Τόξο, το καθένα από τα οποία διαρκεί 12.000 χρόνια. Μέσα σε κάθε Τόξο εμπεριέχονται τέσσερις *Γιούγκα* ή Εποχές, που ονομάζονται *Κάλι, Ντουαπάρα, Τρέτα* και *Σάτυα* και αντιστοιχούν στις ελληνικές ιδέες της Εποχής του Σιδήρου, του Χαλκού και της Ασημένιας και της Χρυσής Εποχής.

Ο γκουρού μου προσδιόρισε με διάφορους υπολογισμούς ότι η τελευταία *Κάλι Γιούγκα* ή Εποχή του Σιδήρου του Ανοδικού Τόξου άρχισε περίπου το 500 μ.Χ. Η εποχή του Σιδήρου, που διαρκεί 1.200 χρόνια, είναι ένα διάστημα υλισμού· τελείωσε περίπου το 1.700 μ.Χ. Αυτό το έτος αποτέλεσε την απαρχή της *Ντουαπάρα Γιούγκα*, μιας περιόδου

---

[5] Αυτοί οι κύκλοι εξηγούνται λεπτομερώς στο πρώτο τμήμα του βιβλίου του Σρι Γιουκτέσβαρ (Sri Yukteswar) *The Holy Science* («Η ιερή επιστήμη»), που εκδίδεται από το SRF.

2.400 ετών που χαρακτηρίζεται από την ανάπτυξη της ηλεκτρικής και της πυρηνικής ενέργειας: την εποχή του τηλέγραφου, του ραδιοφώνου, των αεροπλάνων και άλλων εφευρέσεων που εκμηδενίζουν τον χώρο. Η περίοδος των 3.600 ετών της *Τρέτα Γιούγκα* θα αρχίσει το 4.100 μ.Χ. Η εποχή αυτή θα σηματοδοτηθεί από την κοινή γνώση των τηλεπαθητικών επικοινωνιών και άλλων τρόπων εκμηδένισης του χρόνου. Κατά τη διάρκεια των 4.800 ετών της *Σάτυα Γιούγκα,* της τελικής εποχής του Ανοδικού Τόξου, η νοημοσύνη του ανθρώπου θα αναπτυχθεί εξαιρετικά· θα εργάζεται σε αρμονία με το θεϊκό σχέδιο.

Τότε αρχίζει για τον κόσμο ένα Καθοδικό Τόξο 12.000 ετών, ξεκινώντας με μια Καθοδική Χρυσή Εποχή αποτελούμενη από 4.800 χρόνια (το 12.500 μ.Χ.)· ο άνθρωπος σταδιακά θα βουλιάζει στην άγνοια. Αυτοί οι κύκλοι είναι οι αιώνιοι γύροι της *μάγια,* των αντιθέσεων και της σχετικότητας του φαινομενικού σύμπαντος.[6] Οι άνθρωποι, ένας ένας, δραπετεύουν από τη φυλακή της δυαδικότητας της δημιουργίας καθώς αφυπνίζονται στη συνειδητότητα της αδιάσπαστης θεϊκής ενότητάς τους με τον Δημιουργό.

Ο Δάσκαλος διεύρυνε την κατανόησή μου, όχι μόνο της αστρολογίας, αλλά και των Γραφών του κόσμου. Μελετώντας τα ιερά κείμενα με τον άσπιλο νου του, μπορούσε να τα αναλύει με το νυστέρι του διαισθητικού συλλογισμού και να διαχωρίζει τα λάθη των θεολόγων ή τις παραποιήσεις των κειμένων απ' αυτούς από τις αλήθειες όπως αυτές εκφράστηκαν αρχικά από τους προφήτες.

«Η εστίαση της προσοχής στην άκρη της μύτης». Αυτή η ανακριβής

---

[6] Οι ινδουιστικές Γραφές τοποθετούν την τωρινή εποχή του κόσμου στην *Κάλι Γιούγκα* ενός πολύ μεγαλύτερου συμπαντικού κύκλου από τον απλό ισημερινό κύκλο των 24.000 ετών με τον οποίο ασχολήθηκε ο Σρι Γιουκτέσβαρ. Ο οικουμενικός κύκλος των Γραφών εκτείνεται σε 4.300.560.000 χρόνια και αποτελεί μια Ημέρα της Δημιουργίας. Αυτό το απέραντο νούμερο βασίζεται στη σχέση μεταξύ της χρονικής διάρκειας του ηλιακού έτους και ενός πολλαπλασίου του π (3,1416 – το πηλίκο της περιφέρειας ενός κύκλου δια της διαμέτρου του).
Η διάρκεια ζωής ενός ολόκληρου σύμπαντος σύμφωνα με τους αρχαίους σοφούς είναι 314.159.000.000.000 ηλιακά χρόνια ή «Ένα Έτος του Μπραχμά».
Οι ινδουιστικές Γραφές δηλώνουν ότι μια γη σαν τη δική μας διαλύεται για έναν από τους εξής δύο λόγους: οι κάτοικοι, στο σύνολό τους, είτε γίνονται εντελώς καλοί είτε εντελώς φαύλοι. Έτσι ο παγκόσμιος νους παράγει μια δύναμη που απελευθερώνει τα άτομα που συγκρατούνται μεταξύ τους και συνθέτουν τη γη.
Περιστασιακά δημοσιεύονται φρικτές ανακοινώσεις σχετικά με το επικείμενο «τέλος του κόσμου». Οι πλανητικοί κύκλοι όμως συνεχίζονται σύμφωνα μ' ένα ακριβές θεϊκό σχέδιο. Δεν διαφαίνεται καμιά διάλυση της γης· ο πλανήτης μας, στην παρούσα μορφή του, έχει να διανύσει πολλούς ακόμα ανοδικούς και καθοδικούς ισημερινούς κύκλους.

ερμηνεία ενός στίχου της Μπάγκαβαντ Γκίτα,[7] ευρέως αποδεκτή από ειδήμονες της Ανατολής και μεταφραστές της Δύσης, προκαλούσε την κωμική κριτική του Δασκάλου.

«Το μονοπάτι του γιόγκι είναι ήδη αρκετά ιδιόμορφο», έλεγε. «Γιατί να τον συμβουλέψουμε να γίνει και αλλήθωρος; Το αληθινό νόημα του *νασικαγκράμ* είναι "αρχή της μύτης", όχι "τέλος της μύτης". Η μύτη αρχίζει από το σημείο μεταξύ των φρυδιών, την έδρα της πνευματικής όρασης».[8]

Σ' έναν αφορισμό της *Σανκυά*[9] αναφέρεται: *Ισβάρ ασιντέ*[10] («Ένας Κύριος της Δημιουργίας δεν μπορεί να συναχθεί ως συμπέρασμα» ή «Ο Θεός δεν αποδεικνύεται»). Βασιζόμενοι κυρίως σ' αυτήν την πρόταση πολλοί λόγιοι διατείνονται ότι ολόκληρη η φιλοσοφία είναι αθεϊστική.

«Ο στίχος δεν είναι αθεϊστικός», εξήγησε ο Σρι Γιουκτέσβαρ. «Απλώς σημαίνει ότι για τους αφώτιστους ανθρώπους, που εξαρτώνται από τις αισθήσεις τους για κάθε τελική κρίση τους, η απόδειξη του Θεού μένει άγνωστη και επομένως ανύπαρκτη. Οι αληθινοί πιστοί της Σανκυά, με ακλόνητη διαίσθηση που γεννιέται με τον διαλογισμό, καταλαβαίνουν ότι ο Κύριος και υπάρχει και μπορεί να γίνει γνωστός».

Ο Δάσκαλος εξηγούσε τη χριστιανική Βίβλο με όμορφη σαφήνεια. Ήταν από τον γκουρού μου, ο οποίος ήταν Ινδουιστής και όχι Χριστιανός, που έμαθα να αντιλαμβάνομαι την αθάνατη ουσία της Βίβλου και κατάλαβα την αλήθεια της διαβεβαίωσης του Χριστού – σίγουρα της πιο συγκλονιστικά αδιάλλακτης που ειπώθηκε ποτέ: «Ο ουρανός και η γη θα παρέλθουν, αλλά τα λόγια μου δεν θα παρέλθουν».[11]

Οι μεγάλοι Δάσκαλοι της Ινδίας ζουν και διαμορφώνουν τη ζωή τους με τα ίδια θεϊκά ιδανικά του Χριστού· αυτοί οι άνθρωποι είναι η οικογένειά του που είχε εξαγγείλει: «Όποιος κάνει το θέλημα του Πατέρα μου που βρίσκεται στους ουρανούς, αυτός είναι αδελφός και αδελφή και μητέρα μου».[12] «Εάν μείνετε στα λόγια μου», είπε ο Χριστός, «είστε

---

[7] Κεφ. VI:13.

[8] «Το φως του σώματος είναι το μάτι· όταν λοιπόν το μάτι σου είναι μονό, όλο το σώμα σου θα είναι γεμάτο φως· όταν όμως είναι φαύλο, και το σώμα σου θα είναι γεμάτο σκοτάδι». – Κατά Λουκά ΙΑ:34-35.

[9] Ένα από τα έξι φιλοσοφικά συστήματα του Ινδουισμού. Η *Σανκυά* διδάσκει ότι ο άνθρωπος θα απελευθερωθεί ολοκληρωτικά μέσω της γνώσης είκοσι πέντε αρχών, αρχίζοντας από την *πρακρίτι* ή φύση και τελειώνοντας με τον *πούρουσα* ή ψυχή.

[10] Αφορισμοί της *Σανκυά* 1:92.

[11] Κατά Ματθαίο ΚΔ:35.

[12] Κατά Ματθαίο ΙΒ:50.

αληθινά μαθητές μου, και θα γνωρίσετε την αλήθεια, και η αλήθεια θα σας ελευθερώσει».¹³ Όλοι απόλυτα ελεύθεροι άνθρωποι, κυρίαρχοι του εαυτού τους, οι Γιόγκι στην Ινδία που μοιάζουν στον Χριστό είναι μέρος της αθάνατης αδελφότητας: αυτών που φτάνουν στην απελευθερωτική γνώση του Ενός Πατέρα.

«Μου είναι ακατανόητη η ιστορία του Αδάμ και της Εύας!», παρατήρησα με μεγάλη θέρμη μια μέρα, κατά τις πρώτες μου προσπάθειες να καταλάβω την αλληγορία. «Γιατί ο Θεός δεν τιμώρησε μόνο το ένοχο ζευγάρι, αλλά και τις αθώες γενιές που δεν είχαν ακόμα γεννηθεί;».

Ο Δάσκαλος διασκέδαζε πιο πολύ με το πάθος μου παρά με την άγνοιά μου. «Η Γένεση είναι βαθιά συμβολική και δεν μπορεί να κατανοηθεί με κυριολεκτική ερμηνεία», εξήγησε. «Το "δέντρο της ζωής" που αναφέρεται σ' αυτήν είναι το ανθρώπινο σώμα. Η σπονδυλική στήλη είναι σαν ένα δέντρο γυρισμένο ανάποδα, με τα μαλλιά του ανθρώπου ως ρίζες του και τα προσαγωγά και απαγωγά νεύρα ως κλαδιά του. Το δέντρο του νευρικού συστήματος έχει πολλά απολαυστικά φρούτα ή αισθητήριες εντυπώσεις όρασης, ήχου, οσμής, γεύσης και αφής. Σ' αυτά ο άνθρωπος δικαιούται να ενδώσει· του είναι όμως απαγορευμένη η εμπειρία του σεξ, το "μήλο" στο κέντρο του σώματος ("στο μέσο του παραδείσου").¹⁴

»Το "φίδι" αντιπροσωπεύει τη συσπειρωμένη ενέργεια της σπονδυλικής στήλης που διεγείρει τα σεξουαλικά νεύρα. Ο "Αδάμ" είναι η λογική και η "Εύα" το συναίσθημα. Όταν το συναίσθημα ή η συνειδητότητα της Εύας σε κάθε ανθρώπινο ον κατανικάται από την παρόρμηση του σεξ, η λογική του ή ο Αδάμ επίσης υποκύπτει.¹⁵

»Ο Θεός δημιούργησε το ανθρώπινο είδος υλοποιώντας τον άντρα και τη γυναίκα μέσω της δύναμης της θέλησής Του· προίκισε το νέο είδος με τη δύναμη να δημιουργεί παιδιά με έναν παρόμοιο "άσπιλο" ή θεϊκό τρόπο.¹⁶ Επειδή η εκδήλωσή Του στην εξατομικευμένη ψυχή

---

13 Κατά Ιωάννη Η:31-32. Ο Άγιος Ιωάννης μαρτύρησε τα εξής: «Σε όσους τον δέχτηκαν, σ' αυτούς έδωσε εξουσία να γίνουν τέκνα του Θεού, σ' αυτούς που πιστεύουν στο όνομά του (σ' αυτούς που είναι εδραιωμένοι στην πανταχού παρούσα κατά Χριστόν Συνειδητότητα)». – Κατά Ιωάννη Α:12.

14 «Από τον καρπό των δέντρων του παραδείσου μπορούμε να φάμε· από τον καρπό όμως του δέντρου που είναι στο μέσο του παραδείσου, είπε ο Θεός, μη φάτε απ' αυτόν, ούτε να τον αγγίξετε, για να μην πεθάνετε». – Γένεση Γ:2-3.

15 «Η γυναίκα, την οποίαν έδωσες να είναι μαζί μου, αυτή μου έδωσε από το δέντρο, και έφαγα […] Και είπε η γυναίκα· το φίδι με εξαπάτησε, και έφαγα». – Γένεση Γ:12-13.

16 «Και έπλασε ο Θεός τον άνθρωπο κατ' εικόνα του· αρσενικό και θηλυκό τους έφτιαξε· και

ήταν μέχρι τότε περιορισμένη στα ζώα που καθοδηγούνταν από τα ένστικτά τους και δεν είχαν τις δυνατότητες της πλήρους λογικής, ο Θεός έφτιαξε τα πρώτα ανθρώπινα σώματα, συμβολικά καλούμενα Αδάμ και Εύα. Σ' αυτά, για να έχουν το πλεονέκτημα της ανοδικής εξέλιξης, μετέφερε τις ψυχές ή τη θεϊκή ουσία δύο ζώων.[17] Στον Αδάμ ή άντρα κυριαρχούσε η λογική· στην Εύα ή γυναίκα ήταν πιο έντονο το συναίσθημα. Έτσι εκφράστηκε ο δυϊσμός ή η αντίθεση που υπάρχει στους φαινομενικούς κόσμους. Η λογική και το συναίσθημα παραμένουν σ' έναν παράδεισο συνεργαζόμενης χαράς εφόσον ο ανθρώπινος νους δεν ξεγελιέται από την οφιοειδή ενέργεια με τις ζωώδεις τάσεις.

»Το ανθρώπινο σώμα ήταν επομένως όχι μόνο το αποτέλεσμα της εξέλιξης των θηρίων, αλλά δημιουργήθηκε μέσω μια πράξης ιδιαίτερης δημιουργίας από το Θεό. Οι μορφές των ζώων ήταν υπερβολικά πρωτόγονες για να εκφράσουν πλήρως τη θεϊκή φύση· ο άνθρωπος ήταν ο μοναδικός στον οποίο δόθηκε ο δυνητικά πάνσοφος "χιλιοπέταλος λωτός" στον εγκέφαλο, καθώς και οξύτατα αφυπνισμένα απόκρυφα κέντρα στη σπονδυλική στήλη.

»Ο Θεός ή η Θεϊκή Συνειδητότητα που είχε το πρώτο δημιουργημένο ζευγάρι, τους συμβούλεψε να απολαμβάνουν όλες τις ανθρώπινες αισθήσεις με μια εξαίρεση: αυτήν του σεξ.[18] Αυτή ήταν απαγορευμένη γιατί εξαιτίας της θα μπορούσε ολόκληρη η ανθρωπότητα να εμπλακεί στην κατώτερη, ζωώδη μέθοδο αναπαραγωγής. Αψήφησαν την προειδοποίηση να μην αναβιώσουν ζωώδεις αναμνήσεις που υπήρχαν στο υποσυνείδητό τους. Αρχίζοντας ξανά τον κτηνώδη τρόπο αναπαραγωγής, ο Αδάμ και η Εύα εξέπεσαν από την κατάσταση της παραδεισένιας ευτυχίας η οποία είναι φυσική για τον αυθεντικό τέλειο άνθρωπο. Όταν "κατάλαβαν ότι ήταν γυμνοί" η συνειδητότητα της αθανασίας τους είχε χαθεί, ακριβώς όπως τους προειδοποίησε ο Θεός· είχαν θέσει τον εαυτό τους κάτω από τον φυσικό νόμο κατά τον οποίο η γέννηση του σώματος πρέπει να ακολουθείται από τον θάνατο του σώματος.

»Η γνώση του "καλού και του κακού" που υποσχέθηκε το "φίδι" στην Εύα αναφέρεται στις εμπειρίες της δυαδικότητας και των

---

τους ευλόγησε ο Θεός, λέγοντας· να αυξάνεστε και να πληθύνεστε και γεμίστε τη γη και κυριεύστε την». – Γένεση Α:27-28.

[17] «Και έπλασε ο Κύριος ο Θεός τον άνθρωπο από χώμα από τη γη, και εμφύσησε στα ρουθούνια του πνοή ζωής, και έγινε ο άνθρωπος ζωντανή ψυχή». – Γένεση Β:7.

[18] «Το φίδι (η σεξουαλική δύναμη) ήταν φρονιμότερο από κάθε ζώο του αγρού» (από κάθε άλλη αίσθηση στο σώμα). – Γένεση Γ:1.

αντιθέσεων που πρέπει να υποστούν οι θνητοί κάτω από την επίδραση της *μάγια*. Πέφτοντας στην αυταπάτη, μέσω του λανθασμένου τρόπου με τον οποίο χρησιμοποιεί το συναίσθημα και τη λογική του ή τη συνειδητότητα Αδάμ-Εύας, ο άνθρωπος εγκαταλείπει το δικαίωμά του να μπει στον κήπο του παραδείσου της θεϊκής αυτάρκειας.[19] Η προσωπική υποχρέωση κάθε ανθρώπινου όντος είναι να αποκαταστήσει τους "γονείς" του ή τη δυαδική του φύση σε μια ενιαία αρμονία ή Εδέμ».

Καθώς ο Σρι Γιουκτέσβαρ τελείωσε την ομιλία του, έριξα μια ματιά στις σελίδες της Γένεσης με ένα νέο σεβασμό.

«Αγαπημένε Δάσκαλε», είπα, «για πρώτη φορά νιώθω μια γνήσια υποχρέωση απέναντι στον Αδάμ και την Εύα ως παιδί τους!».[20]

---

[19] «Και φύτεψε ο Θεός παράδεισο στην Εδέμ προς την ανατολή και έθεσε εκεί τον άνθρωπο τον οποίο έπλασε». – Γένεση Β:8. «Και τον εκδίωξε ο Κύριος ο Θεός από τον παράδεισο της Εδέμ, για να καλλιεργεί τη γη από την οποία πάρθηκε». – Γένεση Γ:23. Ο θεϊκός άνθρωπος που αρχικά έφτιαξε ο Θεός είχε τη συνειδητότητά του συγκεντρωμένη στο παντοδύναμο πνευματικό μάτι στο μέτωπο (προς την Ανατολή). Οι δυνάμεις της θέλησής του που, εστιασμένες σ' αυτό το σημείο, μπορούσαν να δημιουργήσουν τα πάντα, χάθηκαν για τον άνθρωπο όταν άρχισε να «καλλιεργεί τη γη» της υλικής φύσης του.

[20] Η ιστορία του «Αδάμ και της Εύας» των Ινδουιστών εξιστορείται στην αρχαία *Πουράνα Σριμάντ Μπάγκαβατα (Srimad Bhagavata)*. Ο πρώτος άντρας και η πρώτη γυναίκα (όντα με υλική μορφή) ονομάζονται, ο μεν άντρας Σβαγιαμπούβα Μάνου («άντρας γεννημένος από τον Δημιουργό») η δε γυναίκα του Σαταρούπα («που έχει εκατό εικόνες ή μορφές»). Τα πέντε παιδιά τους παντρεύτηκαν με τους *Πρατζάπατι* (τέλεια όντα που μπορούσαν να πάρουν τη μορφή υλικού σώματος)· απ' αυτές τις πρώτες θεϊκές οικογένειες γεννήθηκε το ανθρώπινο είδος.

Ποτέ στην Ανατολή ή στη Δύση δεν άκουσα κανέναν άλλον να εξηγεί τις χριστιανικές Γραφές με τόσο βαθιά πνευματική διορατικότητα όπως ο Σρι Γιουκτέσβαρ. «Οι θεολόγοι έχουν παρερμηνεύσει τα λόγια του Χριστού», είπε ο Δάσκαλος, «σε περικοπές όπως "εγώ είμαι η οδός και η αλήθεια και η ζωή· κανείς δεν έρχεται προς τον Πατέρα παρά μόνο μέσω εμού" (κατά Ιωάννη ΙΔ:6). Ο Ιησούς σε καμία περίπτωση δεν εννοούσε ότι ήταν ο μοναδικός Γιος του Θεού, αλλά ότι κανένας άνθρωπος δεν μπορεί να φτάσει το Άπειρο Απόλυτο, τον υπερβατικό Πατέρα *πέρα από* τη δημιουργία, αν δεν έχει εκδηλώσει πρώτα τον "Υιό" ή την κινητήρια κατά Χριστόν Συνειδητότητα *μέσα* στη δημιουργία. Ο Ιησούς, που είχε επιτύχει να γίνει ολοκληρωτικά ένα μ' αυτήν την κατά Χριστόν Συνειδητότητα, ταυτίστηκε απόλυτα μ' αυτήν διότι το εγώ του είχε διαλυθεί πολύ καιρό πριν». (Βλ. σελ. 167 σημ.)

Όταν ο Απόστολος Παύλος έγραψε: «Ο Θεός [...] έχτισε τα πάντα μέσω του Ιησού Χριστού» (προς Εφεσίους Γ:9) και όταν ο Ιησούς είπε: «Πριν γίνει ο Αβραάμ, εγώ είμαι» (κατά Ιωάννη Η:58), η καθαρή ουσία των λόγων είναι η έλλειψη προσωπικού στοιχείου.

Μια μορφή πνευματικής δειλίας οδηγεί πολλούς εγκόσμιους ανθρώπους να βολεύονται πιστεύοντας ότι μόνο ένας άνθρωπος ήταν ο Γιος του Θεού. «Ο Χριστός ήταν θεϊκά δημιουργημένος», υποστηρίζουν, «επομένως, πώς μπορώ εγώ, ένας απλός θνητός, να μπορέσω να Τον φτάσω;». Όλοι οι άνθρωποι όμως είναι θεϊκά δημιουργημένοι και κάποια μέρα θα πρέπει να υπακούσουν την εντολή του Χριστού: «Να είστε λοιπόν τέλειοι, όπως ο Πατέρας σας που είναι στους ουρανούς είναι τέλειος». (Κατά Ματθαίο Ε:48.) «Δείτε τι αγάπη έδωσε σ' εμάς ο Πατέρας, ώστε να ονομαστούμε γιοι του Θεού». (Επιστολή Ιωάννη Α' Γ:1.)

Η κατανόηση του νόμου του κάρμα και της φυσικής συνέπειάς του, της μετενσάρκωσης (βλ. σελ. 298 σημ., 367-368 και κεφ. 43), φανερώνεται σε πολλές περικοπές της Βίβλου· π.χ.: «Όποιος χύσει αίμα ανθρώπου, από άνθρωπο θα χυθεί το αίμα του» (Γένεση Θ:6). Αν κάθε δολοφόνος πρέπει κι αυτός να σκοτωθεί «από άνθρωπο», η ανταποδοτική διαδικασία χρειάζεται προφανώς, σε πολλές περιπτώσεις, περισσότερες ζωές από μία. Η σύγχρονη αστυνομία δεν είναι τόσο γρήγορη!

Η πρώιμη χριστιανική Εκκλησία δεχόταν το δόγμα της μετενσάρκωσης, το οποίο είχε εξηγηθεί από τους Γνωστικούς και από πολυάριθμους Πατέρες της Εκκλησίας, συμπεριλαμβανομένου του Κλήμη του Αλεξανδρινού, του Ωριγένη (και οι δύο του 3ου αιώνα) και του Αγίου Ιερώνυμου (του 5ου αιώνα). Το δόγμα κηρύχθηκε αιρετικό για πρώτη φορά το 553 μ.Χ. από τη Δεύτερη Σύνοδο της Κωνσταντινούπολης. Εκείνη την εποχή πολλοί Χριστιανοί σκέφτηκαν ότι το δόγμα της μετενσάρκωσης άφηνε στον άνθρωπο πολύ μεγάλα περιθώρια χρόνου και χώρου τα οποία λειτουργούσαν ως ανασταλτικοί παράγοντες για να παρακινηθεί να παλέψει για την άμεση λύτρωσή του. Η απόκρυψη όμως της αλήθειας οδηγεί ανησυχητικά σε πλήθος λαθών. Εκατομμύρια άνθρωποι δεν χρησιμοποίησαν τη «μία ζωή τους» για να αναζητήσουν το Θεό, αλλά για να απολαύσουν αυτόν τον κόσμο – τόσο μοναδικά κερδισμένο και τόσο σύντομο για να τον αφήσουν να χαθεί για πάντα! Η αλήθεια είναι ότι ο άνθρωπος μετενσαρκώνεται στη γη μέχρι να επανακτήσει συνειδητά το ανάστημά του ως γιος του Θεού.

ΚΕΦΑΛΑΙΟ 17

# Ο Σάσι και τα Τρία Ζαφείρια

«Επειδή εσύ και ο γιος μου έχετε σε μεγάλη εκτίμηση τον Σουάμι Σρι Γιουκτέσβαρ, θα έρθω να του ρίξω μια ματιά». Ο τόνος της φωνής του Δρα Ναραγιάν Τσάντερ Ρόι υπονοούσε ότι διασκέδαζε με τα καπρίτσια κάποιων ανόητων. Έκρυψα την αγανάκτησή μου όσο καλύτερα μπορούσα με τον παραδοσιακό τρόπο του προσηλυτιστή.

Ο συνομιλητής μου, ένας χειρουργός κτηνίατρος, ήταν δηλωμένος αγνωστικιστής. Ο νεαρός γιος του, ο Σάντος, με είχε ικετεύσει να ενδιαφερθώ για τον πατέρα του. Μέχρι τότε η πολύτιμη βοήθειά μου ήταν λίγο αθέατη.

Ο Δρ Ρόι με συνόδευσε την επόμενη μέρα στο ερημητήριο του Σεράμπουρ. Μετά από μια σύντομη συνομιλία που ο Δάσκαλος δέχθηκε να του παραχωρήσει, η οποία χαρακτηρίστηκε από πολλή στωική σιωπή και από τις δύο πλευρές, ο επισκέπτης έφυγε απότομα.

«Γιατί έφερες έναν νεκρό στο άσραμ;». Ο Σρι Γιουκτέσβαρ με κοίταξε διερευνητικά μόλις η πόρτα έκλεισε πίσω από τον σκεπτικιστή της Καλκούτα.

«Κύριε! Ο γιατρός είναι απολύτως ζωντανός!».

«Σύντομα όμως θα πεθάνει».

Συγκλονίστηκα. «Κύριε, αυτό θα είναι τρομερό χτύπημα για τον γιο του. Ο Σάντος ακόμα περιμένει να αλλάξει ο πατέρας του με τον καιρό τις υλιστικές του απόψεις. Σας εκλιπαρώ, Δάσκαλε, βοηθήστε αυτόν τον άνθρωπο».

«Πολύ καλά – για χάρη σου». Το πρόσωπο του γκουρού μου ήταν ασυγκίνητο. «Ο περήφανος γιατρός των αλόγων έχει διαβήτη σε προχωρημένο στάδιο, αν και δεν το ξέρει. Σε δεκαπέντε μέρες θα πέσει στο κρεβάτι. Οι γιατροί δεν θα μπορούν να κάνουν τίποτα· ο φυσικός του χρόνος για να εγκαταλείψει τη γη είναι σε έξι εβδομάδες από σήμερα. Χάρη στη δική σου παρέμβαση, ωστόσο, σ' αυτήν την ημερομηνία θα αναρρώσει. Υπάρχει όμως ένας όρος: πρέπει να τον καταφέρεις να φορέσει ένα αστρολογικό περιβραχιόνιο. Χωρίς αμφιβολία, θα εναντιωθεί

όσο βίαια εναντιώνονται και τα άλογά του πριν από μια εγχείρηση».
Ο Δάσκαλος γέλασε.

Μετά από μια σιωπή που επακολούθησε, κατά τη διάρκεια της οποίας σκεφτόμουν πώς ο Σάντος κι εγώ θα επιστρατεύαμε με τον καλύτερο τρόπο την τέχνη του καλοπιάσματος στον γιατρό, ο Σρι Γιουκτέσβαρ προέβη σε περαιτέρω αποκαλύψεις.

«Μόλις ο άνθρωπος αυτός γίνει καλά, συμβούλευσέ τον να μην τρώει κρέας. Θα αγνοήσει τη συμβουλή όμως· και σε έξι μήνες, ακριβώς όταν θα αισθάνεται περίφημα στην υγεία του, θα πεθάνει ξαφνικά». Ο γκουρού μου πρόσθεσε: «Η παράταση του χρόνου ζωής του για έξι μήνες τού χαρίζεται μόνο επειδή το ζήτησες».

Την επόμενη μέρα πρότεινα στον Σάντος να παραγγείλει ένα περιβραχιόνιο από το κοσμηματοπωλείο. Ήταν έτοιμο σε μια εβδομάδα, αλλά ο Δρ Ρόι αρνήθηκε να το φορέσει.

«Χαίρω άκρας υγείας. Ποτέ δεν θα με εντυπωσιάσετε μ' αυτές τις αστρολογικές προκαταλήψεις». Ο γιατρός μού έριξε μια εχθρική ματιά.

Θυμήθηκα με θυμηδία ότι ο Δάσκαλος δικαιολογημένα συνέκρινε αυτόν τον άνθρωπο μ' ένα ατίθασο άλογο. Πέρασαν άλλες επτά μέρες· ο γιατρός, που αρρώστησε ξαφνικά, συμφώνησε πειθήνια να φορέσει το περιβραχιόνιο. Δύο εβδομάδες αργότερα, ο γιατρός που είχε αναλάβει τη θεραπεία του μου είπε ότι δεν υπήρχε καμία ελπίδα να ζήσει ο ασθενής του. Προσέθεσε και οδυνηρές λεπτομέρειες σχετικά με τις ζημίες που είχε επιφέρει ο διαβήτης στα εσωτερικά όργανα.

Έγνεψα αρνητικά. «Ο γκουρού μου είπε ότι μετά από την αρρώστια που θα διαρκέσει ένα μήνα, ο Δρ Ρόι θα γίνει καλά».

Ο γιατρός έμεινε να με κοιτά με δυσπιστία. Έψαξε όμως και με βρήκε δεκαπέντε μέρες αργότερα, με απολογητικό ύφος.

«Ο Δρ Ρόι έχει αναρρώσει πλήρως!», αναφώνησε. «Είναι η πιο καταπληκτική περίπτωση που έχω δει στα χρόνια που είμαι γιατρός. Ποτέ πριν δεν είδα κανέναν άνθρωπο που, ενώ είναι στα πρόθυρα του θανάτου, να επιστρέφει ξαφνικά τόσο ανεξήγητα στη ζωή. Ο γκουρού σας πρέπει πράγματι να είναι ένας θεραπευτής προφήτης!».

Μετά από μια συνομιλία με τον Δρα Ρόι, κατά την οποία επανέλαβα τη συμβουλή του Σρι Γιουκτέσβαρ να σταματήσει να τρώει κρέας, δεν τον ξαναείδα για έξι μήνες. Σταμάτησε ένα απόγευμα για κουβέντα καθώς καθόμουν στην αυλή του οικογενειακού μου σπιτιού.

«Πες στον δάσκαλό σου ότι τρώγοντας κρέας συχνά ανέκτησα τελείως τη δύναμή μου. Οι αντιεπιστημονικές του ιδέες για τη διατροφή δεν με επηρέασαν». Ήταν αλήθεια ότι ο Δρ Ρόι ήταν η προσωποποίηση της υγείας.

Την επόμενη μέρα όμως ο Σάντος ήρθε τρέχοντας να με βρει από το σπίτι του που ήταν ένα τετράγωνο πιο πέρα. «Σήμερα το πρωί ο Πατέρας πέθανε ξαφνικά!».

Αυτή η περίπτωση ήταν μία από τις πιο παράξενες εμπειρίες μου με τον Δάσκαλο. Θεράπευσε έναν αντιδραστικό κτηνίατρο παρά την έλλειψη πίστης του και παρέτεινε τη ζωή του στη γη για έξι μήνες μόνο και μόνο επειδή τον ικέτευσα έντονα. Ο Σρι Γιουκτέσβαρ ανταποκρινόταν με απεριόριστη καλοσύνη σε μια θερμή προσευχή ενός πιστού.

Ήμουν πιο περήφανος από ποτέ όταν είχα την τιμή να φέρνω φίλους από το Κολλέγιο να συναντήσουν τον γκουρού μου. Πολλοί απ' αυτούς άφηναν για λίγο –τουλάχιστον στο άσραμ!– τον μοντέρνο ακαδημαϊκό μανδύα του θρησκευτικού σκεπτικισμού.

Ένας από τους φίλους μου, ο Σάσι, πέρασε μερικά ευτυχισμένα Σαββατοκύριακα στο Σεράμπουρ. Ο Δάσκαλος συμπάθησε πάρα πολύ το αγόρι και λυπόταν που η προσωπική του ζωή ήταν αχαλίνωτη και άστατη.

«Σάσι, αν δεν σωφρονιστείς, σ' ένα χρόνο από τώρα θα αρρωστήσεις επικίνδυνα». Ο Σρι Γιουκτέσβαρ κοίταζε τον φίλο μου με στοργική αγανάκτηση. «Ο Μουκούντα είναι μάρτυρας· μην πεις αργότερα ότι δεν σε προειδοποίησα».

Ο Σάσι γέλασε. «Κύριε, επαφίεμαι σ' εσάς να προσελκύσετε μια γλυκιά συμπαντική ελεημοσύνη όσον αφορά την απογοητευτική περίπτωσή μου! Το πνεύμα μου είναι πρόθυμο, αλλά η θέλησή μου αδύναμη. Είστε ο μοναδικός σωτήρας μου στη γη· δεν πιστεύω σε τίποτα άλλο».

«Τουλάχιστον φόρεσε ένα μπλε ζαφείρι δύο καρατίων. Θα σε βοηθήσει».

«Δεν έχω χρήματα για να το αγοράσω. Έτσι κι αλλιώς, αγαπημένε Γκούρουτζι, αν εμφανιστεί πρόβλημα, είμαι απόλυτα σίγουρος ότι θα με βοηθήσετε».

«Σ' ένα χρόνο θα έρθεις με τρία ζαφείρια», απάντησε ο Σρι Γιουκτέσβαρ. «Θα είναι άχρηστα τότε».

Παραλλαγές αυτής της συζήτησης γίνονταν τακτικά. «Δεν μπορώ να αλλάξω!», έλεγε ο Σάσι με μια κωμική απελπισία. «Και η πίστη μου σ' εσάς, Δάσκαλε, είναι πιο πολύτιμη για μένα από κάθε πέτρα!».

Πέρασε ένας χρόνος. Μια μέρα επισκέφθηκα τον γκουρού μου

στην Καλκούτα, στο σπίτι ενός μαθητή του, του Ναρέν Μπάμπου. Γύρω στις δέκα το πρωί, καθώς ο Σρι Γιουκτέσβαρ κι εγώ καθόμασταν στο σαλόνι του δευτέρου ορόφου, άκουσα να ανοίγει η μπροστινή πόρτα. Ο Δάσκαλος ανασηκώθηκε με δύσθυμο ύφος.

«Είναι ο Σάσι», παρατήρησε με σοβαρότητα. «Ο χρόνος τελείωσε· και οι δύο πνεύμονές του καταστράφηκαν από την αρρώστια. Αγνόησε τη συμβουλή μου· πες του ότι δεν θέλω να τον δω».

Λίγο έκπληκτος από την αυστηρότητα του Σρι Γιουκτέσβαρ, έτρεξα κάτω στη σκάλα. Ο Σάσι ανέβαινε.

«Ω Μουκούντα! Ελπίζω πράγματι να είναι εδώ ο Δάσκαλος· είχα ένα προαίσθημα ότι ίσως να ήταν εδώ».

«Ναι, αλλά δεν θέλει να ενοχληθεί».

Ο Σάσι ξέσπασε σε κλάματα και με προσπέρασε. Έπεσε στα πόδια του Σρι Γιουκτέσβαρ, τοποθετώντας εκεί τρία πανέμορφα ζαφείρια.

«Πάνσοφε Γκουρού, οι γιατροί λένε πως έχω πνευμονική φυματίωση. Μου δίνουν μόνο τρεις μήνες ζωής! Ταπεινά σας ικετεύω να με βοηθήσετε· ξέρω ότι μπορείτε να με θεραπεύσετε».

«Δεν είναι λίγο αργά τώρα να ανησυχείς για τη ζωή σου; Φύγε με τα κοσμήματά σου· ο χρόνος κατά τον οποίο θα ήταν χρήσιμα πέρασε». Ο Δάσκαλος μετά κάθισε σαν τη σφίγγα σε μια ανένδοτη σιωπή, που διακοπτόταν από τα αναφιλητά και τις ικεσίες του αγοριού για έλεος.

Διαισθάνθηκα ότι ο Σρι Γιουκτέσβαρ απλώς δοκίμαζε το βάθος της πίστης του Σάσι στη θεϊκή θεραπευτική δύναμη. Δεν αποτέλεσε έκπληξη για μένα όταν, μετά από μία ώρα αγωνίας, ο Δάσκαλος κοίταξε με συμπάθεια τον φίλο μου που βρίσκονταν πεσμένος στα πόδια του.

«Σήκω, Σάσι· τι φασαρία κάνεις σε ξένο σπίτι! Πήγαινε να επιστρέψεις τα ζαφείρια στο κοσμηματοπωλείο· τώρα πια είναι μια άχρηστη σπατάλη. Πάρε όμως ένα αστρολογικό περιβραχιόνιο και φόρεσέ το. Μη φοβάσαι· σε λίγες εβδομάδες θα είσαι καλά».

Το χαμόγελο του Σάσι φώτισε το γεμάτο δάκρυα πρόσωπό του σαν ένας ξαφνικός ήλιος σ' ένα μουσκεμένο τοπίο. «Αγαπημένε Γκουρού, να πάρω τα φάρμακα που μου συνέστησαν οι γιατροί;».

«Όπως θέλεις – πιες τα ή πέτα τα· δεν έχει σημασία. Είναι αδύνατον να πεθάνεις από φυματίωση, όσο αδύνατο είναι να αλλάξουν τις θέσεις τους ο ήλιος και το φεγγάρι». Ο Σρι Γιουκτέσβαρ πρόσθεσε απότομα: «Φύγε τώρα, πριν αλλάξω γνώμη!».

Με μια βαθιά βιαστική υπόκλιση, ο φίλος μου έφυγε αμέσως. Τον επισκέφθηκα πολλές φορές κατά τη διάρκεια των επόμενων εβδομάδων και εμβρόντητος είδα ότι η κατάστασή του ολοένα και χειροτέρευε.

«Ο Σάσι δεν θα βγάλει αυτή τη νύχτα». Αυτά τα λόγια από τον γιατρό του, καθώς και το θέαμα του φίλου μου, που τώρα είχε συρρικνωθεί κι έμοιαζε με σκελετό, με έκαναν να τρέξω όσο πιο γρήγορα μπορούσα στο Σεράμπουρ. Ο γκουρού μου άκουσε παγερά όσα του είπα κλαίγοντας.

«Γιατί ήρθες εδώ να με ενοχλήσεις; Με άκουσες ήδη να διαβεβαιώνω τον Σάσι ότι θα γίνει καλά».

Υποκλίθηκα μπροστά του με μεγάλο δέος και κατευθύνθηκα προς την πόρτα. Ο Σρι Γιουκτέσβαρ δεν είπε αντίο, αλλά βούλιαξε στη σιωπή, με τα μάτια του ακίνητα και μισάνοιχτα, κοιτώντας έναν άλλο κόσμο.

Γύρισα αμέσως στο σπίτι του Σάσι στην Καλκούτα. Με κατάπληξη βρήκα τον φίλο μου να κάθεται στο κρεβάτι, πίνοντας γάλα.

«Ω Μουκούντα! Τι θαύμα! Πριν τέσσερις ώρες ένιωσα την παρουσία του Δασκάλου στο δωμάτιο· τα φρικτά μου συμπτώματα αμέσως εξαφανίστηκαν. Νιώθω ότι μέσω της χάρης του είμαι εντελώς καλά».

Σε λίγες εβδομάδες ο Σάσι ήταν πιο γερός και σε καλύτερη υγεία από ποτέ πριν.[1] Η αντίδρασή του όμως στη θεραπεία του φανέρωσε αγνωμοσύνη: πολύ λίγες φορές επισκέφθηκε ξανά τον Σρι Γιουκτέσβαρ! Ο φίλος μου μου είπε μια μέρα ότι είχε μετανιώσει τόσο πολύ για τον προηγούμενο τρόπο ζωής του που ντρεπόταν να αντικρίσει τον Δάσκαλο.

Το μόνο που μπορούσα να συμπεράνω ήταν ότι η αρρώστια του Σάσι είχε τα αντιφατικά αποτελέσματα να ενδυναμώσει τη θέλησή του, αλλά και να καταστρέψει τους καλούς του τρόπους.

Τα πρώτα δύο χρόνια των σπουδών μου στο Κολλέγιο Scottish Church κόντευαν να τελειώσουν. Η παρουσία μου στην τάξη ήταν μόνο περιστασιακή· αν διάβαζα λίγο, ήταν για να υπάρχει ειρήνη με την οικογένειά μου. Οι δύο ιδιωτικοί μου δάσκαλοι έρχονταν τακτικά στο σπίτι· εγώ ήμουν τακτικά απών: διακρίνω ότι τουλάχιστον υπήρχε και κάτι στο οποίο ήμουν τακτικός στη σπουδαστική μου καριέρα!

Στην Ινδία, μετά από δύο επιτυχή χρόνια στο Κολλέγιο, ο φοιτητής παίρνει το Ενδιάμεσο δίπλωμα Τεχνών· μετά μπορεί να προχωρήσει για άλλα δύο χρόνια για να αποκτήσει δίπλωμα Πανεπιστημίου.

Οι τελικές εξετάσεις για το Ενδιάμεσο δίπλωμα Τεχνών έφτασαν

---

[1] Το 1936 άκουσα από έναν φίλο ότι ο Σάσι ήταν ακόμα σε εξαίρετη υγεία.

απειλητικά. Πήγα στο Πούρι, όπου ο γκουρού μου περνούσε κάποιες εβδομάδες. Με την αμυδρή ελπίδα να μου πει ότι δεν ήταν αναγκαίο να εμφανιστώ στις εξετάσεις, του είπα ότι δεν ήμουν προετοιμασμένος.

Ο Σρι Γιουκτέσβαρ χαμογέλασε παρηγορητικά. «Επεδίωξες με όλη σου την καρδιά να εκτελέσεις τα πνευματικά σου καθήκοντα και δεν μπόρεσες να μην παραμελήσεις τη δουλειά του Κολλεγίου. Διάβασε με επιμέλεια την επόμενη εβδομάδα· θα περάσεις επιτυχώς τη δοκιμασία».

Επέστρεψα στην Καλκούτα, προσπαθώντας με αποφασιστικότητα να διασκορπίσω τις λογικές αμφιβολίες που περιστασιακά με καταλάμβαναν. Κοιτάζοντας το βουνό των βιβλίων πάνω στο τραπέζι ένιωσα σαν ταξιδιώτης στην έρημο.

Μετά από πολύωρο διαλογισμό, μου ήρθε μια έμπνευση που θα με γλίτωνε από την πολλή δουλειά. Ανοίγοντας κάθε βιβλίο τυχαία, μελετούσα μόνο τις σελίδες που, με τον τρόπο αυτόν, εμφανίζονταν μπροστά μου. Αφού συνέχισα έτσι, διαβάζοντας δεκαοκτώ ώρες την ημέρα για μια εβδομάδα, θεώρησα ότι ήμουν πλέον άριστος στην τέχνη του πασαλείμματος.

Οι επόμενες μέρες στις αίθουσες των εξετάσεων δικαίωσαν αυτή τη φαινομενικά ανοργάνωτη διαδικασία. Πέρασα όλα τα διαγωνίσματα, αν και παρά τρίχα. Τα συγχαρητήρια των φίλων μου και της οικογένειάς μου ήταν κωμικά αναμεμειγμένα με επιφωνήματα που πρόδιδαν την κατάπληξή τους.

Όταν γύρισε από το Πούρι, ο Σρι Γιουκτέσβαρ με εξέπληξε ευχάριστα.

«Οι σπουδές σου στην Καλκούτα τελείωσαν τώρα», είπε. «Θα κοιτάξω να συνεχίσεις τα δύο τελευταία χρόνια των πανεπιστημιακών σπουδών σου εδώ στο Σεράμπουρ».

Προβληματίστηκα. «Κύριε, δεν υπάρχει Πανεπιστήμιο σ' αυτήν την πόλη». Στο Κολλέγιο του Σεράμπουρ, το μόνο ίδρυμα ανωτέρων σπουδών εκεί, μπορούσε κάποιος να παρακολουθήσει μόνο τα πρώτα δύο χρόνια, η επιτυχής αποφοίτηση από τα οποία απέφερε μόνο το Ενδιάμεσο δίπλωμα Τεχνών.

Ο Δάσκαλος χαμογέλασε σκανταλιάρικα. «Είμαι πολύ γέρος για να βγω να μαζεύω δωρεές για να σου χτίσω ένα Πανεπιστήμιο εδώ. Φαντάζομαι ότι θα πρέπει να τακτοποιήσω το θέμα μέσω κάποιου άλλου».

Δύο μήνες αργότερα ο Καθηγητής Χάουελς, πρόεδρος του Κολλεγίου του Σεράμπουρ, ανακοίνωσε δημόσια ότι κατάφερε να συγκεντρώσει επαρκή χρηματικά κεφάλαια ώστε να αναβαθμίσει το Κολλέγιο αυτό σε Πανεπιστήμιο, προσφέροντας και τα υπόλοιπα δύο χρόνια της ανώτατης εκπαίδευσης. Το Κολλέγιο του Σεράμπουρ έτσι έγινε θυγατρικό μέλος του Πανεπιστημίου της Καλκούτα. Ήμουν από τους πρώτους που γράφτηκαν στο Πανεπιστήμιο του Σεράμπουρ.

«Γκούρουτζι, πόσο καλός είστε μ' εμένα! Λαχταρούσα να φύγω από την Καλκούτα και να είμαι κοντά σας κάθε μέρα στο Σεράμπουρ. Ο Καθηγητής Χάουελς ούτε καν ονειρεύεται πόσα σας χρωστά για τη σιωπηλή σας βοήθεια!».

Ο Σρι Γιογκανάντα στην ηλικία των δεκαέξι ετών

Ο Σρι Γιουκτέσβαρ με κοίταξε με προσποιητή αυστηρότητα. «Τώρα δεν θα χρειάζεται να περνάς τόσες ώρες στα τρένα· τι πολλές ώρες που θα σου μένουν για να διαβάζεις! Ίσως γίνεις λιγότερο φοιτητής του πασαλείμματος της τελευταίας στιγμής και περισσότερο φοιτητής που διαβάζει σοβαρά».

Κατά κάποιο τρόπο όμως, από τη φωνή του έλειπε η πεποίθηση.[2]

---

[2] Ο Σρι Γιουκτέσβαρ, όπως και πολλοί άλλοι σοφοί, λυπόταν πολύ με την υλιστική τάση της σύγχρονης εκπαίδευσης. Λίγα σχολεία εξηγούν τους πνευματικούς νόμους για την ευτυχία ή διδάσκουν ότι η σοφία συνίσταται στο να ζει κάποιος με «φόβο Θεού», δηλαδή με δέος για τον Δημιουργό του.

Οι νέοι άνθρωποι που σήμερα ακούν στα σχολεία και στα Πανεπιστήμια ότι ο άνθρωπος είναι απλώς ένα «ανώτερο ζώο», συχνά γίνονται άθεοι. Δεν προσπαθούν να εξερευνήσουν την ψυχή, ούτε θεωρούν τον εαυτό τους, στην ουσιώδη υπόστασή του, ως φτιαγμένο «κατ' εικόνα του Θεού». Ο Emerson παρατήρησε: «Μόνο αυτό που έχουμε μέσα μας μπορούμε να δούμε έξω από μας. Αν δεν συναντάμε θεούς, είναι γιατί δεν έχουμε μέσα μας κανέναν». Αυτός που φαντάζεται ότι η ζωώδης φύση του είναι η μοναδική πραγματικότητα αποκόπτεται από θεϊκές προσδοκίες.

Ένα εκπαιδευτικό σύστημα που δεν παρουσιάζει το Πνεύμα ως το κεντρικό Στοιχείο της ύπαρξης του ανθρώπου προσφέρει *αβίντια*, λανθασμένη γνώση. «Λες ότι είμαι πλούσιος και πλούτισα και δεν έχω ανάγκη κανέναν, και δεν ξέρεις ότι εσύ είσαι ο ταλαίπωρος και ελεεινός και φτωχός και τυφλός και γυμνός» (Αποκάλυψη Γ:17).

Η εκπαίδευση των νέων στην αρχαία Ινδία ήταν ιδανική. Στην ηλικία των εννέα ετών ο μαθητής γινόταν δεκτός ως «γιος» σε ένα *γκουρούκουλα* (στο σπίτι της οικογένειας του γκουρού που αποτελούσε μέρος μαθήσεως). «Το σύγχρονο αγόρι περνά [ετησίως] το ένα όγδοο του χρόνου του στο σχολείο· οι Ινδοί περνούσαν όλη τους τη ζωή εκεί», γράφει ο Καθηγητής S. V. Venkateswara στο *Indian Culture Through the Ages* («Ο ινδικός πολιτισμός ανά τους αιώνες») (Vol. I, Longmans, Green & Co.). «Υπήρχε ένα υγιές συναίσθημα αλληλεγγύης και υπευθυνότητας και μεγάλο περιθώριο για εξάσκηση στην αυτάρκεια και στην ατομικότητα. Είχαν θέσει ψηλά τον πήχη του πολιτισμού, της πειθαρχίας που επιβάλλεται από τον ίδιο τον άνθρωπο στον εαυτό του και της αυστηρής τήρησης του καθήκοντος, της ανιδιοτελούς δράσης και της θυσίας, σε συνδυασμό με αυτοσεβασμό και σεβασμό προς τους άλλους· μια ακαδημαϊκή αξιοπρέπεια υψηλού επιπέδου και μια αίσθηση […] της υψηλής ευγένειας και του σπουδαίου σκοπού της ανθρώπινης ζωής».

ΚΕΦΑΛΑΙΟ 18

# Ένας Μωαμεθανός Θαυματοποιός

«Χρόνια πριν, ακριβώς σ' αυτό το δωμάτιο όπου μένεις τώρα εσύ, ένας Μωαμεθανός θαυματοποιός έκανε τέσσερα θαύματα μπροστά μου!».

Ο Σρι Γιουκτέσβαρ έκανε αυτή την παρατήρηση όταν με επισκέφθηκε για πρώτη φορά στο νέο μου διαμέρισμα. Αμέσως μόλις γράφτηκα στο Πανεπιστήμιο του Σεράμπουρ βρήκα δωμάτιο σε μια κοντινή φοιτητική εστία, ονομαζόμενη Πάνθι.[1] Ήταν ένα παλιό, μεγάλο οίκημα από τούβλα που είχε πρόσοψη στον Γάγγη.

«Δάσκαλε, τι σύμπτωση! Αλήθεια; Αυτοί οι ανακαινισμένοι στολισμένοι τοίχοι είναι πράγματι γεμάτοι με παλιές αναμνήσεις;». Κοίταξα γύρω μου το λιτά επιπλωμένο δωμάτιό μου με μεγαλύτερο ενδιαφέρον.

«Είναι μεγάλη ιστορία». Ο γκουρού μου χαμογέλασε αναπολώντας. «Το όνομα του φακίρη[2] ήταν Αφζάλ Καν. Είχε αποκτήσει τις εντυπωσιακές δυνάμεις του μετά από μια τυχαία συνάντηση μ' έναν Ινδουιστή γιόγκι.

»"Γιε μου, διψάω· φέρε μου λίγο νερό". Αυτό το ζήτησε μια μέρα ένας *σαννυάσι* γεμάτος σκόνη από τον Αφζάλ, όταν αυτός ήταν ακόμα μικρό αγόρι, σ' ένα μικρό χωριό της ανατολικής Βεγγάλης.

»"Δάσκαλε, είμαι Μωαμεθανός. Πώς γίνεται, εσείς, που είστε Ινδουιστής, να δεχθείτε να πιείτε από ένα ποτήρι που θα έχω φέρει με τα χέρια μου;".

»"Η ειλικρίνειά σου με ευχαριστεί, παιδί μου. Δεν τηρώ τους κανόνες του προσβλητικού προς το Θεό δογματισμού που εξοστρακίζουν κάποιους ανθρώπους. Πήγαινε φέρε μου νερό, γρήγορα".

»Η γεμάτη σεβασμό υπακοή του Αφζάλ ανταμείφθηκε με μια ματιά αγάπης από τον γιόγκι.

»"Έχεις καλό κάρμα από προηγούμενες ζωές", παρατήρησε σε

---

[1] Κατοικία για φοιτητές· από το *πάνθα*, περιπλανώμενος, αναζητητής της γνώσης.

[2] Ένας Μουσουλμάνος γιόγκι· από το αραβικό *φακίρ*, φτωχός· αρχικά αναφερόταν στους δερβίσηδες που είχαν δώσει τον όρκο της φτώχειας.

σοβαρό τόνο. "Θα σου διδάξω μια μέθοδο της γιόγκα που θα σε κάνει να έχεις κυριαρχία πάνω σ' ένα από τα αόρατα βασίλεια. Οι μεγάλες δυνάμεις που θα αποκτήσεις θα πρέπει να χρησιμοποιηθούν για άξιους σκοπούς· ποτέ μην τις εφαρμόσεις με ιδιοτέλεια! Αντιλαμβάνομαι, αλίμονο, ότι υπάρχουν μέσα σου κάποιοι σπόροι καταστροφικών τάσεων από προηγούμενες ζωές. Μην τους αφήσεις να βλαστήσουν ποτίζοντάς τους με νέες φαύλες πράξεις. Η περιπλοκότητα του παλιού σου κάρμα είναι τέτοια που θα πρέπει σ' αυτή τη ζωή να εναρμονίσεις τα γιογκικά σου επιτεύγματα με τους υψηλότερους ανθρωπιστικούς στόχους".

»Αφού δίδαξε στο έκπληκτο αγόρι μια περίπλοκη τεχνική, ο Δάσκαλος εξαφανίστηκε.

»Ο Αφζάλ εξασκήθηκε πιστά στη γιόγκα για είκοσι χρόνια. Τα θαυμαστά κατορθώματά του άρχισαν να προσελκύουν ευρέως την προσοχή. Απ' ό,τι φαίνεται πάντα συνοδευόταν από ένα πνεύμα χωρίς σώμα το οποίο ονόμαζε "Χαζράτ". Αυτή η αόρατη οντότητα μπορούσε να ικανοποιεί και την παραμικρή επιθυμία του φακίρη.

»Αγνοώντας την προειδοποίηση του Δασκάλου του, ο Αφζάλ άρχισε να κάνει κατάχρηση των δυνάμεών του. Όποιο αντικείμενο έπιανε στα χέρια του και μετά το ξαναέβαζε στη θέση του, γρήγορα εξαφανιζόταν χωρίς να αφήσει ίχνος. Αυτή η ανησυχητική δυσάρεστη εξέλιξη έκανε τον Μωαμεθανό να είναι συνήθως ένας ανεπιθύμητος επισκέπτης!

»Επισκέφθηκε μεγάλα κοσμηματοπωλεία στην Καλκούτα από καιρό σε καιρό υποκρινόμενος πως ήταν υποψήφιος αγοραστής. Κάθε κόσμημα που έπιανε στα χέρια του εξαφανιζόταν λίγη ώρα μετά την αποχώρησή του από το κατάστημα.

»Ο Αφζάλ συχνά περιστοιχιζόταν από αρκετές εκατοντάδες σπουδαστές που ήλπιζαν να μάθουν τα μυστικά του. Ο φακίρης κατά διαστήματα τους καλούσε να ταξιδέψουν μαζί του. Στο σταθμό του τρένου κατάφερνε να ακουμπήσει ένα πακέτο εισιτήρια. Αυτά τα έδινε πίσω στον υπάλληλο λέγοντας: "Άλλαξα γνώμη, δεν θα τα αγοράσω τώρα". Όταν όμως επιβιβαζόταν στο τρένο μαζί με την ακολουθία του, ο Αφζάλ είχε στην κατοχή του τα απαιτούμενα εισιτήρια.[3]

»Αυτά τα καμώματα προκάλεσαν γενική αγανάκτηση· οι κοσμηματοπώλες και οι πωλητές εισιτηρίων της Βεγγάλης κατέρρεαν από νευρικό κλονισμό! Η αστυνομία ήθελε να συλλάβει τον Αφζάλ αλλά

---

[3] Ο πατέρας μου αργότερα μου είπε ότι και η εταιρεία του, η Εταιρεία Σιδηροδρόμων Βεγγάλης-Ναγκπούρ, ήταν μία απ' αυτές που είχαν πέσει θύματα του Αφζάλ Καν.

Ένας Μωαμεθανός Θαυματοποιός

δεν μπορούσε να κάνει τίποτα· ο φακίρης μπορούσε να απομακρύνει τα ενοχοποιητικά στοιχεία λέγοντας απλώς: "Χαζράτ, πάρ' το αυτό από εδώ"».

Ο Σρι Γιουκτέσβαρ σηκώθηκε από την καρέκλα του και προχώρησε προς το μπαλκόνι του δωματίου μου που είχε πρόσοψη στον Γάγγη. Τον ακολούθησα ανυπόμονος να ακούσω κι άλλα για τον Μωαμεθανό λωποδύτη που έβαζε τους πάντες σε τόσο δύσκολη θέση.

«Αυτό το οίκημα Πάνθι παλιότερα ανήκε σ' έναν φίλο μου. Γνωρίστηκε με τον Αφζάλ και τον κάλεσε εδώ. Ο φίλος μου κάλεσε επίσης κι εμένα και περίπου είκοσι ακόμα γείτονες. Ήμουν πολύ νεαρός τότε κι ένιωθα μια μεγάλη περιέργεια για τον διαβόητο φακίρη». Ο Δάσκαλος γέλασε. «Ως προφύλαξη δεν φορούσα τίποτα πολύτιμο! Ο Αφζάλ με κοίταξε με φανερή αδιακρισία και μετά είπε:

»"Έχεις δυνατά χέρια. Πήγαινε κάτω στον κήπο· πάρε μια λεία πέτρα και γράψε πάνω της το όνομά σου με κιμωλία· μετά πέτα την πέτρα όσο πιο μακριά μπορείς στον Γάγγη".

»Υπάκουσα. Μόλις η πέτρα εξαφανίστηκε κάτω από τα μακρινά κύματα, ο Μωαμεθανός μού μίλησε πάλι:

»"Πήγαινε κοντά στην πρόσοψη αυτού του σπιτιού και γέμισε ένα δοχείο με νερό από τον Γάγγη".

»Αφού επέστρεψα μ' ένα σκεύος με νερό, ο φακίρης φώναξε: "Χαζράτ, βάλε την πέτρα στο δοχείο!".

»Η πέτρα εμφανίστηκε αμέσως. Την πήρα από το δοχείο και βρήκα πάνω της την υπογραφή μου, που ήταν τόσο ευανάγνωστη όσο και όταν την είχα γράψει.

»Ο Μπάμπου,[4] ένας από τους φίλους μου στο δωμάτιο, φορούσε ένα βαρύ αρχαίο χρυσό ρολόι με μια αλυσίδα. Ο φακίρης τα εξέτασε με δυσοίωνο θαυμασμό. Γρήγορα εξαφανίστηκαν!

»"Αφζάλ, σας παρακαλώ, δώστε μου πίσω το πολύτιμο κειμήλιό μου". Ο Μπάμπου κόντευε να κλάψει.

»Ο Μωαμεθανός έμεινε στωικά σιωπηλός για λίγο, μετά είπε: "Έχεις πεντακόσιες ρουπίες σ' ένα σιδερένιο θησαυροφυλάκιο. Φέρ' τες μου και θα σου πω πού να βρεις το ρολόι σου".

»Ο αλλόφρων Μπάμπου έφυγε αμέσως για το σπίτι του. Επέστρεψε γρήγορα κι έδωσε στον Αφζάλ τα χρήματα που είχε ζητήσει.

---

[4] Δεν θυμάμαι το όνομα του φίλου τού Σρι Γιουκτέσβαρ, γι' αυτό τον αναφέρω απλά ως «Μπάμπου» (Κύριο).

»"Πήγαινε στη μικρή γέφυρα δίπλα στο σπίτι σου", είπε στον Μπάμπου ο φακίρης. "Φώναξε το Χαζράτ και πες του να σου δώσει το ρολόι και την αλυσίδα".

»Ο Μπάμπου έφυγε τρέχοντας. Όταν γύρισε, χαμογελούσε με ανακούφιση και δεν φορούσε κανένα κόσμημα.

»"Όταν διέταξα το Χαζράτ όπως μου είπε ο φακίρης", ανακοίνωσε, "το ρολόι μου ήρθε πέφτοντας από τον ουρανό, πάνω στο δεξί μου χέρι! Να είστε σίγουροι ότι κλείδωσα το κειμήλιο στο θησαυροφυλάκιό μου πριν έρθω πάλι εδώ!".

»Οι φίλοι του Μπάμπου, μάρτυρες της κωμικοτραγικής απαίτησης λύτρων για το ρολόι, κοίταζαν τον Αφζάλ με δυσαρέσκεια· εκείνος τότε μίλησε κατευναστικά.

»"Παρακαλώ, πείτε τι ποτό θέλετε· το Χαζράτ θα το δημιουργήσει".

»Αρκετοί ζήτησαν γάλα, άλλοι χυμούς φρούτων. Δεν μου έκανε εντύπωση το γεγονός ότι ο καημένος ο Μπάμπου, ράκος καθώς ήταν, ζήτησε ουίσκι! Ο Μωαμεθανός έδωσε μια εντολή· το υπάκουο Χαζράτ έστειλε σφραγισμένα μπουκάλια που αρμένιζαν στον αέρα πέφτοντας στο έδαφος με γδούπο. Ο καθένας βρήκε το ποτό που επιθυμούσε.

»Το τέταρτο θεαματικό κατόρθωμα της ημέρας από τον οικοδεσπότη μας ήταν αναμφίβολα ευχάριστο: ο Αφζάλ προσφέρθηκε να μας κεράσει στη στιγμή ένα μεσημεριανό γεύμα!

»"Ας παραγγείλουμε τα πιο ακριβά πιάτα", πρότεινε ο Μπάμπου βαρύθυμος. "Θέλω ένα πολυτελές γεύμα για τις πεντακόσιες ρουπίες που έδωσα. Τα πάντα θα πρέπει να σερβιριστούν σε χρυσά πιατικά!".

»Μόλις οι καλεσμένοι εξέφρασαν τις επιθυμίες τους, ο φακίρης απευθύνθηκε στο ακούραστο Χαζράτ. Επακολούθησε μεγάλη αναστάτωση· χρυσές γαβάθες γεμάτες με περίπλοκα φαγητά μαγειρεμένα με κάρυ, ζεστά *λούτσι* και πολλά φρούτα εκτός εποχής προσγειώθηκαν στα πόδια μας από το πουθενά. Όλα τα φαγητά ήταν νοστιμότατα. Μετά από φαγοπότι μιας ώρας, αρχίσαμε να φεύγουμε. Ένας φοβερός θόρυβος, σαν να σωρεύονται πιάτα το ένα πάνω στο άλλο, μας έκανε να κοιτάξουμε πίσω. Είδαμε ότι δεν υπήρχε ίχνος από τα γυαλιστερά πιάτα ή τα απομεινάρια του γεύματος!».

«Γκούρουτζι», τον διέκοψα, «αν ο Αφζάλ μπορούσε τόσο εύκολα να αποκτήσει τέτοια πράγματα σαν τα χρυσά πιάτα, γιατί εποφθαλμιούσε την περιουσία των άλλων;».

«Ο φακίρης δεν ήταν πολύ ανεπτυγμένος πνευματικά», εξήγησε ο Σρι Γιουκτέσβαρ. «Η κατάκτηση μιας ορισμένης τεχνικής της γιόγκα

*Ένας Μωαμεθανός Θαυματοποιός*

τού έδινε πρόσβαση σ' ένα αστρικό επίπεδο όπου κάθε επιθυμία υλοποιείται αμέσως. Μέσω ενός αστρικού πλάσματος, του Χαζράτ, ο Μωαμεθανός μπορούσε να συγκεντρώνει τα άτομα οποιουδήποτε αντικειμένου από την αιθερική ενέργεια μέσω της ισχυρής δύναμης της θέλησής του. Τέτοια αντικείμενα όμως που δημιουργήθηκαν αστρικά είναι εφήμερα στη δομή τους· δεν μπορούν να κρατηθούν για πολύ.[5] Ο Αφζάλ ποθούσε ακόμα εγκόσμιο πλούτο ο οποίος, αν και κερδίζεται πιο δύσκολα, έχει πιο αξιόπιστη διάρκεια».

Γέλασα. «Κι αυτός επίσης μερικές φορές εξαφανίζεται ανεξήγητα!».

«Ο Αφζάλ δεν είχε επιτύχει τη συνειδητοποίηση του Θεού», συνέχισε ο Δάσκαλος. «Θαύματα μόνιμης και ευεργετικής φύσης γίνονται μόνο από αληθινούς αγίους γιατί έχουν συντονιστεί με τον παντοδύναμο Δημιουργό. Ο Αφζάλ ήταν απλά ένας συνηθισμένος άνθρωπος με μια εξαιρετικά ασυνήθιστη δύναμη να διεισδύει σ' ένα λεπτοφυές βασίλειο, στο οποίο δεν εισέρχονται οι θνητοί παρά μόνο μετά τον θάνατό τους».

«Καταλαβαίνω τώρα, Γκούρουτζι. Ο μετά θάνατον κόσμος φαίνεται ότι έχει κάποια γοητευτικά χαρακτηριστικά».

Ο Δάσκαλος συμφώνησε. «Δεν ξαναείδα τον Αφζάλ από εκείνη τη μέρα, αλλά μερικά χρόνια αργότερα ο Μπάμπου ήρθε στο σπίτι μου και μου έδειξε ένα άρθρο μιας εφημερίδας σχετικά με τη δημόσια ομολογία του Μωαμεθανού. Απ' αυτό το άρθρο έμαθα τα γεγονότα που σου είπα σχετικά με τη μύηση του Αφζάλ, όταν ήταν νέος, από έναν Ινδουιστή γκουρού».

Το κύριο θέμα του τελευταίου αποσπάσματος του δημοσιευμένου εγγράφου, όπως το θυμόταν ο Σρι Γιουκτέσβαρ, ήταν: «Εγώ, ο Αφζάλ Καν, γράφω αυτές τις λέξεις ως μια πράξη μετάνοιας και ως προειδοποίηση γι' αυτούς που επιζητούν την απόκτηση θαυματουργών δυνάμεων. Για χρόνια έκανα κατάχρηση των θαυμαστών ικανοτήτων που καλλιεργήθηκαν μέσα μου μέσω της χάρης του Θεού και του Δασκάλου μου. Μέθυσα από εγωισμό, νιώθοντας ότι βρισκόμουν πέρα από τους συνηθισμένους νόμους της ηθικής. Τελικά η μέρα της κρίσης έφτασε για μένα.

»Πρόσφατα συνάντησα έναν ηλικιωμένο άνθρωπο σ' έναν δρόμο έξω από την Καλκούτα. Κούτσαινε και πονούσε, κρατώντας ένα γυαλιστερό αντικείμενο που έμοιαζε με χρυσάφι. Του μίλησα με απληστία στην καρδιά μου.

---

[5] Ακριβώς όπως και το ασημένιο φυλαχτό μου, ένα αντικείμενο που δημιουργήθηκε αστρικά, τελικά εξαφανίστηκε απ' αυτή τη γη. (Ο αστρικός κόσμος περιγράφεται στο κεφάλαιο 43.)

»"Είμαι ο Αφζάλ Καν, ο μεγάλος φακίρης. Τι έχεις εκεί;".

»"Αυτός ο βώλος χρυσού είναι η μοναδική υλική μου περιουσία· δεν μπορεί να ενδιαφέρει έναν φακίρη. Σας ικετεύω, κύριε, να θεραπεύσετε το πόδι μου".

»Άγγιξα το χρυσάφι κι έφυγα χωρίς απάντηση. Ο ηλικιωμένος ήρθε πίσω μου κουτσαίνοντας. Σύντομα φώναξε: "Ο χρυσός μου εξαφανίστηκε!".

»Καθώς δεν έδωσα σημασία, ξαφνικά μίλησε με στεντόρεια φωνή που ήταν περίεργα δυνατή για το τόσο εύθραυστο σώμα του:

»"Δεν με αναγνωρίζεις;".

»Έμεινα άφωνος, εμβρόντητος, όταν, αργοπορημένα, ανακάλυψα ότι αυτός ο ασήμαντος ανάπηρος γέρος δεν ήταν άλλος από τον μεγάλο άγιο που πολύ, πολύ παλιά με είχε μυήσει στη γιόγκα. Ίσιωσε το σώμα του, το οποίο αμέσως έγινε γερό και νεανικό.

»"Ώστε έτσι!". Το βλέμμα του γκουρού μου ήταν πύρινο. "Βλέπω με τα ίδια μου τα μάτια ότι χρησιμοποιείς τις δυνάμεις σου, όχι για να βοηθήσεις την ανθρωπότητα που υποφέρει, αλλά για να τη λυμαίνεσαι σαν ένας κοινός κλέφτης! Αποσύρω τα απόκρυφα δώρα σου· το Χαζράτ είναι πλέον απελευθερωμένο από σένα. Δεν θα αποτελείς πλέον τρόμο για τη Βεγγάλη!".

»"Κάλεσα το Χαζράτ εναγωνίως· για πρώτη φορά δεν εμφανίστηκε στην εσωτερική μου όραση. Ξαφνικά όμως έφυγε ένα σκοτεινό πέπλο· είδα καθαρά τη βλασφημία της ζωής μου.

»"Γκουρού μου, σας ευχαριστώ που ήρθατε να εξαλείψετε τη μακροχρόνια αυταπάτη μου". Έκλαιγα με αναφιλητά στα πόδια του. "Υπόσχομαι να αποκηρύξω τις εγκόσμιες φιλοδοξίες μου. Θα αποσυρθώ στα βουνά για μοναχικό διαλογισμό στο Θεό, με την ελπίδα να εξιλεωθώ για το αχρείο παρελθόν μου".

»Ο Δάσκαλός μου με κοίταξε με σιωπηλή συμπόνια. "Νιώθω ότι είσαι ειλικρινής", είπε τελικά. "Επειδή πιο παλιά ήσουν αυστηρά πειθαρχημένος και επειδή τώρα μετανοείς, θα σου παραχωρήσω ένα θείο δώρο. Οι άλλες σου δυνάμεις τώρα εξαφανίστηκαν, αλλά όταν χρειάζεσαι φαγητό ή ρούχα θα μπορείς να εξακολουθείς να καλείς το Χαζράτ για να σου τα προμηθεύσει, κι εκείνο θα το κάνει. Αφιερώσου με όλη σου την καρδιά στη συνειδητοποίηση του Θεού στην απομόνωση των βουνών".

»Ο γκουρού μου τότε εξαφανίστηκε· έμεινα με τα δάκρυά μου και τους στοχασμούς μου. Αντίο, κόσμε! Πηγαίνω να αναζητήσω τη συγχώρεση του Συμπαντικού Αγαπημένου».

ΚΕΦΑΛΑΙΟ 19

# Ο Δάσκαλός Μου, στην Καλκούτα, Εμφανίζεται στο Σεράμπουρ

«Συχνά τυραννιέμαι από αμφιβολίες σχετικά με το αν υπάρχει Θεός ή όχι. Ωστόσο πολλές φορές με στοιχειώνει μια βασανιστική εικασία: δεν υπάρχουν ανεκμετάλλευτες ψυχικές ικανότητες; Αν ο άνθρωπος δεν τις εξερευνήσει, μήπως αποτυγχάνει να εκπληρώσει το πραγματικό του πεπρωμένο;».

Ο Ντιτζέν Μπάμπου, ο συγκάτοικός μου στη φοιτητική εστία Πάνθι, έκανε αυτές τις παρατηρήσεις όταν τον προσκάλεσα να συναντήσει τον γκουρού μου.

«Ο Σρι Γιουκτέσβαρ θα σε μυήσει στην *Κρίγια Γιόγκα*», απάντησα. «Ηρεμεί τη δυαδική αναταραχή μέσω μιας θεϊκής εσωτερικής βεβαιότητας».

Εκείνο το απόγευμα ο Ντιτζέν με συνόδευσε στο ερημητήριο. Στην παρουσία του Δασκάλου ο φίλος μου ένιωσε τέτοια πνευματική γαλήνη που σύντομα έγινε συχνός επισκέπτης.

Οι ευτελείς ασχολίες της καθημερινής ζωής δεν ικανοποιούν τις βαθύτατες ανάγκες μας· ο άνθρωπος έχει μια έμφυτη δίψα και για σοφία. Τα λόγια του Σρι Γιουκτέσβαρ ενέπνευσαν τον Ντιτζέν να προσπαθήσει να ανακαλύψει μέσα του έναν πιο αυθεντικό εαυτό από το ρηχό εγώ μιας παροδικής ενσάρκωσης.

Καθώς ο Ντιτζέν κι εγώ φοιτούσαμε και οι δύο στο Πανεπιστήμιο του Σεράμπουρ, αποκτήσαμε τη συνήθεια, μετά τα μαθήματα, να πηγαίνουμε μαζί περπατώντας στο άσραμ. Συχνά βλέπαμε τον Σρι Γιουκτέσβαρ να στέκεται στο μπαλκόνι του δευτέρου ορόφου, καλωσορίζοντάς μας χαμογελαστός.

Ένα απόγευμα ο Κανάι, ένας νεαρός κάτοικος του άσραμ, συνάντησε τον Ντιτζέν κι εμένα στην πόρτα με απογοητευτικά νέα.

«Ο Δάσκαλος δεν είναι εδώ· κλήθηκε μ' ένα επείγον μήνυμα να πάει στην Καλκούτα».

Την επόμενη μέρα έλαβα μια καρτ-ποστάλ από τον γκουρού μου. «Θα φύγω από την Καλκούτα την Τετάρτη το πρωί», είχε γράψει. «Εσύ και ο Ντιτζέν ελάτε να με συναντήσετε στο τρένο των εννέα το πρωί στο σταθμό του Σεράμπουρ».

Γύρω στις οκτώ και μισή το πρωί της Τετάρτης ένα τηλεπαθητικό μήνυμα του Σρι Γιουκτέσβαρ έλαμψε επίμονα στον νου μου: «Καθυστέρησα· μην έρθετε στο τρένο των εννέα».

Διαβίβασα τις οδηγίες αυτές στον Ντιτζέν ο οποίος ήταν ήδη ντυμένος και έτοιμος να πάει στο σταθμό.

«Εσύ και η διαίσθησή σου!». Η φωνή του φίλου μου λίγο έλειψε να γίνει περιφρονητική. «Προτιμώ να εμπιστευτώ το γραπτό κείμενο του Δασκάλου».

Σήκωσα τους ώμους μου και κάθισα ήσυχα, δείχνοντας έτσι την τελική μου απόφαση. Μουρμουρίζοντας θυμωμένα, ο Ντιτζέν έφυγε κλείνοντας δυνατά την πόρτα πίσω του.

Καθώς το δωμάτιο ήταν αρκετά σκοτεινό, πήγα πιο κοντά σ' ένα παράθυρο που είχε πρόσοψη στον δρόμο. Το λιγοστό φως του ήλιου ξαφνικά αυξήθηκε με μια έντονη λαμπρότητα, μέσα στην οποία το παράθυρο με τις σιδερένιες μπάρες του εξαφανίστηκε εντελώς. Μέσα σ' αυτό το εκτυφλωτικό φως εμφανίστηκε η καθαρά υλοποιημένη μορφή του Σρι Γιουκτέσβαρ!

Σαστισμένος σε βαθμό σοκ, σηκώθηκα από την καρέκλα μου και γονάτισα μπροστά του. Με τη συνηθισμένη χειρονομία με την οποία πάντα χαιρετούσα με σεβασμό τον γκουρού μου, αγγίζοντας τα πόδια του, άγγιξα τα παπούτσια του. Μου ήταν γνωστά, πάνινα με πορτοκαλί απόχρωση, με σόλες από σκοινί. Το ράσο του των σουάμι, σε χρώμα ώχρας, με ακούμπησε ελαφρά· ένιωσα με σαφήνεια, όχι μόνο την υφή του ράσου του, αλλά και την τραχιά επιφάνεια των παπουτσιών του και την πίεση των ποδιών του μέσα σ' αυτά. Εμβρόντητος σε σημείο που δεν μπορούσα να αρθρώσω λέξη, σηκώθηκα και τον κοίταξα ερωτηματικά.

«Χάρηκα που συνέλαβες το τηλεπαθητικό μου μήνυμα». Η φωνή του Δασκάλου ήταν ήρεμη, εντελώς φυσιολογική. «Τελείωσα τώρα τις δουλειές μου στην Καλκούτα και θα φτάσω στο Σεράμπουρ με το τρένο των δέκα».

Καθώς ακόμα στεκόμουν άφωνος, ο Σρι Γιουκτέσβαρ συνέχισε: «Αυτό που βλέπεις δεν είναι φάντασμα, αλλά η μορφή μου με σάρκα και οστά. Μου δόθηκε η θεϊκή εντολή να σου χαρίσω αυτήν την

*Ο Δάσκαλός Μου, στην Καλκούτα, Εμφανίζεται στο Σεράμπουρ*

εμπειρία που είναι σπάνια γνωστή στη γη. Συνάντησέ με στο σταθμό· εσύ και ο Ντιτζέν θα με δείτε να έρχομαι προς εσάς ντυμένος όπως είμαι τώρα. Πριν από μένα θα περπατά ένας συνεπιβάτης – ένα μικρό αγόρι που θα κρατά μια ασημένια κανάτα».

Ο γκουρού μου έβαλε και τα δύο του χέρια πάνω στο κεφάλι μου, ψιθυρίζοντας μια ευλογία. Καθώς ολοκλήρωσε λέγοντας: «*Τάμπε άσι*»,[1] άκουσα έναν περίεργο ήχο σαν βουητό.[2] Το σώμα του άρχισε σταδιακά να λιώνει μέσα στο διαπεραστικό φως. Πρώτα εξαφανίστηκαν τα πέλματα και τα πόδια του, μετά ο κορμός του και το κεφάλι του, σαν ένας πάπυρος που τυλίγεται. Ως το τέλος ένιωθα τα δάχτυλά του να ακουμπούν ελαφρά τα μαλλιά μου. Η λάμψη ξεθώριασε· δεν έμεινε τίποτα μπροστά μου παρά μόνο το παράθυρο με τις μπάρες και το αχνό φως του ήλιου.

Έμεινα σαν μισοναρκωμένος, διερωτώμενος αν είχα παραισθήσεις. Ο Ντιτζέν γύρισε λίγο αργότερα κατηφής.

«Ο Δάσκαλος δεν ήταν στο τρένο των εννέα, ούτε των εννέα και μισή». Ο φίλος μου έκανε αυτήν την ανακοίνωση με ελαφρά απολογητικό ύφος.

«Έλα, ξέρω ότι θα φτάσει στις δέκα». Πήρα από το χέρι τον Ντιτζέν και τον ανάγκασα να τρέξει μαζί μου, χωρίς να δίνω προσοχή στις διαμαρτυρίες του. Σε περίπου δέκα λεπτά μπήκαμε στο σταθμό, όπου το τρένο ήδη κόντευε να σταματήσει ξεφυσώντας.

«Ολόκληρο το τρένο είναι γεμάτο με την αύρα του Δασκάλου! Είναι εκεί!», αναφώνησα με χαρά.

«Ονειρεύεσαι;». Ο Ντιτζέν γέλασε κοροϊδευτικά.

«Ας περιμένουμε εδώ». Είπα στον φίλο μου τις λεπτομέρειες του τρόπου με τον οποίο ο γκουρού μας θα μας πλησίαζε. Μόλις τελείωσα την περιγραφή μου, είδαμε τον Σρι Γιουκτέσβαρ που φορούσε τα ίδια ρούχα που είχα δει νωρίτερα. Περπατούσε αργά πίσω από ένα μικρό αγόρι που κουβαλούσε μια ασημένια κανάτα.

Για μια στιγμή ένα κύμα κρύου φόβου με διαπέρασε με την απίστευτα περίεργη εμπειρία μου. Ένιωσα τον υλιστικό κόσμο του εικοστού αιώνα να απομακρύνεται· μήπως ήμουν πίσω στις αρχαίες μέρες του παρελθόντος, όταν ο Ιησούς εμφανίστηκε μπροστά στον Πέτρο περπατώντας πάνω στη θάλασσα;

---

[1] Το «αντίο» στη βεγγαλική γλώσσα· κατά κυριολεξία είναι ένα γεμάτο ελπίδα παράδοξο: «Τότε έρχομαι».

[2] Ο χαρακτηριστικός ήχος της εξαΰλωσης των σωματικών ατόμων.

Καθώς ο Σρι Γιουκτέσβαρ, ένας σύγχρονος γιόγκι-Χριστός, πλησίασε στο μέρος όπου εγώ και ο Ντιτζέν στεκόμασταν άφωνοι, χαμογέλασε στον φίλο μου και είπε:

«Σου έστειλα κι εσένα μήνυμα, αλλά δεν μπόρεσες να το συλλάβεις».

Ο Ντιτζέν έμεινε σιωπηλός, αλλά με αγριοκοίταξε με καχυποψία. Αφού συνοδεύσαμε τον γκουρού μας στο ερημητήριό του, ο φίλος μου κι εγώ συνεχίσαμε για το Πανεπιστήμιο. Ο Ντιτζέν σταμάτησε στον δρόμο εντελώς αγανακτισμένος.

«Ώστε έτσι! Ο Δάσκαλος μου έστειλε μήνυμα! Εντούτοις μου το απέκρυψες! Απαιτώ μια εξήγηση!».

«Τι να κάνω αν ο πνευματικός σου καθρέφτης είναι τόσο ασταθής από τη νευρικότητα που δεν μπορεί να καταγράψει τις οδηγίες του γκουρού μας;», απάντησα.

Ο θυμός εξαφανίστηκε από το πρόσωπο του Ντιτζέν. «Κατάλαβα τι εννοείς», είπε πικραμένα. «Σε παρακαλώ όμως, εξήγησέ μου πώς ήξερες για το παιδί με την κανάτα».

Όταν τελείωσα την αφήγηση της ιστορίας της εκπληκτικής εμφάνισης του Δασκάλου στη φοιτητική εστία εκείνο το πρωί, ο φίλος μου κι εγώ είχαμε ήδη φτάσει στο Πανεπιστήμιο του Σεράμπουρ.

«Η διήγηση που μόλις άκουσα για τις δυνάμεις του γκουρού μας», είπε ο Ντιτζέν, «με κάνει να νιώθω ότι κάθε Πανεπιστήμιο του κόσμου είναι μόνο ένα νηπιαγωγείο».[3]

---

[3] «Μου αποκαλύφθηκαν τέτοια πράγματα, που τώρα όλα όσα έγραψα μου φαίνονται να μην έχουν μεγαλύτερη αξία από ένα άχυρο».

Αυτά είπε ο Άγιος Θωμάς από το Ακουίνο (St. Thomas Aquinas), ο «Πρίγκιπας των Σχολαστικών», απαντώντας στις αγχώδεις προτροπές του γραμματέα του να ολοκληρώσει το έργο του *Summa Theologiae* («Περίληψη θεολογίας»). Μία μέρα, το 1273, κατά τη διάρκεια της λειτουργίας στην εκκλησία της Νάπολης, ο Άγιος Θωμάς βίωσε μια βαθιά μυστικιστική αποκάλυψη. Το μεγαλείο της θεϊκής γνώσης τον συγκλόνισε τόσο πολύ που από τότε δεν ενδιαφερόταν πλέον για τη διανόηση.

Παραβάλετε και τα λόγια του Σωκράτη (στον *Φαίδρο* του Πλάτωνα): «Ἓν οἶδα, ὅτι οὐδέν οἶδα». («Ένα γνωρίζω: ότι τίποτα δεν γνωρίζω».)

ΚΕΦΑΛΑΙΟ 20

# Δεν Πάμε στο Κασμίρ

«Πατέρα, θέλω να καλέσω τον Δάσκαλο και τέσσερις φίλους να με συνοδεύσουν στους πρόποδες των Ιμαλαΐων κατά τη διάρκεια των θερινών μου διακοπών. Μπορώ να έχω έξι εισιτήρια για το τρένο για το Κασμίρ και χρήματα για να καλύψω τα έξοδα του ταξιδιού;».

Όπως περίμενα, ο Πατέρας γέλασε με την καρδιά του. «Αυτή είναι η τρίτη φορά που μου λες αυτό το παραμύθι. Δεν μου ζήτησες το ίδιο και το περασμένο καλοκαίρι, και το προπέρσινο; Την τελευταία στιγμή ο Σρι Γιουκτέσβαρ αρνείται να πάει».

«Είναι αλήθεια, Πατέρα· δεν ξέρω γιατί ο γκουρού μου δεν μου δίνει μια οριστική απάντηση για το αν θα πάμε στο Κασμίρ[1] ή όχι. Αν όμως του πω ότι έχω ήδη εξασφαλίσει τα εισιτήρια από σένα, κατά κάποιο τρόπο πιστεύω ότι αυτή τη φορά θα συναινέσει να κάνει το ταξίδι».

Ο Πατέρας δεν πείσθηκε εκείνη τη στιγμή, αλλά την επόμενη μέρα, μετά από μερικά καλοπροαίρετα πειράγματα, μου έδωσε έξι εισιτήρια και μια δεσμίδα με χαρτονομίσματα των δέκα ρουπιών.

«Δεν νομίζω ότι το θεωρητικό σου ταξίδι χρειάζεται τόσα πρακτικά στηρίγματα», παρατήρησε, «αλλά ορίστε, πάρ' τα».

Εκείνο το απόγευμα έδειξα τη λεία μου στον Σρι Γιουκτέσβαρ. Παρ' όλο που χαμογέλασε με τον ενθουσιασμό μου, τα λόγια του ήταν διφορούμενα: «Θα ήθελα να πάω· θα δούμε». Δεν έκανε κανένα σχόλιο όταν ζήτησα από τον μικρό μαθητή του στο ερημητήριο, τον Κανάι, να μας συνοδεύσει. Κάλεσα και άλλους τρεις φίλους – τον Ρατζέντρα Νατ Μίτρα, τον Τζοτίν Όντι κι ένα ακόμα αγόρι. Θα αναχωρούσαμε την επόμενη Δευτέρα.

Το Σάββατο και την Κυριακή έμεινα στην Καλκούτα όπου γίνονταν τελετουργίες για τον γάμο ενός ξαδέλφου μου στο πατρικό μου σπίτι.

---

[1] Αν και ο Δάσκαλος δεν έδωσε καμιά εξήγηση, η απροθυμία του να πάει στο Κασμίρ κατά τη διάρκεια αυτών των δύο καλοκαιριών μπορεί να οφειλόταν σε πρόγνωση ότι δεν είχε έρθει ακόμα ο καιρός για την αρρώστια του εκεί (βλ. σελ. 231 επ.).

Έφτασα στο Σεράμπουρ με τη βαλίτσα μου νωρίς το πρωί της Δευτέρας. Ο Ρατζέντρα με συνάντησε στην πόρτα του ερημητηρίου.

«Ο Δάσκαλος είναι έξω, κάνει περίπατο. Αρνήθηκε να έρθει».

Ήμουν θλιμμένος αλλά και ανυποχώρητος. «Δεν θα δώσω στον Πατέρα μια τρίτη ευκαιρία να ρεζιλέψει τα ουτοπικά μου σχέδια για το Κασμίρ. Οι υπόλοιποι θα πρέπει να πάμε».

Ο Ρατζέντρα συμφώνησε· έφυγα από το άσραμ για να βρω έναν υπηρέτη. Ήξερα ότι ο Κανάι δεν θα έκανε το ταξίδι χωρίς τον Δάσκαλο και χρειαζόταν κάποιος να προσέχει τις αποσκευές. Θυμήθηκα τον Μπεχάρι που παλιά ήταν υπηρέτης στην οικογένειά μας και τώρα εργαζόταν για έναν διευθυντή σχολείου στο Σεράμπουρ. Καθώς προχωρούσα γρήγορα, συνάντησα τον γκουρού μου μπροστά στη χριστιανική Εκκλησία κοντά στα Δικαστήρια του Σεράμπουρ.

«Πού πας;». Ο Σρι Γιουκτέσβαρ δεν χαμογελούσε. «Κύριε, άκουσα ότι εσείς και ο Κανάι δεν θα έρθετε στο ταξίδι που σχεδιάζαμε. Ψάχνω τον Μπεχάρι. Θα θυμάστε ότι πέρσι ήθελε τόσο πολύ να δει το Κασμίρ που προσφέρθηκε ακόμα και να μας υπηρετήσει χωρίς να πάρει χρήματα».

«Θυμάμαι. Παρ' όλα αυτά δεν νομίζω ότι ο Μπεχάρι θα είναι πρόθυμος να πάει».

Ήμουν εξοργισμένος. «Περιμένει με ανυπομονησία αυτήν την ευκαιρία!».

Ο γκουρού μου ξανάρχισε σιωπηλά τη βόλτα του· σύντομα έφτασα στο σπίτι του σχολικού διευθυντή. Ο Μπεχάρι, στην αυλή, με χαιρέτησε με φιλική ζεστασιά, που χάθηκε απότομα μόλις ανέφερα το Κασμίρ. Μουρμουρίζοντας μερικά απολογητικά λόγια, ο υπηρέτης με άφησε και μπήκε στο σπίτι του αφεντικού του. Περίμενα μισή ώρα, διαβεβαιώνοντας νευρικά τον εαυτό μου ότι η καθυστέρηση του Μπεχάρι οφειλόταν σε προετοιμασίες για το ταξίδι του. Τελικά χτύπησα την μπροστινή πόρτα.

«Ο Μπεχάρι έφυγε από τις πίσω σκάλες πριν από περίπου μισή ώρα», με πληροφόρησε ένας άντρας. Στα χείλη του πλανιόταν ένα μειδίαμα.

Έφυγα στενοχωρημένος, διερωτώμενος μήπως η πρόσκλησή μου ήταν πολύ πιεστική ή αν ο Δάσκαλος επηρέασε αόρατα τον υπηρέτη. Περνώντας από τη χριστιανική Εκκλησία είδα πάλι τον γκουρού μου να περπατά προς εμένα. Χωρίς να περιμένει να ακούσει τι έγινε, αναφώνησε:

«Ώστε ο Μπεχάρι δεν θέλει να πάει! Τώρα ποια είναι τα σχέδιά σου;».

Ένιωσα σαν ανυπάκουο παιδί που είναι αποφασισμένο να παρακούσει τον καταπιεστικό πατέρα του. «Κύριε, θα ζητήσω από τον θείο μου να μου δανείσει τον υπηρέτη του, τον Λαλ Ντάρι».

«Δες τον θείο σου αν θέλεις», απάντησε ο Σρι Γιουκτέσβαρ μ' ένα πνιχτό γέλιο. «Δεν νομίζω όμως ότι θα απολαύσεις την επίσκεψη».

Θορυβημένος αλλά και επαναστατημένος, άφησα τον γκουρού μου και μπήκα στα Δικαστήρια του Σεράμπουρ. Ο θείος μου από τη μεριά του πατέρα μου, ο Σάραντα Γκος, δικηγόρος της κυβέρνησης, με καλωσόρισε στοργικά.

«Φεύγω σήμερα με κάποιους φίλους για το Κασμίρ», του είπα. «Για χρόνια λαχταρούσα αυτό το ταξίδι στα Ιμαλάια».

«Χαίρομαι για σένα, Μουκούντα. Μπορώ να κάνω κάτι για να γίνει το ταξίδι σου πιο άνετο;».

Αυτά τα ευγενικά λόγια μού έδωσαν λίγο κουράγιο. «Αγαπητέ θείε», είπα, «θα μπορούσατε μήπως να μου κάνετε τη χάρη να μου δώσετε τον υπηρέτη σας, τον Λαλ Ντάρι;».

Το απλό αίτημά μου είχε το αποτέλεσμα ενός σεισμού. Ο θείος αναπήδησε τόσο βίαια που η καρέκλα του αναποδογύρισε, τα χαρτιά του γραφείου του πετάχτηκαν προς κάθε κατεύθυνση και η πίπα του, ένας ναργιλές με μακρύ τσιμπούκι από κοτσάνι καρύδας, έπεσε στο πάτωμα μ' έναν μεγάλο κρότο.

«Βρε, ιδιοτελή νεαρέ», φώναξε τρέμοντας από οργή, «τι εξωφρενική ιδέα είναι αυτή! Ποιος θα με φροντίζει αν πάρεις τον υπηρέτη μου για μια από τις απολαυστικές εκδρομούλες σου;».

Έκρυψα την έκπληξή μου, σκεπτόμενος ότι η ξαφνική αλλαγή του τρόπου αντιμετώπισής μου από τον προσηνή θείο μου ήταν μόνο ένα ακόμα αίνιγμα μιας μέρας που ήταν πλήρως αφιερωμένη στην ακατανοησία. Έφυγα τρέχοντας από το γραφείο των Δικαστηρίων αδιαφορώντας για την αξιοπρέπειά μου.

Γύρισα στο ερημητήριο όπου οι φίλοι μου είχαν μαζευτεί και με περίμεναν. Μέσα μου μεγάλωνε η πεποίθηση ότι κάποιο σοβαρό, αν και άκρως μυστηριώδες κίνητρο βρισκόταν πίσω από τη στάση του

Δασκάλου. Με κατέλαβαν τύψεις που προσπάθησα να εναντιωθώ στη θέληση του γκουρού μου.

«Μουκούντα, θα ήθελες να μείνεις λίγο περισσότερο μαζί μου;», ρώτησε ο Σρι Γιουκτέσβαρ. «Ο Ρατζέντρα και οι άλλοι μπορούν να φύγουν τώρα και να σε περιμένουν στην Καλκούτα. Θα υπάρχει άφθονος χρόνος για να πάρετε το τελευταίο απογευματινό τρένο που φεύγει από την Καλκούτα για το Κασμίρ».

«Κύριε, δεν θέλω να πάω χωρίς εσάς», είπα θλιμμένα.

Οι φίλοι μου δεν έδωσαν την παραμικρή σημασία σ' αυτό που είπα. Κάλεσαν μια άμαξα και αναχώρησαν με όλες τις αποσκευές. Ο Κανάι κι εγώ καθίσαμε ήσυχα στα πόδια του Δασκάλου. Μετά από μισή ώρα σιωπής, ο Δάσκαλος σηκώθηκε και προχώρησε προς τη βεράντα στην οποία γευματίζαμε συνήθως, στον δεύτερο όροφο.

«Κανάι, σε παρακαλώ, σερβίρισε στον Μουκούντα φαγητό. Το τρένο του φεύγει σύντομα».

Καθώς σηκώθηκα από την κουβέρτα που είχα ως κάθισμα, παραπάτησα ξαφνικά από ναυτία και μια απαίσια αίσθηση αναταραχής στο στομάχι μου. Ο πόνος, σαν μαχαιριά, ήταν τόσο έντονος που ένιωσα ότι είχα εκσφενδονιστεί απότομα σε κάποια βίαιη κόλαση. Κινούμενος ψηλαφητά στα τυφλά προς τον γκουρού μου, κατέρρευσα μπροστά του παρουσιάζοντας όλα τα συμπτώματα της τρομερής ασιατικής χολέρας. Ο Σρι Γιουκτέσβαρ και ο Κανάι με μετέφεραν στο καθιστικό.

Φώναξα με οδύνη: «Δάσκαλε, παραδίδω τη ζωή μου σ' εσάς» διότι πίστευα ότι πράγματι έφευγε γρήγορα από το σώμα μου.

Ο Σρι Γιουκτέσβαρ έβαλε το κεφάλι μου στην αγκαλιά του, χτυπώντας ελαφρά το μέτωπό μου με αγγελική στοργή.

«Βλέπεις τώρα τι θα σου συνέβαινε αν ήσουν στο σταθμό με τους φίλους σου», είπε. «Έπρεπε να σε φροντίσω μ' αυτόν τον περίεργο τρόπο, γιατί επέλεξες να αμφισβητήσεις την κρίση μου ότι δεν έπρεπε να κάνεις το ταξίδι αυτόν τον συγκεκριμένο χρόνο».

Επιτέλους κατάλαβα. Επειδή οι μεγάλοι Δάσκαλοι σπάνια θεωρούν πρέπον να αποκαλύπτουν τις δυνάμεις τους δημόσια, ένας τυχαίος παρατηρητής των γεγονότων της ημέρας θα τα θεωρούσε αρκετά φυσιολογικά. Η παρέμβαση του γκουρού μου ήταν τόσο ανεπαίσθητη που δεν γινόταν να ανιχνευτεί. Απαρατήρητα, είχε επιβάλει τη θέλησή του στον Μπεχάρι και στον θείο μου και στον Ρατζέντρα και στους άλλους. Μάλλον όλοι εκτός από μένα σκέφτηκαν ότι τα γεγονότα ήταν λογικά και φυσιολογικά.

Καθώς ο Σρι Γιουκτέσβαρ ποτέ δεν αμελούσε τις κοινωνικές υποχρεώσεις του, είπε στον Κανάι να καλέσει έναν γιατρό και να ειδοποιήσει τον θείο μου.

«Δάσκαλε», διαμαρτυρήθηκα, «μόνο εσείς μπορείτε να με θεραπεύσετε. Η αρρώστια μου είναι τόσο προχωρημένη που κανένας γιατρός δεν μπορεί να κάνει τίποτα».

«Παιδί μου, προστατεύεσαι από το Θεϊκό Έλεος. Μη νοιάζεσαι για τον γιατρό· δεν θα σε βρει σ' αυτήν την κατάσταση. Ήδη έχεις θεραπευτεί».

Με τα λόγια του γκουρού μου ο βασανιστικός πόνος έφυγε. Ανασηκώθηκα αδύναμα. Σύντομα έφτασε ένας γιατρός και με εξέτασε προσεκτικά.

«Φαίνεται ότι τα χειρότερα πέρασαν», είπε. «Θα πάρω μερικά δείγματα για εργαστηριακές εξετάσεις».

Το επόμενο πρωί ο γιατρός ήρθε βιαστικά. Ήμουν καθισμένος σε ευθυτενή στάση, με καλή διάθεση.

«Ωραία, πολύ ωραία, μπράβο, χαμογελάτε και κουβεντιάζετε σαν να μην είχατε έρθει κοντά στον θάνατο». Χτύπησε το χέρι μου απαλά. «Δεν περίμενα να σας βρω ζωντανό γιατί ανακάλυψα από τα δείγματα ότι η ασθένειά σας ήταν η ασιατική χολέρα. Είστε τυχερός, νεαρέ, που έχετε έναν γκουρού με θεϊκές θεραπευτικές ικανότητες! Είμαι πεπεισμένος γι' αυτό!».

Συμφώνησα με όλη μου την καρδιά. Καθώς ο γιατρός ετοιμαζόταν να φύγει, ο Ρατζέντρα και ο Όντι εμφανίστηκαν στην πόρτα. Η δυσαρέσκεια στα πρόσωπά τους μετατράπηκε σε συμπόνια όταν είδαν τον γιατρό και μετά το κάπως χλωμό παρουσιαστικό μου.

«Θυμώσαμε όταν δεν ήρθες στο σταθμό της Καλκούτα όπως συμφωνήσαμε. Ήσουν άρρωστος;».

«Ναι». Δεν μπορούσα να μη γελάσω όταν οι φίλοι μου τοποθέτησαν τις αποσκευές στο ίδιο μέρος όπου τις είχαμε βάλει την προηγούμενη μέρα. Έκανα μια παράφραση:

«Ένα πλοίο πήγαινε σε μια νήσο· πριν φτάσει, γύρισε πάλι πίσω!».

Ο Δάσκαλος μπήκε στο δωμάτιο. Ως άρρωστος σε ανάρρωση, πήρα το θάρρος να πιάσω το χέρι του με αγάπη.

«Γκούρουτζι», είπα, «από τότε που ήμουν δώδεκα ετών έκανα πολλές ανεπιτυχείς προσπάθειες να πάω στα Ιμαλάια. Τελικά πείσθηκα ότι χωρίς τις ευλογίες σας η Θεά Παρβάτι[2] δεν θα με δεχτεί!».

---

[2] Κατά κυριολεξία «των βουνών». Η Παρβάτι μυθολογικά αντιπροσωπεύει την κόρη του Βασιλιά των Ιμαλαΐων (κατά κυριολεξία «κατοικία του χιονιού»), του οποίου το σπίτι είναι μια συγκεκριμένη κορυφή στα σύνορα με το Θιβέτ. Οι έκπληκτοι ταξιδιώτες που περνούν κάτω απ' αυτήν την απρόσιτη κορυφή βλέπουν μακριά έναν απέραντο σχηματισμό χιονιού που μοιάζει με παλάτι, με θόλους και πυργίσκους από πάγο.

Η Παρβάτι, η Κάλι, η Ντούργκα, η Ούμα και άλλες θεές είναι όψεις της Τζαγκανμάτρι, «Θεϊκής Μητέρας του Κόσμου», που έχει διάφορα ονόματα, το καθένα από τα οποία συμβολίζει συγκεκριμένες λειτουργίες. Ο Θεός ή Σίβα (βλ. σελ. 338 σημ.), στην *πάρα* Του ή υπερβατική όψη είναι αδρανής στη δημιουργία· η *σάκτι* Του (ενέργεια, κινητήρια δύναμη) εκχωρείται στις «συζύγους» Του, τις δημιουργικές «θηλυκές» δυνάμεις που καθιστούν εφικτή την αέναη εξέλιξη της δημιουργίας στο σύμπαν.

Οι μυθολογικές ιστορίες στις *Πουράνα* λένε ότι τα Ιμαλάια είναι η κατοικία του Σίβα. Η Θεά Γκανγκά κατέβηκε από τον ουρανό για να γίνει η προστάτιδα θεότητα του ποταμού που πηγάζει από τα Ιμαλάια· ο Γάγγης επομένως λέγεται, ποιητικά, ότι ρέει από τον ουρανό στη γη μέσω των μαλλιών του Σίβα, του «Βασιλιά των Γιόγκι» και του Καταστροφέα-Ανανεωτή της Τριάδας. Ο Καλιντάσα (Kalidasa), ο «Ινδός Σαίξπηρ», περιέγραψε τα Ιμαλάια ως «το υλοποιημένο γέλιο του Σίβα». «Ο αναγνώστης ίσως καταφέρει με τη φαντασία του να παρομοιάσει την οροσειρά με μεγάλα άσπρα δόντια», γράφει ο F. W. Thomas στο *The Legacy of India* («Η κληρονομιά της Ινδίας») (Oxford), «αλλά και πάλι η πλήρης ιδέα θα του ξεφεύγει εκτός κι αν έχει συνειδητοποιήσει τη μορφή του μεγαλειώδους Ασκητή, αιώνια ενθρονισμένου στον κόσμο του επιβλητικού, πανύψηλου βουνού όπου η Γκανγκά, κατά την κάθοδό της από τον ουρανό, περνά μέσα από μπερδεμένα κανάλια, με το φεγγάρι να τα κοσμεί όλα από ψηλά». (Βλ. εικόνα του Σίβα στη σελ. 223.)

Στην ινδουιστική τέχνη ο Σίβα συχνά απεικονίζεται φορώντας ένα δέρμα αντιλόπης σε βελούδινο μαύρο χρώμα, συμβολίζοντας το σκοτάδι και το μυστήριο της Νύχτας – το μοναδικό ένδυμά Του που είναι *ντιγκάμπαρα*, «αιθέρια ντυμένος». Ορισμένοι πιστοί του Σίβα που ανήκουν σε κάποια δόγματα δεν φορούν ρούχα για να τιμήσουν τον Κύριο που δεν Του ανήκει τίποτα – και ταυτόχρονα Του ανήκουν τα πάντα.

Μία από τις προστάτιδες αγίες του Κασμίρ, η Λάλα Γιογκισβάρι («Ανώτατη Δασκάλα της Γιόγκα»), που έζησε τον 14ο αιώνα, ήταν πιστή του «αιθέρια ντυμένου» Σίβα. Κάποιος της εποχής της, σκανδαλισμένος, τη ρώτησε γιατί ήταν γυμνή. «Γιατί όχι;», απάντησε η Λάλα δηκτικά. «Δεν βλέπω κανέναν άντρα γύρω μου». Στον κάπως δραστικό τρόπο σκέψης της Λάλα, αυτός που δεν είχε φτάσει στη συνειδητοποίηση του Θεού δεν άξιζε να αποκαλείται «άντρας». Εξασκούσε μια τεχνική παρόμοια με την *Κρίγια Γιόγκα*, της οποίας την απελευθερωτική αποτελεσματικότητα τη γιόρταζε με πολυάριθμα τετράστιχα. Μεταφράζω ένα εδώ:

Ποιο φαρμάκι πόνου δεν έχω πιει;
Αναρίθμητοι οι κύκλοι των γεννήσεων και των θανάτων μου.
Κι όμως! Τίποτα άλλο από νέκταρ στην κούπα μου
Που καταπίνω με την τέχνη της αναπνοής.

Μη υφιστάμενη σε θνητό θάνατο, η αγία εξαΰλωσε τον εαυτό της στη φωτιά. Αργότερα εμφανίστηκε στους ανθρώπους της πόλης της που θρηνούσαν, μια ζωντανή μορφή τυλιγμένη σε χρυσό μανδύα – πλήρως ντυμένη επιτέλους!

Ο ΚΥΡΙΟΣ ΣΙΒΑ

Η προσωποποίηση του πνεύματος του ασκητισμού, ο Σίβα αντιπροσωπεύει την όψη του Καταστροφέα-Ανανεωτή της τριαδικής φύσης του Θεού (Δημιουργός, Συντηρητής, Καταστροφέας). Συμβολίζοντας την υπερβατική φύση του, ο Σίβα απεικονίζεται σε μακαριότητα *σαμάντι* στα Ιμαλάια. Τα φίδια γύρω από το λαιμό του *(νάγκα κουντάλα)* και τα περιβραχιόνιά του καταδεικνύουν την κυριαρχία του πάνω στην αυταπάτη και τη δημιουργική του δύναμη.

ΚΕΦΑΛΑΙΟ 21

# Πάμε στο Κασμίρ

«Τώρα είσαι αρκετά δυνατός για να ταξιδέψεις. Θα σε συνοδεύσω στο Κασμίρ», με πληροφόρησε ο Σρι Γιουκτέσβαρ δύο μέρες μετά τη θαυματουργή ανάρρωσή μου από την ασιατική χολέρα.

Εκείνο το απόγευμα η παρέα μας των έξι ατόμων επιβιβάστηκε στο τρένο με προορισμό το Βορρά. Η πρώτη νωχελική στάση μας ήταν στη Σίμλα (Simla), μια πόλη σαν βασίλισσα, χτισμένη στο θρόνο των Ιμαλαΐων. Κάναμε έναν περίπατο στα απόκρημνα δρομάκια θαυμάζοντας το υπέροχο τοπίο.

«Αγγλικές φράουλες, περάστε κόσμε», φώναζε μια ηλικιωμένη γυναίκα που καθόταν οκλαδόν σ' ένα γραφικό υπαίθριο παζάρι.

Ο Δάσκαλος ενδιαφέρθηκε για τα μικρά κόκκινα φρούτα. Αγόρασε ένα μεγάλο καλάθι απ' αυτά και το πρόσφερε στον Κανάι κι εμένα που ήμαστε δίπλα. Δοκίμασα μια φράουλα αλλά την έφτυσα με βιασύνη στο έδαφος.

«Κύριε, τι ξινό φρούτο! Δεν θα μπορούσα ποτέ να φάω φράουλες!».

Ο γκουρού μου γέλασε. «Α, θα σου αρέσουν – στην Αμερική. Σ' ένα δείπνο εκεί η οικοδέσποινα θα σου τις προσφέρει με ζάχαρη και κρέμα. Αφού τις λιώσει μ' ένα πιρούνι θα τις δοκιμάσεις και θα πεις: "Τι νόστιμες φράουλες!". Τότε θα θυμηθείς αυτή τη μέρα στη Σίμλα».

(Την πρόβλεψη του Σρι Γιουκτέσβαρ τη λησμόνησα, αλλά τη θυμήθηκα πολλά χρόνια αργότερα, λίγο μετά την άφιξή μου στην Αμερική. Ήμουν καλεσμένος σ' ένα δείπνο στο σπίτι της κ. Άλις Τ. Χάσεϊ [Αδελφής Γιογκμάτα] στο δυτικό Σόμερβιλ, στη Μασαχουσέτη. Όταν σερβιρίστηκε το επιδόρπιο με φράουλες, η οικοδέσποινα πήρε ένα πιρούνι και έλιωσε τις φράουλές μου προσθέτοντας κρέμα και ζάχαρη. «Το φρούτο αυτό είναι αρκετά ξινό· νομίζω πως θα σας αρέσει φτιαγμένο μ' αυτόν τον τρόπο», παρατήρησε. Πήρα μια μεγάλη μπουκιά. «Τι νόστιμες φράουλες!», αναφώνησα. Αμέσως η πρόβλεψη του γκουρού μου στη Σίμλα αναδύθηκε από την απύθμενη σπηλιά της μνήμης.

Έμεινα κατάπληκτος από δέος όταν συνειδητοποίησα ότι, πάρα πολύ καιρό πριν, ο συντονισμένος με το Θεό νους του είχε ανιχνεύσει το πρόγραμμα των καρμικών γεγονότων που περιπλανιόταν στον αιθέρα των μελλούμενων.)

Σύντομα φύγαμε από τη Σίμλα και μπήκαμε στο τρένο για το Ραβαλπίντι (Rawalpindi). Εκεί μισθώσαμε μια τετράτροχη άμαξα που την έσερναν δύο άλογα για ένα ταξίδι επτά ημερών στο Σρίναγκαρ (Srinagar), την πρωτεύουσα του Κασμίρ. Τη δεύτερη μέρα του ταξιδιού μας προς το Βορρά είδαμε μπροστά μας την αληθινή απεραντοσύνη των Ιμαλαΐων. Καθώς οι σιδερένιοι τροχοί της άμαξας έτριζαν πάνω στους ζεστούς χωματόδρομους, μας συνεπήρε το μεγαλείο των βουνών με τις εναλλαγές του τοπίου τους.

«Κύριε», είπε ο Όντι στον Δάσκαλο, «απολαμβάνω πάρα πολύ αυτές τις υπέροχες σκηνές συνοδευόμενος από την άγια παρουσία σας».

Ένιωσα ένα σκίρτημα ευχαρίστησης με τα λόγια του Όντι, καθώς ήμουν εγώ αυτός που οργάνωσε και πρόσφερε το ταξίδι. Ο Σρι Γιουκτέσβαρ κατάλαβε τη σκέψη μου· γύρισε και μου ψιθύρισε:

«Μην κολακεύεσαι· ο Όντι δεν είναι τόσο μαγεμένος από το τοπίο όσο από την προοπτική να μας αφήσει για αρκετή ώρα ώστε να μπορέσει να καπνίσει ένα τσιγάρο».[1]

Σοκαρίστηκα. «Κύριε», είπα χαμηλόφωνα, «σας παρακαλώ μη χαλάτε την αρμονία μας μ' αυτά τα δυσάρεστα λόγια. Δεν μπορώ να πιστέψω ότι ο Όντι λαχταρά να καπνίσει». Κοίταξα ανήσυχα τον συνήθως απερίφραστο γκουρού μου.

«Πολύ καλά, δεν θα πω τίποτα στον Όντι». Ο Δάσκαλος κρυφογέλασε. «Σύντομα όμως θα δεις ότι όταν η άμαξα σταματήσει θα αδράξει αμέσως την ευκαιρία».

Η άμαξα έφτασε σ' ένα μικρό πανδοχείο. Καθώς τα άλογά μας οδηγούνταν για να ποτιστούν, ο Όντι ρώτησε: «Κύριε, θα μπορούσα να συνεχίσω λίγο παρακάτω με τον αμαξά; Θα ήθελα να πάρω λίγο καθαρό αέρα».

Ο Σρι Γιουκτέσβαρ έδωσε την άδειά του αλλά μου είπε: «Θέλει καθαρό καπνό, όχι καθαρό αέρα».

Η άμαξα συνέχισε τη θορυβώδη πορεία της στους χωματόδρομους. Τα μάτια του Δασκάλου σπινθήριζαν· μου είπε: «Τέντωσε το λαιμό σου

---

[1] Στην Ινδία είναι σημάδι έλλειψης σεβασμού το να καπνίζει κάποιος μπροστά σε μεγαλύτερους στην ηλικία ή ανώτερους.

και δες μέσα από την πόρτα της άμαξας τι κάνει ο Όντι με τον αέρα».

Υπάκουσα και έκπληκτος παρατήρησα τον Όντι να βγάζει δαχτυλίδια καπνού από τσιγάρο εκπνέοντας. Κοίταξα τον Σρι Γιουκτέσβαρ απολογητικά.

«Έχετε δίκιο όπως πάντα, κύριε. Ο Όντι απολαμβάνει μερικές ρουφηξιές καπνού μαζί με το πανόραμα». Υπέθεσα ότι ο φίλος μου είχε δεχτεί ένα δώρο από τον αμαξά· ήξερα ότι ο Όντι δεν είχε φέρει τσιγάρα από την Καλκούτα.

Συνεχίσαμε τον λαβυρινθώδη δρόμο απολαμβάνοντας τη θέα των ποταμών, των κοιλάδων, τα απόκρημνα φαράγγια και τις πολυάριθμες οροσειρές. Κάθε βράδυ σταματούσαμε σε κάποιο χωριάτικο χάνι και μαγειρεύαμε το φαγητό μας. Ο Σρι Γιουκτέσβαρ πρόσεχε πολύ τη διατροφή μου, επιμένοντας να πίνω χυμό λάιμ σε όλα τα γεύματα. Ήμουν ακόμα αδύναμος, αλλά καθημερινά βελτιωνόμουν – αν και η άμαξα που έτριζε και τρανταζόταν συνεχώς ήταν ειδικά και με ακρίβεια σχεδιασμένη για να προκαλεί σωματική δυσφορία!

Χαρούμενες προσδοκίες γέμισαν την καρδιά μας καθώς πλησιάζαμε στο κεντρικό Κασμίρ: παραδεισένιο μέρος με λίμνες με λωτούς, πλωτούς κήπους, όμορφα διακοσμημένα σπίτια-βάρκες, τον ποταμό Τζέλουμ (Jhelum) με τις πολλές γέφυρες και τους βοσκότοπους με τα διάσπαρτα λουλούδια, όλα περιστοιχισμένα από τα Ιμαλάια.

Πλησιάσαμε στο Σρίναγκαρ διασχίζοντας έναν φαρδύ δρόμο με ψηλά δέντρα που φαίνονταν σαν να μας καλωσόριζαν. Νοικιάσαμε δωμάτια σ' ένα διώροφο χάνι που είχε θέα προς τα ευγενή όρη. Δεν υπήρχε τρεχούμενο νερό· το παίρναμε από ένα κοντινό πηγάδι. Ο καλοκαιρινός καιρός ήταν ιδανικός: ζεστές μέρες και ελαφρά κρύες νύχτες.

Προσκυνήσαμε σ' έναν αρχαίο ναό στο Σρίναγκαρ που ήταν αφιερωμένος στον Σουάμι Σάνκαρα. Καθώς κοίταξα το ερημητήριο στην κορυφή του βουνού, με φόντο τον ουρανό, έπεσα σε υπερβατική έκσταση. Μου εμφανίστηκε ένα όραμα ενός μεγάρου στην κορυφή ενός λόφου σε κάποια μακρινή χώρα· ο επιβλητικός ναός του Σάνκαρα στο Σρίναγκαρ μεταμορφώθηκε στο οικοδόμημα όπου, χρόνια αργότερα, ίδρυσα την έδρα του Self-Realization Fellowship στην Αμερική. (Όταν πήγα για πρώτη φορά στο Λος Άντζελες και είδα το μεγάλο κτίριο στην κορυφή του Mount Washington, το αναγνώρισα αμέσως από παλιά μου οράματα στο Κασμίρ και αλλού.)

Μείναμε μερικές μέρες στο Σρίναγκαρ· μετά συνεχίσαμε για το

Το κτίριο της έδρας του Self-Realization Fellowship (Yogoda Satsanga Society of India) που ιδρύθηκε το 1925 από τον Σρι Γιογκανάντα στην κορυφή του Mount Washington, στο Λος Άντζελες, Καλιφόρνια

Γκουλμάργκ (Gulmarg, «ανθισμένα μονοπάτια βουνών»), σε ύψος δύο χιλιάδων εξακοσίων μέτρων. Εκεί για πρώτη φορά έκανα ιππασία πάνω σ' ένα μεγάλο άλογο. Ο Ρατζέντρα ανέβηκε σ' ένα μικρό άλογο, ένα που είχε μανία να είναι πρώτο στο τρέξιμο. Αποτολμήσαμε να πάμε μέχρι το πολύ απόκρημνο Κίλανμαργκ (Khilanmarg)· το μονοπάτι οδηγούσε σ' ένα πυκνό δάσος, με πλήθος μανιταριών, όπου συχνά έχανε κάποιος τα ίχνη του καθώς αυτά καλύπτονταν από την ομίχλη. Το μικρό ζώο όμως του Ρατζέντρα δεν επέτρεπε στο δικό μου μεγαλόσωμο άτι να ξεκουραστεί ούτε στιγμή, ακόμα και στις πιο επικίνδυνες στροφές. Έτρεχε, έτρεχε, ακούραστο το άλογο του Ρατζέντρα το οποίο, μπροστά στη χαρά του ανταγωνισμού, είχε ξεχάσει τα πάντα.

Η επίπονη κούρσα μας μας αντάμειψε με μια θέα που έκοβε την ανάσα. Για πρώτη φορά σ' αυτή τη ζωή είδα σε όλον τον ορίζοντα, προς όλες τις κατευθύνσεις, τα μεγαλοπρεπή χιονοσκέπαστα Ιμαλάια, οροσειρές πάνω σε οροσειρές, σαν μορφές τεράστιων πολικών αρκούδων. Κοίταζα με βαθιά αγαλλίαση την πανδαισία της ατελείωτης κορυφογραμμής των παγωμένων βουνών κάτω από τον καταγάλανο ηλιόλουστο ουρανό.

Κυλιόμασταν χαρούμενα μαζί με τους νεαρούς συντρόφους μου με τα παλτά μας πάνω στο χιόνι, στις λευκές πλαγιές που ακτινοβολούσαν. Καθώς κατρακυλούσαμε είδαμε ένα απέραντο χαλί από κίτρινα λουλούδια που μεταμόρφωναν τελείως τα έρημα βουνά.

Οι επόμενες εκδρομές μας ήταν στους διάσημους «απολαυστικούς κήπους» του Αυτοκράτορα Τζεχάνγκιρ στο Σαλιμάρ (Shalimar) και στο Νισάτ Μπαγκ (Nishat Bagh). Το αρχαίο παλάτι στο Νισάντ Μπαγκ είναι χτισμένο ακριβώς πάνω σ' έναν φυσικό καταρράχτη. Καθώς ο χείμαρρος κατεβαίνει από τα βουνά, ρυθμίστηκε με ιδιοφυείς κατασκευές να ρέει πάνω από χρωματιστές βεράντες και να ξεσπά μέσα σε πηγές ανάμεσα σε εκτυφλωτικά ολάνθιστα παρτέρια. Το ρεύμα του ποταμού μπαίνει και σε αρκετά δωμάτια του παλατιού, καταλήγοντας να πέφτει με μαγευτική ομορφιά στη λίμνη πιο κάτω. Οι πελώριοι κήποι αποτελούν μια πανδαισία χρωμάτων – τριαντάφυλλα, γιασεμιά, λίλιουμ, αντίρρινα, πανσέδες, λεβάντες, παπαρούνες. Οι συμμετρικές σειρές από τσινάρ,[2] κυπαρίσσια και κερασιές, σχηματίζουν μια σμαραγδένια αγκαλιά, πέρα από την οποία υψώνεται η επιβλητική λιτότητα των Ιμαλαΐων.

---

[2] Το δέντρο πλάτανος της Ανατολής.

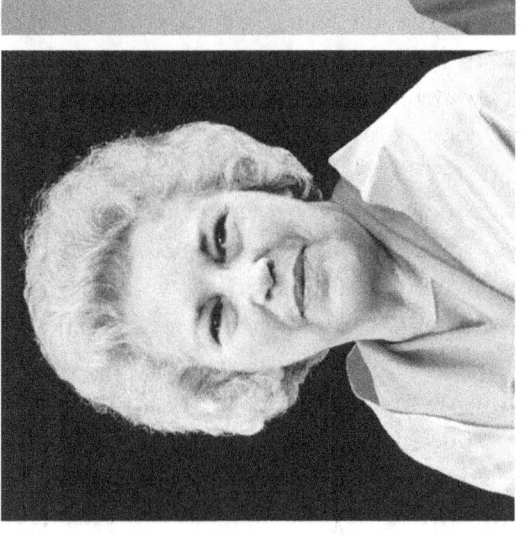

Οι διάδοχοι του Παραμαχάνσα Γιογκανάντα

*(Από αριστερά προς τα δεξιά)* Ο Σρι Ράτζαρσι Τζανακανάντα, πνευματικός ηγέτης και πρόεδρος του Self-Realization – Yogoda Satsanga Society of India από το 1952 ως το 1955. Η Σρι Ντάγια Μάτα διαδέχθηκε τον Ράτζαρσι Τζανακανάντα τον Φεβρουάριο του 1955, εκτελώντας τα καθήκοντά της για πάνω από 55 χρόνια, μέχρι τον θάνατό της, το 2010. Η Σρι Μριναλίνη Μάτα, μια ακόμα στενή μαθήτρια του μεγάλου Δασκάλου, την οποία επέλεξε και εκπαίδευσε ο ίδιος ως μία απ' αυτούς που θα ηγούνταν του έργου του μετά τον θάνατό του, είναι η τωρινή πρόεδρος και πνευματική ηγέτιδα του SRF-YSS.

Τα ονομαστά σταφύλια του Κασμίρ θεωρούνται σπάνιο έδεσμα στην Καλκούτα. Ο Ρατζέντρα, που μιλούσε για το φαγοπότι με τα σταφύλια που μας περίμενε στο Κασμίρ, απογοητεύτηκε όταν δεν βρήκε εκεί μεγάλους αμπελώνες. Πού και πού τον πείραζα για την αβάσιμη προσδοκία του.

«Αχ, έφαγα τόσα σταφύλια που δεν μπορώ να περπατήσω πια!», έλεγα. «Τα αόρατα σταφύλια ζυμώνονται μέσα μου και θα βγει κρασί!». Αργότερα ακούσαμε ότι τα γλυκά σταφύλια φύτρωναν άφθονα στην Καμπούλ(Kabul), δυτικά του Κασμίρ. Παρηγορηθήκαμε με παγωτό φτιαγμένο από *ράμπρι* (πολύ συμπυκνωμένο γάλα) με φιστίκια.

Κάναμε διάφορες εκδρομές με τα *σικάρα*, μικρά πλεούμενα με σκίαστρα διακοσμημένα με κόκκινα κεντίδια, διασχίζοντας τα πολύπλοκα κανάλια της λίμνης Νταλ (Dal Lake) – ένα δίκτυο καναλιών που έμοιαζε με υδάτινο ιστό αράχνης. Εκεί οι πολυάριθμοι πλωτοί κήποι, πρόχειρα αυτοσχεδιασμένοι με κούτσουρα και χώμα, εκπλήσσουν κάποιον όταν με την πρώτη ματιά βλέπει λαχανικά και πεπόνια να φυτρώνουν τόσο παράταιρα ανάμεσα σε απέραντα νερά. Περιστασιακά οι χωρικοί, μη θέλοντας να είναι «ριζωμένοι» κάπου, ρυμουλκούν τη «γη» τους σε άλλη τοποθεσία της πολυδαίδαλης λίμνης.

Σ' αυτήν την πολυθρύλητη κοιλάδα βρίσκει κάποιος μια επιτομή απ' όλες τις ομορφιές της γης. Η Λαίδη του Κασμίρ έχει για στέμμα της τα βουνά, είναι στολισμένη με αστραφτερές λίμνες κι έχει στα πόδια της λουλούδια. Χρόνια αργότερα, αφού ταξίδεψα σε πολλές χώρες, κατάλαβα γιατί το Κασμίρ συχνά χαρακτηρίζεται ως το πιο γραφικό τοπίο του κόσμου. Έχει κάτι από τη γοητεία των Άλπεων, από την απέραντη έκταση των πεντακάθαρων νερών στο Λοκ Λομόντ της Σκωτίας και τις εξαίσιες λίμνες της Αγγλίας. Ένας Αμερικανός ταξιδιώτης θα θυμηθεί στο Κασμίρ το τραχύ μεγαλείο της Αλάσκα και των βουνών Pikes Peak κοντά στο Ντένβερ.

Αν γινόταν διαγωνισμός ομορφιάς τοπίων θα έδινα το πρώτο βραβείο είτε στην καταπληκτική θέα του Χοτσιμίλκο (Xochimilco) στο Μεξικό, όπου ο ουρανός, τα βουνά και οι λεύκες αντικατοπτρίζονται ανάμεσα σε παιχνιδιάρικα ψάρια σε μυριάδες κανάλια νερού, είτε στις λίμνες του Κασμίρ, που φυλάσσονται σαν παρθένες κάτω από την αυστηρή επίβλεψη των Ιμαλαΐων. Αυτά τα δύο μέρη ξεχωρίζουν στη μνήμη μου σαν τα ωραιότερα μέρη της γης.

Ένιωσα δέος όμως και όταν αντίκρισα τα θαύματα του Εθνικού

Πάρκου Γέλοουστόουν[3] και του Γκραντ Κάνιον του Κολοράντο και της Αλάσκα. Το Γέλοουστόουν είναι μάλλον η μοναδική περιοχή στη γη όπου βλέπει κάποιος πολυάριθμους θερμοπίδακες να εκτοξεύονται στον αέρα με μια περιοδικότητα ρυθμισμένη σχεδόν σαν με ρολόι. Σ' αυτήν την ηφαιστειογενή περιοχή η Φύση άφησε ένα δείγμα της αρχικής δημιουργίας: ζεστές πηγές από θειάφι, λίμνες σε χρώμα οπάλιου-ζαφειριού, ορμητικούς θερμοπίδακες και ελεύθερα περιφερόμενες αρκούδες, λύκους, βίσωνες και άλλα άγρια πλάσματα. Όταν διέσχισα με αυτοκίνητο τους δρόμους του Γουαϊόμινγκ μέχρι το «Devil's Paint Pot», όπου αναβλύζει ζεστή λάσπη, και παρατήρησα τις κελαρυστές πηγές, τους θερμοπίδακες και τα ατμώδη σιντριβάνια, παραδέχθηκα ότι το Γέλοουστόουν αξίζει ένα ξεχωριστό βραβείο για τη μοναδικότητά του.

Στο Εθνικό Πάρκο Γιόσεμαϊτ της Καλιφόρνιας, οι αρχαίες μεγαλειώδεις σεκόγιες που υψώνονται σαν τεράστιες κολώνες ψηλά στον ουρανό μοιάζουν με φυσικούς πράσινους καθεδρικούς ναούς σχεδιασμένους με θεϊκή δεξιοτεχνία. Αν και υπάρχουν υπέροχοι καταρράχτες στην Ανατολή, κανένας δεν φτάνει τη χειμαρρώδη ομορφιά του Νιαγάρα στα σύνορα Νέας Υόρκης και Καναδά. Το σπήλαιο Mammoth Cave στο Κεντάκι και το σπήλαιο Carlsbad Caverns στο Νέο Μεξικό είναι περίεργες νεραϊδοχώρες. Μεγάλοι σταλακτίτες που κρέμονται από τις οροφές των σπηλαίων και καθρεφτίζονται σε υπόγεια νερά δίνουν την εντύπωση άλλων κόσμων, που ο άνθρωπος μπορεί μόνο να ονειρευτεί.

Στο Κασμίρ πολλοί άνθρωποι, ξακουστοί για την ομορφιά τους, είναι λευκοί όπως οι Ευρωπαίοι και έχουν παρόμοια χαρακτηριστικά και σκελετική δομή· πολλοί έχουν γαλάζια μάτια και ξανθά μαλλιά. Ντυμένοι με δυτικά ρούχα μοιάζουν με τους Αμερικανούς. Το κρύο των Ιμαλαΐων δίνει τη δυνατότητα στους κατοίκους του Κασμίρ να ανακουφίζονται από τον πνιγηρό ήλιο και διατηρεί την ανοιχτή απόχρωση της επιδερμίδας τους. Καθώς κάποιος ταξιδεύει Νότια στο τροπικό γεωγραφικό πλάτος της Ινδίας βρίσκει προοδευτικά όλο και πιο σκουρόχρωμους ανθρώπους.

Αφού περάσαμε ευτυχισμένες εβδομάδες στο Κασμίρ, αναγκάστηκα να αρχίσω τις προετοιμασίες για το γυρισμό στη Βεγγάλη για να παρακολουθήσω τα φθινοπωρινά μαθήματα στο Πανεπιστήμιο. Ο

---

[3] Δεν γράφονται στα Αγγλικά τοποθεσίες γνωστές ή τις οποίες μπορεί εύκολα να βρει ο αναγνώστης, για να είναι πιο ευανάγνωστο το κείμενο. *(Σημ. του Μεταφραστή)*

Σρι Γιουκτέσβαρ, ο Κανάι και ο Όντι θα έμεναν στο Σρίναγκαρ λίγο ακόμα. Λίγο πριν την αναχώρησή μου, ο Δάσκαλος υπαινίχθηκε ότι το σώμα του θα αρρώσταινε στο Κασμίρ.

«Κύριε, είστε η προσωποποίηση της υγείας», διαμαρτυρήθηκα. «Υπάρχει περίπτωση ακόμα και να φύγω απ' αυτή τη γη».

«Γκούρουτζι!». Έπεσα στα πόδια του ικετευτικά. «Σας παρακαλώ, υποσχεθείτε μου ότι δεν θα αφήσετε το σώμα σας τώρα. Είμαι εντελώς απροετοίμαστος να συνεχίσω χωρίς εσάς».

Ο Σρι Γιουκτέσβαρ ήταν σιωπηλός, αλλά μου χαμογέλασε με τόση συμπόνια που καθησυχάστηκα. Τον άφησα απρόθυμα.

«Ο Δάσκαλος είναι επικίνδυνα άρρωστος». Αυτό το τηλεγράφημα από τον Όντι έφτασε σ' εμένα λίγο μετά την επιστροφή μου στο Σεράμπουρ.

«Κύριε», τηλεγράφησα στον γκουρού μου με αλλοφροσύνη, «ζήτησα την υπόσχεσή σας να μη μ' αφήσετε. Σας παρακαλώ, κρατήστε το σώμα σας· αλλιώς θα πεθάνω κι εγώ».

«Ας γίνει όπως επιθυμείς». Αυτή ήταν η απάντηση του Δασκάλου από το Κασμίρ.

Σε λίγες μέρες έφτασε ένα γράμμα από τον Όντι, πληροφορώντας με ότι ο Δάσκαλος ανάρρωσε. Όταν γύρισε στο Σεράμπουρ μετά από δεκαπέντε μέρες, στενοχωρήθηκα πολύ όταν είδα ότι το σώμα του είχε συρρικνωθεί στο μισό του βάρος.

Ευτυχώς για τους μαθητές του, ο Σρι Γιουκτέσβαρ έκαψε πολλές από τις αμαρτίες τους στη φωτιά του σοβαρού πυρετού του στο Κασμίρ. Η μεταφυσική μέθοδος της υλικής μεταβίβασης της αρρώστιας είναι γνωστή σε πολύ προχωρημένους γιόγκι. Ένας δυνατός άντρας μπορεί να βοηθήσει έναν αδύναμο, βοηθώντας τον να κουβαλήσει ένα βαρύ φορτίο· ένας πνευματικός υπεράνθρωπος μπορεί να ελαχιστοποιήσει τα σωματικά και νοητικά προβλήματα των μαθητών του παίρνοντας πάνω του ένα μέρος των καρμικών φορτίων τους. Όπως ένας πλούσιος άνθρωπος προσφέρει ένα ποσό χρημάτων για να πληρώσει ένα μεγάλο χρέος του άσωτου γιου του, ο οποίος μ' αυτόν τον τρόπο σώζεται από τις φριχτές συνέπειες της ανοησίας του, έτσι κι ένας Δάσκαλος πρόθυμα θυσιάζει ένα μέρος του σωματικού του πλούτου για να ελαφρύνει τη δυστυχία των μαθητών.[4]

---

[4] Πολλοί Χριστιανοί άγιοι, συμπεριλαμβανομένης της Τερέζας Νόιμαν (βλ. σελ. 420), γνωρίζουν τη μεταφυσική μεταβίβαση της αρρώστιας.

*Πάμε στο Κασμίρ*

Με μια μυστική γιογκική μέθοδο, ο άγιος ενώνει τον νου του και το αστρικό του σώμα με αυτά του αρρώστου· η ασθένεια μεταδίδεται, ολόκληρη ή κατά ένα μέρος της, στη σάρκινη μορφή του γιόγκι. Έχοντας κατακτήσει το υλικό πεδίο μέσω της γνώσης του Θεού, ένας Δάσκαλος δεν ασχολείται πλέον με το σώμα του. Παρ' όλο που μπορεί να επιτρέψει στο σώμα του να αρρωστήσει για να ανακουφίσει άλλους ανθρώπους, ο νους του, αμόλυντος, δεν επηρεάζεται. Θεωρεί τον εαυτό του τυχερό που μπορεί να προσφέρει τέτοια βοήθεια. Με την επίτευξη της τελικής σωτηρίας στον Κύριο, πράγματι το ανθρώπινο σώμα έχει εκπληρώσει πλήρως τον σκοπό του· ο Δάσκαλος τότε το χρησιμοποιεί με οποιονδήποτε τρόπο θεωρεί κατάλληλο.

Το έργο ενός γκουρού στον κόσμο είναι να ελαφρύνει τον πόνο της ανθρωπότητας, είτε με πνευματικά μέσα είτε με σοφές συμβουλές, είτε με τη δύναμη της θέλησης, είτε με την υλική μεταβίβαση μιας ασθένειας στο σώμα του. Δραπετεύοντας στο υπερσυνείδητο όποτε θέλει, ένας Δάσκαλος μπορεί να ξεχάσει τη σωματική αρρώστια· μερικές φορές, για να δώσει το παράδειγμα στους μαθητές του, επιλέγει να υπομείνει τον σωματικό πόνο στωικά. Παίρνοντας πάνω του τις αρρώστιες των άλλων, ο γιόγκι μπορεί να ικανοποιήσει για εκείνους τον καρμικό νόμο της αιτίας και του αποτελέσματος. Αυτός ο νόμος λειτουργεί μηχανικά, μαθηματικά· τα αποτελέσματά του μπορούν να τα χειριστούν με επιστημονικό τρόπο άνθρωποι με θεϊκή σοφία.

Ο πνευματικός νόμος δεν απαιτεί να αρρωστήσει ο Δάσκαλος όποτε θεραπεύει έναν άλλο άνθρωπο. Οι θεραπείες συνήθως γίνονται μέσω της γνώσης του αγίου των διαφόρων μεθόδων ακαριαίας ίασης κατά τις οποίες καμία ζημιά δεν επέρχεται στον πνευματικό θεραπευτή. Σε σπάνιες περιπτώσεις όμως, ένας Δάσκαλος που θέλει να επισπεύσει πολύ την πνευματική ανάπτυξη των μαθητών του, μπορεί εθελοντικά να «ξεπληρώσει» με το δικό του σώμα ένα μεγάλο τμήμα από το ανεπιθύμητο κάρμα τους.

Ο Ιησούς είπε ότι το σώμα του ήταν τα λύτρα για τις αμαρτίες πολλών. Με τις θεϊκές του δυνάμεις,[5] ο Χριστός δεν θα μπορούσε ποτέ να θανατωθεί με σταύρωση αν δεν είχε συνεργαστεί πρόθυμα με τον λεπτοφυή συμπαντικό νόμο της αιτίας και του αποτελέσματος. Έτσι, πήρε

---

[5] Ο Χριστός, λίγο πριν οδηγηθεί στη σταύρωση, είπε: «Η νομίζεις ότι δεν μπορώ τώρα να παρακαλέσω τον Πατέρα μου, και θα στήσει αμέσως κοντά μου περισσότερες από δώδεκα λεγεώνες αγγέλων; Πώς όμως θα εκπληρωθούν οι γραφές ότι έτσι πρέπει να γίνει;». – Κατά Ματθαίο ΚΣΤ:53-54.

πάνω του τις συνέπειες του κάρμα άλλων, ειδικά αυτού των μαθητών του. Μ' αυτόν τον τρόπο εξαγνίσθηκαν σε εξαιρετικά μεγάλο βαθμό και έγιναν κατάλληλοι να λάβουν την πανταχού παρούσα συνειδητότητα ή Άγιο Πνεύμα που αργότερα κατέβηκε σ' αυτούς.[6]

Μόνο ένας Δάσκαλος που έχει κατακτήσει τη συνειδητοποίηση του Εαυτού του μπορεί να μεταφέρει τη ζωική δύναμή του σε άλλους ή να πάρει στο δικό του σώμα τις αρρώστιες άλλων. Ένας συνηθισμένος άνθρωπος δεν μπορεί να εφαρμόσει αυτή τη γιογκική μέθοδο θεραπείας· ούτε και είναι επιθυμητό να το κάνει γιατί ένα μη υγιές σώμα είναι εμπόδιο για το βαθύ διαλογισμό. Οι ινδουιστικές Γραφές διδάσκουν ότι η διατήρηση του σώματος σε καλή κατάσταση είναι επιβεβλημένο καθήκον του ανθρώπου· αλλιώς ο νους του είναι ανίκανος να παραμείνει αμετακίνητα εστιασμένος σε λατρευτική αυτοσυγκέντρωση.

Ένας πολύ ισχυρός νους όμως μπορεί να υπερβεί όλες τις σωματικές δυσκολίες και να επιτύχει τη συνειδητοποίηση του Θεού. Πολλοί άγιοι αγνόησαν την αρρώστια τους και πέτυχαν στη θεϊκή τους αναζήτηση. Ο Άγιος Φραγκίσκος της Ασίζης, ενώ έπασχε από σοβαρές ασθένειες, θεράπευσε άλλους ανθρώπους και ακόμα και ανέστησε νεκρούς.

Μια φορά γνώρισα έναν Ινδό άγιο του οποίου το μισό σώμα, από μικρή ηλικία, ήταν καλυμμένο με πληγές. Η ασθένεια του διαβήτη από τον οποίο έπασχε ήταν τόσο οξεία που του ήταν δύσκολο να καθίσει ακίνητος για περισσότερο από δεκαπέντε συνεχόμενα λεπτά. Η πνευματική του προσδοκία όμως ήταν απτόητη. «Κύριε», προσευχόταν, «θα έρθεις στον ραγισμένο ναό μου;». Με ασταμάτητη επιμονή μέσω της δύναμης της θέλησης, ο άγιος σταδιακά κατάφερε να μπορεί να κάθεται στη στάση του λωτού για δεκαοκτώ ώρες την ημέρα, απορροφημένος σε έκσταση. «Και», μου είπε, «όταν πέρασαν τρία χρόνια, βρήκα το Άπειρο Φως να λάμπει μέσα μου. Χαρούμενος από το μεγαλείο Του, ξέχασα το σώμα. Μετά είδα ότι θεραπεύτηκε μέσω του Θεϊκού Ελέους».

Μια ιστορική θεραπεία αφορά τον Βασιλιά Μπάμπερ (1483-1530), ιδρυτή της αυτοκρατορίας των Μογκούλ στην Ινδία. Ο γιος του, ο Χουμαγιούν,[7] αρρώστησε βαριά. Ο πατέρας του προσευχήθηκε με

---

[6] Πράξεις Αποστόλων Α:8, Β:1-4.

[7] Ο Χουμαγιούν ήταν ο πατέρας του Ακμπάρ του Μεγάλου. Με ισλαμικό ζήλο, ο Ακμπάρ αρχικά καταδίωκε τους Ινδουιστές. «Καθώς μεγάλωνε η γνώση μου, συγκλονίστηκα από ντροπή», είπε αργότερα. «Θαύματα γίνονται στους ναούς κάθε θρησκείας». Κανόνισε να μεταφραστεί η Μπάγκαβαντ Γκίτα στα Περσικά και κάλεσε στο παλάτι του πολλούς Ιησουίτες πατέρες από τη Ρώμη. Ο Ακμπάρ, με ανακρίβεια αλλά με αγάπη και καλή πρόθεση, αφιέρωσε στον Χριστό το ακόλουθο ρητό (που είναι χαραγμένο στο Τόξο της Νίκης στη νέα πόλη του

αγωνιώδη αποφασιστικότητα να πάρει εκείνος την ασθένεια και να απαλλαγεί ο γιος του. Ο Χουμαγιούν ανάρρωσε· ο Μπάμπερ αμέσως αρρώστησε και πέθανε από την ίδια ασθένεια που είχε προσβάλει τον γιο του.

Πολλοί πιστεύουν ότι ένας μεγάλος Δάσκαλος πρέπει να έχει την υγεία και τη δύναμη του Σάντοου.[8] Η εικασία αυτή είναι αβάσιμη. Ένα άρρωστο σώμα δεν σημαίνει ότι ένας γκουρού υστερεί σε θεϊκές δυνάμεις, όπως εξάλλου και η μακροζωία δεν αποδεικνύει και εσωτερική φώτιση. Τα ξεχωριστά προσόντα ενός Δασκάλου δεν είναι υλικά αλλά πνευματικά.

Πολλοί παραπλανημένοι αναζητητές της Δύσης εσφαλμένα νομίζουν ότι ένας εύγλωττος ομιλητής ή συγγραφέας στη μεταφυσική είναι Δάσκαλος. Ωστόσο, απόδειξη για το αν κάποιος είναι Δάσκαλος ή όχι συνιστά μόνο η δυνατότητα να εισέρχεται κατά βούληση στην κατάσταση κατά την οποία σταματά την αναπνοή του *(σαμπικάλπα σαμάντι)* και η επίτευξη της αμετάβλητης μακαριότητας *(νιρμπικάλπα σαμάντι).*[9] Οι ρίσι τόνισαν ότι μόνο μ' αυτά τα επιτεύγματα μπορεί ένα ανθρώπινο ον να δείξει ότι έχει κυριαρχήσει στη *μάγια,* τη δυαδική συμπαντική αυταπάτη. Μόνον αυτός μπορεί να πει από τα βάθη της συνειδητοποίησης: *«Εκάμ σατ»* («Μόνο Ένα Υπάρχει»).

> «Όταν υπάρχει δυαδικότητα εξαιτίας της άγνοιας, ο άνθρωπος βλέπει όλα τα πράγματα σαν ξεχωριστά από τον Εαυτό», έγραψε ο Σάνκαρα, ο μεγάλος μονιστής. «Όταν γνωρίζει ότι τα πάντα είναι ο Εαυτός, ούτε ένα άτομο ή μόριο δεν φαίνεται ξεχωριστό από τον Εαυτό. [...] Μόλις αναβλύσει η γνώση της Πραγματικότητας, δεν μπορούν να υπάρξουν αποτελέσματα παλιών πράξεων για να βιωθούν, εξαιτίας της μη πραγματικότητας του σώματος, ακριβώς όπως δεν μπορεί να υπάρξει όνειρο όταν κάποιος ξυπνήσει».

Μόνο οι μεγάλοι γκουρού μπορούν να σηκώσουν το κάρμα των μαθητών. Ο Σρι Γιουκτέσβαρ δεν θα υπέφερε στο Σρίναγκαρ[10] αν δεν

---

Ακμπάρ, τη Φατεπούρ Σικρί (Fatehpur Sikri): «Ο Ιησούς, ο γιος της Μαρίας (ειρήνη σ' αυτήν), είπε: *Ο κόσμος είναι μια γέφυρα· πέρνα από πάνω της, αλλά μη χτίσεις κανένα σπίτι πάνω σ' αυτήν».*

[8] Ένας Γερμανός αθλητής (το 1925), γνωστός ως «ο πιο δυνατός άντρας του κόσμου».

[9] Βλ. σελ. 273 και σελ. 478 σημ.

[10] Το Σρίναγκαρ, η πρωτεύουσα του Κασμίρ, χτίστηκε τον τρίτο αιώνα π.Χ από τον Αυτοκράτορα Ασόκα. Έχτισε εκεί 500 μοναστήρια, από τα οποία 100 υπήρχαν ακόμα όταν ο Κινέζος προσκυνητής Χιουέν Τσιάνγκ (Hiuen Tsiang) ταξίδεψε στο Κασμίρ, 1.000 χρόνια αργότερα. Άλλος ένας Κινέζος συγγραφέας, ο Φα-Σιέν (Fa-Hsien) (του 5ου αιώνα), βλέποντας τα ερείπια του απέραντου παλατιού του Ασόκα στην Παταλιπούτρα [(τη σύγχρονη Πάτνα) (Patna)], μας λέει ότι η δομή είχε τέτοια απίστευτη ομορφιά στην αρχιτεκτονική της και τα διακοσμητικά γλυπτά που «δεν θα μπορούσαν να έχουν γίνει από θνητά χέρια».

είχε πάρει συγκατάθεση από το Πνεύμα μέσα του να βοηθήσει τους μαθητές του μ' αυτόν τον παράξενο τρόπο. Λίγοι άγιοι υπήρξαν ποτέ στην ιστορία με πιο εκλεπτυσμένη και ευαίσθητη σοφία όσον αφορά την εκτέλεση των θεϊκών εντολών απ' αυτήν του συντονισμένου με το Θεό Δασκάλου μου.

Όταν αποτόλμησα να εκφράσω κάποιες λέξεις συμπάθειας για το γεγονός ότι αδυνάτισε πολύ, ο γκουρού μου είπε χαρούμενα:

«Έχει και τις καλές πλευρές του· θα χωράω τώρα σε μερικά μικρά *γκάντζι* (φανέλες) που δεν φορούσα για χρόνια!».

Ακούγοντας το πρόσχαρο γέλιο του Δασκάλου μου θυμήθηκα τα λόγια του Αγίου Φραγκίσκου ντε Σαλ (François de Sales): «Ένας άγιος που είναι θλιμμένος είναι ένας θλιβερός άγιος!».

ΚΕΦΑΛΑΙΟ 22

# Η Καρδιά μιας Πέτρινης Εικόνας

«Σαν πιστή Ινδουίστρια σύζυγος δεν θέλω να παραπονιέμαι για τον σύζυγό μου. Λαχταρώ όμως να τον δω να εγκαταλείπει τις υλιστικές απόψεις του. Του αρέσει να χλευάζει τις εικόνες των αγίων που έχω στο δωμάτιό μου του διαλογισμού. Αγαπημένε αδελφέ, πιστεύω βαθύτατα ότι μπορείς να τον βοηθήσεις. Θα το κάνεις;».

Η μεγαλύτερη αδελφή μου, η Ρόμα, με κοίταζε ικετευτικά. Είχα πάει επίσκεψη στο σπίτι της στην Καλκούτα, στην οδό Γκίρις Βιντυαράτνα. Η έκκλησή της με συγκίνησε γιατί είχε ασκήσει μια βαθιά πνευματική επιρροή πάνω μου όταν ήμουν μικρός και είχε προσπαθήσει με πολλή αγάπη να γεμίσει το κενό που άφησε στην οικογένεια ο θάνατος της Μητέρας.

«Αγαπημένη μου αδελφή, και βέβαια θα κάνω ό,τι μπορώ». Χαμογέλασα ανυπομονώντας να διώξω την εμφανή στο πρόσωπό της μελαγχολία που ερχόταν σε αντίθεση με τη συνηθισμένη ήρεμη και χαρούμενη έκφρασή της.

Η Ρόμα κι εγώ καθίσαμε για κάποιο διάστημα και προσευχηθήκαμε σιωπηλά για καθοδήγηση. Ένα χρόνο νωρίτερα μου είχε ζητήσει να τη μυήσω στην *Κρίγια Γιόγκα*, στην οποία σημείωνε πολύ μεγάλη πρόοδο.

Μου ήρθε μια έμπνευση. «Αύριο», είπα, «θα πάω στο ναό της Κάλι στο Ντακσινεσβάρ. Σε παρακαλώ έλα μαζί μου και πείσε και τον άντρα σου να μας συνοδεύσει. Νιώθω ότι στις δονήσεις του ιερού εκείνου μέρους η Θεϊκή Μητέρα θα αγγίξει την καρδιά του. Μην του αποκαλύψεις όμως τον λόγο για τον οποίο θέλουμε να έρθει μαζί μας».

Η αδελφή μου συμφώνησε αισιόδοξα. Πολύ νωρίς το επόμενο πρωί χάρηκα που είδα τη Ρόμα και τον σύζυγό της έτοιμους για το ταξίδι. Καθώς η άμαξά μας πέρασε τρίζοντας από την οδό Άπερ Σέρκουλαρ προς το Ντακσινεσβάρ, ο γαμπρός μου, ο Σατίς Τσάντρα Μπος, διασκέδαζε χλευάζοντας τους γκουρού. Πρόσεξα ότι η Ρόμα έκλαιγε σιωπηλά.

«Αδελφή, χαμογέλα!», ψιθύρισα. «Μη δίνεις στον άντρα σου την ικανοποίηση ότι παίρνουμε τον χλευασμό του στα σοβαρά».

«Μουκούντα, πώς μπορείς και θαυμάζεις άχρηστους αγύρτες;», έλεγε ο Σατίς. «Και μόνο η εμφάνιση ενός σάντου είναι απωθητική. Είτε είναι αδύνατοι σαν σκελετοί, είτε ανίερα χοντροί σαν ελέφαντες!».

Ξέσκασα σε γέλια – μια αντίδραση που ενόχλησε τον Σατίς. Αποσύρθηκε σε σκυθρωπή σιωπή. Καθώς η άμαξά μας έμπαινε στον περίβολο του ναού του Ντακσινεσβάρ, παρατήρησε χαμογελώντας σαρκαστικά:

«Αυτή η εκδρομή είναι, φαντάζομαι, μια μηχανορραφία για να συμμορφωθώ;».

Καθώς προχώρησα χωρίς να του απαντήσω, μ' έπιασε από το χέρι. «Νεαρέ Κύριε Μοναχέ», είπε, «μην ξεχάσεις να προβείς στις απαραίτητες διευθετήσεις με τους αρμόδιους του ναού για να μας προσφέρουν το μεσημεριανό μας φαγητό». Ο Σατίς επιθυμούσε να απαλλαγεί από οποιαδήποτε συζήτηση με τους ιερείς.

«Θα διαλογιστώ τώρα. Μην ανησυχείς για το μεσημεριανό σου γεύμα», απάντησα απότομα. «Η Θεϊκή Μητέρα θα φροντίσει γι' αυτό».

«Δεν εμπιστεύομαι τη Θεϊκή Μητέρα και δεν πιστεύω ότι θα κάνει το παραμικρό για μένα. Εσένα θεωρώ υπεύθυνο για το φαγητό μου». Ο τόνος του Σατίς ήταν απειλητικός.

Προχώρησα μόνος στη σκεπαστή είσοδο της πρόσοψης του μεγάλου ναού της Κάλι (του Θεού στην όψη Του ως Μητέρα Φύση). Διαλέγοντας ένα σκιερό μέρος κοντά σε μία από τις κολώνες, κάθισα στη στάση του λωτού. Αν και η ώρα ήταν μόνο επτά το πρωί, ο πρωινός ήλιος σύντομα θα γινόταν τυραννικός.

Ο κόσμος ξεμάκρυνε καθώς με αφοσίωση βυθίστηκα σε έκσταση. Ο νους μου ήταν συγκεντρωμένος στη Θεά Κάλι. Το άγαλμά της, σ' αυτόν τον ίδιο ναό στο Ντακσινεσβάρ, αποτέλεσε ένα ξεχωριστό αντικείμενο λατρείας από τον μεγάλο Δάσκαλο, τον Σρι Ραμακρίσνα Παραμαχάνσα. Ως απάντηση στις αγωνιώδεις του εκκλήσεις, η πέτρινη εικόνα συχνά έπαιρνε ζωντανή μορφή και συζητούσε μαζί του.

«Σιωπηλή πέτρινη Μητέρα», προσευχόμουν, «πήρες ζωντανή μορφή με την ικεσία του αγαπημένου πιστού Σου, του Ραμακρίσνα· γιατί δεν ακούς τις κραυγές και αυτού του γιου Σου που λαχταρά για Σένα;».

Η θέρμη μου αυξήθηκε απέραντα συνοδευμένη από θεϊκή γαλήνη. Ωστόσο, όταν πέρασαν πέντε ώρες και η Θεά την οποία οραματιζόμουν

## Η Καρδιά μιας Πέτρινης Εικόνας

εσωτερικά δεν είχε απαντήσει, ένιωσα ελαφρά αποκαρδιωμένος. Μερικές φορές η καθυστέρηση της απάντησης στις προσευχές είναι μια δοκιμασία του Θεού. Τελικά όμως εμφανίζεται στον πιστό που επιμένει, με οποιαδήποτε μορφή είναι οικεία σ' αυτόν. Ένας ευσεβής Χριστιανός βλέπει τον Χριστό· ένας Ινδουιστής βλέπει τον Κρίσνα ή τη Θεά Κάλι ή ένα εξαπλωνόμενο Φως, αν το προσκύνημά του είναι απρόσωπο.

Άνοιξα απρόθυμα τα μάτια μου και είδα ότι ένας ιερέας έκλεινε τις πόρτες του ναού, σύμφωνα με το έθιμο να κλείνουν το μεσημέρι. Σηκώθηκα από την απόμερη θέση μου και προχώρησα προς την αυλή. Η πέτρινη επιφάνειά της έκαιγε από τον ήλιο του μεσημεριού· τα γυμνά πόδια μου κάηκαν οδυνηρά.

«Θεϊκή Μητέρα», διαμαρτυρήθηκα σιωπηλά, «δεν μου εμφανίστηκες σε όραμα και τώρα κρύφτηκες στον ναό πίσω από κλειστές πόρτες. Ήθελα να κάνω σήμερα μια ιδιαίτερη παράκληση σ' Εσένα για λογαριασμό του γαμπρού μου».

Το εσωτερικό μου αίτημα βρήκε άμεση ανταπόκριση. Στην αρχή ένα υπέροχο κύμα δροσιάς κατέβηκε στην πλάτη μου και κάτω από τα πόδια μου, εξαφανίζοντας κάθε δυσφορία από τη ζέστη. Μετά, προς κατάπληξή μου, ο ναός μεγεθύνθηκε τεράστια. Η μεγάλη του πόρτα άνοιξε αργά, αποκαλύπτοντας την πέτρινη εικόνα της Θεάς Κάλι. Σταδιακά το άγαλμα άλλαξε κι έγινε μια ζωντανή μορφή γνέφοντας χαμογελαστά, καλωσορίζοντάς με, συγκινώντας με με απίστευτη χαρά. Σαν με μια μυστικιστική σύριγγα, η αναπνοή τραβήχτηκε έξω από τους πνεύμονές μου· το σώμα μου έγινε ακίνητο, αν και όχι αδρανές.

Επακολούθησε μια εκστατική διεύρυνση της συνειδητότητάς μου. Μπορούσα να δω καθαρά αρκετά χιλιόμετρα πέρα από τον ποταμό Γάγγη στα αριστερά μου και πίσω από τον ναό τους υπόλοιπους χώρους ολόκληρου του Ντακσινεσβάρ. Οι τοίχοι όλων των οικοδομημάτων λαμπύριζαν έντονα και με διαύγεια· μέσα απ' αυτά έβλεπα μακριά ανθρώπους να περπατούν προς όλες τις κατευθύνσεις.

Αν και η αναπνοή μου είχε σταματήσει και το σώμα μου παρέμενε σε περίεργα γαλήνια κατάσταση, μπορούσα να κινώ τα χέρια και τα πόδια μου ελεύθερα. Για αρκετά λεπτά πειραματίστηκα κλείνοντας και ανοίγοντας τα μάτια μου· είτε ήταν κλειστά είτε ανοιχτά, έβλεπα καθαρά το πανόραμα του Ντακσινεσβάρ.

Η πνευματική όραση, σαν τις ακτίνες Χ, διαπερνά όλη την ύλη· το θεϊκό μάτι έχει κέντρο παντού και περιφέρεια πουθενά. Συνειδητοποίησα ξανά, όρθιος εκεί στην ηλιόλουστη αυλή, ότι όταν ο άνθρωπος παύει να είναι ένας άσωτος γιος του Θεού που ενδιαφέρεται μόνο για τον υλικό κόσμο, που πράγματι είναι ένα όνειρο, αβάσιμο σαν μια φυσαλίδα, τότε κληρονομεί ξανά το αιώνιο βασίλειό του. Αν η τάση φυγής είναι μια ανάγκη του ανθρώπου που είναι καθηλωμένος στη στενή προσωπικότητά του, υπάρχει καλύτερο καταφύγιο απ' αυτό της πανταχού παρουσίας;

Κατά την ιερή εμπειρία μου στο Ντακσινεσβάρ τα μόνα αντικείμενα που ήταν ασυνήθιστα μεγεθυμένα ήταν ο ναός και η μορφή της Θεάς. Όλα τα άλλα φαίνονταν στις κανονικές τους διαστάσεις, αν και κάθε τι βρισκόταν μέσα σε μια άλω ενός γλυκύτατου φωτός – λευκές, μπλε και παστέλ αποχρώσεις του ουράνιου τόξου. Το σώμα μου φαινόταν να είναι από αιθερική ουσία, έτοιμο να ανυψωθεί. Έχοντας πλήρη συνείδηση των υλικών αντικειμένων που με περιέβαλλαν, κοίταξα γύρω μου και προχώρησα λίγα βήματα χωρίς να διαταράξω τη συνέχεια του μακάριου οράματος.

Πίσω από τους τοίχους του ναού ξαφνικά είδα τον γαμπρό μου, που καθόταν κάτω από τα ακανθώδη κλαδιά ενός ιερού δέντρου *μπελ*. Μπορούσα χωρίς προσπάθεια να διακρίνω τη ροή των σκέψεών του. Η ιερή επιρροή του Ντακσινεσβάρ είχε οδηγήσει σε κάποια ανάταση την ψυχή του, αλλά έκανε ακόμα άσχημες σκέψεις για μένα. Γύρισα κατ' ευθείαν στην προσηνή μορφή της Θεάς.

«Θεϊκή Μητέρα», προσευχήθηκα, «θα αλλάξεις πνευματικά τον άντρα της αδελφής μου;».

Η όμορφη φιγούρα, που μέχρι τότε ήταν σιωπηλή, τελικά μίλησε. «Η επιθυμία σου εισακούεται!».

Κοίταξα χαρούμενα τον Σατίς. Σαν να είχε καταλάβει ενστικτωδώς ότι κάποια πνευματική δύναμη δούλευε μέσα του, σηκώθηκε ενοχλημένος από εκεί που καθόταν στο έδαφος. Τον είδα να τρέχει πίσω από τον ναό· με πλησίασε κουνώντας τη γροθιά του.

Το όραμα που περιέκλειε τα πάντα χάθηκε. Δεν μπορούσα πια να δω την ένδοξη Θεά· ο ναός έχασε τη διαύγειά του και ξαναπήρε τις συνηθισμένες του διαστάσεις. Το σώμα μου άρχισε πάλι να υποφέρει από τη ζέστη κάτω από τις πύρινες ακτίνες του ήλιου. Πήδηξα στο καταφύγιο της σκεπασμένης εισόδου όπου ο Σατίς με καταδίωξε οργισμένος. Κοίταξα το ρολόι μου. Ήταν μία το μεσημέρι· το θεϊκό όραμα είχε διαρκέσει μία ώρα.

«Μικρέ ανόητε», είπε ο γαμπρός μου κοφτά, «καθόσουν εκεί με σταυρωμένα πόδια και αλλήθωρο βλέμμα για ώρες. Πήγαινα πάνω

*Η Καρδιά μιας Πέτρινης Εικόνας*

κάτω και σε κοίταζα. Πού είναι το φαγητό μας; Τώρα ο ναός είναι κλειστός· δεν ειδοποίησες τους αρμόδιους για μας· τώρα είναι πολύ αργά για να ζητήσουμε φαγητό!».

Η ψυχική ανάταση που είχα νιώσει από την παρουσία της Θεάς είχε μείνει μέσα μου. Αναφώνησα: «Η Θεϊκή Μητέρα θα μας ταΐσει!».

«Μια για πάντα», φώναξε ο Σατίς, «θα ήθελα να δω τη Θεϊκή Μητέρα σου να μας δίνει φαγητό εδώ χωρίς να έχει προηγηθεί αναγγελία μας!».

Δεν πρόλαβε να τελειώσει τη φράση του όταν ένας ιερέας του ναού διέσχισε την αυλή και μας πλησίασε.

«Γιε μου», μου είπε, «παρατήρησα το πρόσωπό σου που έλαμπε γαλήνια τις ώρες που διαλογιζόσουν. Είδα και τους άλλους που ήρθαν μαζί σου το πρωί και ένιωσα την επιθυμία να βάλω στην άκρη άφθονο φαγητό για το μεσημεριανό σας γεύμα. Είναι αντίθετο με τους κανόνες του ναού να δίνουμε φαγητό σε όσους δεν το ζήτησαν από πριν, αλλά έκανα μια εξαίρεση για σένα».

Τον ευχαρίστησα και κοίταξα τον Σατίς κατευθείαν στα μάτια. Κοκκίνισε από τη συγκίνηση, χαμηλώνοντας το βλέμμα του σε ένδειξη σιωπηλής μετάνοιας. Όταν μας σερβίρισαν ένα πλουσιοπάροχο γεύμα, στο οποίο συμπεριλαμβάνονταν και μάνγκο εκτός εποχής, πρόσεξα ότι ο γαμπρός μου δεν είχε πολλή όρεξη να φάει. Ήταν σαστισμένος, βυθισμένος στον ωκεανό της σκέψης.

Καθώς επιστρέφαμε στην Καλκούτα, ο Σατίς, με έκφραση που είχε μαλακώσει, κατά διαστήματα με κοίταζε ικετευτικά. Δεν είχε αρθρώσει όμως ούτε μία λέξη από τότε που ο ιερέας, σαν σε απάντηση της πρόκλησης του Σατίς, είχε εμφανιστεί για να μας καλέσει σε γεύμα.

Το επόμενο απόγευμα επισκέφθηκα την αδελφή μου στο σπίτι της. Με καλωσόρισε στοργικά.

«Αγαπημένε αδελφέ μου», είπε, «τι θαύμα! Χθες το απόγευμα ο άντρας μου έκλαψε φανερά μπροστά μου.

»"Αγαπημένη Ντέβι",[1] είπε, "είμαι ανείπωτα ευτυχισμένος που αυτή η μηχανορραφία του αδελφού σου να με συμμορφώσει επέφερε μέσα μου μια ριζική αλλαγή. Θα αποκαταστήσω κάθε κακό που σου έχω κάνει. Από σήμερα το βράδυ θα χρησιμοποιούμε το μεγάλο υπνοδωμάτιο μόνο σαν μέρος προσκυνήματος· το μικρό σου δωμάτιο διαλογισμού θα γίνει το υπνοδωμάτιό μας. Λυπάμαι ειλικρινά που περιγελούσα τον

---

[1] Θεά· κατά κυριολεξία «λαμπερή»· από τη σανσκριτική ρίζα *ντιβ*, λάμπω.

αδελφό σου. Για τον επαίσχυντο τρόπο με τον οποίο φερόμουν, θα τιμωρήσω τον εαυτό μου με το να μη μιλάω στον Μουκούντα μέχρι να έχω αναπτυχθεί στο πνευματικό μονοπάτι. Από εδώ και πέρα θα αναζητώ βαθύτατα τη Θεϊκή Μητέρα· κάποια μέρα σίγουρα θα Τη βρω!"».

Χρόνια αργότερα (το 1936) επισκέφθηκα τον Σατίς στο Δελχί. Πλημμύρισα με χαρά όταν αντιλήφθηκα ότι είχε προοδεύσει πολύ στη συνειδητοποίηση του Εαυτού του και είχε ευλογηθεί μ' ένα όραμα της Θεϊκής Μητέρας. Κατά τη διάρκεια της παραμονής μου μαζί του, πρόσεξα ότι ο Σατίς, κρυφά, περνούσε το μεγαλύτερο μέρος κάθε νύχτας σε βαθύ διαλογισμό, παρ' όλο που υπέφερε από μια σοβαρή ασθένεια και τα πρωινά δούλευε στο γραφείο του.

Ήρθε στον νου μου η σκέψη ότι η ζωή του γαμπρού μου δεν θα διαρκούσε πολύ. Η Ρόμα πρέπει να διάβασε τη σκέψη μου.

«Αγαπημένε αδελφέ», είπε, «είμαι καλά και ο άντρας μου είναι άρρωστος. Εντούτοις, θέλω να ξέρεις ότι, σαν αφοσιωμένη Ινδουίστρια σύζυγος, θα είμαι η πρώτη που θα πεθάνει.[2] Δεν θα αργήσω να φύγω απ' αυτόν τον κόσμο».

Αιφνιδιάστηκα από τα δυσοίωνα λόγια της, συνειδητοποίησα όμως με πόνο ότι ήταν αλήθεια. Ήμουν στην Αμερική όταν πέθανε η αδελφή μου, περίπου δεκαοκτώ μήνες μετά την πρόβλεψή της. Ο πιο νέος από τα αδέλφια μου, ο Μπισνού, με πληροφόρησε αργότερα για τις λεπτομέρειες.

«Η Ρόμα και ο Σατίς ήταν στην Καλκούτα όταν αυτή πέθανε», μου είπε ο Μπισνού. «Εκείνο το πρωί η Ρόμα ντύθηκε με τα νυφικά της ρούχα.

»"Γιατί φόρεσες αυτά τα επίσημα ρούχα;", ρώτησε ο Σατίς.

»"Αυτή είναι η τελευταία μέρα της υπηρεσίας μου σ' εσένα στη γη", απάντησε η Ρόμα. Λίγη ώρα αργότερα έπαθε καρδιακή προσβολή. Καθώς ο γιος της έτρεχε έξω για να φέρει βοήθεια, του είπε:

»"Γιε μου, μη μ' αφήνεις. Είναι μάταιο· θα φύγω πριν προλάβει να έρθει γιατρός". Δέκα λεπτά αργότερα, κρατώντας τα πόδια του άντρα της σε ένδειξη σεβασμού, η Ρόμα άφησε συνειδητά το σώμα της, ευτυχισμένη και χωρίς να υποφέρει.

»Ο Σατίς κλείστηκε πολύ στον εαυτό του μετά το θάνατο της γυναίκας του», συνέχισε ο Μπισνού. «Μια μέρα αυτός κι εγώ κοιτούσαμε

---

[2] Μια Ινδουίστρια σύζυγος πιστεύει ότι είναι σημάδι πνευματικής προόδου το να πεθάνει πριν τον σύζυγό της σαν απόδειξη της πιστής υπηρεσίας της σ' αυτόν ή «πέφτοντας κατά το καθήκον».

μια φωτογραφία της χαμογελαστής Ρόμα.

»"Γιατί χαμογελάς;", αναφώνησε ξαφνικά ο Σατίς, σαν να ήταν η γυναίκα του ζωντανή μπροστά του. "Νομίζεις ότι είσαι έξυπνη που κανόνισες να φύγεις πριν από μένα! Θα σου αποδείξω ότι δεν μπορείς να μείνεις για πολύ καιρό μακριά μου· σύντομα θα έρθω να σε βρω".

»Παρ' όλο που εκείνη την εποχή ο Σατίς είχε αναρρώσει πλήρως από την αρρώστια του και έχαιρε άκρας υγείας, πέθανε χωρίς εμφανή λόγο λίγο καιρό μετά απ' αυτά τα περίεργα λόγια του στη φωτογραφία».

Έτσι, προφητικά, πέθαναν και η Ρόμα και ο άντρας της ο Σατίς – αυτός που άλλαξε ριζικά στο Ντακσινεσβάρ και από συνηθισμένος εγκόσμιος άνθρωπος μετατράπηκε σε σιωπηλό άγιο.

ΚΕΦΑΛΑΙΟ 23

# Παίρνω το Πτυχίο του Πανεπιστημίου

«Αγνοείς τις εργασίες του βιβλίου σου στη φιλοσοφία. Αναμφίβολα βασίζεσαι σε κάποια "φώτιση" που θα σου έρθει εξ ουρανού κατά τη διάρκεια των εξετάσεων, χωρίς να κοπιάσεις. Αν όμως δεν διαβάσεις σαν σωστός φοιτητής, θα φροντίσω να μην περάσεις αυτό το μάθημα».

Ήταν ο Καθηγητής Ντ. Κ. Γκοσάλ από το Πανεπιστήμιο του Σεράμπουρ που μου απευθυνόταν με αυστηρό τόνο. Αν αποτύγχανα στο γραπτό διαγώνισμα της τάξης του δεν θα είχα δικαίωμα να δώσω τις τελικές εξετάσεις. Οι ερωτήσεις σ' αυτές διατυπώνονται από το Πανεπιστήμιο της Καλκούτα, στο οποίο υπάγεται μεταξύ άλλων και το Πανεπιστήμιο του Σεράμπουρ. Στα ινδικά Πανεπιστήμια, ένας φοιτητής που αποτυγχάνει σ' ένα μάθημα του τελευταίου έτους πρέπει να εξεταστεί ξανά από την αρχή σε όλα τα μαθήματα την επόμενη χρονιά.

Οι καθηγητές μου στο Πανεπιστήμιο του Σεράμπουρ συνήθως μου φέρονταν με καλοσύνη ανάμικτη ωστόσο και με μια ελαφρά θυμηδία. «Ο Μουκούντα είναι λίγο μεθυσμένος με τη θρησκεία». Έχοντας αυτή τη γενική εντύπωση για μένα, διακριτικά με απάλλασσαν από ερωτήσεις μέσα στην τάξη που θα με έφερναν σε δύσκολη θέση· ήταν σίγουροι ότι θα διαγραφόμουν από τον κατάλογο των υποψηφίων αποφοίτων με την αποτυχία μου στις τελικές γραπτές εξετάσεις. Η άποψη των συμφοιτητών μου για μένα εκφραζόταν με το παρατσούκλι που μου είχαν δώσει: «Τρελός Καλόγερος».

Έκανα ένα ευφυέστατο κόλπο για να εξουδετερώσω την απειλή του Καθηγητή Γκοσάλ ότι θα φρόντιζε να μην περάσω τη φιλοσοφία. Λίγο πριν ανακοινωθούν δημόσια τα αποτελέσματα του τελικού διαγωνίσματος, ζήτησα από έναν συμφοιτητή μου να με συνοδεύσει στο γραφείο του καθηγητή.

«Έλα μαζί μου, θέλω έναν μάρτυρα», του είπα. «Θα απογοητευτώ πάρα πολύ αν δω ότι δεν κατάφερα να ξεγελάσω τον καθηγητή».

Ο Καθηγητής Γκοσάλ κούνησε το κεφάλι του όταν τον ρώτησα τι βαθμό μου έβαλε.

«Δεν είσαι ανάμεσα σ' αυτούς που πέρασαν», είπε θριαμβολογώντας. Έψαξε μια στοίβα από χαρτιά πάνω στο γραφείο του. «Δεν υπάρχει γραπτό σου εδώ· εν πάση περιπτώσει απέτυχες γιατί δεν εμφανίστηκες στο διαγώνισμα».

Γέλασα πνιχτά. «Κύριε, ήρθα στο διαγώνισμα. Θα μπορούσα να κοιτάξω κι εγώ τη στοίβα με τα γραπτά;».

Ο καθηγητής, αμήχανος, έδωσε την άδειά του· γρήγορα βρήκα το γραπτό μου, στο οποίο είχα προσεκτικά παραλείψει να γράψω το όνομά μου, εκτός από τον αριθμό μητρώου μου. Μη βλέποντας το όνομά μου, το «κόκκινο πανί», ο καθηγητής είχε βάλει μεγάλο βαθμό στις απαντήσεις μου, αν και δεν περιείχαν αποσπάσματα του βιβλίου.[1]

Μόλις κατάλαβε το κόλπο μου ξέσπασε σαν κεραυνός λέγοντας: «Καθαρή, θρασύτατη τύχη!». Πρόσθεσε αισιόδοξα: «Σίγουρα θα αποτύχεις στις τελικές εξετάσεις».

Για τα διαγωνίσματα στα υπόλοιπα μαθήματα με βοήθησε κυρίως ο αγαπητός φίλος μου και ξάδελφός μου, ο Πραμπάς Τσάντρα Γκος, ο γιος του θείου Σάραντα. Διάβαζα μέχρις εξαντλήσεως αλλά τελικά πέτυχα – παίρνοντας βέβαια μόνο τη βάση σε όλα τα μαθήματα.

Τώρα, μετά από τέσσερα χρόνια στο Κολλέγιο και το Πανεπιστήμιο, ήμουν πλέον υποψήφιος για να δώσω τις τελικές εξετάσεις για να πάρω το πτυχίο του Πανεπιστημίου. Ωστόσο δεν περίμενα ότι θα είχα ποτέ αυτήν την τιμή. Οι τελικές εξετάσεις του Σεράμπουρ ήταν παιχνιδάκι μπροστά στις ιδιαίτερα δύσκολες που θα υποδείκνυε το Πανεπιστήμιο της Καλκούτα για το πτυχίο. Οι σχεδόν καθημερινές επισκέψεις μου στον Σρι Γιουκτέσβαρ μού άφηναν πολύ λίγο χρόνο για να πηγαίνω στο Πανεπιστήμιο. Οι συμφοιτητές μου θα ξαφνιάζονταν πιο πολύ με την παρουσία μου στην τάξη παρά με την απουσία μου απ' αυτήν.

Σχεδόν κάθε μέρα ξεκινούσα στις εννέα και μισή το πρωί και πήγαινα στον Σρι Γιουκτέσβαρ με το ποδήλατό μου κρατώντας στο ένα μου χέρι μια προσφορά για τον γκουρού μου – λίγα λουλούδια από τον κήπο της φοιτητικής εστίας Πάνθι. Χαιρετώντας με φιλικά, ο Δάσκαλος με καλούσε για μεσημεριανό φαγητό. Πάντα δεχόμουν με προθυμία, χαρούμενος που, για εκείνη την ημέρα, εξαφανιζόταν η προοπτική να πάω στο Πανεπιστήμιο. Μετά από ώρες με τον Σρι Γιουκτέσβαρ,

---

[1] Πρέπει να είμαι δίκαιος με τον Καθηγητή Γκοσάλ, παραδεχόμενος ότι οι τεταμένες σχέσεις μας δεν οφείλονταν σε κανένα δικό του σφάλμα, αλλά μόνο στην απουσία μου από την τάξη.

Ο Καθηγητής Γκοσάλ είναι ένας εξαίρετος ρήτορας με απέραντες φιλοσοφικές γνώσεις. Μετά από χρόνια υπήρξε μια εγκάρδια κατανόηση μεταξύ μας.

ακούγοντας την απαράμιλλη ροή της σοφίας του ή βοηθώντας στις δουλειές του ερημητηρίου, έφευγα απρόθυμα γύρω στα μεσάνυχτα για το Πάνθι. Μερικές φορές έμενα όλη τη νύχτα με τον γκουρού μου, τόσο ευτυχισμένα απορροφημένος στη συζήτηση μαζί του που σπάνια συνειδητοποιούσα ότι είχε πια ξημερώσει.

Ένα βράδυ κατά τις έντεκα, καθώς έβαζα τα παπούτσια μου[2] ετοιμαζόμενος να γυρίσω στη φοιτητική εστία, ο Δάσκαλος με ρώτησε με σοβαρό ύφος.

«Πότε αρχίζουν οι τελικές εξετάσεις για το πτυχίο σου;».

«Σε πέντε μέρες, κύριε».

«Ελπίζω να είσαι προετοιμασμένος γι' αυτές».

Καθηλωμένος από φόβο, έμεινα με το ένα παπούτσι στο χέρι. «Κύριε», διαμαρτυρήθηκα, «ξέρετε ότι τις μέρες μου τις περνούσα περισσότερο μαζί σας παρά με τους καθηγητές. Θα ήταν κωμικό να εμφανιστώ σ' αυτές τις δύσκολες τελικές εξετάσεις».

Τα μάτια του Σρι Γιουκτέσβαρ κοιτούσαν τα δικά μου διαπεραστικά. «Πρέπει να πας». Ο τόνος του ήταν ωμά επιτακτικός. «Δεν πρέπει να δώσουμε αφορμή στον πατέρα σου και τους άλλους συγγενείς σου να κατακρίνουν την προτίμησή σου για τη ζωή του άσραμ. Υποσχέσου μου μόνο ότι θα παρουσιαστείς στις εξετάσεις· απάντησε στα ερωτήματα όσο καλύτερα μπορείς».

Ασυγκράτητα δάκρυα έτρεχαν στο πρόσωπό μου. Ένιωσα ότι η διαταγή του Δασκάλου ήταν παράλογη και ότι το ενδιαφέρον του ήταν, το ελάχιστο που μπορούσα να πω, καθυστερημένο.

«Θα πάω αν το θέλετε», είπα με αναφιλητά. «Δεν μου μένει όμως χρόνος να προετοιμαστώ». Μουρμούρισα στον εαυτό μου: «Σε απάντηση των ερωτήσεων, θα γεμίσω τις σελίδες με τις διδασκαλίες σας!».

Όταν μπήκα στο ερημητήριο την επόμενη μέρα, τη συνηθισμένη μου ώρα, παρουσίασα θλιμμένα το μπουκέτο μου στον Σρι Γιουκτέσβαρ. Γέλασε με το περίλυπο ύφος μου.

«Μουκούντα, σε απογοήτευσε ποτέ ο Κύριος, σε διαγώνισμα ή σε οτιδήποτε άλλο;».

«Όχι, κύριε», απάντησα με θέρμη. Πολλές ευγνώμονες αναμνήσεις ήρθαν στον νου μου με μια αναζωογονητική ορμή.

«Ο λόγος που δεν αναζήτησες διακρίσεις στο Πανεπιστήμιο δεν ήταν η τεμπελιά, αλλά ο διακαής πόθος σου για το Θεό», είπε

---

[2] Ένας μαθητής πάντα βγάζει τα παπούτσια του σ' ένα ινδικό ερημητήριο.

*Παίρνω το Πτυχίο του Πανεπιστημίου*

Ο Πραμπάς Τσάντρα Γκος και ο Παραμαχάνσα Γιογκανάντα στην Καλκούτα, τον Δεκέμβριο του 1919. Ο Σρι Γκος, ξάδελφος και δια βίου φίλος και μαθητής του Σρι Γιογκανάντα, διετέλεσε αντιπρόεδρος του Yogoda Satsanga Society of India, στην Ινδία, για σχεδόν σαράντα χρόνια, μέχρι που πέθανε το 1975.

ο γκουρού μου με καλοσύνη. Μετά από μια σιωπή, ανέφερε την περικοπή της Βίβλου: «Αναζητάτε πρώτα τη βασιλεία του Θεού και τη δικαιοσύνη του, και όλα αυτά θα σας προστεθούν».[3]

Για χιλιοστή φορά ένιωσα ένα βάρος να φεύγει από πάνω μου με την παρουσία του Δασκάλου. Όταν τελειώσαμε το μεσημεριανό μας φαγητό, πρότεινε να γυρίσω στο Πάνθι.

«Ο φίλος σου, ο Ρομές Τσάντρα Ντατ, μένει ακόμα στη φοιτητική εστία όπου μένεις κι εσύ;».

---

[3] Κατά Ματθαίο ΣΤ:33.

«Ναι, κύριε».

«Έλα σ' επαφή μαζί του· ο Κύριος θα τον εμπνεύσει να σε βοηθήσει στις εξετάσεις».

«Εντάξει, κύριε· ο Ρομές όμως είναι πάρα πολύ απασχολημένος. Είναι πρόεδρος της τάξης μας και έχει πιο φορτωμένο πρόγραμμα από τους άλλους».

Ο Δάσκαλος δεν έδωσε σημασία στους προβληματισμούς μου. «Ο Ρομές θα βρει χρόνο για σένα. Τώρα πήγαινε».

Γύρισα με το ποδήλατο στο Πάνθι. Ο πρώτος άνθρωπος που συνάντησα στο συγκρότημα της φοιτητικής εστίας ήταν ο άριστος φοιτητής Ρομές. Σαν να ήταν σχεδόν ελεύθερες οι μέρες του, δέχτηκε ευχαρίστως το διστακτικό μου αίτημα να με βοηθήσει.

«Φυσικά! Είμαι στη διάθεσή σου». Πέρασε πολλές ώρες εκείνη την ημέρα, καθώς και τις επόμενες, προετοιμάζοντάς με σε διάφορα θέματα.

«Πιστεύω ότι πολλές ερωτήσεις στις εξετάσεις της αγγλικής λογοτεχνίας θα αφορούν την πορεία του Τσάιλντ Χάρολντ», μου είπε. «Πρέπει να βρούμε αμέσως έναν άτλαντα».

Πήγα βιαστικά στο σπίτι του θείου Σάραντα και δανείστηκα έναν άτλαντα. Ο Ρομές σημείωσε στον ευρωπαϊκό χάρτη τα μέρη που επισκέφτηκε ο ρομαντικός ταξιδιώτης του Μπάιρον.

Μερικοί συμφοιτητές είχαν μαζευτεί γύρω μας για να ακούσουν τη διδασκαλία. «Ο Ρομές σού δίνει λανθασμένες συμβουλές», σχολίασε κάποιος απ' αυτούς στο τέλος μιας ενότητας. «Συνήθως μόνο το πενήντα τοις εκατό των ερωτήσεων αφορούν τα βιβλία· οι υπόλοιπες αφορούν τη ζωή των συγγραφέων».

Όταν πήγα στις εξετάσεις της αγγλικής λογοτεχνίας, με την πρώτη ματιά στις ερωτήσεις άρχισαν να τρέχουν δάκρυα ευγνωμοσύνης στα μάγουλά μου, βρέχοντας το γραπτό μου. Ο επιβλέπων καθηγητής ήρθε στο θρανίο μου και με ρώτησε με συμπάθεια τι μου συνέβαινε.

«Ο μεγάλος μου γκουρού προέβλεψε ότι ο Ρομές θα με βοηθούσε», εξήγησα. «Κοιτάξτε, ακριβώς οι ερωτήσεις που ο Ρομές θεώρησε ότι ήταν πιθανόν να τεθούν, είναι αυτές οι ίδιες που πράγματι τέθηκαν!».

Πρόσθεσα: «Ευτυχώς για μένα αυτή τη χρονιά είναι λίγες οι ερωτήσεις σχετικά με τους Βρετανούς συγγραφείς, των οποίων η ζωή αποτελεί για μένα ένα βαθύ μυστήριο».

Στη φοιτητική εστία επικρατούσε οχλαγωγία όταν επέστρεψα. Τα αγόρια που με κορόιδευαν που πίστεψα τις συμβουλές του Ρομές τώρα

*Παίρνω το Πτυχίο του Πανεπιστημίου*

με ξεκούφαιναν με τα συγχαρητήριά τους. Καθ' όλη την εβδομάδα των εξετάσεων συνέχισα να περνώ όσο πιο πολύ χρόνο μπορούσα με τον Ρομές, ο οποίος διατύπωνε ερωτήσεις που πίστευε ότι ήταν πιθανόν να τεθούν από τους καθηγητές. Μέρα με τη μέρα, οι ερωτήσεις του Ρομές εμφανίζονταν σχεδόν με τις ίδιες λέξεις στα έγγραφα των εξετάσεων.

Στο Πανεπιστήμιο κυκλοφόρησε ευρέως η είδηση ότι γινόταν κάτι σαν θαύμα και ότι ο αφηρημένος «Τρελός Καλόγερος» είχε πιθανότητες να επιτύχει. Δεν έκανα καμία προσπάθεια να κρύψω τα γεγονότα σχετικά μ' αυτό το θέμα. Οι τοπικοί καθηγητές δεν είχαν τη δυνατότητα να αλλάξουν τις ερωτήσεις, οι οποίες είχαν οριστεί από τους καθηγητές του Πανεπιστημίου της Καλκούτα.

Σκεπτόμενος ξανά μια μέρα την εξέταση στην αγγλική λογοτεχνία, συνειδητοποίησα ότι είχα κάνει ένα σοβαρό λάθος. Μερικές ερωτήσεις ήταν χωρισμένες σε δύο μέρη: Α ή Β και Γ ή Δ. Αντί να θεωρήσω ότι υπήρχε μια ερώτηση για κάθε τμήμα, είχα απαντήσει και τις δύο ερωτήσεις στο πρώτο τμήμα, παραβλέποντας απρόσεκτα το δεύτερο. Ο καλύτερος βαθμός που μπορούσα να πάρω σ' αυτήν την εξέταση ήταν 33 – τρεις μονάδες λιγότερο από τη βάση, που ήταν το 36.

Έτρεξα γρήγορα στον Δάσκαλο και του είπα για το νέο πρόβλημά μου.

«Κύριε, έκανα ένα ασυγχώρητο σφάλμα. Δεν αξίζω τις θεϊκές ευλογίες μέσω του Ρομές· είμαι εντελώς ανάξιος».

«Χαμογέλα, Μουκούντα». Ο τόνος της φωνής του Σρι Γιουκτέσβαρ έδειχνε ότι πήρε ελαφρά και αδιάφορα το θέμα. Έδειξε τον μπλε θόλο του ουρανού. «Είναι πιο πιθανό να αλλάξουν θέση στο διάστημα ο ήλιος και το φεγγάρι, παρά να αποτύχεις να πάρεις το πτυχίο σου!».

Έφυγα από το ερημητήριο πιο ήσυχος, αν και φαινόταν μαθηματικά ασύλληπτο το να περάσω. Κοίταξα μια-δυο φορές ανήσυχα τον ουρανό· ο Κύριος της Ημέρας φαινόταν να διατηρεί πιστά τη συνηθισμένη του τροχιά.

Όταν έφτασα στο Πάνθι πήρε το αυτί μου την παρατήρηση ενός συμφοιτητή: «Μόλις έμαθα ότι αυτή τη χρονιά, για πρώτη φορά, η βάση στην αγγλική λογοτεχνία κατέβηκε».

Μπήκα στο δωμάτιο του αγοριού με τέτοια ταχύτητα που με κοίταξε θορυβημένος. Τον ρώτησα με ανυπομονησία.

«Καλόγερε με τα μακριά μαλλιά», είπε γελώντας, «πώς και ενδιαφέρεσαι ξαφνικά για φοιτητικά θέματα, και μάλιστα την τελευταία στιγμή; Αλλά ναι, είναι αλήθεια ότι η βάση κατέβηκε στις 33 μονάδες».

Με μερικά χαρούμενα πηδήματα έφτασα στο δωμάτιό μου, όπου έπεσα στα γόνατα επαινώντας τη μαθηματική τελειότητα του Θεϊκού Πατέρα μου.

Κάθε μέρα ένιωθα ρίγη συγκίνησης συνειδητοποιώντας την Πνευματική Παρουσία, που ένιωθα καθαρά ότι με καθοδηγούσε μέσω του Ρομές. Ένα σημαντικό γεγονός συνέβη σε σχέση με την εξέτασή μου στο μάθημα της βεγγαλικής γλώσσας. Ένα πρωί ο Ρομές, ο οποίος δεν με είχε προετοιμάσει για το μάθημα αυτό, με φώναξε καθώς έφευγα από τη φοιτητική εστία για να πάω στην εξεταστική αίθουσα.

«Ο Ρομές σε φωνάζει», μου είπε ανυπόμονα ένας συμφοιτητής μου. «Μη γυρίσεις· θα αργήσουμε στις εξετάσεις».

Αγνοώντας τη συμβουλή έτρεξα πίσω στο σπίτι.

«Συνήθως τις εξετάσεις στη βεγγαλική γλώσσα τις περνούν εύκολα όσοι είναι από τη Βεγγάλη», είπε ο Ρομές. «Μόλις όμως μου ήρθε ένα προαίσθημα ότι αυτή τη χρονιά οι καθηγητές σχεδίασαν να "πετσοκόψουν" τους φοιτητές, θέτοντας ερωτήσεις σχετικές με τα βιβλία της διδακτέας ύλης». Μου περιέγραψε τότε δύο ιστορίες από τη ζωή του Βιντιάσαγκαρ, ενός διάσημου φιλάνθρωπου από τη Βεγγάλη του δεκάτου ένατου αιώνα.

Ευχαρίστησα τον Ρομές και γρήγορα έτρεξα με το ποδήλατό μου στο Πανεπιστήμιο. Εκεί ανακάλυψα ότι το έγγραφο της εξέτασης στη βεγγαλική γλώσσα περιείχε δύο μέρη. Η πρώτη οδηγία ήταν: «Γράψτε δύο ιστορίες σχετικά με τη φιλανθρωπική δράση του Βιντιάσαγκαρ».[4] Καθώς μετέφερα στο γραπτό μου τον όγκο των πληροφοριών που μόλις είχα μάθει, ψιθύρισα λίγες λέξεις ευχαριστίας προς το Θεό που παρακολούθησα προσεκτικά αυτά που μου είπε ο Ρομές την τελευταία στιγμή. Αν δεν ήξερα τις ευεργεσίες του Βιντιάσαγκαρ (στις οποίες τώρα συμπεριελήφθη και μία σ' εμένα), δεν θα περνούσα τις εξετάσεις στο μάθημα αυτό.

Η επόμενη οδηγία του εξεταστικού εγγράφου ήταν: «Γράψτε μια έκθεση στη βεγγαλική γλώσσα σχετικά με τη ζωή ενός ανθρώπου που σας ενέπνευσε πιο πολύ απ' όλους στη ζωή σας». Ευγενικέ αναγνώστη, δεν χρειάζεται να σας πληροφορήσω ποιον άνθρωπο διάλεξα για το θέμα μου. Καθώς γέμιζα τη μία σελίδα μετά την άλλη επαινώντας τον

---

[4] Έχω ξεχάσει τις ακριβείς λέξεις της οδηγίας, αλλά θυμάμαι ότι ήταν σχετική με τις ιστορίες που μόλις μου είχε πει ο Ρομές για τον *Βιντιάσαγκαρ*.

Εξαιτίας της ευρυμάθειάς του ο Παντίτ Ίσβαρ Τσάντρα έγινε γνωστός στο ευρύ κοινό της Βεγγάλης απλά με τον τίτλο *Βιντιάσαγκαρ* («Ωκεανός Γνώσης»).

*Παίρνω το Πτυχίο του Πανεπιστημίου*

γκουρού μου, χαμογέλασα όταν θυμήθηκα ότι η πρόβλεψη που είχα ψιθυρίσει βγήκε αληθινή: «Θα γεμίσω τις σελίδες με τις διδασκαλίες σας!».

Δεν ένιωσα την ανάγκη να ρωτήσω τον Ρομές για το μάθημα της φιλοσοφίας. Εμπιστευόμενος τη μακρόχρονη εκπαίδευσή μου από τον Σρι Γιουκτέσβαρ, αγνόησα τις εξηγήσεις του βιβλίου, νιώθοντας σίγουρος για τον εαυτό μου. Ο μεγαλύτερος βαθμός που δόθηκε στα γραπτά μου ήταν στη φιλοσοφία. Σε όλα τα άλλα μαθήματα, οι βαθμοί που πήρα ήταν ίσα ίσα κοντά στη βάση.

Είναι χαρά μου να σημειώσω ότι ο ανιδιοτελής φίλος μου Ρομές πήρε κι εκείνος το πτυχίο του με έπαινο.

Ο Πατέρας ήταν γεμάτος χαμόγελα με την αποφοίτησή μου. «Δεν περίμενα ότι θα περνούσες, Μουκούντα», μου εξομολογήθηκε. «Περνάς πάρα πολύ καιρό με τον γκουρού σου». Ο Δάσκαλος πράγματι είχε αντιληφθεί σωστά τη σιωπηλή κριτική του πατέρα μου.

Για χρόνια αμφέβαλλα αν ποτέ θα έβλεπα το όνομά μου να ακολουθείται από έναν τίτλο Πανεπιστημίου. Σπάνια χρησιμοποιώ τον τίτλο χωρίς να σκεφτώ ότι ήταν ένα θείο δώρο που μου παραχωρήθηκε για κάπως άγνωστους λόγους. Μερικές φορές ακούω ανθρώπους που πήραν πτυχίο Πανεπιστημίου να επισημαίνουν ότι μετά την αποφοίτησή τους πολύ λίγη από την πλούσια γνώση τους παρέμεινε μέσα τους. Αυτή η παραδοχή με παρηγορεί λίγο για την αναμφισβήτητη ακαδημαϊκή ανεπάρκειά μου.

Την ημέρα που πήρα το πτυχίο μου από το Πανεπιστήμιο της Καλκούτα, τον Ιούνιο του 1915, γονάτισα στα πόδια του γκουρού μου και τον ευχαρίστησα για όλες τις ευλογίες που έδωσε από τη δική του ζωή στη δική μου.[5]

---

[5] Η δύναμη να επηρεάζει κάποιος τις σκέψεις των άλλων και την πορεία των γεγονότων είναι μια *βιμπούτι* (γιογκική δύναμη) που αναφέρεται στις *Πόγκα Σούτρα* του Πατάντζαλι, στην παράγραφο III:24, την οποία εξηγεί ότι είναι αποτέλεσμα της «οικουμενικής συμπόνιας». [Δύο φιλολογικά βιβλία πάνω στις *Σούτρα* είναι το *Yoga System of Patanjali* («Το σύστημα γιόγκα του Πατάντζαλι») (Vol. 17, Oriental Series, Harvard Univ.) και το *Yoga Philosophy* («Η φιλοσοφία της γιόγκα») του Dasgupta (Trubner's, London)].

Όλες οι Γραφές κηρύσσουν ότι ο Κύριος έπλασε τον άνθρωπο κατά την παντοδύναμη εικόνα Του. Ο έλεγχος πάνω στο σύμπαν μοιάζει υπερφυσικός, αλλά στην πραγματικότητα αυτή η δύναμη είναι έμφυτη και φυσική σε οποιονδήποτε επιτυγχάνει τη «σωστή ενθύμηση» της θεϊκής του προέλευσης. Άνθρωποι που έφτασαν στη συνειδητοποίηση του Θεού, όπως ο Σρι Γιουκτέσβαρ, είναι απαλλαγμένοι από το εγώ *(αχάμκαρα)* και από τις προσωπικές επιθυμίες που πηγάζουν απ' αυτό· οι πράξεις των αληθινών Δασκάλων βρίσκονται με φυσικότητα σε συμφωνία με τη *ρίτα*, τη φυσική δικαιοσύνη. Χρησιμοποιώντας τα λόγια του Emerson, όλοι οι μεγάλοι γίνονται «όχι μόνο ενάρετοι, αλλά η ίδια η Αρετή· τότε η δημιουργία φτάνει στον σκοπό της και ο Θεός ικανοποιείται».

«Σήκω, Μουκούντα», είπε μαλακά. «Ο Κύριος απλώς βρήκε πιο βολικό να σε κάνει απόφοιτο Πανεπιστημίου παρά να αναδιατάξει τον ήλιο και το φεγγάρι!».

---

Κάθε άνθρωπος που έχει φτάσει στη συνειδητοποίηση του Θεού μπορεί να κάνει θαύματα γιατί, όπως ο Χριστός, καταλαβαίνει τους λεπτοφυείς νόμους της δημιουργίας· δεν επιλέγουν όμως όλοι οι Δάσκαλοι να χρησιμοποιούν ασυνήθιστες δυνάμεις. (Βλ. σελ. 262 σημ.) Κάθε άγιος αντανακλά το Θεό με τον δικό του τρόπο· η έκφραση της ατομικότητας είναι βασική σ' έναν κόσμο όπου ούτε δύο κόκκοι άμμου δεν είναι ακριβώς ίδιοι.

Δεν μπορούν να διατυπωθούν σταθεροί νόμοι στους οποίους να εντάσσονται οι φωτισμένοι άγιοι: κάποιοι κάνουν θαύματα, άλλοι όχι· μερικοί δεν δρουν, ενώ άλλοι (όπως ο Βασιλιάς Τζανάκα της αρχαίας Ινδίας και η Αγία Τερέζα της Άβιλα) ασχολούνται με μεγάλα ζητήματα· μερικοί διδάσκουν, ταξιδεύουν και δέχονται μαθητές, ενώ άλλοι περνούν τη ζωή τους σιωπηλοί και αφανείς σαν σκιές. Κανένας εγκόσμιος κριτής δεν μπορεί να διαβάσει τη μυστική περγαμηνή του κάρμα (παλιές πράξεις) που ξετυλίγει για κάθε άγιο έναν διαφορετικό δρόμο.

ΚΕΦΑΛΑΙΟ 24

# Γίνομαι Μοναχός στο Τάγμα των Σουάμι

«Δάσκαλε, ο πατέρας μου περιμένει εναγωνίως να δεχτώ να προσληφθώ ως διοικητικό στέλεχος στην Εταιρία Σιδηροδρόμων Βεγγάλης-Ναγκπούρ. Αρνήθηκα όμως κατηγορηματικά». Συμπλήρωσα αισιόδοξα: «Κύριε, θα με κάνετε μοναχό στο Τάγμα των Σουάμι;». Κοίταξα τον γκουρού μου ικετευτικά. Κατά τα προηγούμενα χρόνια, για να δοκιμάσει το βάθος της αποφασιστικότητάς μου, είχε αρνηθεί το αίτημα αυτό. Σήμερα όμως χαμογέλασε συγκαταβατικά.

«Πολύ καλά, αύριο θα σε μυήσω στο Τάγμα των Σουάμι». Συνέχισε ήρεμα: «Χαίρομαι που επιμένεις στην επιθυμία σου να γίνεις μοναχός. Ο Λαχίρι Μαχασάγια συχνά έλεγε: "Αν δεν καλέσεις το Θεό το καλοκαίρι της ζωής σου, δεν θα έρθει το χειμώνα"».

«Αγαπημένε Δάσκαλε, ποτέ δεν θα έπαυα να εύχομαι να ανήκω στο Τάγμα των Σουάμι όπως εσείς, σεβάσμιε γκουρού». Του χαμογέλασα με απεριόριστη στοργή.

«Ο άγαμος μεριμνά τα του Κυρίου, πώς να αρέσει στον Κύριο· ο νυμφευμένος όμως μεριμνά τα του κόσμου, πώς να αρέσει στη γυναίκα του».[1] Είχα αναλύσει τη ζωή πολλών φίλων μου που, αφού είχαν υποβληθεί σε κάποια πνευματική πειθαρχία, μετά παντρεύτηκαν. Μπαίνοντας στη θάλασσα των εγκόσμιων υποχρεώσεων, ξέχασαν την κατηγορηματική απόφασή τους να διαλογίζονται βαθιά.

Το να τοποθετήσει κάποιος το Θεό σε δεύτερη θέση[2] στη ζωή ήταν για μένα ασύλληπτο. Είναι ο μοναδικός Ιδιοκτήτης του σύμπαντος που ραίνει σιωπηλά τον άνθρωπο με δώρα από ζωή σε ζωή. Δεν υπάρχει παρά μόνο ένα δώρο που μπορεί ο άνθρωπος να Του δώσει σε αντάλλαγμα – την αγάπη του, την οποία έχει τη δύναμη να χαρίσει ή να αρνηθεί.

---
[1] Προς Κορινθίους Ζ:32-33.
[2] «Αυτός που προσφέρει στο Θεό τη δεύτερη θέση δεν Του προσφέρει καμία θέση». – Ruskin.

Για να κάνει τόσο κόπο να καλύψει με μυστήριο την παρουσία Του στη δημιουργία Του, ο Δημιουργός δεν θα μπορούσε να έχει παρά μόνο ένα κίνητρο, μια ευαίσθητη επιθυμία: να Τον αναζητήσει ο άνθρωπος μόνο μέσω της ελεύθερης θέλησής του. Με τι βελούδινο γάντι τόσο μεγάλης ταπεινότητας έχει καλύψει το σιδερένιο χέρι της παντοδυναμίας!

Η επόμενη μέρα ήταν μια από τις πιο αξέχαστες στη ζωή μου. Ήταν μια ηλιόλουστη Πέμπτη, θυμάμαι, τον Ιούλιο του 1915, μερικές εβδομάδες μετά την αποφοίτησή μου από το Πανεπιστήμιο. Στο εσωτερικό μπαλκόνι του ερημητηρίου του στο Σεράμπουρ, ο Δάσκαλος βύθισε ένα καινούργιο κομμάτι από άσπρο μετάξι σε μπογιά σε χρώμα ώχρας, το παραδοσιακό χρώμα του Τάγματος των Σουάμι. Όταν το ύφασμα στέγνωσε, ο γκουρού μου το τύλιξε γύρω μου ως το ράσο του απαρνητή.

«Κάποια μέρα θα πας στη Δύση όπου προτιμούν το μετάξι», είπε. «Συμβολικά διάλεξα για σένα αυτό το μεταξωτό ύφασμα αντί για το συνηθισμένο βαμβακερό».

Στην Ινδία, όπου οι μοναχοί ασπάζονται το ιδανικό της φτώχειας, ένας σουάμι ντυμένος με μετάξι είναι ασυνήθιστο θέαμα. Πολλοί γιόγκι ωστόσο φορούν ράσα από μετάξι, το οποίο συγκρατεί κάποια λεπτοφυή σωματικά ρεύματα καλύτερα απ' ό,τι το βαμβάκι.

«Δεν μου αρέσουν οι τυπικότητες», είπε ο Σρι Γιουκτέσβαρ. «Θα σε κάνω σουάμι με τον *μπιντβάτ* (μη τυπικό) τρόπο».

Η *μπιμπιντίσα* ή τελετουργική μύηση στο Τάγμα των Σουάμι περιλαμβάνει την ιερουργία της φωτιάς, κατά την οποία συμβολικά εκτελούνται τελετουργίες ταφής. Το υλικό σώμα του μαθητή αναπαρίσταται ως νεκρό, αποτεφρωμένο στις φλόγες της σοφίας. Στον νέο σουάμι τότε δίνεται ένας ύμνος τον οποίο ψέλνει, όπως: «Αυτό το *άτμα* είναι Μπραχμά»[3] ή «Είσαι Εκείνο», ή «Είμαι Αυτός». Ο Σρι Γιουκτέσβαρ όμως, με την αγάπη του για την απλότητα, παρέκαμψε όλα τα επίσημα τελετουργικά και απλώς μου ζήτησε να διαλέξω ένα νέο όνομα.

«Θα σου δώσω το προνόμιο να το διαλέξεις εσύ», είπε χαμογελώντας.

«Γιογκανάντα»,[4] απάντησα μετά από σκέψη ενός λεπτού. Το όνομα σημαίνει «μακαριότητα *(ανάντα)* μέσω θεϊκής ένωσης *(γιόγκα)*».

---

[3] Κατά κυριολεξία: «Αυτή η ψυχή είναι Πνεύμα». Το Υπέρτατο Πνεύμα, το Αδημιούργητο, είναι ολοκληρωτικά Απόλυτο και Ασύλληπτο (*νέτι, νέτι*, όχι αυτό, όχι εκείνο), αλλά συχνά αναφέρεται στη *Βεδάντα* ως *Σατ-Τσιτ-Ανάντα*, δηλαδή Ύπαρξη-Νοημοσύνη-Μακαριότητα.

[4] Το όνομα Γιογκανάντα είναι αρκετά συχνό ανάμεσα στους σουάμι.

«Ας γίνει έτσι. Εγκαταλείποντας το οικογενειακό σου όνομα, Μουκούντα Λαλ Γκος, στο εξής θα ονομάζεσαι Γιογκανάντα του Τάγματος των Σουάμι του κλάδου Γκιρί».

Καθώς γονάτισα μπροστά στον Σρι Γιουκτέσβαρ και για πρώτη φορά τον άκουσα να προφέρει το νέο μου όνομα, η καρδιά μου πλημμύρισε με ευγνωμοσύνη. Πόσο στοργικά και ακούραστα είχε δουλέψει ώστε να μεταμορφωθεί κάποια μέρα το αγόρι Μουκούντα σε μοναχό Γιογκανάντα! Τραγούδησα χαρούμενα μερικούς στίχους από έναν μεγάλο σανσκριτικό ύμνο του Κυρίου Σάνκαρα:[5]

> Ούτε νους, ούτε διάνοια, ούτε εγώ, ούτε συναίσθημα·
> Ούτε ουρανός, ούτε γη, ούτε μέταλλα είμαι.
> Είμαι Αυτός, είμαι Αυτός, Ευλογημένο Πνεύμα, είμαι Αυτός!
> Ούτε γέννηση ούτε θάνατο ούτε κάστα έχω,
> Πατέρα, μητέρα δεν έχω.
> Είμαι Αυτός, είμαι Αυτός, Ευλογημένο Πνεύμα, είμαι Αυτός!
> Πέρα από κάθε φαντασία, είμαι χωρίς μορφή,
> Διαποτίζοντας όλη τη ζωή·
> Δεν φοβάμαι τα δεσμά· είμαι ελεύθερος, πάντα ελεύθερος,
> Είμαι Αυτός, είμαι Αυτός, Ευλογημένο Πνεύμα, είμαι Αυτός!

Κάθε σουάμι ανήκει στο μοναστικό τάγμα, το οποίο τιμάται στην Ινδία από αμνημονεύτων χρόνων. Αναδιοργανωμένο στην παρούσα του μορφή εδώ και αιώνες από τον Σανκαρατσάρια, είχε ως ηγέτες σεβάσμιους δασκάλους (καθένας από τους οποίους φέρει επιτυχώς τον τίτλο Τζαγκαντγκούρου Σρι Σανκαρατσάρια), σε μια αδιάσπαστη διαδοχική

---

[5] Ο Σάνκαρα συχνά αποκαλείται Σανκαρατσάρια· ατσάρια σημαίνει «θρησκευτικός δάσκαλος». Η χρονολογία κατά την οποία έζησε ο Σάνκαρα είναι συνηθισμένο αντικείμενο διένεξης μεταξύ των θεολόγων. Κάποιες καταγραφές δείχνουν ότι ο απαράμιλλος μονιστής έζησε τον έκτο αιώνα π.Χ· ο σοφός Ανάντγκιρι δίνει τις ημερομηνίες του 44-12 π.Χ. Οι ιστορικοί της Δύσης τοποθετούν τον Σάνκαρα στον όγδοο ή στις αρχές του ένατου αιώνα μ.Χ. Μια σχέση πολλών αιώνων!

Ο αείμνηστος Τζαγκάντγκουρου Σρι Σανκαρατσάρια (Jagadguru Sri Shankaracharya) από το Γκοβαρντάν Ματ στο Πούρι, η Αγιότητά του Μπαράτι Κρίσνα Τίρθα (Bharati Krishna Tirtha), επισκέφτηκε την Αμερική όπου έμεινε τρεις μήνες το 1958. Ήταν η πρώτη φορά που ένας Σανκαρατσάρια ταξίδεψε στη Δύση. Η ιστορική του περιοδεία χρηματοδοτήθηκε από το Self-Realization Fellowship. Ο Τζαγκάντγκουρου έδωσε ομιλίες ενώπιον των μεγαλύτερων Πανεπιστημίων της Αμερικής και συμμετείχε σε μια συζήτηση σχετικά με την παγκόσμια ειρήνη με τον διαπρεπή ιστορικό Δρα Άρνολντ Τόιμπι (Dr. Arnold Toynbee).

Το 1959 ο Σρι Σανκαρατσάρια από το Πούρι δέχτηκε την πρόσκληση της τέως προέδρου, Σρι Ντάγια Μάτα, να ενεργήσει ως εκπρόσωπος των Γκουρού του Self-Realization Fellowship / Yogoda Satsanga Society of India και να μυήσει δύο μοναχούς του Yogoda Satsanga στο Τάγμα των Σουάμι. Τέλεσε την επίσημη τελετουργία στον ναό του Σρι Γιουκτέσβαρ στο Yogoda Satsanga Ashram στο Πούρι. *(Σημείωση του Εκδότη)*

σειρά. Πολλοί μοναχοί, ίσως ένα εκατομμύριο, ανήκουν το Τάγμα των Σουάμι· η προϋπόθεση για να γίνουν δεκτοί είναι να μυηθούν από ανθρώπους που οι ίδιοι είναι σουάμι. Έτσι, όλοι οι μοναχοί του Τάγματος των Σουάμι έλκουν την πνευματική τους καταγωγή από έναν κοινό για όλους γκουρού, τον Άντι («τον πρώτο») Σανκαρατσάρια. Δίνουν όρκους φτώχειας (μη προσκόλλησης σε υλικά αποκτήματα), παρθενίας και υπακοής στον επικεφαλής ή πνευματικό ηγέτη. Με πολλούς τρόπους τα μοναστικά τάγματα των Καθολικών Χριστιανών μοιάζουν με το πολύ αρχαιότερο Τάγμα των Σουάμι.

Στο νέο του όνομα, ο σουάμι προσθέτει μια λέξη που δείχνει την επίσημη σχέση του με κάποια από τις δέκα υποδιαιρέσεις του Τάγματος των Σουάμι. Αυτά τα *ντασανάμι* ή δέκα ονόματα των υποδιαιρέσεων περιλαμβάνουν το *Γκιρί* (βουνό) στο οποίο ανήκε ο Σρι Γιουκτέσβαρ και επομένως και εγώ. Ανάμεσα στις άλλες υποδιαιρέσεις είναι το *Σάγκαρα* (θάλασσα), το *Μπαράτι* (στεριά), το *Πούρι* (γη), το *Σαρασβάτι* (σοφία της Φύσης), το *Τίρθα* (τόπος προσκυνήματος) και το *Αράννυα* (δάσος).

Το μοναστικό όνομα ενός σουάμι, το οποίο συνήθως καταλήγει σε *ανάντα* (υπέρτατη μακαριότητα), υποδηλώνει την προσδοκία του να πετύχει την απελευθέρωση μέσω ενός συγκεκριμένου μονοπατιού, κατάστασης ή θεϊκής ιδιότητας – αγάπης, σοφίας, διάκρισης, αφοσίωσης, υπηρεσίας, γιόγκα. Το όνομά του δείχνει αρμονία με τη Φύση.

Το ιδανικό της ανιδιοτελούς υπηρεσίας σε όλη την ανθρωπότητα και της απάρνησης των προσωπικών δεσμών και φιλοδοξιών οδηγεί τους περισσότερους σουάμι να ασχοληθούν ενεργά με ανθρωπιστική ή εκπαιδευτική εργασία στην Ινδία ή, περιστασιακά, σε ξένες χώρες. Απορρίπτοντας προκαταλήψεις κάστας, θρησκείας, κοινωνικής τάξης, χρώματος, φύλου και φυλής, ένας σουάμι ακολουθεί τις ηθικές επιταγές της ανθρώπινης αδελφοσύνης. Ο στόχος του είναι η απόλυτη ένωση με το Πνεύμα. Διαποτίζοντας τη συνειδητότητά του, είτε είναι ξύπνιος είτε κοιμάται, με τη σκέψη «Είμαι Αυτός», περιφέρεται ικανοποιημένος, ευρισκόμενος *μέσα* στον κόσμο, αλλά χωρίς να είναι *από τον κόσμο*. Μόνο με τον εξής τρόπο μπορεί να δικαιώσει τον τίτλο του *σουάμι*: με το να προσπαθεί να επιτύχει την ενότητα με τον *Σουά* ή Εαυτό.

Ο Σρι Γιουκτέσβαρ ήταν και σουάμι και γιόγκι. Ένας σουάμι, τυπικά ένας μοναχός εξαιτίας της σχέσης του με το σεβαστό Τάγμα, δεν είναι πάντα γιόγκι. Οποιοσδήποτε εξασκείται σε μια επιστημονική τεχνική για τη συνειδητοποίηση του Θεού είναι γιόγκι. Μπορεί να

Ο ΣΡΙ ΣΑΝΚΑΡΑΤΣΑΡΙΑ ΣΤΗΝ ΕΔΡΑ ΤΟΥ SRF –YSS

Ο Σρι Τζαγκάντγκουρου Σανκαρατσάρια Μπαράτι Κρίσνα Τίρθα από το Πούρι, Ινδία, στα κεντρικά του Self-Realization Fellowship στο Λος Άντζελες (που ιδρύθηκαν το 1925 από τον Παραμαχάνσα Γιογκανάντα). Το 1958 ο Τζαγκάντγκουρου, πρεσβύτερος ηγέτης του Τάγματος των Σουάμι, επισκέφτηκε για τρεις μήνες την Αμερική προσκεκλημένος του Self-Realization Fellowship. Ήταν η πρώτη φορά στην ιστορία του αρχαίου Τάγματος των Σουάμι που ένας Σανκαρατσάρια ταξίδεψε στη Δύση (βλ. σελ. 255 σημ.).

είναι παντρεμένος ή όχι, άνθρωπος με εγκόσμιες ευθύνες ή κάποιος με επίσημους θρησκευτικούς δεσμούς.

Ένας σουάμι μπορεί, πιθανόν, να ακολουθήσει μόνο το μονοπάτι της απλής συλλογιστικής, της ψυχρής απάρνησης· ο γιόγκι όμως εξασκείται σε μια συγκεκριμένη, βήμα προς βήμα διαδικασία, με την οποία το σώμα και ο νους πειθαρχούνται και η ψυχή σταδιακά απελευθερώνεται. Χωρίς να θεωρεί τίποτα δεδομένο, ούτε από άποψη συναισθήματος ούτε από άποψης πίστης, ο γιόγκι εφαρμόζει μια σειρά εξονυχιστικά δοκιμασμένων ασκήσεων που αρχικά είχαν εκτεθεί αναλυτικά από τους αρχαίους ρίσι. Σε κάθε εποχή της Ινδίας, η γιόγκα δημιούργησε ανθρώπους που έγιναν αληθινά ελεύθεροι, αληθινοί Γιόγκι όμοιοι με τον Χριστό.

Όπως και κάθε άλλη επιστήμη, η γιόγκα μπορεί να εφαρμοστεί απ' όλους τους ανθρώπους σε κάθε εποχή ή τόπο. Η θεωρία που αναπτύχθηκε από κάποιους αδαείς συγγραφείς ότι η γιόγκα είναι «επικίνδυνη» ή «αταίριαστη» στους ανθρώπους της Δύσης είναι ολοκληρωτικά εσφαλμένη και έχει αποτρέψει με θλιβερό τρόπο πολλούς ειλικρινείς σπουδαστές από την αναζήτηση των πολύπλευρων ευλογιών της.

Η γιόγκα είναι μια μέθοδος για την καταστολή της φυσικής αναταραχής των σκέψεων, οι οποίες διαφορετικά εμποδίζουν όλους τους ανθρώπους, όλων των χωρών, από το να δουν την πραγματική φύση τους ως Πνεύμα. Σαν το θεραπευτικό φως του ήλιου, η γιόγκα είναι το ίδιο ευεργετική και για τους ανθρώπους της Ανατολής και για τους ανθρώπους της Δύσης. Οι σκέψεις των περισσότερων ανθρώπων είναι ανήσυχες και ευμετάβλητες· υπάρχει μια προφανής ανάγκη για τη γιόγκα: την επιστήμη του ελέγχου του νου.

Ο αρχαίος ρίσι Πατάντζαλι[6] ορίζει τη γιόγκα ως «εξουδετέρωση των εναλλασσόμενων κυμάτων στη συνειδητότητα».[7] Το σύντομο και

---

[6] Η χρονολογία κατά την οποία έζησε ο Πατάντζαλι είναι άγνωστη, αν και πολλοί λόγιοι τον τοποθετούν στον δεύτερο αιώνα π.Χ. Οι ρίσι έγραψαν πραγματείες πάνω σε έναν απέραντο αριθμό θεμάτων με τέτοια ενόραση που, παρά τους αιώνες που πέρασαν, εξακολουθούν να είναι επίκαιρες· εντούτοις, προς απογοήτευση των μεταγενέστερων ιστορικών, οι σοφοί δεν έκαναν καμία προσπάθεια να συνδέσουν τις ημερομηνίες της ζωής τους και τη σφραγίδα της προσωπικότητάς τους με τα λογοτεχνικά τους έργα. Ήξεραν ότι η μικρή ζωή τους ήταν μόνο προσωρινά σημαντική ως λάμψη της μεγάλης, άπειρης Ζωής· και ότι η αλήθεια είναι αιώνια, αδύνατο να γίνει αντικείμενο εμπορίου και δεν αποτελούσε προσωπική τους περιουσία.

[7] «Τσιτά βρίτι νιρόντα» (Γιόγκα Σούτρα Ι:2), που μπορεί επίσης να μεταφραστεί ως «σταμάτημα των μεταβολών του περιεχομένου του νου». Το τσιτά είναι ένας περιεκτικός όρος για τη θεμελιώδη αρχή της σκέψης, η οποία περιλαμβάνει τις πρανικές ζωικές δυνάμεις, το μάνας (τον νου ή συνειδητότητα των αισθήσεων), το αχάμκαρα (τον εγωισμό) και το

αριστουργηματικό έργο του, οι *Γιόγκα Σούτρα (Yoga Sutras)*, διαμορφώνει ένα από τα έξι συστήματα της ινδουιστικής φιλοσοφίας. Σε αντιδιαστολή με τις δυτικές φιλοσοφίες, όλα τα ινδουιστικά φιλοσοφικά συστήματα[8] (έξι στον αριθμό), δεν περιλαμβάνουν μόνο θεωρητικές διδασκαλίες, αλλά και πρακτικές. Αφού εξάντλησαν κάθε έρευνα για κάθε οντολογική ερώτηση που μπορεί να συλληφθεί, τα ινδουιστικά συστήματα καθορίζουν έξι συγκεκριμένες μεθόδους εκπαίδευσης που στοχεύουν στη μόνιμη απομάκρυνση του πόνου και στην επίτευξη της αιώνιας μακαριότητας.

Οι *Ουπανισάντ*, που γράφτηκαν αργότερα, θεωρούν ότι από τα έξι συστήματα, οι *Γιόγκα Σούτρα* περιέχουν τις πιο αποτελεσματικές μεθόδους για την επίτευξη της άμεσης αντίληψης της αλήθειας. Μέσω των πρακτικών τεχνικών της γιόγκα ο άνθρωπος αφήνει πίσω του για πάντα τις άγονες σφαίρες της θεωρίας και γνωρίζει με εμπειρία την αληθινή Ουσία.

Το σύστημα *Γιόγκα* του Πατάντζαλι είναι γνωστό ως το Οκτάπτυχο Μονοπάτι.[9] Τα πρώτα βήματα είναι (1) η *γιάμα* (ηθική συμπεριφορά) και (2) η *νιγιάμα* (τήρηση θρησκευτικών κανόνων). Η *γιάμα* εκπληρώνεται με τη μη πρόκληση ζημιάς στους άλλους, την ειλικρίνεια, τη μη κλοπή, την εγκράτεια και τη μη ζηλοφθονία. Η *νιγιάμα* απαιτεί να είναι κάποιος καθαρός στο σώμα και στο νου, να είναι ικανοποιημένος κάτω από οποιαδήποτε περίσταση, να πειθαρχεί τον εαυτό του, να μελετά τον εαυτό του (περισυλλογή) και να είναι αφοσιωμένος στο Θεό και τον γκουρού.

Τα επόμενα βήματα είναι (3) η *άσανα* (σωστή σωματική στάση)· η σπονδυλική στήλη πρέπει να κρατιέται ίσια και το σώμα στέρεα σε μια άνετη στάση για διαλογισμό· (4) η *πραναγιάμα* (έλεγχος της *πράνα*,

---

*μπούντι* (τη διαισθητική νοημοσύνη). Το *βρίτι* (κατά κυριολεξία «δίνη») αναφέρεται στα κύματα της σκέψης και του συναισθήματος που χωρίς σταματημό εγείρονται και υποχωρούν στη συνειδητότητα του ανθρώπου. *Νιρόντα* σημαίνει εξουδετέρωση, σταμάτημα, έλεγχος.

[8] Τα έξι ορθόδοξα (βασισμένα στις Βέδες) συστήματα είναι η *Σανκυά (Sankhya)*, η *Γιόγκα (Yoga)*, η *Βεδάντα (Vedanta)*, η *Μιμάμσα (Mimamsa)*, η *Νυάγια (Nyaya)* και η *Βεϊσέσικ (Vaisesika)*. Οι αναγνώστες που έχουν κλίση προς τη φιλολογία θα βρουν, προς ικανοποίησή τους, τις λεπτές έννοιες και το ευρύ φάσμα αυτών των διατυπώσεων, όπως συνοψίστηκαν στα Αγγλικά, στο *A History of Indian Philosophy*, («Μια ιστορία της ινδικής φιλοσοφίας»), Vol. I, του καθηγητή Surendranath Dasgupta (Cambridge Univ. Press).

[9] Δεν πρέπει να συγχέεται με το «Ευγενές Οκτάπτυχο Μονοπάτι» του Βουδισμού, έναν οδηγό για τη συμπεριφορά του ανθρώπου, που έχει ως εξής: (1) σωστά ιδανικά, (2) σωστό κίνητρο, (3) σωστή ομιλία, (4) σωστή δράση, (5) σωστοί τρόποι διαβίωσης, (6) σωστή προσπάθεια, (7) σωστή ενθύμηση (του Εαυτού) και (8) σωστή συνειδητοποίηση *(σαμάντι)*.

των λεπτοφυών ζωικών ρευμάτων)· και (5) η *πρατυαχάρα* (απόσυρση των αισθήσεων από εξωτερικά αντικείμενα).

Τα τελευταία βήματα είναι μορφές της γνήσιας γιόγκα: (6) η *νταράνα* (αυτοσυγκέντρωση), κρατώντας τον νου σε μία σκέψη· (7) η *ντυάνα* (διαλογισμός) και (8) το *σαμάντι* (υπερσυνείδητη εμπειρία). Αυτό το Οκτάπτυχο Μονοπάτι της Γιόγκα οδηγεί στον τελικό στόχο της *Καϊβάλυα* (το Απόλυτο ή «Απολυτότητα»), στην οποία ο γιόγκι συνειδητοποιεί την Αλήθεια υπερβαίνοντας κάθε διανοητική κατανόηση.

«Ποιος είναι πιο σπουδαίος;», μπορεί να ρωτήσει κάποιος, «ένας σουάμι ή ένας γιόγκι;». Όταν και αν επιτευχθεί η ενότητα με το Θεό, οι διαφορές των διάφορων μονοπατιών εξαφανίζονται. Η Μπάγκαβαντ Γκίτα ωστόσο λέει ότι οι μέθοδοι της γιόγκα καλύπτουν όλα τα μονοπάτια. Οι τεχνικές της δεν προορίζονται μόνο για κάποιους τύπους ανθρώπων ή ιδιοσυγκρασιών, όπως των λιγοστών ανθρώπων που έχουν κλίση για τη μοναστική ζωή· η γιόγκα δεν απαιτεί τον ενστερνισμό κάποιας επίσημης θρησκείας. Επειδή η γιογκική επιστήμη ικανοποιεί μια οικουμενική ανάγκη, ασκεί μια φυσική οικουμενική γοητεία.

Ένας αληθινός γιόγκι μπορεί να παραμείνει στον κόσμο εκτελώντας τα καθήκοντά του· εκεί είναι σαν το βούτυρο πάνω στο νερό και όχι σαν το αχτύπητο γάλα που εύκολα διαλύεται μέσα στην απείθαρχη ανθρωπότητα. Κατά την εκπλήρωση των γήινων ευθυνών δεν είναι αναγκαίο να διαχωριστεί ο άνθρωπος από το Θεό, αρκεί να μην εμπλέκεται νοητικά σε εγωιστικές επιθυμίες και να παίζει το ρόλο του στη ζωή ως πρόθυμο όργανο του Θεού.

Υπάρχουν αρκετοί σπουδαίοι άνθρωποι που ζουν σήμερα στην Αμερική ή στην Ευρώπη ή σε άλλες μη ινδουιστικές κοινωνίες, οι οποίοι, αν και μπορεί να μην άκουσαν ποτέ τις λέξεις *γιόγκι* και *σουάμι*, είναι εντούτοις παραδείγματα προς μίμηση αυτών των όρων. Μέσω της ανιδιοτελούς υπηρεσίας τους στην ανθρωπότητα, ή μέσω της κυριαρχίας τους στα πάθη και τις σκέψεις τους, ή μέσω της λατρείας τους για το Θεό με όλη τους την καρδιά, ή μέσω της μεγάλης δύναμής τους να αυτοσυγκεντρώνονται, είναι κατά μια έννοια γιόγκι· έχουν αφοσιωθεί στον στόχο της γιόγκα – τον αυτοέλεγχο. Αυτοί οι άνθρωποι θα μπορούσαν να ανέλθουν σε ακόμα μεγαλύτερα ύψη αν διδάσκονταν τη συγκεκριμένη επιστήμη της γιόγκα που καθιστά εφικτό το να καθοδηγεί κάποιος πιο συνειδητά τον νου και τη ζωή του.

Η γιόγκα έχει παρερμηνευτεί από κάποιους δυτικούς συγγραφείς που την έκριναν επιφανειακά, αλλά οι επικριτές της δεν έχουν εξασκηθεί ποτέ σ' αυτήν. Ανάμεσα σε πολλούς που απότισαν ευγενικά φόρο τιμής στη γιόγκα, μπορεί να αναφερθεί ο Δρ Κ. Γκ. Γιουνγκ (Dr. C. G. Jung), ο διάσημος Ελβετός ψυχολόγος.

«Όταν μια θρησκευτική μέθοδος προσδιορίζει τον εαυτό της ως "επιστημονική", είναι σίγουρο ότι θα αποκτήσει το κοινό της στη Δύση. Η γιόγκα εκπληρώνει αυτήν την προσδοκία», γράφει ο Δρ Γιουνγκ.[10] «Εκτός από τη γοητεία του καινούργιου και τη σαγήνη του μυστηριώδους, υπάρχουν σοβαροί λόγοι για να έχει η γιόγκα πολλούς οπαδούς. Προσφέρει τη δυνατότητα της ελεγχόμενης εμπειρίας κι έτσι ικανοποιεί την επιστημονική ανάγκη για "γεγονότα". Και, εκτός απ' αυτό, εξαιτίας της ευρύτητας και του βάθους της, της σεβαστής ηλικίας της, της ιδεολογίας της και της μεθόδου της που περιλαμβάνουν κάθε φάση της ζωής, υπόσχεται δυνατότητες που οι άνθρωποι δεν μπορούν καν να ονειρευτούν.

»Κάθε θρησκευτική ή φιλοσοφική πρακτική σημαίνει μια ψυχολογική πειθαρχία, δηλαδή μια μέθοδο νοητικής υγιεινής. Οι πολύπλευρες, καθαρά σωματικές μέθοδοι της Γιόγκα,[11] σημαίνουν επίσης και μια σωματική υγιεινή που είναι ανώτερη από τη συνηθισμένη γυμναστική και τις αναπνευστικές ασκήσεις, γιατί δεν είναι απλώς μηχανική και επιστημονική αλλά επίσης και φιλοσοφική· με την εξάσκησή της των μελών του σώματος, τα ενώνει με την ολότητα του πνεύματος, όπως είναι φανερό παραδείγματος χάρη στις ασκήσεις *Πραναγιάμα*, κατά τις οποίες η *Πράνα* είναι και η αναπνοή και το οικουμενικό δυναμικό του σύμπαντος. [...]

»Η εξάσκηση στη Γιόγκα [...] θα ήταν ατελέσφορη χωρίς τις ιδέες πάνω στις οποίες βασίζεται. Συνδυάζει το σωματικό και το πνευματικό στοιχείο μ' έναν τρόπο που είναι ασυνήθιστα ολοκληρωμένος.

»Στην Ανατολή όπου αναπτύχθηκαν αυτές οι ιδέες και οι πρακτικές και όπου, για αρκετές χιλιάδες χρόνια, μια αδιάλειπτη παράδοση έχει δημιουργήσει τα απαραίτητα πνευματικά θεμέλια, η Γιόγκα είναι, όπως μπορώ εύκολα να πιστέψω, η τέλεια και κατάλληλη μέθοδος συγκερασμού του σώματος και του νου έτσι ώστε δημιουργείται μια

---

[10] Ο Δρ Γιουνγκ παρακολούθησε το Ινδικό Επιστημονικό Συνέδριο το 1937 και έλαβε ένα τιμητικό δίπλωμα από το Πανεπιστήμιο της Καλκούτα.

[11] Ο Δρ Γιουνγκ εδώ αναφέρεται στη *Χάτα Γιόγκα*, έναν ειδικευμένο κλάδο σωματικών στάσεων και τεχνικών για υγεία και μακροζωία. Η *Χάτα* είναι χρήσιμη και φέρνει εξαίρετα σωματικά αποτελέσματα, αλλά αυτός ο κλάδος της γιόγκα δεν χρησιμοποιείται πολύ από τους γιόγκι που έχουν ως στόχο την πνευματική απελευθέρωση.

ενότητα που δύσκολα αμφισβητείται. Αυτή η ενότητα προκαλεί μια ψυχολογική ιδιοσυγκρασία που καθιστά εφικτή την εμφάνιση διαισθήσεων που υπερβαίνουν τη συνειδητότητα».

Για τη Δύση πλησιάζει η μέρα κατά την οποία η εσωτερική επιστήμη του αυτοελέγχου θα καταστεί τόσο αναγκαία όσο και η εξωτερική κατάκτηση της Φύσης. Στην Ατομική Εποχή ο νους των ανθρώπων θα γίνει πιο αντικειμενικός και πιο ευρύς, με τη νέα επιστημονικά αδιαμφισβήτητη αλήθεια ότι η ύλη είναι στην πραγματικότητα μια συγκέντρωση ενέργειας. Ο ανθρώπινος νους μπορεί και πρέπει να ελευθερώσει από μέσα του ενέργειες μεγαλύτερες απ' αυτές που βρίσκονται σε πέτρες και μέταλλα, ώστε να αποφευχθεί η απερίσκεπτη καταστροφή του κόσμου την οποία μπορεί να προκαλέσει ο υλικός πυρηνικός γίγαντας που πρόσφατα απελευθερώθηκε. Ένα αυξημένο ενδιαφέρον για την επιστήμη της Γιόγκα[12] και η πρακτική εφαρμογή

---

[12] Πολλοί απληροφόρητοι άνθρωποι, όταν μιλούν για τη γιόγκα, εννοούν τη *Χάτα Γιόγκα* ή θεωρούν τη γιόγκα «μαγεία», σκοτεινές μυστηριώδεις τελετουργίες για την απόκτηση θεαματικών δυνάμεων. Όταν όμως οι λόγιοι μιλούν για τη γιόγκα εννοούν το σύστημα που περιγράφεται στις *Γιόγκα Σούτρα* (επίσης γνωστό ως «Αφορισμοί του Πατάντζαλι»): τη *Ράτζα* («βασιλική») *Γιόγκα*. Η πραγματεία περιέχει φιλοσοφικές συλλήψεις τέτοιου μεγαλείου, που έχει εμπνεύσει σχολιασμούς των μεγαλύτερων στοχαστών της Ινδίας, συμπεριλαμβανομένου του φωτισμένου Δασκάλου Σαντασιβέντρα (βλ. σελ. 452 σημ.).

Όπως και τα άλλα πέντε ορθόδοξα (στηριζόμενα στις Βέδες) φιλοσοφικά συστήματα, οι *Γιόγκα Σούτρα* θεωρούν τη «μαγεία» της ηθικής αγνότητας (τις «δέκα εντολές» της *γιάμα* και της *νιγιάμα*) απολύτως απαραίτητη προκαταρκτική προϋπόθεση για βαθιά και υγιή φιλοσοφική έρευνα. Αυτή η προσωπική προϋπόθεση, για την οποία οι άνθρωποι στη Δύση δεν επιμένουν, έχει κάνει τα έξι ινδουιστικά συστήματα βιώσιμα για αιώνες. Η συμπαντική τάξη (*ρίτα*) που στηρίζει το σύμπαν δεν είναι διαφορετική από την ηθική τάξη που κυβερνά το πεπρωμένο του ανθρώπου. Αυτός που είναι απρόθυμος να τηρήσει τις οικουμενικές ηθικές επιταγές δεν είναι σοβαρά αποφασισμένος να αναζητήσει την αλήθεια.

Το τμήμα ΙΙΙ των *Γιόγκα Σούτρα* αναφέρει διάφορες γιογκικές θαυματουργές δυνάμεις (*βιμπούτι* και *σιντί*). Η αληθινή γνώση είναι πάντα δύναμη. Το μονοπάτι της γιόγκα διαιρείται σε τέσσερα στάδια, καθένα με την έκφραση της δικής του *βιμπούτι*. Αποκτώντας μια συγκεκριμένη δύναμη, ο γιόγκι ξέρει ότι έχει περάσει με επιτυχία τις δοκιμασίες ενός από τα τέσσερα στάδια. Η εμφάνιση των χαρακτηριστικών δυνάμεων καταδεικνύουν την επιστημονική δομή του συστήματος της γιόγκα, στην οποία οι απατηλές φαντασιώσεις σχετικά με την πρόοδο κάποιου εξαφανίζονται· απαιτείται απόδειξη!

Ο Πατάντζαλι προειδοποιεί τον πιστό ότι ο μοναδικός στόχος θα πρέπει να είναι η ενότητα με το Πνεύμα και όχι η απόκτηση των *βιμπούτι* – που είναι απλώς τυχαία λουλούδια κατά μήκος του ιερού μονοπατιού. Είθε να αναζητείται ο Αιώνιος Δότης, όχι τα εκπληκτικά δώρα Του! Ο Θεός δεν αποκαλύπτεται στον αναζητητή που ικανοποιείται με οποιοδήποτε κατώτερο επίτευγμα. Ο γιόγκι που μοχθεί, επομένως, προσέχει να μην κάνει χρήση των εκπληκτικών του δυνάμεων γιατί μπορεί να εγείρουν μέσα του μια παραπλανητική υπερηφάνεια και να τον αποσπάσουν από την προσπάθεια να εισέλθει στο τελευταίο στάδιο της *Καϊβάλυα*.

Όταν ο γιόγκι φτάσει στον Άπειρο Στόχο του, ασκεί τις *βιμπούτι* ή απέχει από την άσκηση τους κατά τη θέλησή του. Όλες οι πράξεις του, θαυματουργές ή όχι, εκτελούνται τότε χωρίς

της μπορεί να αποτελέσει ένα έμμεσο όφελος για να κατευναστεί η ανησυχία της ανθρωπότητας για τις ατομικές βόμβες – να γίνει αληθινά ένα «καταφύγιο από τις βόμβες».

---

να παράγει κάρμα. Οι σιδερένιες εγγραφές στον κατάλογο του κάρμα γίνονται μόνο όταν έλκονται από τον μαγνήτη του προσωπικού εγώ, όταν αυτό υπάρχει ακόμα.

ΚΕΦΑΛΑΙΟ 25

# Ο Αδελφός Μου Ανάντα και η Αδελφή Μου Ναλίνη

«Ο Ανάντα δεν θα ζήσει· τα χρόνια που καθορίστηκαν από το κάρμα του γι' αυτή τη ζωή τελείωσαν».

Αυτά τα σκληρά λόγια έφτασαν στην εσωτερική συνειδητότητά μου καθώς διαλογιζόμουν βαθιά ένα πρωινό. Λίγο μετά την προσχώρησή μου στο Τάγμα των Σουάμι, πήγα στον τόπο όπου γεννήθηκα, στο Γκορακπούρ, φιλοξενούμενος από τον αδελφό μου, τον Ανάντα. Μια ξαφνική ασθένεια τον ανάγκασε να μείνει στο κρεβάτι· τον φρόντισα με αγάπη.

Η σοβαρή εσωτερική ανακοίνωση με γέμισε θλίψη. Αισθάνθηκα ότι μου ήταν αδύνατο να μείνω άλλο στο Γκορακπούρ μόνο και μόνο για να βλέπω τον αδελφό μου να πεθαίνει χωρίς να μπορώ να κάνω τίποτα. Προκαλώντας την απορημένη κριτική των συγγενών μου, έφυγα από την Ινδία με το πρώτο διαθέσιμο πλοίο. Ταξίδεψα κατά μήκος της Μπούρμα και, μέσω της Κινέζικης θάλασσας, στην Ιαπωνία. Αποβιβάστηκα στο Κόμπε, όπου πέρασα μόνο λίγες μέρες. Η καρδιά μου πενθούσε· δεν είχα διάθεση να δω τα αξιοθέατα.

Κατά το ταξίδι της επιστροφής στην Ινδία, το πλοίο σταμάτησε στη Σαγκάη. Εκεί, ο Δρ Μίσρα, ο γιατρός του πλοίου, με οδήγησε σε αρκετά παλαιοπωλεία που πουλούσαν σπάνια αντικείμενα, απ' όπου διάλεξα διάφορα δώρα για τον Σρι Γιουκτέσβαρ, την οικογένειά μου και φίλους. Για τον Ανάντα αγόρασα ένα μεγάλο διακοσμημένο έργο τέχνης από μπαμπού. Μόλις ο Κινέζος πωλητής μού έδωσε το ενθύμιο από μπαμπού, αυτό μου έπεσε στο πάτωμα καθώς φώναξα: «Το αγόρασα για τον αγαπημένο νεκρό αδελφό μου!».

Με κυρίευσε μια καθαρή συνειδητοποίηση ότι η ψυχή του εκείνη ακριβώς τη στιγμή ελευθερωνόταν στο Άπειρο. Το ενθύμιο με την πτώση του ράγισε βαθιά και συμβολικά· ανάμεσα σε αναφιλητά έγραψα στην επιφάνεια του μπαμπού: «Για τον αγαπημένο μου Ανάντα που τώρα έφυγε».

Ο γιατρός που με συνόδευε με παρακολουθούσε με σαρδόνιο χαμόγελο.

«Μη χύνετε τα δάκρυά σας από τώρα», είπε. «Συγκρατήστε τα μέχρι να βεβαιωθείτε ότι είναι νεκρός».

Όταν το πλοίο μας έφτασε στην Καλκούτα, ο Δρ Μίσρα με συνόδευσε πάλι. Ο νεότερος αδελφός μου, ο Μπισνού, περίμενε να με καλωσορίσει στην αποβάθρα.

«Ξέρω ότι ο Ανάντα έφυγε απ' αυτή τη ζωή», είπα στο Μπισνού πριν προλάβει να μιλήσει. «Σε παρακαλώ πες μου, καθώς και στο γιατρό εδώ, πότε πέθανε ο Ανάντα».

Ο Μπισνού είπε την ημέρα, που ήταν ακριβώς αυτή κατά την οποία είχα αγοράσει τα ενθύμια από τη Σαγκάη.

«Ακούστε, σας παρακαλώ!», αναφώνησε ο Δρ Μίσρα. «Μην αφήσετε λέξη απ' αυτήν την ιστορία να διαρρεύσει! Οι καθηγητές θα προσθέσουν στα μαθήματα της ιατρικής ένα έτος παραπάνω για τη μελέτη της τηλεπάθειας και ήδη οι σπουδές διαρκούν πολύ!».

Ο Πατέρας με αγκάλιασε θερμά μόλις μπήκα στο σπίτι. «Ήρθες», είπε τρυφερά. Δύο μεγάλα δάκρυα κύλησαν από τα μάτια του. Καθώς ήταν συνήθως συγκρατημένος, ποτέ πριν δεν μου είχε δείξει τη στοργή του με εξωστρεφή τρόπο. Αν και εξωτερικά ήταν ένας σοβαρός πατέρας, εσωτερικά διέθετε τη γεμάτη λατρεία καρδιά μιας μητέρας. Σε όλα τα οικογενειακά θέματα έπαιζε αυτόν τον διπλό ρόλο.

Λίγο μετά τον θάνατο του Ανάντα, η νεότερη αδελφή μου Ναλίνη στην κυριολεξία γύρισε από τον θάνατο με μια θεϊκή θεραπεία. Πριν αφηγηθώ την ιστορία, θα αναφέρω κάποιες φάσεις των προηγουμένων ετών.

Όταν ήμαστε παιδιά η σχέση μεταξύ μας δεν ήταν η καλύτερη. Ήμουν πολύ αδύνατος· εκείνη ήταν ακόμα πιο αδύνατη. Με κάποιο μη συνειδητό κίνητρο που οι ψυχολόγοι δεν θα δυσκολευτούν να εξακριβώσουν, συχνά πείραζα την αδελφή μου για την εμφάνισή της. Οι απαντήσεις της ήταν κι αυτές εξίσου διαποτισμένες με την άσπλαχνη ειλικρίνεια των παιδιών. Μερικές φορές η Μητέρα παρενέβαινε δίνοντας προσωρινά τέλος στους παιδιάστικους καυγάδες, χαστουκίζοντάς με ελαφρά (επειδή εγώ ήμουν μεγαλύτερος).

Όταν τελείωσε το σχολείο, η Ναλίνη αρραβωνιάστηκε με τον Δρα Παντσάνον Μπος, έναν αξιαγάπητο νεαρό γιατρό της Καλκούτα. Οι περίπλοκες τελετουργίες του γάμου τηρήθηκαν όπως έπρεπε. Το βράδυ του γάμου ήμουν κι εγώ μεταξύ των πολλών χαρούμενων συγγενών στο σαλόνι του σπιτιού μας στην Καλκούτα. Ο γαμπρός ακουμπούσε πάνω σ' ένα τεράστιο χρυσοκέντητο μαξιλάρι με τη Ναλίνη δίπλα του. Το θαυμάσιο μοβ μεταξωτό *σάρι*[1] που φορούσε δεν μπορούσε δυστυχώς να κρύψει εντελώς τα κόκαλα του σώματός της. Κρύφτηκα πίσω από το μαξιλάρι του νέου μου γαμπρού και του χαμογέλασα φιλικά. Δεν είχε ξαναδεί τη Ναλίνη μέχρι τη γαμήλια τελετή, όταν και τελικά κατάλαβε τι λαχνός τού είχε πέσει στη γαμήλια λοταρία.

Νιώθοντας τη συμπάθειά μου, ο Δρ Μπος έδειξε διακριτικά τη Ναλίνη και ψιθύρισε στο αυτί μου: «Πες μου, τι είναι αυτό;».

«Γιατί, γιατρέ», του απάντησα, «είναι ένας σκελετός για τις επιστημονικές σου παρατηρήσεις!».

Καθώς περνούσαν τα χρόνια, ο Δρ Μπος κατέκτησε τη συμπάθεια όλων των συγγενών, που τον φωνάζαμε όποτε ήμασταν άρρωστοι. Αυτός κι εγώ γίναμε γρήγορα φίλοι, συχνά λέγοντας αστεία, συνήθως με στόχο τη Ναλίνη.

«Είναι ένα περίεργο ιατρικό φαινόμενο», παρατήρησε ο γαμπρός μου μια μέρα. «Δοκίμασα τα πάντα στη λιπόσαρκη αδελφή σου – μουρουνέλαιο, βούτυρο, κριθάρι, μέλι, ψάρι, κρέας, αυγά, τονωτικά. Παρ' όλα αυτά δεν παίρνει ούτε γραμμάριο».

Μερικές μέρες αργότερα επισκέφθηκα τον Μπος στο σπίτι του. Ο λόγος για τον οποίο πήγα διήρκεσε μόνο μερικά λεπτά· πήγα να φύγω έχοντας την εντύπωση ότι η Ναλίνη δεν με είχε αντιληφθεί. Όταν έφτασα στη μπροστινή πόρτα άκουσα τη φωνή της, εγκάρδια αλλά επιτακτική.

«Αδελφέ, έλα εδώ. Αυτή τη φορά δεν θα μου ξεφύγεις. Θέλω να σου μιλήσω».

Ανέβηκα τις σκάλες προς το δωμάτιό της. Έκπληκτος την είδα να κλαίει.

«Αγαπημένε αδελφέ», είπε, «ας συμφιλιωθούμε. Βλέπω ότι τώρα είσαι σταθερά και ακλόνητα στο πνευματικό μονοπάτι. Θέλω να γίνω σαν εσένα από κάθε άποψη». Πρόσθεσε αισιόδοξα: «Τώρα είσαι ρωμαλέος στην εμφάνιση· θα με βοηθήσεις; Ο άντρας μου δεν με πλησιάζει και τον αγαπώ τόσο πολύ! Η κύρια όμως επιθυμία μου είναι να προοδεύσω στη συνειδητοποίηση του Θεού, ακόμα κι αν χρειαστεί να παραμείνω αδύνατη[2] και άσχημη».

---

[1] Το φόρεμα των Ινδών γυναικών που πέφτει απαλά και με χάρη.
[2] Επειδή οι περισσότεροι άνθρωποι στην Ινδία είναι αδύνατοι, το πάχος, σε λογικά πλαίσια, θεωρείται επιθυμητό.

*Ο Αδελφός Μου Ανάντα και η Αδελφή Μου Ναλίνη*

Η καρδιά μου συγκινήθηκε βαθύτατα από την ικεσία της. Η νέα μας φιλία προόδευε σταθερά· μια μέρα ζήτησε να γίνει μαθήτριά μου.

«Εκπαίδευσέ με με όποιο τρόπο θέλεις. Εμπιστεύομαι το Θεό αντί για τα τονωτικά». Μάζεψε μια αγκαλιά με φάρμακα και τα έχυσε σ' έναν υπόνομο κάτω από το παράθυρό της.

Για να δοκιμάσω την πίστη της, της ζήτησα να παραλείψει από τη διατροφή της τα ψάρια, το κρέας και τα αυγά.

Μετά από αρκετούς μήνες, κατά τους οποίους η Ναλίνη είχε ακολουθήσει αυστηρά κάθε κανόνα που είχα θέσει και είχε μείνει πιστή στη χορτοφαγική διατροφή παρά τις διάφορες δυσκολίες, την επισκέφτηκα.

«Αδελφή, μέχρι τώρα ακολούθησες ευσυνείδητα τις πνευματικές εντολές· η ανταμοιβή σου πλησιάζει». Χαμογέλασα σκανταλιάρικα. «Πόσο χοντρή θέλεις να γίνεις; Τόσο χοντρή σαν τη θεία σου που δεν έχει καταφέρει να δει τα πόδια της για χρόνια;».

«Όχι! Θα ήθελα όμως πάρα πολύ να γίνω τόσο εύσωμη όσο εσύ».

Απάντησα σοβαρά. «Με τη χάρη του Θεού, όπως πάντα στη ζωή μου έλεγα την αλήθεια, λέω την αλήθεια και τώρα.³ Μέσω της ευλογίας του Θεού, το σώμα σου, αλήθεια, θα αλλάξει από σήμερα· σ' ένα μήνα θα έχει το ίδιο βάρος με το δικό μου».

Αυτά τα λόγια που βγήκαν από την καρδιά μου επαληθεύτηκαν. Σε τριάντα μέρες το βάρος της Ναλίνη έγινε ίδιο με το δικό μου. Τα κιλά που πήρε την έκαναν όμορφη· ο άντρας της την ερωτεύθηκε βαθιά. Ο γάμος τους, που άρχισε τόσο δυσοίωνα, έγινε ιδανικά ευτυχισμένος.

Όταν επέστρεψα από την Ιαπωνία έμαθα ότι κατά τη διάρκεια της απουσίας μου η Ναλίνη είχε προσβληθεί από τυφοειδή πυρετό. Έτρεξα στο σπίτι της και έμεινα άναυδος όταν είδα ότι ήταν αποσκελετωμένη. Ήταν σε κώμα.

---

³ Οι ινδουιστικές Γραφές δηλώνουν ότι αυτοί που συνήθως λένε την αλήθεια αναπτύσσουν τη δύναμη να μπορούν να υλοποιούν τα λόγια τους. Όποιες εντολές αρθρώνουν από καρδιάς πραγματοποιούνται. (*Πόγκα Σούτρα* II:36).

Επειδή οι κόσμοι έχουν τα θεμέλιά τους στην αλήθεια, όλες οι Γραφές εξυμνούν την αλήθεια σαν αρετή με την οποία μπορεί κάποιος να συντονίσει τη ζωή του με το Άπειρο. Ο Μαχάτμα Γκάντι συχνά έλεγε: «Η Αλήθεια είναι Θεός»· σε όλη του τη ζωή πάσχιζε να τηρεί απόλυτη αλήθεια στη σκέψη, τον λόγο και την πράξη. Κατά τη διάρκεια των αιώνων, το ιδεώδες της *σάτυα* (αλήθειας) διαπότισε την ινδουιστική κοινωνία. Ο Μάρκο Πόλο μάς λέει ότι οι Βραχμάνοι «δεν θα άρθρωναν ποτέ ένα ψέμα για οποιοδήποτε λόγο στον κόσμο». Ένας Άγγλος Δικαστής στην Ινδία, ο William Sleeman, λέει στο *Journey Through Oudh in 1849-1850* («Ταξίδι στο Οντ το 1849-1850»): «Είχα να κρίνω εκατοντάδες υποθέσεις στις οποίες η ιδιοκτησία, η ελευθερία, ή η ζωή ενός ανθρώπου εξαρτιόταν από το να πει ένα ψέμα· και αρνήθηκε να το πει».

Ο γαμπρός μου μου είπε: «Πριν διαταραχθεί ο νους της από την αρρώστια, συχνά έλεγε: "Αν ο αδελφός μου ο Μουκούντα ήταν εδώ, δεν θα τα περνούσα αυτά"». Πρόσθεσε δακρυσμένος: «Οι άλλοι γιατροί κι εγώ δεν βλέπουμε να υπάρχει καμία ελπίδα να σωθεί. Μετά την κρίση του τύφου, που κράτησε καιρό, τώρα προστέθηκε και εσωτερική αιμορραγία από δυσεντερία».

Προσπάθησα να κινήσω γη και ουρανό με τις προσευχές μου. Αφού προσέλαβα μια Αγγλο-Ινδή νοσοκόμα, που συνεργάστηκε άψογα μαζί μου, εφάρμοσα στην αδελφή μου διάφορες μεθόδους της γιόγκα για την ίασή της. Η εσωτερική αιμορραγία από δυσεντερία εξαφανίστηκε.

Ο Δρ Μπος όμως κούνησε το κεφάλι του θρηνώντας. «Απλώς δεν έχει άλλο αίμα να χάσει».

«Θα αναρρώσει», απάντησα αποφασιστικά. «Σε επτά μέρες ο πυρετός της θα έχει πέσει».

Μια εβδομάδα αργότερα η καρδιά μου σκίρτησε όταν είδα τη Ναλίνη να ανοίγει τα μάτια της και να με κοιτά γεμάτη αγάπη αναγνωρίζοντάς με. Από εκείνη τη μέρα η ανάρρωσή της ήταν ταχύτατη. Αν και ξαναπήρε το συνηθισμένο της βάρος, η σχεδόν μοιραία ασθένειά της της άφησε ένα άσχημο τραύμα: τα πόδια της έμειναν παράλυτα. Οι Ινδοί και Άγγλοι ειδικοί ανακοίνωσαν ότι θα έμενε για πάντα ανάπηρη.

Η αδιάκοπη σφοδρή μάχη που είχα εξαπολύσει για τη ζωή της μέσω της προσευχής με είχε εξουθενώσει. Πήγα στο Σεράμπουρ και ζήτησα τη βοήθεια του Σρι Γιουκτέσβαρ. Τα μάτια του εξέφρασαν βαθιά συμπόνια καθώς του είπα για την κακή κατάσταση της Ναλίνη.

«Τα πόδια της αδελφής σου θα γίνουν καλά σ' ένα μήνα». Πρόσθεσε: «Πες της να φορέσει κατάσαρκα μια κορδέλα με ένα ατρύπητο μαργαριτάρι δύο καρατίων, που θα κρατιέται πάνω της με μια καρφίτσα».

Έπεσα στα πόδια του χαρούμενα, ανακουφισμένος.

«Κύριε, είστε Δάσκαλος· ο λόγος σας ότι θα γίνει καλά είναι αρκετός. Αν όμως επιμένετε, θα της πάρω αμέσως ένα μαργαριτάρι».

Ο Δάσκαλός μου έγνεψε καταφατικά. «Ναι, να της πάρεις». Συνέχισε περιγράφοντας σωστά τα σωματικά και τα νοητικά χαρακτηριστικά της Ναλίνη, την οποία ποτέ δεν είχε δει.

«Κύριε», ρώτησα, «αυτή είναι μια αστρολογική ανάλυση; Δεν ξέρετε την ημέρα και την ώρα της γέννησής της».

Ο Σρι Γιουκτέσβαρ χαμογέλασε. «Υπάρχει μια βαθύτερη αστρολογία που δεν εξαρτάται από τα ημερολόγια και τα ρολόγια. Κάθε άνθρωπος είναι μέρος του Δημιουργού ή του Συμπαντικού Ανθρώπου· έχει ένα ουράνιο σώμα, καθώς επίσης κι ένα γήινο. Τα ανθρώπινα μάτια βλέπουν την υλική μορφή, αλλά το εσωτερικό μάτι διεισδύει πιο βαθιά, ακόμα και στη συμπαντική ουσία, της οποίας κάθε άνθρωπος αποτελεί ένα ακέραιο και εξατομικευμένο τμήμα».

Γύρισα στην Καλκούτα και αγόρασα ένα μαργαριτάρι[4] για τη Ναλίνη. Ένα μήνα αργότερα τα παράλυτα πόδια της θεραπεύτηκαν εντελώς.

Η αδελφή μου μου ζήτησε να διαβιβάσω την εγκάρδια ευγνωμοσύνη της στον γκουρού μου. Ο Σρι Γιουκτέσβαρ άκουσε το μήνυμα σιωπηλά. Καθώς έφευγα όμως, έκανε ένα μεστό σχόλιο:

«Πολλοί γιατροί είπαν στην αδελφή σου ότι δεν μπορεί να κάνει παιδιά. Διαβεβαίωσέ την ότι σε λίγα χρόνια θα γεννήσει δύο κόρες».

Μερικά χρόνια αργότερα η Ναλίνη, ευτυχισμένη, γέννησε ένα κορίτσι· και λίγα χρόνια αργότερα, άλλη μία κόρη.

---

[4] Τα μαργαριτάρια και άλλες πολύτιμες πέτρες, όπως και τα μέταλλα και τα φυτά, όταν ακουμπούν απ' ευθείας πάνω στο δέρμα, ασκούν μια ηλεκτρομαγνητική επιρροή πάνω στα υλικά κύτταρα. Το σώμα του ανθρώπου περιέχει άνθρακα και διάφορα μεταλλικά στοιχεία που βρίσκονται επίσης σε φυτά, μέταλλα, πολύτιμες πέτρες. Οι ανακαλύψεις των ρίσι σ' αυτά τα πεδία αναμφίβολα θα επιβεβαιωθούν κάποια μέρα από τους φυσιολόγους. Το ευαίσθητο σώμα του ανθρώπου, με τα ηλεκτρικά ζωικά του ρεύματα, είναι ένα κέντρο πολλών μυστηρίων που δεν έχουν ακόμα εξερευνηθεί.

Αν και οι πολύτιμες πέτρες και τα μεταλλικά περιβραχιόνια έχουν θεραπευτική αξία για το σώμα, ο Σρι Γιουκτέσβαρ είχε κι έναν άλλο λόγο που τα συνιστούσε. Οι Δάσκαλοι ποτέ δεν επιθυμούν να εμφανίζονται σαν μεγάλοι θεραπευτές: μόνο ο Θεός είναι ο Θεραπευτής. Γι' αυτό οι άγιοι συχνά κρύβουν με διάφορα προσχήματα τις δυνάμεις που ταπεινά έχουν λάβει από τον Κύριο. Ο άνθρωπος συνήθως εμπιστεύεται κάτι χειροπιαστό· όταν οι άνθρωποι έρχονταν στον γκουρού μου για να τους θεραπεύσει, τους συμβούλευε να φορέσουν ένα περιβραχιόνιο ή πολύτιμο λίθο ή μέταλλο για να εγείρει την πίστη τους και επίσης για να εκτρέψει την προσοχή από τον εαυτό του. Τα περιβραχιόνια και οι πολύτιμοι λίθοι και τα μέταλλα είχαν, εκτός από τις ενυπάρχουσες σ' αυτά δυνατότητες ηλεκτρομαγνητικής θεραπείας, και την κρυφή πνευματική ευλογία του Δασκάλου.

### Η ΣΡΙ ΝΤΑΓΙΑ ΜΑΤΑ ΣΕ ΘΕΪΚΗ ΚΟΙΝΩΝΙΑ

Η Σρι Ντάγια Μάτα, τρίτη πρόεδρος του Self-Realization Fellowship / Yogoda Satsanga Society of India μέχρι το 2010, σε διαλογισμό κατά τη διάρκεια μιας επίσκεψης στην Ινδία το 1968. «Ο Παραμαχάνσα Γιογκανάντα μάς δίδαξε το δρόμο», είχε γράψει, «όχι μόνο με τα λόγια του και το θεϊκό του παράδειγμα, αλλά και δίνοντάς μας τις επιστημονικές μεθόδους διαλογισμού του SRF. Δεν είναι δυνατόν να ικανοποιηθεί η δίψα της ψυχής απλώς διαβάζοντας για την αλήθεια. Πρέπει κάποιος να πιει βαθιά μέσα από την Πηγή της Αλήθειας – το Θεό. Συνειδητοποίηση του Εαυτού σημαίνει ακριβώς αυτό: άμεση εμπειρία του Θεού».

Μια αληθινή «Μητέρα της συμπόνιας», όπως υπονοεί και το όνομά της, ο σκοπός της ζωής της ήταν να αγαπά το Θεό και να μοιράζεται την αγάπη Του με όλους.

ΚΕΦΑΛΑΙΟ 26

# Η Επιστήμη της Κρίγια Γιόγκα

Η επιστήμη της *Κρίγια Γιόγκα*, που αναφέρθηκε τόσες φορές σ' αυτές τις σελίδες, έγινε ευρέως γνωστή στη σύγχρονη Ινδία μέσω του Λαχίρι Μαχασάγια, του γκουρού του γκουρού μου. Η σανσκριτική ρίζα της *κρίγια* είναι *κρι*, κάνω, πράττω, αντιδρώ· από την ίδια ρίζα προέρχεται και η λέξη *κάρμα*, η φυσική θεμελιώδης αρχή της αιτίας και του αποτελέσματος. Η *Κρίγια Γιόγκα* επομένως είναι η «ένωση *(γιόγκα)* με το Άπειρο, μέσω μιας συγκεκριμένης πράξης ή τελετουργίας *(κρίγια)*». Ένας γιόγκι που εξασκείται πιστά στην τεχνική, σταδιακά απελευθερώνεται από το κάρμα, την αλυσίδα του νόμου της ισορροπίας αιτίας-αποτελέσματος.

Εξαιτίας ορισμένων αρχαίων εντολών της γιόγκα δεν μου επιτρέπεται να εξηγήσω πλήρως την *Κρίγια Γιόγκα* σ' ένα βιβλίο που απευθύνεται στο ευρύ κοινό. Την αληθινή τεχνική θα πρέπει να τη μάθει κάποιος από έναν εξουσιοδοτημένο *Κρίγιαμπαν (Κρίγια Γιόγκι)* του Self-Realization Fellowship (Yogoda Satsanga Society of India)[1]. Εδώ ο αναγνώστης θα πρέπει να αρκεστεί σε μια γενική αναφορά.

Η *Κρίγια Γιόγκα* είναι μια απλή, ψυχοσωματική μέθοδος με την οποία το ανθρώπινο αίμα απαλλάσσεται από τον άνθρακα και τροφοδοτείται με οξυγόνο. Τα άτομα αυτού του επιπλέον οξυγόνου μεταστοιχειώνονται σε ζωικό ρεύμα που αναζωογονεί τον εγκέφαλο και τα κέντρα της σπονδυλικής στήλης. Σταματώντας τη συσσώρευση φλεβικού αίματος, ο γιόγκι μπορεί να μειώσει ή να σταματήσει τη φθορά των ιστών. Ο προχωρημένος γιόγκι μετασχηματίζει τα κύτταρά

---

[1] Ο Παραμαχάνσα Γιογκανάντα εκχώρησε σ' αυτούς που θα τον διαδέχονταν ως πνευματικό ηγέτη και πρόεδρο της κοινότητάς του (Self-Realization Fellowship / Yogoda Satsanga Society of India) την εξουσία να παραχωρούν τις οδηγίες και τη μύηση στην *Κρίγια Γιόγκα* σε σπουδαστές που θα πληρούσαν κάποιες προϋποθέσεις ή να διορίσουν έναν εντεταλμένο μοναχό του Self-Realization Fellowship / Yogoda Satsanga Society of India να το κάνει. Επίσης προνόησε για τη συνεχή διάδοση της επιστήμης της *Κρίγια Γιόγκα* μέσω των *Μαθημάτων του Self-Realization Fellowship (Yogoda)*, που είναι διαθέσιμα από την έδρα του Self-Realization Fellowship στο Λος Άντζελες (βλ. σελ. 575). *(Σημ. του Εκδότη)*

του σε ενέργεια. Ο Ηλίας, ο Ιησούς, ο Καμπίρ και άλλοι προφήτες ήταν δεξιοτέχνες στην *Κρίγια* ή σε μια παρόμοια τεχνική με την οποία υλοποιούσαν και εξαΰλωναν τα σώματά τους κατά βούληση.

Η *Κρίγια* είναι μια αρχαία επιστήμη. Ο Λαχίρι Μαχασάγια την έλαβε από τον μεγάλο γκουρού του, τον Μπάμπατζι, ο οποίος ανακάλυψε εκ νέου και κατέστησε σαφή την τεχνική που είχε χαθεί κατά τους Σκοτεινούς Αιώνες. Ο Μπάμπατζι μετέτρεψε απλώς το όνομά της σε *Κρίγια Γιόγκα*.

«Η *Κρίγια Γιόγκα* που δίνω στον κόσμο μέσα από σένα, σ' αυτόν τον δέκατο ένατο αιώνα», είπε ο Μπάμπατζι στον Λαχίρι Μαχασάγια, «είναι η αναβίωση της ίδιας επιστήμης που ο Κρίσνα είχε δώσει πριν από χιλιετίες στον Αρτζούνα· και που αργότερα έγινε γνωστή στον Πατάντζαλι και στον Χριστό, καθώς και στον Άγιο Ιωάννη, τον Απόστολο Παύλο και άλλους μαθητές».

Η *Κρίγια Γιόγκα* αναφέρεται δύο φορές από τον Κρίσνα, τον μεγαλύτερο προφήτη της Ινδίας, στην Μπάγκαβαντ Γκίτα. Ένας στίχος αναφέρει: «Προσφέροντας την εισπνεόμενη ανάσα στην εκπνεόμενη ανάσα και προσφέροντας την εκπνεόμενη ανάσα στην εισπνεόμενη ανάσα, ο γιόγκι εξουδετερώνει και τις δύο ανάσες· έτσι απελευθερώνει την *πράνα* από την καρδιά και θέτει υπό τον έλεγχό του τη ζωική δύναμη».[2] Η ερμηνεία είναι η εξής: «Ο γιόγκι σταματά τη φθορά στο σώμα εξασφαλίζοντας μια επιπρόσθετη ποσότητα *πράνα* (ζωικής δύναμης) με το να ηρεμεί τη δραστηριότητα των πνευμόνων και της καρδιάς· επίσης, σταματά τις μεταβολές της ανάπτυξης του σώματος ελέγχοντας την *απάνα* (το ρεύμα της απέκκρισης). Έτσι, εξουδετερώνοντας τη φθορά και την ανάπτυξη, ο γιόγκι μαθαίνει να ελέγχει τη ζωική δύναμη».

Ένας άλλος στίχος της Μπάγκαβαντ Γκίτα δηλώνει: «Αιώνια ελεύθερος γίνεται ο άριστος στο διαλογισμό *(μούνι)*, ο οποίος, αναζητώντας τον Υπέρτατο Στόχο, μπορεί να αποσύρεται από εξωτερικά φαινόμενα, εστιάζοντας το βλέμμα του στο σημείο ανάμεσα στα φρύδια και εξουδετερώνοντας τα ίσα ρεύματα της *πράνα* και της *απάνα* [που ρέουν] μέσα στα ρουθούνια και τους πνεύμονες· και να ελέγχει τον αισθητήριο νου και τη διάνοια· και να εξαφανίζει την επιθυμία, τον φόβο και τον θυμό».[3]

---

[2] Μπάγκαβαντ Γκίτα IV:29.
[3] Μπάγκαβαντ Γκίτα V:27-28. Βλ. σελ 561, 563-565 για περαιτέρω εξηγήσεις πάνω στην επιστήμη της αναπνοής.

*Η Επιστήμη της Κρίγια Γιόγκα*

Ο Κρίσνα επίσης αναφέρει[4] ότι ήταν αυτός, σε μια παλιότερη ενσάρκωση, που διαβίβασε την άφθαρτη γιόγκα σ' έναν αρχαίο φωτισμένο, τον Βιβασβάτ, ο οποίος τη δίδαξε στον Μάνου, τον μεγάλο νομοθέτη.[5] Αυτός με τη σειρά του δίδαξε τον Ικσβάκου, τον ιδρυτή της ινδικής δυναστείας των πολεμιστών του ήλιου. Περνώντας έτσι από τον ένα στον άλλο, η βασιλική γιόγκα φυλάχτηκε από τους ρίσι μέχρι την αρχή της υλιστικής εποχής.[6] Τότε, εξαιτίας της μυστικότητας των ιερέων σχετικά μ' αυτήν, καθώς και της αδιαφορίας του ανθρώπου, η ιερή γνώση σταδιακά έγινε απρόσιτη.

Η *Κρίγια Γιόγκα* αναφέρεται δύο φορές από τον αρχαίο σοφό Πατάντζαλι, τον επιφανέστερο ερμηνευτή της γιόγκα, ο οποίος έγραψε: «Η *Κρίγια Γιόγκα* συνίσταται σε σωματική πειθαρχία, έλεγχο του νου και διαλογισμό στο Ομ».[7] Ο Πατάντζαλι μιλά για το Θεό ως τον πραγματικό Συμπαντικό Ήχο του *Ομ* που ακούγεται κατά τον διαλογισμό.[8] Το *Ομ* είναι ο Δημιουργικός Λόγος, ο βόμβος του Δονητικού Κινητήρα, ο μάρτυρας[9] της Θεϊκής Παρουσίας. Ακόμα και ο αρχάριος στη γιόγκα μπορεί σύντομα να ακούσει τον θαυμαστό ήχο του *Ομ*. Μέσω αυτής της μακάριας πνευματικής ενθάρρυνσης, πείθεται ότι βρίσκεται σε κοινωνία με θεϊκά βασίλεια.

---

[4] Μπάγκαβαντ Γκίτα IV:1-2.

[5] Τον προϊστορικό συγγραφέα των *Μάναβα Ντάρμα Σάστρα (Manava Dharma Shastra)* ή *Νόμων του Μάνου*. Αυτοί οι θεσμοί ή αγιοποιημένο κοινό δίκαιο ισχύουν στην Ινδία μέχρι σήμερα.

[6] Η αρχή των υλιστικών χρόνων, σύμφωνα με τους υπολογισμούς των ινδουιστικών Γραφών, ήταν το 3.102 π.Χ. Αυτή η χρονιά ήταν η αρχή της τελευταίας Καθοδικής *Ντουαπάρα Γιούγκα* του ισημερινού Κύκλου και επίσης η αρχή της *Κάλι Γιούγκα* του Οικουμενικού Κύκλου (βλ. σελ. 192-193). Οι περισσότεροι ανθρωπολόγοι, πιστεύοντας ότι 10.000 χρόνια πριν η ανθρωπότητα ζούσε σε μια βάρβαρη Λίθινη Εποχή, απορρίπτουν συλλήβδην ως «μύθους» τις ευρέως διαδεδομένες παραδόσεις των αρχαιότατων πολιτισμών της Λεμουρίας, της Ατλαντίδας, της Ινδίας, της Κίνας, της Ιαπωνίας, της Αιγύπτου, του Μεξικού και πολλών άλλων χωρών.

[7] *Γιόγκα Σούτρα* II:1. Χρησιμοποιώντας τις λέξεις *Κρίγια Γιόγκα*, ο Πατάντζαλι αναφερόταν είτε στην τεχνική που αργότερα διδάχθηκε από τον Μπάμπατζι είτε σε κάποια πολύ παρόμοια. Το γεγονός ότι ο Πατάντζαλι αναφερόταν σε μια συγκεκριμένη τεχνική ελέγχου της ζωικής δύναμης αποδεικνύεται από τον αφορισμό του στις *Γιόγκα Σούτρα* II:49 (που αναφέρεται στην επόμενη σελίδα).

[8] *Γιόγκα Σούτρα* I:27.

[9] «Αυτά λέει ο Αμήν, ο *μάρτυρας* ο πιστός και αληθινός, η αρχή της κτίσεως του Θεού». – Αποκάλυψη Γ:14. «Στην αρχή ήταν ο Λόγος, και ο Λόγος ήταν με το Θεό, και Θεός ήταν ο Λόγος. Πάντα μέσω αυτού έγιναν και χωρίς αυτόν δεν έγινε ούτε ένα το οποίο έγινε». – Κατά Ιωάννη Α:1-3. Το *Ομ* των Βεδών έγινε η ιερή λέξη Χουμ των Θιβετιανών και το Αμήν και το Άμεν των Χριστιανών, των Αιγυπτίων, των Ρωμαίων, των Μουσουλμάνων και των Εβραίων. Το νόημά του στα Εβραϊκά είναι *σίγουρος, πιστός*.

Ο Πατάντζαλι αναφέρεται μια δεύτερη φορά στην τεχνική της *Κρίγια* ή τον έλεγχο της ζωικής δύναμης με τα εξής λόγια: «Η απελευθέρωση μπορεί να επιτευχθεί μέσω της *πραναγιάμα* η οποία κατορθώνεται με την αποσύνδεση της ροής της εισπνοής και της εκπνοής».[10]

Ο Απόστολος Παύλος ήξερε την *Κρίγια Γιόγκα* ή κάποια παρόμοια τεχνική με την οποία μπορούσε να διακόπτει και να επαναφέρει τα ζωικά ρεύματα προς και από τις αισθήσεις. Επομένως, ήταν σε θέση να πει: «*Κάθε μέρα πεθαίνω, μα τη χαρά σας, την οποία έχω εν Χριστώ Ιησού*».[11] Με μια μέθοδο να επικεντρώνει εσωτερικά όλη τη ζωική δύναμη του σώματος (η οποία συνήθως κατευθύνεται μόνο προς τα έξω, στον κόσμο των αισθήσεων, προσδίδοντάς του έτσι μια φαινομενική πραγματικότητα), ο Απόστολος Παύλος βίωνε καθημερινά μια πραγματική γιογκική ένωση με τη «*χαρά*» (μακαριότητα) της κατά Χριστόν Συνειδητότητας. Σ' αυτή την ευτυχισμένη κατάσταση είχε συνείδηση ότι ήταν «νεκρός» ως προς τις αυταπάτες των αισθήσεων ή, αλλιώς, απελευθερωμένος απ' αυτές, δηλαδή ελεύθερος από τον κόσμο της *μάγια*.

Στα αρχικά στάδια της κοινωνίας με το Θεό (στο *σαμπικάλπα σαμάντι*) η συνειδητότητα του πιστού συγχωνεύεται με το Συμπαντικό Πνεύμα· η ζωική δύναμή του αποσύρεται από το σώμα, το οποίο φαίνεται «νεκρό», ή ακίνητο και άκαμπτο. Ο γιόγκι έχει πλήρη επίγνωση της σωματικής του κατάστασης, κατά την οποία οι ζωτικές λειτουργίες έχουν κατασταλεί. Ωστόσο, καθώς προχωρεί σε υψηλότερες πνευματικές καταστάσεις (στο *νιρμπικάλπα σαμάντι*), κοινωνεί με το Θεό χωρίς το σώμα του να γίνεται ακίνητο· βρίσκεται σε συνεχή κοινωνία με το Θεό και κατά τη διάρκεια της συνηθισμένης κατάστασης εγρήγορσης, ακόμα και ασκώντας κοπιαστικά εγκόσμια καθήκοντα.[12]

«Η *Κρίγια Γιόγκα* είναι μια μέθοδος μέσω της οποίας η ανθρώπινη εξέλιξη μπορεί να επιταχυνθεί», εξηγούσε ο Σρι Γιουκτέσβαρ στους σπουδαστές του. «Οι αρχαίοι γιόγκι ανακάλυψαν ότι το μυστικό της

---

[10] *Γιόγκα Σούτρα* II:49.

[11] Προς Κορινθίους Α' ΙΕ:31. «Τη χαρά μας» είναι η σωστή μετάφραση· όχι όπως συνήθως γράφεται «τη χαρά σας». Ο Απόστολος Παύλος αναφερόταν στην *οικουμενικότητα* της κατά Χριστόν Συνειδητότητας.

[12] Η σανσκριτική λέξη *μπικάλπα* σημαίνει «διαφορά, μη ταύτιση». *Σαμπικάλπα* είναι η κατάσταση του *σαμάντι* «με διαφορά», το *νιρμπικάλπα* είναι η κατάσταση «χωρίς διαφορά». Δηλαδή στο *σαμπικάλπα σαμάντι* ο πιστός ακόμα διατηρεί μια ελαφρά αίσθηση διαχωρισμού από το Θεό· στο *νιρμπικάλπα σαμάντι* συνειδητοποιεί πλήρως την ταυτότητά του, ότι δηλαδή είναι Πνεύμα.

*Η Επιστήμη της Κρίγια Γιόγκα*

συμπαντικής συνειδητότητας είναι πολύ στενά συνδεδεμένο με την κυριαρχία πάνω στην αναπνοή. Αυτή είναι η αθάνατη συνεισφορά της Ινδίας στον παγκόσμιο θησαυρό της γνώσης, συνεισφορά μοναδική. Η ζωική δύναμη, που συνήθως απορροφάται για να διατηρήσει την καρδιακή λειτουργία, πρέπει να απελευθερωθεί για υψηλότερες δραστηριότητες με μια μέθοδο που να ηρεμεί και να ακινητοποιεί την αδιάκοπη απαίτηση του σώματος για αναπνοή».

Ο *Κρίγια Γιόγκι* κατευθύνει νοητικά τη ζωική ενέργεια να περιστρέφεται, προς τα πάνω και προς τα κάτω, γύρω από τα έξι κέντρα της σπονδυλικής στήλης (το πλέγμα του προμήκους μυελού, το αυχενικό πλέγμα, το ραχιαίο πλέγμα, το οσφυϊκό πλέγμα, το πλέγμα του ιερού οστού και αυτό του κόκκυγα), που αντιστοιχούν στα δώδεκα αστρικά σημεία του ζωδιακού κύκλου, τον συμβολικό Συμπαντικό Άνθρωπο. Μισό λεπτό περιστροφής της ενέργειας γύρω από την ευαίσθητη σπονδυλική στήλη του ανθρώπου παράγει μια λεπτοφυή πρόοδο στην εξέλιξή του· αυτό το μισό λεπτό της *Κρίγια* ισοδυναμεί με ένα χρόνο φυσιολογικής πνευματικής εξέλιξης.

Το αστρικό σύστημα ενός ανθρώπινου πλάσματος, με έξι (δώδεκα με τους πόλους τους) εσωτερικούς αστερισμούς που περιστρέφονται γύρω από τον ήλιο του πάνσοφου εσωτερικού ματιού, είναι αλληλένδετο με τον υλικό ήλιο και τα δώδεκα ζώδια. Όλοι οι άνθρωποι έτσι επηρεάζονται από ένα εσωτερικό και ένα εξωτερικό σύμπαν. Οι αρχαίοι ρίσι ανακάλυψαν ότι το γήινο και το ουράνιο περιβάλλον του ανθρώπου τον ωθούν προς το φυσικό μονοπάτι της εξέλιξης σε μια σειρά κύκλων, ο καθένας εκ των οποίων διαρκεί δώδεκα χρόνια. Οι Γραφές διακηρύσσουν ότι ο άνθρωπος χρειάζεται ένα εκατομμύριο χρόνια φυσιολογικής, χωρίς ασθένειες, εξέλιξης, για να τελειοποιήσει τον εγκέφαλό του και να φτάσει στη συμπαντική συνειδητότητα.

Χίλιες *Κρίγια* που εκτελούνται σε 8½ ώρες δίνουν στον γιόγκι, σε μια μέρα, το ισοδύναμο χιλίων ετών φυσικής εξέλιξης: 365.000 χρόνια εξέλιξης μέσα σ' ένα χρόνο. Σε τρία χρόνια, ένας *Κρίγια Γιόγκι* μπορεί έτσι να πετύχει, με σωστή προσωπική προσπάθεια, το ίδιο αποτέλεσμα που η Φύση φέρνει σε ένα εκατομμύριο χρόνια. Τη συντόμευση μέσω της *Κρίγια* φυσικά μπορούν να τη χρησιμοποιήσουν μόνο βαθύτατα ανεπτυγμένοι γιόγκι. Με την καθοδήγηση ενός γκουρού, τέτοιοι γιόγκι έχουν προσεκτικά προετοιμάσει το σώμα τους και τον εγκέφαλό τους ώστε να αντέξουν τη δύναμη που παράγεται από την εντατική εξάσκηση.

Ο αρχάριος στην *Κρίγια* εφαρμόζει τη γιογκική τεχνική του μόνο δεκατέσσερις έως είκοσι τέσσερις φορές, δύο φορές την ημέρα. Κάποιοι γιόγκι φτάνουν στην απελευθέρωση σε έξι ή δώδεκα ή είκοσι τέσσερα ή σαράντα οκτώ χρόνια. Ένας γιόγκι που πεθαίνει πριν πετύχει πλήρη συνειδητοποίηση παίρνει μαζί του το καλό κάρμα της προηγούμενης προσπάθειάς του στην *Κρίγια·* στη νέα του ζωή ωθείται με φυσικό τρόπο προς τον Άπειρο Στόχο.

Το σώμα ενός συνηθισμένου ανθρώπου είναι σαν μια λάμπα των πενήντα βατ που δεν μπορεί να αντέξει τα δισεκατομμύρια βατ της δύναμης που παράγεται από την υπερβολικά εντατική εξάσκηση της *Κρίγια*. Μέσω σταδιακής και τακτικής αύξησης των απλών και αλάνθαστων μεθόδων της *Κρίγια*, το σώμα του ανθρώπου μεταμορφώνεται αστρικά μέρα με τη μέρα και τελικά γίνεται ικανό να εκφράσει τις άπειρες δυνατότητες της συμπαντικής ενέργειας, η οποία συνιστά την πρώτη υλικά ενεργή έκφραση του Πνεύματος.

Η *Κρίγια Γιόγκα* δεν έχει καμία σχέση με τις αντιεπιστημονικές αναπνευστικές ασκήσεις που διδάσκονται από κάποιους παραπλανημένους ζηλωτές. Οι προσπάθειες να κρατηθεί η αναπνοή με τη βία μέσα στους πνεύμονες είναι αφύσικες και σαφώς δυσάρεστες. Η *Κρίγια*, από την άλλη μεριά, συνοδεύεται ακόμα και από τα αρχικά στάδια από γαλήνη και καταπραϋντικά αισθήματα από τα αναζωογονητικά αποτελέσματά της στη σπονδυλική στήλη.

Η αρχαία γιογκική τεχνική μετατρέπει την αναπνοή σε νοητική ουσία. Με πνευματική πρόοδο μπορεί κάποιος να αντιληφθεί την αναπνοή σαν μια πνευματική σύλληψη, μια πράξη του νου: μια αναπνοή-όνειρο.

Πολλά παραδείγματα θα μπορούσαν να δοθούν σχετικά με τη μαθηματική σχέση ανάμεσα στον ρυθμό της αναπνοής του ανθρώπου και τις διάφορες καταστάσεις της συνειδητότητάς του. Ένα άτομο του οποίου η σκέψη είναι πλήρως απορροφημένη, όπως όταν παρακολουθεί με πολλή προσοχή μια περίπλοκη διανοητική επιχειρηματολογία, ή όταν προσπαθεί να καταφέρει ένα περίτεχνο ή δύσκολο κατόρθωμα, αυτόματα αναπνέει πολύ αργά. Η εστίαση της προσοχής εξαρτάται από την αργή αναπνοή· οι γρήγορες ή ακανόνιστες ανάσες συνοδεύουν αναπόφευκτα επιζήμιες συναισθηματικές καταστάσεις: φόβο, πόθο, θυμό. Ο ανήσυχος πίθηκος αναπνέει 32 φορές το λεπτό, σε αντίθεση με τον άνθρωπο που αναπνέει κατά μέσο όρο 18 φορές το λεπτό. Ο ελέφαντας, η χελώνα, το φίδι και άλλα πλάσματα που ξεχωρίζουν για τη μακροζωία τους, αναπνέουν λιγότερες φορές το λεπτό απ' ό,τι ο άνθρωπος. Η γιγαντιαία χελώνα για παράδειγμα, που μπορεί να φτάσει στην ηλικία των τριακοσίων ετών, αναπνέει μόνο 4 φορές το λεπτό.

Τα αναζωογονητικά αποτελέσματα του ύπνου οφείλονται στο ότι ο άνθρωπος προσωρινά δεν έχει επίγνωση του σώματος και της αναπνοής του. Ο άνθρωπος που κοιμάται γίνεται γιόγκι· κάθε νύχτα, χωρίς να το συνειδητοποιεί, εκτελεί τη γιογκική ιεροτελεστία της αποδέσμευσης του εαυτού του από την ταύτιση με το σώμα του και της συγχώνευσης της ζωικής δύναμης με θεραπευτικά ρεύματα στην κύρια περιοχή του εγκεφάλου και στις έξι υπο-γεννήτριες των κέντρων της σπονδυλικής στήλης του. Χωρίς να το ξέρει, αυτός που κοιμάται επαναφορτίζεται έτσι με τη συμπαντική ενέργεια που συντηρεί όλη τη ζωή.

Ο γιόγκι με τη θέλησή του εκτελεί μια απλή, φυσιολογική διαδικασία συνειδητά και όχι ασυναίσθητα σαν αυτόν που κοιμάται, ο οποίος εξελίσσεται αργά. Ο *Κρίγια Γιόγκι* χρησιμοποιεί την τεχνική του για να διαποτίσει και να θρέψει όλα τα σωματικά του κύτταρα με άφθαρτο φως και με τον τρόπο αυτό να τα κρατήσει σε μια κατάσταση πνευματικού μαγνητισμού. Καθιστά την αναπνοή περιττή με επιστημονικό τρόπο, χωρίς να εισέρχεται (κατά τη διάρκεια της εξάσκησής του) στην αρνητική κατάσταση του ύπνου, του ασυνειδήτου, ή του θανάτου.

Στους ανθρώπους που βρίσκονται κάτω από την επίδραση του φυσικού νόμου ή της *μάγια*, η ροή της ζωικής ενέργειας κατευθύνεται προς τον έξω κόσμο· οι αισθήσεις προκαλούν τη σπατάλη και την κατάχρηση των ρευμάτων. Η εξάσκηση στην *Κρίγια* αντιστρέφει τη ροή· η ζωική δύναμη κατευθύνεται νοητικά στον εσωτερικό κόσμο και ενώνεται με λεπτοφυείς ενέργειες της σπονδυλικής στήλης. Με τέτοια ενίσχυση της ζωικής δύναμης, τα σωματικά και τα εγκεφαλικά κύτταρα του γιόγκι ανανεώνονται μ' ένα πνευματικό ελιξίριο.

Μέσω σωστής διατροφής, έκθεσης στον ήλιο και αρμονικών σκέψεων, ο άνθρωπος που καθοδηγείται μόνο από τη Φύση και το θεϊκό σχέδιό της θα φτάσει στη συνειδητοποίηση του Εαυτού του σε ένα εκατομμύριο χρόνια. Για να συντελεστεί ακόμα και μια ελαφρά εκλέπτυνση στη δομή του εγκεφάλου απαιτούνται δώδεκα χρόνια φυσιολογικής, υγιούς ζωής· για να εξαγνιστεί επαρκώς το εγκεφαλονωτιαίο οικοδόμημα ώστε να εκδηλωθεί η συμπαντική συνειδητότητα απαιτούνται ένα εκατομμύριο ηλιακά χρόνια. Ωστόσο αυτή η αναγκαιότητα να τηρηθούν προσεκτικά οι φυσικοί νόμοι για μια τόσο μεγάλη χρονική περίοδο αίρεται για έναν *Κρίγια Γιόγκι* που χρησιμοποιεί την πνευματική επιστήμη.

Λύνοντας τα δεσμά της αναπνοής που αιχμαλωτίζουν την ψυχή στο σώμα, η *Κρίγια* επιμηκύνει τη ζωή και διευρύνει τη συνειδητότητα ως την αιωνιότητα. Με την τεχνική της γιόγκα υπερβαίνεται η διελκυστίνδα ανάμεσα στον νου και τις μπλεγμένες με την ύλη αισθήσεις και ο πιστός απελευθερώνεται ώστε να μπορέσει και πάλι να κληρονομήσει το αιώνιο βασίλειο. Τότε πια ξέρει ότι η πραγματική του υπόσταση δεν είναι περιορισμένη στο σωματικό κλουβί, ούτε εξαρτάται από την αναπνοή – το σύμβολο της υποδούλωσης του θνητού ανθρώπου στον αέρα, στην εξάρτηση από τους καταναγκασμούς της Φύσης.

Κυρίαρχος του σώματος και του νου του, ο *Κρίγια Γιόγκι* επιτυγχάνει την ύστατη νίκη κατά του «τελευταίου εχθρού», του Θανάτου.[13]

> Έτσι θα τρέφεσαι από τον Θάνατο, που τρέφεται από ανθρώπους:
> Κι όταν ο Θάνατος πεθάνει, δεν θα υπάρχει πια πεθαμός.[14]

Η ενδοσκόπηση ή «το να κάθεται κάποιος στη σιωπή» είναι αντιεπιστημονικός τρόπος προσπάθειας να αποσυνδεθεί ο νους από τις αισθήσεις, αφού και τα δύο είναι δεμένα μεταξύ τους με τη ζωική δύναμη. Ο νους που βρίσκεται σε περισυλλογή, προσπαθώντας να επιστρέψει στη θεϊκή του φύση, συνεχώς σύρεται βίαια πίσω προς τις αισθήσεις από τα ζωικά ρεύματα. Η *Κρίγια*, ελέγχοντας τον νου *άμεσα* μέσω της ζωικής δύναμης, είναι η πιο εύκολη, η πιο αποτελεσματική και η πιο επιστημονική λεωφόρος προσέγγισης του Απείρου. Σε αντίθεση με το αβέβαιο θεολογικό μονοπάτι προς το Θεό, που είναι τόσο αργό σαν μια «βοϊδάμαξα», η *Κρίγια Γιόγκα* μπορεί δίκαια να χαρακτηριστεί ως «διαδρομή με αεροπλάνο».

Η γιογκική επιστήμη βασίζεται σε εμπειρική μελέτη κάθε μορφής τεχνικής αυτοσυγκέντρωσης και διαλογισμού. Η γιόγκα δίνει τη δυνατότητα στον πιστό να διακόπτει ή να επαναφέρει κατά βούληση το ζωικό ρεύμα στα πέντε όργανα των αισθήσεων της όρασης, της ακοής,

---

[13] «Ο τελευταίος εχθρός που θα καταστραφεί είναι ο θάνατος» (προς Κορινθίους Α' ΙΕ:26). Η μη αποσύνθεση του σώματος του Παραμαχάνσα Γιογκανάντα μετά τον θάνατο (βλ. σελ. 572) απέδειξε ότι ήταν ένας τέλειος *Κρίγια Γιόγκι*. Ωστόσο δεν εκδηλώνουν όλοι οι μεγάλοι Δάσκαλοι μετά τον θάνατό τους αυτή την κατάσταση της μη αποσύνθεσης του σώματός τους. (Βλ. σελ. 350 σημ.) Οι ινδουιστικές Γραφές αναφέρουν ότι τέτοια θαύματα συμβαίνουν μόνο για κάποιον ειδικό σκοπό. Στην περίπτωση του Παραμαχάνσατζι, ο «ειδικός σκοπός» ήταν αναμφίβολα το να πείσει τη Δύση για την αξία της γιόγκα. Ο Γιογκανάντατζι είχε πάρει εντολή από τον Μπάμπατζι και τον Σρι Γιουκτέσβαρ να υπηρετήσει την ανθρωπότητα στη Δύση· ο Παραμαχάνσατζι εκπλήρωσε αυτή την ευθύνη και στη ζωή του και με τον θάνατό του. *(Σημ. του Εκδότη)*

[14] Σαίξπηρ: Σονέτο 146. (Διασκευή της μετάφρασης του Βύρωνα Ζελιώτη και της Έλενας Αϊβαζοπούλου.)

της όσφρησης, της γεύσης και της αφής. Επιτυγχάνοντας αυτή τη δύναμη της αποσύνδεσης από τις αισθήσεις, είναι πλέον εύκολο για τον γιόγκι να ενώνει τον νου του κατά βούληση με θεϊκά βασίλεια ή με τον κόσμο της ύλης. Δεν παρασύρεται πια πίσω απρόθυμα από τη ζωική δύναμη στις γήινες σφαίρες των θορυβωδών αισθητήριων εντυπώσεων και των ανήσυχων σκέψεων.

Η ζωή ενός προχωρημένου *Κρίγια Γιόγκι* δεν επηρεάζεται από τα αποτελέσματα παλιών πράξεων, αλλά μόνο από οδηγίες από την ψυχή. Ο πιστός έτσι αποφεύγει τις εγωιστικές πράξεις, καλές και κακές, μιας συνηθισμένης ζωής που τον κάνουν να εξελίσσεται αργά – βραδυκίνητα, μ' έναν ρυθμό που, στην καρδιά που αγωνιά να πετάξει σαν τον αετό, μοιάζει με πορεία σαλιγκαριού.

Η ανώτερη μέθοδος να ζει με την ψυχή απελευθερώνει τον γιόγκι· αναδυόμενος από τη φυλακή του εγώ του, γεύεται τον βαθύ αέρα της πανταχού παρουσίας. Η σκλαβιά της φυσιολογικής ζωής, αντίθετα, αναγκάζει τον άνθρωπο να εξελίσσεται με ταπεινωτικά αργό ρυθμό. Ο άνθρωπος δεν μπορεί να απαιτήσει από τη Φύση να του παραχωρήσει καμία επίσπευση όταν απλώς και μόνο συμμορφώνεται με την εξελικτική τάξη. Ακόμα κι αν ζει ακολουθώντας αλάνθαστα τους νόμους που κυβερνούν το σώμα και τον νου του, εξακολουθεί να χρειάζεται ένα εκατομμύριο χρόνια μεταμφίεσης σε ενσαρκώσεις για να φτάσει στην τελική απελευθέρωση.

Οι ταχύτατες μέθοδοι ενός γιόγκι με τις οποίες αποσυνδέεται από σωματικές και νοητικές ταυτίσεις για την ανάδειξη της ατομικότητας της ψυχής είναι επομένως ενδεδειγμένες για όσους αισθάνονται αποστροφή για την προοπτική των χιλίων χιλιάδων ετών. Ο χρόνος αυτός επιμηκύνεται για τον συνηθισμένο άνθρωπο που δεν ζει σε αρμονία ούτε καν με τη Φύση, για να μην αναφέρω την ψυχή του· του ανθρώπου που επιδιώκει, αντί για αρμονία, αφύσικες πολυπλοκότητες και προσβάλλει με τις σκέψεις και το σώμα του την πνευματική υγεία της Φύσης. Γι' αυτόν, δύο εκατομμύρια χρόνια μετά δυσκολίας επαρκούν για τη λύτρωση.

Ο πνευματικά υπανάπτυκτος άνθρωπος σπάνια ή ποτέ δεν συνειδητοποιεί ότι το σώμα του είναι ένα βασίλειο που κυβερνάται από την Αυτοκράτειρα Ψυχή στο θρόνο του κρανίου, με δευτερεύοντες αντιβασιλείς στα έξι κέντρα της σπονδυλικής στήλης ή σφαίρες συνειδητότητας. Αυτή η θεοκρατία εκτείνεται σ' ένα πλήθος υπάκουων υπηκόων: είκοσι επτά τρισεκατομμύρια κύτταρα (προικισμένα με σαφή, αν και φαινομενικά αυτόματη νοημοσύνη, με την οποία εκτελούν τα καθήκοντά τους της σωματικής ανάπτυξης, των μετασχηματισμών και της διάλυσης) και ένα υπόβαθρο πενήντα εκατομμυρίων σκέψεων, συναισθημάτων και διακυμάνσεων μεταβαλλόμενων φάσεων της ανθρώπινης συνειδητότητας, σε μια ζωή διαρκείας εξήντα ετών.

Κάθε εμφανής εξέγερση του ανθρώπινου σώματος ή του νου εναντίον της Αυτοκράτειρας Ψυχής, που εκδηλώνεται ως ασθένεια ή παραλογισμός, δεν οφείλεται σε ανυπακοή των ταπεινών υπηκόων, αλλά πηγάζει από παλιότερη ή τωρινή κακή χρήση από τον άνθρωπο της ατομικότητάς του ή της ελεύθερης βούλησής του – η οποία του δόθηκε ταυτόχρονα με την ψυχή και αμετάκλητα.

Ταυτίζοντας τον εαυτό του με το ρηχό εγώ, ο άνθρωπος θεωρεί δεδομένο ότι αυτός είναι που σκέφτεται, θέλει, αισθάνεται, αφομοιώνει την τροφή και διατηρεί τον εαυτό του ζωντανό, χωρίς ποτέ να παραδέχεται μέσω συλλογισμού (έστω και λίγος θα ήταν αρκετός) ότι στη συνηθισμένη του ζωή δεν είναι τίποτα άλλο παρά μια μαριονέτα των παλιών πράξεων (του κάρμα) και της Φύσης ή του περιβάλλοντος. Οι διανοητικές αντιδράσεις κάθε ανθρώπου, τα συναισθήματα, οι ψυχολογικές διαθέσεις του και οι συνήθειές του είναι απλώς αποτελέσματα παλιών αιτίων, είτε αυτής της ζωής είτε μιας προηγούμενης. Ωστόσο, πάνω από τέτοιες επιρροές βρίσκεται ευγενώς η βασιλική ψυχή του. Περιφρονώντας τις εφήμερες αλήθειες και ελευθερίες, ο *Κρίγια Γιόγκι* αντιπαρέρχεται όλες τις απογοητεύσεις που φέρνει η ψευδαίσθηση και περνά στην απελευθερωμένη Ύπαρξή του. Όλες οι Γραφές του κόσμου κηρύσσουν ότι ο άνθρωπος δεν είναι ένα φθαρτό σώμα, αλλά μια ζωντανή ψυχή· με την *Κρίγια Γιόγκα* βρίσκει τη μέθοδο να αποδείξει τη διαβεβαίωση των Γραφών.

«Οι εξωτερικές ιεροτελεστίες δεν μπορούν να καταστρέψουν την άγνοια γιατί δεν είναι αμοιβαία αντιφατικές», έγραψε ο Σάνκαρα στο διάσημο έργο του *Century of Verses* («Αιώνας στίχων»). «Μόνο η συνειδητοποιημένη γνώση καταστρέφει την άγνοια. […] Η γνώση δεν μπορεί να βρεθεί με κανέναν άλλο τρόπο παρά μόνο με έρευνα. "Ποιος είμαι; Πώς γεννήθηκε αυτό το σύμπαν; Ποιος είναι ο δημιουργός του; Ποιος είναι ο υλικός λόγος του;". Αυτό είναι το είδος της έρευνας στο οποίο αναφέρομαι». Η διάνοια δεν έχει καμία απάντηση σ' αυτές τις ερωτήσεις· γι' αυτό οι ρίσι ανέπτυξαν τη γιόγκα σαν τεχνική πνευματικής έρευνας.

Ο αληθινός γιόγκι, κρατώντας μακριά τις σκέψεις του, τη θέλησή του και τα συναισθήματά του από την απατηλή ταύτιση με τις σωματικές επιθυμίες, ενώνοντας τον νου του με υπερσυνείδητες δυνάμεις στους εγκεφαλονωτιαίους ναούς, ζει με τον τρόπο αυτό όπως σχεδίασε ο Θεός· δεν ωθείται ούτε από παρορμήσεις από το παρελθόν ούτε από νέα κίνητρα ανθρώπινου μαρασμού. Επιτυγχάνοντας την εκπλήρωση της Υπέρτατης Επιθυμίας του, είναι ασφαλής στο τελικό καταφύγιο του ανεξάντλητα μακάριου Πνεύματος.

Αναφερόμενος στη βέβαιη και μεθοδική αποτελεσματικότητα της γιόγκα, ο Κρίσνα επαινεί τον γιόγκι που ασκεί την τεχνική με τα παρακάτω λόγια: «Ο γιόγκι είναι ανώτερος από τους ασκητές που εφαρμόζουν σωματική πειθαρχία, ανώτερος ακόμα κι από αυτούς που ακολουθούν το μονοπάτι της σοφίας *(Γκιάνα Γιόγκα)* ή το μονοπάτι της δράσης *(Κάρμα Γιόγκα)*· ω μαθητή Αρτζούνα, να είσαι γιόγκι!».[15]

Η *Κρίγια Γιόγκα* είναι η πραγματική «τελετουργία της φωτιάς» που συχνά εξαίρεται στην Γκίτα. Ο γιόγκι ρίχνει τους ανθρώπινους πόθους του σε μια μονοθεϊστική τελετουργική πυρά, που είναι αφιερωμένη στον απαράμιλλο Θεό. Αυτή είναι πράγματι η αληθινή γιογκική τελετουργία, κατά την οποία όλες οι παλιές και τωρινές επιθυμίες γίνονται καύσιμο που καταναλώνεται από τη θεϊκή αγάπη. Στην Ύστατη Φλόγα

---

[15] Μπάγκαβαντ Γκίτα VI:46.

Η σύγχρονη επιστήμη έχει αρχίσει να ανακαλύπτει τα πραγματικά εκπληκτικά θεραπευτικά και αναζωογονητικά αποτελέσματα της διακοπής της αναπνοής στο σώμα και τον νου. Ο Δρ Άλβαν Λ. Μπάρακ (Dr. Alan L. Barach) του Κολλεγίου Γιατρών και Χειρουργών στη Νέα Υόρκη ευφήρε μια τοπική θεραπεία μέσω ανάπαυσης των πνευμόνων που αποκαθιστά την υγεία σε πολλούς ανθρώπους που υποφέρουν από φυματίωση. Η χρήση ενός θαλάμου που εξομοιώνει την πίεση καθιστά ικανό τον ασθενή να σταματήσει να αναπνέει. Οι The New York Times της 1ης Φεβρουαρίου του 1947 ανέφεραν ένα απόσπασμα από την ομιλία του Δρα Μπαράκ ως εξής: «Το αποτέλεσμα του σταματήματος της αναπνοής στο κεντρικό νευρικό σύστημα παρουσιάζει εξαιρετικό ενδιαφέρον. Το ορμέμφυτο της κίνησης των μυών του συμπαθητικού συστήματος στις ακραίες καταστάσεις είναι εντυπωσιακά μειωμένο. Ο ασθενής μπορεί να βρίσκεται ξαπλωμένος στον θάλαμο για ώρες, χωρίς να κινεί τα χέρια του ή να αλλάζει θέση. Η επιθυμία να καπνίσει εξαφανίζεται όταν η εθελοντική αναπνοή σταματά, ακόμα και σε ασθενείς που είχαν συνηθίσει να καπνίζουν δύο πακέτα την ημέρα. Σε πολλές περιπτώσεις η χαλάρωση είναι τέτοιας φύσεως που ο ασθενής δεν αποζητά διασκέδαση». Το 1951 ο Δρ Μπαράκ επιβεβαίωσε δημόσια την αξία της θεραπείας η οποία, είπε, «όχι μόνο ξεκουράζει τους πνεύμονες, αλλά επίσης ολόκληρο το σώμα και, όπως φαίνεται, και τον νου. Η καρδιά για παράδειγμα μειώνει τη λειτουργία της κατά το ένα τρίτο. Οι ασθενείς μας παύουν να στενοχωριούνται. Κανείς δεν νιώθει ανία».

Απ' αυτά τα γεγονότα αρχίζει κάποιος να καταλαβαίνει πώς είναι δυνατόν οι γιόγκι να κάθονται ακίνητοι για μεγάλες χρονικές περιόδους χωρίς να ωθούνται νοητικά ή σωματικά προς κάποια ανήσυχη δραστηριότητα. Μόνο σε τέτοια ησυχία μπορεί η ψυχή να βρει τον δρόμο της πίσω στο Θεό. Αν και οι συνηθισμένοι άνθρωποι πρέπει να παραμείνουν σ' έναν θάλαμο που εξομοιώνει την πίεση για να ευεργετηθούν από τη μη αναπνοή, ο γιόγκι δεν χρειάζεται τίποτα άλλο από την τεχνική της *Κρίγια Γιόγκα* για να λάβει ανταμοιβές όσον αφορά το σώμα και τον νου και την επίγνωση της ψυχής.

προσφέρεται ως θυσία όλη η ανθρώπινη παραφροσύνη και ο άνθρωπος εξαγνίζεται από ακαθαρσίες. Με τα κόκαλά του μεταφορικά απογυμνωμένα από τη γεμάτη επιθυμίες σάρκα, με τον καρμικό σκελετό του λαμπερό από τον αντισηπτικό ήλιο της σοφίας, αγαθός απέναντι στον άνθρωπο και τον Δημιουργό, είναι επιτέλους καθαρός.

### ΕΝΑΣ ΔΥΤΙΚΟΣ ΣΕ ΣΑΜΑΝΤΙ
Ο Ράτζαρσι Τζανακανάντα (Τζέιμς Τζ. Λυν)

Σε μια ιδιωτική παραλία στο Ενσινίτας, στην Καλιφόρνια, τον Ιανουάριο του 1937, μετά από πέντε χρόνια καθημερινής άσκησης της *Κρίγια Γιόγκα*, ο Τζ. Λυν έλαβε στην κατάσταση του σαμάντι (υπερσυνειδήτου), το Μακάριο Όραμα: τον Άπειρο Κύριο ως το Μεγαλείο μέσα του.

«Η ισορροπημένη ζωή του κ. Λυν μπορεί να αποτελέσει έμπνευση για όλους τους ανθρώπους», είπε ο Γιογκανάντα. Εκπληρώνοντας ευσυνείδητα τα εγκόσμια καθήκοντα της ζωής του, ο Τζ. Λυν εντούτοις έβρισκε χρόνο καθημερινά για βαθύ διαλογισμό στο Θεό. Ο επιτυχημένος επιχειρηματίας έγινε ένας φωτισμένος *Κρίγια Γιόγκι*. (Βλ. σελ. 416, 543-545.)

Ο Παραμαχάνσατζι συχνά τον αποκαλούσε με αγάπη «Άγιο Λυν» και το 1951 του απένειμε το μοναστικό όνομα Ράτζαρσι Τζανακανάντα (από τον πνευματικά φωτισμένο Βασιλιά Τζανάκα της αρχαίας Ινδίας). Ο τίτλος *Ράτζαρσι*, κατά κυριολεξία «βασιλικός ρίσι», προέρχεται από το *ράτζα* («βασιλιάς») + *ρσι* (ή *ρίσι*, «μεγάλος άγιος»).

## ΚΕΦΑΛΑΙΟ 27

# Ιδρύοντας μια Σχολή Γιόγκα στο Ραντσί

«Γιατί αποστρέφεσαι την οργανωτική εργασία;».

Η ερώτηση του Δασκάλου με ξάφνιασε λίγο. Είναι αλήθεια ότι η προσωπική μου πεποίθηση εκείνη την εποχή ήταν ότι οι οργανισμοί είναι «σφηκοφωλιές».

«Είναι μια εργασία που δεν αναγνωρίζεται, κύριε», απάντησα. «Ό,τι κι αν κάνει ή δεν κάνει ο αρχηγός, πάντα δέχεται κακές κριτικές».

«Θέλεις ολόκληρο το θεϊκό *τσάνα* (τυρί από το γάλα) μόνο για τον εαυτό σου;». Η απάντηση του γκουρού μου συνοδεύτηκε από μια αυστηρή ματιά. «Θα μπορούσες εσύ ή οποιοσδήποτε άλλος να επιτύχετε την κοινωνία με το Θεό μέσω της γιόγκα αν μια σειρά από γενναιόδωρους, μεγαλόψυχους Δασκάλους δεν ήταν πρόθυμοι να μεταδώσουν τη γνώση τους σε άλλους;». Πρόσθεσε: «Ο Θεός είναι το Μέλι, οι οργανώσεις είναι οι κηρύθρες· και τα δύο είναι απαραίτητα. Φυσικά κάθε *μορφή* είναι άχρηστη χωρίς το πνεύμα, αλλά γιατί να μην αρχίσεις να φτιάχνεις δραστήριες κηρύθρες γεμάτες με πνευματικό νέκταρ;».

Η συμβουλή του με συγκίνησε βαθιά. Αν και δεν απάντησα, με κυρίευσε μια ατσάλινη αποφασιστικότητα: θα μοιραζόμουν με τους συνανθρώπους μου, όσο πιο πολύ μπορούσα, τις λυτρωτικές αλήθειες που έμαθα στα πόδια του γκουρού μου. «Κύριε», προσευχήθηκα, «είθε η αγάπη Σου να λάμπει για πάντα στο ιερό της αφοσίωσής μου και είθε να μπορώ να αφυπνίζω την αγάπη για Σένα σε όλες τις καρδιές».

Σε μια προηγούμενη περίσταση, πριν εισέλθω στο Τάγμα των Σουάμι, ο Σρι Γιουκτέσβαρ είχε κάνει μια εντελώς απρόσμενη παρατήρηση.

«Πόσο θα σου λείψει η συντροφιά μιας συζύγου στα γεράματά σου!», είχε πει. «Δεν συμφωνείς ότι ο άνθρωπος της οικογένειας που απασχολείται σε χρήσιμη εργασία για να θρέψει τη σύζυγο και τα παιδιά του παίζει έτσι έναν ρόλο που τον ανταμείβει στα μάτια του Θεού;».

«Κύριε», είχα διαμαρτυρηθεί θορυβημένος, «ξέρετε ότι η μόνη επιθυμία που έχω σ' αυτή τη ζωή είναι για τον Συμπαντικό Αγαπημένο».

Ο Δάσκαλος γέλασε τόσο πολύ που κατάλαβα ότι είχε πει αυτά τα

Ιδρύοντας μια Σχολή Γιόγκα στο Ραντσί

λόγια απλώς για να με δοκιμάσει.

«Να θυμάσαι», είχε πει αργά, «ότι αυτός που απορρίπτει τα συνηθισμένα εγκόσμια καθήκοντα δικαιολογείται να το κάνει μόνο αν αναλάβει ένα είδος ευθύνης για μια πολύ μεγαλύτερη οικογένεια».

Το ιδεώδες της σωστής εκπαίδευσης των νέων πάντα με ενδιέφερε πολύ. Είδα καθαρά τα στείρα αποτελέσματα της συνήθους διδασκαλίας που στόχευε μόνο στην ανάπτυξη του σώματος και της διάνοιας. Οι ηθικές και οι πνευματικές αξίες, χωρίς τον ενστερνισμό των οποίων κανένας άνθρωπος δεν μπορεί να πλησιάσει την ευτυχία, ακόμα έλειπαν από το επίσημο πρόγραμμα. Αποφάσισα να ιδρύσω ένα σχολείο όπου τα νεαρά αγόρια θα μπορούσαν να αναπτύξουν πλήρως το ανάστημά τους ως άνθρωποι. Το πρώτο μου βήμα προς αυτήν την κατεύθυνση έγινε με επτά παιδιά στη Ντιχικά, ένα μικρό περίχωρο της Βεγγάλης.

Ένα χρόνο αργότερα, το 1918, μέσω της γενναιοδωρίας του Σερ Μανίντρα Τσάντρα Νάντι, του Μαχαραγιά του Κασιμπαζάρ, μπόρεσα να μεταφέρω τη γρήγορα αυξανόμενη ομάδα μου στο Ραντσί (Ranchi). Αυτή η πόλη στο Μπιχάρ (Bihar), περίπου τριακόσια είκοσι χιλιόμετρα από την Καλκούτα, είναι ευλογημένη να έχει ένα κλίμα από τα πιο υγιεινά στην Ινδία. Το Παλάτι του Κασιμπαζάρ στο Ραντσί έγινε το κεντρικό κτίριο του νέου σχολείου, το οποίο ονόμασα «Γιογκόντα Σατσάνγκα Μπραματσάρια Βιντυαλάυα (Yogoda Satsanga Brahmacharya Vidyalaya)».[1]

Οργάνωσα ένα πρόγραμμα και για Δημοτικό και για Γυμνάσιο-Λύκειο. Περιλαμβάνει θέματα αγροκαλλιέργειας, βιομηχανίας, εμπορίου και ακαδημαϊκές γνώσεις. Ακολουθώντας τα μορφωτικά ιδεώδη των ρίσι (των οποίων τα άσραμ, στα δάση, υπήρξαν τα κέντρα της μάθησης, τόσο της εγκόσμιας όσο και της θεϊκής, για τους νέους της Ινδίας), κανόνισα τα περισσότερα μαθήματα να γίνονται στην ύπαιθρο.

Οι μαθητές στο Ραντσί διδάσκονται διαλογισμό γιόγκα και ένα μοναδικό σύστημα υγείας και φυσικής ανάπτυξης, το *Γιογκόντα*, του οποίου τις αρχές ανακάλυψα το 1916.

---

[1] *Βιντυαλάυα*, σχολείο. Το *Μπραματσάρια* αναφέρεται εδώ σ' ένα από τα τέσσερα στάδια του βεδικού σχεδίου για τη ζωή ενός ανθρώπου, που αποτελούνται από (1) τον σπουδαστή που απέχει από το σεξ *(μπραματσάρι)*, (2) τον οικογενειάρχη με εγκόσμιες υποχρεώσεις *(γκριχάστα)*, (3) τον ερημίτη *(βαναπράσθα)*· (4) αυτόν που ζει στα δάση ή περιπλανώμενο, ελεύθερο απ' όλες τις γήινες έγνοιες *(σαννυάσι)*. Αυτός ο ιδανικός τρόπος ζωής, αν και δεν τηρείται ευρέως στη σύγχρονη Ινδία, έχει ακόμα πολλούς πιστούς οπαδούς. Τα τέσσερα στάδια πραγματώνονται με θρησκευτικό τρόπο κάτω από την καθοδήγηση του πιστού από έναν γκουρού για όλη του τη ζωή.

Περισσότερες πληροφορίες για το Γιογκόντα Σατσάνγκα σχολείο στο Ραντσί δίνονται στο κεφ. 40.

Συνειδητοποιώντας ότι το σώμα του ανθρώπου είναι σαν μια ηλεκτρική μπαταρία, συμπέρανα ότι μπορούσε άμεσα να επαναφορτιστεί με ενέργεια μέσω της ανθρώπινης θέλησης. Καθώς καμία πράξη κανενός είδους δεν είναι εφικτή χωρίς τη *θέληση*, ο άνθρωπος μπορεί να επωφεληθεί απ' αυτόν τον κύριο μοχλό για να ανανεώσει τη δύναμή του χωρίς βαριά μηχανήματα ή μηχανικές ασκήσεις. Με τις απλές τεχνικές της Γιογκόντα μπορεί κάποιος συνειδητά και άμεσα να επαναφορτίζει τη ζωική δύναμή του (που έχει το κέντρο της στον προμήκη μυελό) από το απεριόριστο απόθεμα της συμπαντικής ενέργειας.

Τα αγόρια στο Ραντσί ανταποκρίθηκαν καλά στην εκπαίδευση Γιογκόντα, αναπτύσσοντας ιδιαίτερα ασυνήθιστη δυνατότητα να μετατοπίζουν τη ζωική δύναμη από ένα μέρος του σώματος σ' ένα άλλο και να κάθονται σε απόλυτη ισορροπία σε δύσκολες *άσανα* (στάσεις του σώματος).[2] Εκτελούσαν ασκήσεις τόσο μεγάλης δύναμης και αντοχής που πολλοί ενήλικες με μεγάλη σωματική δύναμη δεν μπορούσαν να τους φτάσουν.

Ο μικρότερος αδελφός μου, ο Μπισνού Τσαράν Γκος, γράφτηκε επίσης στο σχολείο του Ραντσί· αργότερα έγινε ονομαστός γυμναστής. Αυτός κι ένας από τους σπουδαστές του ταξίδεψαν το 1938-1939 στη Δύση κάνοντας επιδείξεις δύναμης και ελέγχου των μυών. Οι Καθηγητές από το Πανεπιστήμιο Κολούμπια στη Νέα Υόρκη και από πολλά άλλα Πανεπιστήμια της Αμερικής και της Ευρώπης εξεπλάγησαν από την επίδειξη της υπεροχής της δύναμης του νου και της κυριαρχίας του πάνω στο σώμα.[3]

Στο τέλος της πρώτης χρονιάς στο Ραντσί, οι αιτήσεις νέων για να φοιτήσουν εκεί έφτασαν τις δύο χιλιάδες. Το σχολείο όμως, το οποίο τότε ήταν μόνο εσωτερικό, μπορούσε να χωρέσει μόνον εκατό. Σύντομα πήραμε και μαθητές που δεν θα έμεναν εκεί αλλά θα διδάσκονταν μόνο κατά τη διάρκεια της ημέρας.

Στο Βιντυαλάυα έπρεπε να παίζω τον ρόλο του πατέρα και της μητέρας για τα μικρά παιδιά και να αντιμετωπίζω πολλές οργανωτικές δυσκολίες. Συχνά θυμόμουν τα λόγια του Χριστού: «Αλήθεια σας λέω, δεν υπάρχει κανείς ο οποίος, αφήνοντας σπίτι ή αδελφούς ή αδελφές ή πατέρα ή μητέρα ή τέκνα ή αγρούς για χάρη εμού και του ευαγγελίου, που δεν θα λάβει εκατονταπλάσια τώρα στον καιρό αυτό, σπίτια και

---

[2] Καθώς μεγάλωνε το ενδιαφέρον της Δύσης για τις *άσανα* (στάσεις γιόγκα), εμφανίστηκαν αρκετά εικονογραφημένα βιβλία πάνω σ' αυτό το θέμα.

[3] Ο Μπισνού Τσαράν Γκος πέθανε στις 9 Ιουλίου 1970 στην Καλκούτα. (*Σημ. του Εκδότη*)

αδελφούς και αδελφές και μητέρες και τέκνα και αγρούς, με διωγμούς, και στον ερχομένο αιώνα ζωή αιώνια».[4]

Ο Σρι Γιουκτέσβαρ είχε ερμηνεύσει αυτά τα λόγια ως εξής: «Ο πιστός που αποποιείται τις συνήθεις εμπειρίες της ζωής του γάμου και της στήριξης μιας οικογένειας για να αναλάβει σπουδαιότερες υποχρεώσεις –αυτές για την κοινωνία γενικά («εκατονταπλάσια τώρα στον καιρό αυτό, σπίτια και αδελφούς»)– αναλαμβάνει ένα έργο που συχνά συνοδεύεται από διωγμό από τον κόσμο, ο οποίος δεν καταλαβαίνει. Τέτοιες ταυτίσεις όμως με μεγαλύτερα και ευρύτερα καθήκοντα στον κόσμο βοηθούν τον πιστό να υπερβεί την ιδιοτέλεια και οδηγούν σε μια θεϊκή ανταμοιβή».

Μια μέρα ο πατέρας μου ήρθε στο Ραντσί για να χαρίσει την πατρική ευλογία του, την οποία δεν έδινε για πολύ καιρό, πληγωμένος που είχα απορρίψει την προσφορά του να προσληφθώ στην Εταιρεία Σιδηροδρόμων Βεγγάλης-Ναγκπούρ.

«Γιε μου», είπε, «συμφιλιώθηκα τώρα με τις επιλογές σου στη ζωή. Με χαροποιεί να σε βλέπω ανάμεσα σ' αυτούς τους ευτυχισμένους, πρόθυμους νεαρούς· τελικά ανήκεις εδώ κι όχι στα άψυχα διαγράμματα των δρομολογίων». Χαιρέτησε μια ομάδα δώδεκα μικρών παιδιών που ήταν κολλημένα στα πόδια μου. «Είχα μόνο οκτώ παιδιά», παρατήρησε με μάτια που ακτινοβολούσαν, «αλλά σε καταλαβαίνω!».

Με εκατό γόνιμα στρέμματα στη διάθεσή μας, οι μαθητές, οι δάσκαλοι κι εγώ απολαμβάναμε καθημερινά περιόδους κηπουρικής και άλλων υπαίθριων εργασιών. Είχαμε πολλά κατοικίδια, συμπεριλαμβανομένου και ενός νεαρού ελαφιού, το οποίο οι μαθητές το είχαν σχεδόν σαν είδωλο. Κι εγώ επίσης αγαπούσα το ελαφάκι τόσο πολύ που το άφηνα να κοιμάται στο δωμάτιό μου. Με το φως της αυγής, το μικρό πλασματάκι ερχόταν με μικρά βήματα δίπλα στο κρεβάτι μου για ένα πρωινό χάδι.

Μια μέρα, εξαιτίας μιας δουλειάς που είχα στην πόλη του Ραντσί, τάισα το ελαφάκι νωρίτερα απ' ό,τι συνήθως. Είπα στα αγόρια να μην το ταΐσουν μέχρι να γυρίσω. Ένας μαθητής με παράκουσε και του έδωσε μια μεγάλη ποσότητα γάλακτος. Όταν επέστρεψα το απόγευμα, αμέσως έμαθα τα θλιβερά νέα: «Το ελαφάκι είναι σχεδόν νεκρό από το πολύ φαγητό».

Με δάκρυα, έβαλα το εκ πρώτης όψεως άψυχο κατοικίδιο στην

---
[4] Κατά Μάρκο I:29-30.

αγκαλιά μου. Προσευχήθηκα ένθερμα στο Θεό να του χαρίσει τη ζωή. Ώρες αργότερα, το μικρό πλάσμα άνοιξε τα μάτια του, σηκώθηκε και περπάτησε αδύναμα. Ολόκληρο το σχολείο φώναζε από χαρά.

Εκείνη τη νύχτα όμως πήρα ένα σοβαρό μάθημα που δεν θα ξεχάσω ποτέ. Έμεινα με το ελαφάκι ξύπνιος μέχρι τις δύο το πρωί, μέχρι που αποκοιμήθηκα. Το ελάφι εμφανίστηκε σε όνειρο και μου μίλησε:

«Με κρατάς πίσω. Σε παρακαλώ, άσε με να φύγω· άσε με να φύγω!».

«Εντάξει», απάντησα στον ύπνο μου.

Ξύπνησα αμέσως και φώναξα: «Παιδιά, το ελάφι πεθαίνει!». Τα παιδιά ήρθαν αμέσως κοντά μου.

Έτρεξα στη γωνία του δωματίου μου όπου είχα βάλει το ζωάκι. Έκανε μια τελευταία προσπάθεια να σηκωθεί, παραπάτησε προς το μέρος μου, μετά έπεσε στα πόδια μου νεκρό.

Σύμφωνα με το μαζικό κάρμα που οδηγεί και ρυθμίζει το πεπρωμένο των ζώων, η ζωή του ελαφιού είχε τελειώσει και ήταν έτοιμο να προχωρήσει σε μια υψηλότερη μορφή ζωής. Με τη βαθιά μου προσκόλληση όμως, που αργότερα κατάλαβα ότι ήταν ιδιοτελής, καθώς και με τις ένθερμες προσευχές μου, είχα μπορέσει να το κρατήσω στους περιορισμούς της μορφής του ζώου από την οποία η ψυχή πάσχιζε να ελευθερωθεί. Η ψυχή του ελαφιού διατύπωσε την ικεσία της στο όνειρό μου γιατί χωρίς τη γεμάτη αγάπη άδειά μου είτε δεν ήθελε είτε δεν μπορούσε να φύγει. Μόλις συμφώνησα, έφυγε.

Όλος ο πόνος έφυγε από μέσα μου· συνειδητοποίησα και πάλι ότι ο Θεός θέλει τα παιδιά Του να αγαπούν τα πάντα ως ένα τμήμα Του και όχι να νιώθουν απατηλά ότι με τον θάνατο τελειώνουν όλα. Ο αδαής άνθρωπος βλέπει μόνο τον ανυπέρβλητο τοίχο του θανάτου που κρύβει, φαινομενικά για πάντα, τους αγαπημένους φίλους του. Ο άνθρωπος όμως της μη προσκόλλησης, αυτός που αγαπά τους άλλους ως εκφράσεις του Κυρίου, καταλαβαίνει ότι με τον θάνατο οι αγαπημένοι του επέστρεψαν απλά σ' Αυτόν για μια ανάσα χαράς κοντά Του.

Το σχολείο στο Ραντσί μετατράπηκε, από μικρό και απλό, σε Ινστιτούτο που τώρα είναι ονομαστό στο Μπιχάρ και τη Βεγγάλη. Πολλοί τομείς του υποστηρίζονται οικονομικά από εθελοντικές χορηγίες από ανθρώπους που χαίρονται που συνεχίζονται τα εκπαιδευτικά ιδεώδη των ρίσι. Το εκπαιδευτικό αυτό σύστημα άνθισε· ιδρύθηκαν παραρτήματα του σχολείου στο Μίντναπορ (Midnapore) και στο Λάκαμπουρ (Lakhanpur).

*Ιδρύοντας μια Σχολή Γιόγκα στο Ραντσί*

Στα κεντρικά, στο Ραντσί, διατηρείται ένα Ιατρικό Τμήμα στο οποίο τα φάρμακα και οι υπηρεσίες των γιατρών παρέχονται δωρεάν στους φτωχούς της περιοχής. Ο αριθμός των ανθρώπων στους οποίους παρέχεται ιατρική βοήθεια ξεπερνά τους 18.000 ετησίως. Το Βιντυαλάυα είναι ονομαστό επίσης για τις επιδόσεις των μαθητών του στον ανταγωνιστικό αθλητισμό· και στον τομέα της παιδείας, πολλοί απόφοιτοι του Ραντσί διακρίθηκαν για τη μετέπειτα πανεπιστημιακή τους ζωή.

Στη διάρκεια των τριών τελευταίων δεκαετιών το σχολείο του Ραντσί έχει τιμηθεί από πολλές εξέχουσες προσωπικότητες της Ανατολής και της Δύσης που το επισκέφθηκαν. Ο Σουάμι Πραναμπανάντα, ο «άγιος με τα δύο σώματα» του Μπενάρες, ήρθε στο Ραντσί για μερικές μέρες το 1918. Όταν ο μεγάλος Δάσκαλος είδε τις γραφικές ομάδες των μαθητών κάτω από τα δέντρα και το απόγευμα τους νεαρούς μαθητές να κάθονταν ακίνητοι για ώρες σε διαλογισμό γιόγκα, συγκινήθηκε βαθύτατα.

«Η καρδιά μου ευφραίνεται», είπε, «όταν βλέπω τα ιδανικά του Λαχίρι Μαχασάγια για τη σωστή εκπαίδευση να τηρούνται και να συνεχίζονται σ' αυτό το Ινστιτούτο. Είθε να έχει τις ευλογίες του γκουρού μου».

Ένας νεαρός που καθόταν δίπλα μου τόλμησε να κάνει μια ερώτηση στον μεγάλο γιόγκι.

«Κύριε», ρώτησε, «θα γίνω μοναχός; Είναι προορισμένο να αφιερώσω τη ζωή μου μόνο στο Θεό;».

Αν και ο Σουάμι Πραναμπανάντα χαμογέλασε ευγενικά, τα μάτια του διαπερνούσαν το μέλλον.

«Παιδί μου», απάντησε, «όταν μεγαλώσεις, θα σε περιμένει μια όμορφη νύφη». (Το αγόρι πράγματι τελικά παντρεύτηκε, αν και για πολλά χρόνια σχεδίαζε να μπει στο Τάγμα των Σουάμι.)

Λίγο καιρό μετά την επίσκεψη του Σουάμι Πραναμπανάντα στο Ραντσί, συνόδευσα τον πατέρα μου στο σπίτι, στην Καλκούτα, όπου ο γιόγκι έμενε προσωρινά. Θυμήθηκα αμέσως την πρόβλεψη του Πραναμπανάντα, που είχε κάνει χρόνια πριν: «Θα σε ξαναδώ μαζί με τον πατέρα σου στο μέλλον».

Καθώς ο Πατέρας έμπαινε στο δωμάτιο του σουάμι, ο μεγάλος γιόγκι σηκώθηκε και αγκάλιασε τον πατέρα μου με αγάπη και σεβασμό.

«Μπαγκαμπάτι», είπε, «τι κάνεις για τον εαυτό σου; Δεν βλέπεις τον γιο σου που τρέχει προς το Άπειρο;». Κοκκίνισα όταν άκουσα τον έπαινό του μπροστά στον πατέρα μου. Ο σουάμι συνέχισε: «Θυμάσαι πόσο συχνά έλεγε ο ευλογημένος γκουρού μας: *"Μπανάτ, μπανάτ, μπαν τζάι";*⁵ Γι' αυτό συνέχισε την *Κρίγια Γιόγκα* ασταμάτητα και φτάσε γρήγορα στις θεϊκές πύλες».

Το σώμα του Πραναμπανάντα, που φαινόταν τόσο υγιές και γερό κατά την πρώτη επίσκεψή μου σ' αυτόν στο Μπενάρες, κάτω από τις τόσο ασυνήθιστες και καταπληκτικές εκείνες συνθήκες, τώρα έδειχνε σαφώς γερασμένο, αν και η στάση του ήταν ακόμα αξιοθαύμαστα ευθυτενής.

«Σουάμιτζι», ρώτησα, κοιτώντας τον κατ' ευθείαν στα μάτια, «σας παρακαλώ, πείτε μου: Αισθάνεστε την προχωρημένη ηλικία σας; Καθώς το σώμα γίνεται αδύναμο, μειώνονται παράλληλα και οι αντιλήψεις σας του Θεού;».

Χαμογέλασε αγγελικά. «Ο Αγαπημένος είναι τώρα κοντά μου πιο πολύ από ποτέ». Η απόλυτη πεποίθησή του συγκλόνισε τον νου και την ψυχή μου. Συνέχισε: «Ακόμα απολαμβάνω τις δύο συντάξεις – μία από τον Μπαγκαμπάτι, εδώ, και μία από πάνω». Δείχνοντας με το δάχτυλό του τον ουρανό, ο άγιος για λίγη ώρα καθηλώθηκε σε έκσταση και το πρόσωπό του φωτίστηκε από θεϊκή λάμψη. Μια επαρκέστατη απάντηση στην ερώτησή μου!

Παρατηρώντας ότι στο δωμάτιο του Πραναμπανάντα υπήρχαν πολλά φυτά και πακέτα με σπόρους, τον ρώτησα για ποιο σκοπό τα είχε.

«Έφυγα από το Μπενάρες μόνιμα», είπε, «και τώρα πηγαίνω στα Ιμαλάια. Εκεί θα ανοίξω ένα άσραμ για τους μαθητές μου. Απ' αυτούς τους σπόρους θα βλαστήσουν σπανάκι και μερικά ακόμα λαχανικά. Οι αγαπημένοι μου θα ζουν απλά, περνώντας τον χρόνο τους σε μακάρια κοινωνία με το Θεό. Τίποτα άλλο δεν χρειάζεται».

Ο Πατέρας ρώτησε τον αδελφό του μαθητή πότε θα επέστρεφε στην Καλκούτα.

«Ποτέ πια», απάντησε ο άγιος. «Τούτη η χρονιά είναι αυτή που μου είπε ο Λαχίρι Μαχασάγια ότι θα άφηνα το αγαπημένο μου Μπενάρες για πάντα και θα πήγαινα στα Ιμαλάια, όπου και θα πετάξω το θνητό περίβλημά μου».

---

⁵ Ήταν μια από τις αγαπημένες παρατηρήσεις του Λαχίρι Μαχασάγια, με την οποία ενθάρρυνε τους σπουδαστές του να εμμένουν στον διαλογισμό. Κατά κυριολεξία σημαίνει: «Κάνοντας, κάνοντας, μια μέρα έγινε». Με ελεύθερη απόδοση, μπορεί να μεταφραστεί ως εξής: «Προσπαθώντας, προσπαθώντας, μια μέρα, να! Έφτασες στον Θεϊκό Στόχο».

*Ιδρύοντας μια Σχολή Γιόγκα στο Ραντσί*

Τα μάτια μου γέμισαν δάκρυα με τα λόγια του, αλλά ο σουάμι χαμογέλασε ήρεμα. Μου θύμισε ένα μικρό παιδί στον παράδεισο, καθισμένο με ασφάλεια στην αγκαλιά της Θεϊκής Μητέρας. Το βάρος των γηρατειών δεν επιφέρει καμία μείωση στην πλήρη κατοχή των υπέρτατων πνευματικών δυνάμεων ενός μεγάλου γιόγκι. Μπορεί να κάνει το σώμα του πάλι νέο, κατά βούληση· μερικές φορές όμως δεν ενδιαφέρεται να καθυστερήσει τη διαδικασία της γήρανσης, αλλά αφήνει το κάρμα του να αναλωθεί στο υλικό πεδίο, χρησιμοποιώντας το τωρινό σώμα του ως συσκευή εξοικονόμησης χρόνου, αποκλείοντας έτσι την αναγκαιότητα να εξαντλήσει εναπομείναντα ψήγματα από κάρμα σε μια νέα ενσάρκωση.

Μήνες αργότερα, συνάντησα έναν παλιό φίλο, τον Σαναντάν, που ήταν ένας από τους στενούς μαθητές του Πραναμπανάντα.

«Ο λατρευτός γκουρού μου έφυγε», μου είπε με αναφιλητά. «Ίδρυσε ένα ερημητήριο κοντά στο Ρισικές και μας εκπαίδευσε με αγάπη. Όταν εγκατασταθήκαμε και προοδεύαμε γρήγορα πνευματικά με τη συντροφιά του, πρότεινε μια μέρα να ταΐσει ένα τεράστιο πλήθος ανθρώπων από το Ρισικές. Ρώτησα γιατί ήθελε ένα τόσο μεγάλο αριθμό ατόμων.

»"Αυτή θα είναι η τελευταία μου πανηγυρική τελετουργία", είπε. Δεν κατάλαβα πλήρως τη σημασία των λόγων του.

»Ο Πραναμπανάντατζι βοήθησε στο μαγείρεμα των τεράστιων ποσοτήτων φαγητού. Ταΐσαμε περίπου 2.000 επισκέπτες. Μετά το φαγητό κάθισε σε μια ψηλή εξέδρα και έκανε ένα εμπνευσμένο κήρυγμα για το Άπειρο. Στο τέλος, μπροστά σε χιλιάδες ανθρώπους, στράφηκε σ' εμένα που καθόμουν δίπλα του στο βάθρο και μίλησε με ασυνήθιστη δύναμη.

»"Σαναντάν, ετοιμάσου· θα πετάξω το περίβλημα".[6]

»Έμεινα άναυδος για λίγο, μετά φώναξα δυνατά: "Δάσκαλε, μην το κάνετε! Σας παρακαλώ, σας παρακαλώ μην το κάνετε!". Το πλήθος έμεινε σιωπηλό, διερωτώμενο τι εννοούσα. Ο Πραναμπανάντατζι μου χαμογέλασε αλλά τα μάτια του ήδη ατένιζαν την Αιωνιότητα.

»"Μην είσαι ιδιοτελής", είπε, "ούτε να θρηνήσεις για μένα. Για πολλά χρόνια σας υπηρέτησα όλους με χαρά· τώρα χαρείτε και ευχηθείτε μου καλό ταξίδι προς το Θεό. Πηγαίνω να συναντήσω τον Συμπαντικό Αγαπημένο μου". Μ' έναν ψίθυρο ο Πραναμπανάντατζι πρόσθεσε: "Θα ξαναγεννηθώ σύντομα. Αφού απολαύσω μια σύντομη

---

[6] Δηλαδή, θα εγκαταλείψω το σώμα μου.

ΤΟ ΠΑΡΑΡΤΗΜΑ ΓΙΟΓΚΟΝΤΑ ΣΑΤΣΑΝΓΚΑ ΜΑΤ

Το Παράρτημα Ματ και άσραμ του Yogoda Satsanga Society of India, στο Ραντσί, ιδρύθηκε από τον Παραμαχάνσα Γιογκανάντα όταν μετέφερε το σχολείο των αγοριών του σ' αυτήν την τοποθεσία το 1918. Σήμερα το Παράρτημα Ματ υπηρετεί τα μέλη της κοινότητας αυτής και διανέμει τη διδασκαλία του Παραμαχάνσατζι στην *Κρίγια Γιόγκα* σε όλη την Ινδία. Επιπρόσθετα, εκτός από τις πνευματικές δραστηριότητες, αυτό το κέντρο συντηρεί αρκετά εκπαιδευτικά Ινστιτούτα και μια φιλανθρωπική πολυκλινική.

περίοδο Άπειρης Μακαριότητας, θα επιστρέψω στη γη και θα μείνω με τον Μπάμπατζι.[7] Σύντομα θα ξέρεις πότε και πού η ψυχή μου θα έχει ενσαρκωθεί σε νέο σώμα".

»Φώναξε πάλι: "Σανανταν, πετάω το περίβλημα με τη δεύτερη *Κρίγια Γιόγκα*".[8]

»Κοίταξε τη λαοθάλασσα μπροστά μας και την ευλόγησε.

---

[7] Τον γκουρού του Λαχίρι Μαχασάγια, που ζει ακόμα (βλ. κεφ. 33).

[8] Η τεχνική που χρησιμοποίησε ο Πραναμπανάντα είναι γνωστή σ' αυτούς που έχουν μυηθεί στην ανώτερη *Κρίγια Γιόγκα* του Self-Realization Fellowship ως η Τρίτη Μύηση στην *Κρίγια Γιόγκα*. Όταν δόθηκε στον Πραναμπανάντα από τον Λαχίρι Μαχασάγια ήταν η «δεύτερη» *Κρίγια* που έλαβε από τον Γιογκαβατάρ. Αυτή η *Κρίγια* δίνει τη δυνατότητα στον πιστό που την έχει κατακτήσει να εγκαταλείπει το σώμα του και να επιστρέφει σ' αυτό συνειδητά οποιαδήποτε στιγμή. Οι προχωρημένοι γιόγκι χρησιμοποιούν αυτή την τεχνική της *Κρίγια* κατά τη διάρκεια της τελευταίας εξόδου με τον θάνατο – τη στιγμή του οποίου πάντα γνωρίζουν από πριν.

Οι μεγάλοι γιόγκι μπαίνουν και βγαίνουν «από και προς» το πνευματικό μάτι, το πρανικό αστέρι «θύρα» της λύτρωσης. Ο Χριστός είπε: «Εγώ είμαι η θύρα· αν κάποιος εισέλθει μέσω εμού, θα σωθεί και θα εισέλθει και θα εξέλθει και θα βρει βοσκή. Ο κλέφτης [η *μάγια* ή η αυταπάτη] δεν έρχεται, παρά μόνο για να κλέψει και να σκοτώσει και να καταστρέψει· εγώ [η κατά Χριστόν Συνειδητότητα] ήρθα για να έχουν ζωή και να την έχουν σε αφθονία» (κατά Ιωάννη Ι:9-10).

*Ιδρύοντας μια Σχολή Γιόγκα στο Ραντσί*

Κατευθύνοντας το βλέμμα του εσωτερικά στο πνευματικό μάτι, έγινε ακίνητος. Καθώς το σαστισμένο πλήθος νόμισε ότι διαλογιζόταν σε κατάσταση έκστασης, ήδη είχε αφήσει το σώμα του και η ψυχή του είχε βυθιστεί στη συμπαντική απεραντοσύνη. Οι μαθητές του άγγιξαν το σώμα του που βρισκόταν στη στάση του λωτού, αλλά δεν ήταν πια ζεστό. Μόνο ένα απολιθωμένο περίβλημα είχε απομείνει· ο ιδιοκτήτης είχε πετάξει στην αθάνατη όχθη».

Όταν ο Σαναντάν τελείωσε την αφήγησή του σκέφτηκα: «Ο ευλογημένος "άγιος με τα δύο σώματα" ήταν δραματικός και στη ζωή του και στον θάνατό του!».

Ρώτησα πού θα ξαναγεννιόταν ο Πραναμπανάντα.

«Θεωρώ αυτήν την πληροφορία ιερά εμπιστευτική», απάντησε ο Σαναντάν. «Δεν πρέπει να την εκμυστηρευθώ σε κανέναν. Ίσως να το βρεις με κάποιον άλλο τρόπο».

Χρόνια αργότερα έμαθα από τον Σουάμι Κεσαμπανάντα[9] ότι ο Πραναμπανάντα, λίγα χρόνια μετά τη γέννησή του, είχε πάει στο Μπαντριναράγιαν (Badrinarayan), στα Ιμαλάια, όπου μπήκε στην ομάδα των αγίων γύρω από τον μεγάλο Μπάμπατζι.

---

[9] Η συνάντησή μου με τον Κεσαμπανάντα περιγράφεται στις σελ. 468-471

ΚΕΦΑΛΑΙΟ 28

# Ο Κάσι που Ξαναγεννήθηκε και Ανακαλύφθηκε

«Σας παρακαλώ, μην μπείτε στο νερό. Ας πλυθούμε παίρνοντας νερό με τους κουβάδες μας».

Απευθυνόμουν στους νεαρούς μαθητές του Ραντσί που με συνόδευσαν στην πεζοπορία των δεκατριών χιλιομέτρων στον διπλανό λόφο. Η λιμνούλα μπροστά μας φαινόταν δελεαστική, αλλά εγώ ένιωσα μια αποστροφή γι' αυτήν. Τα περισσότερα από τα αγόρια άρχισαν να βυθίζουν μέσα τους κουβάδες τους για να τους γεμίσουν, αλλά μερικοί υπέκυψαν στον πειρασμό να μπουν στα κρύα νερά. Μόλις βούτηξαν, αμέσως αναδεύτηκαν γύρω τους μεγάλα νερόφιδα. Τι στριγκλιές και παφλασμοί! Τι κωμική που ήταν η προθυμία τους να βγουν άρον άρον από τη λίμνη!

Όταν φτάσαμε στον προορισμό μας απολαύσαμε ένα πικ νικ. Κάθισα κάτω από ένα δέντρο, περικυκλωμένος από τα αγόρια. Με βρήκαν σε διάθεση έμπνευσης και με κατέκλυσαν με ερωτήσεις.

«Σας παρακαλώ, πείτε μου, κύριε», ρώτησε ένας νεαρός, «θα μείνω για πάντα μαζί σας στο μονοπάτι της απάρνησης;».

«Ω, όχι», απάντησα, «θα αναγκαστείς δια της βίας να επιστρέψεις στο σπίτι σου και αργότερα θα παντρευτείς».

Δύσπιστα, διαμαρτυρήθηκε με πάθος. «Μόνο αν πεθάνω θα μπορέσουν να με πάνε στο σπίτι». (Σε μερικούς μήνες όμως οι γονείς του ήρθαν και τον πήραν, παρά τα κλάματα και την αντίστασή του. Μερικά χρόνια αργότερα πράγματι παντρεύτηκε.)

Αφού απάντησα σε πολλές ερωτήσεις, μου απευθύνθηκε ένας νεαρός ονομαζόμενος Κάσι. Ήταν περίπου δώδεκα ετών, ένας εξαίρετος μαθητής που όλοι τον αγαπούσαν.

«Κύριε», είπε, «ποια θα είναι η μοίρα μου;».

«Σύντομα θα πεθάνεις». Μια ακατανίκητη δύναμη φαινόταν ότι με ανάγκασε να πω αυτά τα λόγια.

Η αποκάλυψη με συγκλόνισε και μ' έκανε να θρηνήσω, όπως και όλους τους άλλους. Επιπλήττοντας σιωπηλά και έντονα τον εαυτό μου, αρνήθηκα να απαντήσω σε άλλες ερωτήσεις.

Όταν γυρίσαμε στο σχολείο, ο Κάσι ήρθε στο δωμάτιό μου.

«Αν πεθάνω, θα βρείτε πού θα έχω ξαναγεννηθεί, και θα με ξαναφέρετε στο πνευματικό μονοπάτι;», ρώτησε με αναφιλητά.

Ένιωσα υποχρεωμένος να αρνηθώ αυτή τη δύσκολη απόκρυφη ευθύνη. Για εβδομάδες μετά όμως ο Κάσι με πίεζε επίμονα. Βλέποντάς τον πανικόβλητο σε σημείο κατάρρευσης, τελικά τον παρηγόρησα.

«Ναι», υποσχέθηκα, «αν ο Ουράνιος Πατέρας με βοηθήσει, θα προσπαθήσω να σε βρω».

Κατά τη διάρκεια των θερινών διακοπών έφυγα για ένα σύντομο ταξίδι. Θλιμμένος που δεν μπόρεσα να πάρω τον Κάσι μαζί μου, πριν φύγω τον κάλεσα στο δωμάτιό μου και του υπέδειξα με προσεκτικές και αναλυτικές οδηγίες να παραμείνει ενάντια σε κάθε πειθώ στις πνευματικές δονήσεις του σχολείου. Κατά κάποιο τρόπο ένιωσα ότι αν δεν πήγαινε στο σπίτι του θα απέφευγε την επικείμενη συμφορά.

Μόλις έφυγα, ο πατέρας του Κάσι ήρθε στο Ραντσί. Για δεκαπέντε μέρες προσπαθούσε να λυγίσει τη θέληση του γιου του εξηγώντας του ότι αν πήγαινε μόνο για τέσσερις μέρες στην Καλκούτα για να δει τη μητέρα του, θα μπορούσε μετά να επιστρέψει. Ο Κάσι αρνιόταν επίμονα. Ο πατέρας του τελικά του είπε ότι θα τον έπαιρνε με τη βοήθεια της αστυνομίας. Η απειλή ενόχλησε τον Κάσι, που δεν ήθελε να είναι η αιτία οποιασδήποτε αρνητικής δημοσιότητας για το σχολείο. Δεν είχε πλέον καμία επιλογή παρά να φύγει.

Επέστρεψα στο Ραντσί λίγες μέρες αργότερα. Όταν άκουσα με ποιον τρόπο αναγκάσθηκε ο Κάσι να φύγει, πήρα αμέσως το τρένο για την Καλκούτα. Εκεί νοίκιασα μια άμαξα με άλογο. Προς έκπληξή μου, τα πρώτα πρόσωπα που είδα μόλις το όχημα πέρασε τη γέφυρα Χαουρά, πάνω από τον Γάγγη, ήταν ο πατέρας του Κάσι και κάποιοι άλλοι συγγενείς με πένθιμα ρούχα. Φωνάζοντας στον οδηγό να σταματήσει, πήδηξα από την άμαξα και κοίταξα βλοσυρά τον άτυχο πατέρα.

«Κύριε Δολοφόνε», φώναξα κάπως παράλογα, «σκότωσες το αγόρι μου!».

Ο πατέρας ήδη είχε συνειδητοποιήσει το κακό που είχε κάνει φέρνοντας με τη βία τον Κάσι στην Καλκούτα. Κατά τη διάρκεια των λίγων ημερών κατά τις οποίες το αγόρι έμεινε εκεί είχε φάει μολυσμένο φαγητό και έπαθε χολέρα από την οποία και πέθανε.

Η αγάπη μου για τον Κάσι και η υπόσχεση να τον βρω μετά τον θάνατό του με στοίχειωνε μέρα νύχτα. Όπου κι αν πήγαινα, το πρόσωπό του ξεπρόβαλλε μπροστά μου. Άρχισα μια αλησμόνητη προσπάθεια να τον βρω, ακριβώς όπως χρόνια πριν είχα ψάξει για τη χαμένη μητέρα μου.

Ένιωθα ότι αφού ο Θεός μού είχε δώσει την ικανότητα της λογικής, έπρεπε να τη χρησιμοποιήσω και να συγκεντρώσω όλες μου τις δυνάμεις στο μέγιστο βαθμό για να ανακαλύψω τους λεπτοφυείς νόμους που θα με βοηθούσαν να μάθω σε ποιο αστρικό μέρος βρισκόταν το αγόρι. Συνειδητοποίησα ότι ήταν μια ψυχή με δονήσεις ανεκπλήρωτων επιθυμιών – ένα πύκνωμα φωτός που έπλεε κάπου ανάμεσα σε εκατομμύρια φωτεινές ψυχές στις αστρικές περιοχές. Πώς θα συντονιζόμουν μαζί του ανάμεσα σε τόσα δονούμενα φώτα άλλων ψυχών;

Χρησιμοποιώντας μια μυστική τεχνική της γιόγκα εξέπεμπα την αγάπη μου στην ψυχή του Κάσι μέσω του «μικροφώνου» του πνευματικού ματιού, του εσωτερικού σημείου μεταξύ των φρυδιών.[1] Διαισθάνθηκα ότι ο Κάσι θα επέστρεφε γρήγορα στη γη και ότι αν συνέχιζα ασταμάτητα να του εκπέμπω το κάλεσμά μου, η ψυχή του θα απαντούσε. Ήξερα ότι και την παραμικρή ανταπόκριση του Κάσι θα την ένιωθα στα νεύρα των δαχτύλων μου, των χεριών μου και της σπονδυλικής στήλης μου.

Χρησιμοποιώντας τα ανασηκωμένα χέρια μου ως κεραία, συχνά γύριζα γύρω γύρω προσπαθώντας να ανακαλύψω την κατεύθυνση του μέρους στο οποίο, όπως πίστευα, είχε ήδη ενσαρκωθεί σε έμβρυο. Ήλπιζα να λάβω ανταπόκριση απ' αυτόν στο «ραδιόφωνο» της καρδιάς μου, που με αυτοσυγκέντρωση είχα συντονίσει μαζί του.

Με αμείωτο ζήλο εξασκούσα τη μέθοδο της γιόγκα για περίπου έξι μήνες μετά το θάνατο του Κάσι. Περπατώντας με μερικούς φίλους ένα πρωινό στην πυκνοκατοικημένη περιοχή Μποουμπαζάρ της Καλκούτα, σήκωσα τα χέρια μου με τον συνηθισμένο τρόπο. Για πρώτη φορά υπήρξε ανταπόκριση. Ένιωσα ρίγος όταν ανίχνευσα ηλεκτρικές ώσεις να ρέουν προς τα δάχτυλα και τις παλάμες μου. Αυτά τα ρεύματα μεταφράστηκαν σε μια συγκλονιστική σκέψη από τα μύχια της ψυχής

---

[1] Η θέληση, που εκπέμπεται από το σημείο μεταξύ των φρυδιών, είναι ο μηχανισμός *εκπομπής* της σκέψης. Το συναίσθημα του ανθρώπου ή η συναισθηματική του δύναμη, ήρεμα αυτοσυγκεντρωμένη στην καρδιά, την καθιστά ικανή να λειτουργεί σαν νοητικό ραδιόφωνο που *λαμβάνει* τα μηνύματα άλλων ανθρώπων, κοντινών ή μακρινών. Κατά την τηλεπάθεια οι λεπτές δονήσεις των σκέψεων στο νου ενός ανθρώπου μεταδίδονται μέσω των λεπτοφυών δονήσεων του αστρικού αιθέρα και μετά μέσω του πιο χονδροειδούς γήινου αιθέρα, δημιουργώντας ηλεκτρικά κύματα που με τη σειρά τους μετασχηματίζονται σε κύματα σκέψης στον νου του άλλου προσώπου.

*Ο Κάσι που Ξαναγεννήθηκε και Ανακαλύφθηκε*

Ο ΚΑΣΙ
Μαθητής στο σχολείο του Ραντσί

μου: «Είμαι ο Κάσι, είμαι ο Κάσι· έλα σ' εμένα!».

Αυτή τη σκέψη σχεδόν την άκουσα καθώς αυτοσυγκεντρώθηκα στο ραδιόφωνο της καρδιάς μου. Με τον χαρακτηριστικό, ελαφρά βραχνό ψίθυρο του Κάσι,[2] άκουσα τις εκκλήσεις ξανά και ξανά. Άρπαξα το χέρι ενός από τους συντρόφους μου, του Προκάς Ντας, και του χαμογέλασα με χαρά.

«Φαίνεται ότι εντόπισα τον Κάσι!».

Άρχισα να γυρνώ γύρω γύρω, προκαλώντας τη φανερή διασκέδαση των φίλων μου και του πλήθους που περνούσε. Οι ηλεκτρικές ώσεις διαπερνούσαν τα δάχτυλά μου μόνο όταν κοιτούσα προς ένα κοντινό μονοπάτι, που εύστοχα ονομαζόταν «Οφιοειδές Σοκάκι». Τα αστρικά ρεύματα εξαφανίζονταν όταν κοιτούσα προς άλλες κατευθύνσεις.

---

[2] Κάθε ψυχή στην αγνή της κατάσταση είναι πάνσοφη. Η ψυχή του Κάσι θυμόταν όλα τα χαρακτηριστικά του αγοριού Κάσι κι έτσι μιμήθηκε τη βραχνή φωνή του για να τον αναγνωρίσω.

«Α!», αναφώνησα, «η ψυχή του Κάσι πρέπει να ζει στη μήτρα κάποιας μητέρας της οποίας το σπίτι βρίσκεται σ' αυτό το σοκάκι».

Οι σύντροφοί μου κι εγώ πλησιάσαμε πιο κοντά στο Οφιοειδές Σοκάκι· οι δονήσεις στα ανασηκωμένα χέρια μου έγιναν πιο δυνατές, πιο ξεκάθαρες. Σαν να με τραβούσε κάποιος μαγνήτης, πήγα προς τη δεξιά μεριά του δρόμου. Φτάνοντας στην είσοδο ενός συγκεκριμένου σπιτιού, αισθάνθηκα με κατάπληξη καθηλωμένος. Χτύπησα την πόρτα με έντονη έξαψη, κρατώντας ακόμα και την αναπνοή μου. Ένιωθα ότι η πολύμηνη και ασυνήθιστη αναζήτησή μου είχε φτάσει με επιτυχία στο τέλος της.

Την πόρτα την άνοιξε μια υπηρέτρια, που είπε ότι το αφεντικό της ήταν στο σπίτι. Αυτός κατέβηκε από τις σκάλες, από τον δεύτερο όροφο, και μου χαμογέλασε ερωτηματικά. Δεν ήξερα πώς να διατυπώσω την ερώτησή μου, που ταυτόχρονα ήταν και πρέπουσα και απρεπής.

«Σας παρακαλώ, πείτε μου, κύριε, εσείς και η σύζυγός σας περιμένετε παιδί για περίπου έξι μήνες;».[3]

«Ναι, έτσι είναι». Βλέποντας ότι ήμουν σουάμι, ένας απαρνητής ντυμένος με το παραδοσιακό πορτοκαλί ράσο, πρόσθεσε ευγενικά: «Παρακαλώ, πληροφορήστε με πώς ξέρετε για τα οικογενειακά μου θέματα».

Όταν άκουσε για τον Κάσι και την υπόσχεση που είχα δώσει, ο

---

[3] Παρ' όλο που πολλοί άνθρωποι μετά τον υλικό θάνατο παραμένουν σ' έναν αστρικό κόσμο για 500 ή 1.000 χρόνια, δεν υπάρχει σταθερός κανόνας σχετικά με τη διάρκεια του χρόνου μεταξύ των ενσαρκώσεων. (Βλ. κεφ. 43.) Η διάρκεια ζωής του ανθρώπου σε υλικό ή αστρικό σώμα είναι καρμικά προκαθορισμένη.
Ο θάνατος και, πράγματι, και ο ύπνος, ο «μικρός θάνατος», είναι μια θνητή αναγκαιότητα που απελευθερώνει προσωρινά το αφώτιστο ανθρώπινο ον από την τροχοπέδη των αισθήσεων. Καθώς η ουσιώδης φύση του ανθρώπου είναι Πνεύμα, δέχεται κατά τον ύπνο και κατά τον θάνατο κάποιες αναζωογονητικές υπενθυμίσεις ότι είναι άυλος.
Ο εξισορροπητικός νόμος του κάρμα, όπως περιγράφεται στις ινδουιστικές Γραφές, είναι αυτός της δράσης και της αντίδρασης, του αιτίου και του αποτελέσματος, της σποράς και του θερισμού. Στο πλαίσιο της φυσικής δικαιοσύνης (*ρίτα*), κάθε άνθρωπος, με τις σκέψεις και τις πράξεις του, γίνεται ο διαμορφωτής του πεπρωμένου του. Οποιεσδήποτε οικουμενικές ενέργειες αυτός ο ίδιος, με σοφία ή απερισκεψία, έχει θέσει σε κίνηση, πρέπει να επιστρέψουν σ' αυτόν ως το σημείο προέλευσής τους, σαν έναν κύκλο που αμείλικτα ολοκληρώνεται. «Ο κόσμος μοιάζει με μια μαθηματική εξίσωση η οποία, όπως κι αν τη γυρίσεις, θα ισορροπήσει. Κάθε μυστικό αποκαλύπτεται, κάθε έγκλημα τιμωρείται, κάθε αρετή ανταμείβεται, κάθε λάθος επανορθώνεται, σιωπηλά και σίγουρα». – *Emerson*, στο *Compensation* («Αποζημίωση»). Η κατανόηση του κάρμα ως νόμου δικαιοσύνης που βρίσκεται πίσω απ' όλες τις ανισότητες της ζωής βοηθά στο να ελευθερωθεί ο άνθρωπος από τη δυσαρέσκεια εναντίον του Θεού και του ανθρώπου. (Βλ. σελ. 197.)

κατάπληκτος άντρας πίστεψε την ιστορία μου.

«Θα γεννηθεί ένα αγόρι με ανοιχτόχρωμη επιδερμίδα», του είπα. Θα έχει αδρά χαρακτηριστικά προσώπου, με φράντζα στο μέτωπό του. Θα έχει μια αξιοσημείωτη πνευματική προδιάθεση». Ένιωθα σίγουρος ότι το παιδί που θα γεννιόταν θα είχε αυτές τις ομοιότητες με τον Κάσι.

Αργότερα επισκέφθηκα το παιδί, στο οποίο οι γονείς του έδωσαν το παλιό του όνομα, Κάσι. Ακόμα και στη βρεφική του ηλικία έμοιαζε εντυπωσιακά στην εμφάνιση με τον αγαπημένο μου μαθητή του Ραντσί. Το παιδί έδειξε αμέσως αγάπη για μένα· η έλξη του παρελθόντος αφυπνίστηκε με διπλάσια ένταση.

Χρόνια αργότερα το αγόρι, στην εφηβεία του, μου έγραψε κατά τη διάρκεια της διαμονής μου στην Αμερική. Εξήγησε τη βαθιά του λαχτάρα να ακολουθήσει το μονοπάτι του απαρνητή. Του υπέδειξα έναν Δάσκαλο στα Ιμαλάια, ο οποίος δέχθηκε τον ξαναγεννημένο Κάσι σαν μαθητή.

ΚΕΦΑΛΑΙΟ 29

# Ο Ραμπιντρανάτ Ταγκόρ κι Εγώ Συγκρίνουμε τα Σχολεία Μας

«Ο Ραμπιντρανάτ Ταγκόρ (Rabindranath Tagore) μας έμαθε να τραγουδάμε σαν τα πουλιά, χωρίς καμία προσπάθεια, ως μια φυσική μορφή αυτοέκφρασης».

Ο Μπολά Νατ, ένας έξυπνος μαθητής στο σχολείο μου του Ραντσί, δεκατεσσάρων ετών, μου έδωσε αυτή την εξήγηση όταν εξέφρασα τον θαυμασμό μου ένα πρωινό για τα μελωδικά τραγούδια του. Με ή χωρίς να του ζητηθεί, το αγόρι τραγουδούσε διάφορες μελωδίες. Πριν έρθει στο Ραντσί φοιτούσε στο διάσημο σχολείο του Ταγκόρ, το Σαντινικέταν (Λιμάνι Γαλήνης), στο Μπολπούρ.

«Τα τραγούδια του Ραμπιντρανάτ τα τραγουδούσα από πολύ μικρή ηλικία», του είπα. «Όλοι από τη Βεγγάλη, ακόμα και οι αναλφάβητοι χωρικοί, νιώθουν αγαλλίαση με τους ευγενείς στίχους του».

Ο Μπολά κι εγώ τραγουδήσαμε μαζί μερικά ρεφραίν του Ταγκόρ, ο οποίος μελοποίησε χιλιάδες ινδικά ποιήματα: μερικά που έγραψε ο ίδιος και άλλα που προέρχονταν από την αρχαιότητα.

«Συνάντησα τον Ραμπιντρανάτ λίγο καιρό αφότου είχε λάβει το βραβείο Νόμπελ λογοτεχνίας», παρατήρησα όταν σταματήσαμε να τραγουδάμε. «Τον επισκέφτηκα γιατί θαύμαζα το ωμό θάρρος με το οποίο αφόπλισε τους φιλόλογους επικριτές του». Γέλασα.

Ο Μπολά ζήτησε με περιέργεια να μάθει την ιστορία.

«Οι λόγιοι άσκησαν δριμύτατη κριτική κατά του Ταγκόρ επειδή εισήγαγε ένα νέο ύφος στη βεγγαλική ποίηση», άρχισα να διηγούμαι. «Συνδύασε εκφράσεις της καθομιλουμένης με κλασικές, αγνοώντας όλους τους επιβεβλημένους περιορισμούς που ήταν αγαπητοί στους ειδήμονες. Τα τραγούδια του ενσωματώνουν βαθιές φιλοσοφικές αλήθειες χρησιμοποιώντας μια ευαίσθητη, συγκινητική γλώσσα, δείχνοντας παράλληλα μικρή εκτίμηση για τους φιλολογικά αποδεκτούς τρόπους έκφρασης.

*Ο Ραμπιντρανάτ κι Εγώ Συγκρίνουμε τα Σχολεία Μας*

»Ένας σημαίνων κριτικός αποκάλεσε τον Ραμπιντρανάτ, με κακεντρέχεια, "ποιητή-πουλί που πούλησε τα κρωξίματά του σε γραπτά της μιας ρουπίας". Η εκδίκηση του Ταγκόρ όμως ήταν άμεση· ολόκληρος ο δυτικός λογοτεχνικός κόσμος τον τίμησε όταν ο ίδιος, μόνος του, μετέφρασε στα Αγγλικά το έργο του *Γκιτάντζαλι* («Προσφορές Τραγουδιών»)[1]. Ένα μεγάλο πλήθος λογίων, συμπεριλαμβανομένων και των πρώην επικριτών του, πήγαν στο Σαντινικέταν για να δώσουν τα συγχαρητήριά τους.

»Ο Ραμπιντρανάτ δέχτηκε τους επισκέπτες του μόνο μετά από μια σκόπιμα μεγάλη καθυστέρηση και μετά άκουσε τους επαίνους τους με στωική σιωπή. Τελικά έστρεψε εναντίον τους τα δικά τους συνήθη όπλα της κριτικής.

»"Κύριοι", είπε, "οι τιμές που τώρα μου αποδίδετε, που αναδίδουν ένα ευχάριστο άρωμα, είναι ασυνάρτητα αναμεμειγμένες με τη σάπια οσμή της περασμένης περιφρόνησής σας. Μήπως υπάρχει κάποια σύνδεση μεταξύ του βραβείου Νόμπελ που μου απονεμήθηκε και της ξαφνικής ιδιαίτερης εκτίμησής σας; Εξακολουθώ να είμαι ο ίδιος ποιητής που σας δυσαρέστησα όταν προσέφερα για πρώτη φορά τα ταπεινά μου λουλούδια στο ιερό της Βεγγάλης".

»Οι εφημερίδες δημοσίευσαν ένα άρθρο σχετικά με την ωμή τιμωρία του Ταγκόρ προς τους πρώην επικριτές του. Θαύμασα τα ειλικρινή λόγια αυτού του άντρα που δεν υπνωτίστηκε από την κολακεία», συνέχισα. «Με σύστησε στον Ραμπιντρανάτ στην Καλκούτα ο γραμματέας του, ο κ. Κ. Φ. Άντριους,[2] που ήταν απλά ντυμένος μ' ένα *ντότι*. Αναφέρθηκε με αγάπη στον Ταγκόρ ως "Γκουρουντέβα".

»Ο Ραμπιντρανάτ με υποδέχθηκε με προσήνεια. Ανέδιδε μια αύρα γοητείας, πολιτισμού και ευγένειας. Απαντώντας στην ερώτησή μου για το φιλολογικό έργο του, μου είπε ότι είχε επηρεαστεί κυρίως από τα θρησκευτικά μας έπη και από τα έργα του Βιντυάπατι, ενός δημοφιλούς ποιητή του δεκάτου τετάρτου αιώνα».

Εμπνευσμένος απ' αυτές τις αναμνήσεις, άρχισα να τραγουδώ ένα παλιό τραγούδι της Βεγγάλης «Άναψε το Φως της Αγάπης Σου» σε απόδοση του Ταγκόρ. Ο Μπολά κι εγώ τραγουδούσαμε χαρούμενα καθώς περπατούσαμε στους υπαίθριους χώρους του σχολείου.

---

[1] Μεταφρασμένο και στα Ελληνικά, με τον τίτλο «*Λυρικά αφιερώματα - Γιτάντζαλί*», εκδόσεις Ηριδανός. (Η σωστή προφορά στα Βεγγαλικά είναι Γκιτάντζαλι.) *(Σημ. του Μεταφραστή)*

[2] C. F. Andrews, ο Άγγλος συγγραφέας και εκδότης, στενός φίλος του Μαχάτμα Γκάντι. Ο κ. Άντριους έχει τιμηθεί στην Ινδία για τις πολλές υπηρεσίες του στην υιοθετημένη πατρίδα του.

Ο ΡΑΜΠΙΝΤΡΑΝΑΤ ΤΑΓΚΟΡ
Εμπνευσμένος ποιητής από τη Βεγγάλη,
κάτοχος βραβείου Νόμπελ λογοτεχνίας

Περίπου δύο χρόνια αφότου ίδρυσα το σχολείο στο Ραντσί, δέχθηκα μια πρόσκληση από τον Ραμπιντρανάτ να τον επισκεφτώ στο Σαντινικέταν για να συζητήσουμε τις ιδέες μας σχετικά με το εκπαιδευτικό σύστημα. Πήγα ευχαρίστως. Ο ποιητής καθόταν στο γραφείο του όταν μπήκα· σκέφτηκα τότε, όπως και κατά την πρώτη μας συνάντηση, ότι αποτελούσε με εντυπωσιακό τρόπο το πρότυπο του υπέροχου άντρα, που θα ήταν ιδανικό μοντέλο για κάθε ζωγράφο. Το όμορφα σμιλευμένο πρόσωπό του, ευγενικά αριστοκρατικό, πλαισιωνόταν από μακριά μαλλιά και πλούσια γενειάδα. Μεγάλα, συγκινητικά μάτια· ένα αγγελικό χαμόγελο· και μια βελούδινη φωνή που ήταν κυριολεκτικά σαγηνευτική. Γεροδεμένος, ψηλός και σοβαρός, συνδύαζε μια σχεδόν γυναικεία τρυφερότητα με τον απολαυστικό αυθορμητισμό ενός παιδιού. Δεν θα μπορούσε να βρεθεί πιο ιδεώδες παρουσιαστικό για έναν ποιητή απ' αυτό του ευγενικού τραγουδοποιού.

Ο Ταγκόρ κι εγώ σύντομα αφοσιωθήκαμε σε μια συγκριτική μελέτη των σχολείων μας, τα οποία, και τα δύο, είχαν ιδρυθεί με ανορθόδοξους τρόπους. Ανακαλύψαμε πολλά πανομοιότυπα χαρακτηριστικά

— εκπαίδευση στην ύπαιθρο, απλότητα, πλούσιο φάσμα ευκαιριών για την ανάπτυξη του δημιουργικού πνεύματος των παιδιών. Ο Ραμπιντρανάτ ωστόσο έδινε εξαιρετική σημασία στη μελέτη της λογοτεχνίας και της ποίησης και στην αυτοέκφραση μέσω της μουσικής και του τραγουδιού, που είχα ήδη παρατηρήσει στην περίπτωση του Μπολά. Τα παιδιά στο Σαντινικέταν τηρούσαν σιωπή για κάποια χρονικά διαστήματα, αλλά δεν τους παρεχόταν καμία εκπαίδευση στη γιόγκα.

Ο ποιητής άκουσε με κολακευτική προσοχή την περιγραφή μου σχετικά με τις ενεργειακές ασκήσεις Γιογκόντα και τις τεχνικές αυτοσυγκέντρωσης γιόγκα που διδάσκονταν σε όλους τους μαθητές του Ραντσί.

Ο Ταγκόρ μού μίλησε για τους αρχικούς αγώνες του σχετικά με την εκπαίδευση. «Έφυγα από το σχολείο μετά την πέμπτη τάξη», είπε γελώντας. Μπορούσα εύκολα να καταλάβω πώς η εσωτερική του ποιητική λεπτότητα θιγόταν από την άχαρη ατμόσφαιρα της πειθαρχίας μιας σχολικής τάξης.

«Αυτός είναι ο λόγος που άνοιξα το Σαντινικέταν κάτω από τα σκιερά δέντρα και το μεγαλείο του ουρανού». Έδειξε εύγλωττα μ' ένα νεύμα τη μικρή ομάδα που μελετούσε στον όμορφο κήπο. «Ένα παιδί είναι στο φυσικό του περιβάλλον ανάμεσα στα λουλούδια και τα πουλιά που κελαηδούν. Εκεί μπορεί πιο εύκολα να εκφράσει τον κρυμμένο πλούτο της ατομικότητάς του με την οποία είναι προικισμένο. Η αληθινή εκπαίδευση δεν έγκειται στην άντληση ή στη συσσώρευση γνώσης από εξωτερικές πηγές, αλλά στη βοήθεια να έρθει στην επιφάνεια ο άπειρος θησαυρός της σοφίας που βρίσκεται μέσα μας».[3]

Συμφώνησα και πρόσθεσα: «Στα συνηθισμένα σχολεία η ψυχή των νέων, που ενστικτωδώς λαχταρά για ιδανικά και ηρωικές πράξεις, λιμοκτονεί με μια αυστηρή δίαιτα στατιστικών και χρονολογικών εποχών».

Ο ποιητής μίλησε με αγάπη για τον πατέρα του, τον Ντεβεντρανάτ, που ενέπνευσε τη δημιουργία του Σαντινικέταν.

«Ο Πατέρας μού έδωσε αυτή την γόνιμη έκταση όπου είχε ήδη χτίσει ένα οίκημα για επισκέπτες κι έναν ναό», μου είπε ο Ραμπιντρανάτ.

---

[3] «Η ψυχή, έχοντας γεννηθεί πολλές φορές ή, όπως λένε οι Ινδουιστές, "ταξιδεύοντας το μονοπάτι της ύπαρξης μέσω χιλιάδων γεννήσεων" [...] δεν υπάρχει γνώση που να μην έχει μάθει· δεν προκαλεί έκπληξη το γεγονός ότι έχει την ικανότητα να θυμάται [...] αυτό που παλιά ήξερε. [...] Διότι η έρευνα και η μάθηση είναι όλα μνήμη». – Emerson, στο *Representative Men* («Αντιπροσωπευτικοί άνθρωποι»).

«Ξεκίνησα το εκπαιδευτικό μου πείραμα εδώ το 1901, μόνο με δέκα αγόρια. Οι οκτώ χιλιάδες λίρες που κέρδισα μαζί με το βραβείο Νόμπελ δαπανήθηκαν όλες για τη συντήρηση του σχολείου».

Ο μεγαλύτερος Ταγκόρ, ο Ντεβεντρανάτ, ευρέως γνωστός ως «Μαχαρίσι» («μεγάλος σοφός»), ήταν ένας αξιόλογος άνθρωπος, όπως μπορεί να διαπιστώσει κάποιος από την *Αυτοβιογραφία* του. Δύο χρόνια της ενήλικης ζωής του τα πέρασε σε διαλογισμό στα Ιμαλάια. Ο πατέρας του, ο Ντβαρκανάτ Ταγκόρ, είχε κι αυτός τιμηθεί σε όλη τη Βεγγάλη για τις γενναιόδωρες δημόσιες ευεργεσίες του. Απ' αυτό το ένδοξο γενεαλογικό δέντρο γεννήθηκε μια οικογένεια ιδιοφυών ανθρώπων. Δεν ήταν μόνο ο Ραμπιντρανάτ· όλοι οι συγγενείς του διακρίθηκαν στη δημιουργική έκφραση. Τα ανίψια του, ο Γκογκονέντρα και ο Αμπανίντρα, συγκαταλέγονται ανάμεσα στους επιφανέστερους καλλιτέχνες[4] της Ινδίας. Ο αδελφός του Ραμπιντρανάτ, ο Ντβιτζέντρα, υπήρξε βαθυστόχαστος φιλόσοφος, αγαπημένος ακόμα κι από πουλιά και πλάσματα του δάσους.

Ο Ραμπιντρανάτ με κάλεσε να μείνω το βράδυ στον ξενώνα. Το απόγευμα γοητεύτηκα από την εικόνα του ποιητή και μιας ομάδας στη σκεπαστή βεράντα. Ο χρόνος γύρισε πίσω: η σκηνή μπροστά μου ήταν σαν σ' ένα παλιό ερημητήριο – ο χαρούμενος μελωδός περιστοιχισμένος από πιστούς, όλοι τυλιγμένοι μέσα σε μια αύρα θεϊκής αγάπης. Ο Ταγκόρ έπλεκε κάθε δεσμό φιλίας μ' ένα νήμα αρμονίας. Χωρίς να είναι ποτέ αυταρχικός, έφερνε κοντά του και αιχμαλώτιζε τις καρδιές μ' έναν ακατανίκητο μαγνητισμό. Ένα σπάνιο άνθος ποίησης στον κήπο του Κυρίου, που προσελκύει τους άλλους με το φυσικό του άρωμα!

Με τη μελωδική του φωνή ο Ραμπιντρανάτ μάς διάβασε μερικά από τα καινούργια έξοχα ποιήματά του. Τα περισσότερα τραγούδια του και η μουσική τους, που γράφτηκαν για την απόλαυση των μαθητών του, συνετέθησαν στο Σαντινικέταν. Η ομορφιά των στίχων του, για μένα, βρίσκεται στην τέχνη να αναφέρεται στο Θεό σχεδόν σε κάθε στίχο, ωστόσο σπάνια αναφέροντας το ιερό Όνομα. «Μεθυσμένος από τη μακαριότητα του τραγουδιού», έγραψε, «ξεχνιέμαι και Σε αποκαλώ φίλο, Εσένα που είσαι Κύριός μου».

Την επόμενη μέρα μετά το μεσημεριανό φαγητό αποχαιρέτησα απρόθυμα τον ποιητή. Χαίρομαι που το μικρό σχολείο του τώρα έγινε

---

[4] Ο Ραμπιντρανάτ επίσης στα εξήντα του ασχολήθηκε σοβαρά με τη μελέτη της ζωγραφικής. Το έργο του παρουσιάστηκε πριν από λίγα χρόνια σε ευρωπαϊκές πρωτεύουσες και στη Νέα Υόρκη.

ένα διεθνές Πανεπιστήμιο, Βίσβα-Μπαρατί (Visva-Bharati),[5] στο οποίο καθηγητές και λόγιοι από πολλές χώρες βρίσκουν ένα ιδεώδες περιβάλλον.

«Εκεί όπου ο νους βρίσκεται χωρίς φόβο και το κεφάλι κρατιέται ψηλά·
Εκεί όπου η γνώση είναι ελεύθερη·
Εκεί όπου ο κόσμος δεν έχει διασπαστεί σε κομμάτια από στενούς διαχωριστικούς τοίχους·
Εκεί όπου οι λέξεις βγαίνουν από τα βάθη της αλήθειας·
Εκεί όπου η ακούραστη προσπάθεια τεντώνει τα χέρια της προς την τελειότητα·
Εκεί όπου το καθαρό ρεύμα της λογικής δεν έχει χάσει τον δρόμο του μέσα στη μελαγχολική άμμο της ερήμου της νεκρής συνήθειας·
Εκεί όπου ο νους οδηγείται προς τα μπροστά από Σένα σε σκέψη και πράξη που συνεχώς διευρύνονται·
Σ' αυτόν τον παράδεισο της ελευθερίας, Πατέρα μου, κάνε την πατρίδα μου να αφυπνιστεί!».[6]

ΡΑΜΠΙΝΤΡΑΝΑΤ ΤΑΓΚΟΡ

---

[5] Αν και ο αγαπημένος ποιητής πέθανε το 1941, το Ινστιτούτο του Βίσβα-Μπαρατί ακόμα ανθεί. Τον Ιανουάριο του 1950 εξήντα πέντε δάσκαλοι και μαθητές από το Σαντινικέταν επισκέφθηκαν για δέκα μέρες το σχολείο Γιογκόντα Σατσάνγκα στο Ραντσί. Της ομάδας ηγούνταν ο Σρι Σ. Ν. Γκοσάλ, πρύτανης του σχολείου Βίσβα-Μπαρατί. Οι επισκέπτες έδωσαν μεγάλη χαρά στους μαθητές του Ραντσί με μια αριστουργηματική εκτέλεση ενός όμορφου ποιήματος του Ραμπιντρανάτ, το «Πουτζάρινι».
[6] Από τα *Γκιτάντζαλι* (βλ. σημ. στη σελ. 301). Μια βαθυστόχαστη μελέτη του ποιητή βρίσκεται στο *The Philosophy of Rabindranath Tagore*, («Η φιλοσοφία του Ραμπιντρανάτ Ταγκόρ») από τον φημισμένο λόγιο Sir S. Radhakrishnan (Macmillan, 1918).

ΚΕΦΑΛΑΙΟ 30

# Ο Νόμος των Θαυμάτων

Ο μεγάλος μυθιστοριογράφος Λέων Τολστόι[1] έγραψε μια απολαυστική παραδοσιακή ιστορία: *Οι Τρεις Ερημίτες*. Ο φίλος του, ο Νίκοε Έριχ, έγραψε μια περίληψη ως εξής:

«Σ' ένα νησί ζούσαν κάποτε τρεις ερημίτες. Ήταν τόσο απλοί που η μόνη προσευχή που έκαναν ήταν: "Είμαστε τρεις· Εσύ είσαι Τρεις – ελέησέ μας!". Με την αφελή αυτή προσευχή έγιναν σπουδαία θαύματα.

»Ο τοπικός επίσκοπος[2] έτυχε να ακούσει για τους τρεις ερημίτες και την απαράδεκτη προσευχή τους και αποφάσισε να τους επισκεφτεί για να τους διδάξει πώς να απευθύνουν παρακλήσεις στο Θεό σύμφωνα με τους κανόνες της Εκκλησίας. Έφτασε στο νησί, είπε στους ερημίτες ότι η ουράνια ικεσία τους ήταν απρεπής και τους δίδαξε πολλές από τις συνηθισμένες προσευχές. Ο επίσκοπος μετά έφυγε μ' ένα πλοίο. Είδε ένα ακτινοβόλο φως να ακολουθεί το καράβι. Καθώς το φως πλησίαζε, διέκρινε τους τρεις ερημίτες που κρατιόνταν χέρι χέρι και έτρεχαν πάνω στα κύματα σε μια προσπάθεια να φτάσουν το σκάφος.

»"Ξεχάσαμε τις προσευχές που μας διδάξατε", φώναξαν καθώς έφτασαν τον επίσκοπο, "και τρέξαμε να σας ζητήσουμε να τις επαναλάβετε". Ο επίσκοπος έγνεψε με δέος.

»"Αγαπημένοι μου", απάντησε ταπεινά, "συνεχίστε να ζείτε με την παλιά σας προσευχή!"».

Πώς οι τρεις άγιοι περπάτησαν πάνω στο νερό;
Πώς ο Χριστός ανέστησε το σταυρωμένο σώμα του;
Πώς ο Λαχίρι Μαχασάγια και ο Σρι Γιουκτέσβαρ έκαναν θαύματα;

---

[1] Ο Τολστόι είχε πολλά κοινά ιδεώδη με τον Μαχάτμα Γκάντι· οι δύο άντρες αλληλογραφούσαν σχετικά με το θέμα της μη βίας. Ο Τολστόι θεωρούσε ότι η κεντρική διδασκαλία του Χριστού ήταν το να «μην αντιστέκεσαι στο φαύλο (με φαυλότητα)» (κατά Ματθαίο Ε:39)· στο φαύλο θα πρέπει να «αντιστέκεται» κάποιος μόνο με το λογικά αποτελεσματικό του αντίθετο: το καλό ή την αγάπη.

[2] Η ιστορία προφανώς έχει μια ιστορική βάση· μια σημείωση ενός άρθρου μάς πληροφορεί ότι ο επίσκοπος συνάντησε τους τρεις ερημίτες καθώς ταξίδευε με πλοίο από τον Αρχάγγελο προς το Μοναστήρι Σλοβέτσκι, στην εκβολή του ποταμού Ντβίνα.

Ο Νόμος των Θαυμάτων

Η σύγχρονη επιστήμη μέχρι τώρα δεν έχει απάντηση· αν και, με τον ερχομό της Ατομικής Εποχής, οι ορίζοντες του νου των ανθρώπων σε όλο τον κόσμο διευρύνθηκαν απότομα. Η λέξη «αδύνατο» αρχίζει όλο και πιο πολύ να χάνει την εξέχουσα θέση της στο λεξιλόγιο του ανθρώπου.

Οι βεδικές Γραφές δηλώνουν ότι ο υλικός κόσμος λειτουργεί κάτω από τον θεμελιώδη νόμο της *μάγια*, της αρχής της σχετικότητας και της δυαδικότητας. Ο Θεός, η Μοναδική Ζωή, είναι Απόλυτη Ενότητα· για να εμφανιστεί ως ξεχωριστές και ποικίλες εκδηλώσεις μιας δημιουργίας, καλύπτεται μ' ένα ψεύτικο ή μη πραγματικό πέπλο. Αυτό το ψευδαισθησιακό και δυαδικό πέπλο είναι η *μάγια*.[3] Πολλές σπουδαίες επιστημονικές ανακαλύψεις της σύγχρονης εποχής έχουν επιβεβαιώσει αυτή την απλή διακήρυξη των αρχαίων ρίσι.

Ο νόμος του Νεύτωνα για την κίνηση είναι νόμος της *μάγια*: «Σε κάθε δράση υπάρχει πάντα μια ίση και αντίθετη αντίδραση· οι αμοιβαίες δράσεις δύο σωμάτων είναι πάντα ίσες και με αντίθετη κατεύθυνση». Έτσι η δράση και η αντίδραση είναι ακριβώς ίσες. «Το να υπάρξει μία μοναδική δύναμη είναι αδύνατο. Πρέπει να υπάρξει, και πάντα υπάρχει, ένα ζευγάρι δυνάμεων που είναι ίσες και αντίθετες».

Όλες οι θεμελιώδεις υλικές δραστηριότητες προδίδουν την προέλευσή τους από τη *μάγια*. Ο ηλεκτρισμός για παράδειγμα είναι ένα φαινόμενο απώθησης και έλξης· τα ηλεκτρόνια και τα πρωτόνιά του είναι ηλεκτρικά αντίθετα. Άλλο ένα παράδειγμα: το άτομο ή το μικρότερο τμήμα ύλης είναι, όπως και η ίδια η γη, ένας μαγνήτης με θετικό και αρνητικό πόλο. Ολόκληρος ο φαινομενικός κόσμος βρίσκεται κάτω από την αδυσώπητη κυριαρχία της πολικότητας· ποτέ δεν βρέθηκε κανένας νόμος της φυσικής, της χημείας, ή άλλης επιστήμης που να είναι ελεύθερος από τις εγγενείς αρχές της αντίθεσης ή της αντιδιαστολής.

Οι φυσικές επιστήμες επομένως δεν μπορούν να διατυπώσουν νόμους έξω από τη *μάγια*, η οποία είναι η ίδια η υφή και η δομή της δημιουργίας. Η ίδια η Φύση είναι *μάγια*· οι φυσικές επιστήμες πρέπει αναγκαστικά να συμβιβαστούν με την αναπόφευκτη σοφιστεία που ενυπάρχει σ' αυτήν. Στο δικό της βασίλειο είναι αιώνια και ανεξάντλητη· οι μελλοντικοί επιστήμονες δεν μπορούν να κάνουν αλλιώς από το να ερευνούν τη μία όψη της άπειρης ποικιλίας της μετά την άλλη. Έτσι η επιστήμη παραμένει σε μια διαρκή ρευστότητα, ανίκανη

---

[3] Βλ. σελ. 46 σημ. και σελ. 49 σημ.

να φτάσει στην έσχατη αλήθεια· κατάλληλη μεν να ανακαλύψει τους νόμους ενός ήδη υπάρχοντος σύμπαντος που βρίσκεται σε λειτουργία, αδύναμη όμως να ανιχνεύσει τον Νομοθέτη και τον Μοναδικό Χειριστή. Οι μεγαλειώδεις εκδηλώσεις της βαρύτητας και του ηλεκτρισμού έγιναν γνωστές, αλλά τι είναι πραγματικά η βαρύτητα και ο ηλεκτρισμός, κανένας θνητός δεν γνωρίζει.[4]

Η υπέρβαση της *μάγια* ήταν το έργο που είχε ανατεθεί στην ανθρώπινη φυλή από τους προφήτες εδώ και χιλιετίες. Η ύψωση πάνω από τη δυαδικότητα της δημιουργίας και η αντίληψη της ενότητας με τον Δημιουργό έχει θεωρηθεί ο υψηλότερος στόχος του ανθρώπου. Αυτοί που προσκολλώνται στη συμπαντική ψευδαίσθηση πρέπει να δεχθούν και τον ουσιώδη της νόμο της πολικότητας: παλίρροια και άμπωτη, ύψωση και πτώση, μέρα και νύχτα, απόλαυση και πόνο, καλό και κακό, γέννηση και θάνατο. Αυτό το κυκλικό μοτίβο αρχίζει να προσλαμβάνει μια αγωνιώδη μονοτονία όταν ο άνθρωπος έχει περάσει από μερικές χιλιάδες ανθρώπινες γεννήσεις· τότε αρχίζει να ελπίζει να βρεθεί πέρα από τους εξαναγκασμούς της *μάγια*.

Με την απομάκρυνση της *μάγια* αποκαλύπτεται το μυστικό της δημιουργίας. Αυτός που με τον τρόπο αυτό έχει απογυμνώσει το σύμπαν είναι ο μόνος πραγματικός μονοθεϊστής. Όλοι οι άλλοι προσκυνούν ειδωλολατρικές εικόνες. Όσο ο άνθρωπος συνεχίζει να υπόκειται στις ψευδαισθήσεις της Φύσης, η *Μάγια*, σαν τον Ιανό με τα δύο πρόσωπα, είναι η θεά του· δεν μπορεί να γνωρίσει τον έναν αληθινό Θεό.

Η παγκόσμια ψευδαίσθηση, η *μάγια*, εκδηλώνεται στους ανθρώπους ως *αβίντια*, κατά κυριολεξία «μη γνώση», άγνοια, αυταπάτη. Η *μάγια* ή *αβίντια* δεν μπορεί ποτέ να εξαλειφθεί μέσω διανοητικής πεποίθησης ή ανάλυσης, αλλά μόνο μέσω της επίτευξης της εσωτερικής κατάστασης του *νιρμπικάλπα σαμάντι*. Οι προφήτες της Παλαιάς Διαθήκης και αυτοί που είδαν την αλήθεια σε όλες τις χώρες και όλους τους αιώνες μίλησαν μέσα απ' αυτήν την κατάσταση συνειδητότητας.

Ο Ιεζεκιήλ[5] είπε: «Και με έφερε στην πύλη, την πύλη που βλέπει στην ανατολή. Και ιδού, η δόξα του Θεού του Ισραήλ ερχόταν από την οδό της

---

[4] Ο Μαρκόνι, ο μεγάλος εφευρέτης, έκανε την εξής παραδοχή σχετικά με την ανεπάρκεια της επιστήμης μπροστά σε έσχατες αλήθειες: «Η ανικανότητα της επιστήμης να λύσει το αίνιγμα της ζωής είναι απόλυτη. Το γεγονός αυτό θα προκαλούσε πραγματικά φόβο αν δεν υπήρχε η πίστη. Το μυστήριο της ζωής είναι σίγουρα το πιο επίμονο πρόβλημα που τέθηκε ποτέ στην ανθρώπινη σκέψη».

[5] Ιεζεκιήλ ΜΓ:1-2.

*Ο Νόμος των Θαυμάτων*

ανατολής· και η φωνή του σαν φωνή πολλών υδάτων· και η γη έλαμπε από τη δόξα του». Μέσω του θεϊκού ματιού στο μέτωπο (ανατολή) ο γιόγκι φέρνει τη συνειδητότητά του στην πανταχού παρουσία, ακούγοντας τον Λόγο ή *Ομ,* τον θεϊκό ήχο «πολλών υδάτων»: τις δονήσεις φωτός που συνιστούν τη μοναδική πραγματικότητα της δημιουργίας.

Ανάμεσα στα τρισεκατομμύρια μυστήρια του σύμπαντος, το πιο εντυπωσιακό είναι το φως. Αντίθετα με τα ηχητικά κύματα, των οποίων η μετάδοση χρειάζεται αέρα ή άλλα υλικά μέσα, τα κύματα του φωτός περνούν ελεύθερα μέσα από το κενό του διαστήματος ανάμεσα στ' αστέρια. Ακόμα και ο υποθετικός αιθέρας, που θεωρούνταν ως το διαπλανητικό μέσον της διάδοσης του φωτός στην κυματοειδή θεωρία, μπορεί να απορριφθεί στη βάση της θεωρίας του Αϊνστάιν, σύμφωνα με την οποία οι γεωμετρικές ιδιότητες του διαστήματος καθιστούν περιττή τη θεωρία του αιθέρα. Είτε με τη μία είτε με την άλλη θεωρία, το φως παραμένει η πιο λεπτοφυής, η πιο ανεξάρτητη από την ύλη φυσική εκδήλωση στο σύμπαν.

Με τις γιγάντιες συλλήψεις του Αϊνστάιν, η ταχύτητα του φωτός –300.000 χιλιόμετρα το δευτερόλεπτο– κυριαρχεί σε όλη τη Θεωρία της Σχετικότητας. Αποδεικνύει μαθηματικά ότι η ταχύτητα του φωτός είναι, όσον αφορά τον περιορισμένο ανθρώπινο νου, η μόνη σταθερά σ' ένα συνεχώς μεταβαλλόμενο σύμπαν. Από το μοναδικό «απόλυτο» της ταχύτητας του φωτός εξαρτώνται όλοι οι ανθρώπινοι κανόνες του χρόνου και του χώρου. Ανακαλύπτοντας πλέον ότι δεν είναι αφηρημένες αιώνιες αρχές, όπως θεωρούνταν μέχρι τώρα, ο χρόνος και ο χώρος είναι σχετικοί και πεπερασμένοι παράγοντες. Αντλούν την υπό προϋποθέσεις εγκυρότητα της μέτρησής τους μόνο από τη συσχέτισή τους με το κριτήριο της ταχύτητας του φωτός.

Ενωμένος με τον χώρο, ως διάσταση σχετικότητας, ο χρόνος τοποθετήθηκε τώρα στη σωστή του φύση: μια απλή ουσία αμφισημίας. Με μερικές εξισωτικές κινήσεις της πένας του, ο Αϊνστάιν εξαφάνισε από το σύμπαν κάθε θεμελιωμένη πραγματικότητα εκτός απ' αυτήν του φωτός.

Αργότερα, με την Ενοποιημένη Θεωρία Πεδίου, ο μεγάλος φυσικός προσπάθησε να συνδυάσει σε μια μόνο μαθηματική εξίσωση τους νόμους της βαρύτητας και του ηλεκτρομαγνητισμού. Ανάγοντας τη συμπαντική δομή σε διαφοροποιήσεις ενός και μόνο νόμου, ο Αϊνστάιν, διαπερνώντας τους αιώνες, έφτασε στους ρίσι, που διακήρυξαν ότι η δημιουργία έχει μία και μοναδική υφή: μια ευμετάβλητη *μάγια*.⁶

Με την κοσμοϊστορική Θεωρία της Σχετικότητας δημιουργήθηκαν οι δυνατότητες της εξερεύνησης του έσχατου ατόμου. Σπουδαίοι φυσικοί τώρα διαβεβαιώνουν άφοβα, όχι μόνο ότι το άτομο είναι ενέργεια παρά ύλη, αλλά και ότι η ατομική ενέργεια είναι ουσιαστικά νοητικό υλικό.

«Η ειλικρινής συνειδητοποίηση ότι η επιστήμη της φυσικής ασχολείται μ' έναν κόσμο σκιών είναι μια από τις σημαντικότερες προόδους», γράφει ο Sir Arthur Stanley Eddington στο *The Nature of the Physical World*.⁷ «Στον κόσμο της φυσικής βλέπουμε να σκιαγραφείται η γνωστή μας ζωή σαν θεατρική παράσταση. Η σκιά του αγκώνα μου πέφτει πάνω στη σκιά του τραπεζιού, καθώς η σκιά του μελανιού ρέει πάνω στη σκιά του χαρτιού. Όλα είναι συμβολικά και, ως σύμβολα, η φυσική τα εγκαταλείπει. Μετά έρχεται η αλχημεία του Νου, που μεταστοιχειώνει τα σύμβολα. [...] Για να θέσω το συμπέρασμα ωμά, το υλικό από το οποίο είναι φτιαγμένος ο κόσμος είναι νοητικό υλικό».

Με την πρόσφατη εφεύρεση του μικροσκοπίου ηλεκτρονίων αποδείχθηκε οριστικά ότι η ουσία των ατόμων είναι το φως και ότι η φύση είναι αναπόδραστα δυαδική. Στους *The New York Times* δημοσιεύθηκε η ακόλουθη αναφορά μιας επίδειξης του μικροσκοπίου ηλεκτρονίων ενώπιον της Αμερικανικής Ένωσης για την Πρόοδο της Επιστήμης που έγινε το 1937 σε μια συνεδρίασή της:

> Η κρυσταλλική δομή του βολφραμίου, που μέχρι τώρα ήταν μόνο έμμεσα γνωστό μέσω των ακτίνων Χ, αποτυπώθηκε καθαρά σε περίγραμμα σε μια οθόνη φθορισμού, φανερώνοντας εννέα άτομα στις σωστές τους θέσεις στη δικτυωτή του δομή, έναν κύβο, με ένα άτομο σε κάθε γωνία και ένα στο κέντρο. Τα άτομα στην κρυσταλλική δικτυωτή δομή του βολφραμίου εμφανίστηκαν στην οθόνη φθορισμού σαν σημεία φωτός διατεταγμένα σε γεωμετρικό σχέδιο. Τα μόρια του αέρα που βομβάρδιζαν τον κρυσταλλικό κύβο από φως παρατηρήθηκαν ως σημεία φωτός που χόρευαν, παρόμοια με σημεία φωτός του ήλιου που τρεμοφέγγουν πάνω σε κινούμενα νερά. [...]
>
> Η αρχή σύμφωνα με την οποία λειτουργεί το μικροσκόπιο ηλεκτρονίων ανακαλύφθηκε αρχικά το 1927 από τον Δρα Κλίντον Τζ. Ντέιβισον (Dr.

---

6 Ο Αϊνστάιν ήταν πεπεισμένος ότι η σχέση μεταξύ των νόμων του ηλεκτρομαγνητισμού και της βαρύτητας μπορούσε να εκφραστεί με μία μαθηματική εξίσωση (την Ενοποιημένη Θεωρία Πεδίου). Όταν το βιβλίο αυτό γραφόταν, ο Αϊνστάιν εργαζόταν πάνω σ' αυτό το θέμα. Αν και δεν έζησε αρκετά ώστε να ολοκληρώσει το έργο του πάνω σ' αυτό, πολλοί φυσικοί σήμερα συμμερίζονται την πεποίθηση του Αϊνστάιν ότι ο δεσμός αυτός θα βρεθεί. *(Σημ. του Εκδότη)*

7 («Η φύση του υλικού κόσμου»), Macmillan Company.

Clinton J. Davisson) και τον Δρα Λέστερ Αλ. Τζέρμερ (Dr. Lester H. Germer) των εργαστηρίων Bell Telephone, στη Νέα Υόρκη, οι οποίοι βρήκαν ότι το ηλεκτρόνιο έχει μια διπλή προσωπικότητα, διαθέτοντας και τα χαρακτηριστικά του σωματιδίου και τα χαρακτηριστικά του κύματος.[8] Η ιδιότητα του κύματος έδινε στο ηλεκτρόνιο το χαρακτηριστικό του φωτός και είχε αρχίσει μια έρευνα να εφευρεθεί ένα μέσον που να «εστιάζει» τα ηλεκτρόνια μ' έναν τρόπο παρόμοιο με την εστίαση του φωτός με φακό.

Για την ανακάλυψή του της ιδιότητας «Τζέκυλ-Χάιντ» του ηλεκτρονίου που [...] έδειξε ότι ολόκληρο το βασίλειο της φύσης, στο υλικό επίπεδο, έχει μια διπλή προσωπικότητα, ο Δρ Ντέιβισον κέρδισε το βραβείο Νόμπελ φυσικής.

«Το ρεύμα της γνώσης», γράφει ο Sir James Jeans στο *The Mysterious Universe*[9] «αρχίζει να αποκαλύπτει μια μη μηχανική πραγματικότητα· το σύμπαν αρχίζει να μοιάζει πιο πολύ με μια τεράστια σκέψη παρά με μια τεράστια μηχανή».

Ο εικοστός αιώνας έτσι μοιάζει σαν μια σελίδα βγαλμένη μέσα από τις αρχαίες Βέδες.

Από την επιστήμη λοιπόν, έστω κι έτσι, ας μάθει ο άνθρωπος τη φιλοσοφική αλήθεια ότι δεν υπάρχει υλικό σύμπαν· το στημόνι και το υφάδι του είναι *μάγια*, ψευδαίσθηση. Με την ανάλυση όλοι οι αντικατοπτρισμοί της της πραγματικότητας διαλύονται. Καθώς ένα προς ένα τα διαβεβαιωτικά ερείσματα ότι υπάρχει υλικό σύμπαν συντρίβονται κάτω απ' αυτόν, ο άνθρωπος αντιλαμβάνεται αμυδρά την ειδωλολατρική εξάρτησή του, την παράβαση της Θεϊκής Εντολής: «Μην έχεις άλλους θεούς εκτός από Μένα».[10]

Με την περίφημη εξίσωσή του που περιγράφει την ισοδυναμία μάζας και ενέργειας, ο Αϊνστάιν απέδειξε ότι η ενέργεια σε κάθε τμήμα ύλης είναι ίση με τη μάζα της ή το βάρος της πολλαπλασιαζόμενο με το τετράγωνο της ταχύτητας του φωτός. Η απελευθέρωση της ενέργειας των ατόμων επιτυγχάνεται μέσω της εξαφάνισης τμημάτων της ύλης. Ο «θάνατος» της ύλης γέννησε μια Ατομική Εποχή.

Η ταχύτητα του φωτός είναι μία μαθηματική σταθερά, όχι γιατί υπάρχει μια απόλυτη αξία στα 300.000 χιλιόμετρα το δευτερόλεπτο, αλλά γιατί κανένα υλικό σώμα, του οποίου η μάζα αυξάνεται με την ταχύτητά του, δεν μπορεί ποτέ να φτάσει την ταχύτητα του φωτός. Αυτό μπορεί να ειπωθεί και με έναν άλλο τρόπο: μόνο ένα υλικό σώμα του

---

[8] Δηλαδή και της ύλης και της ενέργειας.
[9] («Το μυστηριώδες σύμπαν»), Cambridge University Press.
[10] Έξοδος Κ:3.

οποίου η μάζα είναι άπειρη μπορεί να φτάσει την ταχύτητα του φωτός. Αυτή η σύλληψη μας οδηγεί στον νόμο των θαυμάτων.

Οι Δάσκαλοι που μπορούν να υλοποιούν και να εξαϋλώνουν το σώμα τους και άλλα αντικείμενα και να κινούνται με την ταχύτητα του φωτός και να χρησιμοποιούν τις δημιουργικές ακτίνες φωτός για να καταστήσουν ακαριαία ορατή κάθε υλική εκδήλωση, έχουν εκπληρώσει την προϋπόθεση του νόμου: η μάζα τους είναι άπειρη.

Η συνειδητότητα ενός τελειοποιημένου γιόγκι δεν ταυτίζεται με το στενό σώμα αλλά, χωρίς καμία προσπάθεια, με την οικουμενική δομή. Η βαρύτητα, είτε ως «δύναμη» του Νεύτωνα είτε ως «εκδήλωση αδράνειας» του Αϊνστάιν, δεν μπορεί να *αναγκάσει* έναν Δάσκαλο να παρουσιάσει την ιδιότητα του βάρους: τη χαρακτηριστική βαρυτική κατάσταση όλων των υλικών αντικειμένων. Αυτός που γνωρίζει τον εαυτό του ως το πανταχού παρόν Πνεύμα δεν υπόκειται πλέον στη δυσκαμψία ενός σώματος μέσα στον χρόνο και στον χώρο. Όλα τα δεσμά που φυλακίζουν την ανθρώπινη συνειδητότητα, σε όλα τα επίπεδα, μέχρι αυτή να φτάσει στην πλήρη ένωση με το Πνεύμα, διαλύθηκαν με την καταλυτική γνώση: *Είμαι Αυτός*.

«Και είπε ο Θεός, Να γεννηθεί φως· και έγινε φως».[11] Κατά τη δημιουργία του σύμπαντος, με την πρώτη εντολή του Θεού δημιουργήθηκε το δομικό ουσιώδες: το φως. Με τις ακτίνες αυτού του άυλου μέσου εμφανίζονται όλες οι θεϊκές εκδηλώσεις. Πιστοί όλων των εποχών μαρτυρούν ότι ο Θεός τούς εμφανίστηκε σαν φλόγα και φως. «Τα μάτια του σαν φλόγα φωτιάς», μας λέει ο Ευαγγελιστής Ιωάννης, «[…] και η όψη του έλαμπε όπως ο ήλιος λάμπει στη δύναμή του».[12]

Ένας γιόγκι που μέσω τέλειου διαλογισμού έχει συγχωνεύσει τη συνειδητότητά του με τον Δημιουργό αντιλαμβάνεται τη συμπαντική ουσία ως φως (δονήσεις ζωικής ενέργειας)· γι' αυτόν δεν υπάρχει καμία διαφορά ανάμεσα στις ακτίνες του φωτός που δημιουργούν το νερό και τις ακτίνες του φωτός που δημιουργούν τη γη. Ελεύθερος από τη συνειδητότητα της ύλης, ελεύθερος από τις τρεις διαστάσεις του χώρου και την τέταρτη διάσταση του χρόνου, ένας Δάσκαλος μεταφέρει το σώμα του, που είναι δημιουργημένο από φως, με την ίδια άνεση πάνω ή μέσα από τις ακτίνες φωτός της γης, του νερού, της φωτιάς και του αέρα.

---

[11] Γένεση Α:3.
[12] Αποκάλυψη Α:14-16.

«Εάν λοιπόν το μάτι σου είναι μονό, όλο το σώμα σου θα είναι γεμάτο φως».[13] Η μακρόχρονη αυτοσυγκέντρωση στο απελευθερωτικό πνευματικό μάτι έχει δώσει τη δυνατότητα στον γιόγκι να καταστρέψει όλες τις αυταπάτες που αφορούν την ύλη και το βάρος της· βλέπει το σύμπαν όπως το δημιούργησε ο Κύριος: μια ουσιαστικά αδιαφοροποίητη μάζα φωτός.

«Οι οπτικές εικόνες», μας λέει ο Δρ Λ. Τ. Τρόλαντ (Dr. L. T. Troland) του Χάρβαρντ, «είναι δομημένες με την ίδια αρχή των συνηθισμένων διάστικτων εικόνων· δηλαδή είναι φτιαγμένες από μικροσκοπικές κουκκίδες ή στίγματα πάρα πολύ μικρότερα απ' όσο μπορεί να διακρίνει το μάτι. [...] Η ευαισθησία του αμφιβληστροειδούς χιτώνα είναι τόσο μεγάλη που μπορεί να υπάρξει μια οπτική εντύπωση με σχετικά λίγα κβάντα του σωστού είδους φωτός».

*Τον νόμο των θαυμάτων μπορεί να τον θέσει σε λειτουργία κάθε άνθρωπος που έχει συνειδητοποιήσει ότι η ουσία της δημιουργίας είναι το φως.* Ένας Δάσκαλος μπορεί να επιστρατεύσει τη θεϊκή του γνώση των φαινομένων του φωτός για να προβάλει αμέσως, σε αντιληπτή εκδήλωση, τα πανταχού παρόντα άτομα του φωτός. Η πραγματική μορφή της προβολής (ό,τι κι αν είναι: ένα δέντρο, ένα φάρμακο, ένα ανθρώπινο σώμα) καθορίζεται από την επιθυμία του γιόγκι, από τη δύναμη της θέλησής του και από τη δύναμή του να σχηματίζει νοερές εικόνες.

Τη νύχτα ο άνθρωπος μπαίνει στην κατάσταση της συνειδητότητας του ονείρου και δραπετεύει από τους ψεύτικους εγωιστικούς περιορισμούς που καθημερινά τον εγκλωβίζουν. Όταν κοιμάται έχει μια πάντα επαναλαμβανόμενη απόδειξη της παντοδυναμίας του νου του. Στο όνειρο εμφανίζονται πεθαμένοι από παλιά φίλοι του, οι μακρινές ήπειροι, οι σκηνές της παιδικής του ηλικίας.

Αυτή η ελεύθερη και απεριόριστη συνειδητότητα, την οποία όλοι οι άνθρωποι βιώνουν για λίγο σε κάποια από τα όνειρά τους, είναι η μόνιμη κατάσταση του νου ενός Δασκάλου που είναι συντονισμένος με το Θεό. Αθώος, απαλλαγμένος από οποιοδήποτε προσωπικό κίνητρο και εφαρμόζοντας τη δημιουργική θέληση που του παραχώρησε ο Δημιουργός, ένας γιόγκι αναδιατάσσει τα άτομα του φωτός στο σύμπαν για να ικανοποιήσει κάθε ειλικρινή προσευχή ενός πιστού.

«Και είπε ο Θεός, Ας κάνουμε άνθρωπο κατ' εικόνα μας, καθ' ομοίωσή μας· και ας έχει κυριαρχία πάνω στα ψάρια της θάλασσας και στα

---

[13] Κατά Ματθαίο ΣΤ:22.

πτηνά του ουρανού και στα ζώα και σε όλη τη γη και σε κάθε πράγμα που έρπει πάνω στη γη».[14]

Γι' αυτό το σκοπό πλάστηκε ο άνθρωπος και η δημιουργία: για να ορθωθεί ως κυρίαρχος της *μάγια*, γνωρίζοντας την ηγεμονία του σε όλο το σύμπαν.

Το 1915, λίγο καιρό αφότου εισήλθα στο Τάγμα των Σουάμι, είδα ένα παράξενο όραμα. Μέσα απ' αυτό κατάλαβα τη σχετικότητα της ανθρώπινης συνειδητότητας και αντιλήφθηκα καθαρά την ενότητα του Αιώνιου Φωτός πίσω από τις οδυνηρές δυαδικότητες της *μάγια*. Το όραμα μου αποκαλύφθηκε ένα πρωί καθώς καθόμουν στη μικρή σοφίτα στο σπίτι του Πατέρα στην οδό Γκαρπάρ. Για μήνες ο Πρώτος Παγκόσμιος Πόλεμος μαινόταν στην Ευρώπη· σκεφτόμουν με θλίψη το απέραντο βαρύ τίμημα του θανάτου.

Καθώς έκλεισα τα μάτια μου σε διαλογισμό, η συνειδητότητά μου ξαφνικά μεταφέρθηκε στο σώμα ενός καπετάνιου πολεμικού πλοίου. Μια ομοβροντία πυρών έσκιζε τον αέρα καθώς ανταλλάσσονταν σφαίρες και βόμβες μεταξύ μιας συστοιχίας πυροβόλων στην ακτή της θάλασσας και των κανονιών του πλοίου. Μια τεράστια οβίδα χτύπησε την πυριτιδαποθήκη του πλοίου μου και με την ανατίναξή της το διέλυσε. Πήδηξα στο νερό μαζί με μερικούς ναύτες που είχαν επιζήσει από την έκρηξη.

Με την καρδιά μου να χτυπά δυνατά, έφτασα στην ακτή με ασφάλεια. Αλλά, αλίμονο! Μια αδέσποτη σφαίρα κατέληξε αστραπιαία στο στήθος μου. Έπεσα βογκώντας στο έδαφος. Όλο μου το σώμα παρέλυσε, εντούτοις είχα επίγνωση ότι είχα σώμα, όπως κάποιος έχει συνείδηση του ποδιού του όταν αυτό είναι ναρκωμένο.

«Τελικά η μυστηριώδης αρπάγη του Θανάτου με έπιασε», σκέφτηκα. Μ' έναν τελικό αναστεναγμό, ήμουν έτοιμος να βυθιστώ στο ασυνείδητο, όταν ξαφνικά ανακάλυψα ότι καθόμουν στη στάση του λωτού στο δωμάτιό μου στην οδό Γκαρπάρ.

Από τα μάτια μου άρχισαν να τρέχουν υστερικά δάκρυα καθώς, χαρούμενα, χτυπούσα και τσιμπούσα το σώμα μου που ανέκτησα: ένα σώμα χωρίς τρύπα από σφαίρα στο στήθος. Κινήθηκα μπρος-πίσω, εισπνέοντας και εκπνέοντας για να βεβαιωθώ ότι ήμουν ζωντανός. Ανάμεσα σ' αυτές τις εκφράσεις χαράς, η συνειδητότητά μου πάλι μεταφέρθηκε στο νεκρό σώμα του καπετάνιου δίπλα στην καταματωμένη

---

[14] Γένεση Α:26.

ακτή. Στον νου μου υπήρχε πλήρης σύγχυση.

«Κύριε», προσευχήθηκα, «είμαι νεκρός ή ζωντανός;».

Ένα εκτυφλωτικό παιχνίδισμα φωτός γέμισε όλο τον ορίζοντα. Μια απαλή δόνηση βροντής μετασχηματίστηκε σε λέξεις:

«Τι σχέση έχει η ζωή ή ο θάνατος με το φως; Σε έπλασα κατ' εικόνα του φωτός Μου. Οι σχετικότητες της ζωής και του θανάτου ανήκουν στο συμπαντικό όνειρο. Κοίτα τη μη ονειρική ύπαρξή σου! Ξύπνα, παιδί Μου, ξύπνα!».

Για να αφυπνίσει σταδιακά τον άνθρωπο ο Κύριος εμπνέει επιστήμονες να ανακαλύπτουν, στον σωστό χώρο και χρόνο, τα μυστικά της δημιουργίας Του. Πολλές σύγχρονες ανακαλύψεις βοηθούν τον άνθρωπο να καταλάβει ότι το σύμπαν είναι η διαφοροποίηση μιας και μόνο δύναμης – του φωτός, που καθοδηγείται από θεϊκή νοημοσύνη. Τα θαύματα του κινηματογράφου, του ραδιοφώνου, της τηλεόρασης, του ραντάρ, του φωτοηλεκτρικού κυττάρου – το εκπληκτικό «ηλεκτρικό μάτι» της ατομικής ενέργειας, όλα βασίζονται στο ηλεκτρομαγνητικό φαινόμενο του φωτός.

Η τέχνη του κινηματογράφου μπορεί να σκιαγραφήσει τον τρόπο με τον οποίο γίνεται κάθε θαύμα. Δεν υπάρχει «θαύμα» που να μην μπορεί να γίνει μέσω φωτογραφικών τεχνασμάτων που να μας ξεγελούν. Ένας άνθρωπος μπορεί να ειδωθεί ως διάφανο αστρικό σώμα που βγαίνει από τη χονδροειδή υλική του μορφή, μπορεί να περπατήσει πάνω στο νερό, να αναστήσει νεκρούς, να αντιστρέψει τη φυσική εξέλιξη των πραγμάτων και να εντυπωσιάσει παίζοντας με τον χρόνο και τον χώρο. Ο ειδήμονας μπορεί να συναρμολογήσει τις φωτογραφικές εικόνες όπως θέλει, πετυχαίνοντας οπτικά θαύματα παρόμοια μ' αυτά που ένας αληθινός Δάσκαλος παράγει με πραγματικές ακτίνες φωτός.

Ο κινηματογράφος με τις εικόνες του, που μοιάζουν τόσο ζωντανές, αποτελεί παράδειγμα για πολλές αλήθειες σχετικά με τη δημιουργία. Ο Συμπαντικός Δημιουργός έχει γράψει τα δικά Του έργα και έχει καλέσει έναν τρομακτικά μεγάλο αριθμό ηθοποιών για το φαντασμαγορικό θέαμα. Από τον σκοτεινό θάλαμο της αιωνιότητας στέλνει τις ακτίνες του φωτός Του μέσω των ταινιών διαδοχικών αιώνων και οι εικόνες προβάλλονται στο βάθος της σκηνής του χώρου.

Ακριβώς όπως οι κινηματογραφικές εικόνες φαίνονται να είναι αληθινές αλλά είναι μόνο συνδυασμοί φωτός και σκιάς, έτσι και η οικουμενική ποικιλία είναι ένα απατηλό φαινόμενο. Οι σφαίρες των πλανητών, με τις αμέτρητες μορφές ζωής τους, δεν είναι τίποτα άλλο από μορφές ενός συμπαντικού κινηματογράφου. Προσωρινά αληθινές για τις αντιλήψεις των πέντε αισθήσεων του ανθρώπου, οι φευγαλέες σκηνές εμφανίζονται στην οθόνη της ανθρώπινης συνειδητότητας από την άπειρη δημιουργική δέσμη φωτός.

Οι θεατές στον κινηματογράφο μπορούν να κοιτάξουν ψηλά και να δουν ότι όλες οι εικόνες της οθόνης εμφανίζονται μέσω μίας, χωρίς εικόνα, δέσμης φωτός. Το συμπαντικό πολύχρωμο θεατρικό έργο, παρόμοια, πηγάζει από το μοναδικό λευκό φως μιας Συμπαντικής Πηγής. Με ασύλληπτη εφευρετικότητα ο Θεός σκηνοθετεί ένα υπέρ-κολοσσιαίο πρόγραμμα ψυχαγωγίας για τα παιδιά Του, κάνοντάς τα ηθοποιούς καθώς και θεατές στο πλανητικό Του θέατρο.

Μια μέρα μπήκα σ' έναν κινηματογράφο για να δω τα επίκαιρα σχετικά με τα πεδία μάχης στην Ευρώπη. Ο Πρώτος Παγκόσμιος Πόλεμος μαινόταν ακόμα στη Δύση· η ταινία παρουσίασε το μακελειό με τέτοιο ρεαλισμό που έφυγα από την αίθουσα με θλιμμένη καρδιά.

«Κύριε», προσευχήθηκα, «γιατί επιτρέπεις τόσο πόνο;»

Προς έντονη έκπληξή μου, μου ήρθε μια ακαριαία απάντηση με τη μορφή ενός οράματος από τα πραγματικά πεδία μάχης της Ευρώπης. Οι σκηνές, γεμάτες από νεκρούς και ετοιμοθάνατους, υπερέβαιναν πάρα πολύ σε θηριωδία την παρουσίαση της ταινίας.

«Κοίτα προσεκτικά!». Μια ευγενική Φωνή μίλησε στην εσωτερική μου συνειδητότητα. «Θα δεις ότι αυτές οι σκηνές που τώρα διαδραματίζονται στη Γαλλία δεν είναι τίποτα άλλο από ένα παιχνίδι φωτοσκίασης. Είναι ο συμπαντικός κινηματογράφος, τόσο αληθινός και τόσο ψεύτικος όσο και η ταινία που είδες – ένα θέατρο μέσα σε θέατρο».

Η καρδιά μου δεν είχε ακόμα παρηγορηθεί. Η Θεϊκή Φωνή συνέχισε: «Η Δημιουργία είναι και φως και σκιά, αλλιώς καμία εικόνα δεν είναι δυνατή. Το καλό και το κακό της *μάγια* πρέπει πάντα να εναλλάσσονται στην κυριαρχία. Αν η χαρά εδώ, σ' αυτόν τον κόσμο, ήταν συνεχής, θα επιθυμούσε ποτέ ο άνθρωπος έναν άλλο; Αν δεν υποφέρει, ελάχιστα ενδιαφέρεται να θυμηθεί ότι έχει εγκαταλείψει το αιώνιο σπίτι του. Ο πόνος είναι ένα κέντρισμα στη μνήμη του ανθρώπου. Η απόδραση επιτυγχάνεται μέσω της σοφίας. Η τραγωδία του θανάτου δεν είναι αληθινή· εκείνοι που νιώθουν φρίκη από φόβο γι' αυτόν είναι σαν τους αδαείς ηθοποιούς που πεθαίνουν από τον φόβο τους στη σκηνή ενώ δεν τους έχουν πυροβολήσει με τίποτα άλλο από ένα άσφαιρο φυσίγγιο. Οι γιοι Μου είναι παιδιά του φωτός· δεν θα κοιμούνται για πάντα στην αυταπάτη».

*Ο Νόμος των Θαυμάτων*

Αν και είχα διαβάσει στις Γραφές για τη *μάγια*, δεν μου είχαν δώσει τη βαθιά ενόραση που ήρθε με προσωπικά οράματα και με τα συνοδευτικά λόγια παρηγοριάς. Οι αξίες κάποιου αλλάζουν βαθύτατα όταν τελικά πείθεται ότι η δημιουργία είναι μόνο μια απέραντη κινηματογραφική ταινία· και ότι η δική του πραγματικότητα δεν βρίσκεται μέσα σ' αυτήν αλλά πέρα απ' αυτήν.

Μόλις τελείωσα τη συγγραφή αυτού του κεφαλαίου, κάθισα στο κρεβάτι μου στη στάση του λωτού. Το δωμάτιό μου[15] ήταν αμυδρά φωτισμένο από δύο αμπαζούρ. Ανασηκώνοντας το βλέμμα μου παρατήρησα ότι στο ταβάνι υπήρχαν μικρά στίγματα από μουσταρδί χρώματος φώτα, που σπινθηροβολούσαν και τρεμόπαιζαν με μια απαλή ακτινοβόλα λάμψη. Μυριάδες λεπτές ακτίνες, σαν φύλλα βροχής, συγκεντρώθηκαν σε μια διάφανη δέσμη και έρρεαν σιωπηλά πάνω μου.

Αμέσως το υλικό μου σώμα έχασε τη χονδροειδή υπόστασή του και μεταμορφώθηκε σε αστρική υφή. Ένιωσα μια αίσθηση σαν να έπλεα, σαν, ελάχιστα αγγίζοντας το κρεβάτι, το χωρίς βάρος σώμα μου να μετατοπιζόταν ελαφρά και διαδοχικά δεξιά και αριστερά. Κοίταξα γύρω στο δωμάτιο· τα έπιπλα και οι τοίχοι ήταν ως συνήθως, αλλά η μικρή μάζα φωτός είχε αυξηθεί τόσο που το ταβάνι είχε γίνει αόρατο. Ήμουν συγκλονισμένος.

«Αυτός είναι ο μηχανισμός με τον οποίο λειτουργεί ο συμπαντικός κινηματογράφος». Μια Φωνή μίλησε σαν μέσα από το φως. «Διαχέοντας την ακτίνα του στη λευκή οθόνη των σεντονιών του κρεβατιού σου, παράγει την εικόνα του σώματός σου. Κοίτα, η μορφή σου δεν είναι τίποτα άλλο από φως!».

Κοίταξα τα χέρια μου και τα κίνησα μπρος πίσω, χωρίς όμως να μπορώ να αισθανθώ το βάρος τους. Μια εκστατική χαρά με συντάραξε. Η συμπαντική δέσμη του φωτός, μεταμορφωμένη ως σώμα μου, έμοιαζε σαν μια θεϊκή αναπαραγωγή των ακτίνων φωτός που ξεχύνονταν από το μηχάνημα προβολής του σινεμά δημιουργώντας την εκδήλωση των εικόνων στην οθόνη.

Για πολλή ώρα βίωνα αυτήν την κινηματογραφική εικόνα του σώματός μου στο αμυδρά φωτισμένο θέατρο του υπνοδωματίου μου. Αν και μέχρι τότε είχα δει πολλά οράματα, κανένα, ποτέ, δεν ήταν τόσο μοναδικό. Καθώς η ψευδαίσθηση του σώματος διαλύθηκε πλήρως και

---

[15] Στο Ενσινίτας (Encinitas) της Καλιφόρνια, στο ερημητήριο του Self-Realization Fellowship. *(Σημ. του Εκδότη)*

καθώς η συνειδητότητά μου βάθαινε με τη διαπίστωση ότι η ουσία όλων των αντικειμένων είναι το φως, κοίταξα προς το παλλόμενο ρεύμα των ζωητρονίων και μίλησα ικετευτικά.

«Θεϊκό Φως, Σε παρακαλώ, απόσυρε αυτήν την ταπεινή εικόνα του σώματός μου και απορρόφησέ την μέσα στον Εαυτό Σου· όπως και ο Προφήτης Ηλίας ανασύρθηκε στους ουρανούς με ένα φλεγόμενο άρμα».[16]

---

[16] Βασιλέων Β' Β:11. (Στην Αγία Γραφή που περιλαμβάνει τέσσερα κεφάλαια Βασιλειών, η περικοπή βρίσκεται στο Βασιλειών Δ' Β:11.)

«Θαύμα» συνήθως θεωρείται μια επίδραση ή γεγονός χωρίς νόμο ή πέρα από το νόμο. Όλα όμως τα γεγονότα, στο ρυθμισμένο με ακρίβεια σύμπαν μας, λειτουργούν σύμφωνα με νόμους και εξηγούνται σύμφωνα με νόμους. Οι αποκαλούμενες «θαυματουργές» δυνάμεις ενός μεγάλου Δασκάλου είναι ένα φυσικό επακόλουθο της επακριβούς κατανόησης απ' αυτόν των λεπτοφυών νόμων που λειτουργούν στον εσωτερικό κόσμο της συνειδητότητας.

Τίποτα δεν μπορεί να θεωρηθεί αληθινά «θαύμα», παρά μόνο με τη βαθύτερη έννοια ότι όλα είναι ένα θαύμα. Το ότι ο καθένας μας είναι κλεισμένος σ' ένα πολύπλοκα οργανωμένο σώμα και τοποθετήθηκε πάνω σε μια γη που περιστρέφεται στο διάστημα ανάμεσα στ' αστέρια – υπάρχει κάτι πιο κοινότοπο; Ή κάτι πιο θαυματουργό;

Οι μεγάλοι προφήτες όπως ο Χριστός και ο Λαχίρι Μαχασάγια συνήθως κάνουν πολλά θαύματα. Τέτοιοι Δάσκαλοι έχουν μια ευρεία και δύσκολη πνευματική αποστολή να εκτελέσουν για την ανθρωπότητα· το να βοηθούν με θαυματουργό τρόπο αυτούς που υποφέρουν φαίνεται να είναι ένα μέρος αυτής της αποστολής. (Βλ. σελ. 252 σημ.) Απαιτείται θεϊκή άδεια για να θεραπεύσουν ανίατες ασθένειες και να λύσουν άλυτα προβλήματα του ανθρώπου. Όταν ο ευγενής ζήτησε από τον Χριστό να θεραπεύσει τον γιο του που πέθαινε στην Καπερναούμ, ο Ιησούς απάντησε με πικρό χιούμορ: «Εάν δεν δείτε σημεία και τέρατα, δεν θα πιστέψετε». Πρόσθεσε όμως: «Πήγαινε, ο γιος σου ζει». (Κατά Ιωάννην Δ:46-54.)

[Στην παρούσα αγκύλη παρεμβάλλεται μια *Σημείωση του Μεταφραστή* μέσα σε παρένθεση και μετά συνεχίζεται η υποσημείωση του Συγραφέα. Η Σημείωση του Μεταφραστή είναι η εξής: (Στην αγγλική Βίβλο King James που χρησιμοποιούσε ο Παραμαχάνσα Γιογκανάντα, αντί «σημεία και τέρατα» αναφέρεται «σημάδια και θαύματα». Σε όλα τα άλλα σημεία, όπου υπήρχε διαφορά μεταξύ της ελληνικής Αγίας Γραφής και της Βίβλου King James, προτιμήθηκε η μετάφραση King James, ύστερα από εντολή του Εκδότη.)]

Σ' αυτό το κεφάλαιο έχω δώσει τη βεδική εξήγηση της *μάγια*, της μαγικής δύναμης της ψευδαίσθησης που βρίσκεται πίσω απ' όλους τους φαινομενικούς κόσμους. Η δυτική επιστήμη ήδη ανακάλυψε ότι κάποια «μαγεία» έλλειψης πραγματικότητας υπάρχει στην ατομική «ύλη». Ωστόσο δεν είναι μόνο η Φύση αλλά και ο άνθρωπος (στη θνητή του όψη) που υπόκειται στη *μάγια*: τη θεμελιώδη αρχή της σχετικότητας, της αντίθεσης, της δυαδικότητας, της αντιστροφής, των αντιφατικών καταστάσεων.

Δεν πρέπει να φανταστεί κανείς ότι η αλήθεια σχετικά με τη *μάγια* έγινε αντιληπτή μόνο από τους ρίσι. Οι προφήτες της Παλαιάς Διαθήκης αποκάλεσαν τη *μάγια* Σατανά (κατά κυριολεξία, στα Εβραϊκά, «ο αντίπαλος»). Στην ελληνική Διαθήκη, ως ισοδύναμο του Σατανά χρησιμοποιείται η λέξη *διάβολος*. Ο Σατανάς ή *Μάγια* είναι ο Συμπαντικός Μάγος που παράγει πολλαπλότητα μορφών για να κρύψει τη Μία Άμορφη Αλήθεια. Στο σχέδιο και το παιχνίδι του Θεού (*λίλα*), η μοναδική λειτουργία του Σατανά ή *Μάγια* είναι το να προσπαθήσει να αποσπάσει την προσοχή του ανθρώπου και να την εκτρέψει από το Πνεύμα στην ύλη, από την Πραγματικότητα στη μη πραγματικότητα.

Ο Χριστός περιγράφει τη *μάγια* παραστατικά ως έναν δαίμονα, δολοφόνο και ψεύτη. «Ο διάβολος ήταν από την αρχή ανθρωποκτόνος και δεν μένει στην αλήθεια, διότι αλήθεια δεν

*Ο Νόμος των Θαυμάτων*

Αυτή η προσευχή προφανώς ήταν αναπάντεχη· η ακτίνα φωτός εξαφανίστηκε. Το σώμα μου ξαναπήρε το κανονικό του βάρος και βούλιαξε στο κρεβάτι· η καταιγίδα των εκτυφλωτικών φώτων στο ταβάνι εξαφανίστηκε τρεμοφέγγοντας. Προφανώς δεν είχε έρθει η ώρα μου να αφήσω αυτή τη γη.

«Εξάλλου», σκέφτηκα φιλοσοφώντας, «ο Προφήτης Ηλίας μπορεί να δυσαρεστήθηκε με την απρέπειά μου!».

---

υπάρχει σ' αυτόν· όταν λέει το ψέμα, εκφράζει τον εαυτό του, διότι είναι ψεύτης και ο πατέρας αυτού του ψεύδους» (κατά Ιωάννη Η:44).

«Από την αρχή ο διάβολος αμαρτάνει. Γι' αυτό φανερώθηκε ο Υιός του Θεού, για να καταστρέψει τα έργα του διαβόλου» (Επιστολή Ιωάννη Α' Γ:8). Δηλαδή η εκδήλωση της κατά Χριστόν Συνειδητότητας, μέσα στην ίδια την ύπαρξη του ανθρώπου, καταστρέφει χωρίς προσπάθεια τις ψευδαισθήσεις ή «τα έργα του διαβόλου».

Η *Μάγια* υπάρχει «από την αρχή» εξαιτίας της δομικής της εγγένειας στους φαινομενικούς κόσμους. Αυτοί βρίσκονται σε αιώνια μεταβατική ρευστότητα, σε αντίθεση με την αμετάβλητη φύση του Θεού.

ΚΕΦΑΛΑΙΟ 31

# Μια Συνέντευξη με την Ιερή Μητέρα

«Σεβαστή Μητέρα, βαφτίστηκα όταν ήμουν βρέφος από τον προφήτη-σύζυγό σας. Ήταν ο γκουρού των γονιών μου και του δικού μου γκουρού, του Σρι Γιουκτέσβαρτζι. Μπορείτε, γι' αυτό το λόγο, να μου παραχωρήσετε το προνόμιο να μου αφηγηθείτε μερικά περιστατικά της ιερής ζωής σας;».

Απευθυνόμουν στη Σρίματι Κάσι Μόνι, τη σύντροφο του Λαχίρι Μαχασάγια για όλη τη ζωή του. Ευρισκόμενος στο Μπενάρες για μια σύντομη χρονική περίοδο, εκπλήρωσα μια επιθυμία που ένιωθα από παλιά, να επισκεφθώ τη σεβάσμια κυρία.

Με υποδέχθηκε με προσήνεια στο σπίτι της οικογένειας Λαχίρι, στην περιοχή Γκαρουντεσβάρ Μοχούλα του Μπενάρες. Αν και ηλικιωμένη, έσφυζε από ζωή σαν ανθισμένος λωτός, αναδίδοντας ένα πνευματικό άρωμα. Ήταν μεσαίου αναστήματος, με ανοιχτόχρωμο δέρμα, λεπτοκαμωμένο λαιμό και μεγάλα, λαμπερά μάτια.

«Γιε μου, είσαι ευπρόσδεκτος εδώ. Έλα στον πάνω όροφο».

Η Κάσι Μόνι με οδήγησε σ' ένα πολύ μικρό δωμάτιο όπου για λίγο καιρό είχε μείνει με τον σύζυγό της. Ένιωσα μεγάλη τιμή που είδα το ιερό μέρος στο οποίο ο απαράμιλλος Δάσκαλος είχε συγκατατεθεί να παίξει το ανθρώπινο θεατρικό έργο του γάμου. Η ευγενική κυρία μού έκανε νεύμα να καθίσω σ' ένα μαξιλάρι δίπλα της.

«Πέρασαν χρόνια μέχρι να συνειδητοποιήσω το θεϊκό ανάστημα του συζύγου μου», άρχισε να διηγείται. «Μια νύχτα, μέσα σ' αυτό το δωμάτιο, είδα ένα ζωηρό όνειρο. Λαμπεροί άγγελοι αιωρούνταν με ασύλληπτη χάρη πάνω από μένα. Το θέαμα έμοιαζε τόσο πραγματικό που ξύπνησα αμέσως· κατά παράξενο τρόπο, το δωμάτιο ήταν τυλιγμένο μ' ένα εκτυφλωτικό φως.

»Ο σύζυγός μου, στη στάση του λωτού, είχε ανυψωθεί στο κέντρο του δωματίου, περιτριγυρισμένος από αγγέλους. Με ικετευτική αξιοπρέπεια τον προσκυνούσαν με ενωμένες τις παλάμες των χεριών τους.

»Κατάπληκτη πέρα από κάθε όριο, ήμουν πεπεισμένη ότι ακόμα ονειρευόμουν.

»"Γυναίκα", είπε ο Λαχίρι Μαχασάγια, "δεν ονειρεύεσαι. Ξέχνα τον ύπνο σου μια για πάντα". Καθώς αργά αργά κατέβηκε στο έδαφος, έπεσα στα πόδια του.

»"Δάσκαλε", φώναξα, "ξανά και ξανά σε προσκυνώ! Θα με συγχωρήσεις που σε θεωρούσα σύζυγό μου; Πεθαίνω από ντροπή που συνειδητοποιώ ότι έμενα κοιμισμένη στην άγνοια ενώ ήμουν στο πλευρό ενός θεϊκά αφυπνισμένου. Απ' αυτή τη νύχτα δεν είσαι πλέον σύζυγός μου αλλά γκουρού μου. Θα με δεχθείς, εμένα την ασήμαντη, ως μαθήτριά σου;".[1]

»Ο Δάσκαλος με άγγιξε ευγενικά. "Ιερή ψυχή, σήκω. Είσαι δεκτή". Έδειξε προς τους αγγέλους. "Σε παρακαλώ, προσκύνησε με τη σειρά έναν έναν αυτούς τους ιερούς αγίους".

»Αφού τελείωσα τις ταπεινές μου γονυκλισίες, οι αγγελικές φωνές ήχησαν μαζί, σαν το χορό ενός αρχαίου ιερού κειμένου.

»"Σύζυγε του Θεϊκού Ενός, είσαι ευλογημένη. Σε χαιρετάμε". Υποκλίθηκαν στα πόδια μου και ξαφνικά οι λαμπερές τους μορφές εξαφανίστηκαν. Το δωμάτιο έγινε πάλι σκοτεινό.

»Ο γκουρού μου μου ζήτησε να μυηθώ στην *Κρίγια Γιόγκα*.

»"Φυσικά", απάντησα. "Λυπάμαι που δεν είχα αυτήν την ευλογία νωρίτερα στη ζωή μου".

»"Δεν ήταν ακόμα καιρός". Ο Λαχίρι Μαχασάγια χαμογέλασε παρηγορητικά. "Σιωπηλά σε βοήθησα να εξαντλήσεις πολύ από το κάρμα σου. Τώρα είσαι πρόθυμη και έτοιμη".

»Άγγιξε το μέτωπό μου. Εμφανίστηκαν δέσμες περιστρεφόμενου φωτός· η ακτινοβολία σταδιακά μορφοποιήθηκε σ' ένα πνευματικό μάτι σε χρώμα οπάλιου-μπλε, περιβαλλόμενο από χρυσό χρώμα, ενώ στο κέντρο του υπήρχε ένα λευκό πεντάκτινο αστέρι.

»"Διαπέρασε με τη συνειδητότητά σου το αστέρι και μπες στο βασίλειο του Απείρου". Η φωνή του γκουρού μου είχε μια νέα χροιά, απαλή σαν μακρινή μουσική.

»Συνεχή οράματα, το ένα μετά το άλλο, ξέσπασαν σαν ωκεάνια κύματα στις ακτές της ψυχής μου. Οι πανοραμικές σφαίρες τελικά έλιωσαν σε μια θάλασσα μακαριότητας. Έχασα τον εαυτό μου σε μια άπειρη ευδαιμονία που ερχόταν κατά κύματα. Όταν, ώρες αργότερα, επέστρεψα στην επίγνωση αυτού του κόσμου, ο Δάσκαλος με μύησε στην *Κρίγια Γιόγκα*.

---

[1] «Αυτός μόνο για το Θεό, αυτή για το Θεό σ' αυτόν». – Milton.

»Από εκείνη τη νύχτα και μετά, ο Λαχίρι Μαχασάγια δεν ξανακοιμήθηκε ποτέ στο δωμάτιό μου. Ούτε από τότε ξανακοιμήθηκε. Έμενε στο μπροστινό δωμάτιο στον κάτω όροφο, με τη συντροφιά των μαθητών του, και τη μέρα και τη νύχτα».

Η εξέχουσα κυρία έμεινε σιωπηλή. Συνειδητοποιώντας τη μοναδικότητα της σχέσης της με τον ανυπέρβλητο γιόγκι, τελικά τόλμησα να της ζητήσω να μου αφηγηθεί κι άλλες αναμνήσεις.

«Γιε μου, είσαι άπληστος. Εντούτοις θα σου πω μια ακόμα ιστορία». Χαμογέλασε ντροπαλά. «Θα ομολογήσω μια αμαρτία που διέπραξα κατά του γκουρού-συζύγου μου. Μερικούς μήνες μετά τη μύησή μου άρχισα να νιώθω εγκαταλελειμμένη και παραμελημένη. Ένα πρωί ο Λαχίρι Μαχασάγια μπήκε σ' αυτό το μικρό δωμάτιο για να πάρει κάτι· τον ακολούθησα γρήγορα. Κυριευμένη από την αυταπάτη, του απευθύνθηκα δηκτικά.

»"Περνάς όλο το χρόνο σου με τους μαθητές. Σκέφτεσαι καθόλου τις ευθύνες σου απέναντι στη γυναίκα σου και τα παιδιά σου; Λυπάμαι που δεν ενδιαφέρεσαι να φέρεις πιο πολλά χρήματα στην οικογένεια".

»Ο Δάσκαλος με κοίταξε για μια στιγμή και μετά, αιφνίδια, εξαφανίστηκε. Με δέος και φόβο άκουσα μια φωνή που αντηχούσε από κάθε σημείο του δωματίου:

»"Όλα είναι τίποτα, δεν το βλέπεις; Πώς θα μπορούσε ένα τίποτα σαν εμένα να παράγει πλούτη για σένα;".

»"Γκούρουτζι", φώναξα, "σε ικετεύω ένα εκατομμύριο φορές να με συγχωρήσεις! Τα αμαρτωλά μου μάτια δεν μπορούν πια να σε δουν· σε παρακαλώ εμφανίσου με την ιερή σου μορφή".

»"Είμαι εδώ". Αυτή η απάντηση ήρθε από πάνω μου. Κοίταξα προς τα πάνω και είδα τον Δάσκαλο υλοποιημένο στον αέρα, με το κεφάλι του να ακουμπά το ταβάνι. Τα μάτια του ήταν σαν εκθαμβωτικές φλόγες. Σε κατάσταση αλλοφροσύνης από φόβο, ξάπλωσα κλαίγοντας με αναφιλητά στα πόδια του, καθώς είχε κατέβει στο πάτωμα.

»"Γυναίκα", είπε, "αναζήτησε τον θεϊκό πλούτο, όχι τα ευτελή στολίδια της γης. Όταν αποκτήσεις εσωτερικό θησαυρό, θα δεις ότι οι εξωτερικές παροχές θα είναι πάντα διαθέσιμες". Πρόσθεσε: "Ένας από τους πνευματικούς μου γιους θα σου φέρει προμήθειες".

»Τα λόγια του γκουρού μου φυσικά επαληθεύτηκαν· ένας μαθητής άφησε πράγματι ένα σεβαστό ποσό για την οικογένειά μας».

Ευχαρίστησα την Κάσι Μόνι που μοιράστηκε μαζί μου τις

θαυμαστές εμπειρίες της.² Την επόμενη μέρα ξαναπήγα στο σπίτι της και απόλαυσα αρκετές ώρες φιλοσοφικής συζήτησης με τον Τινκαουρί και τον Ντουκαουρί Λαχίρι. Αυτοί οι δύο άγιοι γιοι του μεγάλου γιόγκι της Ινδίας ακολούθησαν πιστά τα ιδεώδη του πατέρα τους. Και οι δύο άντρες ήταν ανοιχτόχρωμοι, ψηλοί, εύρωστοι και με πλούσια γενειάδα, με απαλή φωνή και μια παλιομοδίτικη, γοητευτική συμπεριφορά.

Η σύζυγος του Λαχίρι Μαχασάγια δεν ήταν η μόνη γυναίκα μαθήτριά του· υπήρχαν εκατοντάδες ακόμα, συμπεριλαμβανομένης και της μητέρας μου. Μια γυναίκα *τσέλα* ζήτησε μια φορά από τον γκουρού να της δώσει τη φωτογραφία του. Της έδωσε μια εκτύπωση παρατηρώντας: «Αν τη θεωρείς προστασία, τότε είναι έτσι· διαφορετικά είναι μόνο μια εικόνα».

Μερικές μέρες αργότερα αυτή η γυναίκα και η νύφη του Λαχίρι Μαχασάγια έτυχε να μελετούν την Μπάγκαβαντ Γκίτα σ' ένα τραπέζι, πίσω από το οποίο κρεμόταν στον τοίχο η φωτογραφία του γκουρού. Ξέσπασε μια σφοδρή καταιγίδα.

«Λαχίρι Μαχασάγια, προστάτευσέ μας!», αναφώνησαν οι γυναίκες καθώς προσκυνούσαν την εικόνα. Ένας κεραυνός χτύπησε το βιβλίο πάνω στο τραπέζι, αλλά οι δύο πιστές δεν έπαθαν τίποτα.

«Ένιωσα σαν ένα στρώμα πάγου να είχε τοποθετηθεί γύρω μου για να αποσοβήσει την καυτή θερμότητα», διηγήθηκε η *τσέλα*.

Ο Λαχίρι Μαχασάγια έκανε δύο θαύματα που αφορούσαν μια μαθήτρια, την Αμπόγια. Αυτή και ο σύζυγός της, ένας δικηγόρος από την Καλκούτα, ξεκίνησαν μια μέρα για το Μπενάρες για να επισκεφθούν τον γκουρού. Η άμαξά τους καθυστέρησε από την πολλή κίνηση· έφτασαν στον κεντρικό σταθμό Χαουρά της Καλκούτα και άκουσαν το τρένο να σφυρίζει για αναχώρηση.

Η Αμπόγια, καθώς στεκόταν δίπλα στο εκδοτήριο των εισιτηρίων, έμεινε ήρεμη.

«Λαχίρι Μαχασάγια, σε εκλιπαρώ να σταματήσεις το τρένο!», προσευχήθηκε σιωπηλά. «Δεν μπορώ να υποφέρω τον πόνο να περιμένω άλλη μια μέρα για να σε δω».

Οι τροχοί του τρένου που σφύριζε συνέχισαν να κινούνται αλλά το τρένο δεν προχωρούσε. Ο μηχανικός και οι επιβάτες κατέβηκαν στην πλατφόρμα για να δουν το φαινόμενο. Ένας Άγγλος φύλακας του σταθμού πλησίασε την Αμπόγια και τον άντρα της. Σε αντίθεση

---

² Η σεβάσμια μητέρα πέθανε στο Μπενάρες στις 25 Μαρτίου 1930.

με κάθε προηγούμενο, ο φύλακας προσφέρθηκε να βοηθήσει. «Μπάμπου», είπε, «δώστε σ' εμένα τα χρήματα. Θα αγοράσω τα εισιτήριά σας καθώς θα ανεβαίνετε στο τρένο».

Μόλις το ζευγάρι κάθισε και παρέλαβε τα εισιτήρια, το τρένο ξεκίνησε αργά. Πανικόβλητοι, ο μηχανικός και οι επιβάτες σκαρφάλωσαν γρήγορα στις θέσεις τους, μη γνωρίζοντας ούτε πώς το τρένο, ενώ οι τροχοί του γύριζαν, δεν μετακινήθηκε εξ αρχής, ούτε πώς ξεκίνησε τελικά.

Μόλις έφτασε στο σπίτι του Λαχίρι Μαχασάγια στο Μπενάρες, η Αμπόγια έπεσε σιωπηλά στα πόδια του Δασκάλου και προσπάθησε να τα αγγίξει.

«Ηρέμησε Αμπόγια», παρατήρησε. Πόσο σ' αρέσει να μ' ενοχλείς! Λες και δεν μπορούσες να έρθεις με το επόμενο τρένο!».

Η Αμπόγια επισκέφθηκε τον Λαχίρι Μαχασάγια και σε μια άλλη αξιομνημόνευτη περίπτωση. Αυτή τη φορά ήθελε τη διαμεσολάβησή του όχι για κάποιο τρένο αλλά για να κάνει παιδί.

«Προσεύχομαι σ' εσάς να με ευλογήσετε να ζήσει το ένατο παιδί μου», είπε. «Γέννησα οκτώ παιδιά· όλα πέθαναν λίγο μετά τη γέννα».

Ο Δάσκαλος χαμογέλασε με συμπάθεια. «Το παιδί σου που έρχεται θα ζήσει. Σε παρακαλώ, ακολούθησε τις οδηγίες μου προσεκτικά. Το μωρό θα είναι κορίτσι και θα γεννηθεί νύχτα. Να προσέχεις να είναι αναμμένη η λάμπα μέχρι την αυγή. Μην κοιμηθείς και αφήσεις έτσι τη λάμπα να σβήσει».

Το παιδί της Αμπόγια ήταν κορίτσι, γεννημένο τη νύχτα, ακριβώς όπως είχε προβλέψει ο πάνσοφος γκουρού. Η μητέρα έδωσε οδηγίες στη νοσοκόμα της να έχει συνέχεια τη λάμπα γεμάτη με πετρέλαιο. Και οι δύο γυναίκες έμειναν ξύπνιες όλη τη νύχτα μέχρι τις πρωινές ώρες, αλλά τελικά αποκοιμήθηκαν. Το πετρέλαιο της λάμπας είχε σχεδόν τελειώσει· το φως τρεμόπαιζε αδύναμα. Η πόρτα της κρεβατοκάμαρας ξεκλειδώθηκε και ανοίχτηκε βίαια μ' έναν μεγάλο θόρυβο. Οι γυναίκες ξύπνησαν αλαφιασμένες. Με κατάπληξη είδαν τη μορφή του Λαχίρι Μαχασάγια.

«Αμπόγια, κοίτα, το φως κοντεύει να σβήσει!». Έδειξε τη λάμπα, την οποία η νοσοκόμα έτρεξε να γεμίσει. Όταν το φως δυνάμωσε ξανά, ο Δάσκαλος εξαφανίστηκε. Η πόρτα έκλεισε· η κλειδαριά κλειδώθηκε χωρίς ορατό μέσον.

Το ένατο παιδί της Αμπόγια επέζησε· το 1935, όταν ρώτησα, έμαθα ότι ζούσε ακόμα.

Ένας από τους μαθητές του Λαχίρι Μαχασάγια, ο σεβάσμιος Κάλι

Κουμάρ Ρόι, μου διηγήθηκε πολλές υπέροχες λεπτομέρειες της ζωής του με τον Δάσκαλο.

«Πήγαινα συχνά στο σπίτι του, στο Μπενάρες, σαν επισκέπτης, για εβδομάδες κάθε φορά», μου είπε ο Ρόι. «Παρατήρησα ότι πολλές άγιες μορφές, *ντάντι σουάμι*,[3] έρχονταν στην ησυχία της νύχτας για να καθίσουν στα πόδια του γκουρού. Μερικές φορές συζητούσαν θέματα διαλογισμού και φιλοσοφίας. Την αυγή οι πνευματικά εξυψωμένοι επισκέπτες έφευγαν. Κατά τη διάρκεια των επισκέψεών μου διαπίστωσα ότι ο Λαχίρι Μαχασάγια ούτε μια φορά δεν ξάπλωσε να κοιμηθεί.

»Κατά τη διάρκεια της αρχικής συναναστροφής μου με τον Δάσκαλο έπρεπε να παλεύω με την εναντίωση του εργοδότη μου», συνέχισε ο Ρόι. «Ήταν βυθισμένος στον υλισμό.

»"Δεν θέλω φανατικούς θρησκόληπτους στο προσωπικό μου", έλεγε χλευαστικά. "Αν ποτέ συναντήσω τον τσαρλατάνο γκουρού σου, θα του πω κάποια λόγια που θα τα θυμάται".

»Αυτή η απειλή δεν άλλαξε το πρόγραμμά μου· περνούσα σχεδόν κάθε βράδυ με τον γκουρού μου. Μια βραδιά ο εργοδότης μου με ακολούθησε και έτρεξε με θρασύτητα στο σαλόνι. Αναμφίβολα είχε σκοπό να πει αυτά που είχε απειλήσει ότι θα έλεγε. Μόλις κάθισε, ο Λαχίρι Μαχασάγια απευθύνθηκε στην ομάδα των περίπου δώδεκα μαθητών.

»"Θα θέλατε να δείτε μια εικόνα;".

»Όταν γνέψαμε καταφατικά, μας ζήτησε να σβήσουμε τις λάμπες του δωματίου. "Καθίστε ο ένας πίσω από τον άλλο, σε κύκλο", είπε, "και βάλτε τα χέρια σας στα μάτια του ανθρώπου μπροστά σας".

»Δεν αποτέλεσε έκπληξη για μένα το γεγονός ότι ο εργοδότης μου επίσης ακολούθησε τις οδηγίες του Δασκάλου, αν και απρόθυμα. Σε λίγα λεπτά ο Δάσκαλος μας ρώτησε τι βλέπαμε.

»"Κύριε", απάντησα, "μια όμορφη γυναίκα εμφανίζεται. Φορά ένα *σάρι* με κόκκινη μπορντούρα και είναι όρθια δίπλα σε μια μπεγκόνια". Όλοι οι άλλοι μαθητές έδωσαν την ίδια περιγραφή. Ο Δάσκαλος στράφηκε στον εργοδότη μου. "Αναγνωρίζεις αυτή τη γυναίκα;".

»"Ναι". Ήταν προφανές ότι ο άντρας πάλευε με συναισθήματα καινούργια για τη φύση του. "Ανόητα μέχρι τώρα ξόδευα τα χρήματά μου γι' αυτήν, αν και έχω μια καλή σύζυγο. Ντρέπομαι για τα κίνητρα που

---

[3] Μέλη ενός συγκεκριμένου Τάγματος μοναχών που τελετουργικά κουβαλούν ένα *νταντά* (ραβδί από μπαμπού) σαν σύμβολο του *Μπραχμά-νταντά* (το «Ραβδί του Μπραχμά») το οποίο στον άνθρωπο είναι η σπονδυλική στήλη. Η αφύπνιση των επτά εγκεφαλονωτιαίων κέντρων συνιστά το αληθινό μονοπάτι προς το Άπειρο.

μ' έφεραν εδώ. Θα με συγχωρήσετε και θα με δεχθείτε ως μαθητή σας;".

»"Αν ζήσεις σωστά και ηθικά για έξι μήνες, θα σε δεχτώ". Ο Δάσκαλος πρόσθεσε: "Αλλιώς δεν θα χρειαστεί να σε μυήσω".

»Για τρεις μήνες ο εργοδότης μου απείχε από τον πειρασμό· μετά ξανάρχισε την προηγούμενη σχέση του με τη γυναίκα. Δύο μήνες αργότερα πέθανε. Έτσι, κατάλαβα τη συγκαλυμμένη προφητεία του γκουρού μου ότι θα ήταν απίθανο να τον μυήσει».

Ο Λαχίρι Μαχασάγια είχε έναν διάσημο φίλο, τον Τραϊλάνγκα Σουάμι, που φημιζόταν ότι ήταν πάνω από τριακοσίων ετών. Οι δύο γιόγκι συχνά κάθονταν μαζί σε διαλογισμό. Η φήμη του Τραϊλάνγκα ήταν τόσο διαδεδομένη που λίγοι ήταν οι Ινδοί που αρνούνταν την πιθανότητα να είναι αληθινή κάθε ιστορία σχετικά με τα εκπληκτικά του θαύματα. Αν ο Χριστός επέστρεφε στη γη και περπατούσε στους δρόμους της Νέας Υόρκης επιδεικνύοντας τις θεϊκές δυνάμεις του, θα προκαλούσε ανάμεσα στους ανθρώπους το ίδιο δέος που ο Τραϊλάνγκα δημιούργησε δεκάδες χρόνια πριν καθώς περπατούσε στους πολυπληθείς δρόμους του Μπενάρες. Ήταν ένας από τους *σίντα* (τελειοποιημένα όντα) που οχύρωσαν την Ινδία από τη φθορά των αξιών που επιφέρει ο χρόνος.

Σε πολλές περιπτώσεις είχαν δει τον σουάμι να πίνει τα πιο θανάσιμα δηλητήρια χωρίς να παθαίνει τίποτα. Χιλιάδες άνθρωποι, συμπεριλαμβανομένων και λίγων που ζουν ακόμα, είδαν τον Τραϊλάνγκα να περπατά πάνω στον Γάγγη. Για συνεχόμενες μέρες καθόταν πάνω στο νερό ή παρέμενε για πολύ μεγάλες περιόδους κρυμμένος κάτω από τα κύματα. Ένα συνηθισμένο θέαμα στο Μανικαρνίκα Γκατ ήταν το ακίνητο σώμα του σουάμι πάνω στα αφόρητα καυτά λιθόστρωτα που ήταν τελείως εκτεθειμένα στον ανελέητο ινδικό ήλιο.

Μ' αυτά τα κατορθώματα ο Τραϊλάνγκα ήθελε να διδάξει στους ανθρώπους ότι η ανθρώπινη ζωή δεν χρειάζεται να εξαρτάται από το οξυγόνο ή από ορισμένες προϋποθέσεις και προφυλάξεις. Είτε ο μεγάλος Δάσκαλος ήταν πάνω στο νερό είτε κάτω απ' αυτό και είτε το σώμα του αντιμετώπιζε τις πυρωμένες ηλιακές ακτίνες είτε όχι, απέδειξε ότι ζούσε με θεϊκή συνειδητότητα: ο Θάνατος δεν μπορούσε να τον αγγίξει.

Ο γιόγκι ήταν μεγάλος όχι μόνο πνευματικά αλλά και στο υλικό επίπεδο. Το βάρος του ξεπερνούσε τα εκατόν σαράντα κιλά: σχεδόν μισό κιλό για κάθε χρόνο της ζωής του! Έτρωγε πολύ σπάνια και γι' αυτόν τον λόγο το μυστήριο γύρω από το πρόσωπό του αυξάνεται. Ένας Δάσκαλος όμως εύκολα αγνοεί όλους τους συνηθισμένους κανόνες που αφορούν την υγεία όταν θέλει να το κάνει για κάποιον ειδικό λόγο, συνήθως έναν λεπτοφυή που μόνο αυτός γνωρίζει.

Οι μεγάλοι άγιοι που έχουν αφυπνιστεί από το συμπαντικό όνειρο της *μάγια* και έχουν συνειδητοποιήσει αυτόν τον κόσμο ως μια ιδέα του Θεϊκού Νου, μπορούν να κάνουν ό,τι θέλουν με το σώμα τους, γνωρίζοντας ότι είναι μια μορφή συμπυκνωμένης ή παγωμένης ενέργειας που μπορεί να αποτελέσει αντικείμενο χειρισμού. Αν και οι επιστήμονες της φυσικής τώρα καταλαβαίνουν ότι η ύλη δεν είναι τίποτα άλλο από στερεοποιημένη ενέργεια, οι φωτισμένοι Δάσκαλοι έχουν περάσει νικηφόρα από τη θεωρία στην πράξη, στο πεδίο του ελέγχου της ύλης.

Ο Τραϊλάνγκα παρέμενε πάντα εντελώς γυμνός. Η ενοχλημένη αστυνομία του Μπενάρες έφτασε να τον θεωρεί ως προβληματικό παιδί που τους δημιουργούσε σύγχυση. Ο σουάμι, σαν τον Αδάμ στον Κήπο της Εδέμ, δεν συνειδητοποιούσε το γεγονός ότι ήταν γυμνός. Η αστυνομία ωστόσο το συνειδητοποιούσε και χωρίς τυπικότητες τον οδηγούσε στη φυλακή. Επακολουθούσε γενική αμηχανία: σύντομα έβλεπαν το πελώριο σώμα του Τραϊλάνγκα, στη συνηθισμένη του πλήρη εικόνα, στην οροφή της φυλακής. Το κελί του, που παρέμενε κλειδωμένο, δεν πρόδιδε κανένα στοιχείο σχετικά με τον τρόπο διαφυγής του.

Οι αποθαρρυμένοι αστυνομικοί εκτέλεσαν το καθήκον τους άλλη μία φορά. Αυτή τη φορά τοποθετήθηκε ένας φρουρός μπροστά στο κελί του σουάμι. Η Δύναμη πάλι υπέκυψε μπροστά στη Δικαιοσύνη: ο μεγάλος Δάσκαλος σύντομα παρατηρήθηκε να περπατά απαθώς πάνω στη στέγη.

Η Θεά της Δικαιοσύνης έχει δεμένα τα μάτια της· στην περίπτωση του Τραϊλάνγκα, η αστυνομία, αφοπλισμένη, αποφάσισε να ακολουθήσει το παράδειγμά της.

Ο μεγάλος γιόγκι τηρούσε τακτικά σιωπή.[4] Παρά το στρογγυλό του πρόσωπο και το τεράστιο, σαν βαρέλι, στομάχι του, ο Τραϊλάνγκα έτρωγε μόνο περιστασιακά. Μετά από εβδομάδες χωρίς φαγητό, σταματούσε τη νηστεία του με δοχεία με ξινόγαλο που του πρόσφεραν οι μαθητές του. Ένας άπιστος, μια φορά, αποφάσισε να αποδείξει ότι ο Τραϊλάνγκα ήταν τσαρλατάνος. Έβαλε μπροστά στον σουάμι έναν μεγάλο κουβά από ασβεστόνερο που χρησιμοποιείται για το άσπρισμα των τοίχων.

«Δάσκαλε», είπε ο υλιστής με προσποιητή ευλάβεια, «σας έφερα λίγο πηχτό ξινόγαλο. Σας παρακαλώ να το πιείτε».

---

[4] Ήταν ένας *μούνι* ή μοναχός που τηρούσε *μάουνα*, πνευματική σιωπή. Το σανσκριτικό *μούνι* συγγενεύει με την ελληνική λέξη *μόνος*, από την οποία πηγάζουν αγγλικές λέξεις όπως *μοναχός* (monk) και *μονισμός* (monism).

Ο Τραϊλάνγκα χωρίς να διστάσει ήπιε όλο τον καυστικό ασβέστη μέχρι την τελευταία σταγόνα. Σε λίγα λεπτά ο κακόβουλος έπεσε στο πάτωμα με φρικτούς πόνους.

«Βοήθεια, Σουάμι, βοήθεια!», φώναξε. «Καίγομαι! Συγχωρήστε τη μοχθηρή μου δοκιμασία!».

Ο μεγάλος γιόγκι έσπασε τη συνηθισμένη σιωπή του. «Εσύ που ήθελες να με χλευάσεις», είπε, «όταν μου πρόσφερες δηλητήριο δεν συνειδητοποίησες ότι η ζωή μου είναι ένα με τη δική σου. Αν δεν ήξερα ότι ο Θεός είναι παρών στο στομάχι μου, όπως και σε κάθε άτομο και μόριο της δημιουργίας, ο ασβέστης θα με είχε σκοτώσει. Τώρα που γνωρίζεις τη θεϊκή έννοια του μπούμερανγκ ποτέ μην ξανακάνεις κόλπα με κανέναν».

Ο αμαρτωλός, που θεραπεύτηκε από τα λόγια του Τραϊλάνγκα, απομακρύνθηκε ασθενικά.

Η αντιστροφή του πόνου δεν ήταν αποτέλεσμα της θέλησης του Δασκάλου, αλλά της λειτουργίας του νόμου της δικαιοσύνης[5] που στηρίζει την κίνηση ακόμα και της πιο μακρινής τροχιάς της δημιουργίας. Ο θεϊκός νόμος λειτουργεί ακαριαία για όλους όσους έχουν φτάσει στη συνειδητοποίηση του Θεού σαν τον Τραϊλάνγκα· έχουν εξαφανίσει για πάντα όλα τα ανατρεπτικά αντίθετα ρεύματα του εγωισμού.

Η πίστη στις αυτόματες ρυθμίσεις της δικαιοσύνης (που συχνά πληρώνονται με αναπάντεχο νόμισμα, όπως στην περίπτωση του Τραϊλάνγκα και του υποψήφιου δολοφόνου), κατευνάζει την απερίσκεπτη αγανάκτησή μας με την ανθρώπινη αδικία. «Σ' εμένα ανήκει η εκδίκηση, εγώ θα ανταποδώσω, λέει ο Κύριος».[6] Τι χρειάζονται τα φτωχικά μέσα του ανθρώπου; Το σύμπαν συνωμοτεί δεόντως για δίκαιη τιμωρία.

Οι αμβλύνοες άνθρωποι αμφιβάλλουν για την αλήθεια της πιθανότητας ύπαρξης θεϊκής δικαιοσύνης, αγάπης, παντογνωσίας, αθανασίας. Αυτές τις αλήθειες τις θεωρούν «ανυπόστατες εικασίες των Γραφών»! Άνθρωποι μ' αυτή την αναίσθητη άποψη, χωρίς να νιώθουν δέος απέναντι στο συμπαντικό θέαμα, θέτουν σε κίνηση στη ζωή τους μια σειρά δυσάρεστων γεγονότων τα οποία τελικά τους αναγκάζουν να αναζητήσουν τη σοφία.

---

[5] Βασιλέων Β΄, Β:19-24. (Στην Αγία Γραφή που περιλαμβάνει τέσσερα κεφάλαια Βασιλειών, η περικοπή βρίσκεται στο Βασιλειών Δ΄ Β:19-24.) Αφού ο Ηλίας έκανε το θαύμα της «ίασης των υδάτων» στην Ιεριχώ, μερικά παιδιά τον κορόιδεψαν. «Και βγήκαν από το δάσος δύο αρκούδες και κατασπάραξαν απ' αυτά σαράντα δύο παιδιά».

[6] Προς Ρωμαίους ΙΒ:19.

Ο Ιησούς αναφέρθηκε στην παντοδυναμία του πνευματικού νόμου όταν μπήκε θριαμβευτικά στην Ιερουσαλήμ. Καθώς οι μαθητές και το πλήθος υμνούσαν το Θεό με χαρά και κραύγαζαν «Ειρήνη εν ουρανώ και δόξα εν υψίστοις», κάποιοι Φαρισαίοι παραπονέθηκαν για το αναξιοπρεπές θέαμα. «Δάσκαλε», είπαν, «επίπληξε τους μαθητές σου».

Ο Ιησούς όμως απάντησε: «Σας λέω ότι αν αυτοί σιωπήσουν, οι πέτρες θα φωνάξουν αμέσως».[7]

Μ' αυτή την επίπληξη στους Φαρισαίους, ο Χριστός τόνιζε ότι η θεϊκή δικαιοσύνη δεν είναι μια μεταφορική αφηρημένη έννοια και ότι ο άνθρωπος της ειρήνης, ακόμα κι αν η γλώσσα του κοπεί από τη ρίζα της, και πάλι θα βρει τρόπο να μιλήσει και θα βρει υπεράσπιση από το θεμελιώδες υπόβαθρο της δημιουργίας, την ίδια την τάξη του σύμπαντος.

«Σκέφτεστε», εννοούσε ο Ιησούς, «να κάνετε τους ανθρώπους της ειρήνης να σωπάσουν; Μπορεί επίσης να ελπίζετε να πνίξετε τη φωνή του Θεού, του Οποίου ακόμα και οι πέτρες τραγουδούν τη δόξα και την πανταχού παρουσία. Θα απαιτήσετε να μη γιορτάζουν οι άνθρωποι προς τιμήν της ειρήνης του παραδείσου; Θα τους συμβουλέψετε να μαζεύονται σε πλήθη και να εκφράζουν την ενότητά τους μόνο σε περιπτώσεις πολέμου στη γη; Τότε ετοιμαστείτε, Φαρισαίοι, να υπερβείτε τα θεμέλια του κόσμου· γιατί ευγενείς πολίτες, καθώς και πέτρες ή η γη και το νερό και η φωτιά και ο αέρας θα ξεσηκωθούν εναντίον σας για να μαρτυρήσουν τη θεϊκή αρμονία στη δημιουργία».

Ο Τραϊλάνγκα, ο γιόγκι που έμοιαζε στον Χριστό, παραχώρησε μια φορά την ευλογία του στον *σέτζο μάνα* μου (θείο από τη μεριά της Μητέρας). Ένα πρωί ο θείος είδε τον Δάσκαλο ανάμεσα σ' ένα πλήθος πιστών στα *γκατ* του Μπενάρες. Κατάφερε να πλησιάσει τον Τραϊλάνγκα και ταπεινά να αγγίξει τα πόδια του γιόγκι. Ο θείος, κατάπληκτος, διαπίστωσε ότι είχε ακαριαία ελευθερωθεί από μια οδυνηρή χρόνια ασθένεια.[8]

Από τους μαθητές του σπουδαίου γιόγκι, μόνο μια γυναίκα μαθήτρια είναι γνωστό ότι ζει ακόμα, η Σάνκαρι Μάι Τζιού.[9] Κόρη ενός από

---

[7] Κατά Λουκά ΙΘ:37-40.

[8] Η ζωή του Τραϊλάνγκα και άλλων μεγάλων Δασκάλων μάς θυμίζει τα λόγια του Ιησού: «Και αυτά τα σημάδια θα ακολουθούν αυτούς που πιστεύουν: Στο όνομά μου [την κατά Χριστόν Συνειδητότητα] θα εκβάλλουν δαίμονες· θα μιλούν νέες γλώσσες· φίδια θα πιάνουν· και εάν πιουν κάτι θανάσιμο, δεν θα τους βλάψει· σε αρρώστους θα επιθέτουν τα χέρια και θα θεραπεύουν». – Κατά Μάρκο ΙΣΤ:17-18.

[9] Στη βεγγαλική γλώσσα το μόριο «τζι» προφέρεται έτσι, δηλώνοντας σεβασμό.

Μια *γιογκίνι* (γυναίκα γιόγκι), η Σάνκαρι Μάι Τζιού, η μοναδική εν ζωή μαθήτρια του Σουάμι Τραϊλάνγκα. Φαίνεται εδώ (με τρεις εκπροσώπους του YSS σχολείου του Ραντσί) στην *Κούμπα Μέλα* στο Χάρντγουαρ, το 1938· η *γιογκίνι* ήταν τότε 112 ετών.

τους μαθητές του Τραϊλάνγκα, εκπαιδεύτηκε από τον σουάμι από πολύ μικρή ηλικία. Έζησε για σαράντα χρόνια σε μια σειρά σπηλιών των Ιμαλαΐων κοντά στο Μπαντρινάτ, στο Κενταρνάτ, στο Αμαρνάτ και στο Πασουπατινάτ. Η *μπραματσαρίνι* (γυναίκα ασκητής), που γεννήθηκε το 1826, είναι τώρα πολύ μεγαλύτερη από εκατό ετών. Στην εμφάνιση όμως δεν δείχνει γερασμένη, έχει κρατήσει τα μαύρα μαλλιά της, τα κάτασπρα δόντια της και μια εκπληκτική ενέργεια. Βγαίνει από την απομόνωσή της κάθε λίγα χρόνια για να παρακολουθήσει τις περιοδικές *μέλα* ή θρησκευτικές τελετές.

Αυτή η γυναίκα αγία συχνά επισκεπτόταν τον Λαχίρι Μαχασάγια. Αφηγήθηκε ότι μια μέρα, στην περιοχή Μπάρακπορ, κοντά στην Καλκούτα, καθώς καθόταν στο πλευρό του Λαχίρι Μαχασάγια, ο μεγάλος γκουρού Μπάμπατζι μπήκε ήσυχα στο δωμάτιο και συνομίλησε μαζί τους. «Ο αθάνατος Δάσκαλος φορούσε ένα βρεγμένο ρούχο», θυμάται, «σαν να είχε μόλις βγει από μια βουτιά στο ποτάμι. Με ευλόγησε με μερικές πνευματικές συμβουλές».

Ο Τραϊλάνγκα, σε μια περίσταση στο Μπενάρες, εγκατέλειψε τη συνηθισμένη του σιωπή για να αποτίσει δημοσίως φόρο τιμής στον Λαχίρι Μαχασάγια. Ένας από τους μαθητές του Τραϊλάνγκα διαμαρτυρήθηκε.

«Κύριε», είπε, «γιατί εσείς, ένας σουάμι και απαρνητής, δείχνετε τόσο σεβασμό για έναν οικογενειάρχη;».

«Γιε μου», απάντησε ο Τραϊλάνγκα, «ο Λαχίρι Μαχασάγια είναι σαν ουράνια γατούλα, παραμένοντας όπου τον έβαλε η Συμπαντική Μητέρα. Ενώ παίζει τον ρόλο του εγκόσμιου ανθρώπου και εκτελεί τα σχετικά καθήκοντα, έχει φτάσει σ' αυτήν την τέλεια συνειδητοποίηση του Εαυτού του την οποία εγώ αναζήτησα με την απάρνηση των πάντων – ακόμα και του περιζώματός μου!».

ΚΕΦΑΛΑΙΟ 32

# Ο Ράμα, από Νεκρός, Ανασταίνεται

«"Ήταν κάποιος ασθενής, με το όνομα Λάζαρος. [...] Και όταν το άκουσε ο Ιησούς είπε· Αυτή η ασθένεια δεν είναι για θάνατο, αλλά υπέρ της δόξας του Θεού, για να δοξασθεί ο Υιός του Θεού μέσω αυτής"».[1]

Ο Σρι Γιουκτέσβαρ εξηγούσε τις χριστιανικές Γραφές ένα ηλιόλουστο πρωινό στο μπαλκόνι του ερημητηρίου στο Σεράμπουρ. Εκτός από λίγους ακόμα μαθητές του Δασκάλου, ήμουν κι εγώ παρών μαζί με μια μικρή ομάδα μαθητών μου από το Ραντσί.

«Σ' αυτήν την περικοπή ο Ιησούς αποκαλεί τον εαυτό του τον Υιό του Θεού. Αν και ήταν αληθινά ενωμένος με το Θεό, η αναφορά του εδώ έχει μια βαθιά, απρόσωπη έννοια», εξήγησε ο γκουρού μου. «Ο Υιός του Θεού είναι η κατά Χριστόν ή Θεϊκή Συνειδητότητα στον άνθρωπο. Κανείς *θνητός* δεν μπορεί να δοξάσει το Θεό. Η μόνη τιμή που μπορεί να προσφέρει κάποιος στο Θεό είναι να Τον αναζητήσει· ο άνθρωπος δεν μπορεί να δοξάσει μια Αφηρημένη Έννοια που δεν γνωρίζει. Η "δόξα" ή το φωτοστέφανο γύρω από το κεφάλι των αγίων είναι μια συμβολική μαρτυρία της *δυνατότητάς* τους να αποτίσουν θεϊκή τιμή».

Ο Σρι Γιουκτέσβαρ συνέχισε να διαβάζει τη θαυμάσια ιστορία της ανάστασης του Λαζάρου. Όταν ολοκλήρωσε την ομιλία του, ο Δάσκαλος έπεσε σε μια παρατεταμένη σιωπή, με το ιερό βιβλίο ανοιχτό πάνω στα πόδια του.

«Κι εγώ είχα την τιμή να παρακολουθήσω ένα παρόμοιο θαύμα». Ο γκουρού μου τελικά μίλησε με σοβαρό, κατανυκτικό ύφος. «Ο Λαχίρι Μαχασάγια ανέστησε έναν νεκρό φίλο μου».

Οι νεαροί δίπλα μου χαμογέλασαν με ζωηρό ενδιαφέρον. Και μέσα μου όμως επίσης υπήρχε ο νεανικός ενθουσιασμός με τον οποίο απολάμβανα όχι μόνο τη φιλοσοφία αλλά και ειδικά κάθε ιστορία που διηγόταν ο Σρι Γιουκτέσβαρ σχετικά με τις θαυμαστές εμπειρίες που είχε με τον γκουρού του.

---

[1] Κατά Ιωάννη ΙΑ:1-4.

*Ο Ράμα, από Νεκρός, Ανασταίνεται*

«Ο φίλος μου ο Ράμα κι εγώ ήμαστε αχώριστοι», ξεκίνησε ο Δάσκαλος την αφήγηση. «Επειδή ήταν ντροπαλός και εσωστρεφής, επέλεγε να επισκέπτεται τον γκουρού μας, τον Λαχίρι Μαχασάγια, μόνο κατά τη διάρκεια των ωρών ανάμεσα στα μεσάνυχτα και την αυγή, όταν το πλήθος των μαθητών της ημέρας απουσίαζε. Καθώς ήμουν ο πιο στενός φίλος του Ράμα, μου εκμυστηρευόταν πολλές από τις βαθιές πνευματικές εμπειρίες του. Έβρισκα έμπνευση με την ιδεώδη συντροφιά του». Το πρόσωπο του γκουρού μου μαλάκωσε από τις αναμνήσεις.

«Ο Ράμα ξαφνικά μπήκε σε βαριά δοκιμασία», συνέχισε ο Σρι Γιουκτέσβαρ. «Κόλλησε ασιατική χολέρα. Καθώς ο Δάσκαλός μας ποτέ δεν έφερνε αντίρρηση να συμβουλευόμαστε γιατρούς σε σοβαρές αρρώστιες, καλέσαμε δύο ειδικούς. Ανάμεσα στις αλλόφρονες προσπάθειές μου να φροντίσω τον βαριά άρρωστο φίλο μου, προσευχόμουν βαθιά στον Λαχίρι Μαχασάγια για τη βοήθειά του. Έτρεξα στο σπίτι του και του είπα με αναφιλητά την ιστορία.

»"Οι γιατροί προσέχουν τον Ράμα. Θα γίνει καλά". Ο γκουρού μου χαμογέλασε πρόσχαρα.

»Γύρισα ανακουφισμένος στο προσκεφάλι του φίλου μου, αλλά είδα ότι πέθαινε.

»"Δεν μπορεί να αντέξει πάνω από μία ή δύο ώρες", μου είπε ένας από τους γιατρούς με μια χειρονομία απελπισίας. Άλλη μια φορά έτρεξα στον Λαχίρι Μαχασάγια.

»"Οι γιατροί είναι ευσυνείδητοι άνθρωποι. Είμαι σίγουρος ότι ο Ράμα θα γίνει καλά". Ο Δάσκαλος με έδιωξε αμέριμνα.

»Στο σπίτι του Ράμα, διαπίστωσα ότι και οι δύο γιατροί έλειπαν. Ο ένας μου είχε αφήσει ένα σημείωμα: "Κάναμε ό,τι μπορούσαμε, αλλά δεν υπάρχει καμία ελπίδα".

»Ο φίλος μου ήταν πράγματι η προσωποποίηση του ετοιμοθάνατου ανθρώπου. Δεν καταλάβαινα πώς γινόταν να μη βγουν αληθινά τα λόγια του Λαχίρι Μαχασάγια, αλλά βλέποντας τη ζωή του Ράμα να σβήνει γρήγορα, έλεγα στον εαυτό μου: "Όλα τελείωσαν τώρα". Ταλαντευόμενος ανάμεσα σε κύματα πίστης και αμφιβολίας, φρόντισα τον φίλο μου όσο καλύτερα μπορούσα. Σηκώθηκε και φώναξε:

»"Γιουκτέσβαρ, τρέξε στον Δάσκαλο και πες του ότι πέθανα. Ζήτα του να ευλογήσει το σώμα μου πριν τις τελευταίες τελετές". Μ' αυτά τα λόγια ο Ράμα αναστέναξε βαθιά και παρέδωσε το πνεύμα του.[2]

---

[2] Ένα θύμα της χολέρας έχει συχνά τα λογικά του και πλήρη συναίσθηση μέχρι τη στιγμή του

»Έκλαψα για μια ώρα δίπλα του. Πάντα αγαπούσε την ησυχία· τώρα βρέθηκε στην έσχατη σιωπή του θανάτου. Άλλος ένας μαθητής μπήκε μέσα· του ζήτησα να παραμείνει στο σπίτι μέχρι να επιστρέψω. Μέσα σε παραζάλη, σύρθηκα πίσω στον γκουρού μου.

»"Πώς είναι ο Ράμα τώρα;" Το πρόσωπο του Λαχίρι Μαχασάγια ήταν γεμάτο χαμόγελα.

»"Κύριε, θα δείτε πώς είναι", μίλησα απότομα, φορτισμένος συναισθηματικά. "Σε λίγες ώρες θα δείτε το σώμα του πριν μεταφερθεί στο κρεματόριο". Συντετριμμένος, στέναζα απροκάλυπτα.

»"Γιουκτέσβαρ, έλεγξε τον εαυτό σου. Κάθισε ήσυχα και διαλογίσου". Ο γκουρού πέρασε στο *σαμάντι*. Το απόγευμα και η νύχτα πέρασαν με αδιάσπαστη σιωπή· πάσχιζα ανεπιτυχώς να ανασυνταχθώ εσωτερικά.

»Το πρωί ο Λαχίρι Μαχασάγια με κοίταξε παρηγορητικά. "Βλέπω πως ακόμα είσαι ταραγμένος. Γιατί δεν μου εξήγησες εχθές ότι περίμενες από μένα να δώσω στον Ράμα ένα απτό βοήθημα με τη μορφή κάποιου φαρμάκου; Ο Δάσκαλος έδειξε μία λάμπα που περιείχε καστορέλαιο. "Γέμισε ένα μπουκαλάκι από το λάδι της λάμπας· βάλε επτά σταγόνες στο στόμα του Ράμα".

»"Κύριε", αντέτεινα, "είναι νεκρός από χθες το μεσημέρι. Πώς μπορεί να χρησιμεύσει το λάδι τώρα;".

»"Μη σκοτίζεσαι, κάνε μόνο αυτό που σου λέω". Η χαρούμενη διάθεση του γκουρού μου ήταν ακατανόητη για μένα· ήμουν ακόμα σε μια φρικτή οδύνη πένθους που δεν είχε καταπραϋνθεί. Παίρνοντας μια μικρή ποσότητα λαδιού, έφυγα για το σπίτι του Ράμα.

»Βρήκα το σώμα του φίλου μου άκαμπτο από τον θάνατο. Μη δίνοντας σημασία στη αποτρόπαια εμφάνισή του, άνοιξα τα χείλη του με τον δεξί μου δείκτη και κατάφερα, με το αριστερό μου χέρι και τη βοήθεια του φελλού, να ρίξω το λάδι σταγόνα-σταγόνα πάνω στα γερά σφιγμένα δόντια του. Καθώς η έβδομη σταγόνα άγγιξε τα κρύα του χείλη, ο Ράμα άρχισε να τρέμει βίαια. Οι μύες του από το κεφάλι ως τα πόδια δονούνταν καθώς ανασηκώθηκε με απορία.

»"Είδα τον Λαχίρι Μαχασάγια σε μια λάμψη φωτός!", φώναξε. Έλαμπε σαν τον ήλιο. "Σήκω, άσε τον ύπνο σου", με διέταξε. "Έλα με τον Γιουκτέσβαρ να με δείτε".

»Δεν μπορούσα να πιστέψω στα μάτια μου όταν είδα τον Ράμα να

---

θανάτου.

*Ο Ράμα, από Νεκρός, Ανασταίνεται*

ντύνεται και να είναι αρκετά δυνατός, μετά τη μοιραία αυτή ασθένεια, ώστε να μπορεί να περπατήσει ως το σπίτι του γκουρού μας. Εκεί έπεσε στα πόδια του Λαχίρι Μαχασάγια με δάκρυα ευγνωμοσύνης.

»Ο Δάσκαλος ήταν η ευθυμία προσωποποιημένη. Τα μάτια του άστραψαν σκανταλιάρικα καθώς με κοίταξε.

»"Γιουκτέσβαρ", είπε, "σίγουρα από εδώ και πέρα θα έχεις πάντα μαζί σου ένα μπουκάλι με καστορέλαιο. Όποτε βλέπεις ένα πτώμα, απλώς χρησιμοποίησε το λάδι. Διότι επτά σταγόνες λαδιού της λάμπας σίγουρα θα υπερνικήσουν τη δύναμη του Γιάμα!".[3]

»"Γκούρουτζι, με κοροϊδεύετε. Δεν καταλαβαίνω· σας παρακαλώ, δείξτε μου τη φύση του σφάλματός μου".

»"Σου είπα δύο φορές ότι ο Ράμα θα γινόταν καλά· ωστόσο δεν μπορούσες να με πιστέψεις τελείως", εξήγησε ο Λαχίρι Μαχασάγια. "Δεν εννοούσα ότι οι γιατροί θα μπορούσαν να τον σώσουν· παρατήρησα απλώς ότι ήταν κοντά του και τον βοηθούσαν. Δεν ήθελα να αναμειχθώ στη δουλειά των γιατρών· κι εκείνοι πρέπει να ζήσουν". Με μια φωνή που αντηχούσε ζωή, ο γκουρού μου πρόσθεσε: "Πάντα να ξέρεις ότι το παντοδύναμο Παραμάτμαν[4] μπορεί να θεραπεύσει τους πάντες, είτε υπάρχει γιατρός είτε όχι".

»"Βλέπω το λάθος μου", αναγνώρισα με τύψεις. "Βλέπω τώρα ότι μία και μοναδική σας λέξη αρκεί για να δεσμεύσει ολόκληρο το σύμπαν"».

Όταν ο Σρι Γιουκτέσβαρ ολοκλήρωσε τη γεμάτη δέος ιστορία, ένας από τους μικρούς μαθητές του Ραντσί τόλμησε να κάνει μια ερώτηση η οποία, από ένα μικρό παιδί, ήταν διπλά δικαιολογημένη.

«Κύριε, γιατί ο γκουρού σας έστειλε καστορέλαιο;».

«Παιδί μου, το λάδι δεν είχε κανένα ειδικό νόημα. Επειδή περίμενα κάτι υλικό, ο Λαχίρι Μαχασάγια διάλεξε τη διπλανή λάμπα σαν ένα αντικειμενικό σύμβολο για να αφυπνίσει μέσα μου μεγαλύτερη πίστη. Ο Δάσκαλος άφησε τον Ράμα να πεθάνει γιατί είχα αμφιβολίες. Ο θεϊκός γκουρού όμως ήξερε ότι αφού είχε πει ότι ο μαθητής θα γινόταν καλά, η ίαση έπρεπε να επέλθει, ακόμα κι αν έπρεπε να θεραπεύσει τον Ράμα από το θάνατο, μια συνήθως ανίατη ασθένεια!».

Ο Σρι Γιουκτέσβαρ είπε στην ομάδα να φύγει και μου έκανε νεύμα να καθίσω σε μια κουβέρτα στα πόδια του.

«Γιογκανάντα», είπε με ασυνήθιστη σοβαρότητα, «από τότε που

---

[3] Ο Θεός του θανάτου.
[4] Κατά κυριολεξία «Υπέρτατη Ψυχή».

γεννήθηκες ήσουν περιτριγυρισμένος από άμεσους μαθητές του Λαχίρι Μαχασάγια. Ο μεγάλος Δάσκαλος έζησε την ανυπέρβλητη ζωή του σε μερική απομόνωση και αρνιόταν επίμονα να επιτρέψει στους οπαδούς του να ιδρύσουν οποιαδήποτε οργάνωση σχετικά με τις διδασκαλίες του. Έκανε όμως μια σημαντική πρόβλεψη.

»"Περίπου πενήντα χρόνια μετά το θάνατο της σάρκας μου", είπε, "η ιστορία της ζωής μου θα γραφτεί εξαιτίας ενός μεγάλου ενδιαφέροντος για τη γιόγκα που θα εγερθεί στη Δύση. Το μήνυμα της γιόγκα θα φτάσει στα πέρατα της υφηλίου. Θα βοηθήσει στην εδραίωση της αδελφοσύνης ανάμεσα στους ανθρώπους: μια ενότητα που θα βασίζεται στην άμεση αντίληψη του Ενός Πατέρα από την ανθρωπότητα".

»Γιε μου, Γιογκανάντα», συνέχισε ο Σρι Γιουκτέσβαρ, «πρέπει να παίξεις τον δικό σου ρόλο για τη διάδοση αυτού του μηνύματος και να γράψεις γι' αυτήν την ιερή ζωή».

Τα πενήντα χρόνια μετά το θάνατο του Λαχίρι Μαχασάγια, το 1895, συμπληρώθηκαν το 1945, δηλαδή τον χρόνο της ολοκλήρωσης αυτού του βιβλίου. Δεν μπορώ παρά να μείνω κατάπληκτος από τη σύμπτωση ότι το 1945 ήταν η απαρχή μιας νέας εποχής – της εποχής των επαναστατικών ατομικών ενεργειών. Όλοι οι σκεπτόμενοι άνθρωποι στρέφονται όπως ποτέ ξανά στα επείγοντα προβλήματα της ειρήνης και της αδελφοσύνης, μήπως και η συνεχής χρήση της υλικής βίας εξαφανίσει όλους τους ανθρώπους, μαζί με τα προβλήματα.

Αν και τα έργα της ανθρώπινης φυλής εξαφανίζονται χωρίς να αφήνουν ίχνη από τον χρόνο και τις βόμβες, ο ήλιος δεν σταματά την πορεία του· τα αστέρια συνεχίζουν τη σταθερή ολονυκτία τους. Ο συμπαντικός νόμος δεν μπορεί να σταματήσει ή να αλλάξει και οι άνθρωποι καλά θα κάνουν να εναρμονιστούν μ' αυτόν. Αν το σύμπαν είναι κατά της βίας, αν ο ήλιος δεν μάχεται στον ουρανό με τους πλανήτες αλλά αποσύρεται έγκαιρα για να παραχωρήσει στ' αστέρια τη μικρή τους κυριαρχία, τι χρησιμότητα έχει ο απειλητικός πολεμικός εξοπλισμός μας; Θα έρθει κάποια ειρήνη απ' αυτόν; Δεν είναι η βαναυσότητα, αλλά η καλή θέληση που υποστηρίζει τις συμπαντικές δυνάμεις· μια ανθρωπότητα σε ειρήνη θα γνωρίσει τους ατέλειωτους καρπούς της νίκης, που είναι γλυκύτεροι από κάθε τι που φυτρώνει από το αίμα της γης.

Η αποτελεσματική Κοινωνία των Εθνών θα είναι μια φυσική, χωρίς όνομα, ένωση όλων των ανθρώπινων καρδιών. Η ευρεία συμπόνια και η οξυδερκής ενόραση που χρειάζονται για να θεραπευτούν τα φρικτά γήινα βάσανα δεν μπορούν να έρθουν από μια απλή διανοητική μελέτη των ανθρώπινων ανομοιοτήτων, αλλά από τη γνώση της πιο βαθιάς ενότητας των ανθρώπων – της συγγένειάς τους με το Θεό. Για τη συνειδητοποίηση του ανώτατου ιδανικού του κόσμου –της ειρήνης μέσω της αδελφοσύνης– είθε η γιόγκα, η επιστήμη της προσωπικής κοινωνίας με το Θεό, να εξαπλωθεί με τον καιρό σε όλους τους ανθρώπους σε όλες τις χώρες.

Αν και η Ινδία διαθέτει έναν πολιτισμό πιο αρχαίο από κάθε άλλη χώρα, λίγοι ήταν οι ιστορικοί που κατάλαβαν ότι το κατόρθωμα της επιβίωσής της δεν αποτελεί καθόλου απλή σύμπτωση, αλλά ένα λογικό γεγονός που προέκυψε από την αφοσίωση στις αιώνιες αλήθειες τις οποίες η Ινδία έχει προσφέρει μέσω των καλύτερών της ανδρών σε κάθε γενιά. Με την αμιγή και αμετάβλητη συνέχεια της ύπαρξής της μέσα στους αιώνες (αλήθεια, θα μπορούσαν οι καθηγητές με τα σκονισμένα βιβλία τους να μας πουν πόσους αιώνες;) η Ινδία έδωσε την πιο άξια απάντηση απ' όλους τους ανθρώπους στην πρόκληση του χρόνου.

Η βιβλική ιστορία της ικεσίας του Αβραάμ στον Κύριο[5] να μην καταστρέψει την πόλη Σόδομα αν βρίσκονταν δέκα ενάρετοι άνθρωποι μέσα σ' αυτήν και η Θεϊκή Απάντηση: «Δεν θα την καταστέψω χάρη στους δέκα», παίρνει νέα σημασία αν τη συσχετίσουμε με την επιβίωση της Ινδίας. Πέρασαν πια οι αυτοκρατορίες των δυνατών εθνών που ήταν καταρτισμένες στις πολεμικές τέχνες, οι οποίες κάποτε ήταν σύγχρονες της Ινδίας: της Αιγύπτου, της Βαβυλωνίας, της Ελλάδας, της Ρώμης.

Η απάντηση του Κυρίου δείχνει καθαρά ότι μια χώρα ζει, όχι δυνάμει των υλικών επιτευγμάτων της, αλλά δυνάμει των ανθρώπων-αριστουργημάτων της.

Ας ακουστούν και πάλι τα θεϊκά λόγια, σ' αυτόν τον εικοστό αιώνα που δύο φορές βάφτηκε στο αίμα πριν ακόμα διανύσει τη μισή του διάρκεια: Κάθε έθνος που θα μπορεί να παρουσιάσει δέκα ανθρώπους που να είναι σπουδαίοι στα μάτια του Αδωροδόκητου Δικαστή δεν θα γνωρίσει ποτέ την εξαφάνιση.

Προσέχοντας αυτές τις διδαχές, η Ινδία έχει αποδείξει ότι πάντα διέθετε σωφροσύνη απέναντι στις χιλιάδες πανουργίες του Χρόνου. Δάσκαλοι που έφτασαν στη συνειδητοποίηση του Εαυτού τους σε κάθε αιώνα έχουν καθαγιάσει το έδαφός της. Σύγχρονοι άγιοι σαν τον Χριστό, όπως ο Λαχίρι Μαχασάγια και ο Σρι Γιουκτέσβαρ, ορθώνονται

---

[5] Γένεση ΙΗ:23-32.

για να διακηρύξουν ότι η γνώση της γιόγκα, της επιστήμης της συνειδητοποίησης του Θεού, είναι ζωτική για την ευτυχία του ανθρώπου και για τη μακροβιότητα ενός έθνους.

Πολύ λίγες πληροφορίες σχετικά με τη ζωή του Λαχίρι Μαχασάγια και το οικουμενικό δόγμα του έχουν εμφανιστεί σε γραπτά.⁶ Για τρεις δεκαετίες στην Ινδία, στην Αμερική και στην Ευρώπη, βρήκα ανθρώπους με βαθύ και ειλικρινές ενδιαφέρον για το μήνυμά του της λυτρωτικής γιόγκα· μια γραπτή αφήγηση της ζωής του Δασκάλου, όπως ακριβώς προέβλεψε, χρειάζεται τώρα πια στη Δύση, όπου η ζωή των σύγχρονων μεγάλων γιόγκι είναι ελάχιστα γνωστή.

Ο Λαχίρι Μαχασάγια γεννήθηκε στις 30 Σεπτεμβρίου 1828, σε μια θεοσεβή οικογένεια αρχαίας καταγωγής που ανήκε στην κάστα των Βραχμάνων. Η γενέτειρά του ήταν το χωριό Γκούρνι (Ghurni) στην περιοχή Νάντια κοντά στο Κρισναναγκάρ (Krishnanagar), στη Βεγγάλη. Ήταν ο μόνος γιος της Μουκτακάσι, δεύτερης συζύγου του τιμημένου Γκαούρ Μοχάν Λαχίρι (του οποίου η πρώτη σύζυγος, αφού γέννησε τρεις γιους, πέθανε κατά τη διάρκεια ενός προσκυνήματος). Η μητέρα του αγοριού πέθανε όταν ακόμα αυτό ήταν μικρό παιδί. Έχουμε λίγες πληροφορίες για εκείνη, εκτός από ένα αποκαλυπτικό γεγονός: ήταν μια ένθερμη πιστή του Κυρίου Σίβα,⁷ ο οποίος στις Γραφές έχει

---

⁶ Μια σύντομη βιογραφία στη βεγγαλική γλώσσα, η *Sri Sri Syama Charan Lahiri Mahasaya* («Σρι Σρι Σιάμα Τσαράν Λαχίρι Μαχασάγια»), εμφανίστηκε το 1941 από τον Swami Satyananda. Από τις σελίδες του έχω μεταφράσει λίγες παραγράφους γι' αυτό το τμήμα σχετικά με τον Λαχίρι Μαχασάγια.

⁷ Ένας από την τριάδα του Θεού: Μπραχμά, Βισνού, Σίβα, των οποίων το οικουμενικό έργο είναι αντίστοιχα αυτό της δημιουργίας, της συντήρησης και της διάλυσης-αποκατάστασης. Ο Σίβα, που απεικονίζεται στη μυθολογία ως ο Κύριος των Απαρνητών, εμφανίζεται σε οράματα στους πιστούς Του με διάφορες μορφές, όπως ο Μαχαντέβα ο Ασκητής με τα μπερδεμένα μαλλιά και ο Ναταρατζά, ο Συμπαντικός Χορευτής.

Ο Κύριος ως Σίβα ή Καταστροφέας είναι, στον νου πολλών ανθρώπων, μια δύσκολη σύλληψη. Στη *Μαχιμναστάβα (Mahimnastava)*, έναν ύμνο από τον Puspadanta, έναν πιστό του Σίβα, ο ποιητής ρωτά με πόνο: «Γιατί δημιούργησες τους κόσμους μόνο για να τους καταστρέψεις;». Ένας στίχος της *Μαχιμναστάβα* (που μεταφράστηκε στα Αγγλικά από τον Άρθουρ Άβαλον - Arthur Avalon) αναφέρει:

«Με τη σφραγίδα των ποδιών Σου η ασφάλεια στη γη έγινε ένας ξαφνικός κίνδυνος,
Με την κίνηση των χεριών Σου, δυνατών σαν βέργες σιδήρου,
Τα αστέρια στον αιθέρα διασκορπίστηκαν.
Μαστιγωμένοι από τα λυτά μαλλιά Σου οι ουρανοί προβληματίστηκαν.
Αλήθεια, χόρεψες υπέροχα!
Το να βασανίζεις όμως τον κόσμο με σκοπό να τον σώσεις –
Τι μυστήριο είναι αυτό;»

Ο αρχαίος ποιητής όμως ολοκληρώνει τον ύμνο:

τον τίτλο «ο Βασιλιάς των Γιόγκι».

Το αγόρι, του οποίου το πλήρες όνομα ήταν Σιάμα Τσαράν Λαχίρι, πέρασε τα παιδικά του χρόνια στην οικία των προγόνων του, στο Γκούρνι. Κατά την ηλικία των τριών ή τεσσάρων ετών, συχνά τον παρατηρούσαν να κάθεται μέσα στην άμμο σε μια συγκεκριμένη στάση γιόγκα, με καλυμμένο όλο του το σώμα μέσα σ' αυτήν εκτός από το κεφάλι.

Η ιδιοκτησία των Λαχίρι καταστράφηκε τον χειμώνα του 1833, όταν άλλαξε η ροή του παρακείμενου ποταμού Τζαλάνγκι και εξαφανίστηκε στα βάθη του Γάγγη. Ένας από τους ναούς του Σίβα που έχτισε η οικογένεια Λαχίρι παρασύρθηκε από το ποτάμι, μαζί με το οικογενειακό τους σπίτι. Ένας πιστός έσωσε το πέτρινο ομοίωμα του Κυρίου Σίβα από τα στροβιλιζόμενα νερά και το έβαλε σ' έναν νέο ναό, που τώρα είναι ονομαστός ως το Ghurni Shiva Site.

Ο Γκαούρ Μοχάν Λαχίρι και η οικογένειά του έφυγαν από το Γκούρνι και έγιναν κάτοικοι του Μπενάρες, όπου ο πατέρας αμέσως έχτισε έναν ναό του Σίβα. Καθοδηγούσε την οικογένειά του σύμφωνα με τις βεδικές αρχές πειθαρχίας, με τακτική τήρηση των τελετών προσκυνήματος, με φιλανθρωπικές πράξεις και μελέτη των Γραφών. Δίκαιος και ανοιχτόμυαλος ωστόσο, δεν αγνοούσε το ευεργετικό ρεύμα των σύγχρονων ιδεών.

Το αγόρι Λαχίρι έμαθε Ινδικά και Ουρντού σε ομάδες μελέτης στο Μπενάρες. Πήγε σ' ένα σχολείο στο οποίο διευθυντής ήταν ο Τζόι Ναραγιάν Γκοσάλ, όπου διδάχθηκε Σανσκριτικά, Βεγγαλικά, Γαλλικά και Αγγλικά. Ενασχολούμενος με πολλή μελέτη των Βεδών, ο νεαρός γιόγκι άκουγε με ενθουσιασμό συζητήσεις σχετικά με τις Γραφές από μορφωμένους Βραχμάνους, συμπεριλαμβανομένου και ενός ειδήμονα του Μαράτα με το όνομα Νάγκ-Μπατά.

Ο Σιάμα Τσαράν ήταν καλός, ευγενικός και θαρραλέος νεαρός, αγαπητός σε όλους τους φίλους του. Μ' ένα σώμα με σωστές αναλογίες, υγιές και δυνατό, αρίστευσε στην κολύμβηση και έκανε πολλά κατορθώματα που απαιτούσαν επιδεξιότητα στα χέρια.

Το 1846 ο Σιάμα Τσαράν Λαχίρι παντρεύτηκε τη Σρίματι Κάσι Μόνι, θυγατέρα του Σρι Ντεμπναράγιαν Σανιάλ. Μια ιδεώδης Ινδή σπιτονοικοκυρά, η Κάσι Μόνι εκτελούσε με χαρά όλα τα οικιακά

---

«Μεγάλη είναι η διαφορά μεταξύ του δικού μου νου –
Που είναι ικανός να καταλαβαίνει πολύ λίγα και υπόκειται στα βάσανα–
Και της δικής Σου αιώνιας δόξας, που ξεπερνά όλες τις αρετές!».

καθήκοντά της και τηρούσε την υποχρέωση της οικοδέσποινας να υπηρετεί τους επισκέπτες και τους φτωχούς. Δύο γιοι με άγια φύση, ο Τινκαουρί και ο Ντουκαουρί, καθώς και δύο κόρες, ευλογούσαν την ομάδα της οικογένειας. Στην ηλικία των είκοσι τριών ετών, το 1851, ο Λαχίρι Μαχασάγια προσλήφθηκε ως λογιστής στο Στρατιωτικό Τμήμα Μηχανικού της βρετανικής κυβέρνησης. Πήρε πολλές προαγωγές κατά τη διάρκεια των καθηκόντων του. Έτσι, δεν ήταν μόνο ένας φωτισμένος Δάσκαλος στα μάτια του Θεού, αλλά και επιτυχημένος στο μικρό ανθρώπινο θεατρικό έργο στο οποίο έπαιζε έναν ταπεινό ρόλο στον

Ο ΛΑΧΙΡΙ ΜΑΧΑΣΑΓΙΑ

«Είμαι Πνεύμα. Μπορεί η φωτογραφική σου μηχανή να αποτυπώσει το πανταχού παρόν Αόρατο;» Μετά από αρκετές ανεπιτυχείς προσπάθειες να αποτυπωθεί η εικόνα του Λαχίρι Μαχασάγια σε φωτογραφικές πλάκες, ο Γιογκαβατάρ τελικά επέτρεψε να φωτογραφηθεί «ο ναός του σώματός του». «Ο Δάσκαλος δεν δέχτηκε να φωτογραφηθεί ξανά· τουλάχιστον, δεν έχω δει καμία άλλη φωτογραφία», έγραψε ο Παραμαχάνσατζι. (Βλ. σελ. 12.)

κόσμο σαν εργαζόμενος σε γραφείο.

Σε διάφορες εποχές, το Τμήμα Μηχανικού μετέθεσε τον Λαχίρι Μαχασάγια στα γραφεία του στο Γκαζιπούρ, στο Μίρτζαπουρ, στο Ναΐνι Ταλ, στο Ντανατούρ και στο Μπενάρες. Μετά τον θάνατο του πατέρα του, ο νεαρός άντρας ανέλαβε την ευθύνη για τα μέλη ολόκληρης της οικογένειάς του. Αγόρασε γι' αυτούς ένα σπίτι στην απομονωμένη γειτονιά Γκαρουντεσβάρ Μοχούλα του Μπενάρες.

Ήταν τριάντα τριών ετών όταν ο Λαχίρι Μαχασάγια[8] είδε την εκπλήρωση του σκοπού για τον οποίο είχε ενσαρκωθεί πάλι στη γη. Συνάντησε τον μεγάλο γκουρού του, τον Μπάμπατζι, κοντά στο Ρανικέτ των Ιμαλαΐων και μυήθηκε απ' αυτόν στην *Κρίγια Γιόγκα*.

Αυτό το ελπιδοφόρο γεγονός δεν συνέβη μόνο στον Λαχίρι Μαχασάγια· ήταν μια τυχερή στιγμή για όλο το ανθρώπινο γένος. Η χαμένη ή, για πολλά χρόνια εξαφανισμένη, ανώτατη τέχνη της γιόγκα ήρθε πάλι στο φως.

Όπως ο Γάγγης[9] ήρθε από τον παράδεισο στη γη, στην ιστορία των Πουράνα, προσφέροντας μια θεϊκή γουλιά νερού στον διψασμένο πιστό Μπαγκιράτ, έτσι, το 1861, ο θεϊκός ποταμός της *Κρίγια Γιόγκα* άρχισε να ρέει από το μυστικό οχυρό των Ιμαλαΐων στα σκονισμένα μέρη όπου ζει ο άνθρωπος.

---

[8] Ο σανσκριτικός θρησκευτικός τίτλος *Μαχασάγια* σημαίνει «ευρύς νους».

[9] Τα νερά της Μητέρας Γκανγκά, του ιερού ποταμού των Ινδών, έχουν την πηγή τους σε μια παγωμένη σπηλιά των Ιμαλαΐων, ανάμεσα στα αιώνια χιόνια και τη σιωπή. Κατά τη διάρκεια των αιώνων, χιλιάδες άγιοι απολάμβαναν να βρίσκονται κοντά στον Γάγγη· στις όχθες του άφησαν μια αύρα ευλογίας. (Βλ. σελ. 222 σημ.)

Ένα εξαιρετικά ασυνήθιστο, ίσως μοναδικό χαρακτηριστικό του Ποταμού Γάγγη, είναι η μη δυνατότητα μόλυνσής του. Κανένα βακτηρίδιο δεν ζει στην αμετάβλητη καθαρότητά του. Εκατομμύρια Ινδοί χρησιμοποιούν τα νερά του για να πλένονται και να πίνουν νερό χωρίς να παθαίνουν τίποτα. Αυτό το γεγονός έκανε τους σύγχρονους επιστήμονες να απορούν. Ένας απ' αυτούς, ο Δρ Τζον Χάουαρντ Νόρθροπ (Dr. John Howard Northrop), που μαζί με άλλους κέρδισε το βραβείο Νόμπελ χημείας το 1946, είπε πρόσφατα: «Ξέρουμε ότι ο Γάγγης είναι ιδιαίτερα μολυσμένος. Εντούτοις οι Ινδοί πίνουν απ' αυτόν, κολυμπούν μέσα σ' αυτόν και προφανώς δεν παθαίνουν τίποτα». Συμπλήρωσε με αισιοδοξία: «Ίσως υπάρχουν βακτηριοφάγοι [οι ιοί που σκοτώνουν τα βακτηρίδια] που αποστειρώνουν τον ποταμό».

Οι Βέδες εμφύσησαν στους ανθρώπους σεβασμό για όλα τα φυσικά φαινόμενα. Ο πιστός Ινδουιστής καταλαβαίνει καλά τον έπαινο του Αγίου Φραγκίσκου της Ασίζης: «Ευλογημένος ας είναι ο Κύριός μου για τον Αδελφό μας, το Νερό, τόσο χρήσιμο, ταπεινό, παρθένο και πολύτιμο».

ΚΕΦΑΛΑΙΟ 33

# Ο Μπάμπατζι, ο Γιόγκι-Χριστός της Σύγχρονης Ινδίας

Οι απόκρημνες πλαγιές στα βόρεια Ιμαλάια, κοντά στο Μπαντριναράγιαν, είναι ακόμα ευλογημένες από τη ζωντανή παρουσία του Μπάμπατζι, του γκουρού του Λαχίρι Μαχασάγια. Ο απομονωμένος Δάσκαλος έχει διατηρήσει την υλική του μορφή για αιώνες, ίσως για χιλιετίες. Ο αθάνατος Μπάμπατζι είναι ένας *αβατάρα*. Αυτή η σανσκριτική λέξη σημαίνει «κατεβαίνω»· οι ρίζες της είναι *αβα*, «κάτω» και *τρι*, «περνώ». Στις ινδουιστικές Γραφές η λέξη *αβατάρα* υποδηλώνει την κάθοδο της Θεότητας σε σάρκα.

«Η πνευματική κατάσταση του Μπάμπατζι είναι πέρα από κάθε ανθρώπινη κατανόηση», μου εξήγησε ο Σρι Γιουκτέσβαρ. «Η ατελής όραση του ανθρώπου δεν μπορεί να διεισδύσει στο υπερβατικό αστέρι του. Η προσπάθεια ακόμα και να φανταστεί κάποιος το πνευματικό ανάστημα του αβατάρ είναι μάταιη. Είναι πέρα από κάθε σύλληψη».

Οι *Ουπανισάντ* έχουν λεπτομερώς ταξινομήσει κάθε στάδιο πνευματικής ανάπτυξης. Ένας *σίντα* («τελειοποιημένο ον») έχει προχωρήσει από την κατάσταση του *τζιβανμούκτα* («απελευθερωμένος ενόσω ζει») σ' αυτήν του *παραμούκτα* («απόλυτα ελεύθερος») – με πλήρη κυριαρχία πάνω στον θάνατο)· ο τελευταίος έχει πλήρως δραπετεύσει από τη δουλεία της *μάγια* και τον κύκλο της της μετενσάρκωσης. Ο *παραμούκτα* επομένως σπάνια επιστρέφει σ' ένα υλικό σώμα· αν το κάνει, είναι ένας αβατάρ, ένα μέσον που έχει οριστεί από το Θεό για να παραχωρήσει στον κόσμο θεϊκές ευλογίες. Ένας αβατάρ δεν υπόκειται στους συμπαντικούς νόμους· το αγνό του σώμα, ορατό σαν μια εικόνα φωτός, είναι ελεύθερο από κάθε χρέος στη Φύση.

Η επιφανειακή ματιά μπορεί να μη δει τίποτα ασυνήθιστο στη μορφή ενός αβατάρ· περιστασιακά όμως δεν ρίχνει σκιά, ούτε αφήνει ίχνη βαδίσματος στο έδαφος. Αυτές είναι εξωτερικές συμβολικές αποδείξεις μιας εσωτερικής ελευθερίας από το σκοτάδι και τα υλικά δεσμά.

*Ο Μπάμπατζι, ο Γιόγκι-Χριστός της Σύγχρονης Ινδίας*

Μόνον ένας τέτοιος άνθρωπος-Θεός γνωρίζει την Αλήθεια πίσω από τις σχετικότητες της ζωής και του θανάτου. Ο Ομάρ Καγιάμ, που τόσο χυδαία παρανοήθηκε, τραγούδησε γι' αυτόν τον απελευθερωμένο άνθρωπο στην αθάνατη γραφή του, τα *Ρουμπαγιάτ*:

> Αχ, φεγγάρι της αγαλλίασής μου που δεν γνωρίζεις χάση,
> Το φεγγάρι του ουρανού ανατέλλει γι' άλλη μια φορά·
> Πόσο συχνά από δω και πέρα θα ψάχνει να με βρει
> Μέσα σ' αυτόν τον ίδιο Κήπο – μάταια!

Το «φεγγάρι της αγαλλίασής μου που δεν γνωρίζει χάση» είναι ο Θεός, αιώνιος πολικός αστέρας, ανέγγιχτος από το χρόνο. Το «φεγγάρι του ουρανού» που «ανατέλλει γι' άλλη μια φορά» είναι το εξωτερικό σύμπαν που δεσμεύεται από τον νόμο της περιοδικής επανεμφάνισης. Μέσω συνειδητοποίησης του Εαυτού του ο Πέρσης προφήτης είχε ελευθερωθεί για πάντα από τις αναγκαστικές επιστροφές στη γη: τον «κήπο» της Φύσης ή τη *Μάγια*. «Πόσο συχνά από εδώ και πέρα θα ψάχνει να με βρει – μάταια!».[1] Τι πικρή απογοήτευση αναζήτησης ενός περιπλανώμενου σύμπαντος για μια τέτοια οριστική απώλεια!

Ο Χριστός εξέφρασε την ελευθερία του μ' έναν άλλο τρόπο: «Και πλησίασε ένας γραμματέας και είπε προς αυτόν· Δάσκαλε, θα σε ακολουθήσω όπου πας. Και λέει προς αυτόν ο Ιησούς· Οι αλεπούδες έχουν φωλιές και τα πτηνά του ουρανού κατοικίες, ο δε Γιός του ανθρώπου δεν έχει πού να γείρει το κεφάλι του».[2]

Απέραντος όσο η πανταχού παρουσία, μπορούσε πράγματι να ακολουθηθεί ο Χριστός από κάποιον άνθρωπο που δεν είχε συγχωνευθεί με το Πνεύμα;

Ο Κρίσνα, ο Ράμα, ο Βούδας και ο Πατάντζαλι ήταν ανάμεσα στους αρχαίους αβατάρ της Ινδίας. Μια μεγάλη ποιητική λογοτεχνία άνθισε στο Ταμίλ σχετικά με τον Αγκάστια, έναν αβατάρ στη νότια Ινδία. Έκανε πολλά θαύματα κατά τη διάρκεια των αιώνων πριν και μετά τον Χριστό και λέγεται ότι διατηρεί την υλική του μορφή μέχρι σήμερα.

Η αποστολή του Μπάμπατζι στην Ινδία είναι να βοηθήσει τους προφήτες να εκτελέσουν το συγκεκριμένο θέλημα του Θεού που τους ανατέθηκε. Έτσι μπορεί να χαρακτηριστεί κατά τις Γραφές *Μαχαβατάρ* (Μεγάλος Αβατάρ). Δήλωσε ότι μύησε στη γιόγκα τον Σάνκαρα,[3] που

---

[1] Μετάφραση στα Ελληνικά από την αγγλική μετάφραση του Έντουαρντ Φιτζέραλντ (Edward Fitz-Gerald).
[2] Κατά Ματθαίο Η:19-20.
[3] Ο Σάνκαρα, του οποίου ο ιστορικά γνωστός γκουρού ήταν ο Γκοβίντα Τζάτί, έλαβε τη

αναδιοργάνωσε το Τάγμα των Σουάμι, και τον Καμπίρ, τον διάσημο μεσαιωνικό Δάσκαλο. Ο κύριος μαθητής του δέκατου ένατου αιώνα είναι, όπως ξέρουμε, ο Λαχίρι Μαχασάγια, που έκανε να αναβιώσει η χαμένη τέχνη της *Κρίγια*.

Ο Μπάμπατζι είναι πάντα σε κοινωνία με τον Χριστό· μαζί στέλνουν στον κόσμο δονήσεις λύτρωσης και έχουν σχεδιάσει την πνευματική τεχνική της απελευθέρωσης του ανθρώπου γι' αυτή την εποχή. Το έργο αυτών των πλήρως φωτισμένων Δασκάλων –του ενός με σώμα, του άλλου χωρίς σώμα– είναι να εμπνεύσουν τα έθνη να εγκαταλείψουν τους πολέμους, το ρατσιστικό μίσος, τη θρησκευτική μισαλλοδοξία και τη φαυλότητα του υλισμού που επιστρέφει σαν μπούμερανγκ στον άνθρωπο. Ο Μπάμπατζι έχει πλήρη επίγνωση της τάσης των σύγχρονων καιρών, ειδικά της επίδρασης και της περιπλοκότητας του δυτικού πολιτισμού, και συνειδητοποιεί την αναγκαιότητα της διάδοσης της απελευθερωτικής γιόγκα και στη Δύση και στην Ανατολή.

Το γεγονός ότι δεν υπάρχει ιστορική αναφορά για τον Μπάμπατζι δεν πρέπει να μας εκπλήσσει. Ο μεγάλος γκουρού δεν εμφανίστηκε ποτέ ανοιχτά σε κανέναν αιώνα· η παρανόηση που δημιουργεί το άπλετο φως της δημοσιότητας δεν έχει θέση στα σχέδιά του που αφορούν χιλιετίες. Όπως ο Δημιουργός, η μοναδική αλλά σιωπηλή Δύναμη, ο Μπάμπατζι εργάζεται στην ταπεινότητα της αφάνειας.

Οι μεγάλοι προφήτες σαν τον Χριστό και τον Κρίσνα έρχονται στη γη για έναν ειδικό και θεαματικό σκοπό: φεύγουν μόλις αυτός επιτευχθεί. Άλλοι αβατάρ, όπως ο Μπάμπατζι, αναλαμβάνουν ένα έργο που σχετίζεται περισσότερο με την αργή εξελικτική πορεία του ανθρώπου κατά τη διάρκεια των αιώνων, παρά με οποιοδήποτε εξέχον γεγονός της ιστορίας. Τέτοιοι Δάσκαλοι πάντα καλύπτονται από το ποταπό βλέμμα του πλήθους και έχουν τη δύναμη να γίνονται αόρατοι κατά βούληση. Γι' αυτούς τους λόγους και επειδή γενικά ζητούν από τους μαθητές τους να τηρούν σιωπή σχετικά μ' αυτούς, κάποιες ύψιστες πνευματικές μορφές παραμένουν άγνωστες στον κόσμο. Σ' αυτές τις σελίδες κάνω μόνο κάποιες απλές νύξεις για τη ζωή του Μπάμπατζι – μόνο μερικά γεγονότα που εκείνος θεωρεί κατάλληλα και βοηθητικά για το κοινό.

Δεν αποκαλύφθηκαν ποτέ συγκεκριμένα στοιχεία για την οικογένεια του Μπάμπατζι ή τον τόπο που γεννήθηκε, κάποια που θα ήθελε να μάθει

---

μύηση στην *Κρίγια Γιόγκα* από τον Μπάμπατζι στο Μπενάρες. Ο Μπάμπατζι, διηγούμενος την ιστορία στον Λαχίρι Μαχασάγια και στον Σουάμι Κεμπαλανάντα, ανέφερε πολλές θαυμάσιες λεπτομέρειες της συνάντησής του με τον μεγάλο μονιστή.

ένας αναλυτής. Γενικά μιλά Ινδικά, αλλά συζητά εύκολα και σε οποιαδήποτε άλλη γλώσσα. Έχει υιοθετήσει το απλό όνομα Μπάμπατζι (Σεβάσμιος Πατέρας)· άλλοι τίτλοι σεβασμού που του έδωσαν οι μαθητές του Λαχίρι Μαχασάγια είναι Μαχάμουνι Μπάμπατζι Μαχαράτζ (Υπέρτατος Εκστατικός Δάσκαλος), Μαχά Γιόγκι (ο Μεγάλος Γιόγκι) και Τραμπάκ Μπάμπα ή Σίβα Μπάμπα (τίτλοι των αβατάρ του Σίβα). Έχει σημασία να ξέρουμε το πατρώνυμο ενός πλήρως απελευθερωμένου Δασκάλου;

«Όποτε κάποιος προφέρει με ευλάβεια το όνομα του Μπάμπατζι», είπε ο Λαχίρι Μαχασάγια, «αυτός ο πιστός προσελκύει αμέσως μια πνευματική ευλογία».

Ο αθάνατος γκουρού δεν έχει στο σώμα του σημάδια προχωρημένης ηλικίας· φαίνεται νεαρός, όχι πάνω από είκοσι πέντε ετών. Με ανοιχτόχρωμο δέρμα, μεσαίου αναστήματος και βάρους, το όμορφο, γερό σώμα του Μπάμπατζι ακτινοβολεί μια λάμψη που γίνεται αμέσως αντιληπτή. Τα μάτια του είναι σκούρα, ήρεμα και τρυφερά· τα μακριά, λαμπερά μαλλιά του έχουν το χρώμα του χαλκού. Μερικές φορές το πρόσωπο του Μπάμπατζι μοιάζει πολύ με αυτό του Λαχίρι Μαχασάγια. Κάποιες φορές η ομοιότητα ήταν τόσο εντυπωσιακή που, όταν πέρασαν τα χρόνια, θα μπορούσε να περάσει κάποιος τον Λαχίρι Μαχασάγια για πατέρα του Μπάμπατζι, που έμοιαζε με νεαρό.

Ο Σουάμι Κεμπαλανάντα, ο άγιος δάσκαλός μου των Σανσκριτικών, πέρασε λίγο καιρό με τον Μπάμπατζι[4] στα Ιμαλάια.

«Ο ανυπέρβλητος Δάσκαλος μετακινείται με την ομάδα του από μέρος σε μέρος στα βουνά», μου είπε ο Κεμπαλανάντα. «Η μικρή του ομάδα περιλαμβάνει δύο ιδιαίτερα προχωρημένους Αμερικανούς μαθητές. Αφού ο Μπάμπατζι μείνει σ' ένα μέρος για λίγο, λέει *"ντερά ντάντα ουτάο"*. ("Ας μαζέψουμε την κατασκήνωση και ας πάρουμε το ραβδί".) Έχει ένα *ντάντα* (ραβδί από μπαμπού). Τα λόγια του είναι το σήμα για να μετακινηθεί με την ομάδα του ακαριαία σ' ένα άλλο μέρος. Δεν χρησιμοποιεί πάντα αυτή τη μέθοδο του αστρικού ταξιδιού· μερικές φορές πηγαίνει περπατώντας από κορυφή σε κορυφή.

»Ο Μπάμπατζι μπορεί να γίνει ορατός ή να αναγνωριστεί από άλλους μόνο όταν το θέλει. Είναι γνωστό ότι έχει εμφανιστεί σε πολλές ελαφρά διαφορετικές μορφές σε διάφορους πιστούς – μερικές φορές

---

[4] Ο Μπάμπατζι (σεβάσμιος πατέρας) είναι ένας κοινός τίτλος· σε πολλούς ονομαστούς θρησκευτικούς δασκάλους οι Ινδοί απευθύνονται ως «Μπάμπατζι». Κανένας απ' αυτούς όμως δεν είναι ο Μπάμπατζι, ο γκουρού του Λαχίρι Μαχασάγια. Η ύπαρξη του Μαχαβατάρ αποκαλύφθηκε για πρώτη φορά στο κοινό το 1946, στην *Αυτοβιογραφία Ενός Γιόγκι*.

με γενειάδα και μουστάκι και μερικές φορές χωρίς αυτά. Το σώμα του, που δεν φθείρεται, δεν χρειάζεται φαγητό· ο Δάσκαλος λοιπόν σπάνια τρώει. Από κοινωνική ευγένεια, όταν επισκέπτεται μαθητές, περιστασιακά δέχεται φρούτα ή ρύζι μαγειρεμένο με γάλα και βούτυρο.

»Γνωρίζω δύο εκπληκτικά γεγονότα της ζωής του Μπάμπατζι», συνέχισε ο Κεμπαλανάντα. «Οι μαθητές του κάθονταν ένα βράδυ γύρω από μια τεράστια φωτιά που είχαν ανάψει για μια ιερή βεδική τελετή. Ο γκουρού ξαφνικά άρπαξε ένα ξύλο που καιγόταν και χτύπησε ελαφρά τον γυμνό ώμο ενός *τσέλα* που καθόταν κοντά στη φωτιά.

»"Κύριε, τι βάναυσο!". Ο Λαχίρι Μαχασάγια, που ήταν παρών, προέβη σ' αυτή τη διαμαρτυρία.

»"Θα προτιμούσες να τον δεις να καίγεται και να γίνεται στάχτη όπως όριζε το παλιό του κάρμα;".

»Μ' αυτά τα λόγια ο Μπάμπατζι έβαλε το θεραπευτικό του χέρι πάνω στον παραμορφωμένο ώμο του *τσέλα*. "Σε ελευθέρωσα απόψε από οδυνηρό θάνατο. Ο καρμικός νόμος εκπληρώθηκε με τον ελαφρό πόνο σου από τη φωτιά".

»Σε μια άλλη περίσταση, ο ιερός κύκλος του Μπάμπατζι ενοχλήθηκε από τον ερχομό ενός αγνώστου. Είχε σκαρφαλώσει με φανταστική δεξιοτεχνία στο σχεδόν απρόσιτο χείλος του γκρεμού κοντά στην κατασκήνωση του γκουρού.

»"Κύριε, πρέπει να είστε ο μεγάλος Μπάμπατζι". Το πρόσωπο του άντρα ήταν φωτισμένο με ανείπωτη ευλάβεια. "Για μήνες σας έψαχνα ασταμάτητα ανάμεσα σ' αυτούς τους απρόσιτους γκρεμούς. Σας ικετεύω να με δεχθείτε ως μαθητή".

»Όταν ο μεγάλος γκουρού δεν απάντησε, ο άντρας έδειξε το χάσμα στον γκρεμό κάτω από τον βράχο. "Αν αρνηθείτε, θα πέσω απ' αυτό το βουνό. Η ζωή δεν έχει πλέον αξία αν δεν μπορώ να κερδίσω την καθοδήγησή σας προς το Θεό".

»"Τότε πήδα", είπε ο Μπάμπατζι ασυγκίνητος. "Δεν μπορώ να σε δεχτώ στην παρούσα φάση της πνευματικής σου ανάπτυξης".

»Ο άντρας αμέσως πήδηξε από τον βράχο. Ο Μπάμπατζι ζήτησε από τους συγκλονισμένους μαθητές να πάνε να φέρουν το πτώμα του αγνώστου. Όταν επέστρεψαν με το διαμελισμένο σώμα, ο Δάσκαλος έβαλε το χέρι του πάνω στον νεκρό. Και, ω του θαύματος, αναστήθηκε, άνοιξε τα μάτια του και έπεσε ταπεινά στα πόδια του παντοδύναμου γκουρού.

»"Τώρα είσαι έτοιμος για τη μαθητεία σου κοντά μου". Ο Μπάμπατζι έλαμπε από αγάπη για τον αναστημένο *τσέλα*. "Πέρασες με θάρρος μια δύσκολη δοκιμασία.⁵ Ο θάνατος δεν θα σε αγγίξει ξανά· τώρα είσαι ένας από μας τους αθάνατους". Τότε είπε τα συνηθισμένα του λόγια για αναχώρηση, *"ντερά ντάντά ουτάο"*· ολόκληρη η ομάδα εξαφανίστηκε από το βουνό».

Ένας αβατάρ ζει στο πανταχού παρόν Πνεύμα· για εκείνον δεν υπάρχει απόσταση αντίστροφη προς το τετράγωνο. Μόνο ένας λόγος επομένως παρακινεί τον Μπάμπατζι να παραμένει στην υλική του μορφή από αιώνα σε αιώνα: η επιθυμία να δώσει στην ανθρωπότητα ένα σαφές παράδειγμα των δυνατοτήτων της. Αν δεν παρεχόταν στον άνθρωπο μια ματιά στη Θεότητα ενσαρκωμένη, θα παρέμενε καταδυναστευμένος από τη βαριά αυταπάτη της *μάγια* ότι δεν μπορεί να υπερβεί τη θνητότητά του.

Ο Ιησούς ήξερε από την αρχή την εξέλιξη των γεγονότων της ζωής του· πέρασε κάθε συμβάν, όχι για τον εαυτό του, όχι από κάποιον εξαναγκασμό από κάρμα, αλλά μόνο για την εξύψωση σκεπτόμενων ανθρώπινων όντων. Οι τέσσερις ευαγγελιστές –ο Ματθαίος, ο Μάρκος, ο Λουκάς και ο Ιωάννης– κατέγραψαν το ανείπωτο δράμα για το όφελος των μεταγενέστερων γενιών.

Για τον Μπάμπατζι επίσης δεν υπάρχει σχετικότητα παρελθόντος, παρόντος και μέλλοντος· από την αρχή ήξερε όλες τις φάσεις της ζωής του. Συμβιβασμένος με την περιορισμένη ικανότητα κατανόησης του ανθρώπου, έπαιξε πολλές πράξεις από τον ρόλο του στη ζωή του υπό την παρουσία ενός ή περισσότερων μαρτύρων. Έτσι συνέβη κι ένας μαθητής του Λαχίρι Μαχασάγια ήταν παρών όταν ο Μπάμπατζι θεώρησε ότι είχε έρθει ο καιρός να διακηρύξει τη δυνατότητα της αθανασίας του σώματος. Έδωσε αυτή την υπόσχεση μπροστά στον Ραμ Γκοπάλ Μουζουμντάρ για να γινόταν τελικά γνωστό, ώστε να εμπνευστούν άλλοι αναζητητές της αλήθειας. Οι Μεγάλοι μιλούν και συμμετέχουν στη φαινομενικά φυσική πορεία των γεγονότων μόνο για το καλό του ανθρώπου, ακριβώς όπως είπε ο Χριστός: «Πατέρα [...] γνώριζα ότι πάντοτε με ακούς· αλλά *για τον όχλο που βρίσκεται εδώ το είπα, για να πιστέψουν ότι εσύ με έστειλες».*⁶

---

⁵ Η δοκιμασία αφορούσε την υπακοή. Όταν ο φωτισμένος Δάσκαλος είπε: «Πήδα», ο άντρας υπάκουσε. Αν είχε διστάσει, αυτό θα είχε αναιρέσει τη διαβεβαίωσή του ότι θεωρούσε τη ζωή του χωρίς αξία χωρίς την καθοδήγηση του Μπάμπατζι. Αν είχε διστάσει, θα αποδείκνυε ότι δεν είχε πλήρη πίστη στον γκουρού του. Επομένως, αν και δραστική και ασυνήθιστη, η δοκιμασία ήταν τέλεια για τις περιστάσεις.

⁶ Κατά Ιωάννη ΙΑ:41-42.

Ο Ραμ Γκοπάλ, «ο άγιος που ποτέ δεν κοιμάται»,[7] μου διηγήθηκε τη θαυμαστή ιστορία της συνάντησής του με τον Μπάμπατζι όταν τον επισκέφτηκα στο Ρανμπατζπούρ.

«Μερικές φορές άφηνα την απομονωμένη σπηλιά μου για να καθίσω στα πόδια του Λαχίρι Μαχασάγια στο Μπενάρες», μου είπε ο Ραμ Γκοπάλ. «Μια φορά, τα μεσάνυχτα, καθώς διαλογιζόμουν σιωπηλά με μια ομάδα μαθητών, ο Δάσκαλος ζήτησε κάτι που με ξάφνιασε.

»"Ραμ Γκοπάλ", είπε, "πήγαινε αμέσως στα λουτρά *γκατ* στο Ντασάσαμεντ".

»Σύντομα έφτασα στο απομονωμένο μέρος. Η νύχτα ήταν φωτεινή από το φως του φεγγαριού και τα αστέρια. Αφού κάθισα για λίγη ώρα σε υπομονετική σιωπή, μια τεράστια λίθινη πλάκα δίπλα στα πόδια μου τράβηξε την προσοχή μου, καθώς ανασηκώθηκε σταδιακά, αποκαλύπτοντας μια υπόγεια σπηλιά. Όταν η πέτρα σταμάτησε να κινείται, κρατημένη ψηλά με κάποιο άγνωστο μέσον, η ντυμένη μορφή μιας νεαρής και εξαιρετικά αξιαγάπητης γυναίκας βγήκε από τη σπηλιά και αιωρήθηκε ψηλά στον αέρα. Περιτριγυρισμένη από μια απαλή άλω, κατέβηκε αργά αργά μπροστά μου και έμεινε ακίνητη, βυθισμένη σε έκσταση. Τελικά κινήθηκε και μίλησε ευγενικά.

»"Είμαι η Μάτατζι,[8] η αδελφή του Μπάμπατζι. Του ζήτησα, όπως ζήτησα και από τον Λαχίρι Μαχασάγια, να έρθουν εδώ στη σπηλιά μου σήμερα το βράδυ για να συζητήσουμε ένα θέμα εξαιρετικής σημασίας".

»Ένα νεφελώδες φως ερχόταν γρήγορα από τον Γάγγη· η παράξενη φωτεινότητα αντικατοπτριζόταν στα μπλε νερά. Πλησίαζε ολοένα και πιο κοντά μέχρι που, με μια εκτυφλωτική λάμψη, εμφανίστηκε δίπλα στη Μάτατζι και συμπυκνώθηκε αμέσως στην ανθρώπινη μορφή του Λαχίρι Μαχασάγια. Προσκύνησε ταπεινά τα πόδια της άγιας γυναίκας.

»Πριν συνέλθω από το σάστισμά μου, συγκλονίστηκα ακόμα πιο πολύ όταν είδα μια περιστρεφόμενη μάζα απόκοσμου φωτός να ταξιδεύει στον αέρα. Κατεβαίνοντας γρήγορα, η φλεγόμενη δίνη πλησίασε την ομάδα μας και πήρε τη μορφή ενός όμορφου νεαρού. Κατάλαβα αμέσως ότι ήταν ο Μπάμπατζι. Έμοιαζε στον Λαχίρι Μαχασάγια, αν και ο Μπάμπατζι φαινόταν πιο νέος από τον μαθητή του και είχε μακριά, ανοιχτόχρωμα μαλλιά.

---

[7] Ο πανταχού παρών γιόγκι, που γνώριζε ότι δεν υποκλίθηκα στον ιερό ναό του Ταρακεσβάρ (κεφάλαιο 13).

[8] «Αγία Μητέρα». Η Μάτατζι επίσης ζει για αιώνες· έχει αναπτυχθεί πνευματικά σχεδόν σαν τον αδελφό της. Παραμένει σε αδιάλειπτη έκσταση σε μια κρυφή υπόγεια σπηλιά κοντά στα *γκατ* του Ντασάσαμεντ.

»Ο Λαχίρι Μαχασάγια, η Μάτατζι κι εγώ γονατίσαμε στα πόδια του γκουρού. Μια αιθέρια αίσθηση μακάριας λαμπρότητας συγκλόνισε κάθε μόριο της ύπαρξής μου καθώς άγγιξα τη θεϊκή του σάρκα.

»"Ευλογημένη αδελφή", είπε ο Μπάμπατζι, "σκοπεύω να εξαϋλώσω τη μορφή μου και να βυθιστώ στο Άπειρο Ρεύμα".

»"Ήδη κατάλαβα το σχέδιό σου, αγαπημένε Δάσκαλε. Ήθελα να το συζητήσω μαζί σου απόψε. Γιατί να αφήσεις το σώμα σου;". Η ένδοξη γυναίκα τον κοιτούσε ικετευτικά.

»"Ποια η διαφορά αν είμαι ένα ορατό ή ένα αόρατο κύμα στον ωκεανό του Πνεύματός μου;".

»Η Μάτατζι απάντησε με άμεση εξυπνάδα. "Αθάνατε γκουρού, αν δεν έχει διαφορά, τότε, σε παρακαλώ, μην αφήσεις ποτέ τη μορφή σου".⁹

»"Ας γίνει έτσι", είπε ο Μπάμπατζι σοβαρά. "Δεν θα εγκαταλείψω ποτέ το σώμα μου. Θα είναι πάντα ορατό, τουλάχιστον για λίγους ανθρώπους στη γη. Ο Κύριος εξέφρασε τη θέλησή Του μέσα από τα χείλη σου".

»Καθώς άκουγα με δέος αυτά τα εξυψωμένα όντα, ο μεγάλος γκουρού στράφηκε σ' εμένα με μια καλοκάγαθη χειρονομία.

»"Μη φοβάσαι, Ραμ Γκοπάλ", είπε, "είσαι ευλογημένος που ήσουν μάρτυρας αυτής της σκηνής της αθάνατης υπόσχεσης".

»Καθώς η γλυκιά μελωδία της φωνής του Μπάμπατζι έσβηνε, η μορφή του και αυτή του Λαχίρι Μαχασάγια αργά αργά ανυψώθηκαν από το έδαφος και κινήθηκαν προς τα πίσω, πάνω από τον Γάγγη. Ένα φωτοστέφανο εκτυφλωτικού φωτός περιέβαλλε τα σώματά τους καθώς εξαφανίζονταν στον νυχτερινό ουρανό. Η μορφή της Μάτατζι γλίστρησε προς τη σπηλιά και κατέβηκε· η πέτρινη πλάκα, σαν να την κινούσαν αόρατα χέρια, χαμήλωσε και έκλεισε τη σπηλιά.

»Άπειρα εξυψωμένος πνευματικά, πήγα στο σπίτι του Λαχίρι Μαχασάγια. Καθώς υποκλίθηκα στα πόδια του, νωρίς την αυγή, ο γκουρού μου μου χαμογέλασε με κατανόηση.

»"Χαίρομαι για σένα Ραμ Γκοπάλ", είπε. "Η επιθυμία σου να συναντήσεις τον Μπάμπατζι και τη Μάτατζι, που πολλές φορές μου εξέφρασες, τελικά εκπληρώθηκε με εκπληκτικό τρόπο".

»Οι αδελφοί μαθητές μου με πληροφόρησαν ότι ο Λαχίρι

---

⁹ Αυτό το επεισόδιο θυμίζει ένα με τον Θαλή. Ο σπουδαίος Έλληνας φιλόσοφος δίδασκε ότι δεν υπάρχει διαφορά μεταξύ ζωής και θανάτου.
«Τότε», ρώτησε ένας κριτικός, «γιατί δεν πεθαίνετε;».
«Επειδή», απάντησε ο Θαλής, «δεν υπάρχει καμία διαφορά».

Μαχασάγια δεν είχε κουνηθεί καθόλου από την εξέδρα του από την ώρα που έφυγα τα μεσάνυχτα.

»"Έδωσε μια θαυμάσια ομιλία για την αθανασία όταν έφυγες για τα γκατ του Ντασάσαμεντ", μου είπε ένας από τους τσέλα. Για πρώτη φορά κατάλαβα πλήρως την αλήθεια των στίχων των Γραφών που δηλώνουν ότι ο άνθρωπος που έχει συνειδητοποιήσει τον Εαυτό του μπορεί να εμφανίζεται σε διαφορετικά μέρη με δύο ή περισσότερα σώματα την ίδια στιγμή.

»Ο Λαχίρι Μαχασάγια αργότερα μου εξήγησε πολλά μεταφυσικά ζητήματα που αφορούσαν το απόκρυφο θεϊκό σχέδιο γι' αυτή τη γη», ολοκλήρωσε ο Ραμ Γκοπάλ. «Ο Μπάμπατζι έχει επιλεγεί από το Θεό να παραμείνει στο σώμα του για τη διάρκεια αυτού του συγκεκριμένου παγκόσμιου κύκλου. Αιώνες θα έρθουν και θα φύγουν – παρ' όλα αυτά ο αθάνατος Δάσκαλος[10] θα είναι παρών στη γη παρακολουθώντας το θεατρικό έργο της ζωής να εκτυλίσσεται στους αιώνες».

---

[10] «Εάν κάποιος φυλάξει τον λόγο μου (παραμείνει αδιάλειπτα στην κατά Χριστόν Συνειδητότητα), δεν θα δει ποτέ θάνατο». (Κατά Ιωάννη Η:51.)

Μ' αυτές τις λέξεις ο Ιησούς δεν αναφερόταν στην αθάνατη ζωή ενός υλικού σώματος – έναν μονότονο περιορισμό, που κάποιος δύσκολα θα επέβαλλε ακόμα και σ' έναν αμαρτωλό, πόσο μάλλον σ' έναν άγιο! Ο φωτισμένος άνθρωπος για τον οποίο μιλούσε ο Χριστός είναι αυτός που έχει αφυπνιστεί από τη θανατηφόρα καθήλωση της άγνοιας στην Αιώνια Ζωή. (Βλ. κεφ. 43.)

Η ουσιώδης φύση του ανθρώπου είναι άμορφο, πανταχού παρόν Πνεύμα. Η εξαναγκαστική ή καρμική ενσάρκωση είναι αποτέλεσμα της *αβίντια*, της άγνοιας. Οι ινδουιστικές Γραφές διδάσκουν ότι η ζωή και ο θάνατος είναι εκδηλώσεις της *μάγια*, της συμπαντικής αυταπάτης. Η γέννηση και ο θάνατος έχουν νόημα μόνο στον κόσμο της σχετικότητας.

Ο Μπάμπατζι δεν είναι περιορισμένος σ' ένα υλικό σώμα ή σ' αυτόν τον πλανήτη, αλλά, κατά τη θέληση του Θεού, εκπληρώνει μια ειδική αποστολή στη γη.

Οι μεγάλοι Δάσκαλοι σαν τον Σουάμι Πραναμπανάντα (βλ. σελ. 293) που έρχονται πίσω στη γη σε νέα σώματα, το κάνουν για λόγους που οι ίδιοι γνωρίζουν καλά. Οι ενσαρκώσεις τους σ' αυτόν τον πλανήτη δεν υπόκεινται στους αυστηρούς περιορισμούς του κάρμα. Τέτοιες εθελοντικές επιστροφές λέγονται *βιουτάνα* ή επαναφορές στη γήινη ζωή όταν η *μάγια* έχει σταματήσει να τυφλώνει.

Όποιος κι αν είναι ο τρόπος με τον οποίο έχει πεθάνει, είτε συνηθισμένος είτε εξαιρετικά ασυνήθιστος, ένας Δάσκαλος που συνειδητοποίησε πλήρως το Θεό μπορεί να αναστήσει το σώμα του και να εμφανιστεί μ' αυτό μπροστά στα μάτια των κατοίκων της γης. Η υλοποίηση των ατόμων ενός υλικού σώματος είναι πολύ εύκολη για κάποιον που είναι ενωμένος με τον Κύριο – Αυτόν του Οποίου τα ηλιακά συστήματα αρνούνται να καταμετρηθούν!

«Παραδίδω την ψυχή μου για να τη λάβω πάλι», είπε ο Χριστός. «Κανείς δεν την αφαιρεί από μένα, αλλά εγώ την παραδίδω από μόνος μου· έχω εξουσία να την παραδώσω και έχω εξουσία να τη λάβω ξανά» (κατά Ιωάννη Ι:17-18).

## Ο ΜΠΑΜΠΑΤΖΙ

Ένας Μαχαβατάρ, «Θεϊκή Ενσάρκωση»
Γκουρού του Λαχίρι Μαχασάγια

Ο Γιογκανάντατζι βοήθησε έναν καλλιτέχνη να σχεδιάσει αυτή την εικόνα που αληθινά μοιάζει στον μεγάλο Γιόγκι-Χριστό της σύγχρονης Ινδίας.

Ο Μαχαβατάρ Μπάμπατζι αρνήθηκε να αποκαλύψει στους μαθητές του τον τόπο και την ημερομηνία γέννησής του, που αποτελούν περιοριστικά δεδομένα. Έζησε πολλούς αιώνες στα χιονισμένα Ιμαλάια.

«Οποτεδήποτε κάποιος προφέρει με ευλάβεια το όνομα του Μπάμπατζι», είπε ο Λαχίρι Μαχασάγια, «αυτός ο πιστός προσελκύει αμέσως μια πνευματική ευλογία».

ΚΕΦΑΛΑΙΟ 34

# Υλοποιώντας Ένα Παλάτι στα Ιμαλάια

«Η πρώτη συνάντηση του Μπάμπατζι με τον Λαχίρι Μαχασάγια είναι μια συναρπαστική ιστορία και μια από τις λίγες που μας προσφέρουν μια λεπτομερειακή ματιά στον αθάνατο γκουρού».

Αυτές οι λέξεις ήταν το προοίμιο του Σουάμι Κεμπαλανάντα στη διήγησή του της θαυμαστής ιστορίας. Την πρώτη φορά που μου την αφηγήθηκε ένιωσα κυριολεκτικά εκστασιασμένος. Σε πολλές άλλες περιστάσεις προσπαθούσα να πείσω τον δάσκαλό μου των Σανσκριτικών να την επαναλάβει, την οποία αργότερα μου αφηγήθηκε και ο Σρι Γιουκτέσβαρ, χρησιμοποιώντας ουσιαστικά τα ίδια λόγια. Και οι δύο αυτοί μαθητές του Λαχίρι Μαχασάγια άκουσαν τη γεμάτη δέος ιστορία από τον γκουρού τους.

«Συνάντησα για πρώτη φορά τον Μπάμπατζι όταν ήμουν τριάντα τριών ετών», είχε πει ο Λαχίρι Μαχασάγια. «Το φθινόπωρο του 1861 δούλευα στο Ντάναπουρ σαν λογιστής του Στρατιωτικού Μηχανικού Τμήματος της κυβέρνησης. Ένα πρωί ο διευθυντής του γραφείου με κάλεσε.

»"Λαχίρι", είπε, "ένα τηλεγράφημα μόλις ήρθε από τα κεντρικά γραφεία μας. Θα μετατεθείς στο Ρανικέτ (Ranikhet) όπου τώρα χτίζεται ένα φυλάκιο".[1]

»Ξεκίνησα για το ταξίδι των οκτακοσίων χιλιομέτρων μ' έναν υπηρέτη. Ταξιδεύοντας με άλογο και άμαξα, σε τριάντα μέρες φτάσαμε στο Ρανικέτ των Ιμαλαΐων.[2]

»Η δουλειά μου στο γραφείο δεν ήταν πολλή· είχα την ευχέρεια να περιφέρομαι πολλές ώρες στους θαυμάσιους λόφους. Άκουσα μια φήμη ότι πολλοί μεγάλοι άγιοι είχαν ευλογήσει την περιοχή με την παρουσία τους· ένιωθα μια έντονη επιθυμία να τους δω. Ένα απόγευμα που έκανα περίπατο, έμεινα έκπληκτος όταν άκουσα μια μακρινή φωνή να

---

[1] Αργότερα έγινε στρατιωτικό σανατόριο. Το 1861 η βρετανική κυβέρνηση είχε ήδη εγκαταστήσει στην Ινδία ένα τηλεγραφικό σύστημα.

[2] Το Ρανικέτ, στην περιοχή Αλμόρα (Almora), βρίσκεται στους πρόποδες του Νάντα Ντέβι, μιας από τις υψηλότερες κορυφές των Ιμαλαΐων (7.821,5 μέτρα).

φωνάζει το όνομά μου. Συνέχισα τη ζωηρή αναρρίχησή μου στο βουνό Ντρονγκίρι. Ανησύχησα σκεπτόμενος ότι μπορεί να μην ξαναέβρισκα τα ίχνη μου στη ζούγκλα πριν νυχτώσει.

»Τελικά έφτασα σ' ένα μικρό ξέφωτο, στου οποίου τις πλευρές υπήρχαν πολλές σπηλιές. Στην άκρη ενός βράχου ήταν όρθιος ένας χαμογελαστός νεαρός άντρας που μου άπλωσε το χέρι καλωσορίζοντάς με. Παρατήρησα ότι, με εξαίρεση τα χάλκινα μαλλιά του, μου έμοιαζε εντυπωσιακά.

»"Λαχίρι,³ ήρθες!". Ο άγιος μου απευθύνθηκε στοργικά στα Ινδικά. "Ξεκουράσου εδώ σ' αυτή τη σπηλιά. Εγώ ήμουν που σε φώναξα".

»Μπήκα σε μια τακτοποιημένη μικρή σπηλιά, που περιείχε αρκετές μάλλινες κουβέρτες και λίγα *καμαντάλου* (κύπελλα για νερό).

»"Λαχίρι, θυμάσαι αυτό το κάθισμα;". Ο γιόγκι έδειξε μια διπλωμένη κουβέρτα σε μια γωνία.

»"Όχι, κύριε". Κάπως ζαλισμένος με την περίεργη περιπέτειά μου, πρόσθεσα: "Πρέπει να φύγω τώρα, πριν πέσει η νύχτα. Έχω δουλειές στο γραφείο μου το πρωί".

»Ο μυστηριώδης ξένος απάντησε στα Αγγλικά: "Το γραφείο έγινε για σένα, όχι εσύ για το γραφείο".

»Έμεινα αποσβολωμένος που αυτός ο ασκητής των δασών, όχι μόνο ήξερε Αγγλικά, αλλά και μπορούσε να παραφράσει λόγια του Χριστού.⁴

»"Βλέπω ότι το τηλεγράφημά μου έπιασε τόπο". Η παρατήρηση του γιόγκι ήταν ακατανόητη για μένα· ρώτησα τι εννοούσε.

»"Αναφέρομαι στο τηλεγράφημα με το οποίο κλήθηκες σ' αυτά τα απομονωμένα μέρη. Εγώ ήμουν που έβαλα στον νου του προϊσταμένου σου να σε μεταθέσει στο Ρανικέτ. Όταν κάποιος νιώθει την ενότητά του με την ανθρωπότητα, κάθε νους γίνεται σταθμός εκπομπής μέσω του οποίου μπορεί να εργάζεται κατά βούληση". Πρόσθεσε: "Λαχίρι, σίγουρα αυτή η σπηλιά δεν σου θυμίζει τίποτα;".

---

[3] Ο Μπάμπατζι στην πραγματικότητα είπε «Γκανγκάνταρ», το όνομα με το οποίο ο Λαχίρι Μαχασάγια ήταν γνωστός στην προηγούμενη ενσάρκωση. Γκανγκάνταρ (κατά κυριολεξία «αυτός που κρατά τον Γκανγκά, τον ποταμό Γάγγη») είναι ένα από τα ονόματα του Σίβα. Σύμφωνα με τον μύθο των Πουράνα, ο ιερός ποταμός Γκανγκά κατέβηκε από τον ουρανό. Για την περίπτωση που η γη δεν θα μπορούσε να αντέξει τη δύναμη της ισχυρής πτώσης του, ο Κύριος Σίβα έπιασε τα νερά του Γκανγκά στα μπερδεμένα μαλλιά του απ' όπου τα απελευθέρωσε σε ήπια ροή. Η μεταφυσική σημασία του «Γκανγκάνταρ» είναι: «αυτός που έχει έλεγχο πάνω στο "ποτάμι" της ενέργειας της ζωής στη σπονδυλική στήλη».

[4] «Το σάββατο έγινε για τον άνθρωπο, όχι ο άνθρωπος για το σάββατο» (κατά Μάρκο Β:27).

»Καθώς έμεινα αμήχανα σιωπηλός, ο άγιος με πλησίασε και με χτύπησε ελαφρά στο μέτωπο. Με το μαγνητικό του άγγιγμα ένα θαυματουργό ρεύμα σάρωσε τον εγκέφαλό μου, απελευθερώνοντας τους σπόρους των γλυκών αναμνήσεων της περασμένης μου ζωής.

»"Θυμάμαι!". Η φωνή μου ήταν μισοπνιγμένη με χαρούμενα αναφιλητά. "Είστε ο γκουρού μου, ο Μπάμπατζι, που ανήκε πάντα σ' εμένα! Σκηνές του παρελθόντος ανασύρονται ζωηρά από τη μνήμη μου· εδώ, σ' αυτή τη σπηλιά, πέρασα πολλά χρόνια της προηγούμενης ενσάρκωσής μου!". Καθώς με συγκλόνιζαν ανείπωτες αναμνήσεις, αγκάλιασα με δάκρυα τα πόδια του Δασκάλου μου.

»"Για πάνω από τριάντα χρόνια περίμενα να επιστρέψεις σ' εμένα". Η φωνή του Μπάμπατζι ήχησε με ουράνια αγάπη.

»"Γλίστρησες μακριά και εξαφανίστηκες στα ταραχώδη κύματα της ζωής μετά τον θάνατο. Η μαγική βέργα του κάρμα σου σε άγγιξε και πέθανες! Αν και εσύ δεν μπορούσες να με δεις, εγώ ποτέ δεν σ' έχασα από το βλέμμα μου. Σε αναζήτησα στη λαμπερή αστρική θάλασσα όπου ζουν οι ένδοξοι άγγελοι. Μέσα στο μισοσκόταδο, στις καταιγίδες, στη σύγχυση και στο φως, σε ακολουθούσα όπως η μητέρα προσέχει τα μικρά της. Καθώς ζούσες ως έμβρυο μέσα στη μήτρα και μετά βγήκες από εκεί βρέφος, τα μάτια μου ήταν πάντα πάνω σου. Όταν κάλυπτες το μικροσκοπικό σώμα σου στη στάση του λωτού κάτω από την άμμο στο Γκούρνι, όταν ήσουν παιδί, ήμουν αόρατα παρών. Υπομονετικά, μήνα με το μήνα, χρόνο με το χρόνο, σε πρόσεχα και περίμενα αυτήν την τέλεια μέρα. Τώρα είσαι μαζί μου! Εδώ είναι η αγαπημένη από παλιά σπηλιά σου· την κρατούσα πάντα καθαρή και έτοιμη για σένα. Εδώ είναι η καθαγιασμένη *άσανα*-κουβέρτα σου, πάνω στην οποία καθόσουν καθημερινά για να γεμίσεις τη διευρυνόμενη καρδιά σου με το Θεό. Εδώ είναι το μπολ σου, από το οποίο συχνά έπινες νέκταρ που το έφτιαχνα εγώ. Κοίτα πώς έχω γυαλισμένο το μπρούτζινο κύπελλο για να πιεις κάποια μέρα πάλι απ' αυτό. Δικέ μου, καταλαβαίνεις τώρα;".

»"Γκουρού μου, τι μπορώ να πω;", μουρμούρισα με ρίγη συγκίνησης. "Πού έχει ακούσει κανείς για τέτοια αθάνατη αγάπη;". Κοίταζα για πολλή ώρα εκστατικά τον αιώνιο θησαυρό μου, τον γκουρού μου στη ζωή και στον θάνατο.

»"Λαχίρι, χρειάζεσαι εξαγνισμό. Πιες το λάδι αυτού του μπολ και ξάπλωσε δίπλα στο ποτάμι". Η πρακτική σοφία του Μπάμπατζι, σκέφτηκα μ' ένα γρήγορο χαμόγελο, καθώς θυμήθηκα το παρελθόν μαζί του, ήταν πάντα στο προσκήνιο.

»Υπάκουσα στις οδηγίες του. Αν και η νύχτα στα παγωμένα Ιμαλάια έπεφτε, μια ζεστή, ανακουφιστική ακτινοβολία άρχισε να πάλλεται μέσα μου. Έμεινα γεμάτος θαυμασμό. Μήπως το άγνωστο λάδι είχε την ιδιότητα να αναδίδει συμπαντική ζέστη;

»Τσουχτεροί άνεμοι με μαστίγωναν στο σκοτάδι, σφυρίζοντας λυσσαλέα. Τα κρύα κυματάκια του ποταμού Γκογκάς κάλυπταν πού και πού το σώμα μου, περνώντας πάνω από τις βραχώδεις όχθες του. Υπήρχαν τίγρεις που βρυχώνταν εκεί κοντά, αλλά δεν φοβόμουν· η ακτινοβόλα δύναμη που είχε τώρα παραχθεί ξανά μέσα μου μ' έκανε να νιώθω μια ασφάλεια απόλυτης προστασίας. Αρκετές ώρες πέρασαν γρήγορα· αχνές αναμνήσεις μιας άλλης ζωής συνυφαίνονταν με το παρόν ευφυέστατο σχέδιο της επανένωσής μου με τον θεϊκό γκουρού μου.

»Οι μοναχικοί στοχασμοί μου διακόπηκαν από τον ήχο βημάτων που πλησίαζαν. Μέσα στο σκοτάδι, το χέρι ενός άντρα με βοήθησε ευγενικά να σηκωθώ και μου έδωσε ένα στεγνό ρούχο.

»"Έλα, αδελφέ", είπε ο σύντροφός μου. "Ο Δάσκαλος σε περιμένει". Με οδήγησε στο δάσος. Όταν στρίψαμε σ' ένα μονοπάτι, η σκοτεινή νύχτα ξαφνικά φωτίστηκε από μια έντονη λαμπρότητα στο βάθος.

»"Είναι δυνατόν να ξημέρωσε;", αναρωτήθηκα. "Σίγουρα πέρασε όλη η νύχτα;".

»"Είναι μεσάνυχτα". Ο οδηγός μου γέλασε ελαφρά. "Το φως εκεί είναι η λάμψη ενός χρυσού παλατιού που υλοποιήθηκε εδώ απόψε το βράδυ από τον ανυπέρβλητο Μπάμπατζι. Στο μακρινό παρελθόν εξέφρασες μια φορά την επιθυμία να απολαύσεις τις ομορφιές ενός παλατιού. Ο Δάσκαλός μας τώρα ικανοποιεί την επιθυμία σου, απελευθερώνοντάς σε έτσι από τον τελευταίο δεσμό σου με το κάρμα".[5] Πρόσθεσε: "Το μεγαλοπρεπές παλάτι θα είναι ο τόπος όπου απόψε θα μυηθείς στην *Κρίγια Γιόγκα*. Όλοι οι άλλοι αδελφοί εδώ σε καλωσορίζουμε μ' έναν παιάνα, χαρούμενοι που τελείωσε η εξορία σου. Κοίτα!".

»Μπροστά μας βρισκόταν ένα απέραντο παλάτι από εκτυφλωτικό χρυσάφι. Στολισμένο με αμέτρητους πολύτιμους λίθους, τοποθετημένο μέσα σε διαμορφωμένους κήπους, αντανακλώνταν σε ήρεμες λιμνούλες – ένα θέαμα απαράμιλλης επιβλητικότητας! Πανύψηλες αψίδες ήταν περίπλοκα στολισμένες με ένθετα διαμάντια, ζαφείρια και σμαράγδια. Άντρες με αγγελική εμφάνιση βρίσκονταν στις εισόδους, οι

---

[5] Ο νόμος του κάρμα απαιτεί να εκπληρωθεί τελειωτικά κάθε ανθρώπινη επιθυμία. Έτσι, οι επιθυμίες που δεν είναι πνευματικές αποτελούν την αλυσίδα που δένει τον άνθρωπο με τον τροχό της μετενσάρκωσης.

ΣΠΗΛΙΑ ΤΟΥ ΜΠΑΜΠΑΤΖΙ ΣΤΑ ΙΜΑΛΑΙΑ
Μια σπηλιά κοντά στο Ρανικέτ, στην οποία περιστασιακά έμενε ο Μαχαβατάρ Μπάμπατζι. Ένας εγγονός του Λαχίρι Μαχασάγια, ο Ανάντα Μοχάν Λαχίρι *(με λευκά ρούχα),* και τρεις άλλοι πιστοί επισκέπτονται το ιερό σημείο.

οποίες έλαμπαν από κόκκινα ρουμπίνια.

»Ακολούθησα τον σύντροφό μου σ' έναν ευρύχωρο χώρο υποδοχής. Οι μυρωδιές του λιβανιού και του τριαντάφυλλου μεταφέρονταν με τον αέρα· από διάφορες λάμπες διαχεόταν ένα αχνό φως με πολύχρωμη λάμψη. Μικρές ομάδες πιστών, μερικοί με ανοιχτόχρωμο, άλλοι με σκουρόχρωμο δέρμα, τραγουδούσαν απαλά ή κάθονταν ήσυχα σε στάση διαλογισμού, βυθισμένοι σε εσωτερική γαλήνη. Μια έντονη χαρά διαπότιζε την ατμόσφαιρα.

»"Άσε τα μάτια σου να χορτάσουν το θέαμα· απόλαυσε το καλαίσθητο μεγαλείο αυτού του παλατιού· διότι υλοποιήθηκε μόνο προς τιμήν σου", παρατήρησε ο οδηγός μου χαμογελώντας με συμπάθεια καθώς αναφωνούσα με θαυμασμό.

»"Αδελφέ", είπα, "η ομορφιά αυτού του οικοδομήματος ξεπερνά τα όρια της ανθρώπινης φαντασίας. Σε παρακαλώ, εξήγησέ μου το μυστήριο της προέλευσής του".

»"Θα είναι χαρά μου να σε διαφωτίσω". Τα μαύρα μάτια του συντρόφου μου σπινθήρισαν από σοφία. "Δεν υπάρχει τίποτα ανεξήγητο σχετικά μ' αυτήν την υλοποίηση. Ολόκληρο το σύμπαν είναι μια προβεβλημένη σκέψη του Δημιουργού. Η βαριά χωμάτινη γήινη μπάλα που αιωρείται στο διάστημα είναι ένα όνειρο του Θεού. Δημιούργησε τα πάντα με τη σκέψη Του, ακριβώς όπως ο άνθρωπος όταν κοιμάται αναπαράγει και ζωντανεύει μια δημιουργία με τα πλάσματά της.

»"Ο Κύριος πρώτα σχημάτισε τη γη σαν ιδέα. Αυτήν την ιδέα τη ζωντάνεψε· δημιουργήθηκε η ατομική ενέργεια και μετά η ύλη. Συντόνισε τα άτομα της γης ώστε να αποτελέσουν μια στερεή σφαίρα. Όλα τα μόριά της κρατιούνται ενωμένα με τη θέληση του Θεού. Όταν αποσύρει τη θέλησή Του, όλα τα άτομα της γης θα μεταστοιχειωθούν σε ενέργεια. Η ατομική ενέργεια θα επιστρέψει στην πηγή της: τη συνειδητότητα. Η γη-ιδέα θα εξαφανιστεί ως αντικείμενο.

»"Η ουσία ενός ονείρου υλοποιείται από την υποσυνείδητη σκέψη αυτού που κοιμάται. Όταν η σκέψη που συνθέτει το όνειρο αποσύρεται, καθώς αυτός που κοιμάται ξυπνά, το όνειρο και τα στοιχεία του διαλύονται. Ένας άνθρωπος κλείνει τα μάτια του και οικοδομεί μια ονειρική δημιουργία, την οποία, όταν ξυπνά, εξαϋλώνει χωρίς προσπάθεια. Ακολουθεί το θεϊκό αρχέτυπο σχέδιο. Παρόμοια, όταν αφυπνίζεται στη συμπαντική συνειδητότητα, εξαϋλώνει την παγκόσμια ψευδαίσθηση του συμπαντικού ονείρου χωρίς προσπάθεια.

»"Συντονισμένος με την άπειρη Θέληση που μπορεί να καταφέρει τα πάντα, ο Μπάμπατζι μπορεί να προστάξει τα στοιχειώδη άτομα να συνδυαστούν και να εκδηλωθούν σε οποιαδήποτε μορφή. Αυτό το χρυσό παλάτι, που δημιουργήθηκε στιγμιαία, είναι αληθινό – με την ίδια έννοια με την οποία η γη είναι αληθινή. Ο Μπάμπατζι δημιούργησε αυτό το πανέμορφο μέγαρο με τον νου του και κρατά ενωμένα τα άτομα που το συνθέτουν με τη δύναμη της θέλησής του, ακριβώς όπως η σκέψη του Θεού δημιούργησε τη γη και η θέλησή Του τη διατηρεί". Πρόσθεσε: "Όταν αυτό το οικοδόμημα θα έχει εκπληρώσει τον σκοπό του, ο Μπάμπατζι θα το εξαϋλώσει".

»Καθώς έμεινα σιωπηλός με δέος, ο οδηγός μου διέγραψε μια καμπύλη με το χέρι του δείχνοντας τριγύρω. "Αυτό το παλάτι που φέγγει, έξοχα διακοσμημένο με πολύτιμους λίθους, δεν χτίστηκε με ανθρώπινη προσπάθεια· το χρυσάφι του και οι πολύτιμοι λίθοι του δεν βγήκαν από ορυχείο με μόχθο. Στέκεται στέρεα, μια μνημειώδης πρόκληση για τον άνθρωπο.[6] Όποιος συνειδητοποιεί τον εαυτό του ως γιο του Θεού, όπως έχει συνειδητοποιήσει ο Μπάμπατζι, μπορεί να επιτύχει κάθε στόχο με τις δυνάμεις που κρύβονται μέσα του. Μια κοινή πέτρα κρύβει μέσα της εκπληκτικές ποσότητες ατομικής ενέργειας·[7] έτσι, ακόμα και ο κατώτατος θνητός είναι ένας ηλεκτροπαραγωγικός σταθμός θεϊκής ενέργειας".

»Ο άγιος πήρε από ένα κοντινό τραπέζι ένα όμορφο βάζο του οποίου το χερούλι έλαμπε από διαμάντια. "Ο μεγάλος μας γκουρού δημιούργησε αυτό το παλάτι στερεοποιώντας μυριάδες ελεύθερες συμπαντικές ακτίνες", συνέχισε. "Πιάσε αυτό το βάζο και τα διαμάντια του· θα περάσουν όλες τις δοκιμασίες της εμπειρίας των αισθήσεων".

»Εξέτασα το βάζο· οι πολύτιμες πέτρες του άξιζαν όσο ο θησαυρός ενός βασιλιά. Πέρασα το χέρι μου πάνω από τους τοίχους του δωματίου, που αποτελούνταν από συμπαγές λαμπερό χρυσάφι. Με πλημμύρισε βαθιά ευχαρίστηση. Μια επιθυμία που ήταν κρυμμένη στο υποσυνείδητό μου από παλιές ζωές φαινόταν ότι ταυτόχρονα ικανοποιήθηκε και εξαφανίστηκε.

»Ο επιβλητικός σύντροφός μου με οδήγησε μέσα από διακοσμημένες αψίδες και διαδρόμους σε μια σειρά από δωμάτια πλούσια επιπλωμένα με τρόπο που θύμιζαν παλάτι αυτοκράτορα. Μπήκαμε σε μια τεράστια αίθουσα. Στο κέντρο υπήρχε ένας χρυσός θρόνος, καλυμμένος από πολύτιμους λίθους, οι οποίοι δημιουργούσαν ένα εκτυφλωτικό συνονθύλευμα χρωμάτων. Εκεί, στη στάση του λωτού, καθόταν ο υπέρτατος Μπάμπατζι. Γονάτισα στο γυαλιστερό δάπεδο, στα πόδια του.

»"Λαχίρι, ικανοποιείσαι ακόμα με την εκπλήρωση της ονειρικής σου επιθυμίας για ένα χρυσό παλάτι;". Τα μάτια του γκουρού μου άστραφταν όπως τα ζαφείρια του. "Ξύπνα! Όλη η δίψα σου για γήινες απολαύσεις θα σβήσει για πάντα". Μουρμούρισε κάποιες μυστικιστικές λέξεις ευλογίας. "Παιδί μου, σήκω. Δέξου τη μύησή σου στο βασίλειο του Θεού μέσω της *Κρίγια Γιόγκα*".

---

[6] «Τι είναι θαύμα; Είναι μια επίπληξη, είναι μια απόλυτη σάτιρα στην ανθρωπότητα». – *Edward Young, Night Thoughts* («Σκέψεις της νύχτας»).

[7] Η θεωρία της ατομικής δομής της ύλης περιγράφεται στις αρχαίες ινδικές πραγματείες *Βεϊσέσικ και Νυάγια*. «Απέραντοι κόσμοι βρίσκονται μέσα στα στενά όρια καθενός ατόμου, πολυποίκιλοι σαν τα μόρια σκόνης σε μια ακτίνα φωτός». – *Γιόγκα Βασίστα (Yoga Vasishtha)*. *(Σημ. του Συγγραφέα)*

(Με την ως άνω λέξη «άτομο» εννοείται το μικρότερο τμήμα ύλης, όχι ο άνθρωπος - *Σημ. του Μεταφραστή)*.

»Ο Μπάμπατζι άπλωσε το χέρι του· εμφανίστηκε μια *χόμα* (θυσιαστική) φωτιά, περιτριγυρισμένη από φρούτα και λουλούδια. Έλαβα την απελευθερωτική τεχνική της γιόγκα μπροστά σ' αυτόν τον φλεγόμενο βωμό.

»Οι τελετές ολοκληρώθηκαν νωρίς την αυγή. Στην εκστατική κατάσταση που βρισκόμουν δεν ένιωθα ανάγκη για ύπνο. Περιφέρθηκα στα δωμάτια του παλατιού, που ήταν γεμάτα με θησαυρούς και έξοχα έργα τέχνης και προχώρησα στους κήπους. Πρόσεξα εκεί κοντά τις σπηλιές και τους γυμνούς γκρεμούς που είχα δει την προηγούμενη μέρα· τότε όμως δεν συνόρευαν με το σπουδαίο οικοδόμημα και τους ανθισμένους κήπους του.

»Ξαναμπαίνοντας στο παλάτι με τη μυθική λάμψη κάτω από το φως του ήλιου των παγωμένων Ιμαλαΐων, έψαξα τον Δάσκαλό μου. Βρισκόταν ακόμα πάνω στον θρόνο, περικυκλωμένος από πολλούς σιωπηλούς μαθητές.

»"Λαχίρι, πεινάς". Ο Μπάμπατζι πρόσθεσε: "Κλείσε τα μάτια σου".

»Όταν τα ξανάνοιξα, το σαγηνευτικό παλάτι και οι κήποι του είχαν εξαφανιστεί. Το σώμα μου και οι μορφές του Μπάμπατζι και των μαθητών κάθονταν στο γυμνό έδαφος ακριβώς στη θέση όπου υπήρχε το εξαφανισμένο παλάτι, κοντά στις ηλιόλουστες εισόδους των σπηλιών που σχημάτιζαν οι βράχοι. Θυμήθηκα ότι ο οδηγός μου είχε πει ότι το παλάτι θα εξαϋλωνόταν όταν τα άτομα που το συγκρότησαν θα αφήνονταν ελεύθερα στις ουσίες της σκέψης από την οποία είχαν εκπορευθεί. Αν και σαστισμένος, κοίταξα γεμάτος εμπιστοσύνη τον γκουρού μου. Δεν ήξερα τι άλλο να περιμένω εκείνη τη μέρα των θαυμάτων.

»"Ο σκοπός για τον οποίο δημιουργήθηκε το παλάτι τώρα εκπληρώθηκε", εξήγησε ο Μπάμπατζι. Σήκωσε ένα πήλινο σκεύος από το έδαφος. "Βάλε το χέρι σου εκεί και πάρε όποιο φαγητό σου αρέσει".

»Άγγιξα το πλατύ, άδειο μπολ· εμφανίστηκαν ζεστά βουτυρωμένα *λούτσι*, *κάρυ* και ζαχαρωτά. Καθώς τα έτρωγα, παρατήρησα ότι το μπολ παρέμενε συνεχώς γεμάτο. Στο τέλος του γεύματος κοίταξα γύρω μου για να βρω νερό. Ο γκουρού μου μου έδειξε το μπολ μπροστά μου· το φαγητό είχε εξαφανιστεί· στη θέση του υπήρχε νερό.

»"Λίγοι θνητοί γνωρίζουν ότι το βασίλειο του Θεού περιλαμβάνει και το βασίλειο της εκπλήρωσης των γήινων επιθυμιών", παρατήρησε ο Μπάμπατζι. "Το θεϊκό βασίλειο εκτείνεται στο γήινο· το τελευταίο όμως, που από τη φύση του είναι μια ψευδαίσθηση, δεν περιλαμβάνει την ουσία της Πραγματικότητας".

»"Αγαπημένε γκουρού, χθες το βράδυ μου δείξατε τον κρίκο που ενώνει την ομορφιά του παραδείσου και της γης!". Χαμογέλασα με την ανάμνηση του εξαφανισμένου παλατιού· σίγουρα κανένας απλός γιόγκι δεν είχε λάβει μύηση στα σεπτά μυστήρια του Πνεύματος σε πιο εντυπωσιακά πολυτελές περιβάλλον! Κοίταζα γαλήνια την έντονη αντίθεση της παρούσας σκηνής. Το έρημο έδαφος, την ουράνια οροφή, τις σπηλιές που πρόσφεραν πρωτόγονο καταφύγιο – όλα έμοιαζαν ένα ευγενές φυσικό σκηνικό για τους αγγελικούς αγίους γύρω μου.

»Κάθισα εκείνο το απόγευμα στην κουβέρτα μου, που ήταν καθαγιασμένη από τους συνειρμούς συνειδητοποιήσεων περασμένων ζωών. Ο θεϊκός μου γκουρού με πλησίασε και ακούμπησε το χέρι του στο κεφάλι μου. Μπήκα στην κατάσταση του *νιρμπικάλπα σαμάντι*, παραμένοντας αδιάλειπτα στη μακαριότητά του για επτά μέρες. Περνώντας τα διαδοχικά επίπεδα της συνειδητοποίησης του Εαυτού μου, διείσδυσα στα αθάνατα βασίλεια της Πραγματικότητας. Όλοι οι απατηλοί περιορισμοί εξαφανίστηκαν· η ψυχή μου ήταν πλήρως εδραιωμένη στο Συμπαντικό Πνεύμα.

»Την όγδοη μέρα έπεσα στα πόδια του γκουρού μου και τον ικέτευσα να με κρατήσει για πάντα κοντά του σ' εκείνη την ιερή έρημο.

»"Γιε μου", είπε ο Μπάμπατζι αγκαλιάζοντάς με, "ο ρόλος σου σ' αυτήν την ενσάρκωση πρέπει να παιχθεί μπροστά στο βλέμμα του πλήθους. Ευλογημένος από προηγούμενες ζωές σου που πέρασες σε μοναχικό διαλογισμό, τώρα πρέπει να αναμειχθείς με τον κόσμο των ανθρώπων.

»"Ένας σοβαρός σκοπός βρισκόταν πίσω από το γεγονός ότι με συνάντησες αυτή τη φορά μόνον όταν ήσουν πια παντρεμένος, με σεμνή οικογένεια και ευθύνες εργασίας σε γραφείο. Πρέπει να παραμερίσεις τις σκέψεις σου να μείνεις μαζί μας στα Ιμαλάια. Η ζωή σου βρίσκεται ανάμεσα στα πλήθη των πόλεων, υπηρετώντας ως υπόδειγμα του ιδεώδους γιόγκι-οικογενειάρχη.

»"Οι φωνές των πολλών εγκόσμιων αντρών και γυναικών που βρίσκονται σε σύγχυση εισακούστηκαν από τους Μεγάλους", συνέχισε. "Έχεις επιλεγεί για να φέρεις πνευματική παρηγοριά μέσω της *Κρίγια Γιόγκα* σε πολλούς ένθερμους αναζητητές. Το κουράγιο εκατομμυρίων ανθρώπων, που είναι επιβαρυμένοι με οικογενειακούς δεσμούς και επίπονα εγκόσμια καθήκοντα, θα ενισχυθεί από σένα, έναν οικογενειάρχη όπως αυτοί. Θα πρέπει να τους καθοδηγήσεις να καταλάβουν ότι τα υψηλότερα γιογκικά επιτεύγματα δεν είναι απαγορευμένα για τους ανθρώπους της οικογένειας. Ακόμα και μέσα στον κόσμο, ο γιόγκι που πιστά εκτελεί τα καθήκοντά του χωρίς προσωπικό κίνητρο ή προσκόλληση, βαδίζει στο σίγουρο μονοπάτι της φώτισης.

»"Καμία αναγκαιότητα δεν σε ωθεί να αφήσεις τον κόσμο, γιατί εσωτερικά έχεις ήδη αποκόψει κάθε καρμικό δεσμό μ' αυτόν. Αν και δεν είσαι απ' αυτόν τον κόσμο, εντούτοις θα πρέπει να μείνεις μέσα σ' αυτόν. Για πολλά ακόμα χρόνια θα πρέπει να εκτελείς ευσυνείδητα τα οικογενειακά, εργασιακά, κοινωνικά και πνευματικά σου καθήκοντα. Μια γλυκιά, νέα ανάσα θεϊκής ελπίδας θα διεισδύσει μέσα σε όλες τις κενές καρδιές των εγκόσμιων ανθρώπων. Από την ισορροπημένη ζωή σου θα καταλάβουν ότι η λύτρωση εξαρτάται από εσωτερικές και όχι εξωτερικές απαρνήσεις".

»Πόσο μακρινή μου φαινόταν η οικογένειά μου, το γραφείο μου, ο κόσμος, καθώς άκουγα τον γκουρού μου στην απομόνωση των ψηλών Ιμαλαΐων! Παρ' όλα αυτά μια αδαμάντινη αλήθεια υπήρχε στα λόγια του· συμφώνησα υπάκουα να αφήσω εκείνο το ευλογημένο λιμάνι της γαλήνης. Ο Μπάμπατζι μου εξήγησε τους αρχαίους αυστηρούς κανόνες σύμφωνα με τους οποίους μεταδίδεται η γιογκική τέχνη από τον γκουρού στον μαθητή.

»"Να παραχωρείς το κλειδί της *Κρίγια* μόνο σε τσέλα που πληρούν τις προϋποθέσεις", μου είπε ο Μπάμπατζι. "Αυτός που παίρνει όρκο να θυσιάσει τα πάντα για την αναζήτηση του Θεού είναι κατάλληλος να διαλευκάνει τα τελικά μυστήρια της ζωής μέσω της επιστήμης του διαλογισμού".

»"Αγγελικέ γκουρού, όπως έχετε ήδη ευνοήσει την ανθρωπότητα με την ανάσταση της χαμένης τέχνης της *Κρίγια*, αυξήστε αυτήν την ευεργεσία με το να χαλαρώσετε τους αυστηρούς κανόνες σχετικά με τη μαθητεία". Κοίταζα τον Μπάμπατζι ικετευτικά. "Σας παρακαλώ να μου επιτρέψετε να αποκαλύπτω την *Κρίγια* σε όλους τους ειλικρινείς αναζητητές, ακόμα κι αν δεν είναι στην αρχή ικανοί να ορκιστούν απόλυτη εσωτερική απάρνηση. Οι βασανισμένοι άντρες και γυναίκες του κόσμου που μαστίζονται από το τριπλό βάσανο[8] χρειάζονται ιδιαίτερη ενθάρρυνση. Μπορεί να μην προσπαθήσουν ποτέ να προχωρήσουν στο δρόμο της ελευθερίας αν η μύηση στην *Κρίγια* τούς απαγορευτεί".

»"Ας γίνει έτσι. Η θεϊκή επιθυμία εκφράστηκε μέσα από τα λόγια

---

[8] Τα σωματικά, τα νοητικά και τα πνευματικά βάσανα που εκδηλώνονται, αντίστοιχα, με ασθένεια, ψυχολογικές ανεπάρκειες ή «συμπλέγματα» και με την άγνοια της ψυχής.

σου. Να δίνεις την *Κρίγια* σε όσους ταπεινά ζητήσουν τη βοήθειά σου", απάντησε ο ελεήμων γκουρού.⁹

»Μετά από μια σιωπή, ο Μπάμπατζι πρόσθεσε: "Να επαναλαμβάνεις σε όλους τους μαθητές σου την εξής μεγαλειώδη υπόσχεση της Μπάγκαβαντ Γκίτα:¹⁰ *Σουαλπαμαπιάσια νταρμάσια τραγιατέ μαχάτο μπαγιάτ*" ["Ακόμα και λίγη πρακτική αυτού του *ντάρμα* (θρησκευτικής τελετής ή ενάρετης πράξης) θα σε σώσει από μεγάλο φόβο *(μαχάτο μπαγιάτ)*" – τα κολοσσιαία βάσανα που είναι εγγενή στους επαναλαμβανόμενους κύκλους της γέννησης και του θανάτου].

»Καθώς γονάτισα το επόμενο πρωί στα πόδια του γκουρού μου για να με αποχαιρετήσει με μια ευλογία, ένιωσε την έντονη απροθυμία μου να τον αφήσω.

---

⁹ Στην αρχή ο Μπάμπατζι έδωσε άδεια μόνο στον Λαχίρι Μαχασάγια να διδάσκει την *Κρίγια* σε άλλους. Ο Γιογκαβατάρ μετά ζήτησε να έχουν τη δυνατότητα και μερικοί μαθητές του να διδάσκουν την *Κρίγια*. Ο Μπάμπατζι συναίνεσε και αποφάσισε ότι η διδασκαλία της *Κρίγια* στο μέλλον θα περιοριζόταν να γίνεται μόνο από όσους ήταν προχωρημένοι στο μονοπάτι της *Κρίγια* και στους οποίους θα είχε δοθεί η σχετική άδεια από τον Λαχίρι Μαχασάγια ή από άλλους διαύλους που θα ιδρύονταν από τους εξουσιοδοτημένους μαθητές του Γιογκαβατάρ. Ο Μπάμπατζι, με συμπόνια, υποσχέθηκε να έχει αιώνια την ευθύνη για την πνευματική πρόοδο όλων των πιστών και των αφοσιωμένων *Κρίγια Γιόγκι* που θα είχαν μυηθεί από κανονικά εξουσιοδοτημένους δασκάλους της *Κρίγια*, σε όλες τις ζωές τους.

Το Self-Realization Fellowship / Yogoda Satsanga Society of India, για να δώσει τη μύηση στην *Κρίγια Γιόγκα*, απαιτεί αυστηρά να υπογράψουν οι υποψήφιοι μια υπόσχεση ότι δεν θα αποκαλύψουν την τεχνική της *Κρίγια* σε άλλους. Μ' αυτόν τον τρόπο η απλή αλλά ακριβής τεχνική της *Κρίγια* προστατεύεται από αλλαγές και παραποιήσεις από μη εξουσιοδοτημένους δασκάλους και παραμένει στην αρχική της αμόλυντη μορφή.

Αν και οι αρχαίοι περιορισμοί του ασκητισμού και της απάρνησης παραβλέφθηκαν από τον Μπάμπατζι για να ευεργετηθούν οι μάζες από την *Κρίγια Γιόγκα*, εντούτοις ζήτησε από τον Λαχίρι Μαχασάγια και όλους τους διαδόχους του στην πνευματική σειρά (τη σειρά των Γκουρού του Self-Realization Fellowship / Yogoda Satsanga Society of India) να επιβάλλουν σε όποιον ζητήσει μύηση μια προκαταρκτική περίοδο πνευματικής εκπαίδευσης, ως τρόπο προετοιμασίας για την άσκηση της *Κρίγια Γιόγκα*. Η πρακτική μιας εξαιρετικά προχωρημένης τεχνικής όπως η *Κρίγια* είναι ασύμβατη με μια άστατη πνευματική ζωή. Η *Κρίγια Γιόγκα* είναι κάτι παραπάνω από μια τεχνική διαλογισμού· είναι επίσης ένας τρόπος ζωής και απαιτεί αποδοχή απ' αυτόν που θα μυηθεί ορισμένες πνευματικής πειθαρχίας και συμμόρφωσης σε κάποιες εντολές. Το Self-Realization Fellowship / Yogoda Satsanga Society of India ακολούθησε πιστά αυτές τις οδηγίες που δόθηκαν από τον Μπάμπατζι, τον Λαχίρι Μαχασάγια, τον Σρι Γιουκτέσβαρ και τον Παραμαχάνσα Γιογκανάντα. Οι τεχνικές *Χονγκ Σο (Hong-Sau)* και *Ομ (Aum)*, που διδάσκονται στα *Μαθήματα* του *Self-Realization Fellowship (SRF)* και *Yogoda Satsanga Society of India (YSS)* από εξουσιοδοτημένους εκπροσώπους του SRF-YSS, ως προκαταρκτικές της *Κρίγια Γιόγκα*, είναι ένα ενιαίο και αναπόσπαστο τμήμα του μονοπατιού της *Κρίγια Γιόγκα*. Αυτές οι τεχνικές είναι ιδιαίτερα αποτελεσματικές στο να εξυψώσουν τη συνειδητότητα στη συνειδητοποίηση του Εαυτού και για να λυτρωθεί η ψυχή από τα δεσμά. *(Σημ. του Εκδότη)*

¹⁰ Κεφ. II:40.

*Υλοποιώντας Ένα Παλάτι στα Ιμαλάια*

»"Δεν υπάρχει χωρισμός για μας, αγαπημένο μου παιδί". Άγγιξε τον ώμο μου στοργικά. "Όπου κι αν είσαι, όποτε κι αν με καλέσεις, θα έρθω αμέσως".

»Παρηγορημένος από την υπέροχη υπόσχεσή του και πλούσιος με το χρυσάφι της θεϊκής σοφίας που μόλις είχα βρει, κατέβηκα από το βουνό. Στο γραφείο με υποδέχθηκαν οι συνάδελφοί μου οι οποίοι, για δέκα μέρες, πίστευαν ότι είχα χαθεί στις σπηλιές των Ιμαλαΐων. Σύντομα έφτασε ένα γράμμα από τα κεντρικά γραφεία.

»"Ο Λαχίρι πρέπει να επιστρέψει στο γραφείο του Ντάναπουρ", έγραφε. "Η μετάθεσή του στο Ρανικέτ συνέβη από σφάλμα. Κάποιος άλλος θα έπρεπε να σταλεί για να αναλάβει τα καθήκοντα εκεί".

»Χαμογέλασα σκεπτόμενος τον απόκρυφο χειρισμό της πορείας των γεγονότων που με είχαν οδηγήσει σ' αυτό το απομακρυσμένο μέρος της Ινδίας.

»Πριν επιστρέψω στο Ντάναπουρ[11] πέρασα μερικές μέρες με μια οικογένεια από τη Βεγγάλη, στο Μοραντάμπαντ. Μια ομάδα έξι φίλων ήρθε να με συναντήσει. Καθώς γύρισα την κουβέντα σε πνευματικά θέματα, ο οικοδεσπότης μου παρατήρησε με μελαγχολία:

»"Αχ, σ' αυτήν την εποχή η Ινδία δεν έχει αγίους!".

»"Μπάμπου", διαμαρτυρήθηκα έντονα, "και βέβαια υπάρχουν ακόμα μεγάλοι Δάσκαλοι σ' αυτή τη χώρα".

»Σε μια έξαρση πάθους, ένιωσα την παρόρμηση να εξιστορήσω τις θαυμαστές μου εμπειρίες στα Ιμαλάια. Η μικρή παρέα με άκουγε ευγενικά αλλά με δυσπιστία.

»"Λαχίρι", είπε ένας άντρας απαλά, "ο αραιωμένος αέρας των Ιμαλαΐων προκάλεσε μια σύγχυση στο νου σου. Αυτό που μας διηγήθηκες είναι μια ονειροπόληση".

»Φλεγόμενος από τον ενθουσιασμό που προκαλεί η αλήθεια, μίλησα χωρίς να σκεφτώ. "Αν τον καλέσω, ο γκουρού μου θα εμφανιστεί μέσα σ' αυτό το σπίτι".

»Όλα τα μάτια έλαμπαν από ενδιαφέρον· δεν αποτέλεσε έκπληξη το γεγονός ότι όλοι ήταν ανυπόμονοι να δουν ένα τέτοιο φαινόμενο. Σχεδόν απρόθυμα ζήτησα ένα ήσυχο δωμάτιο και δύο καινούργιες μάλλινες κουβέρτες.

»"Ο Δάσκαλος θα υλοποιηθεί από τον αιθέρα", είπα· "μείνετε ήσυχα έξω από την πόρτα· θα σας καλέσω σύντομα".

---
[11] Μια κωμόπολη κοντά στο Μπενάρες.

»Βυθίστηκα σε διαλογισμό, καλώντας ταπεινά τον γκουρού μου. Το σκοτεινό δωμάτιο γέμισε με μια αμυδρή, καταπραϋντική λάμψη· εμφανίστηκε η λαμπερή μορφή του Μπάμπατζι.

»"Λαχίρι, γιατί με καλείς για κάτι ασήμαντο;". Το βλέμμα του Δασκάλου ήταν αυστηρό. "Η Αλήθεια είναι για σοβαρούς αναζητητές, όχι για όσους έχουν άσκοπη περιέργεια. Είναι εύκολο να πιστέψει κάποιος όταν βλέπει· τότε δεν χρειάζεται η αναζήτηση της ψυχής. Η υπεραισθητήρια αλήθεια ανακαλύπτεται επάξια απ' αυτούς που υπερβαίνουν τον φυσικό υλιστικό σκεπτικισμό τους". Πρόσθεσε σοβαρά: "Άσε με να φύγω".

»Έπεσα παρακλητικά στα πόδια του. "Ιερέ Γκουρού, καταλαβαίνω το σοβαρό λάθος μου· σας ζητώ ταπεινά να με συγχωρήσετε. Ήθελα να εγείρω την πίστη αυτών των πνευματικά τυφλών ανθρώπων και γι' αυτό τόλμησα να σας καλέσω. Αφού καταδεχθήκατε να εμφανιστείτε με την προσευχή μου, σας παρακαλώ, μη φύγετε χωρίς να παραχωρήσετε μια ευλογία στους φίλους μου. Αν και είναι άπιστοι, τουλάχιστον ήταν πρόθυμοι να διερευνήσουν την αλήθεια των παράξενων διαβεβαιώσεών μου".

»"Πολύ καλά, θα μείνω για λίγο. Δεν επιθυμώ να χάσεις την αξιοπιστία σου μπροστά στους φίλους σου". Το πρόσωπο του Μπάμπατζι μαλάκωσε, αλλά πρόσθεσε ευγενικά: "Από δω και πέρα, γιε μου, θα έρχομαι όποτε με χρειάζεσαι· όχι πάντα όταν με καλείς".[12]

»Μια τεταμένη σιωπή κυριάρχησε στη μικρή ομάδα όταν άνοιξα την πόρτα. Σαν να μην πίστευαν στα μάτια τους, οι φίλοι μου έμειναν να κοιτούν εμβρόντητοι τη λαμπερή φιγούρα πάνω στην κουβέρτα.

»"Αυτός είναι ένας ομαδικός υπνωτισμός!". Ένας άντρας γέλασε ασύστολα. "Κανείς δεν θα μπορούσε να μπει σ' αυτό το δωμάτιο χωρίς να το αντιληφθούμε!".

»Ο Μπάμπατζι προχώρησε χαμογελώντας και έκανε νεύμα σε κάθε έναν να αγγίξει τη ζεστή, στερεή σάρκα του σώματός του. Οι αμφιβολίες διαλύθηκαν και οι φίλοι μου έπεσαν στα πόδια του με μετάνοια γεμάτη δέος.

»"Ας ετοιμαστεί *χαλουά*".[13] Ήξερα ότι ο Μπάμπατζι το ζήτησε αυτό

---

[12] Στο μονοπάτι για το Άπειρο, ακόμα και φωτισμένοι Δάσκαλοι όπως ο Λαχίρι Μαχασάγια, μπορεί να παρουσιάσουν υπερβολικό ζήλο και να πρέπει να πειθαρχηθούν. Στην Μπάγκαβαντ Γκίτα υπάρχουν πολλές περικοπές όπου ο θεϊκός γκουρού Κρίσνα επιπλήττει τον πρίγκιπα των πιστών, τον Αρτζούνα.

[13] Μια πηχτή πουτίγκα που φτιάχνεται από σιτάλευρο τηγανισμένο σε βούτυρο και βρασμένο σε γάλα και ζάχαρη.

για να βεβαιώσει την ομάδα για την πραγματικότητα της υλικής του υπόστασης. Καθώς ο χυλός έβραζε, ο θεϊκός γκουρού συζητούσε φιλικά. Ήταν σπουδαία η μεταμόρφωση των φίλων μου, που έμοιαζαν με τον άπιστο Θωμά που έγινε πιστός σαν τον Απόστολο Παύλο. Αφού φάγαμε, ο Μπάμπατζι ευλόγησε τον καθέναν μας με τη σειρά. Ξαφνικά εμφανίστηκε μια λάμψη· γίναμε μάρτυρες της ακαριαίας χημικής διάλυσης των ηλεκτρονικών στοιχείων του σώματος του Μπάμπατζι σ' ένα εξαπλωνόμενο φως σαν ατμό. Η συντονισμένη με το Θεό δύναμη θέλησης του Δασκάλου είχε χαλαρώσει τη δύναμη που συγκρατούσε τα αιθερικά άτομα που αποτελούσαν το σώμα του· αμέσως οι τρισεκατομμύρια μικροσκοπικές ζωητρονικές σπίθες εξαφανίστηκαν στην άπειρη ανεξάντλητη πηγή.

»"Με τα ίδια μου τα μάτια είδα τον κατακτητή του θανάτου". Ο Μάιτρα,[14] ένας από την ομάδα, μίλησε με ευλάβεια. Το πρόσωπό του είχε μεταμορφωθεί από τη χαρά της πρόσφατης αφύπνισής του. "Ο υπέρτατος γκουρού έπαιξε με το χρόνο και το χώρο όπως ένα παιδί παίζει με τα παιχνίδια του. Είδα κάποιον που κρατά τα κλειδιά του ουρανού και της γης".

»Σύντομα επέστρεψα στο Ντάναπούρ», είπε ο Λαχίρι Μαχασάγια, ολοκληρώνοντας την αφήγησή του. «Ευρισκόμενος ολοκληρωτικά στο λιμάνι του Πνεύματος, ξαναγύρισα στα πολλαπλά καθήκοντά μου ως οικογενειάρχη και εργαζομένου».

Ο Λαχίρι Μαχασάγια αφηγήθηκε επίσης στον Σουάμι Κεμπαλανάντα και στον Σρι Γιουκτέσβαρ την ιστορία μιας ακόμα συνάντησης με τον Μπάμπατζι. Η περίσταση ήταν μια από τις πολλές κατά τις οποίες ο υπέρτατος γκουρού εκπλήρωσε την υπόσχεσή του: «Θα έρχομαι όποτε με χρειάζεσαι».

«Η συνάντηση έγινε στην *Κούμπα Μέλα* στο Αλλαχαμπάντ», είπε ο Λαχίρι Μαχασάγια στους μαθητές του. «Είχα πάει εκεί κατά τη διάρκεια μιας σύντομης άδειας που είχα πάρει από το γραφείο. Καθώς περιπλανιόμουν ανάμεσα σε πλήθος μοναχών και σάντου που είχαν έρθει από πολύ μακριά για να παρακολουθήσουν την ιερή γιορτή, πρόσεξα έναν ασκητή αλειμμένο με στάχτες που κρατούσε ένα μπολ για

---

[14] Ο άντρας, που αργότερα έγινε γνωστός ως Μάιτρα Μαχασάγια, προόδευσε πολύ στη συνειδητοποίηση του Εαυτού του. Συνάντησα τον Μάιτρα Μαχασάγια λίγο μετά την αποφοίτησή μου από το Λύκειο· επισκέφτηκε το ερημητήριο *Μαχαμαντάλ* στο Μπενάρες όταν κατοικούσα εκεί. Τότε μου είπε για την υλοποίηση του Μπάμπατζι μπροστά στην ομάδα στο Μοραντάμπαντ. «Σαν αποτέλεσμα του θαύματος», μου εξήγησε ο Μάιτρα Μαχασάγια, «έγινα μαθητής του Λαχίρι Μαχασάγια εφ' όρου ζωής».

επαιτεία. Ήρθε στο νου μου η σκέψη ότι ο άντρας ήταν υποκριτής που φορούσε τα εξωτερικά σύμβολα της απάρνησης χωρίς μια αντίστοιχη εσωτερική χάρη του Θεού.

»Μόλις προσπέρασα τον ασκητή, είδα άναυδος τον Μπάμπατζι. Ήταν γονατισμένος μπροστά σ' έναν αναχωρητή με μπερδεμένα μαλλιά.

»"Γκούρουτζι!". Έτρεξα κοντά του. "Κύριε, τι κάνετε εδώ;".

»"Πλένω τα πόδια αυτού του απαρνητή και μετά θα καθαρίσω τα μαγειρικά σκεύη του". Ο Μπάμπατζι μου χαμογέλασε σαν παιδί· ήξερα ότι μου έδειχνε διακριτικά ότι δεν ήθελε να κατακρίνω κανέναν, αλλά να βλέπω τον Κύριο να κατοικεί το ίδιο σε όλα τα σώματα-ναούς, είτε ανώτερων είτε κατώτερων ανθρώπων.

»Ο μεγάλος γκουρού πρόσθεσε: "Υπηρετώντας τους σοφούς και τους αδαείς σάντου, μαθαίνω τη μεγαλύτερη αρετή, αυτήν που ευχαριστεί το Θεό πιο πολύ απ' όλες τις άλλες – την ταπεινότητα"».[15]

---

[15] «Ταπεινώνεται για να βλέπει τα πράγματα στον ουρανό και στη γη» (Ψαλμοί ΡΙΓ:6). «Όποιος υψώσει τον εαυτό του θα ταπεινωθεί, και όποιος ταπεινώσει τον εαυτό του θα υψωθεί» (κατά Ματθαίο ΚΓ:12).

Με την ταπείνωση του εγώ ή του πλασματικού εαυτού ανακαλύπτει κάποιος την αιώνια ταυτότητά του.

ΚΕΦΑΛΑΙΟ 35

# Η Ζωή του Λαχίρι Μαχασάγια, που Έμοιαζε μ' Αυτήν του Χριστού

«Διότι έτσι είναι πρέπον για μας να εκπληρώσουμε κάθε δικαιοσύνη».[1] Μ' αυτά τα λόγια στον Ιωάννη το Βαπτιστή και με το να ζητήσει από τον Ιωάννη να τον βαφτίσει, ο Ιησούς αναγνώριζε τα θεϊκά δικαιώματα του γκουρού του.

Από μια ευλαβική μελέτη της Βίβλου από την οπτική γωνία της ανατολικής φιλοσοφίας,[2] καθώς και από διαισθητική αντίληψη, είμαι πεπεισμένος ότι ο Ιωάννης ο Βαπτιστής ήταν ο γκουρού του Χριστού σε προηγούμενες ζωές. Πολλές περικοπές της Βίβλου αφήνουν να εννοηθεί ότι ο Ιωάννης και ο Χριστός, στις προηγούμενες ενσαρκώσεις τους, ήταν αντίστοιχα ο Προφήτης Ηλίας και ο μαθητής του Ελισαίος.[3]

Το ίδιο το τέλος της Παλαιάς Διαθήκης είναι μια πρόβλεψη της μετενσάρκωσης του Προφήτη Ηλία και του Ελισαίου: «Ιδού, εγώ θα αποστείλω σ' εσάς τον Ηλία τον προφήτη, πριν έρθει η ημέρα του Κυρίου η μεγάλη και επιφανής».[4] Έτσι ο Ιωάννης (ο Ηλίας), σταλμένος «πριν έρθει η ημέρα του Κυρίου», γεννήθηκε λίγο νωρίτερα για να υπηρετήσει ως αγγελιαφόρος του Χριστού. Ένας άγγελος εμφανίστηκε στον Ζαχαρία, τον πατέρα, για να μαρτυρήσει ότι ο γιος του ο Ιωάννης, που θα ερχόταν, δεν θα ήταν άλλος από τον Ηλία (τον Ηλιού).

«Και είπε προς αυτόν ο άγγελος· Μη φοβάσαι, Ζαχαρία· διότι

---

[1] Κατά Ματθαίο Γ:15.

[2] Πολλές περικοπές της Βίβλου αποκαλύπτουν ότι ο νόμος της μετενσάρκωσης είχε κατανοηθεί και ήταν παραδεδεγμένος. Οι κύκλοι της μετενσάρκωσης είναι μια πιο λογική εξήγηση για τα διαφορετικά στάδια εξέλιξης στα οποία βρίσκεται η ανθρωπότητα, παρά η κοινή δυτική θεωρία που θεωρεί ότι κάτι (η συνειδητότητα του εγώ) προήλθε από το τίποτα, υπήρξε σε διάφορους βαθμούς ακμής για τριάντα ή ενενήντα χρόνια και μετά επέστρεψε στο αρχικό κενό. Η ασύλληπτη φύση ενός τέτοιου κενού είναι ένα πρόβλημα που ευχαριστεί την καρδιά ενός μεσαιωνικού θεολόγου.

[3] Στην Παλαιά Διαθήκη, στα αρχαία Ελληνικά, ο προφήτης Ηλίας ονομάζεται Ηλιού (ο Θεσβίτης) και ο Ελισαίος Ελισαιέ. Οι Έλληνες μεταφραστές άλλαξαν τα ονόματα.

[4] Μαλαχίας Δ:5.

εισακούσθηκε η προσευχή σου, και η γυναίκα σου Ελισσάβετ θα γεννήσει γιο σ' εσένα, και θα καλέσεις το όνομά του Ιωάννη· [...] και πολλούς από τους γιους του Ισραήλ θα επιστρέψει στον Κύριο το Θεό τους. Και αυτός θα έρθει πριν απ' αυτόν[5] *στο πνεύμα και τη δύναμη του Ηλία*, για να επιστρέψει τις καρδιές των πατέρων στα τέκνα και τους απειθείς στη φρόνηση των δικαίων, για να ετοιμάσει λαό προετοιμασμένο για τον Κύριο».[6]

Ο Ιησούς δύο φορές, κατηγορηματικά, ταύτισε τον Ηλία με τον Ιωάννη: «[...] ήρθε ήδη ο Ηλίας, και δεν τον γνώρισαν [...] Τότε κατάλαβαν οι μαθητές ότι για τον Ιωάννη το Βαπτιστή είπε προς αυτούς».[7] Πάλι ο Χριστός λέει: «Διότι όλοι οι προφήτες και ο νόμος έως τον Ιωάννη προφήτευσαν. Και αν θέλετε να το δεχθείτε, αυτός είναι ο Ηλίας, ο οποίος έμελλε να έρθει».[8]

Όταν ο Ιωάννης αρνήθηκε ότι ήταν ο Ηλίας (ο Ηλιού)[9] εννοούσε ότι στο ταπεινό ράσο του Ιωάννη δεν βρισκόταν πλέον η εξωτερική ανάταση του Ηλία, του μεγάλου γκουρού. Στην προηγούμενη ενσάρκωσή του είχε δώσει τη «μηλωτή» του μεγαλείου του και τον πνευματικό του πλούτο στο μαθητή του Ελισαίο (Ελισαιέ). «Και είπε ο Ελισαίος, Σε παρακαλώ, διπλάσια μερίδα του πνεύματός σου ας έρθει πάνω μου. Κι αυτός είπε, Σκληρό πράγμα ζήτησες· αν όμως με δεις να ανυψώνομαι στους ουρανούς, θα γίνει σ' εσένα έτσι. [...] Και πήρε τη *μηλωτή* του Ηλία, η οποία έπεσε απ' αυτόν».[10]

Οι ρόλοι αντιστράφηκαν γιατί ο Ηλίας-Ιωάννης δεν χρειαζόταν πλέον να είναι ο κατ' επίφαση γκουρού του Ελισαίου-Ιησού, που τότε πια ήταν θεϊκά τέλειος.

Όταν ο Χριστός μεταμορφώθηκε στο βουνό[11] ήταν ο γκουρού του Ηλίας, μαζί με τον Μωυσή, που είδε. Την ύστατη του ώρα πάνω στο Σταυρό, ο Χριστός φώναξε: «*Ηλί, Ηλί, λαμά σαβαχθανί; Δηλαδή, Θεέ μου, Θεέ μου, γιατί με εγκατέλειψες;* Μερικοί που βρίσκονταν εκεί, όταν το άκουσαν αυτό, έλεγαν ότι τον Ηλία φωνάζει αυτός. [...] Ας

---

[5] «Πριν απ' αυτόν», δηλαδή «πριν από τον Κύριο».
[6] Κατά Λουκά Α:13-17.
[7] Κατά Ματθαίο ΙΖ:12-13.
[8] Κατά Ματθαίο ΙΑ:13-14.
[9] Κατά Ιωάννη Α:21.
[10] Βασιλέων Β' Β:9-14. (Στην Αγία Γραφή που περιλαμβάνει τέσσερα κεφάλαια Βασιλειών, η περικοπή βρίσκεται στο Βασιλειών Δ' Β:9-14.)
[11] Κατά Ματθαίο ΙΖ:3.

δούμε αν θα έρθει ο Ηλίας να τον σώσει».[12]

Ο άχρονος δεσμός μεταξύ γκουρού και μαθητή που υπήρχε ανάμεσα στον Ιωάννη και τον Ιησού υπήρχε και ανάμεσα στον Μπάμπατζι και τον Λαχίρι Μαχασάγια. Με τρυφερή φροντίδα, ο αθάνατος γκουρού κολύμπησε στα αβυσσαλέα νερά που στροβιλίστηκαν ανάμεσα στις δύο ζωές του *τσέλα* του και καθοδήγησε τα διαδοχικά βήματα του παιδιού και, αργότερα, του άντρα Λαχίρι Μαχασάγια. Μόνον όταν ο μαθητής του έγινε τριάντα τριών ετών θεώρησε ο Μπάμπατζι ότι είχε έρθει ο καιρός να αποκαταστήσει φανερά τον δεσμό που στην πραγματικότητα δεν είχε διακοπεί ποτέ.

Μετά τη σύντομη συνάντηση κοντά στο Ρανικέτ, ο ανιδιοτελής γκουρού δεν κράτησε κοντά του τον αγαπημένο του μαθητή, τον Λαχίρι Μαχασάγια, αλλά τον άφησε να εκτελέσει μια εξωτερική εγκόσμια αποστολή. «Γιε μου, θα έρχομαι όποτε με χρειάζεσαι». Ποιος θνητός που αγαπά μπορεί να εκπληρώσει τις άπειρες συνέπειες μιας τέτοιας υπόσχεσης;

Χωρίς να το γνωρίζει η κοινωνία στην πλειονότητά της, μια σπουδαία πνευματική αναγέννηση άρχισε το 1861 σε μια απόμακρη γωνιά του Μπενάρες. Όπως το άρωμα των λουλουδιών δεν μπορεί να καταπνιγεί, έτσι και ο Λαχίρι Μαχασάγια, που ζούσε ήσυχα σαν ιδανικός οικογενειάρχης, δεν μπορούσε να κρύψει το έμφυτο μεγαλείο του. Πιστοί απ' όλα τα μέρη της Ινδίας άρχισαν να αναζητούν το θεϊκό νέκταρ του απελευθερωμένου Δασκάλου.

Ο Άγγλος επόπτης στο γραφείο του Δασκάλου ήταν ένας από τους πρώτους που παρατήρησε μια περίεργη υπερβατική αλλαγή στον υπάλληλό του, τον οποίο στοργικά αποκαλούσε «Εκστατικό Μπάμπου».

«Κύριε, φαίνεστε λυπημένος. Ποιο είναι το πρόβλημα;». Ο Λαχίρι Μαχασάγια ρώτησε με συμπάθεια ένα πρωί τον εργοδότη του.

«Η γυναίκα μου στην Αγγλία είναι άρρωστη σε κρίσιμη κατάσταση. Έχω τρομερή αγωνία».

«Θα σας πω κάτι γι' αυτήν». Ο Λαχίρι Μαχασάγια βγήκε από το δωμάτιο και κάθισε για λίγο σ' ένα απομονωμένο μέρος. Όταν επέστρεψε χαμογέλασε παρηγορητικά.

«Η υγεία της συζύγου σας βελτιώνεται· τώρα σας γράφει ένα γράμμα». Ο πάνσοφος γιόγκι ανέφερε αυτούσια κάποια αποσπάσματα της επιστολής.

---

[12] Κατά Ματθαίο ΚΖ:46-49.

«Εκστατικέ Μπάμπου, ήδη γνωρίζω ότι δεν είστε ένας συνηθισμένος άνθρωπος. Παρ' όλα αυτά δεν μπορώ να πιστέψω ότι μπορείτε κατά βούληση να εξαφανίσετε τον χρόνο και τον χώρο!».

Το γράμμα που είχε προφητεύσει ο Δάσκαλος τελικά έφτασε. Ο εμβρόντητος επόπτης διαπίστωσε όχι μόνο ότι περιείχε καλά νέα σχετικά με την ανάρρωση της συζύγου του, αλλά και τις ίδιες φράσεις που, εβδομάδες νωρίτερα, του είχε αναφέρει ο μεγάλος Δάσκαλος.

Η σύζυγος πήγε στην Ινδία μετά από μερικούς μήνες. Συναντώντας τον Λαχίρι Μαχασάγια, τον κοίταξε με ευλάβεια.

«Κύριε», είπε, «ήταν η δική σας μορφή, περιβαλλόμενη από μια άλω λαμπερού φωτός, που είδα πριν από μήνες όταν ήμουν άρρωστη στο κρεβάτι, στο Λονδίνο. Εκείνη τη στιγμή θεραπεύτηκα εντελώς! Σύντομα μετά απ' αυτό μπόρεσα να κάνω το μακρύ ταξίδι ως την Ινδία μέσα από τον ωκεανό».

Μέρα με τη μέρα, ο ανυπέρβλητος γκουρού μυούσε έναν ή δύο μαθητές στην *Κρίγια Γιόγκα*. Επιπρόσθετα, εκτός απ' αυτά τα πνευματικά του καθήκοντα και τις υποχρεώσεις του απέναντι στο γραφείο και την οικογενειακή του ζωή, ο μεγάλος Δάσκαλος ενδιαφέρθηκε με ενθουσιασμό για την παιδεία. Οργάνωσε πολλές ομάδες μελέτης και έπαιξε καθοριστικό ρόλο στην ίδρυση ενός μεγάλου Γυμνασίου και Λυκείου στην περιοχή Μπενγκάλιτολα του Μπενάρες. Στις εβδομαδιαίες συναντήσεις, οι οποίες ονομάστηκαν «Συγκέντρωση Γκίτα», ο γκουρού εξηγούσε τις Γραφές σε πολλούς ενθουσιώδεις αναζητητές της αλήθειας.

Μ' αυτές τις πολλαπλές δραστηριότητες ο Λαχίρι Μαχασάγια ήθελε να δώσει απάντηση στην κοινή ερώτηση: «Μετά την εκτέλεση των εργασιακών και των κοινωνικών καθηκόντων, πού θα βρει κάποιος χρόνο για βαθύ διαλογισμό;». Η αρμονικά ισορροπημένη ζωή του μεγάλου οικογενειάρχη-γκουρού αποτέλεσε έμπνευση για χιλιάδες άντρες και γυναίκες. Παίρνοντας μόνον έναν μέτριο μισθό, λιτός, σεμνός, προσιτός σε όλους, ο Δάσκαλος προχωρούσε με φυσικότητα και χαρά στο δρόμο της πειθαρχημένης εγκόσμιας ζωής.

Αν και καθόταν στο θρόνο του Υπέρτατου Ενός, ο Λαχίρι Μαχασάγια έδειχνε σεβασμό σε όλους τους ανθρώπους, ανεξάρτητα από την αξία τους. Όταν οι πιστοί του τον χαιρετούσαν, υποκλινόταν κι εκείνος σ' αυτούς. Με μια ταπεινότητα σαν παιδιού, ο Δάσκαλος συχνά άγγιζε τα πόδια των άλλων, αλλά σπάνια τους επέτρεπε να του δείξουν τον σεβασμό τους με τον ίδιο τρόπο, παρ' όλο που μια τέτοια βαθιά υπόκλιση στον γκουρού ήταν έθιμο της Ανατολής από την αρχαιότητα.

**Ο ΛΑΧΙΡΙ ΜΑΧΑΣΑΓΙΑ (1828 – 1895)**

Ένας Γιογκαβατάρ, «Ενσάρκωση της Γιόγκα»
Μαθητής του Μπάμπατζι· ο Γκουρού του Σρι Γιουκτέσβαρ
Αυτός που έκανε την αρχαία επιστήμη της *Κρίγια Γιόγκα*
να αναβιώσει στη σύγχρονη Ινδία

Ένα σημαντικό χαρακτηριστικό της ζωής του Λαχίρι Μαχασάγια ήταν το δώρο του της μύησης στην *Κρίγια Γιόγκα* ανθρώπων κάθε θρησκείας. Ανάμεσα στους επιφανέστερους μαθητές του δεν ήταν μόνο Ινδουιστές, αλλά και Μωαμεθανοί και Χριστιανοί. Οπαδοί του μονισμού και του δυϊσμού, άνθρωποι με διαφορετική πίστη ή χωρίς εδραιωμένη πίστη, γίνονταν αμερόληπτα δεκτοί και καθοδηγούνταν από τον οικουμενικό γκουρού. Ένας από τους πολύ ανεπτυγμένους πνευματικά *τσέλα* του ήταν ο Αμπντούλ Γκουφούρ Καν, ένας Μωαμεθανός. Ο Λαχίρι Μαχασάγια, που ανήκε στην υψηλότερη κάστα των Βραχμάνων, έκανε θαρραλέες προσπάθειες να διαλύσει τη μεγάλη μισαλλοδοξία που υπήρχε στην εποχή του ανάμεσα στις κάστες. Άνθρωποι από κάθε μονοπάτι της ζωής έβρισκαν καταφύγιο κάτω από τις πανταχού παρούσες φτερούγες του Δασκάλου. Όπως όλοι οι άλλοι εμπνευσμένοι από το Θεό προφήτες, ο Λαχίρι Μαχασάγια έδινε ελπίδα στους καταστρεγμένους και στους καταπιεσμένους της κοινωνίας.

«Να θυμάστε ότι δεν ανήκετε σε κανέναν και κανένας δεν ανήκει σ' εσάς. Σκεφτείτε ότι κάποια μέρα ξαφνικά θα πρέπει να αφήσετε τα πάντα σ' αυτόν τον κόσμο – γι' αυτό γνωρίστε το Θεό τώρα», έλεγε στους μαθητές του ο μεγάλος γκουρού. «Προετοιμαστείτε για το επερχόμενο αστρικό ταξίδι του θανάτου, εξυψωνόμενοι καθημερινά με θεϊκές αντιλήψεις. Μέσω της αυταπάτης αντιλαμβάνεστε τον εαυτό σας σαν ένα μάτσο από σάρκα και κόκαλα που, στην καλύτερη περίπτωση, είναι μια εστία προβλημάτων.[13] Να διαλογίζεστε ασταμάτητα ώστε να δείτε γρήγορα τον εαυτό σας ως την Άπειρη Ουσία, ελεύθερο από κάθε μορφή δυστυχίας. Σταματήστε να είστε φυλακισμένοι στο σώμα· χρησιμοποιώντας το μαγικό κλειδί της *Κρίγια*, μάθετε να δραπετεύετε στο Πνεύμα».

Ο Δάσκαλος ενθάρρυνε τους διάφορους μαθητές του να τηρούν πιστά την καλή παραδοσιακή πνευματική πειθαρχία της θρησκείας τους. Τονίζοντας ότι η *Κρίγια Γιόγκα* είναι από τη φύση της μια πρακτική τεχνική για τη λύτρωση του ανθρώπου που μπορεί να εφαρμοστεί απ' όλους, ο Λαχίρι Μαχασάγια έδινε τότε στους *τσέλα* του την ελευθερία να εκφράζονται στη ζωή τους σύμφωνα με το περιβάλλον τους και τον τρόπο με τον οποίο γαλουχήθηκαν.

«Ένας Μωαμεθανός θα πρέπει να εκτελεί το *ναμάζ* προσκύνημά

---

[13] «Πόσα είδη θανάτου υπάρχουν στο σώμα μας! Τίποτα δεν υπάρχει εκεί εκτός από θάνατο».
– Martin Luther, Table-Talk («Συζητήσεις κατά το μεσημεριανό γεύμα»).

του¹⁴ πέντε φορές τη μέρα», έλεγε ο Δάσκαλος. «Πολλές φορές την ημέρα ένας Ινδουιστής πρέπει να κάθεται σε διαλογισμό. Ένας Χριστιανός θα πρέπει να γονατίζει πολλές φορές την ημέρα προσευχόμενος στο Θεό και μετά να διαβάζει την Αγία Γραφή».

Ο γκουρού καθοδηγούσε τους οπαδούς του με οξυδέρκεια στα μονοπάτια της *Μπάκτι* (αφοσίωσης), της *Κάρμα* (δράσης), της *Γκιάνα* (σοφίας) ή της *Ράτζα* (βασιλικής ή τέλειας) *Γιόγκα*, ανάλογα με τη φυσική κλίση του καθενός. Ο Δάσκαλος, που αργούσε να δώσει την άδειά του στους πιστούς που ήθελαν να μπουν στο επίσημο μονοπάτι του μοναχισμού, πάντα τους προειδοποιούσε να σκεφτούν πρώτα καλά τις στερήσεις της μοναστικής ζωής.

Ο μεγάλος γκουρού δίδασκε στους μαθητές του να αποφεύγουν τις θεωρητικές συζητήσεις σχετικά με τις Γραφές. «Σοφός είναι μόνον αυτός που αφοσιώνεται στο να συνειδητοποιεί και όχι μόνο στο να διαβάζει τις αρχαίες αποκαλύψεις», έλεγε. «Λύστε όλα σας τα προβλήματα μέσω του διαλογισμού.¹⁵ Ανταλλάξτε τις ανώφελες εικασίες με την πραγματική κοινωνία με το Θεό.

»Καθαρίστε τον νου σας από δογματικά θεολογικά ερείπια· αφήστε να μπουν καθαρά, θεραπευτικά νερά άμεσης αντίληψης. Συντονιστείτε με την ενεργή εσωτερική Καθοδήγηση· η Θεϊκή Φωνή έχει την απάντηση σε κάθε δίλημμα της ζωής. Αν και η εφευρετικότητα του ανθρώπου να μπλέκει σε προβλήματα φαίνεται να είναι ανεξάντλητη, η Αρωγή του Απείρου δεν είναι λιγότερο πολυμήχανη».

Η πανταχού παρουσία του Δασκάλου έγινε φανερή μια μέρα μπροστά σε μια ομάδα μαθητών που άκουγαν την ερμηνεία της Μπάγκαβαντ Γκίτα. Καθώς εξηγούσε το νόημα της *Κουτάστα Τσαϊτάνια* ή κατά Χριστόν Συνειδητότητας σε όλη τη δονητική δημιουργία, ο Λαχίρι Μαχασάγια ξαφνικά φώναξε ασθμαίνοντας: «Πνίγομαι στα σώματα πολλών ψυχών έξω από την ακτή της Ιαπωνίας!».

Το επόμενο πρωί οι *τσέλα* διάβασαν στο άρθρο μιας εφημερίδας για τον θάνατο πολλών ανθρώπων των οποίων το πλοίο βυθίστηκε την προηγούμενη μέρα κοντά στην Ιαπωνία.

Πολλοί μαθητές του Λαχίρι Μαχασάγια που έμεναν μακριά είχαν επίγνωση ότι τους αγκάλιαζε η παρουσία του. «Είμαι πάντα μαζί μ' αυτούς που εξασκούνται στην *Κρίγια*», έλεγε παρηγορητικά στους

---

¹⁴ Η κύρια προσευχή των Μωαμεθανών, που επαναλαμβάνεται πέντε φορές τη μέρα.

¹⁵ «Αναζήτησε την αλήθεια στο διαλογισμό, όχι στα μουχλιασμένα βιβλία. Κοίταξε στον ουρανό να βρεις το φεγγάρι, όχι στη λιμνούλα». – *Περσική παροιμία.*

*τσέλα* που δεν μπορούσαν να μένουν κοντά του. «Θα σας οδηγήσω στο Συμπαντικό Σπίτι μέσω των πάντα διευρυνόμενων πνευματικών σας αντιλήψεων».

Ο Σρι Μπουπέντρα Νατ Σανγιάλ,[16] ένας εξέχων μαθητής του μεγάλου γκουρού, δήλωσε ότι όταν ήταν νέος, το 1892, μη μπορώντας να πάει στο Μπενάρες, προσευχήθηκε στον Δάσκαλο να του δώσει πνευματικές οδηγίες. Ο Λαχίρι Μαχασάγια εμφανίστηκε στον Μπουπέντρα σε όνειρο και του έδωσε τη *ντίκσα* (μύηση). Αργότερα το αγόρι πήγε στο Μπενάρες και ζήτησε *ντίκσα* από τον γκουρού. «Ήδη σε μύησα, σ' ένα όνειρο», απάντησε ο Λαχίρι Μαχασάγια.

Αν ένας μαθητής αμελούσε τις εγκόσμιες υποχρεώσεις του, ο Δάσκαλος ευγενικά τον διόρθωνε και τον πειθαρχούσε.

«Τα λόγια του Λαχίρι Μαχασάγια ήταν ήπια και θεραπευτικά, ακόμα και όταν αναγκαζόταν να μιλήσει ανοιχτά για τα ελαττώματα ενός *τσέλα*», μου είπε κάποτε ο Σρι Γιουκτέσβαρ. Πρόσθεσε πικραμένα: «Κανένας μαθητής δεν έφυγε επειδή ο Δάσκαλος τον μάλωνε». Δεν μπορούσα να μη γελάσω, αλλά διαβεβαίωσα με ειλικρίνεια τον γκουρού μου ότι κάθε λέξη του, αιχμηρή ή όχι, ήταν μουσική στ' αυτιά μου.

Ο Λαχίρι Μαχασάγια διαβάθμισε προσεκτικά την *Κρίγια* σε τέσσερις προοδευτικές μυήσεις.[17] Παραχωρούσε τις τρεις ανώτερες τεχνικές μόνο όταν ο πιστός σημείωνε σαφή πνευματική πρόοδο. Μια μέρα ένας *τσέλα*, πεπεισμένος ότι η αξία του δεν είχε αναγνωριστεί δεόντως, εξέφρασε τη δυσαρέσκειά του.

«Δάσκαλε», είπε, «σίγουρα είμαι έτοιμος τώρα για τη δεύτερη μύηση». Εκείνη την ώρα άνοιξε η πόρτα και μπήκε ένας ταπεινός μαθητής, ο Μπρίντα Μπαγκάτ. Ήταν ένας ταχυδρόμος του Μπενάρες.

«Μπρίντα, κάτσε εδώ δίπλα μου». Ο γκουρού τού χαμογέλασε στοργικά. «Πες μου, είσαι έτοιμος για τη δεύτερη *Κρίγια;*».

Ο μικρός ταχυδρόμος ένωσε τα χέρια του ικετευτικά. «Γκουρουντέβα», είπε θορυβημένος, «όχι άλλες μυήσεις, σας παρακαλώ! Πώς μπορώ να αφομοιώσω οποιαδήποτε ανώτερη διδασκαλία; Ήρθα σήμερα να ζητήσω την ευλογία σας γιατί η πρώτη *Κρίγια* με γέμισε με τέτοια θεϊκή μέθη που δεν μπορώ να παραδώσω τα γράμματα!».

«Ήδη ο Μπρίντα κολυμπά στη θάλασσα του Πνεύματος». Μ' αυτά τα λόγια του Λαχίρι Μαχασάγια, ο άλλος μαθητής έσκυψε το κεφάλι του.

---

[16] Ο Σρι Σανγιάλ πέθανε το 1962. (*Σημ. του Εκδότη*)

[17] Η *Κρίγια Γιόγκα* έχει πολλά παρακλάδια· ο Λαχίρι Μαχασάγια διέκρινε τα τέσσερα στοιχειώδη βήματα – αυτά που διαθέτουν την υψηλότερη πρακτική αξία.

*Η Ζωή του Λαχίρι Μαχασάγια, που Έμοιαζε μ' Αυτήν του Χριστού*

«Δάσκαλε», είπε, «βλέπω ότι μέχρι τώρα ήμουν ένας εργαζόμενος που πίστευε ότι το πρόβλημα το είχαν τα εργαλεία του».

Ο ταπεινός ταχυδρόμος, που ήταν αμόρφωτος, αργότερα ανέπτυξε τη διορατικότητά του μέσω της *Κρίγια* σε τέτοιο βαθμό που οι καθηγητές μερικές φορές ζητούσαν την ερμηνεία του σε περίπλοκα θέματα των Γραφών. Αθώος και από αμαρτία αλλά και από συντακτικό, ο μικρός Μπρίντα έγινε ονομαστός ανάμεσα στους μορφωμένους ειδήμονες.

Εκτός από τους πολυάριθμους μαθητές του Λαχίρι Μαχασάγια στο Μπενάρες, εκατοντάδες ακόμα έρχονταν σ' αυτόν από μακρινά μέρη της Ινδίας. Ο ίδιος ταξίδεψε στη Βεγγάλη σε αρκετές περιστάσεις, επισκεπτόμενος τα σπίτια των πεθερών των δύο γιων του. Ευλογημένη έτσι από την παρουσία του, η Βεγγάλη έγινε κηρήθρα με μικρές ομάδες *Κρίγια*. Ιδιαίτερα στις περιοχές Κρισναναγκάρ και Μπισνουπούρ, πολλοί σιωπηλοί πιστοί κράτησαν μέχρι σήμερα ζωντανό το αόρατο ρεύμα του πνευματικού διαλογισμού.

Ανάμεσα στους πολλούς αγίους που δέχτηκαν την *Κρίγια* από τον Λαχίρι Μαχασάγια μπορεί να αναφερθεί ο λαμπρός Σουάμι Μπασκαρανάντα Σαρασβάτι από το Μπενάρες· και ο μεγάλου αναστήματος ασκητής από το Ντεογκάρ, ο Μπαλανάντα Μπραματσάρι. Για κάποιο διάστημα ο Λαχίρι Μαχασάγια υπήρξε ο προσωπικός Δάσκαλος του γιου του Μαχαραγιά Ίσβαρι Ναράγιαν Σίνχα Μπαχαντούρ του Μπενάρες. Αναγνωρίζοντας το πνευματικό ανάστημα του Δασκάλου, ο Μαχαραγιάς, καθώς και ο γιος του, ζήτησαν μύηση στην *Κρίγια*, όπως και ο Μαχαραγιάς Τζοτίντα Μοχάν Τακούρ.

Αρκετοί μαθητές του Λαχίρι Μαχασάγια με θέσεις επιρροής στον κόσμο επιθυμούσαν να επεκτείνουν τον κύκλο της *Κρίγια* μέσω δημοσιότητας. Ο γκουρού αρνήθηκε να δώσει την άδειά του. Ένας *τσέλα*, ο βασιλικός γιατρός του Μπενάρες, άρχισε μια οργανωμένη προσπάθεια να διαδώσει το όνομα του Δασκάλου ως «Κάσι Μπάμπα» (Ο Υπέρτατος Ένας του Μπενάρες).[18] Και πάλι ο γκουρού το απαγόρευσε.

«Αφήστε το άρωμα του άνθους της *Κρίγια* να εξαπλωθεί με φυσικό τρόπο», είπε. «Οι σπόροι της *Κρίγια* θα βρουν σίγουρα ρίζες στο έδαφος κάθε πνευματικά γόνιμης καρδιάς».

Αν και ο μεγάλος Δάσκαλος δεν υιοθέτησε το σύστημα του κηρύγματος με τα σύγχρονα μέσα μιας οργάνωσης ή κάποιου εντύπου ή

---

[18] Άλλοι τίτλοι που απονεμήθηκαν στον Λαχίρι Μαχασάγια από τους μαθητές του ήταν *Γιογκιμπάρ* (ο μεγαλύτερος των γιόγκι), *Γιογκιράτζ* (βασιλιάς των γιόγκι) και *Μουνιμπάρ* (ο μεγαλύτερος των αγίων). Πρόσθεσα τον τίτλο *Γιογκαβατάρ* (ενσάρκωση της γιόγκα).

βιβλίου, ήξερε ότι η δύναμη του μηνύματός του θα μεγάλωνε σαν ακατανίκητη πλημμύρα, κατακλύζοντας με τη δική της δύναμη τις όχθες του νου των ανθρώπων. Οι ζωές των πιστών του που άλλαξαν και εξαγνίστηκαν ήταν η απλή εγγύηση της αθάνατης ζωντάνιας της *Κρίγια*.

Το 1886, είκοσι πέντε χρόνια μετά τη μύησή του στο Ρανικέτ, ο Λαχίρι Μαχασάγια πήρε σύνταξη.[19] Καθώς είχε πλέον την ευχέρεια να είναι διαθέσιμος και κατά τη διάρκεια της ημέρας, οι μαθητές του γίνονταν ολοένα και περισσότεροι. Ο μεγάλος γκουρού τώρα καθόταν σε σιωπή την πιο πολλή ώρα, εδραιωμένος στη στάση του λωτού. Σπάνια έβγαινε από το μικρό του σαλόνι, ακόμα και για μια βόλτα ή για να πάει σε άλλους χώρους του σπιτιού. Ένα αθόρυβο ρεύμα από *τσέλα* έφτανε σχεδόν ασταμάτητα για ένα *ντάρσαν* (ιερή ματιά) στον γκουρού.

Όλοι ένιωθαν δέος όταν έβλεπαν τη συνηθισμένη κατάσταση του Λαχίρι Μαχασάγια κατά την οποία παρουσίαζε υπεράνθρωπα χαρακτηριστικά, όπως το ότι η αναπνοή του σταματούσε εντελώς, ότι δεν κοιμόταν ποτέ, ο σφυγμός και η καρδιά του σταματούσαν, τα ήρεμα μάτια του έμεναν ακίνητα για ώρες χωρίς ούτε ένα βλεφάρισμα και απέπνεε μια βαθύτατη αύρα γαλήνης. Κανένας επισκέπτης δεν έφευγε χωρίς να νιώσει πνευματική ανάταση· όλοι ήξεραν ότι είχαν λάβει μια σιωπηλή ευλογία από έναν αληθινό άνθρωπο του Θεού.

Ο Δάσκαλος τότε επέτρεψε σ' έναν μαθητή του, τον Παντσάνον Μπατατσάρια, να ανοίξει στην Καλκούτα ένα κέντρο γιόγκα, το «Ινστιτούτο Άριας Αποστολής». Το κέντρο διένεμε ορισμένα γιογκικά φυτικά φάρμακα[20] και δημοσίευσε σε φθηνή τιμή τις πρώτες εκδόσεις της Μπάγκαβαντ Γκίτα στη βεγγαλική γλώσσα. Η *Άρια Αποστολή Γκίτα*, στην ινδική και στη βεγγαλική γλώσσα, μπήκε σε χιλιάδες σπίτια.

Σύμφωνα με ένα αρχαίο έθιμο, ο Δάσκαλος έδινε στους ανθρώπους γενικά ένα λάδι *νιμ*[21] για τη θεραπεία διάφορων ασθενειών. Όταν

---

[19] Είχε εργαστεί συνολικά τριάντα πέντε χρόνια σ' ένα διοικητικό τμήμα της κυβέρνησης.

[20] Οι ινδουιστικές ιατρικές πραγματείες ονομάζονται *Αγιουρβέδα*. Οι βεδικοί γιατροί χρησιμοποιούσαν λεπτεπίλεπτα χειρουργικά εργαλεία, εφάρμοζαν πλαστική χειρουργική, γνώριζαν πώς να αντιμετωπίζουν τα αποτελέσματα της δηλητηρίασης από αέρια, εκτελούσαν καισαρικές τομές και εγχειρήσεις εγκεφάλου, ήταν δεξιοτέχνες στην ενίσχυση της αποτελεσματικότητας των φαρμάκων. Ο Ιπποκράτης (του 4ου αιώνα π.Χ.) δανείστηκε πολλά από τα *Ιατρικά Θέματα* που έγραψε από ινδουιστικές πηγές.

[21] Δέντρο της Ανατολικής Ινδίας που στα Αγγλικά λέγεται margosa. Η θεραπευτική του αξία τώρα αναγνωρίστηκε στη Δύση, όπου ο πικρός φλοιός *νιμ* χρησιμοποιείται σαν τονωτικό και το λάδι των σπόρων και των φρούτων του χορηγείται για τη λέπρα και άλλες ασθένειες.

*Η Ζωή του Λαχίρι Μαχασάγια, που Έμοιαζε μ' Αυτήν του Χριστού*

Ο ΠΑΝΤΣΑΝΟΝ ΜΠΑΤΑΤΣΑΡΙΑ
Μαθητής του Λαχίρι Μαχασάγια

ο γκουρού ζητούσε από έναν μαθητή να βγάλει το απόσταγμα του λαδιού, ο μαθητής μπορούσε εύκολα να το κατορθώσει. Οποιοσδήποτε άλλος το προσπαθούσε συναντούσε περίεργες δυσκολίες· μέχρι να περάσει το λάδι από την απαιτούμενη διαδικασία απόσταξης, το υγρό σχεδόν εξατμιζόταν πλήρως. Προφανώς η ευλογία του Δασκάλου ήταν ένα απαραίτητο συστατικό.

Ο γραφικός χαρακτήρας και η υπογραφή του Λαχίρι Μαχασάγια, στη βεγγαλική γλώσσα, φαίνονται στη σελίδα 379. Οι σειρές βρίσκονται σ' ένα γράμμα σ' έναν *τσέλα*· ο μεγάλος Δάσκαλος ερμηνεύει έναν σανσκριτικό στίχο ως εξής: «Αυτός που έφτασε σε τέτοια κατάσταση ηρεμίας ώστε τα βλέφαρά του να μένουν τελείως ακίνητα, έχει κατορθώσει τη *Σάμπαμπι Μούντρα*».²²

[*Υπογεγραμμένο, κάτω αριστερά*] «Σρι Σιάμα Τσαράν Ντέβα Σαρμάν»
Όπως και πολλοί άλλοι μεγάλοι προφήτες, ο ίδιος ο Λαχίρι Μαχασάγια δεν έγραψε βιβλία, αλλά δίδαξε σε διάφορους μαθητές την ερμηνεία του των Γραφών. Ο αγαπητός μου φίλος Σρι Ανάντα Μοχάν Λαχίρι, ένας δισέγγονος του Δασκάλου, έγραψε τα εξής:

«Η Μπάγκαβαντ Γκίτα και άλλα τμήματα του έπους της *Μαχαμπαράτα* έχουν πολλά δυσνόητα σημεία *(βίας-κούτας)*. Αν δεν ερευνήσουμε τα σημεία αυτά, βρίσκουμε μόνο παράξενες μυθικές ιστορίες που εύκολα παρερμηνεύονται. Αφήνοντας τα δυσνόητα σημεία χωρίς εξήγηση, χάνουμε μια επιστήμη που η Ινδία έχει διατηρήσει με υπεράνθρωπη υπομονή μετά από χιλιάδες χρόνια αναζήτησης και πειραματισμού.²³

»Ο Λαχίρι Μαχασάγια έφερε στο φως, χωρίς αλληγορίες, την επιστήμη της θρησκείας που είχε συγκαλυφθεί έξυπνα μ' ένα αίνιγμα ρητορικών σχημάτων των Γραφών. Χωρίς να παραμένουν πλέον μια αλληλουχία ακατάληπτων λέξεων, οι τύποι της βεδικής λατρείας, όπως αποδείχθηκε από τον Δάσκαλο, έχουν πλήρη επιστημονική σημασία.

»Γνωρίζουμε ότι ο άνθρωπος είναι συνήθως αβοήθητος απέναντι στα φαύλα πάθη· αυτά όμως γίνονται αδύναμα και ο άνθρωπος δεν βρίσκει κίνητρο να ενδώσει σ' αυτά όταν ανατέλλει σ' αυτόν μια συνειδητότητα ανώτερης μακαριότητας που διαρκεί, μέσω της *Κρίγια Γιόγκα*.

---

²² *Σάμπαβι Μούντρα* σημαίνει εστίαση των ματιών στο σημείο μεταξύ των φρυδιών. Όταν ο γιόγκι φτάσει σε κάποιο επίπεδο νοητικής γαλήνης, τα βλέφαρά του δεν τρεμοπαίζουν ούτε κινούνται καθόλου· είναι απορροφημένος στον εσωτερικό κόσμο.

Μία *μούντρα* («σύμβολο») συνήθως αναφέρεται σε μια τελετουργική χειρονομία δαχτύλων και χεριών. Πολλές *μούντρα* φέρνουν γαλήνη με τον επηρεασμό ορισμένων νεύρων. Οι αρχαίες ινδουιστικές πραγματείες ταξινομούν σχολαστικά τα *νάντι* (72.000 διόδους νεύρων στο σώμα) και τις σχέσεις τους με τον νου. Έτσι οι *μούντρα* που εφαρμόζονται στο προσκύνημα και στη γιόγκα είναι επιστημονικά θεμελιωμένες. Μια περίτεχνη γλώσσα από *μούντρα* βρίσκεται επίσης στις εικονογραφίες και στους τελετουργικούς χορούς της Ινδίας.

²³ «Ένας αριθμός σφραγίδων που πρόσφατα βρέθηκαν με ανασκαφές σε αρχαιολογικούς τόπους της κοιλάδας του Ινδού, που χρονολογούνται την τρίτη χιλιετία π.Χ, δείχνουν μορφές που κάθονται σε στάσεις διαλογισμού οι οποίες τώρα χρησιμοποιούνται στο σύστημα της γιόγκα και αποδεικνύουν την ορθότητα του συμπεράσματος ότι, ακόμα κι εκείνη την εποχή, κάποια υποτυπώδης γιόγκα ήταν ήδη γνωστή. Μπορούμε, όχι παράλογα, να συμπεράνουμε ότι η συστηματική ενδοσκόπηση με τη βοήθεια μελετημένων μεθόδων ασκούνταν στην Ινδία για πέντε χιλιάδες χρόνια». – *Καθηγητής* W. Norman Brown, στο *Bulletin of the American Council of Learned Societies, Washington, D.C.*

Πάντως οι ινδουιστικές Γραφές μαρτυρούν ότι η επιστήμη της Γιόγκα ήταν γνωστή στην Ινδία εδώ και αναρίθμητες χιλιετίες.

Η Ζωή του Λαχίρι Μαχασάγια, που Έμοιαζε μ' Αυτήν του Χριστού

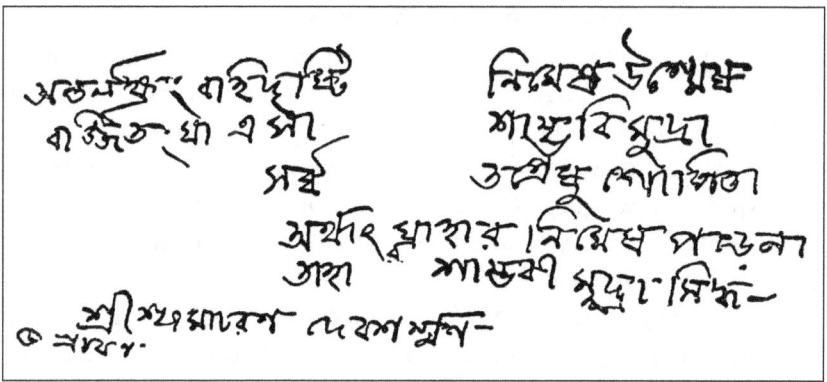

Εδώ η παραίτηση, η άρνηση της κατώτερης φύσης, συγχρονίζεται με μια ανάκτηση, την εμπειρία της ευδαιμονίας. Χωρίς μια τέτοια πορεία, οι ηθικοί κανόνες που περιέχουν απλές αρνήσεις είναι άχρηστοι.

»Αυτό που βρίσκεται πίσω απ' όλες τις φαινομενικές εκδηλώσεις είναι το Άπειρο, ο Ωκεανός της Δύναμης. Ο ενθουσιασμός μας για εγκόσμια δραστηριότητα σκοτώνει μέσα μας την αίσθηση του πνευματικού δέους. Επειδή η σύγχρονη επιστήμη μάς λέει πώς να χρησιμοποιούμε τις δυνάμεις της Φύσης, δεν μπορούμε να καταλάβουμε τη Σπουδαία Ζωή πίσω απ' όλα τα ονόματα και τις μορφές. Η οικειότητα με τη Φύση έχει επιφέρει περιφρόνηση για τα έσχατα μυστικά της· η σχέση μας μ' αυτήν είναι χρηστική. Την ενοχλούμε, τρόπος του λέγειν, για να ανακαλύψουμε τρόπους με τους οποίους μπορούμε να την αναγκάσουμε να υπηρετήσει τους σκοπούς μας· χρησιμοποιούμε τις ενέργειές της των οποίων η Πηγή παραμένει ακόμα άγνωστη. Στην επιστήμη η σχέση μας με τη Φύση είναι αυτή μεταξύ ενός αλαζονικού ανθρώπου και του υπηρέτη του· ή, με μια φιλοσοφική έννοια, η Φύση είναι σαν να έχει συρθεί δέσμια στο έδρανο του εξεταζόμενου μάρτυρα. Την ανακρίνουμε, την προκαλούμε και ζυγίζουμε τις αποδείξεις λεπτομερώς, σταθμίζοντάς τες με ανθρώπινες κλίμακες που δεν μπορούν να μετρήσουν την κρυμμένη αξία της.

»Από την άλλη μεριά, όταν ο εαυτός βρίσκεται σε κοινωνία με μια ανώτερη δύναμη, η Φύση αυτόματα υπακούει στη θέληση του ανθρώπου, χωρίς ένταση ή πίεση. Αυτός ο αβίαστος έλεγχος της Φύσης αποκαλείται "θαυματουργός" από τους υλιστές που δεν καταλαβαίνουν.

»Η ζωή του Λαχίρι Μαχασάγια έδωσε ένα παράδειγμα που άλλαξε τη λανθασμένη εντύπωση ότι η γιόγκα είναι μια μυστηριώδης πρακτική. Παρά τα αποδεδειγμένα δεδομένα των φυσικών επιστημών, κάθε άνθρωπος μπορεί να βρει έναν τρόπο, μέσω της *Κρίγια Γιόγκα*, να καταλάβει τη σωστή σχέση του με τη Φύση και να νιώσει πνευματικό σεβασμό για όλα τα φαινόμενα,[24] είτε μυστικιστικά είτε καθημερινά. Θα πρέπει να έχουμε υπ' όψη ότι πολλά πράγματα που ήταν ανεξήγητα χίλια χρόνια πριν, σήμερα δεν είναι πια, και θέματα που φαίνονται τώρα ακατανόητα, σε λίγα χρόνια μπορεί να γίνουν κατανοητά και να υπαχθούν σ' έναν νόμο της φύσης.

»Η επιστήμη της *Κρίγια Γιόγκα* είναι αιώνια. Είναι αληθινή σαν τα μαθηματικά· όπως οι απλοί κανόνες της πρόσθεσης και της αφαίρεσης, ο νόμος της *Κρίγια* είναι αδύνατον να καταστραφεί. Ακόμα κι αν καούν και γίνουν στάχτη όλα τα βιβλία των μαθηματικών, όσοι έχουν λογικό νου πάντα θα ανακαλύπτουν ξανά τέτοιες αλήθειες. Ακόμα κι αν κάποιος κρύψει όλα τα βιβλία σχετικά με τη γιόγκα, τα θεμελιώδη στοιχεία της θα ανακαλυφθούν ξανά όταν εμφανιστεί ένας σοφός με αγνή αφοσίωση και επομένως με απόλυτη γνώση».

Όπως ο Μπάμπατζι συγκαταλέγεται ανάμεσα στους μεγάλους αβατάρ, ένας *Μαχαβατάρ*, και όπως ο Σρι Γιουκτέσβαρ μπορεί δίκαια να χαρακτηριστεί *Γκιαναβατάρ* ή Ενσάρκωση της Σοφίας, έτσι και ο Λαχίρι Μαχασάγια ήταν ένας *Γιογκαβατάρ* ή Ενσάρκωση της Γιόγκα.[25]

Ο μεγάλος Δάσκαλος εξύψωσε το πνευματικό επίπεδο της κοινωνίας με το καλό που έκανε, το οποίο ήταν και ποιοτικό και ποσοτικό. Με τη δύναμή του να εξυψώνει τους στενούς του μαθητές σ' ένα πνευματικό ανάστημα που θύμιζε τον Χριστό και με την ευρεία διάδοση της αλήθειας στις μάζες, ο Λαχίρι Μαχασάγια συγκαταλέγεται στους σωτήρες της ανθρωπότητας.

Η μοναδικότητά του ως προφήτη έγκειται στο γεγονός ότι έδινε μεγάλη έμφαση σε μια πρακτική και συγκεκριμένη μέθοδο, την *Κρίγια*, ανοίγοντας για πρώτη φορά τις πόρτες της απελευθέρωσης όλων των ανθρώπων μέσω της γιόγκα. Εκτός από τα θαύματα της

---

[24] «Ο άνθρωπος που δεν μπορεί να θαυμάσει, που συνήθως δεν θαυμάζει (και δεν προσκυνά), ακόμα κι αν ήταν πρόεδρος αναρίθμητων Βασιλικών Κοινοτήτων και διέθετε [...] την επιτομή όλων των εργαστηρίων και όλων των παρατηρητηρίων με τα αποτελέσματά τους μέσα στο μοναδικό του κεφάλι, δεν θα ήταν παρά ένα ζευγάρι γυαλιά πίσω από τα οποία δεν θα υπήρχαν μάτια». – Carlyle, Sartor Resartus.
[25] Ο Σρι Γιουκτέσβαρ είχε αναφερθεί στον *τσέλα* του, τον Παραμαχάνσα Γιογκανάντα, ως ενσάρκωση της θεϊκής αγάπης. Όταν ο Παραμαχάνσατζι άφησε το σώμα του, ο κύριος μαθητής του και πνευματικός διάδοχός του, ο Ράτζαρσι Τζανακανάντα (Τζέιμς Λυν), του απένειμε επίσημα τον τίτλο του *Πρεμαβατάρ* ή Ενσάρκωσης της Αγάπης. *(Σημ. του Εκδότη)*

δικής του ζωής, σίγουρα ο *Γιογκαβατάρ* έφτασε στο ζενίθ όλων των θαυμάτων όταν μείωσε όλες τις αρχαίες περιπλοκότητες της γιόγκα σε μια αποτελεσματική απλότητα μέσα στη συνηθισμένη δυνατότητα κατανόησης.

Σχετικά με τα θαύματα, ο Λαχίρι Μαχασάγια συχνά έλεγε: «Η λειτουργία λεπτοφυών νόμων που είναι γενικά άγνωστοι στους ανθρώπους δεν πρέπει να συζητιέται μπροστά στο ευρύ κοινό ή να δημοσιεύεται χωρίς την πρέπουσα διάκριση». Αν σ' αυτές τις σελίδες φαίνεται να αψηφώ τα προειδοποιητικά του λόγια, είναι γιατί μου έδωσε μια εσωτερική συναίνεση. Ωστόσο, καταγράφοντας τη ζωή του Μπάμπατζι, του Λαχίρι Μαχασάγια και του Σρι Γιουκτέσβαρ, σκέφτηκα ότι θα ήταν συνετό να παραλείψω μερικές θαυματουργές ιστορίες. Δεν θα μπορούσα να τις συμπεριλάβω χωρίς να γράψω επίσης έναν ολόκληρο επεξηγηματικό τόμο δυσνόητης φιλοσοφίας.

Ως οικογενειάρχης-γιόγκι, ο Λαχίρι Μαχασάγια έφερε ένα πρακτικό μήνυμα που ταιριάζει στις ανάγκες του σύγχρονου κόσμου. Οι θαυμάσιες οικονομικές και θρησκευτικές συνθήκες της Ινδίας δεν υπάρχουν πια. Ο μεγάλος Δάσκαλος επομένως δεν ενθάρρυνε το παλιό ιδεώδες του γιόγκι που περιφέρεται ασκητικά μ' ένα σκεύος επαιτείας. Αντίθετα τόνιζε τα πλεονεκτήματα ενός γιόγκι που θα κερδίζει τα προς το ζην με τη δουλειά του, που δεν θα είναι εξαρτημένος από την καταπιεσμένη κοινωνία για να τον στηρίζει και που θα εξασκείται στη γιόγκα στον ιδιωτικό χώρο του σπιτιού του. Σ' αυτή τη συμβουλή ο Λαχίρι Μαχασάγια πρόσθεσε την εμψυχωτική δύναμη του δικού του παραδείγματος. Ήταν ένα «εκσυγχρονισμένο» ίνδαλμα γιόγκι. Ο τρόπος ζωής του, όπως σχεδιάστηκε από τον Μπάμπατζι, προοριζόταν να είναι ένας οδηγός για τους γιόγκι με θεϊκές προσδοκίες απ' όλα τα μέρη του κόσμου.

Νέα ελπίδα για έναν νέο άνθρωπο! «Η θεϊκή ένωση», διακήρυξε ο *Γιογκαβατάρ*, «είναι δυνατή μέσω προσωπικής προσπάθειας και δεν εξαρτάται από θεολογικές πεποιθήσεις ή από την αυθαίρετη βούληση ενός Συμπαντικού Δικτάτορα».

Μέσω του κλειδιού της *Κρίγια*, άνθρωποι που δεν μπορούν να πεισθούν ότι υπάρχει θεότητα μέσα σε κάθε άνθρωπο, θα δουν στο τέλος την πλήρη θεότητα μέσα στον ίδιο τον εαυτό τους.

ΚΕΦΑΛΑΙΟ 36

# Το Ενδιαφέρον του Μπάμπατζι για τη Δύση

«Δάσκαλε, συναντήσατε ποτέ τον Μπάμπατζι;».

Ήταν μια ήρεμη καλοκαιρινή νύχτα στο Σεράμπουρ· τα μεγάλα αστέρια της τροπικής περιοχής έλαμπαν πάνω από το κεφάλι μας καθώς καθόμουν δίπλα στον Σρι Γιουκτέσβαρ στο μπαλκόνι του δεύτερου ορόφου του ερημητηρίου.

«Ναι». Ο Δάσκαλος χαμογέλασε με την ευθύτητα της ερώτησής μου· τα μάτια του φωτίστηκαν από ευλάβεια. «Τρεις φορές ευλογήθηκα να δω τον αθάνατο γκουρού. Η πρώτη μας συνάντηση ήταν σε μια *Κούμπα Μέλα*, στο Αλλαχαμπάντ».

Τα θρησκευτικά πανηγύρια που γίνονται στην Ινδία από αμνημόνευτους χρόνους λέγονται *Κούμπα Μέλα·* διατηρούν συνεχώς την προσοχή του πλήθους εστιασμένη σε πνευματικούς στόχους. Εκατομμύρια πιστοί Ινδουιστές μαζεύονται κάθε δώδεκα χρόνια για να συναντήσουν χιλιάδες σάντου, γιόγκι, σουάμι και ασκητές όλων των ειδών. Πολλοί είναι ερημίτες που ποτέ δεν αφήνουν τα απομονωμένα μέρη τους παρά μόνο για να παρακολουθήσουν τις *μέλα*[1] και εκεί να χαρίσουν ευλογίες στους εγκόσμιους άντρες και γυναίκες.

«Δεν ήμουν σουάμι όταν συνάντησα τον Μπάμπατζι», συνέχισε ο Σρι Γιουκτέσβαρ. «Είχα ήδη όμως μυηθεί στην *Κρίγια* από τον Λαχίρι Μαχασάγια. Με παρότρυνε να παρακολουθήσω τη *μέλα* που θα γινόταν τον Ιανουάριο του 1894 στο Αλλαχαμπάντ. Ήταν η πρώτη μου εμπειρία από μια *κούμπα·* ένιωσα ελαφρά ζαλισμένος από τον θόρυβο και το κύμα του πλήθους που είχε ξεχυθεί. Κοίταξα τριγύρω διερευνητικά, αλλά δεν είδα κανένα φωτισμένο πρόσωπο Δασκάλου. Περνώντας τη γέφυρα πάνω από τις όχθες του Γάγγη, πρόσεξα έναν γνωστό να στέκεται εκεί κοντά, με προτεταμένο το μπολ του για επαιτεία.

»"Αχ, αυτό το πανηγύρι δεν είναι τίποτα άλλο από ένα χάος από

---

[1] Βλ. σελ. 462 σημ.

θόρυβο και ζητιάνους", σκέφτηκα με απογοήτευση. "Αναρωτιέμαι αν οι επιστήμονες της Δύσης, που διευρύνουν υπομονετικά τα βασίλεια της γνώσης για να ωφελήσουν την ανθρωπότητα σε ζητήματα καθημερινής πρακτικής, δεν ευχαριστούν περισσότερο το Θεό απ' όσο αυτοί οι αργόσχολοι που διατείνονται ότι είναι θεοσεβούμενοι αλλά επικεντρώνονται στις ελεημοσύνες που λαμβάνουν".

»Οι υποβόσκουσες σκέψεις μου για την κοινωνική αναμόρφωση διακόπηκαν από τη φωνή ενός ψηλού *σαννυάσι* που σταμάτησε μπροστά μου.

»"Κύριε", είπε, "ένας άγιος σας καλεί".

»"Ποιος είναι;".

»"Ελάτε να δείτε μόνος σας".

»Ακολουθώντας διστακτικά αυτή τη λακωνική συμβουλή, σύντομα βρέθηκα κοντά σ' ένα δέντρο, κάτω από τα κλαδιά του οποίου βρισκόταν ένας γκουρού με μια ελκυστική ομάδα μαθητών. Ο Δάσκαλος, μια φωτεινή, ασυνήθιστη μορφή με σπινθηροβόλα σκούρα μάτια, σηκώθηκε όταν πλησίασα και με αγκάλιασε.

»"Καλώς ήρθες Σουάμιτζι", είπε στοργικά.

»"Κύριε", είπα με έμφαση, "δεν είμαι σουάμι".

»"Αυτοί στους οποίους έχω εντολή από το Θεό να δώσω τον τίτλο των *σουάμι* ποτέ δεν τον αρνούνται". Ο άγιος μίλησε απλά, όμως μια βαθιά πεποίθηση αλήθειας ήχησε στα λόγια του· αμέσως ένιωσα να με τυλίγει ένα κύμα πνευματικής ευλογίας. Χαμογελώντας στην προοπτική ότι θα προβιβαζόμουν στο αρχαίο μοναστικό τάγμα,[2] υποκλίθηκα στα πόδια τού φανερά μεγάλου και αγγελικού πλάσματος με ανθρώπινη μορφή που με είχε τιμήσει έτσι.

»Ο Μπάμπατζι –γιατί πράγματι αυτός ήταν– μου έκανε νεύμα να καθίσω κοντά του κάτω από το δέντρο. Ήταν γερός και νεαρός κι έμοιαζε στον Λαχίρι Μαχασάγια· παρ' όλα αυτά η ομοιότητα δεν μου θύμισε τίποτα, αν και είχα ακούσει πολλές φορές για τις ασυνήθιστες ομοιότητες στην εμφάνιση των δύο Δασκάλων. Ο Μπάμπατζι διαθέτει μια δύναμη με την οποία μπορεί να εμποδίσει οποιαδήποτε συγκεκριμένη σκέψη να περάσει από το νου κάποιου. Προφανώς ο μεγάλος γκουρού ήθελε να είμαι τελείως φυσιολογικός δίπλα του και όχι γεμάτος δέος αναγνωρίζοντας την ταυτότητά του.

---

[2] Ο Σρι Γιουκτέσβαρ αργότερα προσχώρησε επίσημα στο Τάγμα των Σουάμι μέσω του *Μαχάντ* (αρχηγού του μοναστηριού) Μπουντ Γκαγιά, στο Μπιχάρ.

»"Ποια είναι η γνώμη σου για την *Κούμπα Μέλα*;".

»"Απογοητεύτηκα πολύ, κύριε", είπα, αλλά πρόσθεσα γρήγορα: "μέχρι την ώρα που σας συνάντησα. Κατά κάποιον τρόπο οι άγιοι και αυτή η οχλαγωγία δεν φαίνεται να ταιριάζουν".

»"Παιδί μου", είπε ο Δάσκαλος, αν και ήταν φανερό ότι είχα τουλάχιστον τα διπλά του χρόνια, "για τα λάθη των πολλών μην κατακρίνεις το σύνολο. Τα πάντα πάνω στη γη έχουν μεικτό χαρακτήρα, σαν ένα κράμα άμμου και ζάχαρης. Να είσαι σαν το σοφό μυρμήγκι που παίρνει μόνο τη ζάχαρη και αφήνει ανέγγιχτη την άμμο. Αν και πολλοί σάντου εδώ περιφέρονται ακόμα μέσα στην αυταπάτη, εντούτοις η *Μέλα* είναι ευλογημένη από κάποιους λίγους που συνειδητοποίησαν το Θεό".

»Κρίνοντας από τη συνάντησή μου με τον εξυψωμένο Δάσκαλο, γρήγορα συμφώνησα μαζί του.

»"Κύριε", σχολίασα, "σκεφτόμουν τους κορυφαίους επιστήμονες της Δύσης, που είναι πολύ πιο ευφυείς από τους περισσότερους ανθρώπους που συναθροίστηκαν εδώ, που ζουν στη μακρινή Ευρώπη και την Αμερική και ανήκουν σε διαφορετικές θρησκείες και ιδεολογίες, οι οποίοι έχουν άγνοια της πραγματικής αξίας τέτοιων *μέλα* όπως αυτή εδώ. Είναι οι άνθρωποι που θα μπορούσαν να ωφεληθούν σε μέγιστο βαθμό συναντώντας Δασκάλους της Ινδίας. Αν και έχουν προχωρήσει πολύ σε διανοητικά επιτεύγματα, πολλοί άνθρωποι της Δύσης είναι προσκολλημένοι σε άκρατο υλισμό. Άλλοι, διάσημοι στην επιστήμη και τη φιλοσοφία, δεν αναγνωρίζουν τη στοιχειώδη σύμπνοια με τη θρησκεία. Η όλη ιδεολογία τους θέτει ανυπέρβλητους φραγμούς που απειλούν να τους χωρίσουν από μας για πάντα".

»"Είδα ότι ενδιαφέρεσαι για τη Δύση όσο και για την Ανατολή". Το πρόσωπο του Μπάμπατζι έλαμψε με επιδοκιμασία. "Ένιωσα το σκίρτημα της καρδιάς σου, που είναι αρκετά ανοιχτή ώστε να χωρά όλους τους ανθρώπους. Γι' αυτό σε κάλεσα εδώ.

»"Η Ανατολή και η Δύση πρέπει να οδηγηθούν στη χρυσή τομή του συνδυασμού της δραστηριότητας με την πνευματικότητα", συνέχισε. "Η Ινδία έχει πολλά να μάθει από τη Δύση όσον αφορά την υλική ανάπτυξη· σε αντάλλαγμα, η Ινδία μπορεί να διδάξει τις οικουμενικές μεθόδους με τις οποίες η Δύση θα μπορέσει να βασίσει τις θρησκευτικές πεποιθήσεις της πάνω στα ακλόνητα θεμέλια της γιογκικής επιστήμης.

»"Εσύ, Σουάμιτζι, έχεις έναν ρόλο να παίξεις στην επερχόμενη αρμονική ανταλλαγή μεταξύ της Ανατολής και της Δύσης. Σε λίγα χρόνια θα σου στείλω έναν μαθητή τον οποίο θα εκπαιδεύσεις για τη διάδοση της γιόγκα στη Δύση. Οι δονήσεις εκεί πολλών ψυχών που βρίσκονται σε πνευματική αναζήτηση μού έρχονται σαν πλημμύρα. Αντιλαμβάνομαι ανθρώπους με τη δυνατότητα να γίνουν άγιοι, στην Αμερική και στην Ευρώπη, που περιμένουν να αφυπνιστούν"».

Σ' αυτό το σημείο της αφήγησης ο Σρι Γιουκτέσβαρ με κοίταξε κατάματα.

«Γιε μου», είπε, χαμογελώντας στο έντονο φως του φεγγαριού, «εσύ είσαι ο μαθητής που εδώ και χρόνια υποσχέθηκε ο Μπάμπατζι ότι θα μου έστελνε».

Χάρηκα που ο Μπάμπατζι με είχε οδηγήσει στον Σρι Γιουκτέσβαρ, όμως μου ήταν δύσκολο να φανταστώ τον εαυτό μου στη μακρινή Δύση, μακριά από τον αγαπημένο μου γκουρού και την απλή γαλήνη του ερημητηρίου.

«Ο Μπάμπατζι μετά μίλησε για την Μπάγκαβαντ Γκίτα», συνέχισε ο Σρι Γιουκτέσβαρ. «Προς κατάπληξή μου, με λίγες λέξεις επαίνου έδειξε πως ήξερε ότι είχα γράψει ερμηνείες αρκετών κεφαλαίων της Γκίτα.

»"Σου ζητώ, Σουάμιτζι, να αναλάβεις ένα ακόμα έργο", είπε ο μεγάλος Δάσκαλος. "Να γράψεις ένα μικρό βιβλίο σχετικά με την αρμονία που υπάρχει ανάμεσα στις χριστιανικές και στις ινδουιστικές Γραφές. Η βασική τους ενότητα τώρα δεν φαίνεται εξαιτίας των μισαλλόδοξων διαφορών των ανθρώπων. Δείξε, με παραλληλισμό του περιεχομένου των Γραφών, ότι οι εμπνευσμένοι γιοι του Θεού είπαν τις ίδιες αλήθειες".

»"Μαχαράτζ",[3] απάντησα συνεσταλμένα, "τι εντολή! Θα μπορέσω να την εκπληρώσω;".

»Ο Μπάμπατζι γέλασε ελαφρά. "Γιε μου, γιατί αμφιβάλλεις;", είπε ενθαρρύνοντάς με. "Αλήθεια, Ποιου τα έργα είναι όλα αυτά και Ποιος είναι αυτός που Πράττει όλες τις πράξεις; Οτιδήποτε ο Κύριος με έκανε να πω είναι προορισμένο να πραγματοποιηθεί ως αλήθεια".

»Ένιωσα ότι ενδυναμώθηκα από τις ευλογίες του αγίου και συμφώνησα να γράψω το βιβλίο. Καταλαβαίνοντας ότι είχε έρθει η ώρα να φύγω, σηκώθηκα απρόθυμα από τα φύλλα στο έδαφος.

»"Γνωρίζεις τον Λαχίρι;", ρώτησε ο Δάσκαλος. "Είναι μεγάλη ψυχή, ε; Πες του για τη συνάντησή μας". Μετά μου διαβίβασε ένα μήνυμα για τον Λαχίρι Μαχασάγια.

---

[3] «Μεγάλος βασιλιάς» – ένας τίτλος σεβασμού.

»Αφού γονάτισα για να προσκυνήσω, χαιρετώντας τον ταπεινά, ο άγιος χαμογέλασε καλοκάγαθα. "Όταν θα έχεις τελειώσει το βιβλίο θα σε επισκεφθώ", υποσχέθηκε. "Γεια σου προς το παρόν".

»Έφυγα από το Αλλαχαμπάντ την επόμενη μέρα και πήρα το τρένο για το Μπενάρες. Φτάνοντας στο σπίτι του γκουρού μου, του αφηγήθηκα την ιστορία του υπέροχου αγίου στην *Κούμπα Μέλα*.

»"Α, δεν τον αναγνώρισες;". Τα μάτια του Λαχίρι Μαχασάγια έλαμπαν από τα γέλια. "Βλέπω πως δεν μπόρεσες γιατί σε εμπόδισε. Είναι ο απαράμιλλος γκουρού μου, ο ουράνιος Μπάμπατζι!".

»"Ο Μπάμπατζι!", επανέλαβα συγκλονισμένος από το δέος. "Ο Γιόγκι-Χριστός Μπάμπατζι! Ο αόρατος-ορατός σωτήρας Μπάμπατζι! Αχ, αν μπορούσα να γυρίσω στο παρελθόν και να ήμουν μια ακόμα φορά κοντά του, να του δείξω την αφοσίωσή μου στα πόδια του!".

»"Μη στενοχωριέσαι", είπε παρηγορητικά ο Λαχίρι Μαχασάγια. "Υποσχέθηκε να σε δει ξανά".

»"Γκουρουντέβα, ο θεϊκός Δάσκαλος μου ζήτησε να σας διαβιβάσω ένα μήνυμα. "Πες στον Λαχίρι", είπε, "ότι η αποθηκευμένη ενέργεια γι' αυτή τη ζωή λιγοστεύει· σχεδόν τελείωσε'"".

»Μόλις άρθρωσα αυτά τα αινιγματικά λόγια, ο Λαχίρι Μαχασάγια άρχισε να τρέμει ολόκληρος σαν να τον διαπέρασε ηλεκτρικό ρεύμα. Αυτοστιγμεί τα πάντα πάνω του πάγωσαν· η χαμογελαστή του εμφάνιση έγινε απίστευτα βλοσυρή. Σαν ξύλινο άγαλμα, σκοτεινό και ακίνητο στη θέση του, το σώμα του έγινε άχρωμο. Θορυβήθηκα και σάστισα. Ποτέ στη ζωή μου δεν είχα ξαναδεί αυτή τη χαρούμενη ψυχή να εκδηλώνει τέτοια τρομερή σοβαρότητα. Οι άλλοι μαθητές τον κοίταζαν ταραγμένοι.

»Τρεις ώρες πέρασαν σε σιωπή. Μετά ο Λαχίρι Μαχασάγια επανήλθε στη φυσιολογική, χαρούμενη στάση του και μίλησε με στοργή σε καθέναν από τους *τσέλα*. Όλοι αναστέναξαν με ανακούφιση.

»Από την αντίδραση του Δασκάλου μου συνειδητοποίησα ότι το μήνυμα του Μπάμπατζι ήταν ένα αλάθητο σήμα με το οποίο ο Λαχίρι Μαχασάγια κατάλαβε ότι γρήγορα θα άφηνε το σώμα του. Η γεμάτη δέος σιωπή του απέδειξε ότι ο γκουρού μου είχε αμέσως ελέγξει την οντότητά του, έκοψε τον τελευταίο λώρο της προσκόλλησης στον υλικό κόσμο και πέταξε προς την πάντα ζωντανή ταυτισή του με το Πνεύμα. Η παρατήρηση του Μπάμπατζι ήταν ο τρόπος να του πει: "Θα είμαι πάντα μαζί σου".

»Αν και ο Μπάμπατζι και ο Λαχίρι Μαχασάγια ήταν πάνσοφοι και δεν είχαν ανάγκη να επικοινωνούν μεταξύ τους μέσω εμού ή οποιουδήποτε άλλου μεσάζοντα, οι μεγάλοι μερικές φορές συγκατατίθενται να παίξουν έναν ρόλο στο ανθρώπινο θεατρικό έργο. Περιστασιακά διαβιβάζουν τις προφητείες τους μέσω αγγελιαφόρων με συνηθισμένο τρόπο, για να εκπληρωθούν αργότερα τα λόγια τους και να εμφυσήσουν μεγαλύτερη θεϊκή πίστη σ' έναν ευρύ κύκλο ανθρώπων που θα μάθουν την ιστορία.

»Σύντομα έφυγα από το Μπενάρες και πήγα στο Σεράμπουρ όπου άρχισα να εργάζομαι πάνω στο βιβλίο σχετικά με τις Γραφές που ο Μπάμπατζι μου ζήτησε να γράψω», συνέχισε ο Σρι Γιουκτέσβαρ. «Μόλις άρχισα, μου ήρθε μια έμπνευση να γράψω ένα ποίημα για τον αθάνατο γκουρού. Οι μελωδικοί στίχοι έρρεαν χωρίς προσπάθεια από την πένα μου, αν και ποτέ δεν προσπάθησα να γράψω ποίημα στα Σανσκριτικά.

»Στη σιγαλιά της νύχτας ασχολήθηκα με τη σύγκριση της Βίβλου και των ιερών κειμένων *Σανάτανα Ντάρμα*.[4] Παραθέτοντας αυτούσιες λέξεις του ευλογημένου Κυρίου Ιησού Χριστού, κατέδειξα ότι οι διδασκαλίες του είναι στην ουσία ίδιες με τις αποκαλύψεις των Βεδών. Μέσω της χάρης του *παραμγκούρου*,[5] το βιβλίο μου, *The Holy Science*,[6] τελείωσε σύντομα.

»Τη μέρα που ολοκλήρωσα τις λογοτεχνικές μου προσπάθειες», συνέχισε ο Δάσκαλος, «πήγα στο Ράι Γκατ εδώ για να πλυθώ στον Γάγγη. Το *γκατ* ήταν έρημο· έμεινα ακίνητος για λίγο, απολαμβάνοντας την ηλιόλουστη γαλήνη. Μετά από μια βουτιά στα αστραφτερά νερά,

---

[4] Κατά κυριολεξία «αιώνια θρησκεία», το όνομα που δόθηκε στο σύνολο των βεδικών διδασκαλιών. Το *Σανάτανα Ντάρμα* πήρε το όνομα *Ινδουισμός* γιατί οι Έλληνες που εισέβαλαν στη βορειοδυτική Ινδία με τον Μεγάλο Αλέξανδρο ονόμασαν *Ινδούς* τους ανθρώπους στις όχθες του ποταμού Ινδού και τη θρησκεία τους *Ινδουισμό*. Η λέξη *Ινδουιστής* αναφέρεται μόνο στους οπαδούς του *Σανάτανα Ντάρμα*. Ο όρος *Ινδός* αναφέρεται και στους Ινδούς και στους Μουσουλμάνους και σε όλους τους *κατοίκους* του εδάφους της Ινδίας.
  Το αρχαίο όνομα της Ινδίας είναι *Αριαβάρτα*, κατά κυριολεξία «κατοικία των Αρίων». Η σανσκριτική ρίζα του *άρια* είναι «άξιος, ιερός, ευγενής». Η κατοπινή, εθνολογικά κακή χρήση της λέξης Άριαν, που υποδηλώνει όχι πνευματικά αλλά φυσικά χαρακτηριστικά, οδήγησε τον μεγάλο θαυμαστή της Ανατολής, τον Max Müller, να πει γραφικά: «Για μένα, ένας εθνολόγος που μιλά για Άρια φυλή, Άριο αίμα, Άρια μάτια και μαλλιά, είναι τόσο μεγάλος αμαρτωλός όσο θα ήταν αν μιλούσε για δολιχοκεφαλικό λεξικό ή βραχυκεφαλική γραμματική».

[5] Η λέξη *παραμγκούρου* αναφέρεται στον γκουρού ενός γκουρού. Έτσι ο Μπάμπατζι, ο *γκουρού* του Λαχίρι Μαχασάγια, είναι ο *παραμγκούρου* του Σρι Γιουκτέσβαρ.
  Ο Μαχαβατάρ Μπάμπατζι είναι ο υπέρτατος γκουρού στην ινδική σειρά των Δασκάλων που αναλαμβάνουν την ευθύνη για την ευημερία όλων των μελών του SRF / YSS που ασκούνται πιστά στην *Κρίγια Γιόγκα*.

[6] Τώρα εκδίδεται από το Self-Realization Fellowship, Λος Άντζελες, Καλιφόρνια.

ξεκίνησα για το σπίτι. Ο μόνος ήχος μέσα στη σιωπή ήταν αυτός του ρούχου που είχα για το μπάνιο στον Γάγγη, το οποίο, μουσκεμένο, θρόιζε σε κάθε βήμα μου. Περνώντας πέρα από το μεγάλο δέντρο μπάνιαν, κοντά στην όχθη του ποταμού, μια έντονη παρόρμηση μ' έκανε να κοιτάξω πίσω. Εκεί, κάτω από το δέντρο μπάνιαν και περικυκλωμένος από λίγους μαθητές, καθόταν ο μεγάλος Μπάμπατζι!

»"Συγχαρητήρια, Σουάμιτζι!". Η όμορφη φωνή του Δασκάλου ήχησε για να με κάνει να σιγουρευτώ ότι δεν ονειρευόμουν. "Βλέπω ότι ολοκλήρωσες επιτυχώς το βιβλίο σου. Όπως υποσχέθηκα, είμαι εδώ για να σ' ευχαριστήσω".

»Με την καρδιά μου να χτυπά δυνατά, έπεσα ολοκληρωτικά στα πόδια του. "Παραμγκούρουτζι", είπα ικετευτικά, "θα έρθετε εσείς και οι τσέλα σας να τιμήσετε με την παρουσία σας το σπίτι μου που βρίσκεται εδώ κοντά;".

»Ο υπέρτατος γκουρού αρνήθηκε χαμογελώντας. "Όχι, παιδί μου", είπε, "μας αρέσει το καταφύγιο των δέντρων· αυτό το μέρος είναι αρκετά άνετο".

»"Σας παρακαλώ μη φύγετε για λίγο, Δάσκαλε". Τον κοίταξα ικετευτικά. "Θα γυρίσω αμέσως με λίγα γλυκά".[7]

»Όταν επέστρεψα μετά από λίγα λεπτά με μια πιατέλα γλυκά, το μεγαλοπρεπές δέντρο δεν σκίαζε πια την ουράνια ομάδα. Έψαξα παντού γύρω από το *γκατ*, αλλά μέσα στην καρδιά μου ήξερα ότι είχαν ήδη πετάξει με αιθερικά φτερά.

»Ήμουν βαθύτατα πληγωμένος. "Ακόμα κι αν συναντηθούμε ξανά, δεν θα μιλήσω στον Μπάμπατζι", είπα στον εαυτό μου. "Ήταν αγενής που έφυγε τόσο γρήγορα". Αυτή ήταν οργή αγάπης φυσικά και τίποτα περισσότερο. Λίγους μήνες αργότερα επισκέφτηκα τον Λαχίρι Μαχασάγια στο Μπενάρες. Καθώς έμπαινα στο σαλόνι, ο γκουρού χαμογέλασε χαιρετώντας με.

»"Καλώς ήρθες Γιουκτέσβαρ", είπε. "Συνάντησες μόλις τώρα τον Μπάμπατζι έξω από το κατώφλι του δωματίου μου;".

»"Πού; Όχι", απάντησα με έκπληξη.

»"Έλα εδώ". Ο Λαχίρι Μαχασάγια με άγγιξε απαλά στο μέτωπο· αμέσως είδα δίπλα στην πόρτα τη μορφή του Μπάμπατζι, ανθισμένη σαν έναν τέλειο λωτό.

---

[7] Θεωρείται έλλειψη σεβασμού στην Ινδία αν κάποιος δεν προσφέρει φαγητό ή ποτό στον γκουρού.

»Θυμήθηκα ότι παλιά με είχε πληγώσει και δεν τον προσκύνησα. Ο Λαχίρι Μαχασάγια με κοίταξε κατάπληκτος.

»Ο θεϊκός γκουρού με κοίταζε με ανεξιχνίαστο βλέμμα. "Είσαι ενοχλημένος από μένα".

»"Κύριε, δεν θα έπρεπε να είμαι;", ρώτησα. "Από τον αέρα ήρθατε με τη μαγική παρέα σας και μέσα στον αέρα εξαφανιστήκατε".

»"Σου είπα ότι θα ερχόμουν, αλλά όχι πόσο θα καθόμουν". Ο Μπάμπατζι γέλασε ελαφρά. "Ήσουν γεμάτος έξαψη. Σε διαβεβαιώνω ότι σχεδόν εξαφανίστηκα στον αιθέρα από το ξέσπασμα της έντασής σου".

»Αμέσως ικανοποιήθηκα από τη μη κολακευτική εξήγησή του. Γονάτισα στα πόδια του· ο ανυπέρβλητος γκουρού με χτύπησε με καλοσύνη στην πλάτη.

»"Παιδί μου, πρέπει να διαλογίζεσαι περισσότερο", είπε. "Το βλέμμα σου δεν είναι ακόμα άσπιλο – δεν μπόρεσες να με δεις κρυμμένο στο φως του ήλιου". Μ' αυτά τα λόγια, με μια φωνή σαν ουράνιο φλάουτο, ο Μπάμπατζι εξαφανίστηκε στην κρυμμένη ακτινοβολία.

»Αυτή ήταν μια από τις τελευταίες επισκέψεις μου στο Μπενάρες για να δω τον γκουρού μου», ολοκλήρωσε ο Σρι Γιουκτέσβαρ. «Ακριβώς όπως είχε προβλέψει ο Μπάμπατζι στην *Κούμπα Μέλα*, η ενσάρκωση του οικογενειάρχη Λαχίρι Μαχασάγια κόντευε να φτάσει στο τέλος της. Το καλοκαίρι του 1895, σ' αυτό το ρωμαλέο σώμα εμφανίστηκε ένα μικρό σπυρί στην πλάτη. Αρνήθηκε να επιτρέψει να του το αφαιρέσουν χειρουργικά· εξοφλούσε με το σώμα του το φαύλο κάρμα κάποιων μαθητών του. Τελικά μερικοί *τσέλα* έγιναν πολύ επίμονοι· ο Δάσκαλος απάντησε αινιγματικά:

»"Το σώμα πρέπει να βρει μια αιτία να φύγει· συμφωνώ με ό,τι θέλετε να κάνετε".

»Λίγη ώρα αργότερα ο ασύγκριτος γκουρού εγκατέλειψε το σώμα του στο Μπενάρες. Δεν χρειαζόταν πια να πηγαίνω στο μικρό του σαλόνι· κάθε μέρα της ζωής μου είναι ευλογημένη από την καθοδήγηση της πανταχού παρουσίας του».

Χρόνια αργότερα άκουσα από τον Σουάμι Κεσαμπανάντα,[8] έναν προχωρημένο μαθητή, πολλές θαυμαστές λεπτομέρειες για τον θάνατο του υλικού σώματος του Λαχίρι Μαχασάγια.

«Λίγες μέρες προτού ο γκουρού μου εγκαταλείψει το σώμα του», μου είπε ο Κεσαμπανάντα, «υλοποίησε τον εαυτό του μπροστά μου καθώς καθόμουν στο ερημητήριό μου στο Χάρντγουαρ.

---

[8] Η επίσκεψή μου στο άσραμ του Κεσαμπανάντα περιγράφεται στις σελ 467-471.

»"Έλα αμέσως στο Μπενάρες". Μ' αυτά τα λόγια ο Λαχίρι Μαχασάγια εξαφανίστηκε.

»Επιβιβάστηκα αμέσως στο τρένο για το Μπενάρες. Στο σπίτι του γκουρού μου είδα πολλούς μαθητές συγκεντρωμένους. Για ώρες εκείνη την ημέρα[9] ο Δάσκαλος μας εξηγούσε την Γκίτα· μετά μας είπε απλά:

»"Πηγαίνω στο σπίτι μου".

»Τα αγωνιώδη αναφιλητά μας ξέσπασαν σαν ακατανίκητος ορμητικός χείμαρρος.

»"Παρηγορηθείτε· θα αναστηθώ". Μετά απ' αυτά τα λόγια, ο Λαχίρι Μαχασάγια σηκώθηκε από το κάθισμά του, στριφογύρισε τρεις φορές το σώμα του σε κύκλο, πήρε τη στάση του λωτού κοιτάζοντας το Βορρά και μπήκε δοξασμένα στο *μαχασαμάντι*.[10]

»Το όμορφο σώμα του Λαχίρι Μαχασάγια, που ήταν τόσο αγαπητό στους πιστούς, αποτεφρώθηκε με τη σεμνή τελετή ενός οικογενειάρχη, στο Μανικανρίκα Γκατ του ιερού ποταμού Γάγγη», συνέχισε ο Κεσαμπανάντα. «Την επόμενη μέρα, στις δέκα το πρωί, όταν ακόμα ήμουν στο Μπενάρες, το δωμάτιό μου φωτίστηκε από μια μεγάλη λάμψη. Και να! Μπροστά μου στεκόταν με σάρκα και οστά η μορφή του Λαχίρι Μαχασάγια. Έμοιαζε ακριβώς με το παλιό του σώμα, εκτός του ότι φαινόταν πιο νέος και πιο ακτινοβόλος. Ο θεϊκός μου γκουρού μού μίλησε.

»"Κεσαμπανάντα", μου είπε, "εγώ είμαι. Από τα διαλυμένα άτομα του αποτεφρωμένου σώματός μου ανέστησα μια μορφή σε ένα νέο καλούπι. Η εργασία μου στον κόσμο ως οικογενειάρχης τελείωσε· δεν αφήνω όμως ολοκληρωτικά τη γη. Από εδώ και πέρα θα περάσω λίγο χρόνο με τον Μπάμπατζι στα Ιμαλάια και με τον Μπάμπατζι στο σύμπαν".

»Με λίγα λόγια ευλογίας, ο υπερβατικός Δάσκαλος εξαφανίστηκε. Μια ανείπωτη ευδαιμονία πλημμύρισε την καρδιά μου· εξυψώθηκα στο Πνεύμα ακριβώς όπως οι μαθητές του Χριστού και του Καμπίρ[11] που

---

[9] Ο Λαχίρι Μαχασάγια άφησε το σώμα του στις 26 Σεπτεμβρίου 1895. Σε λίγες μέρες θα είχε γίνει εξήντα επτά ετών.

[10] Η περιστροφή του σώματος τρεις φορές και μετά η στροφή προς το Βορρά είναι τμήματα μιας βεδικής τελετουργίας που χρησιμοποιείται από Δασκάλους που γνωρίζουν από πριν την ώρα κατά την οποία το υλικό σώμα θα πεθάνει. Ο τελικός διαλογισμός, κατά τη διάρκεια του οποίου ο Δάσκαλος συγχωνεύεται με το Συμπαντικό Ομ, ονομάζεται *μαχά* ή μεγάλο *σαμάντι*.

[11] Ο Καμπίρ ήταν ένας άγιος του 16ου αιώνα, στου οποίου τους οπαδούς περιλαμβάνονται Ινδουιστές και Μουσουλμάνοι. Όταν ο Καμπίρ πέθανε, οι μαθητές του τσακώθηκαν για τον τρόπο με τον οποίο θα διεξάγονταν οι τελετές της κηδείας. Ο απελπισμένος Δάσκαλος σηκώθηκε από τον τελικό του ύπνο και έδωσε τις οδηγίες. «Το μισό από τα απομεινάρια μου

είδαν τον γκουρού τους ζωντανό μετά τον υλικό θάνατό του.

»Όταν επέστρεψα στο απομονωμένο ερημητήριό μου, στο Χάρντγουαρ», συνέχισε ο Κεσαμπανάντα, «πήρα μαζί μου λίγες από τις ιερές στάχτες του σώματος του Λαχίρι Μαχασάγια. Ήξερα ότι το πουλί της πανταχού παρουσίας ξέφυγε από το κλουβί του χώρου και του χρόνου και ξαναβρήκε την ελευθερία του. Παρ' όλα αυτά το να έχω φυλαγμένες τις στάχτες του σ' ένα εικονοστάσι ανακούφιζε την καρδιά μου».

Ένας άλλος μαθητής που ευλογήθηκε να δει τον αναστημένο γκουρού ήταν ο άγιος Παντσάνον Μπατατσάρια.[12] Τον επισκέφτηκα στο σπίτι του στην Καλκούτα και άκουσα με αγαλλίαση την ιστορία των πολλών ετών που πέρασε με τον Δάσκαλό του. Ολοκληρώνοντας, μου ανέφερε το πιο υπέροχο γεγονός της ζωής του.

«Εδώ στην Καλκούτα», είπε ο Παντσάνον, «στις δέκα το πρωί της επόμενης ημέρας από την αποτέφρωση, ο Λαχίρι Μαχασάγια εμφανίστηκε μπροστά μου ζωντανός και μεγαλειώδης».

Ο Σουάμι Πραναμπανάντα, ο «άγιος με τα δύο σώματα», επίσης μου εκμυστηρεύτηκε τις λεπτομέρειες της δικής του υπερφυσικής εμπειρίας. Κατά τη διάρκεια της επίσκεψής του στο σχολείο μου στο Ραντσί, ο Πραναμπανάντα μού είπε:

«Λίγες μέρες πριν αφήσει ο Λαχίρι Μαχασάγια το σώμα του, έλαβα απ' αυτόν ένα γράμμα με το οποίο μου ζητούσε να πάω αμέσως στο Μπενάρες. Καθυστέρησα όμως αναπόφευκτα και δεν μπόρεσα να φύγω αμέσως. Ακριβώς την ώρα που προετοιμαζόμουν να πάω στο Μπενάρες, γύρω στις δέκα το πρωί, ξαφνικά πλημμύρισα από χαρά όταν είδα στο δωμάτιό μου τη λαμπερή μορφή του γκουρού μου.

---

θα ταφεί σύμφωνα με τις μουσουλμανικές τελετές», είπε. «Το άλλο μισό ας αποτεφρωθεί σύμφωνα με τα θρησκευτικά μυστήρια των Ινδουιστών». Μετά εξαφανίστηκε. Όταν οι μαθητές μετακίνησαν το σάβανο που κάλυπτε το σώμα του, δεν βρήκαν τίποτα άλλο από μια όμορφη σειρά από λουλούδια. Τα μισά απ' αυτά, υπάκουα, θάφτηκαν στο Μαγκάρ από τους Μουσουλμάνους, οι οποίοι νιώθουν ευλάβεια γι' αυτό το μέρος μέχρι σήμερα. Τα άλλα μισά αποτεφρώθηκαν με τις ινδουιστικές τελετουργίες στο Μπενάρες. Ένας ναός, ο *Kabir Cheura*, χτίστηκε πάνω στο σημείο εκείνο και προσελκύει απέραντο αριθμό προσκυνητών.

Όταν ο Καμπίρ ήταν νέος, τον πλησίασαν δύο μαθητές που ήθελαν μια λεπτομερειακή διανοητική καθοδήγηση στο μυστικιστικό μονοπάτι. Ο Δάσκαλος απάντησε απλά:

Το μονοπάτι προϋποθέτει απόσταση·
Αν Αυτός είναι κοντά, δεν χρειάζεστε κανένα μονοπάτι.
Αλήθεια, με κάνει να χαμογελώ
Το να ακούω ότι ένα ψάρι μέσα στο νερό είναι διψασμένο!

[12] Βλ. σελ. 376. Ο Παντσάνον ανήγειρε έναν ναό του Σίβα σ' έναν κήπο 69 στρεμμάτων στο Ντεογκάρ του Μπιχάρ, όπου τοποθέτησε μια ελαιογραφία του Λαχίρι Μαχασάγια. (*Σημ. του Εκδότη*)

»"Γιατί βιάζεσαι να πας στο Μπενάρες;", είπε ο Λαχίρι Μαχασάγια χαμογελώντας. "Δεν θα με βρεις πια εκεί".

»Καθώς κατάλαβα τη σημασία των λόγων του, μια κραυγή βγήκε από μέσα μου, πιστεύοντας ότι τον έβλεπα μόνο σε όραμα.

»Ο Δάσκαλος με πλησίασε παρηγορητικά. "Έλα, άγγιξε τη σάρκα μου", είπε. "Είμαι ζωντανός όπως πάντα. Μη θρηνείς· δεν είμαι πάντα μαζί σου;"».

Από τη μαρτυρία αυτών των τριών σπουδαίων μαθητών, μια ιστορία θαυμαστής αλήθειας βγήκε στο φως: στις δέκα το πρωί της επόμενης μέρας απ' αυτήν της αποτέφρωσης του σώματος του Λαχίρι Μαχασάγια, ο αναστημένος Δάσκαλος, μ' ένα αληθινό αλλά μεταμορφωμένο σώμα, εμφανίστηκε μπροστά σε τρεις μαθητές, ο καθένας από τους οποίους βρισκόταν σε διαφορετική πόλη.

«Όταν το φθαρτό αυτό ντυθεί με αφθαρσία και το θνητό αυτό ντυθεί με αθανασία, τότε θα γίνει ο λόγος ο γραμμένος· Καταπόθηκε ο Θάνατος με νίκη. Πού είναι, θάνατε, το κεντρί σου; Πού, τάφε, η νίκη σου;».[13]

---

[13] Προς Κορινθίους Α' ΙΕ:54-55. «Γιατί να θεωρείται απίστευτο ότι ο Θεός ανασταίνει νεκρούς;». – Πράξεις Αποστόλων ΚΣΤ:8.

ΚΕΦΑΛΑΙΟ 37

# Πηγαίνω στην Αμερική

«Αμερική! Σίγουρα αυτοί οι άνθρωποι είναι Αμερικανοί!». Αυτό σκέφτηκα καθώς ένα πανόραμα από πρόσωπα της Δύσης[1] πέρασε μπροστά από την εσωτερική μου όραση.

Βυθισμένος σε διαλογισμό, καθόμουν πίσω από μερικά σκονισμένα κουτιά στην αποθήκη του σχολείου στο Ραντσί.[2] Ήταν δύσκολο να βρεθεί ένας ιδιωτικός χώρος κατά τη διάρκεια αυτών των πολυάσχολων ετών με τους νεαρούς!

Το όραμα συνεχίστηκε· ένα απέραντο πλήθος που με κοίταζε με προσήλωση πέρασε με ταχύτητα, σαν θίασος, στη σκηνή της συνειδητότητάς μου.

Η πόρτα της αποθήκης άνοιξε· ως συνήθως, ένας από τους νεαρούς μαθητές είχε ανακαλύψει την κρυψώνα μου.

«Έλα εδώ Μπιμάλ», φώναξα εύθυμα. «Σου έχω νέα: ο Κύριος με καλεί στην Αμερική!».

«Στην Αμερική;». Το αγόρι επανέλαβε τα λόγια μου σαν ηχώ, μ' έναν τόνο σαν να είχα πει «στο φεγγάρι».

«Ναι! Θα φύγω για να ανακαλύψω την Αμερική σαν τον Κολόμβο. Νόμισε ότι είχε βρει την Ινδία· σίγουρα υπάρχει ένας καρμικός δεσμός ανάμεσα σ' αυτές τις δύο χώρες!».

Ο Μπιμάλ έφυγε τρέχοντας· σύντομα όλο το σχολείο έμαθε τα νέα από τη δίποδη εφημερίδα!

Κάλεσα το σαστισμένο προσωπικό του σχολείου και τους παραχώρησα τη διεύθυνση.

«Ξέρω πως θα κρατήσετε τα γιογκικά ιδεώδη του Λαχίρι Μαχασάγια σχετικά με την παιδεία πάντα σαν οδηγό σας», είπα. «Θα σας γράφω

---

[1] Πολλά απ' αυτά τα πρόσωπα τα είδα στη Δύση και τα αναγνώρισα αμέσως.
[2] Το 1995, το έτος κατά το οποίο ο Παραμαχάνσα Γιογκανάντα θα έκλεινε εβδομήντα πέντε χρόνια στην Αμερική, εγκαινιάστηκε ένας όμορφος Σμρίτι Μαντίρ (αναμνηστικός ναός), χτισμένος πάνω στο σημείο στο οποίο παλιότερα βρισκόταν η αποθήκη στο Ραντσί, όπου ο Παραμαχάνσατζι είδε αυτό το όραμα. *(Σημ. του Εκδότη)*

συχνά· αν το θέλει ο Θεός, κάποια μέρα θα γυρίσω».

Δάκρυσα καθώς έριξα μια τελευταία ματιά στους μικρούς μαθητές και στα ηλιόλουστα στρέμματα του Ραντσί. Μια ολόκληρη περίοδος της ζωής μου είχε τώρα τελειώσει, το ήξερα· στο εξής θα κατοικούσα σε μακρινές χώρες. Επιβιβάστηκα στο τρένο για την Καλκούτα λίγες ώρες μετά το όραμά μου. Την επόμενη μέρα έλαβα μια πρόσκληση να παρουσιαστώ ως απεσταλμένος της Ινδίας σ' ένα Διεθνές Συνέδριο των Θρησκευτικών Φιλελευθέρων στην Αμερική.[3] Θα συνεδρίαζαν εκείνη τη χρονιά στη Βοστόνη υπό την αιγίδα της Αμερικανικής Ένωσης Μονιστών.[4]

Ζαλισμένος, πήγα στο Σεράμπουρ να βρω τον γκουρού μου.

«Γκούρουτζι, μόλις προσκλήθηκα να δώσω μια ομιλία σ' ένα θρησκευτικό συνέδριο στην Αμερική. Να πάω;».

«Όλες οι πόρτες είναι ανοιχτές για σένα», απάντησε με απλότητα ο Δάσκαλος. «Ή τώρα ή ποτέ».

«Μα, κύριε», είπα απογοητευμένος, «τι ξέρω από δημόσιες ομιλίες; Σπάνια έτυχε να δώσω ομιλίες και ποτέ στα Αγγλικά».

«Αγγλικά ή όχι, τα λόγια σου για τη γιόγκα θα ακουστούν στη Δύση».

Γέλασα. «Λοιπόν, αγαπημένε μου Γκούρουτζι, δεν νομίζω ότι οι Αμερικανοί θα μάθουν Βεγγαλικά! Σας παρακαλώ ευλογήστε με να ξεπεράσω τα εμπόδια της αγγλικής γλώσσας».[5]

Όταν ανακοίνωσα τα νέα μου σχέδια στον Πατέρα, αποσβολώθηκε. Η Αμερική του φαινόταν απίστευτα μακρινή· φοβήθηκε ότι δεν θα με έβλεπε ποτέ ξανά.

«Πώς θα πας;», ρώτησε αυστηρά. «Ποιος θα σε χρηματοδοτήσει;». Καθώς με είχε στοργικά υποστηρίξει χρηματικά στην εκπαίδευσή μου και σ' ολόκληρη τη ζωή μου, αναμφίβολα ήλπιζε ότι αυτή η ερώτηση θα απέτρεπε τα σχέδιά μου.

«Ο Κύριος σίγουρα θα με χρηματοδοτήσει». Καθώς έδινα αυτήν την απάντηση, θυμήθηκα μια ίδια που είχα δώσει στον αδελφό μου Ανάντα στην Άγκρα. Χωρίς πάρα πολλή πονηριά πρόσθεσα: «Πατέρα, ίσως ο Θεός βάλει στον νου σου την ιδέα να με βοηθήσεις».

«Όχι, ποτέ!». Με κοίταξε αξιολύπητα.

---

[3] International Congress of Religious Liberals.
[4] American Unitarian Association.
[5] Ο Σρι Γιουκτέσβαρ κι εγώ συνήθως μιλούσαμε στη βεγγαλική γλώσσα.

*Πηγαίνω στην Αμερική*

Έτσι, έμεινα κατάπληκτος όταν ο Πατέρας την επόμενη μέρα μου έδωσε μια επιταγή ενός μεγάλου χρηματικού ποσού.

«Σου δίνω αυτά τα χρήματα», είπε, «όχι με τον ρόλο μου ως πατέρα, αλλά ως πιστού του Λαχίρι Μαχασάγια. Πήγαινε λοιπόν σ' αυτή τη δυτική χώρα· να διαδώσεις εκεί τη διδασκαλία της *Κρίγια Γιόγκα* που είναι ανεξάρτητη από κάποια συγκεκριμένη θρησκεία».

Ήμουν βαθύτατα συγκινημένος με το ανιδιοτελές πνεύμα με το οποίο ο Πατέρας μπόρεσε γρήγορα να παραμερίσει τις προσωπικές του επιθυμίες. Είχε ορθά συνειδητοποιήσει το προηγούμενο βράδυ ότι το κίνητρό μου δεν ήταν μια συνηθισμένη επιθυμία να ταξιδέψω σε μακρινές χώρες.

«Ίσως να μην ξανασυναντηθούμε σ' αυτή τη ζωή». Ο Πατέρας, που ήταν εξήντα επτά ετών τότε, μίλησε θλιμμένα.

Μια διαισθητική πεποίθηση με ώθησε να απαντήσω: «Σίγουρα ο Κύριος θα μας φέρει κοντά άλλη μια φορά».

Καθώς έκανα τις προετοιμασίες να αφήσω τον Δάσκαλο και τη χώρα όπου γεννήθηκα για τις άγνωστες ακτές της Αμερικής, ένιωσα μεγάλο φόβο. Είχα ακούσει πολλές ιστορίες σχετικά με την «υλιστική Δύση» – μια χώρα πολύ διαφορετική από την Ινδία που ήταν διαποτισμένη με μια αιώνια αύρα αγίων.

«Για να τολμήσει να προκαλέσει τη νοοτροπία της Δύσης», σκέφτηκα, «ένας δάσκαλος από την Ανατολή θα πρέπει να μπορεί να αντέχει βασανιστήρια πολύ μεγαλύτερα κι από το πιο δριμύ ψύχος των Ιμαλαΐων!».

Ένα πρωινό άρχισα να προσεύχομαι από τα ξημερώματα, με μια ατσάλινη αποφασιστικότητα να συνεχίσω, ακόμα και να πεθάνω προσευχόμενος, μέχρι να ακούσω τη φωνή του Θεού. Ήθελα την ευλογία Του και τη διαβεβαίωση ότι δεν θα έχανα τον εαυτό μου μέσα στην ομίχλη του σύγχρονου ωφελιμισμού. Η καρδιά μου ήταν διατεθειμένη να πάει στην Αμερική, αλλά πολύ πιο έντονα ήταν αποφασισμένη να ακούσει την παρηγοριά της θεϊκής άδειας.

Προσευχόμουν και προσευχόμουν, καταπνίγοντας τα αναφιλητά μου. Δεν ήρθε καμία απάντηση. Το μεσημέρι έφτασα στο ζενίθ· το κεφάλι μου γύριζε κάτω από την πίεση της αγωνίας. Ένιωσα ότι αν έκλαιγα μια ακόμα φορά, αυξάνοντας το βάθος του πάθους μου, ο εγκέφαλός μου θα διαλυόταν.

Εκείνη τη στιγμή κάποιος χτύπησε την πόρτα του σπιτιού μου στην οδό Γκαρπάρ. Ανοίγοντας, είδα έναν νεαρό άντρα με το φτωχικό ράσο του απαρνητή. Μπήκε στο σπίτι.

«Πρέπει να είναι ο Μπάμπατζι!», σκέφτηκα ζαλισμένος, επειδή ο νεαρός μπροστά μου είχε τα χαρακτηριστικά του Λαχίρι Μαχασάγια όταν ήταν νέος. Απάντησε στη σκέψη μου: «Ναι, είμαι ο Μπάμπατζι». Μίλησε μελωδικά στα Ινδικά. «Ο Ουράνιος Πατέρας μας άκουσε την προσευχή σου. Με διέταξε να σου πω το εξής: Ακολούθησε τις εντολές του γκουρού σου και πήγαινε στην Αμερική. Μη φοβάσαι· θα είσαι προστατευμένος».

Μετά από μια έντονη σιωπή, ο Μπάμπατζι μου μίλησε πάλι. «Είσαι αυτός που επέλεξα για να διαδώσει το μήνυμα της *Κρίγια Γιόγκα* στη Δύση. Πριν πολλά χρόνια συνάντησα τον γκουρού σου, τον Γιουκτέσβαρ, σε μια *Κούμπα Μέλα*· του είπα τότε ότι θα σε έστελνα σ' αυτόν για εκπαίδευση».

Ήμουν άφωνος, πνιγμένος από λατρευτικό δέος μπροστά του και βαθύτατα συγκινημένος που άκουσα από τον ίδιο ότι με είχε οδηγήσει στον Σρι Γιουκτέσβαρ. Έπεσα στα πόδια του αθάνατου γκουρού. Με σήκωσε με προσήνεια. Αφού μου είπε πολλά πράγματα για τη ζωή μου, μου έδωσε κάποιες προσωπικές οδηγίες και είπε κάποιες μυστικές προφητείες.

«Η *Κρίγια Γιόγκα*, η επιστημονική τεχνική για τη συνειδητοποίηση του Θεού», είπε τελικά με επισημότητα, «θα διαδοθεί τελικά σε όλες τις χώρες και θα βοηθήσει στον εναρμονισμό όλων των εθνών μέσω της προσωπικής, υπερβατικής αντίληψης του ανθρώπου για τον Άπειρο Πατέρα».

Μ' ένα βλέμμα μεγαλειώδους δύναμης, ο Δάσκαλος με ηλέκτρισε προσφέροντάς μου μια φευγαλέα ματιά στη συμπαντική συνειδητότητά του.

«Αν εμφανιζόταν
Ξαφνικά στους ουρανούς
Πυροτέχνημα χιλιάδων ήλιων
Πλημμυρίζοντας τη γη με ακτίνες ασύλληπτης λαμπρότητας,
Τότε μπορεί να ήταν αυτές του Ιερού Ενός,
Ονειρεμένης μεγαλειότητας και ακτινοβολίας!».[6]

Σύντομα ο Μπάμπατζι κατευθύνθηκε προς την πόρτα λέγοντας: «Μην προσπαθήσεις να με ακολουθήσεις. Δεν θα μπορέσεις».

«Σας παρακαλώ, Μπάμπατζι, μη φύγετε», φώναξα συνέχεια. «Πάρτε με μαζί σας!». Απάντησε: «Όχι τώρα. Μια άλλη φορά».

Νικημένος από τα συναισθήματά μου αγνόησα την προειδοποίησή

---

[6] Μπάγκαβαντ Γκίτα XI:12 (Μετάφραση από την αγγλική μετάφραση του Arnold).

Ο ΠΑΡΑΜΑΧΑΝΣΑ ΓΙΟΓΚΑΝΑΝΤΑ
Η φωτογραφία του διαβατηρίου του που πάρθηκε στην Καλκούτα, Ινδία, το 1920

*Αυτοβιογραφία Ενός Γιόγκι*

Μερικοί από τους απεσταλμένους στο Διεθνές Συνέδριο των Θρησκευτικών Φιλελευθέρων, τον Οκτώβριο του 1920, στη Βοστόνη, στη Μασαχουσέτη, όπου ο Γιογκανάντατζι έδωσε την παρθενική του ομιλία στην Αμερική. *(Από αριστερά προς τα δεξιά)* ο Αιδ. T. R. Williams, ο Καθ. S. Ushigasaki, ο Αιδ. Jabez T. Sunderland, ο Σρι Γιογκανάντα και ο Αιδ. C. W. Wendte.

του. Όταν προσπάθησα να τον ακολουθήσω, ανακάλυψα ότι τα πόδια μου ήταν σταθερά ριζωμένα στο πάτωμα. Από την πόρτα ο Μπάμπατζι μου έριξε μια τελευταία στοργική ματιά. Τα μάτια μου ήταν καρφωμένα πάνω του με αγάπη καθώς σήκωσε το χέρι του ευλογώντας με κι έφυγε.

Μετά από μερικά λεπτά τα πόδια μου ήταν ελεύθερα. Κάθισα και διαλογίστηκα βαθιά, ευχαριστώντας ασταμάτητα το Θεό, όχι μόνο γιατί απάντησε στην προσευχή μου, αλλά και γιατί με ευλόγησε να συναντήσω τον Μπάμπατζι. Όλο μου το σώμα έμοιαζε καθαγιασμένο μέσω του αγγίγματος του αρχαίου, πάντα νέου Δασκάλου. Από παλιά είχα τον διακαή πόθο να τον δω.

Μέχρι τώρα ποτέ δεν διηγήθηκα σε κανέναν την ιστορία της συνάντησής μου με τον Μπάμπατζι. Κρατώντας την ως την πιο ιερή απ' όλες τις ανθρώπινες εμπειρίες μου, την έκρυψα στην καρδιά μου. Σκέφτηκα όμως ότι οι αναγνώστες αυτής της αυτοβιογραφίας θα έτειναν περισσότερο να πιστέψουν στην πραγματικότητα της ύπαρξης του απομονωμένου Μπάμπατζι, με τα ενδιαφέροντά του για τον κόσμο, αν

*Πηγαίνω στην Αμερική*

Ο Γιογκανάντατζι στην καμπίνα του στο ατμόπλοιο στην πορεία του προς την Αλάσκα, κατά τη διάρκεια διαλέξεων σε διηπειρωτική περιοδεία, το 1924

δήλωνα ότι τον είδα με τα ίδια μου τα μάτια. Βοήθησα έναν καλλιτέχνη να ζωγραφίσει, γι' αυτό το βιβλίο, μια αληθινή εικόνα του Γιόγκι-Χριστού της σύγχρονης Ινδίας.

Την παραμονή της αναχώρησής μου για τις Ηνωμένες Πολιτείες βρισκόμουν στην ιερή παρουσία του Σρι Γιουκτέσβαρ. «Ξέχνα ότι γεννήθηκες ανάμεσα σε Ινδούς και μην υιοθετήσεις όλους τους τρόπους ζωής των Αμερικανών. Πάρε το καλύτερο και από τους δύο λαούς», είπε με τον ήρεμο τρόπο με τον οποίο εξέφραζε τη σοφία του. «Να είσαι ο πραγματικός σου εαυτός, ένα παιδί του Θεού. Αναζήτησε και ενσωμάτωσε μέσα σου τις καλύτερες ιδιότητες όλων των αδελφών σου που είναι διασκορπισμένοι πάνω στη γη σε πολλές φυλές».

ΚΑΤΑ ΤΗ ΔΙΑΡΚΕΙΑ ΤΩΝ 32 ΕΤΩΝ ΤΟΥ ΣΤΗ ΔΥΣΗ, Ο ΜΕΓΑΛΟΣ ΓΚΟΥΡΟΥ ΜΥΗΣΕ ΠΑΝΩ ΑΠΟ 100.000 ΜΑΘΗΤΕΣ ΣΤΗ ΓΙΟΓΚΑ.

Ο Γιογκανάντατζι στη σκηνή, σε τάξη γιόγκα στο Ντένβερ, Κολοράντο, το 1924. Σε εκατοντάδες πόλεις δίδαξε στις πιο πολυπληθείς τάξεις γιόγκα στον κόσμο. Μέσω των βιβλίων του και των μαθημάτων του για μελέτη στο σπίτι και την ίδρυση μοναστικών κέντρων για την εκπαίδευση δασκάλων, ο Παραμαχάνσα Γιογκανάντα διασφάλισε τη συνέχεια της αποστολής του ανά τον κόσμο, η οποία του ανατέθηκε από τον Μαχαβατάρ Μπάμπατζι.

## Ο ΠΑΡΑΜΑΧΑΝΣΑ ΓΙΟΓΚΑΝΑΝΤΑ ΣΤΗ ΦΙΛΑΡΜΟΝΙΚΗ ΤΟΥ ΛΟΣ ΑΝΤΖΕΛΕΣ

Οι *Los Angeles Times*, στις 28 Ιανουαρίου 1925, ανέφεραν: «Το αμφιθέατρο της Φιλαρμονικής παρουσιάζει το ασυνήθιστο θέαμα να φεύγουν χιλιάδες άνθρωποι μια ώρα πριν την [...] έναρξη μιας ομιλίας, λόγω έλλειψης θέσεων, στην αίθουσα των 3.000 θέσεων που ήταν κατάμεστη στη μέγιστη χωρητικότητά της. Ο Σουάμι Γιογκανάντα είναι το ελκυστικό θέαμα. Ένας Ινδουιστής που εισβάλλει στις Ηνωμένες Πολιτείες, ανάμεσα στη χριστιανική Κοινότητα, για να διδάξει την ουσία της χριστιανικής θρησκείας».

Με τη βοήθεια μεγαλόψυχων μαθητών, ο Σρι Γιογκανάντα αγόρασε την ιδιοκτησία στο Mount Washington το 1925. Ακόμα και πριν ολοκληρωθεί η αγοραπωλησία, είχε την πρώτη του συνάντηση με πιστούς, μια τελετουργία του Πάσχα, στο έδαφος που θα γινόταν η έδρα της κοινότητάς του.

Τότε με ευλόγησε: «Όλοι όσοι θα έρθουν σ' εσένα με πίστη, αναζητώντας το Θεό, θα βοηθηθούν. Καθώς θα τους κοιτάς, το πνευματικό ρεύμα που θα πηγάζει από τα μάτια σου θα εισέρχεται στον εγκέφαλό τους και θα αλλάζει τις υλιστικές τους συνήθειες κάνοντάς τους να έχουν μεγαλύτερη επίγνωση του Θεού». Χαμογελώντας συμπλήρωσε: «Το πεπρωμένο σου να προσελκύεις ειλικρινείς ψυχές είναι πολύ καλό. Όπου κι αν πηγαίνεις, ακόμα και στην έρημο, θα βρίσκεις φίλους».

Και οι δύο ευλογίες του Σρι Γιουκτέσβαρ αποδείχθηκαν με πολλούς τρόπους. Ήρθα μόνος στην Αμερική όπου δεν είχα ούτε έναν φίλο· βρήκα όμως χιλιάδες, έτοιμους να δεχθούν τις αιώνιες διδασκαλίες της ψυχής.

Έφυγα από την Ινδία τον Αύγουστο του 1920 με το *City of Sparta*, το πρώτο επιβατηγό πλοίο που πήγαινε στην Αμερική μετά το τέλος του Παγκοσμίου Πολέμου. Μπόρεσα να πάρω εισιτήριο μόνο μετά την υπέρβαση, με αρκετά θαυματουργό τρόπο, πολλών δυσκολιών που αφορούσαν την έκδοση του διαβατηρίου μου.

Κατά τη διάρκεια του ταξιδιού, που διήρκεσε δύο μήνες, ένας συνεπιβάτης ανακάλυψε ότι ήμουν ο απεσταλμένος της Ινδίας για το συνέδριο στη Βοστόνη.

*Πηγαίνω στην Αμερική*

Ο Παραμαχάνσα Γιογκανάντα τοποθετεί λουλούδια στην κρύπτη του Τζορτζ Ουάσινγκτον στο Mount Vernon, Βιρτζίνια, 22 Φεβρουαρίου 1927

«Σουάμι Γιογκανάντα», είπε με έναν από τους πολλούς περίεργους τρόπους προφοράς του ονόματός μου που άκουσα αργότερα από τους Αμερικανούς, «σας παρακαλώ, κάντε τη χάρη στους επιβάτες να δώσετε μια ομιλία την επόμενη Πέμπτη το βράδυ. Νομίζω ότι όλοι θα ωφεληθούμε από μια συζήτηση σχετικά με "τη μάχη της ζωής και πώς να την κερδίσουμε"».

Αλίμονο! Την Τετάρτη ανακάλυψα ότι έπρεπε να δώσω τη μάχη της δικής μου ζωής! Προσπαθώντας απεγνωσμένα να οργανώσω τις ιδέες μου σε μια ομιλία στα Αγγλικά, τελικά εγκατέλειψα όλες τις προετοιμασίες· οι σκέψεις μου, σαν το πουλάρι που κοίταζε τη σέλα,

Ο ΠΑΡΑΜΑΧΑΝΣΑ ΓΙΟΓΚΑΝΑΝΤΑ ΣΤΟ ΛΕΥΚΟ ΟΙΚΟ

Ο Παραμαχάνσα Γιογκανάντα και ο κ. Τζον Μπάλφουρ φεύγοντας από το Λευκό Οίκο, μετά από πρόσκληση του Προέδρου Κάλβιν Κούλιτζ (Calvin Coolidge), ο οποίος κοιτά από το παράθυρο.

Η *The Washington Herald,* τον Ιανουάριο του 1927, ανέφερε: «Ο Σουάμι Γιογκανάντα [...] καλωσορίστηκε με προφανή ευχαρίστηση από τον κ. Κούλιτζ, ο οποίος του είπε ότι είχε διαβάσει αρκετά γι' αυτόν. Αυτή είναι η πρώτη φορά στην ιστορία της Ινδίας που ένας Σουάμι έγινε επίσημα δεκτός από τον Πρόεδρο».

αρνούνταν οποιαδήποτε συνεργασία με τους κανόνες της αγγλικής γραμματικής. Έχοντας όμως πλήρη εμπιστοσύνη στις διαβεβαιώσεις του Δασκάλου, εμφανίστηκα στο κοινό που με περίμενε την Πέμπτη στο σαλόνι του ατμόπλοιου. Καμία ευγλωττία δεν ήρθε στα χείλη μου· άφωνος, στεκόμουν όρθιος μπροστά στη συγκέντρωση. Μετά από έναν διαγωνισμό αντοχής που κράτησε δέκα λεπτά, το ακροατήριο κατάλαβε τη δύσκολη θέση μου και άρχισε να γελά.

Η κατάσταση δεν ήταν αστεία για μένα τότε· αγανακτισμένος έστειλα μια σιωπηλή προσευχή στον Δάσκαλο.

«*Μπορείς! Μίλα!*» Η φωνή του ακούστηκε αμέσως στη συνειδητότητά μου.

Οι σκέψεις μου αμέσως απέκτησαν φιλικές σχέσεις με την αγγλική γλώσσα. Σαράντα πέντε λεπτά αργότερα, το ακροατήριο ακόμα με

*Πηγαίνω στην Αμερική*

παρακολουθούσε προσεκτικά. Μετά την ομιλία μου ακολούθησαν πολλές προσκλήσεις για ομιλίες σε διάφορες ομάδες στην Αμερική.

Μετά με τίποτα δεν μπορούσα να θυμηθώ ούτε μία λέξη απ' όσα είχα πει. Με διακριτική έρευνα έμαθα από κάποιους επιβάτες: «Δώσατε μια ομιλία που προκάλεσε έμπνευση, σε συγκινητικά και σωστά Αγγλικά». Όταν άκουσα αυτά τα ευχάριστα νέα, ευχαρίστησα ταπεινά τον γκουρού μου για την έγκαιρη βοήθειά του, συνειδητοποιώντας ξανά ότι ήταν πάντα μαζί μου, εξαφανίζοντας όλα τα φράγματα του χρόνου και του χώρου.

Πού και πού, κατά τη διάρκεια του υπόλοιπου ταξιδιού, ένιωθα πάλι φόβο για την επερχόμενη ομιλία-βασανιστήριο στο συνέδριο της Βοστόνης.

«Κύριε», προσευχόμουν βαθιά, «Σε παρακαλώ, ας είσαι Εσύ η μόνη πηγή έμπνευσής μου».

Το *City of Sparta* έφτασε στο λιμάνι κοντά στη Βοστόνη στα τέλη Σεπτεμβρίου. Στις 6 Οκτωβρίου 1920 έκανα την παρθενική μου ομιλία στο συνέδριο στην Αμερική. Τη δέχτηκαν καλά· αναστέναξα με ανακούφιση. Η μεγαλόψυχη γραμματέας της Αμερικανικής Ένωσης Μονιστών έγραψε το ακόλουθο σχόλιο στον δημοσιευμένο απολογισμό[7] των εργασιών του συνεδρίου:

«Ο Σουάμι Γιογκανάντα, απεσταλμένος του Μπραματσάρια Άσραμ του Ραντσί, διαβίβασε τους χαιρετισμούς της Κοινότητάς του στο Συνέδριο. Σε άπταιστα Αγγλικά και με μια δυνατή ομιλία, έδωσε μια χροιά φιλοσοφικού περιεχομένου στο θέμα του: "Η Επιστήμη της Θρησκείας", που έχει τυπωθεί σε φυλλάδια για ευρύτερη διανομή. Η θρησκεία, διακήρυξε, είναι οικουμενική και είναι μία. Δεν θα μπορούσαμε να παγκοσμιοποιήσουμε επιμέρους έθιμα και κανόνες· το κοινό στοιχείο όμως στη θρησκεία μπορεί να παγκοσμιοποιηθεί και μπορούμε να ζητήσουμε απ' όλους να την ακολουθούν και να την υπακούν με τον ίδιο τρόπο».

Χάρη στο γενναιόδωρο χρηματικό ποσό που μου είχε δώσει ο Πατέρας, μπόρεσα να μείνω στην Αμερική όταν το συνέδριο τελείωσε. Πέρασα τρία χαρούμενα χρόνια σε ταπεινές συνθήκες στη Βοστόνη. Έδωσα δημόσιες ομιλίες, μαθήματα κι έγραψα ένα βιβλίο με ποιήματα, το *Songs of the Soul*,[8] με πρόλογο από τον Δρα Φρέντερικ Β. Ρόμπινσον, πρόεδρο του Κολλεγίου της Νέας Υόρκης.[9]

---

[7] *New Pilgrimages of the Spirit* («Νέα προσκυνήματα του Πνεύματος») (Boston: Beacon Press, 1921).

[8] «Τραγούδια της Ψυχής», που εκδίδεται από το Self-Realization Fellowship.

[9] Ο Δρ και η κ. Ρόμπινσον επισκέφθηκαν την Ινδία το 1939 και ήταν επίτιμοι καλεσμένοι σε

Ο Παραμαχάνσατζι, σε διαλογισμό, πάνω σε πλεούμενο στη λίμνη Χοτσιμίλκο στο Μεξικό, το 1929

Η εξοχότητά του ο Emilio Portes Gil, πρόεδρος του Μεξικού, ήταν ο οικοδεσπότης του Σρι Γιουκανάντα όταν επισκέφθηκε την Πόλη του Μεξικού το 1929.

*Πηγαίνω στην Αμερική*

Αρχίζοντας ένα διηπειρωτικό ταξίδι το 1924, μίλησα μπροστά σε χιλιάδες ανθρώπους σε πολλές μεγάλες πόλεις. Στο Σηάτλ πήρα το πλοίο για διακοπές στην όμορφη Αλάσκα.

Με τη βοήθεια μεγαλόψυχων μαθητών, στα τέλη του 1925 είχα ιδρύσει ένα αμερικανικό κεντρικό γραφείο στην ιδιοκτησία Mount Washington στο Λος Άντζελες. Το κτίριο είναι αυτό που είχα δει χρόνια πριν, στο όραμά μου στο Κασμίρ. Έτρεξα κι έστειλα φωτογραφίες στον Σρι Γιουκτέσβαρ απ' αυτές τις μακρινές αμερικανικές δραστηριότητες. Απάντησε με μια καρτ-ποστάλ στα Βεγγαλικά, την οποία μεταφράζω εδώ:

11 Αυγούστου 1926

Παιδί της καρδιάς μου, ω Γιογκανάντα!

Κοιτάζοντας τις φωτογραφίες του σχολείου σου και των σπουδαστών σου, δεν μπορώ να εκφράσω με λόγια τη χαρά που έρχεται στη ζωή μου. Λιώνω από χαρά βλέποντας τους σπουδαστές σου στη γιόγκα σε διάφορες πόλεις.

Ακούγοντας για τις μεθόδους σου της διαβεβαίωσης μέσω ύμνων, των θεραπευτικών δονήσεων και των θεϊκών προσευχών για θεραπεία, δεν μπορώ παρά να σε ευχαριστήσω μέσα από την καρδιά μου.

Βλέποντας την πύλη, τον ελικοειδή ανηφορικό δρόμο και το πανέμορφο τοπίο που εκτείνεται κάτω από τις εκτάσεις του Mount Washington, λαχταρώ να τα δω όλα με τα ίδια μου τα μάτια.

Εδώ όλα πάνε καλά. Με τη χάρη του Θεού, είθε να βρίσκεσαι πάντα σε μακαριότητα.

ΣΡΙ ΓΙΟΥΚΤΕΣΒΑΡ ΓΚΙΡΙ

Χρόνια πέρασαν. Έδινα ομιλίες σε κάθε μέρος της νέας μου χώρας και μίλησα σε εκατοντάδες ενώσεις, κολλέγια, εκκλησίες και ομάδες κάθε θρησκείας, δόγματος και ιδεολογίας. Κατά τη διάρκεια της δεκαετίας 1920-1930, τις διδασκαλίες μου στη γιόγκα τις παρακολούθησαν δεκάδες χιλιάδες Αμερικανοί. Σε όλους αυτούς αφιέρωσα ένα νέο βιβλίο με προσευχές και εμπνεύσεις της ψυχής, το *Whispers from Eternity*,[10] με πρόλογο της κ. Αμελίτα Γκάλι-Κούρσι (Amelita Galli-Curci).

Μερικές φορές (συνήθως την πρώτη του μήνα, όταν έρχονταν οι λογαριασμοί για τη συντήρηση του κέντρου Mount Washington, την έδρα του Self-Realization Fellowship), σκεφτόμουν με νοσταλγία την απλή γαλήνη της Ινδίας. Καθημερινά όμως έβλεπα μια διευρυνόμενη κατανόηση μεταξύ της Δύσης και της Ανατολής· η ψυχή μου χαιρόταν.

---

μια συγκέντρωση Γιογκόντα Σατσάνγκα.

[10] «Ψίθυροι από την αιωνιότητα», που εκδίδεται από το Self-Realization Fellowship.

Ο Τζορτζ Ουάσινγκτον, ο «πατέρας της χώρας του», που ένιωσε πολλές φορές ότι καθοδηγούνταν από το Θεό, είπε (στην «Αποχαιρετιστήρια Ομιλία» του) τα εξής πνευματικά εμπνευσμένα λόγια για την Αμερική:

«Θα είναι άξια ενός ελεύθερου, φωτισμένου, και –όχι μετά από πολύ μεγάλη χρονική διάρκεια– σπουδαίου έθνους, που θα δώσει στην ανθρωπότητα το μεγαλόψυχο και πολύ πρωτότυπο παράδειγμα ενός λαού που πάντα θα καθοδηγείται από μια μεγάλη δικαιοσύνη και καλοσύνη. Ποιος μπορεί να αμφισβητήσει ότι, κατά την πορεία του χρόνου και των πραγμάτων, οι καρποί ενός τέτοιου σχεδίου θα αποζημιώσουν πλουσιοπάροχα οποιαδήποτε προσωρινά πλεονεκτήματα που ίσως χάθηκαν με τη σταθερή προσήλωση σ' αυτό; Θα μπορούσε η Θεία Πρόνοια να μη συνδέσει τη μόνιμη ευτυχία ενός έθνους με τις αρετές του;».

Ο «Ύμνος στην Αμερική» του Γουόλτ Γουίτμαν
(Από το *Thou Mother With Thy Equal Brood*) («Εσύ Μητέρα με τα Ίσα Παιδιά Σου»)

Εσύ με το μέλλον σου,
Εσύ με την πιο μεγάλη σου, συνετή γενιά αντρών και γυναικών – εσύ με τους αθλητές σου, τους ηθικούς, πνευματικούς ανθρώπους· στο Νότο, στο Βορρά, στη Δύση, στην Ανατολή.
Εσύ με τον ηθικό σου πλούτο και πολιτισμό (που υπερτερούν κατά πολύ του περήφανου υλικού σου πολιτισμού),
Εσύ με το προσκύνημά σου, που όλα τα παρέχει κι όλα τα περιλαμβάνει – εσύ που δεν έχεις μία μόνο βίβλο, έναν λυτρωτή, μόνο,
Οι λυτρωτές σου είναι αμέτρητοι, λανθάνοντες μέσα σου, ουράνιοι και ασυναγώνιστοι. [...]
Αυτοί! Αυτοί σ' εσένα (που σίγουρα θα έρθουν) σήμερα προφητεύω.

ΚΕΦΑΛΑΙΟ 38

# Ο Λούθερ Μπέρμπανκ – Ένας Άγιος Ανάμεσα στα Τριαντάφυλλα

«Το μυστικό για τον καλύτερο δυνατό τρόπο ανάπτυξης των φυτών, εκτός από την επιστημονική γνώση, είναι η αγάπη». Ήταν ο Λούθερ Μπέρμπανκ που μου είπε αυτά τα σοφά λόγια καθώς περπατούσα δίπλα του, στον κήπο του, στη Σάντα Ρόζα της Καλιφόρνια. Σταματήσαμε κοντά σε μια έκταση γεμάτη με φαγώσιμους κάκτους.

«Κατά τη διάρκεια των πειραμάτων μου για να καλλιεργήσω κάκτους χωρίς αγκάθια», συνέχισε, «συχνά μιλούσα στα φυτά για να δημιουργήσω μια δόνηση αγάπης. "Δεν έχετε τίποτα να φοβηθείτε", τους έλεγα. "Δεν χρειάζεστε τα αμυντικά σας αγκάθια. Εγώ θα σας προστατεύω". Σταδιακά το χρήσιμο φυτό της ερήμου εμφανίστηκε σε μια νέα ποικιλία χωρίς αγκάθια».

Γοητεύτηκα απ' αυτό το θαύμα. «Σας παρακαλώ, αγαπητέ Λούθερ, δώστε μου λίγα φύλλα κάκτων για να τα φυτέψω στον κήπο μου στο Mount Washington».

Ένας εργάτης που στεκόταν εκεί κοντά άρχισε να κόβει μερικά φύλλα· ο Μπέρμπανκ τον εμπόδισε.

«Εγώ ο ίδιος θα τα κόψω για τον σουάμι». Μου έδωσε τρία φύλλα, τα οποία αργότερα φύτεψα και χαιρόμουν να τα βλέπω να μεγαλώνουν και να καταλαμβάνουν τεράστια έκταση.

Ο μεγάλος φυτοκόμος μού είπε ότι ο πρώτος αξιοσημείωτος θρίαμβός του ήταν μια μεγάλη πατάτα, που τώρα είναι γνωστή με το όνομά του. Με αντοχή που μόνο μια ιδιοφυΐα θα μπορούσε να επιδείξει, συνέχισε να παρουσιάζει στον κόσμο εκατοντάδες, βελτιωμένα με διασταυρώσεις, προϊόντα της φύσης – τις νέες του ποικιλίες Μπέρμπανκ από ντομάτες, καλαμπόκια, κολοκύθες, κεράσια, δαμάσκηνα, νεκταρίνια, μούρα, παπαρούνες, κρίνους, τριαντάφυλλα.

Εστίασα τη φωτογραφική μου μηχανή όταν ο Λούθερ με οδήγησε μπροστά στο διάσημο δέντρο καρυδιάς με το οποίο απέδειξε ότι η φυσική ανάπτυξη μπορεί να επιταχυνθεί σημαντικά.

«Σε δεκαέξι μόνο χρόνια», είπε, «αυτή η καρυδιά έφτασε να παράγει άφθονα καρύδια. Χωρίς βοήθεια η Φύση θα χρειαζόταν τον διπλάσιο χρόνο».

Η μικρή υιοθετημένη κόρη του Μπέρμπανκ ήρθε στον κήπο τρέχοντας και παίζοντας με το σκυλί της.

«Αυτή είναι το ανθρώπινο φυτό μου». Ο Λούθερ τής έγνεψε στοργικά. «Τώρα βλέπω την ανθρωπότητα σαν ένα τεράστιο φυτό, που για την πιο υψηλή εξέλιξή του χρειάζεται μόνο αγάπη, τη φυσική ευλογία της σπουδαίας υπαίθρου και έξυπνη διασταύρωση και επιλογή. Κατά τη διάρκεια της ζωής μου έχω παρατηρήσει τόσο θαυμαστή πρόοδο στην εξέλιξη των φυτών, που είμαι σίγουρος πως ο κόσμος θα γίνει υγιής και ευτυχισμένος μόλις τα παιδιά του διδαχθούν τις αρχές της απλής και λογικής ζωής. Πρέπει να επιστρέψουμε στη Φύση και στο Θεό της Φύσης αυτής. Ανυπομονώ να γίνει αυτό».

«Λούθερ, θα νιώθατε αγαλλίαση στο σχολείο μου στο Ραντσί, με τα μαθήματα που γίνονται στην ύπαιθρο και με την ατμόσφαιρα της χαράς και της απλότητας».

Τα λόγια μου άγγιξαν την πιο ευαίσθητη χορδή στην καρδιά του Μπέρμπανκ – τη μόρφωση των παιδιών. Με κατέκλυσε με ερωτήσεις, με ενδιαφέρον που έλαμπε στα βαθιά, γαλήνια μάτια του.

«Σουάμιτζι», είπε τελικά, «σχολεία σαν το δικό σας είναι η μοναδική ελπίδα για να γίνει η γη ένας παράδεισος χαράς, γαλήνης, ευημερίας και δικαιοσύνης. Είμαι εντελώς αντίθετος με τα σύγχρονα εκπαιδευτικά συστήματα που είναι αποκομμένα από τη φύση και καταπνίγουν όλη την ατομικότητα του ανθρώπου. Είμαι μαζί σας με την καρδιά και την ψυχή μου στα πρακτικά ιδεώδη σας σχετικά με την παιδεία».

Καθώς έφευγα, ο ευγενικός σοφός έγραψε ένα αυτόγραφο σ' έναν μικρό τόμο και μου τον παρουσίασε.[1]

---

[1] Ο Μπέρμπανκ μού έδωσε επίσης μια φωτογραφία του με την υπογραφή του. Την έχω σαν θησαυρό, όπως ένας Ινδός έμπορος είχε κάποτε σαν θησαυρό μια εικόνα του Λίνκολν. Ο Ινδός, που ήταν στην Αμερική κατά τη διάρκεια των εμφύλιων πολέμων, θαύμαζε τόσο πολύ τον Λίνκολν, που δεν ήθελε να γυρίσει στην Ινδία μέχρι να αποκτήσει ένα πορτρέτο του μεγάλου απελευθερωτή. Μένοντας συνεχώς στο κατώφλι του Λίνκολν με ατσάλινη αποφασιστικότητα, ο έμπορος αρνήθηκε να φύγει μέχρι που ο κατάπληκτος Πρόεδρος του επέτρεψε να ζητήσει τις υπηρεσίες του Ντάνιελ Χάντινγκτον (Daniel Huntington), του διάσημου καλλιτέχνη της Νέας Υόρκης. Όταν το πορτρέτο ολοκληρώθηκε, ο Ινδός το πήρε θριαμβευτικά στην Καλκούτα.

«Αυτό είναι το βιβλίο μου *The Training of the Human Plant*,[2] είπε. «Απαιτούνται νέοι τρόποι εκπαίδευσης – άφοβα πειράματα. Μερικές φορές οι πιο παράτολμες δοκιμές πέτυχαν να φέρουν το καλύτερο αποτέλεσμα στα φρούτα και στα λουλούδια. Οι εκπαιδευτικές καινοτομίες θα έπρεπε με τον ίδιο τρόπο να γίνουν πιο πολλές, πιο θαρραλέες».

Διάβασα το μικρό βιβλίο του εκείνο το βράδυ με έντονο ενδιαφέρον. Οραματιζόμενος ένα ένδοξο μέλλον για την ανθρωπότητα, έγραφε: «Το πιο πεισματάρικο ον που ζει σ' αυτόν τον κόσμο, το πιο δύσκολο να αλλάξεις, είναι ένα φυτό που παγιώθηκε σε κάποιες συνήθειες. [...] Θυμηθείτε ότι αυτό το φυτό έχει διατηρήσει την ατομικότητά του κατά τη διάρκεια όλων των αιώνων· ίσως να μπορεί να ανιχνευθεί σε τέτοια αρχαιότητα όπως αυτή των ίδιων των βράχων, χωρίς να έχει ποτέ αλλάξει ιδιαίτερα σε όλες αυτές τις απέραντες χρονικές περιόδους. Νομίζετε ότι, μετά από τόσους αιώνες επανάληψης, το φυτό δεν αποκτά θέληση, αν επιλέξετε να το αποκαλέσετε έτσι, με απαράμιλλη επιμονή; Πράγματι, υπάρχουν φυτά, όπως κάποιες ποικιλίες φοινικόδεντρων, που είναι τόσο επίμονα που καμία ανθρώπινη δύναμη δεν έχει μπορέσει μέχρι τώρα να τα αλλάξει. Η ανθρώπινη θέληση είναι αδύναμη σε σχέση με τη θέληση ενός φυτού. Κοιτάξτε όμως πώς αυτό το πείσμα, που υπάρχει στο φυτό από την ώρα που βλασταίνει, εξουδετερώνεται απλώς και μόνο με τη συγχώνευση μέσα του μιας νέας ζωής, επιφέροντας, με διασταύρωση, μια ολοκληρωτική και δυνατή αλλαγή στη ζωή του. Τότε, όταν η αλλαγή επέρχεται, σταθεροποιήστε την κατά τις επόμενες γενιές με υπομονετική εποπτεία και διαλογή, και το νέο φυτό συνεχίζει τη νέα του πορεία και δεν ξαναγυρίζει στην παλιά· τελικά η επίμονη θέλησή του λυγίζει και αλλάζει.

»Όταν πρόκειται για ένα τόσο ευαίσθητο και εύπλαστο πράγμα όπως η φύση ενός παιδιού, το πρόβλημα γίνεται εξαιρετικά πιο εύκολο».

Μαγνητισμένος απ' αυτόν τον σπουδαίο Αμερικανό, τον επισκέφτηκα πολλές φορές. Ένα πρωινό έφτασα την ίδια ώρα με τον ταχυδρόμο, που άφησε στο γραφείο του Μπέρμπανκ γύρω στα χίλια γράμματα. Του έγραφαν φυτοκόμοι απ' όλα τα μέρη του κόσμου.

«Σουάμιτζι, η παρουσία σας είναι ακριβώς η δικαιολογία που χρειάζομαι για να βγω έξω στον κήπο», είπε ο Λούθερ χαρούμενα. Άνοιξε ένα μεγάλο συρτάρι του γραφείου του που περιείχε εκατοντάδες ταξιδιωτικούς φακέλους.

---

[2] «Η εκπαίδευση του ανθρώπινου φυτού», Νέα Υόρκη: Century Co., 1922.

«Βλέπετε», είπε, «έτσι ταξιδεύω. Δεσμευμένος εδώ με τα φυτά και την αλληλογραφία μου, ικανοποιώ την επιθυμία μου να δω ξένες χώρες με μια ματιά κάπου κάπου σ' αυτές τις φωτογραφίες».

Το αυτοκίνητό μου ήταν μπροστά στην είσοδο· ο Λούθερ κι εγώ κάναμε μια βόλτα μ' αυτό στους δρόμους της μικρής πόλης, με τους πανέμορφους κήπους της με τις δικές του ποικιλίες τριαντάφυλλων Σάντα Ρόζα, Πίτσμπλοου και Μπέρμπανκ.

Ο μεγάλος επιστήμονας είχε μυηθεί στην *Κρίγια* κατά τη διάρκεια μιας προηγούμενης επίσκεψής μου. «Εξασκούμαι στην τεχνική πιστά, Σουάμιτζι», είπε. Μετά από αρκετές βαθυστόχαστες ερωτήσεις του σχετικά με διάφορα θέματα για τη γιόγκα, ο Λούθερ παρατήρησε με αργό τόνο:

«Η Ανατολή πράγματι διαθέτει απέραντο απόθεμα γνώσης, που η Δύση μόλις άρχισε να διερευνά».[3]

Η τόσο στενή επαφή του με τη Φύση, η οποία του φανέρωσε πολλά από τα καλά φυλαγμένα μυστικά της, είχε κάνει τον Μπέρμπανκ να νιώθει έναν απεριόριστο πνευματικό σεβασμό.

«Μερικές φορές νιώθω πολύ κοντά στην Άπειρη Δύναμη», μου εκμυστηρεύτηκε ντροπαλά. Το ευαίσθητο, όμορφο πρόσωπό του φωτίστηκε με αναμνήσεις. «Σε τέτοιες στιγμές είχα την ικανότητα να θεραπεύω ασθενείς γύρω μου, καθώς και πολλά από τα φυτά μου που ήταν άρρωστα».

Μου μίλησε για τη μητέρα του, μια ειλικρινή Χριστιανή. «Πολλές φορές μετά το θάνατό της», είπε ο Λούθερ, «ευλογήθηκα με την εμφάνισή της σε οράματά μου· μου μίλησε».

Αρχίσαμε να κατευθυνόμαστε απρόθυμα προς το σπίτι του κι εκείνα τα χιλιάδες γράμματα που τον περίμεναν.

«Λούθερ», παρατήρησα, «από τον επόμενο μήνα θα αρχίσω να δημοσιεύω ένα περιοδικό που θα παρουσιάζει τις αλήθειες που η Ανατολή και η Δύση έχουν να προσφέρουν στην ανθρωπότητα. Σας παρακαλώ, βοηθήστε με να βρω ένα καλό όνομα γι' αυτό».

---

[3] Ο Δρ Τζούλιαν Χάξλεϊ (Dr. Julian Huxley), ο διάσημος Άγγλος βιολόγος και διευθυντής της ΟΥΝΕΣΚΟ, πρόσφατα δήλωσε ότι οι επιστήμονες της Δύσης θα έπρεπε να «μάθουν τις τεχνικές της Ανατολής» για να μπαίνουν στην κατάσταση της έκστασης και για τον έλεγχο της αναπνοής. «*Τι* συμβαίνει; *Πώς* είναι δυνατόν;», είπε. Μια δημοσιογραφική ανταπόκριση του *Associated Press* από το Λονδίνο, στις 21 Αυγούστου 1948, ανέφερε: «Ο Δρ Χάξλεϊ είπε στη νέα Παγκόσμια Ομοσπονδία για τη Νοητική Υγεία ότι θα έπρεπε να διερευνήσουν τον τεράστιο όγκο της μυστικιστικής γνώσης της Ανατολής. Αν αυτός ο όγκος της γνώσης μπορούσε να διερευνηθεί επιστημονικά, είπε σε όσους ασχολούνταν με τις νοητικές παθήσεις, "τότε νομίζω ότι θα μπορούσε να γίνει ένα τεράστιο άλμα στον τομέα σας"».

ΛΟΥΘΕΡ ΜΠΕΡΜΠΑΝΚ

ΣΑΝΤΑ ΡΟΖΑ, ΚΑΛΙΦΟΡΝΙΑ

Η.Π.Α.

22 Δεκεμβρίου 1924

Έχω εξετάσει το σύστημα Γιογκόντα του Σουάμι Γιογκανάντα και κατά τη γνώμη μου είναι ιδεώδες για την εκπαίδευση και τον εναρμονισμό της σωματικής, της νοητικής και της πνευματικής φύσης του ανθρώπου. Ο στόχος του Σουάμι είναι να ιδρύσει σχολεία σε όλο τον κόσμο όπου να διδάσκεται η τέχνη του «πώς να ζεις», στα οποία η μόρφωση δεν θα περιορίζεται μόνο σε διανοητική ανάπτυξη, αλλά επίσης και στην εκπαίδευση του σώματος, της θέλησης και των συναισθημάτων.

Μέσω του συστήματος Γιογκόντα της σωματικής, νοητικής και πνευματικής εξέλιξης με απλές και επιστημονικές μεθόδους αυτοσυγκέντρωσης και διαλογισμού, τα περισσότερα από τα περίπλοκα προβλήματα της ζωής μπορούν να λυθούν, ώστε να έρθουν στη γη η ειρήνη και η καλοπιστία. Η ιδέα του Σουάμι για τη σωστή μόρφωση είναι απλή κοινή λογική, χωρίς μυστικισμό ή έλλειψη πρακτικότητας· αλλιώς δεν θα την επιδοκίμαζα.

Χαίρομαι που έχω αυτήν την ευκαιρία να προσχωρήσω στις ιδέες του Σουάμι με όλη μου την καρδιά και στην έκκλησή του για την ίδρυση διεθνών σχολείων όπου να διδάσκεται η τέχνη της ζωής, η οποία, αν καθιερωθεί, θα φέρει χαρά, γαλήνη, ευημερία και δικαιοσύνη περισσότερο από οτιδήποτε έχω γνωρίσει μέχρι τώρα.

(χειρόγραφη υπογραφή)

*Luther Burbank*

Συζητήσαμε για διάφορους τίτλους για λίγο και τελικά συμφωνήσαμε στο *East-West*.[4] Όταν ξαναμπήκαμε στο γραφείο του, ο Μπέρμπανκ μου έδωσε ένα άρθρο που είχε γράψει με θέμα «Επιστήμη και Πολιτισμός».

«Αυτό θα μπει στο πρώτο τεύχος του *East-West*», είπα με ευγνωμοσύνη.

Καθώς η φιλία μας ολοένα και βάθαινε, αποκαλούσα τον Μπέρμπανκ «Αμερικανό άγιο». «Δείτε έναν άνθρωπο», είπα παραφράζοντας, «που δεν έχει καμία πονηριά».[5] Η καρδιά του ήταν απύθμενα βαθιά, εξοικειωμένη για πολλά χρόνια με την ταπεινότητα, την υπομονή, την αυτοθυσία. Το μικρό του σπίτι ανάμεσα στα τριαντάφυλλα ήταν εξαιρετικά λιτό· ήξερε ότι οι πολυτέλειες δεν έχουν καμία αξία, ότι το να έχει κάποιος λιγοστά αποκτήματα φέρνει χαρά. Η σεμνότητα με την οποία αντιμετώπιζε την επιστημονική του φήμη μού θύμιζε συνεχώς τα δέντρα που γέρνουν χαμηλά από το βάρος των ώριμων φρούτων τους· μόνο το στείρο δέντρο υψώνει το κεφάλι του ψηλά με μια κενή καυχησιά.

Ήμουν στη Νέα Υόρκη όταν, το 1926, ο αγαπημένος μου φίλος πέθανε. Δακρυσμένος, σκέφτηκα: «Αχ, ευχαρίστως θα πήγαινα από εδώ με τα πόδια μέχρι τη Σάντα Ρόζα μόνο για να τον δω μια φορά ακόμα ζωντανό!». Μακριά από γραμματείς και επισκέπτες, παρέμεινα τις επόμενες είκοσι τέσσερις ώρες σε απομόνωση.

Την επόμενη μέρα διεξήγαγα μια βεδική τελετουργία στη μνήμη του Λούθερ μπροστά σε μια μεγάλη φωτογραφία του. Μια ομάδα από τους Αμερικανούς μαθητές μου, ντυμένοι με ινδουιστικά τελετουργικά ρούχα, έψελνε τους αρχαίους ύμνους καθώς γινόταν μια προσφορά από λουλούδια, νερό και φωτιά – τα σύμβολα των σωματικών στοιχείων και της επιστροφής τους στην Άπειρη Πηγή.

Αν και η σορός του Μπέρμπανκ βρίσκεται στη Σάντα Ρόζα κάτω από έναν Λιβανέζικο κέδρο που ο ίδιος φύτεψε πολλά χρόνια πριν στον κήπο του, η ψυχή του βρίσκεται, για μένα, σε κάθε ναό λουλουδιού που ανθίζει οπουδήποτε. Αποσυρμένος για λίγο χρόνο στο απέραντο πνεύμα της φύσης, δεν είναι ο Λούθερ που ψιθυρίζει μέσα από τους ανέμους της και ξυπνά με την αυγή της;

Το όνομά του πέρασε πια στον κοινό λόγο. Παραθέτοντας τη λέξη

---

[4] Το όνομά του άλλαξε σε *Self-Realization* το 1948.
[5] Κατά Ιωάννη Α:47.

Ο ΛΟΥΘΕΡ ΜΠΕΡΜΠΑΝΚ ΚΑΙ Ο ΠΑΡΑΜΑΧΑΝΣΑ ΓΙΟΓΚΑΝΑΝΤΑ
Σάντα Ρόζα, Καλιφόρνια, 1924

«μπέρμπανκ», ως μεταβατικό ρήμα, το New International Dictionary του Webster δίνει τον εξής ορισμό: «Το να διασταυρώνει κάποιος, ή το να μπολιάζει (ένα φυτό). Επομένως, μεταφορικά, το να βελτιώνει (οτιδήποτε, ως μια διαδικασία ή παρέμβαση) με τη διαλογή καλών χαρακτηριστικών και την απόρριψη των κακών ή με την προσθήκη καλών χαρακτηριστικών».

«Αγαπημένε μου Μπέρμπανκ», είπα όταν διάβασα τον ορισμό, «το ίδιο το όνομά σου είναι τώρα ένα συνώνυμο της καλοσύνης!».

ΚΕΦΑΛΑΙΟ 39

# Η Τερέζα Νόιμαν, η Καθολική Αγία με τα Στίγματα

«Γύρνα στην Ινδία. Σε περίμενα υπομονετικά για δεκαπέντε χρόνια. Σύντομα θα βγω από το σώμα και θα πάω στη Φωτεινή Κατοικία. Γιογκανάντα, έλα!».

Η φωνή του Σρι Γιουκτέσβαρ ακούστηκε αναπάντεχα στην εσωτερική μου ακοή καθώς διαλογιζόμουν στην έδρα του Self-Realization Fellowship στο Mount Washington. Διασχίζοντας δεκαέξι χιλιάδες χιλιόμετρα σε μια μόνο στιγμή, το μήνυμά του διαπέρασε όλη μου την ύπαρξη σαν λάμψη από αστραπή.

Δεκαπέντε χρόνια! Ναι, συνειδητοποίησα, τώρα είναι 1935· πέρασα δεκαπέντε χρόνια διαδίδοντας τις διδασκαλίες του γκουρού μου στην Αμερική. Τώρα με καλεί πίσω.

Λίγο καιρό αργότερα περιέγραψα την εμπειρία μου σ' έναν αγαπημένο φίλο, τον κ. Τζέιμς Τ. Λυν. Η πνευματική του ανάπτυξη μέσω της καθημερινής εξάσκησης στην *Κρίγια Γιόγκα* είναι τόσο εντυπωσιακή που συχνά τον αποκαλώ «Άγιο Λυν». Στο πρόσωπό του, καθώς και στο πρόσωπο μερικών ακόμα από τη Δύση, βλέπω χαρούμενα την εκπλήρωση της προφητείας του Μπάμπατζι, ότι και στη Δύση επίσης θα διαμορφώνονταν άγιοι με αληθινή συνειδητοποίηση του Εαυτού τους μέσω του αρχαίου μονοπατιού της γιόγκα.

Ο κ. Λυν, γενναιόδωρα, επέμεινε να καλύψει ο ίδιος τα έξοδα του ταξιδιού μου. Έτσι, αφού λύθηκε το οικονομικό πρόβλημα, έκανα τις απαραίτητες ετοιμασίες για να πάω με πλοίο, μέσω Ευρώπης, στην Ινδία. Τον Μάρτιο του 1935 το *Self-Realization Fellowship* αναγνωρίστηκε σύμφωνα με τους νόμους της Πολιτείας της Καλιφόρνια ως μη δογματικό[1] και μη κερδοσκοπικό ίδρυμα αορίστου διαρκείας. Στο Self-Realization Fellowship δώρισα όλα μου τα υπάρχοντα,

---

[1] "Nonsectarian". Με την έννοια ότι δεν εξαρτάται ή περιορίζεται σε ένα συγκεκριμένο θρησκευτικό δόγμα. (*Σημ. του Μεταφραστή*)

*Η Τερέζα Νόιμαν, η Καθολική Αγία με τα Στίγματα*

συμπεριλαμβανομένων των πνευματικών δικαιωμάτων των γραπτών μου. Όπως και πολλά άλλα θρησκευτικά και εκπαιδευτικά ιδρύματα, το Self-Realization Fellowship συντηρείται από τις δωρεές των μελών του και του κοινού.

«Θα επιστρέψω», είπα στους σπουδαστές μου. «Ποτέ δεν θα ξεχάσω την Αμερική».

Σ' ένα αποχαιρετιστήριο δείπνο προς τιμή μου από αγαπημένους φίλους, στο Λος Άντζελες, κοίταξα για αρκετή ώρα τα πρόσωπά τους και σκέφτηκα με ευγνωμοσύνη: «Κύριε, σ' αυτόν που Σε θυμάται ως τον Μοναδικό Δότη ποτέ δεν θα λείψει η γλυκύτητα της φιλίας μεταξύ των θνητών».

Έφυγα από τη Νέα Υόρκη με το πλοίο *Europa* στις 9 Ιουνίου του 1935. Δύο σπουδαστές με συνόδευσαν: ο γραμματέας μου, ο κ. Ρίτσαρντ Ράιτ, και μια ηλικιωμένη κυρία από το Σινσινάτι, η κ. Έτι Μπλετς. Απολαύσαμε τις μέρες της γαλήνης του ωκεανού, μια καλοδεχούμενη αντίθεση στη βιασύνη των προηγούμενων εβδομάδων. Η περίοδος όμως αυτού του ελεύθερου χρόνου δεν κράτησε πολύ· η ταχύτητα των σύγχρονων πλοίων έχει και τα μειονεκτήματά της!

Όπως κάθε ομάδα τουριστών με διάθεση εξερεύνησης, περιφερθήκαμε στην τεράστια, παλιά πόλη του Λονδίνου. Την επόμενη μέρα της άφιξής μου προσκλήθηκα να μιλήσω σε μια μεγάλη συγκέντρωση στο Caxton Hall, όπου με σύστησε στο κοινό ο Sir Francis Younghusband.

Περάσαμε μια ευχάριστη μέρα ως φιλοξενούμενοι του κ. Χάρυ Λόντερ στην ιδιοκτησία του στη Σκωτία. Λίγες μέρες αργότερα περάσαμε από το Στενό της Μάγχης στην ευρωπαϊκή ήπειρο γιατί ήθελα να κάνω ένα προσκύνημα στη Βαυαρία. Ένιωθα ότι αυτή θα ήταν η μόνη μου ευκαιρία να επισκεφτώ τη μεγάλη Καθολική μυστικίστρια, την Τερέζα Νόιμαν του Κόνερσροϊτ (Therese Neumann του Konnersreuth).

Πολλά χρόνια νωρίτερα είχα διαβάσει μια καταπληκτική ιστορία για την Τερέζα. Οι πληροφορίες που δόθηκαν από το άρθρο ήταν οι εξής:

(1) Η Τερέζα, γεννημένη τη Μεγάλη Παρασκευή το 1898, τραυματίστηκε σε ατύχημα στην ηλικία των είκοσι ετών· έμεινε τυφλή και παράλυτη.

(2) Απέκτησε πάλι την όρασή της από θαύμα, το 1923, προσευχόμενη στην Αγία Τερέζα του Λιζιέ (St. Thérèse de Lisieux), «Το Μικρό Λουλούδι». Αργότερα τα πόδια της Τερέζας Νόιμαν θεραπεύτηκαν ακαριαία.

(3) Από το 1923 και μετά η Τερέζα απέχει πλήρως από φαγητό και νερό, εκτός από μια μπουκιά καθαγιασμένου άζυμου άρτου καθημερινά.

(4) Τα στίγματα, οι ιερές πληγές του Χριστού, εμφανίστηκαν το 1926 στο κεφάλι, στο στήθος, στα χέρια και τα πόδια της Τερέζας. Κάθε Παρασκευή[2] βιώνει τα Πάθη του Χριστού, υποφέροντας με το δικό της σώμα όσα υπέφερε αυτός.

(5) Ενώ γνωρίζει μόνο την απλή γερμανική γλώσσα του χωριού της, κατά τη διάρκεια της έκστασης κάθε Παρασκευή η Τερέζα προφέρει προτάσεις στην αρχαία αραμαϊκή γλώσσα, όπως είπαν οι ειδικοί. Μερικές φορές, κατά τη διάρκεια των οραμάτων της, μιλά Εβραϊκά ή Ελληνικά.

(6) Με εκκλησιαστική άδεια, η Τερέζα εξετάστηκε πολλές φορές από επιστήμονες. Ο Δρ Φριτζ Γκέρλιχ, εκδότης μιας προτεσταντικής γερμανικής εφημερίδας, πήγε στο Κόνερσροϊτ για να «ξεσκεπάσει την Καθολική απατεώνισσα», αλλά κατέληξε να γράψει με ευλάβεια την αυτοβιογραφία της.

Όπως πάντα, είτε στην Ανατολή είτε στη Δύση, ένιωθα ενθουσιασμό στην προοπτική να δω έναν άγιο ή μία αγία. Χάρηκα καθώς μπήκαμε, στις 16 Ιουλίου, στο παλιό χωριουδάκι του Κόνερσροϊτ. Οι Βαυαροί χωρικοί έδειξαν ζωηρό ενδιαφέρον για το αυτοκίνητό μας, μάρκας Φορντ (το οποίο φέραμε από την Αμερική) και τους ανομοιογενείς επιβάτες του – έναν νεαρό Αμερικανό, μια ηλικιωμένη κυρία και έναν μελαμψό από την Ανατολή με μακριά μαλλιά, χωμένα κάτω από το κολάρο του σακακιού του.

Το μικρό αγροτόσπιτο της Τερέζας, καθαρό και τακτοποιημένο, με γεράνια ανθισμένα γύρω από ένα πρωτόγονο πηγάδι, ήταν δυστυχώς ερμητικά κλειστό. Οι γείτονες και ακόμα κι ο ταχυδρόμος του χωριού που περνούσε από εκεί δεν μπορούσαν να μας δώσουν καμία πληροφορία. Άρχισε να βρέχει· οι υπόλοιποι πρότειναν να φύγουμε.

«Όχι», είπα πεισματικά, «θα μείνω εδώ μέχρι να βρω κάποιο στοιχείο που θα με οδηγήσει στην Τερέζα».

---

[2] Μετά τον πόλεμο η Τερέζα δεν βίωνε τα Πάθη κάθε Παρασκευή αλλά μόνο σε κάποιες ιερές μέρες του χρόνου. Μερικά βιβλία σχετικά με τη ζωή της είναι: *Therese Neumann: A Stigmatist of Our Day* («Η Τερέζα Νόιμαν: Μια στιγματική των ημερών μας») και *Further Chronicles of Therese Neumann*, («Περαιτέρω αφηγήσεις για την Τερέζα Νόιμαν») και τα δύο του Friedrich Ritter von Lama· και *The Story of Therese Neumann* («Η ιστορία της Τερέζας Νόιμαν») του A. P. Schimberg (1947)· όλα από τις εκδόσεις Bruce Pub. Co., Milwaukee, Wisconsin· επίσης το *Therese Neumann* («Η Τερέζα Νόιμαν») του Johannes Steiner, εκδόσεις Alba House, Staten Island, N.Y.

*Η Τερέζα Νόιμαν, η Καθολική Αγία με τα Στίγματα*

Δύο ώρες αργότερα καθόμασταν ακόμα στο αυτοκίνητό μας, καθώς έβρεχε μελαγχολικά. «Κύριε», αναστέναξα με παράπονο, «γιατί με οδήγησες εδώ αν έχει εξαφανιστεί;».

Ένας άντρας που μιλούσε Αγγλικά σταμάτησε δίπλα μας, προσφέροντας ευγενικά τη βοήθειά του.

«Δεν ξέρω στα σίγουρα πού είναι η Τερέζα», είπε, «αλλά συχνά επισκέπτεται τον Καθηγητή Φραντς Βουτς στο σπίτι του, που διδάσκει ξένες γλώσσες στο Πανεπιστήμιο του Άιχστατ (Eichstätt), εκατόν τριάντα χιλιόμετρα από εδώ».

Το επόμενο πρωί πήγαμε με το αυτοκίνητό μας στην ήσυχη πόλη του Άιχστατ. Ο Δρ Βουτς μάς υποδέχτηκε εγκάρδια στο σπίτι του: «Ναι, η Τερέζα είναι εδώ», είπε. Έστειλε κάποιον να της πει για τους επισκέπτες. Ο αγγελιαφόρος εμφανίστηκε διαβιβάζοντας την απάντησή της:

«Αν και ο επίσκοπος μου ζήτησε να μη δω κανέναν χωρίς την άδειά του, θα δεχτώ τον άνθρωπο του Θεού από την Ινδία».

Ιδιαίτερα συγκινημένος απ' αυτά τα λόγια, ακολούθησα τον Δρα Βουτς στον πάνω όροφο, στο καθιστικό. Η Τερέζα μπήκε αμέσως, ακτινοβολώντας μια αύρα γαλήνης και χαράς. Φορούσε ένα μαύρο μακρύ φόρεμα κι ένα καθαρό άσπρο κάλυμμα στο κεφάλι της. Αν και ήταν τριάντα επτά ετών τότε, έμοιαζε πολύ νεότερη, διαθέτοντας πράγματι τη φρεσκάδα και τη γοητεία ενός μικρού παιδιού. Υγιής, καλοσχηματισμένη, με κόκκινα μάγουλα και πρόσχαρη, αυτή ήταν η αγία που δεν έτρωγε!

Η Τερέζα με καλωσόρισε με μια πολύ ευγενική χειραψία. Λάμπαμε από σιωπηλή επικοινωνία, γνωρίζοντας ο ένας την αγάπη του άλλου για το Θεό.

Ο Δρ Βουτς προσφέρθηκε ευγενικά να είναι διερμηνέας. Όταν καθίσαμε, πρόσεξα ότι η Τερέζα μού έριχνε ματιές με αφελή περιέργεια· προφανώς οι Ινδοί ήταν σπάνιοι στη Βαυαρία.

«Δεν τρώτε τίποτα;». Ήθελα να ακούσω την απάντηση από την ίδια.

«Όχι, εκτός από έναν Άρτο[3] στις έξι κάθε πρωί».

«Πόσο μεγάλος είναι ο Άρτος;».

«Είναι λεπτός σαν χαρτί, στο μέγεθος ενός μικρού νομίσματος». Πρόσθεσε: «Τον παίρνω για θρησκευτικούς λόγους· αν δεν είναι καθαγιασμένος, δεν μπορώ να τον καταπιώ».

---

[3] Έναν άζυμο άρτο Ευχαριστίας.

«Οπωσδήποτε δεν θα μπορούσατε να ζήσετε μόνο μ' αυτό για δώδεκα ολόκληρα χρόνια!».

«Ζω με το φως του Θεού».

Πόσο απλή η απάντησή της, πόσο έμοιαζε με τη θεωρία του Αϊνστάιν!

«Βλέπω ότι συνειδητοποιείτε ότι η ενέργεια ρέει στο σώμα σας από τον αιθέρα, τον ήλιο και τον αέρα».

Ένα γρήγορο χαμόγελο φάνηκε στο πρόσωπό της. «Χαίρομαι πάρα πολύ που καταλαβαίνετε πώς ζω».

«Η ιερή ζωή σας είναι μια καθημερινή απόδειξη της αλήθειας που είπε ο Χριστός: «Δεν θα ζήσει ο άνθρωπος με ψωμί μόνο, αλλά με κάθε λόγο που εξέρχεται από το στόμα του Θεού».[4]

Και πάλι έδειξε χαρούμενη με την εξήγησή μου. «Πράγματι, έτσι είναι. Ένας από τους λόγους που βρίσκομαι στη γη σήμερα, είναι για να αποδείξω ότι ο άνθρωπος μπορεί να ζήσει με το αόρατο φως του Θεού και όχι μόνο με φαγητό».

«Μπορείτε να διδάξετε άλλους να ζουν χωρίς φαγητό;».

Σοκαρίστηκε λίγο. «Δεν μπορώ να το κάνω αυτό· ο Θεός δεν το επιθυμεί».

Καθώς το βλέμμα μου έπεσε πάνω στα γερά, χαριτωμένα χέρια της, η Τερέζα μού έδειξε μια τετράγωνη, πρόσφατα θεραπευμένη πληγή στο πίσω μέρος κάθε χεριού. Στην παλάμη κάθε χεριού έδειξε μια μικρότερη πληγή, σε σχήμα ημικύκλιου, πρόσφατα θεραπευμένη. Κάθε πληγή διαπερνούσε κάθετα το χέρι. Η θέα αυτή μου έφερε μια μακρινή ανάμνηση από μεγάλα, τετράγωνα, σιδερένια καρφιά με άκρες σε σχήμα ημικύκλιου, που ακόμα χρησιμοποιούνται στην Ανατολή, αλλά

---

[4] Κατά Ματθαίο Δ:4. Η μπαταρία του ανθρώπινου σώματος δεν συντηρείται μόνο από το χονδροειδές φαγητό (ψωμί), αλλά από τη δονητική συμπαντική ενέργεια (τον Λόγο ή *Ομ*). Η αόρατη δύναμη ρέει στο ανθρώπινο σώμα μέσω της πύλης του προμήκους μυελού. Αυτό το έκτο κέντρο του σώματος βρίσκεται στο πίσω μέρος του λαιμού, πάνω από τα πέντε *τσάκρα* (σανσκριτική λέξη που σημαίνει «τροχοί» ή κέντρα της ακτινοβόλας ζωικής δύναμης) της σπονδυλικής στήλης.

Ο προμήκης μυελός, το κύριο μέρος εισόδου της συμπαντικής ενέργειας της ζωής (*Ομ*) για τον εφοδιασμό του σώματος, είναι άμεσα συνδεδεμένος, ως αντίθετος πόλος, με το κέντρο της κατά Χριστόν Συνειδητότητας (*Κουτάστα*) στο πνευματικό μάτι ανάμεσα στα φρύδια: την έδρα της δύναμης της θέλησης του ανθρώπου. Η Συμπαντική ενέργεια τότε αποθηκεύεται στο έβδομο κέντρο, στον εγκέφαλο, που είναι ταμιευτήρας άπειρων δυνατοτήτων (το οποίο αναφέρεται στις Βέδες ως ο «χιλιοπέταλος λωτός από φως»). Η Αγία Γραφή αναφέρεται στο *Ομ* ως το Άγιο Πνεύμα ή αόρατη ζωική δύναμη η οποία θεϊκά υποστηρίζει όλη τη δημιουργία. «Η δεν ξέρετε ότι το σώμα σας είναι ναός του Αγίου Πνεύματος που είναι μέσα σας, το οποίο έχετε από το Θεό, και δεν είστε κύριοι του εαυτού σας;». – Προς Κορινθίους Α' ΣΤ:19.

δεν θυμόμουν να τα είχα δει στη Δύση.

Η αγία μού είπε κάτι για τις εβδομαδιαίες εκστάσεις της. «Σαν αβοήθητος θεατής, παρατηρώ όλα τα Πάθη του Χριστού». Κάθε εβδομάδα, από τα μεσάνυχτα της Πέμπτης μέχρι την Παρασκευή το μεσημέρι στη μία η ώρα, οι πληγές της ανοίγουν και αιμορραγούν· χάνει τεσσεράμισι κιλά από το συνηθισμένο βάρος της των 55 κιλών. Αν και υποφέρει έντονα με τη γεμάτη συμπόνια αγάπη της, η Τερέζα περιμένει με χαρά αυτά τα εβδομαδιαία οράματα του Κυρίου της.

Συνειδητοποίησα αμέσως ότι, με την παράξενη ζωή της, ο Θεός έχει σκοπό να διαβεβαιώσει όλους τους Χριστιανούς για την ιστορική αυθεντικότητα της ζωής του Ιησού και της σταύρωσής του, όπως καταγράφεται στην Καινή Διαθήκη, και να δείξει με δραματικό τρόπο τον αιώνια ζωντανό δεσμό ανάμεσα στον Δάσκαλο από τη Γαλιλαία και τους πιστούς του.

Ο Καθηγητής Βουτς μάς αφηγήθηκε κάποιες από τις εμπειρίες του με την αγία.

«Μια ομάδα από μας, συμπεριλαμβανομένης και της Τερέζας, συχνά ταξιδεύουμε για μέρες σε διάφορα μέρη της Γερμανίας για να δούμε τα αξιοθέατα», μου είπε. «Είναι εντυπωσιακή αντίθεση – η Τερέζα δεν τρώει τίποτα· οι υπόλοιποι τρώμε τρία γεύματα τη μέρα. Παραμένει φρέσκια σαν τριαντάφυλλο, χωρίς να την αγγίζει η κούραση. Όποτε εμείς οι άλλοι αρχίζουμε να πεινάμε και να ψάχνουμε για κάποιο πανδοχείο, η Τερέζα γελά με την καρδιά της».

Ο καθηγητής πρόσθεσε κάποιες ενδιαφέρουσες σωματικές λεπτομέρειες: «Επειδή η Τερέζα δεν τρώει ποτέ, το στομάχι της έχει συρρικνωθεί. Δεν έχει εκκρίσεις, αλλά οι αναπνευστικοί της αδένες λειτουργούν· το δέρμα της είναι πάντα μαλακό και υγιές».

Την ώρα που φεύγαμε εξέφρασα στην Τερέζα την επιθυμία μου να είμαι παρών κατά την έκστασή της.

«Ναι, παρακαλώ ελάτε στο Κόνερσροϊτ την επόμενη Παρασκευή», είπε καταδεκτικά. «Ο επίσκοπος θα σας δώσει άδεια. Χαίρομαι πάρα πολύ που με ψάξατε και ήρθατε μέχρι το Άιχστατ».

Η Τερέζα μάς χαιρέτησε με πολλές ευγενικές χειραψίες και ήρθε μαζί μας μέχρι την πόρτα. Ο κ. Ράιτ άνοιξε το ραδιόφωνο του αυτοκινήτου· η αγία το περιεργάστηκε κρυφογελώντας με ενθουσιασμό. Μαζεύτηκαν τόσα πολλά παιδιά, που η Τερέζα ξαναμπήκε στο σπίτι. Την είδαμε σ' ένα παράθυρο, απ' όπου μας κοίταζε σαν παιδί κουνώντας το χέρι της.

Από μια συζήτηση την επόμενη μέρα με δύο από τους αδελφούς της Τερέζας, που ήταν πολύ καλοί και συμπαθητικοί, μάθαμε ότι η αγία κοιμάται μόνο μία ή δύο ώρες κάθε βράδυ. Παρά τις πολλές πληγές στο σώμα της είναι δραστήρια και γεμάτη ενέργεια. Αγαπά τα πουλιά, προσέχει ένα ενυδρείο με ψάρια και ασχολείται συχνά με τον κήπο της. Η αλληλογραφία της είναι μεγάλη· διάφοροι Καθολικοί πιστοί τής γράφουν για να προσευχηθεί γι' αυτούς και να τους ευλογήσει να θεραπευτούν. Πολλοί αναζητητές θεραπεύτηκαν μέσω της ευλογίας της από σοβαρές ασθένειες.

Ο αδελφός της Φέρντιναντ, περίπου είκοσι τριών ετών, εξήγησε ότι η Τερέζα έχει τη δύναμη, μέσω της προσευχής, να μεταφέρει στο δικό της σώμα τις αρρώστιες των άλλων. Η αποχή της αγίας από το φαγητό άρχισε από τότε που προσευχήθηκε να μεταφερθεί σ' αυτήν μια ασθένεια που είχε στο λάρυγγά του ένας νεαρός της ενορίας της, ο οποίος τότε ετοιμαζόταν να μπει στο ιερατικό σχήμα.

Την Πέμπτη το απόγευμα φτάσαμε στο σπίτι του επισκόπου, ο οποίος κοίταξε τις μπούκλες μου με κάποια έκπληξη. Μας έδωσε πρόθυμα την απαραίτητη άδεια. Δεν πληρώσαμε τίποτα· ο κανονισμός είχε

Η ΤΕΡΕΖΑ ΝΟΪΜΑΝ, Ο ΡΙΤΣΑΡΝΤ ΡΑΪΤ, Ο ΣΡΙ ΓΙΟΓΚΑΝΑΝΤΑ
Άιχστατ, Βαυαρία, 17 Ιουλίου 1935

τεθεί από την Εκκλησία απλώς για να προστατευθεί η Τερέζα από την εισβολή τυχαίων τουριστών, που κατά τα προηγούμενα χρόνια κατέκλυζαν κατά χιλιάδες το Κόνερσροϊτ κάθε Παρασκευή.

Φτάσαμε στο χωριό την Παρασκευή το πρωί περίπου στις εννέα και μισή. Πρόσεξα ότι ένα τμήμα της οροφής του μικρού αγροτόσπιτου της Τερέζας είναι φτιαγμένο από γυαλί, ώστε να μπαίνει μέσα άφθονο φως. Χαρήκαμε που οι πόρτες δεν ήταν πια κλειστές, αλλά φιλόξενα ορθάνοιχτες. Συγκεντρωθήκαμε σε σειρά μαζί με είκοσι περίπου επισκέπτες, καθένας από τους οποίους είχε την άδεια στα χέρια του. Πολλοί είχαν έρθει από πολύ μακριά για να παρακολουθήσουν τη μυστικιστική έκσταση.

Η Τερέζα είχε περάσει την πρώτη δοκιμασία μου στο σπίτι του καθηγητή, όταν διαισθάνθηκε ότι ήθελα να τη δω για πνευματικούς λόγους και όχι απλώς για να ικανοποιήσω μια περαστική περιέργεια.

Η δεύτερη δοκιμασία ήταν το γεγονός ότι λίγο πριν ανέβω στο δωμάτιό της μπήκα σε μια γιογκική κατάσταση έκστασης για να αποκτήσω τηλεπαθητική και τηλε-οπτική ταύτιση μαζί της. Μπήκα στο δωμάτιό της που ήταν γεμάτο επισκέπτες· ήταν ξαπλωμένη με μια λευκή ρόμπα πάνω στο κρεβάτι. Με τον κ. Ράιτ κοντά πίσω μου, σταμάτησα ακριβώς μέσα από το κατώφλι, κατάπληκτος από δέος μπροστά σ' ένα περίεργο και φρικιαστικό θέαμα.

Αίμα έτρεχε λίγο λίγο και συνεχώς από τα κάτω βλέφαρα της Τερέζας, με μια ροή πλάτους δυόμισι εκατοστών. Το βλέμμα της ήταν εστιασμένο προς τα πάνω, στο πνευματικό μάτι στο κέντρο του μετώπου. Το ύφασμα που ήταν τυλιγμένο γύρω από το κεφάλι της ήταν μουσκεμένο στο αίμα από τις πληγές-στίγματα από το Ακάνθινο Στεφάνι. Το λευκό ρούχο είχε λεκέδες από αίμα στο μέρος της καρδιάς από μια πληγή στο πλευρό της, στο σημείο όπου το σώμα του Χριστού, πολλούς αιώνες πριν, είχε υποστεί τον τελικό εξευτελισμό από τον στρατιώτη που τον κάρφωσε με τη λόγχη.

Τα χέρια της Τερέζας ήταν απλωμένα με μια μητρική χειρονομία, ικετευτικά· το πρόσωπό της είχε μια έκφραση και μαρτυρίου και θεϊκή. Φαινόταν πιο αδύνατη και υπήρχε μια αδιόρατη αλλαγή πάνω της, τόσο εξωτερικά όσο και εσωτερικά. Μουρμουρίζοντας λέξεις μιας ξένης γλώσσας, μιλούσε με ελαφρώς τρεμάμενα χείλη σε ανθρώπους που έβλεπε στο όραμά της με την υπερσυνείδητη όρασή της.

Καθώς ήμουν συντονισμένος μαζί της, άρχισα να βλέπω τις σκηνές του οράματός της. Έβλεπε τον Ιησού να μεταφέρει τα δοκάρια του

Σταυρού ανάμεσα στους χλευασμούς του πλήθους.[5] Ξαφνικά σήκωσε το κεφάλι της ταραγμένη: ο Κύριος είχε πέσει κάτω από το βάναυσο βάρος. Το όραμα εξαφανίστηκε. Εξουθενωμένη από τη φλογερή συμπόνιά της, η Τερέζα βούλιαξε βαριά στο μαξιλάρι της.

Εκείνη τη στιγμή άκουσα έναν δυνατό γδούπο πίσω μου. Στρέφοντας το κεφάλι μου για μια στιγμή, είδα δύο άντρες να κουβαλούν κάποιον που είχε πέσει στο πάτωμα. Επειδή όμως έβγαινα από την βαθιά κατάσταση του υπερσυνειδήτου, δεν αναγνώρισα αμέσως το άτομο που έπεσε. Εστίασα πάλι τα μάτια μου στο πρόσωπο της Τερέζας, θανάσιμα κάτωχρο από το ποτάμι του αίματος που έτρεχε, αλλά τώρα ήρεμη, ακτινοβολώντας αγνότητα και αγιότητα. Κοίταξα αργότερα πίσω μου και είδα τον κ. Ράιτ, όρθιο, να κρατά με το χέρι του το μάγουλό του, από το οποίο έτρεχε αίμα.

«Ντικ», ρώτησα με αγωνία, «εσύ ήσουν που έπεσες κάτω;».

«Ναι, λιποθύμησα από το τρομακτικό θέαμα».

«Τουλάχιστον», του είπα παρηγορητικά, «είσαι γενναίος που επέστρεψες να ξαναδείς το θέαμα».

Ενθυμούμενοι τη σειρά των προσκυνητών που περίμεναν υπομονετικά, ο κ. Ράιτ κι εγώ απευθύναμε χαιρετισμό στην ιερή Τερέζα και φύγαμε.[6]

Την επόμενη μέρα κατευθυνθήκαμε προς το Νότο, ευγνώμονες που δεν εξαρτιόμασταν από τρένα και μπορούσαμε να σταματάμε το Φορντ όπου θέλαμε στην εξοχή. Απολαύσαμε κάθε λεπτό του ταξιδιού μας μέσα από τη Γερμανία, την Ολλανδία, τη Γαλλία και τις Ελβετικές Άλπεις. Στην Ιταλία κάναμε ειδικά ένα ταξίδι στην Ασίζη, για να τιμήσουμε τον απόστολο της ταπεινότητας, τον Άγιο Φραγκίσκο. Το ευρωπαϊκό ταξίδι τελείωσε στην Ελλάδα, όπου είδαμε τους ναούς των Αθηναίων και τη φυλακή στην οποία ο ευγενής Σωκράτης[7] ήπιε το

---

[5] Κατά τη διάρκεια των ωρών πριν φτάσω, η Τερέζα είχε ήδη δει πολλά οράματα των τελευταίων ημερών της ζωής του Χριστού. Η έκστασή της συνήθως αρχίζει με σκηνές από γεγονότα που επακολούθησαν μετά τον Μυστικό Δείπνο και τελειώνει με το θάνατο του Ιησού στο Σταυρό· ή, περιστασιακά, με τον ενταφιασμό του.

[6] Μια δημοσιογραφική ανταπόκριση από τη Γερμανία, με ημερομηνία 26 Μαρτίου 1948, ανέφερε: «Μια Γερμανίδα χωρική έπεσε στο κρεβάτι αυτή τη Μεγάλη Παρασκευή· το κεφάλι της, τα χέρια της και οι ώμοι της ήταν ματωμένα στα μέρη που είχε ματώσει και το σώμα του Χριστού από τα καρφιά του Σταυρού και το Ακάνθινο Στεφάνι. Χιλιάδες Γερμανοί και Αμερικανοί, με δέος, συγκεντρώθηκαν σιωπηλά στο αγροτικό σπίτι της Τερέζας Νόιμαν».

Η μεγάλη στιγματική πέθανε στο Κόνερσροϊτ στις 18 Σεπτεμβρίου 1962. *(Σημ. του Εκδότη)*

[7] Ένα απόσπασμα από τον Ευσέβιο αναφέρεται σε μια ενδιαφέρουσα συνάντηση μεταξύ του Σωκράτη και ενός Ινδού σοφού. Το απόσπασμα λέει: «Ο Αριστόξενος, ο μουσικός,

θανάσιμο δηλητήριο. Είναι αξιοθαύμαστη η καλλιτενία με την οποία οι αρχαίοι Έλληνες επεξεργάζονταν παντού το μάρμαρο αποτυπώνοντας τη φαντασία τους.

Πήραμε το πλοίο, περάσαμε την ηλιόλουστη Μεσόγειο και αποβιβαστήκαμε στην Παλαιστίνη. Περιπλανώμενος μέρα με τη μέρα στους Αγίους Τόπους, πείσθηκα όσο ποτέ για την αξία του προσκυνήματος. Για μια ευαίσθητη καρδιά το πνεύμα του Χριστού είναι διάχυτο παντού στην Παλαιστίνη. Περπάτησα με ευλάβεια όπου είχε περπατήσει κι εκείνος, στη Βηθλεέμ, στη Γεθσημανή, το Γολγοθά, το ιερό Όρος των Ελαιών και τον ποταμό Ιορδάνη και τη θάλασσα της Γαλιλαίας.

Επισκεφθήκαμε τη σπηλιά της γέννησης, το ξυλουργείο του Ιωσήφ, τον τάφο του Λαζάρου, το σπίτι της Μάρθας και της Μαρίας, την αίθουσα του Μυστικού Δείπνου. Η αρχαιότητα ξετυλίχτηκε· σε αλλεπάλληλες σκηνές είδα το Θεϊκό Δράμα στο οποίο συμμετείχε ο Χριστός που έμεινε στην ιστορία στην αιωνιότητα.

Πήγαμε στην Αίγυπτο, με το σύγχρονο Κάιρο και τις αρχαίες πυραμίδες. Μετά σ' ένα πλοίο προς την Ερυθρά Θάλασσα, μετά στην Αραβική Θάλασσα· και, τελικά! Στην Ινδία!

---

αφηγείται την εξής ιστορία σχετικά με τους Ινδούς: Ένας απ' αυτούς συνάντησε τον Σωκράτη στην Αθήνα και τον ρώτησε ποιο ήταν το περιεχόμενο της φιλοσοφίας του. "Η έρευνα των ανθρώπινων φαινομένων", απάντησε ο Σωκράτης. Μόλις το άκουσε, ο Ινδός ξέσπασε σε γέλια. "Πώς μπορεί ένας άνθρωπος να διερευνήσει τα ανθρώπινα φαινόμενα", είπε, "όταν δεν ξέρει τα θεϊκά;"».

Το ελληνικό ιδεώδες, που αντηχεί σε δυτικές φιλοσοφίες, είναι: «Άνθρωπε, γνώρισε τον εαυτό σου». Ένας Ινδός θα έλεγε: «Άνθρωπε, γνώρισε τον Εαυτό σου». Το ρητό του Ντεκάρτ: «Σκέφτομαι, άρα υπάρχω», δεν είναι έγκυρο φιλοσοφικά. Οι ικανότητες της συλλογιστικής δεν μπορούν να ρίξουν φως στην έσχατη Ύπαρξη του ανθρώπου. Ο ανθρώπινος νους, όπως και ο φαινομενικός κόσμος που αναγνωρίζει, βρίσκεται σε συνεχή ρευστότητα και δεν μπορεί να εξαγάγει έσχατες αλήθειες. Η διανοητική ικανοποίηση δεν είναι ο υψηλότερος στόχος. Ο αναζητητής του Θεού αγαπά αληθινά τη *βίντια*, την αμετάβλητη αλήθεια· όλα τα άλλα είναι *αβίντια*, σχετική γνώση.

ΚΕΦΑΛΑΙΟ 40

# Επιστρέφω στην Ινδία

Ανέπνεα με ευγνωμοσύνη τον ευλογημένο αέρα της Ινδίας. Το πλοίο μας, το *Rajputana*, ελλιμενίστηκε στις 22 Αυγούστου 1935 στο τεράστιο λιμάνι της Βομβάης. Ακόμα κι αυτή, η πρώτη μου μέρα έξω από το πλοίο, ήταν μια πρόγευση της ασταμάτητης εργασίας που με περίμενε για όλη την επόμενη χρονιά. Αρκετοί φίλοι είχαν μαζευτεί στην προβλήτα και περίμεναν να μας καλωσορίσουν με γιρλάντες από λουλούδια· σύντομα, στη σουίτα μας στο ξενοδοχείο Taj Mahal, δεχθήκαμε αρκετές ομάδες δημοσιογράφων και φωτογράφων.

Η Βομβάη ήταν μια πόλη νέα για μένα· τη βρήκα δραστήρια μοντέρνα, με πολλούς νεωτερισμούς δυτικής προέλευσης. Μεγάλες λεωφόροι περιστοιχίζονται από φοινικόδεντρα· υπέροχα δημόσια κτίρια συναγωνίζονται σε ενδιαφέρον τους αρχαίους ναούς. Ωστόσο αφιερώσαμε πολύ λίγο χρόνο για να δούμε τα αξιοθέατα· ανυπομονούσα να δω τον γκουρού μου και τους άλλους αγαπημένους μου. Έχοντας παραδώσει το Φορντ σ' ένα άλλο εμπορικό τρένο, το τρένο μας όδευε ανατολικά, για την Καλκούτα.[1]

Κατά την άφιξή μας στον Σταθμό Χαουρά είχε μαζευτεί τόσο μεγάλο πλήθος για να μας καλωσορίσει, που για λίγη ώρα δεν μπορούσαμε να κατεβούμε από το τρένο. Ο νεαρός Μαχαραγιάς του Κασιμπαζάρ και ο αδελφός μου ο Μπισνού ήταν οι επικεφαλής της επιτροπής που μας υποδέχτηκε· ήμουν απροετοίμαστος για τόσο ζεστό και μεγαλειώδες καλωσόρισμα.

Με μια σειρά από αυτοκίνητα και μοτοσικλέτες μπροστά μας, με τον χαρούμενο ήχο των τυμπάνων και των τηλεβόων να μας συνοδεύει, η κ. Μπλετς, ο κ. Ράιτ κι εγώ, γεμάτοι με γιρλάντες από λουλούδια από το κεφάλι ως τα πόδια, πήγαμε αργά αργά με το αυτοκίνητο στο σπίτι του πατέρα μου.

---

[1] Σταματήσαμε το ταξίδι μας στις Κεντρικές Επαρχίες, στα μισά του δρόμου κατά μήκος της ηπείρου, για να δούμε τον Μαχάτμα Γκάντι στη Γουάρντα. Αυτές οι μέρες περιγράφονται στο κεφάλαιο 44.

Ο ΣΡΙ ΓΙΟΥΚΤΕΣΒΑΡ ΚΑΙ Ο ΓΙΟΓΚΑΝΑΝΤΑΤΖΙ ΣΤΗΝ ΚΑΛΚΟΥΤΑ ΤΟ 1935

«Επειδή ο γκουρού μου έδινε την εντύπωση ότι δεν είχε θεαματικές ικανότητες, λίγοι μόνο από τους συγχρόνους του τον αναγνώριζαν σαν υπεράνθρωπο», είπε ο Σρι Γιογκανάντα. «Αν και γεννήθηκε θνητός σαν όλους τους άλλους, ο Σρι Γιουκτέσβαρ έφτασε στην πλήρη ταύτιση με τον Άρχοντα του χρόνου και του χώρου. Ο Δάσκαλος δεν έβρισκε κανένα ανυπέρβλητο εμπόδιο για τη συγχώνευση του ανθρώπινου με το Θείο. Με τον καιρό κατάλαβα ότι δεν υπάρχει τέτοιο φράγμα, εκτός από την πνευματική απροθυμία του ανθρώπου να μπει στην περιπέτεια της αναζήτησης».

Ο ηλικιωμένος γονιός μου με αγκάλιασε σαν να γύρισα από τους νεκρούς· για πολλή ώρα κοιτούσαμε ο ένας τον άλλον, άφωνοι από χαρά. Αδελφοί και αδελφές, θείοι, θείες και ξαδέλφια, σπουδαστές και φίλοι από παλιά συγκεντρώθηκαν γύρω μου, όλοι δακρυσμένοι. Περασμένη τώρα στο αρχείο της μνήμης, η σκηνή της τρυφερής αντάμωσης παραμένει ζωντανή μετά από τόσα χρόνια, αξέχαστη μέσα στην καρδιά μου. Όσο για τη συνάντησή μου με τον Σρι Γιουκτέσβαρ, δεν υπάρχουν λόγια· ας επαρκέσει η ακόλουθη περιγραφή του γραμματέα μου:

«Σήμερα, γεμάτος με τις υψηλότερες προσδοκίες, πήγα τον Γιογκανάντατζι με το αυτοκίνητο από την Καλκούτα στο Σεράμπουρ», έγραψε ο κ. Ράιτ στο ταξιδιωτικό του ημερολόγιο.

«Περάσαμε από γραφικά μαγαζιά –ένα απ' αυτά ήταν το αγαπημένο μέρος όπου έτρωγε ο Γιογκανάντατζι κατά τα φοιτητικά του χρόνια– και τελικά μπήκαμε σ' ένα στενό δρομάκι πλαισιωμένο από τοίχους. Μετά από μια απότομη στροφή αριστερά, είδαμε το διώροφο άσραμ του Δασκάλου, με το μπαλκόνι του με τα κάγκελα να προεξέχει από τον επάνω όροφο. Η διάχυτη εντύπωση ήταν αυτή της γαλήνιας απομόνωσης.

»Με σοβαρή ταπεινότητα προχώρησα πίσω από τον Γιογκανάντατζι στην αυλή του ερημητηρίου που περιβαλλόταν από τοίχους. Με την καρδιά μας να χτυπά δυνατά, ανεβήκαμε μερικά τσιμεντένια σκαλοπάτια· τα οποία είχαν πατήσει, χωρίς αμφιβολία, αμέτρητοι αναζητητές της αλήθειας. Η έντασή μας αυξανόταν ολοένα και περισσότερο καθώς προχωρούσαμε με μεγάλα βήματα. Μπροστά μας, κοντά στο κεφαλόσκαλο, εμφανίστηκε σιωπηλά ο Μεγάλος, ο Σουάμι Σρι Γιουκτέσβαρτζι, και στάθηκε όρθιος με την ευγενή στάση του σοφού.

»Ένιωθα την καρδιά μου να πάλλεται δυνατά και να εξυψώνεται από την ευλογία να βρίσκομαι στην ανυπέρβλητη παρουσία του. Δάκρυα θάμπωσαν τα μάτια μου όταν, με δέος, είδα τον Γιογκανάντατζι να πέφτει στα γόνατα και με σκυμμένο το κεφάλι να προσφέρει την ευγνωμοσύνη και τον χαιρετισμό της ψυχής του· να αγγίζει τα πόδια του γκουρού του με τα χέρια του και μετά, με ταπεινή βαθιά υπόκλιση, με το μέτωπό του. Κατόπιν σηκώθηκε και ο Σρι Γιουκτέσβαρ τον αγκάλιασε σφιχτά με τα δυο του χέρια πάνω στο στήθος του.

»Δεν υπήρχαν λόγια στην αρχή, αλλά τα έντονα συναισθήματα εκφράζονταν με άφωνες φράσεις της ψυχής. Πώς έλαμπαν τα μάτια τους, με τι ζεστασιά που ξανάσμιξαν! Μια τρυφερή δόνηση ξεχύθηκε

*Επιστρέφω στην Ινδία*

από την ήσυχη βεράντα· ο ήλιος ξαφνικά ξεγλίστρησε από τα σύννεφα και πρόσθεσε κι αυτός ένα αστραφτερό μεγαλείο.

»Πεσμένος στα γόνατα μπροστά στον Δάσκαλο, έδειξα κι εγώ χωρίς λόγια την ανείπωτη αγάπη μου και τις ευχαριστίες μου· αγγίζοντας τα πόδια του, ροζιασμένα από τον χρόνο και την υπηρεσία στους άλλους, και λαμβάνοντας την ευλογία του. Μετά σηκώθηκα και κοίταξα τα όμορφα μάτια του – που ήταν βαθιά από την ενδοσκόπηση, ωστόσο ακτινοβολούσαν από χαρά.

»Μπήκαμε στο καθιστικό του, του οποίου ολόκληρη η μία πλευρά έβλεπε προς το μπαλκόνι που φαινόταν πρώτο πρώτο από το δρόμο. Ο Δάσκαλος κάθισε σ' ένα καλυμμένο στρώμα που ήταν τοποθετημένο πάνω στο τσιμεντένιο δάπεδο, ακουμπώντας σ' έναν φθαρμένο καναπέ. Ο Γιογκανάντατζι κι εγώ καθίσαμε κοντά στα πόδια του γκουρού, ακουμπώντας σε πορτοκαλί μαξιλάρια για να είμαστε πιο άνετα πάνω στο ψάθινο στρώμα.

»Προσπάθησα ανεπιτυχώς να καταλάβω το θέμα της συζήτησης που διεξάγονταν στα Βεγγαλικά μεταξύ των δύο Σουάμιτζι (γιατί, όπως ανακάλυψα, δεν μιλούν Αγγλικά όταν είναι μαζί· αν και ο Σουάμι Μαχαράτζ, όπως αποκαλούν οι άλλοι τον μεγάλο γκουρού, μπορεί να μιλήσει Αγγλικά και συχνά το κάνει). Εύκολα όμως αντιλήφθηκα την αγιότητα του Μεγάλου από το εγκάρδιο χαμόγελό του που έβγαινε με ζεστασιά μέσα από την καρδιά του και τα αστραφτερά μάτια του. Σε οποιαδήποτε συζήτησή του, εύθυμη ή σοβαρή, διαφαινόταν αμέσως μια βεβαιότητα: ότι ήταν ένας σοφός – ένας που γνωρίζει ότι γνωρίζει, γιατί γνωρίζει το Θεό. Η μεγάλη σοφία του Δασκάλου, η δύναμη της επιδίωξης του στόχου και η αποφασιστικότητα είναι εμφανείς από κάθε άποψη.

»Ήταν απλά ντυμένος· το *ντότι* του και το πουκάμισό του, που κάποτε βάφτηκαν στο χρώμα της ώχρας, τώρα ήταν σε ξεθωριασμένο πορτοκαλί χρώμα. Μελετώντας τον με ευλάβεια κάπου κάπου, παρατήρησα ότι έχει μεγάλο, αθλητικό ανάστημα· το σώμα του είναι σκληραγωγημένο από τις δοκιμασίες και τις θυσίες της ζωής ενός απαρνητή. Το παρουσιαστικό του είναι μεγαλειώδες. Κινείται με μεγαλοπρέπεια και είναι ευθυτενής. Ένα πρόσχαρο και θορυβώδες γέλιο βγαίνει από τα βάθη της καρδιάς του κάνοντας όλο το σώμα του να τραντάζεται.

»Το αυστηρό του πρόσωπο δίνει ολοφάνερα την εντύπωση μιας θεϊκής δύναμης. Τα μαλλιά του, με χωρίστρα στη μέση, είναι άσπρα γύρω από το μέτωπό του και σε άλλα σημεία σε αποχρώσεις ασημένιου χρυσού και ασημένιου μαύρου χρώματος, μακριά μέχρι τους ώμους

Το μπαλκόνι του δευτέρου ορόφου του ερημητηρίου του Σρι Γιουκτέσβαρ στο Σεράμπουρ, το 1935. Ο Σρι Γιογκανάντα *(στο κέντρο)* είναι καθισμένος δίπλα στον γκουρού του *(όρθιος, δεξιά)*.

του, με μικρές μπούκλες. Η γενειάδα και το μουστάκι του είναι αραιωμένα και μοιάζουν να τονίζουν τα χαρακτηριστικά του. Το μέτωπό του είναι κεκλιμένο, σαν να αναζητά τους ουρανούς. Τα μαύρα του μάτια έχουν γύρω τους μια άλω από ένα αιθέριο μπλε φως. Έχει μια μάλλον μεγάλη και απλή μύτη, με την οποία διασκεδάζει σε στιγμές που δεν έχει κάτι άλλο να κάνει, στρίβοντάς την και κουνώντας την με τα δάχτυλά του σαν μικρό παιδί. Σε ανάπαυση το στόμα του είναι αυστηρό, όμως με μια χροιά τρυφερότητας.

»Ρίχνοντας φευγαλέες ματιές τριγύρω, παρατήρησα ότι το κάπως φθαρμένο δωμάτιο δείχνει ότι ο ιδιοκτήτης δεν έχει προσκόλληση σε υλικές ανέσεις. Οι κηλιδωμένοι από την υγρασία άσπροι τοίχοι του μεγάλου δωματίου είναι σοβατισμένοι σε λωρίδες με ξεθωριασμένο

ΠΑΡΑΜΑΧΑΝΣΑ ΓΙΟΓΚΑΝΑΝΤΑ

Φωτογραφία που τραβήχτηκε στις 18 Δεκεμβρίου 1935 στο Νταμοντάρ της Ινδίας, κατά τη διάρκεια μιας επίσκεψης στον τόπο του πρώτου του σχολείου για αγόρια, που ιδρύθηκε στη διπλανή Ντιχικά το 1917. Διαλογίζεται στην είσοδο του ετοιμόρροπου πύργου, που κάποτε ήταν η αγαπημένη του γωνιά σε στιγμές απομόνωσης.

μπλε σοβά. Στη μία άκρη του δωματίου κρέμεται η θαυμάσια φωτογραφία του Λαχίρι Μαχασάγια, λατρευτικά διακοσμημένη με μια απλή γιρλάντα. Υπάρχει και μια ακόμα φωτογραφία που δείχνει τον Γιογκανάντατζι όταν έφτασε στη Βοστόνη να στέκεται μαζί με άλλους απεσταλμένους στο θρησκευτικό συνέδριο.

»Πρόσεξα μια περίεργη συνύπαρξη του παλιού με το νέο. Ένας τεράστιος γυάλινος πολυέλαιος που φωτίζει με κεριά είναι καλυμμένος από ιστούς αράχνης, από την πολύχρονη αχρησία· και στον τοίχο κρέμεται ένα έγχρωμο, ενημερωμένο ημερολόγιο. Το δωμάτιο αναδίδει ένα άρωμα γαλήνης και ευτυχίας.

»Πέρα από το μπαλκόνι υψώνονται κοκκοφοίνικες πάνω από το ερημητήριο, σαν να το προστατεύουν σιωπηλά.

Πομπή των δασκάλων και των μαθητών του σχολείου του Ραντσί, τον Μάρτιο του 1938, για τον ετήσιο εορτασμό της ίδρυσης του σχολείου.

Μαθητές του Yogoda Satsanga Society of India σχολείου για αγόρια, στο Ραντσί, το 1970. Κρατώντας τα ιδεώδη του Γιογκανάντατζι όταν ίδρυε το σχολείο, πολλά μαθήματα γίνονται στην ύπαιθρο και τα παιδιά λαμβάνουν εκπαίδευση στη γιόγκα, καθώς και σε ακαδημαϊκά μαθήματα και σε επαγγελματικό προσανατολισμό.

Ο Σρι Γιογκανάντα *(στο κέντρο)* και ο γραμματέας του, Ρίτσαρντ Ράιτ *(δεξιά, καθισμένος)*, στο Ραντσί, στις 17 Ιουλίου 1936. Είναι περικυκλωμένοι από δασκάλους και μαθήτριες του σχολείου του Σρι Γιογκανάντα για Ιθαγενή Κορίτσια.

Ο Σρι Γιογκανάντα με τους δασκάλους και μαθητές του σχολείου για αγόρια Yogoda Satsanga Society στο Ραντσί, το 1936. Το σχολείο, που ιδρύθηκε από τον Γιογκανάντατζι, μεταφέρθηκε σ' αυτήν την περιοχή από τη Ντιχικά στη Βεγγάλη το 1918, υπό την αιγίδα του Μαχαραγιά του Κασιμπαζάρ.

»Ο Δάσκαλος χρειάζεται απλώς να χτυπήσει τα χέρια του· πριν προλάβει να τελειώσει, έρχεται κάποιος νεαρός μαθητής. Ένας απ' αυτούς, ένας αδύνατος νέος με το όνομα Πραφούλα,[2] έχει μακριά μαύρα μαλλιά, σπινθηροβόλα μαύρα μάτια και ουράνιο χαμόγελο: τα μάτια του αστράφτουν και καθώς οι άκρες του στόματός του ανεβαίνουν, φαίνονται σαν αστέρια κι ένα μισοφέγγαρο που ξαφνικά εμφανίζονται στο λυκόφως.

»Η χαρά του Σουάμι Γιουκτέσβαρτζι είναι φανερά έντονη με την επιστροφή του "δημιουργήματός" του (και φαίνεται να είναι κάπως διερευνητικός σχετικά και μ' εμένα, το "δημιούργημα του δημιουργήματός" του). Η κυριαρχία της σοφίας στη φύση αυτού του Μεγάλου όμως εμποδίζει την εξωτερική έκφραση των συναισθημάτων του.

»Ο Γιογκανάντατζι του έδωσε κάποια δώρα, όπως είναι το έθιμο όταν ο μαθητής επιστρέφει στον γκουρού του. Αργότερα φάγαμε ένα απλό αλλά καλά μαγειρεμένο μεσημεριανό φαγητό από λαχανικά και ρύζι. Ο Σρι Γιουκτέσβαρτζι χάρηκε που τήρησα κάποια ινδικά έθιμα, όπως το να τρώω με τα χέρια.

»Μετά από αρκετές ώρες κατά τις οποίες συζήτησαν στη βεγγαλική γλώσσα και αντάλλαξαν θερμά χαμόγελα και χαρούμενες ματιές, κάναμε βαθιά υπόκλιση στα πόδια του, του είπαμε αντίο με ένα *πρανάμ*[3] και φύγαμε για την Καλκούτα, με την αξέχαστη ανάμνηση της ιερής συνάντησης. Αν και έγραψα κυρίως τις εξωτερικές μου εντυπώσεις από τον Δάσκαλο, εντούτοις είχα πάντα επίγνωση του πνευματικού μεγαλείου του. Ένιωσα τη δύναμή του και θα διατηρώ για πάντα αυτή την αίσθηση ως θεϊκή ευλογία μου».

Από την Αμερική, την Ευρώπη και την Παλαιστίνη είχα φέρει πολλά δώρα στον Σρι Γιουκτέσβαρ. Τα πήρε χαμογελώντας αλλά δεν έκανε καμία παρατήρηση. Για δική μου χρήση είχα αγοράσει από τη Γερμανία μια ομπρέλα που ήταν συγχρόνως και μπαστούνι. Στην Ινδία αποφάσισα να τη δώσω στον Δάσκαλό μου.

«Αυτό το δώρο το εκτιμώ πράγματι!». Τα μάτια του γκουρού μου στράφηκαν σ' εμένα με συγκίνηση, καθώς έκανε το ασυνήθιστο σχόλιο. Απ' όλα τα δώρα, ήταν το μπαστούνι που ξεχώρισε για να το δείχνει στους επισκέπτες.

---

[2] Ο Πραφούλα ήταν ο νεαρός που ήταν παρών, μαζί με τον Δάσκαλο, όταν πλησίασε η κόμπρα (βλ. σελ. 130).

[3] Κατά κυριολεξία «ολοκληρωτικός χαιρετισμός», από τη σανσκριτική ρίζα *ναμ*, χαιρετώ ή υποκλίνομαι· και το μόριο *πρα*, εντελώς. Ένας *πρανάμ* χαιρετισμός γίνεται κυρίως σε μοναχούς και άλλα σεβαστά πρόσωπα.

*Επιστρέφω στην Ινδία*

«Δάσκαλε, σας παρακαλώ επιτρέψτε μου να αγοράσω ένα καινούργιο χαλί για το καθιστικό». Είχα προσέξει ότι το δέρμα της τίγρης του Σρι Γιουκτέσβαρ ήταν πάνω σ' ένα φθαρμένο χαλί.

«Κάν' το αν σ' ευχαριστεί». Η φωνή του Δασκάλου μου δεν ήταν ενθουσιώδης. «Κοίτα το στρώμα μου από δέρμα τίγρης: είναι όμορφο και καθαρό· είμαι μονάρχης στο μικρό μου βασίλειο. Πέρα απ' αυτό είναι ο απέραντος κόσμος που ενδιαφέρεται μόνο για τα εξωτερικά αντικείμενα».

Καθώς πρόφερε αυτές τις λέξεις, ένιωσα τα χρόνια να γυρνούν πίσω· για μια ακόμα φορά ήμουν ο νεαρός μαθητής, που εξαγνιζόταν καθημερινά στη φωτιά της επίπληξης!

Μόλις κατάφερα να αποχωριστώ το Σεράμπουρ και την Καλκούτα, πήγα με τον κ. Ράιτ στο Ραντσί. Τι υποδοχή με περίμενε εκεί, τι συγκινητικές θυελλώδεις επευφημίες! Δάκρυσα όταν αγκάλιασα τους ανιδιοτελείς δασκάλους που κράτησαν τη σημαία του σχολείου να κυματίζει τα δεκαπέντε χρόνια που έλειπα. Τα φωτεινά πρόσωπα και τα ευτυχισμένα χαμόγελα των μαθητών που έμεναν εκεί ως εσωτερικοί, καθώς και αυτών που παρακολουθούσαν μαθήματα μόνο κατά την ημέρα, ήταν επαρκής απόδειξη της αξίας του σχολείου τους που τα πρόσεχε, καθώς και της αξίας της εκπαίδευσης στη γιόγκα.

Δυστυχώς όμως το Ινστιτούτο του Ραντσί βρισκόταν σε πολύ μεγάλη οικονομική δυσχέρεια. Ο Σερ Μανίντρα Τσάντρα Ναντί, ο παλιός Μαχαραγιάς του οποίου το Παλάτι στο Κασιμπαζάρ είχε μετατραπεί στο κεντρικό κτίριο του σχολείου και ο οποίος είχε κάνει πολλές πλούσιες δωρεές, τώρα είχε πεθάνει. Πολλές υπηρεσίες του σχολείου κινδύνευαν σοβαρά να διακοπούν λόγω έλλειψης επαρκούς υποστήριξης από το κοινό.

Δεν είχα ζήσει τόσα χρόνια στην Αμερική χωρίς να μάθω κάτι από την πρακτική σοφία των ανθρώπων της και το απτόητο πνεύμα τους μπροστά σε εμπόδια. Για μία εβδομάδα έμεινα στο Ραντσί παλεύοντας να δώσω λύση σε κρίσιμα προβλήματα. Μετά πήγα στην Καλκούτα όπου μίλησα με εξέχοντες ηγέτες και εκπαιδευτές, είχα μια πολύωρη συζήτηση με το νεαρό Μαχαραγιά του Κασιμπαζάρ, έκανα μια οικονομική έκκληση στον πατέρα μου και, τελικά, τα κατάφερα! Τα κλονισμένα θεμέλια του σχολείου του Ραντσί άρχισαν να ενδυναμώνονται. Πολλές δωρεές ήρθαν αμέσως και από τους μαθητές μου στην Αμερική.

Μέσα σε λίγους μήνες από την επιστροφή μου στην Ινδία είχα τη χαρά να δω το σχολείο του Ραντσί να κατοχυρώνεται και νομικά.

ΤΟ YOGODA MATH, ΣΤΟ ΝΤΑΚΣΙΝΕΣΒΑΡ, ΣΤΗΝ ΙΝΔΙΑ

Τα κεντρικά του Yogoda Satsanga της Ινδίας, στον ποταμό Γάγγη, κοντά στην Καλκούτα, που ιδρύθηκε από τον Παραμαχάνσα Γιογκανάντα το 1939.

*Επιστρέφω στην Ινδία*

Το όνειρο μιας ολόκληρης ζωής, να ιδρύσω ένα μόνιμο εκπαιδευτικό κέντρο γιόγκα, εκπληρώθηκε. Αυτό το όνειρο με έκανε να ξεκινήσω ταπεινά, το 1917, με μια ομάδα επτά αγοριών.

Το σχολείο, το Γιογκόντα Σατσάνγκα Μπραματσάρια Βιντυαλάυα (Yogoda Satsanga Brahmacharya Vidyalaya), διεξάγει υπαίθρια μαθήματα στη γραμματική και άλλα μαθήματα του Γυμνασίου-Λυκείου. Οι μαθητές που μένουν εκεί ως εσωτερικοί, καθώς και αυτοί που παρακολουθούν μαθήματα μόνο κατά την ημέρα, λαμβάνουν επίσης κάποια μαθήματα επαγγελματικού προσανατολισμού.

Τα αγόρια ρυθμίζουν μόνα τους πολλές από τις δραστηριότητές τους μέσω αυτόνομων επιτροπών. Από πολύ νωρίς στην καριέρα μου

Ο Σρι Γιογκανάντα σ' ένα ταξίδι με βάρκα στον ποταμό Γιαμούνα, το 1935, στη Ματούρα, μια ιερή πόλη που σχετίζεται με τη γέννηση και την παιδική ηλικία του Μπάγκαβαν Κρίσνα. *(Καθισμένοι, από το κέντρο προς τα δεξιά)* Η κόρη τού Ανάντα Λαλ Γκος (του μεγαλύτερου αδερφού του Γιογκανάντα)· ο Σανάντα Λαλ Γκος (ο νεότερος αδελφός του Γιογκανάντατζι)· και ο Ρίτσαρντ Ράιτ.

ως εκπαιδευτικός ανακάλυψα ότι τα παιδιά που χαίρονται να ξεγελούν τον καθηγητή τους με σκανταλιές, δέχονται με χαρά τους πειθαρχικούς κανόνες που επιβάλλονται από τους συμμαθητές τους. Καθώς κι εγώ ο ίδιος δεν ήμουν ποτέ υπόδειγμα μαθητή, ένιωθα εύκολα συμπάθεια για όλες τις παιδικές φάρσες και τα προβλήματά τους.

Οι αθλητικές δραστηριότητες και τα ομαδικά παιχνίδια ενθαρρύνονται· στους υπαίθριους χώρους αντηχούσαν οι φωνές των παιδιών που έπαιζαν χόκεϋ και ποδόσφαιρο. Οι μαθητές του Ραντσί συχνά κερδίζουν το κύπελλο σε αγώνες με άλλους. Στα παιδιά διδάσκεται η μέθοδος *Γιογκόντα* για την επαναφόρτιση των μυών μέσω της δύναμης της θέλησης: η νοητική διοχέτευση της ζωικής ενέργειας σε οποιοδήποτε μέρος του σώματος. Επίσης μαθαίνουν *άσανα* (στάσεις του σώματος), ξιφομαχία και *λατί* (ραβδομαχία). Εκπαιδευμένοι στις πρώτες βοήθειες, οι μαθητές του Ραντσί πρόσφεραν αξιέπαινη βοήθεια στη γειτονιά τους σε τραγικές στιγμές κατά τις οποίες υπήρξαν πλημμύρες ή λιμοκτονία. Τα αγόρια δουλεύουν στους κήπους και καλλιεργούν τα δικά τους λαχανικά.

Η εκπαίδευση στα Ινδικά παρέχεται στα μαθήματα του δημοτικού για τους *Κολ*, *Σαντάλ* και *Μούντα*, αυτόχθονες φυλές της περιοχής. Μαθήματα για κορίτσια γίνονται μόνο σε διπλανά χωριά.

Η μοναδικότητα του Ραντσί έγκειται στη μύηση στην *Κρίγια Γιόγκα*. Τα αγόρια καθημερινά ασκούν τα πνευματικά τους καθήκοντα, ψέλνουν στίχους της Γκίτα και διδάσκονται με διδαχές και παράδειγμα τις αρετές της απλότητας, της αυτοθυσίας, της τιμής και της αλήθειας. Η φαυλότητα ορίζεται ως αυτό που προκαλεί δυστυχία· καλές είναι οι πράξεις που οδηγούν στην αληθινή ευτυχία. Η φαυλότητα μπορεί να συγκριθεί με το δηλητηριώδες μέλι, δελεαστικό αλλά θανατηφόρο.

Η υπέρβαση της νευρικότητας του σώματος και του νου με τεχνικές αυτοσυγκέντρωσης έχει καταλήξει σε εκπληκτικά αποτελέσματα: δεν είναι κάτι νέο για το Ραντσί το να δει κάποιος το ελκυστικό θέαμα ενός αγοριού εννέα ή δέκα ετών να κάθεται για μια ώρα ή περισσότερο σε πλήρη ακινησία, με το βλέμμα του προσηλωμένο στο πνευματικό μάτι.

Στον οπωρώνα βρίσκεται ένας ναός του Σίβα μ' ένα άγαλμα του ευλογημένου Δασκάλου, του Λαχίρι Μαχασάγια. Οι καθημερινές προσευχές και τα μαθήματα σχετικά με τις Γραφές γίνονται στον κήπο, κάτω από τις συστάδες των πολλών μάνγκο.

Το Νοσοκομείο Γιογκόντα Σατσάνγκα Σεβάσραμ («Σπίτι υπηρεσίας»), μέσα στην ιδιοκτησία του Ραντσί, προσφέρει δωρεάν εγχειρήσεις και γενικότερη ιατρική περίθαλψη σε πολλές χιλιάδες φτωχούς Ινδούς.

*Επιστρέφω στην Ινδία*

Το Ραντσί βρίσκεται 610 μέτρα πάνω από τη θάλασσα· το κλίμα είναι εύκρατο και ήπιο. Τα εκατό στρέμματά του, δίπλα σε μια μεγάλη λίμνη για μπάνιο, περιλαμβάνουν ένα από τα ωραιότερα ιδιωτικά περιβόλια στην Ινδία: πεντακόσια οπωροφόρα δέντρα - μάνγκο, χουρμαδιές, γουάβες, λίτσι, τζάκφρουτ.

Η βιβλιοθήκη του Ραντσί έχει πολλά περιοδικά και χίλιους τόμους στην αγγλική και στη βεγγαλική γλώσσα, δωρεές από τη Δύση και την Ανατολή. Υπάρχει μια συλλογή των Γραφών όλου του κόσμου. Σ' ένα καλά οργανωμένο μουσείο παρουσιάζονται πολύτιμες πέτρες και αρχαιολογικά, γεωλογικά και ανθρωπολογικά εκθέματα: κυρίως τρόπαια από τις περιπλανήσεις μου πάνω στην πολυποίκιλη γη του Κυρίου.[4]

Ιδρύθηκαν και άλλα παραρτήματα Γυμνασίων και Λυκείων με τα χαρακτηριστικά του Ραντσί όσον αφορά την κατοικία των μαθητών και τη διδασκόμενη γιόγκα, που τώρα ανθούν. Αυτά είναι τα Γιογκόντα Σατσάνγκα Βιντυαπίτ (Yogoda Satsanga Vidyapith) (Σχολείο) για αγόρια στο Λακανπούρ (Lakhanpur) στη δυτική Βεγγάλη και το Γυμνάσιο-Λύκειο στο ερημητήριο του Ετζμαλιτσάκ (Ejmalichak) στο Μίντναπουρ (Midnapore), στη Βεγγάλη.[5]

Το 1939 αγκαινιάστηκε ένα επιβλητικό Γιογκόντα Ματ (άσραμ - Yogoda Math) στο Ντακσινεσβάρ, που βλέπει στον Γάγγη. Μόνο λίγα χιλιόμετρα βόρεια της Καλκούτα, το ερημητήριο προσφέρει στους κατοίκους της πόλης ένα λιμάνι γαλήνης.

Το Ντακσινεσβάρ Ματ αποτελεί τα κεντρικά γραφεία στην Ινδία του Yogoda Satsanga Society (YSS) και των σχολείων του, των κέντρων και των ερημητηρίων στα διάφορα μέρη της Ινδίας. Το Yogoda Satsanga Society της Ινδίας έγινε θυγατρικό μέλος του Self-Realization Fellowship στο Λος Άντζελες, Καλιφόρνια, Η.Π.Α. Οι δραστηριότητες του Γιογκόντα Σατσάνγκα (Yogoda Satsanga)[6] περιλαμβάνουν την έκ-

---

[4] Ένα μουσείο στην Αμερική με παρόμοια εκθέματα, που συνέλεξε ο Παραμαχάνσα Γιογκανάντα, βρίσκεται στη Lake Shrine (Λίμνη Σράιν) του Self-Realization Fellowship στο Πασίφικ Πάλισεϊντς, στην Καλιφόρνια. *(Σημ. του Εκδότη)*

[5] Απ' αυτόν τον αρχικό πυρήνα, πολλά εκπαιδευτικά Ινστιτούτα YSS και για αγόρια και για κορίτσια τώρα ανθούν σε αρκετές περιοχές στην Ινδία. Η διδακτέα ύλη εκτείνεται από το δημοτικό μέχρι και το επίπεδο του Κολλεγίου.

[6] Η λέξη «Γιογκόντα» προέρχεται από τη λέξη *γιόγκα*, ένωση, αρμονία, ισορροπία· και τη λέξη *ντα*, αυτό που προσδίδει. Η λέξη «Σατσάνγκα» αποτελείται από τις λέξεις *σατ*, αλήθεια, και *σάνγκα*, αδελφότητα.

Η λέξη «Γιογκόντα» επινοήθηκε από τον Παραμαχάνσα Γιογκανάντα το 1916, όταν ανακάλυψε τις αρχές της επαναφόρτισης του ανθρώπινου σώματος με ενέργεια από τη συμπαντική πηγή. (Βλ. σελ. 285-286.)

δοση του τριμηνιαίου περιοδικού *Yogoda Magazine* και την αποστολή ανά δεκαπενθήμερο των μαθημάτων σε μαθητές σε όλα τα μέρη της Ινδίας. Αυτά τα μαθήματα περιέχουν λεπτομερείς οδηγίες σχετικά με τις Τεχνικές της Ενεργοποίησης, Αυτοσυγκέντρωσης και Διαλογισμού του Self-Realization Fellowship. Η αφοσιωμένη εξάσκηση σ' αυτές αποτελεί τη στοιχειώδη προκαταρκτική εργασία για τις ανώτερες οδηγίες της *Κρίγια Γιόγκα*, που δίνονται σε επόμενα μαθήματα, σε μαθητές που πληρούν τις προϋποθέσεις.

Οι εκπαιδευτικές, θρησκευτικές και ανθρωπιστικές δραστηριότητες του Γιογκόντα απαιτούν την υπηρεσία και την αφοσίωση πολλών δασκάλων και άλλων εργαζομένων. Δεν τους αναφέρω εδώ γιατί είναι πάρα πολλοί· στην καρδιά μου όμως κάθε ένας απ' αυτούς έχει μια ξεχωριστή θέση.

Ο κ. Ράιτ απέκτησε πολλές φιλίες με τους μαθητές του Ραντσί· ντυμένος μ' ένα απλό *ντότι*, έζησε για κάποιο διάστημα μαζί τους. Στη Βομβάη, στο Ραντσί, στην Καλκούτα, στο Σεράμπουρ, όπου κι αν πήγαινε, ο γραμματέας μου, που έχει το χάρισμα να γράφει παραστατικά, κατέγραφε σ' ένα ταξιδιωτικό ημερολόγιο τις περιπέτειές του. Ένα απόγευμα τον ρώτησα:

«Ντικ, ποια είναι η εντύπωσή σου για την Ινδία;».

«Γαλήνη», είπε στοχαστικά. «Η αύρα αυτής της φυλής είναι η γαλήνη».

---

Ο Σρι Γιουκτέσβαρ αποκαλούσε την οργάνωση του ερημητήριου του Σατσάνγκα (Αδελφότητα με την Αλήθεια)· ο μαθητής του, ο Παραμαχάνσατζι, φυσικά επιθυμούσε να διατηρήσει αυτό το όνομα.

Το Yogoda Satsanga της Ινδίας είναι ένα μη κερδοσκοπικό Ινστιτούτο με αόριστη διάρκεια. Μ' αυτό το όνομα ο Γιογκανάντατζι περιέβαλε το έργο του και τα ιδρύματα στην Ινδία, που τώρα διοικούνται με μεγάλη ικανότητα από το συμβούλιο των Διευθυντών του Γιογκόντα Ματ στο Ντακσινεσβάρ, στη δυτική Βεγγάλη. Πολλά κέντρα διαλογισμού YSS τώρα ευημερούν σε διάφορα μέρη της Ινδίας.

Στη Δύση ο Γιογκανάντατζι ονόμασε την οργάνωσή του με αγγλικές λέξεις ως Self-Realization Fellowship, ενσωματώνοντας το έργο του σ' αυτήν. Η Σρι Μριναλίνη Μάτα είναι η τωρινή πρόεδρος και του Γιογκόντα Σατσάνγκα της Ινδίας (Yogoda Satsanga Society of India) και του Self-Realization Fellowship. *(Σημ. του Εκδότη)*

ΚΕΦΑΛΑΙΟ 41

# Η Γοητεία της Νότιας Ινδίας

«Είσαι ο πρώτος άνθρωπος από τη Δύση, Ντικ, που μπήκε ποτέ σ' αυτόν τον ναό. Πολλοί άλλοι το επιχείρησαν, αλλά μάταια».

Ο κ. Ράιτ φάνηκε ξαφνιασμένος με τα λόγια μου στην αρχή και μετά ευχαριστημένος. Μόλις είχαμε φύγει από τον όμορφο Ναό Τσαμουντί (Chamundi) στον λόφο που έβλεπε προς το Μαϊσόρ (Mysore), στη νότια Ινδία. Εκεί είχαμε προσκυνήσει τον χρυσό και τον ασημένιο βωμό της Θεάς Τσαμουντί, προστάτιδας Θεότητας της οικογένειας που κυβερνούσε το Μαϊσόρ.

«Σαν ανάμνηση της μοναδικής αυτής τιμής», είπε ο κ. Ράιτ, τυλίγοντας προσεκτικά μερικά πέταλα τριανταφυλλιάς, «θα κρατήσω για πάντα αυτά τα πέταλα που ευλογήθηκαν από τον ιερέα με ροδόνερο».

Ο σύντροφός μου κι εγώ[1] περνούσαμε τον Νοέμβριο μήνα του 1935 ως φιλοξενούμενοι της Πολιτείας του Μαϊσόρ. Ο διάδοχος του Μαχαραγιά,[2] η Αυτού Μεγαλειότητα Γιουβαράτζα Σρι Καντιράβα Ναρασιμαχαραγιά Βιντιγιάρ (H.H. Yuvaraja, Sri Kantheerava Narasimharaja Wadiyar), είχε καλέσει τον γραμματέα μου κι εμένα να επισκεφθούμε το φωτισμένο και προοδευτικό βασίλειό του.

Κατά τη διάρκεια των προηγούμενων δεκαπέντε ημερών είχα δώσει ομιλίες σε χιλιάδες κατοίκους και φοιτητές της Πόλης Μαϊσόρ στο Δημαρχείο, στο Κολλέγιο του Μαχαραγιά, στην Ιατρική Σχολή του Πανεπιστημίου, καθώς και σε τρεις μαζικές συγκεντρώσεις στο Μπάνγκαλορ, στο Εθνικό Γυμνάσιο-Λύκειο, στο Ενδιάμεσο Κολλέγιο, καθώς και στο Δημαρχείο του Τσετί (Chetty) όπου είχαν έρθει τρεις χιλιάδες άτομα.

Το αν μπόρεσαν οι πρόθυμοι ακροατές να εκτιμήσουν τη λαμπερή εικόνα της Αμερικής που περιέγραψα, δεν το γνωρίζω· τα χειροκροτήματα όμως ήταν πάντα πιο δυνατά όταν αναφερόμουν στο αμοιβαίο όφελος που θα μπορούσε να προκύψει από την ανταλλαγή των

---

[1] Η κ. Μπλετς είχε μείνει στην Καλκούτα, με τους συγγενείς μου.
[2] Του Μαχαραγιά Σρι Κρίσνα Ρατζέντρα Οντιγιάρ του 4ου (Sri Krishna Rajendra Wadiyar IV).

καλύτερων χαρακτηριστικών μεταξύ της Ανατολής και της Δύσης.

Ο κ. Ράιτ κι εγώ ξεκουραζόμασταν τώρα στην τροπική γαλήνη. Το ταξιδιωτικό του ημερολόγιο περιλαμβάνει την εξής αφήγηση από τις εντυπώσεις του στο Μαϊσόρ:

«Πολλές εκστατικές στιγμές πέρασαν κοιτώντας, σχεδόν αφηρημένα, το συνεχώς μεταβαλλόμενο πανόραμα του Θεού που εκτείνεται στο στερέωμα, γιατί μόνο το δικό Του άγγιγμα θα μπορούσε να παράγει τέτοιο πλούτο χρωμάτων που να πάλλονται με τη φρεσκάδα της ζωής. Αυτή η ζωντάνια των χρωμάτων χάνεται όταν ο άνθρωπος προσπαθεί να τα μιμηθεί με απλές χρωστικές ουσίες, γιατί ο Κύριος χρησιμοποιεί ένα πιο απλό και αποτελεσματικό μέσον – ούτε λαδομπογιές ούτε χρωστικές, αλλά απλά ακτίνες φωτός. Ρίχνει μια δέσμη φωτός εδώ, και αντανακλά κόκκινο χρώμα· κινεί πάλι το φως εκεί, και το χρώμα σταδιακά μετατρέπεται σε πορτοκαλί και χρυσό· μετά, με μια διαπεραστική ώθηση, τραυματίζει τα σύννεφα με μια μωβ λόγχη που αφήνει ένα δαχτυλίδι ή μια άκρη κόκκινου χρώματος που ρέει από την πληγή· κι έτσι, πάλι και πάλι, παίζει, νύχτα και μέρα, προβάλλοντας πάντα μεταβαλλόμενες εικόνες, πάντα νέες, πάντα ζωντανές· κανένα διπλό, κανένα ίδιο σχέδιο ή ίδιο χρώμα. Η ομορφιά της αλλαγής στην Ινδία από το πρωί στο βράδυ και από το βράδυ στο πρωί είναι πέρα από κάθε σύγκριση με άλλα μέρη· συχνά ο ουρανός μοιάζει σαν να πήρε ο Θεός όλα τα χρώματα και να τα πέταξε όλα μαζί με δύναμη στους ουρανούς, σαν καλειδοσκόπιο.

»Πρέπει να διηγηθώ το μεγαλείο μιας επίσκεψης, την ώρα του λυκόφωτος, στο τεράστιο φράγμα Κρισναράτζα Σαγκάρ (Krishnaraja Sagar Dam),[3] δεκαεννέα χιλιόμετρα έξω από την πόλη Μαϊσόρ. Ο Γιογκανάντατζι κι εγώ επιβιβαστήκαμε σ' ένα μικρό λεωφορείο και, μ' ένα μικρό αγόρι ως χειριστή της μανιβέλας ή, μάλλον, σαν υποκατάστατο μπαταρίας, ξεκινήσαμε παίρνοντας έναν ομαλό χωμάτινο δρόμο, ακριβώς την ώρα που ο ήλιος έδυε βάφοντας κατακόκκινο τον ορίζοντα.

»Κατά τη διάρκεια του ταξιδιού μας περάσαμε μέσα από τους πανταχού παρόντες τετράγωνους ορυζώνες, σ' ένα μικρό δάσος από δέντρα μπάνιαν ανάμεσα σε τεράστιους κοκοφοίνικες· σχεδόν παντού η βλάστηση ήταν το ίδιο πυκνή μ' αυτήν της ζούγκλας. Πλησιάζοντας

---

[3] Ένα αρδευτικό φράγμα που χτίστηκε το 1930 για την εξυπηρέτηση της περιοχής κοντά στην πόλη Μαϊσόρ, η οποία είναι ονομαστή για τα μεταξωτά της, τα σαπούνια και το λάδι της από σανταλόξυλο.

την κορυφή του λόφου, είδαμε μια τεράστια τεχνητή λίμνη, που αντανακλούσε τ' αστέρια και μια συστάδα φοινικιών και άλλων δέντρων που περιβάλλονταν από πανέμορφους κήπους σε διάφορες κλιμακωτές βαθμίδες και με σειρές από ηλεκτρικά φώτα.

»Κάτω από το χείλος του φράγματος είδαμε ένα εκτυφλωτικό θέαμα: χρωματισμένες ακτίνες να παίζουν με σιντριβάνια με θερμοπίδακες που έμοιαζαν με λαμπερή ροή μελανιών – θεσπέσιους μπλε, κόκκινους, πράσινους και κίτρινους καταρράχτες· και μεγαλειώδεις πέτρινους ελέφαντες από τους οποίους ανάβλυζε νερό. Το φράγμα (του οποίου οι φωτεινοί καταρράχτες μού θύμισαν αυτούς της Παγκόσμιας Έκθεσης το 1933 στο Σικάγο), είναι εξαιρετικά μοντέρνο σε σχέση μ' αυτήν την αρχαία χώρα των ορυζώνων και των απλών ανθρώπων. Οι Ινδοί μάς καλωσόρισαν με τόση αγάπη, που φοβάμαι πως θα χρειαστεί περισσότερη από τη δική μου δύναμη για να φέρω τον Γιογκανάντατζι πίσω στην Αμερική.

»Ένα ακόμα σπάνιο προνόμιο ήταν η πρώτη φορά που ανέβηκα σε ελέφαντα. Χθες ο Γιουβαράτζα μάς κάλεσε στο θερινό παλάτι του για να απολαύσουμε μια βόλτα πάνω σ' έναν από τους ελέφαντές του, ένα πελώριο θηρίο. Ανέβηκα σε μια σκάλα που μου έδωσαν για να σκαρφαλώσω πάνω στο χαουντά ή σέλα, η οποία είχε μαξιλάρια από μετάξι κι έμοιαζε με κουτί· και μετά άρχισε η περιπέτεια, κυλιόταν, έστριβε, ριχνόταν μπροστά και ταλαντευόταν κάτω στο πρανές – είχα τόση αγωνία που δεν μ' έκανε απλά να ανησυχώ ή να αναφωνώ, αλλά να κρατιέμαι πάνω του για να σώσω τη ζωή μου!».

Η νότια Ινδία, πλούσια σε ιστορικά και αρχαιολογικά ευρήματα, είναι μια χώρα με μεγάλη, αν και ακαθόριστη γοητεία. Στα Βόρεια του Μαϊσόρ βρίσκεται το Χιντεραμπάντ (Hyderabad), ένα γραφικό υψίπεδο που τέμνεται από τον ορμητικό ποταμό Γκοντάβαρι. Έχει πλούσιες, γόνιμες εκτάσεις, τα θαυμάσια Νιλγκίρι ή «Μπλε Βουνά» και άλλες εκτάσεις με άγονους λόφους από ασβεστόλιθο ή γρανίτη. Η μακρόχρονη, επεισοδιακή ιστορία του Χιντεραμπάντ άρχισε τρεις χιλιάδες χρόνια πριν, κάτω από τη βασιλεία των Άντρα (Andhra) και συνέχισε κάτω από ινδικές δυναστείες μέχρι το 1.294 μ.Χ., οπότε η περιοχή πέρασε σε μια σειρά Μουσουλμάνων κυβερνητών.

Τα πιο εκπληκτικά δείγματα αρχιτεκτονικής, γλυπτικής και ζωγραφικής σε όλη την Ινδία, που κόβουν την ανάσα, βρίσκονται στο Χιντεραμπάντ, στα αρχαία, σμιλευμένα με πέτρα σπήλαια της Ελόρα και της Ατζάντα. Στον Καϊλάς (Kailasa) στην Ελόρα, έναν τεράστιο μονολιθικό ναό, υπάρχουν σμιλευμένες μορφές θεών, ανθρώπων και ζώων στις εκπληκτικές αναλογίες ενός Μιχαήλ Άγγελου. Στην Ατζάντα (Ajanta) υπάρχουν είκοσι πέντε μοναστήρια και πέντε καθεδρικοί ναοί, που ανακαλύφθηκαν με ανασκαφές, και υποστηρίζονται από τεράστιες κολώνες με νωπογραφίες πάνω στις οποίες οι καλλιτέχνες και οι γλύπτες απαθανάτισαν την ιδιοφυΐα τους.

Η πόλη Χιντεραμπάντ έχει τη χάρη και την ευλογία να φιλοξενεί το Πανεπιστήμιο Οσμάνια και το επιβλητικό τζαμί Μέκκα Μαστζίντ (Mecca Masjid), στο οποίο μαζεύονται δέκα χιλιάδες Μουσουλμάνοι για να προσευχηθούν.

Η Πολιτεία του Μαϊσόρ, εννιακόσια δεκαπέντε μέτρα πάνω από την επιφάνεια της θάλασσας, είναι γεμάτη από πυκνά τροπικά δάση, όπου ζουν άγριοι ελέφαντες, βίσονες, αρκούδες, πάνθηρες και τίγρεις. Οι δύο μεγαλύτερες πόλεις, το Μπάνγκαλορ και το Μαϊσόρ, είναι καθαρές και ελκυστικές, με πολλά όμορφα πάρκα και δημόσιους κήπους.

Η ινδική αρχιτεκτονική και γλυπτική έφτασαν στην υψηλότερη τελειότητα στο Μαϊσόρ κάτω από την αιγίδα των Ινδών βασιλιάδων από τον ενδέκατο μέχρι τον δέκατο πέμπτο αιώνα. Ο ναός στο Μπελούρ, ένα αριστούργημα του ενδέκατου αιώνα, που ολοκληρώθηκε κατά τη διάρκεια της βασιλείας του Βασιλιά Βισνουβαρντάνα (Vishnuvardhana), είναι ανυπέρβλητο στον κόσμο για την αισθητική αρτιότητα των λεπτομερειών του και τις πληθωρικές παραστάσεις του.

Τα διατάγματα σε βράχους που βρέθηκαν στο βόρειο Μαϊσόρ χρονολογούνται τον τρίτο αιώνα π.Χ. Φωτίζουν τη μνήμη του Βασιλιά Ασόκα,[4] του οποίου η απέραντη αυτοκρατορία συμπεριλάμβανε την Ινδία, το Αφγανιστάν και το Μπαλουχιστάν. Χαραγμένα σε διάφορες διαλέκτους, τα «κηρύγματα σε πέτρα» του Ασόκα αποτελούν μαρτυρία της ευρέως διαδεδομένης παιδείας των ημερών του. Το Διάταγμα σε βράχο XIII αποκηρύσσει τους πολέμους: «Να μη θεωρείτε τίποτα σαν αληθινή κατάκτηση εκτός από αυτή της θρησκείας». Το Διάταγμα σε βράχο X διακηρύσσει ότι η αληθινή δόξα ενός βασιλιά εξαρτάται από τον βαθμό της ηθικής προόδου των υπηκόων του στην οποία τους βοηθά να φτάσουν. Το Διάταγμα σε βράχο XI ορίζει ότι «το

---

[4] Ο Βασιλιάς Ασόκα έχτισε 84.000 θρησκευτικά *στούπα* (ναούς) σε διάφορα μέρη της Ινδίας. Σώζονται δεκατέσσερα διατάγματα σε βράχο και δέκα πέτρινες κολώνες. Κάθε κολώνα είναι ένας θρίαμβος της μηχανικής, της αρχιτεκτονικής και της γλυπτικής. Φρόντισε για την κατασκευή πολλών δεξαμενών, φραγμάτων και υδατοφραχτών, για λεωφόρους και δρόμους που σκιάζονταν από δέντρα όπου υπήρχαν και καταλύματα για τους οδοιπόρους, για βοτανικούς κήπους για ιατρικούς σκοπούς και για νοσοκομεία για ανθρώπους και ζώα.

αληθινό δώρο» δεν είναι τα υλικά αγαθά αλλά το Καλό - η διάδοση της αλήθειας. Στο Διάταγμα σε βράχο VI, ο αγαπητός αυτοκράτορας καλεί τους υπηκόους του να συζητούν μαζί του για τα δημόσια θέματα «οποιαδήποτε ώρα της μέρας ή της νύχτας», προσθέτοντας ότι με την πιστή εκτέλεση των βασιλικών καθηκόντων του, «κατακτούσε τη δική του απελευθέρωση από το χρέος προς τους συνανθρώπους του».

Ο Ασόκα ήταν εγγονός του τρομερού Τσαντραγκούπτα Μάουρυα (Chandragupta Maurya) που εξόντωσε τις φρουρές που είχε αφήσει στην Ινδία ο Μέγας Αλέξανδρος και ο οποίος το 305 π.Χ. νίκησε τον στρατό των Μακεδόνων εισβολέων υπό τις διαταγές του Σελεύκου. Ο Τσαντραγκούπτα δέχτηκε τότε στο παλάτι του στην Παταλιπούτρα[5] τον Έλληνα Πρεσβευτή Μεγασθένη, ο οποίος μας άφησε περιγραφές της ευτυχισμένης και δραστήριας Ινδίας των ημερών του.

Το 298 π.Χ. ο νικηφόρος Τσαντραγκούπτα παρέδωσε τη βασιλεία της Ινδίας στον γιο του. Ταξιδεύοντας στη νότια Ινδία, ο Τσαντραγκούπτα πέρασε τα δώδεκα τελευταία χρόνια της ζωής του σαν ασκητής χωρίς δεκάρα, αναζητώντας τη συνειδητοποίηση του Εαυτού του σε μια σπηλιά μέσα στους βράχους στο Σραβαναμπελαγκολά (Sravanabelagola), που τώρα είναι ναός του Μαϊσόρ. Η ίδια περιοχή καμαρώνει για το μεγαλύτερο μονολιθικό άγαλμα του κόσμου που λαξεύτηκε σ' έναν τεράστιο ογκόλιθο από τους Ζαϊνιστές το 983 μ.Χ. προς τιμή του σοφού Γκοματέσβαρα.

Ενδιαφέρουσες ιστορίες έχουν καταγραφεί με ακρίβεια από Έλληνες ιστορικούς και άλλους που συνόδευσαν ή ακολούθησαν τον Μεγάλο Αλέξανδρο στην εκστρατεία του στην Ινδία. Οι αφηγήσεις του Αρριανού, του Διόδωρου, του Πλούταρχου και του Στράβωνα του γεωγράφου έχουν μεταφραστεί από τον Dr. J. W. McCrindle[6] για να ρίξουν φως στην αρχαία Ινδία. Το πιο αξιοθαύμαστο χαρακτηριστικό της αποτυχημένης εισβολής του Μεγάλου Αλεξάνδρου ήταν το έντονο

---

[5] Η πόλη Παταλιπούτρα (η σύγχρονη Πάτνα - Patna) έχει μια συναρπαστική ιστορία. Ο Βούδας επισκέφτηκε το μέρος τον έκτο αιώνα π.Χ. όταν ήταν μόνο ένα ασήμαντο φρούριο. Έκανε την εξής προφητεία: «Όσο οι Άριοι θα αναζητούν καταφύγιο και όσο οι έμποροι θα ταξιδεύουν, η Παταλιπούτρα θα γίνει γι' αυτούς η κύρια πόλη, ένα κέντρο ανταλλαγής και διακίνησης εμπορευμάτων όλων των ειδών» *(Mahaparinirbana Sutra)* (Μαχαπαρινιρμπάνα Σούτρα). Δύο αιώνες αργότερα, η Παταλιπούτρα έγινε η πρωτεύουσα της τεράστιας αυτοκρατορίας του Τσαντραγκούπτα Μάουρυα. Ο εγγονός του Ασόκα οδήγησε τη μητρόπολη σε μια ακόμα μεγαλύτερη ευημερία και δόξα (βλ. σελ xxviii).

[6] Έξι τόμοι για την *Ancient India* («Αρχαία Ινδία») (Καλκούτα: Chuckervertty, Chatterjee & Co., 15 College Square; 1879, επανέκδοση 1927).

ενδιαφέρον που έδειξε για την ινδουιστική φιλοσοφία και τους γιόγκι και τους αγίους που συναντούσε από καιρό σε καιρό και των οποίων τη συναναστροφή επεδίωκε με ενθουσιασμό. Λίγο μετά την άφιξη του δυτικού πολεμιστή στην Ταξίλα της βόρειας Ινδίας, έστειλε τον Ονησίκριτο (έναν μαθητή της ελληνικής σχολής του Διογένη) να φέρει έναν μεγάλο *σαννυάσι* της Ταξίλα, τον Νταντάμις (Dandamis).

«Χαίρε δάσκαλε των Βραχμάνων!», είπε ο Ονησίκριτος, αφού βρήκε τον Νταντάμις στο ερημητήριό του στο δάσος. «Ο γιος του δυνατού Θεού Δία, ο Αλέξανδρος, που είναι ο κυρίαρχος όλων των ανθρώπων, σου ζητά να πας σ' αυτόν. Αν συμμορφωθείς, θα σε ανταμείψει με πλουσιοπάροχα δώρα· αν αρνηθείς, θα σε αποκεφαλίσει!».

Ο γιόγκι δέχτηκε με ηρεμία αυτή την αρκετά αναγκαστική πρόσκληση και «δεν έκανε τίποτα περισσότερο από το να σηκώσει το κεφάλι του από το κάθισμά του από φύλλα στο έδαφος».

«Κι εγώ επίσης είμαι γιος του Δία, αν ο Αλέξανδρος είναι τέτοιος», σχολίασε. «Δεν θέλω κάτι που ανήκει στον Αλέξανδρο, γιατί είμαι ικανοποιημένος με όσα έχω, ενώ βλέπω ότι εκείνος περιπλανιέται με τους άντρες του πάνω από θάλασσες και στεριές, χωρίς κανένα όφελος και χωρίς ποτέ οι περιπλανήσεις του να φτάνουν σ' ένα τέλος.

»Πήγαινε και πες στον Αλέξανδρο ότι ο Θεός, ο Υπέρτατος Βασιλιάς, δεν είναι ποτέ ο Δημιουργός του ιταμού λάθους, αλλά είναι ο Δημιουργός του φωτός, της γαλήνης, της ζωής, του νερού, του σώματος των ανθρώπων και των ψυχών· δέχεται όλους τους ανθρώπους όταν τους ελευθερώνει ο θάνατος, οι οποίοι πια δεν υπόκεινται στη φαύλη αρρώστια. Μόνον Αυτός είναι ο Θεός που αναγνωρίζω, που αποστρέφεται τις σφαγές και δεν πυροδοτεί πολέμους.

»Ο Αλέξανδρος δεν είναι θεός, αφού πρέπει τελικά να πεθάνει», συνέχισε ο σοφός με ήρεμη περιφρόνηση. «Πώς μπορεί ένας σαν αυτόν να είναι ο κυρίαρχος του κόσμου, όταν ακόμα δεν είναι κυρίαρχος του εσωτερικού του βασιλείου; Ούτε ακόμα μπήκε ζωντανός στην Κόλαση, ούτε ξέρει την πορεία του ήλιου πάνω από τις αχανείς εκτάσεις αυτής της γης. Τα περισσότερα δε έθνη δεν έχουν ακούσει καν το όνομά του!».

Μετά απ' αυτήν την επίπληξη –σίγουρα την πιο καυστική που πρόσβαλε ποτέ τα αυτιά του «Κυρίου του Κόσμου»– ο σοφός πρόσθεσε ειρωνικά: «Αν τα τωρινά βασίλεια του Αλέξανδρου δεν είναι αρκετά για να ικανοποιήσουν τις επιθυμίες του, ας διασχίσει τον ποταμό Γάγγη· εκεί θα βρει μια χώρα που θα μπορεί να συντηρήσει όλους τους ανθρώπους του.⁷

»Τα δώρα που ο Αλέξανδρος υπόσχεται είναι άχρηστα για μένα», συνέχισε ο Νταντάμις. «Τα πράγματα που εκτιμώ και έχουν αξία για μένα είναι τα δέντρα, που είναι το καταφύγιό μου· τα φυτά που βλασταίνουν, που μου προσφέρουν το καθημερινό μου φαγητό· και το νερό που καταπραΰνει τη δίψα μου. Τα υλικά αγαθά που συσσωρεύονται με αγχώδη προσπάθεια αποδεικνύονται καταστροφικά γι' αυτούς που τα μαζεύουν, προκαλώντας μόνο τον πόνο και την οργή που βασανίζουν όλους τους αφώτιστους ανθρώπους.

»Όσο για μένα, ξαπλώνω πάνω στα φύλλα του δάσους και, μη έχοντας τίποτα να περιφρουρήσω, κλείνω τα μάτια μου και κοιμάμαι ήσυχα· ενώ, αν είχα οτιδήποτε με εγκόσμια αξία, αυτό το βάρος θα εξαφάνιζε τον ύπνο. Η γη μού προσφέρει ό,τι χρειάζομαι, όπως η μητέρα προσφέρει γάλα στο παιδί της. Πηγαίνω όπου θέλω, χωρίς το βάρος της φροντίδας για υλικά αγαθά.

»Αν ο Αλέξανδρος κόψει το κεφάλι μου, δεν μπορεί να καταστρέψει και την ψυχή μου. Το κεφάλι μου, σιωπηλό σ' αυτήν την περίπτωση, καθώς και το σώμα μου, σαν σκισμένα ρούχα, θα παραμείνουν στο χώμα, απ' όπου προήλθαν. Εγώ τότε, που θα έχω γίνει Πνεύμα, θα ανέβω στο Θεό. Μας έκλεισε όλους σ' ένα σώμα και μας έβαλε στη γη για να δοκιμάσει αν εδώ κάτω θα ζήσουμε υπακούοντας τους κανόνες Του· και θα ζητήσει από μας, όταν φύγουμε από εδώ, να δώσουμε λογαριασμό για τη ζωή μας. Αυτός είναι ο Κριτής όλων των σφαλμάτων· οι στεναγμοί των τυραννισμένων επιτάσσουν την τιμωρία του τυράννου.

»Ας τρομοκρατεί ο Αλέξανδρος με απειλές τους ανθρώπους που επιθυμούν πλούτο και τρέμουν τον θάνατο. Τα όπλα του δεν έχουν καμία δύναμη εναντίον των Βραχμάνων. Ούτε αγαπάμε το χρυσάφι, ούτε φοβόμαστε τον θάνατο. Πήγαινε λοιπόν και πες στον Αλέξανδρο το εξής: ο Νταντάμις δεν έχει ανάγκη απ' οτιδήποτε είναι δικό σου και γι' αυτό δεν θα έρθει σ' εσένα· και, αν θέλεις οτιδήποτε από τον Νταντάμις, να πας εσύ σ' αυτόν».

Ο Ονησίκριτος διαβίβασε πιστά ολόκληρο το μήνυμα· ο Αλέξανδρος άκουσε με μεγάλη προσοχή και «ένιωσε μια πιο δυνατή επιθυμία από ποτέ να δει τον Νταντάμις· ο οποίος, αν και γέρος και γυμνός,

---

⁷ Ούτε ο Αλέξανδρος, ούτε κανένας από τους στρατηγούς του πέρασε ποτέ τον Γάγγη. Βρίσκοντας σθεναρή αντίσταση στα Βορειοδυτικά, ο μακεδονικός στρατός έκανε αντάρσια, αρνούμενος να προχωρήσει πιο μακριά· ο Αλέξανδρος αναγκάστηκε να φύγει από την Ινδία. Αναζήτησε άλλες κατακτήσεις στην Περσία.

ήταν ο μόνος ανταγωνιστής στο πρόσωπο του οποίου ο κατακτητής πολλών εθνών βρήκε έναν ανώτερο αντίπαλο».

Ο Αλέξανδρος κάλεσε στην Ταξίλα αρκετούς Βραχμάνους ασκητές που ήταν ονομαστοί για την ικανότητά τους να απαντούν σε φιλοσοφικές ερωτήσεις με μεστή σοφία. Ο Πλούταρχος αφηγείται μια λογομαχία· ο Αλέξανδρος ο ίδιος διατύπωσε όλες τις ερωτήσεις.

«Ποιοι είναι πιο πολλοί, οι ζωντανοί ή οι νεκροί;».

«Οι ζωντανοί, γιατί οι νεκροί δεν υπάρχουν».

«Πού γεννιούνται τα μεγαλύτερα ζώα, στη θάλασσα ή στη στεριά;».

«Στη στεριά, γιατί η θάλασσα είναι μόνο ένα μέρος της στεριάς».

«Ποιο είναι το πιο έξυπνο από τα θηρία;».

«Αυτό το οποίο δεν έχει ακόμα γνωρίσει ο άνθρωπος». (Ο άνθρωπος φοβάται το άγνωστο.)

«Τι υπήρξε πρώτα, η μέρα ή η νύχτα;».

«Η μέρα προηγήθηκε κατά μία μέρα». Αυτή η απάντηση έκανε τον Αλέξανδρο να εκπλαγεί· ο Βραχμάνος συμπλήρωσε: «Οι ερωτήσεις που είναι αδύνατον να απαντηθούν οδηγούν σε απαντήσεις που είναι αδύνατο να κατανοηθούν».

«Ποιος είναι ο καλύτερος τρόπος να γίνει ένας άνθρωπος αγαπητός στους άλλους;».

«Ένας άνθρωπος θα είναι αγαπητός αν, παρ' όλο που μπορεί να έχει μεγάλη δύναμη, δεν κάνει τους άλλους να τον φοβούνται».

«Πώς μπορεί ένας άνθρωπος να γίνει θεός;».[8]

«Κάνοντας αυτά που είναι αδύνατον να κάνει ένας άνθρωπος».

«Τι είναι πιο ισχυρό, η ζωή ή ο θάνατος;».

«Η ζωή, γιατί έχει τόσα πολλά δεινά».

Ο Αλέξανδρος κατάφερε φεύγοντας από την Ινδία να πάρει μαζί του για Δάσκαλο έναν αληθινό γιόγκι. Αυτός ο άνθρωπος ήταν ο Καλιάνα (ο Σουάμι Σφάινς - Swami Sphines), τον οποίο οι Έλληνες αποκαλούσαν «Κάλανο» (Kalanos). Ο σοφός συνόδευσε τον Αλέξανδρο στην Περσία. Σε μια μέρα που είχε δηλώσει από πριν, ο Κάλανος, στα Σούσα στην Περσία, άφησε το ηλικιωμένο σώμα του μπαίνοντας σε μια νεκρική πυρά μπροστά σε ολόκληρο τον μακεδονικό στρατό. Οι ιστορικοί καταγράφουν την κατάπληξη των στρατιωτών όταν είδαν ότι ο γιόγκι δεν φοβόταν τον πόνο ή το θάνατο· δεν κουνήθηκε ούτε μια φορά από τη

---

[8] Από αυτήν την ερώτηση μπορούμε να συμπεράνουμε ότι ο «Γιος του Δία» περιστασιακά είχε αμφιβολίες για το αν είχε κατακτήσει την τελειότητα.

θέση του καθώς καιγόταν από τις φλόγες. Πριν φύγει για την αποτέφρωσή του, ο Κάλανος είχε αγκαλιάσει πολλούς από τους στενούς του συντρόφους, αλλά δεν χαιρέτησε τον Αλέξανδρο, στον οποίο ο Ινδός σοφός έκανε απλώς την εξής παρατήρηση:

«Θα σε δω αργότερα στη Βαβυλώνα».

Ο Αλέξανδρος έφυγε από την Περσία και ένα χρόνο αργότερα πέθανε στη Βαβυλώνα. Το νόημα της προφητείας ήταν ότι ο γκουρού θα ήταν μαζί με τον Αλέξανδρο και στη ζωή και στον θάνατο.

Οι Έλληνες ιστορικοί μάς άφησαν πολλές ζωντανές εικόνες της ινδικής κοινωνίας που εμπνέουν. Ο Αρριανός μάς λέει ότι ο ινδικός νόμος προστατεύει τους ανθρώπους και «ορίζει ότι κανένας τους, σε καμία περίπτωση, δεν θα είναι σκλάβος· αλλά ότι, απολαμβάνοντας την ελευθερία, θα σέβονται το ισότιμο δικαίωμα σ' αυτήν που έχει κάθε άλλος άνθρωπος».[9]

«Οι Ινδοί», αναφέρεται σε κάποιο άλλο κείμενο, «δεν δανείζουν τα χρήματά τους με τοκογλυφία, ούτε ξέρουν πώς να δανείζονται. Είναι αντίθετο με την καθιερωμένη πρακτική των Ινδών να κάνουν ή να υφίστανται κακό· επομένως ούτε κάνουν συμβόλαια ούτε ζητούν εγγυήσεις». Η ίαση, όπως μας είπαν, γινόταν με απλά και φυσικά μέσα. «Οι θεραπείες γίνονται περισσότερο με τη ρύθμιση της διατροφής παρά με φάρμακα. Τα γιατρικά που θεωρούνται τα ανώτερα είναι οι αλοιφές και τα έμπλαστρα. Όλα τα άλλα θεωρούνται κατά μεγάλο μέρος πολύ επιβλαβή». Η εμπλοκή σε πόλεμο περιοριζόταν μόνο στους *Κσάτριγια*, την κάστα των πολεμιστών. «Και ούτε κι ένας εχθρός θα έκανε ποτέ κακό σε κάποιον οικογενειάρχη που δούλευε στη γη του· διότι οι άνθρωποι αυτής της τάξης θεωρούνται δημόσιοι ευεργέτες και προστατεύονται από κάθε βλάβη. Η γη, που έτσι δεν καταστρέφεται και παράγει μεγάλες σοδειές, εφοδιάζει τους κατοίκους με τα αναγκαία ώστε να κάνει τη ζωή τους ευχάριστη».

Οι πανταχού παρόντες ναοί στο Μαϊσόρ αποτελούν μια διαρκή υπενθύμιση των μεγάλων αγίων της νότιας Ινδίας. Ένας απ' αυτούς

---

[9] Όλοι οι Έλληνες παρατηρητές σχολιάζουν την έλλειψη δουλείας στην Ινδία, ένα χαρακτηριστικό εντελώς διαφορετικό από τη δομή της ελληνικής κοινωνίας.

Το *Creative India* («Δημιουργική Ινδία») του Καθηγητή Benoy Kumar Sarkar δίνει μια αναλυτική εικόνα των αρχαίων και σύγχρονων επιτευγμάτων της Ινδίας και διακεκριμένων έργων στα οικονομικά, τις πολιτικές επιστήμες, τη λογοτεχνία, την τέχνη και την κοινωνική φιλοσοφία. (Lahore: Motilal Banarsi Dass, Publishers, 1937, σελ. 714 επ.)

Άλλος ένας τόμος που συνιστάται είναι το *Indian Culture Through the Ages* («Ο ινδικός πολιτισμός ανά τους αιώνες») του S. V. Venkatesvara (New York: Longmans, Green & Co.).

τους Δασκάλους, ο Ταγιουμάναβαρ (Thayumanavar), μας άφησε το ακόλουθο πολύ ενδιαφέρον ποίημα:

> Μπορεί να ελέγξεις έναν τρελό ελέφαντα·
> Μπορεί να κλείσεις το στόμα της αρκούδας και της τίγρης·
> Να καβαλήσεις το λιοντάρι και να παίξεις με την κόμπρα·
> Με αλχημεία μπορεί να κερδίσεις τα μέσα για να ζήσεις·
> Μπορεί να περιπλανηθείς σε όλο τον κόσμο χωρίς να σε αναγνωρίσει κανείς·
> Να κάνεις υποτακτικούς τους θεούς· να είσαι πάντα νέος·
> Μπορεί να περπατήσεις στο νερό και να ζήσεις μέσα στη φωτιά·
> Ο έλεγχος του νου όμως είναι καλύτερος και πιο δύσκολος.

Στην όμορφη και με γόνιμο έδαφος Πολιτεία του Τράβανκορ (Travancore), στο άκρο της νότιας Ινδίας, όπου η κυκλοφορία γίνεται μέσω ποταμών και καναλιών, ο Μαχαραγιάς αναλαμβάνει κάθε χρόνο, υποχρεωμένος από τη βασιλική κληρονομιά του, να εξιλεώσει τον λαό του από κάθε αμαρτία που προήλθε από πολέμους και από την προσάρτηση αρκετών μικρών κρατών στο Τράβανκορ στο μακρινό παρελθόν. Για πενήντα έξι ημέρες ετησίως ο Μαχαραγιάς επισκέπτεται τον ναό τρεις φορές την ημέρα για να ακούσει βεδικούς ύμνους και απαγγελίες· η τελετή της εξιλέωσης τελειώνει με το *λακσαντιπάμ*, δηλαδή τη φωταγώγηση του ναού με εκατό χιλιάδες φώτα.

Η Πολιτεία του Μαντράς στη νοτιοανατολική ακτή της Ινδίας περιλαμβάνει την επίπεδη, εκτεταμένη, περιβαλλόμενη από τη θάλασσα πόλη του Μαντράς και την Κοντζίβιραμ (Conjeeveram), τη Χρυσή Πόλη, πρωτεύουσα της Δυναστείας των Παλάβα (Pallava), των οποίων οι βασιλιάδες κυβερνούσαν κατά τη διάρκεια των πρώτων αιώνων της χριστιανικής εποχής. Στη σύγχρονη Πολιτεία του Μαντράς οι ιδέες της μη βίας του Μαχάτμα Γκάντι έχουν αξιοσημείωτη απήχηση· οι άσπροι διακριτικοί «σκούφοι του Γκάντι» υπάρχουν παντού. Στον Νότο γενικά ο Μαχάτμα έκανε πολλές σημαντικές και ευνοϊκές μεταρρυθμίσεις όσον αφορά τους Παρίες, καθώς και το σύστημα της κάστας.

Η προέλευση του συστήματος της κάστας, που τυποποιήθηκε από τον μεγάλο νομοθέτη Μάνου, ήταν αξιοθαύμαστη. Είδε καθαρά ότι οι άνθρωποι διακρίνονται από τη φυσική τους εξέλιξη σε τέσσερις βασικές κατηγορίες: αυτούς που μπορούν να προσφέρουν υπηρεσία στην κοινωνία μέσω σωματικής εργασίας *(Σούντρα)·* αυτούς που υπηρετούν μέσω της νοημοσύνης, της επιδεξιότητας, της αγροκαλλιέργειας, του εμπορίου, γενικά της επιχειρηματικής ζωής *(Βαΐσυα)·* αυτούς των οποίων το ταλέντο είναι διοικητικό, εκτελεστικό και προστατευτικό

– κυβερνήτες, στρατιώτες *(Κσάτριγια)*· και ανθρώπους της περισυλλογής, τους πνευματικά εμπνευσμένους και που εμπνέουν άλλους *(Βραχμάνους)*. «Ούτε με τη γέννηση, ούτε με τα θρησκευτικά μυστήρια, ούτε με τη μελέτη, ούτε με τη συγγένεια με προγόνους μπορεί να θεωρηθεί ένας άνθρωπος διπλά-γεννημένος *(Βραχμάνος)*», διακηρύσσει η *Μαχαμπαράτα*, «ο χαρακτήρας και η συμπεριφορά είναι τα μόνα κριτήρια».[10] Ο Μάνου όρισε ότι η κοινωνία θα έπρεπε να σέβεται τα μέλη της στο βαθμό που διέθεταν σοφία, αρετή, προχωρημένη ηλικία, συγγένεια ή, μετά απ' όλα τα άλλα, πλούτο. Στη βεδική Ινδία πάντα περιφρονούσαν τα πλούτη αν αυτά αποταμιεύονταν ή δεν διαθέτονταν για φιλανθρωπικούς σκοπούς. Οι πολύ πλούσιοι άνθρωποι που δεν ήταν γενναιόδωροι βρίσκονταν σε μικρή υπόληψη στην κοινωνία.

Ήρθαν σοβαρά δεινά όταν το σύστημα της κάστας σκλήρυνε με τους αιώνες λόγω οικογενειοκρατίας. Η Ινδία, που αυτονομήθηκε το 1947, παρουσιάζει αργή αλλά σταθερή πρόοδο στην αποκατάσταση

---

[10] «Το να συμπεριληφθεί κάποιος σε μια απ' αυτές τις τέσσερις κάστες αρχικά δεν εξαρτιόταν από τη γέννηση του ανθρώπου σε μια οικογένεια απ' αυτές, αλλά από τις φυσικές του ικανότητες, όπως αυτές φαίνονται από τον στόχο που επιλέγει να επιτύχει στη ζωή του», γράφει η Τάρα Μάτα στο *East-West* τον Ιανουάριο του 1935. «Αυτός ο στόχος θα μπορούσε να είναι (1) *κάμα*, επιθυμία, η κυριαρχία των αισθήσεων (στάδιο *Σούντρα*), (2) *άρτα*, κέρδος, εκπληρώνοντας αλλά ελέγχοντας τις επιθυμίες (στάδιο *Βαϊσυα*), (3) *ντάρμα*, αυτοπειθαρχία, η ζωή της ευθύνης και της σωστής δράσης (στάδιο *Κσάτριγια*), (4) *μόκσα*, λύτρωση, η ζωή της πνευματικότητας και της θρησκευτικής διδασκαλίας (στάδιο *Βραχμάνου*). Αυτές οι τέσσερις κάστες υπηρετούν την ανθρωπότητα με (1) το σώμα, (2) τον νου, (3) τη δύναμη της θέλησης, (4) το Πνεύμα.

»Αυτά τα τέσσερα στάδια αντιστοιχούν στις αιώνιες *γκούνα* ή ιδιότητες της φύσης, *τάμας*, *ράτζας* και *σάτβα*: παρεμπόδιση, δραστηριότητα και διεύρυνση· ή, μάζα, ενέργεια και νοημοσύνη. Οι τέσσερις φυσικές κάστες χαρακτηρίζονται από τις γκούνα ως (1) *τάμας* (άγνοια), (2) *τάμας-ράτζας* (μείγμα άγνοιας και δραστηριότητας), (3) *ράτζας-σάτβα* (μείγμα ορθής δράσης και φώτισης), (4) *σάτβα* (φώτιση). Έτσι η φύση έχει δώσει σε κάθε άνθρωπο τα χαρακτηριστικά της κάστας του, μέσω της κυριαρχίας μέσα του μίας ή δύο από τις *γκούνα*. Φυσικά κάθε ανθρώπινο ον έχει όλες τις *γκούνα* σε διάφορες αναλογίες. Ο γκουρού θα μπορέσει να καθορίσει την κάστα ενός ανθρώπου ή το στάδιο εξέλιξής του.

»Σε κάποιο βαθμό όλες οι φυλές και τα έθνη παρουσιάζουν στην πράξη, αν όχι στη θεωρία, τα χαρακτηριστικά της κάστας. Όπου υπάρχει ευρεία άδεια ή η αποκαλούμενη ελευθερία, ιδιαίτερα στους γάμους μεταξύ ανθρώπων που ανήκουν στα άκρα των φυσικών καστών, η φυλή φθίνει και εξαφανίζεται. Η *Purana Samhita* (Πουράνα Σαμχίτα) συγκρίνει τους απογόνους τέτοιων ενώσεων με στείρα υβρίδια, σαν το μουλάρι, που είναι ανίκανο να αναπαραγάγει το είδος του. Τεχνητά είδη στο τέλος εξολοθρεύονται. Η ιστορία προσφέρει πλούσιες αποδείξεις πολλών σπουδαίων φυλών που δεν έχουν πια ζωντανούς εκπροσώπους τους. Οι πιο σοβαροί στοχαστές της Ινδίας έχουν αναγνωρίσει την αξία του συστήματος της κάστας, καθώς αποτελεί έλεγχο ή αποτροπή της άδειας τέτοιας μείξης ανθρώπων, διατηρώντας την καθαρότητα της φυλής και φέρνοντάς την με ασφάλεια να ζει στους αιώνες και τις διάφορες αντιξοότητες, αν και πολλές άλλες αρχαίες φυλές έχουν πλήρως εξαφανιστεί».

της αρχαίας έννοιας της κάστας, που βασιζόταν μόνο στις φυσικές ικανότητες και όχι σε εκ γενετής δικαίωμα. Κάθε έθνος στη γη έχει να αντιμετωπίσει το δικό του συγκεκριμένο δυσμενές κάρμα που προκαλεί δυστυχία και να το εξαλείψει με αξιοπρέπεια. Η Ινδία, με το ευπροσάρμοστο και απτόητο πνεύμα της, αποδεικνύει ότι είναι άξια του καθήκοντός της να μεταρρυθμίσει το σύστημα της κάστας.

Η νότια Ινδία είναι τόσο μαγευτική που ο κ. Ράιτ κι εγώ λαχταρούσαμε να επιμηκύνουμε το ειδύλλιό μας εκεί. Ο χρόνος όμως, με την πανάρχαια αγένειά του, δεν μας παραχώρησε ευγενικές παρατάσεις. Ήταν ήδη προγραμματισμένο να δώσω μια ομιλία στο Ινδικό Φιλοσοφικό Συνέδριο στο Πανεπιστήμιο της Καλκούτα. Στο τέλος του ταξιδιού στο Μαϊσόρ απόλαυσα μια συζήτηση με τον Σερ Τσ. Β. Ραμάν (C. V. Raman), πρόεδρο της Ινδικής Ακαδημίας Επιστημών. Αυτός ο ευφυέστατος Ινδός φυσικός είχε κερδίσει το βραβείο Νόμπελ το 1930 για το «Φαινόμενο Ραμάν», τη σημαντική ανακάλυψή του της διάχυσης του φωτός.

Χαιρετώντας απρόθυμα ένα πλήθος σπουδαστών και φίλων στο Μαντράς, ο κ. Ράιτ κι εγώ ξεκινήσαμε το ταξίδι μας. Καθ' οδόν σταματήσαμε σ' έναν μικρό ναό αφιερωμένο στη μνήμη του Σαντάσιβα Μπράχμαν (Sandasiva Brahman),[11] κατά τη διάρκεια της ζωής του οποίου, τον δέκατο όγδοο αιώνα, έγιναν πολλά θαύματα. Ένας μεγαλύτερος ναός του Σαντάσιβα στο Νερούρ, που ανεγέρθηκε από τον βασιλιά του Πουντουκοτάι (Pudukkottai), είναι ένας τόπος προσκυνήματος όπου έγιναν πολλές θαυματουργές θεραπείες. Οι διάδοχοι κυβερνήτες του Πουντουκοτάι έχουν διαφυλάξει σαν ιερό θησαυρό τις θρησκευτικές οδηγίες που έγραψε ο Σαντάσιβα το 1750 για την καθοδήγηση του πρίγκιπα που κυβερνούσε.

Πολλές περίεργες ιστορίες για τον Σαντάσιβα, έναν αξιαγάπητο και πλήρως φωτισμένο Δάσκαλο, διαδίδονται ακόμα ανάμεσα στους χωρικούς της νότιας Ινδίας. Βυθισμένος μια μέρα σε *σαμάντι*, σε μια όχθη του ποταμού Κάβερι, είδαν τον Σαντάσιβα να παρασύρεται από μια ξαφνική πλημμύρα. Εβδομάδες αργότερα βρέθηκε θαμμένος βαθιά κάτω από έναν λόφο από χώμα, κοντά στο Κοντουμούντι στην περιοχή

---

[11] Ο επίσημος τίτλος του ήταν Σουάμι Σρι Σαντασιβέντρα Σαρασβάτι (Swami Sri Sadasivendra Saraswati), με το οποίο έγραψε τα βιβλία του (σχολιασμούς στις *Μπράχμα Σούτρα* και στις *Γιόγκα Σούτρα* του Πατάντζαλι). Τον σέβονται πολύ οι σύγχρονοι φιλόσοφοι στην Ινδία.

Ο Σανκαρατσάρια του Σρίνγκερι Ματ, η Αγιότητά του Σρι Σακτσιντανάντα Σιβαμπινάβα Ναρασίμχα Μπαράτι (Sri Sacchidananda Sivabhinava Narasimha Bharati), έγραψε μια εμπνευσμένη Ωδή *(Ode)* για τον Σαντάσιβα.

Κοΐμπατορ (Coimbatore). Καθώς τα φτυάρια των χωρικών χτύπησαν το σώμα του, ο άγιος σηκώθηκε και έφυγε με γρήγορο βήμα.

Ο Σαντάσιβα έγινε ένας *μούνι* (άγιος που δεν μιλούσε) όταν ο γκουρού του τον μάλωσε επειδή νίκησε σε λεκτική διαμάχη έναν ηλικιωμένο ειδήμονα στη *Βεδάντα*. «Πότε θα μάθεις, νεαρέ, να κρατάς τη γλώσσα σου;», παρατήρησε ο γκουρού του.

«Με τις ευλογίες σας, απ' αυτή τη στιγμή».

Ο γκουρού του Σαντάσιβα ήταν ο Σουάμι Παραμασιβέντρα Σαρασβάτι (Swami Sri Paramasivendra Saraswati), συγγραφέας της Νταχαραβίντια Πρακασίκα *(Daharavidya Prakasika)* και ενός βαθύτατου σχολιασμού στην Ούταρα Γκίτα *(Uttara Gita)*. Μερικοί εγκόσμιοι άνθρωποι, προσβεβλημένοι που είδαν τον μεθυσμένο με το Θεό Σαντάσιβα να χορεύει συχνά «απρεπώς» στους δρόμους, παραπονέθηκαν στον πολυμαθή γκουρού του. «Κύριε», δήλωσαν, «ο Σαντάσιβα δεν είναι καλύτερος από έναν τρελό».

Ο Παραμασιβέντρα όμως χαμογέλασε χαρούμενα. «Ω», αναφώνησε, «μακάρι και οι άλλοι να είχαν τέτοια τρέλα!».

Κατά τη διάρκεια της ζωής του Σαντάσιβα υπήρξαν πολλές ασυνήθιστες και όμορφες εκδηλώσεις του Χεριού του Θεού που παρενέβαινε. Σ' αυτόν τον κόσμο υπάρχει πολλή φαινομενική αδικία· οι πιστοί του Θεού όμως μπορούν να απαριθμήσουν αμέτρητες περιπτώσεις της άμεσης δικαιοσύνης Του. Μια νύχτα ο Σαντάσιβα, σε *σαμάντι*, σταμάτησε δίπλα στη σιταποθήκη ενός πλούσιου οικογενειάρχη. Τρεις υπηρέτες, που τη φρουρούσαν από τους κλέφτες, σήκωσαν τις βέργες τους για να χτυπήσουν τον άγιο. Και ξαφνικά τα χέρια τους ακινητοποιήθηκαν! Σαν αγάλματα, με τα χέρια ψηλά, οι τρεις τους έμειναν όρθιοι σαν μοναδικά γλυπτά μέχρι την αναχώρηση του Σαντάσιβα την αυγή.

Σε μια άλλη περίσταση, ο μεγάλος Δάσκαλος πιέστηκε σκληρά να υπηρετήσει έναν διερχόμενο επιστάτη, του οποίου οι εργάτες μετέφεραν καύσιμα. Ο σιωπηλός άγιος, με ταπεινότητα, πήρε και πήγε το βάρος στον απαιτούμενο προορισμό κι εκεί τοποθέτησε το φορτίο πάνω σ' έναν τεράστιο σωρό. Ολόκληρος ο σωρός των καυσίμων αμέσως έπιασε φωτιά.

Ο Σαντάσιβα, σαν τον Τραϊλάγκα Σουάμι, δεν φορούσε ρούχα. Ένα πρωινό ο γυμνός γιόγκι μπήκε αφηρημένα στη σκηνή ενός Μουσουλμάνου αρχηγού. Δύο γυναίκες τσίριξαν πανικόβλητες· ο πολεμιστής χτύπησε βάρβαρα με σπαθί τον Σαντάσιβα, του οποίου το χέρι κόπηκε. Ο Δάσκαλος έφυγε χωρίς να δώσει σημασία. Γεμάτος δέος και

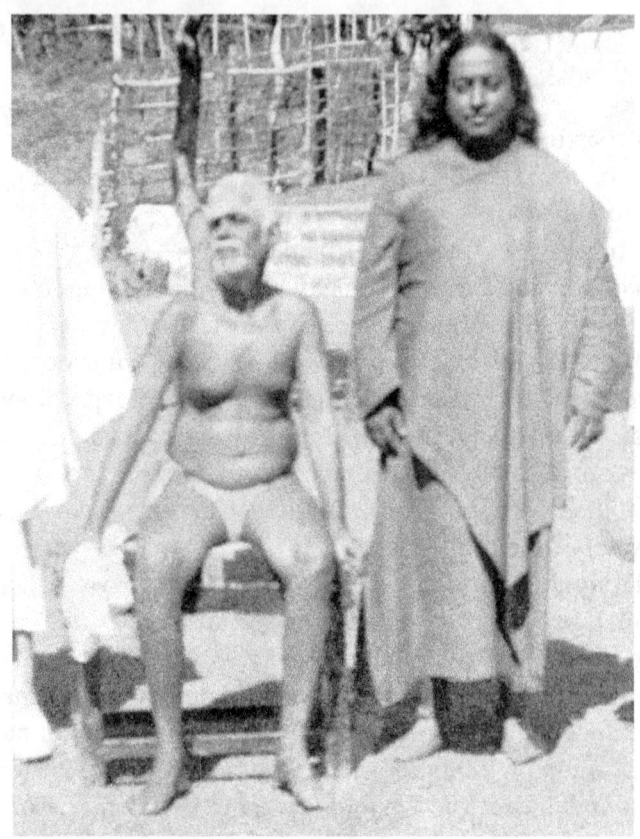

Ο Ραμανά Μαχαρίσι και ο Παραμαχάνσα Γιογκανάντα στο άσραμ του Σρι Ραμανά στο Αρουνάτσαλα (βλ. σελ. 455)

τύψεις, ο Μουσουλμάνος σήκωσε το χέρι από το έδαφος και ακολούθησε τον Σαντάσιβα. Ο γιόγκι, ήρεμα, έβαλε το ακρωτηριασμένο χέρι του στη θέση του. Όταν ο αρχηγός ζήτησε ταπεινά μια πνευματική οδηγία, ο Σαντάσιβα έγραψε με το δάχτυλό του στην άμμο:

«Μην κάνεις αυτό που θέλεις, και τότε θα μπορείς να κάνεις αυτό που σου αρέσει».

Ο Μουσουλμάνος εξυψώθηκε σε μια εξαγνισμένη κατάσταση του νου και ερμήνευσε την παράδοξη συμβουλή ως μια καθοδήγηση για την απόκτηση της ελευθερίας της ψυχής μέσω της κυριαρχίας στο εγώ. Ο πνευματικός αντίκτυπος των λίγων αυτών λέξεων ήταν τόσο μεγάλος που ο πολεμιστής έγινε ένας άξιος μαθητής· δεν ξαναφάνηκε στα προηγούμενα μέρη όπου σύχναζε.

*Η Γοητεία της Νότιας Ινδίας*

Τα παιδιά του χωριού μια φορά εξέφρασαν την επιθυμία στον Σαντάσιβα να δουν τη θρησκευτική γιορτή στη Μαδούρα (Madura), 240 χιλιόμετρα μακριά. Ο γιόγκι είπε στα μικρά ότι έπρεπε να αγγίξουν το σώμα του. Ξαφνικά ολόκληρη η ομάδα μεταφέρθηκε στη Μαδούρα! Τα παιδιά περιφέρονταν ευτυχισμένα ανάμεσα στους χιλιάδες προσκυνητές. Σε λίγες ώρες ο γιόγκι έφερε τα μικρά που είχε στην ευθύνη του πίσω στο σπίτι με την απλή μέθοδό του μεταφοράς. Οι κατάπληκτοι γονείς άκουσαν παραστατικές ιστορίες από εικόνες της Μαδούρα και πρόσεξαν ότι τα παιδιά είχαν σακούλες από γλυκά της περιοχής αυτής.

Ένας δύσπιστος νεαρός κορόιδεψε τον άγιο και την ιστορία. Στην επόμενη θρησκευτική γιορτή, που έγινε στο Σρίρανγκαμ (Srirangam), ο νέος πλησίασε τον Σαντάσιβα.

«Δάσκαλε», είπε με περιφρόνηση, «γιατί δεν με πας κι εμένα στο Σρίρανγκαμ, όπως πήγες τα άλλα παιδιά στη Μαδούρα;».

Ο Σαντάσιβα συμμορφώθηκε· το παιδί αμέσως βρέθηκε ανάμεσα στο πλήθος της μακρινής πόλης. Αλλά, αλίμονο! Πού ήταν ο άγιος όταν ο νεαρός ήθελε να φύγει; Το αποκαμωμένο αγόρι έφτασε στο σπίτι του με το πανάρχαιο μέσο της πεζοπορίας.

Πριν φύγουμε από τη νότια Ινδία, ο κ. Ράιτ κι εγώ πήγαμε για ένα προσκύνημα στον ιερό λόφο του Αρουνάτσαλα (Arunachala) κοντά στο Τιρουβαναμαλάι (Tiruvannamalai), για να συναντήσουμε τον Σρι Ραμανά Μαχαρίσι (Sri Ramana Maharshi). Ο σοφός μάς καλωσόρισε με στοργή στο άσραμ του και μας έδειξε μια στοίβα από τα περιοδικά *East-West*. Κατά τις ώρες που περάσαμε μαζί του και με τους αγαπημένους του μαθητές, ήταν την πιο πολλή ώρα σιωπηλός, με το ευγενικό του πρόσωπο να ακτινοβολεί θεϊκή αγάπη και σοφία.

Για να βοηθήσει τη βασανισμένη ανθρωπότητα να ξανακερδίσει την ξεχασμένη κατάσταση της Τελειότητάς της, ο Σρι Ραμανά διδάσκει ότι πρέπει κάποιος να ρωτά συνέχεια τον εαυτό του: «Ποιος είμαι;» – πράγματι, η Μεγάλη Έρευνα. Με αυστηρή απόρριψη όλων των άλλων σκέψεων, ο πιστός γρήγορα ανακαλύπτει ότι εμβαθύνει όλο και περισσότερο στον αληθινό του Εαυτό και όλες οι άλλες σκέψεις που τον εκτρέπουν και προκαλούν αμηχανία και σύγχυση σταματούν να εγείρονται. Ο φωτισμένος ρίσι της νότιας Ινδίας έγραψε:

Οι δυαδικότητες και οι τριαδικότητες κρέμονται από κάπου,
Ποτέ δεν εμφανίζονται χωρίς στήριξη·
Μόλις κάποιος αναζητήσει αυτό το στήριγμα, χαλαρώνουν και πέφτουν.
Εκεί είναι η Αλήθεια. Αυτός που το βλέπει αυτό ποτέ δεν ταλαντεύεται.

Ο Σουάμι Σρι Γιουκτέσβαρ και ο Παραμαχάνσα Γιογκανάντα σε θρησκευτική λιτανεία, στην Καλκούτα, το 1935. Οι δύο σανσκριτικοί στίχοι στο πανό αναφέρουν: *(Πάνω)* «Ακολουθήστε το μονοπάτι των Μεγάλων». *(Κάτω, λέξεις του Σουάμι Σάνκαρα)* «Η συντροφιά μιας θεϊκής προσωπικότητας, ακόμα και για ένα λεπτό, μπορεί να μας σώσει και να μας λυτρώσει».

ΚΕΦΑΛΑΙΟ 42

# Οι Τελευταίες Μέρες με τον Γκουρού Μου

«Γκούρουτζι, χαίρομαι που σας βρίσκω μόνο αυτό το πρωινό». Μόλις είχα φτάσει στο ερημητήριο του Σεράμπουρ φέρνοντας ένα ευωδιαστό φορτίο από φρούτα και τριαντάφυλλα. Ο Σρι Γιουκτέσβαρ με κοίταξε μειλίχια.

«Ποια είναι η ερώτηση;». Ο Δάσκαλος κοίταξε γύρω το δωμάτιο σαν να έψαχνε οδό διαφυγής.

«Γκούρουτζι, ήρθα σ' εσάς όταν ήμουν αγόρι του Λυκείου· τώρα είμαι μεγάλος άντρας, με μια-δυο άσπρες τρίχες. Αν και με πλημμυρίσατε με σιωπηλή στοργή από την πρώτη στιγμή μέχρι τώρα, συνειδητοποιείτε ότι μόνο μία φορά, τη μέρα που συναντηθήκαμε, μου είπατε "σ' αγαπώ";». Τον κοίταζα ικετευτικά.

Ο Δάσκαλος χαμήλωσε το βλέμμα του. «Γιογκανάντα, πρέπει να εκφράσω με τον ψυχρό πεζό λόγο τα ζεστά συναισθήματα που φυλάσσονται καλύτερα στη σιωπηλή καρδιά;».

«Γκούρουτζι, ξέρω ότι μ' αγαπάτε, αλλά η θνητή μου φύση πονά να σας ακούσει να το λέτε».

«Ας γίνει όπως θέλεις. Όταν ήμουν παντρεμένος συχνά ποθούσα να αποκτήσω έναν γιο, να τον εκπαιδεύσω στο γιογκικό μονοπάτι. Όταν ήρθες στη ζωή μου, ικανοποιήθηκα· σ' εσένα βρήκα τον γιο μου». Δύο καθαρές σταγόνες από δάκρυα γέμισαν τα μάτια του Σρι Γιουκτέσβαρ. «Γιογκανάντα, πάντα σ' αγαπώ».

«Η απάντησή σας είναι το διαβατήριό μου για τον παράδεισο». Ένιωσα ένα βάρος να φεύγει από την καρδιά μου, να διαλύεται για πάντα με τα λόγια του. Ήξερα ότι δεν ήταν συναισθηματικός και γενικά ήταν συγκρατημένος, όμως πολλές φορές αναρωτιόμουν με τη σιωπή του. Μερικές φορές φοβόμουν ότι δεν είχα πετύχει να τον ικανοποιήσω πλήρως. Ήταν περίεργης φύσης, που δεν μπορούσε ποτέ να τη γνωρίσει κάποιος απόλυτα· μια φύση βαθιά και γαλήνια, ανεξιχνίαστη

Η τελευταία γιορτή του ηλιοστασίου που γιορτάστηκε από τον Σουάμι Σρι Γιουκτέσβαρ, τον Δεκέμβριο του 1935. Ο συγγραφέας κάθεται δίπλα στον μεγάλο γκουρού του (στο κέντρο) στο τραπέζι, στην αυλή του άσραμ στο Σεράμπουρ. Σ' αυτό το σημπλιμπιρο ο Παραμαχάνσα Γιογκανάντα έλαβε μεγάλο μέρος της δεκάχρονης πνευματικής του εκπαίδευσης από τον Σρι Γιουκτέσβαρτζι.

Ο Σρι Πουγκανάντα (στο κέντρο, με το σκούρο ράσο) με μερικούς από τους σπουδαστές στην *Κρίγια Γιόγκα* που παρακολουθούσαν τις διδασκαλίες του πάνω στη Γιογκόντα (Self-Realization), στο σπίτι του πατέρα του στην Καλκούτα, το 1935. Εξαιτίας του μεγάλου πλήθους, η συνάντηση της τάξης έγινε στο παρακείμενο υπαίθριο γυμναστήριο του Πουγκανάντατζί, του Μπισνού Γκος, ενός διάσημου γυμναστή.

για τον έξω κόσμο, του οποίου τις αξίες είχε υπερβεί από πολύ καιρό.

Λίγες μέρες αργότερα μίλησα μπροστά σ' ένα τεράστιο ακροατήριο στο Albert Hall στην Καλκούτα. Ο Σρι Γιουκτέσβαρ δέχθηκε να καθίσει μαζί με τον Μαχαραγιά του Σάντος (Santosh) και τον Δήμαρχο της Καλκούτα. Ο Δάσκαλος δεν έκανε κανένα σχόλιο σ' εμένα, αλλά μου έριχνα μερικές ματιές κάπου κάπου κατά τη διάρκεια της ομιλίας μου και φαινόταν ευχαριστημένος.

Μετά έδωσα μια ομιλία στους μαθητές του Πανεπιστημίου του Σεράμπουρ. Καθώς κοίταζα τους πρώην συμμαθητές μου και καθώς κι εκείνοι κοίταζαν τον «Τρελό Μοναχό», δακρύσαμε χωρίς να ντρεπόμαστε. Ο πολυμαθής και εύγλωττος καθηγητής μου της φιλοσοφίας, ο Δρ Γκοσάλ, ήρθε να με συγχαρεί, καθώς όλες οι παλιές παρεξηγήσεις μας διαλύθηκαν από τον αλχημιστή Χρόνο.

Στο ερημητήριο του Σεράμπουρ γιορτάσαμε το χειμερινό ηλιοστάσιο στο τέλος του Δεκεμβρίου. Όπως πάντα, οι μαθητές του Σρι Γιουκτέσβαρ μαζεύτηκαν από κοντινά και μακρινά μέρη. Λατρευτικά *σανκίρταν*, σόλο τραγούδια με τη γλυκιά φωνή του Κρίστο-ντα, ένα εορταστικό γεύμα που σερβιρίστηκε από τους νεαρούς μαθητές, η βαθιά συγκινητική ομιλία του Δασκάλου κάτω από τα αστέρια στην κατάμεστη αυλή του άσραμ – τι όμορφες αναμνήσεις! Χαρούμενες γιορτές των παλιών χρόνων! Αυτή τη βραδιά όμως συνέβη κάτι καινούργιο.

«Γιογκανάντα, σε παρακαλώ, μίλα κι εσύ στους ανθρώπους αυτούς – στα Αγγλικά». Τα μάτια του Δασκάλου άστραφταν όταν διατύπωνε αυτό το διπλά ασυνήθιστο αίτημα· μήπως σκεφτόταν τη δύσκολη θέση μου στο πλοίο που είχε προηγηθεί της πρώτης μου ομιλίας στα Αγγλικά; Είπα την ιστορία στο ακροατήριό μου των αδελφών μαθητών, αποτίοντας στο τέλος έναν ένθερμο φόρο τιμής στον γκουρού μας.

«Την αλάνθαστη καθοδήγησή του δεν την ένιωσα μόνο στο ατμόπλοιο του ωκεανού», είπα ολοκληρώνοντας την ομιλία μου, «αλλά καθημερινά, κατά τα δεκαπέντε χρόνια στην απέραντη και φιλόξενη χώρα της Αμερικής».

Όταν έφυγαν οι επισκέπτες, ο Σρι Γιουκτέσβαρ με κάλεσε στο ίδιο υπνοδωμάτιο όπου (μόνο μια φορά, μετά από μια παρόμοια γιορτή), μου είχε δώσει την άδεια να κοιμηθώ στο κρεβάτι του. Αυτή τη νύχτα ο γκουρού μου καθόταν εκεί ήσυχα, μ' ένα ημικύκλιο μαθητών στα πόδια του.

«Γιογκανάντα, φεύγεις τώρα για την Καλκούτα; Σε παρακαλώ, γύρνα εδώ αύριο. Έχω κάποια πράγματα να σου πω».

Το επόμενο απόγευμα, με μερικές απλές λέξεις ευλογίας, ο Σρι

Γιουκτέσβαρ μού απένειμε τον περαιτέρω μοναστικό τίτλο *Παραμαχάνσα*.¹

«Τώρα, επίσημα, αντικαθιστά τον προηγούμενο τίτλο σου του *Σουάμι*», είπε καθώς γονάτιζα μπροστά του. Μ' ένα σιωπηλό γέλιο σκέφτηκα τον αγώνα που θα έκαναν οι σπουδαστές μου στη Δύση για να προφέρουν το *Παραμαχάνσατζι*.²

«Το καθήκον μου στη γη τώρα τελείωσε· εσύ πρέπει να συνεχίσεις». Ο Δάσκαλος μίλησε ήρεμα, τα μάτια του ήταν γαλήνια και γεμάτα καλοσύνη. Η καρδιά μου χτυπούσε γρήγορα από φόβο.

«Σε παρακαλώ, στείλε κάποιον να αναλάβει το άσραμ μας στο Πούρι». Ο Σρι Γιουκτέσβαρ συνέχισε. «Αφήνω τα πάντα στα χέρια σου. Θα μπορέσεις με επιτυχία να οδηγήσεις το πλοίο της ζωής σου και αυτό της οργάνωσής σου στις θεϊκές όχθες».

Κλαίγοντας αγκάλιασα τα πόδια του· σηκώθηκε και με ευλόγησε με αγάπη.

Την επόμενη μέρα κάλεσα έναν πιστό από το Ραντσί, τον Σουάμι Σεμπανάντα, και τον έστειλα στο Πούρι για να αναλάβει τα καθήκοντα του ερημητηρίου. Αργότερα ο γκουρού μου συζήτησε μαζί μου για τις νομικές λεπτομέρειες της τακτοποίησης της περιουσίας του· ήθελε με κάθε τρόπο να εμποδίσει την πιθανότητα διεκδίκησης από συγγενείς, μέσω δικαστηρίων, μετά τον θάνατό του, των δύο ερημητηρίων του και άλλων ιδιοκτησιών του τα οποία επιθυμούσε να παραχωρηθούν μόνο για φιλανθρωπικούς σκοπούς.

«Είχαν ήδη πρόσφατα γίνει ετοιμασίες για να πάει ο Δάσκαλος στο Κίντερπορ, αλλά τελικά δεν πήγε». Ο Αμούλια Μπάμπου, ένας αδελφός μαθητής, έκανε αυτό το σχόλιο ένα απόγευμα· ένιωσα ένα κρύο προαίσθημα. Στις πιεστικές μου ερωτήσεις ο Δάσκαλος απάντησε μόνο: «Δεν θα ξαναπάω στο Κίντερπορ». Για μια στιγμή ο Δάσκαλος έτρεμε σαν φοβισμένο παιδί.

(«Η προσκόλληση στη σωματική κατοικία, που πηγάζει από τη

---

¹ Κατά κυριολεξία, *παραμα*, ανώτατος· *χάνσα*, κύκνος. Ο λευκός κύκνος μυθολογικά αντιπροσωπεύει το όχημα ή το υποζύγιο του Μπραχμά του Δημιουργού. Ο ιερός *χάνσα*, που λέγεται ότι έχει τη δύναμη να βγάζει μόνο το γάλα από ένα μείγμα από γάλα και νερό, συμβολίζει έτσι την πνευματική διάκριση.

*Αχάν-σα* ή *χάν-σα* (που προφέρεται *χονγκ-σο*) σημαίνει κατά κυριολεξία «*Είμαι Αυτός*». Αυτές οι ισχυρές σανσκριτικές συλλαβές διαθέτουν μια δονητική σύνδεση με την εισπνεόμενη και εκπνεόμενη αναπνοή. Έτσι, με κάθε του ανάσα, ο άνθρωπος ασυναίσθητα διαβεβαιώνει την αλήθεια της ύπαρξής του *Είμαι Αυτός*!

² Γενικά ξεπέρασαν τη δυσκολία με το να με αποκαλούν *κύριε (Sir)*.

φύση της,[3] υπάρχει σε ελάχιστο βαθμό ακόμα και σε μεγάλους αγίους», έγραψε ο Πατάντζαλι. Σε κάποιες συζητήσεις σχετικά με τον θάνατο, ο γκουρού μου είχε τη συνήθεια να προσθέτει: «Όπως ένα πουλί που είναι στο κλουβί για μεγάλο διάστημα, διστάζει να βγει απ' αυτό το σπίτι που έχει συνηθίσει όταν ανοιχτεί η πόρτα».)

«Γκούρουτζι», τον ικέτευσα με αναφιλητά, «μην το λέτε αυτό! Ποτέ μην προφέρετε αυτές τις λέξεις σ' εμένα!».

Το πρόσωπο του Σρι Γιουκτέσβαρ ηρέμησε μ' ένα γαλήνιο χαμόγελο. Αν και πλησίαζαν τα ογδοηκοστά πρώτα γενέθλιά του, φαινόταν υγιής και γερός.

Απολαμβάνοντας μέρα με τη μέρα τη θαλπωρή της αγάπης του γκουρού μου, την οποία δεν εξέφραζε με λόγια αλλά την ένιωθα έντονα, εξαφάνισα από τον συνειδητό νου μου τις διάφορες υπόνοιες του για τον επικείμενο θάνατό του.

«Κύριε, η *Κούμπα Μέλα* θα γίνει αυτό το μήνα στο Αλλαχαμπάντ». Έδειξα στον Δάσκαλο τις ημερομηνίες των *μέλα* στο βεγγαλικό ημερολόγιο.[4]

«Θέλεις πραγματικά να πας;».

Μη νιώθοντας την απροθυμία του Σρι Γιουκτέσβαρ να με αφήσει να φύγω από κοντά του, συνέχισα: «Μια φορά είδατε τον ευλογημένο Μπάμπατζι σε μια *Κούμπα* του Αλλαχαμπάντ. Ίσως αυτή τη φορά να είμαι αρκετά τυχερός ώστε να τον δω κι εγώ».

«Δεν νομίζω ότι θα τον συναντήσεις εκεί». Ο γκουρού μου μετά έμεινε σιωπηλός, μη θέλοντας να εμποδίσει τα σχέδιά μου.

Όταν ξεκίνησα για το Αλλαχαμπάντ την επόμενη μέρα, με μια μικρή ομάδα, ο Δάσκαλος με ευλόγησε με τον συνηθισμένο του τρόπο.

---

[3] Δηλαδή απορρέει από πανάρχαιες ρίζες, από παλιές εμπειρίες θανάτου. Αυτή η περικοπή βρίσκεται στις *Γιόγκα Σούτρα* II:9.

[4] Οι θρησκευτικές *μέλα* αναφέρονται στην αρχαία *Μαχαμπαράτα*. Ο Κινέζος περιηγητής Hieuen Tsiang άφησε μια περιγραφή της τεράστιας *Κούμπα Μέλα* το 644 μ.Χ. στο Αλλαχαμπάντ. Η *Κούμπα Μέλα* γίνεται κάθε τρία χρόνια, διαδοχικά στο Χάντγουαρ (Hardwar), στο Αλλαχαμπάντ (Allahabad), στο Νασίκ (Nasik) και το Ουτζαΐν (Ujjain), ξαναγυρίζοντας στο Χάρντγουαρ όταν έχει συμπληρωθεί ένας κύκλος δώδεκα ετών. Κάθε πόλη γιορτάζει την Άρντα (μισή) *Κούμπα* τον έκτο χρόνο μετά την *Κούμπα* της· έτσι, η *Κούμπα* και η *Άρντα Κούμπα* γίνονται, σε διαφορετικές πόλεις, κάθε τρία χρόνια.

Ο Hieuen Tsiang μάς λέει ότι ο Χάρσα (Harsha), ο βασιλιάς της βόρειας Ινδίας, διένειμε στους μοναχούς και στους προσκυνητές στην *Κούμπα Μέλα* ολόκληρη τη βασιλική περιουσία (που είχε συσσωρευθεί σε πέντε χρόνια). Όταν ο Hieuen Tsiang έφυγε για την Κίνα, αρνήθηκε τα αποχαιρετιστήρια δώρα του Χάρσα από κοσμήματα και χρυσάφι· πήρε μαζί του όμως, ως μεγαλύτερο θησαυρό, 657 θρησκευτικά χειρόγραφα κείμενα.

Οι Τελευταίες Μέρες με τον Γκουρού Μου

Προφανώς συνέχισα να μη θυμάμαι τα υπονοούμενα στη στάση του Σρι Γιουκτέσβαρ γιατί ο Κύριος επιθυμούσε να με απαλλάξει από την εμπειρία να αναγκαστώ, αβοήθητα, να βλέπω τον γκουρού μου να εγκαταλείπει το σώμα του. Πάντα στη ζωή μου ο Θεός, με συμπόνια, έφερνε έτσι τα πράγματα ώστε να είμαι μακριά όταν πέθαναν πολύ αγαπημένα μου πρόσωπα.[5]

Η ομάδα μας έφτασε στην *Κούμπα Μέλα* στις 23 Ιανουαρίου του 1936. Το ορμητικό κύμα του πλήθους, σχεδόν δύο εκατομμυρίων ανθρώπων, ήταν εντυπωσιακό θέαμα, ακόμα και συγκλονιστικό. Το περίεργο χαρακτηριστικό των ανθρώπων της Ινδίας είναι η ευλάβεια, που είναι έμφυτη ακόμα και στον πιο ταπεινό χωρικό, για το Πνεύμα και για τους μοναχούς και σάντου που απαρνήθηκαν τα εγκόσμια δεσμά για να αγκυροβολήσουν στο θεϊκό λιμάνι. Υπάρχουν πράγματι απατεώνες και υποκριτές· η Ινδία όμως τους σέβεται όλους για χάρη των λίγων που φωτίζουν τη χώρα με ουράνιες ευλογίες. Οι άνθρωποι της Δύσης, που έβλεπαν το απέραντο θέαμα, είχαν τη μοναδική ευκαιρία να νιώσουν τον παλμό του έθνους, την πνευματική θέρμη στην οποία η Ινδία οφείλει την ακατανίκητη ζωτικότητά της παρά τα διάφορα χτυπήματα του χρόνου.

Την πρώτη μέρα την περάσαμε απλά κοιτώντας. Χιλιάδες προσκυνητές έκαναν μπάνιο στον Γάγγη για άφεση αμαρτιών· ιερείς Βραχμάνοι εκτελούσαν ιερές λειτουργίες προσκυνήματος· λατρευτικές προσφορές έρραιναν τα πόδια των σιωπηλών *σανννάσι·* σειρές από ελέφαντες, άλογα με λαμπερά στολίδια και καμήλες Ρατζπούτανα που προχωρούσαν αργά, περνούσαν από κοντά μας ακολουθούμενα από μια περίεργη θρησκευτική παρέλαση γυμνών σάντου που κουνούσαν χρυσά και ασημένια σκήπτρα ή σημαίες από μεταξωτό βελούδο.

Αναχωρητές που φορούσαν μόνο περιζώματα κάθονταν σιωπηλοί σε μικρές ομάδες, με τα σώματά τους αλειμμένα με στάχτες για προστασία από τη ζέστη και το κρύο. Το πνευματικό μάτι συμβολιζόταν γλαφυρά πάνω τους με μια κηλίδα στα μέτωπά τους από πάστα σανταλόξυλου. Σουάμι με ξυρισμένα κεφάλια εμφανίζονταν κατά εκατοντάδες, ντυμένοι με το ράσο τους σε χρώμα ώχρας και έχοντας στα χέρια τους από ένα κομμάτι μπαμπού και έναν δίσκο επαιτείας. Τα πρόσωπά τους ήταν φωτισμένα με τη γαλήνη του απαρνητή καθώς περιπλανώνταν ή συζητούσαν για φιλοσοφικά θέματα με μαθητές.

---

[5] Δεν ήμουν παρών κατά το θάνατο της μητέρας μου, του μεγαλύτερου αδελφού μου Ανάντα, της μεγαλύτερης αδελφής μου Ρόμα, του Δασκάλου, του Πατέρα και πολλών αγαπημένων μου. (Ο Πατέρας πέθανε στην Καλκούτα το 1942, σε ηλικία ογδόντα εννέα ετών.)

Ο Σουάμι Κρισνανάντα, στο Αλλαχαμπάντ, στην *Κούμπα Μέλα* του 1936, με την εξημερωμένη χορτοφάγο λέαινά του, που αρθρώνει το *Ομ* με έναν βαθύ, ελκυστικό βρυθηθμό (βλ. επόμενη σελ.).

Σε διάφορες μεριές, κάτω από τα δέντρα, γύρω από τεράστιες στοίβες ξύλων που καίγονταν, υπήρχαν γραφικοί σάντου[6] με τα μαλλιά τους σε κοτσίδες κουλουριασμένες πάνω στο κεφάλι τους. Μερικοί είχαν γενειάδες, αρκετά εκατοστά σε μάκρος, σε μπούκλες και δεμένες με κόμπο στις άκρες. Διαλογίζονταν ήσυχα ή άπλωναν τα χέρια τους ευλογώντας το διερχόμενο πλήθος – ζητιάνοι, μαχαραγιάδες πάνω σε ελέφαντες, γυναίκες με πολύχρωμα *σάρι*, με τα βραχιόλια στα χέρια

---

[6] Οι εκατοντάδες χιλιάδες Ινδοί σάντου ελέγχονται από μια εκτελεστική επιτροπή επτά ηγετών, που αντιπροσωπεύουν επτά μεγάλες περιοχές της Ινδίας. Ο τωρινός *μαχαμανταλεσβάρ* ή πρόεδρος είναι ο Τζογέντρα Πούρι (Joyendra Puri). Αυτός ο άγιος άνθρωπος είναι εξαιρετικά συγκρατημένος, περιορίζοντας συχνά τα λόγια του σε τρεις λέξεις – Αλήθεια, Αγάπη και Εργασία. Μια επαρκής συζήτηση!

τους και τα πόδια τους να κουδουνίζουν, φακίρηδες έχοντας τα λεπτά τους χέρια αλλόκοτα ανασηκωμένα, *μπραματσάρι* που κρατούσαν στηρίγματα χεριών για διαλογισμό, ταπεινοί σοφοί των οποίων η σοβαρότητα έκρυβε μια εσωτερική μακαριότητα. Μέσα στη φασαρία ακούγαμε το αδιάκοπο κάλεσμα από τις καμπάνες των ναών.

Τη δεύτερη μέρα μας στη *μέλα* οι σύντροφοί μου κι εγώ μπήκαμε σε διάφορα άσραμ και προσωρινά παραπήγματα για να προσφέρουμε *πρανάμ* σε άγιες προσωπικότητες. Λάβαμε την ευλογία του ηγέτη του κλάδου *Γκιρί* του Τάγματος των Σουάμι – ενός αδύνατου, ασκητικού μοναχού με χαμογελαστά φλογερά μάτια. Μετά επισκεφθήκαμε ένα ερημητήριο στο οποίο ο γκουρού τηρούσε τα τελευταία εννέα χρόνια όρκο σιωπής και μια διατροφή μόνο με φρούτα. Στην εξέδρα στο χολ του άσραμ καθόταν ένας τυφλός σάντου, ο Πραγκνιά Τσακσού,[7] βαθύς γνώστης των *σάστρα* και ιδιαίτερα σεβαστός απ' όλες τις θρησκευτικές ομάδες.

Αφού έδωσα μια σύντομη ομιλία στα Ινδικά σχετικά με τη *Βεδάντα*, φύγαμε από το γαλήνιο ερημητήριο για να χαιρετίσουμε τον σουάμι που ήταν κοντά μας, τον Κρισνανάντα, έναν όμορφο μοναχό με κόκκινα μάγουλα και εντυπωσιακούς ώμους. Ξαπλωμένη δίπλα του ήταν μια ήμερη λέαινα. Υποκύπτοντας στην πνευματική γοητεία του μοναχού –και όχι βέβαια στο δυνατό σώμα του!– το ζώο της ζούγκλας αρνείται να φάει κρέας, αντίθετα προτιμά το ρύζι και το γάλα. Αυτός ο σουάμι έμαθε στο καστανόξανθο ζώο να προφέρει το «Ομ» μ' ένα βαθύ, ελκυστικό γουργουρητό – μια γάτα πιστή στο Θεό!

Η επόμενη συνάντησή μας, μια συζήτηση με έναν μορφωμένο νεαρό σάντου, περιγράφεται με όμορφο τρόπο στο πνευματώδες ημερολόγιο του κ. Ράιτ.

«Διασχίσαμε με το Φορντ το πιο ρηχό μέρος του Γάγγη μέσω μιας γέφυρας που έτριζε, ελισσόμενοι ανάμεσα στο πλήθος και σε στενά, γεμάτα στροφές σοκάκια, και περάσαμε στην όχθη του ποταμού όπου, όπως μας είπε ο Γιογκανάντατζι, συναντήθηκαν ο Σρι Γιουκτέσβαρ με τον Μπάμπατζι. Κατεβήκαμε από το αυτοκίνητο λίγη ώρα αργότερα, περπατήσαμε για λίγο ανάμεσα στον πυκνό καπνό από τις φωτιές που είχαν ανάψει οι σάντου και πάνω στη γλιστερή άμμο, για να φτάσουμε σ' ένα συγκρότημα από μικρές, πολύ σεμνές καλύβες, φτιαγμένες από λάσπη και άχυρα. Σταματήσαμε μπροστά σε ένα απ' αυτά τα ασήμαντα

---

[7] Ένας τίτλος του οποίου η κυριολεκτική σημασία είναι «ένας που βλέπει με τη νοημοσύνη του» (χωρίς να έχει υλική όραση).

προσωρινά καταλύματα, που είχε μια μικροσκοπική είσοδο χωρίς πόρτα και ήταν το καταφύγιο του Κάρα Πάτρι, ενός νεαρού σάντου που ήταν ονομαστός για την εξαιρετική ευφυΐα του. Καθόταν εκεί οκλαδόν πάνω σε μια στοίβα από άχυρα, με μόνη κάλυψη του σώματός του –και συμπτωματικά το μόνο απόκτημά του– ένα ύφασμα σε χρώμα ώχρας ριγμένο πάνω στους ώμους του.

»Όταν μπήκαμε μπουσουλώντας στο κατάλυμα, μας χαμογέλασε ένα πραγματικά θεϊκό πρόσωπο· προσκυνήσαμε στα πόδια της φωτισμένης αυτής ψυχής, καθώς ο φανός με κηροζίνη στην είσοδο τρεμόπαιζε αλλόκοτα και οι σκιές χόρευαν στους τοίχους από άχυρα. Το πρόσωπό του, ιδίως τα μάτια του και τα τέλεια δόντια του, έλαμπαν και γυάλιζαν. Αν και δεν καταλάβαινα Ινδικά, οι εκφράσεις του ήταν πολύ αποκαλυπτικές· ήταν γεμάτος ενθουσιασμό, αγάπη, πνευματική ομορφιά. Κανείς δεν θα μπορούσε να μην αναγνωρίσει το μεγαλείο του.

»Είναι φανταστικό το πόσο ευτυχισμένη είναι η ζωή κάποιου που δεν έχει καμία προσκόλληση στον υλικό κόσμο· ελεύθερος από το πρόβλημα της ένδυσης· ελεύθερος από τον πόθο για φαγητό, χωρίς να ζητιανεύει ποτέ, χωρίς να αγγίζει μαγειρεμένο φαγητό παρά μόνο κάθε δύο μέρες, χωρίς να κρατά ποτέ δίσκο επαιτείας· ελεύθερος από κάθε ανάμειξη με χρήματα, χωρίς να αποθηκεύει ποτέ τίποτα, πάντα εμπιστευόμενος το Θεό· ελεύθερος από την έγνοια των μετακινήσεων, χωρίς ποτέ να ανεβαίνει σε οχήματα, αλλά να περπατά πάντα στις όχθες ιερών ποταμών· χωρίς να μένει σε κάποιο μέρος πάνω από μία εβδομάδα για να αποφύγει την προσκόλληση σ' αυτό.

»Τέτοια λιτή ψυχή! Ήταν ασυνήθιστα μορφωμένος πάνω στις Βέδες, κάτοχος πτυχίου Μάστερ και του τίτλου *Σάστρι* (Δάσκαλος των Γραφών) από το Πανεπιστήμιο του Μπενάρες. Ένα υπέροχο συναίσθημα κατέκλυσε όλη μου την ύπαρξη καθώς καθόμουν στα πόδια του· όλα φαίνονταν μια εκπλήρωση της επιθυμίας μου να δω την πραγματική, την αρχαία Ινδία, γιατί ήταν ένας πραγματικός αντιπρόσωπος αυτής της χώρας των πνευματικών γιγάντων».

Ρώτησα τον Κάρα Πάτρι σχετικά με τη ζωή του ως περιπλανώμενου. «Δεν έχετε άλλα ρούχα για το χειμώνα;».

«Όχι, αυτό είναι αρκετό».

«Δεν έχετε μαζί σας βιβλία;».

«Όχι, διδάσκω από μνήμης τους ανθρώπους που θέλουν να μ' ακούσουν».

«Τι άλλο κάνετε;».
«Περιφέρομαι στον Γάγγη».
Μ' αυτές τις ήρεμες λέξεις με πλημμύρισε μια λαχτάρα για την απλότητα της ζωής του. Θυμήθηκα την Αμερική και όλες τις ευθύνες που είχα επωμιστεί.

«Όχι, Γιογκανάντα», σκέφτηκα με θλίψη για μια στιγμή, «σ' αυτή τη ζωή η περιπλάνηση στον Γάγγη δεν είναι για σένα».

Αφού ο σάντου μού είπε κάποια θέματα που είχε συνειδητοποιήσει πνευματικά, του έκανα μια απότομη ερώτηση.

«Αυτές τις περιγραφές τις κάνετε από γνώση των Γραφών ή από εσωτερική εμπειρία;».

«Οι μισές είναι από σπουδές από βιβλία», απάντησε μ' ένα έντιμο χαμόγελο, «και οι μισές από εμπειρία».

Καθίσαμε ευτυχισμένα σιωπηλοί για λίγο και διαλογιστήκαμε. Όταν απομακρυνθήκαμε από την ιερή του παρουσία, είπα στον κ. Ράιτ: «Είναι ένας βασιλιάς που κάθεται σ' έναν θρόνο από χρυσά άχυρα».

Εκείνο το βράδυ φάγαμε στην περιοχή της *μέλα*, κάτω από τα αστέρια, σε πιάτα από φύλλα στερεωμένα με κλαδάκια. Το πλύσιμο πιάτων στην Ινδία είναι μειωμένο στο ελάχιστο!

Μείναμε δύο ακόμα μέρες στην *κούμπα*· μετά προχωρήσαμε Βορειοδυτικά κατά μήκος της όχθης του ποταμού Γιαμούνα στην Άγκρα. Για μια φορά ακόμα κοίταξα το Τατζ Μαχάλ· στη μνήμη μου ο Τζιτέντρα στεκόταν δίπλα μου με δέος μπροστά στο όνειρο από μάρμαρο. Μετά πήγαμε στο Μπρίνταμπαν, στο άσραμ του Σουάμι Κεσαμπανάντα.

Ο σκοπός για τον οποίο αναζητούσα τον Κεσαμπανάντα σχετιζόταν με τη συγγραφή αυτού του βιβλίου. Ποτέ δεν ξέχασα το αίτημα του Σρι Γιουκτέσβαρ να γράψω για τη ζωή του Λαχίρι Μαχασάγια. Κατά τη διάρκεια της παραμονής μου στην Ινδία δεν άφηνα ευκαιρία να επικοινωνήσω με άμεσους μαθητές και συγγενείς του Γιογκαβατάρ. Καταγράφοντας τις συνομιλίες μαζί τους σε εκτενείς σημειώσεις, επαλήθευσα γεγονότα και ημερομηνίες και συνέλεξα φωτογραφίες, παλιά γράμματα και έγγραφα. Το αρχείο μου για τον Λαχίρι Μαχασάγια άρχισε να μεγαλώνει· συνειδητοποίησα με απογοήτευση ότι είχα να αντιμετωπίσω ένα πολύ επίπονο συγγραφικό έργο. Προσευχήθηκα να φανώ άξιος ως βιογράφος του κολοσσιαίου γκουρού. Αρκετοί από τους μαθητές του φοβόντουσαν ότι μια γραπτή αφήγηση μπορεί να υποτιμούσε ή να παρερμήνευε τον Δάσκαλό τους.

«Είναι πολύ δύσκολο να τιμήσει κάποιος όπως πρέπει τη ζωή μιας θεϊκής ενσάρκωσης με ψυχρές λέξεις», μου είπε μια φορά ο Παντσάνον Μπατατσάρια.

Άλλοι στενοί μαθητές, παρόμοια, ήθελαν να κρατήσουν τον Γιογκαβατάρ κρυμμένο στην καρδιά τους ως τον αθάνατο Δάσκαλο. Παρ' όλα αυτά, έχοντας στον νου μου την πρόβλεψη του Λαχίρι Μαχασάγια σχετικά με τη βιογραφία του, κατέβαλα κάθε προσπάθεια να επαληθεύσω και να τεκμηριώσω τα εξωτερικά γεγονότα της ζωής του.

Ο Σουάμι Κεσαμπανάντα μάς υποδέχθηκε θερμά στο Μπρίνταμπαν, στο Κατιάγιανι Πιτ Άσραμ του, ένα επιβλητικό κτίριο από τούβλα με ογκώδεις μαύρες κολώνες μέσα σ' έναν όμορφο κήπο. Μας συνόδευσε αμέσως στο καθιστικό που ήταν διακοσμημένο με μια μεγεθυμένη φωτογραφία του Λαχίρι Μαχασάγια. Ο σουάμι πλησίαζε την ηλικία των ενενήντα ετών, αλλά το μυώδες σώμα του ακτινοβολούσε δύναμη και υγεία. Με μακριά μαλλιά και μια γενειάδα άσπρη σαν το χιόνι, με μάτια που έλαμπαν από χαρά, ήταν μια πραγματική πατριαρχική ενσάρκωση. Τον πληροφόρησα ότι είχα σκοπό να αναφέρω το όνομά του στο βιβλίο μου σχετικά με τους Δασκάλους της Ινδίας.

«Σας παρακαλώ, πείτε μου για τη μέχρι τώρα ζωή σας». Χαμογέλασα ικετευτικά· οι μεγάλοι γιόγκι συχνά είναι λιγόλογοι.

Ο Κεσαμπανάντα έκανε μια χειρονομία που έδειχνε ταπεινότητα. «Δεν υπάρχουν πολλά εξωτερικά γεγονότα. Στην πραγματικότητα, όλη μου τη ζωή την πέρασα στην απομόνωση των Ιμαλαΐων, ταξιδεύοντας με τα πόδια από τη μια ήσυχη σπηλιά στην άλλη. Για λίγο καιρό είχα ένα άσραμ έξω από το Χάρντγουαρ, που περιβαλλόταν απ' όλες τις πλευρές από συστάδες ψηλών δέντρων. Ήταν ένα ήσυχο μέρος που σπάνια το επισκέπτονταν ταξιδιώτες γιατί παντού υπήρχαν κόμπρες». Ο Κεσαμπανάντα γέλασε ελαφρά. «Αργότερα μια πλημμύρα του ποταμού Γάγγη παρέσυρε και το ερημητήριο και τις κόμπρες. Οι μαθητές μου τότε με βοήθησαν να χτίσω αυτό εδώ το άσραμ στο Μπρίνταμπαν».

Κάποιος από την ομάδα μας ρώτησε τον σουάμι πώς προστατευόταν από τις τίγρεις στα Ιμαλάια.

Ο Κεσαμπανάντα κούνησε το κεφάλι του. «Τα άγρια θηρία σπάνια ενοχλούν τους γιόγκι που έχουν φτάσει σε τόσο υψηλά πνευματικά επίπεδα», είπε. «Μια φορά, στη ζούγκλα, συναντήθηκα πρόσωπο με πρόσωπο με μια τίγρη. Με το ξαφνικό μου επιφώνημα, το ζώο ακινητοποιήθηκε σαν να έγινε πέτρινο». Και πάλι ο σουάμι γέλασε πνιχτά

*Οι Τελευταίες Μέρες με τον Γκουρού Μου*

Ο Σουάμι Κεσαμπανάντα *(όρθιος, αριστερά)*, ένας μαθητής του Λαχίρι Μαχασάγια ενενήντα ετών, ο Γιογκανάντατζι, και ο Ρίτσαρντ Ράιτ, ο γραμματέας του Σρι Γιογκανάντα, στο άσραμ του Κεσαμπανάντα στο Μπρίνταμπαν, το 1936

με τις αναμνήσεις του.[8]

«Περιστασιακά άφηνα την απομόνωσή μου για να επισκεφτώ τον γκουρού μου στο Μπενάρες. Συνήθιζε να αστειεύεται μαζί μου που ταξίδευα ασταμάτητα στην ερημιά των Ιμαλαΐων.

---

[8] Υπάρχουν πολλές μέθοδοι, φαίνεται, για να ξεγελάσεις μια τίγρη. Ένας Αυστραλός εξερευνητής, ο Francis Birtles, διηγήθηκε ότι βρήκε τις ζούγκλες της Ινδίας «ποικίλες, όμορφες και ασφαλείς». Η γοητευτική ασφάλειά του ήταν το μυγόχαρτο. «Κάθε βράδυ σκόρπιζα μια ποσότητα τέτοιων χαρτιών γύρω από την κατασκήνωσή μου και ποτέ δεν ενοχλήθηκα», εξήγησε. «Ο λόγος είναι ψυχολογικός. Η τίγρη είναι ένα ζώο με μεγάλη συνειδητή αξιοπρέπεια. Τριγυρίζει για να βρει τη λεία της και προκαλεί τον άνθρωπο μέχρι να φτάσει στο μυγόχαρτο· τότε απομακρύνεται σιωπηλά. Καμία αξιοπρεπής τίγρη δε θα τολμούσε να αντικρίσει έναν άνθρωπο έχοντας πριν πατήσει πάνω σ' ένα κολλώδες μυγόχαρτο!».

»"Έχεις το σημάδι του πόθου για τις περιπλανήσεις πάνω σου", μου είπε μια φορά. "Χαίρομαι που τα ιερά Ιμαλάια είναι αρκετά εκτενή ώστε να σε χωρέσουν".

»Πολλές φορές», συνέχισε ο Κεσαμπανάντα, «και πριν και μετά την εγκατάλειψη του σώματός του, ο Λαχίρι Μαχασάγια εμφανίστηκε με σάρκα και οστά μπροστά μου. Γι' αυτόν καμιά κορυφή των Ιμαλαΐων δεν είναι απρόσιτη!».

Δύο ώρες αργότερα μας οδήγησε σε μια σκεπαστή βεράντα προορισμένη για φαγητό. Αναστέναξα καταπνίγοντας την απογοήτευσή μου. Άλλο ένα γεύμα δεκαπέντε γύρων! Σε λιγότερο από ένα χρόνο, με την ινδική φιλοξενία είχα πάρει είκοσι δύο κιλά! Ωστόσο θα ήταν η μεγαλύτερη αγένεια να αρνηθώ οποιοδήποτε από τα πιάτα που ετοιμάστηκαν προσεκτικά για τα ατελείωτα δείπνα προς τιμή μου. Στην Ινδία (πουθενά αλλού, δυστυχώς!) ένας παχύς σουάμι θεωρείται απολαυστικό θέαμα.

Μετά το δείπνο ο Κεσαμπανάντα με οδήγησε σε μια απόμερη γωνία.

«Η άφιξή σου δεν ήταν απρόσμενη», είπε. «Έχω ένα μήνυμα για σένα».

Έμεινα έκπληκτος· κανείς δεν ήξερε ότι θα πήγαινα να επισκεφτώ τον Κεσαμπανάντα.

«Καθώς περιπλανιόμουν πέρσι στα βόρεια Ιμαλάια κοντά στο Μπαντριναράγιαν», συνέχισε ο σουάμι, «έχασα το δρόμο μου. Βρήκα καταφύγιο σε μια μεγάλη σπηλιά που ήταν άδεια, αν και υπήρχαν αποκαΐδια από φωτιά που ακόμα δεν είχαν σβήσει, σε μια τρύπα στο βραχώδες έδαφος. Διερωτώμενος ποιος μπορεί να ήταν αυτός που κατοικούσε σ' αυτό το μοναχικό ησυχαστήριο, κάθισα δίπλα στη φωτιά με το βλέμμα μου στραμμένο προς την ηλιόλουστη είσοδο.

»"Κεσαμπανάντα, χαίρομαι που είσαι εδώ". Αυτά τα λόγια ακούστηκαν από πίσω μου. Γύρισα έκπληκτος και σχεδόν με τύφλωσε η λάμψη του Μπάμπατζι! Ο μεγάλος γκουρού είχε υλοποιηθεί σε σώμα σε μια εσοχή της σπηλιάς. Με τεράστια χαρά που τον έβλεπα ξανά μετά από πολλά χρόνια, έπεσα ολοκληρωτικά στα ιερά πόδια του.

»"Εγώ σε κάλεσα εδώ", συνέχισε ο Μπάμπατζι. "Γι' αυτό έχασες τον δρόμο σου και οδηγήθηκες στην προσωρινή μου κατοικία σ' αυτή τη σπηλιά. Πέρασε πολύς καιρός από την τελευταία μας συνάντηση· χαίρομαι που σε ξαναβλέπω".

»Ο αθάνατος Δάσκαλος με ευλόγησε με λίγα λόγια πνευματικής βοήθειας και μετά πρόσθεσε: "Σου δίνω ένα μήνυμα για τον

Γιογκανάντα. Θα σε επισκεφθεί όταν γυρίσει στην Ινδία. Πολλά θέματα που θα αφορούν τον γκουρού του και τους επιζώντες μαθητές του Λαχίρι θα τον κρατούν διαρκώς απασχολημένο. Πες του λοιπόν ότι δεν θα τον δω αυτή τη φορά, όπως περιμένει με ανυπομονησία· αλλά ότι θα τον δω σε κάποια άλλη περίσταση"».

Συγκινήθηκα βαθύτατα όταν έλαβα από τον Κεσαμπανάντα αυτήν την παρηγορητική υπόσχεση του Μπάμπατζι. Ένας πόνος στην καρδιά μου εξαφανίστηκε· δεν θρηνούσα πια που, όπως είχε υπαινιχθεί ο Σρι Γιουκτέσβαρ, δεν εμφανίστηκε ο Μπάμπατζι στην *Κούμπα Μέλα*.

Αφού περάσαμε τη νύχτα σαν καλεσμένοι του άσραμ, το επόμενο απόγευμα ξεκινήσαμε για την Καλκούτα. Περνώντας τη γέφυρα του ποταμού Γιαμούνα απολαύσαμε τη μαγευτική θέα του ορίζοντα του Μπρίνταμπαν ακριβώς την ώρα που ο ήλιος, δύοντας, έκανε τον ουρανό να μοιάζει με φωτιά – ένα πραγματικό καμίνι ηφαιστείου στο χρώμα, που αντανακλώνταν κάτω από μας στα ακίνητα νερά.

Η παραλία του Γιαμούνα είναι γεμάτη αναμνήσεις από την παιδική ηλικία του Κρίσνα. Εδώ έπαιζε με αθώα γλυκύτητα τα *λίλα* του (παιχνίδια) με τις *γκόπι* (βοσκοπούλες), εκδηλώνοντας τη θεϊκή αγάπη που υπάρχει πάντα ανάμεσα σε μια θεϊκή ενσάρκωση και τους πιστούς της. Η ζωή του Κρίσνα έχει παρερμηνευθεί από πολλούς σχολιαστές της Δύσης. Η αλληγορία των Γραφών συχνά προκαλεί σύγχυση σε όσους αναλύουν τα κείμενα με την κυριολεκτική τους έννοια. Μια κωμική γκάφα από έναν μεταφραστή το περιγράφει αυτό γλαφυρά. Η ιστορία αφορά έναν εμπνευσμένο άγιο του μεσαίωνα, τον τσαγκάρη Ραβίντας, ο οποίος τραγούδησε με τα δικά του απλά λόγια το πνευματικό μεγαλείο που κρύβεται σε όλη την ανθρωπότητα:

> Κάτω από τον απέραντο θόλο του γαλάζιου
> Ζει η θεότητα, ντυμένη έτσι ώστε να μη φαίνεται.

Δεν μπορείς παρά να χαμογελάσεις όταν ακούσεις την πεζή ερμηνεία του ποιήματος του Ραβίντας από έναν συγγραφέα της Δύσης:

> Μετά έχτισε μια καλύβα, έστησε μέσα σ' αυτήν ένα είδωλο που έκανε
> από ένα τομάρι και άρχισε να το προσκυνά.

Ο Ραβίντας ήταν αδελφός μαθητής του μεγάλου Καμπίρ. Μία από τις πολύ ανεπτυγμένες πνευματικά *τσέλα* του Ραβίντας ήταν η Ρανί του Τσιτόρ. Αυτή κάλεσε ένα μεγάλο αριθμό Βραχμάνων σ' ένα συμπόσιο προς τιμή του Δασκάλου της, αλλά αρνήθηκαν να φάνε μ' έναν ταπεινό τσαγκάρη. Καθώς κάθισαν με αδιαφορία για να φάνε το δικό τους αμόλυντο φαγητό, ξαφνικά κάθε Βραχμάνος είδε στο πλευρό του τη μορφή του Ραβίντας! Αυτό το μαζικό όραμα προκάλεσε μια εκτεταμένη πνευματική αφύπνιση σε όλο το Τσιτόρ.

Σε μερικές μέρες φτάσαμε στην Καλκούτα. Ανυπομονώντας να δω τον Σρι Γιουκτέσβαρ, απογοητεύτηκα όταν άκουσα ότι είχε φύγει από το Σεράμπουρ και ήταν στο Πούρι, περίπου τετρακόσια ογδόντα χιλιόμετρα Νότια.

«Έλα στο άσραμ του Πούρι αμέσως». Αυτό το τηλεγράφημα είχε σταλεί στις 8 Μαρτίου από έναν αδελφό μαθητή στον Ατούλ Τσάντρα Ρόι Τσόουντρι, έναν από τους *τσέλα* του Δασκάλου στην Καλκούτα. Έμαθα τα νέα του μηνύματος· με αγωνία, καταλαβαίνοντας τον υπαινιγμό του, έπεσα στα γόνατά μου και ικέτευσα το Θεό να αφήσει τον γκουρού μου να ζήσει. Καθώς ετοιμαζόμουν να φύγω από το σπίτι του Πατέρα για να πάω στο τρένο, μια θεϊκή φωνή μίλησε μέσα μου.

«Μην πας στο Πούρι απόψε. Η προσευχή σου δεν μπορεί να εισακουσθεί».

«Κύριε», είπα θρηνώντας, «καταλαβαίνω ότι δεν θέλεις να εμπλακώ σε μια διελκυστίνδα στο Πούρι, να προσεύχομαι ασταμάτητα για τη ζωή του Δασκάλου και Εσύ να πρέπει να αρνείσαι. Είναι δηλαδή αναγκαίο να αναχωρήσει για ανώτερα καθήκοντα με εντολή Σου;».

Υπακούοντας στην εσωτερική διαταγή, δεν έφυγα εκείνη τη νύχτα για το Πούρι. Το επόμενο απόγευμα ξεκίνησα για να πάω στο σταθμό να πάρω το τρένο· στη διαδρομή προς τον σταθμό, στις επτά η ώρα, ένα μαύρο αστρικό σύννεφο ξαφνικά κάλυψε τον ουρανό.[9] Αργότερα, καθώς το τρένο όδευε αγκομαχώντας προς το Πούρι, εμφανίστηκε μπροστά μου ένα όραμα του Σρι Γιουκτέσβαρ. Καθόταν πολύ σοβαρός μ' ένα φως σε κάθε του πλευρά.

«Τέλειωσαν όλα;». Σήκωσα τα χέρια μου ικετευτικά.

Έγνεψε καταφατικά και μετά εξαφανίστηκε αργά.

Καθώς στεκόμουν στην πλατφόρμα του σταθμού στο Πούρι, την επόμενη μέρα, εξακολουθώντας να ελπίζω ενάντια σε κάθε ελπίδα, ένας άγνωστος άντρας με πλησίασε.

«Έμαθες ότι ο Δάσκαλός σου πέθανε;». Έφυγε χωρίς να πει τίποτα άλλο· ποτέ δεν έμαθα ποιος ήταν ή πώς ήξερε πού να με βρει.

Αποσβολωμένος, ακούμπησα σ' έναν τοίχο του σταθμού για να μην πέσω κάτω, συνειδητοποιώντας ότι με διάφορους τρόπους ο

---

[9] Ο Σρι Γιουκτέσβαρ άφησε το σώμα του εκείνη την ώρα – 7.00 μ.μ., στις 9 Μαρτίου 1936.

*Οι Τελευταίες Μέρες με τον Γκουρού Μου*

Ο ΝΑΟΣ ΣΤΗ ΜΝΗΜΗ ΤΟΥ ΣΡΙ ΓΙΟΥΚΤΕΣΒΑΡ
Στον κήπο του άσραμ του στο Πούρι (Βλ. σελ. 474)

γκουρού μου είχε προσπαθήσει να μου διαβιβάσει τα ολέθρια νέα. Επαναστατώντας με την αδυναμία μου να καταλάβω αυτά τα μηνύματά του, η ψυχή μου κόχλαζε σαν ηφαίστειο. Την ώρα που κόντευα να φτάσω στο ερημητήριο του Πούρι ήμουν έτοιμος να καταρρεύσω. Η εσωτερική φωνή επαναλάμβανε τρυφερά: «Σύνελθε. Ηρέμησε».

Μπήκα στο δωμάτιο του άσραμ όπου το σώμα του Δασκάλου, που έμοιαζε αφάνταστα σαν ζωντανό, βρισκόταν στη στάση του λωτού – η προσωποποίηση της υγείας και της αγάπης. Λίγες μέρες πριν εγκαταλείψει το σώμα του ο γκουρού μου είχε λίγο πυρετό, αλλά πριν τη μέρα της ανάβασής του στο Άπειρο το σώμα του είχε γίνει εντελώς καλά. Όσες φορές κι αν κοίταζα την αγαπημένη του μορφή δεν μπορούσα να συνειδητοποιήσω ότι η ζωή είχε φύγει από μέσα της. Το δέρμα του ήταν μαλακό και απαλό· στο πρόσωπό του υπήρχε μια μακάρια έκφραση ηρεμίας. Είχε συνειδητά εγκαταλείψει το σώμα του την ώρα του απόκρυφου καλέσματος.

«Το λιοντάρι της Βεγγάλης έφυγε!», φώναξα μέσα σε παραζάλη.

Εκτέλεσα τις ιερές τελετές στις 10 Μαρτίου. Θάψαμε[10] τον Σρι Γιουκτέσβαρ με τις αρχαίες ιεροτελεστίες των σουάμι στον κήπο του άσραμ στο Πούρι. Οι μαθητές του ήρθαν αργότερα από παντού για να τιμήσουν τον γκουρού τους μ' ένα μνημόσυνο κατά την εαρινή ισημερία. Η *Amrita Bazar Patrika*, η εφημερίδα με τη μεγαλύτερη κυκλοφορία στην Καλκούτα, δημοσίευσε τη φωτογραφία του και την εξής αναφορά:

> Η μεταθανάτια τελετή *Μπαντάρα* για τον Σριμάτ Σουάμι Σρι Γιουκτέσβαρ Γκιρί Μαχαράτζ, ηλικίας 81 ετών, έγινε στο Πούρι στις 21 Μαρτίου. Πολλοί μαθητές ήρθαν στο Πούρι για τις ιερές τελετές.
>
> Ένας από τους πιο σπουδαίους ερμηνευτές της Μπάγκαβαντ Γκίτα, ο Σουάμι Μαχαράτζ ήταν ένας σπουδαίος μαθητής του Γιογκιράτζ Σρι Σιάμα Τσαράν Λαχίρι Μαχασάγια του Μπενάρες. Ο Σουάμι Μαχαράτζ ήταν ο ιδρυτής αρκετών κέντρων Yogoda Satsanga [Self-Realization Fellowship] στην Ινδία και ήταν ο μεγάλος εμπνευστής που καθοδήγησε τον Σουάμι Γιογκανάντα, τον κυριότερο μαθητή του, να μεταφέρει στη Δύση τη γιόγκα. Ήταν οι προφητικές δυνάμεις του Σρι Γιουκτέσβαρτζι και η βαθιά συνειδητοποίησή του που ενέπνευσαν τον Σουάμι Γιογκανάντα να διασχίσει τους ωκεανούς και να διαδώσει στην Αμερική το μήνυμα των Δασκάλων της Ινδίας.
>
> Οι ερμηνείες του της Μπάγκαβαντ Γκίτα και άλλων Γραφών αποτελούν αποδείξεις της βαθιάς γνώσης του Σρι Γιουκτέσβαρτζι της φιλοσοφίας, και της ανατολικής και της δυτικής, και παραμένουν ένας ανοιχτός δίαυλος επικοινωνίας και ενότητας μεταξύ των ανθρώπων της Ανατολής και της Δύσης. Καθώς πίστευε στην ενότητα όλων των θρησκειών, ο Σρι Γιουκτέσβαρ Μαχαράτζ καθιέρωσε τη Σάντου Σάμπα (Κοινότητα των Αγίων) με τη συνεργασία των ηγετών διάφορων δογμάτων και θρησκειών για την ενστάλαξη ενός επιστημονικού πνεύματος στη θρησκεία. Πριν τον θάνατό του έχρισε τον Σουάμι Γιογκανάντα ως διάδοχό του στην προεδρία της Σάντου Σάμπα.
>
> Η Ινδία είναι πραγματικά πιο φτωχή σήμερα με τον θάνατο ενός τόσο σπουδαίου άντρα. Είθε όλοι όσοι ήταν αρκετά τυχεροί ώστε να βρεθούν κοντά του να ενστερνιστούν το πραγματικό πνεύμα του πολιτισμού της Ινδίας και τη *σάντανα* που βρήκαν προσωποποίηση σ' αυτόν.

---

[10] Το ινδουιστικό έθιμο της κηδείας απαιτεί αποτέφρωση για τους οικογενειάρχες· οι σουάμι και οι μοναχοί άλλων ταγμάτων δεν αποτεφρώνονται αλλά θάβονται. (Περιστασιακά υπάρχουν εξαιρέσεις.) Συμβολικά, θεωρείται ότι τα σώματα των μοναχών αποτεφρώθηκαν στη φωτιά της σοφίας όταν έδωσαν τους όρκους του μοναχισμού.

Επέστεψα στην Καλκούτα. Καθώς δεν εμπιστευόμουν τον εαυτό μου να πάω ακόμα στο ερημητήριο του Σεράμπουρ με τις ιερές αναμνήσεις, κάλεσα τον Πραφούλα, τον μικρό μαθητή του Σρι Γιουκτέσβαρ στο Σεράμπουρ, και κανόνισα να μπει στο σχολείο του Ραντσί.

«Το πρωί που φύγατε για τη *μέλα* στο Αλλαχαμπάντ», μου είπε ο Πραφούλα, «ο Δάσκαλος κάθισε βαριά στον καναπέ.

»"Ο Γιογκανάντα έφυγε!", φώναξε. "Ο Γιογκανάντα έφυγε!". Πρόσθεσε αινιγματικά: "Θα πρέπει να του το πω με άλλο τρόπο". Μετά κάθισε για ώρες σιωπηλός».

Οι μέρες μου ήταν γεμάτες με διαλέξεις, διδασκαλίες, συνεντεύξεις και συνεστιάσεις με παλιούς φίλους. Κάτω από ένα επιφανειακό χαμόγελο και μια ζωή με ασταμάτητη δραστηριότητα, ένα κύμα μαύρης μελαγχολίας μόλυνε τον εσωτερικό ποταμό της μακαριότητας που για τόσα χρόνια έρρεε στη συνειδητότητά μου.

«Πού πήγε αυτός ο θεϊκός άγιος;». Μια σιωπηλή κραυγή έβγαινε από τα βάθη του βασανισμένου μου πνεύματος.

Καμία απάντηση δεν έπαιρνα.

«Είναι καλύτερα τώρα που ο Δάσκαλος ενώθηκε τελειωτικά με τον Συμπαντικό Αγαπημένο», με διαβεβαίωνε ο νους μου. «Λάμπει αιώνια στο βασίλειο της αθανασίας».

«Ποτέ δεν θα τον ξαναδείς στην παλιά κατοικία του στο Σεράμπουρ», μοιρολογούσε η καρδιά μου. «Δεν θα ξαναφέρεις ποτέ πια τους φίλους σου να τον δουν ή να πεις με υπερηφάνεια: "Κοιτάξτε, εκεί κάθεται ο *Γκιαναβατάρ* της Ινδίας!"».

Ο κ. Ράιτ προέβη σε όλες τις προετοιμασίες για να φύγουμε από τη Βομβάη για τη Δύση στις αρχές Ιουνίου. Μετά από ένα δεκαπενθήμερο τον Μάιο με αποχαιρετιστήρια δείπνα και ομιλίες στην Καλκούτα, η κ. Μπλετς, ο κ. Ράιτ κι εγώ φύγαμε με το Φορντ για τη Βομβάη. Όταν φτάσαμε, οι αξιωματούχοι του πλοίου μάς ζήτησαν να ακυρώσουμε το ταξίδι μας γιατί δεν υπήρχε χώρος για το αυτοκίνητο, το οποίο θα μας χρειαζόταν ξανά στην Ευρώπη.

«Δεν πειράζει», είπα μελαγχολικά στον κ. Ράιτ. «Θέλω να πάω μια φορά ακόμα στο Πούρι». Πρόσθεσα σιωπηλά: «Ας βρέξουν τα δάκρυά μου τον τάφο του γκουρού μου άλλη μια φορά».

ΚΕΦΑΛΑΙΟ 43

# Η Ανάσταση του Σρι Γιουκτέσβαρ

«Κύριε Κρίσνα!». Η μεγαλειώδης μορφή του αβατάρ εμφανίστηκε μέσα σ' ένα δυνατό φως που τρεμόπαιζε καθώς καθόμουν στο δωμάτιό μου του ξενοδοχείου Regent στη Βομβάη. Λάμποντας πάνω από τη στέγη ενός ψηλού κτιρίου στην απέναντι πλευρά του δρόμου, το απερίγραπτο όραμα μου φανερώθηκε ξαφνικά καθώς κοίταζα έξω από το ανοιχτό, ψηλό παράθυρό μου του τρίτου ορόφου.

Η θεϊκή μορφή με χαιρέτισε γνέφοντας, χαμογελώντας. Χωρίς να μπορέσω να καταλάβω το ακριβές μήνυμα του Κρίσνα, έφυγε με μια χειρονομία ευλογίας. Εξυψωμένος με θαυματουργό τρόπο, ένιωσα ότι κάποιο πνευματικό γεγονός προμηνυόταν.

Το ταξίδι μου στη Δύση είχε ακυρωθεί για την ώρα. Είχε προγραμματιστεί να δώσω αρκετές ομιλίες στη Βομβάη πριν επιστρέψω πάλι στη Βεγγάλη.

Καθισμένος πάνω στο κρεβάτι μου στο ξενοδοχείο στη Βομβάη, στις τρεις το μεσημέρι, στις 19 Ιουνίου 1936 –μια εβδομάδα μετά το όραμα του Κρίσνα– ο διαλογισμός μου διακόπηκε από ένα φως μακαριότητας. Μπροστά στα ανοιχτά και κατάπληκτα μάτια μου ολόκληρο το δωμάτιο μετατράπηκε σ' έναν παράξενο κόσμο· το φως του ήλιου είχε μεταστοιχειωθεί σε θεϊκό μεγαλείο.

Με κατέκλυσαν κύματα έκστασης όταν είδα τη μορφή του Σρι Γιουκτέσβαρ με σάρκα και οστά!

«Γιε μου!». Ο Δάσκαλος μίλησε τρυφερά, μ' ένα μαγευτικό, αγγελικό χαμόγελο.

Για πρώτη φορά στη ζωή μου δεν γονάτισα στα πόδια του για να τον χαιρετίσω αλλά αμέσως τον άρπαξα με λαχτάρα στην αγκαλιά μου. Τι στιγμή! Τι έκσταση! Η αβάσταχτη αγωνία των τελευταίων μηνών τώρα φαινόταν μηδαμινή μπροστά στον χείμαρρο μακαριότητας που κατέβαινε στην ψυχή μου.

«Δάσκαλε, δικέ μου Δάσκαλε, αγαπημένε της καρδιάς μου, γιατί με αφήσατε;». Τα λόγια μου ήταν ασυνάρτητα από την υπερβολική χαρά.

*Η Ανάσταση του Σρι Γιουκτέσβαρ*

«Γιατί με αφήσατε να πάω στην *Κούμπα Μέλα;* Πόσο πικρά κατηγόρησα τον εαυτό μου που σας άφησα!».

«Δεν ήθελα να παρέμβω στη χαρμόσυνη προσδοκία σου να δεις τον τόπο προσκυνήματος όπου πρωτοσυνάντησα τον Μπάμπατζι. Σε άφησα μόνο για λίγο· δεν είμαι πάλι μαζί σου;».

«Είστε όμως *εσείς,* Δάσκαλε, το ίδιο Λιοντάρι του Θεού; Έχετε ένα σώμα ίδιο με αυτό που έθαψα κάτω από την άσπλαχνη άμμο στο Πούρι;».

«Ναι παιδί μου, είμαι ο ίδιος. Αυτό το σώμα είναι από σάρκα και οστά. Αν κι εγώ το βλέπω σαν αιθέριο, εσύ το βλέπεις σαν υλικό. Δημιούργησα ένα εντελώς νέο σώμα από συμπαντικά άτομα, ακριβώς σαν το υλικό σώμα, σχηματισμένο από το συμπαντικό όνειρο, το οποίο έθαψες κάτω από την ονειρική άμμο στο Πούρι μέσα στον ονειρικό κόσμο σου. Πραγματικά αναστήθηκα – όχι στη γη, αλλά σ' έναν αστρικό πλανήτη. Οι κάτοικοί του είναι πιο ικανοί να ανταποκριθούν στα υψηλά πρότυπά μου απ' ό,τι η ανθρωπότητα της γης. Εκεί κάποια μέρα θα έρθεις κι εσύ και οι ανεπτυγμένοι πνευματικά αγαπημένοι σου να με βρείτε και να μείνετε μαζί μου».

«Αθάνατε γκουρού, πείτε μου περισσότερα!».

Ο Δάσκαλος έβγαλε ένα γρήγορο, πνιχτό, γεμάτο θυμηδία γέλιο. «Σε παρακαλώ αγαπημένε μου», είπε, «μπορείς να χαλαρώσεις λίγο την αγκαλιά σου;».

«Μόνο λίγο!». Τον είχα αγκαλιάσει και είχα κολλήσει πάνω του σαν χταπόδι. Μπορούσα να μυρίσω το ίδιο, αδιόρατο, ευχάριστο, φυσικό άρωμα που ήταν χαρακτηριστικό του σώματός του παλιότερα. Η υπέροχη, συγκινητική αίσθηση της θεϊκής του σάρκας ακόμα παραμένει ζωντανή στην εσωτερική μεριά των χεριών μου και στις παλάμες μου όποτε ανακαλώ στη μνήμη μου εκείνες τις μεγαλειώδεις ώρες.

«Όπως οι προφήτες στέλνονται στη γη για να βοηθήσουν τους ανθρώπους να εξοφλήσουν το υλικό τους κάρμα, έτσι ο Θεός με καθοδήγησε να υπηρετήσω σ' έναν αστρικό πλανήτη σαν σωτήρας», εξήγησε ο Σρι Γιουκτέσβαρ. «Λέγεται Χιρανιαλόκα ή "Φωτισμένος Αστρικός Πλανήτης". Εκεί βοηθώ πνευματικά ανεπτυγμένα όντα να απαλλαγούν από το αστρικό κάρμα κι έτσι να φτάσουν στην απελευθέρωση από αστρικές επαναγεννήσεις. Οι κάτοικοι στο Χιρανιαλόκα είναι πολύ ανεπτυγμένοι πνευματικά· όλοι τους είχαν αποκτήσει στην προηγούμενη ενσάρκωσή τους τη δύναμη που αποκτάται με τον διαλογισμό να αφήνουν τα σώματά τους συνειδητά κατά τον θάνατό τους. Κανένας δεν μπορεί να μπει στο Χιρανιαλόκα αν δεν έχει περάσει, στη γη, *πέρα από το σαμπικάλπα σαμάντι*, στο ανώτερο επίπεδο του *νιρμπικάλπα σαμάντι*.[1]

»Οι κάτοικοι του Χιρανιαλόκα έχουν ήδη περάσει από τις συνηθισμένες αστρικές σφαίρες όπου σχεδόν όλα τα όντα της γης πρέπει να πάνε μετά τον θάνατο· εκεί κατέστρεψαν πολλούς σπόρους από κάρμα που συνδέονταν με παλιές πράξεις τους στους αστρικούς κόσμους. Μόνο οι ανεπτυγμένοι πνευματικά πιστοί μπορούν να εκτελέσουν αποτελεσματικά τέτοιο λυτρωτικό έργο στις αστρικές σφαίρες[2] και κανένας άλλος. Μετά, για να ελευθερώσουν πλήρως την ψυχή τους από οποιοδήποτε ίχνος αστρικού κάρμα, σύρονται από τον συμπαντικό νόμο να ξαναγεννηθούν σε νέα αστρικά σώματα στο Χιρανιαλόκα, τον αστρικό ήλιο ή αστρικό παράδεισο, όπου είμαι παρών για να τους βοηθήσω. Υπάρχουν επίσης και σχεδόν τέλεια όντα στο Χιρανιαλόκα, που έχουν έρθει από τον ανώτερο αιτιατό κόσμο».

Ο νους μου τώρα ήταν σε τόσο τέλειο συντονισμό με του γκουρού μου, που μου μεταβίβαζε τις λέξεις-εικόνες του εν μέρει με τα λόγια του και εν μέρει με μεταβίβαση σκέψης. Έτσι λάμβανα γρήγορα τις συνεπτυγμένες ιδέες του.

«Έχεις διαβάσει στις Γραφές», συνέχισε ο Δάσκαλος, «ότι ο Θεός εγκλώβισε την ανθρώπινη ψυχή διαδοχικά σε τρία σώματα – το ιδεατό ή αιτιατό σώμα· το λεπτοφυές αστρικό σώμα, την έδρα της νοητικής και συναισθηματικής φύσης του ανθρώπου· και το χονδροειδές υλικό σώμα. Στη γη ο άνθρωπος είναι εφοδιασμένος με τις υλικές του αισθήσεις. Ένα αστρικό ον εργάζεται με τη συνειδητότητά του και τα συναισθήματα και μ' ένα σώμα φτιαγμένο από ζωητρόνια.[3] Ένα ον με

---

[1] Βλ. σελ. 274. Στο *σαμπικάλπα σαμάντι* ο πιστός έχει συνειδητοποιήσει την ενότητά του με το Πνεύμα αλλά δεν μπορεί να διατηρήσει τη συμπαντική συνειδητότητά του παρά μόνο όταν βρίσκεται στην κατάσταση της εκστατικής ακινησίας. Με τον διαρκή διαλογισμό φτάνει στο ανώτερο επίπεδο του *νιρμπικάλπα σαμάντι*, στο οποίο μπορεί να κινείται ελεύθερα μέσα στον κόσμο χωρίς να χάνει καθόλου την αντίληψη του Θεού.

Στο *νιρμπικάλπα σαμάντι* ο γιόγκι διαλύει τα τελευταία κατάλοιπα του υλικού ή γήινου κάρμα του. Ωστόσο μπορεί ακόμα να έχει κάποιο αστρικό ή αιτιατό κάρμα να εξοφλήσει και γι' αυτό ενσωματώνεται σε αστρικά και μετά σε αιτιατά σώματα σε σφαίρες υψηλής δόνησης.

[2] Επειδή οι περισσότεροι άνθρωποι, απολαμβάνοντας την ομορφιά των αστρικών κόσμων, δεν βλέπουν καμία αναγκαιότητα για επίπονη πνευματική προσπάθεια.

[3] Ο Σρι Γιουκτέσβαρ χρησιμοποίησε τη λέξη *πράνα*· τη μετέφρασα ως ζωητρόνια. Οι ινδουιστικές Γραφές δεν αναφέρονται μόνο στο *άνου*, «άτομο» και στο *παραμάνου*, «πέρα από το άτομο» –πιο λεπτοφυείς ατομικές ενέργειες– αλλά και στην *πράνα*, «δημιουργική ζωητρονική δύναμη». Τα άτομα και τα ηλεκτρόνια είναι τυφλές δυνάμεις· η *πράνα* είναι εγγενώς νοήμων. Τα πρανικά ζωητρόνια στα σπερματοζωάρια και τα ωάρια, για παράδειγμα,

Η Ανάσταση του Σρι Γιουκτέσβαρ

αιτιατό σώμα παραμένει στο μακάριο βασίλειο των ιδεών. Η εργασία μου είναι μ' αυτά τα αστρικά όντα που ετοιμάζονται να μπουν στον αιτιατό κόσμο».

«Αξιολάτρευτε Δάσκαλε, σας παρακαλώ, πείτε μου κι άλλα για το αστρικό σύμπαν». Τον είχα ακόμα στην αγκαλιά μου, αν και είχα χαλαρώσει λίγο τα χέρια μου όταν το ζήτησε ο Σρι Γιουκτέσβαρ. Θησαυρός πέρα από κάθε θησαυρό, ο γκουρού μου, που είχε περιγελάσει τον θάνατο για να με βρει!

«Υπάρχουν πολλοί αστρικοί πλανήτες που βρίθουν από αστρικά όντα», άρχισε ο Δάσκαλος. «Οι κάτοικοι χρησιμοποιούν ακτίνες φωτός για να ταξιδεύουν από τον έναν πλανήτη στον άλλον, πιο γρήγορα από τον ηλεκτρισμό και τη ραδιενέργεια.

»Το αστρικό σύμπαν, φτιαγμένο από λεπτοφυείς δονήσεις φωτός και χρώματος, είναι εκατοντάδες φορές πιο μεγάλο από το υλικό σύμπαν. Ολόκληρη η υλική δημιουργία κρέμεται σαν μικρό στέρεο καλάθι κάτω από το τεράστιο φωτεινό μπαλόνι της αστρικής σφαίρας. Όπως πολλοί υλικοί ήλιοι και αστέρια περιφέρονται στο διάστημα, έτσι υπάρχουν επίσης αμέτρητα αστρικά ηλιακά συστήματα και αστερισμοί. Οι πλανήτες τους έχουν αστρικούς ήλιους και φεγγάρια, πιο όμορφα απ' αυτά του υλικού κόσμου. Τα αστρικά φωτεινά σώματα μοιάζουν με το Βόρειο Σέλας – το αστρικό Σέλας είναι πιο λαμπερό από το το φεγγάρι με τις ήπιες ακτίνες. Η αστρική μέρα και η αστρική νύχτα διαρκούν περισσότερο απ' αυτές της γης.

»Ο αστρικός κόσμος είναι άπειρα όμορφος, καθαρός, αγνός και σε τάξη. Δεν υπάρχουν νεκροί πλανήτες ή άγονες εκτάσεις. Οι γήινες ατέλειες –ζιζάνια, βακτηρίδια, έντομα, φίδια– απουσιάζουν. Σε αντίθεση με το κλίμα και τις εποχές της γης που διαφοροποιούνται, στους αστρικούς πλανήτες υπάρχει πάντα η ίδια θερμοκρασία μιας αιώνιας άνοιξης, ενώ περιστασιακά πέφτει φωτεινό άσπρο χιόνι και βροχή από πολύχρωμα φώτα. Στους αστρικούς πλανήτες αφθονούν λίμνες σε χρώμα σαν οπάλιο, φωτεινές θάλασσες και ποτάμια σαν ουράνια τόξα.

»Το συνηθισμένο αστρικό σύμπαν –όχι ο πιο λεπτοφυής αστρικός παράδεισος του Χιρανιαλόκα– είναι γεμάτο με εκατομμύρια αστρικά όντα που ήρθαν λιγότερο ή περισσότερο πρόσφατα από τη γη και επίσης με μυριάδες νεράιδες, γοργόνες, ψάρια, ζώα, τελώνια, ξωτικά, ημίθεους και πνεύματα που κατοικούν σε διαφορετικούς αστρικούς

---
καθοδηγούν την ανάπτυξη του εμβρύου ανάλογα με το καρμικό σχέδιο.

πλανήτες ανάλογα με το κάρμα τους. Υπάρχουν διαφορετικές σφαιρικές κατοικίες ή δονητικές περιοχές για τα καλά και τα κακά πνεύματα. Τα καλά μπορούν να ταξιδεύουν ελεύθερα, αλλά τα κακά πνεύματα είναι περιορισμένα σε οριοθετημένες ζώνες. Όπως τα ανθρώπινα όντα ζουν στην επιφάνεια της γης, τα σκουλήκια μέσα στο έδαφος, τα ψάρια στο νερό και τα πουλιά στον αέρα, έτσι και τα αστρικά όντα διαφορετικών βαθμίδων τοποθετούνται αντίστοιχα σε κατάλληλα δονητικά μέρη.

»Ανάμεσα στους σκοτεινούς αγγέλους που εξέπεσαν, οι οποίοι εκδιώχθηκαν από άλλους κόσμους, υπάρχουν προστριβές και διεξάγονται πόλεμοι με ζωητρονικές βόμβες ή νοητικές μαντρικές[4] δονητικές ακτίνες. Αυτά τα όντα κατοικούν στις διαποτισμένες με μελαγχολία περιοχές του κατώτερου αστρικού κόσμου, εξοφλώντας το φαύλο κάρμα τους.

»Στα αχανή βασίλεια πάνω από τη σκοτεινή αστρική φυλακή, όλα είναι λαμπερά και όμορφα. Ο αστρικός κόσμος είναι πιο φυσικά συντονισμένος με τη θεϊκή θέληση και το θεϊκό σχέδιο για την τελειότητα απ' ό,τι η γη. Κάθε αστρικό αντικείμενο εκδηλώνεται πρωταρχικά με τη θέληση του Θεού και εν μέρει με το κάλεσμα μέσω της θέλησης των αστρικών όντων. Διαθέτουν τη δύναμη να τροποποιούν ή να βελτιώνουν τη χάρη και τη μορφή οποιουδήποτε πράγματος έχει ήδη δημιουργηθεί από τον Κύριο. Έχει δώσει στα αστρικά παιδιά Του την ελευθερία και το προνόμιο να αλλάζουν ή να βελτιώνουν κατά βούληση το αστρικό σύμπαν. Στη γη ένα στερεό πρέπει να μετατραπεί σε υγρό ή σε άλλη μορφή μέσω υλικών ή χημικών διαδικασιών, αλλά τα αστρικά στερεά μετατρέπονται σε αστρικά υγρά, αέρια, ή ενέργεια μόνο με τη θέληση των κατοίκων και ακαριαία.

»Η γη είναι σκοτεινή από τους πολέμους και τους φόνους στη θάλασσα, στη στεριά και στον αέρα», συνέχισε ο γκουρού μου, «αλλά στα αστρικά βασίλεια επικρατεί μια ευτυχισμένη αρμονία και ισότητα. Τα αστρικά όντα υλοποιούν και εξαϋλώνουν τη μορφή τους κατά βούληση. Τα λουλούδια ή τα ψάρια ή τα ζώα μπορούν να μεταμορφώσουν τον εαυτό τους για κάποιο διάστημα σε αστρικούς ανθρώπους. Όλα

---

[4] Επίθετο από τη λέξη *μάντρα*, ήχοι-σπόροι που ψέλνονται και με την αυτοσυγκέντρωση δρουν σαν νοητικά πυροβόλα όπλα. Οι *Πουράνα* (αρχαία *σάστρα* ή πραγματείες) περιγράφουν αυτούς τους μαντρικούς πολέμους μεταξύ των *ντέβα* και των *ασούρα* (θεών και δαιμόνων). Ένας *ασούρα*, μια φορά, προσπάθησε να σφαγιάσει έναν *ντέβα* με έναν ισχυρό ύμνο. Εξαιτίας της κακής προφοράς, η νοητική βόμβα ενήργησε σαν μπούμερανγκ και σκότωσε τον δαίμονα.

*Η Ανάσταση του Σρι Γιουκτέσβαρ*

τα αστρικά όντα είναι ελεύθερα να παίρνουν οποιαδήποτε μορφή και μπορούν εύκολα να επικοινωνούν μεταξύ τους. Δεν περιορίζονται από κανέναν παγιωμένο, συγκεκριμένο φυσικό νόμο – οποιοδήποτε αστρικό δέντρο, για παράδειγμα, μπορεί να παραγάγει ένα αστρικό μάνγκο ή οποιοδήποτε άλλο επιθυμητό φρούτο, λουλούδι, ακόμα και αντικείμενο, αν του ζητηθεί. Υπάρχουν κάποιοι καρμικοί περιορισμοί, αλλά δεν υπάρχουν διακρίσεις στον αστρικό κόσμο σχετικά με την ικανότητα των όντων να λαμβάνουν διάφορες μορφές που επιθυμούν. Τα πάντα δονούνται με το δημιουργικό φως του Θεού.

»Κανείς δεν γεννιέται από γυναίκα· όλοι οι απόγονοι υλοποιούνται από αστρικά όντα μέσω της βοήθειας της συμπαντικής τους θέλησης σε ειδικά σχεδιασμένες μορφές, συμπυκνωμένες αστρικά. Το γήινο ον που βγαίνει από το υλικό του σώμα με τον θάνατο έλκεται μέσω πρόσκλησης προς μια αστρική οικογένεια που έχει παρόμοιες μ' αυτό νοητικές και πνευματικές τάσεις.

»Το αστρικό σώμα δεν υπόκειται σε κρύο ή ζέστη ή άλλες φυσικές συνθήκες. Η ανατομία περιλαμβάνει έναν αστρικό εγκέφαλο ή τον χιλιοπέταλο λωτό φωτός και έξι αφυπνισμένα κέντρα στη *σουσούμνα* ή αστρική εγκεφαλονωτιαία στήλη. Η καρδιά παίρνει συμπαντική ενέργεια και φως από τον αστρικό εγκέφαλο τα οποία διοχετεύει ύστερα στα αστρικά νεύρα και κύτταρα του σώματος ή ζωητρόνια. Τα αστρικά όντα μπορούν να πραγματοποιούν αλλαγές στις μορφές τους με ζωητρονική δύναμη και με ιερές μαντρικές δονήσεις.

»Στις περισσότερες περιπτώσεις το αστρικό σώμα είναι ακριβώς ίδιο με αυτό της τελευταίας υλικής μορφής. Το πρόσωπο και η εμφάνιση ενός αστρικού ανθρώπου μοιάζουν με το παρουσιαστικό που είχε σε νεαρή ηλικία στην προηγούμενη γήινη προσωρινή διαμονή του. Περιστασιακά κάποιοι όπως εγώ επιλέγουν να κρατήσουν την εμφάνιση της προχωρημένης ηλικίας τους». Ο Δάσκαλος, αναδίδοντας την ίδια την ουσία της νεότητας, γέλασε με την καρδιά του.

«Σε αντίθεση με τον τρισδιάστατο υλικό κόσμο που αναγνωρίζεται μόνο από τις πέντε αισθήσεις, οι αστρικές σφαίρες είναι ορατές στην έκτη αίσθηση που τα περιλαμβάνει όλα – τη διαίσθηση», συνέχισε ο Σρι Γιουκτέσβαρ. «Απλά και μόνο με τη διαισθητική αντίληψη όλα τα αστρικά όντα βλέπουν, ακούν, μυρίζουν, γεύονται και αγγίζουν. Διαθέτουν τρία μάτια, δύο από τα οποία είναι εν μέρει κλειστά. Το τρίτο και κύριο αστρικό μάτι που βρίσκεται κάθετα στο μέτωπο είναι ανοιχτό. Τα αστρικά όντα έχουν όλα τα εξωτερικά αισθητήρια όργανα –αυτιά, μάτια, μύτη, γλώσσα και δέρμα- αλλά χρησιμοποιούν τη διαίσθηση για να νιώσουν τις αισθητήριες εντυπώσεις από κάθε μέρος του σώματός τους· μπορούν να βλέπουν μέσω του αυτιού ή της μύτης ή του δέρματος. Μπορούν να ακούν μέσω των ματιών ή της γλώσσας και μπορούν να γεύονται μέσω των αυτιών ή του δέρματος και ούτω κάθε εξής.[5]

»Το υλικό σώμα του ανθρώπου είναι εκτεθειμένο σε αμέτρητους κινδύνους και εύκολα τραυματίζεται ή καθίσταται ανάπηρο· το αιθέριο αστρικό σώμα μπορεί περιστασιακά να κοπεί ή να τραυματιστεί αλλά θεραπεύεται αμέσως, απλώς και μόνο με τη θέληση».

«Γκουρουντέβα, οι αστρικοί άνθρωποι είναι όλοι όμορφοι;».

«Η ομορφιά στον αστρικό κόσμο είναι μια πνευματική ιδιότητα και όχι μια εξωτερική διαμόρφωση», απάντησε ο Σρι Γιουκτέσβαρ. «Γι' αυτό τα αστρικά όντα δίνουν λίγη σημασία στα χαρακτηριστικά ενός προσώπου. Ωστόσο έχουν το προνόμιο να ντύνουν τον εαυτό τους με νέα, χρωματιστά, αστρικά υλοποιημένα σώματα. Όπως οι εγκόσμιοι άνθρωποι φορούν καινούργια επίσημα ρούχα σε ειδικές περιπτώσεις, έτσι και τα αστρικά όντα βρίσκουν περιστάσεις για να στολιστούν με ειδικά σχεδιασμένες μορφές.

»Σε ανώτερους αστρικούς πλανήτες, όπως στο Χιρανιαλόκα, γίνονται χαρούμενες αστρικές γιορτές όταν ένα ον ελευθερώνεται από τον αστρικό κόσμο μέσω πνευματικής προόδου και είναι επομένως έτοιμο να μπει στον παράδεισο του αιτιατού κόσμου. Σε τέτοιες περιπτώσεις ο Αόρατος Ουράνιος Πατέρας και οι άγιοι που έχουν συγχωνευθεί μαζί Του υλοποιούνται σε σώματα της επιλογής Τους και συμμετέχουν στην αστρική γιορτή. Για να ευχαριστήσει τον αγαπημένο Του πιστό, ο Κύριος παίρνει οποιαδήποτε επιθυμητή μορφή. Αν ο πιστός προσκυνούσε με λατρευτική αφοσίωση, βλέπει το Θεό ως Θεϊκή Μητέρα. Τον Ιησού, η όψη του Θεού ως πατέρα τον προσέλκυε περισσότερο από κάθε άλλη σύλληψη. Η ιδιαιτερότητα που έδωσε ο Δημιουργός σε κάθε ένα από τα πλάσματά Του Τον κάνει προσαρμοστικό σε κάθε αίτημα, είτε αυτό είναι επιδεκτικό νοητικής σύλληψης είτε αδιανόητο!». Ο γκουρού μου κι εγώ γελάσαμε ευτυχισμένα.

«Φίλοι από άλλες ζωές αναγνωρίζουν εύκολα ο ένας τον άλλον στον αστρικό κόσμο», συνέχισε ο Σρι Γιουκτέσβαρ με τη μελωδική φωνή του που ηχούσε σαν φλάουτο. «Χαρούμενοι με την αθανασία

---

[5] Παραδείγματα τέτοιων δυνάμεων δεν λείπουν ακόμα και στη γη, όπως στην περίπτωση της Έλεν Κέλερ (Helen Keller) και άλλων σπάνιων όντων.

της φιλίας, συνειδητοποιούν ότι η αγάπη είναι άφθαρτη, πράγμα για το οποίο συχνά αμφέβαλλαν όταν ερχόταν ο θλιβερός, απατηλός γήινος θάνατος.

»Η διαίσθηση των αστρικών όντων διαπερνά το πέπλο και παρατηρεί τις ανθρώπινες δραστηριότητες στη γη, αλλά οι άνθρωποι στη γη δεν μπορούν να δουν τον αστρικό κόσμο, εκτός κι αν έχει αναπτυχθεί κάπως η έκτη αίσθησή τους. Χιλιάδες κάτοικοι της γης έχουν στιγμιαία ρίξει μια φευγαλέα ματιά σ' ένα αστρικό ον ή σ' έναν αστρικό κόσμο.[6]

»Τα ανώτερα σε πνευματικότητα όντα στο Χιρανιαλόκα παραμένουν τον περισσότερο χρόνο ξύπνια σε έκσταση κατά τη διάρκεια της μεγάλης αστρικής μέρας και της μεγάλης αστρικής νύχτας, βοηθώντας στην επίλυση πολύπλοκων προβλημάτων της συμπαντικής διακυβέρνησης και στη λύτρωση των άσωτων γιων, των ψυχών που είναι δεμένες με τη γη. Όταν τα όντα του Χιρανιαλόκα κοιμούνται, περιστασιακά έχουν αστρικά οράματα που μοιάζουν με όνειρα. Συνήθως ο νους τους είναι απορροφημένος στη συνειδητή κατάσταση της μακαριότητας *νιρμπικάλπα*.

»Οι κάτοικοι σε όλα τα μέρη των αστρικών κόσμων υπόκεινται ακόμα σε νοητικές αγωνίες. Τα ανώτερα όντα με τον ευαίσθητο νου, σε πλανήτες όπως το Χιρανιαλόκα, αισθάνονται οξύ πόνο αν κάνουν οποιοδήποτε λάθος στη συμπεριφορά τους ή σχετικά με την αντίληψη της αλήθειας. Αυτά τα εξυψωμένα όντα πασχίζουν να συντονίζουν κάθε πράξη και σκέψη τους με την τελειότητα του πνευματικού νόμου.

»Η επικοινωνία ανάμεσα στα αστρικά όντα γίνεται ολοκληρωτικά μέσω αστρικής τηλεπάθειας και τηλε-όρασης· δεν υπάρχει κανενός είδους παρερμηνεία του προφορικού ή γραπτού λόγου την οποία οι κάτοικοι της γης είναι υποχρεωμένοι να υφίστανται. Όπως οι άνθρωποι στην οθόνη του κινηματογράφου φαίνονται να κινούνται και να πράττουν μέσω μιας σειράς εικόνων από φως και επομένως δεν αναπνέουν στην πραγματικότητα, έτσι και τα αστρικά όντα περπατούν και εργάζονται σαν εικόνες φωτός που καθοδηγούνται και συντάσσονται με νοημοσύνη, χωρίς να χρειάζεται να παίρνουν δύναμη από οξυγόνο. Ο άνθρωπος εξαρτάται από στερεά, υγρά, αέρια και ενέργεια για να συντηρηθεί· τα αστρικά όντα συντηρούνται κυρίως από συμπαντικό φως».

---

[6] Στη γη παιδιά με αγνό νου μερικές φορές είναι ικανά να βλέπουν τα χαριτωμένα αστρικά σώματα των νεραϊδών. Μέσω ναρκωτικών ή μέθης από αλκοόλ, των οποίων η χρήση απαγορεύεται απ' όλες τις Γραφές, ένας άνθρωπος μπορεί να καταστήσει τη συνειδητότητά του τόσο ανισόρροπη ώστε να αντιληφθεί τις φρικιαστικές μορφές της αστρικής κόλασης.

«Δικέ μου Δάσκαλε, τα αστρικά όντα τρώνε τίποτα;». Απορροφούσα τις θαυμάσιες διευκρινίσεις του με τη δεκτικότητα όλων των ικανοτήτων μου – τον νου, την καρδιά, την ψυχή. Οι υπερσυνείδητες αντιλήψεις της αλήθειας είναι μόνιμα πραγματικές και αμετάβλητες, ενώ οι φευγαλέες εμπειρίες και εντυπώσεις των αισθήσεων ποτέ δεν είναι τίποτα περισσότερο από προσωρινά ή σχετικά αληθινές και σύντομα χάνουν στη μνήμη όλη τη ζωντάνια τους. Τα λόγια του γκουρού μου χαράχτηκαν τόσο βαθιά μέσα στην ύπαρξή μου, που οποιαδήποτε ώρα, μεταφέροντας τον νου μου στην κατάσταση του υπερσυνειδήτου, μπορώ να ξαναζήσω καθαρά τη θεϊκή εμπειρία.

«Στα αστρικά εδάφη αφθονούν φεγγοβόλα λαχανικά σαν ακτίνες», απάντησε. «Τα αστρικά όντα τρώνε λαχανικά και πίνουν νέκταρ από λαμπερές πηγές φωτός και από αστρικά ρυάκια και ποτάμια. Όπως στη γη οι μακρινές εικόνες των ανθρώπων μπορούν να ανασυρθούν από τον αιθέρα και να γίνουν ορατές μέσω της συσκευής της τηλεόρασης και αργότερα να απελευθερωθούν πάλι στο χώρο, έτσι και τα δημιουργημένα από το Θεό αόρατα σχέδια λαχανικών και φυτών, σχέδια που πλέουν στον αιθέρα, προσελκύονται στον αστρικό πλανήτη με τη θέληση των κατοίκων του. Με τον ίδιο τρόπο, από την απεριόριστη φαντασία αυτών των όντων, υλοποιούνται ολόκληροι κήποι με αρωματικά λουλούδια που επιστρέφουν μετά στον αιθέρα και γίνονται αόρατοι. Αν και οι κάτοικοι των παραδείσιων πλανητών όπως το Χιρανιαλόκα είναι σχεδόν ελεύθεροι από την ανάγκη να τρώνε, ακόμα υψηλότερα υπάρχει η μη εξαρτημένη ύπαρξη των σχεδόν πλήρως απελευθερωμένων ψυχών, στον αιτιατό κόσμο, που δεν τρώνε τίποτα εκτός από το μάννα της μακαριότητας.

»Το αστρικό ον που απελευθερώθηκε από τη γη συναντά πλήθος συγγενών, πατέρων, μητέρων, συζύγων και φίλων που είχε κατά τις διάφορες ενσαρκώσεις στη γη[7] καθώς εμφανίζονται κατά καιρούς σε διάφορα μέρη των αστρικών βασιλείων. Τότε δεν μπορεί να καταλάβει ποιον να αγαπήσει περισσότερο· μ' αυτόν τον τρόπο μαθαίνει να προσφέρει θεϊκή και ίση αγάπη σε όλους, ως παιδιά και εξατομικευμένες εκφράσεις του Θεού. Αν και η εξωτερική εμφάνιση των αγαπημένων μπορεί να έχει αλλάξει, λίγο ή πολύ σύμφωνα με την ανάπτυξη νέων

---

[7] Ο Βούδας ερωτήθηκε κάποτε γιατί πρέπει κάποιος να αγαπά το ίδιο όλους τους ανθρώπους. «Επειδή», απάντησε ο μεγάλος Δάσκαλος, «κατά τη διάρκεια των πολυάριθμων και διαφορετικών ζωών κάθε ανθρώπου, κάθε άλλο ον, σε κάποια χρονική στιγμή, ήταν αγαπητό σ' αυτόν».

*Η Ανάσταση του Σρι Γιουκτέσβαρ*

ιδιοτήτων στην τελευταία ζωή κάθε συγκεκριμένης ψυχής, το αστρικό ον χρησιμοποιεί την αλάνθαστη διαίσθησή του για να αναγνωρίσει όλους όσους ήταν κάποτε αγαπημένοι του σε άλλα επίπεδα ύπαρξης και να τους καλωσορίσει στο νέο αστρικό σπίτι τους. Επειδή κάθε άτομο και μόριο στη δημιουργία είναι αμετάκλητα προικισμένο με ατομικότητα,[8] ένας αστρικός φίλος θα αναγνωριστεί ανεξάρτητα από ποιο ένδυμα φορά σαν σώμα, όπως και στη γη η ταυτότητα ενός ηθοποιού μπορεί να αναγνωριστεί με στενή παρατήρηση, άσχετα με την όποια μεταμφίεσή του.

»Η διάρκεια ζωής στον αστρικό κόσμο είναι μεγαλύτερη απ' αυτήν της γης. Ο φυσιολογικός μέσος όρος χρόνου ζωής ενός αστρικά ανεπτυγμένου όντος κυμαίνεται από πεντακόσια ως χίλια χρόνια, μετρούμενα σύμφωνα με τον γήινο χρόνο. Όπως κάποιες σεκόγιες ξεπερνούν τη διάρκεια ζωής των δέντρων κατά χιλιετίες, ή όπως κάποιοι γιόγκι ζουν αρκετές εκατοντάδες χρόνια αν και οι περισσότεροι άνθρωποι πεθαίνουν πριν την ηλικία των εξήντα ετών, έτσι και κάποια αστρικά όντα ζουν πολύ περισσότερο από τη συνηθισμένη αστρική διάρκεια ζωής. Οι επισκέπτες στον αστρικό κόσμο μένουν εκεί ανάλογα με το βάρος του υλικού τους κάρμα, το οποίο τους τραβά πίσω στη γη μέσα σε καθορισμένο χρόνο.

»Το αστρικό ον δεν αντιμετωπίζει με πόνο τον θάνατο κατά την ώρα που αφήνει το αστρικό φωτεινό σώμα του. Πολλά απ' αυτά τα όντα εντούτοις νιώθουν μια ελαφρά νευρικότητα στη σκέψη ότι θα αφήσουν την αστρική μορφή τους για να μπουν στον πιο λεπτοφυή αιτιατό κόσμο. Στον αστρικό κόσμο δεν υπάρχει ακούσιος θάνατος, αρρώστια και γηρατειά. Αυτά τα τρία φόβητρα είναι η κατάρα της γης, όπου ο άνθρωπος άφησε τη συνειδητότητά του να ταυτιστεί σχεδόν ολοκληρωτικά με το εύθραυστο υλικό σώμα που εξαρτάται από τον αέρα, το φαγητό και τον ύπνο για την ύπαρξή του.

»Ο υλικός θάνατος επέρχεται με την εξαφάνιση της αναπνοής και την αποσύνθεση των κυττάρων του σώματος. Ο αστρικός θάνατος έγκειται στον διασκορπισμό των ζωητρονίων, αυτών των μονάδων ενέργειας που συνιστούν τη ζωή των αστρικών όντων. Κατά τον υλικό θάνατο ένα ον χάνει τη συνειδητότητά του της σάρκας και αποκτά επίγνωση

---

[8] Οι οκτώ βασικές ιδιότητες που υπάρχουν σε κάθε δημιουργημένη ζωή, από το άτομο ως τον άνθρωπο, είναι η γη, το νερό, η φωτιά, ο αέρας, ο αιθέρας, ο νους που είναι ταυτισμένος με τις αισθήσεις *(μάνας)*, η νοημοσύνη *(μπούντι)* και το εγώ *(αχάμκαρα)*. (Συγκρ. Μπάγκαβαντ Γκίτα VII:4.)

του πιο λεπτοφυούς σώματός του στον αστρικό κόσμο. Βιώνοντας τον αστρικό θάνατο στον κατάλληλο χρόνο, ένα ον, με τον τρόπο αυτό, περνά από τη συνειδητότητα της αστρικής γέννησης και του αστρικού θανάτου σ' αυτήν της υλικής γέννησης και του υλικού θανάτου. Αυτοί οι επαναλαμβανόμενοι κύκλοι εγκλωβισμού της ψυχής σε αστρικά και γήινα σώματα είναι η αναπόδραστη μοίρα όλων των αφώτιστων όντων. Οι ορισμοί που δίνουν οι Γραφές για τον παράδεισο και την κόλαση μερικές φορές ανακινούν μνήμες του ανθρώπου, βαθύτερες κι απ' αυτές του υποσυνειδήτου, των μακροχρόνιων αλλεπάλληλων εμπειριών του στους χαρούμενους αστρικούς και στους απογοητευτικούς γήινους κόσμους».

«Αγαπημένε Δάσκαλε», ρώτησα, «μπορείτε να μου περιγράψετε με περισσότερες λεπτομέρειες τη διαφορά μεταξύ της επαναγέννησης στη γη και στις αστρικές και τις αιτιατές σφαίρες;».

«Ο άνθρωπος, ως εξατομικευμένη ψυχή, βρίσκεται ουσιαστικά μέσα σε αιτιατό σώμα», εξήγησε ο γκουρού μου. «Αυτό το σώμα είναι το καλούπι των τριάντα πέντε *ιδεών* που απαιτούνται από το Θεό ως βασικές ή αιτιατές δυνάμεις σκέψης, από τις οποίες αργότερα έφτιαξε το λεπτοφυές αστρικό σώμα με τα δεκαεννέα βασικά στοιχεία και το χονδροειδές υλικό σώμα με τα δεκαέξι βασικά στοιχεία.

»Τα δεκαεννέα βασικά στοιχεία του αστρικού σώματος είναι νοητικά, συναισθηματικά και ζωητρονικά. Τα δεκαεννέα συστατικά είναι η νοημοσύνη· το εγώ· το συναίσθημα· ο νους (η συνειδητότητα των αισθήσεων)· πέντε όργανα *γνώσης*, τα λεπτοφυή αντίστοιχα των αισθήσεων της όρασης, της ακοής, της όσφρησης, της γεύσης, της αφής· πέντε όργανα *δράσης*, η νοητική αντιστοιχία των εκτελεστικών ικανοτήτων της αναπαραγωγής, της απέκκρισης, του βαδίσματος, της ομιλίας και της άσκησης της δεξιοτεχνίας των χεριών· και πέντε όργανα *ζωικής δύναμης*, αυτά που μπορούν να εκτελούν τις λειτουργίες της δημιουργίας κρυσταλλικών δομών, της αφομοίωσης, της απέκκρισης, του μεταβολισμού και της κυκλοφορίας στο σώμα. Αυτός ο λεπτοφυής αστρικός εγκλωβισμός των δεκαεννέα στοιχείων συνεχίζει να υπάρχει και μετά τον θάνατο του υλικού σώματος, το οποίο είναι φτιαγμένο από δεκαέξι χονδροειδή χημικά στοιχεία.

»Ο Θεός μελέτησε διάφορες ιδέες μέσα Του και τις προέβαλε σε όνειρα. Έτσι εκπορεύτηκε απ' Αυτόν η Κυρία του Συμπαντικού Ονείρου, διακοσμημένη με όλα τα κολοσσιαία αιώνια στολίδια της της σχετικότητας.

»Σε τριάντα πέντε κατηγορίες σκέψης του αιτιατού σώματος, ο

## Η Ανάσταση του Σρι Γιουκτέσβαρ

Θεός εκπόνησε ένα περίτεχνο σχέδιο με όλες τις πολυπλοκότητες των αντίστοιχων δεκαεννέα αστρικών και δεκαέξι υλικών στοιχείων του ανθρώπου. Με συμπύκνωση των δονητικών δυνάμεων, πρώτα των λεπτοφυών και μετά των χονδροειδών, δημιούργησε το αστρικό σώμα του ανθρώπου και τελικά την υλική του μορφή. Σύμφωνα με τον νόμο της σχετικότητας, με τον οποίο η Αρχική Απλότητα μετατράπηκε στη μεγάλη ποικιλία που προκαλεί σάστισμα, το αιτιατό σύμπαν και το αιτιατό σώμα είναι διαφορετικά από το αστρικό σύμπαν και το αστρικό σώμα· το υλικό σύμπαν και το υλικό σώμα χαρακτηρίζονται, κατά τον ίδιο τρόπο, από διαφορές σε σχέση με τις άλλες μορφές της δημιουργίας.

»Το γήινο σώμα είναι φτιαγμένο από όνειρα του Δημιουργού που έγιναν στερεά, απέκτησαν αντικειμενική υπόσταση. Οι δυαδικότητες είναι πάντα παρούσες στη γη: αρρώστια και υγεία, πόνος και ευχαρίστηση, απώλεια και κέρδος. Τα ανθρώπινα όντα βρίσκουν περιορισμούς και αντίσταση στην τρισδιάστατη ύλη. Όταν η επιθυμία ενός ανθρώπου να ζήσει κλονίζεται σφοδρά από αρρώστια ή άλλους λόγους, επέρχεται ο θάνατος· το βαρύ πανωφόρι της σάρκας προσωρινά πέφτει. Η ψυχή όμως παραμένει εγκλωβισμένη στο αστρικό και στο αιτιατό σώμα.[9] Η συνεκτική δύναμη με την οποία και τα τρία σώματα είναι ενωμένα μεταξύ τους είναι η επιθυμία. Η δύναμη των ανεκπλήρωτων επιθυμιών είναι η ρίζα όλης της ανθρώπινης δουλείας.

»Οι υλικές επιθυμίες έχουν τις ρίζες τους στον εγωισμό και στις απολαύσεις των αισθήσεων. Η παρόρμηση ή ο πειρασμός από τις εμπειρίες των αισθήσεων ασκεί πιο μεγάλη επιρροή απ' ό,τι η δύναμη της επιθυμίας που συνδέεται με τις αστρικές προσκολλήσεις ή τις αιτιατές αντιλήψεις.

»Οι αστρικές επιθυμίες επικεντρώνονται γύρω από την απόλαυση που εκφράζεται με δόνηση. Τα αστρικά όντα απολαμβάνουν την αιθέρια μουσική των σφαιρών και μπαίνουν σε έκσταση όταν βλέπουν όλη τη δημιουργία ως ανεξάντλητες εκφράσεις μεταβαλλόμενου φωτός. Τα αστρικά όντα επίσης μυρίζουν, γεύονται και αγγίζουν φως. Οι αστρικές επιθυμίες, έτσι, συνδέονται με τη δύναμη ενός αστρικού όντος να συλλαμβάνει και να κατεβάζει από τον αιθέρα όλα τα αντικείμενα και τις εμπειρίες ως μορφές φωτός ή ως συμπυκνωμένες σκέψεις ή όνειρα.

---

[9] «Σώμα» σημαίνει οποιονδήποτε εγκλωβισμό της ψυχής, είτε χονδροειδή είτε λεπτοφυή. Τα τρία σώματα είναι κλουβιά για το Πουλί του Παραδείσου.

»Οι αιτιατές επιθυμίες εκπληρώνονται μόνο με την αντίληψη. Τα σχεδόν ελεύθερα όντα που είναι εγκλωβισμένα μόνο σε αιτιατό σώμα βλέπουν ολόκληρο το σύμπαν ως προβολή των ιδεών-ονείρων του Θεού· μπορούν να υλοποιούν οτιδήποτε και τα πάντα με σκέτη σκέψη. Τα αιτιατά όντα επομένως αντιλαμβάνονται την απόλαυση των υλικών αισθήσεων ή την αγαλλίαση του αστρικού κόσμου ως χονδροειδή και αποπνικτική για τις λεπτές ευαισθησίες της ψυχής. Τα αιτιατά όντα απαλλάσσονται από τις επιθυμίες τους εκπληρώνοντάς τες αμέσως.[10] Αυτοί που αντιλαμβάνονται ότι είναι καλυμμένοι μόνο με ένα εύθραυστο πέπλο ενός αιτιατού σώματος μπορούν να δημιουργούν ολόκληρα σύμπαντα όπως ο Δημιουργός. Επειδή όλη η δημιουργία είναι φτιαγμένη από τη συμπαντική ονειρική υφή, η ψυχή που είναι λεπτά ντυμένη μόνο με το αιτιατό σώμα διαθέτει απέραντες δημιουργικές δυνάμεις.

»Μια ψυχή, που από τη φύση της είναι αόρατη, μπορεί να γίνει διακριτή από την παρουσία του σώματος ή των σωμάτων της. Η απλή και μόνο ύπαρξη ενός σώματος υποδηλώνει ότι είναι αποτέλεσμα ανεκπλήρωτων επιθυμιών.[11]

»Όσο η ψυχή ενός ανθρώπου είναι εγκλωβισμένη σε ένα, δύο ή τρία σώματα-δοχεία, σφραγισμένα σφιχτά με τον φελλό της άγνοιας και των επιθυμιών, δεν μπορεί να συγχωνευθεί με τη θάλασσα του Πνεύματος. Όταν το χονδροειδές υλικό δοχείο καταστρέφεται από το σφυρί του θανάτου, τα άλλα δύο καλύμματα –το αστρικό και το αιτιατό– παραμένουν ακόμα, εμποδίζοντας την ψυχή να ενωθεί συνειδητά με την Πανταχού Παρούσα Ζωή. Όταν μέσω της σοφίας εξαλειφθούν όλες οι επιθυμίες, η δύναμη της σοφίας αυτής αρχίζει να θρυμματίζει τα δύο εναπομείναντα δοχεία. Η μικροσκοπική ανθρώπινη ψυχή αναδύεται ελεύθερη επιτέλους και γίνεται ένα με την Απροσμέτρητη Απεραντοσύνη».

Ζήτησα από τον θεϊκό γκουρού μου να με διαφωτίσει περισσότερο για τον υψηλό και μυστηριώδη αιτιατό κόσμο.

«Ο αιτιατός κόσμος είναι απερίγραπτα λεπτοφυής», απάντησε. «Για να τον καταλάβει κάποιος πρέπει να διαθέτει τόσο τεράστιες δυνάμεις

---

[10] Όπως ο Μπάμπατζι βοήθησε τον Λαχίρι Μαχασάγια να απαλλαγεί από την υποσυνείδητη επιθυμία, από κάποια παλιά ζωή, για ένα παλάτι, όπως περιγράφτηκε στο κεφάλαιο 34.

[11] «Κι αυτός είπε προς αυτούς· Όπου είναι το σώμα, εκεί θα μαζευτούν οι αετοί». – Κατά Λουκά ΙΖ:37. Όπου η ψυχή είναι εγκλωβισμένη, στο υλικό σώμα ή στο αστρικό σώμα ή στο αιτιατό σώμα, εκεί οι αετοί των επιθυμιών –που τρέφονται με τις ανθρώπινες αδυναμίες των αισθήσεων ή με αστρικές ή αιτιατές προσκολλήσεις– θα μαζευτούν επίσης για να κρατήσουν την ψυχή φυλακισμένη.

*Η Ανάσταση του Σρι Γιουκτέσβαρ*

αυτοσυγκέντρωσης, ώστε να μπορεί να κλείσει τα μάτια του και να συλλάβει νοερά ολόκληρο το αστρικό σύμπαν και ολόκληρο το υλικό σύμπαν σε όλη τους την αχανή έκταση –το φωτεινό μπαλόνι με το στέρεο καλάθι– ως υπάρξεις μόνο σε ιδέες. Αν με τέτοια υπεράνθρωπη αυτοσυγκέντρωση επιτύγχανε να μετατρέψει ή να αναλύσει τα δύο σύμπαντα με όλες τις πολυπλοκότητές τους σε σκέτες, καθαρές ιδέες, τότε θα έφτανε στον αιτιατό κόσμο και θα στεκόταν στη διαχωριστική γραμμή όπου σμίγουν ο νους και η ύλη. Εκεί αντιλαμβάνεται κάποιος όλα τα δημιουργημένα πράγματα –στερεά, υγρά, αέρια, τον ηλεκτρισμό, την ενέργεια, όλα τα όντα, τους θεούς, τους ανθρώπους, τα ζώα, τα φυτά, τα βακτηρίδια– ως μορφές συνειδητότητας, όπως ένας άνθρωπος μπορεί να κλείσει τα μάτια του και να συνειδητοποιήσει ότι υπάρχει, αν και το σώμα του είναι αόρατο στα υλικά του μάτια και είναι παρόν μόνο ως μία ιδέα.

»Ό,τι μπορεί να κάνει ένας άνθρωπος στη φαντασία του, ένα αιτιατό ον μπορεί να το κάνει στην πραγματικότητα. Η κολοσσιαία φαντασία της ανθρώπινης νοημοσύνης μπορεί, μόνο με τον νου, να κυμανθεί από το ένα άκρο της σκέψης στο άλλο, να βρεθεί μ' ένα πήδημα νοητικά από τον έναν πλανήτη στον άλλο, να περιφέρεται στην αιωνιότητα ή να εξακοντίζεται σαν ρουκέτα στους ουρανούς με τους γαλαξίες ή να σπινθηροβολεί σαν προβολέας στο στερέωμα ανάμεσα στ' αστέρια. Τα όντα στον αιτιατό κόσμο όμως έχουν πολύ μεγαλύτερη ελευθερία και μπορούν χωρίς προσπάθεια να μετατρέπουν ακαριαία τις σκέψεις τους κάνοντάς τες να έχουν αντικειμενική υπόσταση, χωρίς κανένα υλικό ή αστρικό εμπόδιο ή καρμικό περιορισμό.

»Τα αιτιατά πλάσματα συνειδητοποιούν ότι το υλικό σύμπαν δεν είναι πρωταρχικά δομημένο από ηλεκτρόνια και ότι και το αστρικό σύμπαν δεν αποτελείται βασικά από ζωτρόνια – και τα δύο σύμπαντα στην πραγματικότητα είναι δημιουργημένα από μικροσκοπικά μόρια της σκέψης του Θεού, τεμαχισμένα και διαιρεμένα από τη *μάγια*, τον νόμο της σχετικότητας που εμφανώς παρεμβαίνει για να χωρίσει τη δημιουργία από τον Δημιουργό της.

»Οι ψυχές στον αιτιατό κόσμο αναγνωρίζουν η μία την άλλη ως εξατομικευμένες μονάδες του χαρούμενου Πνεύματος· τα μοναδικά πράγματα που υπάρχουν γύρω τους είναι τα αντικείμενα των σκέψεών τους. Τα αιτιατά πλάσματα βλέπουν τη διαφορά ανάμεσα στο σώμα τους και τις σκέψεις ως απλές ιδέες. Όπως ένας άνθρωπος, κλείνοντας τα μάτια του, μπορεί να σχηματίσει μια νοερή εικόνα ενός εκτυφλωτικού λευκού φωτός ή μιας ομίχλης σε ξεθωριασμένο γαλάζιο χρώμα, έτσι τα αιτιατά όντα, με τη σκέψη τους και μόνο, μπορούν να βλέπουν, να ακούν, να μυρίζουν, να γεύονται και να αγγίζουν· δημιουργούν οτιδήποτε ή το διαλύουν με τη δύναμη του συμπαντικού νου.

»Και ο θάνατος και η γέννηση στον αιτιατό κόσμο υπάρχουν στη σκέψη. Τα όντα που έχουν αιτιατά σώματα τρώνε μόνο την αμβροσία της αιώνια νέας γνώσης. Πίνουν από τις πηγές της γαλήνης, περιφέρονται στο παρθένο έδαφος των αντιλήψεων, κολυμπούν στην ωκεάνια άπειρη μακαριότητα. Τα λαμπερά τους σώματα-σκέψη εκτοξεύονται και περνούν ταχύτατα από τρισεκατομμύρια πλανήτες, φτιαγμένους από Πνεύμα, από νέες φυσαλίδες συμπάντων, αστέρια-σοφία, όνειρα από χρυσά νεφελώματα απ' όλα τα χρώματα του φάσματος, όλα στην ουράνια αγκαλιά της Αιωνιότητας!

»Πολλά όντα παραμένουν για χιλιάδες χρόνια στο αιτιατό σύμπαν. Με βαθύτερες εκστάσεις, η ελευθερωμένη ψυχή αποσύρεται τότε από το μικρό αιτιατό σώμα και περιβάλλεται από το αχανές αιτιατό σύμπαν. Όλες οι ξεχωριστές περιδινήσεις της σκέψης, τα ιδιαίτερα για την ψυχή αυτή κύματα δύναμης, αγάπης, θέλησης, χαράς, γαλήνης, διαίσθησης, ηρεμίας, αυτοελέγχου και αυτοσυγκέντρωσης λιώνουν μέσα στην πάντα χαρούμενη Θάλασσα της Μακαριότητας. Η ψυχή δεν χρειάζεται πια να βιώνει τη χαρά της ως ένα εξατομικευμένο κύμα συνειδητότητας, αλλά είναι συγχωνευμένη με τον Έναν Συμπαντικό Ωκεανό, με όλα τα κύματά του – αιώνιο γέλιο, αιώνια συγκίνηση, αιώνιος παλμός.

»Όταν μια ψυχή βγει από το κουκούλι της των τριών σωμάτων δραπετεύει για πάντα από τον νόμο της σχετικότητας και γίνεται το ανείπωτο Αιώνια-Υπάρχον.[12] Τα φτερά της πεταλούδας της Πανταχού Παρουσίας είναι χαραγμένα με αστέρια, φεγγάρια, ήλιους! Η ψυχή που έγινε Πνεύμα παραμένει μόνη στην περιοχή του φωτός χωρίς φως, του σκότους χωρίς σκοτάδι, της σκέψης χωρίς σκέψη, μεθυσμένη με την έκστασή της της χαράς μέσα στη συμπαντική δημιουργία που είναι το όνειρο του Θεού».

«Μια ελεύθερη ψυχή!», αναφώνησα με δέος.

«Όταν μια ψυχή βγαίνει τελικά από τα τρία δοχεία της σωματικής αυταπάτης», συνέχισε ο Δάσκαλος, «γίνεται ένα με το Άπειρο χωρίς να

---

[12] «Όποιον νικά, θα τον κάνω στύλο στο ναό του Θεού μου, και δεν θα βγει πλέον έξω (δηλαδή δεν θα μετενσαρκωθεί ξανά). [...] Σε όποιον νικά, θα δώσω σ' αυτόν να καθίσει μαζί μου στον θρόνο μου, όπως και εγώ νίκησα και κάθισα μαζί με τον Πατέρα μου στον θρόνο του». – Αποκάλυψη Γ:12, 21.

*Η Ανάσταση του Σρι Γιουκτέσβαρ*

χάσει την ατομικότητά της. Ο Χριστός είχε κερδίσει αυτήν την τελική ελευθερία ακόμα και πριν γεννηθεί ως Ιησούς. Σε τρία στάδια στο παρελθόν του, που συμβολίζονται στη γήινη ζωή του ως οι τρεις μέρες της εμπειρίας του θανάτου του και της ανάστασής του, είχε αποκτήσει τη δύναμη να υψωθεί πλήρως στο Πνεύμα.

»Ο μη ανεπτυγμένος πνευματικά άνθρωπος πρέπει να υποβληθεί σε αμέτρητες γήινες, αστρικές και αιτιατές ενσαρκώσεις για να αναδυθεί από τα τρία σώματά του. Ένας Δάσκαλος που επιτυγχάνει αυτήν την τελική απελευθέρωση μπορεί να επιλέξει να γυρίσει στη γη ως προφήτης για να φέρει κι άλλα ανθρώπινα όντα πίσω στο Θεό ή, όπως εγώ, μπορεί να προτιμήσει να μείνει στον αστρικό κόσμο. Εκεί ένας σωτήρας παίρνει κάποιο φορτίο από το κάρμα[13] των κατοίκων κι έτσι τους βοηθά να περατώσουν τον κύκλο της μετενσάρκωσης στον αστρικό κόσμο και να προχωρήσουν οριστικά στις αιτιατές σφαίρες. Ή, μια απελευθερωμένη ψυχή μπορεί να μπει στον αιτιατό κόσμο για να βοηθήσει τα όντα εκεί να συντομεύσουν την περίοδο που θα μείνουν στο αιτιατό σώμα τους κι έτσι να φτάσουν στην Απόλυτη Ελευθερία».

«Αναστημένε Δάσκαλε, θέλω να μάθω περισσότερα για το κάρμα που αναγκάζει τις ψυχές να επιστρέφουν στους τρεις κόσμους». Σκεφτόμουν ότι θα μπορούσα να ακούω για πάντα τον πάνσοφο Δάσκαλό μου. Ποτέ κατά τη γήινη ζωή του δεν είχα μπορέσει να αφομοιώσω με μιας τόση από τη σοφία του. Τώρα για πρώτη φορά λάμβανα μια καθαρή, σαφή ενόραση στα αινιγματικά μεσοδιαστήματα στη σκακιέρα της ζωής και του θανάτου.

«Το υλικό κάρμα ή οι επιθυμίες του ανθρώπου πρέπει να εξαλειφθούν ολοκληρωτικά για να μπορέσει να μείνει στον αστρικό κόσμο και να μην ξαναγεννηθεί στη γη», διευκρίνισε ο γκουρού μου με τη συγκινητική φωνή του. «Δύο είδη πλασμάτων ζουν στις αστρικές σφαίρες. Πρώτον, αυτοί που έχουν ακόμα γήινο κάρμα από το οποίο πρέπει να απαλλαγούν και οι οποίοι επομένως πρέπει να ξαναγεννηθούν σε χονδροειδές υλικό σώμα ώστε να εξοφλήσουν το καρμικό χρέος τους. Αυτοί μπορούν να χαρακτηριστούν, μετά τον θάνατό τους, προσωρινοί επισκέπτες στον αστρικό κόσμο και όχι εδραιωμένοι κάτοικοι.

---

[13] Ο Σρι Γιουκτέσβαρ εννοούσε ότι όπως κατά την ενσάρκωσή του στη γη είχε πάρει περιστασιακά πάνω του το βάρος της αρρώστιας για να ελαφρύνει το κάρμα των μαθητών του, έτσι και στον αστρικό κόσμο η αποστολή του ως σωτήρα τού έδινε τη δυνατότητα να πάρει πάνω του κάποιο αστρικό κάρμα των κατοίκων στο Χιρανιαλόκα κι έτσι να επιταχύνει την εξέλιξή τους στον ανώτερο αιτιατό κόσμο.

»Όντα που δεν έχουν εξοφλήσει το γήινο κάρμα τους δεν επιτρέπεται να πάνε μετά τον αστρικό θάνατο στην ανώτερη αιτιατή σφαίρα των συμπαντικών ιδεών, αλλά πρέπει να παλινδρομούν μόνο από και προς τον υλικό και τον αστρικό κόσμο, έχοντας διαδοχικά τη συνειδητότητα του υλικού τους σώματος των δεκαέξι χονδροειδών στοιχείων και του αστρικού τους σώματος των δεκαεννέα λεπτοφυών στοιχείων. Μετά από κάθε απώλεια του υλικού του σώματος, ωστόσο, ένα μη ανεπτυγμένο ον από τη γη παραμένει κατά τον περισσότερο χρόνο στον βαθύ λήθαργο του μεταθανάτιου ύπνου και με δυσκολία συνειδητοποιεί την όμορφη αστρική σφαίρα. Μετά την αστρική ξεκούραση, ένας τέτοιος άνθρωπος επιστρέφει στο υλικό επίπεδο για περαιτέρω μαθήματα, σταδιακά συνηθίζοντας, μετά από επανειλημμένα ταξίδια, τους κόσμους της λεπτοφυούς αστρικής δομής.

»Δεύτερον, υπάρχουν οι εδραιωμένοι κάτοικοι του αστρικού σύμπαντος που, απελευθερωμένοι για πάντα απ' όλους τους υλικούς πόθους, δεν χρειάζεται να επιστρέψουν στις χονδροειδείς δονήσεις της γης. Τέτοια όντα έχουν μόνο αστρικό και αιτιατό κάρμα να εξοφλήσουν. Με τον αστρικό θάνατο αυτά τα όντα περνούν στον άπειρα πιο εξευγενισμένο και λεπτοφυή αιτιατό κόσμο. Στο τέλος ενός συγκεκριμένου χρονικού διαστήματος, το οποίο καθορίζεται από τον συμπαντικό νόμο, αυτά τα εξελιγμένα όντα επιστρέφουν στο Χιρανιαλόκα ή έναν παρόμοιο υψηλό αστρικό πλανήτη, ξαναγεννημένα σ' ένα νέο αστρικό σώμα για να εξοφλήσουν το αστρικό κάρμα που έχει απομείνει.

»Γιε μου, τώρα καταλαβαίνεις πιο καλά ότι αναστήθηκα με θεϊκή διαταγή», συνέχισε ο Σρι Γιουκτέσβαρ, «σαν σωτήρας αστρικά μετενσαρκωμένων ψυχών που κυρίως επιστρέφουν από την αιτιατή σφαίρα και όχι αυτών που έρχονται από τη γη. Αυτοί από τη γη, αν έχουν ακόμα κατάλοιπα από υλικό κάρμα, δεν έρχονται σε τόσο υψηλούς αστρικούς πλανήτες όπως το Χιρανιαλόκα.

»Όπως οι περισσότεροι άνθρωποι στη γη δεν έχουν μάθει, μέσω του οράματος που αποκτάται με τον διαλογισμό, να εκτιμούν τις ανώτερες χαρές και τα πλεονεκτήματα της αστρικής ζωής κι έτσι μετά τον θάνατο θέλουν να επιστρέψουν στις περιορισμένες, ατελείς απολαύσεις της γης, έτσι και πολλά αστρικά όντα κατά τη διάρκεια της φυσιολογικής αποσύνθεσης των αστρικών σωμάτων τους δεν καταφέρνουν να φανταστούν το εξελιγμένο στάδιο της πνευματικής χαράς στον αιτιατό κόσμο και σκεπτόμενοι συνεχώς την πιο χονδροειδή και φανταχτερή αστρική ευτυχία, λαχταρούν να ξαναγυρίσουν στον αστρικό παράδεισο.

Το βαρύ αστρικό κάρμα τέτοιων όντων πρέπει να εξαλειφθεί για να επιτύχουν, μετά τον αστρικό θάνατό τους, να μείνουν αδιάλειπτα στον αιτιατό κόσμο της σκέψης, που είναι τόσο λεπτά διαχωρισμένος από τον Δημιουργό.

»Μόνο όταν ένα ον δεν έχει πλέον επιθυμίες για απολαυστικές εμπειρίες του αστρικού κόσμου και δεν μπορεί να δελεαστεί να γυρίσει εκεί, παραμένει πλέον στον αιτιατό κόσμο. Ολοκληρώνοντας εκεί την εξόφληση όλου του αιτιατού κάρμα ή των σπόρων παλιών επιθυμιών, η περιορισμένη ψυχή πετά και τον τελευταίο από τους τρεις φελλούς της άγνοιας και, αναδυόμενη από το τελικό δοχείο του αιτιατού σώματος, αναμειγνύεται με την Αιωνιότητα.

»Τώρα καταλαβαίνεις;» Ο Δάσκαλος χαμογέλασε τόσο γοητευτικά!

«Ναι, μέσω της χάρης σας. Είμαι άφωνος από χαρά και ευγνωμοσύνη».

Ποτέ, από τραγούδι ή ιστορία, δεν είχα πάρει τόσο εμπνευσμένη γνώση. Αν και οι ινδουιστικές Γραφές αναφέρονται στους αιτιατούς και τους αστρικούς κόσμους και στα τρία σώματα του ανθρώπου, πόσο μακρινές και ανούσιες φαίνονταν αυτές οι σελίδες σε σύγκριση με τη ζεστή αυθεντικότητα του αναστημένου μου Δασκάλου! Για εκείνον, πραγματικά, δεν υπήρχε ούτε μία «χώρα που δεν ανακαλύφθηκε, από την οποία κανένας ταξιδιώτης δεν επιστρέφει».[14]

«Η αλληλοδιείσδυση των τριών σωμάτων του ανθρώπου εκφράζεται με πολλούς τρόπους μέσω της τρίπτυχης φύσης του», συνέχισε ο γκουρού μου. «Ένα ανθρώπινο ον στη γη, όταν είναι ξύπνιο, έχει λίγο-πολύ τη συνειδητότητα και των τριών οχημάτων του. Όταν είναι προσηλωμένος στις αισθήσεις –στη γεύση, την όσφρηση, την αφή, την ακοή, ή την όραση– λειτουργεί κυρίως μέσω του υλικού του σώματος. Όταν χρησιμοποιεί τη φαντασία του ή τη θέλησή του λειτουργεί κυρίως μέσω του αστρικού του σώματος. Η αιτιατή οντότητά του εκφράζεται όταν ο άνθρωπος σκέφτεται ή βυθίζεται στην ενδοσκόπηση ή διαλογίζεται· οι μεγαλοφυείς σκέψεις που έρχονται στον νου ενός ιδιοφυούς ανθρώπου οφείλονται στην τακτική του επικοινωνία με το αιτιατό του σώμα. Μ' αυτήν την έννοια ένα άτομο μπορεί να ταξινομηθεί χονδρικά σε "υλιστικό άνθρωπο", "ενεργητικό άνθρωπο", ή "διανοούμενο άνθρωπο".

»Ένας άνθρωπος ταυτίζεται για περίπου δεκαέξι ώρες την ημέρα

---

[14] *Άμλετ* (Πράξη III, Σκηνή 1).

με το υλικό του όχημα. Μετά κοιμάται· αν ονειρεύεται, παραμένει στο αστρικό του σώμα δημιουργώντας χωρίς καμία προσπάθεια οποιοδήποτε αντικείμενο, ακριβώς όπως κάνουν τα αστρικά όντα. Αν ο ύπνος του ανθρώπου είναι βαθύς και χωρίς όνειρα, για αρκετές ώρες μπορεί να μεταφέρει τη συνειδητότητά του ή την αίσθηση ότι "υπάρχει" στο αιτιατό σώμα· τέτοιος ύπνος είναι αναζωογονητικός. Αυτός που ονειρεύεται επικοινωνεί με το αστρικό και όχι με το αιτιατό του σώμα· ο ύπνος του δεν τον ανανεώνει πλήρως».

Παρατηρούσα με αγάπη τον Σρι Γιουκτέσβαρ καθ' όλη την ώρα που έκανε τις θαυμαστές αυτές περιγραφές.

«Αγγελικέ Γκουρού», είπα, «το σώμα σας φαίνεται ακριβώς όπως ήταν πριν, όταν έκλαψα για τελευταία φορά πάνω του στο άσραμ στο Πούρι».

«Α, ναι, το νέο μου σώμα είναι ένα τέλειο αντίγραφο του παλιού. Υλοποιώ ή εξαϋλώνω αυτή τη μορφή όποτε θέλω, πολύ πιο συχνά απ' ό,τι όταν ήμουν στη γη. Με γρήγορη εξαΰλωση τώρα ταξιδεύω αμέσως με την ταχύτητα του φωτός από πλανήτη σε πλανήτη ή, πράγματι, από τον αστρικό στον αιτιατό ή στον υλικό κόσμο». Ο θεϊκός μου γκουρού χαμογέλασε. «Αν και κινείσαι σε διάφορα μέρη τόσο γρήγορα αυτές τις μέρες, δεν είχα καμία δυσκολία να σε βρω στη Βομβάη!».

«Ω Δάσκαλε, θρηνούσα τόσο πολύ για το θάνατό σας!».

«Ως προς τι πέθανα; Δεν υπάρχει κάποια αντίφαση;». Τα μάτια του Σρι Γιουκτέσβαρ έλαμπαν από αγάπη και ευθυμία.

«Απλώς ονειρευόσουν στη γη· σ' αυτή τη γη είδες το όνειρο-σώμα μου», συνέχισε. «Αργότερα έθαψες αυτήν την εικόνα-όνειρο. Τώρα το πιο λεπτοφυές σώμα μου –το οποίο βλέπεις και ακόμα και τώρα το αγκαλιάζεις μάλλον σφιχτά!– αναστήθηκε σ' έναν άλλον, πιο λεπτοφυή πλανήτη-όνειρο του Θεού. Κάποια μέρα αυτό το πιο λεπτοφυές σώμα-όνειρο και ο πιο λεπτοφυής πλανήτης-όνειρο του Θεού θα εξαφανιστούν· κι αυτά δεν είναι για πάντα. Όλες οι φυσαλίδες-όνειρα πρέπει τελικά να σκάσουν μ' ένα τελικό άγγιγμα αφύπνισης. Γιε μου Γιογκανάντα, κατανόησε τη διαφορά μεταξύ των ονείρων και της Πραγματικότητας!».

Αυτή η ιδέα της βεδαντικής[15] ανάστασης με εντυπωσίασε βαθιά.

---

[15] Η ζωή και ο θάνατος δεν είναι παρά μόνο σχετικότητες της σκέψης. Η *Βεδάντα* λέει ότι ο Θεός είναι η μόνη Πραγματικότητα· όλη η δημιουργία ή ξεχωριστές υπάρξεις είναι *μάγια* ή ψευδαίσθηση. Αυτή η φιλοσοφία του μονισμού έλαβε την υψηλότερη έκφρασή της στα σχόλια του Σάνκαρα πάνω στις *Ουπανισάντ*.

*Η Ανάσταση του Σρι Γιουκτέσβαρ*

Ντρεπόμουν που λυπήθηκα τον Δάσκαλο όταν είδα το άψυχο σώμα του στο Πούρι. Κατάλαβα επιτέλους ότι ο γκουρού μου ήταν πλήρως αφυπνισμένος στο Θεό, αντιλαμβανόμενος ότι η ζωή του και ο θάνατός του στη γη, καθώς και η παρούσα ανάστασή του, δεν ήταν τίποτα άλλο από σχετικότητες θεϊκών ιδεών μέσα στο συμπαντικό όνειρο.

«Σου είπα, Γιογκανάντα, τις αλήθειες για τη ζωή μου, τον θάνατο και την ανάστασή μου. Μη θρηνείς για μένα· καλύτερα να διαδώσεις παντού την ιστορία της ανάστασής μου από τη γη των ανθρώπων, η οποία είναι όνειρο του Θεού, σ' έναν άλλο πλανήτη, που κι αυτός είναι όνειρο του Θεού, με αστρικά ντυμένες ψυχές! Θα εμφυσήσεις νέα ελπίδα στις καρδιές των ονειρευόμενων ανθρώπων του κόσμου που υποφέρουν φρικτά από τη δυστυχία και φοβούνται τον θάνατο».

«Ναι, Δάσκαλε!». Πόσο πρόθυμα θα μοιραζόμουν με τους άλλους τη χαρά μου για την ανάστασή του!

«Στη γη τα πρότυπά μου ήταν πολύ υψηλά, αταίριαστα με τη φύση των περισσότερων ανθρώπων. Πολλές φορές σε μάλωνα περισσότερο απ' όσο έπρεπε. Πέρασες τη δοκιμασία μου· η αγάπη σου έλαμπε μέσα από τα σύννεφα όλων των επιτιμήσεων». Πρόσθεσε τρυφερά: "Ήρθα σήμερα για να σου πω επίσης το εξής: Ποτέ δεν θα σε κοιτάξω ξανά με το αυστηρό βλέμμα της επίπληξης. Δεν θα σε ξαναμαλώσω».

Πόσο πολύ μου είχαν λείψει οι επιπλήξεις του μεγάλου γκουρού μου! Κάθε μία ήταν ένας φύλακας άγγελος προστασίας.

«Πολυαγαπημένε μου Δάσκαλε, μαλώστε με ένα εκατομμύριο φορές – μαλώστε με τώρα!».

«Δεν θα σε κατσαδιάσω ξανά». Η θεϊκή φωνή του ήταν σοβαρή, αλλά και μ' ένα γέλιο που υπέβοσκε. «Εσύ κι εγώ θα χαμογελάμε μαζί όσο οι δύο μορφές μας θα φαίνονται διαφορετικές στο όνειρο-*μάγια* του Θεού. Στο τέλος θα συγχωνευθούμε με τον Συμπαντικό Αγαπημένο· τα χαμόγελά μας θα είναι το χαμόγελό Του, το ενωμένο μας χαρμόσυνο τραγούδι θα αντηχεί στην αιωνιότητα και θα ακουστεί απ' όλες τις ψυχές που είναι συντονισμένες με το Θεό!».

Ο Σρι Γιουκτέσβαρ με διαφώτισε για κάποια θέματα που δεν μπορώ να αποκαλύψω εδώ. Κατά τη διάρκεια των δύο ωρών που πέρασε μαζί μου στο δωμάτιο του ξενοδοχείου της Βομβάης απάντησε σε κάθε μου ερώτηση. Κάποιες από τις προφητείες σχετικά με τον κόσμο που είπε εκείνη την ημέρα του Ιουνίου του 1936 ήδη επαληθεύτηκαν.

«Σ' αφήνω, τώρα, αγαπημένε μου!». Μ' αυτά τα λόγια ένιωσα το σώμα του Δασκάλου να εξαϋλώνεται μέσα από την αγκαλιά μου.

«Παιδί μου», ακούστηκε η φωνή του, δονούμενη μέσα στον πυρήνα της ψυχής μου, «όποτε μπαίνεις στο *νιρμπικάλπα σαμάντι* και με καλείς, θα έρχομαι σ' εσένα με σάρκα και οστά, ακριβώς όπως σήμερα».

Μ' αυτήν την ουράνια υπόσχεση, ο Σρι Γιουκτέσβαρ εξαφανίστηκε από τα μάτια μου. Μια φωνή σαν μελωδική βροντή από τα σύννεφα επανέλαβε: «Πες το σε όλους! Οποιοσδήποτε γνωρίζει με τη συνειδητότητα του *νιρμπικάλπα* ότι η γη σου είναι ένα όνειρο του Θεού, μπορεί να έρθει στον πιο εξευγενισμένο πλανήτη-όνειρο του Χιρανιαλόκα και να με βρει εκεί αναστημένο, μ' ένα σώμα ακριβώς ίδιο με το γήινο που είχα. Γιογκανάντα, πες το σε όλους!».

Έφυγε ο πόνος του αποχωρισμού. Η λύπη και ο θρήνος για τον θάνατό του, που για καιρό είχαν κλέψει τη γαλήνη μου, τώρα έφυγαν με μια έντονη ντροπή. Μια μακαριότητα ξεχύθηκε σαν σιντριβάνι μέσα στην ψυχή μου από ατελείωτους πόρους που μόλις είχαν ανοίξει. Φραγμένοι από παρατεταμένη αχρησία, τώρα διευρύνθηκαν σε αγνότητα με την ορμή της πλημμύρας της έκστασης. Οι προηγούμενες ενσαρκώσεις μου εμφανίστηκαν στο εσωτερικό μου μάτι διαδοχικά σαν κινηματογραφικές εικόνες. Το καλό και το κακό κάρμα του παρελθόντος διαλύθηκε μέσα στο συμπαντικό φως που ξεχύθηκε γύρω μου από τη θεϊκή επίσκεψη του Δασκάλου.

Σ' αυτό το κεφάλαιο της αυτοβιογραφίας μου υπάκουσα στην εντολή του γκουρού μου και διέδωσα τα ευχάριστα νέα, αν και για άλλη μια φορά προκαλούν σύγχυση σε μια γενιά που δεν έχει την περιέργεια να ψάξει και να αναρωτηθεί. Το να σέρνεται σαν ερπετό ο άνθρωπος το γνωρίζει καλά· η απόγνωση σπάνια είναι ξένη· ωστόσο αυτά είναι διαστροφές, δεν είναι μέρος της αληθινής φύσης του ανθρώπου. Για πάρα πολύ καιρό άκουγε τα λόγια της μουχλιασμένης απαισιοδοξίας των συμβούλων του, που του έλεγαν «χώμα είσαι και στο χώμα θα καταλήξεις», αγνοώντας την ακατανίκητη ψυχή.

Δεν ήμουν ο μόνος που είχε το προνόμιο να δει τον Αναστημένο Γκουρού.

Μία από τους *τσέλα* του Σρι Γιουκτέσβαρ ήταν μια ηλικιωμένη γυναίκα που ήταν γνωστή, στοργικά, σαν *Μα* (Μητέρα), της οποίας το σπίτι ήταν κοντά στο ερημητήριο στο Πούρι. Ο Δάσκαλος σταματούσε συχνά για να μιλήσει λίγο μαζί της κατά την πρωινή βόλτα του. Το απόγευμα της 16ης Μαρτίου 1936 η Μα πήγε στο άσραμ και ζήτησε να δει τον γκουρού της.

«Αχ, ο Δάσκαλος πέθανε πριν από μία εβδομάδα!», της είπε ο

Σουάμι Σεμπανάντα, που ήταν τώρα υπεύθυνος του ερημητηρίου του Πούρι, κοιτάζοντάς την θλιμμένα.

«Αυτό είναι αδύνατον!», διαμαρτυρήθηκε χαμογελώντας.

«Δυστυχώς είναι αλήθεια». Ο Σεμπανάντα τής διηγήθηκε τις λεπτομέρειες της ταφής του. «Ελάτε», είπε, «θα σας πάω στον μπροστινό κήπο στον τάφο του».

Η Μα κούνησε το κεφάλι της. «Δεν υπάρχει τάφος γι' αυτόν! Σήμερα το πρωί στις δέκα η ώρα πέρασε κατά τη συνηθισμένη του βόλτα μπροστά από την πόρτα μου! Μίλησα μαζί του αρκετά λεπτά στη λαμπερή ύπαιθρο.

»"Έλα στο άσραμ μου απόψε", μου είπε.

»Και ήρθα! Τι ευλογίες ρέουν πάνω στο γεροντικό μου κεφάλι! Ο αθάνατος γκουρού ήθελε να καταλάβω ότι σήμερα το πρωί με επισκέφθηκε μ' ένα υπερβατικό σώμα!».

Ο κατάπληκτος Σεμπανάντα γονάτισε μπροστά της.

«Μα», είπε, «πόσο βαριά θλίψη σήκωσες από την καρδιά μου! Αναστήθηκε!».

ΚΕΦΑΛΑΙΟ 44

# Με τον Μαχάτμα Γκάντι στη Γουάρντα

«Καλωσορίσατε στη Γουάρντα (Warda)!». Ο Μαχαντέβ Ντεσάι, ο γραμματέας του Μαχάτμα Γκάντι, χαιρέτισε την κ. Μπλετς, τον κ. Ράιτ κι εμένα μ' αυτά τα εγκάρδια λόγια και μας φόρεσε στεφάνια από *καντάρ* (ύφασμα από βαμβάκι που γνέθεται στο σπίτι). Μόλις είχαμε φτάσει στο σταθμό της Γουάρντα, νωρίς ένα πρωί του Αυγούστου, και με ανακούφιση βγήκαμε από τη σκόνη και τη ζέστη του τρένου. Αποστέλλοντας τις αποσκευές μας με μια βοϊδάμαξα, μπήκαμε σ' ένα ανοιχτό αυτοκίνητο με τον κ. Ντεσάι και τους συντρόφους του: τον Μπαμπασαχέμπ Ντεσμούκ και τον Δρα Πινγκάλ. Μετά από λίγη ώρα οδήγησης στους λασπωμένους επαρχιακούς δρόμους, φτάσαμε στο «Μαγκανβάντι» (Maganvadi), το άσραμ του πολιτικού αγίου της Ινδίας.

Ο κ. Ντεσάι μάς οδήγησε αμέσως στο γραφείο όπου ο Μαχάτμα Γκάντι καθόταν οκλαδόν. Με την πένα στο ένα χέρι και ένα κομμάτι χαρτί στο άλλο, στο πρόσωπό του υπήρχε ένα απέραντο, ζεστό, από καρδιάς χαμόγελο που σε κέρδιζε αμέσως!

«Καλωσορίσατε!», σημείωσε πρόχειρα στα Ινδικά· ήταν Δευτέρα, η μέρα της εβδομάδας κατά την οποία τηρούσε σιωπή.

Αν και αυτή ήταν η πρώτη μας συνάντηση, χαμογελάσαμε ο ένας στον άλλον χαρούμενα και στοργικά. Το 1925 ο Μαχάτμα Γκάντι είχε τιμήσει το σχολείο του Ραντσί με μια επίσκεψη και είχε γράψει μια ευγενική τιμητική αφιέρωση στο βιβλίο των επισκεπτών.

Ο μικροσκοπικός άγιος των σαράντα πέντε κιλών ακτινοβολούσε από σωματική, νοητική και πνευματική υγεία. Τα συμπονετικά καστανά μάτια του έλαμπαν από ευφυΐα, ειλικρίνεια και ικανότητα διάκρισης· αυτός ο πολιτικός άντρας αντιπαρατέθηκε με το πνεύμα του και βγήκε νικητής σε χιλιάδες νομικές, κοινωνικές και πολιτικές μάχες. Κανένας άλλος ηγέτης στον κόσμο δεν έχει πετύχει να μπει στις καρδιές των ανθρώπων του όπως ο Γκάντι, που τον αγαπούν εκατομμύρια αναλφάβητοι Ινδοί. Ο φόρος τιμής τους προς αυτόν είναι ο διάσημος τίτλος που του απένειμαν αυθόρμητα: Μαχάτμα, «μεγάλη ψυχή».[1] Για εκείνους και μόνο ο Γκάντι περιορίζει την ενδυμασία του στο απλό πασίγνωστο περίζωμα, το σύμβολο της ενότητάς του με τις καταπιεσμένες μάζες που δεν έχουν χρήματα για περισσότερα.

«Οι κάτοικοι του άσραμ είναι ολοκληρωτικά στη διάθεσή σας· παρακαλώ να τους καλείτε για κάθε βοήθεια». Με χαρακτηριστική ευγένεια, ο Μαχάτμα μού έδωσε αυτό το βιαστικά γραμμένο σημείωμα καθώς ο κ. Ντεσάι μάς οδηγούσε από το γραφείο στον ξενώνα.

Ο οδηγός μας μας συνόδευσε, μέσα από οπωροφόρα δέντρα και κήπους, σ' ένα κτίριο με στέγη από κεραμίδια και κιγκλιδωτά παράθυρα. Ένα πηγάδι στην μπροστινή αυλή, επτάμισι μέτρα πιο κει, χρησίμευε, όπως μας είπε ο κ. Ντεσάι, ως δεξαμενή νερού· δίπλα υπήρχε ένας περιστρεφόμενος τσιμεντένιος τροχός για αλώνισμα ρυζιού. Κάθε ένα από τα μικρά υπνοδωμάτιά μας περιείχε μόνο το απολύτως απαραίτητο – ένα χειροποίητο κρεβάτι από σκοινί. Η ασβεστωμένη κουζίνα είχε μια βρύση στη μια γωνία και στην άλλη έναν λάκκο στο πάτωμα στον οποίο άναβαν φωτιά για μαγείρεμα. Ακούγονταν απλοί βουκολικοί ήχοι – από αγελάδες και σπουργίτια, από κοπάδια ζώων, καθώς και ο χτύπος του σκαρπέλου με το οποίο πελεκούσαν πέτρες.

Παρατηρώντας το ταξιδιωτικό ημερολόγιο του κ. Ράιτ, ο κ. Ντεσάι το άνοιξε και έγραψε σε μια σελίδα του έναν κατάλογο από τους όρκους Σατυάγκραχα[2] που έδιναν όλοι οι οπαδοί του Μαχάτμα (Σατυάγκραχι):

«Μη βία· Αλήθεια· Μη Κλοπή· Αγαμία· Ακτημοσύνη· Σωματικός Μόχθος· Έλεγχος του Ουρανίσκου· Μη Φόβος· Ίσος Σεβασμός για όλες τις Θρησκείες· Σβαντέσι (χρήση εγχώριων κατασκευών και προϊόντων)· Ελευθερία των Παριών. Αυτά τα έντεκα πρέπει να τηρούνται σαν όρκοι με πνεύμα ταπεινότητας».

(Ο ίδιος ο Γκάντι υπέγραψε αυτή τη σελίδα την επόμενη μέρα, θέτοντας και την ημερομηνία – 27 Αυγούστου 1935.)

Δύο ώρες μετά την άφιξή μας μας κάλεσαν για μεσημεριανό φαγητό. Ο Μαχάτμα ήταν ήδη καθισμένος στη σκεπαστή βεράντα του άσραμ, απέναντι από την αυλή του γραφείου του. Περίπου είκοσι πέντε ξυπόλητοι *σατυάγκραχι* κάθονταν οκλαδόν έχοντας μπροστά τους μπρούτζινα κύπελλα και πιάτα. Μετά από μια ομαδική προσευχή σερβιρίστηκε ένα

---

[1] Το οικογενειακό του όνομα είναι Μοχαντάς Καραμτσάντ Γκάντι (Mohandas Karamchand Gandhi). Ποτέ δεν αναφέρεται στον εαυτό του ως «Μαχάτμα».

[2] Κατά κυριολεξία, η μετάφραση από τα Σανσκριτικά είναι «εμμένοντας στην αλήθεια». Το *σατυάγκραχα* είναι το διάσημο κίνημα της μη βίας με ηγέτη τον Γκάντι.

γεύμα μέσα από μεγάλα μπρούτζινα αγγεία που περιείχαν *τσαπάτι* (ολικής αλέσεως άζυμο ψωμί) πασπαλισμένο με *γκι· ταλσάρι* (βρασμένα και κομμένα σε κύβους λαχανικά) και μαρμελάδα από λεμόνι.

Ο Μαχάτμα έφαγε *τσαπάτι*, βρασμένα παντζάρια, μερικά ωμά λαχανικά και πορτοκάλια. Δίπλα στο πιάτο του υπήρχε ένας μεγάλος βώλος από πολύ πικρά φύλλα *νιμ*, που ήταν ονομαστά ως καθαριστικά του αίματος. Μ' ένα κουτάλι ξεχώρισε μια ποσότητα και την έβαλε στο πιάτο μου. Το κατάπια με νερό· θυμήθηκα τα παιδικά μου χρόνια, όταν η Μητέρα με ανάγκαζε να καταπίνω τη δυσάρεστη δόση. Ο Γκάντι όμως έτρωγε το *νιμ* λίγο λίγο, χωρίς αποστροφή.

Απ' αυτό το ασήμαντο γεγονός πρόσεξα την ικανότητα του Μαχάτμα να αποσυνδέει τον νου του από τις αισθήσεις κατά βούληση. Θυμήθηκα μια πολύ διαφημισμένη αφαίρεση σκωληκοειδίτιδας στην οποία είχε υποβληθεί μερικά χρόνια νωρίτερα. Αρνούμενος τη νάρκωση, ο άγιος κουβέντιαζε χαρούμενα με τους πιστούς του κατά τη

ΓΕΥΜΑ ΣΤΟ ΑΣΡΑΜ ΤΟΥ ΜΑΧΑΤΜΑ ΓΚΑΝΤΙ ΣΤΗ ΓΟΥΑΡΝΤΑ

Ο Γιογκανάντα διαβάζει ένα σημείωμα που ο Γκάντι *(δεξιά)* μόλις έγραψε (ήταν Δευτέρα, η μέρα κατά την οποία ο Μαχάτμα τηρούσε σιωπή). Την επόμενη μέρα, στις 27 Αυγούστου 1935, ο Γκάντι, μετά από παράκλησή του, μυήθηκε στην *Κρίγια Γιόγκα* από τον Σρι Γιογκανάντα.

διάρκεια της εγχείρησης, μ' ένα ήρεμο χαμόγελο που αποκάλυπτε ότι δεν είχε συναίσθηση του πόνου.

Το απόγευμα είχα την ευκαιρία να συζητήσω με μια ονομαστή μαθήτρια του Γκάντι, την κόρη ενός Άγγλου ναυάρχου, την κ. Μάντελιν Σλέιντ (Madeleine Slade), που τώρα ονομάζεται Μίρα Μπεν.[3] Το δυνατό, ήρεμο πρόσωπό της έλαμπε από ενθουσιασμό όταν μου περιέγραφε, σε άπταιστα Ινδικά, τις καθημερινές της δραστηριότητες.

«Η εργασία για την ανασυγκρότηση των αγροτών προσφέρει μεγάλη ικανοποίηση! Μια ομάδα από μας πηγαίνουμε κάθε πρωί στις πέντε η ώρα για να βοηθήσουμε τους κοντινούς χωρικούς και να τους μάθουμε απλούς κανόνες υγιεινής. Έχουμε βάλει σκοπό να καθαρίσουμε τα αποχωρητήριά τους και τις καλύβες τους που είναι φτιαγμένες από λάσπη και άχυρα. Οι χωρικοί είναι αναλφάβητοι· δεν μπορούν να μορφωθούν παρά μόνο με παράδειγμα!». Γέλασε χαρούμενα.

Κοίταξα με θαυμασμό αυτήν την Αγγλίδα, αριστοκρατικής καταγωγής, της οποίας η αληθινή χριστιανική ταπεινότητα την καθιστά ικανή να κάνει τη δουλειά του οδοκαθαριστή, που συνήθως κάνουν οι Παρίες.

«Ήρθα στην Ινδία το 1925», μου είπε. «Σ' αυτή τη χώρα νιώθω ότι "γύρισα στο σπίτι μου". Τώρα πια ποτέ δεν θα ήθελα να επιστρέψω στην παλιά μου ζωή και τα παλιά μου ενδιαφέροντα».

Συζητήσαμε για την Αμερική. «Πάντα χαίρομαι και εκπλήσσομαι», είπε, «όταν βλέπω το βαθύ ενδιαφέρον για πνευματικά θέματα που δείχνουν πολλοί από τους Αμερικανούς που επισκέπτονται την Ινδία».[4]

Η Μίρα Μπεν ασχολήθηκε μετά με ένα *τσάρκα* (ανέμη). Χάρη στις προσπάθειες του Μαχάτμα, τα *τσάρκα* υπάρχουν τώρα παντού στην αγροτική Ινδία.

---

[3] Δημοσίευσε αρκετά γράμματα, γραμμένα από τον Μαχάτμα, που αποκαλύπτουν την εκπαίδευση στην αυτοπειθαρχία που είχε από τον γκουρού της (*Gandhi's Letters to a Disciple*· Harper & Bros., New York, 1950) («Γράμματα του Γκάντι σε μια μαθήτρια»).

Σ' ένα επόμενο βιβλίο (*The Spirit's Pilgrimage*· Coward-McCann, N.Y., 1960) («Το προσκύνημα του Πνεύματος») η κ. Σλέιντ ανέφερε το πλήθος των ανθρώπων που επισκέφτηκαν τον Γκάντι στη Γουάρντα. Έγραψε: «Τώρα πια δεν θυμάμαι πολλούς απ' αυτούς, αλλά δύο παραμένουν καθαρά στον νου μου: η Halide Edib Hanum, η τιμημένη συγγραφέας από την Τουρκία· και ο Σουάμι Γιογκανάντα, ιδρυτής του Self-Realization Fellowship στην Αμερική». *(Σημ. του Εκδότη)*

[4] Η κ. Σλέιντ μού θύμισε μια άλλη διακεκριμένη γυναίκα από τη Δύση, την κ. Μάργκαρετ Γούντροου Ουίλσον (Margaret Woodrow Wilson), τη μεγαλύτερη θυγατέρα του σπουδαίου προέδρου της Αμερικής. Τη συνάντησα στη Νέα Υόρκη· ενδιαφερόταν πολύ έντονα για την Ινδία. Αργότερα πήγε στο Ποντιτσερί (Pondicherry), όπου πέρασε τα πέντε τελευταία χρόνια της ζωής της ακολουθώντας με χαρά το μονοπάτι της πειθαρχίας στα πόδια του φωτισμένου Δασκάλου Σρι Ορομπίντο Γκος (Sri Aurobindo Ghosh).

Ο Γκάντι έχει βάσιμους οικονομικούς και πολιτιστικούς λόγους να ενθαρρύνει την αναβίωση των αγροτικών βιοτεχνιών, αλλά δεν συμβουλεύει τη φανατική απόρριψη κάθε σύγχρονης προόδου. Τα μηχανήματα, τα τρένα, τα αυτοκίνητα, ο τηλέγραφος έπαιξαν σημαντικό ρόλο στην κολοσσιαία ζωή του! Πενήντα χρόνια υπηρεσίας προς τους ανθρώπους του, στη φυλακή και έξω απ' αυτήν, η καθημερινή πάλη με πρακτικές λεπτομέρειες και τη σκληρή πραγματικότητα στον πολιτικό κόσμο, απλά και μόνο αύξησαν την ισορροπία του, το ανοιχτό μυαλό του, την αγιότητά του και την πνευματώδη εκτίμηση του περίεργου ανθρώπινου θεάματος.

Οι τρεις μας απολαύσαμε ένα γεύμα στις έξι το απόγευμα ως καλεσμένοι του Μπαμπασαχέμπ Ντεσμάκ. Στις επτά το απόγευμα, την ώρα της προσευχής, είχαμε ήδη επιστρέψει στο Μαγκανβάντι άσραμ και σκαρφαλώσαμε στη στέγη, όπου μαζεύτηκαν σε ημικύκλιο γύρω από τον Γκάντι περίπου τριάντα *σατυάγκραχι*. Ο Γκάντι καθόταν οκλαδόν σ' ένα στρώμα από άχυρο και μπροστά του βρισκόταν ένα παλιό ρολόι τσέπης. Ο ήλιος που έδυε έριξε τις τελευταίες ακτίνες του πάνω στις φοινικιές και τα δέντρα μπάνιαν· οι ήχοι της νύχτας και οι γρύλλοι είχαν αρχίσει να ακούγονται. Η ατμόσφαιρα ήταν η προσωποποίηση της γαλήνης· ήμουν συνεπαρμένος.

Ο κ. Ντεσάι έψαλε έναν ιερό ύμνο με τη συμμετοχή της ομάδας σε κάποια αποσπάσματα· ακολούθησε ανάγνωση από την Γκίτα. Ο Μαχάτμα μου έκανε νεύμα να πω την τελευταία προσευχή. Τέτοια θεϊκή ομοφωνία στη σκέψη και στις προσδοκίες! Μια ανάμνηση ζωής: ο διαλογισμός στη στέγη, στη Γουάρντα, κάτω από τα πρώτα αστέρια της νύχτας...

Στις οκτώ το βράδυ ακριβώς ο Γκάντι σταμάτησε τη σιωπή του. Ο ηράκλειος μόχθος της ζωής του απαιτεί να καταμερίζει το χρόνο του με ακρίβεια.

«Καλωσήρθατε Σουάμιτζι!». Το καλωσόρισμα του Μαχάτμα αυτή τη φορά δεν ήταν γραπτό. Μόλις είχαμε κατέβει από τη στέγη και είχαμε πάει στο χώρο εργασίας του, που ήταν λιτά επιπλωμένος με τετράγωνα χαλάκια (χωρίς καρέκλες), ένα χαμηλό τραπέζι με βιβλία, χαρτιά και μερικές συνηθισμένες πένες (όχι στυλό)· σε μια γωνία χτυπούσε ένα κοινό ρολόι. Μια αύρα γαλήνης και αφοσίωσης διαπερνούσε τα πάντα. Ο Γκάντι μού χάρισε ένα πλατύ χαμόγελο που αιχμαλώτιζε.

«Πριν από χρόνια», εξήγησε, «άρχισα να τηρώ σιωπή για μια μέρα την εβδομάδα, ως μέσο για να κερδίσω χρόνο ώστε να ασχοληθώ με την αλληλογραφία μου. Τώρα όμως αυτές οι είκοσι τέσσερις ώρες έγιναν μια ζωτική πνευματική ανάγκη. Ο καθορισμός μιας περιοδικής σιωπής δεν είναι βασανιστήριο αλλά ευλογία».

Συμφώνησα με όλη μου την καρδιά.[5] Ο Μαχάτμα με ρώτησε για την Αμερική και την Ευρώπη· συζητήσαμε για τις συνθήκες στην Ινδία και στον υπόλοιπο κόσμο.

«Μαχαντέβ», είπε ο Γκάντι στον κ. Ντεσάι που μόλις μπήκε στο δωμάτιο, «κανόνισε να δώσει ο Σουάμιτζι μια ομιλία σχετικά με τη γιόγκα στο Δημαρχείο αύριο το βράδυ».

Καθώς καληνύχτιζα τον Μαχάτμα, μου έδωσε με αβρότητα ένα μπουκάλι με λάδι σιτρονέλα.

«Τα κουνούπια στη Γουάρντα δεν ξέρουν τίποτα για την *αχίμσα*,[6] Σουάμιτζι!», είπε γελώντας.

Το επόμενο πρωί πήραμε νωρίς το πρωινό μας από χυλό σιταριού ολικής άλεσης με μελάσα και γάλα. Στις δέκα και μισή μας κάλεσαν στη σκεπαστή βεράντα για μεσημεριανό φαγητό με τον Γκάντι και τους *σατυάγκραχι*. Αυτή τη φορά το μενού περιλάμβανε αναποφλοίωτο ρύζι, μια νέα ποικιλία λαχανικών και σπόρους από κάρδαμο.

Το μεσημέρι περιφέρθηκα στα υπόλοιπα εδάφη του άσραμ μέχρι πάνω, στα βοσκοτόπια, όπου βρίσκονταν μερικές ατάραχες αγελάδες. Ο Γκάντι έχει πάθος με την προστασία των αγελάδων.

«Η αγελάδα για μένα σημαίνει ολόκληρο τον υπο-ανθρώπινο κόσμο, που επεκτείνει τη συμπάθεια του ανθρώπου πέρα από το δικό του είδος», έχει εξηγήσει ο Μαχάτμα. «Ο άνθρωπος, μέσω της αγελάδας, εντέλλεται να συνειδητοποιήσει την ταύτισή του με οτιδήποτε ζει. Ο λόγος για τον οποίο οι ρίσι επέλεξαν την αγελάδα ως αποθέωση είναι προφανής για μένα. Η αγελάδα στην Ινδία ήταν η καλύτερη σύγκριση· ήταν ο δότης της αφθονίας. Όχι μόνο έδινε γάλα, αλλά καθιστούσε εφικτή και την αγροκαλλιέργεια. Η αγελάδα είναι ένα ποίημα οίκτου· στο ευγενικό ζώο διαβάζει κάποιος τον οίκτο. Είναι η δεύτερη μητέρα για εκατομμύρια ανθρώπους. Η προστασία της αγελάδας σημαίνει προστασία ολόκληρης της βουβής δημιουργίας του Θεού. Η έκκληση

---

[5] Για χρόνια στην Αμερική τηρούσα σιωπή κατά περιόδους, προς έντονη απογοήτευση των γραμματέων και άλλων που ήθελαν να μου μιλήσουν.

[6] Το να μην κάνεις κακό· η μη βία· ο θεμέλιος λίθος της ιδεολογίας του Γκάντι. Είχε επηρεαστεί βαθύτατα από τους Τζαϊνιστές, που τηρούν με ευλάβεια την *αχίμσα* ως τη ρίζα της αρετής. Ο Τζαϊνισμός, ένα δόγμα του Ινδουισμού, ήταν ευρέως διαδεδομένος τον έκτο αιώνα π.Χ. από τον Μαχαβίρα (Mahavira), έναν σύγχρονο του Βούδα. Είθε ο Μαχαβίρα («σπουδαίος ήρωας») να βλέπει τον ηρωικό του γιο Γκάντι!

της κατώτερης τάξης της δημιουργίας είναι ακόμα πιο συγκινητική κυρίως γιατί δεν μπορεί να μιλήσει».[7]

Ορισμένα καθημερινά τελετουργικά επιβάλλονται για τον ορθόδοξο Ινδουιστή. Ένα είναι η *Μπούτα Γιανγκιά*, μια προσφορά φαγητού στο βασίλειο των ζώων. Αυτή η τελετουργία συμβολίζει τη συνειδητοποίηση από τον άνθρωπο των υποχρεώσεών του απέναντι σε λιγότερο εξελιγμένες μορφές της δημιουργίας – ενστικτωδώς δεμένες με την ταύτιση στο σώμα (μια αυταπάτη που πλήττει και τον άνθρωπο), αλλά από τις οποίες λείπει η απελευθερωτική ικανότητα της λογικής που προσιδιάζει στην ανθρωπότητα.

Η *Μπούτα Γιανγκιά* έτσι ενισχύει την προθυμία του ανθρώπου να βοηθήσει τους αδύναμους, όπως και ο άνθρωπος με τη σειρά του ανακουφίζεται από αμέτρητες φροντίδες από ανώτερα πλάσματα που δεν φαίνονται. Ο άνθρωπος επίσης είναι υποχρεωμένος απέναντι στα αναζωογονητικά δώρα της Φύσης που τόσο πλουσιοπάροχα του παρέχουν η γη, η θάλασσα και ο ουρανός. Ο εξελικτικός φραγμός της έλλειψης επικοινωνίας ανάμεσα στη Φύση, στα ζώα, στους ανθρώπους και στους αστρικούς αγγέλους υπερβαίνεται με τις καθημερινές *Γιανγκιά* (τελετουργίες) σιωπηλής αγάπης.

Δύο άλλες καθημερινές *γιανγκιά* είναι η *Πίτρι* και η *Νρι*. Η *Πίτρι Γιανγκιά* είναι μια προσφορά ευχαριστιών στους προγόνους: ένα σύμβολο της αναγνώρισης από τον άνθρωπο του χρέους του προς τις περασμένες γενιές, των οποίων η παρακαταθήκη σοφίας φωτίζει σήμερα την ανθρωπότητα. Η *Νρι Γιανγκιά* είναι μια προσφορά φαγητού σε ξένους ή στους φτωχούς: σύμβολο των τωρινών υποχρεώσεων του ανθρώπου, των καθηκόντων του απέναντι στους συγχρόνους του.

Νωρίς το απόγευμα εκπλήρωσα μια *Νρι Γιανγκιά* με την επίσκεψή μου στο γειτονικό άσραμ του Γκάντι για μικρά κορίτσια. Ο κ. Ράιτ με συνόδευσε στη δεκάλεπτη διαδρομή με το αυτοκίνητο. Τα μικροσκοπικά προσωπάκια τους ήταν σαν λουλούδια πάνω σε μακρείς μίσχους ντυμένους με πολύχρωμα *σάρι*! Μόλις τελείωσα μια σύντομη ομιλία στα Ινδικά,[8] στην ύπαιθρο, άρχισε μια ξαφνική νεροποντή. Γελώντας, ο κ.

---

[7] Ο Γκάντι έγραψε με όμορφο λόγο για χιλιάδες θέματα. Για την προσευχή είπε: «Είναι μια υπενθύμιση στον εαυτό μας ότι είμαστε αβοήθητοι χωρίς την υποστήριξη του Θεού. Καμία προσπάθεια δεν είναι ολοκληρωμένη χωρίς προσευχή, χωρίς τη σαφή αναγνώριση ότι ακόμα και η καλύτερη ανθρώπινη προσπάθεια δεν έχει κανένα αποτέλεσμα αν δεν έχει πίσω της την ευλογία του Θεού. Η προσευχή είναι ένα κάλεσμα για ταπεινότητα. Είναι ένα κάλεσμα για εξαγνισμό του εαυτού, για εσωτερική έρευνα».

[8] Τα Ινδικά είναι μια Ινδο-Αριανή γλώσσα που βασίζεται κατά μεγάλο μέρος σε σανσκριτικές

Ράιτ κι εγώ μπήκαμε γρήγορα στο αυτοκίνητο και γυρίσαμε βιαστικά στο Μαγκανβάντι, οδηγώντας ανάμεσα σε ασημένια κύματα. Τέτοια τροπική ένταση και τέτοιος παφλασμός νερού!

Μπαίνοντας πάλι στον ξενώνα έμεινα ξανά έκπληκτος από την απόλυτη απλότητα και τις ενδείξεις της αυτοθυσίας που υπάρχουν παντού. Ο Γκάντι πήρε τον όρκο της μη κατοχής υλικών αποκτημάτων νωρίς κατά την έγγαμη ζωή του. Απαρνούμενος μια παγιωμένη νομική πρακτική που του απέφερε ένα ετήσιο εισόδημα πάνω από 20.000 δολάρια, ο Μαχάτμα χάρισε όλο τον πλούτο του στους φτωχούς.

Ο Σρι Γιουκτέσβαρ συνήθιζε να σατιρίζει ευγενικά τη συνηθισμένη ανεπαρκή σύλληψη της ιδέας της απάρνησης.

«Ένας ζητιάνος δεν μπορεί να απαρνηθεί τον πλούτο», έλεγε ο Δάσκαλος. «Αν ένας άνθρωπος μοιρολογεί "η επιχείρησή μου χρεοκόπησε· η γυναίκα μου με άφησε· θα τα απαρνηθώ όλα και θα μπω σε μοναστήρι", σε ποια εγκόσμια θυσία αναφέρεται; Δεν απαρνήθηκε αυτός τον πλούτο και την αγάπη· αυτά απαρνήθηκαν αυτόν!».

Οι άγιοι σαν τον Γκάντι, από την άλλη μεριά, δεν έχουν κάνει μόνο χειροπιαστές υλικές θυσίες, αλλά και την πιο δύσκολη απάρνηση του ιδιοτελούς κινήτρου και των ατομικών στόχων, συγχωνεύοντας τη μύχια ύπαρξή τους μέσα στο ρεύμα της ανθρωπότητας σαν ολότητα.

Η αξιόλογη σύζυγος του Μαχάτμα, η Καστουρμπάι, δεν έφερε αντίρρηση όταν ο άντρας της δεν κράτησε ούτε ένα μέρος από τον πλούτο του γι' αυτήν και τα παιδιά τους. Παντρεμένοι από νεαρή ηλικία, ο Γκάντι και η σύζυγός του πήραν όρκο αγαμίας μετά τη γέννηση των τεσσάρων γιων τους.[9] Μια ήσυχη ηρωίδα στο έντονο δράμα της κοινής ζωής τους, η Καστουρμπάι ακολούθησε τον άντρα της στη φυλακή,

---

ρίζες· είναι η κύρια διάλεκτος της βόρειας Ινδίας. Η κύρια διάλεκτος στη δυτική Ινδία είναι η Ινδουστάνι, που γράφεται και με Ντεβαναγκάρι (σανσκριτικούς) χαρακτήρες και με αραβικούς χαρακτήρες. Το ιδίωμα της διαλέκτου αυτής, την Ουρντού, τη μιλούν οι Μουσουλμάνοι· και οι Ινδουιστές στη βόρεια Ινδία.

[9] Ο Γκάντι περιέγραψε τη ζωή του με αφοπλιστική ειλικρίνεια στο *The Story of My Experiments with Truth* (Ahmedabad: Navajivan Press, 1927-1928, σε δύο τόμους) («Η ιστορία των πειραμάτων μου με την αλήθεια»). Αυτή η αυτοβιογραφία συνοψίστηκε στο *Mahatma Gandhi, His Own Story* («Μαχάτμα Γκάντι, η δική του ιστορία»), που γράφτηκε από τον C. F. Andrews John Haynes Holmes (New York: Macmillan Co., 1930).

Πολλές αυτοβιογραφίες, πλήρεις από διάσημα ονόματα και διανθισμένα γεγονότα, δεν περιέχουν σχεδόν ούτε μία πρόταση σχετικά με κάποιο στάδιο εσωτερικής ανάλυσης ή ανάπτυξης. Όταν κάποιος διαβάσει τέτοια βιβλία τα αφήνει με κάποια απογοήτευση σαν να λέει: «Να κάποιος που γνώρισε πολλούς διάσημους ανθρώπους αλλά ποτέ δεν γνώρισε τον εαυτό του». Αυτή η αντίδραση είναι αδύνατη με την αυτοβιογραφία του Γκάντι· εκθέτει τα ελαττώματά του και τα λάθη του με μια απρόσωπη αφοσίωση στην αλήθεια, σπάνια στα χρονικά οποιασδήποτε εποχής.

έκανε κι αυτή μαζί του τις νηστείες του των τριών εβδομάδων και έφερε πλήρως τα βάρη που της αναλογούσαν από τις ατελείωτες ευθύνες του. Απότισε τον εξής φόρο τιμής στο Γκάντι:

> Σ' ευχαριστώ που είχα το προνόμιο να είμαι η σύντροφος της ζωής σου και βοηθός σου. Σ' ευχαριστώ για τον πιο τέλειο γάμο του κόσμου, βασισμένο στο *μπραματσάρια* (αυτοέλεγχο) και όχι στο σεξ. Σ' ευχαριστώ που με θεώρησες αντάξιά σου στο έργο της ζωής σου για την Ινδία. Σ' ευχαριστώ που δεν είσαι από τους συζύγους που περνούν τις ώρες τους στον τζόγο, στους αγώνες ταχύτητας, στις γυναίκες, στο κρασί και το τραγούδι, που κουράζονται από τη γυναίκα τους και τα παιδιά τους όπως ένα μικρό αγόρι βαριέται γρήγορα τα παιδικά του παιχνίδια. Πόσο ευγνώμων είμαι που δεν ήσουν από τους συζύγους που αφιερώνουν τον χρόνο τους στο να μεγαλώνουν την περιουσία τους εκμεταλλευόμενοι τον μόχθο των άλλων!
>
> Πόσο ευγνώμων είμαι που έβαλες το Θεό και την πατρίδα πάνω από δωροδοκίες, που είχες το κουράγιο να εμμείνεις στις πεποιθήσεις σου και σε μια ολοκληρωτική και απόλυτη πίστη στο Θεό! Πόσο ευγνώμων είμαι για έναν σύζυγο που έβαλε το Θεό και την πατρίδα του πριν από μένα! Πόσο ευγνώμων είμαι που ανέχθηκες τα σφάλματά μου όταν ήμουν νέα, τότε που γκρίνιαζα και επαναστατούσα με την αλλαγή που επέφερες στον τρόπο ζωής μας, από τα τόσο πολλά στα τόσο λίγα!
>
> Όταν ήμουν μικρό παιδί, ζούσα στο σπίτι των γονιών σου· η μητέρα σου ήταν μια σπουδαία και καλή γυναίκα· με εκπαίδευσε, με δίδαξε πώς να είμαι γενναία, θαρραλέα σύζυγος και πώς να κρατήσω την αγάπη και τον σεβασμό του γιου της, του μελλοντικού συζύγου μου. Καθώς τα χρόνια περνούσαν κι έγινες ο πιο αγαπημένος ηγέτης της Ινδίας, δεν είχα κανέναν από τους φόβους που ταλανίζουν τη σύζυγο που μπορεί να παραμεληθεί όταν ο άντρας της αναρριχηθεί στη σκάλα της επιτυχίας, όπως τόσο συχνά συμβαίνει σε άλλες χώρες. Ήξερα ότι ο θάνατος θα μας βρει αντρόγυνο.

Για χρόνια η Καστουρμπάι εκτελούσε τα καθήκοντα του ταμία των δημόσιων κονδυλίων, τα οποία ο Μαχάτμα, που έχει γίνει ίνδαλμα, έχει την ικανότητα να μαζεύει κατά εκατομμύρια. Ακούγονται πολλές διασκεδαστικές ιστορίες στα ινδικά σπίτια σχετικά με το γεγονός ότι οι σύζυγοι εκνευρίζονται όταν οι γυναίκες τους φορούν κοσμήματα σε συναθροίσεις με τον Γκάντι· η μαγική γλώσσα του Μαχάτμα, κάνοντας έκκληση για βοήθεια στους φτωχούς, γοητεύει τα χρυσά βραχιόλια και τα διαμαντένια περιδέραια, που βγαίνουν από τα χέρια και το λαιμό των πλουσίων και καταλήγουν στο καλάθι του εράνου!

Μια μέρα η ταμίας, η Καστουρμπάι, δεν μπορούσε να βρει πού δαπανήθηκαν τέσσερις ρουπίες. Ο Γκάντι δημοσίευσε αμέσως μια ανακοίνωση με την οποία, αμείλικτα, τόνισε την ανακολουθία των λογαριασμών της συζύγου του σχετικά μ' αυτές τις τέσσερις ρουπίες.

Με τον Μαχάτμα Γκάντι στη Γουάρντα

Αυτήν την ιστορία την έλεγα συχνά στις τάξεις των Αμερικανών μαθητών μου. Ένα απόγευμα μια γυναίκα στην αίθουσα ξεφώνισε εξοργισμένη:

«Είτε ήταν είτε δεν ήταν ο Μαχάτμα», είπε, «αν ήταν άντρας μου θα του μαύριζα το μάτι για μια τόσο περιττή δημόσια προσβολή!».

Μετά από μερικά πνευματώδη πειράγματα μεταξύ μας σχετικά με τις διαφορές ανάμεσα στις Αμερικανίδες συζύγους και τις Ινδές συζύγους, προχώρησα σε μια πιο αναλυτική εξήγηση.

«Η κ. Γκάντι δεν θεωρεί τον Μαχάτμα σύζυγό της αλλά γκουρού της, έναν που έχει το δικαίωμα να την πειθαρχεί ακόμα και για ασήμαντα λάθη», είπα. «Λίγο καιρό μετά τη δημόσια επίπληξη της Καστουρμπάι, ο Γκάντι καταδικάστηκε σε φυλάκιση, κατηγορούμενος για πολιτικά θέματα. Καθώς αποχαιρετούσε γαλήνια τη σύζυγό του, εκείνη έπεσε στα πόδια του. "Δάσκαλε", είπε ταπεινά, "αν ποτέ σε πρόσβαλα, σε παρακαλώ να με συγχωρήσεις"».

Στις τρεις το μεσημέρι, στη Γουάρντα, πήγα, με καθορισμένο από πριν ραντεβού, στο γραφείο του αγίου που είχε μπορέσει να κάνει τη σύζυγό του μια απτόητη μαθήτρια – σπάνιο θαύμα! Ο Γκάντι με κοίταξε πάνω από τα χαρτιά του με το αξέχαστο χαμόγελό του.

«Μαχάτματζι», είπα καθώς κάθισα οκλαδόν δίπλα του στο χωρίς μαξιλάρια στρώμα, «σας παρακαλώ πείτε μου τον ορισμό της *αχίμσα*».

«Το να αποφεύγει κάποιος να κάνει κακό σε οποιοδήποτε έμβιο ον στη σκέψη ή στην πράξη».

«Όμορφο ιδεώδες! Ο κόσμος όμως θα ρωτά πάντα: Δεν πρέπει κάποιος να σκοτώσει μια κόμπρα για να προστατεύσει ένα παιδί ή τον εαυτό του;».

«Δεν θα μπορούσα να σκοτώσω μια κόμπρα χωρίς να παραβώ δύο από τους όρκους μου – τον μη φόβο και το να μη σκοτώνει κάποιος. Αντί γι' αυτό, θα προσπαθούσα εσωτερικά να ηρεμήσω το φίδι με δονήσεις αγάπης. Δεν θα μπορούσα ποτέ να μειώσω τα ιδανικά μου για να τα προσαρμόσω βολικά στις ανάγκες οποιασδήποτε περίστασης της ζωής μου». Με τη γοητευτική ειλικρίνειά του, πρόσθεσε: «Πρέπει να ομολογήσω ότι δεν θα μπορούσα να συνεχίσω ατάραχος αυτή τη συζήτηση αν αντιμετώπιζα μια κόμπρα!».

Έκανα ένα σχόλιο για τα αρκετά, πολύ πρόσφατα περιοδικά από τη Δύση, σχετικά με θέματα διατροφής, που ήταν πάνω στο γραφείο του.

«Ναι, η σωστή διατροφή είναι σημαντική για το κίνημα *Σατυάγκραχα* – όπως και οπουδήποτε αλλού», είπε μ' ένα γέλιο. «Επειδή συμβουλεύω στους *σατυάγκραχι* απόλυτη εγκράτεια, πάντα προσπαθώ να βρω την καλύτερη διατροφή για τους άγαμους. Πρέπει κάποιος να κυριαρχήσει στις επιθυμίες του ουρανίσκου πριν μπορέσει να ελέγξει το ένστικτο της αναπαραγωγής. Το πολύ λίγο φαγητό ή η μη ισορροπημένη διατροφή δεν είναι η λύση. Αφού ξεπεράσει την εσωτερική *λαιμαργία*, ο *σατυάγκραχι* πρέπει να συνεχίσει να ακολουθεί μια λογική χορτοφαγική διατροφή με όλες τις απαραίτητες βιταμίνες, μέταλλα, θερμίδες κλπ. Με εσωτερική και εξωτερική σοφία σε σχέση με τη διατροφή, το σεξουαλικό υγρό του *σατυάγκραχι* μετατρέπεται εύκολα σε ζωτική ενέργεια για ολόκληρο το σώμα».

Ο Μαχάτμα κι εγώ συγκρίναμε τις γνώσεις μας σχετικά με τα καλά υποκατάστατα του κρέατος. «Το αβοκάντο είναι υπέροχο», είπα. «Υπάρχουν πολλές φυτείες αβοκάντο κοντά στο κέντρο μου στην Καλιφόρνια».

Το πρόσωπο του Γκάντι φωτίστηκε από ενδιαφέρον. «Αναρωτιέμαι αν θα μπορούσαν να βλαστήσουν στη Γουάντα. Οι *σατυάγκραχι* θα εκτιμούσαν ένα νέο φαγητό».

«Θα φροντίσω να σταλούν μερικά φυτά αβοκάντο από το Λος Άντζελες στη Γουάρντα». Πρόσθεσα: «Τα αυγά είναι μια τροφή με πολλές πρωτεΐνες· απαγορεύονται για τους *σατυάγκραχι*;».

«Όχι τα αυγά που δεν γονιμοποιήθηκαν». Ο Μαχάτμα γέλασε αναπολώντας. «Για χρόνια δεν μπορούσα να τα ανεχθώ· ακόμα και τώρα, προσωπικά δεν τα τρώω. Μια από τις νύφες μου κάποια φορά κόντευε να πεθάνει από κακή διατροφή· ο γιατρός της επέμενε να φάει αυγά. Εγώ δεν συμφωνούσα και τον συμβούλεψα να της δώσει ένα υποκατάστατο των αυγών.

»"Γκάντιτζι", είπε ο γιατρός, "τα αυγά που δεν είναι γονιμοποιημένα δεν περιέχουν σπέρμα· δεν πρόκειται να σκοτωθεί κάποιο ον".

»Τότε έδωσα με χαρά τη συναίνεσή μου στη νύφη μου να φάει αυγά· σύντομα η υγεία της επανήλθε».

Το προηγούμενο βράδυ ο Γκάντι είχε εκφράσει την επιθυμία να μυηθεί στην *Κρίγια Γιόγκα* του Λαχίρι Μαχασάγια. Συγκινήθηκα από το ανοιχτό μυαλό του Γκάντι και το ερευνητικό του πνεύμα. Στην αναζήτηση του Θεού είναι σαν παιδί, αποκαλύπτοντας μια δεκτικότητα την οποία ο Ιησούς είχε επαινέσει στα παιδιά: «[...] από τέτοια είναι το βασίλειο του παραδείσου».

Η ώρα για τη μύηση που του υποσχέθηκα είχε φτάσει· αρκετοί *σατυάγκραχι* μπήκαν στο δωμάτιο – ο κ. Ντεσάι, ο Δρ Πινγκάλ και μερικοί ακόμα που επιθυμούσαν να μάθουν την τεχνική της *Κρίγια*.

Πρώτα δίδαξα στη μικρή ομάδα τις σωματικές ασκήσεις Γιογκόντα. Το σώμα χωρίζεται νοερά σε είκοσι μέρη· η θέληση διοχετεύει ενέργεια, με τη σειρά, σε κάθε τμήμα. Σύντομα όλοι δονούνταν μπροστά μου σαν ανθρώπινες μηχανές. Ήταν εύκολο να παρατηρήσει κάποιος τους ελαφρείς κυματισμούς των είκοσι τμημάτων του σώματος του Γκάντι, που σχεδόν συνέχεια ήταν ολοκληρωτικά εκτεθειμένο σε κοινή θέα! Αν και είναι πολύ αδύνατος, αυτό δεν τον ασχημίζει· το δέρμα του σώματός του είναι μαλακό και αρυτίδωτο.[10]

Μετά μύησα την ομάδα στην απελευθερωτική τεχνική της *Κρίγια Γιόγκα*.

Ο Μαχάτμα έχει μελετήσει με ευλάβεια όλες τις θρησκείες του κόσμου. Οι Γραφές των Τζαϊνιστών, η Καινή Διαθήκη της Βίβλου και τα κοινωνιολογικά συγγράμματα του Τολστόι[11] είναι οι τρεις κύριες πηγές των πεποιθήσεων του Γκάντι για τη μη βία. Δήλωσε το «πιστεύω» του με τον εξής τρόπο:

Πιστεύω ότι η Βίβλος, το Κοράνι και το Ζέντ-Αβέστα[12] είναι τόσο θεϊκά εμπνευσμένα όσο οι Βέδες. Πιστεύω στον θεσμό των Γκουρού, αλλά σ' αυτόν τον αιώνα εκατομμύρια άνθρωποι θα πρέπει να ζήσουν χωρίς Γκουρού, γιατί είναι πολύ σπάνιο να βρει κάποιος έναν συνδυασμό τέλειας αγνότητας και τέλειας γνώσης. Δεν πρέπει όμως κάποιος να απελπίζεται ότι δεν θα μάθει την αλήθεια της θρησκείας του, γιατί οι θεμελιώδεις αρχές του Ινδουισμού, όπως και κάθε άλλης μεγάλης θρησκείας, είναι αμετάβλητες και εύκολο να κατανοηθούν.

Πιστεύω, όπως κάθε Ινδουιστής, στον Ένα Θεό, στη μετενσάρκωση και στη λύτρωση. [...] Δεν μπορώ να περιγράψω καλύτερα πώς νιώθω για τον Ινδουισμό παρά μόνο με μια σύγκριση με τη σύζυγό μου. Μπορεί να με συγκινήσει όπως καμία άλλη γυναίκα, σε ολόκληρο τον κόσμο. Όχι ότι δεν έχει ελαττώματα· τολμώ να πω ότι έχει πολύ περισσότερα απ' όσα εγώ βλέπω. Υπάρχει όμως ένα αίσθημα άρρηκτου δεσμού. Έτσι αγαπώ τον Ινδουισμό, με όλα τα μειονεκτήματα και τους περιορισμούς του. Τίποτα δεν με αγαλλιάζει τόσο πολύ όσο η μουσική της Γκίτα ή της *Ραμαγιάνα* του Τουλσίντας. Όταν νόμιζα ότι θα πέθαινα, η Γκίτα ήταν η παρηγοριά μου.

Ο Ινδουισμός δεν είναι θρησκεία που αποκλείει τις άλλες. Μέσα σ'

---

[10] Ο Γκάντι έκανε πολλές νηστείες, σύντομες και μακροχρόνιες. Χαίρει άκρας υγείας. Τα βιβλία του, το *Diet and Diet Reform* («Διατροφή και αναδιαμόρφωσή της»)· *Nature Cure* («Θεραπεία της Φύσης»)· και το *Key to Health* («Το κλειδί για υγεία») είναι διαθέσιμα από τον Εκδοτικό Οίκο Navajivan, Ahmedabad, Ινδία.

[11] Ο Θορό (Thoreau), ο Ράσκιν (Ruskin) και ο Ματσίνι (Mazzini) είναι τρεις συγγραφείς από τη Δύση των οποίων τις κοινωνιολογικές απόψεις ο Γκάντι μελέτησε προσεκτικά.

[12] Η ιερή Γραφή που δόθηκε στην Περσία περίπου το 1.000 π.Χ. από τον Ζωροάστρη.

αυτόν υπάρχει χώρος για το προσκύνημα όλων των προφητών του κόσμου.¹³ Δεν είναι ιεραποστολική θρησκεία με τη συνηθισμένη έννοια του όρου. Αναμφίβολα, έχει απορροφήσει πολλές φυλές στο εκκλησίασμά του, αλλά αυτή η απορρόφηση έχει εξελικτικό, ανεπαίσθητο χαρακτήρα. Ο Ινδουισμός λέει σε κάθε άνθρωπο να προσκυνά το Θεό σύμφωνα με τη δική του πίστη ή ντάρμα¹⁴ κι έτσι βρίσκεται σε ειρήνη με όλες τις θρησκείες.

Για τον Χριστό ο Γκάντι έγραψε: «Είμαι σίγουρος ότι αν ζούσε σήμερα ανάμεσα στους ανθρώπους, θα ευλογούσε τη ζωή πολλών που ενδεχομένως δεν έχουν ακούσει ποτέ το όνομά Του [...] όπως είναι γραμμένο: "Δεν θα εισέλθει στη βασιλεία των ουρανών κάθε ένας που λέει προς εμένα, Κύριε, Κύριε, αλλά αυτός που πράττει το θέλημα του Πατέρα μου που είναι στους ουρανούς".¹⁵ Στο μάθημα της δικής Του ζωής, ο Ιησούς έδωσε στην ανθρωπότητα τον μεγαλειώδη σκοπό και τη μοναδική επιδίωξη που θα έπρεπε όλοι να επιζητούμε. Πιστεύω ότι δεν ανήκει μόνο στον Χριστιανισμό, αλλά σε ολόκληρο τον κόσμο, σε όλες τις χώρες και τις φυλές».

Το τελευταίο μου απόγευμα στη Γουάρντα έδωσα μια ομιλία η οποία είχε κανονιστεί από τον κ. Ντεσάι στο Δημαρχείο. Η αίθουσα ήταν κατάμεστη από το πλήθος μέχρι τα περβάζια των παραθύρων, με περίπου 400 άτομα που είχαν μαζευτεί για να ακούσουν την ομιλία για τη γιόγκα. Μίλησα πρώτα στα Ινδικά, μετά στα Αγγλικά. Επιστρέψαμε στο άσραμ έγκαιρα ώστε να δούμε για λίγο, πριν τον βραδινό ύπνο, τον Μαχάτμα που, σε βαθιά γαλήνη, ασχολιόταν με την αλληλογραφία του.

Ήταν ακόμα νύχτα όταν σηκώθηκα, στις πέντε το πρωί. Είχε ήδη αρχίσει η καθημερινή ζωή του χωριού· πρώτα πέρασε μια βοϊδάμαξα από τις πύλες του άσραμ, μετά ένας χωρικός με το βαρύ φορτίο του ισορροπημένο επισφαλώς πάνω στο κεφάλι του. Μετά το πρωινό, οι τρεις μας πήγαμε στον Γκάντι για ένα αποχαιρετιστήριο *πρανάμ*. Ο άγιος ξυπνά στις τέσσερις το πρωί για την πρωινή του προσευχή.

---

[13] Ένα μοναδικό χαρακτηριστικό του Ινδουισμού, ανάμεσα σε όλες τις θρησκείες του κόσμου, είναι ότι δεν πηγάζει από έναν μοναδικό σπουδαίο ιδρυτή, αλλά από τις απρόσωπες Γραφές των Βεδών. Ο Ινδουισμός έτσι αφήνει ευρύ φάσμα για τη λατρευτική ενσωμάτωση σ' αυτόν των προφητών όλων των εποχών και των χωρών. Οι βεδικές Γραφές δεν ρυθμίζουν μόνο λατρευτικές τελετουργίες, αλλά όλα τα σημαντικά κοινωνικά έθιμα, σε μια προσπάθεια να φέρουν κάθε πράξη του ανθρώπου σε αρμονία με τον θεϊκό νόμο.

[14] Μια περιεκτική σανσκριτική λέξη για τον νόμο· η συμμόρφωση στον νόμο ή τη φυσική δικαιοσύνη· το καθήκον, σαν εγγενές σε όλες τις περιστάσεις στις οποίες βρίσκεται ο άνθρωπος οποιαδήποτε στιγμή. Οι Γραφές ορίζουν το *ντάρμα* ως «τους φυσικούς οικουμενικούς νόμους των οποίων η τήρηση καθιστά τον άνθρωπο ικανό να σωθεί από τον ξεπεσμό και τον πόνο».

[15] Κατά Ματθαίο Ζ:21.

«Μαχάτματζι, αντίο!». Γονάτισα για να αγγίξω τα πόδια του. «Η Ινδία είναι ασφαλής στα χέρια σας».

Χρόνια πέρασαν από τότε που έζησα αυτές τις αξέχαστες στιγμές στη Γουάρντα· η γη, οι ωκεανοί και οι ουρανοί σκοτείνιασαν μ' έναν κόσμο σε πόλεμο. Μόνος ανάμεσα σε σπουδαίους ηγέτες, ο Γκάντι πρόσφερε μια πρακτική εναλλακτική λύση μη βίας αντί για τη δύναμη των όπλων. Για την ανακούφιση από τη θλίψη και την αποκατάσταση της αδικίας, ο Μαχάτμα εφάρμοσε μη βίαια μέσα, τα οποία επανειλημμένα αποδείχθηκαν αποτελεσματικά. Διακηρύσσει το δόγμα του με τα εξής λόγια:

> Ανακάλυψα ότι η ζωή επιμένει να υπάρχει μέσα στην καταστροφή. Επομένως πρέπει να υπάρχει ένας ανώτερος νόμος απ' αυτόν της καταστροφής. Μόνο κάτω απ' αυτόν τον νόμο θα μπορούσε να έχει μια λογική η καλά οργανωμένη κοινωνία και θα η ζωή θα είχε αξία να τη ζει κάποιος.
> 
> Αν αυτός είναι ο νόμος της ζωής, θα πρέπει να τον τηρήσουμε στην καθημερινή μας ύπαρξη. Οπουδήποτε υπάρχει πόλεμος, οπουδήποτε υπάρχει αντίπαλος, κατακτήστε με αγάπη. Ανακάλυψα ότι ο συγκεκριμένος νόμος της αγάπης έχει δώσει στη δική μου ζωή λύσεις που ο νόμος της καταστροφής ποτέ δεν έδωσε.
> 
> Στην Ινδία είχαμε μια φανερή απόδειξη της λειτουργίας αυτού του νόμου στην ευρύτερη δυνατή κλίμακα. Δεν υποστηρίζω ότι τη μη βία την έχουν ενστερνιστεί οι 360.000.000 άνθρωποι στην Ινδία, αλλά υποστηρίζω ότι την έχουν ενστερνιστεί οι άνθρωποι βαθύτερα από οποιοδήποτε άλλο δόγμα σε απίστευτα μικρό χρονικό διάστημα.
> 
> Χρειάζεται μια αρκετά επίπονη εκπαίδευση για να κατακτήσει κάποιος τη νοητική στάση της μη βίας. Είναι μια πειθαρχημένη ζωή, σαν τη ζωή ενός στρατιώτη. Η τελειοποίηση επιτυγχάνεται όταν ο νους, το σώμα και η ομιλία βρίσκονται σε σωστό συντονισμό. Κάθε πρόβλημα θα είχε την τάση να λυθεί από μόνο του αν αποφασίζαμε να κάνουμε τον νόμο της αλήθειας και της μη βίας νόμο της ζωής μας.

Η ζοφερή πορεία των πολιτικών γεγονότων στον κόσμο αποδεικνύει αναπόδραστα την αλήθεια ότι χωρίς πνευματικό όραμα οι άνθρωποι χάνονται. Η επιστήμη, αν όχι η θρησκεία, έχει εγείρει στην ανθρωπότητα μια αμυδρή αίσθηση ότι τα υλικά πράγματα είναι επισφαλή, αν όχι ανυπόστατα. Πράγματι, πού θα μπορούσε τώρα να πάει ο άνθρωπος, αν όχι στην Πηγή και Προέλευσή του, στο Πνεύμα μέσα του;

Ανατρέχοντας στην ιστορία, μπορεί κάποιος να δηλώσει εύλογα ότι τα προβλήματα του ανθρώπου δεν λύθηκαν με τη χρήση της ωμής βίας. Ο Πρώτος Παγκόσμιος Πόλεμος δημιούργησε μια χιονοστιβάδα από φρικτό κάρμα που πάγωσε τη γη και μεγάλωσε, έχοντας ως αποτέλεσμα τον Δεύτερο Παγκόσμιο Πόλεμο. Μόνο η ζεστασιά της αδελφοσύνης μπορεί να λιώσει την παρούσα γιγάντια χιονοστιβάδα του αιματηρού κάρμα που διαφορετικά μπορεί να καταλήξει σ' έναν Τρίτο Παγκόσμιο Πόλεμο. Η ανίερη τριάδα του εικοστού αιώνα! Η χρήση του νόμου της ζούγκλας αντί για την ανθρώπινη σύνεση στην επίλυση διαφορών θα ξανακάνει τη γη ζούγκλα. Αν όχι αδέλφια στη ζωή, τότε αδέλφια σε βίαιο θάνατο. Ο Θεός δεν επέτρεψε στοργικά στον άνθρωπο να ανακαλύψει την ατομική ενέργεια για να προβεί σε τέτοιες επονείδιστες πράξεις!

Ο πόλεμος και το έγκλημα ποτέ δεν πληρώνουν. Τα δισεκατομμύρια δολάρια που έγιναν καπνός του εκρηκτικού τίποτα, θα ήταν αρκετά για να φτιαχτεί ένας νέος κόσμος, σχεδόν ελεύθερος από την αρρώστια και εντελώς ελεύθερος από τη φτώχεια. Δεν θα ήταν μια γη γεμάτη φόβο, χάος, λιμοκτονία, πληγές, ο *μακάβριος χορός*, αλλά μια μεγάλη χώρα ειρήνης, ευημερίας και διευρυνόμενης γνώσης.

Η φωνή του Γκάντι για τη μη βία κάνει έκκληση στην ανώτατη συνείδηση του ανθρώπου. Ας μην έχουν πια τα έθνη σύμμαχο τον θάνατο, αλλά τη ζωή· όχι την αποδόμηση, αλλά την οικοδόμηση· όχι το μίσος, αλλά τα δημιουργικά θαύματα της αγάπης.

«Πρέπει ο άνθρωπος να συγχωρεί, όποιο κακό κι αν του κάνουν», λέει η *Μαχαμπαράτα*. «Λέγεται ότι η συνέχιση των ειδών οφείλεται στο ότι ο άνθρωπος μπορεί να συγχωρεί. Η συγχώρεση είναι αγιότητα· με τη συγχώρεση κρατιέται ενωμένο το σύμπαν. Η συγχώρεση είναι η ισχύς των ισχυρών· η συγχώρεση είναι θυσία· η συγχώρεση είναι γαλήνη του νου. Η συγχώρεση και η ευγένεια είναι ιδιότητες αυτού που είναι κυρίαρχος του Εαυτού του. Αντιπροσωπεύουν την αιώνια αρετή».

Η μη βία είναι το φυσικό αποτέλεσμα του νόμου της συγχώρεσης και της αγάπης. «Αν μια δίκαιη μάχη καταστήσει απαραίτητη την απώλεια μιας ζωής», διακηρύσσει ο Γκάντι, «θα πρέπει κάποιος να προετοιμαστεί, σαν τον Ιησού, να χύσει το δικό του αίμα, όχι αυτό των άλλων. Στο τέλος θα έχει χυθεί λιγότερο αίμα στον κόσμο».

Κάποια μέρα θα γραφτούν έπη για τους Ινδούς *σατυάγκραχι*, που αντιμετώπισαν το μίσος με αγάπη, τη βία με τη μη βία, που άφησαν τον εαυτό τους να σφαγιασθεί χωρίς έλεος, αρνούμενοι να κρατήσουν όπλα. Το αποτέλεσμα, σε κάποιες ιστορικές περιπτώσεις, ήταν να πετάξουν οι αντίπαλοι τα όπλα τους και να φύγουν – ντροπιασμένοι, συγκλονισμένοι στα βάθη της ψυχής τους βλέποντας ανθρώπους που έδιναν μεγαλύτερη αξία στη ζωή των άλλων παρά στη δική τους.

«Θα περίμενα, αν χρειαζόταν, για αιώνες», λέει ο Γκάντι, «αλλά

> ΕΝΑ ΧΕΙΡΟΓΡΑΦΟ ΤΟΥ ΜΑΧΑΤΜΑ ΓΚΑΝΤΙ ΣΤΑ ΙΝΔΙΚΑ
>
> [χειρόγραφο κείμενο στα ινδικά]
>
> Ο Μαχάτμα Γκάντι επισκέφθηκε το Γιογκόντα Σατσάνγκα Μπραματσάρια Βιντυάλαυα, Γυμνάσιο-Λύκειο με εκπαίδευση στη γιόγκα, στο Ραντσί της Ινδίας. Με προσήνεια έγραψε τα εξής στο βιβλίο επισκεπτών:
> «Αυτό το ίδρυμα με εντυπωσίασε βαθύτατα. Τρέφω μεγάλες ελπίδες ότι αυτό το σχολείο θα ενθαρρύνει περαιτέρω τη χρήση της ανέμης».
>
> 17 Σεπτεμβρίου 1925        (υπογραφή) Μοχαντάς Γκάντι

δεν θα επεδίωκα την ελευθερία της χώρας μου με αιματηρά μέσα». Η Βίβλος μάς προειδοποιεί: «Όλοι όσοι πιάσουν μαχαίρι από μαχαίρι θα χαθούν».[16] Ο Μαχάτμα έγραψε:

> Αποκαλώ τον εαυτό μου εθνικιστή, αλλά ο εθνικισμός μου είναι τόσο ευρύς όσο το σύμπαν. Περιλαμβάνει στην εμβέλειά του όλα τα έθνη της γης.[17] Ο εθνικισμός μου περιλαμβάνει την ευημερία όλου του κόσμου. Δεν θέλω η Ινδία μου να ευημερήσει πάνω στις στάχτες άλλων εθνών. Δεν θέλω η Ινδία να εκμεταλλευτεί ούτε ένα ανθρώπινο ον. Θέλω η Ινδία να είναι δυνατή ώστε να μπορέσει να μεταδώσει τη δύναμή της και σε άλλα έθνη. Αυτό δεν συμβαίνει ούτε με ένα έθνος στην Ευρώπη σήμερα· δεν δίνουν δύναμη στους άλλους.
>
> Ο Πρόεδρος Ουίλσον ανέφερε τα όμορφα δεκατέσσερα σημεία του αλλά είπε: «Εξάλλου, αν αυτή η προσπάθειά μας για επίτευξη της ειρήνης αποτύχει, έχουμε τα όπλα μας για να επιτεθούμε». Θέλω να αντιστρέψω αυτή τη θέση και λέω: «Τα όπλα μας ήδη απέτυχαν. Ας ψάξουμε τώρα για κάτι νέο· ας δοκιμάσουμε τη δύναμη της αγάπης και του Θεού, που είναι η αλήθεια». Όταν θα το έχουμε αυτό, δεν θα θέλουμε τίποτα άλλο.

---

[16] Κατά Ματθαίο ΚΣΤ:52. Αυτή είναι μια από τις πολυάριθμες περικοπές στη Βίβλο που αναγκαία υπονοούν τη μετενσάρκωση του ανθρώπου. (Βλ. σελ. 198 σημ.) Πολλές από τις πολυπλοκότητες της ζωής του ανθρώπου μπορούν να εξηγηθούν μόνο μέσω της κατανόησης του καρμικού νόμου της δικαιοσύνης.

[17] «Ας μη δοξάζεται ο άνθρωπος γιατί αγαπά την πατρίδα του· ας δοξάζεται γιατί αγαπά τους συνανθρώπους του». – *Περσική παροιμία*.

Με την εκπαίδευση από τον Μαχάτμα χιλιάδων αληθινών *σατυάγκραχι* (αυτών που έδωσαν τους έντεκα αυστηρούς όρκους που αναφέρθηκαν στο πρώτο τμήμα του κεφαλαίου αυτού), οι οποίοι με τη σειρά τους διέδωσαν το μήνυμα· με την υπομονετική εκπαίδευση των μαζών της Ινδίας στην κατανόηση του πνευματικού και τελικά του υλικού οφέλους της μη βίας· με τον εξοπλισμό των ανθρώπων του με μη βίαια όπλα – τη μη συνεργασία με την αδικία, την προθυμία να υπομένουν ταπεινώσεις, φυλακίσεις, ακόμα και τον ίδιο τον θάνατο αντί να καταλήγουν στα πιστόλια και τα κανόνια· με το να επιστρατεύει τη συμπάθεια του κόσμου μέσω αμέτρητων παραδειγμάτων πολλών *σατυάγκραχι* που έγιναν ηρωικοί μάρτυρες, ο Γκάντι απεικόνισε με δραματικό τρόπο την πρακτική φύση της μη βίας, την ιερή της δύναμη να επιλύει διαφωνίες χωρίς πόλεμο.

Ο Γκάντι έχει ήδη κερδίσει, μέσω μη βίαιων τρόπων, περισσότερες πολιτικές συμφωνίες για τη χώρα του από οποιονδήποτε άλλον ηγέτη άλλου κράτους, εκτός από τις συμφωνίες που κερδήθηκαν με σφαίρες. Οι μέθοδοι της μη βίας για την εξάλειψη όλων των αδικιών και του κακού εφαρμόστηκαν με θεαματικό τρόπο, όχι μόνο στην πολιτική αρένα, αλλά και στο εύθραυστο και περίπλοκο πεδίο της κοινωνικής αναμόρφωσης της Ινδίας. Ο Γκάντι και οι οπαδοί του εξάλειψαν πολλές χρόνιες βεντέτες μεταξύ Ινδουιστών και Μωαμεθανών· εκατοντάδες χιλιάδες Μουσουλμάνοι αναγνωρίζουν τον Μαχάτμα σαν ηγέτη τους. Οι Παρίες (οι «ανέγγιχτοι») βρήκαν στο πρόσωπό του τον άφοβο και νικηφόρο προστάτη τους. «Αν υπάρξει μετενσάρκωσή μου», έγραψε ο Γκάντι, «εύχομαι να γεννηθώ παρίας ανάμεσα σε παρίες, γιατί έτσι θα μπορούσα να τους υπηρετήσω πιο αποτελεσματικά».

Ο Μαχάτμα είναι πράγματι μια «μεγάλη ψυχή», αλλά ήταν οι εκατομμύρια αναλφάβητοι που είχαν την οξυδέρκεια να του δώσουν αυτόν τον τίτλο. Αυτός ο ευγενικός προφήτης είναι τιμημένος από την ίδια του τη χώρα. Ακόμα και ο πιο ταπεινός χωρικός κατάφερε να εγερθεί στα υψηλά ιδανικά του Γκάντι. Ο Μαχάτμα πιστεύει με όλη του την καρδιά στην έμφυτη ευγενή φύση του ανθρώπου. Οι αναπόφευκτες διαψεύσεις ποτέ δεν τον πτόησαν. «Ακόμα κι αν ο αντίπαλος τον κοροϊδέψει είκοσι φορές», γράφει, «ο *σατυάγκραχι* είναι έτοιμος να τον εμπιστευθεί για εικοστή πρώτη φορά, γιατί η απόλυτη εμπιστοσύνη στην ανθρώπινη φύση είναι η ίδια η ουσία της πίστης».[18]

---

[18] «Τότε ήρθε προς αυτόν ο Πέτρος και είπε· Κύριε, πόσες φορές αν αμαρτήσει εναντίον μου

«Μαχάτματζι, είστε ένας πολύ ξεχωριστός άνθρωπος. Δεν πρέπει να έχετε την προσδοκία να πράττει ο κόσμος όπως εσείς». Αυτήν την παρατήρηση την έκανε μια φορά ένας κριτικός.

«Είναι περίεργο το πώς αυταπατώμαστε, φανταζόμενοι ότι το σώμα μπορεί να βελτιωθεί αλλά ότι είναι αδύνατο να αφυπνίσουμε τις κρυμμένες δυνάμεις της ψυχής», απάντησε ο Γκάντι. «Προσπαθώ να αποδείξω ότι, αν έχω οποιαδήποτε απ' αυτές τις δυνάμεις, εξακολουθώ να είμαι ένας εύθραυστος θνητός όπως όλοι οι άλλοι και ποτέ δεν είχα, ούτε τώρα έχω, τίποτα το εξαιρετικό πάνω μου. Είμαι ένας απλός άνθρωπος που υπόκειται στο λάθος όπως κάθε άλλος θνητός συνάνθρωπος. Αναγνωρίζω όμως ότι πράγματι έχω την ταπεινότητα να ομολογώ τα λάθη μου και να επανέρχομαι στον σωστό δρόμο. Αναγνωρίζω ότι έχω μια ακλόνητη πίστη στο Θεό και την καλοσύνη Του, καθώς και ένα άσβεστο πάθος για την αλήθεια και την αγάπη. Αυτά όμως δεν είναι λανθάνοντα σε κάθε άνθρωπο;». Πρόσθεσε: «Αν κάνουμε νέες ανακαλύψεις και εφευρέσεις στον φαινομενικό κόσμο, πρέπει συγχρόνως να δηλώσουμε και τη χρεοκοπία μας στο πνευματικό βασίλειο; Είναι αδύνατο να πολλαπλασιάσουμε τις εξαιρέσεις ώστε να τις μετατρέψουμε σε κανόνα; Πρέπει ο άνθρωπος να είναι πάντα πρώτα θηρίο και μετά άνθρωπος, ή, μερικές φορές, μόνο θηρίο;».[19]

Οι Αμερικανοί θα πρέπει να θυμούνται με υπερηφάνεια το επιτυχημένο πείραμα μη βίας του Ουίλιαμ Πεν (William Penn) όταν έκανε αποικία του τον 17ο αιώνα την Πενσυλβάνια. Δεν υπήρχαν «ούτε οχυρά, ούτε στρατιώτες, ούτε εθνοφρουρά, ούτε καν όπλα». Ανάμεσα

---

ο αδελφός μου να τον συγχωρήσω; Έως επτά φορές; Λέει προς αυτόν ο Ιησούς· Δεν σου λέω έως επτά φορές, αλλά έως εβδομήντα φορές επτά». (Κατά Ματθαίο ΙΗ:21-22.) Προσευχήθηκα βαθιά για να καταλάβω αυτή την ανένδοτη συμβουλή. «Κύριε», διαμαρτυρήθηκα, «είναι δυνατόν;». Όταν η Θεϊκή Φωνή απάντησε στο τέλος έφερε μια ταπεινωτική πλημμύρα φωτός: «Πόσες φορές, Άνθρωπε, συγχωρώ καθέναν από σας καθημερινά;».

[19] Ο Τσαρλς Π. Στάινμετζ (Charles P. Steinmetz), ο μεγάλος ηλεκτρολόγος μηχανικός, ερωτήθηκε κάποτε από τον Ρότζερ Γ. Μπάμπσον (Roger W. Babson): «Ποιού είδους έρευνα θα έχει τη μεγαλύτερη ανάπτυξη κατά τη διάρκεια των επόμενων πενήντα ετών;». «Νομίζω ότι η μεγαλύτερη ανακάλυψη θα γίνει σε πνευματικά θέματα», απάντησε ο Στάινμετζ. «Εκεί βρίσκεται μια δύναμη που η ιστορία διδάσκει καθαρά ότι υπήρξε μέχρι τώρα η μεγαλύτερη ισχύς στην εξέλιξη του ανθρώπου. Εντούτοις μέχρι τώρα απλά παίζαμε μ' αυτήν και ποτέ δεν τη μελετήσαμε σοβαρά όπως τις υλικές δυνάμεις. Κάποια μέρα οι άνθρωποι θα μάθουν ότι τα υλικά πράγματα δεν φέρνουν ευτυχία και λίγο μόνο χρησιμεύουν στο να τους κάνουν δημιουργικούς και δυνατούς. Τότε οι επιστήμονες του κόσμου θα τροποποιήσουν τα εργαστήριά τους έτσι ώστε να μελετήσουν το Θεό και την προσευχή και τις πνευματικές δυνάμεις, οι οποίες μέχρι τώρα έχουν ελάχιστα και επιφανειακά διερευνηθεί. Όταν φτάσει αυτή η μέρα, ο κόσμος θα δει μεγαλύτερη ανάπτυξη σε μία γενιά απ' όση είδε στις προηγούμενες τέσσερις».

στους βάρβαρους πολέμους στα σύνορα και τις σφαγές που μαίνονταν μεταξύ των νέων αποίκων και των ερυθρόδερμων Ινδιάνων, οι Κουακέροι της Πενσυλβάνια ήταν οι μοναδικοί που παρέμειναν ανενόχλητοι. «Άλλοι σφαγιάσθηκαν· άλλοι δολοφονήθηκαν μαζικά· αυτοί όμως ήταν ασφαλείς. Ούτε μία γυναίκα από τους Κουακέρους δεν υπέστη επίθεση· ούτε ένα παιδί από τους Κουακέρους δεν σφαγιάσθηκε, ούτε ένας άντρας Κουακέρος δεν βασανίστηκε». Όταν τελικά οι Κουακέροι αναγκάστηκαν να παραδώσουν την κυβέρνηση της πολιτείας, «ξέσπασε πόλεμος και μερικοί από την Πενσυλβάνια σκοτώθηκαν. Μόνο τρεις όμως Κουακέροι σκοτώθηκαν, τρεις που είχαν εκπέσει από την πίστη τους και αμύνθηκαν με όπλα».

«Η καταφυγή στη βία κατά τον (Πρώτο) Παγκόσμιο Πόλεμο απέτυχε να φέρει ηρεμία», είπε ο Φράνκλιν Ρούσβελτ. «Η νίκη και η ήττα ήταν το ίδιο στείρες. Αυτό το πάθημα έπρεπε να είχε γίνει μάθημα στον κόσμο».

«Όσο πιο πολλά βίαια όπλα υπάρχουν, τόσο πιο δυστυχισμένη είναι η ανθρωπότητα», είχε διδάξει ο Λάο-Τσε. «Ο θρίαμβος της βίας καταλήγει σε μια γιορτή θρήνου».

«Παλεύω μόνο για την παγκόσμια ειρήνη και τίποτα λιγότερο», είχε δηλώσει ο Γκάντι. «Αν το κίνημα μη βίας *Σατυάγκραχα* της Ινδίας στεφθεί με επιτυχία, θα δώσει ένα νέο νόημα στον πατριωτισμό και, αν μπορώ με κάθε ταπεινότητα να πω, στην ίδια τη ζωή».

Πριν η Δύση απορρίψει το πρόγραμμα του Γκάντι ως ένα όραμα ενός ονειροπόλου χωρίς πρακτική σκέψη, ας αναλογιστεί πρώτα τον ορισμό του *Σατυάγκραχα* από τον Δάσκαλο της Γαλιλαίας:

«Ακούσατε ότι ειπώθηκε, Οφθαλμόν αντί οφθαλμού και οδόντα αντί οδόντος. Εγώ όμως σας λέω να μην αντισταθείτε στη φαυλότητα [με φαυλότητα]· αλλά όποιος σε χτυπήσει στο δεξί σου σαγόνι, στρέψε σ' αυτόν και το άλλο».[20]

Η εποχή του Γκάντι έλαβε χώρα, με την όμορφη ακρίβεια της επιλογής του κατάλληλου συμπαντικού χρόνου, σ' έναν αιώνα ερημωμένο και συντετριμμένο από δύο Παγκόσμιους Πολέμους. Ένα θεϊκό χειρόγραφο υπάρχει στον γρανιτένιο τοίχο της ζωής του: μια προειδοποίηση ενάντια στην περαιτέρω αιματοχυσία ανάμεσα σε αδέλφια.

---

[20] Κατά Ματθαίο Ε:38-39.

## ΣΤΗ ΜΝΗΜΗ ΤΟΥ ΜΑΧΑΤΜΑ ΓΚΑΝΤΙ

«Ήταν με την αληθινή έννοια ο πατέρας του έθνους και ένας τρελός τον έσφαξε. Εκατομμύρια εκατομμυρίων πενθούν γιατί σβήστηκε το φως. […] Το φως που έλαμπε σ' αυτό το κράτος δεν ήταν συνηθισμένο φως. Για χίλια χρόνια αυτό το φως θα φαίνεται σ' αυτή τη χώρα και ο κόσμος θα το βλέπει». Αυτά είπε ο Τζουάχαρλαλ Νέρου (Jawaharlal Nehru), ο Πρωθυπουργός της Ινδίας, λίγο μετά τη δολοφονία του Μαχάτμα Γκάντι στο Νέο Δελχί στις 30 Ιανουαρίου 1948.

Πέντε μήνες νωρίτερα η Ινδία είχε κατακτήσει ειρηνικά την εθνική της ανεξαρτησία. Η εργασία του 78χρονου Γκάντι είχε τελειώσει· συνειδητοποίησε ότι η ώρα του θανάτου του πλησιάζε. «Άμπα, φέρε μου τα σημαντικά έγγραφα», είπε στην εγγονή του το πρωί της τραγωδίας. «Πρέπει να απαντήσω σήμερα. Το αύριο μπορεί να μην έρθει ποτέ». Σε πολλά αποσπάσματα των γραπτών του επίσης ο Γκάντι έκανε διακριτικούς υπαινιγμούς για το τελικό πεπρωμένο του.

Καθώς ο Μαχάτμα, πεθαίνοντας, έπεφτε αργά στο έδαφος με τρεις σφαίρες στο εύθραυστο και ασθενικό από τις νηστείες σώμα του, σήκωσε τα χέρια του με την παραδοσιακή ινδουιστική χειρονομία χαιρετισμού, χαρίζοντας σιωπηλά τη συγχώρεσή του. Αθώος καλλιτέχνης σε όλους τους τομείς της ζωής του, ο Γκάντι έγινε ο ανώτατος καλλιτέχνης τη στιγμή του θανάτου του. Όλες οι θυσίες της ανιδιοτελούς ζωής του κατέστησαν εφικτή αυτήν την τελευταία χειρονομία αγάπης.

«Οι επόμενες γενιές», έγραψε ο Αϊνστάιν τιμώντας τον Μαχάτμα, «με δυσκολία θα πιστέψουν ότι ένας τέτοιος άνθρωπος υπήρξε και περπάτησε στη γη με σάρκα και οστά». Ένα μήνυμα του Βατικανού της Ρώμης ανέφερε: «Η δολοφονία προκάλεσε μεγάλη θλίψη εδώ. Ο Γκάντι θρηνείται ως απόστολος των χριστιανικών αρετών».

Η ζωή όλων των σπουδαίων ανθρώπων που έρχονται στη γη για την επίτευξη ενός συγκεκριμένου δίκαιου σκοπού είναι γεμάτη συμβολικό νόημα. Ο δραματικός θάνατος του Γκάντι στον αγώνα του για την ένωση της Ινδίας τόνισε το μήνυμά του σ' ένα κόσμο βασανισμένο σε κάθε ήπειρο από τον διχασμό. Αυτό το μήνυμα το διατύπωσε με τα εξής προφητικά λόγια:

«Η μη βία ήρθε στον κόσμο και θα συνεχίσει να υπάρχει στις καρδιές των ανθρώπων. Είναι ο προάγγελος της ειρήνης στον κόσμο».

ΚΕΦΑΛΑΙΟ 45

# Η «Πλημμυρισμένη από Χαρά Μητέρα» της Βεγγάλης

«Κύριε, σας παρακαλώ μη φύγετε από την Ινδία χωρίς να δείτε τη Νιρμάλα Ντέβι. Η αγιότητά της είναι μεγάλη· είναι γνωστή σε πολλά και μακρινά μέρη ως Ανάντα Μόγι Μα (Πλημμυρισμένη από Χαρά Μητέρα)». Η ανιψιά μου, η Αμίγιο Μπος, με κοίταζε με θέρμη.

«Φυσικά! Θέλω πάρα πολύ να δω την αγία». Πρόσθεσα: Έχω διαβάσει για το ανεπτυγμένο επίπεδό της στη συνειδητοποίηση του Θεού. Πριν από χρόνια δημοσιεύθηκε γι' αυτήν ένα μικρό άρθρο στο περιοδικό *East-West*».

«Τη συνάντησα», συνέχισε η Αμίγιο. «Πρόσφατα επισκέφθηκε τη μικρή μου πόλη στο Τζαμσεντπούρ. Ανταποκρινόμενη στην ικεσία ενός μαθητή, η Ανάντα Μόγι Μα πήγε στο σπίτι ενός ανθρώπου που πέθαινε. Κάθισε στο προσκεφάλι του· όταν το χέρι της άγγιξε το μέτωπό του, ο άρρωστος σταμάτησε να ψυχορραγεί. Η ασθένεια εξαφανίστηκε αμέσως· ο άνθρωπος, προς ευχάριστη κατάπληξή του, έγινε καλά».

Λίγες μέρες αργότερα έμαθα ότι η Μακάρια Μητέρα έμενε στο σπίτι ενός μαθητή στην περιοχή Μπουανιπούρ της Καλκούτα. Ο κ. Ράιτ κι εγώ φύγαμε αμέσως από το σπίτι του Πατέρα στην Καλκούτα. Καθώς πλησιάζαμε με το αυτοκίνητο στο σπίτι στο Μπουανιπούρ, παρατηρήσαμε μια ασυνήθιστη σκηνή στο δρόμο.

Η Ανάντα Μόγι Μα στεκόταν μέσα σ' ένα αυτοκίνητο με ανοιχτή οροφή, ευλογώντας ένα πλήθος περίπου εκατό μαθητών. Προφανώς ετοιμαζόταν να φύγει. Ο κ. Ράιτ στάθμευσε το αυτοκίνητο λίγο πιο μακριά και περπάτησε μαζί μου προς την ήσυχη συγκέντρωση. Η αγία έριξε μια ματιά προς το μέρος μας· βγήκε από το αυτοκίνητό της και περπάτησε προς εμάς.

«Πατέρα, ήρθατε!». Μ' αυτά τα θερμά λόγια (στη βεγγαλική γλώσσα) έβαλε το χέρι της γύρω από τον λαιμό μου και το κεφάλι της πάνω στον ώμο μου. Ο κ. Ράιτ, στον οποίο μόλις είχα πει ότι δεν γνώριζα την αγία, απολάμβανε ιδιαίτερα αυτό το εξαιρετικά ασυνήθιστο καλωσόρισμα. Τα μάτια των εκατό *τσέλα* ήταν επίσης καρφωμένα με κάποια έκπληξη στο ασυνήθιστο στιγμιότυπο.

Αμέσως είδα ότι η αγία ήταν σε υψηλό επίπεδο *σαμάντι*. Ξεχνώντας την εξωτερική της γυναικεία εμφάνιση, αναγνώριζε τον εαυτό της ως αμετάβλητη ψυχή· μ' αυτή τη συνειδητότητα χαιρετούσε με χαρά έναν άλλο πιστό του Θεού. Πιάνοντάς με από το χέρι με οδήγησε στο αυτοκίνητό της.

«Ανάντα Μόγι Μα, καθυστερώ το ταξίδι σας», διαμαρτυρήθηκα.

«Πατέρα, σας συναντώ για πρώτη φορά σ' αυτή τη ζωή[1] μετά από αιώνες!», είπε. «Σας παρακαλώ, μη φύγετε ακόμα».

Καθίσαμε μαζί στα πίσω καθίσματα του αυτοκινήτου. Η Μακάρια Μητέρα σύντομα μπήκε στην ασάλευτη εκστατική κατάσταση. Τα όμορφα μάτια της έβλεπαν προς τους ουρανούς και, μισάνοιχτα, έγιναν ακίνητα, κοιτάζοντας τα εσωτερικά κοντινά και συγχρόνως μακρινά Ηλύσια Πεδία. Οι μαθητές έψελναν ευγενικά: «Νίκη στη Θεϊκή Μητέρα!».

Είχα βρει πολλούς άντρες που είχαν συνειδητοποιήσει το Θεό στην Ινδία, αλλά ποτέ στο παρελθόν δεν είχα συναντήσει τόσο εξυψωμένη πνευματικά γυναίκα αγία. Το ευγενικό της πρόσωπο έλαμπε από ανείπωτη χαρά, τη χαρά λόγω της οποίας την προσφωνούσαν με το όνομα Μακάρια Μητέρα. Πίσω από το πρόσωπό της, που δεν ήταν καλυμμένο, έπεφταν χαλαρά μακριές μαύρες πλεξούδες. Μια κόκκινη κουκκίδα από πάστα σανταλόξυλου στο μέτωπό της συμβόλιζε το πνευματικό μάτι, πάντα ανοιχτό μέσα της. Μικροσκοπικό πρόσωπο, μικροσκοπικά χέρια, μικροσκοπικά πόδια – μια αντίθεση στην πνευματική της μεγαλοσύνη!

Όση ώρα η Ανάντα Μόγι Μα βρισκόταν σε έκσταση, έκανα μερικές ερωτήσεις σε μια *τσέλα* που βρίσκονταν εκεί κοντά.

«Η Μακάρια Μητέρα ταξιδεύει ευρέως στην Ινδία· έχει εκατοντάδες μαθητές σε πολλά μέρη», μου είπε η *τσέλα*. «Οι θαρραλέες προσπάθειές της οδήγησαν σε πολλές επιθυμητές κοινωνικές μεταρρυθμίσεις. Αν και ανήκει στην κάστα των Βραχμάνων, η αγία δεν αναγνωρίζει διαφορές ανάμεσα στις κάστες. Μια ομάδα από μας πάντα ταξιδεύει μαζί της, φροντίζοντας για την άνεσή της. Πρέπει να τη φροντίζουμε σαν μαμάδες· δεν ενδιαφέρεται για το σώμα της. Αν δεν της έδινε κανείς

---

[1] Η Ανάντα Μόγι Μα (Ananda Moyi Ma) γεννήθηκε το 1896 στο χωριό Κεόρα στην περιοχή Τριπούρα της ανατολικής Βεγγάλης.

Συνάντηση της Ανάντα Μόγι Μα, του συζύγου της Μπολανάτ και του Παραμαχάνσα Γιογκανάντα, στην Καλκούτα

φαγητό δεν θα έτρωγε και ούτε θα ζητούσε. Ακόμα κι όταν βάζουμε τα γεύματα μπροστά της δεν τα αγγίζει. Για να αποτρέψουμε την εξαφάνισή της απ' αυτόν τον κόσμο, εμείς οι μαθητές την ταΐζουμε με τα χέρια μας. Για ολόκληρες μέρες μένει σε θεϊκή έκσταση, αναπνέοντας σπάνια, με τα μάτια της ακίνητα. Ένας από τους κύριους μαθητές της είναι ο σύζυγός της, ο Μπολανάτ. Εδώ και πολλά χρόνια, λίγο μετά τον γάμο τους, ο άντρας της πήρε τον όρκο της σιωπής».

Η τσέλα μού έδειξε έναν άντρα με φαρδείς ώμους, ευγενή χαρακτηριστικά, μακριά μαλλιά και άσπρη γενειάδα. Στεκόταν ανάμεσα στη συνάθροιση σιωπηλά, με τα χέρια διπλωμένα στην ευλαβική στάση του μαθητή.

Ανανεωμένη από τη βύθιση στο Άπειρο, η Ανάντα Μόγι Μα τώρα εστίασε τη συνειδητότητά της στον υλικό κόσμο.

«Πατέρα, παρακαλώ πείτε μου πού μένετε». Η φωνή της ήταν καθαρή και μελωδική.

«Προς το παρόν στην Καλκούτα ή στο Ραντσί· σύντομα όμως θα επιστρέψω στην Αμερική».

«Στην Αμερική;».

«Ναι. Μια Ινδή αγία γυναίκα θα έχαιρε άκρας ειλικρινούς εκτίμησης εκεί από πνευματικούς αναζητητές. Θα θέλατε να πάτε;».

«Αν ο Πατέρας μπορεί να με πάρει, θα πάω».

Αυτή η απάντηση έκανε τους μαθητές που βρίσκονταν δίπλα να διαμαρτυρηθούν θορυβημένοι.

«Είκοσι ή περισσότεροι από μας πάντα ταξιδεύουμε μαζί με τη Μακάρια Μητέρα», είπε κάποιος απ' αυτούς αποφασιστικά. «Δεν μπορούμε να ζήσουμε χωρίς αυτήν. Όπου πάει, θα πρέπει να πάμε κι εμείς».

Απρόθυμα εγκατέλειψα το σχέδιο, καθώς ήταν ανεφάρμοστο με τέτοια ξαφνική διεύρυνση!

«Σας παρακαλώ, τουλάχιστον ελάτε στο Ραντσί μαζί με τους πιστούς σας», είπα καθώς έφευγα. «Καθώς είστε κι εσείς ένα θεϊκό παιδί, θα απολαύσετε τους μικρούς του σχολείου μου».

«Όπου με πάει ο Πατέρας, θα πάω ευχαρίστως».

Λίγο καιρό αργότερα το Βιντυάλαυα στο Ραντσί ήταν σε εορταστική παράταξη για την επίσκεψη που υποσχέθηκε η αγία. Οι νεαροί περίμεναν ανυπόμονα οποιαδήποτε μέρα γιορτής – χωρίς μαθήματα, με ώρες μουσικής και φαγοπότι στο ζενίθ!

«Νίκη! Ανάντα Μόγι Μα, κι τζάι!» Αυτός ο επαναλαμβανόμενος ύμνος από δεκάδες ενθουσιώδεις μικρές φωνές καλωσόρισε την ομάδα της αγίας καθώς έμπαινε στις πύλες του σχολείου. Βροχή από κατιφέδες, ήχοι από κύμβαλα, φυσήματα με κοχύλια και χτυπήματα από τύμπανα *μριντάνγκα*! Η Μακάρια Μητέρα περιφέρθηκε χαμογελώντας στα ηλιόλουστα εδάφη του Βιντυαλάυα έχοντας πάντα μέσα στην καρδιά της έναν φορητό παράδεισο.

«Είναι όμορφα εδώ», είπε καταδεκτικά η Ανάντα Μόγι Μα καθώς την οδηγούσα στο κεντρικό κτίριο. Κάθισε μ' ένα παιδικό χαμόγελο δίπλα μου. Έκανε κάποιον να νιώθει ότι είναι ο πιο κοντινός της φίλος, συγχρόνως όμως υπήρχε πάντα γύρω της μια απόμακρη αύρα – η παράδοξη απομόνωση της Πανταχού Παρουσίας.

«Σας παρακαλώ, πείτε μου κάτι για τη ζωή σας».

«Ο Πατέρας τα γνωρίζει όλα· γιατί να τα επαναλάβω;». Προφανώς ένιωθε ότι τα ιστορικά γεγονότα μιας σύντομης ενσάρκωσης ήταν ασήμαντα.

Γέλασα και επανέλαβα ευγενικά το αίτημά μου.

«Πατέρα, υπάρχουν λίγα να πω». Κούνησε τα χέρια της με μια χειρονομία απογοήτευσης. «Η συνειδητότητά μου ποτέ δεν συνδέθηκε μ' αυτό το προσωρινό σώμα. Πριν έρθω[2] σ' αυτή τη γη, Πατέρα, "ήμουν η ίδια". Όταν ήμουν μικρό κορίτσι, "ήμουν η ίδια". Μεγάλωσα κι έγινα γυναίκα· συνέχισα "να είμαι η ίδια". Όταν η οικογένεια στην οποία γεννήθηκα φρόντισε να παντρευτεί αυτό το σώμα, "ήμουν η ίδια". Τώρα, μπροστά σ' εσάς Πατέρα, "είμαι η ίδια". Και πάντα στο μέλλον, ακόμα κι αν ο χορός της δημιουργίας αλλάξει γύρω μου στο θέατρο της αιωνιότητας, "θα είμαι η ίδια"».

Η Ανάντα Μόγι Μα βυθίστηκε σε μια βαθιά κατάσταση διαλογισμού. Η μορφή της ήταν ακίνητη σαν άγαλμα· είχε πετάξει προς το βασίλειο που πάντα την καλούσε. Τα μάτια της, σαν σκούρες λίμνες, φαίνονταν χωρίς ζωή και απλανή. Αυτή η έκφραση παρουσιάζεται συχνά όταν οι άγιοι αποτραβούν τη συνειδητότητά τους από το υλικό σώμα, το οποίο τότε δεν είναι σχεδόν τίποτα περισσότερο από ένα κομμάτι άψυχου πηλού. Καθίσαμε για μια ώρα σε έκσταση. Επέστρεψε σ' αυτόν τον κόσμο μ' ένα χαρούμενο μικρό γέλιο.

«Σας παρακαλώ, Ανάντα Μόγι Μα», είπα, «ελάτε μαζί μου στον κήπο. Ο κ. Ράιτ θα πάρει μερικές φωτογραφίες».

---

[2] Η Ανάντα Μόγι Μα δεν αναφέρεται στον εαυτό της με τη λέξη «εγώ»· χρησιμοποιεί ταπεινές περιφραστικές λέξεις όπως «αυτό το σώμα» ή «αυτό το μικρό κορίτσι» ή «η κόρη σου». Ούτε αναφέρεται σε κανέναν ως «μαθητή» της. Με απρόσωπη σοφία χαρίζει ίσα, σε όλα τα ανθρώπινα όντα, τη θεϊκή αγάπη της Οικουμενικής Μητέρας.

«Και βέβαια, Πατέρα. Η θέλησή σας είναι θέλησή μου». Τα λαμπερά μάτια της είχαν μια αμετάβλητη θεϊκή λάμψη καθώς στηνόταν για πολλές φωτογραφίες.

Ώρα για το εορταστικό φαγητό! Η Ανάντα Μόγι Μα κάθισε οκλαδόν στην κουβέρτα της, με μια μαθήτρια δίπλα της για να την ταΐσει. Όπως ένα βρέφος, η αγία με υπακοή κατάπινε το φαγητό που έφερνε στα χείλη της η *τσέλα*. Ήταν προφανές ότι η αγία δεν αναγνώριζε καμία διαφορά ανάμεσα στα κάρυ και στα γλυκά!

Καθώς πλησίαζε το σούρουπο, η αγία έφυγε με την ομάδα της μέσα σε βροχή από ροδοπέταλα, με τα χέρια ανασηκωμένα ευλογώντας τους μικρούς μαθητές. Τα πρόσωπά τους ήταν φωτισμένα με τη στοργή που, χωρίς καμία προσπάθεια, είχε εγείρει μέσα τους γι' αυτήν.

«Και θα αγαπάς τον Κύριο το Θεό σου με όλη την καρδιά σου και με όλη την ψυχή σου και με όλη τη διάνοιά σου και με όλη τη δύναμή σου», είπε ο Χριστός· «αυτή είναι η πρώτη εντολή».[3]

Εγκαταλείποντας κάθε κατώτερη προσκόλληση, η Ανάντα Μόγι Μα προσφέρει όλη της την πίστη και υποταγή στο Θεό. Όχι με τις υπερβολικές λεπτές διακρίσεις των καθηγητών και των λογίων, αλλά με τη σίγουρη λογική της πίστης, η αγία που μοιάζει με παιδί έχει λύσει το μοναδικό πρόβλημα της ανθρώπινης ζωής – την εδραίωση της ενότητας με το Θεό.

Ο άνθρωπος, που τώρα είναι θολωμένος με εκατομμύρια προβλήματα, έχει ξεχάσει αυτήν την πρόδηλη απλότητα. Αρνούμενα μια μονοθεϊστική αγάπη για τον Δημιουργό, τα έθνη προσπαθούν να κρύψουν την έλλειψη πίστης τους με σχολαστικό σεβασμό για την εξωτερική φιλανθρωπία. Αυτές οι ανθρωπιστικές χειρονομίες είναι ενάρετες, γιατί για μια στιγμή στρέφουν την προσοχή του ανθρώπου στους συνανθρώπους του αντί για τον εαυτό του· δεν τον ελευθερώνουν όμως από την πρωταρχική ευθύνη του στη ζωή, στην οποία αναφέρθηκε ο Ιησούς με την «πρώτη εντολή». Η ευθύνη αυτή του ανθρώπου να αγαπά τον Δημιουργό, που φέρνει ανάτασή του, υπάρχει από την ώρα της πρώτης του ανάσας σ' έναν αέρα που του δόθηκε ελεύθερα από τον μοναδικό Ευεργέτη του.[4]

---

[3] Κατά Μάρκο ΙΒ:30.

[4] «Πολλοί νιώθουν την προθυμία να δημιουργήσουν έναν καλύτερο κόσμο. Αντί να αφήνεις τις σκέψεις σου να περιπλανώνται σε τέτοια θέματα, θα πρέπει να συγκεντρωθείς σ' Αυτό με την περισυλλογή στο Οποίο υπάρχει ελπίδα για τέλεια γαλήνη. Είναι καθήκον του ανθρώπου να γίνει αναζητητής του Θεού ή της Αλήθειας». – *Ανάντα Μόγι Μα*.

Ο Παραμαχάνσα Γιογκανάντα μαζί με μια ομάδα επισκέπτονται το Τατζ Μαχάλ στην Άγκρα, το «όνειρο σε μάρμαρο», το 1936

Σε μια άλλη περίσταση, μετά την επίσκεψη της Ανάντα Μόγι Μα στο σχολείο, είχα την ευκαιρία να την ξαναδώ. Ήταν μαζί με μια ομάδα, μερικούς μήνες αργότερα, στο σταθμό του Σεράμπουρ, περιμένοντας το τρένο.

«Πατέρα, πηγαίνω στα Ιμαλάια», μου είπε. «Μερικοί καλοί άνθρωποι έχτισαν για μας ένα ερημητήριο στο Ντέρα Νταν (Dehra Dun)».

Καθώς επιβιβαζόταν στο τρένο συνειδητοποίησα με θαυμασμό ότι είτε ήταν ανάμεσα στο πλήθος, είτε σ' ένα τρένο, είτε έτρωγε, είτε καθόταν στη σιωπή, τα μάτια της έβλεπαν πάντα το Θεό.

Μέσα μου ακόμα ακούω τη φωνή της, μια ηχώ αμέτρητης γλυκύτητας:

«Κοιτάξτε, τώρα και πάντα ένα με τον Αιώνιο, "είμαι πάντα η ίδια"».

ΚΕΦΑΛΑΙΟ 46

# Η Γυναίκα Γιόγκι Που Ποτέ Δεν Τρώει

«Κύριε, προς τα πού κατευθυνόμαστε σήμερα;». Ο κ. Ράιτ οδηγούσε το Φορντ· άφησε από τα μάτια του το δρόμο για να μου ρίξει μια γρήγορη ερωτηματική ματιά. Από μέρα σε μέρα σπάνια ήξερε το επόμενο τμήμα της Βεγγάλης που θα εξερευνούσαμε.

«Με τη βοήθεια του Θεού», απάντησα με ευλάβεια, «πηγαίνουμε να δούμε το όγδοο θαύμα του κόσμου – μια αγία της οποίας η διατροφή είναι μόνο ο αέρας!».

«Επανάληψη των θαυμάτων – μετά την Τερέζα Νόιμαν», είπε ο κ. Ράιτ, αλλά γέλασε με τον ίδιο ενθουσιασμό· αύξησε ακόμα και την ταχύτητα του αυτοκινήτου. Περισσότερο εντυπωσιακό περιεχόμενο για το ταξιδιωτικό του ημερολόγιο! Σίγουρα αυτό δεν ήταν το ημερολόγιο ενός μέσου τουρίστα!

Μόλις είχαμε αφήσει πίσω μας το σχολείο του Ραντσί· είχαμε ξυπνήσει πριν ανατείλει ο ήλιος. Εκτός από τον γραμματέα μου κι εμένα, στην ομάδα μας ήταν και τρεις φίλοι από τη Βεγγάλη. Με βαθιές εισπνοές απολαύσαμε τον ανακουφιστικό αέρα, το φυσικό κρασί του πρωινού. Ο κ. Ράιτ οδήγησε το αυτοκίνητο με προσοχή ανάμεσα στους χωρικούς και τις δίτροχες άμαξες τις οποίες έσερναν ζεμένα, καμπουριασμένα βόδια που δεν είχαν τη διάθεση να μοιραστούν τον δρόμο με τους παρείσακτους που κορνάριζαν.

«Κύριε, θα θέλαμε να μάθουμε περισσότερα για την αγία που δεν τρώει ποτέ».

«Το όνομά της είναι Γκιρί Μπαλά», πληροφόρησα τους συντρόφους μου. «Άκουσα γι' αυτήν για πρώτη φορά πριν πολλά χρόνια από έναν καθηγητή, τον Στίτι Λαλ Ναντί. Ερχόταν συχνά στο σπίτι μας στην οδό Γκαρπάρ για να διδάξει τον αδελφό μου Μπισνού.

»"Γνωρίζω καλά την Γκιρί Μπαλά", μου είπε ο Στίτι Μπάμπου. "Εφαρμόζει μια συγκεκριμένη τεχνική γιόγκα που της δίνει τη δυνατότητα να ζει χωρίς να τρώει. Ήμουν κοντινός της γείτονας στο

Ναβαμπγκάντζ (Nawabganj) κοντά στο Ιτσάπουρ (Ichapur).[1] Έβαλα σκοπό να την παρακολουθώ στενά· ποτέ δεν βρήκα κανένα στοιχείο που να δείχνει ότι τρώει ή πίνει τίποτα. Το ενδιαφέρον μου μεγάλωσε τόσο πολύ, που πλησίασα τον Μαχαραγιά του Μπαρντουάν[2] και του ζήτησα να διεξάγει έρευνα. Κατάπληκτος από την ιστορία, την κάλεσε στο παλάτι του. Εκείνη συμφώνησε να υποβληθεί σε μια δοκιμασία και έμεινε για δύο μήνες κλειδωμένη σ' ένα μικρό τμήμα του σπιτιού του. Αργότερα επέστρεψε στο παλάτι για μια επίσκεψη είκοσι ημερών· και μετά για μια τρίτη δοκιμασία δεκαπέντε ημερών. Ο ίδιος ο Μαχαραγιάς μού είπε ότι αυτές οι τρεις σχολαστικές και εξονυχιστικές έρευνες τον είχαν πείσει πέρα από κάθε αμφιβολία για το γεγονός ότι δεν έτρωγε".

»Αυτή η ιστορία του Στίτι Μπάμπου έμεινε στον νου μου για πάνω από είκοσι πέντε χρόνια», είπα ολοκληρώνοντας την ιστορία. «Μερικές φορές στην Αμερική αναρωτιόμουν αν με το πέρασμα του χρόνου η γιογκίνι[3] θα πέθαινε πριν προλάβω να τη δω. Τώρα πρέπει να είναι πολύ ηλικιωμένη. Ακόμα και τώρα δεν ξέρω πού ζει και αν ζει. Σε μερικές ώρες όμως θα φτάσουμε στην Πουρούλια· ο αδελφός της έχει σπίτι εκεί».

Κατά τις δέκα και μισή συζητούσαμε με τον αδελφό της, τον Λαμποντάρ Ντέι, έναν δικηγόρο της Πουρούλια.

«Ναι, η αδελφή μου ζει. Μερικές φορές μένει εδώ μαζί μου, αλλά τώρα είναι στο οικογενειακό μας σπίτι στο Μπιούρ (Biur)». Ο Λαμποντάρ Μπάμπου κοίταξε με αμφιβολία το Φορντ. «Δεν νομίζω, Σουάμιτζι, ότι κανένα αυτοκίνητο προχώρησε ποτέ τόσο βαθιά στην ενδοχώρα όσο το Μπιούρ. Ίσως θα ήταν καλύτερα να αφεθείτε στα τραντάγματα μιας βοϊδάμαξας».

Με μια φωνή η ομάδα μας δήλωσε πίστη στο Καμάρι του Ντιτρόιτ.

«Το Φορντ το φέραμε από την Αμερική», είπα στον δικηγόρο. «Θα ήταν κρίμα να του στερήσω την ευκαιρία να γνωριστεί με την καρδιά της Βεγγάλης!».

«Είθε ο Γκανές[4] να είναι μαζί σας!», είπε ο Λαμποντάρ Μπάμπου γελώντας. Πρόσθεσε ευγενικά: «Αν ποτέ φτάσετε εκεί, είμαι σίγουρος

---

[1] Στη βόρεια Βεγγάλη.
[2] Την Υψηλότητά του Σερ Μπιτζάι Τσαντ Ματάμπ (H. H. Sir Bijay Chand Mahtab), που τώρα έχει πεθάνει. Η οικογένειά του αναμφίβολα διαθέτει κάποιο αρχείο σχετικά με τις τρεις έρευνες του Μαχαραγιά για την Γκιρί Μπαλά (Giri Bala).
[3] Γυναίκα γιόγκι.
[4] «Αυτός που αίρει τα εμπόδια», ο θεός της καλής τύχης.

ότι η Γκιρί Μπαλά θα χαρεί να σας δει. Πλησιάζει τα εβδομήντα, αλλά χαίρει άκρας υγείας».

«Σας παρακαλώ, πείτε μου, κύριε, είναι απολύτως αλήθεια ότι δεν τρώει τίποτα;». Τον κοίταξα κατευθείαν στα μάτια, αυτά τα αποκαλυπτικά παράθυρα της ψυχής.

«Είναι αλήθεια». Το βλέμμα του ήταν ευθύ και έντιμο. «Για περισσότερο από πενήντα χρόνια δεν την είδα να τρώει ούτε μια μπουκιά. Αν ξαφνικά ερχόταν το τέλος του κόσμου, δεν θα εκπλησσόμουν περισσότερο από το να δω την αδελφή μου να τρώει!»

Γελάσαμε και οι δύο με την απιθανότητα να συμβεί οποιοδήποτε από τα δύο κοσμοϊστορικά γεγονότα.

«Η Γκιρί Μπαλά ποτέ δεν έψαξε απρόσιτα, απομονωμένα μέρη για την εξάσκησή της στη γιόγκα», συνέχισε ο Λαμποντάρ Μπάμπου. «Έζησε ολόκληρη τη ζωή της ανάμεσα στην οικογένειά της και τους φίλους της. Τώρα πια όλοι έχουν συνηθίσει την περίεργη ικανότητά της – δεν θα υπήρχε ούτε ένας απ' αυτούς που να μη μείνει εμβρόντητος αν η Γκιρί Μπαλά αποφάσιζε ξαφνικά να φάει! Η αδελφή μου φυσικά έχει αποσυρθεί στο σπίτι της, όπως αρμόζει σε μια Ινδουίστρια χήρα, αλλά οι άνθρωποι του μικρού μας κύκλου στην Πουρούλια και το Μπιούρ γνωρίζουν ότι είναι κυριολεκτικά μια "εξαιρετικά ασυνήθιστη" γυναίκα».

Η ειλικρίνεια του αδελφού της ήταν φανερή. Τον ευχαριστήσαμε ολόθερμα και ξεκινήσαμε για το Μπιούρ. Σταματήσαμε σ' ένα μαγαζί στο δρόμο για να πάρουμε φαγητό με κάρι και *λούτσι*, προσελκύοντας ένα πλήθος από σκανταλιάρικες φατσούλες που μαζεύτηκαν γύρω μας για να δουν τον κ. Ράιτ να τρώει με τα χέρια, με τον απλό ινδικό τρόπο.[5] Ευτυχώς φάγαμε με μεγάλη όρεξη ένα πλούσιο γεύμα που μας προφύλαξε από την πείνα του απογεύματος το οποίο, χωρίς να το γνωρίζουμε εκείνη την στιγμή, θα αποδεικνυόταν πολύ κοπιαστικό.

Πήγαμε προς τα Ανατολικά, ανάμεσα από καυτούς ορυζώνες, στο προάστιο Μπαρντγουάν της Βεγγάλης. Μετά συνεχίσαμε μέσα από δρόμους πλαισιωμένους από πυκνή βλάστηση· το κελάηδημα των πουλιών μάινα και μπούλμπουλ ακουγόταν από δέντρα με πελώρια κλαδιά που έμοιαζαν με ομπρέλες. Κάπου κάπου συναντούσαμε βοϊδάμαξες με

---

[5] Ο Σρι Γιουκτέσβαρ συνήθιζε να λέει: «Ο Κύριος μας έδωσε τα φρούτα της καλής γης. Μας αρέσει να βλέπουμε το φαγητό μας, να το μυρίζουμε, να το γευόμαστε – στον Ινδό αρέσει και να το πιάνει!». Κάποιους δεν τους πειράζει και να το *ακούν* ακόμα, αν δεν υπάρχει κανείς άλλος παρών κατά το φαγητό!

τους ήχους από τα τραντάγματα των αξόνων και των ξύλινων τροχών τους με σιδερένια επένδυση, που έρχονταν σε πλήρη αντίθεση με τους ήχους από τα λάστιχα του αυτοκινήτου στους αριστοκρατικούς δρόμους των πόλεων.

«Ντικ, σταμάτα!». Η ξαφνική μου εντολή είχε σαν αποτέλεσμα ένα απότομο φρενάρισμα του αυτοκινήτου. «Αυτό το παραφορτωμένο δέντρο μάνγκο μάς προσκαλεί σχεδόν φωναχτά!».

Και οι πέντε τρέξαμε σαν παιδιά στο διασκορπισμένο με μάνγκο χώμα· το δέντρο είχε ρίξει τα φρούτα του με καλοσύνη, αφού είχαν ωριμάσει.

«Πολλά μάνγκο γεννήθηκαν για να παραμείνουν στην αφάνεια», είπα παραφράζοντας, «και να χαθεί η γλυκύτητά τους στο πετρώδες έδαφος».

«Δεν υπάρχουν τέτοια στην Αμερική Σουάμιτζι, ε;», είπε γελώντας ο Σάιλες Μαζουμντάρ, ένας από τους σπουδαστές μου στη Βεγγάλη.

«Όχι», παραδέχθηκα γεμάτος μάνγκο και ευχαρίστηση. «Πόσο μου έλειψαν αυτά τα φρούτα στη Δύση! Ένας παράδεισος χωρίς μάνγκο είναι ασύλληπτος για τους Ινδούς!».

Έριξα μια πέτρα και κατέβασα περήφανα όμορφα μάνγκο από το ψηλότερο κλαδί.

«Ντικ», ρώτησα ανάμεσα σε μπουκιές αμβροσίας ζεσταμένες από τον τροπικό ήλιο, «είναι όλες οι φωτογραφικές μηχανές στο αυτοκίνητο;».

«Ναι, κύριε, στο πορτ μπαγκάζ».

«Αν η Γκιρί Μπαλά αποδειχθεί αληθινή αγία, θέλω να γράψω γι' αυτήν στη Δύση. Μια Ινδή γιογκίνι με τέτοιες δυνάμεις που εμπνέουν τον άνθρωπο δεν πρέπει να ζήσει και να πεθάνει στην αφάνεια – όπως τα περισσότερα απ' αυτά τα μάνγκο».

Μισή ώρα αργότερα περιφερόμουν ακόμα στη γαλήνη του δάσους.

«Κύριε», παρατήρησε ο κ. Ράιτ, «πρέπει να φτάσουμε στην Γκιρί Μπαλά πριν δύσει ο ήλιος για να έχουμε αρκετό φως για φωτογραφίες». Πρόσθεσε ειρωνικά: «Οι άνθρωποι της Δύσης είναι δύσπιστοι· δεν μπορούμε να περιμένουμε να πιστέψουν σ' αυτή την κυρία χωρίς φωτογραφίες!».

Αυτά τα λίγα σοφά λόγια ήταν δεν χωρούσαν αμφισβήτηση· γύρισα την πλάτη στον πειρασμό και ξαναμπήκα στο αυτοκίνητο.

«Έχεις δίκιο, Ντικ», είπα μ' έναν αναστεναγμό καθώς ξεκινήσαμε. «Θυσιάζω τον παράδεισο των μάνγκο στον βωμό του δυτικού ρεαλισμού. Πρέπει να έχουμε φωτογραφίες!».

Ο δρόμος γινόταν όλο και πιο κακοτράχαλος: με λακκούβες και βουναλάκια από σκληρό πηλό – οι θλιβερές ατέλειες της παλαιότητάς του. Μερικές φορές κατεβήκαμε από το αυτοκίνητο για να μπορέσει ο κ. Ράιτ να κάνει ελιγμούς με το Φορντ, το οποίο οι υπόλοιποι σπρώχναμε από πίσω.

«Ο Λαμποντάρ Μπάμπου είχε δίκιο», παραδέχθηκε ο Σάιλες. «Δεν μεταφέρει το αυτοκίνητο εμάς· εμείς μεταφέρουμε το αυτοκίνητο!».

Η μονοτονία του να βγαίνουμε και να ξαναμπαίνουμε στο αυτοκίνητο έσπαγε κάθε τόσο με τη θέα κάποιου χωριού, το καθένα από τα οποία ήταν μια σκηνή γραφικής απλότητας.

«Ο δρόμος είχε πολλές στροφές και δασύλλια από φοινικιές, ανάμεσα σε αρχαία χωριά που είχαν διατηρήσει το αρχικό τους χρώμα, ανέγγιχτα από τον χρόνο, σαν φωλιές μέσα στη σκιά του δάσους», κατέγραψε ο κ. Ράιτ στο ταξιδιωτικό του ημερολόγιο, με ημερομηνία 5 Μαΐου 1936. «Αυτές οι συστάδες από καλύβες, φτιαγμένες από άχυρο και λάσπη, διακοσμημένες μ' ένα από τα ονόματα του Θεού στην πόρτα, είναι συναρπαστικές· πολλά μικρά, γυμνά παιδιά παίζουν αθώα, σταματώντας για να κοιτάξουν ή να τρέξουν ξέφρενα μακριά απ' αυτή τη μεγάλη, μαύρη άμαξα χωρίς βόδια που διασχίζει τρελά το χωριό τους. Οι γυναίκες απλώς ρίχνουν κλεφτές ματιές από τις σκιές, ενώ οι άντρες χουζουρεύουν τεμπέλικα κάτω από τα δέντρα που βρίσκονται στις πλευρές του δρόμου, περίεργοι κάτω από τη φαινομενική αδιαφορία τους. Σ' ένα μέρος όλοι οι χωρικοί έκαναν εύθυμα μπάνιο μέσα σ' ένα μεγάλο ντεπόζιτο (με τα ρούχα τους, αλλάζοντάς τα τυλίγοντας γύρω τους στεγνά ρούχα και αφήνοντας να πέσουν τα βρεγμένα). Οι γυναίκες έφερναν νερό στα σπίτια τους σε τεράστια μπρούτζινα αγγεία.

»Ο δρόμος περνούσε από βουνά και κορυφές· αναπηδούσαμε και τρανταζόμαστε, βυθιζόμαστε σε μικρά ρυάκια, παρακάμπταμε μισοτελειωμένα επιχώματα, γλιστρούσαμε σε ξηρά, αμμώδη ρέματα· και τελικά, γύρω στις πέντε το απόγευμα, ήμαστε κοντά στον προορισμό μας, το Μπιούρ. Αυτό το μικρό χωριό, στην ενδοχώρα της περιοχής του Μπανκούρα, κρυμμένο στην προστασία της πυκνής βλάστησης, είναι απρόσιτο από ταξιδιώτες κατά την εποχή των βροχών, όπως μας είπαν· την εποχή αυτή τα ρυάκια γίνονται βίαιοι χείμαρροι και οι δρόμοι, σαν φίδια, εκβάλλουν δηλητηριώδη λάσπη.

»Όταν ζητήσαμε από μια ομάδα προσκυνητών που γύριζαν στο σπίτι τους μετά από προσευχή σ' έναν ναό (έξω από το χωριό, στο απομονωμένο λιβάδι), έναν οδηγό, πολιορκηθήκαμε από μια ντουζίνα μισόγυμνα παιδιά που σκαρφάλωσαν πάνω στο αυτοκίνητο ενθουσιασμένα για να μας οδηγήσουν στην Γκιρί Μπαλά.

»Ο δρόμος περνούσε μέσα από δασύλλια από χουρμαδιές, κάτω από τις οποίες υπήρχαν μερικές καλύβες από λάσπη, αλλά λίγο πριν, το Φορντ για μια στιγμή πήρε κλίση σε μια επικίνδυνη γωνία, αναπήδησε και έπεσε κάτω. Το στενό μονοπάτι περνούσε ανάμεσα από δέντρα και δεξαμενές νερού, πάνω από κορυφές, μέσα από τρύπες και βαθιές λακκούβες. Το αυτοκίνητο κόλλησε σε μια συστάδα θάμνων, μετά προσγειώθηκε σ' έναν λοφίσκο απ' όπου χρειάστηκε να το σηκώσουμε από τη λάσπη· προχωρήσαμε αργά και προσεκτικά· ξαφνικά ο δρόμος κόπηκε από μια δέσμη κλαδιών και φύλλων στη μέση του καρόδρομου, με αποτέλεσμα να χρειαστεί μια παράκαμψη από ένα απόκρημνο χείλος μιας δεξαμενής, μέσα στην οποία έπεσε το αυτοκίνητο. Για να σωθούμε απ' αυτήν χρησιμοποιήσαμε σίδερα, σκεπάρνια και φτυάρια. Ξανά και ξανά, ο δρόμος φαινόταν αδιαπέραστος, αλλά το προσκύνημα έπρεπε να γίνει· οι ευγενικοί νεαροί μάς έφερναν εργαλεία για να αίρουν τα εμπόδια (οι ευλογίες του Γκανές!), καθώς εκατοντάδες παιδιά και γονείς μάς παρακολουθούσαν.

»Σύντομα περάσαμε με ελιγμούς ανάμεσα από δύο αυλάκια, με τις γυναίκες να μας χαζεύουν με ορθάνοιχτα μάτια από τις πόρτες των σπιτιών τους, τους άντρες να έρχονται δίπλα μας και πίσω μας και τα παιδιά να τρέχουν για να απολαύσουν τη διαδικασία. Το δικό μας ήταν μάλλον το πρώτο αυτοκίνητο που διέσχισε αυτούς τους δρόμους· η "ένωση των οδηγών των βοϊδάμαξων" θα πρέπει να είναι παντοδύναμη εδώ! Τι αίσθηση προκαλέσαμε – μια ομάδα που την οδηγούσε ένας Αμερικανός και ένα αυτοκίνητο πρωτοπόρο στο αγκομαχητό ακριβώς μέσα στο οχυρωμένο χωριουδάκι τους εισβάλλοντας στην αρχαία ιδιωτική περιοχή τους και την ιερότητα του μέρους τους!

»Σταματώντας σ' ένα στενό σοκάκι, βρεθήκαμε τριάντα μέτρα από το πατρικό σπίτι της Γκιρί Μπαλά. Νιώσαμε τη συγκίνηση της επιτυχίας μετά από πολύωρη πάλη με τον δρόμο που ολοκληρώθηκε μ' έναν τραχύ τερματισμό. Πλησιάσαμε ένα μεγάλο, διώροφο κτίριο από τούβλα και σοβά που κυριαρχούσε ανάμεσα στις καλύβες που υπήρχαν γύρω του· το σπίτι ήταν υπό επισκευή, γιατί γύρω απ' αυτό υπήρχαν σκαλωσιές από μπαμπού, χαρακτηριστικές σε τροπικές περιοχές.

»Με μια έντονη αδημονία και χαρά σταθήκαμε μπροστά στις ανοιχτές πόρτες της ευλογημένης από το άγγιγμα "μη πείνας" του Θεού. Οι χωρικοί ήταν συνεχώς μ' ανοιχτό το στόμα, νέοι και γέροι, γυμνοί και ντυμένοι, γυναίκες κάπως αδιάφορες αλλά και περίεργες, άντρες και αγόρια ατάραχοι κοντά μας, καθώς κοίταζαν το ανεπανάληπτο θέαμα.

»Σύντομα μια κοντή μορφή ήρθε στην πόρτα – η Γκιρί Μπαλά! Ήταν τυλιγμένη μ' ένα ύφασμα από μουντό, χρυσαφί μετάξι· με τυπικό ινδικό τρόπο πλησίασε σεμνά και διστακτικά, κοιτάζοντάς μας εξεταστικά πίσω από την πάνω πτυχή του υφάσματος *σβαντέσι* που φορούσε. Τα μάτια της έλαμπαν σαν κάρβουνα που σιγόκαιγαν από τη σκιά της μαντίλας στο κεφάλι της· ερωτευτήκαμε αυτό το πρόσωπο που έδειχνε καλοσύνη και συνειδητοποίηση του Εαυτού, καθώς και ελευθερία από κάθε ίχνος γήινης προσκόλλησης.

»Πλησίασε ταπεινά και συναίνεσε σιωπηλά να φωτογραφηθεί από τις "ακίνητες" και "κινούμενες" φωτογραφικές μηχανές.[6] Υπομονετικά και ντροπαλά υπέμεινε τις τεχνικές μας της φωτογράφησης όσον αφορά τις στάσεις ανάλογα και με το φως. Τελικά πήραμε αρκετές φωτογραφίες, για τις επόμενες γενιές, της μοναδικής γυναίκας στον κόσμο που ήταν γνωστό ότι είχε ζήσει χωρίς να φάει ή να πιει τίποτα για πάνω από πενήντα χρόνια. (Η Τερέζα Νόιμαν, βέβαια, είχε ζήσει έτσι από το 1923.) Η έκφραση της Γκιρί Μπαλά ήταν μητρική καθώς στεκόταν μπροστά μας, εντελώς καλυμμένη από το χαλαρό ύφασμα, χωρίς να φαίνεται τίποτα από το σώμα της εκτός από το πρόσωπό της με τα χαμηλωμένα μάτια, τα χέρια της και τα μικροσκοπικά πόδια της. Ένα πρόσωπο σπάνιας γαλήνης και αθώας αταραξίας – πλατιά, παιδικά χείλη που τρεμόπαιζαν, μια θηλυκή μύτη, στενά μάτια που έλαμπαν κι ένα στοχαστικό χαμόγελο».

Είχα την ίδια εντύπωση με τον κ. Ράιτ για την Γκιρί Μπαλά· την περιέβαλλε πνευματικότητα όπως την περιέβαλλε και το πέπλο της που λαμπύριζε. Με χαιρέτισε με ένα *πρανάμ*, όπως κάνουν οι οικογενειάρχες σ' έναν μοναχό. Η απέριττη γοητεία της και το ήρεμο χαμόγελό της μας καλωσόρισαν πιο θερμά από οποιαδήποτε γλυκιά ευγλωττία· ξεχάσαμε το δύσκολο ταξίδι μας μέσα στη σκόνη.

Η μικροκαμωμένη αγία κάθισε οκλαδόν στη βεράντα. Αν και έφερε τα σημάδια των γηρατειών, δεν ήταν σκελετωμένη· το μελαμψό δέρμα της είχε παραμείνει καθαρό και υγιές.

«Μητέρα», είπα στη βεγγαλική γλώσσα, «για πάνω από είκοσι

---

6  Ο κ. Ράιτ πήρε επίσης κινούμενες εικόνες από τον Σρι Γιουκτέσβαρ κατά τη διάρκεια της τελευταίας Γιορτής του του Χειμερινού Ηλιοστασίου στο Σεράμπουρ.

πέντε χρόνια περίμενα με ανυπομονησία αυτό το προσκύνημα! Άκουσα για την άγια ζωή σας από τον Στίτι Λαλ Ναντί Μπάμπου».

Έγνεψε αναγνωρίζοντας για ποιον μιλούσα. «Ναι, ο καλός μου γείτονας στο Ναβαμπγκάντζ».

«Κατά τη διάρκεια αυτών των ετών διέσχισα τους ωκεανούς, αλλά ποτέ δεν ξέχασα το σχέδιό μου να σας δω κάποια μέρα. Το ανυπέρβλητο δράμα που παίζετε εδώ με τόση σεμνότητα θα πρέπει να διατυμπανιστεί στον κόσμο, που έχει ξεχάσει εδώ και πολύ καιρό το εσωτερικό θεϊκό φαγητό».

Η αγία σήκωσε τα μάτια της για ένα λεπτό, χαμογελώντας με γαλήνιο ενδιαφέρον.

«Ο Μπάμπα (τιμημένος πατέρας) ξέρει καλύτερα», απάντησε πράα.

Χαιρόμουν που δεν ένιωσε προσβεβλημένη· κανείς δεν ξέρει πώς θα αντιδράσουν οι γιόγκι και οι γιογκίνι στη σκέψη της δημοσιότητας. Γενικά την περιφρονούν, επιθυμώντας να επιδιώξουν στην αφάνεια τη βαθιά έρευνα της ψυχής. Την κατάλληλη ώρα, έρχεται μέσα τους μια εσωτερική άδεια να παρουσιάσουν τη ζωή τους στο κοινό προς όφελος των αναζητητών της αλήθειας.

«Μητέρα», συνέχισα, «με συγχωρείτε που σας φορτώνω με τόσο πολλές ερωτήσεις. Σας παρακαλώ να απαντήσετε μόνο σε όσες θέλετε· θα καταλάβω επίσης και τη σιωπή σας».

Άνοιξε τα χέρια της με μια καταδεκτική χειρονομία. «Θα χαρώ να απαντήσω, στο μέτρο που ένα ασήμαντο άτομο σαν εμένα μπορεί να δώσει ικανοποιητικές απαντήσεις».

«Ω, όχι, όχι ασήμαντο», διαμαρτυρήθηκα με ειλικρίνεια. «Είστε μια μεγάλη ψυχή».

«Είμαι η ταπεινή υπηρέτρια όλων». Πρόσθεσε περίεργα: «Μου αρέσει πολύ να μαγειρεύω και να ταΐζω τους ανθρώπους».

Παράξενη απασχόληση, σκέφτηκα, για μια αγία που δεν τρώει!

«Πείτε μου, Μητέρα, θα ήθελα να το ακούσω από σας την ίδια - ζείτε χωρίς φαγητό;».

«Αυτό είναι αλήθεια». Έμεινε σιωπηλή για λίγα λεπτά· το επόμενο σχόλιό της μου έδειξε ότι πάλευε με νοητική αριθμητική. «Από τότε που ήμουν δώδεκα ετών και τεσσάρων μηνών, μέχρι την τωρινή μου ηλικία των εξήντα οκτώ ετών –μια περίοδο πάνω από πενήντα έξι χρόνια– δεν έφαγα και δεν ήπια τίποτα».

«Δεν μπαίνετε ποτέ στον πειρασμό να φάτε;».

*Η Γυναίκα Γιόγκι Που Ποτέ Δεν Τρώει*

Η ΓΚΙΡΙ ΜΠΑΛΑ, Η ΑΓΙΑ ΠΟΥ ΠΟΤΕ ΔΕΝ ΤΡΩΕΙ
Εξασκείται σε μια συγκεκριμένη γιογκική τεχνική για να επαναφορτίζει το σώμα της με συμπαντική ενέργεια από τον αιθέρα, τον ήλιο και τον αέρα. «Ποτέ δεν αρρώστησα», είπε η αγία. «Κοιμάμαι πολύ λίγο, γιατί είτε κοιμάμαι είτε είμαι ξύπνια είναι το ίδιο για μένα».

«Αν ένιωθα λαχτάρα για το φαγητό, θα έπρεπε να φάω». Με απλότητα αλλά και μεγαλοπρέπεια δήλωσε αυτήν την αξιωματική αλήθεια, που είναι πολύ καλά γνωστή σ' έναν κόσμο που περιστρέφεται γύρω από τρία γεύματα την ημέρα!

«Ναι, αλλά κάτι τρώτε!». Ο τόνος μου είχε μια χροιά αντιπαράθεσης.

«Φυσικά!». Χαμογέλασε κατανοώντας αμέσως τι εννοούσα.

«Η τροφή σας προέρχεται από τις λεπτότερες ενέργειες του αέρα και του ήλιου[7] και από τη συμπαντική δύναμη που επαναφορτίζει το σώμα σας μέσω του προμήκους μυελού».

«Ο Μπάμπα ξέρει». Πάλι συναίνεσε, με ήρεμο και μη εμφατικό τρόπο.

«Μητέρα, σας παρακαλώ, πείτε μου για τα νεανικά σας χρόνια. Έχει ενδιαφέρον για όλη την Ινδία, και ακόμα και για τα αδέλφια μας πέρα από τις θάλασσες».

Η Γκιρί Μπαλά έπαψε να είναι επιφυλακτική, χαλαρώνοντας με διάθεση για συζήτηση.

«Ας γίνει έτσι». Η φωνή της ήταν σιγανή και σταθερή. «Γεννήθηκα σ' αυτές τις δασώδεις περιοχές. Η παιδική μου ηλικία ήταν ασήμαντη, εκτός από το γεγονός ότι διακατεχόμουν από ακόρεστη όρεξη για φαγητό.

»Αρραβωνιάστηκα όταν ήμουν περίπου εννέα ετών.

»"Παιδί μου", με προειδοποιούσε συχνά η μητέρα μου, "προσπάθησε να ελέγξεις τη λαιμαργία σου. Όταν έρθει η ώρα να ζήσεις ανάμεσα σε ξένους, στην οικογένεια του άντρα σου, τι θα σκεφτούν για σένα αν δεν κάνεις τίποτα άλλο όλη την ώρα από το να τρως;".

»Ο όλεθρος που είχε προβλέψει συνέβη. Ήμουν μόνο δώδεκα ετών όταν πήγα να μείνω με τους συγγενείς του άντρα μου στο Ναβαμπγκάντζ. Η πεθερά μου με ντρόπιαζε πρωί, μεσημέρι και βράδυ για

---

[7] «Αυτό που τρώμε είναι ακτινοβολία· το φαγητό μας είναι κβάντα ενέργειας», είπε ο Δρ Τζ. Ου. Κράιλ (Dr. Geo. W. Crile) από το Κλίβελαντ σε μια συγκέντρωση γιατρών στις 17 Μαΐου 1933, στο Μέμφις. Αποσπάσματα από την ομιλία του καταγράφηκαν από τους δημοσιογράφους ως εξής:
«Αυτή η ζωτικής σημασίας ακτινοβολία που απελευθερώνει ηλεκτρικά κύματα για το ηλεκτρικό κύκλωμα του σώματος, το νευρικό σύστημα, δίνεται στο φαγητό από τις ακτίνες του ήλιου. Τα άτομα, λέει ο Δρ Κράιλ, είναι ηλιακά συστήματα. Τα άτομα είναι τα οχήματα που είναι γεμάτα με ηλιακή ακτινοβολία σαν πολλά σπειροειδή ελατήρια. Αυτά τα αμέτρητα άτομα, που είναι γεμάτα ενέργεια, μπαίνουν στο σώμα ως φαγητό. Μετά, αυτά τα οχήματα ενέργειας, τα άτομα, εκτονώνουν την ενέργειά τους μέσα στο πρωτόπλασμα του σώματος, το οποίο έτσι, με την ακτινοβολία, εφοδιάζεται με νέα χημική ενέργεια, νέα ηλεκτρικά ρεύματα. "Το σώμα σας είναι φτιαγμένο από τέτοια άτομα", είπε ο Δρ Κράιλ. "Είναι οι μύες σας, ο εγκέφαλός σας, τα αισθητήρια όργανά σας όπως τα μάτια και τα αυτιά"».
Κάποια μέρα οι επιστήμονες θα ανακαλύψουν πώς ο άνθρωπος μπορεί να ζει απευθείας με ηλιακή ενέργεια. «Η χλωροφύλλη είναι το μόνο στοιχείο στη φύση που, με κάποιο τρόπο, διαθέτει τη δύναμη να λειτουργεί ως "ηλιακή παγίδα"», γράφει ο Ουίλιαμ Λ. Λόρενς (William L. Laurence) στους The New York Times. «"Παγιδεύει" την ηλιακή ενέργεια και την αποθηκεύει στο φυτό. Χωρίς αυτήν δεν θα υπήρχε ζωή. Αποκτάμε την ενέργεια που χρειαζόμαστε για να ζήσουμε από την ηλιακή ενέργεια που είναι αποθηκευμένη στα φυτά που τρώμε ή στη σάρκα των ζώων που τρώνε τα φυτά. Η ενέργεια που αποκτάμε από άνθρακα ή λάδι είναι ηλιακή ενέργεια παγιδευμένη από τη χλωροφύλλη στη ζωή των φυτών εδώ και εκατομμύρια χρόνια. Ζούμε από τον ήλιο μέσω της χλωροφύλλης».

τη συνήθειά μου της λαιμαργίας. Οι επιπλήξεις της ωστόσο ήταν μια κρυμμένη ευλογία· αφύπνισαν την πνευματική μου κλίση που μέχρι τότε κοιμόταν. Ένα πρωινό με γελοιοποίησε ανελέητα.

»"Σύντομα θα σας αποδείξω", είπα θιγμένη από τα λόγια της, "ότι δεν θα ξαναγγίξω φαγητό όσο ζω".

»Η πεθερά μου με κοίταξε με χλευασμό. "Αλήθεια;", είπε, "Εδώ δεν μπορείς να ζήσεις χωρίς να τρως υπερβολικά, και θα ζήσεις χωρίς να τρως καθόλου;".

»Δεν υπήρχε απάντηση σ' αυτήν την ερώτηση. Μια σιδερένια αποφασιστικότητα όμως είχε μπει στην καρδιά μου. Σ' ένα απομονωμένο μέρος αναζήτησα τον Ουράνιο Πατέρα μου.

»"Κύριε", προσευχόμουν ασταμάτητα, "Σε παρακαλώ, στείλε μου έναν γκουρού, έναν που να μπορεί να μου διδάξει πώς να ζω μόνο με το φως Σου και όχι με φαγητό".

»Με κυρίευσε έκσταση. Πήγα στα λουτρά *γκατ* του Ναβαμπγκάντζ στο Γάγγη σε κατάσταση πλήρους ευδαιμονίας. Καθ' οδόν συνάντησα τον ιερέα της οικογένειας του συζύγου μου.

»"Σεβάσμιε κύριε", του είπα με εμπιστοσύνη, "πείτε μου σας παρακαλώ πώς να ζω χωρίς φαγητό".

»Με κοίταζε χωρίς να απαντήσει. Τελικά, μίλησε με παρηγορητικό τρόπο. "Παιδί μου", είπε, "έλα στον ναό σήμερα το απόγευμα· θα κάνω μια ειδική βεδική τελετή για σένα".

»Αυτή η αόριστη απάντηση δεν ήταν αυτή που αναζητούσα· συνέχισα προς τα *γκατ*. Ο πρωινός ήλιος διαπερνούσε τα νερά· εξάγνισα τον εαυτό μου στον Γάγγη σαν να επρόκειτο να μυηθώ πνευματικά. Όταν έφευγα από την όχθη, με το βρεγμένο ρούχο γύρω μου, στο άπλετο φως της ημέρας ο Δάσκαλός μου υλοποίησε τον εαυτό του μπροστά μου!

»"Αγαπημένη μικρή", είπε με φωνή γεμάτη συμπόνια και αγάπη, "είμαι ο γκουρού που έστειλε ο Θεός για να ικανοποιήσω την επείγουσα προσευχή σου. Συγκινήθηκε πολύ από το πολύ σπάνιο περιεχόμενό της! Από σήμερα θα ζεις με αστρικό φως· τα άτομα του σώματός σου θα επαναφορτίζονται από το άπειρο ρεύμα"».

Η Γκιρί Μπαλά έπεσε σε σιωπή. Πήρα το μολύβι και το σημειωματάριο του κ. Ράιτ και μετέφρασα στα Αγγλικά μερικά αποσπάσματα από τη συνομιλία για να καταλάβει.

Η αγία συνέχισε την ιστορία, με την ευγενική φωνή της μόλις που ακουγόταν. «Στα *γκατ* δεν υπήρχε κανείς, όμως ο γκουρού μου έβαλε γύρω μας μια αύρα φωτός που μας προφύλασσε ώστε κανένας τυχαίος λουόμενος να μη μας ενοχλήσει αργότερα. Με μύησε σε μια τεχνική *κρία* που απελευθερώνει το σώμα από την εξάρτηση από το χονδροειδές φαγητό των θνητών. Η τεχνική περιλαμβάνει τη χρήση ενός συγκεκριμένου *μάντρα*[8] και μια αναπνευστική άσκηση πιο δύσκολη απ' ό,τι ένας μέσος άνθρωπος μπορεί να εκτελέσει. Ούτε φάρμακο ούτε μαγεία υπάρχει· τίποτα πέρα από την *κρία*».

Με τον τρόπο του Αμερικανού δημοσιογράφου που, χωρίς να το ξέρει, μου είχε μάθει τη διαδικασία της δουλειάς του, ρώτησα την Γκιρί Μπαλά για πολλά θέματα που σκέφτηκα ότι θα ενδιέφεραν τον κόσμο. Μου έδωσε λίγο λίγο τις ακόλουθες πληροφορίες:

«Δεν έκανα ποτέ παιδιά· εδώ και πολλά χρόνια έμεινα χήρα. Κοιμάμαι πολύ λίγο, γιατί είτε κοιμάμαι είτε είμαι ξύπνια είναι το ίδιο για μένα. Διαλογίζομαι το βράδυ και την ημέρα ασχολούμαι με τα οικιακά μου καθήκοντα. Νιώθω πολύ ελαφρά την αλλαγή του κλίματος από εποχή σε εποχή. Ποτέ δεν αρρώστησα από καμία ασθένεια. Όταν τραυματίζομαι τυχαία νιώθω ελάχιστα τον πόνο. Δεν έχω σωματικές εκκρίσεις. Μπορώ να ελέγξω τον παλμό της καρδιάς μου και την αναπνοή μου. Σε οράματα βλέπω συχνά τον γκουρού μου και άλλες μεγάλες ψυχές».

«Μητέρα», ρώτησα, «γιατί δεν διδάσκετε στους άλλους τη μέθοδο να ζουν χωρίς φαγητό;».

Οι φιλόδοξες ελπίδες μου για τους εκατομμύρια ανθρώπους που λιμοκτονούν γκρεμίστηκαν γρήγορα.

«Όχι». Ένεψε αρνητικά. «Ο γκουρού μου με διέταξε αυστηρά να μην αποκαλύψω το μυστικό. Δεν επιθυμεί να αναμειχθεί στο θεατρικό έργο του Θεού στη δημιουργία. Οι αγρότες δεν θα με ευχαριστούσαν αν δίδασκα στους ανθρώπους να ζουν χωρίς να τρώνε! Τα εύγευστα φρούτα θα έμεναν άχρηστα στο έδαφος. Φαίνεται ότι η δυστυχία, η λιμοκτονία και η αρρώστια είναι τα μαστίγια του κάρμα μας που τελικά μας οδηγεί στην αναζήτηση του αληθινού νοήματος της ζωής».

«Μητέρα», είπα αργά, «ποια είναι η χρησιμότητα του γεγονότος ότι επιλεχθήκατε να ζείτε χωρίς φαγητό;».

---

[8] Ισχυρός δονητικός ύμνος. Η κυριολεκτική μετάφραση της σανσκριτικής λέξης *μάντρα* είναι «όργανο σκέψης». Συμβολίζει «τους ιδεώδεις ήχους, που δεν μπορούν να ακουστούν, που αντιπροσωπεύουν μία όψη της δημιουργίας· όταν προφέρεται ως συλλαβές, ένα *μάντρα* συνιστά μια οικουμενική ορολογία» (Webster's New International Dictionary, 2η έκδοση). Οι άπειρες δυνάμεις του ήχου πηγάζουν από το *Ομ*, τον «Λόγο» ή δημιουργικό βόμβο του Συμπαντικού Κινητήρα.

«Για να αποδείξω ότι ο άνθρωπος είναι Πνεύμα». Το πρόσωπό της φωτίστηκε με σοφία. «Για να δείξω ότι με θεϊκή πρόοδο μπορεί σταδιακά να μάθει να ζει με το Αιώνιο Φως και όχι με φαγητό».⁹

Η αγία έπεσε σε βαθύ διαλογισμό. Το βλέμμα της ήταν στραμμένο εσωτερικά· τα ευγενικά βάθη των ματιών της έγιναν ανέκφραστα. Αναστέναξε λίγο, το προοίμιο της υπερβατικής έκστασης με διακοπή της αναπνοής. Για λίγο πέταξε προς το βασίλειο όπου δεν υπάρχει ερώτηση, στον παράδεισο της εσωτερικής χαράς.

Το τροπικό σκοτάδι είχε πέσει. Το φως μιας λάμπας με κηροζίνη τρεμόπαιζε άστατα πάνω από τα κεφάλια των πολλών χωρικών που ήταν καθισμένοι οκλαδόν σιωπηλά στις σκιές. Το σμήνος των πυγολαμπίδων και τα μακρινά φανάρια πετρελαίου στις καλύβες δημιουργούσαν απόκοσμα σχέδια στη βελούδινη νύχτα. Είχε έρθει η οδυνηρή ώρα της αναχώρησης· ένα αργό, κουραστικό ταξίδι μάς περίμενε.

«Γκιρί Μπαλά», είπα όταν η αγία άνοιξε τα μάτια της, «σας παρακαλώ, δώστε μου ένα αναμνηστικό – ένα κομμάτι από το *σάρι σας*».

Επέστρεψε σύντομα μ' ένα κομμάτι από μετάξι του Μπενάρες, εκτείνοντας το χέρι της, πέφτοντας ξαφνικά στο έδαφος για να με προσκυνήσει.

«Μητέρα», είπα με ευλάβεια, «καλύτερα αφήστε να αγγίξω εγώ τα ευλογημένα πόδια σας!».

---

⁹ Η κατάσταση του να ζει κάποιος χωρίς να τρώει, που πέτυχε η Γκιρί Μπαλά, είναι μια γιογκική δύναμη που αναφέρεται στις *Γιόγκα Σούτρα* του Πατάντζαλι στο III:31. Κάνει μια συγκεκριμένη αναπνευστική άσκηση που επηρεάζει το *βισούντα τσάκρα*, το πέμπτο κέντρο των λεπτοφυών ενεργειών που βρίσκονται στη σπονδυλική στήλη. Το *βισούντα τσάκρα*, απέναντι από τον λάρυγγα, ελέγχει το πέμπτο στοιχείο, τον *ακάς* ή αιθέρα που είναι διάχυτος στον εσωτερικό χώρο των ατόμων των υλικών κυττάρων. Η αυτοσυγκέντρωση σ' αυτό το τσάκρα («τροχό») καθιστά τον πιστό ικανό να ζει με αιθερική ενέργεια.

Η Τερέζα Νόιμαν ούτε ζει με χονδροειδές φαγητό ούτε εξασκείται σε κάποια επιστημονική γιογκική τεχνική για να μην τρώει. Η εξήγηση κρύβεται πίσω από τις πολυπλοκότητες του προσωπικού κάρμα. Πολλές ζωές αφοσίωσης στο Θεό βρίσκονται πίσω από τη ζωή μιας Τερέζας Νόιμαν και μιας Γκιρί Μπαλά, αλλά οι τρόποι εξωτερικής έκφρασής τους είναι διαφορετικοί. Ανάμεσα στους Χριστιανούς Αγίους που έζησαν χωρίς φαγητό (ήταν επίσης στιγματικοί) μπορεί να αναφερθούν και οι: St. Lidwina of Schiedam, η Blessed Elizabeth of Rent, η St. Catherine of Siena, η Dominica Lazarri, η Blessed Angela of Folino και η Louise Lateau. O St. Nicolas of Flüe του 19ου αιώνα [ο Bruder Klaus, ο ερημίτης του 15ου αιώνα του οποίου η παθιασμένη ικεσία για ενότητα έσωσε την ελβετική συνομοσπονδία] δεν έτρωγε για είκοσι χρόνια.

ΚΕΦΑΛΑΙΟ 47

# Επιστρέφω στη Δύση

«Έχω διδάξει γιόγκα και στην Ινδία και στην Αμερική· πρέπει όμως να ομολογήσω ότι, σαν Ινδός, χαίρομαι ιδιαίτερα όταν διδάσκω σε τάξεις με Άγγλους μαθητές».

Οι μαθητές μου στο Λονδίνο γέλασαν με ικανοποίηση· καμιά πολιτική αναταραχή δεν ενόχλησε ποτέ τη γαλήνη μας στη γιόγκα.

Η Ινδία είναι τώρα μια ιερή ανάμνηση. Είναι Σεπτέμβριος του 1936· είμαι στην Αγγλία εκπληρώνοντας μια υπόσχεση που είχα δώσει δεκαέξι μήνες νωρίτερα, ότι θα έδινα άλλη μία διάλεξη στο Λονδίνο.

Και η Αγγλία, επίσης, είναι δεκτική στο αιώνιο μήνυμα της γιόγκα. Οι δημοσιογράφοι και οι κάμεραμεν επίκαιρων συνέρρεαν μαζικά στο Grosvenor House όπου έμενα. Το Βρετανικό Εθνικό Συμβούλιο της Παγκόσμιας Αδελφοσύνης των Θρησκειών[1] οργάνωσε μια συγκέντρωση στις 29 Σεπτεμβρίου στην Whitefield Congregational Church όπου έδωσα μια ομιλία σχετικά με το σημαντικό θέμα «Πώς η Πίστη στην Αδελφοσύνη Μπορεί να Σώσει τον Πολιτισμό». Οι ομιλίες των οκτώ το απόγευμα στο Caxton Hall προσέλκυσαν τόσο μεγάλο πλήθος που, για δύο βράδια, όσοι δεν χώρεσαν στην αίθουσα, περίμεναν στην αίθουσα Windsor House για μια δεύτερη ομιλία μου στις εννέα και μισή. Η συμμετοχή στις τάξεις της γιόγκα κατά τη διάρκεια των επόμενων εβδομάδων έγινε τόσο μεγάλη που ο κ. Ράιτ αναγκάστηκε να μεταφέρει το χώρο διεξαγωγής τους σε άλλη αίθουσα.

Η αγγλική επιμονή βρίσκει μια αξιοθαύμαστη έκφραση σε μια πνευματική σχέση. Οι μαθητές της γιόγκα στο Λονδίνο, μετά την αναχώρησή μου, οργανώθηκαν με αφοσίωση από μόνοι τους σ' ένα κέντρο Self-Realization Fellowship, τηρώντας τις εβδομαδιαίες συναντήσεις τους για διαλογισμό καθ' όλη τη διάρκεια των πικρών χρόνων του πολέμου.

Οι εβδομάδες στην Αγγλία ήταν αξέχαστες· είδαμε τα αξιοθέατα του Λονδίνου και μετά πήγαμε στην όμορφη εξοχή. Ο κ. Ράιτ κι εγώ

---

[1] British National Council of the World Fellowship of Faiths.

χρησιμοποιήσαμε το έμπιστο Φορντ για να επισκεφθούμε τα μέρη όπου γεννήθηκαν οι μεγάλοι ποιητές και οι ήρωες της βρετανικής ιστορίας, καθώς και τους τάφους τους.

Η μικρή ομάδα μας έφυγε από το Σαουθάμπτον για την Αμερική στα τέλη του Οκτωβρίου με το πλοίο *Bremen*. Η θέα του μεγαλειώδους Αγάλματος της Ελευθερίας στο λιμάνι της Νέας Υόρκης μάς προκάλεσε χαρούμενα ενθουσιώδη επιφωνήματα.

Το Φορντ, αν και λίγο σαραβαλιασμένο από τις μάχες πάνω στα κακοτράχαλα εδάφη, ήταν ακόμα δυνατό· τώρα ξεκίνησε την πορεία του για το διηπειρωτικό ταξίδι στην Καλιφόρνια. Στα τέλη του 1936 βρεθήκαμε στο Κέντρο του Mount Washington!

Οι διακοπές του τέλους του έτους γιορτάζονται κάθε χρόνο στο κέντρο του Λος Άντζελες μ' έναν ομαδικό διαλογισμό οκτώ ωρών στις 24 Δεκεμβρίου (Πνευματικά Χριστούγεννα),[2] που ακολουθείται την επόμενη μέρα από ένα εορταστικό γεύμα (Κοινωνικά Χριστούγεννα). Οι εορταστικές εκδηλώσεις αυτόν το χρόνο έγιναν πιο πολυπληθείς με την παρουσία αγαπητών φίλων και σπουδαστών από μακρινές πόλεις που είχαν έρθει να καλωσορίσουν τους τρεις ταξιδιώτες του κόσμου.

Το γεύμα των Χριστουγέννων περιλάμβανε εδέσματα που φέραμε από είκοσι τέσσερις χιλιάδες χιλιόμετρα μακριά ειδικά γι' αυτήν την περίσταση: μανιτάρια *γκούτσι* από το Κασμίρ, *ρασγκούλα* και πολτό μάνγκο σε κονσέρβες, μπισκότα *πάπαρ* κι ένα λάδι από το λουλούδι *κρεόλα* από την Ινδία για γεύση στο παγωτό. Το απόγευμα συγκεντρωθήκαμε γύρω από ένα τεράστιο αστραφτερό χριστουγεννιάτικο δέντρο κοντά στο τζάκι όπου καίγονταν κούτσουρα αρωματικού κυπαρισσιού.

Και η ώρα των δώρων! Δώρα απ' όλες τις γωνιές της γης – από την Παλαιστίνη, την Αίγυπτο, την Ινδία, την Αγγλία, τη Γαλλία, την Ιταλία. Με πόση φροντίδα μετρούσε ο κ. Ράιτ τις αποσκευές όποτε μπαίναμε σε κάθε ξένη χώρα ώστε να μην κλαπεί κανένας από τους θησαυρούς που προορίζονταν για τους αγαπημένους μας στην Αμερική! Πλακέτες

---

[2] Από το 1950 και μετά, αυτή η μέρα του ολοήμερου διαλογισμού διεξαγόταν στις 23 Δεκεμβρίου. Τα μέλη του Self-Realization Fellowship, σε όλο τον κόσμο, επίσης κάνουν το ίδιο στα σπίτια τους ή στους ναούς ή τα κέντρα της κοινότητας, δηλαδή αφιερώνουν μια μέρα κατά την εποχή των Χριστουγέννων για βαθύ διαλογισμό και προσευχή. Πολλοί έχουν πει ότι έλαβαν μεγάλη πνευματική βοήθεια και ευλογία μέσω αυτής της ετήσιας τήρησης της ημέρας διαλογισμού που καθιέρωσε ο Παραμαχάνσα Γιογκανάντα.
Ο Παραμαχάνσατζι επίσης καθιέρωσε ένα Συμβούλιο Προσευχής στο κέντρο του Mount Washington [τον πυρήνα του Παγκόσμιου Κύκλου Προσευχής (Worldwide Prayer Circle) του Self-Realization Fellowship] που προσεύχεται καθημερινά για όλους όσους ζητούν βοήθεια για να λύσουν κάποιο πρόβλημά τους. *(Σημ. του Εκδότη)*

από το ιερό ελαιόδεντρο από τους Αγίους Τόπους, λεπτοδουλεμένες δαντέλες και κεντήματα από το Βέλγιο και την Ολλανδία, περσικά χαλιά, εσάρπες με προσεγμένη ύφανση από το Κασμίρ, δίσκοι από παντοτινά ευωδιαστό σανταλόξυλο από το Μαϊσόρ, πέτρες «του ταύρου του Σίβα» από τις Κεντρικές Επαρχίες, ινδικά νομίσματα από αρχαίες δυναστείες, στολισμένα με πολύτιμες πέτρες βάζα και αγγεία, μινιατούρες, χαλιά τοίχου, θυμιάματα και αρώματα από ναούς, *σβαντέσι* βαμβακερά υφάσματα με διάφορα σχέδια, κομψοτεχνήματα περασμένα με βερνίκι, σμιλευμένα ελεφαντόδοντα από το Μαϊσόρ, περσικές παντόφλες με την περίεργη μακριά μπροστινή άκρη τους, αρχαία χειρόγραφα φωτισμένων ανθρώπων, βελούδα, χρυσοκεντημένα υφάσματα, σκούφους του Γκάντι, κεραμικά, ακροκέραμα, μπρούτζινα σκεύη, χαλάκια προσευχής – λεηλασία τριών ηπείρων!

Ένα ένα πήρα τα όμορφα τυλιγμένα πακέτα από τον πελώριο σωρό κάτω από το δέντρο και τα μοίρασα.

«Αδελφή Γκιαναμάτα!». Έδωσα ένα μακρύ κουτί στην άγια Αμερικανίδα κυρία με γλυκό παρουσιαστικό και βαθιά συνειδητοποίηση η οποία, κατά τη διάρκεια της απουσίας μου, ήταν υπεύθυνη του Κέντρου του Mount Washington. Μέσα από τα χαρτιά περιτυλίγματος έβγαλε ένα *σάρι* από χρυσό μετάξι του Μπενάρες.

«Σας ευχαριστώ κύριε· φέρνει μπροστά στα μάτια μου το θέαμα όλης της Ινδίας».

«Κύριε Ντίκινσον!». Το επόμενο πακέτο περιείχε ένα δώρο που είχα αγοράσει από ένα παζάρι της Καλκούτα. «Θα αρέσει αυτό στον κ. Ντίκινσον», είχα σκεφτεί. Ο αγαπημένος μαθητής ήταν πάντα παρών σε κάθε γιορτή των Χριστουγέννων από το 1925 που ιδρύθηκε το Κέντρο του Mount Washington.

Σ' αυτήν την ενδέκατη ετήσια γιορτή, στάθηκε μπροστά μου λύνοντας τις κορδέλες ενός επιμήκους πακέτου.

«Το ασημένιο κύπελλο!». Πλημμυρισμένος από έντονη συγκίνηση κοιτούσε το δώρο, ένα ψηλό κύπελλο για νερό. Κάθισε λίγο πιο μακριά, προφανώς παραζαλισμένος. Του χαμογέλασα στοργικά και ξανάρχισα το μοίρασμα των δώρων σαν τον Άγιο Βασίλη.

Το απόγευμα των επιφωνημάτων τελείωσε με μια προσευχή στον Δότη όλων των δώρων· μετά μια ομάδα τραγούδησε τα χριστουγεννιάτικα κάλαντα.

Κάποια άλλη στιγμή αργότερα ο κ. Ντίκινσον κι εγώ πιάσαμε την κουβέντα.

«Κύριε», είπε, «θέλω να σας ευχαριστήσω τώρα για το ασημένιο κύπελλο. Δεν μπορούσα να βρω λόγια το βράδυ των Χριστουγέννων».

«Έφερα το δώρο ειδικά για σένα».

«Για σαράντα τρία χρόνια περίμενα αυτό το ασημένιο κύπελλο! Είναι μεγάλη ιστορία, που την είχα κρατήσει κρυμμένη μέσα μου». Ο κ. Ντίκινσον με κοίταξε ντροπαλά. «Η αρχή ήταν δραματική: πνιγόμουν. Ο μεγαλύτερος αδελφός μου, παίζοντας, με είχε ρίξει σε μια λίμνη τεσσεράμισι μέτρων σε μια μικρή πόλη στη Νεμπράσκα. Ήμουν μόνο πέντε ετών τότε. Καθώς βούλιαζα για δεύτερη φορά μέσα στο νερό, εμφανίστηκε ένα εκτυφλωτικό πολύχρωμο φως που γέμισε όλο τον χώρο. Μέσα σ' αυτό υπήρχε η μορφή ενός άντρα με ήρεμα μάτια και ένα καθησυχαστικό χαμόγελο. Το σώμα μου βούλιαζε για τρίτη φορά όταν ένας από τους φίλους του αδελφού μου έπιασε ένα λεπτό κλαδί μιας ιτιάς και το λύγισε αρκετά ώστε να καταφέρω να το αρπάξω μέσα στην απόγνωσή μου. Τα αγόρια με έβγαλαν από το νερό, με τράβηξαν στην όχθη και μου πρόσφεραν επιτυχώς τις πρώτες βοήθειες.

»Δώδεκα χρόνια αργότερα, όταν ήμουν δεκαεπτά ετών, πήγα στο Σικάγο με τη μητέρα μου. Ήταν Σεπτέμβριος του 1893· συνεδρίαζε το μεγάλο Παγκόσμιο Κοινοβούλιο των Θρησκειών. Η μητέρα κι εγώ περπατούσαμε σ' έναν φαρδύ δρόμο και τότε πάλι είδα τη δυνατή λάμψη του φωτός. Λίγα βήματα πιο πέρα είδα τον ίδιο άντρα που είχα δει στο όραμα, χρόνια πριν, να περιφέρεται νωχελικά. Πλησίασε σε μια μεγάλη αίθουσα ακροάσεων, μπήκε μέσα και εξαφανίστηκε από τα μάτια μου.

»"Μητέρα", φώναξα, "αυτός ήταν ο άντρας που εμφανίστηκε όταν πνιγόμουν!".

»Τρέξαμε προς το κτίριο· ο άντρας καθόταν στην εξέδρα των διαλέξεων. Σύντομα μάθαμε ότι ήταν ο Σουάμι Βιβεκανάντα από την Ινδία.[3] Αφού έδωσε μια συγκινητική ομιλία, πήγα να τον συναντήσω. Μου χαμογέλασε καταδεκτικά, σαν να ήμαστε παλιοί φίλοι. Ήμουν τόσο νέος που δεν ήξερα πώς να εκφράσω τα συναισθήματά μου, αλλά μέσα μου ευχόμουν να προσφερθεί να γίνει δάσκαλός μου. Διάβασε τη σκέψη μου.

»"Όχι, γιε μου, δεν είμαι ο γκουρού σου". Ο Βιβεκανάντα έβλεπε με τα όμορφα, διαπεραστικά μάτια του μέσα στην ψυχή μου. "Ο Δάσκαλός σου θα έρθει αργότερα. Θα σου δώσει ένα ασημένιο κύπελλο". Μετά από

---

[3] Κύριος μαθητής του Δασκάλου Ραμακρίσνα Παραμαχάνσα, Δασκάλου που έμοιαζε στον Χριστό.

μια μικρή παύση, πρόσθεσε χαμογελώντας: "Ο Δάσκαλός σου θα σου δώσει τόσες ευλογίες που τώρα δεν είσαι ικανός να αντέξεις".

»Έφυγα από το Σικάγο λίγες μέρες μετά», συνέχισε ο κ. Ντίκινσον, «και δεν ξαναείδα ποτέ τον σπουδαίο Βιβεκανάντα. Κάθε λέξη όμως που πρόφερε έμεινε ανεξίτηλη βαθιά στην εσώτατη συνειδητότητά μου. Πέρασαν χρόνια· δεν εμφανίστηκε κανένας δάσκαλος. Μια νύχτα, το 1925, προσευχήθηκα βαθιά στο Θεό να μου στείλει τον γκουρού μου. Λίγες ώρες αργότερα με ξύπνησε μια απαλή μελωδία. Εμφανίστηκε μια ομάδα ουράνιων πλασμάτων με φλάουτα και άλλα όργανα. Αφού γέμισαν τον αέρα με θεσπέσια μουσική, οι άγγελοι σιγά σιγά εξαφανίστηκαν.

»Το επόμενο απόγευμα παρακολούθησα για πρώτη φορά μία από τις ομιλίες σας στο Λος Άντζελες και τότε κατάλαβα ότι η προσευχή μου εισακούσθηκε».

Χαμογελάσαμε ο ένας στον άλλον σιωπηλά.

«Για έντεκα χρόνια τώρα είμαι μαθητής σας της *Κρίγια Γιόγκα*», συνέχισε ο κ. Ντίκινσον. «Μερικές φορές αναρωτιόμουν για το ασημένιο κύπελλο· σχεδόν είχα πείσει τον εαυτό μου ότι τα λόγια του Βιβεκανάντα ήταν μόνο μεταφορικά.

»Το βράδυ των Χριστουγέννων όμως, καθώς μου δίνατε το μικρό πακέτο από το δέντρο, είδα, για τρίτη φορά στη ζωή μου, το ίδιο εκτυφλωτικό φως. Το επόμενο λεπτό έβλεπα το δώρο του γκουρού μου που ο Βιβεκανάντα είχε προβλέψει σαράντα τρία χρόνια νωρίτερα[4] – ένα ασημένιο κύπελλο!».

---

[4] Ο Ντίκινσον συνάντησε τον Σουάμι Βιβεκανάντα τον Σεπτέμβριο του 1893 – το έτος κατά το οποίο γεννήθηκε ο Παραμαχάνσα Γιογκανάντα (στις 5 Ιανουαρίου). Ο Βιβεκανάντα προφανώς ήξερε ότι ο Γιογκανάντα ήταν πάλι ενσαρκωμένος και ότι θα πήγαινε στην Αμερική για να διδάξει τη φιλοσοφία της Ινδίας.

Το 1965 ο Ντίκινσον, που ήταν ακόμα υγιής και δραστήριος στην ηλικία των 89 ετών, έλαβε τον τίτλο του Γιογκατσάρια (δασκάλου της γιόγκα) σε μια τελετουργία στην έδρα του Self-Realization Fellowship στο Λος Άντζελες.

Συχνά διαλογιζόταν για μεγάλες περιόδους με τον Παραμαχάνσατζι και ποτέ δεν παραμέλησε την εξάσκηση της *Κρίγια*, τρεις φορές την ημέρα.

Δύο χρόνια πριν τον θάνατό του, στις 30 Ιουνίου 1967, ο Γιογκατσάρια Ντίκινσον έδωσε μια ομιλία στους μοναχούς του Self-Realization Fellowship. Τους είπε μια ενδιαφέρουσα λεπτομέρεια την οποία είχε ξεχάσει να αναφέρει στον Παραμαχάνσατζι. Είπε: «Όταν πήγα πάνω στο βάθρο της αίθουσας διαλέξεων του Σικάγο για να μιλήσω με τον Σουάμι Βιβεκανάντα, πριν προλάβω να τον χαιρετίσω, είπε:

»"Νεαρέ, θέλω να μείνεις έξω από το νερό!"». *(Σημ. του Εκδότη)*

ΚΕΦΑΛΑΙΟ 48

# Στο Ενσινίτας στην Καλιφόρνια

«Μια έκπληξη, κύριε! Όσο καιρό λείπατε στο εξωτερικό χτίσαμε αυτό το ερημητήριο στο Encinitas (Ενσινίτας)· είναι ένα δώρο για το καλωσόρισμα!». Ο κ. Λυν, η Αδελφή Γκιαναμάτα, η Ντούργκα Μα και λίγοι ακόμα πιστοί με οδήγησαν χαμογελώντας μέσω μιας πύλης και προχωρήσαμε σ' ένα ανηφορικό δρομάκι που το σκίαζαν δέντρα.

Είδα ένα κτίριο να προεξέχει σαν μεγάλο άσπρο υπερωκεάνιο που έπλεε προς το γαλανό χρώμα της θάλασσας. Στην αρχή άφωνος, μετά με επιφωνήματα «Ω!» και «Α!», χωρίς να μπορώ να βρω επαρκές λεξιλόγιο για να εκφράσω τη χαρά και την ευγνωμοσύνη μου, εξέτασα το άσραμ: δεκαέξι ασυνήθιστα μεγάλα δωμάτια, το κάθε ένα γοητευτικά επιπλωμένο και διακοσμημένο.

Το αρχοντικό ευρύχωρο χολ, στο κέντρο του κτιρίου, με τεράστια παράθυρα που έφταναν ως το ταβάνι, έχει πρόσοψη στο γρασίδι, τον ωκεανό και τον ουρανό: μια συμφωνία από σμαράγδι, οπάλιο και ζαφείρι. Πάνω από το γείσο του τεράστιου τζακιού υπάρχουν φωτογραφίες του Χριστού, του Μπάμπατζι, του Λαχίρι Μαχασάγια και του Σρι Γιουκτέσβαρ· ένιωσα ότι χάριζαν τις ευλογίες τους σ' αυτό το ήσυχο δυτικό άσραμ.

Ακριβώς κάτω από το χολ, σκαμμμένες μέσα στον ίδιο τον απόκρημνο βράχο, δύο σπηλιές για διαλογισμό έχουν θέα στο άπειρο του ωκεανού και της θάλασσας. Στους κήπους υπάρχουν γωνιές για ηλιοθεραπεία, λιθόστρωτα μονοπάτια που οδηγούν σε κληματαριές, κήπους από τριανταφυλλιές, ένα δασύλλιο από ευκάλυπτους και έναν οπωρώνα.

«Είθε οι καλές και ηρωικές ψυχές των αγίων να έρθουν εδώ (έτσι λέει "Μια Προσευχή για την Κατοικία" του Ζέντ-Αβέστα, που βρίσκεται χαραγμένη πάνω σε μια από τις πόρτες του ερημητηρίου) και είθε να πορευθούν χέρι χέρι μαζί μας, παρέχοντας τις θεραπευτικές τους αρετές και τα ευλογημένα τους δώρα, που είναι μεγάλα σαν τη γη και εκτείνονται τόσο μακριά όσο οι ουρανοί!».

Ο Παραμαχάνσατζι και η Φαίη Ράιτ, μετά Σρι Ντάγια Μάτα (βλ. φωτογραφία στη σελ. 229), στο ερημητήριο του SRF στο Ενσινίτας (Encinitas), το 1939. Λίγο μετά την είσοδό της στο άσραμ του SRF, το 1931, ο Γκουρού της είπε: "Είσαι η φωλιά μου με το αυγό. Όταν ήρθες, ήξερα ότι πολλοί ακόμα αληθινοί πιστοί θα έρχονταν σ' αυτό το μοναστήρι». Μια φορά παρατήρησε με στοργή: «Η Φαίη μου, πόσο καλό θα κάνει! [...] Ξέρω ότι μπορώ να εργαστώ μέσω εκείνης γιατί είναι δεκτική».

Ο Παραμαχάνσα Γιογκανάντα και ο Τζέιμς Τζ. Λυν, αργότερα Σρι Ράτζαρσι Τζανακανάντα (βλ. φωτογραφία στη σελ. 229). Ο γκουρού και ο μαθητής διαλογίζονται στην έδρα του Self-Realization Fellowship / YSS, στο Λος Άντζελες, το 1933. «Μερικοί άνθρωποι λένε "Ο άνθρωπος της Δύσης δεν μπορεί να διαλογιστεί". Αυτό δεν είναι αλήθεια», είπε ο Γιογκανάντα. «Από τότε που ο κ. Λυν μυήθηκε στην Κρίγια Γιόγκα, ποτέ δεν τον είδα να μην επικοινωνεί εσωτερικά με το Θεό».

*Στο Ενσινίτας στην Καλιφόρνια*

Η μεγάλη έκταση στο Ενσινίτας, στην Καλιφόρνια, είναι δώρο στο Self-Realization Fellowship από τον κ. Τζέιμς Τζ. Λυν, έναν πιστό *Κρίγια Γιόγκι* που μυήθηκε στην *Κρίγια* τον Ιανουάριο του 1932. Ένας Αμερικανός επιχειρηματίας με ατελείωτες ευθύνες (ως ηγέτης τεράστιων ομίλων συμφερόντων πετρελαίου και ως πρόεδρος του μεγαλύτερου παγκόσμιου οργανισμού αμοιβαίας συνεργασίας ασφάλειας πυρός), ο κ. Τζέιμς Λυν, παρ' όλα αυτά, βρίσκει καθημερινά χρόνο για πολύωρο και βαθύ *Κρίγια Γιόγκα* διαλογισμό. Διάγοντας έτσι μια ισορροπημένη ζωή, πέτυχε μέσω του *σαμάντι* τη χάρη μιας ακλόνητης γαλήνης.

Κατά τη διάρκεια της παραμονής μου στην Ινδία και στην Ευρώπη (από τον Ιούνιο του 1935 έως τον Οκτώβριο του 1936), ο κ. Λυν[1] είχε, με αγάπη, κάνει συνωμοσία με τους γραμματείς μου στην Καλιφόρνια που διατηρούσαν αλληλογραφία μαζί μου, να μην πουν ούτε μία λέξη για την κατασκευή του άσραμ στο Ενσινίτας. Πόσο μεγάλη ήταν η έκπληξη και η αγαλλίασή μου!

Κατά τη διάρκεια των πρώτων χρόνων μου στην Αμερική είχα ερευνήσει λεπτομερώς την ακτή της Καλιφόρνια αναζητώντας ένα μικρό μέρος για ένα άσραμ δίπλα στη θάλασσα. Όποτε έβρισκα μια κατάλληλη τοποθεσία, πάντα εμφανιζόταν κάποιο εμπόδιο που ματαίωνε τα σχέδιά μου. Κοιτάζοντας τώρα τις ηλιόλουστες εκτάσεις στο Ενσινίτας, είδα με ταπεινότητα να επαληθεύεται η παλιά προφητεία του Σρι Γιουκτέσβαρ: «ένα ησυχαστήριο κοντά στον ωκεανό».[2]

Μερικούς μήνες αργότερα, το Πάσχα του 1937, εκτέλεσα στο γρασίδι την πρώτη από τις πολλές πρωινές πασχαλινές τελετουργίες που διεξάγονται κατά την ανατολή του ήλιου. Όπως οι Μάγοι της αρχαιότητας, αρκετές εκατοντάδες μαθητές ατένιζαν με θρησκευτικό δέος το καθημερινό θαύμα: την ιεροτελεστία της ανατολής του ήλιου στον ανατολικό ουρανό. Στα Δυτικά βρισκόταν ο Ειρηνικός Ωκεανός, που με την υπόκωφη βοή του αφιέρωνε ένα ιερό εγκώμιο· σε απόσταση φάνηκε ένα μικροσκοπικό άσπρο πλοίο που αρμένιζε και το πέταγμα ενός μοναχικού γλάρου. «Χριστέ, αναστήθηκες!». Όχι μόνο με τον ανοιξιάτικο ήλιο, αλλά και στην αιώνια αυγή του Πνεύματος.

---

[1] Αφότου ο Παραμαχάνσατζι άφησε το σώμα του, ο Τζέιμς Λυν (Ράτζαρσι Τζανακανάντα) διετέλεσε πρόεδρος του Self-Realization Fellowship και του Yogoda Satsanga Society της Ινδίας. Ο Τζέιμς Λυν έγραψε για τον γκουρού του: «Πόσο παραδείσια είναι η συντροφιά ενός αγίου! Απ' όλα τα πράγματα που ήρθαν στη ζωή μου, ο μεγαλύτερος θησαυρός ήταν οι ευλογίες που μου χάρισε ο Παραμαχάνσατζι».

Ο Τζ. Λυν μπήκε στο *μαχασαμάντι* το 1955. (*Σημ. του Εκδότη*)

[2] Βλ. σελ. 134.

Αεροφωτογραφία του Ερημητηρίου του Self-Realization Fellowship με θέα στον Ειρηνικό Ωκεανό, στο Ενσινίτας, στην Καλιφόρνια (Encinitas, California). Σε άλλο σημείο, στον μεγάλο χώρο της ιδιοκτησίας, βρίσκονται οι κατοικίες του άσραμ και ένα ησυχαστήριο του Self-Realization Fellowship· ένας ναός του Self-Realization Fellowship (SRF) βρίσκεται επίσης εκεί κοντά.

*Στο Ενσινίτας στην Καλιφόρνια*

Ο Παραμαχάνσα Γιογκανάντα στον περίβολο του Ερημητηρίου του Ενσινίτας του SRF, που βρίσκεται σ' έναν απόκρημνο βράχο με θέα στον Ειρηνικό Ωκεανό, το 1940

Πολλοί ευτυχισμένοι μήνες πέρασαν. Στην τέλεια ομορφιά του Ενσινίτας ολοκλήρωσα ένα μακροχρόνιο έργο, τα *Cosmic Chants*.[3] Μετέφρασα στα Αγγλικά και συνέθεσα δυτική μουσική σε πολλά ινδικά τραγούδια. Στο βιβλίο αυτό περιλαμβάνονται ο ύμνος του Σάνκαρα «Ούτε Γέννηση Ούτε Θάνατος», ο σανσκριτικός «Ύμνος στον Μπραχμά», το «Ποιος Είναι Μέσα στον Ναό μου;» του Ταγκόρ και κάποιες δικές μου συνθέσεις: «Θα Είμαι Πάντα Δικός Σου», «Στη Χώρα Πέρα από τα Όνειρά Μου», «Σε Καλώ με την Ψυχή Μου», «Έλα, Άκου το Τραγούδι της Ψυχής Μου» και «Στον Ναό της Σιωπής».

Στον πρόλογο του βιβλίου με τα τραγούδια αυτά αφηγήθηκα την πρώτη μου έξοχη εμπειρία των αντιδράσεων των ανθρώπων της Δύσης στους ύμνους της Ανατολής. Ήταν σε μια δημόσια ομιλία· στις 18 Απριλίου 1926· στο Carnegie Hall στη Νέα Υόρκη.

Στις 17 Απριλίου εκμυστηρεύτηκα σ' έναν Αμερικανό μαθητή, τον κ. Άλβιν Χάσικερ: «Σκοπεύω να ζητήσω από το κοινό να τραγουδήσει έναν παλιό ινδικό ύμνο, το "Ω Θεέ Όμορφε"».[4]

---

[3] «Συμπαντικοί ύμνοι». Εκδίδεται από το Self-Realization Fellowship. Έχουν γίνει μαγνητοφωνήσεις του Παραμαχάνσα Γιογκανάντα καθώς έψελνε αρκετά από τα τραγούδια των *Cosmic Chants*. Είναι διαθέσιμες από το Self-Realization Fellowship. *(Σημ. του Εκδότη)*

[4] Τα λόγια του τραγουδιού του Γκουρού Νανάκ έχουν ως εξής:
Ω Θεέ όμορφε, ω Θεέ όμορφε!

Ο κ. Χάσικερ είχε διαμαρτυρηθεί ότι τα τραγούδια της Ανατολής δεν είναι εύκολα κατανοητά από τους Αμερικανούς.

«Η μουσική είναι μια οικουμενική γλώσσα», απάντησα. «Οι Αμερικανοί θα καταφέρουν να νιώσουν την προσδοκία της ψυχής μ' αυτόν τον ευγενή ύμνο».

Το επόμενο βράδυ, για μία ώρα, πάνω από τρεις χιλιάδες άνθρωποι τραγούδησαν τον ύμνο «Ω Θεέ Όμορφε». Αγαπητοί άνθρωποι της Νέας Υόρκης, πάψατε πλέον να είστε μπλαζέ! Η καρδιά σας εξυψώθηκε μ' έναν απλό παιάνα χαράς. Εκείνο το απόγευμα έγιναν θαυματουργές θεϊκές θεραπείες σε πιστούς που έψελναν με αγάπη το ευλογημένο όνομα του Κυρίου.

Το 1941 πήγα στο Κέντρο του Self-Realization Fellowship στη Βοστόνη. Ο πρόεδρος του κέντρου, ο Δρ Λιούις, μου παραχώρησε μια καλλιτεχνικά διακοσμημένη σουίτα για να μείνω. «Κύριε», είπε ο Δρ Λιούις χαμογελώντας, «κατά τη διάρκεια των πρώτων χρόνων σας στην Αμερική μείνατε σ' αυτήν την πόλη σ' ένα μονό δωμάτιο, χωρίς καν μπάνιο. Ήθελα να ξέρετε ότι η Βοστόνη υπερηφανεύεται για κάποια πολυτελή διαμερίσματα που έχει!».

Πέρασαν ευτυχισμένα χρόνια στην Καλιφόρνια, γεμάτα δραστηριότητα. Στο Ενσινίτας εγκαθιδρύθηκε ένα παράρτημα του Self-Realization Fellowship το 1937.[5] Οι πολυάριθμες δραστηριότητες του παραρτήματος παρέχουν πολύπλευρη εκπαίδευση στους μαθητές σύμφωνα με τα ιδεώδη του Self-Realization Fellowship. Καλλιεργούνται φρούτα και λαχανικά για τους κατοίκους του κέντρου του Ενσινίτας και του κέντρου του Λος Άντζελες.

> Στο δάσος είσαι πράσινος,
> Στο βουνό είσαι ψηλός,
> Στο ποτάμι είσαι αεικίνητος
> Στον ωκεανό είσαι σοβαρός.
> Είσαι η υπηρεσία γι' αυτούς που υπηρετούν,
> Είσαι η αγάπη γι' αυτούς που αγαπούν,
> Είσαι η συμπόνια γι' αυτούς που υποφέρουν,
> Για τον γιόγκι είσαι μακαριότητα.
> Ω Θεέ όμορφε, ω Θεέ όμορφε!
> Προσκυνώ στα πόδια Σου!

[5] Τώρα είναι ένα ανθηρό κέντρο άσραμ του οποίου τα κτίρια περιλαμβάνουν το αρχικό κύριο ερημητήριο, άσραμ για μοναχούς και μοναχές, εγκαταστάσεις για σίτιση κι ένα ελκυστικό ησυχαστήριο για μέλη και φίλους. Μια σειρά από λευκές κολώνες στην πρόσοψη του μεγάλου περιβάλλοντα χώρου, από τη μεριά της λεωφόρου, είναι στεφανωμένες με λωτούς από χρυσά μεταλλικά φύλλα. Στην ινδική τέχνη ο λωτός είναι ένα σύμβολο του κέντρου της Συμπαντικής Συνειδητότητας *(σαχασράρα)* στον εγκέφαλο, του «χιλιοπέταλου λωτού φωτός».

«Και έκανε από ένα αίμα όλα τα έθνη των ανθρώπων».[6] «Η αδελφοσύνη των ανθρώπων» είναι ένας ευρύς όρος, αλλά ο άνθρωπος πρέπει να διευρύνει τη συμπάθειά του, θεωρώντας τον εαυτό του πολίτη του κόσμου. Αυτός που αληθινά καταλαβαίνει ότι «είναι η Αμερική μου, η Ινδία μου, οι Φιλιππίνες μου, η Ευρώπη μου, η Αφρική μου» κλπ, ποτέ δεν θα στερηθεί την προοπτική μιας γεμάτης νόημα και ευτυχισμένης ζωής.

Αν και το σώμα του Σρι Γιουκτέσβαρ ποτέ δεν έμεινε σε άλλη χώρα εκτός από την Ινδία, ήξερε αυτήν την αδελφική αλήθεια:

«Η πατρίδα μου είναι ο κόσμος».

---

[6] Πράξεις Αποστόλων ΙΖ:26.

ΚΕΦΑΛΑΙΟ 49

# Τα Χρόνια 1940 – 1951

«Έχουμε πράγματι μάθει την αξία του διαλογισμού και ξέρουμε ότι τίποτα δεν μπορεί να διαταράξει την εσωτερική μας γαλήνη. Στις τελευταίες λίγες εβδομάδες, κατά τη διάρκεια των συγκεντρώσεών μας ακούγαμε τις σειρήνες που προειδοποιούσαν για αεροπορικές επιδρομές και τον εκκωφαντικό θόρυβο των βομβών βραδείας αναφλέξεως, αλλά οι μαθητές μας εξακολουθούν να συγκεντρώνονται και να απολαμβάνουν απόλυτα την όμορφη τελετουργία μας».

Αυτό το γενναίο μήνυμα, γραμμένο από τον πρόεδρο του Κέντρου του Self-Realization Fellowship του Λονδίνου, ήταν ένα από τα πολλά γράμματα που μου έστειλαν από τη βασανισμένη από τον πόλεμο Αγγλία και Ευρώπη κατά τα χρόνια που προηγήθηκαν της ανάμειξης της Αμερικής στον Δεύτερο Παγκόσμιο Πόλεμο.

Ο Δρ Λ. Κρέιμερ Μπινγκ από το Λονδίνο, ονομαστός εκδότης του *The Wisdom of the East Series*, μου έγραψε το 1942 τα εξής:

«Όταν διάβασα το *East-West*[1] συνειδητοποίησα πόσο μακριά φαίνεται να είμαστε, σαν να ζούμε σε διαφορετικούς κόσμους. Από το Λος Άντζελες έρχεται μέσα στην καρδιά μου ομορφιά, τάξη, ηρεμία και γαλήνη, σαν ένα καράβι που πλέει μέσα στο λιμάνι μιας πολιορκημένης πόλης φορτωμένο με τις ευλογίες και την παρηγορία του Άγιου Δισκοπότηρου.

»Βλέπω σαν σε όνειρο το δασάκι με τις φοινικιές σας και τον ναό στο Ενσινίτας που απλώνεται στον ωκεανό κι έχει θέα τα βουνά· και πάνω απ' όλα την αδελφότητα των πνευματικών ανθρώπων – μια κοινότητα ενωμένη, απορροφημένη σε δημιουργικό έργο και ανανεούμενη με περισυλλογή. [...] Χαιρετίσματα σε όλους από έναν απλό στρατιώτη, που γράφει αυτά τα λόγια στη σκοπιά, περιμένοντας το ξημέρωμα».

Μια Εκκλησία Όλων των Θρησκειών χτίστηκε από εργαζομένους του Self-Realization Fellowship στο Χόλλυγουντ της Καλιφόρνια και εγκαινιάστηκε το 1942. Έναν χρόνο αργότερα ιδρύθηκε ένας ακόμα

---

[1] Το περιοδικό τώρα λέγεται *Self-Realization*.

### Ο ΠΑΡΑΜΑΧΑΝΣΑ ΓΙΟΓΚΑΝΑΝΤΑ

Η φωτογραφία πάρθηκε στις 20 Αυγούστου 1950, στα εγκαίνια της Λίμνης Σράιν (Lake Shrine) του Self-Realization Fellowship που βρίσκεται στο Πασίφικ Πάλισεϊντς, (Pacific Palisades), Καλιφόρνια.

## Η LAKE SHRINE (ΛΙΜΝΗ ΣΡΑΙΝ) ΤΟΥ SELF-REALIZATION FELLOWSHIP ΚΑΙ ΤΟ ΜΝΗΜΕΙΟ ΤΗΣ ΠΑΓΚΟΣΜΙΑΣ ΕΙΡΗΝΗΣ ΤΟΥ ΓΚΑΝΤΙ

Ευρισκόμενη στο Πασίφικ Πάλισέιντς, στο Λος Άντζελες, Καλιφόρνια, η Lake Shrine με τα σαράντα στρέμματα εγκαινιάστηκε στις 20 Αυγούστου του 1950 από τον Παραμαχάνσα Γιογκανάντα. Καθώς επέβλεπε τη φύτευση και την κατασκευή το 1949, ο Παραμαχάνσατζί έμεινε μερικές φορές στο πλωτό σπίτι-πλοίο που φαίνεται στη φωτογραφία αριστερά. Στην άλλη φωτογραφία φαίνεται, ανάμεσα στις κεντρικές κολώνες, μια σμιλευμένη σαρκοφάγος όπου διατηρείται ένα μέρος από τις στάχτες του Μαχάτμα Γκάντι. Απέναντι από τη λίμνη βρίσκεται το Windmill Chapel που φαίνεται στην αριστερή φωτογραφία. Στη Lake Shrine, που είναι ανοιχτή στο κοινό, γίνονται κάθε εβδομάδα οι τελετές, οι διαλογισμοί και οι διαλέξεις του Self-Realization Fellowship.

ναός στο Σαν Ντιέγκο, στην Καλιφόρνια· και το 1947 ένας στο Λονγκ Μπιτς (Long Beach) της Καλιφόρνιας.[2]

Μία από τις πιο όμορφες εκτάσεις στον κόσμο, ένα υπέροχο λιβάδι με λουλούδια στην περιοχή Πασίφικ Πάλισεϊντς (Pacific Palisades) του Λος Άντζελες, δωρήθηκε το 1949 στο Self-Realization Fellowship. Η έκταση των σαράντα στρεμμάτων είναι ένα φυσικό αμφιθέατρο, περιβαλλόμενο από κατάφυτους λόφους. Μια μεγάλη φυσική λίμνη, ένα μπλε κόσμημα μ' ένα στέμμα βουνών, έδωσε το όνομά της στην έκταση, Λέικ (Λίμνη) Σράιν (Lake Shrine). Μέσα σ' ένα οίκημα, στου οποίου τον περιβάλλοντα χώρο υπάρχει ένας γραφικός ολλανδικός ανεμόμυλος,[3] βρίσκεται ένα γαλήνιο παρεκκλήσι. Κοντά σ' έναν κήπο που βυθίστηκε χαμηλότερα από την επιφάνεια του εδάφους υπάρχει ένας υδροτροχός από τον οποίο ακούγεται μια νωχελική μουσική γαλήνιων παφλασμών. Δύο μαρμάρινα αγάλματα από την Κίνα διακοσμούν τον χώρο – ένα άγαλμα του Βούδα και ένα της Κουάν Γιν (της κινεζικής προσωποποίησης της Θεϊκής Μητέρας). Ένα άγαλμα πραγματικών διαστάσεων του Χριστού, με το γαλήνιο πρόσωπο και τον κυματιστό χιτώνα του εντυπωσιακά φωτισμένα τη νύχτα, βρίσκεται στον λόφο πάνω από τον καταρράχτη.

Ένα μνημείο Παγκόσμιας Ειρήνης του Μαχάτμα Γκάντι εγκαινιάστηκε στη Lake Shrine το 1950, χρονιά που συμπληρώθηκε τριακονταετία από την ίδρυση του Self-Realization Fellowship στην Αμερική.[4] Ένα μέρος από τις στάχτες του Μαχάτμα, σταλμένες από την Ινδία, διατηρείται σε μια σαρκοφάγο από πέτρα χιλίων ετών.

Ένα «Ινδικό Κέντρο»[5] του Self-Realization Fellowship ιδρύθηκε στο Χόλλυγουντ το 1951. Ο κ. Γκούντγουιν Νάιτ (Goodwin J. Knight), αντικυβερνήτης της Καλιφόρνια και ο κ. Μ. Ρ. Αχούτζα (M. R. Ahuja), ο Γενικός Πρόξενος της Ινδίας, συμμετείχαν στην τελετή των εγκαινίων. Εκεί υπάρχει και η Ινδική Αίθουσα με 250 θέσεις.

---

[2] Τα μέλη στο Παρεκκλήσι του Λονγκ Μπιτς αυξήθηκαν τόσο, ώστε το 1967 μεταφέρθηκαν στον καινούργιο ευρύχωρο Ναό του Self-Realization Fellowship στο Φούλερτον (Fullerton) της Καλιφόρνιας. *(Σημ. του Εκδότη)*

[3] Ο ανεμόμυλος στα Αγγλικά λέγεται windmill, λέξη από την οποία το παρεκκλήσι (chapel) πήρε το όνομά του (Windmill Chapel) - βλ. φωτογραφία στη σελ. 552. *(Σημ. του Μεταφραστή)*

[4] Γιορτάζοντας αυτήν την επέτειο, διεξήγαγα μια ιερή τελετουργία στο Λος Άντζελες στις 27 Αυγούστου του 1950, κατά την οποία μύησα στην *Κρίγια Γιόγκα* 500 μαθητές.

[5] Πυρήνας ενός μεγάλου κέντρου άσραμ με προσαρτημένο ναό που διευθύνεται από πιστούς που έχουν αφιερωθεί στην υπηρεσία της ανθρωπότητας και στη συνειδητοποίηση στη ζωή τους των ιδεωδών του Παραμαχάνσα Γιογκανάντα. *(Σημ. του Εκδότη)*

Ο Γκούντγουιν Τζ. Νάιτ, Αντικυβερνήτης της Καλιφόρνια *(στο κέντρο)*, με τον Γιογκανάντατζι και τον κ. Α. Μπ. Ρόουζ, στα εγκαίνια του Κέντρου Ινδίας του Self-Realization Fellowship, το οποίο βρίσκεται δίπλα στον ναό του SRF που φαίνεται παρακάτω, στο Χόλλυγουντ της Καλιφόρνια, στις 8 Απριλίου του 1951.

Ο Ναός του Self-Realization Fellowship (Εκκλησία Όλων των Θρησκειών), στο Χόλλυγουντ

Αυτοί που έρχονται για πρώτη φορά στα διάφορα κέντρα συχνά ζητούν περαιτέρω διαφώτιση πάνω στη γιόγκα. Μια ερώτηση που ακούω μερικές φορές είναι η εξής: «Είναι αλήθεια, όπως δηλώνουν μερικοί οργανισμοί, ότι η γιόγκα δεν μπορεί να μελετηθεί με επιτυχία από βιβλία ή άλλα έντυπα, αλλά να επιδιώκεται μόνο αν υπάρχει κοντά η καθοδήγηση ενός δασκάλου;».

Στην Ατομική Εποχή η γιόγκα πρέπει να διδάσκεται με μια μέθοδο όπως αυτή των *Μαθημάτων του Self-Realization Fellowship*,[6] διαφορετικά η απελευθερωτική επιστήμη της θα περιοριστεί πάλι σε λίγους επίλεκτους. Θα αποτελούσε πράγματι ανεκτίμητο θείο δώρο να είχε κάθε μαθητής δίπλα του έναν γκουρού τελειοποιημένο σε θεϊκή σοφία· ο κόσμος όμως αποτελείται από πολλούς «αμαρτωλούς» και λίγους αγίους. Πώς λοιπόν θα βοηθηθούν τα πλήθη με τη γιόγκα, αν όχι με μελέτη στα σπίτια τους οδηγιών που γράφτηκαν από αληθινούς γιόγκι;

Η μόνη εναλλακτική λύση είναι να αγνοηθεί ο «μέσος άνθρωπος» και να μείνει χωρίς γνώση της γιόγκα. Δεν είναι όμως αυτό το σχέδιο του Θεού για τη νέα εποχή. Ο Μπάμπατζι υποσχέθηκε να προστατεύει και να καθοδηγεί όλους τους ειλικρινείς *Κρίγια Γιόγκι* στο μονοπάτι τους προς τον Στόχο.[7] Εκατοντάδες χιλιάδες, όχι απλώς δεκάδες *Κρίγια Γιόγκι* είναι απαραίτητοι για να δημιουργηθεί ένας κόσμος ειρήνης και αφθονίας που περιμένει τον άνθρωπο όταν θα έχει κάνει τη σωστή προσπάθεια να εδραιώσει και πάλι την υπόστασή του σαν γιος του Θεϊκού Πατέρα.

Η ίδρυση στη Δύση μιας οργάνωσης για τη συνειδητοποίηση του Εαυτού του ανθρώπου, μιας «κηρύθρας για το πνευματικό μέλι», ήταν ένα καθήκον που μου ανατέθηκε από τον Σρι Γιουκτέσβαρ και τον Μαχαβατάρ Μπάμπατζι. Η εκπλήρωση της ιερής ευθύνης δεν κατορθώθηκε χωρίς δυσκολίες.

«Πείτε μου ειλικρινά, Παραμαχάνσατζι, άξιζε τελικά τον κόπο;».

---

[6] Αυτή η αναλυτική σειρά μαθημάτων για μελέτη στο σπίτι είναι διαθέσιμη από την έδρα του Self-Realization Fellowship, της οργάνωσης που ίδρυσε ο Παραμαχάνσα Γιογκανάντα για τη διάδοση της επιστήμης του διαλογισμού *Κρίγια Γιόγκα* και της πνευματικής ζωής. (Βλ. σελ. 575.) *(Σημ. του Εκδότη)*

[7] Ο Παραμαχάνσα Γιογκανάντα επίσης είπε στους μαθητές του στην Ανατολή και στη Δύση ότι μετά απ' αυτή τη ζωή θα συνεχίσει να φροντίζει για την πνευματική πρόοδο όλων των *Κρίγιαμπαν* (σπουδαστών των *Μαθημάτων του Self-Realization Fellowship* που έλαβαν τη μύηση στην *Κρίγια Γιόγκα*· βλ. σελ. 362 σημ. 9). Η αλήθεια της όμορφης υπόσχεσής του έχει αποδειχθεί, από τότε που πέρασε στο *μαχασαμάντι*, από γράμματα πολλών *Κρίγια Γιόγκι* που συνειδητοποίησαν την πανταχού παρούσα καθοδήγησή του. *(Σημ. του Εκδότη)*

Αυτή τη λακωνική ερώτηση μου την έθεσε ένα απόγευμα ο Δρ Λόιντ Κένελ, ένας προϊστάμενος του ναού στο Σαν Ντιέγκο. Κατάλαβα ότι εννοούσε: «Ζήσατε ευτυχισμένα στην Αμερική; Και τα ψέματα που κυκλοφόρησαν από ανθρώπους που σας παρεξήγησαν και αγωνιούν να εμποδίσουν τη διάδοση της γιόγκα; Και οι απογοητεύσεις, ο πόνος, οι πρόεδροι των κέντρων που δεν μπορούσαν να προεδρεύσουν και οι μαθητές που ήταν ανεπίδεκτοι μαθήσεως;».

«Ευλογημένος είναι ο άνθρωπος τον οποίο ο Θεός δοκιμάζει!», απάντησα. «Θυμήθηκε κάπου κάπου να μου φορτώσει κάποια βάρη». Σκέφτηκα τότε όλους τους πιστούς, την αγάπη, την αφοσίωση και την κατανόηση που φωτίζει την καρδιά της Αμερικής. Με αργά, εμφατικά λόγια, συνέχισα: «Η απάντησή μου όμως είναι ναι, χίλιες φορές ναι! *Πράγματι* άξιζε, παραπάνω απ' όσο ποτέ ονειρεύτηκα, να βλέπω την Ανατολή και τη Δύση να δένονται με τον μοναδικό δεσμό που διαρκεί, τον πνευματικό».

Οι μεγάλοι Δάσκαλοι της Ινδίας που έδειξαν ιδιαίτερο ενδιαφέρον για τη Δύση κατάλαβαν καλά τις σύγχρονες συνθήκες. Ξέρουν ότι μέχρι να υπάρξει μια καλύτερη αφομοίωση των χαρακτηριστικών αρετών της Ανατολής και της Δύσης απ' όλα τα έθνη, οι συνθήκες της ανθρωπότητας δεν μπορούν να βελτιωθούν. Κάθε ημισφαίριο χρειάζεται το καλύτερο που μπορεί να προσφέρει το άλλο.

Κατά τα ταξίδια μου στον κόσμο παρατήρησα με λύπη ότι υπάρχει μεγάλος πόνος:[8] στην Ανατολή οι άνθρωποι υποφέρουν κυρίως στο υλικό επίπεδο· στη Δύση η δυστυχία οφείλεται κυρίως στο νοητικό ή το πνευματικό επίπεδο. Όλα τα έθνη νιώθουν τις οδυνηρές συνέπειες των μη ισορροπημένων πολιτισμών. Η Ινδία και πολλές άλλες ανατολικές χώρες μπορούν να ωφεληθούν σε μεγάλο βαθμό από τον χειρισμό των υποθέσεων με πρακτικό τρόπο, την υλική αποδοτικότητα, των

---

[8] «Αυτή η φωνή είναι γύρω μου σαν κύματα θάλασσας που ξεσπούν:
"Και είναι η γη σου τόσο αμαυρωμένη,
Συντετριμμένη θραύσμα πάνω στο θραύσμα;
Κοίτα, όλα τα πράγματα φεύγουν από σένα όταν εσύ φεύγεις από Μένα! [...]
Όλα όσα πήρα από σένα, δεν τα πήρα για το κακό σου,
Αλλά για να τα αναζητήσεις στην αγκαλιά Μου.
Όλα όσα από το παιδικό σου λάθος
Φαντάστηκες ότι χάθηκαν, τα έχω φυλάξει για σένα στο σπίτι.
Σήκω, πιάσε το χέρι Μου και έλα!"».
  – Francis Thompson, *"The Hound of Heaven"*
  (Φράνσις Τόμσον, «Το λαγωνικό του παραδείσου»)

δυτικών εθνών όπως η Αμερική. Οι άνθρωποι της Δύσης από την άλλη μεριά χρειάζονται μια βαθύτερη κατανόηση της πνευματικής βάσης της ζωής και ιδιαίτερα τις επιστημονικές τεχνικές που η Ινδία ανέπτυξε από τα αρχαία χρόνια για τη συνειδητή κοινωνία του ανθρώπου με το Θεό.

Το ιδανικό της ύπαρξης ενός τέτοιου πολιτισμού, με τον συνδυασμό των αρετών και από τα δύο μέρη, δεν είναι χίμαιρα. Για χιλιετίες η Ινδία ήταν μια χώρα και πνευματικού φωτός και ευρείας υλικής ευημερίας. Η υλική φτώχεια της Ινδίας, τα τελευταία 200 χρόνια στη μακρά ιστορία της, είναι μόνο μια περαστική καρμική φάση. Η έκφραση «τα πλούτη της Ινδίας»[9] κυριάρχησε για πολλούς αιώνες στον

---

[9] Οι καταγραφές των ιστορικών παρουσιάζουν την Ινδία, μέχρι τον 18ο αιώνα, ως το πιο πλούσιο έθνος του κόσμου. Συμπτωματικά, τίποτα από την ινδική λογοτεχνία ή παράδοση δεν στοιχειοθετεί τη σύγχρονη ιστορική θεωρία της Δύσης ότι η αρχική Αρία Φυλή «εισέβαλε» στην Ινδία από κάποιο άλλο μέρος της Ασίας ή από την Ευρώπη. Είναι κατανοητό το γιατί οι ιστορικοί δεν μπορούν να προσδιορίσουν την απαρχή αυτής της υποτιθέμενης διαδρομής. Οι αποδείξεις που περιέχονται στις Βέδες, ότι η Ινδία ήταν η χώρα των Ινδών από αμνημόνευτους χρόνους, παρουσιάστηκαν σ' έναν εξαιρετικό και εύκολα κατανοητό τόμο, το *Rig-Vedic India* («Η Ινδία της Ριγκ Βέδα») του Abinas Chandra Das, που δημοσιεύτηκε το 1921 από το Πανεπιστήμιο της Καλκούτα. Ο Καθηγητής Das υποστηρίζει ότι μετανάστες από την Ινδία εγκαταστάθηκαν στην Ασία και την Ευρώπη, διαδίδοντας τη γλώσσα και την παράδοση των Αρίων. Για παράδειγμα, η γλώσσα που χρησιμοποιούν στη Λιθουανία μοιάζει εντυπωσιακά, από πολλές πλευρές, με τα Σανσκριτικά. Ο φιλόσοφος Καντ, που δεν ήξερε καθόλου Σανσκριτικά, εξεπλάγη από την επιστημονική δομή της λιθουανικής γλώσσας. «Διαθέτει», είπε, «το κλειδί που θα ανοίξει όλα τα αινίγματα, όχι μόνο της φιλολογίας, αλλά και της ιστορίας».

Η Βίβλος αναφέρεται στα πλούτη της Ινδίας, αναφέροντας (Χρονικών Β' Θ:21, 10) ότι: «Είχε πλοία ο βασιλιάς που πορεύονταν στη Θαρσείς» που έφερναν στον Βασιλιά Σολομώντα «χρυσό και άργυρο, ελεφαντόδοντα και πιθήκους και παγώνια» και «ξύλο αλγουμείμ (σανταλόξυλο) και πολύτιμους λίθους» από το Οφείρ (τη Σοπάρα στην ακτή της Βομβάης). Ο Μεγασθένης, ο Έλληνας πρεσβευτής (4ος αιώνας π.Χ.), μας άφησε μια λεπτομερή εικόνα της ευημερίας της Ινδίας. Ο Πλίνιος (1ος αιώνας μ.Χ.) μας λέει ότι οι Ρωμαίοι δαπανούσαν ετησίως πενήντα εκατομμύρια σέστερ (5.000.000 δολάρια) για εισαγωγές από την Ινδία, η οποία τότε ήταν μια τεράστια ναυτική δύναμη.

Οι Κινέζοι περιηγητές έγραψαν με γλαφυρό τρόπο για τον πλούσιο σε υλικά αγαθά πολιτισμό της Ινδίας, τη ηγεία μόρφωση των ανθρώπων της και την έξοχη διακυβέρνησή της. Ο Κινέζος ιερέας Φα-Σιάν (Fa-Hsien) (5ος αιώνας) μας λέει ότι οι Ινδοί ήταν ευτυχισμένοι, έντιμοι και εύποροι. Βλ. το *Buddhist Records of the Western World* («Βουδιστικές καταγραφές του κόσμου της Δύσης») του Samuel Beal (η Ινδία ήταν ο «δυτικός κόσμος» για τους Κινέζους!), Trubner, London· και *On Yuan Chwang's Travels in India A.D. 629-45*, («Τα ταξίδια του Γιουάν Τσουάνγκ στην Ινδία, 629-645 μ.Χ.»), Royal Asiatic Society.

Ο Κολόμβος, όταν ανακάλυψε τον Νέο Κόσμο τον 15ο αιώνα, στην πραγματικότητα αναζητούσε μια συντομότερη πορεία για εμπόριο στην Ινδία. Για αιώνες η Ευρώπη επιθυμούσε διακαώς να αποκτήσει τα προϊόντα εξαγωγής της Ινδίας – μετάξια, άριστης ποιότητας υφάσματα (τέτοιας καθαρότητας που άξιζαν την περιγραφή τους: «πλεκτός αέρας» και «αόρατο πέπλο»), βαμβακερά υφάσματα, χρυσοκεντημένα υφάσματα, κεντίδια, κιλίμια, μαχαιροπίρουνα, πανοπλίες, ελεφαντόδοντα απλά και σμιλευμένα, αρώματα, θυμιάματα, σανταλόξυλο, είδη αγγειοπλαστικής, φάρμακα και αλοιφές, λουλάκι, ρύζι, μπαχαρικά, κοράλλια, χρυσό, ασήμι, μαργαριτάρια, ρουμπίνια, σμαράγδια και διαμάντια.

κόσμο. Η αφθονία, η υλική καθώς και η πνευματική, είναι μια δομική έκφραση της *ρίτα*, του συμπαντικού νόμου ή της φυσικής δικαιοσύνης. Δεν υπάρχει φτώχεια στο Θεό, ούτε στη θεά Του των φαινομένων που αφθονούν στη Φύση.

Οι ινδουιστικές Γραφές διδάσκουν ότι ο άνθρωπος προσελκύεται σ' αυτή τη συγκεκριμένη γη για να μάθει, όλο και περισσότερο σε κάθε διαδοχική ζωή, τους άπειρους τρόπους με τους οποίους το Πνεύμα μπορεί να εκφραστεί μέσω των υλικών συνθηκών και να κυριαρχήσει

---

Έμποροι από την Πορτογαλία και την Ιταλία κατέγραψαν το δέος τους μπροστά στο αμύθητο μεγαλείο όλης της αυτοκρατορίας του Βιτζαγιαναγκάρ (Vijayanagar) (1336-1565). Το μεγαλείο της πρωτεύουσάς της περιγράφτηκε από τον Άραβα πρεσβευτή Ραζάκ (Razzak) ως «τέτοιο που κανενός τα μάτια δεν έχουν δει αλλού, κανενός τα αυτιά δεν έχουν ακούσει και κανένα άλλο μέρος σαν αυτό δεν υπάρχει στη γη».

Τον 16ο αιώνα, για πρώτη φορά στη μακρά ιστορία της, ολόκληρη η Ινδία έπεσε στα χέρια κατακτητών. Ο Τούρκος Μπάμπερ (Baber) εισέβαλε στη χώρα το 1524 και εγκαθίδρυσε μια δυναστεία Μουσουλμάνων βασιλιάδων. Με την εγκατάστασή τους στην αρχαία χώρα οι μονάρχες δεν πήραν τα πλούτη της. Εξασθενημένη όμως από εσωτερικές διχόνοιες, η πλούσια Ινδία έγινε λεία τον 17ο αιώνα αρκετών ευρωπαϊκών εθνών· τελικά κυριάρχησε η Αγγλία. Η Ινδία, με ειρηνικό τρόπο, ανέκτησε την ανεξαρτησία της στις 15 Αυγούστου 1947.

Όπως και πολλοί άλλοι Ινδοί, έχω να αφηγηθώ μια ιστορία που μπορεί τώρα να γίνει γνωστή. Μια ομάδα νεαρών ανδρών, τους οποίους είχα γνωρίσει στο Πανεπιστήμιο, με πλησίασαν κατά τη διάρκεια του Πρώτου Παγκοσμίου Πολέμου και με παρακίνησαν να ηγηθώ ενός επαναστατικού κινήματος. Αρνήθηκα με τα εξής λόγια: «Το να σκοτώσουμε τους Άγγλους αδελφούς μας δεν θα προσφέρει κανένα καλό στην Ινδία. Η ελευθερία της δεν θα έρθει με σφαίρες, αλλά μέσω πνευματικής δύναμης». Τότε προειδοποίησα τους φίλους μου ότι τα φορτωμένα με όπλα γερμανικά πλοία, στα οποία βασίζονταν, θα αναχαιτίζονταν από τους Βρετανούς στο λιμάνι Ντάιαμοντ (Diamond) στη Βεγγάλη. Οι νεαροί ωστόσο προχώρησαν στο σχέδιό τους, το οποίο ανατράπηκε όπως είχα προβλέψει. Οι φίλοι μου βγήκαν από τη φυλακή μετά από λίγα χρόνια. Εγκαταλείποντας την πίστη τους στη βία, αρκετοί απ' αυτούς προσχώρησαν στο ιδεώδες πολιτικό κίνημα του Γκάντι. Στο τέλος είδαν την Ινδία να αναδεικνύεται νικήτρια σ' έναν «πόλεμο» που κερδήθηκε με ειρηνικά μέσα.

Η θλιβερή διαίρεση της χώρας σε Ινδία και Πακιστάν και το σύντομο αλλά αιματηρό ενδιάμεσο διάστημα που επακολούθησε σε μερικά τμήματα του κράτους οφείλονται σε οικονομικούς παράγοντες και όχι ουσιαστικά στον θρησκευτικό φανατισμό (έναν ελάσσονα λόγο, που συχνά παρουσιάζεται εσφαλμένα ως μείζων). Αμέτρητοι Ινδουιστές και Μουσουλμάνοι τώρα, όπως και στο παρελθόν, ζουν πλάι πλάι με ομόνοια. Άνθρωποι και από τις δύο θρησκείες, σε τεράστιο πλήθος, έγιναν μαθητές του Καμπίρ «που δεν ανήκε σε καμία θρησκεία» (Kabir, 1450-1518)· και μέχρι σήμερα έχει εκατομμύρια οπαδούς *(Καμπίρ-Πάνθι)*. Κάτω από τον μουσουλμανικό νόμο του Ακμπάρ του Μεγάλου (Akbar the Great) επικράτησε σε ολόκληρη την Ινδία η ευρύτερη δυνατή ανεξιθρησκία. Ούτε σήμερα υπάρχει οποιαδήποτε σοβαρή θρησκευτική δυσαρμονία ανάμεσα στο 95% του απλού λαού. Η πραγματική Ινδία, η Ινδία που μπόρεσε να καταλάβει και να ακολουθήσει έναν Μαχάτμα Γκάντι, δεν βρίσκεται στις μεγάλες, ανήσυχες πόλεις, αλλά στα ειρηνικά 700.000 χωριά, όπου οι απλές και δίκαιες μορφές αυτο-διακυβέρνησης από τα *παντσαγιάτ* (τοπικά συμβούλια) υπήρξαν χαρακτηριστικά από αμνημόνευτους χρόνους. Τα προβλήματα που σήμερα ταλανίζουν την πρόσφατα απελευθερωμένη Ινδία θα λυθούν με τον καιρό απ' αυτούς τους μεγάλους άντρες που η Ινδία πάντα γεννούσε.

Ο Παραμαχάνσα Γιογκανάντα στο ερημητήριο του SRF στο Ενσινίτας (Encinitas) της Καλιφόρνιας, Ιούλιος 1950

σ' αυτές. Η Ανατολή και η Δύση μαθαίνουν αυτή τη μεγάλη αλήθεια με διαφορετικούς τρόπους και θα έπρεπε να μοιραστούν μεταξύ τους με χαρά τις ανακαλύψεις τους. Πέρα από κάθε αμφιβολία ο Κύριος χαίρεται όταν τα παιδιά Του στη γη αγωνίζονται να φτάσουν σ' έναν παγκόσμιο πολιτισμό ελεύθερο από τη φτώχεια, την ασθένεια και την άγνοια της ψυχής. Η λησμονιά από τον άνθρωπο των θεϊκών του δυνατοτήτων (το αποτέλεσμα της κατάχρησης της ελεύθερης βούλησής του)[10] είναι η αιτία που προκαλεί όλες τις άλλες μορφές δυστυχίας.

Τα δεινά που αποτελούν γνώρισμα της ανθρωπομορφικής αφηρημένης έννοιας που λέγεται «κοινωνία» μπορούν να επιρριφθούν πιο ρεαλιστικά στον κάθε άνθρωπο ξεχωριστά.[11] Η ουτοπία πρέπει πρώτα να βλαστήσει σε κάθε άνθρωπο προσωπικά πριν ανθίσει σε κοινωνική αρετή, αφού η εσωτερική αναμόρφωση οδηγεί με φυσικό τρόπο στην εξωτερική. Ένας άνθρωπος που έχει αναμορφώσει τον εαυτό του θα αναμορφώσει χιλιάδες άλλους.

Οι δοκιμασμένες από τον χρόνο Γραφές του κόσμου είναι ίδιες στην ουσία τους, εμπνέοντας τον άνθρωπο στην ανοδική του πορεία. Μια από τις πιο ευτυχισμένες περιόδους της ζωής μου ήταν όταν υπαγόρευα, για το *περιοδικό Self-Realization*, την ερμηνεία μου περικοπών της Καινής Διαθήκης.[12] Εκλιπάρησα ένθερμα τον Χριστό να με καθοδηγήσει να ανακαλύψω το αληθινό νόημα των λόγων του, πολλά από τα οποία έχουν οδυνηρά παρερμηνευθεί για είκοσι αιώνες.

Ένα βράδυ, καθώς προσευχόμουν σιωπηλά, το καθιστικό μου στο

---

[10] «Ελεύθερα υπηρετούμε,
Γιατί ελεύθερα αγαπάμε, καθώς είναι στη θέλησή μας
Να αγαπήσουμε ή όχι· σ' αυτό έγκειται αν στεκόμαστε ή πέφτουμε.
Και κάποιοι έπεσαν, στην ανυπακοή έπεσαν,
Κι έτσι από τον παράδεισο βρέθηκαν στα έγκατα της κόλασης. Ω, ξεπεσμός
Από τι μεγαλειώδες ύψος μακαριότητας σε τι φρίκη!».

– Μίλτον, Ο Χαμένος Παράδεισος

[11] Το σχέδιο του θεϊκού *λίλα* ή «παιχνιδιού», με το οποίο δημιουργήθηκαν όλοι οι φαινομενικοί κόσμοι είναι ένα σχέδιο *αμοιβαιότητας* ανάμεσα στο πλάσμα και τον Πλάστη. Το μοναδικό δώρο που μπορεί ο άνθρωπος να προσφέρει στο Θεό είναι η αγάπη· αυτή αρκεί για να προκαλέσει την απεριόριστη γενναιοδωρία Του. «Εσείς με κλέψατε, ναι, εσείς, όλο το έθνος. Φέρτε όλα τα δέκατα στην αποθήκη, για να είναι τροφή στον οίκο μου· και δοκιμάστε με τώρα σ' αυτό, λέει ο Κύριος των δυνάμεων, εάν δεν σας ανοίξω τους καταρράχτες του ουρανού και διαχύσω την ευλογία σ' εσάς, ώστε να μην αρκεί χώρος γι' αυτήν». – Μαλαχίας Γ:9-10.

[12] Η αναλυτική ερμηνεία των τεσσάρων Ευαγγελίων από τον Παραμαχάνσα Γιογκανάντα είναι δημοσιευμένη σε δίτομο βιβλίο από το Self-Realization Fellowship με τίτλο *The Second Coming of Christ: The Resurrection of the Christ Within You* («Η Δευτέρα Παρουσία του Χριστού - Η ανάσταση του Χριστού μέσα σας») (*Σημ. του Εκδότη*)

ερημητήριο του Ενσινίτας γέμισε μ' ένα μπλε φως σαν το οπάλιο. Είδα την ακτινοβόλα παρουσία του ευλογημένου Κυρίου Ιησού Χριστού. Φαινόταν νέος, περίπου είκοσι πέντε ετών, με αραιή γενειάδα και μουστάκι· στα μακριά, μαύρα μαλλιά του, με χωρίστρα στη μέση, υπήρχε ένα χρυσό φωτοστέφανο.

Τα μάτια του ήταν απείρως πανέμορφα· καθώς τα κοίταζα, άλλαζαν συνεχώς έκφραση. Με κάθε θεϊκή μεταμόρφωση της έκφρασής τους, κατανοούσα διαισθητικά τη σοφία που μου μετέδιδαν. Στο μεγαλειώδες βλέμμα του ένιωσα τη δύναμη που υποβαστάζει μυριάδες κόσμους. Ένα Άγιο Δισκοπότηρο εμφανίστηκε στο στόμα του· κατέβηκε προς τα χείλη μου και μετά επέστρεψε στον Ιησού. Μετά από μερικά λεπτά είπε όμορφα λόγια, τόσο προσωπικά, που τα κρατώ στην καρδιά μου.

Πέρασα πολύ καιρό το 1950 και το 1951 σ' ένα γαλήνιο ησυχαστήριο κοντά στην Έρημο Μοτζάβ (Mojave Desert) της Καλιφόρνιας. Εκεί μετέφρασα την Μπάγκαβαντ Γκίτα και έγραψα έναν λεπτομερή σχολιασμό[13] που παρουσιάζει τα διάφορα μονοπάτια της γιόγκα.

Αναφέροντας δύο φορές[14] κατηγορηματικά μια γιογκική τεχνική (τη μοναδική που μνημονεύεται στην Μπάγκαβαντ Γκίτα και την ίδια που ονομάστηκε από τον Μπάμπατζι απλά *Κρίγια Γιόγκα*), η σημαντικότερη Γραφή της Ινδίας πρόσφερε έτσι όχι μόνο ηθική αλλά και πρακτική διδασκαλία. Στον ωκεανό του ονειρικού κόσμου μας η αναπνοή είναι η συγκεκριμένη θύελλα της αυταπάτης που προκαλεί τη συνειδητότητα ότι υπάρχουν κύματα με ατομική ύπαρξη – οι μορφές των ανθρώπων και όλων των άλλων υλικών αντικειμένων. Γνωρίζοντας ότι η απλή φιλοσοφική και ηθική γνώση είναι ανεπαρκής για να αφυπνίσει τον άνθρωπο από το οδυνηρό όνειρό του της διαφοροποιημένης ύπαρξης, ο Κρίσνα μίλησε για την ιερή επιστήμη με την οποία ο γιόγκι μπορεί να κυριαρχήσει στο σώμα του και να το μετατρέψει κατά βούληση σε καθαρή ενέργεια. Η δυνατότητα να κατορθωθεί αυτό με τη

---

[13] *God Talks With Arjuna: The Bhagavad Gita – Royal Science of God Realization*, («Ο Θεός μιλά με τον Αρτζούνα: Η Μπάγκαβαντ Γκίτα – Βασιλική επιστήμη της συνειδητοποίησης του Θεού») που εκδίδεται από το Self-Realization Fellowship. Η Μπάγκαβαντ Γκίτα είναι η πιο αγαπημένη απ' όλες τις Γραφές στην Ινδία. Συνίσταται σ' έναν διάλογο μεταξύ του Κρίσνα (που συμβολίζει το Πνεύμα) και του μαθητή του Αρτζούνα (που συμβολίζει την ψυχή του ιδεώδους πιστού): λόγια πνευματικής καθοδήγησης που είναι διαχρονικά στην εφαρμογή τους απ' όλους τους αναζητητές της αλήθειας. Το κεντρικό μήνυμα της Γκίτα είναι ότι ο άνθρωπος μπορεί να κερδίσει την απελευθέρωση μέσω της αγάπης για το Θεό, της σοφίας και της εκτέλεσης ορθών πράξεων με πνεύμα μη προσκόλλησης.

[14] Μπάγκαβαντ Γκίτα IV:29 και V:27-28.

γιόγκα δεν είναι πέρα από τα πλαίσια της θεωρητικής αντίληψης των σύγχρονων επιστημόνων, των πρωτοπόρων της Ατομικής Εποχής. Όλη η ύλη αποδείχθηκε ότι μπορεί να αναλυθεί σε ενέργεια.

Οι ινδουιστικές Γραφές εκθειάζουν την επιστήμη της γιόγκα γιατί μπορεί να εφαρμοστεί γενικά απ' όλη την ανθρωπότητα. Είναι αλήθεια ότι το μυστήριο της αναπνοής περιστασιακά έχει λυθεί χωρίς τη χρησιμοποίηση κάποιας επίσημης πρακτικής γιόγκα, όπως σε περιπτώσεις μυστικιστών που δεν ήταν Ινδουιστές αλλά διέθεταν υπερβατικές δυνάμεις αφοσίωσης στον Κύριο. Τέτοιοι Χριστιανοί, Μουσουλμάνοι και άλλοι άγιοι παρατηρήθηκε ότι διέκοπταν την αναπνοή τους και έμεναν ακίνητοι σε έκσταση (*σαμπικάλπα σαμάντι*),[15] χωρίς την οποία κανένας άνθρωπος δεν εισήλθε στα πρώτα στάδια της αντίληψης του Θεού. (Από τη στιγμή όμως που ένας άγιος φτάσει στο *νιρμπικάλπα* ή ανώτατο *σαμάντι* εδραιώνεται αμετάκλητα στον Κύριο – είτε έχει διακόψει την αναπνοή του είτε αναπνέει, είτε είναι ακίνητος είτε δραστήριος.)

Ο Αδελφός Λόρενς (Brother Lawrence), ένας Χριστιανός μυστικιστής του 17[ου] αιώνα, μας λέει ότι η πρώτη φευγαλέα εμπειρία του της συνειδητοποίησης του Θεού ήρθε μέσα του καθώς κοιτούσε ένα δέντρο. Σχεδόν όλα τα ανθρώπινα πλάσματα έχουν δει δέντρο· λίγοι, αλίμονο, έχουν δει εκεί τον Δημιουργό του δέντρου. Οι περισσότεροι άνθρωποι είναι εντελώς ανίκανοι να επιστρατεύσουν τις ακατανίκητες δυνάμεις της αφοσίωσης οι οποίες, χωρίς προσπάθεια, εκδηλώνονται μόνο σε λίγους *εκαντίν*, αγίους που «ολόψυχα λατρεύουν» το Θεό, που βρίσκονται σε όλα τα θρησκευτικά μονοπάτια, είτε της Ανατολής είτε της Δύσης. Αυτό όμως δεν σημαίνει ότι στους συνηθισμένους ανθρώπους[16] αποκλείεται η δυνατότητα της κοινωνίας με το Θεό. Ο άνθρωπος, για να θυμηθεί η ψυχή του τη θεϊκή της προέλευση, δεν χρειάζεται τίποτα άλλο από την τεχνική της *Κρίγια Γιόγκα*, την καθημερινή τήρηση των ηθικών κανόνων και την ικανότητα να φωνάξει με ειλικρίνεια: «Κύριε, λαχταρώ να Σε γνωρίσω!».

---

[15] Βλ. κεφάλαιο 26. Ανάμεσα στους Χριστιανούς Αγίους που παρατηρήθηκαν σε *σαμπικάλπα σαμάντι* μπορεί να αναφερθεί η Αγία Τερέζα της Άβιλα, της οποίας το σώμα γινόταν τόσο ακλόνητα ακίνητο, που οι κατάπληκτες καλόγριες στο μοναστήρι δεν μπορούσαν να αλλάξουν τη στάση της ή να την επαναφέρουν στη συνειδητότητα του έξω κόσμου.

[16] Ο «συνηθισμένος άνθρωπος» πρέπει κάπου, κάποτε, να κάνει μια πνευματική αρχή. «Το ταξίδι των χιλιάδων χιλιομέτρων αρχίζει με ένα βήμα», παρατήρησε ο Λάο-Τσε. Και ο Βούδας: «Κανένας άνθρωπος δεν πρέπει να παίρνει αψήφιστα το καλό, λέγοντας μέσα του "δεν θα έρθει κοντά μου". Το ποτήρι γεμίζει με σταγόνες νερού που πέφτουν· ο σοφός άνθρωπος γεμίζει με καλό, ακόμα κι αν το μαζεύει λίγο λίγο.»

Έτσι, η οικουμενική γοητεία της γιόγκα έγκειται στην προσέγγιση του Θεού μέσω μιας επιστημονικής μεθόδου που μπορεί να εφαρμόζεται καθημερινά και όχι μέσω λατρευτικής θέρμης που είναι πέρα από τη συναισθηματική εμβέλεια του μέσου ανθρώπου.

Διάφοροι μεγάλοι Τζαϊνιστές δάσκαλοι της Ινδίας ονομάστηκαν *τιρθάκαρα*, «που φτιάχνουν πέρασμα», γιατί αποκαλύπτουν το μονοπάτι μέσω του οποίου η αμήχανη κοινωνία μπορεί να διασχίσει και να περάσει πέρα από τις τρικυμιώδεις θάλασσες του *σαμσάρα* (του καρμικού τροχού, των επαναλαμβανόμενων θανάτων και γεννήσεων). Το *σαμσάρα* (κατά κυριολεξία «η ροή μαζί» με τη φαινομενική ρευστότητα) ωθεί τον άνθρωπο να διαλέξει τον δρόμο που προβάλλει την πιο μικρή αντίσταση. «Όποιος λοιπόν θελήσει να είναι φίλος του κόσμου, γίνεται ο εχθρός του Θεού».[17] Για να γίνει φίλος του Θεού, ο άνθρωπος πρέπει να ξεπεράσει τους δαίμονες ή τα δεινά του κάρμα του ή πράξεών του που πάντα τον παρακινούν σε παθητική συναίνεση στην αυταπάτη του κόσμου της *μάγια*. Η γνώση του ατσάλινου νόμου του κάρμα ενθαρρύνει τον ειλικρινή αναζητητή να βρει έναν τρόπο τελικής διαφυγής από τα δεσμά του. Επειδή η καρμική δουλεία των ανθρώπινων όντων έχει τις ρίζες της στις επιθυμίες του σκοτεινού από τη *μάγια* νου τους, ο γιόγκι ασκείται στον έλεγχο του νου.[18] Τα διάφορα πέπλα της καρμικής άγνοιας πέφτουν και ο άνθρωπος βλέπει τον εαυτό του στην πραγματική ουσία του.

Το μυστήριο της ζωής και του θανάτου, του οποίου η λύση είναι ο μόνος λόγος της διαμονής του ανθρώπου στη γη, είναι στενά συνδεδεμένο με την αναπνοή. Η εκούσια διακοπή της αναπνοής είναι αθανασία. Συνειδητοποιώντας αυτήν την αλήθεια, οι αρχαίοι ρίσι της

---

[17] Επιστολή Ιακώβου Δ:4.
[18] «Σταθερά καίει η λάμπα, προστατευμένη από τον άνεμο·
Έτσι μοιάζει ο νους του Γιόγκι
Αποκομμένος από τις καταιγίδες των αισθήσεων και φλεγόμενος έντονα για τον Παράδεισο.
Όταν ο νους είναι ατάραχος, με την άγια συνήθεια να μένει σε ηρεμία·
Όταν ο Εαυτός παρατηρεί τον εαυτό, και μέσα στον εαυτό του
Βρίσκει παρηγοριά· όταν γνωρίζει την ανείπωτη χαρά
Πέρα από κάθε φάσμα των αισθήσεων, που αποκαλύπτεται στην ψυχή –
Μόνο στην ψυχή! Και, γνωρίζοντας, δεν αμφιταλαντεύεται,
Αληθινή ως την πιο μακρινή Αλήθεια· όταν, έχοντας αυτήν,
Δεν βρίσκει άλλον θησαυρό που να μπορεί να συγκριθεί μαζί της,
Αλλά, έχοντας βρει εκεί λιμάνι, δεν μπορεί να μετακινηθεί ή να ταραχτεί
Ακόμα και από τον πιο σοβαρό θρήνο, τότε ονόμασε αυτήν την κατάσταση "γαλήνη",
Αυτόν τον ευτυχισμένο διαχωρισμό Γιόγκα· αποκάλεσε αυτόν τον άνθρωπο
Τέλειο γιόγκι!».
– Μπάγκαβαντ Γκίτα VI:19-23 *(Από την αγγλική μετάφραση του Arnold)*

Ο Ινδός Πρέσβης στις Ηνωμένες Πολιτείες, ο κ. Μπινάι Ράντζαν Σεν, με τον Σρι Γιογκανάντα στην έδρα του Self-Realization Fellowship στο Λος Άντζελες, στις 4 Μαρτίου 1952 – τρεις μέρες πριν ο μεγάλος γιόγκι εγκαταλείψει το σώμα του.

Στον επικήδειο λόγο του, στις 11 Μαρτίου, ο Πρέσβης Σεν είπε: «Αν είχαμε έναν άνθρωπο σαν τον Παραμαχάνσα Γιογκανάντα στα Ηνωμένα Έθνη σήμερα, ενδεχομένως ο κόσμος θα ήταν καλύτερος απ' ό,τι είναι. Απ' όσο γνωρίζω, κανείς δεν εργάστηκε περισσότερο, κανείς δεν έδωσε περισσότερα από τον εαυτό του για να ενώσει τους ανθρώπους της Ινδίας και της Αμερικής».

Ινδίας εκμεταλλεύτηκαν το μοναδικό αυτό στοιχείο και ανέπτυξαν μια επακριβή και λογική επιστήμη διακοπής της αναπνοής.

Ακόμα κι αν η Ινδία δεν είχε τίποτα άλλο να χαρίσει στον κόσμο, η *Κρίγια Γιόγκα* και μόνο θα επαρκούσε ως μια βασιλική προσφορά.

Η Βίβλος περιέχει περικοπές που αποκαλύπτουν ότι οι Εβραίοι προφήτες γνώριζαν καλά ότι ο Θεός έκανε την αναπνοή τον συνδετικό κρίκο μεταξύ ψυχής και σώματος. Στη Γένεση αναφέρεται: «Και έπλασε ο Κύριος ο Θεός τον άνθρωπο από χώμα από τη γη· και εμφύσησε στα ρουθούνια του πνοή ζωής, και έγινε ο άνθρωπος ζωντανή ψυχή».[19] Το

---

[19] Γένεση Β:7

ανθρώπινο σώμα αποτελείται από χημικές και μεταλλικές ουσίες που βρίσκονται επίσης και «στο χώμα από τη γη». Η σάρκα του ανθρώπου δεν θα μπορούσε ποτέ να εκδηλώσει δραστηριότητα ή ενέργεια αν δεν υπήρχαν τα ζωικά ρεύματα που εκπέμπει η ψυχή στο σώμα τα οποία, στον αφώτιστο άνθρωπο, μεταδίδονται μέσω της αναπνοής (αέριας ενέργειας). Τα ζωικά ρεύματα, που λειτουργούν στο ανθρώπινο σώμα ως η δέσμη των πέντε *πράνα* ή λεπτοφυών ζωικών ενεργειών, είναι μια έκφραση της δόνησης *Ομ* της πανταχού παρούσας ψυχής.

Η αντανάκλαση, η αληθοφάνεια της ζωής που λάμπει στα σαρκικά κύτταρα από την ψυχική πηγή, είναι ο μόνος λόγος της προσκόλλησης του ανθρώπου στο σώμα του· προφανώς δεν θα έδειχνε φροντίδα και σεβασμό για ένα κομμάτι πηλού. Ένα ανθρώπινο ον ταυτίζεται λανθασμένα με την υλική του μορφή γιατί τα ζωικά ρεύματα από την ψυχή μεταδίδονται στο σώμα μέσω της αναπνοής με τόσο έντονη δύναμη, που ο άνθρωπος συγχέει το αποτέλεσμα με την αιτία και, ειδωλολατρικά, φαντάζεται ότι το σώμα έχει δική του ζωή.

Ο άνθρωπος στην κατάσταση της εγρήγορσης έχει επίγνωση του σώματος και της αναπνοής. Η υποσυνείδητη κατάστασή του, που είναι ενεργή κατά τον ύπνο, σχετίζεται με τον νοητικό και προσωρινό διαχωρισμό του από το σώμα και την αναπνοή. Στην υπερσυνείδητη κατάσταση είναι ελεύθερος από την αυταπάτη ότι η «ύπαρξη» σχετίζεται με το σώμα και την αναπνοή.[20] Ο Θεός ζει χωρίς να αναπνέει· η ψυχή που έγινε κατ' εικόνα Του αποκτά συνείδηση του εαυτού της για πρώτη φορά μόνο κατά τη διάρκεια της εκούσιας διακοπής της αναπνοής.

Όταν η αναπνοή, που αποτελεί τον δεσμό της ψυχής με το σώμα, διακοπεί από το εξελισσόμενο κάρμα, επακολουθεί η απότομη μετάβαση που καλείται «θάνατος»· τα υλικά κύτταρα επανέρχονται στη φυσική τους αδυναμία. Για τον *Κρίγια Γιόγκι* ωστόσο, ο δεσμός της αναπνοής διακόπτεται με τη θέλησή του, με επιστημονική σοφία, και όχι από την άχαρη εισβολή της αναγκαιότητας του κάρμα. Μέσω πραγματικής

---

[20] «Ποτέ δεν θα απολαύσεις τον κόσμο σωστά μέχρι η θάλασσα να κυλήσει στις φλέβες σου, μέχρι να ντυθείς με τους ουρανούς και να στεφθείς με τ' αστέρια και να αντιληφθείς τον εαυτό σου ως τον μοναδικό κληρονόμο ολόκληρου του κόσμου, κι ακόμα περισσότερο, γιατί μέσα σ' αυτόν βρίσκονται άνθρωποι οι οποίοι επίσης είναι μοναδικοί κληρονόμοι όπως εσύ· μέχρι να μπορείς να τραγουδάς και να βρίσκεις αγαλλίαση και χαρά στο Θεό, όπως οι φιλάργυροι στο χρυσάφι και οι βασιλιάδες στα σκήπτρα [...] μέχρι να εξοικειωθείς τόσο καλά με τις μεθόδους του Θεού σε όλες τις εποχές, όπως γνωρίζεις να βαδίζεις και να τρως· μέχρι να γνωριστείς στενά μ' αυτό το σκιώδες τίποτα από το οποίο έγινε ο κόσμος». – Thomas Traherne, *Centuries of Meditations* («Αιώνες διαλογισμών»).

εμπειρίας, ο γιόγκι ήδη γνωρίζει ότι ουσιαστικά είναι άυλος και δεν χρειάζεται την κάπως δηκτική νύξη που παρέχει ο Θάνατος ότι ο άνθρωπος κακώς συμβουλεύεται να βασίζεται στο υλικό του σώμα.

Από ζωή σε ζωή κάθε άνθρωπος εξελίσσεται (με τον δικό του ρυθμό, κι ας είναι πάντα τόσο σπασμωδικός) προς τον στόχο της αποθέωσής του. Ο θάνατος, που δεν είναι διακοπή της ανοδικής του πορείας, απλά προσφέρει στον άνθρωπο το πιο ευχάριστο περιβάλλον του αστρικού κόσμου για να εξαγνιστεί μέσα σ' αυτό. «Ας μην ταράζεται η καρδιά σας. [...] Στο σπίτι του Πατέρα μου είναι πολλά οικήματα».[21] Είναι πράγματι απίθανο να εξάντλησε ο Θεός την εφευρετικότητά Του οργανώνοντας αυτόν τον κόσμο, ή ότι στον επόμενο κόσμο δεν θα προσφέρει τίποτα πιο ελκυστικό από το παίξιμο μιας άρπας.

Ο θάνατος δεν είναι η καταστροφή της ύπαρξης, μια τελική απόδραση από τη ζωή· ούτε είναι ο δρόμος για την αθανασία. Αυτός που επέτρεψε στον Εαυτό του να καταφύγει στις γήινες απολαύσεις δεν θα Τον ξαναβρεί μέσα στην αραχνοΰφαντη γοητεία ενός αστρικού κόσμου. Εκεί απλώς συγκεντρώνει πιο λεπτοφυείς αντιλήψεις και δυνατότητα πιο ευαίσθητης ανταπόκρισης στο όμορφο και το καλό, τα οποία είναι ένα. Είναι στο αμόνι αυτής της χονδροειδούς γης που ο άνθρωπος που αγωνίζεται πρέπει να σφυρηλατήσει το άφθαρτο χρυσάφι της πνευματικής ταυτότητας. Κρατώντας στα χέρια του τον δύσκολα αποκτημένο χρυσό θησαυρό ως το μόνο αποδεκτό δώρο στον άπληστο Θάνατο, ο άνθρωπος κερδίζει την τελική ελευθερία του από τους κύκλους της μετενσάρκωσης στο υλικό πεδίο.

Για αρκετά χρόνια δίδασκα σε τάξεις γιόγκα στο Ενσινίτας και το Λος Άντζελες για τις *Γιόγκα Σούτρα* του Πατάντζαλι και άλλα βαθυστόχαστα έργα της ινδουιστικής φιλοσοφίας.

«Γιατί ο Θεός έδεσε το σώμα με την ψυχή;», ρώτησε ένας σπουδαστής ένα απόγευμα. «Ποιος ήταν ο σκοπός Του όταν αρχικά έθεσε σε κίνηση αυτό το εκτυλισσόμενο θεατρικό έργο της δημιουργίας;». Αμέτρητοι ακόμα άνθρωποι έχουν θέσει τέτοιες ερωτήσεις· οι φιλόσοφοι προσπάθησαν μάταια να απαντήσουν πλήρως.

«Αφήστε μερικά μυστήρια να τα εξερευνήσουμε στην Αιωνιότητα», συνήθιζε να λέει ο Σρι Γιουκτέσβαρ χαμογελώντας. «Πώς θα μπορούσε ο άνθρωπος, με τις περιορισμένες δυνάμεις της λογικής του, να αντιληφθεί τα ασύλληπτα κίνητρα του Μη Δημιουργημένου

---

[21] Κατά Ιωάννη ΙΔ:1-2.

Απόλυτου;²² Η λογική του ανθρώπου, δεμένη με την αρχή της αιτίας και του αποτελέσματος του φαινομενικού κόσμου, βρίσκεται σε σύγχυση μπροστά στο αίνιγμα του Θεού, Αυτού που δεν έχει αρχή, του Αδημιούργητου. Ωστόσο, αν και η λογική του ανθρώπου δεν μπορεί να εξιχνιάσει τα βάθη του γρίφου της δημιουργίας, κάθε μυστήριο τελικά θα λυθεί για τον πιστό από τον Ίδιο το Θεό».

Αυτός που με ειλικρίνεια λαχταρά τη σοφία μένει ικανοποιημένος με το να αρχίσει την έρευνά του ταπεινά από το Άλφα, Βήτα, Γάμα της θεϊκής παράστασης, μαθαίνοντας να κυριαρχεί πρώτα σ' αυτά και όχι απαιτώντας πρόωρα να κατανοήσει τα επακριβή μαθηματικά διαγράμματα της «Θεωρίας του Αϊνστάιν» για τη ζωή.

«*Κανείς δεν ειδέ ποτέ το Θεό* (κανείς θνητός που υπόκειται στον "χρόνο", τη σχετικότητα της *μάγια*,²³ δεν μπορεί να συνειδητοποιήσει το Άπειρο)· *ο μονογενής Υιός, που είναι στην αγκαλιά του Πατέρα* (η αντανακλώμενη κατά Χριστόν Συνειδητότητα ή η προβαλλόμενη προς τα έξω Τέλεια Νοημοσύνη που, καθοδηγώντας όλα τα δομικά φαινόμενα μέσω της δόνησης *Ομ*, εκπορεύθηκε από "την αγκαλιά" ή τα βάθη του Αδημιούργητου Θεού για να εκφράσει την ποικιλία της Ενότητας), *εκείνος τον φανέρωσε* (Του έδωσε μορφή ή Τον εκδήλωσε)».²⁴

«Αλήθεια, αλήθεια σας λέω», εξήγησε ο Ιησούς, «δεν μπορεί ο Υιός να κάνει τίποτα από μόνος του, αλλά κάνει αυτά που βλέπει τον Πατέρα να κάνει· επειδή όσα εκείνος κάνει, αυτά και ο Υιός κάνει όμοια».²⁵

---

²² «Διότι οι σκέψεις μου δεν είναι σκέψεις σας ούτε οι τρόποι σας οι τρόποι μου, λέει ο Κύριος. Αλλά όσο ψηλότεροι είναι οι ουρανοί από τη γη, έτσι οι τρόποι μου είναι ψηλότεροι των τρόπων σας και οι σκέψεις μου των σκέψεών σας». - Ησαΐας ΝΕ:8-9. Ο Δάντης καταθέτει στη *Θεϊκή Κωμωδία*:

    Έχω πάει στον πιο φωτισμένο παράδεισο,
    Με φως απ' Αυτόν, και είδα πράγματα που για να τα αρθρώσει
    Αυτός που επιστρέφει από εκεί δεν έχει ούτε την ικανότητα ούτε τη γνώση·
    Γιατί η διάνοιά μας, μόλις πλησιάσει το αντικείμενο που λαχταρά
    Είναι τόσο βαθιά συγκλονισμένη
    Που δεν μπορεί ποτέ να ξαναβρεί τα ίχνη του μονοπατιού που ακολούθησε.
    Αλλά ό,τι από το ιερό βασίλειο
    Μπόρεσε η μνήμη με τη δύναμή της να φυλάξει σαν θησαυρό
    Θα είναι το θέμα μου μέχρι να τελειώσει το τραγούδι.

²³ Ο ημερήσιος κύκλος της γης, από το φως στο σκοτάδι και αντίστροφα, θυμίζει συνεχώς στον άνθρωπο την εμπλοκή της δημιουργίας στη *μάγια* ή αντίθετες καταστάσεις. (Οι μεταβατικές ή εξισορροπημένες περίοδοι της ημέρας, η αυγή και το σούρουπο, θεωρούνται επομένως αίσιες για διαλογισμό.) Καταστρέφοντας το πέπλο της *μάγια* με τη δυαδική δομή, ο γιόγκι αντιλαμβάνεται την υπερβατική Ενότητα.

²⁴ Κατά Ιωάννη Α:18.

²⁵ Κατά Ιωάννη Ε:19.

Ο ΠΑΡΑΜΑΧΑΝΣΑ ΓΙΟΓΚΑΝΑΝΤΑ – «ΤΟ ΤΕΛΕΥΤΑΙΟ ΧΑΜΟΓΕΛΟ»

Μια φωτογραφία που πάρθηκε μια ώρα πριν το *μαχασαμάντι* του (τη συνειδητή, τελική έξοδο ενός γιόγκι από το σώμα του), σ' ένα δείπνο προς τιμήν του Πρέσβη Μπινάι Ρ. Σεν από την Ινδία, στις 7 Μαρτίου 1952, στο Λος Άντζελες, Καλιφόρνια.

Ο φωτογράφος αποτύπωσε εδώ ένα χαμόγελο αγάπης που φαίνεται σαν αποχαιρετιστήρια ευλογία για κάθε έναν από τους εκατομμύρια φίλους, σπουδαστές και μαθητές του Δασκάλου. Τα μάτια του, που ήδη κοίταζαν την Αιωνιότητα, είναι εντούτοις γεμάτα ανθρώπινη ζεστασιά και κατανόηση.

Ο θάνατος δεν είχε δύναμη αποσύνθεσης αυτού του απαράμιλλου πιστού του Θεού· το σώμα του εκδήλωσε την εκπληκτική κατάσταση της μη αποσύνθεσης ή μεταβολής (βλ. σελ. 572).

Η τριαδική φύση του Θεού, όπως Αυτός εκδηλώνεται στους φαινομενικούς κόσμους, συμβολίζεται στις ινδουιστικές Γραφές ως Μπραχμά ο Δημιουργός, ο Βισνού ο Συντηρητής και ο Σίβα ο Καταστροφέας-Ανανεωτής. Οι τριαδικές τους δραστηριότητες εμφανίζονται ασταμάτητα σε όλη τη δονητική δημιουργία. Καθώς το Απόλυτο είναι πέρα από τις ικανότητες του ανθρώπου να το συλλάβει, ο πιστός Ινδουιστής Το προσκυνά στις επιβλητικές ενσωματώσεις της Τριάδας.²⁶

Η οικουμενική δημιουργική-συντηρητική-καταστροφική όψη του Θεού, εντούτοις, δεν είναι η ύστατη, ούτε καν η στοιχειώδης φύση Του (γιατί η συμπαντική δημιουργία είναι μόνο το *λίλα* Του, δημιουργικό παιχνίδι).²⁷ Η πραγματική Του φύση δεν μπορεί να συλληφθεί ακόμα κι αν συλληφθούν όλα τα μυστήρια της Τριάδας, γιατί η εξωτερική φύση Του, όπως εκδηλώνεται στην ατομική ρευστότητα με τους νόμους της, απλώς και μόνο Τον εκφράζει χωρίς να Τον αποκαλύπτει. Η τελική φύση του Κυρίου μπορεί να γίνει γνωστή μόνο όταν «ο Υιός ανέβει στον Πατέρα».²⁸ Ο απελευθερωμένος άνθρωπος υπερβαίνει τα δονητικά βασίλεια και εισέρχεται στο Μη Δονούμενο Αυθεντικό.

Όλοι οι μεγάλοι προφήτες παρέμειναν σιωπηλοί όταν τους ζητήθηκε να αποκαλύψουν τα έσχατα μυστικά. Όταν ο Πιλάτος ρώτησε: «Τι είναι αλήθεια;»,²⁹ ο Χριστός δεν απάντησε. Οι μεγάλες επιδεικτικές ερωτήσεις των διανοουμένων σαν τον Πιλάτο σπάνια πηγάζουν από ένα ένθερμο πνεύμα έρευνας. Τέτοιοι άνθρωποι μιλούν περισσότερο με την κενή αλαζονεία που θεωρεί ότι η έλλειψη πίστης σε πνευματικές αξίες³⁰ είναι μια ένδειξη «ανοιχτού μυαλού».

---

²⁶ Μια διαφορετική σύλληψη απ' αυτήν της τριαδικής Πραγματικότητας: *Σατ, Τατ, Ομ·* ή Πατέρας, Υιός και Άγιο Πνεύμα. Η Τριάδα Μπραχμά-Βισνού-Σίβα αντιπροσωπεύει την τριαδική έκφραση του Θεού στην όψη του *Τατ* ή Υιού, της κατά Χριστόν Συνειδητότητας, εγγενούς στη δονητική δημιουργία. Οι *σάκτι*, ενέργειες ή «σύζυγοι» της Τριάδας είναι σύμβολα του *Ομ* ή Αγίου Πνεύματος, της μοναδικής αιτιώδους δύναμης που υποστηρίζει όλο το σύμπαν μέσω δόνησης. (Βλ. σελ. 167 σημ. και σελ. 222 σημ.)

²⁷ «Κύριε [...] εσύ έχτισες τα πάντα, και για την ευχαρίστησή σου υπάρχουν και χτίστηκαν». (Αποκάλυψη Ιωάννη Δ:11).

²⁸ Κατά Ιωάννη ΙΔ:12.

²⁹ Κατά Ιωάννη ΙΗ:38.

³⁰ «Να αγαπάς την Αρετή· μόνον αυτή είναι ελεύθερη·
Μπορεί να σε διδάξει να αναρριχάσαι
Πιο πάνω κι από τις υψηλότερες σφαίρες·
Ή, αν η Αρετή ήταν αδύναμη,
Ο ίδιος ο παράδεισος θα έσκυβε μπροστά της.
– Milton, *"Comus"*

«Εγώ γι' αυτό γεννήθηκα και γι' αυτό ήρθα στον κόσμο, για να μαρτυρήσω στην αλήθεια. Κάθε ένας που είναι με την αλήθεια ακούει τη φωνή μου».[31] Μ' αυτές τις λίγες λέξεις ο Χριστός είπε τόσα πολλά, που θα χρειάζονταν τόμοι για να γραφτούν. Ένα παιδί του Θεού «μαρτυρά» *με τη ζωή του*. Είναι η ενσάρκωση της αλήθειας· αν επιπλέον την αναλύει, αυτό είναι περιττό και το κάνει από γενναιοδωρία.

Η αλήθεια δεν είναι θεωρία, ούτε σύστημα φιλοσοφίας που στηρίζεται σε εικασίες, ούτε διανοητική οξυδέρκεια. Η αλήθεια είναι η επακριβής αντιστοιχία με την πραγματικότητα. Για τον άνθρωπο η αλήθεια είναι η ακλόνητη γνώση της πραγματικής φύσης του, του Εαυτού του ως ψυχή. Ο Ιησούς με κάθε πράξη και λόγο της ζωής του απέδειξε ότι γνώριζε *την αλήθεια* της ύπαρξής του – την πηγή του στο Θεό. Ολοκληρωτικά ταυτισμένος με την πανταχού παρούσα κατά Χριστόν Συνειδητότητα, μπορούσε να πει με μια απλή έσχατη οριστικότητα: «Κάθε ένας που είναι με την αλήθεια ακούει τη φωνή μου».

Ο Βούδας επίσης αρνήθηκε να ρίξει φως στις μεταφυσικές έσχατες αλήθειες, τονίζοντας στεγνά ότι, τις λίγες στιγμές του πάνω στη γη, ο άνθρωπος θα ήταν καλύτερο να τις περάσει τελειοποιώντας την ηθική του φύση. Ο Κινέζος μυστικιστής Λάο-Τσε σωστά δίδαξε ότι: «Αυτός που ξέρει, δεν το λέει· αυτός που λέει, δεν το ξέρει». Τα έσχατα μυστήρια του Θεού δεν είναι «προς συζήτηση». Η αποκρυπτογράφηση του μυστικού Του κώδικα είναι μια τέχνη που ο άνθρωπος δεν μπορεί να αποκαλύψει σε άνθρωπο· εδώ μόνο ο Κύριος είναι ο Δάσκαλος.

«Μείνετε ακίνητοι και γνωρίστε ότι είμαι ο Θεός».[32] Μη επιδεικνύοντας ποτέ την πανταχού παρουσία Του, ο Κύριος ακούγεται μόνο μέσα στην απόλυτη σιωπή. Αντηχώντας μέσα σε όλο το σύμπαν ως η δημιουργική δόνηση *Ομ*, ο Πρωταρχικός Ήχος αμέσως μεταφράζεται σε νοήμονες λέξεις για τον πιστό που είναι συντονισμένος μ' Αυτόν.

Ο θεϊκός σκοπός της δημιουργίας, όσο η λογική του ανθρώπου μπορεί να τον συλλάβει, εξηγείται στις Βέδες. Οι ρίσι δίδαξαν ότι κάθε ανθρώπινο ον δημιουργήθηκε από το Θεό ως ψυχή που θα εκδηλώσει με μοναδικό τρόπο κάποια ειδική ιδιότητα του Απείρου πριν ξαναγυρίσει στην Απόλυτη Ταυτότητά του. Έτσι, όλοι οι άνθρωποι, προικισμένοι με μια όψη Θεϊκής Ατομικότητας, είναι το ίδιο αγαπητοί στο Θεό.

Η σοφία που σταχυολόγησε η Ινδία, ο μεγαλύτερος αδελφός

---

[31] Κατά Ιωάννη ΙΗ:37.

[32] Ψαλμοί ΜΣΤ:10. Ο στόχος της γιόγκα είναι να επιτύχει ο άνθρωπος αυτή την εσωτερική ακινησία και έτσι αληθινά να «γνωρίσει το Θεό».

ανάμεσα στα έθνη, είναι μια κληρονομιά όλης της ανθρωπότητας. Η βεδική αλήθεια, όπως και κάθε αλήθεια, ανήκει στον Κύριο και όχι στην Ινδία. Οι ρίσι, των οποίων ο νους ήταν σαν αγνό δοχείο που λάμβανε τη θεϊκή εμβρίθεια των Βεδών, ήταν μέλη της ανθρώπινης φυλής, γεννημένοι σ' αυτή τη γη, όχι σε μια άλλη, για να υπηρετήσουν την ανθρωπότητα σαν ολότητα. Οι φυλετικές και οι εθνικές διακρίσεις δεν έχουν κανένα νόημα στο βασίλειο της αλήθειας, όπου το μόνο προσόν είναι η πνευματική ικανότητα να λαμβάνει κάποιος.

Ο Θεός είναι Αγάπη· το σχέδιο της δημιουργίας Του μπορεί να έχει τις ρίζες του μόνο στην αγάπη. Η απλή αυτή σκέψη δεν προσφέρει μεγαλύτερη παρηγοριά στον άνθρωπο απ' ό,τι οι επιχειρηματολογίες των «πολυμαθών»; Κάθε άγιος που διείσδυσε στην καρδιά της Πραγματικότητας διακήρυξε ότι υπάρχει ένα θεϊκό οικουμενικό σχέδιο και ότι είναι όμορφο και γεμάτο χαρά.

Στον προφήτη Ησαΐα ο Θεός αποκάλυψε τις προθέσεις Του με τα εξής λόγια:

> «Έτσι θα είναι ο λόγος μου [το δημιουργικό *Ομ*] ο εξερχόμενος από το στόμα μου· δεν θα επιστρέψει σ' εμένα κενός, αλλά θα εκτελέσει το θέλημά μου, και θα ευοδωθεί σε ό,τι τον αποστέλλω. Διότι θα εξέλθετε με χαρά και θα οδηγηθείτε με ειρήνη· τα όρη και οι λόφοι θα αντηχήσουν μπροστά σας τραγουδώντας και όλα τα δέντρα του αγρού θα χειροκροτήσουν» (Ησαΐας ΝΕ:11-12).

«Θα εξέλθετε με χαρά και θα οδηγηθείτε με ειρήνη». Οι άνθρωποι του σκληρά καταπιεσμένου εικοστού αιώνα ακούν με λαχτάρα αυτή τη θαυμαστή υπόσχεση. Η πλήρης αλήθεια μέσα σ' αυτήν μπορεί να συνειδητοποιηθεί από κάθε πιστό του Θεού που πασχίζει με λεβεντιά να ανακτήσει τη θεϊκή του κληρονομιά.

Ο ευλογημένος ρόλος της *Κρίγια Γιόγκα* στην Ανατολή και στη Δύση ίσα που άρχισε. Είθε όλοι οι άνθρωποι να καταλάβουν ότι υπάρχει μια σαφής, επιστημονική τεχνική για τη συνειδητοποίηση του Εαυτού τους για την υπέρβαση όλης της ανθρώπινης δυστυχίας.

Στέλνοντας δονήσεις σκέψεων αγάπης στους χιλιάδες *Κρίγια Γιόγκι*, που είναι διασκορπισμένοι σαν λαμπερά κοσμήματα σε όλη τη γη, συχνά σκέφτομαι με ευγνωμοσύνη:

«Κύριε, χάρισες σ' αυτόν τον μοναχό μια μεγάλη οικογένεια!».

## ΠΑΡΑΜΑΧΑΝΣΑ ΓΙΟΓΚΑΝΑΝΤΑ: ΕΝΑΣ ΓΙΟΓΚΙ ΣΤΗ ΖΩΗ ΚΑΙ ΣΤΟ ΘΑΝΑΤΟ

Ο Παραμαχάνσα Γιογκανάντα μπήκε σε *μαχασαμάντι* (τη συνειδητή τελική έξοδο ενός γιόγκι από το σώμα του) στο Λος Άντζελες της Καλιφόρνιας στις 7 Μαρτίου 1952, μετά από μία ομιλία σ' ένα δείπνο προς τιμήν του Πρεσβευτή της Ινδίας Μπινάι Ρ. Σεν.

Ο μεγάλος δάσκαλος του κόσμου απέδειξε την αξία της γιόγκα (των επιστημονικών τεχνικών για τη συνειδητοποίηση του Θεού) όχι μόνο στη ζωή αλλά και στον θάνατο. Για εβδομάδες μετά την αποχώρησή του από τον κόσμο, το αναλλοίωτο πρόσωπό του έλαμπε με τη θεϊκή ακτινοβολία της μη αποσύνθεσης.

Ο Harry T. Rowe, Διευθυντής του Νεκροτομείου Forest Lawn Memorial-Park του Λος Άντζελες (στο οποίο τοποθετήθηκε προσωρινά το σώμα του μεγάλου Δασκάλου), έστειλε στο Self-Realization Fellowship ένα επικυρωμένο από συμβολαιογράφο γράμμα, από το οποίο πάρθηκαν τα ακόλουθα αποσπάσματα:

«Η απουσία οποιωνδήποτε ενδείξεων οπτικής σήψης στο νεκρό σώμα του Παραμαχάνσα Γιογκανάντα είναι η πιο εξαιρετικά ασυνήθιστη περίπτωση που έχουμε δει. [...] Καμία υλική αποσύνθεση δεν ήταν ορατή στο σώμα του ακόμα και είκοσι μέρες μετά τον θάνατο. [...] Καμία ένδειξη μούχλας δεν υπήρχε στο δέρμα του και καμία ορατή αφυδάτωση δεν υπήρξε στους σωματικούς ιστούς. Αυτή η κατάσταση της τέλειας συντήρησης του σώματος είναι, καθ' όσον γνωρίζουμε από τα ιατρικά χρονικά, κάτι που δεν έχει συμβεί ποτέ ξανά. [...] Την ώρα που παρέλαβε το σώμα του Γιογκανάντα, το προσωπικό του Νεκροτομείου περίμενε να παρατηρήσει, μέσα από το γυάλινο κάλυμμα του φερέτρου, τις συνήθεις ενδείξεις της σταδιακής σωματικής σήψης. Η κατάπληξή μας αυξανόταν καθώς περνούσαν οι μέρες χωρίς να επιφέρουν οποιαδήποτε ορατή αλλαγή στο σώμα καθώς το παρατηρούσαμε. Το σώμα του Γιογκανάντα ήταν προφανώς σε μια απίστευτη κατάσταση μη μεταβλητότητας. [...]

»Καμία οσμή σήψης δεν αναδύθηκε από το σώμα του οποιαδήποτε στιγμή. [...] Η εμφάνιση του Γιογκανάντα στις 27 Μαρτίου, ακριβώς πριν το μπρούτζινο κάλυμμα του φερέτρου τεθεί στη θέση του, ήταν η ίδια όπως στις 7 Μαρτίου. Στις 27 Μαρτίου φαινόταν τόσο φρέσκος και ανέγγιχτος από τη σήψη όσο φαινόταν την ημέρα του θανάτου του. Στις 27 Μαρτίου δεν υπήρχε καμία ένδειξη ώστε να πούμε ότι το σώμα του είχε υποστεί οποιαδήποτε ορατή αποσύνθεση. Γι' αυτούς τους λόγους δηλώνουμε ξανά ότι η περίπτωση του Παραμαχάνσα Γιογκανάντα είναι μοναδική στην εμπειρία μας».

Το 1977, στην εικοστή πέμπτη επέτειο του *μαχασαμάντι* του Παραμαχάνσα Γιογκανάντα, η Κυβέρνηση της Ινδίας εξέδωσε αυτό το αναμνηστικό γραμματόσημο στη μνήμη του. Μαζί με το γραμματόσημο, η κυβέρνηση δημοσίευσε ένα χαρακτηριστικό φυλλάδιο που έγραφε, μερικώς, τα εξής:

> Το ιδεώδες της αγάπης για το Θεό και της υπηρεσίας στην ανθρωπότητα βρήκε πλήρη έκφραση στη ζωή του Παραμαχάνσα Γιογκανάντα. [...] Αν και το μεγαλύτερο μέρος της ζωής του το πέρασε έξω από την Ινδία, εντούτοις εξακολουθεί να έχει τη θέση του ανάμεσα στους μεγάλους αγίους μας. Το έργο του συνεχίζει να μεγαλώνει και να λάμπει πάντα πιο φωτεινά, προσελκύοντας ανθρώπους από παντού στο προσκύνημα του Πνεύματος.

## ΕΠΙΠΛΕΟΝ ΠΗΓΕΣ ΣΤΗ ΔΙΔΑΣΚΑΛΙΑ ΤΗΣ ΚΡΙΓΙΑ ΓΙΟΓΚΑ ΤΟΥ ΠΑΡΑΜΑΧΑΝΣΑ ΓΙΟΓΚΑΝΑΝΤΑ

To Self-Realization Fellowship είναι αφιερωμένο στο να βοηθά δωρεάν τους αναζητητές όλου του κόσμου. Για πληροφορίες που αφορούν τις ετήσιες ομιλίες και τάξεις διδασκαλίας, υπηρεσίες διαλογισμού και έμπνευσης στους ναούς και των κέντρων μας σε όλο τον κόσμο, το πρόγραμμα των ησυχαστηρίων και άλλες δραστηριότητες, σας καλούμε να επισκεφθείτε την ιστοσελίδα μας ή την Έδρα μας:

www.yogananda-srf.org

Self-Realization Fellowship
3880 San Rafael Avenue
Los Angeles, CA 90065-3219
Τηλ. (323) 225-2471

# ΜΑΘΗΜΑΤΑ ΤΟΥ
# SELF-REALIZATION FELLOWSHIP

*Προσωπική καθοδήγηση και οδηγίες από τον Παραμαχάνσα Γιογκανάντα πάνω στις τεχνικές του διαλογισμού γιόγκα και τις αρχές της πνευματικής ζωής*

Αν νιώθετε να έλκεστε από τις πνευματικές αλήθειες που περιγράφηκαν στην *Αυτοβιογραφία Ενός Γιόγκι*, σας προσκαλούμε να ζητήσετε τα *Μαθήματα του Self-Realization Fellowship* που είναι διαθέσιμα στα Αγγλικά, στα Γερμανικά και στα Ισπανικά.

Ο Παραμαχάνσα Γιογκανάντα εξέδωσε αυτή τη σειρά των *Μαθημάτων* για μελέτη στο σπίτι για να δώσει την ευκαιρία σε ειλικρινείς αναζητητές να μάθουν και να εξασκηθούν στις αρχαίες τεχνικές του διαλογισμού γιόγκα που αναφέρθηκαν σ' αυτό το βιβλίο – που περιλαμβάνουν και την επιστήμη της *Κρίγια Γιόγκα*. Στα *Μαθήματα* επίσης περιέχεται πρακτική καθοδήγηση για την επίτευξη μιας ισορροπημένης σωματικής, νοητικής και ψυχολογικής ευημερίας.

Τα *Μαθήματα του Self-Realization Fellowship* είναι διαθέσιμα σ' ένα συμβολικό χρηματικό ποσόν (που καλύπτει τα έξοδα της εκτύπωσης και αποστολής των γραμμάτων ταχυδρομικά). Σε όλους τους σπουδαστές παρέχεται δωρεάν προσωπική καθοδήγηση στην εξάσκησή τους από μοναχούς και μοναχές του Self-Realization Fellowship.

**Για περισσότερες πληροφορίες...**

Πλήρεις λεπτομέρειες για τα *Μαθήματα του Self-Realization Fellowship* περιλαμβάνονται στο δωρεάν φυλλάδιο *Undreamed-of Possibilities* (διαθέσιμο στα Αγγλικά, Γερμανικά και Ισπανικά). Για να λάβετε ένα αντίγραφο αυτού του φυλλαδίου και ένα έντυπο αίτησης, παρακαλούμε επισκεφθείτε την ιστοσελίδα μας ή επικοινωνήστε με την Έδρα μας.

## ΒΙΒΛΙΑ ΣΤΑ ΕΛΛΗΝΙΚΑ ΣΧΕΤΙΚΑ ΜΕ ΤΙΣ ΔΙΔΑΣΚΑΛΙΕΣ ΤΟΥ ΠΑΡΑΜΑΧΑΝΣΑ ΓΙΟΓΚΑΝΑΝΤΑ

Α) Διαθέσιμο από τον εκδοτικό οίκο Κέδρος
www.kedros.gr

**Μέζντα** (Mejda)

Β) Διαθέσιμα απ' ευθείας από τον εκδότη:
Self-Realization Fellowship
3880 San Rafael Avenue • Los Angeles, California 90065-3219
Τηλ. (323) 225-2471 • Φαξ (323) 225-5088
www.yogananda-srf.org

**Επιστημονικές Θεραπευτικές Διαβεβαιώσεις**
(Scientific Healing Affirmations)

**Ο Νόμος της Επιτυχίας** (The Law of Success)

**Μεταφυσικοί Διαλογισμοί** (Metaphysical Meditations)

**Μέσα στο Ιερό της Ψυχής** (In the Sanctuary of the Soul)

## ΑΛΛΑ ΒΙΒΛΙΑ ΣΤΑ ΑΓΓΛΙΚΑ ΑΠΟ ΤΟΝ ΠΑΡΑΜΑΧΑΝΣΑ ΓΙΟΓΚΑΝΑΝΤΑ

Διαθέσιμα απ' ευθείας από τον εκδότη:
Self-Realization Fellowship
3880 San Rafael Avenue • Los Angeles, California 90065-3219
Τηλ. (323) 225-2471 • Φαξ (323) 225-5088
www.yogananda-srf.org

**God Talks With Arjuna:** *The Bhagavad Gita – A New Translation and Commentary*

Σ' αυτό το μνημειώδες έργο των δύο τόμων, ο Παραμαχάνσα Γιογκανάντα αποκαλύπτει την εσώτατη ουσία της πιο φημισμένης Γραφής της Ινδίας. Διερευνώντας τα ψυχολογικά, πνευματικά και μεταφυσικά της βάθη, παρουσιάζει ένα εκτεταμένο χρονικό του ταξιδιού της ψυχής προς τη φώτιση μέσω της βασιλικής επιστήμης της συνειδητοποίησης του Θεού.

**The Second Coming of Christ:** *The Resurrection of the Christ Within You – A revelatory commentary on the original teachings of Jesus*

Σ' αυτό το χωρίς προηγούμενο αριστούργημα έμπνευσης, σχεδόν 1.700 σελίδων, ο Παραμαχάνσα Γιογκανάντα φέρνει τον αναγνώστη στο βαθυστόχαστο ταξίδι στα τέσσερα Ευαγγέλια. Στίχο προς στίχο, φωτίζει το παγκόσμιο μονοπάτι της ενότητας με το Θεό που διδάχθηκε από τον Χριστό στους άμεσους μαθητές Του, αλλά σκοτεινό από αιώνες παρερμηνείας: «Πώς να γίνει κάποιος σαν τον Χριστό, πώς να αναστήσει τον Αιώνιο Χριστό μέσα στον εαυτό του».

**The Yoga of the Bhagavad Gita:** *An Introduction to India's Universal Science of God-Realization*

Η συλλογή αποσπασμάτων από την σε βάθος μετάφραση και σχολιασμό της Μπάγκαβαντ Γκίτα, *God Talks With Arjuna*, που επιδοκιμάστηκε από τους κριτικούς, παρουσιάζει στους αναζητητές της αλήθειας με μια ιδεώδη εισαγωγή τις διαχρονικές και παγκόσμιες διδασκαλίες της Γκίτα. Περιέχει την ολοκληρωμένη μετάφραση της Μπάγκαβαντ Γκίτα από τον Γιογκανάντα, που παρουσιάστηκε για πρώτη φορά σε αδιάσπαστη διαδοχική μορφή.

**The Yoga of Jesus:** *Understanding The Hidden Teachings of the Gospels*

Μια διαλογή από αποσπάσματα από το δίτομο έργο του Παραμαχάνσα Γιογκανάντα *The Second Coming of Christ*, το οποίο επαινέθηκε ιδιαίτερα, αυτή η επιτομή επιβεβαιώνει ότι ο Ιησούς, όπως οι αρχαίοι σοφοί και Δάσκαλοι της Ανατολής, όχι μόνο γνώριζε τις αρχές της γιόγκα, αλλά και δίδαξε αυτήν την οικουμενική επιστήμη στους μαθητές του. Ο Σρι Γιογκανάντα δείχνει ότι το μήνυμα του Ιησού δεν σχετίζεται με δογματικές διασπάσεις, αλλά με το ενωτικό μονοπάτι με το οποίο όλοι οι αναζητητές όλων των παραδόσεων και θρησκευτικών πεποιθήσεων μπορούν να εισέλθουν στο βασίλειο του Θεού.

**Man's Eternal Quest**

Η *Συλλογή Ομιλιών και Δοκιμίων* του Παραμαχάνσα Γιογκανάντα παρουσιάζει βαθυστόχαστες συζητήσεις στο ευρύτατο πεδίο οικουμενικών αληθειών που εμπνέουν, που αιχμαλώτισαν εκατομμύρια ανθρώπους με την *Αυτοβιογραφία ενός Γιόγκι*. Ο Τόμος Ι διερευνά τις πολύ λίγο γνωστές και σπάνια κατανοημένες πλευρές του διαλογισμού, τη ζωή μετά το θάνατο, τη φύση της δημιουργίας, την υγεία και τη θεραπεία, τις απεριόριστες δυνάμεις του νου και την αιώνια αναζήτηση που βρίσκει εκπλήρωση μόνο στο Θεό.

**The Divine Romance**

Ο Τόμος ΙΙ συλλογής ομιλιών και δοκιμίων του Παραμαχάνσα Γιογκανάντα. Ανάμεσα στη συλλογή που καλύπτει ένα ευρύ φάσμα περιλαμβάνονται: *Πώς να Καλλιεργήσετε Θεϊκή Αγάπη· Εναρμονίζοντας τις Υλικές, τις Νοητικές και τις Πνευματικές Μεθόδους Θεραπείας· Ένας Κόσμος Χωρίς Σύνορα· Ελέγχοντας το Πεπρωμένο Σας· Η Τέχνη της Γιόγκα για την Υπέρβαση της Θνητής Συνειδητότητας και του Θανάτου· Ο Συμπαντικός Αγαπημένος· Βρίσκοντας τη Χαρά στη Ζωή*.

**Journey to Self-Realization**

Ο Τόμος ΙΙΙ συλλογής ομιλιών και δοκιμίων του Σρι Γιογκανάντα παρουσιάζει το μοναδικό συνδυασμό της σοφίας, της συμπόνιας, της καθοδήγησης στην καθημερινή ζωή και ενθάρρυνσής του σε δεκάδες συναρπαστικά θέματα, περιλαμβανομένων: *Επισπεύδοντας την Ανθρώπινη Εξέλιξη, Πώς να Είστε Παντοτινά Νεανικοί και Συνειδητοποιώντας το Θεό στην Καθημερινή Ζωή*.

**Wine of the Mystic:** *The Rubayat of Omar Khayyam – A Spiritual Interpretation*

Ένας εμπνευσμένος σχολιασμός που φέρνει στο φως τη μυστικιστική επιστήμη που κρύβεται πίσω από την αινιγματική φαντασία των Ρουμπαγιάτ (*Rubayat*). Περιλαμβάνει 50 έγχρωμες εικόνες. Κέρδισε το βραβείο Benjamin Franclin το 2005 ως το καλύτερο βιβλίο στο πεδίο της θρησκείας.

**Where There Is Light:** *Insight and Inspiration for Meeting Life's Challenges*

Πολύτιμα πετράδια σκέψης αρχειοθετημένα κατά θέμα· ένα μοναδικό εγχειρίδιο στο οποίο οι αναγνώστες μπορούν να καταφεύγουν σε στιγμές αβεβαιότητας ή κρίσης ή για την ανανέωση της επίγνωσης της πανταχού παρούσας δύναμης του Θεού που μπορεί κάποιος να έλξει στην καθημερινή ζωή.

**Whispers from Eternity**

Μια συλλογή των προσευχών του Παραμαχάνσα Γιογκανάντα και των θεϊκών εμπειριών του σε εξυψωμένες καταστάσεις διαλογισμού. Εκφρασμένα με μεγαλειώδη ρυθμό και ποιητική ομορφιά, τα λόγια του αποκαλύπτουν την ανεξάντλητη ποικιλία της φύσης που δημιούργησε ο Θεός και την άπειρη γλυκύτητα με την οποία απαντά σ' αυτούς που Τον αναζητούν.

**The Science of Religion**

Μέσα σε κάθε ανθρώπινο ον, γράφει ο Παραμαχάνσα Γιογκανάντα, υπάρχει μια επιθυμία από την οποία κανείς δεν μπορεί να ξεφύγει: να υπερβεί τον πόνο και να βρει μια ευτυχία που δεν τελειώνει ποτέ. Εξηγώντας πώς είναι δυνατόν να εκπληρώσει κάποιος αυτή τη λαχτάρα, εξετάζει τη σχετική αποτελεσματικότητα των διαφόρων προσεγγίσεων αυτού του στόχου.

**In the Sanctuary of the Soul:** *A Guide to Effective Prayer*

Περιλαμβάνοντας επιλεγμένα αποσπάσματα από έργα του Παραμαχάνσα Γιογκανάντα, αυτός ο λατρευτικός σύντροφος που εμπνέει αποκαλύπτει τρόπους για να γίνει η προσευχή μια καθημερινή πηγή αγάπης, δύναμης και καθοδήγησης.

**Inner Peace:** *How to Be Calmly Active and Actively Calm*

Ένας πρακτικός οδηγός που εμπνέει, με αποσπάσματα από έργα του Παραμαχάνσα Γιογκανάντα, που παρουσιάζει πώς μπορούμε να είμαστε «δραστήρια ήρεμοι», βρίσκοντας τη ησυχία μέσω του διαλογισμού, καθώς και «ήρεμα δραστήριοι» - εστιασμένοι στην ακινησία και την εσωτερική χαρά της ουσιαστικής μας φύσης, ενώ συγχρόνως ζούμε μια δυναμική, αποδοτική και ισορροπημένη ζωή. Κέρδισε το βραβείο Benjamin Franclin το 2000 – το καλύτερο βιβλίο στο πεδίο της Μεταφυσικής / Πνευματικότητας.

**How You Can Talk With God**
Ορίζοντας το Θεό και ως υπερβατικό, παγκόσμιο Πνεύμα και ως τον οικείο προσωπικό Πατέρα, Μητέρα, Φίλο και Αυτόν που αγαπά τους πάντες, ο Παραμαχάνσα Γιογκανάντα δείχνει πόσο κοντά μας είναι ο Κύριος και πώς μπορεί να πεισθεί να «σπάσει τη σιωπή Του» και να απαντήσει με απτό τρόπο.

**Metaphysical Meditations**
Περισσότεροι από 300 διαλογισμοί που εξυψώνουν πνευματικά, προσευχές και διαβεβαιώσεις που μπορούν να χρησιμοποιηθούν για την ανάπτυξη μεγαλύτερης υγείας και ζωτικότητας, δημιουργικότητας, αυτοπεποίθησης και γαλήνης· και για μια ζωή με μεγαλύτερη επίγνωση της μακάριας παρουσίας του Θεού.

**Scientific Healing Affirmations**
Ο Παραμαχάνσα Γιογκανάντα παρουσιάζει εδώ μια βαθυστόχαστη εξήγηση της επιστήμης των διαβεβαιώσεων στον εαυτό μας. Καθιστά σαφές γιατί οι διαβεβαιώσεις έχουν αποτέλεσμα και πώς να χρησιμοποιεί κάποιος τη δύναμη των λέξεων και της σκέψης όχι μόνο για να θεραπευτεί, αλλά και για να πετύχει μια επιθυμητή αλλαγή σε κάθε πεδίο της ζωής. Περιέχει μια μεγάλη ποικιλία διαβεβαιώσεων.

**Sayings of Paramahansa Yogananda**
Μια συλλογή από ρητά και σοφές συμβουλές που παρουσιάζει τις γεμάτες ειλικρίνεια και αγάπη απαντήσεις του Παραμαχάνσα Γιογκανάντα σ' αυτούς που έρχονταν σ' αυτόν για καθοδήγηση. Καταγεγραμμένες από κάποιους από τους στενούς του μαθητές, οι παροιμιώδεις συμβουλές αυτού του βιβλίου δίνουν στον αναγνώστη μια ευκαιρία να αποκτήσει μια προσωπική επαφή με τον Δάσκαλο.

**Songs of the Soul**
Μυστικιστική ποίηση από τον Παραμαχάνσα Γιογκανάντα – ένας χείμαρρος των προσωπικών, άμεσων αντιλήψεών του του Θεού για την ομορφιά της φύσης, του ανθρώπου, τις καθημερινές εμπειρίες και την πνευματικά αφυπνισμένη κατάσταση του διαλογισμού *σαμάντι*.

**The Law of Success**
Εξηγεί δυναμικές θεμελιώδεις αρχές για να επιτύχει κάποιος τους στόχους του στη ζωή και περιγράφει συνοπτικά τους οικουμενικούς νόμους που φέρνουν επιτυχία και εκπλήρωση των στόχων – προσωπικών, επαγγελματικών και πνευματικών.

**Cosmic Chants:** *Spiritualized Songs for Divine Communion*
Λόγια και μουσική σε 60 λατρευτικά τραγούδια, με μια εισαγωγή που εξηγεί πώς ο πνευματικός ψαλμός μπορεί να οδηγήσει σε κοινωνία με το Θεό.

## AUDIO RECORDINGS OF PARAMAHANSA YOGANANDA

- *Beholding the One in All*
- *Awake in the Cosmic Dream*
- *Songs of My Heart*
- *Be a Smile Millionaire*
- *The Great Light of God*
- *To Make Heaven on Earth*
- *One Life Versus Reincarnation*
- *Removing All Sorrow and Suffering*
- *In the Glory of the Spirit*
- *Follow the Path of Christ, Krishna, and the Masters*
- *Self-Realization: The Inner and the Outer Path*

# ΑΛΛΕΣ ΕΚΔΟΣΕΙΣ ΑΠΟ ΤΟ SELF-REALIZATION FELLOWSHIP

**The Holy Science** *από τον Swami Sri Yukteswar*

**Only Love:** *Living the Spiritual Life in a Changing World από τη Sri Daya Mata*

**Finding the Joy Within You: *Personal Counsel for God-Centered Living*** *από την Sri Daya Mata*

**Enter the Quiet Heart: *Creating a Loving Relationship With God*** *από τη Sri Daya Mata*

**God Alone:** *The Life and Letters of a Saint από τη Sri Gyanamata*

**"Mejda":** *The Family and the Early Life Of Paramahansa Yogananda από τον Sananda Lal Ghosh*

**Self-Realization** *(ένα τριμηνιαίο περιοδικό που καθιερώθηκε από τον Παραμαχάνσα Γιογκανάντα το 1925).*

# Η ΣΕΙΡΑ ΤΩΝ ΓΚΟΥΡΟΥ

Ο Μαχαβατάρ Μπάμπατζι είναι ο Ανώτατος Γκουρού της ινδικής σειράς των Δασκάλων που έχουν αναλάβει την ευθύνη να φροντίζουν για την πνευματική ανάπτυξη όλων των μελών του Self-Realization Fellowship και του Yogoda Satsaga Society της Ινδίας που εξασκούνται πιστά στην *Κρίγια Γιόγκα*. «Θα παραμείνω ενσαρκωμένος στη γη», υποσχέθηκε, «μέχρι αυτός ο συγκεκριμένος κύκλος του κόσμου τελειώσει». (Βλ. κεφάλαια 33 και 37.)

Το 1920 ο Μαχαβατάρ Μπάμπατζι είπε στον Παραμαχάνσα Γιογκανάντα: «Είσαι αυτός που επέλεξα για να διαδώσει το μήνυμα της *Κρίγια Γιόγκα* στη Δύση. [...] Η επιστημονική τεχνική της συνειδητοποίησης του Θεού θα διαδοθεί τελικά σε όλες τις χώρες και θα βοηθήσει στον εναρμονισμό των εθνών μέσω της προσωπικής, υπερβατικής αντίληψης του Άπειρου Πατέρα από τον άνθρωπο».

Η λέξη *Μαχαβατάρ* σημαίνει «Σπουδαία Ενσάρκωση» ή «Θεϊκή Ενσάρκωση»· *Γιογκαβατάρ* σημαίνει «Ενσάρκωση της Γιόγκα»· *Γκιαναβατάρ* σημαίνει «Ενσάρκωση της Σοφίας».

*Πρεμαβατάρ* σημαίνει «Ενσάρκωση της Αγάπης» – ένας τίτλος που δόθηκε το 1953 στον Παραμαχάνσα Γιογκανάντα από τον σπουδαίο μαθητή του, Ράτζαρσι Τζανακανάντα (James J. Lynn) (βλ. σελ 380 σημ).

# ΣΤΟΧΟΙ ΚΑΙ ΙΔΕΩΔΗ
## ΤΟΥ
## SELF-REALIZATION FELLOWSHIP

*Όπως καθορίστηκαν από τον Παραμαχάνσα Γιογκανάντα, Ιδρυτή*
*Σρι Μριναλίνη Μάτα, Πρόεδρος*

Η διάδοση στα έθνη της γνώσης συγκεκριμένων επιστημονικών τεχνικών για την επίτευξη άμεσης προσωπικής εμπειρίας του Θεού.

Η διδασκαλία ότι ο σκοπός της ζωής είναι η εξέλιξη, μέσω προσωπικής προσπάθειας, της θνητής συνειδητότητας του ανθρώπου σε Συνειδητότητα του Θεού· και, γι' αυτόν τον σκοπό, η ίδρυση ναών Self-Realization Fellowship για κοινωνία με το Θεό σε όλο τον κόσμο και η παρότρυνση για την ίδρυση προσωπικών ναών του Θεού στα σπίτια και στις καρδιές των ανθρώπων.

Η αποκάλυψη της πλήρους αρμονίας και βασικής ενότητας του αρχικού Χριστιανισμού, όπως διδάχθηκε από τον Ιησού Χριστό, και της αρχικής Γιόγκα, όπως διδάχθηκε από τον Μπάγκαβαν Κρίσνα· και η κατάδειξη ότι αυτές οι αρχές της αλήθειας είναι τα κοινά επιστημονικά θεμέλια όλων των αληθινών θρησκειών.

Η κατάδειξη της μιας θεϊκής λεωφόρου στην οποία τελικά οδηγούν όλα τα μονοπάτια των αληθινών θρησκευτικών πεποιθήσεων: τη λεωφόρο του καθημερινού, επιστημονικού, λατρευτικού διαλογισμού στο Θεό.

Η απελευθέρωση του ανθρώπου από τον τρίπτυχο πόνο: τη σωματική αρρώστια, τις νοητικές δυσαρμονίες και την πνευματική άγνοια.

Η ενθάρρυνση για «απλή ζωή και υψηλό στοχασμό»· και η διάδοση ενός πνεύματος αδελφοσύνης ανάμεσα σε όλους τους ανθρώπους με τη διδασκαλία της αιώνιας βάσης της ενότητάς τους: της συγγένειας με το Θεό.

Η απόδειξη της ανωτερότητας του νου πάνω στο σώμα και της ψυχής πάνω στον νου.

Η υπέρβαση του κακού με το καλό, της θλίψης με τη χαρά, της βαναυσότητας με την καλοσύνη, της άγνοιας με τη σοφία.

Η ένωση της επιστήμης με τη θρησκεία μέσω της συνειδητοποίησης της ενότητας των αρχών τους.

Η υποστήριξη της πολιτισμικής και πνευματικής κατανόησης ανάμεσα στην Ανατολή και τη Δύση και η ανταλλαγή των καλύτερων χαρακτηριστικών γνωρισμάτων τους.

Η υπηρεσία στην ανθρωπότητα ως τον ευρύτερο Εαυτό του ανθρώπου.

# ΕΥΡΕΤΗΡΙΟ

Τα ονόματα και τις τοποθεσίες που δε βρίσκετε στα Ελληνικά,
θα τα βρείτε στα Αγγλικά

## Α

αβατάρ, 75 σημ., 342 επ.
*αβίντια,* άγνοια, 206 σημ., 308
Άγαλμα της Ελευθερίας, 539
αγαμία, 253, 505, 508
αγάπη, 164, 253, 282, 483, 512, 523, 560 σημ., 571· η προφορική έκφραση του Σρι Γιουκτέσβαρ για μένα, 104, 457· επιρροή στα φυτά, 409
άγγελοι που περικύκλωσαν τον Λαχίρι Μαχασάγια, 320–321
Αγία Γραφή (Βίβλος) επί λέξει, 24 σημ., 98 σημ., 133 σημ., 133 σημ., 135 σημ., 148, 154, 167 σημ., 167 σημ., 179 σημ., 180 σημ., 184 σημ., 194, 196 σημ., 206 σημ., 233 σημ., 247, 253, 286, 292 σημ., 306 σημ., 309, 311, 312, 313, 314, 318 σημ., 328–329, 329 σημ., 332, 337, 343, 347–348, 350 σημ., 353 σημ., 366 σημ., 367 επ., 392, 420, 488 σημ., 490 σημ., 509, 510, 513, 515 σημ., 516, 523, 549, 557 σημ., 560 σημ., 563, 564, 566, 567, 570, 571
Άγιο Δισκοπότηρο, όραμά μου, 561
Άγιο Πνεύμα, 167 σημ., 420 σημ., 569 σημ. Βλ. επίσης Ομ.
Άγιοι Τόποι, (Παλαιστίνη), το ταξίδι μου εκεί, 425
«Άγιος των Αρωμάτων» (Γκάντα Μπάμπα), 51 επ.
*Αγιουρβέδα,* 376 σημ.
Αγκαστίγια, αβατάρ της Νότιας Ινδίας, 343
Αδάμ και Εύα αλληγορία, 195 επ., 498, 509
Αδελφοσύνη, 336, 512, 549, 570–571, 584
αθεϊσμός, 206 σημ.· φιλοσοφία της Σανκυά παρερμηνευμένη, 194

Αίγυπτος, το ταξίδι μου εκεί, 425
Αϊνστάιν, θεωρία της σχετικότητας, 309 επ.· τιμή στον Γκάντι, 517
αισθήσεις, πέντε, του ανθρώπου, 54, 129, 145, 146, 195, 196, 259 σημ.
αιτιατό σώμα, 478, 486 επ., 493
αιτιατός κόσμος, 478, 482, 486, 488 επ.
Ακινάτης Άγιος Θωμάς, επί λέξει, 216 σημ.
Ακμπάρ ο Μεγάλος, 182, 234 σημ., 558 σημ.
Αλακανάντα, 54
Αλέξανδρος ο Μέγας, 141, 387 σημ., 445 επ.· όταν τον περιφρόνησε ο Ντανντάμις, 446–447· ερωτήσεις σε *Βραχμάνους,* 447–448· προφητεία για τον θάνατό του, 448
αλήθεια, 24 σημ., 178, 259, 267 σημ., 364, 499, 505 σημ., 515, 569 επ.
Αμάρ Μίτερ, ο φίλος μου στο σχολείο, που φύγαμε για τα Ιμαλάια, 33 επ., 48
Αμερικανική Ένωση Μονιστών, 394, 405
Αμίγιο Μπος, η ανιψιά μου, 518
Αμουλάγια, μαθητής του Σρι Γιουκτέσβαρ, 461
Αμπανίντρα, ανιψιός του Ταγκόρ, 304
Αμπινάς, 7· όραμα του Λαχίρι Μαχασάγια στο λιβάδι, 9
Αμπινάς Τσάντρα Ντας, Καθηγητής, 557 σημ.
Αμπόγια, προσευχή να σταματήσει το τρένο ο Λαχίρι Μαχασάγια, 323· να ζήσει το ένατο παιδί της, 324
Αμπού Σαΐντ, Πέρσης μυστικιστής, λόγια του επί λέξει, 55–56
Αμπτούλ Γκουφούρ Καν, Μουσουλμάνος μαθητής του Λαχίρι Μαχασάγια, 372
αναγκαιότητα δράσης, 56 σημ., 139, 285
Ανάντα Λαλ Γκος, ο μεγαλύτερος αδελφός μου, 17, 19 επ., 33, 36, 39 επ.,

107, 110 επ., 115, 116-117, 138, 191, 394, 463 σημ.· αρραβώνας, 17· με συλλαμβάνει όταν πήγαινα στα Ιμαλάια, 19· μου διαβιβάζει το μήνυμα της μητέρας, 20· ματαιώνει τη δεύτερη απόδρασή μου στα Ιμαλάια, 36· με πάει σ' έναν ειδήμονα στο Μπενάρες και τον γιο του, 39-40· με υποδέχεται στην Άγκρα, 110· ο θάνατός του, 110, 264-265· προτείνει μια δοκιμασία φτώχειας στο Μπρίνταμπαν, 111-112 επ.· ζητά μύηση στην *Κρίγια Γιόγκα*, 118

Ανάντα Μόγι Μα, «Η Πλημμυρισμένη από Χαρά Μητέρα», 518 επ.· επίσκεψη στο σχολείο του Ραντσί, 521 επ.

Ανάντα Μοχάλ Λαχίρι, επί λέξει, 378 επ.

αναπνοή 461 σημ.· κυριαρχία επ' αυτής, 67, 128, 139, 165, 168, 235, 272 επ., 561 επ.

αναπνοή, διακοπή της, 235, 563· σωματικά και νοητικά θεραπευτικά αποτελέσματα, 281 σημ.

αναπνοής ρυθμός, σχέση με τη μακροζωία, 276

ανάσταση από τους νεκρούς, 350 σημ.· του Ράμα, 334· του ανθρώπου που έπεσε από τον γκρεμό στα Ιμαλάια, 346-347· του Λαχίρι Μαχασάγια, 390 επ.· του Καμπίρ, 391· του Σρι Γιουκτέσβαρ, 476 επ.· του Χριστού, 491

άνθρωπος, εξέλιξή του, 117, 196, 275, 276 επ., 565· δημιουργία του (σύλληψη της Γένεσης), 195 επ., 564, (σύλληψη των Ινδών), 197 σημ.· κατ' εικόνα του Θεού, 195 σημ., 206 σημ., 251 σημ., 314· φύση του, 206 σημ., 492

Άντριους, Κ. Φ., 301 σημ., 505 σημ.

Αουλούκια, (Κάναντα, «αυτός που έτρωγε τα άτομα»), 78 σημ.

απάρνηση, 39 σημ., 72, 284, 286, 361, 505

Αποκάλυψη, επί λέξει, 184 σημ., 206 σημ., 273 σημ., 569 σημ.

*Αριαβάρτα*, αρχαίο όνομα της Ινδίας, 387 σημ.

Άριος, 445 σημ., 557 σημ.· αρχαία σημασία, 387 σημ.

Αρριανός, Έλληνας ιστορικός, 445, 449

Αρτζούνα, μαθητής του Σρι Κρίσνα, 56 σημ., 272, 281, 364 σημ., 561 σημ.

*Αρχαία Ινδία*, 445 σημ.

*άσανα*, στάση της γιόγκα, 184 σημ., 260, 286, 438

ασημένιο κύπελλο, προφητεία του από τον Σουάμι Βιβεκανάντα, 540 επ.

ασθένεια, 131 επ.· μεταφυσική της μεταβίβαση, 232 επ., 389, 422, 491 σημ.

Ασόκα, Αυτοκράτορας, ιδεώδης βασιλιάς, xxviii· εγχαράξεις-διατάγματα, 444

άσπιλη δημιουργία, 195

*άσραμ*, ερημητήριο, 73 σημ.

αστρικό σώμα, 275, 298 σημ., 478, 481 επ., 485 επ., 491 επ.

αστρικοί κόσμοι, 211, 298 σημ., 477 επ., 566

αστρολογία, 186 επ., 275· οι απόψεις του Σρι Γιουκτέσβαρ, 186 επ., 268

αστρονομία, αρχαίες πραγματείες, 186 σημ.

Ατλαντίδα, 273 σημ.

*άτμα*. Βλ. Ψυχή.

Ατομική Εποχή, 262, 307, 311, 555, 561

άτομο *"anu"* και ατομική θεωρία, 78 σημ., 94, 262, 310-311, 313, 357, 478 σημ., 534 σημ.

αυτοσυγκέντρωσης τεχνικές, στο σχολείο του Ραντσί, 438

Αφζάλ Καν, Μουσουλμάνος θαυματουργός, 207 επ.

*αχάμκαρα*, αρχή του εγώ, 46 σημ., 55 σημ., 251 σημ. Βλ. επίσης «Εγώ».

*αχίμσα*, μη βία, 56 σημ., 129, 503, 507

Αχούτζα, Μ. Ρ. Γενικός Πρόξενος της Ινδίας, 553

Angela of Folino, αποχή από το φαγητό, 537 σημ.

Arnold, Sir Edwin, μεταφραστής της Μπάγκαβαντ Γκίτα, επί λέξει, 46 σημ., 56 σημ., 396 σημ., 563 σημ.

Associated Press, αναφορά για ραδιοφωνικές ακτίνες, 176 σημ.· επί λέξει από τον Dr. Julian Huxley, 412 σημ.

*Atlantic Monthly*, 30 σημ., 94 σημ.

## Β

Βατικανό, σχόλιο για τον θάνατο του Γκάντι, 517
Βεγγάλης-Ναγκπούρ Εταιρεία Σιδηροδρόμων, 5, 7, 208 σημ., 253, 287· η θέση του πατέρα μου, 5, 25
Βεγγαλικά, 137, 250, 377
*Βεδάντα*, «τέλος των Βεδών», 83 σημ., 108 σημ., 149 σημ., 254 σημ., 465, 494 σημ.
Βέδες, Γραφές της Ινδίας, 43 σημ., 51 σημ., 83 σημ., 93, 100 σημ., 149 σημ., 152, 259 σημ., 311, 341 σημ., 387, 390 σημ., 420 σημ., 557 σημ., 570· τιμή σ' αυτές από τον Emerson, 43 σημ.· τετράπτυχο σχέδιο για τη ζωή του ανθρώπου, 56 σημ., 285 σημ.
Βιβασβάτ, αρχαίος φωτισμένος, 273
Βιβεκανάντα Σουάμι, 541
*Βιντυάλαυα*. Βλ. Ραντσί σχολείο.
Βιντιάσαγκαρ, φιλάνθρωπος, 250
«βιοσκόπιο», εμπειρία στη συμπαντική συνειδητότητα, 90–91
Βίσβα-Μπαρατί, πανεπιστήμιο που ιδρύθηκε από τον Ταγκόρ, 304· *Quarterly*, 83 σημ.
Βίσνου, μια όψη του Πατέρα Θεού, 181, 338 σημ., 569
Βισουντανάντα, Σουάμι, («Γκάντα Μπάμπα»), 53
Βούδας, 108, 343, 445 σημ., 484 σημ., 503 σημ., 553, 562 σημ., 570
*Βραχμάνος*, «γνώστης του Θεού», μια από τις τέσσερις κάστες, 43 σημ., 372, 447, 450, 519

Barach, Dr. Alvan L. πειράματα στην αποτελεσματική επίδραση της διακοπής της αναπνοής, 281 σημ.
Birtles, Francis, πειράματα με τίγρεις, 469 σημ.
Brown, Καθ. W. Norman, αναφορά επί λέξει για την Ινδία, 77 σημ., 378 σημ.
*Bulletin of the American Council of*

*Learned Societies*, 77 σημ., 378 σημ.

## Γ

Γάγγης Ποταμός, μύθος, 222 σημ.· αγνότητά του, 341 σημ.
Γένεση, ερμηνεία της, 195 επ.
γιάμα, ηθική συμπεριφορά, 259, 262 σημ.
Γιάμα, ο θεός του θανάτου, 335
*γιανγκιά*, υποχρεωτικές θρησκευτικές προσφορές, 504
γιόγκα, «ένωση», επιστήμη της ένωσης της ατομικής ψυχής με το Συμπαντικό Πνεύμα, 55 σημ., 69, 159, 178, 255, 256 επ., 271 επ., 337, 378 σημ., 379, 380, 555, 561 επ., 563 σημ.· παγκόσμια δυνατότητα εφαρμογής, 258, 260, 562· κριτικές από αδαείς, 258, 261, 262 σημ.· ορισμός της από τον Πατάντζαλι, 258–259· τιμή σ' αυτήν από το Γιουνγκ, 261· τέσσερα στάδιά της, 262 σημ.
*Γιόγκα Σούτρα* (*Αφορισμοί* του Πατάντζαλι), 31 σημ., 129 σημ., 148 σημ., 251 σημ., 259–260, 262 σημ., 267 σημ., 274 σημ., 537 σημ., 566
*Γιογκαβατάρ*, «Ενσάρκωση της Γιόγκα»), ένας τίτλος του Λαχίρι Μαχασάγια, 375 σημ., 380, 381
γιόγκι, αυτός που εξασκείται στη γιόγκα, 3 σημ., 129, 277 επ., 290, 292 σημ., 312 επ., 563 σημ., 565· διαφορά από σουάμι, 258 επ. Βλ. *επίσης* Γιόγκα.
*γιογκίνι*, γυναίκα γιόγκι, 329, 526
Γιογκμάτα, Αδελφή, εκπληρώνει την προφητεία της φράουλας, 224
Γιογκόντα Ματ, YSS ερημητήριο στο Ντακσινεσβάρ, 439
*Γιογκόντα*, SRF ενεργειακές ασκήσεις, 286, 303, 438, 439 σημ., 509
*γιούγκα*, κύκλοι του κόσμου, 192, 273 σημ.
Γκάντα Μπάμπα, «Άγιος των Αρωμάτων», τα θαύματά του, 51 επ.
Γκάνγκα Νταρ, ο φωτογράφος του Λα-

*Ευρετήριο*

χίρι Μαχασάγια, 12
Γκάντι, Μ. Κ. («Μαχάτμα»), 6 σημ., 267 σημ., 306 σημ., 426 σημ., 450, 498 επ.· οι απόψεις του για τη θρησκεία, 267 σημ., 509 επ.· για τη μη βία, 499, 507 επ., 516, 553· για τη σιωπή, 503· για την προστασία της αγελάδας, 503· για την αγαμία, 505, 508, για τη διατροφή, 507-508· η επίσκεψή του στο σχολείο του Ραντσί, 498· οι έντεκα όρκοι, 499· Μύηση στην *Κρίγια Γιόγκα*, 509· Στη Μνήμη του, 517
Γκάντι, Μνημείο στην Παγκόσμια Ειρήνη, στη Lake Shrine του SRF, 553
Γκαουνταπάντα, παραμγκούρου του Άντι («του πρώτου») Σανκαρατσάρια, 108 σημ.
Γκαουρί Μα, οικοδέσποινα του ερημητηρίου στο Μπρίνταμπαν, 114
*γκατ,* λουτρά, 28, 95, 326, 348, 387
*γκιάνα*, σοφία, 93, 143, 281, 373
*Γκιαναβατάρ*, «Ενσάρκωση της Σοφίας», ένας τίτλος του Σρι Γιουκτέσβαρ, 120, 380, 475
Γκιαναμάτα, Αδελφή, 540, 543
Γκιρί («βουνό»), ένας από τους δέκα κλάδους του Τάγματος των Σουάμι, 123 σημ., 255-256, 465
Γκιρί Μπαλά, η αγία που δεν έτρωγε, 525 επ.· χρησιμοποιεί μια γιογκική τεχνική, 525, 535-536
Γκίτα («τραγούδι»). *Βλ.* Μπάγκαβαντ Γκίτα.
*Γκιτάντζαλι,* 301· ποίημα, 305
Γκοβίντα Τζάτι, γκουρού του Σάνκαρα, 108 σημ.
Γκογκονέντρα, ανιψιός του Ταγκόρ, 304
Γκος, το οικογενειακό μου όνομα, 4
Γκοσάλ, Ντ., ο καθηγητής μου στο Κολλέγιο του Σεράμπουρ, 244-245, 460
Γκοσάλ, Σ. Ν., πρύτανης του Πανεπιστημίου του Ταγκόρ, Βίσβα-Μπαρατί, 304 σημ.
*γκούνα,* ιδιότητες της Φύσης, 24 σημ., 451 σημ.
γκουρού *(γκουρουντέβα),* πνευματικός δάσκαλος, 3 σημ., 29, 43, 90 σημ., 103, 121-122, 161, 235, 271, 285 σημ., 387 σημ., 509· τιμή από τον Σάνκαρα, 108 σημ.
γνώση, διανοητική, σε σύγκριση με τη συνειδητοποίηση, 43 επ., 150-151, 216, 280-281, 373, 425 σημ.
Γουτζ, Καθ. Φραντζ, στο Άιχστατ, 419, 421

C

Calligaris Giuseppe, καθηγητής, 28 σημ.
Carlyle, επί λέξει, 380 σημ.
Carnegie Hall, τραγούδι σε αρχαίους ινδικούς ύμνους, 547
Catherine, St, of Siena, αποχή από το φαγητό, 537 σημ.
*Centuries of Meditations,* 565 σημ.
*Century of Verses,* 108 σημ., 280
*Childe Harold,* επεισόδιο που συνδέεται με τις εξετάσεις, 248
*Compensation,* επί λέξει, 55 σημ., 298 σημ.
*Comus,* επί λέξει, 569 σημ.
*Cosmic Chants,* 547
Cousin, Victor, επί λέξει για την ανατολική φιλοσοφία, 83 σημ.
Cranmer-Byng, Dr. L., γράμμα του από την Αγγλία, 550
Crile, Dr. Geo. W. επί λέξει, 534 σημ.

Δ

Δάντης, ποίημα, επί λέξει, 566 σημ.
Δάσκαλος, 90 σημ., 126, 147, 232 επ., 251 σημ., 269 σημ., 327, 350 σημ.· δοκιμασία του, 235. *Βλ. επίσης* Γκουρού *και* Γιόγκι.
Δάσκαλος Μαχασάγια (Μαχέντρα Νατ Γκούπτα), άγιος της ταπεινότητας, 85 επ.· το «βιοσκόπιο» που μου χάρισε σαν εμπειρία, 92
Δημιουργία, συμπαντική, αναδύεται από τον Μπραχμά, 83 σημ.· δημιουργείται από το *Ομ,* 167 σημ., 170 σημ., 273 σημ.· κύκλοι της, 192 σημ.· εκχωρημένη από το Θεό στις «συζύγους» Του, 222 σημ.· πολικότητά της, 307,

308· αληθινή φύση της, 307 επ., 326, 357 επ., 487 επ., 494
Διαβήτης, 199 επ.· ο άγιος θεραπεύτηκε από το Θεό, 234
διάβολος, 318 σημ. Βλ. επίσης Μάγια.
διαίσθηση, 177, 179 σημ., 262, 481, 483
Διεθνές Συνέδριο των Θρησκευτικών Φιλελευθέρων, Βοστόνη, 394, 402, 431
Διεθνές Συνέδριο των Θρησκευτικών Φιλελευθέρων, Βοστόνη, η πρώτη μου ομιλία στην Αμερική, 394, 405
«Δοκιμασία της φτώχειας», στο Μπρίνταμπαν, 110
δυνάμεις, θαυματουργές, 31 σημ., 170, 251 σημ., 262 σημ., 269 σημ., 318 σημ., 358· κατάχρησή τους, 55, 135, 211
δύναμη των λέξεων, 15, 24 σημ., 267 σημ.

D

Dasgupta, Prof. S., 251 σημ., 259 σημ.
Descartes, επί λέξει, 425 σημ.
Diet and Diet Reform, 509 σημ.

E

Εγώ, 46, 49, 50, 55 σημ., 117, 140 επ., 178, 211, 251 σημ., 262 σημ., 279 επ., 328, 367 σημ., 453, 486
Έθιμα της Ινδίας, προσκύνημα, 10· παιχνίδι με χαρταετούς, 16· γάμος, 17, 20 σημ., 33, 265–266· προσφορές στους σάντου, 23, 504· σεβασμό στο μεγαλύτερο αδελφό, 42 σημ., 113· δώρα στον γκουρού, 72, 434· το άγγιγμα των ποδιών του γκουρού, 136, 370· κηδεία, 148, 391 σημ., 474 σημ.· «ο φιλοξενούμενος είναι Θεός», 160· αποχή από το κάπνισμα μπροστά σε μεγαλύτερους, 225 σημ.· αφαίρεση των παπουτσιών μέσα σ' ένα ερημητήριο, 246 σημ.· λήψη μύησης στο Τάγμα των Σουάμι, 254–255· το να τρως με τα χέρια 434, 527· καθημερινές γιανγκιά, θρησκευτικές προσφορές, 504
ειδήμονας, στο Μπενάρες, 39–40, 110· στο ερημητήριο στο Σεράμπουρ, 149

Εκκλησία όλων των Θρησκειών (Church of All Religions) του Self-Realization Fellowship, στο Hollywood, 550–553· στο San Diego, 553· στο Pacific Palicades, 553
ελάφι, θάνατός του στο Ραντσί, 288
Ελισαίε , 328 σημ., 367 επ.
Έλληνες ιστορικοί στην Ινδία, 445 επ.
ενδοσκόπηση, 49, 75, 278, 493
επιθυμία, δεσμά του ανθρώπου, 147, 171, 280, 355 σημ., 487, 491–492, 563
Εποχές (κύκλοι) του κόσμου, 192, 273 σημ.
Ερημητήριο, στο Πούρι, ησυχαστήριο, κοντά στη θάλασσα, του Σρι Γιουκτέσβαρ, xv, 174, 472, 497· περιγραφή του ερημητηρίου στο Μπενάρες, όπου πήγα για εκπαίδευση, 98· στο Σεράμπουρ, το άσραμ του Σρι Γιουκτέσβαρ 107, 122, 428, 434· στο Μπρίνταμπαν, το σκηνικό της φιλοξενίας της «αδέκαρης» δοκιμασίας μου, 114· κοντά στο Ρισικές, όπου ο Πραναμπανάντα άφησε τη γη, 291 επ.· στο Ντακσινεσβάρ, Γιογκόντα Ματ, 439· στο Μπρίνταμπαν, χτισμένο από τον Κεσαμπανάντα, 468· στο Ενσινίτας, Self-Realization Fellowship, 545, 548 σημ.
«Ευγενικό Οκτάπτυχο Μονοπάτι» του Βουδισμού, 259 σημ.
Ευρώπη, το ταξίδι μου σε διάφορες χώρες, στην Αγγλία και τη Σκωτία, 417· στη Γερμανία, Ολλανδία, Γαλλία, Ελβετία, Ιταλία και Ελλάδα, 424

East-West, περιοδικό. Βλ. περιοδικό του Self-Realization.
Eddicton, Sir Arthur S., που επί λέξει ανέφερε ότι ο κόσμος είναι από «νοητικό υλικό», 310
Elizabeth, Blessed, of Rent, αποχή από το φαγητό, 537 σημ.
Emerson, επί λέξει, 30 σημ., 43 σημ., 55 σημ., 67 σημ., 75 σημ., 206 σημ., 251 σημ., 298 σημ., 303 σημ.· ποίημα για τη Μάγια, 50 σημ.

*Ευρετήριο*

Encinitas, ερημητήριο και παράρτημα Self-Realization Fellowship, 543 επ., 550
*Encyclopedia Americana,* 24 σημ.
Evans-Wentz, Dr. W.Y., viii, xv–xvi

F

Fa-Hsien, Κινέζος ιερέας του 5ου αι. στην Ινδία, 557 σημ.
Forest Lawn Memorial Park, μαρτυρία του Διευθυντή του Νεκροτομείου, 572

G

Galli-Curci, Amelita, 407
*Gandhi's Letters to a Disciple,* 501 σημ.
Gerlich, Dr. Fritz, 418

Z

Ζεντ-Αβέστα, 509· επί λέξει, 543
«ζωητρόνια» *(πράνα),* ενέργεια πιο λεπτοφυής από την ατομική, 54, 318, 478, 481, 485, 489
ζωική δύναμη, 54, 67 σημ., 131, 272, 274, 277, 286, 420 σημ., 486, 565

Η

Ηθικές εντολές, 562· η τήρησή τους αναγκαία για την επιτυχία στη γιόγκα, 259
ηλιακή ενέργεια, 534 σημ.
Ηλίας, 272, 318–319, 367 επ.

Hanum, Halide Edib, 501 σημ.
Harsha, βασιλιάς, 462 σημ.
Hieuen Tsiang. *Βλ.* Yuan Chwang.
*History of Indian Philosophy,* 259 σημ.
*Holy Science, The,* 192 σημ., 387
*Hound of Heaven, The,* 556 σημ.
Huxley, Dr. Julian επί λέξει για τις ανατολικές τεχνικές, 412 σημ.

Θ

Θαλής, επί λέξει για τη ζωή και το θάνατο, 349 σημ.
θάνατος, 4, 288, 298 σημ., 314, 349 σημ., 350 σημ., 372, 391, 461, 485–460, 488, 491 επ., 494 επ., 563, 565
θαύματα, ο νόμος τους, 54 επ., 133, 251 σημ., 306 επ., 358 σημ., 379, 380
Θεϊκή Μητέρα, μια όψη του Θεού, 15–16, 85 επ., 92, 123 σημ., 222 σημ., 482
*Θεϊκή Κωμωδία,* επί λέξει, 567 σημ
Θέληση, δύναμη θελήσεως, 153, 177–178, 286, 296 σημ., 420 σημ., 438, 509
Θεός, ονόματα και εκδηλώσεις Του, 14 σημ., 15 σημ., 30 σημ., 48 σημ., 83 σημ., 88, 92, 117 σημ., 123 σημ., 166, 167 σημ., 170–171, 184 σημ., 222 σημ., 238, 273, 312, 335, 338 σημ., 482, 567· η πανταχού παρουσία Του, 55 σημ., 159· Αυτός που πραγματικά συντηρεί τον άνθρωπο, 72, 100, 111· η πηγή της γενναιοδωρίας στη «δοκιμασία μου της φτώχειας», 110 επ.· απαντήσεις σε προσευχές, 40, 116, 180, 239, 316· μπορεί να γίνει γνωστός, 194· στον ναό του Ντακσινεσβάρ, 240–241
θεραπεία του σάντου, 38· απόψεις του Σρι Γιουκτέσβαρ επ' αυτής, 131, 137, 221· μέσω περιβραχιονίων και πολύτιμων λίθων, 188–189 , 269 σημ.· με τη μεταβίβαση του κάρμα των άλλων στο Δάσκαλο, 232 επ.· απόψεις του Λαχίρι Μαχασάγια, 131 επ., 335, 376–377· στην αρχαία Ινδία, 449
Θιβέτ, 53, 159
*Θιβετιανή Γιόγκα και Μυστικά Δόγματα,* xv· εικόνα του Σρι Γιουκτέσβαρ, xv

Ι

Ιαπωνία, το ταξίδι μου εκεί, 264· όραμα στην ακτή του Λαχίρι Μαχασάγια, 373
Ιερώνυμος, Άγιος, δίδαξε τη μετενσάρκωση, 197 σημ.
Ικσβάκου, ο πατέρας της δυναστείας της Ινδίας των πολεμιστών του

Ήλιου, 273
Ιμαλάια, 159, 224 επ., 228, 341 σημ.· η γενέτειρά μου εκεί κοντά, 4· η πρώτη μου φυγή προς εκεί, 19· η δεύτερη, 33 επ., 48· η τρίτη, 155 επ., 163
Ινδία, αρχαίοι και σύγχρονοι πολιτισμοί της, xxix, 24 σημ., 337, 443 επ., 448 επ., 462 σημ., 556 επ., 571· συνεισφορές στον πολιτισμό, 74, 77 επ., 186 σημ., 337, 376 σημ.· ανεξαρτησία της, 558 σημ.· σημαία, xxviii
Ινδία Κέντρο SRF, στο Χόλλυγουντ, 553
ινδική γλώσσα, 376, 504 σημ.
ινδικό Γυμνάσιο στην Καλκούτα, 95· η αποφοίτησή μου, 97
Ινδουισμός, 387 σημ., 509· καθημερινές τελετές του, 504
ινδουιστικές Γραφές, 98 σημ., 100 σημ., 267 σημ., 278 σημ., 350 σημ., 385, 558, 562
Ινστιτούτο Άριας Αποστολής, 376
Ιπποκράτης, 376 σημ.
Ισβάρα, Θεός, ως Κυβερνήτης του Σύμπαντος, 14 σημ.
Ιωάννης Άγιος του Σταυρού, 94 σημ.
Ιωάννης ο Βαπτιστής, σχέση του με τον Ιησού, 367 επ.
Ιωσήφ του Κουπερτίνο, κατάσταση ανύψωσης, 73 σημ.

J

Jeans, Sir James επί λέξει σχετικά με το σύμπαν ως σκέψη, 311
Jones, Sir William, φόρος τιμής στα Σανσκριτικά, 24 σημ.
*Journal*, του Emerson, 43 σημ.
Joyendra Puri, πρόεδρος των Ινδών σάντου, 464 σημ.
Jules-Bois, Μ, της Σορβόννης, επί λέξει για τον υπερσυνείδητο νου, 67 σημ.

Κ

Κάλανος, Ινδός δάσκαλος του Μεγάλου Αλεξάνδρου, 448
Κάλι, όψη του Θεού ως Μητέρα Φύση, 15, 48, 88, 222 σημ., 237 επ.
*Κάλι Γιούγκα*, Εποχή του Σιδήρου, 192, 192 σημ., 273 σημ.
Κάλι Κουμάρ Ρόι, μαθητής του Λαχίρι Μαχασάγια, 12, 324–325
Καλιντάσα, ο «Ινδός Σέξπηρ», επί λέξει, 222 σημ.
Καμπίρ, σπουδαίος μεσαιωνικός δάσκαλος, 272, 344, 471, 558 σημ.· ανάστασή του, 391 σημ.
Κανάι, νεαρός μαθητής του Σρι Γιουκτέσβαρ, 153, 213, 217, 218, 220, 221, 224, 231
Καντ, επί λέξει, 557 σημ.
Κάρα Πάτρι, σάντου στην *Κούμπα Μέλα*, 466–467
κάρμα, παγκόσμιος νόμος της αιτίας και του αποτελέσματος, 39, 187–188, 191, 197 σημ., 207, 233, 235, 251 σημ., 262 σημ., 271, 276, 280, 291, 298 σημ., 346, 350 σημ., 354, 355, 389, 477, 480, 485, 491 επ., 513 σημ., 537 σημ., 563, 565
*Κάρμα Γιόγκα*, μονοπάτι προς το Θεό μέσω δραστήριων πράξεων, 281, 373
Κάσι, μαθητής του σχολείου του Ραντσί, που ξαναγεννήθηκε και τον ανακάλυψα, 294 επ.
Κάσι Μόνι, σύζυγος του Λαχίρι Μαχασάγια, 320 επ., 339· βλέπει τους αγγέλους να περιστοιχίζουν τον άντρα της, 320–321· μάρτυρας της θαυματουργής του εμφάνισης, 322
κάστα σύστημα της Ινδίας, 4, 372, 450
Καστουρμπάι, σύζυγος του Γκάντι, 505 επ.
Κεμπαλανάντα Σουάμι, ο δάσκαλός μου των Σανσκριτικών, 42 επ., 124, 352, 365· σχέση του με τον Μπάμπατζι στα Ιμαλάια, 345 επ.
Κεντάρ Νατ, 25 επ., 32· βλέπει το «δεύτερο σώμα» του Πραναμπανάντα στα γκατ του Μπενάρες, 27
Κέντρα της σπονδυλικής στήλης, 31 σημ, 130, 184, 196, 271, 275, 277, 280, 325 σημ., 420 σημ., 481, 537 σημ.
Κεσαμπανάντα, Σουάμι, 293· βλέπει το

*Ευρετήριο*

αναστημένο σώμα του Λαχίρι Μαχασάγια, 390 επ.· με δέχεται στο ερημητήριο του Μπρίνταμπαν, 468 επ.· μου δίνει μήνυμα του Μπάμπατζι, 471 κινέζικες καταγραφές για την Ινδία, 462 σημ., 557 σημ.
Κολλέγιο του Σεράμπουρ, 204, 207, 213, 216, 244, 245· θυγατρικό του Πανεπιστημίου της Καλκούτα, 205· οι τελικές εξετάσεις σ' αυτό, 244 επ.· η ομιλία μου στους μαθητές, 460
Κολλέγιο Scottish Church στην Καλκούτα, 125, 203· παίρνω το Ενδιάμεσο δίπλωμα Τεχνών από εκεί, 204
Κολόμβος, 70, 387 σημ., 393, 557 σημ.
κόμπρα, 468, 507· επεισόδιο κοντά στο Πούρι, 130
κόσμος, κύκλοι του, 192, 273 σημ.
Κουακέροι, Πενσυλβάνια, πείραμα μη βίας, 516
Κουεϊσμός, 15 σημ., 67 σημ.
Κουμάρ, κάτοικος του ερημητηρίου του Σεράμπουρ, 144 επ.
*Κούμπα Μέλα,* θρησκευτική ιεροτελεστία, 330, 366, 382· σκηνή της πρώτης συνάντησης του Μπάμπατζι με τον Σρι Γιουκτέσβαρ, 382 επ.· κινέζικη καταγραφή της, 462 σημ.· το ταξίδι μου εκεί, 463 επ.
κουνούπια, επεισόδια στο Σεράμπουρ, 128 επ.
*κουτάστα τσαϊτάνια,* 11, 167 σημ., 373, 420 σημ. Βλ. *επίσης* κατά Χριστόν Συνειδητότητα.
Κουτς Μπιχάρ, Πρίγκιπας, πρόκληση στον «Σουάμι των Τίγρεων», 62
*Κρίγια Γιόγκα,* τεχνική για τη συνειδητοποίηση του Θεού, 10, 20, 42, 44, 117–118, 124, 136, 152, 156, 172, 184, 213, 222 σημ., 237, 271 επ., 290, 341, 360–361, 361, 370–372, 374 επ., 379 επ., 395, 412, 416, 438, 508, 553 σημ., 561–562, 564, 571· μύηση, των γονιών μου, 10· του Πρατάπ Τσάτερτζι, 116· του Ανάντα, 118· του εαυτού μου, 124· της Κάσι Μόνι, 321· του Λαχίρι Μαχασάγια, 359· ορισμός της, 271· αρχαιότητά της, 272· δεύτερη τεχνική της, 292· αρχαίοι κανόνες της, τους οποίους χαλάρωσε ο Μπάμπατζι, 361· τέσσερα βήματα, 374· αιώνια βάση της, 380· η Προφητεία του Μπάμπατζι, 396
*Κρίγια Γιόγκι (Κρίγιαμπαν),* αυτός που εξασκείται στην αρχαία τεχνική που δόθηκε από τον Μπάμπατζι στον Λαχίρι Μαχασάγια, 271, 275 επ., 555, 565, 571
Κρίσνα, θεϊκός αβατάρ, 113, 114, 116, 116, 174 σημ., 181, 239, 272, 281, 343, 344, 364 σημ., 561· τα παιδικά του χρόνια στο Μπρίνταμπαν, 471· το όραμά μου, 476
Κρισνανάντα, Σουάμι, εξημερωτής της λέαινας στην *Κούμπα Μέλα,* 465

Keller, Helen, 482 σημ.
Kellogg, Charles, πειράματα με δονήσεις ήχου, 182 σημ.
Kennell, Dr. Lloyd, 555-556
*Key to Health,* 509 σημ.
Knight, Goodwin J., Αντικυβερνήτης της Καλιφόρνια, 553
Kwan Yin, η κινέζικη προσωποποίηση της Θεϊκής Μητέρας, 553

**Λ**

Λαλ Ντάρι, υπηρέτης, 219
Λάλα Γιογκισβάρι, «ντυμένη με τον ουρανό», πιστή του Σίβα, 222 σημ.
λάμπα, που είχε χαθεί, στο ερημητήριο του Πούρι, 178–179
Λαμποντάρ Ντέι, αδελφός της Γκιρί Μπαλά, 526–527, 529
Λάο-Τσε, επί λέξει, 516, 562 σημ., 570
Λαχίρι Μαχασάγια, μαθητής του Μπάμπατζι και γκουρού του Σρι Γιουκτέρβαρ, 7 επ., 29, 31, 33, 42 επ., 45, 107, 125, 136, 139, 152, 155, 159, 162, 253, 271, 290, 306, 318 σημ.· 320 επ., 337, 342, 344, 345, 347, 364 σημ., 369 επ., 382, 386, 388 επ., 393, 395, 431, 467, 470, 474, 488 σημ., 543· υλοποιείται στον αγρό, 9· μύηση των γονιών μου

στην *Κρίγια Γιόγκα*, 10· με θεραπεύει από ασιατική χολέρα, 11· θαυματουργή προέλευση της φωτογραφίας, 12· εμφάνισή της, 13-14· με βαφτίζει, 22· μεσολαβεί στον Μπραχμά για τον Πραναμπανάντα, 30 επ.· γκουρού του Κεμπαλανάντα, 42 επ.· πνευματικός σχολιασμός, 44, 377 επ.· θεραπεύει τον Ραμού από την τύφλωση, 45· γκουρού του Σρι Γιουκτέσβαρ, 122, 123· θεραπεύει τον Σρι Γιουκτέσβαρ από την αδυναμία, 131-132· περιστοιχίζεται από αγγέλους, 320-321· μυεί τη σύζυγό του στην *Κρίγια*, 321· εξαφανίζεται από το οπτικό της πεδίο, 322· προστατεύει πιστούς από κεραυνό, 323· καθυστερεί το τρένο με την προσευχή της μαθήτριας, 323· σώζει τη ζωή του παιδιού της Αμπόγια, 324· δείχνει μια «εικόνα» της ζωής του εργοδότη του Κάλι Κουμάρ Ρόι, 325· του αποδίδεται τιμή από τον Τραϊλάνγκα Σουάμι, 331· ανασταίνει τον Ράμα από τους νεκρούς, 332 επ.· προφητεύει ότι η βιογραφία του θα γραφτεί για τη Δύση, 336· αρνείται τη δημοσιότητα, 335-336, 375· τα παιδικά του χρόνια, 338 επ.· η εργασία του για την κυβέρνηση, 339, 352, 375 σημ.· ταυτόχρονη εμφάνισή του στο σπίτι του στο Μπενάρες και στα *γκατ* του Ντασάσαμεντ, 348 επ.· μεταφέρεται στο Ρανικέτ, 352· συναντά τον Μπάμπατζι, 353 επ.· λαμβάνει τη μύηση στην *Κρίγια Γιόγκα* στο παλάτι των Ιμαλαΐων, 359 επ.· η αποστολή της ζωής του, να δείξει τον ιδεώδη οικογενειάρχη γιόγκι, 360-361, 381· ζητά από τον Μπάμπατζι να χαλαρώσει τους κανόνες για την *Κρίγια*, 361· καλεί τον Μπάμπατζι στους φίλους του στο Μοραντάμπαντ, 364-365· βλέπει τον Μπάμπατζι να πλένει τα πόδια ενός σάντου, 366· θεραπεύει τη σύζυγο του εργοδότη του στο Λονδίνο, 369· μυεί στην *Κρίγια* κάθε άνθρωπο κάθε πίστης, 370, 373· έχει όραμα ενός ναυαγίου στην Ιαπωνία, 373· τίτλος του *Γιογκαβατάρ*, 375 σημ., 380· το χειρόγραφό του, 377· έξοδος από τη γη, 389 επ.· εμφάνισή του, με αναστημένο σώμα, σε τρεις μαθητές, 390 επ.

λιθουανική γλώσσα, 557 σημ.

Λίνκολν, Αβραάμ, φωτογραφία του στην Καλκούτα, 410 σημ.

Λονδίνο, ομιλίες, 417, 538· τάξεις γιόγκα εκεί, 538· Κέντρο του SRF, 538· γράμμα κατά τη διάρκεια του πολέμου από κει, 550

Λόρενς, Αδελφός, Χριστιανός μυστικιστής, 562

Λούρδη, ναός, 156

Λυν, Τζέιμς Τζ., 380 σημ., 416, 543

λωτός, συμβολικό νόημα, 76 σημ., 548 σημ.· υλοποίηση από τον Σάνκαρα για να περάσει ο μαθητής του το ποτάμι, 108 σημ.· της σπονδυλικής στήλης, 184 σημ.

λωτού στάση *(παντμάσανα)*, 184 σημ., 376

## L

Lake Shrine, SRF, Los Angeles, 553

Lama, F. R. von, 418 σημ.

Lateau, Louise, αποχή από το φαγητό, 537 σημ.

Lauder, Sir Harry, 417

Laurence, William L., επί λέξει σχετικά με την ηλιακή ενέργεια, 534 σημ.

Lazzari, Dominica, αποχή από το φαγητό, 537 σημ.

*Legacy of India, The,* επί λέξει, 222 σημ.

Levinthal, Rabbi I. H., επί λέξει για τον υπερσυνείδητο νου, 143 σημ.

Lewis, Dr. M. W., 548

Lidwina, St. of Schiedam, αποχή από το φαγητό, 537 σημ.

Luther, Martin, επί λέξει, 372 σημ.

## M

Μα, μαθήτρια του Πούρι, βλέπει το αναστημένο σώμα του Σρι Γιουκτέ-

*Ευρετήριο*

σβαρ, 497
*μάγια*, συμπαντική αυταπάτη, 46 σημ., 49, 109, 117, 126, 136, 147, 181, 193, 197, 235, 274, 307 επ., 350 σημ., 489, 494 σημ., 567· ποίημα του Emerson γι' αυτήν, 50 σημ.
*ματ*, μοναστήρι, 73 σημ., 108 σημ., 255 σημ., 439
*Μαθήματα, SRF*, για μέλη, 271 σημ., 555, 555 σημ., 575
Μαϊσόρ, πρόσκληση να το επισκεφτώ, 441· τα ταξίδια μου εκεί, 442 επ.
Μάιτρα Μαχασάγια, βλέπει την υλοποίηση του σώματος του Μπάμπατζι στο Μοραντάμπαντ, 365
Μάνου, σπουδαίος αρχαίος νομοθέτης, 273, 450–451
*μάντρα*, ύμνος με δύναμη, 24 σημ., 182, 480 σημ., 536
*μάουνα*, πνευματική σιωπή, 327 σημ.
Μαρκόνι, 74· επί λέξει, 308 σημ.
Μάτατζι, αδελφή του Μπάμπατζι, 348–349
*Μαχαβατάρ*, «Θεϊκή Ενσάρκωση», τίτλος του Μπάμπατζι, 343, 380
Μαχαβίρα, Τζαϊνιστής προφήτης, 503 σημ.
*Μαχαμαντάλ*, ερημητήριο στο Μπενάρες, 97, 365 σημ.
*Μαχαμπαράτα*, αρχαίο έπος, 5, 6 σημ., 56 σημ., 100 σημ., 378, 450, 512
*Μαχαραγιάς*, «μεγάλος βασιλιάς», τίτλος σεβασμού, 385, 429, 474
Μαχαραγιάς, του Καζιμπαζάρ, ο Σερ Τσάντρα Νούντι, πρώτος αρωγός του σχολείου του Ραντσί, 285, 435· ο γιος του, Σερ Σρις Τσάντρα Νούντι, 435· του Μπενάρες, 375· ο γιος του, 375· ο Τζοτίντρα Μοχάν Τακούρ, 375· του Μαϊσόρ, 441· ο γιος του, ο οικοδεσπότης μου, 441· του Τράβανκορ, 450· του Μπαρντγουάν, που ερεύνησε την υπόθεση της Γκιρί Μπαλά που δεν έτρωγε, 526
Μαχασάγια, θρησκευτικός τίτλος, 26 σημ., 87, 341 σημ.
*μαχασαμάντι*, τελική έξοδος από τη γη του σπουδαίου γιόγκι, 390, 555 σημ.
*Μαχάτμα*, «μεγάλη ψυχή», *Βλ.* Γκάντι
Μαχέντρα Νατ Γκούπτα («Μ»). *Βλ.* Δάσκαλος Μαχασάγια.
Μεγασθένης, επί λέξει για την ευημερία της Ινδίας, 557 σημ.
Μεταθανάτιες καταστάσεις, 296, 298 σημ., 477 επ., 566
μεταφυσική, 74, 138 σημ., 235
μετενσάρκωση, 197 σημ., 298 σημ., 355 σημ., 367 σημ., 484, 490, 513 σημ., 566
μη αποσύνθεση του σώματος, 278 σημ., 572· της Αγίας Τερέζας της Άβιλα, 73 σημ.· του Αγίου Ιωάννη του Σταυρού, 94 σημ.
μη βία, 129 επ., 306 σημ., 499, 503 σημ.· οι απόψεις του Γκάντι γι' αυτό, 507 επ., 511 επ.· πείραμα από τον Penn, William, 515
μητέρα μου, 4–7, 10, 15, 17, 18, 20, 85, 86, 101, 265, 463 σημ., 500· το όραμά μου στο Μπαρέιλι, 17–18· ο θάνατός της, 18· μήνυμα και φυλαχτό απ' αυτήν, 20· από τον Σρι Γιουκτέσβαρ, 107, 123, 133, 147· από τον Λαχίρι Μαχασάγια, 338
μικροσκόπιο ηλεκτρονίων, 310
Μίρα Μπεν, μαθήτρια του Γκάντι, 501
Μίραμπαϊ, μεσαιωνική μυστικίστρια, 71· ποίημά της, 71–72
Μίσρα, Δρ, ο γιατρός του πλοίου, 264· δυσπιστία του στη Σαγκάη, 265
μονό μάτι, 45 σημ., 179 σημ., 194, 197 σημ., 239, 275, 292, 296, 309, 313, 321, 420 σημ., 423, 438, 463, 482, 519
Μουκούντα Λαλ Γκος, το όνομά μου όταν γεννήθηκα, 4· άλλαξε σε Γιογκανάντα όταν προσχώρησα στο Τάγμα των Σουάμι, 255
*μούντρα*, θρησκευτική χειρονομία, 378 σημ.
Μουσείο, YSS, 439· SRF, 439 σημ.
μουσική ινδική, 180 επ., 547–548
Μουσουλμάνοι, (Μωαμεθανοί), 207, 273 σημ., 387 σημ., 514, 558 σημ.· *ναμάζ* προσκύνημα, 372· Mecca Masjid

Mosque στο Χιντεραμπάντ, 444
Μπάγκαβαντ Γκίτα «Τραγούδι του Θεού», 6, 31 σημ., 33, 34, 39, 46 σημ., 56 σημ., 93, 150, 193, 234 σημ., 260, 272, 281, 364 σημ., 373, 376, 385, 396, 474, 485 σημ., 509, 561, 563 σημ.· επί λέξει αναφορά από τον Μπάμπατζι, 362-363· η μετάφρασή μου, 561
Μπαγκαμπάτι Τσαράν Γκος, ο πατέρας μου, 4 επ., 17 επ., 25, 27, 32, 42, 95, 97, 98, 110, 111, 124, 138, 141, 208 σημ., 217, 246, 251, 394· σπαρτιάτικες συνήθειες, 6-7· όραμα του Λαχίρι Μαχασάγια στον αγρό, 9· μύηση στην Κρίγια Γιόγκα, 10· αφοσίωση στη μητέρα μου για όλη του τη ζωή, 20· επίσκεψη στο σχολείο μου στο Ραντσί, 287· με χρηματοδοτεί να πάω στην Αμερική, 394-395, 405· με καλωσορίζει στην επιστροφή μου στην Ινδία, 428· βοηθά το σχολείο του Ραντσί, 435· ο θάνατός του, 463 σημ.
μπάκτι, αφοσίωση, 93, 143, 168, 373
Μπαλανάντα Μπραματσάρι, που έλαβε μύηση στην Κρίγια Γιόγκα, 375
Μπάμπατζι, γκουρού του Λαχίρι Μαχασάγια, 162, 272, 273 σημ., 278 σημ., 293, 330, 341, 342 επ., 345 σημ., 369, 380 επ., 416, 462, 465, 477, 488 σημ., 561· ένας αβατάρ, 342 επ.· σιωπηλή επιρροή, 344· εμφάνιση, 345· ελευθερώνει ένα μαθητή από το θάνατο στη φωτιά, 346· ανασταίνει έναν νεκρό πιστό, 346· υπόσχεται να κρατήσει για πάντα το υλικό του σώμα, 349· η πρώτη συνάντηση με τον Λαχίρι Μαχασάγια, 352 επ.· διευθετεί τη μετάθεση του Λαχίρι Μαχασάγια στο Ρανικέτ, 353· υλοποιεί ένα παλάτι στα Ιμαλάια, 355 επ.· μυεί τον Λαχίρι Μαχασάγια στην Κρίγια Γιόγκα, 359· χαλαρώνει τους αρχαίους νόμους σχετικά με τη Κρίγια, 362· αναφέρει αποσπάσματα της Γκίτα για την Κρίγια, 362-363· εμφανίζεται μπροστά σε μια ομάδα στο Μοχαμπαμπάντ, 364-365· πλένει τα πόδια του σάντου στην Κούμπα Μέλα, 366· συναντά τον Σρι Γιουκτέσβαρ στο Αλλαχαμπάντ, 382 επ.· στο Σεράμπουρ, 388· στο Μπενάρες, 388· εκφράζει το βαθύ ενδιαφέρον του για τη Δύση, 384· υπόσχεται στον Σρι Γιουκτέσβαρ να του στείλει ένα μαθητή για εκπαίδευση, 384-385, 396· προβλέπει ότι η ζωή του Λαχίρι Μαχασάγια έχει σχεδόν τελειώσει, 386· είναι ο ανώτατος γκουρού για όλα τα μέλη του Self-Realization Fellowship, 387 σημ.· εμφανίζεται μπροστά μου καθώς ετοιμάζομαι να φύγω για την Αμερική, 396· μου στέλνει ένα μήνυμα μέσω του Κεσαμπανάντα, 471· καθοδήγηση όλων των ειλικρινών πιστών Κρίγια Γιόγκι, 555
Μπάμπερ, Βασιλιάς, 558 σημ.· σχετικά με το ιστορικό επεισόδιο ίασης, 234
Μπάμπου, «Κύριος», 7 σημ., 209 σημ.
Μπάντουρι Μαχασάγια, ο σεβάσμιος «αιωρούμενος άγιος», 67 επ.
Μπαράτα, ιδρυτής της ινδικής μουσικής, 183
Μπασκαρανάντα Σαρασβάτι, Σουάμι, 375
Μπενάρες ερημητήριο, 97 επ., 107, 109, 365 σημ.· η αρχική μου εκπαίδευση εκεί, 97 επ.
Μπέρμπανκ, Λούθερ, vi, 409 επ.
Μπεχάρι, υπηρέτης στο Σεράμπουρ, 218
Μπιμάλ, μαθητής του Ραντσί, 393
Μπισνού Καράν Γκος, ο μικρότερος αδελφός μου, 7, 97, 242, 265, 286, 426, 525
Μπιχάρι Παντίτ, ο καθηγητής μου στο Κολλέγιο Scottish Curch, 155, 158
Μπλετς, Έτι, 417, 426, 441 σημ., 475, 498
Μπολά Νατ, ο μαθητής του Ραντσί που τραγουδούσε, 300, 301
Μπος, Δρ, Π, ο άντρας της αδελφής μου Ναλίνη, 265, 268
Μπουπέντρα Νατ Σανγιάλ, 374
Μπράουνινγκ, Ρόμπερτ, αναφορά επί λέξει, 154
μπραματσάρι, σπουδαστής που απέχει από το σεξ, 285 σημ., 465

*Ευρετήριο*

μπραματσαρίνι, γυναίκα ασκητής, 330
Μπραχμά, μια όψη του, 30, 75 σημ., 83 σημ., 167 σημ., 181, 184 σημ., 254, 338 σημ., 569
Μπρίντα Μπαγκάτ, ταχυδρόμος του Μπενάρες, 374

Marshall, Sir John, επί λέξει, 24 σημ.
Masson-Oursel, P., επί λέξει για το βασιλιά Ασόκα, xxviii
McCrindle, Dr. J. W., μεταφραστής ελληνικών κειμένων σχετικά με την Ινδία, 445
Milton, επί λέξει, 321 σημ., 560 σημ., 569 σημ.
*Mohenjo-Daro and the Indus Civilization*, 24 σημ.
Mount Washington, 226, 407, 407, 539–540, *βλ. επίσης* Self-Realization Fellowship.
Müller, Max, επί λέξει για την κακή χρήση της λέξης *Άριος*, 387 σημ.
Myers, F. W. H., επί λέξει, 143 σημ.
*Mysterious Universe, The*, επί λέξει, 311

**Ν**

Ναλάντα, αρχαίο Πανεπιστήμιο, 78
Ναλίνη, η νεότερη αδελφή μου, παιδικές μας εμπειρίες, 265· ο γάμος της, 265–266· θεραπεία της αδυναμίας, 267, από τυφοειδή πυρετό, 267, από παραλυσία στα πόδια, 268· κόρες της, 269
Νανάκ Γκουρού, ύμνος που ψάλθηκε στο Carnegie Hall, 547
*νάντι*, δίοδοι νεύρων στο σώμα, 378 σημ.
Ναντού, η βοήθειά του για να περάσω τις εξετάσεις του Λυκείου, 96–97
ναός, θεραπευτικός, στην Ισπανία, 73 σημ.· στο Ταρασκεσβάρ, 156· στο Νερούρ, 452
Ναρέν, μαθητής του Σρι Γιουκτέσβαρ, 202
ναρκωτικά και άλλες επιζήμιες τοξικές ουσίες, 483 σημ.
νερό, διαλογισμός σ' αυτό, 90· μύθος

για το Γάγγη, 222 σημ.· τιμή από τον Άγιο Φραγκίσκο, 341 σημ.
Νεύτωνας, νόμος της κίνησης, 307
*νιγιάμα*, τήρηση θρησκευτικών εντολών, 259
*νιμ*, δέντρο μαργκόσα, 14, 376, 500
*νιρμπικάλπα σαμάντι*, αμετάβλητη κατάσταση της συνειδητότητας του Θεού, 31 σημ., 235, 274, 308, 360, 478, 496, 562. Βλ. επίσης *σαμάντι*.
Νόιμαν, Τερέζα, από το Κόνερσροϊτ, 31 σημ., 232 σημ., 525, 531, 537 σημ.· το προσκύνημά μου, 417 επ.
νόμος, που κυβερνά το σύμπαν, 133, 145, 187 επ., 318 σημ., 328, 336, 510 σημ.
νους, 55 σημ., 59, 132, 137, 143 σημ., 146, 170, 177, 234, 278, 281 σημ., 296 σημ., 483· ποίημα για τον έλεγχό του, 449, 563 σημ.
Ντάγια Μάτα, πρώην πρόεδρος του SRF-YSS, 255 σημ., 439 σημ.
Νταγιανάντα Σουάμι, ηγέτης του ερημητηρίου του Μπενάρες, 98 επ., 109
Ντακσινεσβάρ, ναός της Κάλι, 88, 237 επ.· Γιογκόντα Ματ, 439
Νταμπρού Μπαλάβ, δάσκαλος της Γκίτα, 150
*ντάντα*, μπαστούνι μπαμπού, 325 σημ., 345
Νταντάμις, Ινδός σοφός, επέπληξε τον Μεγάλο Αλέξανδρο, 445 επ.
*ντάρμα*, δικαιοσύνη, καθήκον, xxix, 56 σημ., 451 σημ., 510 σημ., 511
*ντάρσαν* (ιερή θέα), 190, 376
Ντεβεντρανάτ Ταγκόρ, πατέρας του Ραμπιντρανάτ, 303
Ντεσάι, Μ., γραμματέας του Γκάντι, 498, 499, 502, 509, 510
Ντίκινσον, Ε. Ε., επεισόδιο με το «ασημένιο κύπελλο», 540 επ.
*ντίκσα*, πνευματική μύηση, 118, 374
Ντιτζέν, ο συγκάτοικός μου στη φοιτητική εστία, 213 επ.
Ντοστογέφσκι, επί λέξει, 159 σημ.
*ντότι*, ένδυμα των Ινδών αντρών, 112 σημ., 301, 429, 440

Ντουαπάρα Γιούγκα, η παρούσα Εποχή του Κόσμου της ισημερίας, 192, 273 σημ.
Ντουάρκα Πρασάντ, ο παιδικός μου φίλος στο Μπαρέιλι, 19, 36, 41
Ντουαρκανάτ Ταγκόρ, ο παππούς του Ραμπιντρανάτ, 304
Ντουιτζέντρα Ταγκόρ, αδελφός του Ραμπιντρανάτ, 304
Ντουκούρι Λαχίρι, γιος του Λαχίρι Μαχασάγια, 323, 339
Ντούργκα, όψη του Θεού ως Θεία Μητέρα, 123 σημ., 222 σημ.
Ντούργκα Μα, 543

Nature Cure, 509 σημ.
Nature of the Physical World, 310
Nehru, Jawaharlal, επί λέξει, 517
New York Times, The, επί λέξει, 82, 281 σημ., 310, 534 σημ.
Nicolas, St., of Flüe, αποχή από το φαγητό, 537 σημ.
Night Thoughts, 358 σημ.
Northrop, Dr. John Howard, επί λέξει για την καθαρότητα του νερού του Γάγγη, 341 σημ.

Ο

«Οκτάπτυχο Μονοπάτι της Γιόγκα», όπως το εξήγησε ο Πατάντζαλι, 259–260
Ομ, συμπαντική δημιουργική δόνηση, 15 σημ., 24 σημ., 167, 167 σημ., 170 σημ., 182, 273, 309, 390 σημ., 420 σημ., 536 σημ., 565, 567, 569 σημ., 570
Ομάρ Καγιάμ, Πέρσης μυστικιστής, 343
όνειρα, φαινόμενά τους, 313, 357
Ονησίκρητος, αγγελιαφόρος του Μεγάλου Αλεξάνδρου, επίσκεψη στον Ινδό σοφό, 445 επ.
Όντι, Τζ., σύντροφος στο ταξίδι στο Κασμίρ, 217, 221, 225, 231–232
οράματά μου, μιας προηγούμενης ενσάρκωσης, 3· της ζωντανής μορφής του Λαχίρι Μαχασάγια από τη φωτογραφία του, 10· των γιόγκι των Ιμαλαΐων και του Μεγάλου Φωτός, 14· στο Μπαρέιλι, της μητέρας μου, 17· του προσώπου του γκουρού μου, 33, 103· της Θεϊκής Μητέρας, 86· του κόσμου σαν σιωπηλή κινηματογραφική ταινία, 90–91· της αστραπής, 162· στο βωμό του Ταρακέσβαρ των συμπαντικών σφαιρών, 163· της συμπαντικής συνειδητότητας, 165–166· στο Κασμίρ, ενός κτιρίου στην Καλιφόρνια, 226· στο Ντακσινεσβάρ, της ζωντανής θεάς στην πέτρινη εικόνα, 240–241· σε όνειρο, του κατοικίδιου ελαφιού, 288· ενός καπετάνιου σε ναυμαχία, 314–315· των ευρωπαϊκών πεδίων πολέμου, 316· του σώματος σαν φως, 317–319· Αμερικανών προσώπων, 393· του θανάτου του γκουρού μου, 472· του Κυρίου Κρίσνα, 476· στη Βομβάη, ενός περίεργου κόσμου, 476· των προηγούμενων ενσαρκώσεών μου, 496· στο Ενσινίτας, του Χριστού και του Άγιου Δισκοπότηρου, 560–561
Ορομπίντο Γκος, Σρι, 501 σημ.
Ουίλσον, Γούντροου, 501 σημ.· επί λέξει, 513
Ουίλσον, Μάργκαρετ Γούντροου, μαθήτρια στην Ινδία, 501 σημ
Ούμα, η μεγαλύτερη αδελφή μου, 17, 53· επεισόδιο με το σπυρί, 14· επεισόδιο με το χαρταετό, 16· θεά, 222 σημ.
Ουπανισάντ, περιλήψεις της βεδικής σκέψης, 170, 259, 342, 494 σημ.· τιμή σ' αυτές από τον Σοπενχάουερ, 149 σημ. Βλ. επίσης Βεδάντα.
Ουπέντρα Μοχούν Τσόουντουρι, παρατηρεί την ανύψωση του Μπάντουρι Μαχασάγια, 67–68
παιδεία, αναγκαιότητα σωστής, 206 σημ., 285· απόψεις του Ταγκόρ γι' αυτό, 303 επ.· απόψεις του Λούθερ Μπέρμπανκ, 410 επ.
Over-Soul, 67 σημ.

Π

Πακιστάν, 558 σημ.

*Ευρετήριο*

Πανεπιστήμιο Καλκούτα, 90, 205, 244-245, 249, 452· παίρνω το πτυχίο μου, 251
πανηγύρια στην Ινδία, 123 σημ., 174 σημ.· Βλ. *Κούμπα Μέλα·* γιορτές από τον Σρι Γιουκτέσβαρ, 122-123, 179 επ., 460
*Πάνθι,* η φοιτητική εστία στο Σεράμπουρ, 207, 213, 245, 247, 249· σκηνή των τεσσάρων θαυμάτων του Αφζάλ Καν, 209 επ.· σκηνή της θαυματουργής εμφάνισης του Σρι Γιουκτέσβαρ, 214
Πανίνι, αρχαίος φιλόλογος, τιμή στα Σανσκριτικά, 96 σημ.
*παντμάσανα,* η στάση του λωτού, 184 σημ.
Παντσάνον Μπατατσάρια, 376, 391, 468· βλέπει το αναστημένο σώμα του Λαχίρι Μαχασάγια, 391
*παραμαχάνσα(τζι),* θρησκευτικός τίτλος, 4 σημ., 88, 461
*παραμγκούρου,* ο γκουρού του γκουρού κάποιου, 387 σημ.
Παράρτημα στο Ενσινίτας, 548
Παρβάτι, Θεά, 222
Πατάντζαλι, αρχαίος ερμηνευτής της γιόγκα, το οποίο περιέγραψε, 67, 129, 258-259, 262 σημ., 272, 273, 343, 462, 566· «Οκτάπτυχο Μονοπάτι της Γιόγκα», 259-260
πατέρας μου. Βλ. Μπαγκαβάτι· του Σρι Γιουκτέσβαρ, 123· του Λαχίρι Μαχασάγια, 338, 339
Παύλος, Άγιος, επί λέξει, 272
πειθαρχία, του πατέρα μου, 6· του Νταγιανάντα, 99 επ.· του Σρι Γιουκτέσβαρ, 108-109, 136, 138 επ.· που λαμβάνουν ακόμα και οι φωτισμένοι Δάσκαλοι, 364 σημ.
«πείραμα της φτώχειας» στο Μπρίνταμπαν, 111 επ.
περιβραχιόνιο, αστρολογικό, 186, 188 επ., 199, 200, 202, 269 σημ.
περσική παροιμία, 373 σημ., 513 σημ.
Πιλάτος, Πόντιος, επί λέξει, 569
Πινγκάλ, Δρ, μαθητής του Γκάντι, 498, 509

Πλάτωνας, 216 σημ.
Πλίνιος, επί λέξει, για την ευημερία της αρχαίας Ινδίας, 557 σημ.
Πλούταρχος, 445, 447
Πνεύμα, 254 σημ., 372, 488-490
Πνευματικό μάτι. Βλ. Μονό μάτι
ποίημα του Emerson, 50 σημ.· της Μίραμπαϊ, 71-72· του Ταγκόρ για τον Τζαγκντίς Τσάντρα Μπος, 83· στο Γκιτάντζαλι, 305· του Σάνκαρα, 108 σημ., 255· δικό μου, «Σαμάντι», 169-170· της Λάλα Γιογκισβάρι, 222 σημ.· του Σαίξπηρ, 278· στον Σίβα, 338 σημ.· του Ομάρ Καγιάμ, 343· του Καμπίρ, 391 σημ.· του Walt Whitman, 408· του Ταγιουμαναβάρ, 449· του Ραβίντας, 471· του Νανάκ, 547 σημ.· του Francis Thompson, 556 σημ.· του Milton, 560 σημ., 569 σημ.· του Δάντη, 566 σημ.
Πολύτιμοι λίθοι, μέταλλα, θεραπευτικές επιρροές, 189, 201, 268-269· υλοποίηση, 355 επ.
Πόλο, Μάρκο, επί λέξει, 267 σημ.
πόνος, σκοπός του, 50, 316, 536
Πραγκνιά Τσακσού, τυφλός σάντου, 465
Πραμπάς, Τσάντρα Γκος, αντιπρόεδρος του YSS, 191 σημ., 245
*πράνα,* ενέργεια της ζωής, 54, 67 σημ., 184 σημ., 260, 261, 272, 478 σημ., 565
*πραναγιάμα,* τεχνική ελέγχου της δύναμης της ζωής, 67, 260, 261, 274
*πρανάμ,* 434, 511, 531
Πραναμπανάντα, Σουάμι, «ο άγιος με τα δύο σώματα», 25 επ., 95, 289 επ., 350 σημ.· *Πρανάμπ Γκίτα,* 31 σημ.· επίσκεψη στο σχολείο του Ραντσί, 289· επίσκεψη από τον πατέρα μου κι εμένα, 289-290· δραματική έξοδος από τη γη, 291 επ.· η εμπειρία του να δει το αναστημένο σώμα του Λαχίρι Μαχασάγια, 392
Πρατάπ Τσάτερτζι, που βοήθησε τα δύο αδέκαρα αγόρια στο Μπρίνταμπαν, 117
Πραφούλα, εμπειρία με την κόμπρα, 130· μαθητής του Σρι Γιουκτέσβαρ, 434, 475

*Αυτοβιογραφία Ενός Γιόγκι*

*Πρεμαβατάρ*, «Ενσάρκωση της Αγάπης», 380 σημ.
Προκάς Ντας, 297
προσευχή που απαντήθηκε, 16, 40, 115, 180, 239, 315-316, 396, 404
*Προσευχή στη Θεία Μητέρα για τη Συγχώρεση των Αμαρτιών*, 108 σημ.
προσκύνημά μου στην Τερέζα Νόιμαν, στη Βαυαρία, 417 επ.· στο ναό του Αγίου Φραγκίσκου της Ασίζης, 424· στην Παλαιστίνη, 425· στην Γκιρί Μπαλά στη Βεγγάλη, 525 επ.

P

Penn, William, πείραμα στη μη βία, 515
*Positive Sciences of the Ancient Hindus*, 186 σημ.
Prayer Council, 539 σημ.
"Prayer for a Dwelling," 543

Ρ

Ραβίντας, μεσαιωνικός άγιος, θαύμα στο Τσιτόρ, 472· ποίημά του, 471
*ράγκ*, μελωδική κλίμακα, 181-182
ραδιόφωνο, αναλογία για την κατανόηση της «κωμωδίας του κουνουπιδιού», 176 επ.· μικροσκόπιο, 176 σημ.· νους, 177, 296 σημ.
Ράιτ, Ρίτσαρντ, ο γραμματέας μου, 417, 421, 423, 424, 426, 435, 440-441, 451, 455, 465, 475, 498, 499, 504, 518, 523, 525, 528, 531, 538-539.
Ραμ Γκοπάλ Μαζουμντάρ, «ο άγιος που δεν κοιμόταν ποτέ», 156, 158 επ.· η επίπληξη που δεν προσκύνησα στο Ντακσινασβάρ, 159· θεραπεία της πλάτης μου, 162· πρώτη συνάντησή του με τον Μπάμπατζι και τη Μάτατζι, 349
Ράμα, αρχαίος αβατάρ, 45, 343
Ράμα, μαθητής του Λαχίρι Μαχασάγια, που αναστήθηκε, 332 επ.
*Ραμαγιάνα*, αρχαίο έπος, 4, 45 σημ., 100 σημ., 509
Ραμακρίσνα Παραμαχάνσα, 88, 238, 541 σημ.
Ραμανά Μαχαρσί, 455
Ραμού, μαθητής του Λαχίρι Μαχασάγια, η θεραπεία του από την τύφλωση, 45
Ραμπιντρανάτ Ταγκόρ, 300 επ., 547· ποίημα για τον Τζ. Τσ. Μπος, 83, στα *Γκιτάντζαλι*, 305· η πρώτη μας συνάντηση, 301· πρόσκληση να επισκεφτώ το σχολείο του στο Σαντινικέταν, 301-302· η οικογένειά του, 303
Ραντσί σχολείο (Γιογκόντα Σατσάνγκα Μπραματσάρια Βιντυαλάυα), ίδρυση, 285 επ.· κλάδοι του, 288, 439· εκπαιδευτικές, ιατρικές, φιλανθρωπικές δραστηριότητες, 289, 438 επ.· επίσκεψη από τον Πραναμπανάντα, 289· από τον Μαχάτμα Γκάντι, 498· από την Ανάντα Μόγι Μα, 522 επ.· συζήτηση γι' αυτό με τον Ραμπιντρανάτ Ταγκόρ, 302· επίσκεψη από μέλη του σχολείου Σάντινικεταν του Ραμπιντρανάτ Ταγκόρ, 304 σημ.· το όραμά μου της Αμερικής στην αποθήκη, 393· το ενδιαφέρον του Λούθερ Μπέρμπανκ, 410· οικονομικές δυσκολίες, 435· μόνιμη οργάνωσή του, 437· μύηση των αγοριών στην *Κρίγια Γιόγκα*, 438
*Ράτζα Γιόγκα*, «βασιλική» ή ολοκληρωμένη γιογκική επιστήμη, 373
«Ράτζα Μπένγκαμ», τίγρη στο Κουτς Μπιχάρ, 62 επ.
Ράτζαρσι Τζανακανάντα (Lynn, J. J.), 380 σημ., 416, 543-545
Ρατζέντρα Νατ Μίτρα, σύντροφος στο ταξίδι στο Κασμίρ, 217 επ.· 228, 230
*Ριγκ* βεδική Ινδία, 557 σημ.
*ρίσι*, φωτισμένος σοφός, 42, 50, 69, 83 σημ.
*ρίτα*, συμπαντικός νόμος, 251 σημ., 262 σημ., 558
Ρόι, Ν. Τσ, χειρουργός κτηνίατρος, 199 επ.· θεραπεία του διαβήτη από τον Σρι Γιουκτέσβαρ, 200
Ρόμα, η μεγαλύτερή μου αδελφή, 7, 17, 22, 237, 241, 463 σημ.· ο θάνατός της, 242

*Ευρετήριο*

Ρομές Τσάντρα Ντατ, η βοήθειά του στις εξετάσεις του Πανεπιστημίου, 247 επ.
*Ρουμπαγιάτ,* στίχος, ερμηνευμένος, 343
Ρούσβελτ, Φράνκλιν Ντ, επί λέξει, 516

Radhakrishnan, Sir S., 305 σημ.
Raman, Sir C. V., 452
Rawlinson, H. G., επί λέξει, xxviii
Razzak, επί λέξει για τον πλούτο της Ινδίας, 558 σημ.
Richet, Charles Robert, διάσημος ψυχολόγος, επί λέξει, σχετικά με τη μεταφυσική, 138 σημ.· για μελλοντικές ανακαλύψεις, 178
Robinson, Dr. Frederick B., 405
Rowe, Harry T., Διευθυντής του Νεκροτομείου Forest Lawn Mortuary, επί λέξει, 572
Ruskin, επί λέξει, 253 σημ.

**Σ**

Σάιλες Μαζουμντάρ, σύντροφος στο ταξίδι στη Γκιρί Μπαλά, 528
Σαίξπηρ, ποίημα για την υπέρβαση του θανάτου, 278
*σάκτι,* «σύζυγος» ή θεϊκή ενεργοποιητική ιδιότητα, 222 σημ., 569 σημ.
*σαμάντι,* κατάσταση κοινωνίας με το Θεό, 31 σημ., 125, 139 σημ., 161, 184 σημ., 235, 260, 274, 308, 360, 390, 478, 496, 519, 545, 562· ποίημα, 169–170
*Σάμπαμπι Μούντρα,* 378 σημ.
Σανάντα Λαλ Γκος, ο νεότερος αδελφός μου, 97
Σαναντάν, μαθητής του Πραναμπανάντα, 291 επ.
Σανάντανα, μαθητής του Σάνκαρα, 108 σημ.
*Σανάταν Ντάρμα* (Ινδουισμός), 387 σημ.
Σανκαρατσάρια (Σάνκαρα), Άντι, αναδιοργανωτής του Τάγματος των Σουάμι, 108 σημ., 145 σημ., 148, 149, 226, 235, 255, 280, 343, 494 σημ.· *μάτ* που ίδρυσε, 108 σημ.· το όραμά μου μπροστά στο ναό του Σρίναγκαρ, 226· ποίημά του, 255· ημερομηνία του, 255 σημ.
Σανκαρατσάρια του Μαϊσόρ, 452 σημ.
Σανκαρατσάρια του Πούρι, επισκέπτεται την Αμερική, 255 σημ.
Σάνκαρι Μάι Τζιού, μαθήτρια του Ταϊλάνγκα Σουάμι, συζήτηση με τον Μπάμπατζι, 329
*σανκίρταν, ομαδικός ψαλμός,* 181, 183, 184
*Σανκυά Αφορισμοί,* 55 σημ., 194
*σαννυάσι,* απαρνητής, 39, 285 σημ.
Σανσκριτικά, 24 σημ., 505 σημ., 557 σημ.· τιμή από τον Γουίλιαμ Τζόουνς, 24 σημ., από τον Πανίνι, 96 σημ.
*σάντανα,* μονοπάτι πνευματικής πειθαρχίας, 97, 125, 475
Σαντάσιβα Μπράχμαν, 262 σημ.· θαύματά του, 452 επ.
Σάντος Ρόι, 199 επ.
*σάντου,* ασκητής, 22, 464· στη Λαχόρη, δίνει το φυλαχτό στη μητέρα μου, 23· στο Χάρντγουαρ, θεραπεύει τον ώμο του που κόπηκε από τον αστυνομικό, 38· στο Μπενάρες, ακούει τη συζήτηση μεταξύ του γιου του παντίτ και εμού, 40· στο Ναό Καλιγκάτ, 48 επ., 56
Σανυάλ Μαχασάγια. Βλ. Μπουπέντρα.
Σάραντα Γκος, ο θείος μου, 219, 245, 248· θεραπεία του μέσω υλοποίησης βότανου στο ναό του Ταρακέσβαρ, 157
*σάρι,* φόρεμα Ινδής γυναίκας, 266, 504, 537
Σάσι, θεραπεία από φυματίωση, από τον Σρι Γιουκτέσβαρ, 201 επ.
*σάστρα,* ιερά βιβλία, 42–43, 100 σημ.
Σατ, Τατ, Ομ, (Πατέρας, Υιός, Άγιο Πνεύμα), 167 σημ., 569 σημ.
Σατανάς («ο αντίπαλος»), 318 σημ. Βλ. επίσης *Μάγια.*
Σατίς Τσάντρα Μπος, σύζυγος της αδελφής μου Ρόμα, 237 επ.· θάνατός του, 243
*Σατσάνγκα,* «αδελφότητα με την αλήθεια», 179, 439 σημ. Βλ. Γιογκόντα Σατσάνγκα.

Σατυάγκραχα, κίνημα μη βίας που ίδρυσε ο Γκάντι, 499, 516· έντεκα όρκοι του, 499
Σατυάγκραχι, «ορκισμένος στην αλήθεια», 499, 508, 512, 514, 514
σβαντέσι, χρήση οικιακών κατασκευών, 499, 531
Σεμπανάντα, Σουάμι, 461, 497
Σεν, Μπ., Ρ., Πρέσβης της Ινδίας, xvii, 572
σεξ, 145–146, 195· οι απόψεις του Γκάντι για τη διατροφή και αυτό, 507–508
Σίβα, μια όψη του Πατέρα Θεού, 48 σημ., 88, 179 σημ., 181, 222 σημ., 338 σημ., 345, 438, 569· «ντυμένος με τον ουρανό», δόγμα, 222 σημ.· ποίημα σχετικά, 338 σημ.
Σλέιντ, Μάντελεϊν, Σατυάγκραχα μαθήτρια του Γκάντι, 501
Σολομώντας, 48, 557 σημ.
Σόπενχαουερ, φόρος τιμής στις Ουπανισάντ, 149 σημ.
σουάμι, μέλος αρχαίου Τάγματος μοναχών, 19 σημ., 148, 152, 253 επ.· τάξη, αναδιάταξη από τον Σάνκαρα, 108 σημ.· η μύησή μου, 254–255· τελετουργία από τον Σανκαρατσάρια του Πούρι για δύο μοναχούς μέλη του YSS, 255 σημ.· διαφορά αυτού και του γιόγκι, 256 επ.· μύηση του Σρι Γιουκτέσβαρ, 383
σπονδυλική στήλη κέντρα, 31 σημ., 130, 184, 196, 271, 275, 277, 280, 325 σημ., 420 σημ., 481, 537 σημ.
σπυριά, επεισόδιο με την αδελφή μου Ούμα, 15
Σρι, «ιερός», τίτλος σεβασμού, 123 σημ.
Σρι Γιουκτέσβαρ, ο γκουρού μου, μαθητής του Λαχίρι Μαχασάγια, 29, 48, 87, 101 επ., 111, 112, 120· 159, 161, 163, 164 επ., 184 επ., 213 επ., 245 επ., 268–269, 275, 284, 287, 306, 320, 332 επ., 342, 352, 365, 374, 380, 395, 407, 457 επ., 465, 471, 472 επ., 505, 527 σημ., 531 σημ., 549, 555, 566· επίσκεψη από το W. Y. Evans-Wentz, xv–xvi· εμφάνισή του, xvi, 103, 103,

429· η πρώτη μου συνάντηση μαζί του, 103 επ.· υπόσχεση αγάπης χωρίς όρια, 104, 457· μου ζήτησε να μπω στο Κολλέγιο, 121· γέννηση και παιδικά χρόνια, 123· όνομά του, 123· η μύησή μου στην επιστήμη της *Κρίγια Γιόγκα*, 124· χορτοφαγική διατροφή του, 126· θεραπεία της αδυναμίας μου, 131· η θεραπεία του από τον Λαχίρι Μαχασάγια της αδυναμίας του, 131–132· η αυστηρή πειθαρχία του, 138 επ.· εμπειρίες στο ερημητήριο με τον Κουμάρ, 144 επ.· οι ιδιοκτησίες του, 153, 461· μου χαρίζει την εμπειρία της συμπαντικής συνειδητότητας, 165 επ.· καθοδηγεί τον χωρικό να πάρει το κουνουπίδι, 175 επ.· αρνείται να βρει τη λάμπα που χάθηκε, 179· παρέχει μια «ομπρέλα» από σύννεφα, 179· εξηγεί το αληθινό νόημα της αστρολογίας, 186 επ.· των στίχων των Γραφών, 193 επ.· με θεραπεύει από πρόβλημα στο συκώτι, 190· θεραπεύει τον Δρα Ρόι από τον διαβήτη, 200 επ.· θεραπεύει τον Σάσι από φυματίωση, 201 επ.· κανονίζει να συνεχίσω τις σπουδές μου στο Σεράμπουρ, 204· αφηγείται τα θαύματα του Αφζάλ Καν, 207 επ.· εμφανίζεται συγχρόνως στην Καλκούτα και το Σεράμπουρ, 214· με θεραπεύει από τη χολέρα, 221· προφητεία για τις φράουλες, 224· περνά μεταφυσική αρρώστια στο Κασμίρ, 232 επ.· με κατευθύνει στον Ρόμες για βοήθεια στις εξετάσεις του Πανεπιστημίου, 247 επ.· με μυεί στο Τάγμα των Σουάμι ως Γιογκανάντα, 254· θεραπεύει τα παράλυτα πόδια της Ναλίνη, 268–269· βλέπει την ανάσταση από το θάνατο του αδελφού του μαθητή Ράμα, 332 επ.· μου ζητά να γράψω για τη ζωή του Λαχίρι Μαχασάγια, 336, 467· τίτλος του *Γκιαναβατάρ*, 380, 475· βλέπει τον Μπάμπατζι σε τρεις περιστάσεις, 382 επ.· γράφει βιβλίο μετά από αίτημα του Μπάμπατζι, 385 επ.· μου

*Ευρετήριο*

χαρίζει ευλογίες καθώς φεύγω για την Αμερική, 399–402· απαντά στην προσευχή μου στο πλοίο, 404· με καλεί στην Ινδία, 416· προβλέπει το θάνατό του, 416, 461· με καλωσορίζει με τον κ. Ράιτ στο Σεράμπουρ, 428· μου απονέμει τον τίτλο του *Παραμαχάνσα*, 461· έξοδός του από τη γη, 472–473· ταφή του, 474· ανάστασή του, 476 επ.· περιγραφή του αστρικού σύμπαντος, 478 επ.

Σριμάντ Μπαγκαβάτα, 197 σημ.

Στίτι Λαλ Νούντι, γείτονας της Γκιρί Μπαλά, 525–526, 532

στόχοι και ιδεώδη του Self-Realization Fellowship, 584

συγχώρεση, 512, 514

συμπαντική συνειδητότητα, 10 σημ., 34, 275, 278, 548 σημ.· πρώιμες εμπειρίες σ' αυτήν, 90–91, 165 επ., 239 επ.· ποίημα γι' αυτήν, 169

συνειδητότητα, 143 σημ.· μελέτες στις καταστάσεις της, 55 σημ.

σχολιασμοί, πνευματικοί, του Πραναμπανάντα, 31 σημ.· του Λαχίρι Μαχασάγια, 44, 378· του Σανάντανα, μαθητή του Σάνκαρα, 108 σημ.· του Σάνκαρα, 108 σημ., 145 σημ.· του Σρι Γιουκτέσβαρ, 194 επ.· του Σαντάσιβεντρα, 262 σημ., 452 σημ.· δικοί μου στην Καινή Διαθήκη, 560· δικοί μου στην Μπάγκαβαντ Γκίτα, 561

Σω, Τζόρτζ Μπέρναρντ, επί λέξει, 24 σημ.

Σωκράτης, 424· επί λέξει, 216 σημ.· συνάντηση μ' έναν Ινδό σοφό, 424 σημ.

σώμα. Βλ. Υλικό σώμα, Αστρικό σώμα και Αιτιατό σώμα.

## S

*Sartor Resartus*, επί λέξει, 380 σημ.
Schimberg, A. P., 31 σημ., 418 σημ.
Schlegel, Friedrich von, επί λέξει, 83 σημ.
Seal, Dr. B., 186 σημ.
Self-Realization Fellowship, έδρα, Λος Άντζελες, California, 226, 407, 439, 539· χρηματοδοτεί την επίσκεψη του Σανκαρατσάρια στην Αμερική, 255 σημ.· Μαθήματα, 271 σημ., 555, 575· ενσωμάτωση, 416· ονομαζόμενο Yogoda Satsanga Society (YSS) of India, 439, 474· κέντρο στο Λονδίνο, 538, 550· ετήσιοι εορτασμοί Χριστουγέννων, 539· Παράρτημά του στο Encinitas, 548

*Self-Realization* Magazine (πρώην ονομαζόμενο *East-West*), 455, 518, 550, 560· ιδρύθηκε το 1925, 414· επί λέξει, 78 σημ., 186 σημ., 450 σημ.

*Songs of the Soul*, 405

*Spirit's Pilgrimage, The*, 501 σημ.

SRF. Βλ. Self-Realization Fellowship.

Steinmetz, Charles P. επί λέξει για την ανάγκη πνευματικής έρευνας, 515 σημ.

*Story of My Experiments with Truth, The*, 505 σημ.

*Story of Therese Neumann, The*, 31 σημ., 418 σημ.

## Τ

Ταγιουμαναβάρ, ποίημά του για έλεγχο του νου, 449

Ταγκόρ. Βλ. Ραμπιντρανάτ.

Ταμού, η πιο νέα από τις αδελφές μου, 97

Ταν Σεν, μουσικές του δυνάμεις, 182–183

ταξιδιωτικό ημερολόγιο, του Ρίτσαρντ Ράιτ, αποσπάσματα από την πρώτη του επίσκεψη στον Σρι Γιουκτέσβαρ στο Σεράμπουρ, 428 επ.· από τα ταξίδια στο Μαϊσόρ, 442–443· για τον Κάρα Πάτρι στην *Κούμπα Μέλα*, 466· στην Γκιρί Μπαλά, 529 επ.

Ταξίλα, αρχαίο Πανεπιστήμιο, 78· επίσκεψη του Μεγάλου Αλεξάνδρου, 445, 447

ταπεινότητα, 50, 87, 93, 159 σημ., 366

Ταρακέσβαρ ναός, 156 επ.· η πρώτη μου επίσκεψη, 156· δεύτερη επίσκεψη, 162· θαύμα της υλοποίησης βοτάνου για τη θεραπεία του θείου Σάραντα, 157

Τατζ Μαχάλ, διάσημο μαυσωλείο, 111,

113, 119, 467
τελετουργίες, καθημερινές των Ορθόδοξων Ινδουιστών, 504
Τερέζα, Αγία της Άβιλα, 251 σημ., 562 σημ.· κατάσταση ανύψωσης, 73 σημ.
Τζαγκαντγκούρου Σρι Σανκαρατσάρια, θρησκευτικός τίτλος, 256
Τζαγκντίς Τσάντρα Μπος, ο διάσημος βοτανολόγος, 74 επ., 117
Τζαϊνισμός, δόγμα του Ινδουισμού, 503 σημ., 509
Τζανάκα, Βασιλιάς, 251 σημ.
Τζατίντα (Τζοτίν Γκος), που έφυγε μαζί μου για τα Ιμαλάια, 34, 41
Τζεχαντίρ, Αυτοκράτορας, κήποι του Κασμίρ, 228
Τζι, μόριο που δηλώνει σεβασμό, 98 σημ.
Τζιτέντρα Μαζουμπάρ, ο φίλος μου στο ερημητήριο του Μπενάρες, 97, 99, 109· στην Άγκρα, 110, 111-112, 117, 467· στο Μπρίνταμπαν, 114 επ.
τηλεπάθεια, 177, 214, 264-265, 296 σημ., 483
«Τίγρεων Σουάμι» (Σουάμι Σοχόνγκ), 57 επ.
τίγρη, 34, 39, 41, 58 επ., 468· «Ράτζα Μπένγκαμ» στο Κουτς Μπιχάρ, 62 επ.
Τινκούρι Λαχίρι, γιος του Λαχίρι Μαχασάγια, 323, 339
Τολστόι, 306, 509
Τραϊλάνγκα Σουάμι, θαύματά του, 326 επ.· θεραπεία του θείου μου, 329· τιμή σ' αυτόν από τον Λαχίρι Μαχασάγια, 331
Τρεις Ερημίτες (Οι), 306
τρία σώματα του ανθρώπου, 478, 487 επ., 493-494
Τσάκρα. Βλ. Κέντρα σπονδυλικής στήλης.
Τσαντραγκούπτα, Αυτοκράτορας, σύγχρονος του Μεγάλου Αλεξάνδρου, 445
τσέλα, μαθητής, 136

Thérèse, St., "Little Flower," 417
Thomas, F. W., επί λέξει, 222 σημ.
Thompson, Francis, επί λέξει, 556 σημ.
Toynbee, Arnold J., 255 σημ.
Traherne, Thomas, επί λέξει, 565 σημ.
*Training of the Human Plant, The*, 410
Troland, Dr. L. T., επί λέξει για το φως, 313

Υ

υλικό σώμα, 130, 137, 161, 195, 196, 269 σημ., 274 επ., 279-280, 281 σημ., 285, 420 σημ., 485 επ., 565, 566
«Ύμνος στην Αμερική», 408
υπερσυνείδητος νους, 67 σημ., 129, 143 σημ., 161, 233, 483, 565
υπνωτισμός, 364· επιβλαβή αποτελέσματα, 55
υποσυνείδητος νους, 55 σημ., 143 σημ., 161, 565

Yogoda Satsanga Society (YSS), σχολεία και δραστηριότητες στην Ινδία, 255 σημ., 437 επ., 474
Young, Edward, επί λέξει για τα θαύματα, 358 σημ.
Younghusband, Sir Francis, 417· επί λέξει για τη συμπαντική χαρά, 94 σημ.
YSS. Βλ. Yogoda Satsanga Society.
Yuan Tsiang (Hieuen Tsiang), 462 σημ., 557 σημ.
Yung, Dr. C. G., φόρος τιμής στη γιόγκα, 261-262

Φ

Φαίδρος, επί λέξει, 216 σημ.
φακίρης, Μουσουλμάνος ασκητής, 55, 207, 465
Φραγκίσκος Άγιος της Ασίζης, 234, 341 σημ.· η τιμή μου να προσκυνήσω το βωμό, 424
Φραγκίσκος ντε Σαλ, επί λέξει, 236
φράουλες επεισόδιο στο Κασμίρ, 224
Φρόιντ, 67 σημ.
φυλαχτό, 23 επ., 33, 107· εμφάνισή του, 23· εξαφάνισή του, 101, 211 σημ.
Φύση, κόσμος της σχετικότητας. Βλ. Ντούργκα, Κάλι και *Μάγια*.

*Ευρετήριο*

φως, το φαινόμενό του, 309 επ.

## Χ

Χαζράτ, αστρική οντότητα υπό τον έλεγχο του Αφζάλ Καν, 208 επ.
*Χαμένος Παράδεισος*, επί λέξει, 560 σημ.
Χαμπού, ιερέας στο ερημητήριο του Μπενάρες, 102
Χάνσικερ, Άλβιν, 548
Χάουελς, Τζορτζ, Καθηγητής στο Κολλέγιο του Σεράμπουρ, 205
χαρταετοί, επεισόδιο με την αδελφή μου Ούμα, 16
Χάτα Γιόγκα, επιστήμη του ελέγχου του σώματος, 184 σημ., 261 σημ.
«χιλιοπέταλος λωτός», 184 σημ., 481, 548 σημ., 310
Χιρανιαλόκα, αστρικός πλανήτης, 477-478, 482 επ., 491 σημ., 492, 496
Χουμαγιούν, Πρίγκιπας, 234 σημ.· σχετικά με ιστορικό γεγονός θεραπείας, 234
Χριστιανική Εκκλησία, στα πρώιμα χρόνια, που δίδασκε τη μετενσάρκωση, 197 σημ.
Χριστόν (κατά) Συνειδητότητα, 167 σημ., 195 σημ., 197 σημ., 274, 319 σημ., 332, 350 σημ., 373, 420 σημ., 567, 569 σημ., 570
Χριστός, ο Ιησούς, 98 σημ., 133, 148, 184 σημ., 194, 197 σημ., 215, 233, 239, 272, 274, 306, 326, 328, 332, 343, 347, 350 σημ., 353, 387, 391, 418, 420 επ., 423, 425, 482, 491, 508, 510, 512, 516, 523, 553, 567, 569· σχέση του με τον Ιωάννη το Βαπτιστή, 367-368· το

όραμά μου, στο Ενσινίτας, 560-561
χρόνος και χώρος, σχετικότητά τους, 309, 312

## Ψ

Ψυχανάλυση, 55 σημ.
Ψυχή, (Εαυτός), εξατομικευμένο Πνεύμα, 254 σημ., 372, 488
Ψυχή, (Εαυτός), εξατομικευμένο Πνεύμα, 83 σημ., 146, 177, 188, 192, 194 σημ., 196, 213, 235, 254 σημ., 277 επ., 296, 303 σημ., 486 επ., 563 σημ., 564, 570

## Ω

Ωριγένης, δίδαξε τη μετενσάρκωση, 197 σημ.

## W

Washington, George, επί λέξει, 407
*Whispers from Eternity*, 407
Whitman, Walt, ποίημά του, επί λέξει, 408

www.ingramcontent.com/pod-product-compliance
Lightning Source LLC
Chambersburg PA
CBHW060218230426
43664CB00011B/1469